그림 1. (청) 사빈(謝彬) 인물그림, 장성(章聲) 배경보충, 〈풍강어부도(楓江漁父圖)〉권, 부분. 상주(像主): 서구(徐釚). 강희 14년(을묘, 1675) 제작. 종이, 채색, 화심(畵心) 26X133 ㎝, 전체 길이 2000㎝. 화심(畵心) 소전(小篆) 낙관(落款) '사빈사조(謝彬寫照)', 행서 낙관 '을묘구추위국장선생보도전당장성(乙卯九秋爲菊莊先生補圖錢塘章聲)'. 상해 양씨(梁氏) 풍강서옥(楓江書屋) 소장, 촬영.

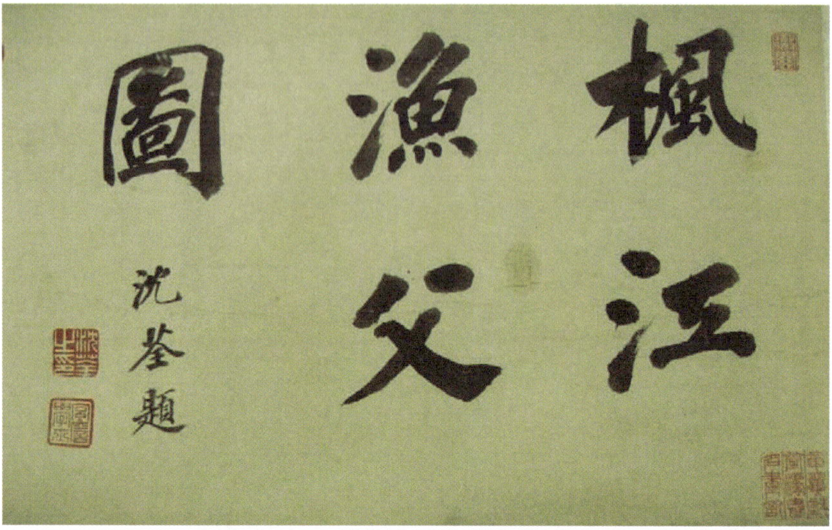

그림 2. 〈풍강어부도〉 인수(引首). 심전(沈荃) 제명(題名). 오른쪽 아래 감장인(鑑藏印) '장익선당법서명화기(章翼詵堂法書名畫記)'

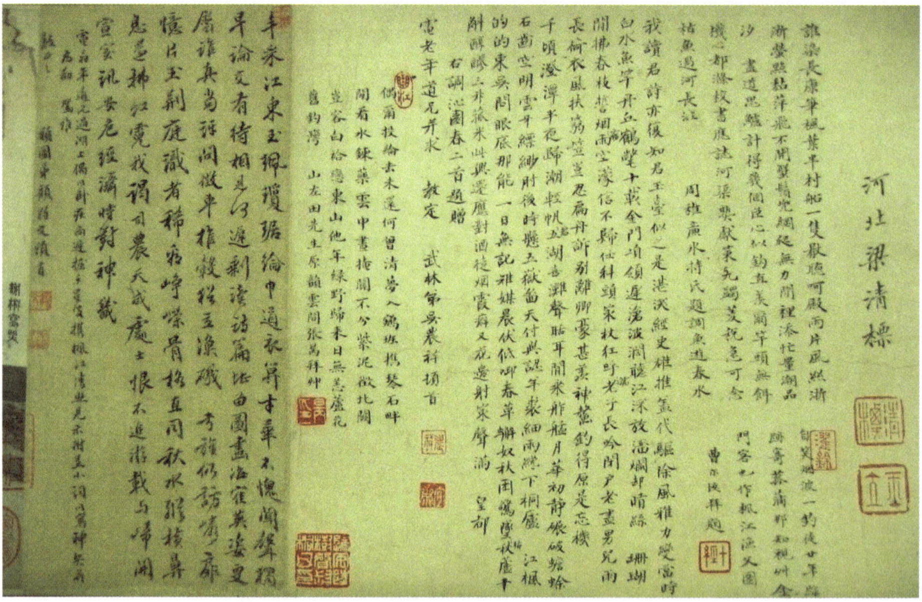

그림3. 〈풍강어부도〉 인수. 양청표(梁淸標) · 주치렴(周稚廉) · 오농상(吳農祥) · 조이해(曹爾垓) · 장병(張昺) · 고표문(顧豹文) 제영(題詠). 중간 아래 감장인 '귀안육수성숙동보인(歸安陸樹聲叔桐父印)'

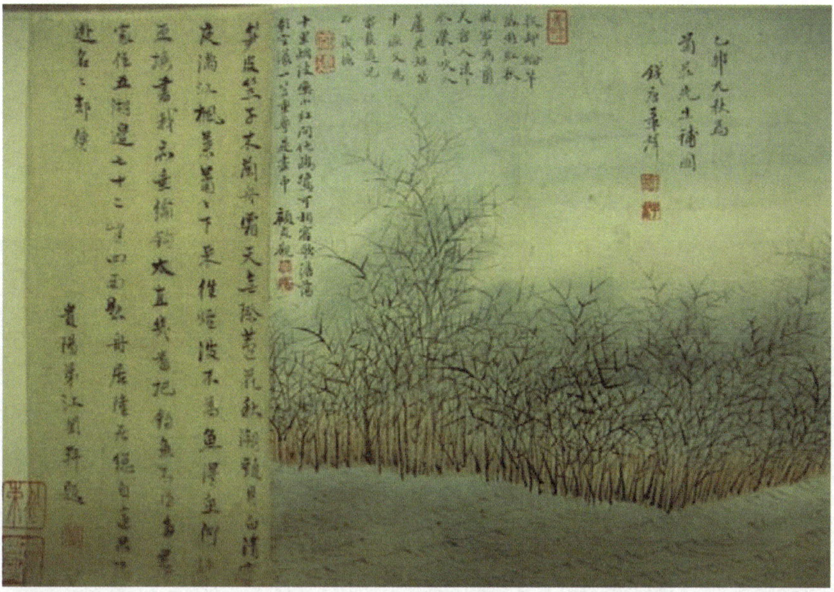

그림 4. 〈풍강어부도〉 화심. 보충그림 화가 장성(章聲) 제관(題款), 납란성덕(納蘭性德) · 고정관(顧貞觀) 제영. 표릉(裱綾) 강개(江闓) 제영. 왼쪽 아래 감장인 2개 '공속(公束)' · '장명가(張鳴珂)'

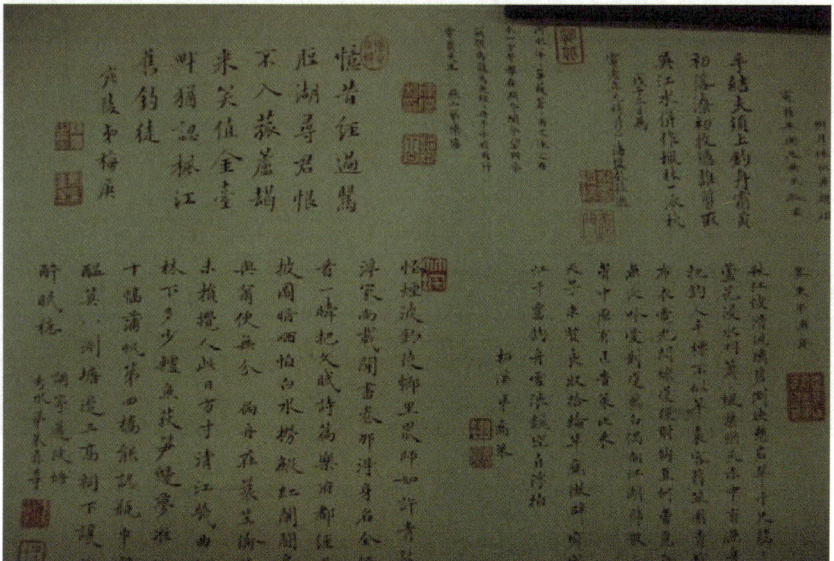

그림5. 〈풍강어부도〉 타미(拖尾). 포주(蒲舟) · 팽손휼(彭孫遹) · 진희(陳僖) · 교래(喬萊) · 매경(梅庚) · 주이준(朱彝尊) 제영.

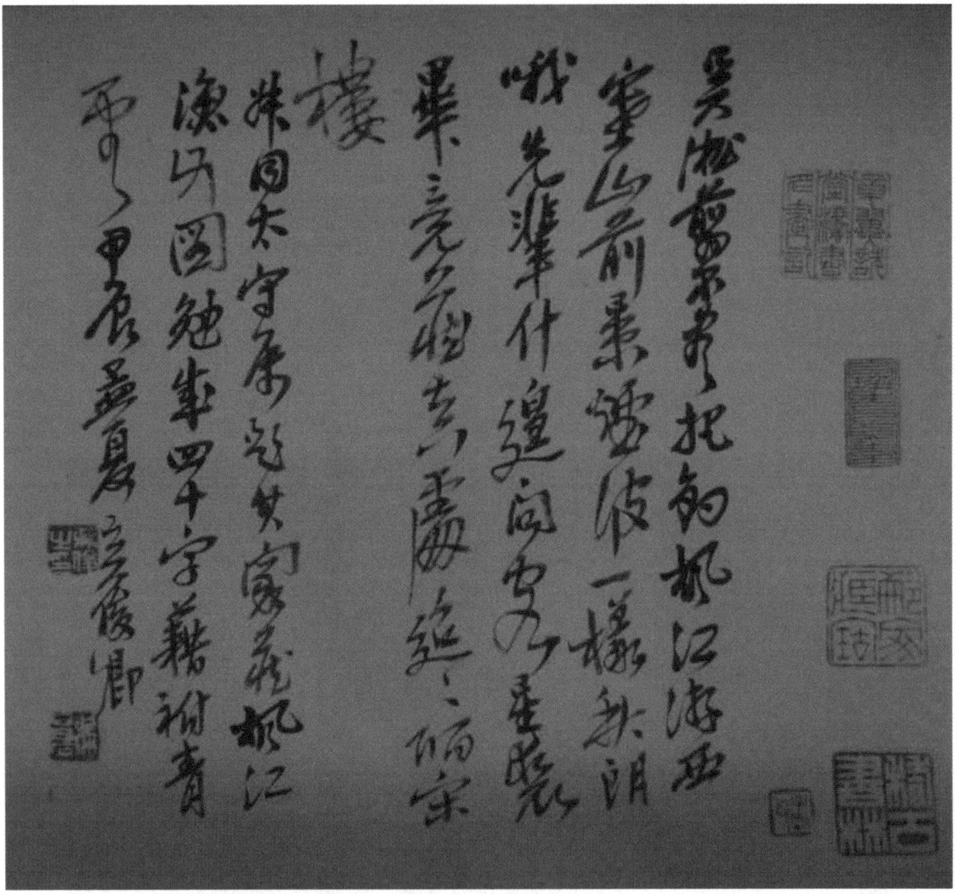

그림 6. 〈풍강어부도〉 타미(拖尾). 오창석(吳昌碩) 제지(題識). 오른쪽 감장인 5개 '장익선당법서명화기(章翼詵堂法書名畫記)' · '수병노인감정(守瓶老人鑒定)' · '사가장보(嗣家藏寶)' · '계고서림(稽古書林)' · '자강부(子剛父)'

그림 7. 〈풍강어부소상(楓江漁父小像)〉 판화, 18X12.8㎝. 저장(浙江)도서관 쿠산(孤山)분관. 강희을해(1695) 국장각본(康熙乙亥菊莊刻本) 《풍강어부제사(楓江漁父題詞)》 권수(卷首).

그림 8. (청)김농(金農) 그림,〈수도사소상(壽道士小像)〉 축(軸). 종이, 수묵. 131.3X59.1㎝. 화심 우측 김농 자필 제기. 북경고궁박물원.

그림9-1. (명) 진홍수(陳洪綬) 그림,〈하천장행락도(何天章行樂圖)〉 권, 우단, 남성 초상. 비단, 채색, 25.3X163.2㎝. 소주(蘇州)시박물관.

그림 9-2. (명) 진홍수 그림, 〈하천장행락도〉 권, 좌단 여성 초상. 비단, 채색, 25.3X163.2㎝. 소주시박물관.

그림 10. (청) 우지정(禹之鼎) 그림, 〈유황좌소도(幽篁坐嘯圖)〉권, 비단, 채색, 36X77㎝, 산동(山東)성박물관. 화심 우측 상단 우지정 자필 왕유 〈죽리관(竹里館)〉 및 발지(跋識).

그림11. (청) 우지정 그림, 〈설계도(雪谿圖)〉 삽도. 견본, 채색, 51X56㎝, 청도(青島)시박물관. 화심 좌측 우지정 자필 화명 및 발지.

그림12. (청) 석(釋) 대산(大汕) 그림, 〈가릉전사도(迦陵塡詞圖)〉판화, 상주(像主): 진유숭(陳維崧) · 서자운(徐紫雲), 강희 17년(무오, 1678) 그림, 건륭 40년(을미, 1775) 무렵 판각. 윗부분 예서 화제 '전사도(塡詞圖)', 서명 '북평후학옹방강제(北平後學翁方綱題)'. 아랫부분 '세재무오윤삼월입묘일 위기옹유마전신석산(歲在戊午閏三月廿卯回 爲其翁維摩傳神釋汕).' 오른쪽 아래 '상남소하거사왕울모륵(湘南嘯霞居士汪蔚模勒)'. 탁본 접장(摺裝) 1함, 북경대학도서관 고적선본특장실.

도성행락

고려대학교 한자한문연구소 학술총서 2

도성행락圖成行樂

명청 문인의 화상 제영

마오원팡毛文芳 지음

심경호沈慶昊 옮김

KU PRESS
고려대학교
출판문화원

圖成行樂—明淸文人畵像題詠析論
by 毛文芳

한국어판 저자 서문

묘선인연(妙善因緣)

나의 책 《도성행락(圖成行樂)—명청 문인의 화상 제영》은 2008년에 타이완 타이베이에서 출판된 것으로 중문판은 전체 44만여 글자에 백여 폭의 도판이 들어 있다. 이 회화와 시문을 넘나드는 실험적 연구가 요행히 그 해 대만 과학기술부 '인문학전문서적'으로 선정되었고, 출판 이후 여러 해가 지나면서 국내외 독자의 많은 반향을 불러 일으켰다. 이 책이 다행히 한국의 학자이신 고려대학교 문과대학 심경호(沈慶昊) 교수의 눈에 들어, 전체 책이 한국어로 번역되어 고려대학교 출판문화원에서 출판되기에 이르러, 비할 나위 없는 영광이자 행운이라고 느끼고 있다. 심 교수는 필자에게 학술의 월계관을 씌워주시고, 필자에게 국경을 넘는 우정의 금빛 휘장을 걸치게 하신 셈이니, 이것은 필자의 연구 생애에서 극히 중요한 업적에 그치는 것이 아니다. 이 순간, 필자는 이 두터운 한국어 초역본을 받아들고, 마음속에 무한한 감사의 뜻을 지니고 크게 감동하여 독자들과 한두 가지 심경을 공유하고자 한다.

불가사의한 운명과 한국 교수들과의 공동 연구

모든 것은 운명에 의해 정해진 저항할 수 없는 인연에서 나오는 듯하다! 2012년 구정에 필자는 남편과 함께 새해를 맞이하여 한 여도사를 찾아가 남편의 운수를 점쳐 달라고 했는데, 그 자리에서 우연히 필자의 장래 학술교류에 대해 언급했다. 여도사는 내게 "한국이 아주 중요하다."라고 알려주었다. 그때의 말이 귀에 남아 있다. 나의 염력이 운명을 끌어당긴 것인지, 운명이 나를 끌어당긴 것인지 알 수는 없다. 도사의 이 말은 쟁쟁하게 울려나는 철구직단(鐵口直斷, 명쾌한 단언)이었던 셈이다. 당시까지 한국학계와 공식적인 왕래가 없었으나, 2013년 불가사의한 인연이 많이 생겨났다. 우선 한양대학교 이광철(李光哲) 원장을 알게 되었다. 2013년 6월 이 원장의 초청으로 한양대학교 학술대회에 가고 이화여자대학교에서도 강연을 하면서, 엄익상(嚴翼相), 오수경(吳秀卿), 이종진(李鍾振), 서원남(徐元南) 교수들을 차례로 만나뵐 수 있었다. 3개월 뒤 지엔진송(簡錦松) 교수가 여덟 명의 대만 학자들을 인솔하여 고려대학교 민족문화연구원으로 가서, 최용철(崔溶澈) 원장이 조직한 대만-한국 학술회의에 참가하여, 더욱 많은 한국 교수들을 뵙게 되었다. 회의 기간 중에 여러 학자들이 필자의 저서《만명한상미학(晩明閒賞美學)》(2000), 《물·성별·관점—명말청초 문화서사 신탐(物·性別·觀看—明末清初文化書寫新探》(2001)을 가져와서 내지에 싸인을 해달라고 하셔서 대단히 기뻤고 또 영광스러웠다. 최 원장은 우리 일행이 한국중앙연구원, 규장각서고 등등을 참관할 수 있도록 세심하게 배려해 주셨다. 한 해에 두 번이나 서울에서 한국 교수들을 만나뵙고 한국 한학에 가까워질 기회를 얻은 것이다.

2014년 정우봉(鄭雨峰), 박경남(朴京男) 교수의 도움으로 고려대학교 민족문화연구원의 보조를 받아 4개월간 연구를 하게 되었다. 이 짧은 방문에서 필자는 비교문화의 시각에서 문인 화상과 제발을 다루고 조선 사절과 명·청 문인의 교류 양상을 고찰했다. 한국 한학에 관한 시야를 확대하기 위하여 필자는 이 기간 동안 정기적인 학문 토론의 기회를 갖고자 했다. 그리고 정우봉, 박경남 두 교수의 호응을 얻어, '동아시아 문명과 한국—명·청 및 조선 화상 텍스트의 공동 연구'라는 주제로 격주 학술 모임을 열어, 매번 교수 두 사람이 논제를 보고하고 그 후 전원이 토론에 참여하는 방식을 택했다. 3개월간 모두 10회의 토론회를 가졌다. 이 방문 때 필자는 고려대 심경호, 정우봉, 박경남, 박영민 교수와 공학(共學)의 깊은 인연을 맺으며, 한국 한학 탐구의 여정을 떠나게 되었다. 분망하기 짝이 없는 단기 방문 생활이라서, 필자의 한국어 수준은 어린아이 정도에 머물렀음은 두말할 것도 없다.

7월 10일 토론회에서 심경호 교수는 〈조선의 화상과 화상찬—매월당 김시습(1435-1493)을 예로 삼아〉를 발표하여, 김시습 화상이 한국에 현존하는 가장 이른 시기의 자화상이라고 말하였다. 심 교수는 이 주제를 역사적 배경, 문학사 양식, 동아시아 문화구조 속에서 고찰하여, 화상은 어떻게 형성되는가, 화상의 실제 묘사, 의작 묘사, 자사(自寫)의 유형과 의의는 무엇인가, 상찬(像贊)과 회화의 관련성은 무엇인가를 생각하게 만들었다. 정우봉 교수는 〈강세황(1712-1791)과 심주(沈周, 1427-1509)의 비교〉에서, 조선후기 강세황과 명나라 오파 거장 심주 두 사람의 자찬과 화상에 상당한 유사성이 있어, 전자가 분명히 후자의 영향을 받았음을 명쾌하게 논하였다. 심 교수와 정 교수는 필자의 저술과 연관 있는 논제를 제시하였고, 한국 한학가의 정치하고 착실하면서도 비판적인 학문 정신을 보여 주어 많은 것을 계발해 주었다.

여러 교수 및 연구자들이 차례로 강연을 맡아, 명·청 및 조선의 화상 텍스트와 관계되는 주제들을 선정했다. 문단의 거장과 관련되거나 특수한 제재를 다루기도 했고, 작은 개별 사실을 고찰하기도 했다. 참여한 학자들은 시대 현상, 구도 풍격, 문체 양식, 비교 시각, 결락 보충, 신 해석 등 여러 방식으로 아속(雅俗), 성별, 종교화, 상호텍스트, 전형 수립, 출판, 여기(餘技)와 직업적 전문성 등 여러 문화 요소들을 문학사, 학술사, 문화사, 교류사, 생활미학, 물질문명 등 다양한 국면에서 다루어, 15-19세기 조선 혹은 명청 문인에 의해 전개된 시각문화를 다각도로 논하였다. 강연과 질문을 통해 토론회는 매번 활기에 넘쳤으며 시간이 부족할 정도였다. 토론회마다 한중 동시통역이 가능한 석, 박사 학생들이 통역을 맡아주어, 지식의 교류가 원활할 수 있었다.

또한 잊을 수 없는 것은, 토론회 이후 저녁 식사 자리가 각별한 풍미를 더한 일이다. 삼계탕, 한정식, 불고기, 간이 음식 등등 여러 맛있는 한국 요리는 허심탄회한 토론 이후의 공복을 풍요롭게 채워 주었다! 그 유쾌한 자리에서 처세의 경험을 교환하기도 하고 인생의 즐거움을 곱씹어 보기도 하였으니, 이는 정말 커다란 혜택이었다.

우연한 기연에 민족문화연구원을 방문하게 되고 또 격주로 진귀한 토론회를 가지면서, 학술 모임의 참가자들로부터 지식의 세례를 받고 여러 교수들의 아낌없는 지도를 받아, 필자는 한국 한학에 관한 시야를 서서히 넓혀 갈 수 있었다. 이 경험은 마치 졸저《도성행락》이 상호텍스트를 형성한 것과 마찬가지로, 내게 무한한 계발을 주었다.

한국과 대만에서의 만남

2014년 필자는 민족문화연구원 방문 때 2015년 7월 24일 고려대에서 '동아시아문학과 회화의 만남' 학술대회를 거행하기로 기획했다. 이를 통해 한국문학·회화 분야 학자들과의 교류를 넓히기로 한 것이다. 박경남 교수는 이 학술대회가 지난해의 학술 모임에서 비롯되었다고 하여, 필자가 막후의 영웅인 것처럼 칭찬해주었다. 지음 사이의 의기가 투합하자, 나는 심경호 교수와 정우봉 교수에게 부탁하여, 2015 중앙연구원 명·청연구 국제학술연토회(12월 10일-11일)의 2개 패널에 4명의 고려대 교수들이 참여할 수 있도록 추진했다. 중앙연구원의 이 국제학회는 격년으로 개최되며 이미 여러 회를 거듭했는데, 필자는 여러 한국학자들과 힘을 합해 한국 한학의 성과를 정식으로 소개하기로 했다. 필자는 원고 번역과 장내 통역을 통하여, 회의를 순탄하게 진행할 수 있도록 추진했다.

고려대 교수님들이 대만을 방문하는 소중한 기회를 빌려서, 당시 중정(中正)대학 중문계 주임을 맡고 있던 필자는 중앙연구원 회의 다음 날 본 학과에서 '한국 한학 및 연구문헌 심포지움'(12월 12일)을 개최하기로 기획하여, 심경호, 정우봉 두 분 교수의 주제 강연과 네 분 연구자, 그리고 본 학과 9명 교수들이 참여하는 학술회의를 열었다. 이때 학술사, 문헌학, 경학, 주자학, 문자학, 언어학, 민속학, 선종 미학, 문학 문화 등 여러 범주에 걸쳐 질의 응답을 거행했다. 본 학과 교수들이 단체로 참여하는 것은 규모 면에서 매우 드문 일이었다. 또한 이것은 대만 중문학 분야에서 처음으로 거행한 '한국 한학' 심포지움이어서, 학내외의 상당한 주목을 끌었다. 네 분의 한국 연구자들이 중앙연구원 회의에서 발표한 논문은 심사를 거쳐 본 학과 주편의《중정한학연구(中正漢學研究)》(THCI Core) 제28기 '한국 한학' 특집(2016.12)에 수록되었으며, 그 내용은 또한 인터넷 블로그를 통해 전 세계에 유포되었다.

정밀한 번역 및 오류 정정

2014년 6월 27일 고려대학교 민족문화연구원 방문 때 필자가 고려대 교수들과 처음 상견한 곳은 고려대 구 법학관 3층 정우봉 교수 연구실이었다. 실내는 햇빛이 잘 들고 깨끗했으며 서적이나 학술지 배열은 고풍스런 기운이 물씬 일어, 정우봉 교수 본인과 마찬가지로 문질빈빈(文質彬彬)의 느낌을 주었다.

그 때 심경호 교수가 활달한 걸음으로 방에 들어와, 필자에게 두 권의 책을 주었으니,《내면기행—선인들 묘지명을 스스로 쓰다》와《나는 어떤 사람인가—선인들의 자서전》이었다. 심 교수의 두 책은 한국 선인들의 묘지명과 자서전을 정선하여 분류한 후 정채 있는 번역과 해설을 가한 것이었다. 두 책에서 자전(自傳)을 발췌한 것은 필자에게 졸저《도성행락》의 제1편〈자제(自題)〉에 수록한〈명나라 문인의 화상 자찬(畫像自贊)〉과〈김농(金農)의 화상 자제(畫像自題)〉두 글을 생각나게 했다. 조선과 중국 두 나라의 문인들이 이와 같이 유사한 자아 관념을 지니고 다양한 방식으로 스스로를 성찰을 했다는 점이 놀라웠다. 7월 10일 제2차 토론회에서 심경호 교수는 매월당 김시습의 자화상 제찬에 대해 강연을 했는데, 그 내용은 졸저와 서로 호응하는 듯했다. 중국이라는 지역적 한계를 벗어나 동아시아로 시선을 뻗어나가려던 필자의 관점에서 보면, 증정받은 두 책과 매월당 강연은 시공을 초월하여 계합하는 느낌을 주었다.

졸저《도성행락(圖成行樂)》은 2008년 초 출판되었는데, 심경호 교수는 이미 그 해 여름에 대만대학을 방문했던 때 구입하여 열람한 바 있었다고 한다. 인연이 있기에, 필자가 6년 후 고려대를 방문해서 처음으로 심 교수를 알게 되고 또 학문적 토론을 하는 기회를 갖게 된 것이었다.

2014년 8월,고려대학교와 일본 메이지(明治)대학의 국제학술회의가 원만하게 종료된 이후, 민족문화연구원 붉은 건물 앞 광장에서 노천의 만찬이 있었는데, 그곳을 방문하여 머물고 있던 나도 초청되어 참가할 수 있었다. 흰색 보가 깔린 탁자와 의자, 초록 풀밭에서 서로 친밀하게 모임을 가져, 학자들은 초가을 바람이 살랑 불고 화려한 등불이 켜져 있으며 부드러운 음악이 흘러나오는 만찬장을 자유롭게 돌아다니면서 서로 이야기를 나누었다. 이때 한 걸음 앞서 가던 심 선생이 임유의(林侑毅) 군의 통역을 통해서, 선생이 졸저를 한국어로 번역하기로 결정했으며, 이미 고려대학교 출판문화원에 신청해 두었다고 알렸다. 필자는 놀라서 순간적으로 축하 개막식의 총포가 차례로 울려 커다란 소리를 내는 듯한 느낌을 받았다.

심 교수는 2014년 여름에 졸저를 번역하기로 결정했으나, 9월에 일본 메이지대학에 객원교수로 나간데다가, 교토(京都)대학 도서관에 보관된 한국 고서의 정리 작업을 맡았으며, 게다가 국제회의와 국내 강연의 스케줄, 논문 발표 등등이 많았다. 하지만 심 교수는 번역의 붓을 중지하지 않고 매일 일정한 양을 계속하여, 대략 11월 중에는 초역을 마쳤다고 하니, 정말로 신속했다! 일본에 있는 동안 학술의 장에서 일본 학계에 졸저를 소개하고, 또 한국어 번역본이 나오리라는 소식을 알려 주었으니, 필자에게는 재조(再造)의 두터운 은혜를 주셨다.

심 교수는 계속하여 원문과 주석에 대해 상세하게 검토하여, 2016년 여름과 가을에 걸쳐 전체 책의 번역을 거의 마쳤다. 전후 2년이 걸린 셈이다. 그리고 의심나는 부분 165쪽의 사진을 보내 주셨는데, 이는 대만 출판 원본의 전체 548쪽 가운데 3분의 1에 해당했다. 필자의 중국어 뜻을 확인하는 것도 있었고, 전고와 출처에 대해 묻는 것도 있었다. 가장 많은 부분은 인용 어구에 대한 논의와 오류 정정에 관한 것이었다. 졸저는 명청 문인의 제발을 대량으로 인증했는데, 유통되는 서적이나 도록에서 본 것이 아니라, 필자가 박물관을 방문하여 서고에 들어가 채집하고 사진으로 찍은 자료에 기초한 것들이었다. 심 교수가 지적한 부분은 필자가 사진으로 찍은 필적이나 제발을 다시 조사하여 퇴고하는 과정에서 왕왕 다시 해석을 한 곳도 있다. 졸저의 한국어 번역본은 심 교수가 정밀하게 오류를 정정해서 중문판의 착오를 최소한으로 줄일 수 있게 된 셈이다. 이는 졸저의 행운에 그치는 것이 아니라 한국어판 독자의 행복이기도 하다.

어느 교수의 연구실 풍경

심 교수는 2016년에 번역서의 서문을 작성해서 보여 주셨다. 이하, 말필이나마 심 교수의 인문학적 풍모를 그려 보고자 한다. 심 교수는 번역서 서문에서 "마오원팡 교수는 따뜻하다. 겸손하다. 엄정하다. 정력적이다. 그의 인품이 이 책의 문체에, 이야기를 풀어나가는 방식에, 자료를 분석하는 태도에 드러나 있다. 글은 그 사람을 그대로 드러낸다는 말이 이 책의 경우에 해당되는 듯하다."라고 했다. 필자는 '글은 그 사람과 같고 물품은 그 사람과 같다'는 말이 심 교수의 자술(自述)이라고 생각한다.

2017년 1월 14일 겨울에 필자는 서울로 자료를 수집하고 강연을 하러 가서, 심 교수와 번역본의 출간과 관련하여 세부 사항을 함께 검토했는데, 이때 심 교수의 연구실에 들어가 볼 수 있었다. 구 법학관의 심 교수 연구실은 서적의 성채와도 같았다. 서적들을 장벽으로 삼아 통로와 공간을 내고, 서가, 책장, 작업 테이블, 바닥 등에 각종 한중일 서적과 자료들을 진열해 두어, 여러 과제를 동시에 연구하는 현장임을 분명히 알 수 있었다. 동향의 큰 창문 쪽 가까이 프린터가 있고, 서적으로 이루어진 장벽에는 여러 물품들이 걸려 있었다. 축소 복사된 흑백 탁본, 휘호가 새겨진 도자기 원반, 유화 채색의 여성 초상화, 인물 실루엣 종이 오림 표구, 잘라낸 신문기사를 넣은 액자, 흰 바탕에 친필이 양감된 시편 액자가 있고, 창 가까이 서가에는 여러 상패들이 있었다. 물품마다 모두 감동적인 내력이 있었다. 필자가 조금 고증을 해 보았더니 이러했다. 탁본 사진은 교토대학 인문과학연구소에 소장된 석비 탁본의 사진으로, 본래 나이토 고지로(內藤虎次郎)가 소장했던 탁본을 복제한 것이다. 나이토 고난(內藤湖南) 즉 나이토 고지로는 20세기 초 일본 중국학을 창시한 인물이다. 심 교수는 교토대학에서 박사학위를 받았으므로, 모교 선배의 구장본을 복제하여 연구실에 두어, 학문 전통을 추억하는 듯했다(실은 광개토왕비의 일본 측 판독을 비판하려고 눈에 잘 띄는 곳에 걸어 둔 것이다—역자). 흰색 도자기 원반은 힘 있는 행서체로 '유방백세(遺芳百世)', '낙관: 구팔수일창(九八叟一滄)'이라는 글자를 새겨 구운 것이다. 일창은 유치웅(俞致雄) 선생의 호이다. 심 교수는 기계 유씨(杞溪俞氏) 집안의 문서를 집성한 《기계문헌》을 번역했는데, 그때 98세의 유치웅 옹이 생전에 쓴 이 원반을 문중으로부터 기증받았다고 한다. 초상화 유화는 심 교수가 천금 보물로 아끼는 따님이 그린 것이다. 그림을 연구실에 걸어 두어 날마다 따님을 동무하여 책을 읽고 글을 쓰시니, 자상한 아버지의 풍모가 드러난다. 한쪽의 서가에는 눈을 번쩍 뜨게 만드는 필적이 걸려 있다. 이것은 2013년 봄 치인거사(癡人居士) 최동호(崔東鎬) 님(고려대학교 명예교수, 현 한국예술원 회원)이 심 교수에게 증정한 시 〈아버지의 등〉의 일부이다. 최동호 님이 친필 초록 뒤에 덧붙여 써 둔 글을 보면 두 사람이 술을 마시면서 이야기를 나누는 광경이 환히 보이는 듯하다. 시는 이러하다.

> 자꾸 꿈에 아버지의 등이 보인다고 한다.
>
> 버스 정거장까지 나와 오랜만에 술 한잔 하고 가라는 아버지를 뿌리치고 돌아온 밤 쓸쓸한 얼굴로 돌아서던 굽은 등이 자꾸 보인다고 한다.

이 시는 심 교수의 추억과 사유를 깊이 담고 있다.

> 한시 만 편을 읽어도 꿰뚫지 못했다는 삶의 이야기에 아버지 등이 실려 사라지지 않는 이미지로 있다는 말을 들었을 때

최동호 님은 심 교수가 '고독한 시인의 마음'을 가지고 산다고 느꼈다고 했다.

다른 벽면에는 《동아일보》 기사(2012.06.29./금요일/28277호/A29)를 세련되게 표구한 액자가 걸려 있다. 이것은 심 교수가 '오피니언 난'에 쓴 〈나를 있게 한 그 사람—중국 답사 때 국학의 기본 정신 일깨워주신 선생님〉이란 글이다. 채색도가 붙어 있어, 책 첫장에 '강화학(江華

學)'이라는 큰 글자가 씌어 있다. 이 문장은 1991년의 서여(西餘) 민영규(閔泳珪) 선생을 추억하면서 시작한다. 당시 77세의 고령이었던 연세대학교 명예교수 민 선생님은 심 교수에게 강화학파 유적지를 소개하면서, 이충익(李忠翊)의 묘 앞에 한 잔 술을 따르게 했다고 한다. 민 교수는 1992년 여름 심 교수를 데리고 중국에 가서 신라 김화상의 사적을 조사했는데, 이 귀한 20일간의 수행은 심 교수로 하여금 국학의 기본정신과 노정을 건립하게 해 주었다. 민영규 교수는 정인보 선생의 수제자로, 일찍이 전국문화재와 전적을 조사했으며, 문헌학과 동아시아불교학사에 정통하였다. 중국의 후스(胡適)와 함께 당대(唐代) 철학사를 공동으로 집필하자는 약속을 했고, 호적의 방문을 맞이하기 위해 연세대 본관 앞에 진달래밭을 조성하셨다고 한다.

심 교수는 서울대학교 국문학과에 진학한 이후 학문의 체계적 수립과 관련하여 많은 은사들의 가르침을 받았다. 특히 이병근(李秉根), 정병욱(鄭炳昱) 두 선생님을 통해 학문의 깊은 맛을 알았다. 동시에 매주 나흘 신호열(辛鎬烈) 선생에게 나아가 한문전적을 익혔고, 철학을 부전공으로 택했다. 정병욱 선생은 석사학위를 취득하고 조교로 있던 심 교수에게, 요시카와 고지로(吉川幸次郎)의 중국학 전통을 계승한 교토대학에 가서 더 공부를 하라고 권했다. 심 교수는 교토대학 문사철 분야의 여러 선생들로부터 고증학과 문헌학을 배울 수 있었다. 귀국 이후에는 한국학중앙연구원에서 조교수로 근무했는데, 이때 저 민영규 선생의 지도를 받아 한국 지식계보에 관한 여러 지식을 습득할 수 있었다. 민 선생은 그리 많은 문장을 남기지 않았으며, 그의 저술은《강화학 최후의 광경》과《사천강단(四川講壇)》에 집약되어 있다. 전자는 시를 쓰는 듯한 수법으로 일제강점기 만주로 피신한 이건승(李建昇)이 황현(黃玹)의 아우로 국내에 있던 황원(黃瑗)과 정신적으로 교류했던 사실을 적은 것이다. 심 교수는 민영규 교수 생전에 정인보의《양명학연론(陽明學演論)》을 이어 강화학파에 관한 보고서를 내겠다고 약속드렸는데, 이 오랜 약속을 마음속에 잊지 않아, 앞으로《강화학파—실심실학의 계보》라는 책을 엮겠다고 다짐했다. 이것은 심 교수가 철인을 추억하고 전형을 지난날에서 찾아 '오늘날의 이 사람이 있기까지'

라는 주제로 글을 엮어, 민영규 선생님의 은혜를 진지하게 추억하면서 그 자신의 학문 노정을 정리한 것이다.

연구실 책상에는 제41기 《문화》 잡지(전통문화연구회 간행)가 있었다. 그 50쪽에 심 교수의 독서기 〈무더위 속의 고전 학습〉이란 글이 실려 있어, 2016년 여름에 서울을 방문한 보스턴 대학(현재는 MIT 인문학부 교수—역자) 빕케 데네케(Wiebke Denecke) 교수와의 6주간에 걸친 강독회를 언급했다. 매주 이틀씩 심 교수와 그 제자 여섯 명이 《자치통감강목사정전훈의(資治通鑑綱目思政殿訓義)》와 《용비어천가(龍飛御天歌)》 강독회를 열었다고 한다. 데네케 교수는 독일 괴팅겐 출생으로, 하버드대학에서 스티븐 오웬(Stephen Owen, 宇文所安) 교수의 지도로 박사학위를 취득한, 중국학과 일본 고전학을 아울러 연구하는 학자이다. 라틴어, 희랍어, 일본어, 중국어에 정통하며, 헤겔 시대 고전학방법을 계승한 마지막 세대에 속한다. 옥스퍼드대학 출판사에서 중국문학 핸드북을 간행할 때 한국한 문학 부문의 일부 집필을 심 교수에게 부탁한 바 있다. 심 교수는 1988년 박사학위청구논문을 준비할 때 《자치통감강목사정전훈의》의 음훈과 주석을 구명할 구상을 하였고, 2012년 《한국한문기초학사》를 집필하면서 이 서적을 특별히 언급한 바 있다. 데네케 교수는 심 교수의 학문과 통하는 면이 있어, 두 사람은 서방의 시각에서 근대 이전 문학을 논하는 것에 반대하여 수사학의 각도에서 경부(經部)와 자부(子部)의 서적을 연찬하고 있다.

2016년의 혹서는 심 교수에게는 더할나위 없이 즐거운 독서 체험을 갖게 해 주었는데, 그것은 마음 맞는 데네케 교수와 연원 있는 《자치통감강목》 강독회를 조직한 때문이었다. 심 교수는 또 당시 난징(南京)대학 장보웨이(張伯偉) 교수의 《동아시아 한문학연구의 방법과 실천》을 번역하고 있었다. 이것은 2015년 12월 고려대학교와 난징대학 공동학술회의 때 쌍방이 협정하여 시작된 일이라고 한다. 장보웨이 교수는 청첸판(程千帆) 교수의 수제자이다. 심 교수는 1983년 교토대학의 시미즈 시게루(淸水茂) 교수가 청첸판 교수의 《당대 진사 행권과 문학(唐代進士行卷與文學)》을 언급하는 말을 듣고 이 책을 구입해서 읽은 일이 있어, 인연이 깊다고 한다. 그 다음 책이 졸저 《도성행락》이다. 이에 관한 자세한 인연은 이 번역서의 〈역자 서문〉에 실려 있다.

천애지기(天涯知己) 병세회심(並世會心)

청나라 옹방강(翁方綱)은 주야운(朱野雲)이 그린 〈모서하와 주죽타 두 노인의 입상(毛西河朱竹垞二老立像)〉을 김정희(金正喜)에게 보내기 전에, 그림을 사치엄(史致儼)에게 펼쳐 보였다. 사씨는 제지(題識)하길, "두 분(모기령과 주이준)이 같은 마을에서 태어나 함께 제과(制科)에 천거되어 사관(史館)에 들어가고 만년에 함께 향리로 돌아와 흰 머리로 마주 손 잡고 강호에 소요한 것이 얼마나 즐거웠으랴!"라고 했다. 사치엄이 제지를 한 것은 이를 통해 병세지우(並世知友)가 부평처럼 헤어지게 된 것을 슬퍼한 데서 유래한다. 약 반세기 전에, 조선의 사신 홍대용(洪大容)은 자제군관의 신분으로 서장관인 숙부 홍억(洪檍)을 따라 연경에 와서 청나라 사람과의 교제에 특별히 뜻을 두어, 문자와 필담을 통해서 서로 소통하는 '회심인(會心人)'을 힘써 찾았고, 그 일은 이후 연행사 이덕무(李德懋)와 박제가(朴齊家) 등 후배들이 연경에 가서 청인과 교유하는 전범이 되었다. [홍대용 관련 내용은 이로펀(衣若芬) 교수의 〈이국에 남긴 초상화—조선 연행사 도상 개설(異國留影—朝鮮燕行使圖像概說)〉(《연행사진자금성(燕行使進紫禁城)》 국제학술연토회논문, 북경: 고궁박물원, 2014) 참조.]

필자는 심 교수의 소개로 고려대 한적실에서 희귀 자료《계미동경소진첩(癸未同庚小眞帖)》을 열람할 수 있었다. 이 화첩은 같은 계미년 출생의 7명(원래는 15인)의 반신채색 관복 정면 초상화첩이다. 참판 이익진(李翼鎭), 판서 조영진(趙榮鎭), 참판 이규채(李奎采), 영의정 한익모(韓翼謨), 부사 송진흠(宋晉欽), 영의정 신만(申晩), 그리고 유언술(兪彥述) 등이 그들로, 그림이 완성된 것은 을축년(1745)이었다. 유언술(1703-1773)의 제지는 그림 제작의 동기를 밝혔는데, 당·송 기로아회도(耆老雅會圖)의 전통을 수용했지만, 태평낙사의 기분에 초점을 두지 않았다. 제지는 시간이 흘러갈수록 애상의 감정이 짙어 가는 점에 주목했다. 동경(同庚, 동갑)

의 "한 화첩 속 15인이 30년을 하루같이 보냈으니 마음이 같지 않을 수 있는가?"라고 했는데, 이것은 '세월이 바뀌면 세대가 교체된다(星霜屢易, 人代迭遷)'는 감회를 표현한 것이다. 그러면서 자손들에게 "사진을 감상하면서 그 마음을 상상하기 바란다."라고 촉구했다. 이것은 조선에서 동심의 지음을 표방했던 문인집단의 초상화 책자이다. [2014년 8월 26일, 심경호 교수는 제5차 발표회에서 〈《계미동경소진첩》에 대하여〉를 보고하여 이 책의 제작 과정에 대해 깊이 탐색했다 ; 이후 2019년의 《옛 그림과 시문》에 본 논문을 수록했다.—역자]

명·청과 조선에서는 같은 해 출생, 같은 마음, 같은 지역 생장을 주제로 삼아 당대의 여러 사람이나 고금의 여러 인물들을 함께 그린 초상화나 초상화 합본을 제작하는 화상 문화가 발달했다. 같은 시대 같은 지역의 사람들이든 고금의 서로 다른 시대의 명인들이든, 일종의 고금동조(古今同調), 천애지음(天涯知音)의 병세 의식을 표방했다. 여러 나라에 걸치는 관계라면 그 의식이 더욱 강렬했다. 홍대용이 '회심인'을 찾고자 했듯이, 조선 문인들은 '병세'를 희원하는 서적을 적지 않이 편집했다. 《병세집(並世集)》이나 《병세재언록(並世才彦錄)》 등이 그 예들이다. 정민(鄭珉) 교수는, 두 나라의 문인들은 국제 교유를 통해 병세 의식의 우정론을 낳았다고 보았다. 같은 세대에 서로 다른 나라에 거처한다는 병세의 느낌은 시간축의 '상우고인(尙友古人)'을 찾는 마음을 돌이켜 현세 공간에서 '천재지기'를 찾는 마음을 갖게 만들었다. [정민, 《18세기 한중 지식인의 문예공화국—하버드 옌칭도서관에서 만난 후지쓰카 컬렉션》(문학동네, 2014)를 참조.] 필자는 18세기 조선의 김정희와 청나라 옹방강 문인 집단 사이의 병세 우정이 사람들로부터 흠양된 사실을 탐구했다.

2014년 서울을 방문했던 여름, 필자는 고려대 CJ인터내셔널하우스에 머물렀는데, 숙사 앞 광장을 거쳐 언덕으로 올라가는 작은 길로 꺾어들어 청신한 소나무 숲을 천천히 지나 민족문화연구원에 이르면, 건물의 검은 기와, 푸른 처마, 붉은 기둥의 색채가 시야에 들어왔다. 계단을 올라가 유리문을 밀면, 한 줄의 예서 글씨로 '민족문화창달 한국학 세계화(民族文化暢達 韓國學世界化)'라는 횡서 편액이 우물 정자 천정에 높이 걸려 있어, 고려대학교가 한국의 문화를 재해석하여 전 세계로 향하고자 하는 그 웅장한 뜻을 밝은 빛이 드러내 주었다. 이 건물에서 필자가 여러 동학들이나 학자들과 학문 연구를 한다는 사실은 한국문화에 대해 초학에 불과한 필자이지만, 명·청과 조선의 문인이 교류하던 옛일을 상상하게 만들었다. 민족문화연구원 소나무숲 곁, 시끄러운 진세와 멀리 떨어진 숙사에서, 대낮에 매미가 울고 밤에 벌레가 찌륵거려, 지금도 눈을 감으면 기둥을 감아도는 듯한 서울의 음악을 교대로 만들어 주었으니, 당시 그 음악 속에서 고찰했던 조선의 화상 문화는 '민연식(民硏式)' 영밀(寧謐)한 기운을 도용하게 흘려내는 듯했다.

내가 고려대 교수들에 대해 천애지기의 정감을 지니게 된 것은 이성과 감성의 두 이유 때문이다. 17세기부터 19세기까지 조선문화의 다양한 주제를 연찬하는 일은, 명·청 문화에 주목하고 있는 나를 깊이 빨아들여, 3, 4백년간 두 나라 문인들이 경험한, 경계를 뛰어넘는 우의를 몸소 체험한 듯한 생각이 들게 하였다. 이것은 내가 상상력 풍부한 작업을 수행하는 데 도움을 줄 것이다. 필자는 고려대 교수들을 통해, 박학, 심사(深思), 겸손, 예의, 우아, 총명, 온유(溫柔), 열정, 민활, 구진(求眞), 유머, 성실, 진지, 선의 등 높은 품격이 한국 한학의 인문 전형을 수립했다는 사실을 알았다. 조선 한자한문 문화의 정채와 매력은 필자가 오랜 기간 침잠해 왔던 명·청 문화와 서로 대화하고 서로 보충할 수 있을 것이다. 삶은 유한하지만 지식의 대상은 무한하다. 고려대 교수들이 필자를 위해 조선 한자한문문화 전당의 자물쇠를 열어 주어, 모르는 것을 묻고 학문의 진리를 추구하는 동시에 천애지기의 의기를 투합하게 한 것은 틀림없이 나의 인생에서 가장 훌륭한 경험이 될 것이다.

고려대는 필자 인생에서 귀중한 장소이며, 심 교수는 묘선(妙善)의 은사이다. 심 교수는 학문에 대한 진중한 갈구에서 필자로 하여금 지음과 계합할 수 있는 기회를 주었기에 진정으로 감격했다. 이 지극한 행복은 오래갈수록 향기가 날 것이다. 필자는 2012년부터 5년간, 졸저《도성행락》의 한국어 번역과 관련된 여러 인연을 이야기했는데, 이 길고긴 여정은 운명의 색채를 띠고 있으며, 또 대단히 가치 있는 국제 간 학문교류의 여행이기도 했다. 이 운명의 길은 나로 하여금 한국 교수들과 천애지기의 우정을 맺게 했다. 비록 서로간에 유창하게 대화할 수는 없어도, 필담으로 병세의 회심을 할 수가 있었다. 필자는 지식, 인정, 풍경의 세 방면에서 한국과 맺은 인연이 부단히 이어지고 깊어져 가기를 기대한다. 연기(緣起)는 불멸하는 법이다! 졸저의 저술 인연과 감사 표시에 관해서는 원판 중국어본 저자 서를 참조하기 바란다.

2016년 9월 1일
마오원팡

***

2016년 후기를 쓴 이후 훌훌 다시 3년이 지났다. 그 사이 필자는 심경호 교수와 여러 교류활동을 지속하여, 심 교수를 모시고 학술회의나 기조강연을 개최하고 특별기고를 청하는 이외에도, 심 교수의 저작과 한국한학자 논총의 번역출판계획을 추진해 왔다. 필자와 심 교수의 '병세회심(並世會心)'은 학술 방면에 그칠 뿐 아니라, 자연 경승을 마음껏 노닐며 마음이 회통한 데에도 있다. 2017년 세밑에 해발 2,200m인 대만의 아리산에 투숙하여, 축산 정상에서 일출과 광활한 운해를 함께 보고 삼림의 오솔길을 느긋하게 거닐었다. 또 이튿날에는 차를 달려, 산기슭의 분기호에 있는 옛 거리에서 오후의 겨울 햇볕 아래에서 여유로운 모임을 가졌다. 2018년 봄에는 서울 고려대학교 근교의 삼각산 길상사에서 종소리를 듣고 차를 마시며 새해를 축하했고, 2018년 초여름에는 추사 김정희의 만년 거처인 경기도 과천의 과지초당에서 훈풍을 사뿐히 맞으며 청담을 나누었다. 이처럼 잊을 수 없는 여행은 필자로 하여금 심 교수의 막힘 없는 박학과 광활한 사유에 접하게 하였으며, 이를 통해 왕왕 심 교수가 마음, 눈, 필기구를 쥔 손 등 다방면으로 관조하는 시흥과 높은 이념의 철학에 접할 수 있었다. 마음으로 통했기에 언어의 장벽은 전혀 문제가 되지 않았다. 심 교수는 눈앞의 경물에 촉발되어 손 가는 대로 종이 조각에 한자를 썼는데, 자유자재로 써 내려가는 동서 지혜의 한 구석을 따라가면, 용이 구름 속에서 동쪽으로 비늘 한 조각을 슬쩍 보이고 서쪽으로 발톱 반쪽을 슬며시 드러내는 것과 같아, 화제마다 이끌려나오는 깊은 사유가 여행지의 아름다운 경치를 유유히 즐기는 우리의 시공간 속을 맴돌아 오랫동안 향내를 발산했다. 심 교수는 열정적으로 지역・시대・국적 그리고 언어의 경계를 초월하고 관통하며 만물을 포괄하는 생생한 의상과 격렬한 문화 공감을 모색하여, 필자의 마음속에 인문의 광택과 광휘를 영원히 비출 것이다. 내가 가장 잘한 것이라고 한다면 천하에 명성이 가득한 대학자 심 교수와 친근해진 일이다. 심 교수와 좋은 인연을 맺어 병세회심한 것은 필자의 인생에 있어 큰 행운이다. 역서의 출판을 얼마 앞두고 추기를 부기하고자 한다.

2021년 신축년 새해 5일 전

역자 서문

1

2016년, 유례없이 무더웠던 7-8월에 나는 타이완 중정대학의 마오원팡(毛文芳) 교수의 《도성행락(圖成行樂)》(學生書局, 2008)을 번역한 원고지 4,700매 분량의 원고를 재정리했다. 2008년 여름 대만대학의 학회에 참석하러 갔다가, 명말청초 초상화 제영(題詠)에 대해 분석한 이 홍미로우면서도 두툼한 책을 교내 서점에서 구입했다. 마오원팡 교수가 2013년 겨울 고려대학교 민족문화연구원의 타이완 · 한국 국제학회에 참석했을 때 인사를 나누었고, 2014년 여름에는 마오원팡 교수와 함께 민족문화연구원에서 '동아시아의 도상과 문학'에 관한 연속 강좌를 열었다. 그리고 2014년 가을 메이지대학 객원교수로 나가 있으면서 2015년 2월까지 숙소에서 매일 조금씩 작업하여《도성행락》의 1차 번역을 마쳤다. 2015년 12월에는 타이완 중앙연구원과 중정대학의 학술대회와 세미나에 초청되어, 다시 마오원팡 교수와 학문적인 토론을 나누었다. 2016년 9월에는 마오원팡 교수의 한국어판 서문을 받아 번역을 마쳤다. 하지만, 다른 연구 과제들이 산적해서 번역 원고를 재정리하지 못하다가, 2018년 여름에 다시 원고를 검토할 수 있었다. 그리고 출판문화원의 사정도 있고 해서 2020년 11월에 이르러서야 출판 준비를 다시 시작하게 되었다. 이에 2016년에 작성했던 역자 서문을 그대로 사용하되, 일부 사실을 추가하기로 한다.

2

내가 번역한 마오원팡의 이 책은 명청 시대 문인들이 행락도 형식의 초상화(이하 '화상'으로 통일)를 제작함으로써 자아를 과장, 은폐하면서 유희하는 방식을 논하고, 제영을 통해서 동시대의 문학집단을 형성하고 나아가 초시간적 문학 살롱을 구축하는 방식을 면밀하게 논한 역작이다. 명·청의 초상화 형식은 조선 후기의 회화에 영향을 끼쳤고, 그 제영의 문화는 조선이나 일본과 상통하는 면이 많다. 대만대학 서점에서 이 책을 처음 보았을 때의 신선한 충격을, 번역 원고를 정리하는 중에도 거듭 느꼈다. 기이한 일이다.

마오원팡 교수의 이 책은 명나라 육수성(陸樹聲), 청나라 김농(金農), 하천장(何天章), 서구(徐釚), 진유숭(陳維崧), 왕사진(王士禛)의 화상과 그 화상의 화권에 덧붙여진 제영들을 전부 검토했다. 그로써 문학과 서화를 아우르는 명·청 예술계를 거시적으로 조망하고, 자기의 내면을 토로하는 자술(自述)의 방식과 문학 집단의 동시적·중층적 형성과정을 분석함으로써 예술의 사회사를 논했다. 논증은 치밀하고, 스케일은 크다.

마오원팡 교수의 이 책과 나의 인연은 어쩌면 1978년 12월에 학부 졸업논문을 작성했을 때 '예정'되어 있었는지 모른다. 나는 그때 고려 말 이제현이 원나라 대도에 있던 충선왕의 만권당에 가서 조맹부 등과 사귀고, 아미산에 행향(行香)하러 갔다가 다시 대도로 돌아가면서 지었던 사(詞)에 대해 논문을 썼다. 이제현의 이후로 고려와 조선에서 사패(詞牌)에 맞춰 한자와 어휘를 채워넣는 전사(塡詞)를 한 인물은 그리 많지 않다. 조선전기에는 김시습이, 조선 후기에는 정약용이 의미 있는 작품들을 제출했을 정도이다. 그런데 중국의 특히 강남 문화권에서 전사는 서정을 발휘하고 문학권을 이루는 데 매우 중요한 시가 활동이었다. 이제현은 귀국한 이후 거의 전사를 하지 않았고, 정약용은 강진에 유배 가서 전사를 잠깐 했다. 그 이유는 무엇일까 생각하여, 1982년 은사 정병욱 선생님의 회갑기념논문집에 '시와 사'의 양식 선택에 관한 나의 생각을 논문으로 작성해서 올렸다. 하지만 그것은 시가의 서정성 확보, 문학 교유의 매개물에 관한 초보적 관점을 제시한 것이었지, 고려·조선 문학과 중국 문학의 관계에 대해 깊이 고찰한 결과물이 아니었다. 이후 1983년 일본 교토대학으로 연수차 갔을 때, 시미즈 시게루(淸水 茂) 선생님이 매년 연하장에 전사의 작품을 써서 동료들이나 제자들에게 부치시는 것을 알았다. 작고하신 시미즈 선생님의 사는 이후 정리되어 단행본으로 출판되었다. 전사는 한자 문화권에서도 가장 까다로운 예술 활동이다. 중국에서 특수한 문예 집단이 그것을 중시한 이유, 중국 이외의 지역에서 일부 학자들이 그것을 시도한 이유는 마오원팡 교수의 이 책을 읽으면서 비로소 더욱 명료하게 설명할 수 있는 단서를 얻었다.

3

마오원팡 교수의 이 책은 또한 내가 매우 궁금해하던 문제를 풀어낼 실마리를 제공해주었다.

나는 정약용의 학문 방법이 청나라 초기 모기령(毛奇齡, 1623-1713)과의 간접적인 대결 속에서 형성된 것이라는 주장을 여러 논저에서 이미 밝힌 바 있다.

모기령은 정주이학(程朱理學)을 철저히 부정하고 청조의 고증적 학풍을 연 인물 가운데 한 사람인데, 조선 후기 문인들과 학자들로부터는 입이(立異)와 무승(務勝)을 일삼은 인물로 지탄받았다. 하지만 그의 주자 비판은 조선 문인·학자에게 적지 않은 충격을 주었다. 모기령은 문학에도 뛰어나 만수(曼殊)를 위해 〈만수장명(曼殊藏銘)〉과 〈만수별지서준(曼殊別誌書罇)〉을 남겼다. 정약용은 〈발만수전(跋曼殊傳)〉이라는 매우 짧은 글 속에서 "풍정(風情)의 묘(妙)를 극도로 서술하고 농염한 자태를 다 갖추어서 사람으로 하여금 넋을 잃고 애간장을 녹게 하여 도저히 똑바로 볼 수가 없다."라고 비난했다. 모기령의 〈만수별지서준〉은 청초의 장조(張潮)가 편찬한 《우초신지(虞初新志)》에 수록되어 있으므로 이 책의 유행으로 만수의 사실은 조선후기 문인들이 숙지하고 있었다. 모기령의 만수는 그의 애첩이다. 마오원팡 교수의 이 책 5장에서 다룬 진유숭(陳維崧)의 〈가릉전사도〉에 나오는 남성 가수 서자운의 호도 만수이다. 즉 그 가수의 자는 구청(九靑)인데, 호가 만수였다. 정약용을 비롯한 조선학자들은 외설로서 비난했지만, 진유숭의 치정(癡情), 흔히 남색(男色)이라고 조롱되어 왔던 독특한 연정은 중국에서는 하나의 문화 코드였다. 하나는 애첩이고 하나는 남색이지만 어째서 이름을 불교식의 만수라고 했을까? 이것은 명·청 문인들의 유불 합일, 유불 혼합의 정신태도와 밀접한 관련이 있고, 그것은 명·청 문인들과 조선 문인들을 구별해 주는 중요한 징표이기도 하다.

4

일본의 에도 시대에는 상점의 간판이나 깃발에 투박하고 굵은 글씨체를 많이 썼다. 그 글씨체는 한자보다는 가나를 적을 때 더 많이 사용하고 있지만, 나는 그 글씨체가 김농(金農)의 '칠분반서(七分半書)'의 칠서체(漆書體)를 닮았다고 생각한 적이 있다.

김농은 청나라 건륭 때 양저우(揚州)를 중심으로 활동한 광기 어린 여덟 명의 예술가들인 양저우팔괴(揚州八怪)를 대표하는 인물이다. 고향은 항저우(杭州)인데, 30세가 지나서 각지를 두루 돌아다니며 시·서에 정진했고, 60세 무렵부터 항저우에 정착했다. 이때부터 남종화를 버리고 개성적인 화풍을 이루었다. 매화·말 등을 잘 그렸으며, 만년에는 불화에 손대었다. 그런데 그림보다 글씨가 더 특이했다. 그의 칠분반서는 금석탁본을 근거로 이루어낸 서풍이다. 현재는 중국에서뿐 아니라 외국에서 더 열광한다. 그도 위에서 말한 모기령과 절친했고, 당대의 많은 문인들과 교유했다. 우리나라에서는 추사 김정희가 김농과 정판교, 즉 정섭의 글씨를 두고 '천기(天機)가 유동(流動)하고 기굴착락(奇崛錯落)한 솜씨'라고 평가했으나, 김농의 글씨는 정판교의 글씨만큼 유행하지는 않았다. 글씨체가 너무나 파격이라서, 조선의 사대부 문인들은 친근감을 느끼지 못했을 수 있다. 이것을 보면 중국과 일본, 한국의 서예미를 그 차별상의 관점에서 논할 수 있을 것도 같다.

고려 말에 이제현은 원나라 대도의 만권당에서 조맹부와 교유하면서 전사(塡詞)의 예술행위를 배우는 한편, 왕희지체를 수용했다. 귀국 때 이제현은 조맹부의 서화를 많이 가지고 들어와, 그것이 조선 시대의 예술에 깊은 영향을 주었다. 안평대군도 조맹부체를 배웠고, 세종의 명으로 제작한 갑인자 활자도 조맹부체를 따랐다. 선조 때 석봉 한호가 조맹부체를 극복하고 왕희지체의 본령을 새로 터득했다고 하지만, 조선 후기에 원교 이광사와 추사 김정희가 나오기까지는 왕희지체를 새로 해석한 예가 드물었다. 청나라의 김농이나 조선의 원교와 추사, 일본의 서민풍 서가들의 참신한 시도는 동아시아 각각의 지역에서 일어난 미적 감각의 독자적 변화를 반영한다.

5

마오원팡 교수의 이 책에서 내가 현재까지 진행해온 작업과 직접적으로 연관되는 부분은 동아시아 문화권의 '자술(自述)'에 관한 주제이다.

나는《내면기행》과《나는 어떤 사람들인가—선인들의 자서전》를 통해서 근대 이전 주체의 문제를 다루었다. 마오원팡 교수가 다룬 행락도는 바로 도상을 통한 자술과 관련이 있다. 특히 화상에 쓴 자신의 제영은 그 자체가 자술 문학이다. 타인의 화상 제영도 중요하다. 그것은 한 개인의 자기 평가와 타자의 객관 인식 사이의 거리를 이해하는 한 중요한 논거를 마련해 준다.

한자문화권의 사람들은 삶의 세부를 서술하면서 자의식을 강하게 드러내는 문학 양식을 발달시켰다. 삶의 궤적을 연표 형식으로 제시하면서 자기 삶을 응시하는 관점을 가탁해두고, 자기 삶에 대한 자평을 몇 마디 말이나 문장으로 밝히고는 했다. 내면의 모순을 심각하게 반추하지는 않았으며, 마음 깊은 곳에서 솟아나는 웃음, 허무, 비애의 감정을 철저히 드러내지도 않았다. 한자 문화권의 사람들은 대개 자기 자신을 과거의 인물 전형과 비교하여, 자신이 바람직하다고 여기는 삶을 서술하거나 스스로를 꾸짖었다. 전형을 통해 보편적 윤곽을 그려내는 문화적 관습을 활용하여 자기 삶을 고백하고 인성을 성찰했기에, 동아시아 한

자 문화권의 자술 문학에는 그 나름의 긴장이 있다.

바로 이러한 긴장을 중국 명나라와 청나라의 화상과 제영에서 읽어내고, '나'의 자기인식과 외부 평가의 모순을 밝혀내려고 한 것이 마오원팡 교수의 이 책이다.

나는 기왕의 연구에서 우리나라 선인들의 자술 문학을, 자찬 묘도문자, 자서(自敍), 자전(自傳), 자보(自譜), 자술(自述), 자술연기(自述年紀), 자만(自挽), 화상 자찬(畵像自贊) 등으로 구분했다. 그런데 화상 자찬에 대해서는 별도의 논문을 작성하지 못했다. 기회가 주어진다면, 마오원팡 교수의 방법을 내 나름대로 활용하여 한국, 중국, 일본의 화상 자찬을 다루어보고 싶다.

6

나는 우리나라 문학에 깊은 영향을 준 중국 시인들을 선별하여《한시의 성좌》(돌베개, 2014)를 간행한 일이 있다. 그 가운데 청나라 시인으로는 왕사진을 다루었다. 2012년 2월 3일, 일본 동양문고에 소장된 추사 김정희의《정화선존(精華選存)》1책을 보고서 깊은 느낌이 있어서 그날로 왕사진과 한국문학의 관계를 논한 것이다.《정화선존》은 왕사진의《정화집》에 들어 있는 시를 김정희가 수정(手訂)한 것인데, 구한말의 장서가 심의평(沈宜平)이 베껴서 책을 엮었다. 왕사진은 신운설을 주장하고 실천한 시인으로, 주이준(朱彝尊)과 함께 '주왕(朱王)'이라 병칭되었다. 조집신(趙執信)이란 시인은 그를 비판했지만 대부분의 청나라 사람들은 서척(書尺)과 필화(筆話)에서 '어양(漁洋)'이란 두 글자만 나오면 반드시 도항(跳行)하여 쓸 정도로 그를 존경했다. 왕사진은 한편으로는 고시에 평측의 법칙이 있다고 주장했다. 그의 주장은《왕문간고시평측론(王文簡古詩平仄論)》에 정리되어 있다. 그 핵심은 장편 칠언고시의 평운도저와 측운도저 형식에서 출구와 대구(낙구)의 평측을 번잡하게 규정한 것이다. 정약용은 이를 비판하고 독특한 고시형식법을 주장했으며, 강진 유배시절에 자신의 이론을 실제 창작에 적용했다.

그런데 나는《한시의 성좌》에서 왕사진을 다루면서 한 가지 중요한 사실을 놓치고 말았다. 그것은 왕사진이 한림내각과 문단에 교묘하게 다리를 걸쳐두고, 문화 자본과 상징 자본을 이용하여 강희 연간의 복잡한 교유관계를 구축하고 권력 네트워크를 깔았다는 사실이다. 그 사실은 마오원팡 교수가 이 책에서 선명하게 부각시켰다. 왕사진은 젊은 시절 명나라 유민을 자처하는 지식인들과 함께 사단(詞壇)에 속해 있었지만, 한림내각에 들어간 이후 독존의 문학장을 창조하여 문생집단의 외연을 적극적으로 확장하고 반대로 사단과는 거리를 두었다. 왕사진의 시학, 학술교류, 창화 수응의 활동이 그의 권모술수 심기와 관련이 있었다는 사실을, 마오원팡 교수는 왕사진의 화상 제영을 분석함으로써 멋지게 폭로했다.

7

마오원팡 교수의 이 책은 내가 진행하던 작업에 많은 가르침을 주었다.

나는 2020년 6월에 그림의 한 구석에 적힌 제영들에 관해 고찰한 글들과 그림의 감상을 적은 시문들을 분석한 논문들을 묶어《옛 그림과 시문》(세창출판사)을 간행했다.

동양화에는 시뿐만 아니라 단문의 찬(贊)을 적기도 했다. 또 이미 널리 알려진 시문에 따라 그림을 그린 시의도(詩意圖)나 문의도(文意圖)도 발달했다. 그림에 써넣은 시나 문을 제화(題畫)나 제영(題詠) · 제찬(題贊)이라고 한다. 본래 그림 한 구석에 시구를 적는 것은 남송 때 마원(馬遠)이 자신의 〈산경춘행도(山徑春行圖)〉에 "觸袖野花多自舞(촉수야화다자무) 避人出鳥不成啼(피인출조불성제)"의 구절을 써넣은 이후라고 한다. "소매 스치는 들꽃은 바람결에 춤추고, 사람 피해 나는 새는 울음을 그쳤구나"라는 뜻인데, 이 제영을 통해 비로서 그림의 의미를 확인할 수 있다.

제화 시문은 시문이 먼저 있고 그 시문에 따라 그림을 그린 경우도 있고, 그림을 그리는 주체가 그림의 주제나 그림을 그릴 때의 심경을 스스로 밝히는 경우도 있으며, 그림이 완성된 후 제3자가 감상의 소감을 화면의 빈 공간이나 별지에 적는 경우도 있다. 이 제화의 시문은 인문 정신이 회화의 세계와 관계를 맺는 중요한 예술 양식이다. 근대 이전의 예술계에서는 문학과 예술의 각 장르가 서로 간섭하고 상보하면서 독특한 인문세계를 형성했다. 특히 인물화 가운데서도 화상의 감상은 찬(贊)·지(識)·서(序)를 함께 해석해야만 대상 인물의 내면세계를 이해할 수 있다.

바로 화상의 제영에 대해 집중적으로 연구한 것이 마오원팡 교수의 이 책이다. 중국에서는 그림을 교유권 확장과 시단 내 위상 확립의 매개물로 사용하는 일이 적지 않았으며, 그림에 대한 제영은 다음 세대, 또 다음 세대까지 이어져, 제영자가 100여 명이 넘기도 했다는 사실을 이 책을 통해서 알았다. 중국의 행락도 제영과 문학권의 성쇠, 양식의 선택과 문학 권력의 변천에 대해 실증한 저술로는 마오원팡 교수의 이 책만한 것이 없다. 나는 이 책을 번역하면서, 제영의 구체적 실상을 이해하게 되었고, 근대 이전 한국의 그림 제작과 제영의 문제를 논할 때 고려해야 할 여러 사안들을 새로 발견할 수 있었다.

8

마오원팡 교수는 따뜻하다. 겸손하다. 엄정하다. 정력적이다. 그의 인품이 이 책의 문체에, 이야기를 풀어나가는 방식에, 자료를 분석하는 태도에 드러나 있다. 글은 그 사람을 그대로 드러낸다는 말이 이 책의 경우에 해당되는 듯하다.

마오원팡 교수는 이 책을 2007년에 공간한 이후로도, 인물 화상에 관한 중요한 논문들을 속속 발표하고 있다. 지면 관계상 그것들을 함께 소개하지 못하는 것이 아쉽다.

마오원팡 교수의 말씀대로 사람과 사람의 만남은 인연에 의하여 이루어진다. 학술 연구도 끊임없는 결연(結緣)의 여행이다. 한국 내에서의 학문은 세계 학문의 흐름을 무시한 채 존립하기 어렵다. 마오원팡 교수의 학문 자세와 학문 방법을 이해하고 함께 공유하는 독자들이 많아지면 좋겠다.

번역 원고를 정리할 때 마오원팡 교수에게 의문 나는 점을 일일이 여쭈었는데, 이때 고려대학교 박사과정에 유학하고 현재 타이완 정치대학의 교수로 있는 임유의 군의 도움을 받았다. 출판 원고의 최종 교정 때는 노요한 연구교수가 일별해 주었다. 감사의 뜻을 여기에 표한다. 그리고 원저의 도판을 사용할 수 있도록 자료를 제공해주신 타이완 학생서국(學生書局) 출판부에 감사드린다.

2021년 2월, 번역 원고를 다시 다듬다가 제2장 김농(金農)의 화상자제(畫像自題)를 풀이한 마오원팡 교수의 글을 읽으며 무한한 상념에 젖었다. "완전히 고립하고 절망하여 비관적인 이 화상을 대체 누구에게 보내야 적합할 것인가?" 마오원팡 교수가 이 책을 간행했던 2008년, 내가 이 책을 번역하기로 마음 먹었던 2013년, 그 해는 이미 오래전 과거가 되었다. 그러나 마오원팡 교수가 화상과 화제를 통해 만명 · 청초 문화사를 그려내었던 그 젊은 의도, 내가 이 책을 우리 학계에 소개하려고 했던 그 희원은 이제라도 저 고적감을 보상할 수 있지 않을까 생각한다.

끝으로, 이 번역본이 최종의 모습을 취하기까지 교정에 진력해 주신 고려대학교 출판연구원의 유재혁 주임님, 청대 문인에 관한 여러 사항을 확인해 준 린유이(林侑毅) 대만 정치대학 교수, 원고의 정리와 색인 작성에 도움을 준 고려대학교 한자한문연구소 노요한 연구교수에게 감사의 말씀을 올린다.

2021년 2월 20일

마당 작은 집에서

저자 서문

지음, 인연, 영광

2007년 청명의 날 이후에 친정 부모 및 아우와 함께 중국 창저우(常州)로 성묘를 갔다가 상하이를 거쳐 타이완으로 돌아온 지 얼마 되지 않아, 이메일 함을 열어보니 상하이에서 발송된, 낯선 이름의 메일 하나가 문득 눈길을 끌었다. 메일의 내용은 이러했다.

> 마오원팡 교수님 안녕하십니까!
> 일면식도 없던 사람이 외람되게도 번거롭게 하는 점, 양해하여 주시기 바랍니다. 저는 〈풍강어부도(楓江漁父圖)〉 수권(手卷)을 소장하고 있는데, 교수님이 〈문화 분장의 수수께끼—청나라 초 〈풍강어부도〉 제영 연구〉 논문을 쓰신 것을 알고 일독하기를 간절히 바라고 있습니다. 옥고의 별쇄본이나 복사본을 얻어 볼 수 있을까요? 허락하여 주신다면 대단히 감사하겠습니다.
> 상하이에 오실 기회가 있으시면, 저의 집에 왕림하셔서 〈풍강어부도〉를 감상하셔도 좋습니다.

이 이메일은 놀라움과 의아함을 불러일으켰다. 2003년 늦가을 나는 청나라 서구(徐釚)의 〈풍강어부도〉 및 제영에 관한 연구를 착수하여, 2005년 8월 베이징에서 개요를 발표하고, 이어서 《청화학보(淸華學報)》에 투고하여 세 교수님들의 귀중한 심사 의견을 받아들여 원고를 대폭 수정한 이후, 2006년 12월 《청화학보》 제36권 제2기에 게재한 일이 있다. 나로서는 서구 연구가 마무리되어 3년 동안 얽혀 있던 연구주제에 마침표를 찍은 셈이었다. 서구에 대해 내가 보고 들은 범위의 것을 전부 쏟아낸 뒤여서, 양총허(楊崇和) 선생이 보내주신 이메일은 나를 더욱 아득한 꿈나라로 이끌고 갔다.

당초 유감이었던 것은, 사방으로 찾아다녔지만 연구의 핵심 자료 〈풍강어부도〉가 이미 실전되어 화면(畫面) 정보를 알 수 없었다는 점이었다. 다만 항저우(杭州) 저장(浙江)도서관 고적부에서 목판화 한 폭을 발견했으나, 안타깝게도 원래의 그림은 아니었다. 그렇기는 하지만 그림의 배후에 놓인 광대한 문화적 정보들, 즉 상주(像主)의 영혼의 노정, 제영(題詠) 집단의 구성과 시사(詩社)의 성격, 제영 내용에 담긴 출사와 은둔의 변증법, 문화분장으로서의 회상(繪像) 제작 의미 등등을 탐색하는 데는 아무 지장이 없었다. 베이징에서 연구논문을 제출했을 때 여러 교수들이 호평을 해주며 내 연구 방향이 매우 의의가 있다고 인정해주었다. 또《청화학보》의 한 심사위원은 내 논문이 탐정소설과도 같아서 실마리를 찾아가고 고치실을 하나하나 벗겨나가는 듯 읽는 재미가 있다고 했다.

양총허 선생은 누구일까? 이 분은 〈풍강어부도〉를 소장하고 있다는, 하늘에서 떨어진 듯한 소식으로 나를 유혹했을 뿐 아니라, 나를 몹시 불안하게 만들었다. 지난날 서구 화상의 제영을 연구할 때 화상 실물이 존재하지 않는다고 전제했으므로, 완전무결하다고 스스로 생각한 논문의 결론이 이 때문에 흔들리지 않을까? 종이 위에서 병법을 논하고 방 안에 틀어박혀 수레를 만드는 나에게, 소장자는 유리한 입장에서 의문을 제기하여, 실물이 존재하지 않으리라는 전제 위에 이루어진 나의 연구 성과에 대해 도발하는 것이 아닐까? 이메일은 실물이 세상에 존재한다는 사실을 알려주어 몹시 흥분하게 만들었지만, 정보를 조금 늦게 전해 주어 유감을 갖게 만들기도 했다.

메일의 어조를 다시 보니, 실물의 정황을 진심으로 알려주려는 훌륭한 분임에 틀림없거늘, 소인의 좁은 마음으로 군자의 의중을 제대로 헤아리지 못하다니! 어떻든 메일을 받지 않은 듯 가장할 수도 없었고, 〈풍강어부도〉가 전하지 않는 척 졸문을 세상에 내놓고도 가책 없이 지낼 수는 없어서, 탐정을 자처하는 연구자의 본능으로 눈앞의 이 중요한 실마리를 진지하게 받아들이기로 했다.

어떻게 답신을 하지? 보내온 메일은 서명 이외에는 발신자에 대한 어떤 정보도 없었다. 세 글자의 그 이름은 정말 처음 보는 성함이었다. 고루과문의 내가 숲처럼 늘어선 대륙의 연구논총 가운데서 미처 확인하지 못한 것이 아닐까? 어쩌면 태산처럼 우뚝한 대학자가 아닐까? 대체 어떤 분일까? 구글을 여러 번 클릭하고 또 본인께 확인함으로써, 활달하면서 깔끔하고 말쑥하신 양 선생이 바로 미국에 유학하신 적이 있는 전자학 박사로, 상하이의 한 과학기술공사(회사) 총재로 계신 분이라는 사실을 알았다. 양 선생은 평소 문인의 물품을 좋아하여, 2003년에 이 그림을 경매로 구입하고, 사무실에 '풍강서옥(楓江書屋)'의 편액을 걸어둔 분이셨다. 양 선생은 그 그림을 진장하고 애완하는 진정한 전문가이셨다. 그렇지 않다면 나의 《청화학보》 별쇄본을 받아보신 다음 날 즉각 나의 글에서 두 곳의 잘못을 지적하지는 않으셨을 것이다.

시대를 달리하는 지음

나는 생각해보았다. 〈풍강어부도〉의 소장자와 연구자가 드넓은 이 세상에서 서로 만나게 된 의미는 무엇일까?

고아한 취미와 정확한 감식을 지니신 기업가로 말하면, 〈풍강어부도〉 권(두루마리)을 펼쳐 볼 때마다 노년·중년·청년의 각기 다른 연령대에 속하며 각기 다른 처지에서 각기 다른 일생을 살았던 청나라 강희 연간의 70여 문인들이 눈앞에 돌연 현신하여 한 사람 한 사람 서구의 그림에 대해 자신만의 견해를 토로했을 것이다. 양 선생은 〈풍강어부도〉의 소장을 통해, 그림의 희세의 가치를 향유하셨을 뿐 아니라, 회화 동기와 시대배경까지 완전히 파악하셨을 것이다.

'실물이 존재하지 않았지만' 상아탑 속에서 어떤 실마리를 찾으려고 했던 나는, 서구가 강희 14년(1675) 사빈(謝彬)의 요구에 응해 이 그림을 제작했을 때의 전후 심경을 부단히 조사하여 왔다. 사빈은 근 100명에 달하는 사람들에게 자신의 화상에 제영을 청했는데, 그들은 대체 누구인가? 대체 무엇을 말한 것일까? 서로 모순되는 듯한 대화가 여럿 있는데, 어째서 이렇게 말한 것일까? 20년 후 서구는 애착의 정을 잊지 못하여 스스로 〈풍강어부전(楓江漁父傳)〉을 지어 이 그림에 조응시켰으며, 제영들을 모아 판각하여 집(集)을 이루었다. 나는 서구의 개인사와 교유권 속으로 가만히 들어가, 이 화권이 남긴 수수께끼들을 풀어보고자 시도했다.

세상 사람들에게 300년 전 저명했던 문인 서구를 또렷이 이해시키기 위해, 그가 수용되고 의심받고 의혹받고 감사받고 고통 겪고 참회하고 선양되고 자괴에 빠진 사실들에 대해, 그 과정에서 그가 겪었을 마음의 역정을 해부하는 일은 연구자가 떠맡아야 할 일이었다. 그리고 그것은 소장자 양 박사에게 자신의 마음을 바치는 기회가 될 것이다. 희세의 진보가 연구자에게 문화 본상 해석의 증거로 이용되어 세간의 이해를 더 얻게 되는 일, 이것이 소장가가 바라는 일이었다.

300년이나 지나도록 양 선생이나 나처럼 서구를 또렷하게 이해한 사람은 다시 없었다. 70여 제영의 주위를 맴돌던 나는 상아탑 속에서 고군분투했을 따름이었으니, 큰 바다 밖에 지음이 있으리라고는 생각도 못했다. 서구와 관련하여, 소장가 양 선생과 연구자인 나는 시대를 뛰어넘은 지음이 되었다. 수십여 통의 메일을 주고받으며 우리는 지음으로서 묵계를 맺었다.

옛 그림은 내달린다

꿈의 밑바닥에 잠자고 있던 서구를 불러 깨운 이후 가장 기대한 것은 1675년 사빈이 서구를 위해 제작한 화상을 직접 보는 일이었다. 너무나 감격스럽게도 마침내 나는 〈풍강어부도〉의 전모를 볼 수 있었다. 300년 전 많은 문사의 칭송과 제영을 받은 화상이 바로 어제 것처럼 또렷하게 내 앞에 있었다. 나는 숨을 참았다. 숨을 뿜으면 화폭이 눈앞에서 사라질 것같이 두려웠다. 마우스를 26×133㎝의 화심(畫心) 상하로 이동시켰다. 나는 논문 첫머리에 납란성덕(納蘭性德)과 고정관(顧貞觀)의 제사(題詞)를 인용했었는데, 화심 끝부분에서 두 사람이 제사를 나란히 적은 본래의 모습을 보았을 때, 정말 환몽과 같아서 도저히 믿을 수가 없었다. 이 약동하는 필적을 통하여 나는 쏟아지는 빛 속에서 두 사람이 붓을 빨고 먹을 묻히는 광경을 실제로 보는 것만 같았다.

하나도 빠짐없이 화끈하게 양 선생은 제첨(題籤), 화심(畫心), 타미(拖尾) 등 길이 2,000㎝의 전체 권면을 하나하나 사진으로 찍어서 영상들을 제공하여, 꼼꼼하게 보고 거듭거듭 살필 수 있게 해주었다. 서구를 재확인하는 과정 중에 화면의 정보가 제기하는 어떤 의혹에 대해서도 양 선생께서는 하나하나 정성껏 답변해주었다.

서구의 화상은 양 선생의 풍강서옥에 진좌하고 있었다. 21세기 초의 새벽빛과 달빛이 17세기 말 탄생한 강남의 화권을 비추자, 어른거리는 빛과 그림자 속에 어부는 낚시를 드리우고 걸터앉아 있으며, 강기슭에는 붉은 단풍과 푸른 갈대가 있고 오강(吳江) 일대에는 아지랑이와 노을이 하늘까지 닿아 있었다. 70여 제영의 분방한 필묵은 이제 막 휘호한 듯 생동적이고, 첨명(簽名)의 제서(題署), 주사(朱砂)의 감인(鑑印)은 모두 개성적이었으며, 제영의 배후로 수많은 고사와 심상이 펼쳐졌다. 이것들은 화상의 상주 서구에게만 속하는 것도 아니고, 파신파(波臣派) 화가 사빈에게만 속하는 것도 아니며, 제영을 남긴 70여 명의 국사(國士)들에게만 속하는 것도 아니고, 강희 40년 초두의 오강 지역에만 속하는 것도 아니었다. 거기서부터 양씨 댁으로 나아가, 양 박사 인생의 전환점을 이루었고, 전전하여 연구자의 고찰과 공개를 통하여, 인연 있는 독자들을 초청해서 함께 관람하도록 만든다. 〈동강어부도〉는 내달려나가서 21세기 문화의 새로운 총아가 될 것이다.

소장자의 호방한 태도

당나라 태종은 마음이 인색하여, 소익(蘇翼)이 변재화상(辯才和尙)에게서 가져온 왕희지(王羲之)의 〈난정집서(蘭亭集序)〉를 너무도 아끼고 사랑해서 능묘 속으로 가지고 들어가 후대 사람들로 하여금 볼 수 없게 만들었다. 가까스로 풍승소(馮承素)가 구모(鉤摹)한 '신룡본(神龍本)'으로 한 시대의 풍류를 아득히 상상할 수 있을 뿐이다. 그런데 호방한 기세를 지닌 사람이 있어, 고심하여 비장한 지보를 세상에 공개했으니, 이 점만으로도 허궈칭(何國慶)과 양총허 두 선생은 당나라 태종보다 훨씬 사람들을 감복하게 할 분들이다.

두 해 전, 필자는 타이완의 저명한 소장가이시자 '허창스서법예술기금회(何創時書法藝術基金會)' 이사장이신 허궈칭 선생을 알게 되었다. 허궈칭 선생은 만명(晩明)의 서화를 많이 소장하고 있다. 근래에는 만명생활미학 인터넷 사이트를 구축하여, 그간 구입하여 소장해왔던 진품들을 세상에 공개하고 있다.

한 분은 풍강서옥의 주인, 한 분은 만명생활미학 사이트의 주인으로, 두 분은 현대의 성공한 기업가이자, 현대의 옛 사람들이다. 이 분들이 문화유산을 진장하고 보호하는 시야와 흉금은 세속의 길을 멀리 벗어나 있어서 사람의 마음을 쏠리게 만들었다. 그들은 사업에서 성공했을 뿐 아니라 문화유산에 대해서도 심력을 쏟고 있기에, 크게 탄복하지 않을 수 없다.

허궈칭 선생과 함께 중정대학(中正大學) 닝칭후(寧靜湖) 커피숍에 앉아 이야기를 나눈 그날 오후는 실로 흡족하고 기쁨에 넘쳤다. 허궈칭 선생이 일부러 방문해준 데 대하여 마음이 뛰었고, 허 선생이 문화 발전에 공헌하려는 뜻을 지니신 데 대하여 깊이 감동했다. 게다가, 허궈칭 선생이 가보의 서화에 대해 지닌 전문지식은 관련 연구서를 간행한 적이 있는 필자의 얼굴에 땀이 흐르게 만들었다. 소장가 허궈칭 선생은 구래의 문인이 골동품을 비장만 하고 공개하지 않아오던 악습을 일소했다. 음식을 간소하게 들고 태도가 겸손한 이 기업가는, 문화의 진보를 남들과 공유하려는 큰 기백을 지녀, 소장품을 열람하게 해주고 또 사이트를 만들어 독자가 열람할 수 있게 하니, 골동품에 대하여 실로 재조(再造)의 은혜가 있다고 하겠다. 그리고 학계에 연구 자료를 선뜻 제공하기도 해왔다. 내가 명청 문인 화상의 제영을 연구한다는 것을 알고는 필자를 기금회로 초청하여 우지정(禹之鼎) 그림의 〈허력신급간소영(許力臣給諫小

影)〉 진품을 열람할 수 있게 해 주었을 뿐 아니라, 기금회 간사 우궈하오(吳國豪) 박사를 통하여 전체의 디지털 자료를 보내주어 연구를 진일보시키도록 했다.

허궈칭과 양총허 두 기업가가 진귀한 문헌을 거리낌 없이 제공한 것은, 명청 향신(鄕紳)(재지사족)이나 부호들이 문사들의 문화활동을 찬조했던 일을 생각나게 했다. 그분들은 문헌이 부족해서 곤란을 겪는 필자에게 실질적인 도움을 주어, 졸저를 완성하는 데 없어서는 안 될 공헌을 했다. 두 소장가들은 중국 희세의 보물의 수호신이자, 일면식도 없던 연구자의 학술에 생명을 주신 귀인들이다. 그들의 호방함은 졸저로 하여금 더할 나위 없이 우아한 광채를 발하게 했고, 또 문헌 연구를 토대로 작성한 이 전문서를 열람하는 독자들에게도 큰 행운을 주었다.

기이한 만남은 우연인가 필연인가

이것은 일생의 기이한 만남과도 같았다.

2001년, 우연히 흥이 일어나, 집의 서가에서 별 뜻 없이《명청인제발(明淸人題跋)》하권을 펼쳐보다가 불과 몇 페이지 되지 않는〈장억낭잠화도권제영(張憶娘簪華圖卷題詠)〉에 이르러 대단히 흥미를 느껴, 곧바로 청나라 초 장수곡(張繡谷)이 희첩 장억낭의 화상에 쓴 제영에 대해 고증하기 시작했다. 2년 후 장억낭에 관한 과제를 마친 후, 손이 가는 대로 펼쳐보다가 아래 한 페이지에 이르렀는데 그것이〈서전발풍강어부소상제영(徐電發楓江漁父小像題詠)〉이었다. 장억낭에서부터 서구에 이르고, 타이완에서 베이징, 다시 상하이에 이르러, 2007년이 되어서 300년 전〈풍강어부도〉 진품과 조우했으니, 이는 우연하고도 기묘한 인연이 아니겠는가! 시간이 거꾸로 흘러, 20여 년 전 경제적으로 어려웠던 내가 타이베이시 충칭난루(重慶南路)를 지나다가, 세계서국(世界書局) 문 앞에 걸어둔 '도서 바겐세일'의 붉은 깃발들을 흘끗 보지 않았더라면, 세계서국 서점으로 들어가 3할 할인의《명청인제발》을 사지 않았을 것이다. 이 책을 샀더라도, 서재 한 구석에 밀쳐두었더라면, 끝내 한 번도 펼쳐보지 않았을 것이다. 만일《명청인제발》하권이 등실(鄧實, 1877-1951) 편《미술총서》로부터 〈서전발풍강어부소상제영〉 1권을 발췌해두지 않았더라면, 만약 내가 투고하여 논문 적요를 인터넷상에 올려 사람들이《청화학보》를 열람할 수 있게 하지 않았더라면…. 만일 양 선생이 경매시장에서 구입한 그림이 다른 화폭이었더라면, 만일 그가 인터넷상에서 〈풍강어부도〉 관련 정보를 찾아보지 않았더라면, 만일 그가 메일로 나에게 논문 별쇄본을 요구하지 않았더라면…. 이상의 일들이 시공이 뒤틀리거나 연결고리가 없었더라면 내 인생은 완전히 달라졌을 것이며, 이 책도 이러한 모습을 취하지는 않았을 것이다.

불가에서는 "100년 수행을 해야 함께 배를 타고 건넌다"라고 한다. 사람과 사람의 만남만 인연에 의해 이루어질 뿐 아니라 사람과 물건의 만남도 역시 그러하다. 연구자와 학술 과제의 상봉도 선연(善緣)의 구족(具足)을 필요로 한다. 학술 연구는 실은 끊임없는 결연의 여행이다.

흉중에 큰 뜻을 지니지 못한 필자이고 보니, 근년에 화상 제영의 연구에 종사한 것은 어떤 큰 발원을 한 것이 아니라, 문화에 관한 의문을 해결하지 않고는 못 배기는 고질병을 치유하고자 한 것이었다. 따라서, 기묘한 인연부터 이야기를 시작하는 것이 옳겠다. 이를테면 지난날《당시화보(唐詩畫譜)》연구를 아무 계획도 없이 시작했던 것이 그러하다. 당시 필자는 막 이사한 집의 서재를 정리하면서, 여섯 번의 여름과 겨울을 겪도록 책에 가득 쌓였던 먼지를 털어내려 하다가《당시화보》를 무심코 펼쳐보기 시작했다.

우연한 만남이라고 말했지만, 사실은 운명으로 예정되어 있었던 일이다.

나의 모친은 사진으로 가족 생활사를 기록하기 좋아한다. 모친은 우리 자매가 태어나 갓난아기가 어린아이로 되고, 성년이 되어 결혼하고 아이 낳아 기르는 통과의례 때마다 대단히 꼼꼼하게 사진을 남겨두셨다. 한 사람 한 사람 사진들을 분류하여 책을 만들어두셨으므로, 우리들의 인생은 모두 실가의 사진첩 속에 정연하게 기록되어 있다. 이렇게 가족의 성장사가 많은 영상으로 스크랩되어 있어, 이 스크랩이 마음속에 잠재하는 에너지를 자신도 모르는 사이에 촉발해 주었다. 그 결과, 나는 사진기를 들지는 않았지만, 화필을 집어 들었다. 대학 시절에는 잠깐잠깐 화실에서 목탄으로 소묘를 했다. 졸업 후 중학교 교사로 있을 때 대략 2년 동안 린윈치(林韻琪) 선생 아래에서 전서·예서와 화조 그림을 익혔다. 실은 스스로도 참을 수 없을 정도의 둔필이어서, 면지(棉紙)에 아무 표정도 없고 어떤 모양도 이루지 못한 도상을 그려내고는 했다. 이에 먹을 버리고 붓에서 벗어나, 수업을 마치면 사범대학 야간부로 달려가서 왕시우시옹(王秀熊) 교수의 '서양미술사', 왕여우쥔(王友俊) 교수의 '중국 미술사'를 방청하여, 제대로 알지 못하면서도 중국과 서양 미술사에 대한 시야를 깨쳐 나갔다. 연구소에 들어가서는 공펑청(龔鵬程)과 옌쿤양(顏崑陽) 두 분 은사에게 배워, 중국미학과 예술 사상의 지식을 쌓을 수 있었다. 후에 타이베이 예술사연구소에서 전 고궁박물원 원장 스쇼우치엔(石守謙) 교수가 개설한 사문과(四門課)를 방청하면서, 중국회화사에 관한 필자의 논제에 대해 더욱 체계적인 인식을 세우게 되었다. 특히 스쇼우치엔 교수는 매해 다섯 시간에 걸친 세미나 과목에서 자상하게 이끌어주고 반복해서 질문하여 치밀한 사유와 심오한 탐구를 해나가도록 필자에게 깊은 영향을 끼쳤다.

지난날을 돌아보니, 우연히 발걸음 향하는 대로 걸어온 궤적인 것 같지만, 서로 고리와 고리가 이어지듯 필연성이 존재한다. 사람과 사람, 사람과 물건, 연구자와 학술 과제의 상봉은 정녕 우연한 인연인 듯하면서도 서로 선택한 것이요 피차 접근해간 것이어서, 자석으로 흡인하는 듯한 필연의 결과라고 하지 않을 수 없다.

도상의 아우라

필자는 최근 수년 동안 하천장(何天章)·김농(金農)·서구(徐釚)·진유숭(陳維崧)·왕사진(王士禛)의 화상 속에 머물면서, 화상의 200-300년 이래 관중 가운데 한 사람이 되었다. 이 '각각 그린 바가 있는' 화상은 시대의 격막이 신비스러운 면사포처럼 가리고 있어서 연구자가 걷어주기를 기다리고 있었다. 화상 속에서 하천장은 주색가무의 즐거움을 누리는 퇴직 군관이다. 양저우팔괴(揚州八怪)의 한 사람으로 서화에 뛰어났던 김농은 갖가지 자태의 다양한 인간들로 이루어진 네트워크 속을 떠돌아다닌다. 40세의 서구는 강호에 소요하며 낚시질하는 어부의 형상을 취하면서도 마음은 궁궐에 두고 있다. 서자운(徐紫雲)의 퉁소 연주를 곁하고 있는 양선파(陽羨派)의 사종(詞宗) 진유숭은 풍성한 몸집에 수염을 휘날리며 붓을 잡아 영감을 찾고 있다. 왕사진은 여러 벌의 도상으로 일생의 은우와 이상을 기록하여, 그로 하여금 '문학정종'의 명예를 더욱 굳건하게 만들었다.

촬영 사진뿐만 아니라 진품의 화폭 하나하나에 베냐민(W. Benjamin)이 말한 '아우라'가 있다. 화가는 각 상주를 위하여 조연을 배치하고 빈 곳을 보충하여 멋진 친경(襯景)을 설계했으며, 화면에 생동감을 주려고 상주의 여러 자태를 안출하면서, 상주의 번득이는 눈빛이나 암시적인 자태를 통하여 그림 속의 세계를 주재하려고 했다. 그러고서 제영 문자를 개입시켜, 조연과 친경의 지위를 한껏 물러나게 만들었다. 세월에 씻긴 영구토록 적막한 화상과 제영은 은밀한 듯 침정한 듯 보이지만, 완연하게 필묵이 비동하여 신령한 그림자를 감돌게 하면서 고금을 빈번하게 왕래하여 필자의 눈 앞에 도래한다. 게다가 엄폐할 수 없는 것이, 화가가 상주를 위해 주입한 일생의 희원, 관중이 저때에 화상에 남겨두었던 필묵의 목소리이다. 그것들이 함께 화권에 낱낱의 아우라를 형성하며, 반짝반짝 빛을 내어, 21세기의 우리에게 분분하게 전기를 방출하고 있다. 부디 이 낱낱의 아우라가 독자의 시선을 단단히 끌어모아 주기를 기대한다.

문헌 채록의 여로

제영 문헌을 채록하는 과정은 확실히 정신을 소모시켰다. 하지만 위에 말했듯이 두 폭의 진품을 소장자들이 선뜻 빌려준 것 외에도, 뜻밖의 놀라움과 기쁨이 또 있었다. 2005년 8월 필자는 타이완의 여러 학자들과 함께 옌쿤양과 뤼정후이(呂正惠) 두 교수님들을 모시고 베이징 학술회의에 참석했다. 베이징대학 교수님들을 방문하는 중에 필자는 두 번에 걸쳐 베이징대학도서관 고적특장실로 가서 고적을 배열한 서고의 나무 향기에 푹 젖었다. 그러다가 아무 생각 없이, 진열장 창 안에 〈변영예화상(卞永譽畫像)〉이란 표제가 붙은 채색도가 걸려 있는 것을 보았다. 옌쿤양과 뤼정후이 선생님을 통해 고적부 션나이원(沈乃文) 주임의 허가를 받아, 아직 표목이 정리되지 않은 〈변영예화상〉을 도서관 관원의 협조를 얻어 열람할 수 있었다. 이것은 또 다른 강희 연간 문인 화상이었다. 그뒤 이틀 동안 베이징외어학원 장옌(張雁) 교수의 안내로, 우람한 베이징대학도서관 뒤쪽의 특장실로 가서 〈진유숭전사도기제영(陳維崧塡詞圖暨題詠)〉 두 책을 열람하고, 베이징대학 연구생 리웨이췬(李偉群) 양의 협조로 제영을 사진으로 찍었다. 이때의 발견으로 필자는 이 책의 제5장을 순조롭게 집필할 수 있었다.

리웨이췬 양은 나를 데리고 도서관 바깥의 캠퍼스를 만보하면서, 내게 베이징대학의 '이타후투(一塌糊塗)'를 알려주었다.[이타후투(一塔湖圖)란 박아탑(博雅塔), 미명호(未名湖), 도서관을 말한다. 그것들을 아울러 이타후투라 하면 엉망진창이란 뜻이 된다.—역자 주] 미명호 가에 머물다가 세르반테스 상 앞에 걸음을 멈추었다. 민국 초 이래 사람들이 흠모했던 베이징대학의 자유 학풍이 21세기 초가을의 가벼운 바람과 아직 조금 더울 정도로 따스한 날씨가 되어 나의 몸을 어루만졌다. 삼삼오오 학생들이 숲 그늘의 작은 길에서 내 어깨를 부딪히며 지나갔는데, 맑고 여린 음성이 나의 고막을 스쳤다. 도서관 새 건물은 단아하고 엄숙하면서 중후한 윤곽과 광택을 드러내고 있고, 도서관 내 고적특장실은 나무 향기가 서적에 조용히 가라 앉아 미만해 있었다. 장옌 교수, 리웨이췬 양과 함께 이위엔(藝園) 식당에서 즐겁게 북방의 점심을 즐겼다. 이 감각적 인상은 이 남방객의 뇌리에 기억의 흔적을 깊이 남겼다.

필자는 각종 서화 목록에서 하나하나 진품의 소장처를 확인하고 실물을 열람하는 여정을 시작했다. 쪽빛 유리 기와와 백색 장벽의 난징(南京) 박물관에서는 보관부 링포(凌波) 주임과 도서관 직원 류셩(劉勝) 선생, 추이옌(崔燕) 양의 친절한 협조를 얻어, 관람실에서 청대 문인화상의 제영을 하나하나 채록했다. 창장(長江) 북안에 새로 건립된 양저우박물관 전속 스튜디오에서는 위안(袁) 관장이 보관부 가오룽(高榮) 주임과 촬영사

왕샤오타오(王曉濤) 선생에게 지시하여, 고품질 촬영기로 친히 우지정(禹之鼎)의 두 폭 화상을 촬영해주었으니, 〈교개부선생소상(喬介夫先生小像)〉과 〈염당초상(念堂肖像)〉이 그것이다. 또 만청 조차(租借) 시기의 영국영사관 구지에 세워진 전장(鎭江)박물관에서는, 정(鄭) 관장이 필자를 동행하여 〈행원아집도(杏園雅集圖)〉와 〈겸가서옥도(蒹葭書屋圖)〉 두 폭을 사진으로 찍게 해주었다.

필자는 저장(浙江)대학 중문계 저우밍추(周明初) 교수의 협조로, 촉탁 연구생 장핑(張萍) 양의 안내로 저장도서관 구산(孤山) 분관에 갔다. 이 도서관은 구산의 남쪽 기슭에 위치해서 남호를 마주하고 있다. 외관은 서양식 건축으로, 지난날 독일 왕자의 행관(行館)이었던 건물을 그대로 복원한 것이다. 필자는 이 역사적 색채가 충만한 건물에서, 강희 을해(1695) 국장(菊莊)에서 판각한 서구의 저작 3종, 즉《남주초당집(南州草堂集)》·《풍강어부도제사(楓江漁父圖題詞)》·《청문집(靑門集)》을 보았다. 그 외에 필자는 저장대학 중문계 쉬용밍(徐永明) 교수의 소개로 상하이 푸단(復旦)대학 도서관에 근무하는 양광훼이(楊光輝) 박사를 알게 되었다. 열성적이고 겸손하며 온화한 양 박사는 필자를 위해, 오랫동안 방문해도 구할 수 없었던, 아오키 마사루(靑木正兒)가 〈제화 문학의 발전〉에서 언급한 한 가지 자료, 즉 고수(顧修)의《독화재제화시(讀畫齋題畫詩)》를 찾아주셨다. 필자는 이로써 강희 연간의 국사(國士)들을 그린 화상(畫像)의 도보(圖譜)를 구성할 수 있었다.

2년 동안 이러저러한 문의와 소개를 통해, 또 사방의 열성적인 전문가 지인들의 도움을 받아, 필자는 베이징 · 항저우 · 샤오씽 · 상하이 · 난징 · 양저우 · 전장(鎭江) 등등의 박물관과 도서관을 차례차례 방문하여, 연구와 관계된 선본과 화첩을 순조롭게 채집했다. 이러한 고문헌의 방문 조사와 베이징 및 창장 연안 각 성에서의 행각이 필자의 가방을 가득 채워주었다. 한 부분은 진귀한 고화문헌의 복본이고 다른 한 부분은 옛 정취가 물씬한 여로의 경치이다. 짙은 향내 나는 우의의 풍광도 들어 있다.

감사의 글

자료 발굴을 위한 여행은 좋은 인연과 친절한 조력 위에 이루어졌다.

은사 옌쿤양 교수의 요청을 받아들여 베이징으로 풍작 여행을 떠났던 것에 감사드린다. 본인이 속한 계열의 셰다닝(謝大寧) 주임의 격려와 독촉, 뤄런취안(羅仁權) 학장의 승인으로 마침내 항저우와 장난(江南)의 이름난 도시에 다녀올 수 있었던 것에 감사드린다. 저장대학 문학원 랴오커빈(廖可斌) 원장, 셩샤오밍(盛曉明) 부원장, 중문계 우슈밍(吳秀明) 주임, 어언소 팡이신(方一新) 주임, 왕윈로(王雲路) 교수 부부, 그리고 고대문학 문화연구소 선쑹진(沈松勤) 소장, 조우밍추(周明初), 쉬용밍(徐永明), 로우한송(樓含松) 교수는 필자가 항저우에 머무는 동안 여러모로 위로해주시고 보살펴주셨으므로 감사드린다. 고적소 우스파(吳土法) 교수는 양항셴(揚杭線) 기차를 함께 타고 상하이까지 동행해주셨으므로 감사드린다. 천윈(陳韻) 선생은 필자가 처음으로 항저우, 샤오씽, 상하이, 난징, 양저우, 전장 등을 방문할 때 여행의 동반자가 되어 주고, 도중에 필자의 자료 채록에 너무도 많은 협조를 하여 주셔서 감사드린다. 그 가운데 특별히 주목할 것은, 이 몇 년 동안 필자가 항저우, 창저우, 난징, 쑤저우, 양저우, 젠장 등 사방으로 나다닐 때 마침 조부모 관향 창저우에 거처하는 표형 장젠화(張建華) 선생이 승용차로 맞아주시고, 닝항(寧杭) · 후닝(滬寧) · 양리(揚溧) · 쑤자항(蘇嘉杭) 등 고속도로를 빈번하게 오가는 길에서 외종사촌형 부인 원칭(文淸)과 환담했으며, 또 외조카 장잉(張英) · 장용(張勇)이 영접하고 전송해주어서, 낯선 곳의 여행이 순조로웠고 온화한 향기가 배가되었다는 점이다.

수년 동안 필자의 연구에 많은 분들이 도움을 주셨다. 아우 마오밍화(毛明華) 박사는 내가 사진기 기종을 고르고 촬영 기술을 높이는 데 가장 훌륭한 자문을 해주었으며, 전기과 교수로서 나의 초일류 서동(書僮)이 되어 난징(南京)박물원으로 가서 몇몇 중요한 화적 제영을 촬영하여 주었다. 영국 런던대학 박사과정 천후이안(陳慧安) 양과 처음으로 알게 되었는데, 곧 천바오원(陳葆文) 교수의 우의로 전문가 천 양의 도움을 받았으니, 천 양은 〈변영예화상〉의 일부를 촬영해주었다. 위대한 왕쉐링(王

學玲) 교수는 큰 후의를 베풀어, 등사본을 직접 가져와 보여주었다. 이 모든 일이 나에게 깊은 감동을 주었다. 프린스턴대학에서 박사학위를 받은 양위쥔(楊玉君) 교수는 영어 문장을 정밀하게 번역하는 능력이 탁월한데, 필자를 리처드 비노그래드(Richard Vinograd) 논저 강독회에 데려가주어, 이 책의 제2장을 서술할 때 보배와 같은 관점을 갖게 해주었다. 홍콩대학 중문계 리훠런(黎活仁) 교수는 신 기획의 두 학술회의에 참석토록 초청해주었을 뿐 아니라, 수년간 일련의 산문선을 편찬하면서 필자를 원고 집필자의 한 사람으로 불러주어, 필자로 하여금 딱딱한 논문 이외에 서정 산문을 작성할 기회를 두 번이나 주어 문학적 사고를 활성화하도록 만들어주었다.

완린(琬琳)과 여우샹(幼馨), 두 섬세하고 영리한 여학생들은 멀리 베이징과 톈진(天津)에 따라갔다가, 우편요금을 줄여주려고 명청 인물 초상 화책이 든 큰 상자를 메고 귀국했다. 학생 쥔칭(俊慶)은 내가 타이베이에 머물 때 '특파 파말마'로, 늘 기민하게 최신 학술회의 동향과 출판 소식을 알려주었다. 완린 · 여우샹 · 야원(雅雯)은 릴레이 방식으로, 타이베이의 각 대학 도서관에 달려가서, 한 부 한 부 화책을 필터에 담고 도설을 입력해주었다. 그리고 촬영하여 저장한 파일이 두툼하게 쌓여 한 질을 이루자, 자이(嘉義)의 징원(靖雯) · 즈광(智光)의 거처에 모아 두었다가, 점점 방대한 자료고로 구축해나갔다. 서법과 전각에 대해 훌륭한 소양을 갖춘 멍천(孟宸)은 나의 전속 서체 번역기로, 〈가릉전사도(迦陵塡詞圖)〉 · 〈하천장행락도(何天章行樂圖)〉 · 〈풍강어부도(楓江漁父圖)〉·〈귀주안온도(歸舟安穩圖)〉·〈변영예화상(卞永譽畫像)〉 등등의 그림 위에 용이 날 듯 봉황이 춤추듯 하는 초서 · 행서 · 예서 · 해서의 각 서체를 일일이 한 필 한 획 전사하여 컴퓨터에 입력해서, 해독하기 쉬운 신세명체로 만들어주었다. 오랜 기간 팡샹(芳祥) · 이제(毅潔) · 위안링(薳伶)은 무계획한 나를 위해 경비를 관리하여주었다. 나와 7년간 같이한 야린(雅琳)은 적절한 때에 식물성 방향제를 포함하여 희한하기 짝이 없는 각종 요구를 들어주었다. 그 밖에 여러 학기 동안 함께한 사랑스러운 동학들, 페이쥔(佩君) · 바이콴(柏寬) · 웨이즈(偉志) · 니엔쉬안(念萱) · 관링(冠伶) · 츠핑(詞萍) · 쯔인(姿尹) · 위메이(玉梅) · 위팅(于婷) · 신후이(馨慧) · 완전(婉眞) · 첸윈(千芸) · 루팡

(如芳)·위원(鈺雯)·위잉(于穎)·샤오웨이(小維)·완야오(婉瑤)·랑전(瓖貞)·이수안(苡嫙)·샤오좐(曉娟)·위산(鈺珊)·얀루(艷如)·신런(欣倫) 등은 앞 사람이 넘어지더라도 뒤를 이어 전진할 사람들이어서, 그들이 공들여 입력해주지 않았더라면 강희 연간의 백 개 천 개에 이르는 화상 제영을 어느 누구도 정리하지 못하고 그냥 여러 옛 서적 속에 흩어두었을 것이다.

필자는 또한 국가과학위원회가 장기간 경비를 보조하여 필자로 하여금 연구를 잘 진행할 수 있도록 해준 데 대하여 감사드린다. 이것은 모두 필자의 연구계획안을 여러 해에 걸쳐 심사해주신 교수들이 필자의 미숙한 사고를 긍정해주고 관용하여준 것이기에, 그분들께 깊이 감사드려야 할 것이다. 논문을 투고했을 때 많은 익명의 교수님들이 보물같이 소중한 심사 의견을 주셔서, 필자의 논술에서 맹점을 분쇄하고 제거하게 해주셨으며, 구체적으로 실천 가능한 개정 방향들을 제안해주셔서, 논문을 공개하여 세상에 내놓을 때 결점을 최저한에 이르게 하셨으므로, 필자는 무어라 감사드려야 할지 모르겠다. 또한 명청문학, 중국회화사, 제화문학, 도상문화, 방법학의 영역에서 국내외 전문가, 학자, 선생님, 동학들이 수많은 논저를 통해 이 책의 각 방면을 계발해주셨다. 이분들은 모두 필자가 이 책에서 하나하나 열거할 수조차 없는 막후 공신들이다. 출판 방면에서는 학생서국의 바오방루이(鮑邦瑞) 총경리가 필자에게 적절한 도움을 주셨고, 편집부의 천후이원(陳蕙文) 양이 온유하고 정치하게 수고해주셨으므로, 이 모든 분들께 깊이 감사드린다.

또한 남편(盧維新, 루웨이신)은 묵묵히 지원해주었다. 시부모님은 나를 돌봐주었을 뿐 아니라, 나를 위해 아이들의 생활을 뒷바라지하는 중임을 맡아주셨다. 멀리 타이베이에 계신 친정부모는 아무리 먼 곳이라도 전송되는 스카이프(skype)를 통해서 거리도 전혀 떨어지지 않고 시차도 전혀 없는 듯이 내게 즉각 관심을 보여주셨다. 여동생 웬촨(文娟)과 그 남편 자오후이(昭輝)는 그때그때 따스하게 격려해주었다. 밤 깊어 고요할 때 동생 밍화(明華)는 인터넷 대화로 나의 마음을 유쾌하게 해주었으며, 때로는 한두 음악을 골라서 끄덕끄덕 졸고 있는 나의 정신을 일깨워주었다. 필자의 연구가 자료를 보고 또 보고 해석하고 또 해석하는 일로 성장했던 것과 긴밀하게 연계되어, 딸들도 아이에서 소녀로 성장하여,

그들과 서재를 같이 쓰는 나는 그들의 희로애락과 삶의 이상에 대해 귀기울여 듣고 그 감정과 이상을 그들과 나눌 수 있었으니, 이들은 내 일상에서 값을 따질 수 없는 보물들이다. 남편의 역할은 무엇이었던가? 근래 나보다 곱절 분망한 그는, 지난날처럼 한가하게 맑은 이야기를 나누는 동반자 역할을 하지는 못하지만, 나의 마음속 깊이 건실한 힘을 깔아주어서, 내가 연처럼 더욱 높이 더욱 멀리 날아가면 갈수록 아주 단단하게 나를 묶어두어 영원히 그가 사는 집으로 향하게 해왔다.

여기에 이르러 필자는 마침내 홀연 크게 깨달았다. 책의 완성은 자기에게서 나온 것은 아주 적고 남에게서 얻은 것이 너무 많다는 사실이다. 이 책이 곧 출판된다고 하기에, 지난날을 돌이켜 생각하며 무한한 감사의 뜻을 담아 필자를 사랑하여 주신 전문가, 학자, 선생님, 동호인, 친척, 붕우들에게 깊이 허리 숙여 절하고자 한다.

부기

제1장. 자아의 관람—명인의 화상자찬

2006년 8월 21-22일, 〈자아의 관찰—명나라 사람의 화상 자제에 대한 분석〉을 '2006년 명대문학 및 문화 국제학술 연토회'(항저우: 저장대학 대학원, 저장대학 고대문학연구소 주관)에서 발표하고, 뒤에 그 논문 가운데 앞부분 반을 〈명대 육가성의 화상 자제 분석〉이란 제목으로 바꾸어 료가빈 주편 《2006 명대문학논집》(항저우: 저장대학출판사, 2007.7) pp.250-265에 수록.

제2장. 이것을 즐겨서 피로하지 않다—김농의 화상 자제

2006년 11월 25일, 〈이것을 즐겨서 피로하지 않다—청나라 김농(1687-1763)의 화상 자제 분석〉이란 논문을 '국과회 중문학 부문 90-94년 연구성과 발표회'(창화: 창화사범대학국문계 위탁 주관)에서 발표하고, 뒤에 전문을 임명덕 · 황문길 총기획 《대만학술신시야》〈중국문학부 1〉(타이베이: 우난도서공사, 2007), pp.497-561에 수록.

제3장. 색은과 유희—진홍수 〈하천장행락도〉 제영

2007년 8월 21-23일, 〈행락과 유희—진홍수 〈하천장행락도〉 및 그 제영 탐구〉를 '2007 명대문학 및 문화 국제학술 연토회'(푸젠 우이산: 명대문학회, 푸젠사범대학문학원 주관)에서 발표.

제4장. 문화 분장의 수수께끼—서구 〈풍강어부도〉 제영

2005년 8월 18-20일, 〈문화 분식의 한 수수께끼—청나라 초 〈풍강어부도〉 제영 연구〉를 '2005 중국고대문예사상 국제학술 연토회'(베이징: 베이징수도사범대학 주관)에서 발표하고, 뒤에 주관처의 동의를 얻어 회의 논문집에 수록하지 않고서 대폭 수정한 이후에 같은 제목으로 《청화학보》 제36권 제2기 pp.465-521에 게재.

제6장. 명성을 드날리다—왕사진의 화상 제영

2007년 6월 21-22일, 〈왕사진(1634-1711)의 화상 제영〉이란 논문을 '제10차 문학 및 미학, 제2회 중국문예사상 국제학술 연토회'(단수이: 단장대학중문계, 베이징수도사범대학문학원 주관)에 발표.

이 책의 각 장은 필자가 4년 동안 주관한 국과회 연구 계획의 성과를 모은 것이다.

- 1993년도 〈시각을 즐겁게 함과 분장—명청화상제영연구(1/2)〉(NCS93-2411-H-194-020)
- 1994년도 〈자아의 관찰과 사색 : 명청화상제영연구(2/2)(NCS94-2411-H-194-025)
- 1995년도 〈'가릉전사도' 제영 연구〉(NCS95-2411-H-194-030)
- 1996년도 〈왕사진과 강희 시기의 화상 제영 연구〉(NCS96-2411-H-194-020)

책의 체제를 통일하기 위하여 각 논문의 제목과 장절 표제 그리고 내용을 적절히 수정하고 다듬었다. 발표 당시의 모습이 아니므로 삼가 밝혀두는 바이다.

요약 차례

차례

제1편 자제自題

제1장 자아의 관람 – 명인의 화상자찬

제2장 이것을 즐겨서 피로하지 않다 – 김농의 화상 자제

제2편 타제他題

제3장 색은과 유희—진홍수의 〈하천장행락도〉 제영

제4장 문화 분장의 수수께끼—서구 〈풍강어부도〉 제영

제5장 긴 갈기는 바람에 휘날리고 구름 트레머리는 아리따워라—진유숭 〈가릉전사도〉 제영

제6장 명성을 드날리다－왕사진 화상 제영

부편

역자 일러두기

1. 본서는 '도론—도성행락'의 다음에 '제1편 자제'와 '제2편 타제'로 크게 나누고, 제1편에 Ⅰ장, Ⅱ장, 제2편에 Ⅲ장, Ⅳ장, Ⅴ장, Ⅵ장을 수록했다. 번역본에서는 로마 숫자의 표시를 제1장, 제2장 … 과 같은 식으로 바꾸었다. 도론, 제1편, 제2편의 구분은 원서를 따랐다.
2. 원서의 각주는 필요한 부분만 번역을 했으며, 원문의 인용 부분은 원문 그대로 두었다. 인명, 지명, 서명, 용어의 표기는 한자를 노출시켰다.
3. 각주의 내용은 원서의 정보 가운데 필요한 사항만 압축해서 제시하고, 서명과 논문 표기 방식은 한국의 통용 방식을 따랐다. 각주 속의 헌사는 생략했다.
4. 원서는 인명을 표기할 때 '변문피복(變文避複, 글자를 바꿔 중복을 피함)'의 수사적 원리나 앞뒤 문맥의 흐름을 고려하여, 이름, 자, 호, 별명, 관향 등으로 변환을 주었다. 하지만 번역본에서는 독자들의 가독 편의를 위해 가능한 한 원래의 이름을 적고, 필요한 경우에 괄호 속에 자, 호, 별명, 관향 등을 환기시키는 방법을 택했다. 이를테면 진계유(陳繼儒)는 진미공(陳眉公)으로 더 많이 알려져 있으나, 번역본에서는 모두 '진계유'라는 이름을 우선적으로 표시했다.
5. 원서는 각 페이지별로 인명의 뒤에 생몰년을 표시해두었으나, 번역본에서는 중복을 피하여 처음 나온 곳에서만 생몰년을 밝혔다. 단, 다시 필요하다고 판단되면 생몰년의 정보를 병기했다.
6. 원서에는 색인이 없으나, 번역본에서는 색인을 작성하여 독자들의 편의를 도모했다. 단, 본문에 나오는 화가, 시문 제목, 서명, 회화 제명 등에 한하여 되도록 필요한 사항만 정리했다.
7. 외국의 인명과 지명 등의 고유명사는 외래어표기법에 따라 표시했으나 중국과 대만의 인명과 지명의 경우는 한자의 한국어 독음으로 표기했다. 단, 저자의 서문과 역자의 서문에서는 외래어 표기법을 따랐다.
8. 원문의 용어는 문맥에 따라 적절하다고 생각되는 대응어를 선택했다. leisure의 번역어는 원문에 따라 '휴한(休閑)'을 대응어로 삼았다. '자기 서사(自己書寫)'는 '自己敍事'로 오해될 수 있으므로 '자기 서술'로 번역하고 '서사(書寫)'는 '기서(記敍)', '서술'이나 '글쓰기'로 번역했다.

세계는 영원히 흔들리는 그네에 불과하기에 그 속의 어떤 것도 가만히 있지 않고 늘 흔들린다. 대지도 코카서스 바위산도 이집트 피라미드도 모두. 우리는 세상을 파악할 길이 없다. 그것은 고정되어 있지 않고 흔들리며 마치 취한 사람처럼 황망하다. 우리가 이 순간 포착하는 것은 바로 그것과 교감을 나눌 때의 상황일 뿐이며, 우리가 그림으로 그려내는 것은 그것의 본질이 아니라 한 순간의 형상이다. [⋯] 기록하여 두는 것은 복잡하게 변화하는 사태요, 고정되어 있지 않고 이동하여 심지어 앞과 뒤가 모순되는 생각에 불과하다.

—몽테뉴(Michel de Montaigne)

도론導論

도성행락

1) 명청 문인 화상 — 행락도

(1) 들어가는 말

진유숭(陳維崇, 1625-1682)은 친구 설지(雪持)의 화상에 이런 제사(題詞)를 남겼다.

> 일생의 일을 손꼽아보니, 갈옷을 입어 추위를 느꼈고 매실을 먹어 너무 시었다. 얼음같이 흰 비단 서너 자를 빌려다가, 그림을 이룬 후 즐거움을 누려, 이원의 한 곡조, 그 악보가 한단에서 나오네. 부귀가 어찌 영구히 오래 가랴? 남아에게는 절로 자기 방법이 있는 법. 승천하는 일은 어려우니 논하지 말라. 수염 휘날리는 곳에, 괴이하게도 하룻밤 육화(흰눈)가 내려, 강산이 온통 희게 변했도다.
>
> 긴 하늘에 버들 솜 같은 눈이 하늘하늘 춤을 추니, 한나라 동산이나 오나라 궁궐을 꿈속에 본 듯하여라. 연지 바른 젊은 여인을 불러다가 예상우 곡으로 한밤의 연회를 열어서, 휘도는 물결처럼 대열을 이루니, 솜 장막이 찬 봄기운을 막는다. 정원 가득 붉은 살갗[꽃잎]이 떨어져, 주렴 하나에 향설이 가득한데, 늙어 쫓겨난 영웅이 이 속에서 한가하다. 나는 너무도 광기가 심하여, 그림을 마주하여 웃으면서 구하노라, 쌍환에게 최후의 곡조를. (〈심원춘(沁園春). 설지를 위한 화상에 제한다. 원래의 운자를 즉흥적으로 차운하여〉)
>
> 屈指生平, 衣葛知寒, 食梅苦酸. 倩氷絹數尺, 圖成行樂, 梨園一曲, 譜出邯

> 鄲. 富貴何常? 男兒自有, 除却昇天作底難. 掀髯處, 怪六花一夜, 白盡江山. 長空舞絮漫漫, 縱漢苑吳宮夢裏看. 喚燕支小婦, 霓裳夜讌, 廻波別隊, 毳幙春寒. 滿院紅肌, 一簾香雪, 老放英雄此內閒. 吾狂甚, 嚮畫中笑乞, 最後雙鬟. (〈沁園春. 爲雪持題像卽次原韻〉)[1]

진유숭은 화상의 경치를 묘사하여, 차가운 밤 집 밖에 눈송이가 휘날리고 집 안에 우의예상을 걸친 무희가 춤을 추어 한밤의 연회석에서 노래 소리가 울려난다고 했다. 진유숭은 작은 글자로 주를 달기를, “큰 눈이 내리는 날 서너 무희가 아쟁과 비파를 끼고 있는 모습을 그려내었다”라고 했다. 화면은 상주(像主, 그림 속의 주인공) 설지가 가운데 앉아 있고, 가희들이 아쟁을 타고 비파를 연주하면서 에워싸고 있는 모습이다. 설지는 실의한 진유숭의 뜻을 알아주어 친구가 된 듯하다. 진유숭의 사(詞)는 굳이 말하지 않아도 알 수 있는 인생의 쓰라린 고통을 넌지시 드러내어 “일생의 사업을 손꼽아보니, 갈옷을 입어 추운 줄 알았고, 매실을 먹어 너무 시었다”라고 했다. 쓴 풀(고난의 현실) 씹는 것을 어찌 달게 여기랴? 다행히 진유숭은 대범하게 수염을 날리면서, 밤새 설화로 강산이 죄다 희어진 풍광을 가는 눈으로 바라본다. 주렴 밖은 향설이 내려서 춥고 적막하지만, 옥내에는 붉은 살갗의 여인들이 뜨거운 기운을 일으키므로, 부귀는 무상한 법, 영웅은 이렇게 늙어 방기된 것을 괘념하지 않는다. 붓을 내달려 사의 마지막에 이르러 진유숭은 그림을 바라보면서 홍취를 일으키길 잊지 않았다. 무희의 별대 가운데 맨 뒤에 있는 저 시아쌍환(쌍갈래 머리의 무희)에게 웃으며 앙코르를 청한다고 했다. 괴로움 속에서 환락을 즐기는 것이다.

진유숭이 친구 설지를 위해 제사를 적은 이 그림은 추운 밤 여인을 끼고 연회하는 장면을 그린 화상이다. 진유숭의 제사에서 ‘행락을 그림으로 그려낸다(圖成行樂)’라고 했으므로, 얼음같이 흰 비단 폭에 그려진 이 화상을 두고 명·청 문인들은 ‘행락도’라고 불렀다. 명나라 말에 이런 소화가 있다.

1_陳維崧,《陳迦陵文集》(全2冊),《四部叢刊初編》, 集部, 第281-282冊, 上海涵芬樓影印患立堂本, 據商務印書館1926年版重印 (上海: 上海書店, 1989), 第2冊, 卷25, p.5b.

한 사람이 행락도를 그려달라고 하면서, 종이와 먹까지 예의로 보내주고 고작 은 1푼을 내었다. 화가는 수묵을 사용하여 죽지에 뒷모습을 그려주었다. 그 사람이 "초상을 그리는 것은 전적으로 얼굴과 앞 용모에 달려 있거늘, 어찌하여 뒷모습을 그렸소?"라고 했다. 화가는 "나는 당신 얼굴을 남들에게 보이지 않았으면 하오"라고 했다.
평어는 이러하다. "이 사람이 대가를 지불한 것은 인색하지 않았다. 어째서인가? 인색하다면 행락도마저 그리지 않았을 것이다."[2]

이 소화는 행락도가 개인의 화상으로, 얼굴과 자태를 중시하는 사진(초상화)이므로, 앞서 진유숭이 설지를 위해 제화를 쓴 화상과는 다르다는 사실을 말해준다. 청나라 건가(乾嘉, 건륭·가경) 연간의 원매(袁枚, 1716-1798)는 다음 시화에서 이 점을 언급했다.

옛날에는 소조(小照)가 없었으나, 한나라 무량사(武梁祠)에 옛 현인과 열녀의 상을 그려둔 것에서 기원하여, 지금은 용렬하고 속악한 자들도 모두 행락도가 있다. 옛날에는 별호가 없었는데, 사위왕(史衛王)[남송 사미원(史彌遠), 호 소계(小溪), 별호 정재(靜齋)]에서 기원하여, 비단바지 입는 자제들이 운록(雲麓)이니 십주(十洲)니 호를 만들어, 서로 불러주고 칭송하여, 지금은 시정의 소년들이라도 모두 별자(別字)를 지닌다. 제화 시문을 구하는 자들이 수 백에 수 천까지 이르러, 내가 어쩔 수 없어서 손가는 대로 응수했다. 일찍이 이렇게 구호했다. "별호를 칭하는 일은 옛날 관습이 아니므로, 그림에 제한 시는 보존하지 않는다." 우연히《전집》을 펼쳐 읽어보니 남겨둔 것이 아주 많았으므로, 깎아내버리기 아주 어렵다는 사실을 알 수가 있다. 하지만 보존해둔 것은 역시 열 가운데 하나나 둘일 따름이다.[3]

원매는 글 첫머리에서 '용렬하고 속악한 자'들을 비난했는데, 그 사람은 바로 앞서 소개한 소화의 주인옹이 아니겠는가? 그의 글은 또 당시 사람들이 화상을 그리고 화제를 청하는 것이 일반적인 풍조였음을 지적했다. 원매가 분통 터뜨린 것을 보면, 당시 사람들이 행락도를 그린 후

2_鄧志謨編,《新刻洒洒篇》, 政治大學古典小說研究中心主編,《明清善本小說叢刊初編》, 第7輯(台北: 天一出版社, 1985), 卷5, p.22a,〈行樂圖〉條.
3_袁枚著·王英志校點,《隨園詩話》, 王英志主編,《袁枚全集》, 第3冊(南京: 江蘇古籍出版社, 1993), 卷7, 第57條, p.223.

걸핏하면 제영(題詠)을 구했고, 그 때문에 명사들이 수응하느라 피곤할 정도였다는 사실을 분명하게 알 수 있다. 원매는 소조와 행락도를 병칭했는데, 행락도란 대체 무엇인가?

(2) 행락도란 무엇인가

행락도는 명·청 시대 화상의 일종이다.

현대 학자 왕백민(王伯敏)에 의하면, 민간의 화공이 회상(繪像)을 부르는 명칭이 여러 가지였다. 우선, 사진(寫眞)이나 전신(傳神)이라고 했다. 노인의 상을 그린 것을 '수상(壽相)'이라 하고, 부녀의 상을 그린 것을 '복양(福樣)'이라 했으며, 한 집안의 가족들을 그린 것을 '가경도(家慶圖)'나 '합가환(合家歡)'이라 했다. 한 사람이 친구와 시주를 즐기거나 거문고를 타며 글씨를 쓰거나 자손들이 무릎 주위에서 재롱부리는 것을 그린 것을 행락도라 칭하기도 했다.[4]

장계아(張啓亞)는 명청의 화상을 분류하여, ① 조상의 남긴 모습을 그리는 '매태공(買太公)' 혹은 '희신(喜神)', ② 서너 세대의 사람들을 입축(立軸) 하나에 그리는 '가당도(家堂圖)', ③ 행락도, ④ 소상(小像)으로 나누었다.[5] 화인덕(華人德)은 ① 행락도, ② 반신영(半身影) 및 대영(大影), ③ 제재화, ④ 화상집으로 나누었다.[6] 단국강(單國强)은 ① 행락도, ② 아집도(雅集圖), ③ 풍속화, ④ 초상화의 4종으로 나누었다.

이상 여러 사람들이 명·청 화상에 관해 명칭을 부여하고 설명한 것을 종합하면, 우선 사람의 수를 기준으로 한 사람의 개상(個像)이 있고 복수인물의 합상(合像)이 있다.[7] 성별을 기준으로 하면 남상과 여상이 있

4_王伯敏編,《中國繪畫通史》(全2冊)(台北: 三民書局, 1997) 下冊,〈明淸的繪畫〉, p.1062.

5_張啓亞,〈中國的肖像畫〉, 梁白泉主編,《南京博物院藏中國肖像畫選集》(香港: 大業公司印行, 1993), pp.15-23.

6_華人德은 역대 인물 도상을 畫像·線刻畫像(木刻·石刻 포함)·雕塑像·照片 등 4류로 분류하고, 제1류 화상 아래 다시 行樂圖·半身影和大影·題材畫·畫像集 등으로 나누었다. 華人德,〈中國歷代人物圖像概述〉, 華人德編,《中國歷代人物圖像集》(上海: 古籍出版社, 2004), pp.14-25.

7_單國強,〈明淸繪畫的社會文化內涵芻議〉, 楊新主編,《故宮博物院藏明淸繪畫》(北京: 紫京城出版社, 出版時間不詳, 1994), pp.12-14.

다. 제재로 보면 즉경사조(卽景寫照)한 것이 있고 풍속전고를 도입한 것이 있다. 형식으로 보면 단폭, 권·축 화적(畫蹟), 낱장 삽도도 있고, 편집하여 투(套, 한 벌)를 이루거나 책을 이룬 것도 있다. 화상은 일정한 기능을 갖는데, 선인 유상이나 가족 합상 등 기념용 사조, 걸어두고 감상하는 생활 사조의 두 부류가 있다. 가족 기념의 특성을 지닌 것은 가당도·가경도(합가환)로부터 희신[선대의 유상(遺像), 상례에 걸어두고 제사를 지내고 추모하는 반신영 및 대영]에 이른다.[8] 감상용 생활 사조는 행락도와 소상을 포괄하여 수량이 방대하다. 화주(畫主, 상주)가 생전에 화가에게 청탁하여 상을 그려서 스스로 감상하는 데 사용한다. 장기간에 걸쳐 형성된 전통적인 조상 대상(大像, 전신상)이나 여러 대에 걸쳐 함께 상으로 사용하는 가당도는 매달아 걸기에 편리한 입축 형식을 취하고, 행락도와 소상은 펴고 말 수 있도록 횡권(橫卷), 단정(短幀) 혹은 대소 책자로 만든다. 소상은 접이부채의 선면(扇面)에 그리기도 한다.[9]

이상에서 알 수 있듯이 소상은 화주의 아름다운 용안과 상모를 드러내는 것을 목표로 한다. 위에 인용한 소화와 원매의 시화에서 말한 소조가 이것이다. 이에 비해 행락도가 강조하는 것은 상주의 여유롭고 한적한 생활 양태이다. 위에서 인용한 '설지가 추운 밤 무희를 끼고 있는 그림'이 그 일례이다. 명청 문인은 대개 그 두 명사를 혼용했다. 사실 그 둘은 화주가 흡족한 정황에서 누리는 정신 태도와 상모를 드러내므로, 모두 행락도라 부른다고 해도 안 될 것이 없다. 상주가 사우와 명류에게 청하여 화폭 주위에 제영을 하고 찬을 지으면 도화 이외에 또 별도의 경관

8_像主를 寫生하여 揭帛하거나 追寫하여 제작한 半身影 및 大影은 喪事 때 걸거나 이후 제사 때 사용하는 祖宗神像으로, 모두 正面肖像이어서 신성한 모습으로 단정하고 장엄하며 심지어 나무처럼 뻣뻣하다. 이 두 가지는 화면의 배후나 상축의 簽條·詩塘에 상주의 관직·휘(이름)를 적는다. 화공은 이러한 그림에는 낙관을 하지 않았는데, 이것은 화공이 미천하기 때문이거나, 상사는 상서롭지 못하기 때문이었다. 華人德, 〈中國歷代人物圖像概述〉, pp.15-16.

9_북경고궁박물관·상해박물관·남경박물관이 가장 많이 소장하고 있다. 북경고궁박물원은 원나라 〈楊竹西像畫卷〉(元王繹繪像·倪瓚補景)과 청나라 金農과 高鳳翰의 〈自畫像軸〉들을 소장하고, 상해박물관은 명나라 〈董其昌像〉(曾鯨繪像·項聖謨補景)과 청나라 〈江藩像卷〉(丁以誠繪像·費丹旭補景)을 소장하며, 남경박물관은 청나라 〈黃丕烈像扇面〉(翁雒畫)을 소장한다. 華人德, 〈中國歷代人物圖像概述〉, p.14.

을 이루게 된다.

행락도는 궁정 인물화에서 가장 비중이 높았다. 명·청 시대에 출현한 제왕 행락도는 제왕의 의례 그림보다 더욱 생동감 있고 황가의 생활 체취가 아주 풍부하다. 즉 궁중 오락, 경치 감상, 절기 행사, 출궁 유람, 사냥 광경, 야외 연회의 모습을 담았다. 이 작품들은 제왕의 고귀한 풍채를 빛나게 하는 동시에, 일상생활에서 느끼는 환락의 감정을 드러낸다. 이 부류는 궁정화가의 손에서 나온 작품이 많아 수법이 정치하다. 인물·복식·상황·배경이 모두 사실성을 지니며, 후대에 징신(徵信)의 역사도상이 되므로, 명·청 궁중사를 연구할 때 없어서는 안 될 도상 자료이다.[10] 현존하는 화상 유물로 보면, 황제의 행락도 양식은 일찌감치 당나라 때 제왕의 생활을 반영하던 도화로 소급한다. 이를테면 염입본(閻立本, ?-673)의 〈보련도(步輦圖)〉는 토번 송찬간포(松贊干布)가 문성공주와 혼인하게 되었을 때 당나라 태종이 사신 녹동찬(祿東贊)을 소견하는 모습을 그린 것으로, 정치 사실을 있는 그대로 기록한 화상이다. 그 밖에 여러 문헌에 나타나는 것이 많다. 이사훈(李思訓, 651-718)의 〈명황적과도(明皇摘瓜圖)〉, 오도자(吳道子, 685-758)의 〈명황수록도(明皇受籙圖)〉, 한간(韓幹)의 〈현종시마도(玄宗試馬圖)〉 등이 그것들이다. 당나라 때 실제 인물의 생활과 활동을 묘사한 이런 화상들은 후세 행락도의 남상이 되었다.[11] 다만 진정으로 '행락'이란 용어를 붙이게 된 그림은 명나라 초 〈선종행락도(宣宗行樂圖)〉에 이르러서이다.

(3) 명대 행락도 제영의 의의

① 〈명선종행락도〉

중국에서 황제와 후비를 위해 상을 세우는 전통은 그 연원이 대단히 오래되었다. 각 시대마다 위엄을 드러내는 황제의 상이 전한다. 황제의 상은 대부분 거폭의 괘축(掛軸)으로, 상주는 혹 앉아 있기도 하고 혹 서 있기도 하다. 어떤 입상의 척촌은 진짜 사람보다 더 크고 기세가 씩씩하

10_單國強, 〈明清繪畫的社會文化內涵芻議〉, p.12.

11_張啓亞, 〈中國的肖像畫〉, p.10.

그림1. (명) 일명(佚名)씨 그림 〈명선종좌상도〉 축. 비단, 채색. 210X171.8cm, 대북 국립고궁박물관.

여, 천하의 숭앙을 받는 늠름한 위의를 지니고 있다.[12] 명나라 황제의 혁혁한 위의를 드러내는 좌상 구성은 태조 홍무제 때 이미 형성되어, 태조·성조·선종·세종이 모두 좌상을 남겼다. 이를테면 〈명선종좌상도(明宣宗坐像圖)〉(그림1)는 용의 모습에 봉의 눈을 하고 모자를 쓰고 의복을 갖추어 입고 손은 옥 띠를 잡고 있으면서 약간 비스듬히 용좌 위에 단정하

12_唐高祖·太宗·宋太祖·太宗·元世祖·成宗·文宗·明太祖·成祖·宣宗 등 개국의 황제들은 위의에 넘치는 화상들을 남겼다.《故宮圖像選萃》(台北: 國立故宮博物院, 1971), 圖版.

게 앉아 있다. 화면의 용좌·지담(地毯)·조복·복식 등의 꽃무늬는 새김이 대단히 정밀하고 색채가 화려해서 장식 효과를 한껏 낳아서 인간세계 제왕의 존귀와 위의를 극도로 발휘했다. 왕정화(王正華)가 지적했듯이, 지금 전하는 명나라 선종 행락도는 모두 4폭인데, 3폭은 북경고궁박물관에 있고 한 폭은 대북 국립고궁박물관에 있다.[13] 위의가 혁혁한 〈선종좌상〉과 비교하면, 구성과 의의, 회화 내용과 기능에서 뚜렷한 차이가 있다. 명나라 선종은 본명이 주첨기(朱瞻基, 1399-1435)로, 연호는 선덕이고, 향년 37세였으며, 그림을 잘 그렸다. 27세로 제위에 올라, 재위 기간은 고작 10년(1426-1435)이었으나, 그 짧은 10년간 4폭이나 '선종행락도'라고 뭉뚱그릴 회화를 남겨서, 황제의 수렵, 춘유, 궁정오락 등 황제의 레저 활동을 묘사했다. 그 가운데 북경고궁박물관 소장본은 옛날에는 상희(商喜)가 그린 '선종행락도'라고 했다. 봄날 교외 유람의 장면을 그렸고, 얼굴과 외모는 초상화의 성질을 지니고 있으며, 복색은 명초 사렵(射獵) 복식 제도와 부합한다. 함께 출유한 시종은 내부태감이며, 풍경은 남교의 사렵 강무하던 곳인 듯하다. 상희의 이 그림은 조회와 공무 사실을 표현하지 않고, 얼굴, 용모, 신체, 자세 그리고 환락의 환경을 정밀하게 그려냄으로써, 선종의 개인 품격을 소조해내었다. 제왕의 화상 가운데 '행락'이라는 관건의 어휘를 표제로 삼았으므로, 신흥의 이 회화 양식이 대략 이 시기에 시작되지 않았나 추정된다. 재위 기간은 짧았지만 그림도 잘 그리고 회상을 혹애한 선종에게는 여러 폭의 행락도가 있다. 따라서 선종은 새로운 회화 양식을 번성하게 하는 데 중요한 역할을

13_첫 번째 것은 북경고궁박물관의 舊題 商喜 繪 〈宣宗行樂圖〉 괘축인데, 題名의 내원은 미상이다. 두 번째 것은 북경고궁박물관의 手卷으로, 1747년의 題名이 있다. 이 해는 南薰殿圖像이 완성된 시기이다. 세 번째 것은 마찬가지로 북경고궁박물관에 소장된 小手卷으로, 황색 標籤이 부착되어 있고, 청나라 乾隆 연간에 쓰여진 글귀가 있다. 북경고궁박물관측은 〈宣宗射獵圖〉라고 저록해 두었고, 題籤 위의 명칭은 〈明宣德御容行樂〉이다. 네 번째 것은 괘축으로 북경고궁박물관에 수장되어 있다. 標記는 〈宣德行樂圖〉이다. 이 제명은 그림의 왼쪽에 있는 청나라 사람의 題辭에서 연유한다. 북경고궁박물관은 〈宣宗馬上像〉이라고 저록해두었다. 이상 4종의 〈宣宗行樂圖〉에 대한 고증은 Wang, Cheng-hua(王正華), *Material Culture and emperorship the shaping of imperial roles at the court of Xuanzong*(r.1426-35) (New Haven: Conn Yale university 1998), Chapter 4, pp.216-217을 참조. 4폭 畫蹟의 도판도 이 책 pp.444-448을 참조.

했다고 볼 수 있다. 또한 이 무렵에 문사의 행락도도 유행했다. 이를테면 양영(楊榮, 1371-1440), 김유자(金幼孜), 양사기(楊士奇, 1365-1444), 이시면(李時勉, 1374-1450) 등 저명한 문관들이 각각 '행락'이라는 제명의 회화 기록을 남겼다.[14]

② 명초 문사들의 행락도 제영

양영은 〈장시랑행락도찬(章侍郎行樂圖贊)〉을 지어 이렇게 말했다.

> 이것은 춘관(예부) 아경 장(章) 군의 행락도이다. 몸은 낭묘(조정)에 있으면서 흥은 마치 임학의 사이에 자적하는 듯하다. 반백의 머리칼을 드리우고 있으면서 마음은 군은에 보답하려는 단충을 지니고 있다. 현과(과거)에 발탁되고 사원(詞苑, 사단)에 노닐어 문장이 울연하여 볼 만했다. 국가의 예법을 보좌하고 외국으로 나가 사명을 전담하여, 정치의 성적이 우람하여 남이 따를 수 없을 정도였다. 어버이의 영광을 드러내어 은혜로운 추봉(追封)을 난고(鸞誥, 천자의 조칙)로 찬란하게 했다. 자제를 교육하고 성립시켜 보무를 원반(鵷班, 조정신하의 반열)에 접하게 만들었다. 네 성군을 섬기면서 해내에 영광스러운 칭예를 떨쳤으며, 팔좌 대관의 직분을 바르게 하여 조정에서 훌륭한 보필이 되었다.[15]
>
> 此春官亞卿章君行樂之圖. 謂其身居廊廟也, 則興似適乎林壑之間. 謂其髮垂斑白也, 則心寔存乎補報之丹. 擢賢科, 遊詞苑, 文章蔚然而可觀. 佐邦禮, 專使命, 政績偉然而莫攀. 榮顯其親, 煥恩封於鸞誥. 教成于子, 接步武於鵷班. 宜其事四聖, 而振英稱於海內. 行將正八座, 而作良弼於朝端也.

장시랑이 몸은 낭묘에 거처하면서도 임학의 소요를 즐거워했다고 했는데, 실은 상주 개인의 정치적 성취에 대해 극도로 찬양한 말이다. 위로

14_王正華가 지적하듯, 원나라 말의 倪瓚과 王繹이 합작한 〈楊竹西小像〉은 인물을 대자연이나 화원에 편안히 앉아 있는 모습으로 두었으나 題名에 '行樂'이란 글자를 포함하지 않으므로, 당시에는 개인화상을 '行樂圖'라고 보는 개념이 아직 형성되지 았았던 것이 분명하다. 15세기 초, 명나라 宣宗朝에 이르러서야 行樂圖라는 회화 형식이 독립적인 지위를 획득했다. Wang, Cheng-hua(王正華), *Material Culture and emperorship the shaping of imperial roles at the court of Xuanzong*(*r.*1426-35), pp.218-219. 또 王正華, pp.217-220은 명나라 초 楊榮 · 金幼孜 · 楊士奇 · 李時勉 등 문무관원이 남긴 題詩와 晩明 嚴嵩 등의 행락도 관련 題詩를 구분했다. 이것은 명·청 시대 문인 행락도의 근원을 탐구할 때 중요한 도움이 되었다.

15_楊榮, 《楊文敏公集》, 沈雲龍主編, 《明人文集叢刊》(台北: 文海出版社, 民59) 第4種, 卷16, pp.10b-11a, 總pp.764-765.

는 어버이를 영광스럽게 하여 은봉의 조칙을 받을 수 있게 하고, 아래로는 자제를 가르쳐 성립시켜 조정의 반열에 낄 수 있게 했으며, 태평성세에서 어진 보필로서의 재능을 한껏 발휘할 수 있었다고 했다.

김유자(金幼孜)는 〈소씨행락도시서(蕭氏行樂圖詩序)〉에서 말했다.

> 소씨의 선대는 후덕한 풍모로 고을에서 칭송되었는데, 문휘(文輝)에 이르러서는 더욱 돈독하고 성실하며 질박하고 순수하여 □□의 존중을 받았다. 그 □□는 산과 시내의 승경을 점유하고 대나무는 둥글게 에워싸고 있으며, 샘과 바위는 쇄락하고, 구름과 노을은 푸른색과 비취색이다. 아리땁게 서로 얽히고 곱게 착종하여, 궤석의 아래에서 아침저녁으로 말았다 펼쳤다 하는 경치를 이루 다 형언할 수 없을 정도이다. 태평의 시절이라서 일이 없는 날이면 문휘는 갈건과 야복으로 소요하고 배회하며, 혹은 높은 곳에 올라 조망하기도 하고, 혹은 시내에 임하여 고기를 낚기도 하며, 혹은 나무 아래 자리를 깔고 앉아 있기도 하고, 혹은 샘물을 끌어다 양치를 하기도 한다. 혹은 거문고를 켜고 술잔을 따르면서, 바람에 임하고 달을 마주하여 그 취향을 한껏 드러낸다. 그리하여 그림 그리는 사람에게 명하여 그 상을 베껴내게 하여, 행락의 그림으로 삼았다.
>
> 蕭之先世以長厚著稱於其鄕, 至文輝尤敦愨質□, 爲□□所推重. 其□□占溪山之勝, 竹樹團□□, 泉石洒落, 雲霞蒼翠. 綺綰繡錯, 旦暮卷舒於几席之下者, 殆不可名狀. 佳時暇日, 文輝葛巾野服, 逍遙徜徉, 或登高而望, 或臨溪而漁, 或席樹而坐, 或引泉而漱. 或彈琴酌酒, 臨風對月, 以自適其趣. 因命繪事者寫其像, 爲行樂之圖.[16]

김유자는 〈소문휘행락도(蕭文輝行樂圖)〉의 제작 동기를 진술하면서, 소문휘(蕭文輝)의 순후한 덕과 소씨 정원의 산림 승경을 강조했다. 소문휘는 태평시절에 일이 없어 이곳에서 행주좌와하면서 자기 취향을 마음껏 누렸으므로 이 그림을 그렸다. 〈소씨행락도〉는 상주가 공무의 여가에 가산묘수에서 소요하고 배회하며 자적하고 열락하는 모습을 잘 전하고 있다. 이것이 김유자가 화면의 물상에서 얻은 제1층의 함의이다. 김유자의 서문은 이어서 지금 시대를 성명했던 상고시대에 견주었다.

16_金幼孜,《金文靖公集》,《明人文集叢刊》, 第1冊, 卷7, pp.555-558. 이하도 같은 곳에서 인용한다.

> 지난날 성명의 세상은 천하가 아주 편안하게 안정되어, 시절이 온화하고 해는 풍년이 들어 온갖 물건이 풍부했으므로, 사람들은 자신을 잘 기를 수가 있어서, 희희(熙熙, 기분이 좋은 상태)하고 호호(皞皞, 태평스러운 상태)했다.

서문의 후반은 당시 천자를 극도로 칭송하여, 성명한 황제가 온 정성을 다해 정치를 도모하며 덕이 충만하고 인(仁)이 드넓으므로 만민을 편안케 하고 잘 기를 수 있다는 사실을, 대략 한 단락으로 증명했다.

> 성조의 희흡(熙洽, 밝고 흡족함)한 날에 근력이 강건하고 치아와 모발이 아직 쇠하지 않았다. 우환은 마음을 근심스럽게 하지 않고 노역은 뜻을 뒤흔들지 않았다. 세시를 우유하게 지내고 산림에서 편안히 지내면서, 성스러운 교화 속에서 발을 굴러 춤을 추고 노래하고 읊으니, 수고(壽考, 긴 수명)를 끝까지 이루고 즐거움을 누리는 것이 아직 끝나지 않았다. 그렇다면 이 그림을 만든 것이 어찌 다만 가정의 경사와 향리의 멋진 관람만을 위한 것이겠는가? 진실로 천하의 사람들에게 보도록 하여 태평의 즐거움을 함께 향유해서 성조의 깊은 은택이 요순과 주나라 때의 교화나 번성과 같다는 사실을 알게 하기 위한 것이다.

서문의 전반은 도면과 관련하여 소문휘가 관직 생활의 여가에 산림에서 자적하는 즐거움을 묘사했고, 후반은 소문휘가 벼슬살이하는 태평성세의 배경을 그려내어 행락도의 충분조건으로 삼았다. 하급의 관료가 무엇을 즐기겠는가? 필시 성군이 밝게 다스리는 태평성세를 기반으로 성스러운 교화의 속에서 발을 굴러 춤을 추고 노래하고 읊어야 비로소 "그 즐거움을 즐길 수 있다." 이 그림은 가정과 향리의 멋진 경관을 그리는 데 그친 것이 아니라, 성군의 은택을 아주 멋지게 입증해 주었다. 김유자의 글은 〈소씨행락도〉에 대한 많은 제영들의 전서(前序)로, 체를 갖추기는 했지만 미미한 방식으로, 명나라 초 행락도 관람의 정치적 사유를 드러냈다. 즉 관료 개인이 여가에 갖는 즐거움은 성군의 치적이 이루어낸 태평성세의 즐거움에 바탕한다는 사실을 분명히 강조했다. 문사들의 상찬(像贊)은 이렇듯 태평성세를 노래하는 기조가 충만했다.

문과 무에 뛰어났던 인물의 행락도도 이러한 주제에 호응했다. 양사기(楊士奇)가 지은 〈소사 건안 양선생의 행락도에 제하다(題少師建安楊先生行樂圖)〉 5수[17] 가운데 제1수는 이러하다.

> 성명한 군주는 정치를 충량한 신하에게 맡겨, 바로 순수한 정성에 의지해서 묘당(조정)의 기둥을 삼았도다. 화공은 다만 진외의 뜻만 알아, 청산 아래 오교장을 그렸구나.
> 聖明圖治任忠良, 正倚純誠柱廟堂. 畫史但知塵外意, 靑山爲寫午橋莊.

가영의 대상이 된 화주는 청명한 정계에서 충량한 인사이자 묘당의 기둥이다. 그렇거늘 화가는 도리어 진외의 뜻을 부각시켰다고 했다. 제2수, 제3수는 양영(楊榮, 1372-1440)이 소사(少師)에 이르기까지 40년에 이르는 공적 생애를 서술하고, 귀거래의 퇴은 생활을 기대했다.[제2수는 양영이 선종 주첨기(朱瞻基)를 따라 주고후(朱高煦)의 반란을 평정하고 변방에서 공을 세웠던 일을 언급했다. 제3수는 양영이 영종 즉위 후 정무를 보좌하고 문한(文翰)의 직무에도 뛰어났던 사실을 노래했다.— 역자 주]

> 말발굽이 용사(고비사막)의 길을 두루 밟았고, 사관의 붓을 잡고 자주 군주의 뒤따르는 수레를 탔다. 말 달리던 뜻을 잠시 누그려뜨려 소산한 경지를 향하니, 궁궐에 염파와 이목 같은 이가 누가 또 있을까?
> 馬蹄踏遍龍沙路, 載筆頻年從屬車. 且緩馳情向蕭散, 禁中頗牧有誰如?

> 세발 쇠솥을 손으로 잡아들어 음양 조절하는 정승의 일을 맡아 하고, 옥서(한림원)에서 직분을 제대로 수행하길 40년. 옹희의 태평성대를 이루거든 귀거래하여, 단산에서 참으로 지행선이 되리라.
> 手扶金鼎事調元, 玉署賢勞四十年. 待致雍熙却歸去, 丹山眞作地行仙.

이하는 퇴은 생활의 상상과 묘사이다.

> 물의 색태와 산의 빛깔이 세상의 먼지를 끊은 곳, 낙락장송 일천 척은 용의 비늘 감겨 있네. 나와 함께 청려장 짚어서, 둘 다 봉래산 꼭대기 사람이 된들 어떠리?

17_楊士奇, 《東里續集》 卷61, 原 p.25, 《文淵閣四庫全書》 集部, 第178冊, p.1,239.

水色山光絶世塵, 長松千尺繞龍鱗. 何妨添我靑藜杖, 俱是蓬萊頂山人?

옥당과 금마문에서 함께 36년을 보냈더니, 세모에 매화는 흰눈과 함께 아리땁네. 여산이나 무이산으로 돌아가는 날, 동서로 왕래하며 신선을 옆에 끼고 가리라.
玉堂金馬同三紀, 晏歲梅花雪共姸. 廬阜武夷歸去日, 東西往來挾飛仙.

치사한 뒤 충만한 정신으로 봉래산 선경으로 향하리라는 말이다. 행락도의 상주 양영은 청려장을 손에 쥐고 산수가 아름답고 장송이 늘어진 경치 속을 만보하고 있다. 이 연작시는 충량한 신료였던 양영을, 말발굽으로 용사를 답파하면서 일으키던 먼지를 떨어내고, 고결한 매화와 고운 눈 속에서 산뜻하게 비월하는 신선의 형상으로 그려내었다.

군관의 행락도도 태평성세를 노래하는 기조를 지녔다.

이시면(李時勉)이 지은 〈사견 천호의 행락도에 제하다(題謝堅千戶行樂圖)〉[18]는 진세를 벗어나 비선을 끼고 노닌다는 위 시의 상상과 아주 달라서, 전체가 장군의 영웅적인 담력을 노래하여 강인한 필치로 시작했다.

장군은 일생 담력이 웅대하여, 육도삼략이 가슴속에 서려 있었다. 한가하면 사냥하여 담비 호랑이 같은 무사들을 거느리고, 성 서쪽에 있다간 잠깐 사이에 다시 성 동쪽에 나타났다. 굽은 활을 잡고 말을 달리길 전광석화처럼 하면, 풀숲 머리와 구름 밖에도 사람이 보이지 않았다. 큰 새를 활로 쏘고 기러기에 탄환을 던졌으며 새들은 활시위를 놓자마자 떨어졌고, 여우를 죽이고 토끼를 쫓기를 바람처럼 휘돌아나갔다. […] 용맹한 군사들을 지휘하여 모두 용약하게 해서, 곧바로 달려들어 호랑이 죽이길 양 죽이듯 쉽게 했다.
將軍一生膽氣雄, 六韜三略蟠心胸. 閒來校獵擁貂虎, 城西倏忽又城東. 彎弓走馬如驚電, 草頭雲外人不見. 射鴻彈雁應弦落, 殺狐逐兎隨風轉. […] 指揮猛士盡踊躍, 直前殺虎如刲羊.

사견 장군의 행락도는 이은(吏隱, 관리로 있으면서 정신적으로 은둔의 지

18_李時勉,《古廉文集》第3集, 王雲五主編,《四庫全書珍本》(台北: 台灣商務印書館, 出版年次不詳), 第1,143冊, 卷11, pp.10-11.

향을 충족시킴)의 취향을 가리키지 않고, 관직의 여가에 사냥을 하여 새 쏘고 호랑이 잡던 일생을 묘사했다. 사견 장군이 여가에 활 쏘고 탄환 날리는 생활을 보내는 비범하고 용맹한 모습을 극진하게 묘사한 것이다. 이어서 다시 고을 백성들이 다투어 맞이하는 모습으로 측사(側寫, 객을 빌려 주를 간접적으로 묘사하는 방법)하고 홍탁(烘托, 윤곽을 바림해서 주제를 부각시키는 방법)했다.

> 때때로 노닐어 향리에 이르면, 천촌만락의 촌민들이 다투어 영접한다. 탄환 끼고 돌아오면 까마귀는 잠들려 하고, 해는 군영에 져서 저녁의 자색 연기 피어오른다.
> 有時嬉遊到鄉里, 千村萬落爭迎喜. 挾彈歸來烏欲棲, 日落營門暮烟紫.

시의 끝에서는 사견 장군이 성군을 봉접하고 용맹하게 전투를 수행하여 충성을 다하고 직분을 다한 사실을 추켜세웠다.

> 명문가의 부귀한 인물이, 태평성세의 성군을 만났으니 얼마나 행운인가? 어이 빈둥빈둥 놀면서 시일을 보내랴? 영구히 나라에 보답하고 공훈 세울 마음을 품고 있도다.
> 自是名家富貴人, 何幸遭逢明聖君? 豈肯偷閒度時日? 長懷報國樹功勳.

③ 명나라 초 상찬의 정치사유

이시면의 〈사견 천호의 행락도에 제하다〉처럼 정치적 사유가 농후한 예는 행락도 제영만이 아니라, 명나라 초 소상의 제찬에도 많다. 우겸(于謙, 1398-1457)은 〈소상자찬(小像自贊)〉에서 이렇게 말했다.

> 보배로 삼아야 할 것은 밝은 절개요, 존중해야 할 것은 군주와 양친이다. […] 맑지도 않고 탁하지도 않으며 굽히지도 않고 펴지도 않아서, 밝고 성대한 시절을 만나 외람되이 진신사대부 열에 끼었다. 위로는 황제의 정치를 분식하지 못하고 아래로는 생민을 윤택하게 하지도 못한다. 아! 이러한 사람은 이른바 살아서도 당시에 무익하고 죽어서도 후대에 관계가 없는 셈이니, 하필 색깔 내는 먹을 빌려 그 정신을 베껴낼 필요가 어디 있겠는가?[19]

所寶者明節, 所重者君親. [⋯] 不淸不濁, 無屈無伸. 遭時明盛, 濫厠搢紳. 上無以黼黻皇猷, 下無以潤澤生民. 噫, 若斯人者, 所謂生無益於時, 死無關於後, 又何必假粉墨以寫其神邪?

자신이 태평성대에 진신사대부의 숲에 우연히 들어가게 된 것을 다행으로 여기고, 절개를 보물로 여기고 군주와 양친에 대한 충정을 토로하되, 재주가 모자라서 부끄럽다고 했다. 마지막에는 일부러 가볍게 자기를 조롱하여, 천지 사이에서 경중을 따질 것도 없는 존재이므로 정신을 그려내는 것은 그저 분묵을 허비할 따름이라고 했다.

벼슬길에서의 총우가 어떠했든, 화상을 보면서 정치상의 영욕을 상기하는 이러한 사유는 갖가지 화상에 편재하여, 거의 명나라 초 관리들의 공통된 목소리를 이루었다고 할 수 있다. 다시 양영(楊榮)의 예를 보기로 한다. 그는 〈조복상(朝服像)〉·〈칠십세상(七十歲像)〉·〈행락도(行樂圖)〉 등 세 폭의 개인 화상이 있고, 각각에 제찬이 있어서 그것이 《양문민공집(楊文敏公集)》에 수록되어 있다. 이하, 한 번 살펴보기로 한다. 첫 번째 〈조복상자찬〉은 이러하다.

내가 태어났을 때는 조종이 끼친 남은 복조를 이어받았고, 내가 세상에 나갔을 때는 국가의 태평을 만났다. 외람되이 과거에 급제하고 분수 밖으로 은영에 목욕을 했다. 성군의 융성한 은총을 더욱 입었으나, 천박하고 비루한 이 몸이 어이 감당하겠는가? 바깥을 헤아려보면, 물방울 하나 먼지 하나만큼의 보익도 없지만, 안을 찾아보면 해바라기가 해를 바라는 정성을 어이 잊겠는가? 장차 온 몸의 기력을 다해서 충성과 정조를 바쳐 성명한 천자에게 보답하고자 한다.[20]

予之生也, 承祖宗之餘慶. 予之出也, 際國家之太平. 忝登科第, 叨沐恩榮. 荷寵眷之益隆, 顧謭陋之奚勝? 揆其外, 固乏涓埃之補. 求其中, 敢忘葵藿之誠? 蓋將鞠躬盡力, 願效忠貞以報稱於聖明者也.

일생 동안 조종의 여경과 황은의 은권을 받아온 것을 순순하게 말했다. 은영을 외람되이 잔뜩 받은 한 개인의 삶은 성명한 국가의 축소도이

19_杜聯喆輯, 《明人自傳文鈔》(台北: 藝文印書館, 1977), p.3.

20_楊榮, 《楊文敏公集》, 卷16, pp.13b-14b, 總pp.770-772. 이하 2개의 찬도 같은 곳에 나온다.

다. 양영은 화상을 보면서 국가에 충성하여 목숨 바칠 각오를 다졌다. 다른 한 편의 〈행락도자찬〉은 이러하다.

> 담박하게 거처하고 스스로 만족하나니, 옥서(한림원)에서 한가롭고, 금란전(金鑾殿)의 당직에서 물러난다. 광풍제월(光風霽月)[본래 황정견(黃庭堅)이 주돈이(周敦頤)를 두고 "주무숙은 속이 시원스러워 비가 갠 뒤의 화창한 바람이나 밝은 달과 같다." 한 데서 나온 말로, 인품이 매우 훌륭하고 속이 시원스레 트인 것을 말한다 -역자]은 전철(前哲, 선현)의 금회를 사모하고, 취죽벽오(翠竹碧梧)는 선현의 품격을 대하듯이 우러른다. 생각과 태도가 느긋함을, 이에 방불하고자 도모하노라. 노둔한 이 몸을 채찍질하고 격려하여, 아침부터 저녁까지 부지런히 일해서, 성군의 권우에 감격하고, 태평성세의 치세를 즐기고자 하는 것을, 단청으로 그림 그리는 자가 어이 엿보고 헤아리랴?
> 澹然以居, 怡然自適. 當玉署之燕閒, 正金鑾之退直. 光風霽月, 慕前哲之襟懷. 翠竹碧梧, 仰昔賢之標格. 惟意態之雍容, 乃斯圖之彷佛. 至於策勵駑鈍, 勤勞夙夜, 以感聖主之眷遇, 樂盛世之治平者, 抑豈丹青之所能窺測哉?

이 행락도를 보면 양영은 숙직에서 물러나 편안히 쉬며 취죽과 벽오 사이에 흔연히 거처하여 안색이 온화한 자신의 모습에 시선을 두어, 어진 이를 보면 그와 같아지겠다고 마음먹는 금회를 일으켰다. 더 나아가 내일 조복을 입을 것을 상상하면서 융숭한 군은에 감사하고 매진할 것을 다짐하여, 온 힘을 다해 은혜 갚을 것을 생각했다. 양영이 자신을 바라보는 이 심오하고 곡절 있는 심사를 행락도 그리는 화가가 어찌 속속들이 알 수 있겠는가? 느긋하고 여유 있는 이 행락도는 의연히 정치 참여의 붉은 정성을 성찰하는 시선을 따라 나갔다. 〈칠십세자찬〉은 이러하다.

> 조상들이 두터이 덕을 쌓으신 것에 힘입고, 선왕들의 시대부터 융성하게 돌아보아주신 은총을 외람되이 받들어, 오랫동안 궁궐의 근거리에서 모시고 어리석은 충성을 바치고자 했으니, 연치와 기력이 이미 쇠하고서도 책임은 더욱 높아만 가고 있다. 나아가서는 성군의 정치에 아무 보탬 바가 없음이 부끄럽고, 물러나서는 나의 좋아하는 바를 따라가지 못하기에, 그저 경경한 마음만 지니고 안절부절 걱정하는 마음만 품고 있다. 옛 사람 가운

데 자신의 군주를 요순이 되게 하고 백성을 요순의 백성이 되게 했던 분들에 대해 평소 그 높은 풍모를 숭앙하기에, 이 점에 대해 힘써서 게으르지 않아, 처음과 끝을 일치시키고자 바랄 따름이다.
荷先世積德之厚, 叨列聖眷遇之隆. 久侍禁近, 冀效愚忠, 當齒力之旣衰, 尙責任之愈崇. 自愧乎進無所補, 退不我從, 徒存心之兢兢, 而懷憂之忡忡. 惟古人堯舜其君民者, 素景仰其高風, 思勉焉而不懈, 期一致於初終者也.

양영이 70세의 자기를 응시하면서 결코 잊지 않는 것은 정치상의 성취이다. 비록 나이도 늙고 힘도 쇠했지만, 결국 이 삶이 선대의 덕과 열성의 은혜에 부끄럽지 않을 수 있을지, 내심의 촉구하는 목소리가 아주 열렬하다. 당시의 군주를 요순으로 만들려고 했던 고인의 높은 풍모를 숭앙하여, 자기도 정치에 입문했을 때의 충정을 죽을 때까지 결코 바꾸지 않겠다고 다짐한다.

양영이 전형적인 예로 보여주는 것은, 초기 인물화가 소조하려고 했던 어진 신하의 형상이다. 첫째는 조복 차림으로 공무를 맡고, 둘째는 편복 차림으로 여가에 행락하며, 셋째는 야복 차림으로 퇴휴하여 양로한다. 양영은 세 편의 자찬에서 시각 인상을 정치적 호소의 어조로 바꾸어, 화면의 응시에서 시작해 내심의 검열로 들어가, 곧바로 관료 생활에 대해 책려하고 자성하는 목소리를 일으켰다. 양영은 이러한 투식을 남을 위해 작성한 상찬에서도 운용했다. 이를테면 "과거의 신묘한 선발에 올라 태평성세와의 조우를 기뻐하고(登科甲之妙選, 欣聖世之遭逢)",[21] "관복의 띠를 드리우고 홀을 바로 잡고서, 그 용의를 엄숙히 하고, 화요의 직책을 하나하나 거쳐가며 시절과 조우했고(垂紳正笏, 儼其儀容, 踐華歷要, 時其遭逢),[22] 성대한 관복을 엄숙히 차려 입고 띠를 드리우고 홀을 바로 잡고서 뜻을 견지하여 겸허하게 행동하고 마음을 잡아서 돈실하게 실천했다. 네 군주의 조정에서 은우를 입어 안과 밖을 똑같이 했으며, 조정에서 안온한 태도로 임하여 기밀의 정무에 다시 협찬했다(儼其盛服, 垂紳正笏. 持志謙虛, 秉心惇實. 受知遇於四朝, 惟表裡之如一. 旣從容於廟堂, 復參贊於

21_《楊文敏公集》, 卷16, p.10a, 總p.763, 〈魏尙書待漏像贊〉.
22_《楊文敏公集》, 卷16, p.10a, 總p.763, 〈黃少保像贊〉.

機密.)"[23]라는 식이다. 명초의 문무 귀족이 공무의 여가에 한적의 즐거움을 희구하는 것을 반영하는 이 신흥의 회화 양식(행락도)과 그 화상 관람의 사유는 한나라 이후 명신·공훈 화상과 제찬의 기나긴 전통에서 기원한다. 이 회화 양식은 앞서 서술한 투식을 활용하여, 관복의 띠를 드리우고 홀을 바로 잡고서 성스러운 시대를 만난 것을 기뻐하는 정치적 어조를 탄창(彈唱)하면서, 안으로 벼슬길의 영욕에서 겪은 심로(心路)와 연결시키고, 밖으로 태평성세의 분위기를 물들였다.

④ 만명 행락도 제영의 두 지향

행락도에서 정치를 칭송하는 제영의 어조는 만명에까지 이어졌으며, 심지어 본래보다 더 심한 예들도 나왔다. 만명 때 엄숭(嚴嵩, 1480-1569)의 《검산당집(鈐山堂集)》 부록의 〈상찬(像贊)〉은 당시의 관료들이 엄숭의 각종 회상에 써준 제찬들을 수록해 두었다.[24] 각기 다른 시기에 제작된 엄숭의 화상을 강(綱)으로 하고 그 아래 제영자들을 소속 부문과 부서명에 따라 안배했다. 이를테면 '(엄숭)예부시랑(禮部侍郎) 상찬(像贊)' 항목 아래에는 '예부우시랑 증성(增城) 담약수(湛若水)', '좌서자 겸 시강학사(左庶子兼侍講學士) 당읍(堂邑) 목공휘(穆孔暉)', '국자사업(國子司業) 여남(汝南) 임시(林時)', '한람시강학사 악저(鄂渚) 요도남(廖道南)' 등 네 명의 상찬이 있다. 또 '(엄숭)남경이부상서(南京吏部尙書) 상찬' 항목 아래에는 '남경이부우시랑 보전(莆田) 임문준(林文俊)', '남경이부우시랑 무원(婺源) 번단(潘旦)', '도찰원우부도어사(都察院右副都御史) 오군(吳郡) 고린(顧璘)' 등등의 상찬이 있다. 엄숭의 당시 권세가 하늘에 떠 있는 해와 같았으므로 관원들은 상찬을 통해 그 권력에 복종하는 뜻을 표시했다. 이를테면 첨사부첨사 겸 한림학사(詹事府詹事兼翰林學士) 상해(上海) 육심(陸深, 1477-1544)은 '(엄숭)예부상서 호필도(扈蹕圖)'를 위해 〈행락도찬〉을 지어 이렇게 말했다.

23_《楊文敏公集》, 卷16, p.9b, 總p.762, 〈蹇少師公服像贊〉.

24_嚴嵩, 《鈐山堂集》 附錄 〈像贊〉一輯, 《四庫全書存目叢書》(台南: 莊嚴文化事業公司, 1997), 集部, 第56冊, pp.13-17.

용의 무늬에 봉황의 자태로, 조정에서 윗자리에 있도다. 높은 재주와 예스런 조율은, 청묘의 여향이로다. 무성하여라 아름다워라! 대종백의 상이여. 이는 문장예악을 맡은 분이며, 장맛비에 염매 같은 인망이로다.
龍章鳳姿, 巖廊在上. 高才古調, 淸廟餘響. 猗與休哉! 大宗伯像. 此文章禮樂之司, 而霖雨鹽梅之望也[25]

산림의 즐거움은 말하지 않고 고작 공덕의 칭송으로 흘러가버렸다. 육심은 또 다른 상찬에서는 더 노골적으로 송양(頌揚)의 뜻을 드러냈다.

천자께서 신성하시어, 사방을 살피시길 때에 맞게 하시자, 공은 좌우에 있으면서 예악을 맡아보았다. 황제의 여섯 마리 준마가 새벽에 강을 건너고, 하나의 기마로 저녁에 치달릴 때, 안장에 기대어 붓을 잡아, 상주문을 기초하고 말씀을 진달했으며, 가만히 자문을 받들어서, 특별히 권우를 입었다. 바라보는 이들은 모두, 이분은 신선 속의 사람이라 한다. 내가 헤아려 보건대 바로 당대의 명신이 아니겠는가?
天子神聖, 省方以時. 公在左右, 禮樂是司. 六飛晨渡, 單騎夕馳. 據鞍握筆, 草奏陳詞. 密承顧問, 特受眷知. 其望之者曰: 此神仙中人. 以予度之, 乃當代之名臣也耶?

화상은 곧바로 송양의 대상이 되어, 노회하게 영합하여 칭송하는 심리가 거짓 인물상의 찬상으로 교묘하게 바뀌었다. '행락'을 소거한 내용을 신격의 맹목적 숭배로 흐르게 한 것은 권력에 부회하는 문아(文雅)의 한 가지 수법으로, 명초 이래 행락도 제영의 충만한 정치적 의미가 극단으로 흐른 결과이다.

만명 때 엄요일(嚴堯日)의 〈행락도상설(行樂圖像說)〉[26]은 더 한층 깊은 의미가 부각된다. 그 글에 이러하다.

'붓을 씻으매 어룡이 먹을 삼키고, 차를 끓이자 학이 연기를 피하누나.' 이것은 주위야(朱魏野) 처사가 징소되어 제수되자 겸손하게 사절한 시이다. 관우 송 선생[송구덕(宋九德), 자 사길(士吉), 별호 관우(官虞)]이 오운(五雲)

25_陸深의 제2편 題贊,《鈐山堂集》附錄〈像贊〉.
26_《萬載縣志》,《稀見中國地方志匯刊》(北京: 中國書店, 1992), 第26冊, 卷16, pp.1,160-1,161.

의 사훈으로 융주의 교유(훈도)로 발탁되었는데, 제생이 그 덕화에 감동하여, 초상을 제작하고 정려를 했다. 선생이 마침내 이 두 구를 들어서 제목으로 삼고, 두 어린 종을 두어 좌우에서 찻물 끓이는 불을 지피고 벼루 씻는 찬 물을 떠오게 하여 두 맑은 일에 유용하게 하고는, 나에게 그 행락을 기록하도록 명했다.

'洗硯魚呑墨, 烹茶鶴避煙.' 朱魏野處士孫謝徵拜詩也. 官虞宋先生以五雲司訓擢諭融州, 諸儒生感其德化, 繪圖旌行. 先生乃舉二語爲目, 置二童奴左右活火寒流, 各供淸事, 命予小子紀其行樂.

행락도를 그린 동기는 융주의 제생이 송 선생의 덕화에 감동하여 정려를 했기 때문이다. 두 종복에게 각각 벼루 씻는 일과 찻물 끓이는 일을 받들게 한 사실을 두고 그림으로 그렸다. 상주 송 선생이 자기를 은자의 형상으로 그리도록 유도한 것이다. 하지만 제영을 했던 엄요일은 그렇게 생각하지 않았다.

나는 말했다. "선생님은 고명하시지만, 처사의 극치에는 아직 이르지 못했습니다. 처사와 동시의 충명일(种明逸)[송나라 충방(种放)]은 화산(華山)에서 도를 배워 초부의 행색으로 희이선생[진단(陳摶)]의 계단 아래 절하는 모양을 취했습니다." 선생은 훌쩍 일어나 말했다. "나는 초부가 아니네. 현명한 군주를 만나 공명과 사업을 이룰 것이 스무 해는 족히 될 것이네." 과연 징소에 응해 관직이 간의대부에 이르러, 천자가 다가와서 손을 이끌고 전각에 오르면, 선생의 행실을 두고 정려를 하는 자는 응당 '석요췌수도(釋樣揣手圖)'를 만들어, 벼루 씻고 찻물 끓이는 일을 관아의 맑은 과업으로 삼는 것이 옳다. 내가 증보한 해석으로 바꾸어두고자 하지만 그림 잘 그리는 사람이 곁에 없으므로 잠시 그 뜻을 이와 같이 기록한다.

予曰: "先生高矣. 處士之致則尤未也. 處士同時种明逸學道華山, 以樵夫裝拜希夷先生陛下." 先生翼翼起曰: "予非樵夫, 遭逢明主功名事業可二十年已." 果應召官諫大夫, 天子至, 携手登閣. 旌先生行者, 應作釋樣揣手圖, 附洗墨烹茶爲宦邸淸課可耳. 余小子欲易置增釋而工畫者不在側, 聊識其意如此云.

엄요일은 행락도의 상주 송 선생이 실제로 은둔할 필요는 없다고 여겨, 처사 충명일이 초부의 형상으로 희이(希夷)와 도를 논했던 일화를 끌어와서 설득했다. 송 선생이 현명한 군주를 만나길 기대해서, 금일은 도를 공부하는 초부 같아 보이지만 내일은 천자가 손을 이끌고 전각에 오르는 간의대부가 되기를 바란 것이다. 엄요일은 행락도의 상주에게서 처사의 색채를 옅게 하여, 벼루 씻고 찻물 끓이는 일을 관저의 청과(淸課)로 삼으면 된다고 보았다. 엄요일의 어조는 태평성대를 칭송하는 명초 행락도 제찬의 사유에서 벗어나지 못했지만, 송 선생에 대해 "붓을 씻으매 어룡이 먹을 삼키고, 차를 끓이자 학이 연기를 피하는" 삶을 기대하여, 만명 시기의 화상이 은둔을 흠모하되 행락의 의향을 표현하게 되는 길을 열었다.

(4) 행락의 의미 탐구

행락도는 중국회화사에서 명대에 이르러 발전하기 시작한 새로운 회화 갈래로, 개인(귀인이거나 문사이거나)의 화상에 '행락'이란 어휘를 씌우고, 도면의 상주에게 쾌적한 정경에서 그윽하고 한가하게 즐기는 자태를 심어주었다. 행락이란 말을 사용한 것은 결코 우연이 아니므로, 이 어휘의 의미에 대해 좀 더 고찰할 필요가 있다. 중국의 시가 전통은 일찍부터, 세월이 무심하게 흘러가서 인생이 지나치게 짧다는 인식에서 삶을 관조하는 보편 인식을 드러내왔고, 그것은 두 가지 서로 상이한 지향을 낳았다.

첫째, 짙은 우수의 심사이다. 《초사》는 이렇게 말했다.[27]

> 내 생애에 즐거움이라곤 없음을 슬퍼하여, 홀로 산 속에 거처하고 있도다. 나는 마음을 바꾸어 세속을 따를 수가 없기에, 진실로 근심하고 괴로워하면서 곤궁 속에 생을 마치리라.
>
> 哀吾生之無樂兮, 幽獨處乎山中. 吾不能變心而從俗兮, 固將愁苦而終窮.
> —九章 '涉江'

"내 생애에 즐거움이라곤 없음을 슬퍼하여" "독처(獨處, 홀로 거처함)" 하면서, "마음을 바꾸어 세속을 따르려" 하지 않으니, "근심하고 괴로워

27_[宋]洪興祖《楚辭補注》(台北: 漢京文化事業公司, 1983), 〈九章章句第四·涉江〉, p.131.

하면서 곤궁 속에 생을 마칠" 처지는, 세월은 쉬이 흘러가고 수명은 유한하다는 절박감을 수반하게 된다.[28]

> 문득 바쁘게 달려 좇아가지만, 내 마음의 급하게 여기는 바 아니로다. 늙음이 성큼성큼 다가오지만, 훌륭한 이름 남기지 못할까 두려워라.
> 忽馳鶩以追逐兮, 非余心之所急. 老冉冉其將至兮, 恐修名之不立. (《離騷》)

비록 마음은 세속의 권세 이익을 쫓는 데 급급하지 않지만, '수명입신(修名立身)'의 방도가 없으므로, 급급하게 입신하려고 애써서 입언(立言)하여 불후하게 만들고자 문장과 사공(事功)을 추구하게 된다.

둘째, 《시경》 당풍(唐風) 〈실솔(蟋蟀)〉편의 예이다.

> 집안에 귀뚜라미, 한 해도 저물어간다. 지금 내가 즐기지 않으면, 세월은 그냥 지나가 버리리. 너무 무사태평하지 말고, 집안일도 생각해야지. 즐거움을 즐기되 지나치지 않도록, 훌륭한 선비는 늘 조심한다네.
> 집안에 귀뚜라미, 한 해도 다 지나간다. 지금 내가 즐기지 않으면, 세월은 그냥 달려가 버리리. 너무 무사태평하지 말고, 바깥일도 생각해야지. 즐거움을 즐기되 지나치지 않도록, 훌륭한 선비는 늘 부지런하다네.
> 집안에 귀뚜라미, 일 나갈 수레도 쉬고 있다. 지금 내가 즐기지 않으면, 세월은 그냥 묻혀버리리. 너무 무사태평하지 말고, 어려운 일도 생각해야지. 즐거움을 즐기되 지나치지 않도록, 좋은 선비는 늘 분발한다네.
> 蟋蟀在堂, 歲聿其莫. 今我不樂, 日月其除. 無已大康, 職思其居. 好樂無荒, 良士瞿瞿.
> 蟋蟀在堂, 歲聿其逝. 今我不樂, 日月其邁. 無已大康, 職思其外. 好樂無荒, 良士蹶蹶.
> 蟋蟀在堂, 役車其休. 今我不樂, 日月其慆. 無已大康, 職思其憂. 好樂無荒, 良士休休.

세월이 빠르게 흘러가기에 '뜻대로 즐거움을 즐길 것'을 주장하든, '즐거움을 즐기되 지나치지 않을 것'을 주장하든, '때에 맞춰 즐거움을 누리는 것'은 《시경》의 시인이 삶을 관조하는 보편 인식으로 되었다. 다만 《시경》은 제때에 행락하자는 목소리는 아직 미약하다. 한나라 때에 이

28_《楚辭補注》, 〈離騷章句第一〉, p.12.

르러 삶을 근심하는 의식이 고시의 주축을 이루었다. 〈고시 19수〉는 인본주의적인 집단정신에 이 문제를 반영했다. 그 한 수에 이러하다.

> 살아도 백 년을 못 살면서, 어찌 늘 천 년의 근심을 품고 사는가! 낮은 짧고 밤은 길어 괴로운데, 어찌 촛불 잡고 놀지 않으랴? 인생을 즐김에도 때가 있거늘 어찌 다음을 기다리겠는가? 어리석은 자는 돈을 아끼지만, 모두다 세상의 웃음거리가 되고, 선인 왕자교는 장생했다지만, 그와 같기는 어려워라.
>
> 生年不萬百, 常懷千歲憂! 晝短苦夜長, 何不秉燭遊? 爲樂當及時, 何能待來玆? 愚者愛惜費, 俱爲塵世嗤. 仙人王子喬, 難可以等期.

죽음이라는 대한(大限)에 대한 두려움 때문에 생명의 시공의 한계를 초월하려는 시도는 시인의 '제때에 행락하려는' 심리를 불러일으켰다. 이것은 창작 주체의 심미관에 깊은 영향을 주어, 시문에 애상적 정조와 비관적 기분을 농후하게 만들었다. 그래서 한·위 시가에는 영탄이 많다. 시인은 인생이 너무 짧고 광음이 총총하게 날아가 버리는 것을 촉급한 어조로 강조하여, 사람들로 하여금 인생의 고통을 체인하게 하고, 그로써 제때에 행락하려는 보상 심리를 일으키게 만들었다.[29] 조조(曹操, 155-220)는 〈단가행(短歌行)〉에서 "술을 마주하면 노래를 불러야 하리, 인간이 얼마나 살겠는가? 비유하자면 아침 이슬과도 같아, 지난날은 고통이 많았도다!(對酒當歌? 人生幾何. 譬如朝露, 去日苦多!)"라고 읊었다. 생명이 너무도 짧으므로 "어찌 관솔불을 붙잡고 노닐리 않으랴?" 동진의 왕희지(王羲之, 303 혹은 321-379)의 〈난정집서(蘭亭集序)〉, 당나라 이백(李白, 701-762)의 〈춘야연도리원서(春夜宴桃李園序)〉가 각각 행락의 희원을 표출한 것도 이 맥락에서 이해할 수 있다.

29_王鳳霞, 〈憂生意識與及時行樂—漢代詩歌價值取向溯源〉, 《河南教育學院學報(哲學社會科學版)》 2002年 4期; 陳冰, 〈中西詩歌中'及時行樂'主題的文化背景比較〉, 《淮陰師範學院學報(哲學社會科學版)》, 1995年 1期; 魯亮, 〈及時行樂與汲汲立身—上古詩賦兩種價值取向的離合〉, 《社會科學戰線》, 2001年 1期; 崔少元, 〈文藝復興·及時行樂·英國詩歌〉, 《山東外語教學》, 1997年 3期; 班榮學·劉霽合撰, 〈縱情享樂的文化背景與躊躇徘徊的思想淵源—中英'及時行樂詩'之比較研究〉, 《西安電子科技大學學報(社會科學版)》, 2005年 1期; 吳笛, 〈論東西方詩歌中的'及時行樂'主題〉, 《外國文學研究》, 2002年 4期.

'제때에 행락하려는' 욕구를 인정한다고 해도, 어떻게 '행락'할 것인가? '즐거움'은 대체 무엇인가? 송나라 주돈이(周敦頤, 1017-1073)는 '공자와 안자(안연)가 즐긴 곳'을 찾아보라고 가르쳤다.[30] 주희(朱熹, 1130-1200)는 '낙'을 다음과 같이 해석했다.

> 분잡하고 화려함을 쓸어버리는 것은 나의 성정이니, 바깥 즐거움이 안의 참된 즐거움만 같겠는가? 예의는 마음을 기쁘게 하여 심중에 얻음이 있고, 궁하거나 통하거나 분수에 평안하여 도가 항상 뻗어간다. 팔 굽혀 베개를 삼아도 자득함은 공자의 취미요, 누추한 골목에서 안자는 가난함을 어이 혐의했으랴? 이 뜻은 새를 마주하여 말할 것이니, 주염계(주돈이)의 뜨락 풀은 한가지로 봄기운이었다네.
>
> 紛華掃退性吾情, 外樂何如內樂眞? 禮義悅心衷有得, 窮通安分道常伸. 曲肱自得宣尼趣, 陋巷何嫌顏子貧? 此意相關禽對語, 濂溪庭草一般春.[31]

주희는 곤궁에 편안히 대처한 공자·안자를 전형으로 삼아, 바깥의 즐거움이 내면의 즐거움만 못하다고 했다. 그리고 주돈이의 관점과 연결시켜, 심성의 수양 과정 중에 못에 물고기가 튀고 새가 하늘을 날며 뜨락의 풀이 모두 봄기운을 지니는 식으로 생명의 활발자재한 경계의 즐거움을 몸으로 깨닫고자 했다. 송대 유학자들이 공자 문하의 이 깨달음에서 '즐거움'으로 나아간 것은 후대 사람들에게 깊은 영향을 주었다. 명나라 초 행락도의 새 회화양식이 출현한 이후에 왕오(王鏊, 1450-1524)는 '즐거움'에 관해 〈부 낙전설(附樂全說)〉[32]을 집필하여, 제우(際遇)와 체회(體會)를 구별했다. 그 글에 이런 말이 있다.

> 왕 선생은 내각에서부터 돌아와, 날마다 동정호의 들에서 소요했다. […] 그대는 어찌하여 여기서 즐거워하는가? 처음에 그대는 낭묘(조정)에 있으면서 자미궁을 마음껏 날아올랐다. […] 그런데 그대는 척척해 하기를 마

30_二程受學於周茂叔, 每令尋孔·顏樂處.《二程集》,《河南程氏遺書》(北京: 中華書局), 卷2上, p.16;《宋史》卷427, 周敦頤本傳: "每令尋孔·顏樂處, 所樂何事, 二程之學源流乎此矣."

31_[明]譚寶煥輯, 朱熹, 〈性理吟〉,《四庫全書存目叢書》(吉林省圖書館藏淸康熙19年譚作梅等刻本), 集部, 第78冊, pp.459-460; 尤侗, 〈後性理吟〉,《西堂詩集》中,《續修四庫全書》(上海: 上海古籍出版社, 出版年次不一), 集部·別集類, 總1407冊, pp.164-169.

32_杜聯喆編,《明人自傳文鈔》, pp.62-63.

치 근심스러운 듯이 했다. 지금 돌아와서는 궁벽한 산과 거친 들판에서 나무나 돌과 이웃하고 사슴이나 돼지와 짝을 이루고 있으면서도, 그대는 훨훨 벗어난 듯이 마치 즐거움이 있는 듯하다. 그대는 어찌하여 여기서 즐거워하는가?

王子歸自內閣, 日消搖乎洞庭之野. [⋯] 子何樂於是與? 始子之居廊廟也, 翺翔乎紫微 [⋯] 而子慼慼乎其若憂. 今之歸也, 窮山荒野, 木石之與隣, 鹿豕之與侶, 而子超超焉其若有樂也. 子何樂於是歟?

이 글은 조정과 산림을 대비하여 근심과 즐거움의 차이를 부각시켰다. 그 다음에는 장자의 "즐거움이 온전한 것을 일러 뜻을 얻었다고 한다(樂全之謂得志)"라는 구절을 인용하고 즐거움의 의미를 깊이 분석하여, 진정한 즐거움은 사람에게 달려 있지 않고 하늘에 달려 있다고 했다. 즉, "인간에 있어 온전한 사람의 경우는 얻으면 기뻐하고 잃으면 슬퍼하지만" "하늘에 있어 온전한 사람의 경우는 그렇지 않아서, 가난해도 즐거워하고 부유해도 즐거워하며 벼슬에 나아가도 즐거워하고 벼슬에 나아가지 않고 처하여도 즐거워하여, 어디를 들어가든 자득하지 않는 일이 없고 어디를 들어가든 스스로 즐겁지 않은 일이 없다(全天者不然, 貧亦樂, 富亦樂, 出亦樂, 處亦樂, 無入而不自得焉, 無入而不自樂也)"라고 했다. 사람의 일에는 득과 실이 있으나 자연에 순응하면 어디를 들어가도 스스로 즐거워하지 않을 수 없다고 한 것이다. 왕오의 본 부인은 효종 홍치 황후의 혈족이었는데, 황후가 불행히 일찍 서거하자 왕오는 극력 피혐해서 세상사에 응하는데 극도로 근신했다. 〈자찬〉에서 '벼슬은 공고(公孤, 고관), 관직은 대각(爵則公孤, 官居臺閣)'이라 했으며,[33] 정치상의 곤액에 자처하는 도리로 스스로를 순순하게 경계했다. 산림의 즐거움을 추구하는 일이 조정에서의 근심과 정반대의 짝을 이룬 것은, 실제 경험의 체득에서 비롯된 것이다. 그래서 즐거움의 의미를 논할 때 변증법적 사고를 드러내어, 즐거움은 인간사의 득실과 갈등을 배제해야 비로소 얻을 수 있다고 말했다.

하늘을 관찰하여, 해, 달, 별, 별자리, 안개, 구름, 바람, 비, 서리, 이슬의 변

33_杜聯喆編,《明人自傳文鈔》, p.61.

화, 산악의 우뚝한 모습, 강호의 흘러가는 광경을 보는 것은 즐거움이다. 인간을 관찰하여, 의관, 궁실, 성지(성과 못), 학교, 헌수(헌작과 수작), 등강(예제의 의식), 현송(거문고 타고 옛 글을 외움), 가영(노래와 음영)을 보는 것은 즐거움이다. 품물을 관찰하여, 초목이 꽃 피우고 시듦, 열매 맺고 떨어짐, 새가 지저귀고 짐승이 울부짖음, 물고기가 헤엄치고 용이 나는 것을 보는 것은 즐거움이다.

觀於天, 見日月星辰煙雲風雨霜露之變, 山嶽之峨, 江湖之流, 樂也. 觀於人, 見衣冠宮室城池庠序獻酬登降絃誦歌詠, 樂也. 觀於物, 見草木之榮悴開謝, 鳥獸之鳴嗥, 魚龍之飛泳, 樂也.

왕오는 여기서 송대 유학자들이 표방한 '안자(안연) · 증자(증석)의 즐거움'을 제시한다.

그렇다면 즐거움은 과연 여기에 있는가? 도시락 밥과 표주박 물로 누추한 골목에서 지낸 것은 안자의 즐거움이었으되, 도시락 밥과 표주박 물로 누추한 골목에서 지내는 데 즐거움이 있었던 것은 아니다. 기수에서 목욕하고 기우제 제단에서 춤추는 것은 증석의 즐거움이었으되, 기수에서 목욕하고 기우제 제단에서 춤추는 데 즐거움이 있었던 것은 아니다. 그렇다면 안자와 증자의 즐거움에 대해 어떻게 말할 수 있겠는가? […] 무릇 이것을 지극한 즐거움이라고 하지만, 어찌 외물을 두고 말하는 것이겠는가? 그러므로 옛날에 뜻을 얻었다고 하는 것은 헌면(軒冕, 고관의 수레와 모자)을 두고 말한 것이 아니다. 저 사람들이 헌면을 즐거움으로 여기는 경우, 무릇 헌면을 즐거움을 삼으면 필시 헌면을 근심으로 삼게 될 터이니, 또 무슨 즐거움이 있겠는가? 나의 즐거움은 안자와 증자에게는 미치지 못하지만, 헌면을 두고 하는 말이 아니요, 산수를 두고 하는 말이 아니요, 풍월과 화조를 두고 하는 말이 아니다. 날마다 양양(洋洋)하고 옹옹(踽踽, 고독한 모습)하며, 우주의 안에서 아래를 굽어보고 위로 올려다보면서, 천지의 사이에 내가 있음도 내게 몸뚱이가 있음도 몸뚱이에 마음이 있음도 알지 못한다. 알지 못하니 과연 즐거운가, 즐겁지 못한가? 과연 온전히 하는가, 온전히 하지 못하는가?

然其樂果在是乎? 簞瓢陋巷, 顏子之樂也, 有不在簞瓢陋巷者. 浴沂舞雩, 曾皙之樂也, 有不在浴沂舞雩者. 然則顏曾之樂, 可得而言乎? […] 夫是之謂至樂, 而豈外物之謂哉? 故曰古之所謂得志者, 非軒冕之謂也. 自夫人者以軒冕爲樂, 夫以軒冕爲樂, 則必以軒冕爲憂, 而又何樂乎? 吾之樂雖未及乎顏曾, 則非軒冕之謂也, 又非山水非風月花鳥之謂也. 日洋洋焉, 踽踽焉, 俯

> 仰乎宇宙之內, 不知天地之有我, 我之有身也, 身之有心也. 不知果樂歟, 非樂歟, 果全歟, 非全歟? (《明人自傳文鈔》. pp.62-63)

왕오는 송대 유학자와 마찬가지로 공자 문하의 즐거움을 제시했으나, 심성수양의 주제를 강조하지는 않았다. 마음에 연연해하는 것은 낭묘(조정)에서의 조우였으므로, 거듭 "무릇 헌면을 즐거움으로 삼으면 필시 헌면을 근심으로 삼게 될 터이니, 또 무슨 즐거움이 있겠는가?"라고 했다. 그리고, 말하려다가 그만두는 식으로, "안자의 즐거움이었으되, 도시락밥과 표주박 물로 누추한 골목에서 지내는 데 즐거움이 있었던 것은 아니다"라 하고 "증석의 즐거움이었으되, 기수에서 목욕하고 기우제 제단에서 춤추는 데 즐거움이 있었던 것은 아니다"라고 했다. 그렇다면 즐거움은 결국 어디에 있는가? 왕오는 글의 끝에서 자신을 격려하여, "날마다 양양(洋洋)하고 옹옹(踽踽, 고독한 모습)하며, 우주의 안에서 아래를 굽어보고 위로 올려다보면서, 천지의 사이에 내가 있음도 내게 몸뚱이가 있음도 몸뚱이에 마음이 있음도 알지 못한다"라고 했다. 장자의 '심재좌망(心齋坐忘)'[몸과 마음의 더러움을 씻고 온갖 것을 잊음으로써 허의 상태에서 도와 일체가 되는 것—역자]의 계시로 돌아가, 일체의 속박과 실의를 벗어나고자 했다.

송대 유학자가 심성 수양의 전형으로 '공자·안자의 즐거움'을 발전시킨 이래 명나라 초 왕오는《장자》를 끌어들여 인간사의 번다함을 벗어나 망아의 경지를 추구하는 근거로 삼았다. 명말청초에 이르러서는 더욱 새로운 의미를 부여했다. 청나라 초 우통(尤侗, 1618-1704)은 주희의 〈성리음(性理吟)〉 48조를 모방하여 〈후성리음(後性理吟)〉을 자작했는데, '낙(樂)'의 조항에서 이렇게 말했다.

> 산을 좋아하고(즐기고) 물을 좋아함(즐김)은 지(知)와 인(仁)의 공효이니, 우리 유학자를 논하면 또 다른 면이 있다. 하늘을 우러러보고 인간을 굽어보아 부끄러움이 없으며, 풍월을 노래하고 읊어서 정신으로 통한다. 예의를 마음으로 기뻐하길 가축 고기를 좋아하듯 하며, 훈공의 명예는 스쳐 볼 뿐이고 종정(鍾鼎)의 즐거움은 헛되이 여긴다. 공자와 안자의 참 즐거움이 어디에 있나 묻고자 한다면, 도시락밥과 표주박 물, 푸성귀와 물, 그 속에

> 있도다.
> 樂山樂水知仁功, 若論吾儒更不同. 俯仰天人無愧怍, 歌吟風月有神通.
> 悅心禮義猶芻豢, 過眼勳名空鼎鐘. 欲問孔顔眞樂處, 簞瓢蔬水在其中.[34]

우통은 주희가 말한 즐거움을 재해석하여, 선비는 "예의를 마음으로 기뻐하여 내면에 얻는 것이 있음"을 "추환(芻豢)처럼" 여겨야 한다고 했다. 그보다 앞서 주희는 분잡하고 화려함을 쓸어버리고 물러나서 안빈낙도를 하여, 팔을 굽혀 베개로 삼고 누추한 골목에 거처하더라도 혐의하지 않아야 한다고 해설했다. 우통은 더 구체적으로 "공자와 안자가 참으로 즐거워 한 곳"이 일상의 생활에 있으며, 도시락밥과 표주박물, 푸성귀와 물에 절로 그 즐거움이 있다고 말했다. 흥미로운 점은, 우통이 송대 유학자가 말했듯이, 궁하거나 통하거나 분수에 안주하고 예의를 마음으로 기뻐하며 하늘을 우러러보고 인간을 굽어보아 부끄럽지 말라는 가르침에 동의하면서도, 이에 머물지 않고 '요산요수(樂山樂水)'와 '가음풍월(歌吟風月)'을 더욱 강조한 점이다. 앞서 인용한 엄요일의 〈행락도상설〉이 송 선생에 대해 "붓을 씻으매 어룡이 먹을 삼키고 차를 끓이자 학이 연기를 피하누나"라는 식으로 은둔생활의 즐거움을 아주 좋아한다고 서술한 것과 같다. 명대 중후반 이후 사람들은 생명체의 보양과 세속의 장식을 중시하게 되어,[35] 행주좌와의 일상적인 안락을 중시하게 되었다. 당시 사람들은 심지어 거리낌 없이 오지(娛志, 뜻을 즐김), 완상(玩賞), 쾌락을 주장하기까지 하여, 당시 출판물에는《광쾌서(廣快書)》·《쾌서(快書)》·《청수각쾌서(淸睡閣快書)》·《문오(文娛)》·《산거소완(山居小玩)》 등등[36]의 명칭을 붙이기까지 했다. 문인들이 일상생활의 쾌락을 추구하는 풍조가 퍼지면서, 만명 문인의 행락도와 제영에도 시대적 관점과 사상적 분위기가 반영되었다.

34_尤侗自,〈後性理吟〉,《續修四庫全書》, pp.169-174,〈樂〉條 p.171. 주희의 仁·義·禮·智·信·誠·敬·心·性·情… 등 48조목에 대해 발휘했다.

35_拙稿,〈養護與裝飾—晩明文人對俗世生命的美感經營〉,《漢學硏究》15:2 (1997年 12月), pp.109-143 ; 拙著,《晩明閒賞美學》(台北: 台灣學生書局, 2000), pp.299-350.

36_拙稿,〈晩明閒賞文獻之盛況·分類與分析〉, 同上註,《晩明閒賞美學》, pp.139-159.

(5) 청나라 초 행락도 유형

행락도와 제영은 명나라 초에는 정치적 사유가 가득했으나 만명에 이르러서는 상주의 한적하고 여유로운 형상과 시선을 배치하는 쪽으로 차츰 바뀌었다. 이러한 전변은 필자가 위에서 '제때에 행락하려는' 사유 양식이 만명 청조에 이르러 성하게 되었다고 서술한 내용과 부합한다. 청나라 초의 행락도는 제왕의 경우든 문인의 경우든 모두 여러 유형으로 발전했다. 이하 부류를 나누어서 고찰하기로 한다.

① 제왕 행락도

제왕 행락도는 앞서 본 〈명선종행락도〉 이외에, 명나라 중엽의 〈명헌종원소행락도(明憲宗元宵行樂圖)〉가 있다(그림 2). 이 그림은 명나라 궁정 원소(원단) 행락의 정경을 묘사한 것으로, 화등(花燈)과 죽포(竹炮), 화랑(貨郞)과 거담(車擔), 화장(化裝)과 희희(嬉戲), 외국 사절, 잡기와 연예 등 장면을 담고 있다. 헌종 주견심(朱見深, 1448-1487, 재위 1465-1487)은 전후 3차에 걸쳐 출현하여, 경치를 감상하면서 혹은 앉아 있거나 혹은 머물러 있는 모습이며, 수염이 길고 신체가 풍만하다. 궁녀와 태감 등 많은 사람이 곁에서 모시고 있다. 잡기와 연예의 장면은 떠들썩한 분위기이다. 화축은 내용이 풍부하고 인물이 아주 많아서, 명나라 궁정에서 가절을 즐기는 모습을 담은 역사 화권이다.[37] 청나라 초의 제왕 행락도는 엄숙한 위엄을 세우려는 황제의 조복 화상과 다르고, 또 〈명헌종행락도〉와도 다르다. 황제의 궁궐 활동은 비밀로 부쳐야 함에도 불구하고, 행락도는 사람들로 하여금 호기심을 갖게 만드는 궁궐 경관을 제공한다. 제왕이 높이 앉아 조복을 벗은 채, 각종 복식과 자태를 교묘하게 취하여, 심미, 원망(바람), 생활품격을 펼쳐 보이고 있다.[38]

37_《中國美術全集》(台北: 錦繡出版社, 1986-1989) 〈繪畫編〉 6,《明代繪畫上》, 〈明憲宗元宵行樂圖〉圖版說明, p.34.

38_《中國美術全集》(同上註) 〈繪畫編〉10,《淸代繪畫中》. 청나라 황제 朝服을 입지 않은 초상들이 많이 수록되어 있다. 〈玄燁(康熙)戎裝圖軸〉(圖110), 〈胤禛(雍正)行樂圖軸〉(圖112), 〈胤禛(雍正)朗唫閣圖軸〉(圖113), 〈弘曆(乾隆)平安春信圖軸〉(圖154), 〈弘曆觀畫圖軸〉(圖155) 등.

그림 2. (명) 일명씨 그림, 〈명 헌종 원소(元宵) 행락도〉 권, 견본, 채색, 37X624cm, 중국 역사박물관.

(a) 상무 융장

청나라 성조 강희는 이름이 현엽(玄燁, 1654-1722)으로, 61년간(1662-1722) 재위했다. 〈현엽융장도(玄燁戎裝圖)〉가 있어, 영특한 청년의 자태를 묘사해냈다(그림 3). 융장을 입고 활과 화살을 쥐고 있으며 시종이 곁에 모시고 있는데, 소나무 그늘 아래 단정하게 앉아 있다. 배경으로 소나무와 구름 하늘을 깔아서, 그림 전체에 장식성이 풍부하다. 청나라 고종 건륭은 이름이 홍력(弘曆, 1711-1799)으로 60년간(1736-1795) 재위했는데, 역시 상무 화상의 〈홍력초록도축(弘曆哨鹿圖軸)〉이 있다. 건륭 황제와 그 시종들이 준마를 타고 굽이굽이 산길을 따라 느릿느릿 영지로 돌아오는 정경을 그렸다. 대오의 전열에 백마를 타고 있는 사람이 건륭이다. 화폭이 거대하다. 주요 인물은 모두 초상화의 특징을 지녔으며, '초록(哨鹿)'의 장면을 사실적으로 그렸다. 초록은 청나라 궁정에서 정기적으로 실시했던 황족 수렵 활동이다 이 그림은 이탈리아 화가 주제페(Giuseppe Castiglione, 1688-1766)가 그린 것이다. 주제페는 강희 54년(1715) 중국에 와서, 내정 화원공봉으로 징소되어 세 조정에서 벼슬을

그림 3. (청) 일명씨 그림, 〈현업융장도〉 축, 비단, 채색, 112.3X71.4 cm, 북경고궁박물원.

살았다. 건륭의 화상들은 주제페의 손에서 이루어졌다. 주제페는 또 〈건륭대제착대열주갑기마상(乾隆大帝著大閱冑甲騎馬像)〉을 제작하여, 남원(南苑)에서 거행한 대열전례(大閱典禮)에서 건륭이 팔기군의 각종 병기를 검열하는 모습을 그림으로 남겼다. 황제의 존엄을 드러내는 의식 행위를 그린 것이지만, 위에 든 청나라 황제의 화상들은 모두 상무의 융자(戎姿)이다.

(b) 종교 분장

융장 화상 이외에 40세의 건륭에게는 종교 화상이 있다. 정관붕(丁觀鵬)이 그린 〈홍력세상도축(弘曆洗象圖軸)〉이 그것이다. 정관붕은 청나라 중기에 활동한 궁정 화가로, 옹정 연간 궁정에 들어가 도석(道釋)인물화 및 산수화에 뛰어나 옹정 · 건륭 두 황제의 지우를 입었다. 〈세상도(洗象圖)〉는 원래 불교의 보현보살이, 수종(隨從)이 흰 코끼리를 씻겨주는 광경을 바라보는 고사를 표현한 것으로, 흰 코끼리는 보현보살이 타고 다닌다고 한다. 〈홍력세상도축〉은 바로 도석화(道釋畵)의 변형이다. 홍력은 일생 불교를 좋아하여, 조복을 벗어던진 그는 그림 속의 보현보살로 분장하여 종교적 상상을 전달하고 있다. 인물의 면면은 살아 있는 듯 생동감이 있어, 서양의 사실 화법을 채용했다. 주제페의 솜씨일 듯하다. 나머지 경치는 정관붕이 보충하여 그렸을 것이다. 인물의 조형은 조금 과장되어, 선이 구불구불 흔들리고 있으며, 주 인물 보현보살이 다른 인물들보다 훨씬 크다. 이것은 중국의 전통적 구도이다. 홍력의 경우에는 불교 장식의 화상이 아주 많이 전하는데, 이것은 그 가운데 하나이다.

주제페는 정관붕의 〈세상도〉를 이어, 〈홍력관화도(弘曆觀畫圖)〉를 그렸다. 건륭제는 편복을 입고 송백의 짙은 그늘 아래 앉아 오른쪽 팔꿈치를 책상에 기대고 있고, 책상 아래에는 골동품을 늘어놓았으며, 시종과 궁녀가 에워싸고 있다. 상주 홍력제는 앞서 말한 정관붕이 그린 〈홍력세상도축〉에 눈길을 주고 있으며, 정신과 외모가 느긋하여 자득한 모습이다. 인물 활동 모두가 그림 관람의 모티프를 둘러싸고 안배되어 있다. 정관붕의 〈세상도〉가 주제페 〈홍력관화도〉의 그림 속 그림이 되었다.

(c) 생활 양태

청 세종 옹정의 이름은 윤진(胤禛, 1678-1735)으로 13년간(1723-1735) 재위했는데, 〈윤진낭음각도(胤禛朗唫閣圖)〉 축이 있다(그림 4). 오동과 취죽이 어른어른 비치는 정원에 옹정은 낭음각 속에 앉아 있으면서 무언가 생각에 잠겨 있고, 시종은 좌우에 늘어서고, 백학은 호수 바위에 서 있으며, 두 마리 사슴이 창밖 오동나무 가에 자리하고 있다. 정원의 풍경은 맑고 그윽하며, 분위기는 적막하고 고요하다. 화면은 서정의 뜻이 짙다. 이는 윤진이 아직 잠저에 있을 때의 화상이다. 주제페는 이전에 〈홍력평안춘신도(弘曆平安春信圖)〉 축을 그렸는데, 그림 속 인물은 하나는 늙고 하나는 젊다(그림 5). 이는 옹정황제(노인)와 당시 이미 보친왕(寶親王)이 된 홍력(소년) 부자의 합상이다. 두 상주는 모두 한족 복식을 걸쳤는데, 한 사람은 크고 한 사람은 왜소하다. 소년 건륭과 노년 옹정은 모두 봄 소식을 대표하는 고운 꽃을 손에 쥐고 있고, 배후에는 작은 대나무 두 줄기를 그려두었으며, 홍력은 한 손을 대나무 줄기 위에 두고 있다. 가까이 태호석이 영롱한데다가, 취죽과 복사꽃이 곁하고 있어서, 봄

그림 4. (청) 일명씨, 〈윤진낭음각도(胤禛朗唫閣圖)〉 축. 비단, 채색. 175.1X95.8cm, 북경고궁박물원

그림 5. (청) 주제페, 〈홍력평안춘신도(弘曆平安春信圖)〉. 종이, 채색. 66.8X40.8cm. 북경고궁박물원

그림 6. (청) 무명씨, 〈윤진행락도(胤禛行樂圖)〉(冊頁) 일부, 비단, 채색. 34.9X31cm, 북경고궁박물원

그림 7. (청) 무명씨, 〈윤진행락도(胤禛行樂圖)〉(冊頁) 일부. 비단, 채색. 34.9X31cm, 북경고궁박물원

경치가 맑고 그윽하다. 건륭이 제시(題詩)하기를, "인물의 초상은 주제페가 으뜸이니, 나의 소년 시절을 곱게 채색했구나. 방 안에 머리가 희끗희끗한 사람은 대체 누구인가?(寫眞世寧擅, 繢我少年時, 入室皤然者, 不知此是誰?)"라고 했다. 상당히 감상할 만하다. 시간 관념을 소거했던 것일까? 건륭은 돌연 기이한 상상을 하여, 그림 속 한 노인과 한 소년을 자기의 과거(소년)와 미래(노년)를 도면에 나란히 둔 것이라 여겼다. 본래 추억을 그린 화상이 상주의 억측으로 인하여 참인지 허환인지 알 수 없게 되어 열독의 즐거움을 만들어준다.

옹정 황제에게는 또 화상만으로 이루어진 〈윤진행락도(胤禛行樂圖)〉 전집이 있어, 모두 14장에 각각 하나의 고사를 배당했다.(그림 6, 그림 7) 이 전집에서 옹정은 각각 옛날 복장, 유가 복식, 도교 복장, 불교 옷, 융의 복장 등 각기 다른 복식을 하고 여러 활동을 하고 있는데, 각기 다른 활동이 복식 및 배경과 잘 어울린다. 즉, 이 전집에 윤진(옹정)은 자기 자신을 절묘하게 배치하여, 교묘한 복장으로 벽은(癖癮)을 연기하는 즐거움을 만끽하고 있다. 때로는 유복을 입고 관건을 쓰고, 푸른 소나무 우거진 깊은 골짜과 취죽이 자라난 샘물이 이루는 아름다운 경관 속에서 현악기를 연주하는 문인의 모습으로 분장했다. 때로는 불주(염주)를 두르고 납의를 걸친 행각승의 형상을 연기했다. 윤진은 황제의 존엄한 지위에 있으면서 14종의 아속, 귀천, 문무의 여러 상들을 택하여, '행락도'의 구상을 궁극에까지 밀고 나가, 존귀한 지위에서 내려와 변화다단한 변장 세계를 화가가 해학적으로 그려내도록 내맡겼다.

문인 손지울(孫枝蔚, 1620-1687)은 〈제왕근후행락도(題王覲侯行樂圖)〉에서 이렇게 말했다.

> 가을 교외에서 고삐를 늦추니 정취가 절로 참되어라, 훨훨 공자들은 본시 서쪽에 이웃했네. 오의항 높은 가문의 자제는, 심상하게 활 쏘고 수렵하는 사람이 결코 아니로다. 현악기를 끌어안은 동자는 번번이 피로함을 잊어버리고, 나무 빛깔 사이사이로 경물이 기이하다. 다만 주인이 아무 일도 없어 부끄럽구나, 오늘의 시대에 어디서 종자기를 찾을 것인가?
> 緩轡秋郊趣自眞, 翩翩公子本西鄰. 烏衣巷裡高門第, 不是尋嘗射獵人.
> 抱琴童子每忘疲, 樹色中間景物奇. 但愧主人無一事, 今朝何處訪鍾期?[39]

"심상하게 활 쏘고 수렵하는 사람이 결코 아닌" 이 귀공자는 그림 속에서 고삐를 묶어놓고 거문고를 안고 경치를 구경하며 친구를 방문하고 있다. 행락도는 이 상주를 시정이 충만한 산수화 속에 배치하여 두었다. 시의 뜻으로부터 고찰하면, 〈제왕근후행락도〉는 전통적 산수인물도와 그리 차이가 없는 듯하다. 하지만 전통 인물화에서 인물은 혹 순수한 점경에 불과하거나 혹 산수를 배경으로 하는 명류의 모습으로 그려져서 도은, 명사, 영웅, 고승 등 이상적 전형을 표창할 뿐이었다. 만명 이후 전통적 산수 인물화가 사실 기록의 민간 초상화와 결합하여 '사진'의 그림이 '행락'의 그림으로 바뀌었으며, 그것이 청나라 초에 크게 성했다.

② 고수(顧修) 판각 국초 명사 화상

가경 연간의 장서가 고수(顧修)[40]는 《독화재제화시(讀畫齋題畫詩)》 및

39_孫枝蔚, 《漑堂詩集》, 《續修四庫全書》(據淸康熙刻本影印), 集部, 別集類, 總1407冊, 〈前集〉, 卷6, p.470.

40_顧修의 字는 仲歐, 號는 松泉, 또 다른 호는 菉涯. 淸石의 문인. 桐鄕에 거처했다. 嘉慶·道光 연간의 諸生. 시화에 뛰어났고, 장서가 풍부해서, 자기의 장서를 가지고 《讀畫齋叢書》를 滙刻해서 甲乙부터 庚辛까지 8집을 만들었다. 또 《南宋群賢小集》을 판각하고, 《江湖後集》을 부록으로 삼았는데, 巾箱精本이어서 세상에서 진중되었다. 이 밖에 《滙刻書目》이 있다.

부록 1권을 편찬하고 국초 명사의 화상을 집각(輯刻)했다. 고수의 친구 양반(楊蟠)이 가경 기사 14년(1809) 겨울에 그 책을 교열하고 발문을 작성하여 이렇게 말했다.

> 나는 마음속으로 가만히 기뻐했다. "일 벌이기 좋아하는 포(鮑)·김(金) 두 선생이 국초 여러 노인들의 도상을 찾아, 가까스로 열 가운데 하나를 얻었는데, 우리 고을 선배의 도상이 7개이다. 죽타(竹垞)[주이준(朱彝尊)] 선생 부자의 그림 5점, 이징사(李徵士) 추금(秋錦)[이양년(李良年)] 형제의 그림 2점을 얻었다. 아아! 성대하도다. 이 7점 도상은 내가 아주 어려서 손을 씻고 경건하게 관람했던 것인데, 지금 모본은 터럭 하나도 어그러지지 않았으니, 우리 무리 가운데 원래 도상을 보지 못한 자라도 이것을 대하면 역시 기쁜 마음을 갖게 될 것이다. 지금 고찰하건대, 죽타의 여러 도상 가운데 〈연우귀경도(煙雨歸耕圖)〉가 가장 이른데, 전당(錢塘) 대가미(戴葭湄)[창(蒼)]가 그린 것이다. 그 여러 해 뒤 해릉(海陵)의 조차악(曹次岳)[악(岳)]이 〈화죽타도(畫竹垞圖)〉를 이루었는데, 기사년에 그린 것이다. 〈소장로도(小長蘆圖)〉는 우홍로(禹鴻臚)[우지정(禹之鼎)]의 필적이다. 가장 뒤의 것은 매우장(梅耦長)[경(庚)]이 그린 〈두붕소하도(豆棚銷夏圖)〉인데, 무인년에 이루었다. 죽타 옹은 이미 나이가 일흔이어서 다시는 사람들에게 제구(題句)를 청하지 않는다. 이징사(李徵士, 이양년)의 〈관원도(灌園圖)〉는, 고찰하건대 요봉(堯峰)의 기문(記文)이 강희 7년 무신에 이루어진 사실이 있고, 그것을 그린 사람은 그 친구 문여가(文與可)[점(點)]이다. 또 요봉에게는 〈관원시(灌園詩)〉가 있는데, 그 뒤의 서문은 기탁이 심원하므로, 가려 뽑아 도상의 뒤에 보충할 수 있다. 〈여산행각도(廬山行脚圖)〉는 강희 21년 임술에 그린 것으로 우산(虞山) 양생(楊生)[양반]이 만든 것이다. 소주십(小朱十)[주곤전(朱昆田)]의 〈월파취적도(月波吹笛圖)〉로 말하면, 역시 우홍로의 손에서 나왔는데, 제작년월은 고찰할 길이 없다."[41]

저술로《題畫齋學語草》·《百疊蘇韻詩》이 있다.

41_《讀畫齋題畫詩》, 19卷, 附圖, 線條清晰. 대륙에 두 텍스트가 있다. 하나는 復旦大學圖書館古籍室에 있고, 하나는 北京大學圖書館古籍特藏室에 있다. 楊光輝 박사의 조사에 의하면 復旦藏本에는 嘉慶元年(1796) 序가 있고, 또 '東山草堂藏板' 字樣이 있으며, 책 속에 王瓊의 〈甲子冬日詩〉가 수록되어 있다. 이 甲子는 嘉慶9年(1804)이라 추정되므로, 復旦藏本은 嘉慶中葉 東山草堂刻本으로 추정된다. 北大藏本에는 '清嘉慶四年石門顧氏讀畫齋刻' 字樣이 있고,《偶輯》1권이 부록으로 붙어 있다. 이 부록은 復旦藏本에는 없다. 필자는 2006년 여름 浙江으로 가서 復旦大學古籍研究所 楊光輝 박사의 협조로 다시 復旦藏本을 보았

私心竊喜曰: 以鮑·金二先生之好事, 購訪國初諸老之圖, 僅十有一, 而吾鄉前輩列七圖焉. 竹垞先生父子凡五圖, 李徵士秋錦兄弟得二圖. 噫! 盛矣哉. 是七圖蟠於髫齡時即盥手讀之, 今摹本不爽苗髮, 吾黨之未見原圖者, 對之亦可怡情已. 余按竹垞諸圖, 烟雨歸耕最早, 錢塘戴葭湄(蒼)所畫. 越數年, 海陵曾次岳(岳)爲畫竹垞圖, 歲己巳寫. 小長蘆圖則禹鴻臚(之鼎)之筆也. 最後屬梅耦長(庚)寫豆棚銷夏圖, 歲在戊寅, 竹垞翁年已七十, 不復倩人題句矣. 李徵士灌園圖, 按堯峰記文在康熙七年戊申, 圖之者其友文與可(點)也. 又堯峰有灌園詩, 後一序寄托深遠, 可以採摭補於圖後也. 廬山行脚圖, 康熙二十一年壬戌, 虞山楊生所作也. 至於小朱十之月波吹笛圖, 亦出禹鴻臚之手, 其年月無從考矣.

이 글에서 양반은 특별히 동향 선배의 상주와 관계된 화상에 대하여 간단한 고증을 했다. 그가 말한 7점 화상은 주이준(朱彝尊, 1629-1708)의 〈연우귀경도(煙雨歸耕圖)〉·〈죽타도(竹垞圖)〉·〈소장로도(小長蘆圖)〉·〈두붕소하도(豆棚銷夏圖)〉, 주이준 아들 주곤전(朱昆田, 1652-1699)의 〈월파취적도(月波吹笛圖)〉, 이양년(李良年, 1635-1686)의 〈관원도(灌園圖)〉, 이양년 아우 이부(李符, 1639-1689)의 〈여산행각도(廬山行脚圖)〉 등이다. 화가는 대창(戴蒼) 가미(葭湄), 조악(曹岳) 차악(次岳), 우지정(禹之鼎) 홍로(鴻臚, 1647-1716), 매경(梅庚) 우장(耦長), 문점(文點) 여야(與也), 우산(虞山) 양반(楊蟠) 등이다. 화상을 그린 시기는 〈죽타도〉 강희 28년 기사(1689), 〈두붕소하도〉 강희 37년 무인(1698), 〈관원도〉 강희 7년 무신(1668), 〈여산행각도〉 강희 21년 임술(1682)이다. 고수는 이 책에 11폭의 도상을 함께 집각했다. 나머지는 왕사진(王士禛, 1634-1711)의 〈재서도(載書圖)〉, 진유숭(陳維崧, 1625-1682)의 〈전사도(塡詞圖)〉, 우통(尤侗, 1618-1704)의 〈죽림안좌도(竹林晏坐圖)〉, 전문(田雯, 1635-1704)의 〈추범도(秋泛圖)〉 등이다. 양반의 글은 다음과 같이 이어진다.

왕(王)·우(尤)·진(陳)·전(田) 네 분의 도상은 모두 불후의 명작으로, 해내의 선비들이 지금도 칭송하고 있다. [⋯] 백자령(百字令)을 읽다가 섭경홍(葉景鴻)[섭서로(葉舒璐)]가 다음과 같이 화운한 것이 눈에 띄었다. 곧 "도상의 분본(粉本)을 존재케 하여, 인간 세계에 남겨두어 다퉈 구입하게 한

고, 北大藏本에 부록으로 있는《偶輯》1권도 보았다. 이 책에서 인용한 康熙 11名家 畫像 및 楊蟠 跋文은 모두 이 텍스트에서 나왔다.

> 다"라고 했다. 금일 선현의 도회(圖繪)를 진중하게 될 것을 홍경(鴻景)은 마치 미리 알고 있었던 것 같으니, 내가 주절주절 말하는 것을 꺼리지 않는 것은 비단 고향의 선배에 대해 사사로운 정이 있어서만이 아니다. 대개 동호인들에게 전하고자 해서다.
>
> 王尤陳田四公之圖, 俱係不朽, 海內之士至今稱道之. […] 讀百字令至葉景鴻(舒璐)和云: "贏得圖將粉本在, 留與人間爭購." 今日之珍重前賢圖繪, 鴻景若預知之, 而蟠之不厭覼縷者, 非有私於鄉先輩, 蓋亦欲傳之同好云爾.

이 발문은 중요한 정보를 언급하고 있다. 화상의 상주 왕사진, 우통, 진유숭, 전문, 주이준·주곤전 부자, 이양년·이부 형제 등 8인은 모두 강희 시기의 중요한 명사들이다. 화가 우지정, 대창, 매경, 조악, 문점 등은 모두 당시의 명인이다. 화상의 내용을 보면, 가옥의 기거를 주제로 것으로 〈죽타도〉·〈두붕소하도〉가 있고, 상주의 산림 지취를 전하는 것으로 〈연우귀경도〉·〈소장로도〉·〈관원도〉·〈여산행각도〉가 있다. 문학 활동을 부각시킨 것으로 〈재서도〉·〈전사도〉가 있다. 정서를 끌어내고 뜻을 베껴낸 것으로 〈월파취적도〉·〈죽림안좌도〉·〈추범도〉 등이 있다. 각각의 화상은 상주의 심곡을 기록하고 있으며, 화상의 배후에 개개인의 실제 인생사를 말하지 않는 것이 없다. 당시 문사들의 관람과 제영은 화상으로 하여금 공공의 담론 공간을 공유하게 하여, 문인 집단의 기억을 물들였다. 가경 연간의 고수(顧修)와 양반(楊蟠)의 시선에서 보면 "도상의 분본을 존재케 하여, 인간 세계에 남겨두어 다퉈 구입하게 하는" 이 화상들은, 강희 성세의 풍소(風騷)를 총체적으로 대표하여, 명류의 여운을 백년 세월을 넘어 지금에 이르게 한다.

③ 강희 문인 행락도 유형

위에 서술했듯이 고수는 국초 명사의 화상을 집각하여 한 권으로 만들었는데, 이는 문인 행락도 유형의 축소판으로 볼 수 있다. 이하, 강희 문인 화상들을 유형별로 정리하고, 이어서 각각을 고찰하기로 한다.

(a) 개인 공적의 현시[42]

강희 연간의 조신(朝臣) 행락도는 개인의 공적을 드러내기 좋아하여,

화상을 이용해서 혁혁한 기록을 구체적으로 진술했다. 우지정이 그린 일련의 국사 화상이 그 대표적인 예이다. 우지정은 기록성이 충만한 도상을 제작했다. 〈하서도(荷鉏圖)〉와 〈재서도(載書圖)〉는 강희제가 왕사진(王士禛)을 칭송하고 은혜를 내린 사실을 기록했다. 〈시직도(侍直圖)〉는 양교래(揚喬萊, 1642-1694)가 치수와 관련하여 군주의 비위를 거스를 각오로 직간했던 고상한 인물이었음을 찬양했다.[43] 〈국문송별도(國門送別圖)〉는 75세의 송락(宋犖, 1634-1713)이 우지정에게 부탁하여 만든 것으로, 퇴휴하고 귀향하려고 도성의 문을 나가게 되었을 때 옛 친구들이 송별하는 장면을 기록했다.[44] 〈허력신급간소영권(許力臣給諫小影卷)〉은 공과급사중 허승선(許承宣)이 강희 23년 치사하고 광릉(廣陵)으로 돌아가는 것을 기념한 화상이다. 〈출새도(出塞圖)〉는 납란성덕(納蘭性德, 1655-1685)이 강희 21년(1682) 늦가을에 사룡행군사(梭龍行軍事)의 임무로 부임하는 것을 기념하여 그린 것이다. 〈대루도(待漏圖)〉는 변영예(卞永譽, 1645-1712)가 이

그림 8. (청) 장벽회 《번영예화상(卞永譽畫像)》 1쪽: 〈대루〉. 종이, 채색. 69.7X39.6cm. 북경대학도서관 고적선본특장실.

42_李珮詩는 禹之鼎의 '詩題式肖像畫'의 창작 동기를 논하여, 청대 번성기에 이르러 선배 유민들이 망국지한과 민족 투쟁의 수렁에 빠져 있던 것에서부터 벗어나 사업, 권위, 명예, 인간관계, 가족의 정을 포괄하는 신변의 문제에 관심을 두게 되었다고 지적했다. 그는 다음 두 가지로 귀납했다. 첫째, 개인의 공적에 대한 관심. 초상화가 사실의 진술을 구비하여 혁혁한 기록물로 되었다. 둘째, 가정, 종교, 향토의 중시(가족 전승). 필자는 그것을 원용해서, '강희 문인의 행락도 유형'을 두 종류로 나누어 보았다. 李珮詩, 《詩畫兼能爲寫眞—禹之鼎詩題式肖像畫研究》(台北: 國立台灣師範大學藝術研究所碩士論文, 2004), 〈餘論〉 一章.

43_周積寅, 〈讀禹之鼎'侍直圖'〉, 《藝苑掇英》 65期 (1999).

44_李珮詩, 《詩畫兼能爲寫眞—禹之鼎詩題式肖像畫研究》, p.66.

른 새벽에 조복 차림으로 아침 조회를 기다리고 있는 엄숙하고 근실한 모습을 그렸다(그림 8).[45]

(b) 친족 간 우의와 가족전승의 표징

명나라와 청나라 두 왕조는 민간 회화에서 조상 얼굴을 그리는 전통을 단절시키지 않아, 가족의 초상들을 함께 나란히 그려넣는 〈가당도(家堂圖)〉가 상당히 유행했다. 명나라 것으로 관지(款識)가 없는 〈주용사대초상(周用四代肖像)〉 축은 4대 조손을 한 폭의 입축에 함께 그려두어 〈가당도〉의 전형이 될 만하다. 청나라에 들어와 이러한 가족 화상은 더욱 번성하였다. 학자 여휘(余輝)가 지적했듯이, 17-18세기에는 시대가 태평하고 경제가 발달하여 '태평성세에 지방지를 편수하는 일(盛世修志)'이 충분히 가능하게 되었으므로, 지방 행정 장관이나 향신이 부지(府志)와 현지(縣志)를 속속 편수했다. 화동과 화남의 연해 지역 성(省)들이 모두 그러했다. 강남의 허다한 망족(望族)은 물론 중상류의 가문까지 종(宗)을 열고 보(譜)를 세워 종보·족보·가보를 속수하는 풍조는 이전에 없던 현상으로, 청 조정이 유가 윤리를 중시하는 한화 정책을 실행한 것과 밀접한 연관이 있다.[46]

관련 화상으로, 우지정이 교숭렬(喬崇烈)을 위해 〈향조도(餉鳥圖)〉를 그린 것이 있다. 어버이를 그리워하는 작품으로, '봉영하려고 해도 미치지 못하는 슬픔'을 표현했다. 〈소장로도(小長蘆圖)〉는 주이준·주곤전 부자가 사립을 걸치고 함께 갈대 낚싯대로 낚시하며 즐기는 정황을 그렸다(그림 9). 〈월파취적도(月波吹笛圖)〉는 주곤전이 고향을 그리워하는 모습을 그렸다. 〈야우대상도(夜雨對床圖)〉는 유약천(劉若千) 형제의 우의를 그렸다. 〈춘경초당도(春耕草堂圖)〉는 송기(宋起)가 집안의 초당을 그리워하는 마음을 드러내었고, 〈왕원기상(王原祁像)〉은 왕원기(王原祁, 1642-1715)가 부친 왕시민(王時敏)을 본받고자 하는 정신을 그려내었다. 그밖에 〈손적애휴손소상(孫赤厓携孫小像)〉·〈연거과아도(燕居課兒圖)〉·〈과서도(課書圖)〉 등은 부자, 형제, 조손의 친친의 정을 묘사하거나 가족

45_명나라 초 支大倫에게 〈待漏圖〉가 있고, 康熙 연간 卞永譽에게도 〈待漏圖〉가 있다.
46_余輝, 〈十七·十八世紀的市民肖像畫〉, 《故宮博物院院刊》 第3期(2001), pp.38-41.

그림 9. 〈주죽타선생소장로도(朱竹垞先生小長蘆圖)〉 판화. 가경 4년 석문고씨 독화재 각 《독서재제화시》 〈우집(偶輯)〉. 북경대학도서관 고적선본특장실.

정신을 전승하는 화상들이다.[47] 이러한 작품들은 널리 환영받았다. 만청에 이르러 해상화파(海上畫派) 임예(任預)의 〈오평재합가환도(吳平齋闔家歡圖)〉는 오평재 집안의 단란한 모습을 묘사했다. 주인은 나무에 기대어 있고 처와 아이들이 그 곁에서 놀고 있는 구도이다.

(c) 개인 문화활동의 기록

문학활동을 기록한 것으로는 전통적인 아집도 이외에, 개별 문인의 문학활동을 그린 〈전사도(塡詞圖)〉·〈독서도(讀書圖)〉·〈행음도(行吟圖)〉 등이 있다. 진유숭의 〈가릉전사도(迦陵塡詞圖)〉, 왕사록(王士祿, 西樵, 1626-1673)의 〈동음독서도(桐陰讀書圖)〉, 왕사진의 〈추림독서도(秋林讀書圖)〉, 왕림(汪霦)의 〈독서추수근도(讀書秋樹槿圖)〉, 강신육(江辰六)의 〈장안차서도(長安借書圖)〉, 채방병(蔡方柄)의 〈저서도(著書圖)〉 등이 있다. 우지정이 그린 〈삼자연구도(三子聯句圖)〉는 다른 사람들의 제영을 촉발했다. 손지울은 이렇게 적었다.

47_부분의 畫蹟은 李珮詩,《詩畫兼能爲寫眞—禹之鼎詩題式肖像畫研究》, pp.65-67.

> 서원일(徐原一) 한림과 강사명(姜四溟) 문학이 왕계각(汪季角) 사인의 애원(愛園)에서 모여 술을 마시는데, 서원일의 문인 고생(高生)도 참여했다. 마침 그림을 잘 그리는 우생(禹生)이 자리에 있기에, 그에게 명하여 이 그림을 그리게 하고 왕계각이 기를 적었으며, 나에게 그 뒤쪽에 시를 적어달라고 했다.
>
> 徐原一翰林, 與姜四溟文學, 集飲汪季角舍人愛園, 原一之門人高生亦與焉. 適善畫者禹生在席, 因命作是圖, 季角爲記, 屬余題詩其後.[48]

서원일은 서건학(徐乾學, 1631-1694), 강사명은 강신영(姜宸英, 1628-1699), 왕계각은 왕무린(汪懋麟, 1640-1688)이다.

(d) 거처 배경의 그림

문인 행락도에서 거처를 배경으로 삼은 것으로, 우지정이 왕사진을 위해 그린 〈부우정도(夫于亭圖)〉가 있다. 우지정은 또 〈서재도(西齋圖)〉 권도 그렸다. 이것은 오위업(吳偉業, 1609-1671)의 아들 오경(吳璟)의 행락도로, 서재(西齋)는 곧 북경 서쪽에 있는 오경의 서재이다. 도면에서 총림 좌측 실내의 책상 위에 도서를 펼쳐두고 있는 공간이 서재이고, 총림 우측에 서 있는 중년 남자가 상주 오경인데, 그의 신색이 매우 훤하다. 이것은 오경이 부탁한 작품으로, 권수에 소전(小篆) 글씨로 '서재도'라고 스스로 적었다.

주이준에게는 조악이 그를 위해 그려준 〈죽타도〉가 있다(그림 10). 주이준은 〈풍중류. 장난삼아 죽타의 벽에 쓰다(風中柳 戲題竹垞壁)〉 사에서 이렇게 노래했다.

> 대나무가 천 그루라, 식사의 때에 고기가 없어도 좋기에, 다시 진기한 나무를 옮겨 심을 필요가 없도다. 북쪽 언덕에도 대나무, 남쪽 언덕에도 대나무. 나의 집을 보호해주며, 서너 떨기가 차가운 옥과 같다. 저녁에 달이 뜨면, 달그림자 마주하여 횡폭을 그려낸다. 새로운 사를 짓나니, 〈죽산〉과 〈죽옥〉이라. 한 다발로 묶어 우체통에 넣어 전하고, 죽순껍질 신발로 삼복 여름을 나고, 죽부인과 함께 취향에 동숙하노라.

48_孫枝蔚, 〈題三子聯句圖有序〉, 《溉堂詩集》, 卷5, p.566.

그림 10. 〈주죽타선생죽타도(朱竹垞先生竹垞圖)〉 판화. 가경 4년 석문고씨 독화재 각 《독화재제화시》〈우집(偶輯)〉. 북경대학도서관 고적선본특장실.

> 有竹千竿, 寧使食時無肉, 也不須·更移珍木. 北垞也竹, 南垞也竹. 護吾廬·幾叢寒玉. 晩來月上, 對影描他橫幅. 賦新詞·竹山竹屋. 郫筒一束, 筍鞵三伏, 竹夫人, 醉鄕同宿.[49]

주이준은 삿갓을 쓰고 수염을 매만지고 있는 자기의 화상에 찬을 적을 때도 죽타의 이 공간을 언급했다. 천 그루 대죽의 숲속에서 행주좌와한다고, 주이준은 뜻을 드러냈다.

> 북쪽 언덕의 남쪽, 남쪽 언덕의 북쪽. 그 속에 폭서정이 있어, 텅 비고 밝아서 사방 벽이 없도다. 8만 권을 집에 저장해 두었네. 쥐는 생강을 물고 가고, 수달은 물고기를 늘어놓누나. 장성하여 학문을 하지 않고 늙어서 책을 저술하다니. 한 조각 단계석 벼루를 아침저녁 마음으로 살피네. 그 상을 살펴, 손자에게 주노라. 천추의 이름은, 나 죽은 뒤의 일일 뿐.
>
> 北垞南, 南垞北. 中有曝書亭, 空明無四壁. 八萬卷, 家所儲. 鼠銜薑, 獺祭魚, 壯而不學老著書. 一片端谿石, 晨夕心相於審厥象, 授孫子. 千秋名, 身後事.[50]

49_葉元章·鍾夏選註,《朱彝尊選集》(上海: 上海古籍出版社, 1991), p.305.

50_《朱彝尊選集》卷首.

《남주초당사화》 하권에 다음 말이 있다.

> 종정구(종원정)가 광릉의 동쪽 벌에서 글을 읽는데, 거처가 비록 서너 기둥의 초가에 불과하지만, 화간정(花間亭)과 신류당(新柳堂)은 자못 유인(은둔객)의 취향이다. 수수(繡水) 왕안절(王安節)이 그를 위해 회도를 만들어주자, 일시의 명사들이 모두 시를 지어 증정했다. 백문(白門) 기백자(紀伯紫)[기영종(紀映鍾)]는 〈하신량사(賀新凉詞)〉를 보내어 이렇게 말했다. "손에 《화간》을 들고, 날마다 동원의 시냇가 집에서 소요하니, 온갖 걱정이 재처럼 사라진다. […] 당의 이름을 신류와 조광이라 드러냈다. 난간을 스쳐가면서 제비가 진흙을 깨끗이 씻어주므로, 송원이라고 돌 편액을 붙였다. […]"
>
> 宗定九讀書廣陵之東原, 所居雖茅屋數椽, 而花間亭 · 新柳堂, 頗極幽人之致. 繡水王安節爲之繪圖, 一時名士俱賦詩贈之. 白門紀伯紫遺以賀新凉詞云: "手把花間卷. 日相羊 · 東原溪閣, 百情灰遣. […] 堂名新柳朝光顯. 拂闌干 · 燕泥洗淨, 松圓石扁. […]"[51]

이것은 왕안절(王安節)이 종원정(宗元鼎, 1620-1698)을 위해 그린 서재도이다.

이 밖에 왕함중(王咸中)에게 〈석오산방도권(石塢山房圖卷)〉, 육경렬(陸競烈)에게 〈남전서옥도(南田書屋圖)〉, 혜주척(惠周惕, ?-1694)에게 〈홍두서장도(紅豆書莊圖)〉 등이 있다. 이양년(李良年)은 일찍이 〈황원명이 가난 때문에 서옥의 반을 팔고 반벽산방도를 스스로 그리고는, 시 2수를 부록으로 부쳐 왔으므로 보내온 운자를 이어 짓는다(黃原明書屋以貧售其半, 自寫半壁山房圖, 附以二詩, 輒繼來韻)〉[52]를 지어주었다.

거처와 관련 있는 그림 가운데는 이사한 곳을 그린 것도 있다. 서구는 〈이거도 첩운을 만들어 전윤하에게 보낸다(作移居圖疊韻 贈田綸霞)〉라는 제목 아래에 다음 소서를 두었다.

> 윤하(綸霞)[전문(田雯)] 사군이 지난날 장안에 있다가 이거할 때 시를 지

51_張璋等編,《歷代詞話》(鄭州: 大象出版社, 2002), 下冊, pp.1130-1131.

52_李良年,《秋錦山房集》,《四庫全書存目叢書》(據清華大學圖書館藏清康熙刻乾隆續刻李氏家集四種本), 集部, 別集類, 251冊, 卷5, p.89.

어, 화운이 운집했다. 나도 일찍이 한 편을 갱운(차운)하자, 내게 그림을 그려줄 것을 청했다. 허락한 지 이미 3년이거늘, 시간만 홀홀 지나가버려 아직 이루지 못했다. 지금 병을 이유로 사직하고 남쪽으로 돌아가, 쑥뜸 창 아래 꼿꼿이 앉았노라니, 시내 두 기슭에 단풍나무 숲이 있어, 서리 맞은 단풍잎의 붉은 빛이 밥 짓는 연기를 물들이고, 오래된 집은 길 왼켠에 기울어 있어, 황홀하게 마치 몸을 그림 속에 둔 듯하다. 마침내 흥이 일어나 이 글을 지어 보내주고, 아울러 앞의 시운을 다시 중첩하여 권의 끝에 적는다.

綸霞使君, 向在長安, 爲移居詩, 和者雲集. 余亦曾賡一章. 索余作圖, 許之已三年矣, 忽忽未就. 今移病南歸, 兀坐篷窗, 見兩岸楓林, 霜染爨煙, 老屋欹斜道左, 恍如置身圖畫, 遂承興作此貽之, 幷再疊前韻, 題于卷尾.[53]

전윤하 즉 전문(田雯) 이외에, 심상사(沈上舍) 즉 심계우(沈季友),[54] 고육(高六)[고사기(高士奇)가 아닐까 추정됨—역자]에게 모두 〈이거도(移居圖)〉가 있다.

인물과 경치의 행락도 유형 가운데 원림산장 주인의 화상도 주목할 만하다. 우지정은 〈청량산장도(淸涼山莊圖)〉를 그렸는데, 도면의 인물은 편복을 입고 삿갓을 쓰고 곁에 시자를 거느리고 우두커니 서서 경치를 감상하는 모습이다. 상주를 그의 장원 경내에 두고, 혹은 좌석에 기대 깊이 상념에 잠기거나 혹은 어슬렁어슬렁 소요하거나 하는 모습으로 그려내어, 상주는 의식적이든 무의식적이든 장원의 소유권을 선언한다.

(e) 서정과 사지(寫志)

문인 화상은, 혹은 문아(文雅)의 시의(詩意)로, 혹은 물가나 수풀의 은일홍취로, 정을 펼쳐내고 뜻을 베껴낸 것이 아주 많다. 왕사진은 〈포금세동도(抱琴洗桐圖)〉·〈유황좌소도(幽篁坐嘯圖)〉·〈의장도(倚杖圖)〉 등 많은 화상을 제작했다. 우지정은 이중(履中)을 위해 〈서교심매도축(西

53_《淸代傳記叢刊》(台北: 明文書局, 1985), 第75冊, 〈乙上〉, pp.386-387.

54_朱彝尊은 강희 30년(1691) 〈題沈上舍洞庭移居圖六首〉를 지었는데, 그 첫째 수는 이러하다. "才微歲晚畏譏彈, 井社年來欲住難. 只合全家太湖去, 免教小吏悔鄉官." 沈上舍는 곧 沈季友로, 嘉興 사람이다. 太學生이었는데, 移居의 뜻이 있었으므로 남에게 그림을 그려달라고 했고, 주이준이 제영을 해주었다. 다른 사람의 술잔으로 자신의 불편한 심기를 씻으려는 뜻이 농후하다. 《朱彝尊選集》, pp.208-209.

郊尋梅圖軸)〉을 그렸는데, 화폭에 다음 자제(自題)를 남겼다.

> 이중 선생이 방옹(육유)의 시의를 그림으로 베껴내라고 명하시기에, 송나라 마화지(馬和之)의 필법을 의작하여 질정을 청한다. 때는 강희 48년(1709년) 겨울로, 도하의 객창 아래서 지었다. 광릉 우지정이 삼가 기록한다.
> 履中先生命寫放翁詩意, 漫擬宋馬和之筆法請正. 時康熙四十八年(1709年)冬月, 都下客窗之作. 廣陵禹之鼎敬記.

이 도면은 뜻을 베껴내고 경치를 그려서, 매화와 바위를 그린 선은 남송 화가 마화지가 사용하던 조세규곡(粗細糾曲)의 마황묘(螞蝗描)를 채용했다. 상주는 이중(履中)으로, 머리에 풍모(風帽)를 쓰고 몸에 장포를 걸치고는, 시내의 다리 부근에서 눈길을 밟으며 매화를 찾고 있다. 얼굴에 온 정신이 집중되어 있는 공교로운 필법의 초상이다. 이중은 만주인 달례(達禮)의 자(字)이다. 달례는 만주 양황기(鑲黃旗) 사람으로 시를 잘하고 문에 뛰어났으며, 관직은 낭중에 이르렀다, 이 도면의 정경은 남송 육유(陸游, 1125-1210)의 〈복산자(卜算子)·영매(詠梅)〉의 사의(詞意)를 취했는데, 매화를 탐방하는 곳은 양주 서북의 교외이다. 화가는 극히 교묘하게 채색하여, 백매와 홍매를 심황색 바탕에서 뚜렷이 드러나게 했다. 상하의 시당(詩堂, 공백 종이를 덧대어 다른 사람의 글씨나 시를 받아 붙이는 곳) 및 표변(裱邊)에는 청나라 진응양(秦應陽)·고사립(顧嗣立)·사사정(查嗣庭)·장대수(張大受)·주계위(周啓渭)·임길(林佶)·전명세(錢名世)·사신행(查愼行)·사사율(查嗣瑮)·이중(李中)·궁홍력(宮鴻歷)·왕태래(汪泰來)·서도장(徐陶璋) 등의 제영이 있다.

청나라 초 여학(呂學)이 그린 〈낭정극행락도(郎廷極行樂圖)〉권(그림 11)은 낭정극이 우아하고 느긋하게 시냇가 반석에 앉아 있는 모습이다. 상주는 면목이 준수하고 표정이 단아하며, 한 손으로는 무릎을 짚고 한 손으로는 땅을 짚고 있으면서, 주의 깊게 시냇물 소리를 듣고 있다. 도면 머리말에는 예서로 '명정금의도(茗情琴意圖)'라고 적었다. 이 그림은 산수화조의 미경이 인물 초상화에 녹아들어 있는 행락도 양식이며, 시의가 화면의 분위기를 물들였다. 〈서교심매도〉축이나 〈낭정극행락도〉권처럼 시의로 지취를 베껴낸 것으로는, 왕사진의 〈홍매설안도(紅梅雪岸

그림 11. (청) 여학, 〈낭정극행락도(郎廷極行樂圖)〉권, 비단, 채색, 41X419cm, 청도시박물관.

圖)〉, 교석림(喬石林)의 〈매화유수도(梅花流水圖)〉, 우통의 〈죽림안좌도(竹林晏坐圖)〉, 주금연(周金然)의 〈운송설폭도(雲松雪瀑圖)〉, 매경의 〈춘우유거도(春雨幽居圖)〉, 정명(程鳴)의 〈한매제설도(寒梅霽雪圖)〉 등등, 일일이 손꼽을 수 없을 정도로 많다.

혹은 어부로 숨어 살거나 낚싯줄을 드리운 모습, 혹은 밭 갈고 씨 뿌리거나 정원에 물을 주거나 하는 모습으로, 문인이 물가나 숲에 은둔하면서 느끼는 홍취를 전달하기도 했다. 전자는 서구(徐釚)의 〈풍강어부도〉, 모제가(毛際可, 1633-1708)의 〈대립수간소상(戴笠垂竿小像)〉, 위곤(魏坤)의 〈수촌도(水村圖)〉, 고포의(高布衣)의 〈순향조사도(蓴鄉釣師圖)〉, 이종위(李宗渭)의 〈남포귀주도(南浦歸舟圖)〉, 정명부(丁明府)의 〈추강수조도(秋江垂釣圖)〉·〈설중수조도(雪中垂釣圖)〉 등이 있다. 후자의 예로는 주이준의 〈연우귀경도(煙雨歸耕圖)〉, 이양년(李良年)의 〈관원도(灌園圖)〉, 공절손(龔節孫)의 〈종귤도(種橘圖)〉, 조방백(趙方伯)의 〈권농도(勸農圖)〉, 서부상(徐副相)의 〈정중종초결실도(庭中種蕉結實圖)〉·〈학경도(學耕圖)〉, 교래(喬萊)의 〈탁족도(濯足圖)〉, 고무륜(顧茂倫)의 또 다른 〈탁족도〉 등이 있다.

이 밖에 종교계 인사가 아니라도 종교 수행으로 진세를 벗어나려는 뜻을 표시한 것이 있으니, 이부(李符, 1639-1689)에게 〈행각도(行脚圖)〉가 있다. 이부는 다음과 같이 썼다.

> 얼굴은 맑게 파리하고 골상은 푹 꺼져 있으며, 물 댄 논에 농부 옷이 내 몸

에 맞아 좋구나. 다만 공안을 담론하지 못하는 것이 근심이니, 어느 승방에 이 사람을 부쳐두랴?
頭面淸癯骨相屯, 水田衣好稱吾身. 祗愁不會談公案, 何處僧廬著此人?

살아오면서 행각은 언덕을 사랑하나니, 어이 산 높고 물 멀다고 걱정하랴? 몸 밖에는 변변한 물건 하나도 남겨두지 않고, 깨진 표주박과 찢어진 삿갓도 분에 넘치지 않나 혐의하노라.
生來行脚愛坡陀, 肯怕山高水遠何? 身外不須留長物, 破瓢壞笠尙嫌多.

전생에는 선사가 아니었나 깨달으니, 벽계산 은자와 인연을 논한다. 미투리로 여산을 찾아가기에 합당하기에, 산머리의 채소 씨 뿌릴 밭이 어디인지 묻노라.
悟得前生也是禪, 碧溪隱者話因緣. 草鞵只合尋廬嶽, 重問山頭種菜田.[55]

시 끝에 작은 글씨로 주를 붙여, "15년 전 이해(洱海)에 객이 되었는데, 벽계산 도사가 내게 당신의 전생은 여산에서 산나물 따는 승려였다고 했다"라고 했다. 이부는 종교적 감성으로 산림의 정취를 표현해내었다.

(f) 종교 의미의 전달

위에 말했듯이, 정관붕은 건륭제를 위해 〈홍력세상도축〉을 그렸는데, 이 그림은 불교의 의미가 충만하다. 청나라 서호(徐鎬)는 〈장윤상(張昀像)〉축을 그렸는데, 이는 장윤을 위해 그려준 종교 분상의 그림이다. 상주는 소매를 늘어뜨리고 몸에 승려의 도포를 걸치고 있으며, 비스듬히 붉은 색 가사를 걸치고 있는, 반신상이다. 화상은 조형이 명확하고 필점이 간결하고 세련되었다. 상주는 얼굴이 두툼하고 기름지며, 두 눈은 형형하여 정신이 담겨 있고, 흰 수염은 가지런히 정돈되어 있다. 도면은 깨끗하고 고요하여 유가적 우아함의 분위기가 감돈다. 장윤은 화가와 동향으로, 산수화를 잘 그렸다. 화가 서호는 장윤의 승려가 아니면서도 승려 같은 표정을 명확하게 그려내어 매우 생동적이다.

55_李符,《香草居集》,《四庫全書存目叢書》(吉林大學圖書館藏淸康熙至乾隆刻李氏家集四種本), 集部252冊, 卷5, p.44.

그림 12. (청)개기, 〈전동상(錢東像)〉. 종이, 채색. 35.9×50cm. 북경고궁박물원.

종교 분상의 화상 가운데는 관을 덮은 후 망자를 평론하는 데 참고로 삼는 특별한 유상(遺像)도 있다. 이를테면 도광 연간에 화가 개기(改琦, 1774-1829)는 전동(錢東, 1752-?)의 회상을 제작했는데, 이것은 전동의 유상이다(그림 12). 전동은 별호를 옥어생(玉魚生)이라 하며, 건륭·가경 연간의 문학가로 명성이 높았다. 전동은 개기와 오래전부터 알지는 않았으나 그와의 우의가 돈독했다. 이 그림은 도광 3년(1823) 양주에 우거하던 개기가 전동을 그린 것이다. 개기는 전동의 개성을 매우 잘 파악해서, 전동이 진세에서 벗어나 선정(禪定)에 들고는 했던 생전의 초상을 표현해내었다. 상주 전통은 백의 선사의 복식으로 포단 위에 단정하게 앉아 있다. 포단은 고목의 큰 줄기들 사이에 놓여 있고, 나무 곁의 돌 책상에는 패엽, 경권, 영지, 석경 등을 두었다. 격식이 새롭고 구상이 독특하다. 화가는 다음과 같이 자제(自題)했다.

> 구름으로 물을 삼고 나무에 의지하여 집을 짓자, 봄바람이 절로 불어와서, 수미산이 온통 녹색이다. 복사꽃은 밥 지어 먹고, 푸른 영지는 반찬으로 삼을 수 있는데, 만산 깊은 곳이 이렇게 높고도 차갑구나. 맑은 경쇠 소리 하

> 나가 울리자, 석양에 사람 그림자라고는 없어, 다만 현묘한 향내음 맡으며, 선정에 든다. 옥어(玉魚) 노거사의 유언에 따라, 나가정시자(那伽定侍者) 개기가 정례(頂禮)하고 찬을 짓는다.
>
> 以雲爲水, 因樹爲屋, 春風自來, 須尾盡綠. 桃華作飯, 青芝可餐, 萬山深處, 如此高寒. 淸磬一聲, 斜昜無影, 但聞妙香, 以入禪定. 玉魚老居士遺敎, 那伽定侍者改琦, 頂禮作贊.

개기는 옥어생 전동의 유상을 나무 사이에서 입정한 백의선사의 종교적 분장으로 그려냈다. 전동이 생전에 선승이었기 때문이 아니다. 그의 청정하고 탈속했던 품행을 강조하기 위해 이러한 분상으로 그 일생을 찬송한 것이다.

(g) 염정(艷情) 상상의 촉발

이부(李符)는 일찍이 제화시 한 수를 지었는데, 〈상숙 양자학이 공형포를 위해 승려 복식의 소영을 그려주자, 무석 화희일 어른이 두 여자가 꽃을 들고 좌우에서 모시는 모습을 보충하고, 색즉시공 공즉시색의 뜻을 취하여 쌍시도라고 했다(常熟楊子鶴爲龔蘅圃寫僧裝小影, 無錫華叟希逸補二女執花侍左右, 取色空空色意, 題曰雙是圖)〉[56]라는 긴 제목이다. 이것은 작자 이부가 화가 양진(楊晉, 1644-1728)이 공상린(龔翔麟, 1658-1733)을 위해 그린 승려 복색의 소조에 쓴 제시이다. 그림 속의 공상린은 승려의 복색을 하고 있지만, 상술한 전동의 '선정에 든 생전의 초상'을 만들게 된 동기와는 아주 달랐다. 이부는 상주의 곁에 꽃을 든 두 시녀를 그려넣었으니, 종교적 의미를 색즉시공의 변증법적 사유로 전환한 것이다.

이 글 첫머리에 인용한 진유숭의 〈심원춘(沁園春). 설지를 위한 초상에 제한다. 원래의 운자를 즉흥적으로 차운하여〉라는 사는 상주의 곁에 시첩을 두어 염정(艷情)의 연상을 이끌어내었다. 석 대산(大汕)은 일찍이 진유숭을 위해 〈가릉전사도〉를 그렸는데, 상주는 수염을 날리면서 정수리를 드러내어 앙앙한 국사의 풍모이지만, 곁에 아름다운 사람이 앉아서 몸을 비스듬히 하고 통소를 불고 있다. 석 대산의 그림은 청나라

56_李符, 《香草居集》, 卷5, p.44.

초기 양선파(陽羡派) 사종 진유숭의 전사 형상을 소조한 것인데, 그림 속에서 악희가 퉁소를 불고 있어서, 염정의 상상을 하게 만든다. 임인창(林麟焻)의 제사는 이 도면에 대해 다음과 같이 말했다.

> 눈썹을 그린 재자와 벼루를 받들고 있는 가인은 고래로 아름다운 이야기를 이루었다. 용 수염을 반만 자른 모습으로 농하는 소리를 익히고, 써늘하게 추천(秋千/鞦韆, 그네)은 높이 걸렸는데, 흰 빛이 나는 종이와 짙은 검은색의 먹을 마련하고, 한쌍의 빗으로 곱게 빗은 구름머리가 그림 속으로 들어와 있다. 화로 앞에서 술을 따르는 이는 숙상구(鷫鸘裘)를 걸치고 있으니, 문장이 사마상여와 비슷하다.
> 掃眉才子, 捧硯佳人, 成古來名話. 龍鬚半翦學弄聲, 索冷秋千高架, 研箋凝墨, 對梳掠, 雲鬟入畫. 有壚頭, 取酒鷫裘, 文是相如似者.[57]

연정 때문에 사마상여(? -기원전 117)에게로 달아난 탁문군에 비유되는, 그림 속에서 책을 교정하고 있는 사람은 진유숭의 시아이자 가자였던 서자운(徐紫雲, 1644-1675)이다. 이 화권에 친구 오농상(吳農祥, 1632-1708)은 제발을 써서, "진염(진 수염, 진유숭)에게는 옛날 어린 시아가 있어서 그 아리따움이 일시의 사람들을 놀라게 했으니", "어린 시아는 자운(紫雲)이라고 한다"[58]라고 밝혔다.

〈가릉전사도〉의 예처럼, 문인의 행락도는 이미 '행락'에 착안했으며, 시 · 서 · 주 · 악은 행락을 보조하는 도구가 되었다. 만명 진홍수(陳洪綬, 1599-1652)의 〈하천장행락도〉권은 하천장과 두 여자가 각각 땅바닥에 앉아 현악기를 타면서 즐기고 있는데, 남녀를 그림 속의 주종 위치에 따로 두고, 문학·음악·술로 행락의 광경을 펼쳤다. 우지정은 〈교원지삼호도(喬元之三好圖)〉를 그렸는데, 구도의 면에서 진홍수의 그림과 이곡동공(異曲同工)의 교묘함이 있되, 주로 학자 교원지의 생활취향을 표현해 내었다. 상주는 좌탑에 걸터앉았고, 몸 뒤의 책상과 팔걸이에는 서적들이 높이 쌓여 있으며, 왼쪽에는 여악(女樂)이 노래하고 사죽(絲竹)이 연

57_〈迦陵塡詞圖〉乾隆拓本, 北京大學圖書館 古籍特藏室. 拓本摺裝, 1摺冊(1函); 謝章鋌,《賭棋山莊詞話》, 唐圭璋編,《詞話叢編》(台北: 新文豐出版社, 1988), 第4冊, 卷2, pp.3,487-3,488; 이 책 제3장.

58_吳農祥題詞,〈迦陵塡詞圖〉乾隆拓本;《賭棋山莊詞話》.

주되고, 오른쪽에는 시녀 여럿이 힘을 합해서 한 옹이 속의 새 술을 긷고 있다. 서적 · 술 · 여악은 '삼호(三好)'를 우의한다. 〈왕교문소장삼호도(汪蛟門少壯三好圖)〉도 같은 구도이다. 도면에는 가희들이 현악기를 품고 연주하고 있으며, 상주 왕무린(汪懋麟)은 만 권 서적을 끼고 앉아서는, 맛있는 술을 곁에 마련해두었다. 여악은 왕무린의 화상에 야들야들한 색채를 감돌게 한다.

(h) 편년화상과 행적도

많은 명청 문인들이 각자 각기 다른 복색을 한 화상을 여럿 만들기도 했다. 이를테면 명나라 초의 정봉(丁奉)은 조복상(朝服像)과 희용상(喜容像)을 두었다. 만명의 육수성(陸樹聲)은 일생 여러 화상을 지녔으니, 〈관복상〉 · 〈공복상〉 · 〈조의상〉 · 〈야복상〉[59] 등이다. 관복 · 공복 · 조의 · 야복 등 각기 다른 분장은 사회적 신분과 인생의 희원을 각각 대표하여, 서로 다른 복색을 하고 있는 화상의 배후에 있는 진의를 펼쳐 보이며, 한 인물이 서로 다른 연령에 겪은 자신의 행적을 '곡진하게 이야기한다.' 개인은 어떤 화상을 남기려고 '바라는가'? 그 배후에는 자아인식과 자아표출의 동기가 있기에, 각 연령별 행적을 화상에 표현할 때 쇄쇄함을 혐의하지 않았다.

각 연령별 화상으로 말하면, 오중 화가 심주(沈周, 1427-1509)는 여러 연령대에 걸쳐 여러 화상을 남겼다. 즉 58세 상, 70세 자수상, 74세 상, 80세 상 등이다. 나홍선(羅洪先)의 〈자서화상기(自書畫像記)〉는 자신의 여러 화상에 대해 유래를 이야기하여, "화사 유전이 나의 모습을 그림으로 그려서, 매년 어떤 일인가를 구실로 용모를 기록했다. 나는 군더더기를 버리고 그 가운데 흡사한 것만 골랐는데, 큰 것과 작은 것 가운데 열에 하나를 얻었다(畫史劉傳圖貌余, 每歲假事以識容色. 余既刪贅, 擇其稍似者, 大小得十有一)"[60]라고 했다. 유전은 매년 나홍선을 위해 하나의 일을 빌려 화상의 배경으로 삼았다. 편년 화상을 지속적으로 만든 것이다.

행적별 화상의 경우, 석 대산은 자기를 위해 다음과 같이 일련의 화상

59_陸樹聲自題, 杜聯喆輯,《明人自傳文鈔》, pp.257-258.

60_杜聯喆輯,《明人自傳文鈔》, p.380.

들을 제작했다.

> 첫머리의 부록은 행각(行脚), 견마(遣魔), 방마(放魔), 공모(供母), 묵계(默契), 우이(遇異), 연락(演洛), 관상(觀象), 설법(說法), 음아(吟哦), 오유(遨遊), 방도(訪道), 작화(作畫), 취소(吹簫), 추복(推卜), 조어(釣魚), 몽유(夢游), 아집(雅集), 간운(看雲), 말마(秣馬), 매우(賣雨), 완화(浣花), 법기(法起), 와병(臥病), 출령(出嶺), 논도(論道), 영중(領衆), 작고(酌古), 주서(註書), 악금(樂琴), 제기(製器), 북행(北行), 장소(長嘯) 등 33도로 일생의 행적을 대략 갖추었으니, 모두 대산이 손수 그렸다.
> 首附行腳·遣魔·放魔·供母·默契·遇異·演洛·觀象·說法·吟哦·遨遊·訪道·作畫·吹簫·推卜·釣魚·夢游·雅集·看雲·秣馬·賣雨·浣花·法起·臥病·出嶺·論道·領衆·酌古·註書·樂琴·製器·北行·長嘯. 凡三十三圖, 一生行迹略備, 皆出大汕手筆.[61]

이러한 작풍은 논쟁을 불러일으켰다. 승려가 시화에 뛰어나다고 해서 자기의 일생 행적을 도상을 가지고 지나치게 세세하게 서술했다는 비판을 들었다.

화상의 진적으로 말하면 심주의 편년 화상이든 석 대산의 행적도이든 화상 제작의 동기는 '자기(自記)'와 유사하다. 자서전 문학 양식 가운데 '자기'는 지난 사실을 기록하고자 하는데, 요순목(姚舜牧, 1543-1627)의 〈자서역년(自敍歷年)〉[62]이 그 예이다. 이 글은 작자가 출생에서부터 목전 67년까지의 인생사를 아주 상세히 기록하여, 개인 경력, 질병 상황, 가족 사건 등을 포괄하고 있다. 또, "지금 그림을 그려 도상을 만들어 방패(坊牌)를 세워 후세에 전하고자 한다(今繪爲圖像, 倂圖其所建立坊碑, 用傳諸後)"[63]라고 했다. 문자 이외에 그림으로 도상을 만들어, 삶의 파편을 땅에 던지면 쨍그랑 소리나고 목소리와 모습이 살아 있듯이 영원히 보존하고자 한 것이다. 요순목의 〈자서역년〉과 비교하여 화상을 더욱 강조한 예로는 장한(張瀚, 1511-1593)의 〈환적도자기(宦蹟圖自記)〉가 있다. 장

61_鄧之誠,《淸詩紀事初編》(上海: 上海古籍出版社, 1684)(全2冊), 上冊, 卷3,〈釋大汕〉條, pp.342-343.

62_杜聯喆輯,《明人自傳文鈔》, pp.156-161.

63_杜聯喆輯,《明人自傳文鈔》, p.380.

그림 13. (청) 장벽, 《변영예 화상》, 2쪽 〈추몽〉. 종이, 채색. 69.7X39.6cm. 북경대학도서관 고적선본특장실.

한은 급제한 25세 때부터 시작하여 간지 편년 방식으로 56세까지 〈환적도〉를 만들어 30년 벼슬살이 이력을 장부식으로 이야기하여 정치에 종사한 생애를 세필로 회고했다.[64] 〈환적도〉의 동기도 '개인의 공적을 드러내는 것'이었지만, 특이한 점은 일생을 방대한 구조로 기록하려는 열망을 담아냈다는 사실이다.

편년 화상과 행적도를 결합한 문인 행락도로서 현전하는 것으로는, 장벽(張辟)이 초상화를 그리고 육원(陸遠)이 배경을 그려넣은 〈변영예 화상(卞永譽畫像)〉[65]이 가장 대표적이다(그림 13). 이것은 변영예의 화상책이자, 변영예의 방대하고 완전한 인생 그림이다. 한 해마다 하나의 그림을 배정하여 20세부터 45세까지 거의 중단 없이 18폭 화상을 제작했다. 각각 제명이 있는데, 서문에 의하면 대루(待漏)(20세), 정관(靜觀)(22세), 어화(語花)(24세), 독서(讀書)(25세), 문선(聞禪)(26세), 추몽(追夢)(27세), 기우(寄羽)(28세), 소제문월(蘇堤問月)(31세), 무해(撫海)(33세), 회병금하(會兵金廈)(35세), 제서관하(濟署觀荷)(37세), 춘훤병무(椿萱幷茂)(38세), 학포(學圃)(39세), 교화(教化)(41세), 망백운(望白雲)(41세), 죽림가우(竹林假寓)(42세), 반당사(半塘寺)(43세), 수가(隨駕)(45세) 등이다. 각 그림에 제발한 사람은 일정하지 않다. 즉, 전당 왕림(汪

64_杜聯喆輯,《明人自傳文鈔》, pp.229-233.
65_《卞永譽畫像》冊, 北京大學圖書館古籍特藏室.

霖), 화정 장예장(張豫章), 회계 나곤(羅坤), 제남 왕사진(王士禛), 장주 한담(韓菼, 1637-1704), 덕주 전문(田雯)·전맥(田霢) 형제 등이며, 후대의 보국장군 영충(永忠, 1735-1793)[66]의 제지(題識)도 있다. 이 화상책에서 변영예는 각기 다른 연령과 각기 다른 신분의 복색과 분장으로 행락 기분에 젖은 인생을 편년식으로 재현했다.

이 화상책은 강희 연간 문인 행락도의 모든 유형을 포괄하고 있다.

ⓐ 개인 공적의 표치: 대루(待漏), 교화(敎化), 회병금하(會兵金廈), 무해(撫海), 수가(隨駕)
ⓑ 친족 간의 화목과 가족 전승의 표징: 춘훤병무(椿萱幷茂)
ⓒ 개인 문화 활동의 기록: 독서(讀書), 정관(靜觀)
ⓓ 거처 배경의 그림: 죽림가우(竹林假寓), 반당사(半塘寺), 제서관하(濟署觀荷)
ⓔ 서정과 언지: 소제문월(蘇堤問月), 망백운(望白雲), 기우(寄羽), 학포(學圃)
ⓕ 종교적 함의의 전달: 문선(聞禪)
ⓖ 염정 상상의 촉발: 어화(語花), 추몽(追夢)

변영예는 외방 무관 집안의 출신으로, 그 자신도 관직에 있으면서 서화를 좋아하고 감상을 잘했다.[67] 20세의 〈대루〉에서부터 45세의 〈수가〉에 이르기까지의 편년 도상은 25년간 인생 궤적을 조직하여, 인생의 여러 국면들을 충분하게 진술했다. 이 화상책은 각기 다른 연령, 신분, 거처, 공적, 기대, 활동, 상황의 변영예를 기록했다. 각 도면은 변영예의 뺨에 수염과 구레나룻을 그려넣어 검보(臉譜)와도 같다. 화가는 25년에 걸친 변영예의 변화를 명확하게 그리지는 않았다. 상주의 얼굴은 이렇게 같지만, 복색과 장면은 부단히 바뀐다. 성(聖)·속(俗), 강(剛)·유(柔), 문

66_永忠의 字는 良輔, 또 다른 字는 臞仙. 多羅貝勒 弘明의 아들. 輔國將軍을 지냈다.《延芬室集》이 있다. 詩體에 뛰어났고, 書法이 遒勁해서 晉人의 風味가 있었다. 적삼도 입지 않고 신발도 신지 않고서 시정 거리를 산보하다가, 기이한 서적을 마주치면 반드시 구입해서 돌아갔으며, 옷을 전당 잡히고 먹을 것을 끊어야 해도 괘념하지 않았다.《淸史稿》, 卷484, 總p.13,363;《淸代傳記叢刊》, 第94冊, p.701.

67_卞永譽(1645-1712), 字는 令子, 號는 仙容, 淸江 蘇漢 軍人, 卞三元의 아들. 順治 2年(乙酉) 生, 康熙 51年(壬辰) 卒, 향년 68세. 강희 연간에 福建巡撫에서 刑部右侍郎으로 옮겼다. 서화를 좋아하고 감상을 잘 했다. 저서에《式古堂書畫匯考》가 있다.

(文)·무(武), 이성·감성의 각기 다른 정경에서 자아를 드러내어, 청년에서부터 중년으로 향하는 인생의 황금 시절의, 후인이 관심을 둘 만한 면모를 남겨두었다. 행락도가 하나하나 모여 전체 인생 화책을 이루어 일생의 여러 역정을 상연했다.

소자상(邵子湘, 1637-1704)에게는 5개의 화상이 있다. 전서도(展書圖)·과경도(課耕圖)·수간도(垂竿圖)·유악도(游嶽圖)·초단도(蕉團圖) 등이다. 소자상이 진유숭에게 제영을 구하자, 진유숭은 제사 〈앵제서(鶯啼序)〉[68]를 지어주었다. 명확하게 편년을 하지는 않지만 소규모로 조직하는 방식으로 개인의 행적과 지향을 그린 화상은 사실 일일이 헤아릴 수 없이 많다.

(6) 결어

명·청 문인의 새로운 화상 양식을 행락도라고 일컫는다. 이것은 개인의 매력을 잘 드러내는 가장 훌륭한 수단 가운데 하나이다. 명초부터 발전하기 시작한 행락도는 청나라 강희 연간에 범위가 확대되었다. 그림 속 상주는 마음속의 이상에 따라, 공적을 스스로 칭송하거나, 가학의 전승을 표방하거나, 서재를 배경으로 하거나, 아회(雅會)와 전사(塡詞)를 하거나, 몸소 밭을 갈거나 낚시를 하거나, 포단에서 선정에 들거나, 마음껏 술을 마시며 즐기거나 한다. 곧, 일생사를 드넓게 펼쳐 보인다. 상주는 인생관의 선포에 따라 안배되고, 장면이 세심하게 배치된다. 관중은 상주의 형모를 보는 데 그치지 않고, 상주의 인생 지향을 수용하게 된다.

문화계 주류 인사가 화상에 개인의 행락을 개입시켜 생활 품격, 신상, 이력, 정의(情意), 지취(志趣)를 펼쳐 보이는 방식은 크게 유행하여 시대의 추세로 되었다. '제때에 행락하는' 것은 초기의 시인들이 수명이 너무 짧고 미경(美景)을 다시 만나기 어렵다는 인생의 본질에 직면하여 고안해낸 세속적 대책이었다. 행락은 본시 새로운 관념이 아니다. 생명이 너무 짧기 때문에 불후를 추구하여 인생의 영원한 가치를 창조하고자

68_陳維崧,《迦陵詞全集》, 第2冊, 卷30, p.14b.

하는 방편이었다. 명·청 문인의 경우, '제때에 행락하자'는 주장이 환락의 경지에 탐닉하게 하고 방종하게 만든 듯하다. 마음속에는 쉽게 표현하기 어려운 도덕적 자책감을 지녔겠지만, 이 자책감은 명·청 시대에는 결국 옅어지고 말았던가? 아니면 더욱 곡절과 깊이를 지니게 되었던가? 행락도 제작은 이 논제를 어떻게 돌파하고 보완했는가?

2) 문인화상과 제영의 특성 및 의의

(1) 사조(寫照) 경향

명말 화가 진홍수는 역사 속 인물들을 그림으로 그려, 〈동파도(東坡圖)〉·〈거사상매(居士賞梅)〉·〈희지애아(羲之愛鵝)〉·〈박접도(搏蝶圖)〉·〈초림작주(蕉林酌酒)〉·〈잠화예장(簪花曳杖)〉·〈달마조사상(達摩禪師像)〉 등등을 남겼다(그림 14). 각 인물들의 실제 모습은 이미 사라지고 그 신운(神韻)을 문헌을 통해서만 이해할 수 있기에, 화필로 화면에 재현한 것이다.[69] 청대 상관주(上官周, 1665-1754)의 《만소당화전(晩笑堂畫傳)》에는 100여 인물이 그려져 있다. 양우위(楊于位)는 서문에서 "마음에 계합하는 것이 있으면 곧바로 책에 그림으로 그려서, 혹은 고본을 구하여 그 비슷한 형상을 얻기고 하고, 혹은 상상에 보존하여 그 풍성한 신색을 파악했다(凡有契於心者輒繪之于冊, 或考求古本而得其形似, 或存之意想而挹其丰神)"[70]라고 했다. 그림으로 전(傳)을 만든 이 편집물은 역사인물화에서 고증과 상상을 결합하여 외모를 방불하게 그려내고 내면의 풍광을 부여했다. 명·청의 인물 화가는 역사 인물들의 그림을 제작한 진홍수와 《만소당화전》 작가 상관주와 마찬가지로, 그림으로 전을 만들려고 시도하여 세련된 기법을 명류 화상에서 크게 발휘했다.

69_翁萬戈編著,《陳洪綬》(上海上海人民美術出版社, 1997)(全3冊) 上卷〈文字編〉, 中卷〈彩圖編〉, 下卷〈黑白圖編〉;《中國古代人物畫風》(重慶: 重慶出版社, 1995),〈東坡圖〉p.112,〈居士賞梅〉p.121,〈羲之愛鵝〉p.120,〈撲蝶圖〉p.119,〈蕉林酌酒〉p.115,〈人物〉p.118,〈簪花曳杖〉p.113,〈達摩禪師像〉p.110.

70_王伯敏著,《中國版畫史》(台北: 蘭亭書店, 1986), pp.147-148.

그림 14. (명) 진홍수, 〈달마선사상〉축, 종이, 채색, 94.9X52.3cm, 정십발(程十發) 소장.

명 · 청 사회는 세속화하고 경제도 크게 발달했으며, 구래의 계급주의와 달리 개인주의가 대두하여 인적 교제가 활발하게 되었다. 이에 문사, 화가, 관중에게 흥취를 자극하는, 특정 인물이나 기념 사건을 그림으로 그리고 새기는 풍조가 성행했다. 관리, 유학자, 도은, 의사, 과학자, 화가, 선사, 산승, 무장 등등 각 부류의 사람들이 모두 사조 기록을 하여, 화상은 기념과 찬송의 특질을 지녔다. 만명 이후 화상 제작 풍조가 성행한 것은 경제 발달에 따른 찬조(贊助, 패트런) 문화가 파란을 일으켰기 때문이다.[71] 화상은 대부분 상주의 위탁을 받아서 제작했으므로, 상주가 주도권을 쥐어 도면에 자신을 그려 넣는 각도, 정경, 주제 등을 선택할 수 있었다. 개인 의식이 성장하고 사치 풍조가 대두하며 개방 풍조가 만연한 사회에서, 화상은 첨앙, 숭배, 자아 표방, 사회 활동의 주요한 매개물이 되었다.[72] 명·청 화상은 생애 기록의 기능을 초월하여, 교유의 정을 전하고 지취를 표현하며 타인과의 교제를 넓히고 명성을 확대시키는 도구가 되었다.

71_傅立萃, 〈有關中國繪畫贊助的研究〉, 中央大學文學院, 《人文學報》 第15期, 1997年6月, p.55-79.

72_翁萬戈編著, 《陳洪綬》(上海: 上海人民美術出版社, 1997)(全3冊) 上卷〈文字編〉, 中卷〈彩圖編〉, 下卷〈黑白圖編〉; 《中國古代人物畫風》(重慶: 重慶出版社, 1995). 후자는 陳洪綬의 人物畫를 많이 수록하고 있다. 〈東坡圖〉 p.112, 〈居士賞梅〉 p.121, 〈羲之愛鵝〉 p.120, 〈撲蝶圖〉 p.119, 〈蕉林酌酒〉 p.115, 〈人物〉 p.118, 〈簪花曳杖〉 p.113, 〈達摩禪師像〉 p.110 등.

(2) 문인화상의 두 특성

① 눈요기

명·청 시기에 회화의 표현력이 크게 확장하면서, 색채와 구도에서도 새로운 가능성이 확보되었다. 즉, 시각 기관에 호소하여 자아의 내면을 펼쳐보이는 일에 성공해서, 회화사에 '열목(悅目, 눈요기)'의 특성을 출현하게 만들었다.[73] 이 현상은 초상화 제작에서도 나타났다. 전통적인 인물화는 인물의 동태 묘사와 경치 배치를 통해서 인물의 성격을 형상화하고 부각시켰다. 명·청의 초상 화가는 역사·전설 속 인물이 아닌 눈앞의 실제 인간을 핍진하게 그려내라는 요구에 따라 얼굴 표정을 세밀하게 그려내는 방식을 강화했다. 또, 인물의 자세와 의태를 포착하는 데서부터 공간 배치를 처리하는 일에 이르기까지, 새로운 전신(傳神) 이론을 실천하여 판에 박힌 틀을 제거했다. 이로써 형(形)과 신(神)을 넘나들며, 전통 유상의 기념성을 서정(抒情)·사의(寫意)의 관상성(觀賞性)으로 전환시켜 눈요기의 이상을 달성함으로써 화상을 시대의 최고봉에 올려놓았다.[74] 내면을 표현하고 풍격을 현시하는 화상은 회화사상 눈요기 작풍과 합류했을 뿐 아니라, 개인주의가 크게 유행하는 명·청 시대의 분위기를 강화했다.

명성이 자자했던 명말의 화가 증경(曾鯨, 1568-1650)이나 청대의 화가 우지정(禹之鼎, 1647-1716)이 그려낸 많은 문인들은 평상복을 단정하게 갖춰 입은 휴한(休閑)의 모습이 아니라, 멋대로 자세를 취하고 자적한 모습을 갖는 데서 즐거움을 누렸다(그림 15). 산수 속에 만유하든가, 시가(詩歌)의 의경에 따른 경치 속에 있거나, 배경이 실내나 가옥이라면 소탈한 자세를 취하거나 했다. 화상에 대해 조형 변화의 요구가 많아졌다. 섭소원(葉紹袁, 1589-1648)과 전겸익(錢謙益, 1582-1644) 두 사람은 머리에 죽립을 이고 지팡이를 짚고 미소하는 모습으로 즐거운 농부

73_石守謙, 〈悅目的圖像一觀看十七世紀繪畫的一個角度〉, 《悅目一中國晚期書畫》(圖版篇)(台北石頭出版社, 2001), pp.6-13.

74_拙著, 〈自我認同的困惑一明清文人自題像贊初探], 《中國詩學會議 學術會議論文集》(彰化: 國立彰化師範大學國文系主編, 2002年12月), pp.29-31.

그림 15. (명) 증경, 〈예원로 소상〉. 판화, 《중국역대명인도감》

의 초상을 남겼고, 나빙(羅聘, 1733-1799)은 삿갓을 이고 도롱이를 입어 어부로 분장했으며, 항성모(項聖謨, 1597-1658)는 수염을 어루만지며 서 있고, 왕감(王鑒, 1598-1677)은 화축을 펼쳐 보며 서 있으며, 부산(傅山, 1607-1684)은 다리를 꼬고 앉아 있고, 오위업(吳偉業, 1609-1671)은 삿갓 쓰고 가벼운 옷을 입은 모습으로 책을 들고 있다. 단옥재(段玉裁, 1735-1815)는 국화를 쥐고 있고, 손원상(孫原湘, 1760-1829)은 난초꽃을 쥐고 있으며, 장웅(張熊, 1803-1886)은 윗몸을 드러내고 한가하게 앉아서 납량을 하고 있다. 상주의 자세나 동작 이외에도, 실내에 화려하고 정갈한 가구를 배경으로 두거나 실외에 청아하고 유미한 산수를 배치하는 등, 초상화의 구도에 더 많은 눈요깃거리를 첨가했다. 상주가 옷깃을 여미고 꼿꼿이 앉아 진흙 조각이나 나무 허수아비처럼 굳어 보이는 결점을 피하기 위하여, 화가는 상주의 자세에 다양한 변화를 주었다. 말을 타거나, 지팡이를 짚거나, 어깨를 세우거나, 돌을 던지거나, 소매를 말거나, 찻물의 거품을 일으키거나 하는 등등 일일이 거론할 수 없을 정도로 다양한 설정을 해서[75] 현대의 인물 사진을 촬영하는 방식과 유사했다. 신체를 표현하기도 하고, 의복, 장식, 상황 묘사를 중시하기도 하여, 인물의 신분, 취향, 기호

75_蘇州大學圖書館編著, 瞿冠群 · 華人德執筆,《中國歷代名人圖鑑》(全2冊)(上海: 上海書畫出版社, 1989);《中國歷代人物圖像索引》(南京: 江蘇教育出版社, 1994). 이 두 책은 刻版(出版物 부록의 版畫, 石刻碑拓 포함)과 畫蹟(寫眞 혹은 意筆)을 아우르고 있다. 圖面像主는 혹은 엄숙하게 옷깃을 여미고 혹은 편안한 모습을 하여, 위로는 제왕과 귀족의 모습을, 아래로는 도교와 불교 인물의 모습을 함께 지니고 있다. 華人德另編《中國歷代人物圖像集》, 全 3冊은 자료를 가장 풍부하게 수집한 참고서적이다.

그림 16. (명) 우구, 〈동기창소상〉. 판화. 《중국역대명인도감》.

를 부각시켰으니, 이것들이 모두 초상화의 중요한 구성 요소로 되었다.

증경(曾經)은 예원로(倪元璐, 1593-1644)의 40세 소상을 그렸다(그림 15). 타원형 도광(圖框) 속에서 예원로는 두 소매를 반쯤 걷고 오른손으로 왼쪽 팔을 잡고 있으며, 측신은 여유롭고 한가하되 미목은 조금 오만한 모습이다. 화상의 좌우에는 각각 선배 동기창(董其昌)과 진계유(陳繼儒)의 제찬이 있다. 화상은 이 명사들의 이름을 더함으로써 더욱 찬란한 빛줄기를 뿜는다. 상주 본인이 사람들로부터 인정받는 매력적인 인물이라면 화상의 눈요기 특성은 더욱 두드러진다. 이를테면 우구(尤求)는 80세의 동기창이 우아하고 편안한 복장으로 한가하게 앉아 있는 모습을 그렸다(그림 16). 동기창은 상찬을 적어 이렇게 말했다.

> 평자(장평자, 張衡)의 〈사현부〉, 향상(백향산, 백거이)의 〈지상편〉. 장대한 마음이 너를 그르쳤거늘, 어리석은 외모는 더욱 느긋하구나. 어리석음은 도륭(屠隆)을 닮았고, 기심을 잊으니 새들이 친압하누나. 유마힐은 병을 병으로 여기지 않았고, 장자는 재주를 재주로 여기지 않았도다.
>
> 平子思玄賦, 香上池上篇. 壯心俱誤汝, 愚貌更悠然. 癡學屠隆似, 忘機狎鳥來. 維摩非病病, 莊叟不才才.

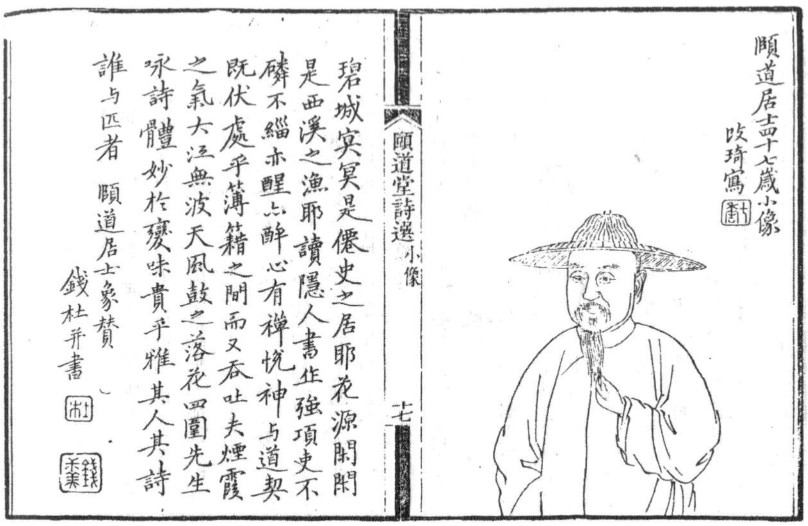

그림 17. 〈이도거사 47세 소상〉. 판화. 가경 22년 판각 도광 중수본 《이도당시선》 권수.

스스로 억제하는 듯하지만, 도리어 독자로 하여금 그의 자아 형상을 응시하게 만든다. 그 형상은 불교도 아니고 도교도 아니며, 장엄하기도 하고 해학적이기도 하며, 사람의 마음을 쏠리게 만드는 우상이다. 도광 연간의 개기(改琦, 1774-1829)는 〈이도거사 47세 소상(頤道居士四十七歲小像)〉을 그렸는데, 이도거사는 청나라의 풍류 인물 진문술(陳文述, 1771-1843)로, 이 화상은 《이도당시선(頤道堂詩選)》 권수에 판각되어 들어 있다(그림 17). 개기는 진문술이 왼손으로 수염을 만지면서 삿갓을 머리에 쓴 채 쉬고 있는 반신상을 그려내어, 의필(意筆)이 산뜻하고 풍류가 쇄락하다. 대면(對面)에는 문인 전두(錢杜, 1764-1845)가 쓴 〈이도거사상찬(頤道居士象贊)〉이 있다.

> 벽성(신선 거처)의 깊숙한 곳은 사마천 같은 사관이 거처하는 곳인가? 도화원 한가한 곳은 서계의 고기 잡는 곳인가? 은자의 책을 읽으며, 목 뻣뻣했던 동선(董宣) 같은 인물의 역사를 짓는다. 갈아도 죄다 갈리지는 않고 물들여도 죄다 검게는 되지 않으며, 깨었다가는 다시 술을 마시고는 한다. 마음은 선정에 드는 기쁨이 있고, 정신은 도와 계합한다. 장부와 문적에 묻혀 지내면서도, 안개 노을의 기운을 삼켰다간 토하누나. 큰 강에 파랑이 없거

늘, 하늘의 바람이 고무한다. 사방에 꽃이 질 때, 선생은 시를 읊누나. 체는 변체에서 오묘하고, 맛은 우아함을 귀하게 여긴다. 그 사람에 그 시이니, 누가 맞먹으랴?

碧城冥冥, 是僊史之居耶? 花源閑閑, 是西溪之漁耶? 讀隱人書, 作强項史. 不磷不緇, 亦醒亦醉. 心有禪悅, 神與道契. 旣伏處乎簿籍之間, 而又呑吐夫煙霞之氣. 大江無波, 天風鼓之. 落花四圍, 先生咏詩. 體妙於變, 味貴乎雅. 其人其詩, 誰與匹者?[76]

개인 출판물의 권수에 화상과 상찬을 싣는 것은 책의 광고 같기도 하고 독자와 상견례를 하는 듯도 하다. 독자를 향해 이 책의 작자가 신선 같기도 하고 은둔자 같기도 한 흠모할 만한 인물이라는 사실을 알려주고, 시집의 품질이 아주 높아서 희귀한 책이라는 사실을 보여준다. 상업 출판에서 시집에 도면과 제찬을 함께 제작하여 작자를 띄워 판매율을 높이려 한 것이다.

② 분장

명·청 문인의 초상은 현실의 자아를 달리 변환시키기를 좋아했다. 때로는 화려한 복식을 걸치고 있다. 명나라 때 관지가 없는 〈심도상(沈度像)〉·〈왕오상(王鏊像)〉, 정봉(丁奉)의 〈조복상(朝服像)〉, 청나라 때 관지가 없는 〈관천배상(關天培像)〉 등은 모두 관료들 사이에 성행한 '조복대상(朝服大像)'으로, 사회적 지위를 현시했다. 때로는 농부, 어옹, 초부 등 평소와 다른 외모로 분장하여 자기의 신분과 다른 모습이다. 이것은 심미적 고안이면서 개인의 지향과 취향을 드러내는 방식이기도 했다.[77] 왕사진에게 〈어양산인대립상(漁洋山人戴笠像)〉이 있고, 주이준에게 〈연우귀경도(烟雨歸耕圖)〉(그림 18)가 있다.[78] 앞서 말했듯이, 육수성에게 사회

76_《頤道堂詩選》卷首, 《續修四庫全書》(據嘉慶二十二年刻道光增修本影印原書)集部, 別集類, 第1504冊, 總 p.510.

77_楊新·班宗華等人合著, 《中國繪畫三千年》(台北: 聯經出版社, 1999), 聶崇正撰, 〈淸代〉部, p.271.

78_王士禛의 〈漁洋山人戴笠像〉에, 宛陵 梅庚이 다음과 같이 題贊했다. "方以厚所植, 虛以冥其迹. 納衆流而洪纖不遺, 冠群言而聚精成液. 身著朝衫頭戴笠, 孟縣眉山共標格, 三百年來無此客 收在李毓芙·牟通·李茂肅等整理 《漁洋精華錄集釋》(上海: 上海古籍出版社, 1999)." 一書卷首扉面. 〈朱彝尊畫像〉은 錢塘 戴蒼이 그린 것으로, 삿갓을 쓰고 수염을 어루

적 지위를 현시하는 것과 개인의 지향·취향을 드러내는 것의 두 가지가 모두 있다. 즉, 〈관복상〉·〈공복상〉·〈조의상〉·〈야복상〉 등 각기 다른 신분의 복색을 바꾸어 입은 화상들이 있고, 또 '구산산초(九山散樵)'라는 자호에 부합시킨 〈봉립소상(蓬笠小像)〉[79]이 있다. 상주는 각기 다른 복색을 걸침으로써, 각각 다른 사회적 신분을 대표한다. 자연히 실제 직무와 기대의 사이에 낙차가 있어, 화상을 보는 사람(자기를 포함)은 대조와 비교를 행하여, 상주의 신분을 관상하고 평가함으로써 이 사람의 세속 내 가치를 논평하게 된다. 이를테면 〈봉립소상〉의 경우는 입세간의 사회적 신분과 달리 세외(출세간)의 어은(漁隱) 의미를 부여했다.

그림 18. 〈주죽타선생연우귀경도〉. 판화, 가경 4년 석문고씨 독화재 판각 《독화재제화시》 우집(偶輯). 북경대학도서관 고적선본특장실.

청대 화가 김농(金農, 1687-1763)은 분장의 즐거움을 한껏 누렸다. 그의 여러 자화상들 속에서 김농이 여러 부류로 변신하고픈 욕망을 강하게 드러냈다는 사실을 알 수 있다. 어떤 때는 도포를 걸치고 지팡이를 짚고 있고, 어떤 때는 가사를 걸치고 면벽을 하고 있으며, 어떤 때는 부자 늙은이의 소상이고, 어떤 때는 고매암(枯梅菴) 아래 홀로 선 모습이다. 김농의 어초, 부옹, 고승, 걸인, 신선 등의 자화상은 모두 사회적 신분과는 다른 모습으로 자아를 분장시켜, 삶의 넓고 풍부한 국면들을 전달한다. 이것은 삼교구류(三教九流)의 폭넓은 교제와 부합할 뿐 아니라, 독자

만지고 있다. 주이준은 화상의 윗부분에 다음과 같이 화상찬을 스스로 지었다: "北垞南, 南垞北, 中有曝書亭, 空明無四壁. 八萬卷, 家所儲, 鼠銜薑, 獺祭魚, 壯而不學老著書, 一片端谿石, 晨夕心相於審厥衆, 授孫子, 千秋名, 身後事. 丁亥(康熙46年, 1707) 三月既望秀水朱彝尊銘"(《朱彝尊選集》卷首). 주이준은 〈百字令 自題畫像〉을 지었다. 同書 p.303.

79_杜聯喆輯,《明人自傳文鈔》, pp.255-258 ; 이 책 제1장.

의 '독서 기대'를 충족시켜 준다.

분장 화상은 문인 집단에서만 유행한 것이 아니다. 청나라 강희·옹정·건륭의 세 제왕은 모두 융장, 종교 복식, 일상의 화상이 있어, 변장의 유희에 탐닉했다. 분장에는 가면을 사용해서 타인으로 분장한 것도 있고, 별도 시공 속의 자기로 치환한 것도 있다. 심주(沈周)가 일생 제작한 〈58세 상〉·〈70세 자수도(自壽圖)〉·〈74세 상〉·〈80세 상〉[80] 등 네 폭의 편년 초상은 넓은 의미로 말하면 각기 다른 연령의 자아를 연기해 보인 것이다. 그리고 석 대산의 〈행적도〉는 화면에서 각기 다른 행동을 하는 자기를 교대로 보여주어, 인생의 풍부한 경력을 전달했다.

(3) 화가

장대(張岱, 1597-1689)에게 주목할 만한 회상 기록이 있다.

> 갑술년 10월, 초생(楚生)을 데리고 불계원(不繫園)으로 가서 홍엽(紅葉)을 보았는데, 정향교(定香橋)에 이르렀을 때 기약하지 않고 모인 객이 8인이었다. 남경(南京) 증파신(曾波臣)[증경(曾鯨)], 동양(東陽) 조순경(趙純卿), 금단(金壇) 팽천석(彭天錫), 제기(諸暨) 진장후(陳章侯)[진홍수(陳洪綬)], 항주(杭州) 양여민(楊與民), 육구(陸九), 나삼(羅三), 여령(女伶) 진소지(陳素芝) 등으로, 나는 그들과 함께 머물러 술을 마셨다. 진장후가 흰 비단을 가지고 와서, 조순경을 위해 고불(古佛)을 그렸고, 증파신은 조순경을 위해 초상화를 그려주었다. 양여민은 삼현자(三弦子)를 켜고, 나삼은 노래를 불렀으며, 육구는 퉁소를 불었다. […] 이 날 밤 팽천석과 나삼, 양여민은 어울려 강희(腔戲)를 연기했는데, 아주 절묘했다. 초생과 진소지는 함께 강희에 맞춰 연주하는데, 이 또한 절묘했다. 진장후가 촌락의 단가를 창하고, 나는 거문고로 반주했으니, 옹알옹알 마치 말하는 듯했다. […] 나는 말했다. "[…] 도자(道子, 증파신)가 소매를 떨치길 바람 일으키듯 하여 벽에 그림을 그려 당장에 완성했고, 진장후는 조순경을 위해 부처를 그렸으니, 조순경이 검무를 추는 것이 바로 오늘 있어야 할 일이다." 진순경은 뛰어오르듯이 몸을 일으켜 죽절편을 손에 들었는데, 무게가 30근은 되었다. 호선무(胡

80_沈周自贊, 杜聯喆輯,《明人自傳文鈔》, p.128;《中國歷代名人圖鑑》, 上册, p.21, 彩色圖片.

> 旋舞) 서너 전(纏, 바퀴)을 추고는 껄껄 크게 웃고는 떠나갔다.
>
> 甲戌十月, 攜楚生住不繫園看紅葉, 至定香橋, 客不期而至者八人: 南京曾波臣·東陽趙純卿·金壇彭天錫·諸暨陳章侯·杭州楊與民·陸九·羅三·女伶陳素芝, 余留飮. 章侯攜縑素, 爲純卿畫古佛, 波臣爲純卿寫照, 楊與民彈三弦子, 羅三唱曲, 陸九吹簫. […] 是夜彭天錫與羅三·與民, 串本腔戲, 妙絶 ; 與楚生·素芝, 串調腔戲, 又復妙絶. 章侯唱村落小歌, 余取琴和之, 牙牙如語. […] 余曰: '[…] 道子奮袂如風, 畫壁立就. 章侯爲純卿畫佛, 而純卿舞劍, 正今日事也.' 純卿跳身起, 取其竹節鞭, 重三十斤, 作胡旋舞數纏, 大噱而去.[81]

숭정 7년(1634), 명나라 왕조는 아직 망하지 않아서 강남 인사들은 예전처럼 승평을 노래하고 춤추며 연회를 즐겼다. 불계원(不繫園)에는 이때 주객 10여 명이 모였는데, 장대가 주인으로서 가희 초생을 이끌고 빈객을 맞았다. 장대와 절친한 화가 진홍수(陳洪綬)가 겸백(縑帛, 합사 비단)을 가지고 와서 조순경을 위해 고불을 그리려고 했다. 당일은 조순경의 축수연이었던 듯하여, 그림 속의 활동이 거의 조순경을 중심으로 이루어졌다. 삼현을 연주하는 양여민, 퉁소를 부는 육구가 악대를 이루었고, 또 천희(串戲)에 뛰어난 팽천석, 창곡을 하는 나삼과 여령은 즉석에서 연기를 했으며, 진홍수도 촌가를 노래하고 장대는 거문고로 반주했다. 술 기운으로 귀까지 뜨거워졌을 때 수성(壽星, 생일잔치의 주인공)이 흥에 겨워 일어나, 당나라 비민(裴旻) 장군이 오도자의 벽화 제작에 맞춰 검무를 추었던 고사를 따르려고 했다. 그러자 조순경이 죽절편을 잡고 일어나 호선무를 추었다. 저명한 초상화가 증경(曾鯨)은 이 환락의 현장에서 조순경을 위하여 초상화를 그렸다. 이 아집의 구성원은 여러 신분이 뒤섞여 있다. 화가 증경은 필시 촌락의 단가를 노래한 진홍수와 마찬가지로 초상화 제작과 부처 그리기에 골몰하는 데 그치지 않고 문인 아사와 교유했을 것이다. 화가는 초상화 기술을 지니고 사교에 참여해서 문인과 수작하여 문인의 영역으로 뛰어올랐으므로, 순수 직업인의 지위를 넘어섰다.[82]

81_張岱, 《陶庵夢憶》(上海: 上海遠東出版社, 1996年, 《宋明淸小品文集輯注》), 卷4 〈不繫園〉, p.105.

82_李國安이 지적하듯이, 초상화가는 초상을 제작할 때 다른 사람과 합작하기도 하고 문인과 수작하기도 하는데, 이는 모두 사교관계의 모형을 이루었다. 또 이국안은 張岱의 '不繫園

초상화에 뛰어났던 증경은 복건성 포전(蒲田) 사람으로, 금릉에 흘러 들어와, 항주(杭州) · 동향(桐鄉) · 영파(寧波) · 여요(餘姚) 등지에서 활동했다. 명나라 회화사에 중대한 이정표를 수립한 인물화가로, 화상의 기법과 표현 면에서 창신과 돌파가 있었다, 그의 그림은 거울에 그림자가 비친 듯한 효과가 있어서, 사람들이 그를 파신파(波臣派)라고 불렀다. 증경의 회화 기법은 두 가지이다. 하나는 묵골요철법(墨骨凹凸法)이다. 이것은 증경이 예림에서 독보적일 수 있었던 뛰어난 재간으로, 지금 학계에서는 그것이 서방의 영향을 받았다고 말한다. 그림으로는 〈장경자상(張卿子像)〉 · 〈고몽유상(顧夢游像)〉 등이 있다. 단, 요철법은 뺨 부분의 묘사에 그칠 뿐이고, 나머지 지체와 복색은 전통 화법을 따랐다. 둘째는 구륵전채법(鉤勒塡彩法)이다. 이것은 강남에 본래 있었던 전통 화법이되, 증경이 특히 탁월했다. 그림으로는 〈왕시민소상(王時敏小像)〉[83]이 있다. 증경은 이렇게 화상 제작에 뛰어났기 때문에 공경 · 귀인 · 명사의 원택(園宅)에 화가로서 드나들 수 있었다. 명·청 때 이런 화가들은 끊이지 않고 나왔다. 명나라 초 사환(謝環), 대진(戴進, 1388-1462), 명나라 중엽 당인(唐寅, 1470-1523), 구영(仇英, 1482-1559), 명나라 말 진홍수, 청나라 초 사빈(謝彬, 1602-?), 우지정 등등의 화가는 당시 사류들의 초청에 응하여 초상화를 그렸다.

증경이 장대의 불계원 아집에서 조순경을 위해 초상화를 그린 것은 결코 희한한 일이 아니다. 그는 당대 명사들의 화상을 많이 제작했다. 즉, 젊은 화가 왕시민(王時敏, 1592-1680), 항주 시인이자 의사 장경자(張卿子), 신과(新科)의 진사 조사악(趙士鍔), 학자이자 지사 후동증(侯峒曾, 1591-1645) 등등의 화상을 제작했다. 그밖에도 동기창, 진계유, 갈일룡

集會'와 원나라 楊謙의 '富而韻樓雅集'을 비교하여, 전자의 회동자가 신분이 다양하며, 曾鯨의 역할은 후자의 雅集에서 王繹이 寫照를 기록하는 임무를 지녔을 뿐이었던 것과는 다르다고 했다. 李國安, 〈明末肖像畫製作的兩個社會性特徵〉, p.140. 王繹 〈畫楊竹西小像〉卷은 작자가 署款하길 "楊竹西高士小像, 嚴陵王繹寫, 句吳倪瓚補作松石. 癸卯二月"이라고 했다.

83_曾鯨의 초상화기법에 대해서는 華人德, 〈明淸肖像畫略論〉, 《藝術家》 第218期, 1993年 7月, pp.236-245을 참조. 또한 《悅目—中國晚期書畫》(解說篇), 梅韻秋, 〈柳敬亭小像圖軸〉 解說, pp.66-67 참조.

그림 19. (명) 증경 · 장관(張觀), 〈고몽유상〉 축, 부분, 종이, 채색, 105.4X44.8cm, 남경박물원.

(葛一龍, 1567-1640), 항자경(項子京), 황도주(黃道周, 1585-1646), 반양로(潘梁老) 등 신분과 성격이 다른 여러 문인들을 위해 화상을 그렸다. 각 화상의 인물들은 용모 · 체형 · 표정 · 안색이 각각 다른데, 여기에 인물의 특질을 나타내는 분식과 배경을 첨가했다. 이를테면 25세 화가를 위해 제작한 〈왕시민소상〉에서 상주는 손에 떨이채를 들고 흰옷 차림으로 포단 위에서 선좌(정좌)하고 있다. 의사를 위해 제작한 〈장경자상〉에서 상주는 몸에 담청색 장포를 입고 오건을 쓰고 붉은 신을 신었으며, 손가락이 매우 길고 얼굴은 미소를 띠고서 유연히 수염을 만지고 있다. 문사를 위한 〈갈일룡상〉에서 상주는 머리에 건모(巾帽)를 쓰고 몸에 백삼을 입었으며 자리를 깔고 책에 기대어 비스듬히 앉아 있는데, 수염은 빽빽하고 두 볼이 봉긋하며, 두 눈은 먼 곳을 바라보고 있는데 눈빛이 침정하여 무언가 생각에 잠긴 듯하다. 문사를 위한 〈고몽유상〉에서 상주는 억세면서도 유창한 선과 담묵의 채색 사이에서 암석에 단정히 앉아 신운이 유연하다(그림 19). 신과의 진사를 위한 〈조사악상〉에서 상주는 오건과

그림 20. (청) 우지정이 황여견을 위해 그린 소조. 판화. 《중국역대명인도감》.

그림 21. (청) 우지정, 〈왕원기예국도〉. 비단, 채색. 32.5X139cm. 북경고궁박물원.

장포 차림이고, 두 손은 소매 안에 넣어두었으며 의표가 장중하고 온화하다.[84] 관중은 이런 화상을 통하여, 화상을 제작할 때 화가가 상주 본인을 대면하면서 사생하던 시공간으로 돌아가게 된다.

불계원 아회의 한구석에서 증경이 조순경을 위해 초상화를 그리는 장면은 강희 연간 우지정이 시인 황여견(黃與堅)을 위해 초상화를 그리는 도면에서 그 복제판을 볼 수 있다. 이 그림은 화가가 상주를 마주하여 초상화를 그리는 현장으로 돌아가게 해준다. 우지정은 강희 연간 홍려시(鴻臚寺)의 서반(西班) 관직에 있으면서, 그림을 잘 그린다는 이유로 남훈전(南薰殿)에서 근무했다. 백묘로 그린 초상화가 특히 수려하고 고아하여, 일시 명인들의 많은 소상이 그의 손에서 이루어졌다. 즉, 손지울, 강신영(姜宸英, 1628-1699), 주이준, 서건학, 송락(宋犖, 1634-1713), 서원문(徐元文, 1634-1691), 서구(徐釚), 한담(韓菼, 1637-1704), 진정경(陳廷敬, 1639-1712), 왕무린(汪懋麟), 교래(喬萊, 1642-1694), 왕원기(王原祁, 1642-

84_曾鯨의 畫蹟은《中國美術全集》,〈繪畫編〉8,《明代繪畫下》을 참조. .〈葛一龍像〉(圖110),〈王時敏小像〉(圖112),〈張卿子像〉(圖111),〈趙士鍔像〉(圖113),〈顧夢游像〉(圖114) 등 각 도설에 붙은 해설 참조.

1715), 고사기(高士奇, 1645-1704), 사신행(查愼行), 납란성덕 등 많은 문인들이 그에게 초상화 제작을 의뢰했다. 때로는 한 번으로 그치지 않았다.[85] 현존하는 화상도 아주 많다. 〈왕원기예국도(王原祁藝菊圖)〉(그림 21), 〈교개부소상(喬介夫小像)〉, 〈서재도(西齋圖)〉, 〈죽계독역도(竹溪讀易圖)〉, 〈강향청효도(江鄉淸曉圖)〉, 〈운림동조도(雲林同調圖)〉, 〈성남아집도(城南雅集圖)〉 등등이다.[86] 이 화상들은 대개 횡권으로, 횡으로 전개되는 산수경물 속에 인물 초상을 두었다. 산수화와 초상화를 결합하는 구도를 취해 과거의 초상화가 홀시하거나 약화시켰던 배경 처리 방식을 극복했다. 주의할 점은, 청대 신운시(神韻詩)의 맹주 왕사진은 우지정에게 화상 제작을 위탁했는데, 각기 다른 시기에 우지정은 왕사진을 위하여 열 폭이나 되는 화상을 제작했으며, 모두가 명작이어서 문단의 명사들이 다투어 제영하도록 촉발했다는 점이다. 각 화상마다 하나의 아름다운 일화를 이루어, 화상이 완성된 후 문학적 서술활동이 뒤를 이었다. 화면에 가득한 제영들은, 화상이 각광을 받았음을 잘 말해준다. 제영은 화가 · 상주 · 관중으로 하여금 끈끈한 사교 관계를 맺도록 하는 기능을 수행했다.

(4) 화상 제작 이론[87]

명나라 증경은 불계원의 축수연에서 조순경을 위해 초상화를 그렸고, 청나라 우지정도 궤안을 사이에 두고 시인 황여견과 대면하여 그의 초상화를 그렸다. 이 두 예는 청나라 장기(蔣驥)의 《전신비요(傳神秘要)》에 나오는 다음 글을 환기시킨다.

85_禹之鼎이 康熙 명사를 위해 제작한 繪像은 아주 많다. 李珮詩, 《詩畫兼能爲寫眞—禹之鼎詩題式肖像畫研究》 참조.

86_揚州 寶應의 〈喬介夫小像〉 · 〈西齋圖〉(即吳暻行樂圖) · 〈竹溪讀易圖〉 · 〈江鄉淸曉圖〉 등 인물초상화와 高士奇가 위탁하여 그린 〈雲林同調圖〉 등. 《中國美術全集》, 〈繪畫編〉 10, 《淸代繪畫中》, 〈城南雅集圖〉 오른쪽 자리 첫 번째에 긴 수염을 늘어뜨린 사람이 王士禛이다. 《中國歷代人物圖像索引》 〈王士禛〉 條, p.314.

87_필자는 전에 만명과 청 시기의 화상 이론을 탐구하여 〈傳神 · 寫意 · 抒情的肖像畫論〉을 작성한 바 있다. 〈自我認同的困惑—明淸文人自題像贊初探〉, pp.40-41. 여기서는 그 논문의 해당 부분을 가져다가 명·청 화상 제영의 회화 이론 부분을 보충한다.

> 전신으로 최대의 것은, 저 사람을 궤안 너머에 앉게 하여, 3, 4척의 거리를 두고 그린다. 소조의 경우는 5, 6척쯤 거리를 둘 수 있으며, 크기가 작아질수록 더 멀리 떨어질 수 있다. 그림의 부위는 혹 가까울 수 있지만 그림의 안주(眼珠)는 반드시 멀어야 한다. 사람들이 마주하고 앉을 때 1, 2척으로 가까우면, 서로 바라볼 때 안력을 쓸 필요가 없는데, 안력이 없으면 신태가 없으므로, 1장(丈)쯤 멀리 떨어질 수 있고, 혹 서너 장까지 떨어질 수도 있다. 사람은 멀리 바라볼수록 안력이 들고, 안력이 들면 정신이 있게 된다. 안력이 없는 시선은 눈꺼풀이 아래로 처지고 안력이 있는 시선은 눈꺼풀이 탱탱하게 일어선다.
>
> 傳神最大者, 令彼隔几而坐, 可遠三四尺許, 若小照可遠五六尺許, 愈小愈宜遠. 畫部位或可近, 畫眼珠必宜遠. 凡人相對而坐, 近一二尺, 則相視不用目力, 無力則無神, 能遠至丈許, 或至數丈. 人愈遠相視愈有力, 有力則有神. 且無力之視, 眼皮垂下, 有力之視, 眼皮撐起.[88]

이 글은 초상화 제작 장면을 재구성하여, 화가 · 상주 사이의 거리를 짐작했다. 면대하여 초상화를 그리려면 흐트러짐 없는 사생기법이 요구된다. 산 사람을 위해 참 모습을 베끼고 죽은 사람을 위해 유영(遺影)을 베껴내는데, 진용을 베껴 그리는 것을 '사진'이라 일컬었다. 원나라 이후 처음으로 왕역(王繹)의 《사상비결(寫像祕訣)》이라는 전문서가 나왔고, 명말 청초 이래 그런 책들이 점차 많아졌다. 명나라 말 주이정(周履靖)의 《천형도모(天形道貌)》, 청나라 장기(蔣驥)의 《전신비요》, 심종건(沈宗騫)의 《개주학화편(芥舟學畫編)》[89] 등이 있다. 침체해 있던 직업 전통에 초상화가 유행하여 활기를 부여한 것은 명·청 시대 전신 이론의 성립과 크게 관계가 있다.

88_蔣驥, 《傳神祕要》〈傳神以遠取神法〉條, 黃賓虹 · 鄧實編, 《美術叢書》(台北: 藝文印書館, 1975年11月初版), 第9冊(2集7輯), p.31.

89_원나라 王繹의 《寫像祕訣並采繪錄》 1권은 인물 그리는 비결을 논했다. 청나라 蔣驥의 《傳神祕要》과 丁皐의 《寫眞祕訣》은 기술적인 문제를 더욱 논했다. 두 사람은 도가를 연찬한 人物寫照畫家이다. 余紹宋, 《書畫書錄解題》(台北: 台灣中華書局, 1980年11月二版)(上冊), 卷2., pp.30-32. 명청시대 傳神 이론 관련 저술에 대해서는 俞劍華 編著, 《中國畫論類編》(台北: 華正書局, 1984年)(上冊), 第4編〈人物〉, pp.494-579를 참조. 명나라 周履靖의 《天形道貌》은 周履靖의 《夷門廣牘》 叢書에 수록되어 있다. 蔣驥의 《傳神祕要》는 《美術叢書》 第9冊(2集7輯), pp.31-51 참조. 沈宗騫의 《芥舟學畫編》은 《中國畫論類編》(上冊), pp.512-539를 참조.

초상화는 이름의 뜻을 생각하면, 형상을 아주 닮게 만드는 것, 동일한 모양의 형체와 모습으로 상주를 복제하는 것이다. 단, 초상화론은 형모를 아주 닮게 하도록 요구하는 동시에 늘 이 원칙을 낮추었다. 심종건은 이렇게 말했다.

> 화법의 부류가 아주 많은데, 전신사조(傳神寫照)는 유래가 가장 오래되었다. [⋯] 형(形)이라든가 모(貌)라든가 하지 않고 신(神)이라 하는 것은 천하의 사람은 형이 같은 사람도 있고 모가 같은 사람도 있으나, 신의 경우에는 서로 같을 수가 없기 때문이다. 작자가 만약 형사(形似)만 구한다면 각진 것과 둥근 것, 살찜과 마름은 수십인 가운데 비슷한 자가 있을 것이니, 어찌 전신이라고 말할 수 있겠는가? 지금 한 사람이 있어서, 전에는 살쪘다가 뒤에는 마르고, 전에는 희었다가 뒤에는 푸르고, 전에는 수염과 구레나룻이 없다가 뒤에는 수염이 많아지면, 얼른 보고는 알아볼 수 없으나, 가까이 다가가서 자세히 보고는 필시 화들짝 놀라서, "이 사람은 아무개다"라고 할 것이다. 대개 형이 변하더라도 신은 변하지 않는다. 그러므로 형은 혹 조금 잘 못 그렸다고 해도 괜찮다. 만역 신이 조금이라도 어긋나면 끝내 그 사람이 아니다.
>
> 畫法門類至多, 而傳神寫照, 由來最古 [⋯] 不曰形曰貌, 而曰神者, 以天下之人形同者有之, 貌類者有之, 至於神則有不能相同者矣. 作者若但求之形似, 則方圓肥瘦, 即數十人之中, 且有相似者矣, 烏得謂之傳神? 今有一人焉, 前肥而後瘦, 前白而後蒼, 前無鬚髭而後多髯, 乍見之或不能相識, 即而視之, 必恍然曰, 此即某某也. 蓋形雖變而神不變也. 故形或小失, 猶之可也, 若神有少乖, 則竟非其人矣.[90]

이 글은 초상화를 전신(傳神)이라 하지, 전형(傳形)이나 전모(傳貌)라 하지 않는 이유를 설명했다. 각진 것과 둥근 것, 살찜과 마름의 형모에만 의거해서는 한 사람을 분별할 수가 없다. 사람은 나이가 들면 형모가 그에 따라 바뀌지만 신은 변하지 않으므로 전신이 초상화론의 핵심이 된다는 것이다.

송나라 소식(蘇軾, 동파, 1037-1101)은 '등불로 그림자를 취한다(以燈取影)'라는 개념을 제출했다.[91] 송나라 진조(陳造)도 우람한 옷차림과 엄숙

90_沈宗騫,《芥舟學畫編》〈傳神總論〉篇, 同上註,《中國畫論類編》(上冊), pp.512-513.
91_蘇軾,〈傳神記〉, 同上註,《中國畫論類編》(上冊), p.454.

한 시선을 지닌 나무 허수아비를 상으로 취하는 방법에 반대하고, 초상화가는 상주를 그 "엎어지고 자빠지며, 응대하고 진퇴하며, 찡그리거나 기뻐하며, 느긋하거나 급하며, 거만하거나 공경스러운" 각종 양태 속에 두어 상주의 활력을 중시해야 하지, 용모를 추스르고 뻣뻣하게 하여 응체해서 움직이지 않는 정물로 만들어서는 안 된다고 여겨, 신운(神韻)을 한껏 베껴내고자 했다.[92] 초상화는 대면 사생을 버릴 수는 없지만, 옷깃을 바로 하고 꼿꼿이 앉게 해두고 공들여 모의하는 화공의 속된 화필도 벗어나야 한다고 했다. 이렇게 외치는 소리는 원나라 왕역(王繹)이 처음 내었다. 그는 다음과 같이 주장했다.

> 저쪽이 외치고 휘파람 불거나 담소하고 말하는 사이에 본래의 참된 성정이 발현되므로, 나는 가만히 그것을 구한다. [⋯] 근대의 속된 화공들은 교주고슬(기러기 발에 아교칠을 하고서 거문고를 뜯는다는 말로, 융통성이 없음을 비유함 — 역주) 할 뿐 변통의 도를 몰라서, 반드시 옷깃을 바로 하고 꼿꼿하게 앉게 하여 진흙으로 빚은 사람처럼 해두어야 전사한다.
> 彼方叫嘯談語之間, 本眞性情發見, 我則靜而求之. [⋯] 近代俗工, 膠柱鼓瑟, 不知變通之道, 必欲其正襟危坐, 如泥塑人, 方乃傳寫.[93]

청나라 초 초상화 이론가들은 이 설을 더욱 발휘했다. 심종건(沈宗騫)은 《개주학화편(芥舟學畫編)》〈활법(活法)〉에서 이렇게 말했다.

> 천하의 사람에게는 일정한 신정(神情)이란 없다. 지금 사람으로 하여금 옷깃을 바로 하고 꼿꼿이 앉아 있게 해두고 공들여 모의하여, 혹 종일토록 완성하지 못하고 혹 여러 차례 바꾸고도 완취하지 못한다면, 작자는 정신이 수그러들고 기운이 꺾일 뿐만 아니라, 앉아 있는 사람도 정(情)이 나태해지고 의(意)가 다하지 않는 이가 거의 없어서, 판에 박힌 듯 되거나 활력 없는 물건을 쌓아둔 듯이 된다
> 天下之人, 無一定之神情, 若今人正襟危坐, 刻意摹擬, 或竟日不成, 或屢易

92_陳造, 〈江湖長翁集論寫神〉, 《中國畫論類編》(上冊), p.471.
93_王繹 본인은 寫眞을 잘했다. 《寫像祕訣》은 그가 찬한 것인데, 왕역은 사진 비결과 채색 비법 등을 陶宗儀에게 전수하여, 다행히 《輟耕錄》에 보존되어 있다. 《中國畫論類編》(上冊), pp.485-489.

不就, 不但作者神消氣沮, 坐者亦鮮不惰怠意闌, 非板滯即堆垛.[94]

장기도 이렇게 말했다.

> 화가는 모름지기 아직 부위를 그리기에 앞서, 그 사람의 행지좌와(行止坐臥)와 가영담소(歌詠談笑)에 유의하여, 그 천진의 발현과 정신의 외로(外露)를 보아야 한다. 이곳을 자세히 살핀 후에 붓을 대면 생동의 취향이 절로 있게 된다.
>
> 畫者須於未畫部位之先, 即留意其人行止坐臥歌詠談笑, 見其天眞發現, 神情外露, 此處細察, 然後落筆, 自有生趣.

> 무릇 사람은 초상화를 그리려는 마음을 먹으면 정신이 이미 구속을 받는다. 나는 그림을 그리기 이전에 곁에서 그 사람의 의사(意思)를 탐색한다. 그가 아무 뜻 없이 의사를 드러내면 나는 뜻을 가지고 그것을 엿본다. 의사를 얻으면 마음에 기억해둔다. […] 사람을 단정히 앉게 한 후에 그 정신을 구하려고 하면, 이미 화공의 속필이 되고 만다.
>
> 凡人有意欲畫照, 其神已拘泥. 我須當未畫之時, 從旁窺探其意思, 彼以無意露之, 我以有意窺之. 意思得即記在心上. […] 若令人端坐後欲求其神, 已是畫工俗筆.[95]

화가는 무의의 인물 동태를 정(靜) 속에서 자세히 관찰해야 한다. 장기의 '의사를 즉시로 마음에 기억해 둔다'라든가 심종건의 '활법'이라든가 하는 설은 모두, 대면 사생에서 판에 박힌 투식을 벗어나 사진 · 전신을 통해 결국 신운을 포착하려고 하는 초상화가의 최고 이상을 전신 이론에 부여했다. 명·청 이후의 전신관은 송대 이래 문인의 사의(寫意) 전통과 연계되어, 초상화의 독창적 제작에 실제 지침을 제공했다. 명·청 때 초상화가 성행한 것은 전신 이론의 정리 및 확충과 큰 관련이 있다.

(5) 집체의 텍스트 공간—제영

강희제 어정《역대제화시》는 제화가 문사 · 명류의 상호 수작이라는

94_沈宗騫,《芥舟學畫編》〈活法〉,《中國畫論類編》(上冊), p.528.

95_蔣驥,《傳神祕要》, 〈傳神以遠取神法〉·〈點睛取神法〉 2條 , pp.31-32.

폭넓은 사교활동이고, 화상 제영이 그 중요한 일환이었음을 문헌을 통해 입증해준다. 앞에서 원매가 《수원시화》에서 용속한 자들이 소조를 끼고 사방으로 다니면서 제영을 구걸하는 풍조를 비판한 내용을 소개한 바 있다.[96] 하지만 곽린(郭麐, 1767-1831)의 《영분관시화(靈芬館詩話)》는 이 제영 수작의 세속화 현상을 긍정적으로 보아, "하지만 친구사이의 교제에서는 이것을 통해 기탁한 뜻을 펼쳐 보이므로 훌륭한 작품이 반드시 없는 것은 아니다"라고 했다. 만명 이후로 화상이 문사의 형상을 묘사하거나 사건을 기념하게 되자, 제영의 규모도 많이 달라졌다. 화상의 화심(畫心), 횡권의 머리나 꼬리, 입축의 시당(詩堂)과 양측 표릉(裱綾)에는 제영이 가득 차게 되어, 명·청 문학의 특수한 국면을 만들어냈다.

문집의 경우 이일화(李日華, 1565-1635)의 《염치당집(恬致堂集)》에 이일화가 다른 사람을 위해 찬술한 〈방초일상찬(方樵逸像贊)〉·〈괴주생존인상찬(蒯周生尊人像贊)〉·〈왕옥수소상찬(汪玉水小像贊)〉·〈서춘문소상찬(徐春門小像贊)〉·〈두회옥상찬(竇懷玉像贊)〉 등 많은 화상 제찬이 수록되어 있다.[97] 이러한 상황은 결코 드물지 않아, 자주 보인다. 화상의 제영 현황은 문헌의 저록 이외에 현전하는 화상 유적으로도 살펴볼 수가 있다. 명말 대창(戴蒼)의 〈감도거사소상권(甘荼居士小象卷)〉은 얼굴이 붉고 수염이 성긴 거사가 옛 의관을 걸치고 반석에 앉아 있다. 이를 보면 상주는 명말의 의로운 행실로 세속을 초월했던 인사이다. 권 뒤에 제영을 남긴 사람은 17인으로, 태반이 명말 유로(遺老)들이다.[98] 〈반금대상(潘琴臺像)〉도 수많은 문인의 제찬(題贊)이 있다.[99] 〈하천장행락도〉는 화가 진홍수가 동해에 은둔하던 전직 군인 하천장을 위해 그려준 기념 화상인데, 제영자가 아주 많았다. 청나라에 이르러 왕운(王雲)의 〈장장군

96_袁枚,《隨園詩話》,《袁枚全集》, 第3冊, 卷7, 第57條, p.223.

97_이러한 부류의 像贊은 李日華,《恬致堂集》(台北: 國立中央圖書館, 1971)(全6冊), 第6冊, 卷35, 頌類, 總 pp.3049-3373에 수록되어 있다. 〈方樵逸像贊〉(p.3116) · 〈蒯周生尊人像贊〉(p.3,117) · 〈汪玉水小像贊〉(p.3118) · 〈徐春門小像贊〉(p.3119) · 〈竇懷玉像贊〉(p.3,121) 등.

98_ 羅振玉은 "此卷藏行篋垂十餘年, 初不知居士爲何許人, 但於諸家題語中知爲閩其姓無作其字, 皖人, 與金正希江文石兩先生爲死友."라고 했다. 羅振玉,《貞松老人書畫跋》,《美術叢書》第21冊(5集2輯), pp.13-15,〈甘荼居士象卷跋〉條.

99_佘城編,《中國書畫·人物畫》(台北: 光復書局, 1983), 圖75.

사연귀래도(張將軍賜宴歸來圖)〉권은 양람기(鑲藍旗)의 장장군이 경구(京口)를 진수하고 있다가 성조(聖祖, 강희제)가 남순하자 호종하고 도성에 들어가 연회를 하사받고 상을 받자 은우를 기념하기 위하여 제작한 것인데, 화권의 뒤에 역시 제시가 늘어서 있다.[100] 강희 연간의 화가가 고정관(顧貞觀, 1637-1714)을 위해 그린 〈측모투호도(側帽投壺圖)〉에 대해서는 납란성덕(納蘭性德, 成德, 容若)이 사를 짓고, 도하의 문사들이 다투어 화운했다.[101] 우지정은 왕사정을 위해 〈재서도〉를 그렸는데, 동료 문생들의 제영이 많았으므로, 그것들을 아예 《재서도시》로 모았다. 석 대산이 진유숭을 위해 〈가릉전사도〉를 그리자, 작곡가 홍승(洪昇, 1659-1704)과 장사전(蔣士銓, 1725-1786)은 투곡(套曲)을 써주기까지 했다.[102] 사빈(謝彬)은 사인(詞人) 서구를 위해 〈풍강어부도〉를 그렸는데, '국초 여러 대로들'의 제발이 거의 100수에 육박했다.

상주가 그림의 제작을 요청한 동기를 말하면, 자신을 표창하려는 목적이었다. 이것은 만명에 이르러 개인의식이 고조된 것과 호응한다. 한미한 화가는 문사를 위해 전신 · 사조하여 존중과 예우를 입어, 상류 계급과 사사로운 관계를 발전시켜 나갔다. 화상의 제영은 혹은 장자에 대한 숭경이나 현자에 대한 앙모에서 나오기도 하고, 혹은 두터운 교분이나 문학의 열정에서 나오기도 하며, 혹은 위탁을 받아 다른 사람을 위해 제를 하기도 했는데, 어느 것이나 모두 복잡한 인간관계망과 관련되어 있었다.[103] 명·청 문인 사회는 화상 제영을 통한 교제와 우의와 수작을 보편적인 것으로 여겨, 한 폭의 초상화가 많은 문사들의 경쟁적인 제영을

100_羅振玉의 著錄에 따르면 題者에 梅庚 · 冒丹書 · 顧貞觀 · 毛際可 · 冒襄 · 程鑾 · 喬萊 · 葉燮 · 吳農祥 · 柴世堂 · 毛奇齡 · 洪昇 · 沈三曾 · 沈玉亮 · 陳士傑 · 江昭年 · 蘇輪 · 徐樹穀 · 傅澤洪 등이 있다. 羅振玉, 《貞松老人書畫跋》, pp.15-19, 〈張將軍賜宴歸來圖卷跋〉條.

101_徐釚, 《詞苑叢談》, "金粟顧梁汾舍人, 風神俊朗 [⋯] 畫〈側帽投壺圖〉, 長白成容若題賀新涼一闕於上 [⋯] 都下競相傳寫, 於是教坊歌曲間, 無不知有側帽詞者"; 馮金伯輯, 《詞苑萃編》 卷18〈紀事〉, 唐圭璋編 《詞話叢編》, 第3冊, 〈成容若側帽詞〉條, pp.21-32.

102_吳衡照은 "迦陵塡詞圖爲釋大汕傳神, 掀髯露頂, 眞有國士風. 旁坐麗人拈洞簫而吹, 恍唱'楊柳岸 · 曉風殘月'也. 洪昉思 · 蔣心餘兩先生題曲絶佳"라고 했다. 《蓮子居詞話》 卷1, 《詞話叢編》 第3冊, pp.2404-2405.

103_만명 이후 초상화 제작은 개인주의 사조에 호응할 뿐만 아니라 合作과 酬酢 등 사회적 기능을 지녔다. 李國安, 〈明末肖像畫製作的兩個社會性特徵〉, pp.119-157.

유발했다. 집단적 텍스트 공간을 공동으로 열어젖혔다고 할 수 있다.

한편으로, 화상의 기예에 숙달한 화가는 자기를 위해서도 초상을 그렸다. 이를테면 진홍수는 강렬한 개인의식을 지니고 약간 변형된 풍격의 〈자화상〉을 남겼다(그림 22). 불평이 마음에 가득하여 술에 취해 세간에 얽매이지 않고 방랑하는 성격을 조형하여, 신운 수법을 해석하던 것에서 전변하여 초상화에 새로운 서정 · 사의의 요소를 쏟아넣었다.[104] 양주팔괴의 한 사람 김농은 일생 〈수도사소상(壽道士小像)〉 · 〈백이연전부옹소상(百二硯田富翁小像)〉 · 〈면벽도(面壁圖)〉 · 〈고매암주독립도(枯梅菴主獨立圖)〉 등등 아홉 폭의 각기 다른 자화상을 그렸다. 김농은 비할 데 없는 열성으로 자화상마다 회화의 이유를 미리 서술하여 서정(抒情) · 달지(達志)의 창구로 삼았으며, 선배, 지인, 향우, 고승, 사장(師丈) 등 여러 신분의 사람들에게 화상을 보여주었다. 김농은 자기를 진지하게 관찰하고, 또 대단히 열정적으로 기록을 남긴 화가이다. 또한 《동심자사진제기(冬心自寫眞題記)》를 편찬하여, 개인의 화상 자제를 저록해두었다. 김농이나 마찬가지로 가경 연간의 고수(顧修)도 자기 일생의 회상과 자제를 간각하여 《독화재제화시(讀畫齋題畫詩)》 19권을 이루었다. 화상의 자제가 위에 서술한 타인의 화상 제영과 상이한 점은 자아의 관조에 있다.

그림 22. (명) 진홍수, 〈자화상〉, 삽도, 《부자합작책》, 비단, 채색, 26.4X23.28cm, 미국 뉴햄프셔 옹만과(翁萬戈) 소장.

화상 제영의 텍스트는 일련의 연구과제와 연관된다. 즉, 느긋하고 한

104_高居翰, 〈陳洪綬: 人像寫照與其他〉, 高居翰撰 · 李佩樺等合譯, 《氣勢撼人—十七世紀中國繪畫中的自然與風格》(台北: 石頭出版社, 1994), 第4章, pp.147-192.

가로운 행락의 도면 전시, 명류 인사와의 우정에서 우러나는 창화, 분장하여 연기하는 문화 유희, 화상의 제영을 청하는 인간 관계망과 자천(自薦), 자아의 관조에서 배태된 인생의 은유 등등, 이는 깊이 탐구해볼 만한 가치가 있다.

3) 문헌, 시야와 연구 방향

(1) 연구 문헌

① 텍스트

편직물(編織物, texture)을 어원으로 하는 텍스트(text, 文本)란 말은 늘 그 의미가 성찰되는 문학비평 용어이다. 언어학의 각도에서 보면 텍스트는 하나의 책일 수도 있고 하나의 언어일 수도 있으며 초패(招牌) 등의 단구일 수도 있다. 이것은 어휘표현 구조의 문학작품을 말한다. 기호학의 관점에서 보면 텍스트는 일종의 부호를 대표하여, 발화인에게서 전해 받거나 접수한 일종의 기호이다. 텍스트 개념은 시문의 텍스트에 그치지 않고 영화 · 회화 등 기타 예술 텍스트에도 적용된다. 텍스트는 사회문화 속으로 확장되어, 언어부호의 특성으로 구성된 것이라면 어떠한 것도 모두 해당된다.[105]

이 책에서는 대상을 명 · 청 문인의 화상과 제영에 시각을 좁혀서, 문화적 의미를 증식시키는 텍스트로 보고자 한다. 화상과 제영은 서로 보충하고 피차 인증하며 상호 교직하여 언어부호의 성질을 지니므로, 그 상호관계를 연구해야 한다. 텍스트 개념은 화상(도상)과 제영(문자)을

105_롤랑 바르트(Roland Barthes)는 作品과 文本(本文)을 구분하여, 작품은 실재하는 것으로서 책의 공간의 일부분인 데 비해 文本은 일종의 방법론 범주에 속한다고 했다. 작품은 보편기호가 되어 기능을 낳으며, 기호문명의 제도적 범주를 대표한다. 이에 비해 文本에는 의미지시의 무한한 推衍이 있다. text의 자원은 textus로, '織的 意思'란 뜻이다. 그러므로 文本과 文本의 사이에는 상호 관련이 있다. 羅蘭巴特, 〈從作品到本文〉, 朱耀偉編, 《當代西方文學批評理論》(板橋: 駱駝出版社, 1992), pp.15-23. 文本의 개념은 王先霈 · 王又平主編, 《文學批評術語詞典》(上海: 上海文藝出版社, 1999) 〈文本和作品〉 '文本'條, pp.167-169 참조.

아우르므로, 화상 제영은 다음 두 조건을 전제로 한다. 첫째, 화상은 문인의 초상화를 가리킨다. 둘째, 제영은 광의를 지녀서,[106] 문인 화상을 대상으로 지은 일체의 제사(題寫) 문자를 말하여, 운문 형식의 찬·송·시·사, 산문 형식의 제기·화서·제발을 포괄한다. 감식·수장·관람평의 내용을 산문으로 '제'하여 쓴 것일 수도 있고, 찬송과 탄상의 뜻을 운문으로 '영'한 것일 수도 있으므로, 제영이란 명칭을 이용하여 제화의 문학 형식과 소재를 개괄하기로 한다.

② 제영

(a) 형식

개인 화상을 남에게 부탁하여 만들고 아울러 그 화상에 제영을 써달라고 청하는 일이 명·청 시대에 유행했다. 화상 제영의 매개는 개인의 초상화이고, 사유의 기점은 시각 인식이며, 서사 행동은 대개 도상의 관람에서 출발하여, 광범위한 문화 해석을 포함한다. 화상 제영은, 텍스트 형태로 말하면, 시각 정보를 제공하는 도상과 사유 정보를 이루는 문자의 두 유형으로 나뉜다. 도상 부분은 문인 초상의 화면이나 판화를 아우르고, 문자 부분은 화상과 관련 있는 제영을 아우른다. 제자(題者)와 화주(畫主)의 관계로 말하면 자제(자기 화상)와 타제(타인 화상) 둘을 포괄한다. 제영의 유형은 4언 운문 형식의 상찬에서부터 훗날 속속 출현하는 무운 산문 형태의 제지(題識)·화발(畫跋)·제기(題記) 등 서사(書寫) 형식을 모두 포괄한다.[107] 화상의 제영은 자화상, 타화상, 자제, 타제로 나

106_'題畫文學'에 관한 논술은 일찍이 青木正兒, 〈題畫文學の發展〉(馬導源譯, 《大陸雜誌》 3:10, 1951年11月, pp.15-20)에서 이루어졌다. 뒤에 虞君質, 〈中國畫題跋之研究〉(《故宮季刊》1:2, 1966, pp.13-31) 및 陳丕華·余毅編, 《題畫寶笈》〈弁言〉(台北: 中華書畫出版社, 1973, p.1-7)이 모두 아오키 마사루의 영향을 받았다. 〈弁言〉에서는 또 제화와 관련이 있는 많은 문헌들을 수록했다. 최근 학계에서 題畫文學의 개념, 재료, 연구 범위 등을 가장 잘 완비한 것으로는 衣若芬, 〈題畫文學研究概述〉, 《中國文哲研究通訊》 10:1 (2000) pp.215-252을 꼽는다(뒤에 衣若芬, 《觀看·敍述·審美—唐宋題畫文學論集》, 台北: 中央研究院中國文哲研究所, 2004, pp.30-45 수록). 필자는 이 책의 '畫像題詠'이라는 개념을, 衣若芬이 '題畫文學'에 대해 "凡以畫爲題, 以畫爲命意, 或讚賞, 或寄興, 或議論, 或諷喻, 出以詩詞歌賦及散文等體裁的文學作品"이라고 한 것에서 취해왔다. 衣若芬, 〈題畫文學研究概述〉, p.215.

107_青木正兒, 〈題畫文學の發展〉은 畫讚·題畫詩·題畫記·畫跋·自題·他題 등 문학 양식으로 나누었다. 衣若芬은 아오키 설을 정리하고 바로잡는 한편 보충을 했다. 간략히 서술하

뉘며, 거기에 제자와 화주의 여러 관계도 있고 하여, 다음 4종의 형식을 이룬다.

ⓐ 자화자제: 자기가 자화상을 그리고 제영
ⓑ 자화타제: 타인이 자기의 자화상에 제영
ⓒ 타화자제: 자기가 타인이 나를 위해 그린 화상에 제영
ⓓ 타화타제: 타인의 화상을 타인이 제영[108]

이 네 제화 형식 가운데 1종과 2종의 상주(像主)는 화가 자신이되, 제화의 관중은 전자는 자기이고 후자는 타인이다. 3종과 4종의 화상은 상주가 타인인데, 전자는 자아의 관점이고 후자는 타인의 관점이다. 제1종은 '그림 밖 나'가 자기가 묘사한 '그림 속 나'와 대화하는 것이고, 제2종은 타인이 나의 자화상을 보고 '그림 속 나'와 대화하는 것이다. 제3종은 '그림 밖 나'가 타인이 묘사한 '그림 속 나'와 대화하는 것이고, 제4종은 나 자신과 무관하므로 다른 유형들과 구별된다. 이 네 유형은 화가가 특정 인물의 화상을 조형할 때 갖는 마음가짐, 그리고 관중이 화상을 대하여 갖는 여러 마음가짐과 연계되어 있다. 후자에는 인물의 허실 대비, 발화 어조, 관람 시각, 대화 관계, 도문(圖文) 사유, 관람 집단 등 갖가지 복잡한 현상이 있다. 이 밖에 그림 그려진 사람(상주)이 그림을 요청한 동기로 보면, 화상 사진은 자아 표방의 활동으로 해석할 수 있으며, 개인주의 사조의 발달에 호응한다. 위탁을 받아 다른 사람의 화상에 제영을 썼

면 다음과 같다. 畫贊은 초기의 題畫文學 작품을 두루 가리키며, 그 형식은 四言韻文形式의 贊에 제한되지 않고, 頌과 賦도 포함한다. 晉 이후의 題畫文學 작품 가운데 頌贊은 人物·神佛圖像의 위에 題했다. 또 육조 시대 산문이 발달하면서 題畫記가 되고 운문이 발전하여 題畫詩로 되었다. 題畫記는 산문체의 畫序·畫跋을 포괄한다. 跋은 '簡編之後語'이자 '撰詞以綴於末簡, 而總謂之題跋'이므로, 畫跋은 통상 圖畫의 뒤에 書寫하고, 대부분 산문이고 수필식이며, 작자의 그림 관람 혹은 그림 수장자의 心得을 기록한다. 이와 같은 정리는 이 책에서 그림의 題詠을 선정할 때 도움을 주었다. 衣若芬, 〈題畫文學研究概述〉, pp.216-220.

108_衣若芬은 靑木正兒의 〈題畫文學の發展〉에 대해 이의를 제출하여, 그 속에 自題·他題 부분은 自畫自題·自畫他題·他畫他題로 나누어야 한다고 주장했다. 필자는 他畫自題 부류를 하나 더 첨가하여, 명칭 화상제영의 양상을 설명하기로 한다. 衣若芬, 〈題畫文學研究概述〉, p.221.

다면 교유 관계망의 확대에 관계된다.

(b) 자제

일반적인 화상 제영은 앙모할 만한 현자나 선배, 우의가 깊고 돈독한 친구, 혹은 청탁을 받은 그 당시 사람이 작성한다. 하지만 화상 자제(自題)는 이와 달라서, 제사(題詞)를 하며 그림 속 인물을 관람하는 사람은 타인이 아니라 바로 자기 자신이다. 명·청 문인은 타인의 화상에 제영을 했을 뿐 아니라 자기의 화상에도 제영을 했다. 화상 제영 가운데 자제는 매우 특이하다. 개인 화상이 이루어진 후 소형 자전을 붙이는 것이므로 자전(自傳)과 밀접한 관계가 있다. 기억, 개성, 자아분석과 관련이 있으며, 개인사에서 이루어지는 복잡한 국면과 관계되어 있다. 중국에서는 길이가 긴 전기의 역사가 오래되어서, 사전(史傳)·제조문(祭弔文)·묘지명(墓誌銘) 등이 모두 역사적·사회적 기능을 지닌다. 그런데 자신의 대한(죽음)이 다가오는 때에 문인들은 자기 자신을 애도하는 임종 문학을 남기기도 했다. 동진의 도연명(365-427)의 〈자제문(自祭文)〉, 당나라 왕적(王績, 585-644)의 〈자작묘지문(自作墓誌文)〉, 백거이(白居易, 772-846)의 〈취음선생묘지명(醉吟先生墓誌銘)〉, 두목(杜牧, 803-853)의 〈자찬묘명(自撰墓銘)〉 등등 중당 이후 수량이 차츰 많아졌다. 죽음을 서술한 글 가운데 애사·뇌사·제문·조문 등은 영전에 봉헌되고, 묘지명은 묘지석에 새겨져 묘에 종속되는데 앞의 지(산문)와 뒤의 명(운문)은 일반적으로 사망 사실이 발생한 이후에 타인이 지은 것이다. 단, 스스로 묘지명을 지을 때에는, 작자가 여전히 생존하면서 자기의 일생을 회고하는 취지이므로 자전과 방불하되, 자기가 이미 죽은 후를 상상해야 하므로 그 속의 발화 설정과 기서 특성이 색다르다.[109]

자기를 관찰하고 자기를 위해 목소리를 낸다는 점에서 자전의 형식은 매우 중요하다. 자전(自傳)·자천(自薦)·자제(自祭)·자제상찬(自題像贊) 등을 아우르고, 소설·일기·전기·자화상·회고록 등의 유형으로 나

109_[日]川合康三撰·蔡毅譯,《中國的自傳文學》(北京: 中央編譯出版社, 1999), 第4章, 探討中國文學中的自爲墓誌銘.

타나며,[110] 혹 문자나 도상을 단서로 복잡한 관찰과 상상을 해 나간다. 화상 자제는 실상 자아 관찰 이후의 서술활동이다. 화상을 타인이 그렸든 자기가 그렸든, 자아의 관찰은 그 관찰자로서는 한 편의 도화식 전기를 읽는 것과 흡사하다. 도화식 전기는 자전과 마찬가지로 자아의 지난 역사를 회고하도록 만든다. 제영은 전기에 비하여 시각 관찰의 특성이 하나 더 많다. 즉, 자제자는 화상 속의 자기를 마주하여 늘 자아의 형모에 대하여 이야기하게 된다. 서위(徐渭) · 나홍선(羅洪先) · 도본준(屠本畯) 등은 자기의 뒤룩뒤룩 살찐 모습, 둥근 얼굴, 귀먹은 상태에 대하여 말했고, 주굉(袾宏) · 전숙(錢肅)은 자기의 절름발이 상태에 유념했으며, 팽화(彭華)는 자기의 백발을 기록했다. 모곤(茅坤)은 염옹(髥翁)이라고 자칭했고, 장대복(張大復)은 병거사(病居士)라고 자칭했으며, 동사장(董斯張)은 수거사(瘦居士)라고 자칭했다.[111] 화상의 자제는 자전 유형에 시각 요소를 도입함으로써 자아 관찰의 독특한 문학세계를 이루었다. 도상에서 출발하는 단계에서는 도상 속 자아의 신형 · 용모 · 체형 · 나이 · 미추를 보면서 사유의 만유를 하게 되고, 그림 속 나와 그림 밖 나를 대비하고 반성하는 단계에서는 문자로 기록하며 회억을 일으킨다. 명나라 당인(唐寅)과 강국상(康國相) 등의 자제 상찬에서는 그림을 보는 사람이 그림 속 인물에게 힐문을 하며, 아(我) · 여(汝) · 인(人) 3종의 시각에서 인식하고 변설을 하여 복수의 목소리를 담았다. 그림 밖 자신이 그림 속 자신을 바라보고, 현재의 자신이 과거의 자신을 상상하며, 내면적 자아가 사회적 자아를 헤아리고, 정신적 자아가 물질적 자아와 대면한다. 이로써, 반성·긍지·자조·오뇌·애상·참회 등의 효과를 총체적으로 만들어내었다. 화상 자제는 도면을 단서로 자아 관찰과 자아 기서를 진행하

110_중당과 만당 때 日記 체재의 書寫가 시작되었고, 白居易의 시는 日記 성질이 농후하다. 북송대에 일기가 유행하여 司馬光·陸游 등이 모두 일기를 썼으며, 송대에는 심지어 개인 연보를 편찬하는 관념이 시작되었다. 자기를 기록하는 것은 당·송 시기를 변혁기라고 할 수 있으며, 명나라때 개인주의가 일어나면서 더욱 팽창했다. 宇文所安,〈自我的完整映象—自傳詩〉, 樂黛雲 · 陳玨編, 《北美中國古典文學研究名家十年文選》(南京: 江蘇人民出版社, 1996), pp.110-137. 書寫模式은 유형이 일정하지 않다. 李淸照의 〈金石錄後序〉, 陶淵明의 〈五柳先生傳〉, 沈復의 《浮生六記》는 모두 서로 다른 형식의 自傳이라고 볼 수 있다. 遊記와 小說도 自傳의 색채를 띠고 있다.

111_杜聯喆輯, 《明人自傳文鈔》; 郭登峰編, 《歷代自敍傳文鈔》(台北: 文星書店, 1965).

므로, 자아 정의의 사유 활동을 담고 있다. 이는 중국 역사상 자아 인식의 문제를 탐색할 때 아주 정채 있는 문헌이다.[112]

화상 자제의 텍스트는 모두 소형 자전으로 볼 수가 있다. 자전 속에 노정된 인생의 면모는 자전 작가가 의도에 따라 개인 사료를 선택하고 정리한 후, 문자의 허구와 구성을 통하여 포착한다. 곧, 전폭에 걸친 세밀한 사출이든 일사(軼事)를 기록한 성근 필치이든, 대개 해석의 책략에 따라 선택한 이후의 결과물이다. 화상 자제는 자아 성찰 및 자아 인식과 관련이 있다. 작자는 후대의 찬미와 보존을 희원하기도 하고, 또 화상 시간과 관찰 시간의 불일치로 인하여 세월이 빨리 흘러가버렸다는 무상감을 느끼기도 한다. 생명이 잠시도 쉬지 않고 변화하는 것임을 깨닫기에, 화상 자제는 자아 검열을 위한 전투장이 된다. 본래 극히 비밀스러운 심령의 대화이지만, 글로 써낸 후에는 독자와 접촉하여 자아 표현과 자아 현시의 유력한 매개물로서 자아 인식의 다층 국면을 드러내어, 자아 탐색의 여로에서 환몽의 색채를 조성한다.

(c) 제영 문헌

화상의 제영 자료는 일부가 판각되어 책으로 만들어지기는 했지만 수집된 것이 적은데다가 그것도 분산되어 전한다. 그래서 대략 다음과 같은 방향에서 자료들을 수집했다.

ⓐ 현전하는 화상의 제영

본서에서 다룬 〈하천장행락도〉·〈가릉전사도〉·〈풍강어부도〉 등 3개의 그림과 관련된 제영은 현전하는 그림과 탁본에서 채록했다. 〈풍강어부도〉의 경우는 단행본이 세상에 유포되어 있으나, 필자는 상해 양씨 소장의 진적을 토대로 하나하나 교감했다. 이 책의 관련 장을 참조하기 바란다.

112_曹淑娟 교수는 〈從自敍傳文看明代士人的生死書寫〉를 〈明代文學學術硏討會〉(台北: 政治大學, 1999年 6月)에서 발표하고 뒤에《古典文學》第15期 (2000年 5月) pp.205-243에 수록했다. 또한 王學玲, 〈不可侵犯的懺語—明淸之際自敍傳文的諧謔與悔愧〉,《淡江中文學報》第13期, pp.72-109도 이 책에 도움이 되었다.

ⓑ 상주와 제영인의 시문 작품

《명문해(明文海)》·《전명시(全明詩)》·《청문회(淸文滙)》·《청시회(淸詩滙)》 등 대형 총서에서 자료를 수집하고, 이미 영인 출판된《사고전서존목총서(四庫全書存目叢書)》·《속수사고전서(續修四庫全書)》·《사고금훼총서(四庫禁燬叢書)》 등 대형 총서를 두루 열람하는 한편, 각 항과 관련이 있는 시문집까지 뒤져서 화상에 제한 시문을 일일이 찾아내었다.

ⓒ 제영 실물과 저록 문헌

《명청인제발(明淸人題跋)》(대북: 세계서국, 1988)은 서구 · 김농 · 장억랑(張憶娘) 등의 화상제영을 수록했고, 육심원(陸心源) 편《양이관과안록 · 속록(穰梨館過眼續錄)》(《속수사고전서》 자부 예술류 제1087책)은 청나라 때 주요 화상의 많은 제영들을 수록했다. 곽등봉(郭登峰) 편《역대자서전문초》(대북: 문성서점, 1965) 는 두연철(杜聯喆) 집《명인자전문초》(대북: 예문인서관, 1977)는 문인의 자전 자제를 정선했다. 이러한 총서들에 수록된 제영 권질, 공적·사적 편찬물 등은 모두 화상 제영들을 풍부하게 제공한다.

ⓓ 시화, 사화, 필기와 보조 문헌

필기(筆記) · 잡조(雜俎) · 시화(詩話) · 사화(詞話) · 곡화(曲話) 등등도 화상의 제형 텍스트들을 산발적으로 기록했다. 천제(薦祭) · 송수(頌壽) · 전(傳) · 묘명(墓銘) 등 전기문 부류는, 화상 제영의 탐색 과정에서 진위 및 허실을 대조·확인해야 하므로 보조적인 연구문헌에 포함시켰다.

③ 화상

ⓐ 화상사 개설

초상화의 역사는 도상의 기능에서부터 이야기를 시작해야 한다. 상고 시대 이윤(伊尹)은 구주(九主)의 형상을 그림으로 그려서 성탕을 권면했고, 무정(武丁)은 부열을 그림으로 그려서 현인을 찾았다. 초기 화상의 목적은 후인에게 경계를 드리우는 데 있었으니, 이것이 인물화가 발생한 중요한 이유이다. 서한 이후로는 역대로 전각에 공신들의 도상을 걸어두었다. "충으로 효로 모두 운대에 화상이 있고, 열이 있고 훈이 있어 전부 기린각에 올랐다(以忠以孝, 盡在於雲臺. 有烈有勳, 皆登於麟閣)"라 한 것은 제왕의 궁전과 누각에 성현의 화상이 빠지지 않았던 이유를 설명해준다. 초기의 인물 화상은 누대와 전각의 벽화 형태였다. 뒤에 불교에서 번건(幡巾, 깃발)에 그림을 올리는 것에서 영향으로 받아, 제사에 이용하는 그림은 벽에 거는 괘축의 형태로 바뀌었으며, 책에 그 부본(副本)을 싣게 되었다. 송나라 때는 황제와 후비의 입상 제도가 출현했다. 송·원·명 3대의 황제·후비의 화상은 남훈전에 보관되었으며, 청대 황제·후비의 화상은 경산 수황전(景山壽皇殿)에 보관되어, 손위(遜位)의 제사에 이용되었다.[113] 대북고궁박물관은 소장 도상 중 50폭을 선정하여 《고궁도상선췌(故宮圖像選萃)》를 발간했는데, 이 책에는 복희·요·우·탕·무왕 등의 상이 있다. 남송 마린(馬麟)의 상상화이다. 복희 상에는 송나라 이종(理宗)이 쓴 '도통십삼찬(道統十三贊)'이 있어, 화상이 모두 13폭이었음을 알 수 있다. 이 밖에 역대 황제·후비의 화상, 공자·안회·증참(증삼)·맹자 등 옛 현인의 화상이 있다.[114] 《고궁도상선췌》는 성왕·황제·후비·현자의 화상을 수록하여, 공덕 가송 전통화의 축소판이라 할 수 있다. 화상들은 대부분 대형 괘축의 형태이며, 어떤 입상은 실제 사람보다 크고 기세가 웅대하다. 명나라 태조는 여러 화상들을 남겼는데, 하나는 단아하고 장엄한데 다른 하나는 이상하게 누추하다. 재위 때 가혹한 형벌로 사람을 많이 죽였으므로 화가가 '바라보아도 군주 같지 않은' 괴이한 모습을 이런 추악한 형상으로 만들어 사람들 눈에 띄지 않

113_인물화의 역사문헌은 伊尹이 九主를 그림으로 그려서 成湯을 권면했다는 기록(《사기》)과 武丁이 현인을 구하려고 傅說(부열)을 그림 그리게 했다는 기록(《상서》)으로 올라간다. 《공자가어》는 주나라 때 공자가 주공의 초상을 보았다 하고, 사마천도 張良의 초상을 보았다고 했다. 서한 이후 역대로 제왕 궁전에는 화상이 있었고 아울러 훈공을 세운 사람들을 위해 도형을 전각에 걸어두었다. 이른 시기의 畫蹟은 墓葬에서 출토되었다. 魏晉 시기에 이르러 顧愷之의 인물화가 상당히 발달했다. 하지만 인물화는 문인화에 의해 주변적인 것으로 밀려나 회화 전통에서 숨어 있다가, 명·청 시기에 이르러 크게 변화했다. 華人德, 〈明淸肖像畫略論〉, pp.236-245.

114_聖王·賢者·帝后의 畫像 이외에 陶宏景·陸贄·司馬光·蘇東坡·朱熹·楊維禎·楊季靜상 등등 저명한 문인학사의 상이 약간 있으나 대부분 元代 이후 제작되었다. 《故宮圖像選萃》 圖版.

게 해서 신변의 안전을 도모한 것이다.[115]

이학(理學)과 문인화의 영향을 받아서 송나라 이후로는 중국회화사에서 관점상 근본 변화가 일어났다. 즉, 인물사실화의 전통이 사의를 강조하는 문인화의 억압을 받았고, 그 풍조가 민간에까지 확산되어 직업화의 주축을 이루었다. 그렇기에 문인·학사 화상은 볼 만한 것이 아주 적다. 인물화는 오랫동안 연구자의 관심 밖에 있다가 만명에 이르러서 인물화가 오래전 고화에 의거하여 참신한 의상을 발현하게 되었다. 저명한 문인들인 이지(李贄)·자백(紫柏)·고헌성(顧憲成)·이일화(李日華)·동기창(董其昌)·고반룡(高攀龍)·정가수(程嘉燧)·이유방(李流芳) 등에게 모두 개인 화상이 있어 지금까지 전한다. 《열조시집소전》에는 진계유(陳繼儒, 眉公)에 관해 다음 기록이 있다.

> 중순(仲醇)[진계유의 자]의 사람됨은, 승낙을 중하게 여기고 지략이 넘쳐났다. […] 누동(婁東)의 넷째 왕공(王公)[왕형(王衡, 자 辰玉)]이 평소 중순을 존중하니, 두 집안의 자제가 구름같이 모여들어, 다투어 중순과 벗이 되고자 하여, 혹시라도 합당하지 못할까 염려할 정도였다. 현재(玄宰, 동기창)가 오랫동안 사관에 있으면서 천하에 서화로 이름을 날렸는데, 중순을 추대하여 입에 올리지 않은 적이 없다. 해내(천하) 사람들은 동공(董公, 동기창)이 추대했다는 이유로 모두 중순에게 귀의했다. […] 그들(오월 지방의 곤궁한 선비와 노성한 분들)의 자잘한 말과 궁벽한 이야기들을 채집하여, 한데 모아 책을 이루어, 원근에 전파했다. […] 다투어 구입하여 침중(枕中)의 보물(몰래 감추어두고 보는 보물)로 삼았다. 이에 미공의 이름이 천하를 들썩이게 했다. 멀리 소수민족 추장과 토관들까지도 그의 사장(詞章)을 청할 정도였다. 나아가서 주루와 다관에서도 모두 그의 화상을 걸었으며, 심지어 궁벽한 마을과 작은 읍락, 고리 모양 떡을 팔고 소금·된장을 파는 자들까지도 미공의 이름을 가져다 썼다.
>
> 仲醇(按眉公字)爲人, 重然諾, 饒智略. […] 婁東四王公雅重仲醇, 兩家子弟如雲, 爭與仲醇爲友, 惟恐不得當也. 玄宰久居詞館, 書畫妙天下, 推仲醇不去口. 海內以爲董公所推也, 咸歸仲醇. […] 刺取其(按吳越間窮儒老宿)瑣言僻事, 薈蕞成書, 流傳遠邇, […] 爭購爲枕中之祕. 於是眉公之名, 傾動寰宇. 遠而夷酋土司, 咸丐其詞章. 進而酒樓茶館, 悉懸其畫像, 甚至窮鄉小邑, 鬻

115_《故宮圖像選萃》, pp.58-59.

粔籹市鹽鼓者, 胥被以眉公之名.[116]

진계유는 서화와 시문에서 명성이 멀리까지 전파되어, 사방에서 그의 사장(詞章)을 흠모했다. 그의 별호 미공(眉公)이 일종의 문화 표지가 되었을 뿐만 아니라 그 화상이 유행 풍조의 지표가 되어, 시정의 누관에 다투어 내걸렸다. 이것은 명대 신흥사회의 변화된 모습을 반영한다. 진미공의 화상이 이렇게 시정 누관에 다투어 걸린 예는 희극적이기는 하지만, 16, 17세기 이후 명류 화상이 상당히 다른 풍모를 지니게 된 사실을 잘 말해준다.

전통 인물화는 대개 역사전고·신괴소설·불교·도교·전기(傳奇) 등의 주제와 관련이 있고, 화면의 인물이 전체 그림의 중심이었다. 초상화가는 죽은 혼령을 불러오는 마력이 있다고 간주되었고, 궁중생활의 세부 사실을 기록하는 실록자의 역할을 떠맡기도 했다. 그런데 명·청의 초상화는 표현이 다양하게 되고 기법이 이론적 토대를 갖추게 되어, 귀족과 문사가 초상화 제작의 명인을 경쟁적으로 초빙하여 그들을 연집·아회의 성황을 알리는 증인으로 삼기도 했다. 이 시기의 초상화는 폭넓은 정보 기능을 갖추었다. 혹은 이상화된 전형을 공개적으로 구축하기도 하고, 혹은 인물을 상징적으로 처리하기도 하며, 혹은 집단 내 상이한 각 화상 사이의 관계에 착목하기도 했다. 제작 동기, 현시 주제, 독자 시각 등의 층위에서 전통 인물화와 달랐다. 화상은 전통 인물화의 자태·풍모 현시 방식을 보존하는 데 그치지 않고, 실제 인물과의 대비 상상과 연상 사유를 더욱 많이 갖추었다.

앞에서 행락도에 대해 살필 때, 명·청의 사진 화상에 두 종류가 있다는 사실이 분명히 드러났다. 한 부류는, 옷깃을 바로하고 꼿꼿이 앉은 전신상이나 반신상으로, 이것은 신종추원(愼終追遠, 죽은 부모를 삼가 장사지내고 먼 조상을 추모함)을 중시하는 중국 전통의 선조 유상을 답습했다.[117] 다른 부류는, 역대 군주를 엄숙하고 빼어난 용모로 그리는 새로운 영상

116_錢謙益,《列朝詩集小傳》(台北: 世界書局, 1985),〈丁集·下〉'陳徵士繼儒'條, p.637.
117_單國強,〈明清繪畫的社會文化內涵芻議〉, pp.12-14. ; 華人德,〈中國歷代人物圖像概述〉, pp.4-5, 15-16.

조형의 개념에서 벗어나서, 산수화의 점경인물과 역사전고의 인물형상 특징에서부터 영감을 얻어, 현실 속의 귀인 혹은 문사의 참 용모를 묘사하게 되었다. 이러한 화상들은 위탁이나 응수에 의해 제작되었는데, 그 목적은 상주 개인의 자태를 현시하여 관람에 제공하려는 데 있었다. 이 때문에 서정 · 사의의 화상이 크게 유행했다. 서정 · 사의의 분위기를 만들어내기 위해, 초상화는 배경 하나 없이 정면으로 단정하게 앉아 있는 정태적 인물을 그리는 것이 아니라, 대개 '생동감'을 창조하여 '설명'하는 국면이 있게 되었다. 〈행락도〉는 상주를 산수 미경 속에 두어 인생환희의 즐거움을 설명하고, 〈분장도〉는 상주를 어부 · 농부 · 초부로 분장시켜 은둔·탈속의 뜻을 설명하며, 〈원택도〉는 상주를 자신의 택지 속에 두어 득지·부유의 상태를 설명했다.

형식의 면에서 보면 종래 교훈을 드리우거나 공경심을 유발하기 위해 사용되었던 성현의 유상은 대부분 거대한 입축이었으나, 명·청 시대에 경관을 보며 즐기는 문인 · 학사의 소상은 대부분 권 · 책이어서, 관람 기능을 제공하는 방식이 달라졌다. 황제 · 후비, 성인·현자의 입축은 벽화로 베껴 걸어두어 제사 때 첨앙하기에 편리하도록 했고, 문인의 소상은 권이나 책으로 펼쳐보아 감상하고 수용하기 편리하도록 했다.[118]

(b) 화상 관련 문헌

명·청 시대에 인물화상의 전집을 판각하여 출판하는 일이 시작되었다. 천연(天然) 편《역대고인상찬(歷代古人像讚)》은 홍치 11년(1498) 주씨(朱氏) 간본이 있는데, 복희씨부터 황정견에 이르는 역대 선현의 상 40여 점이 있으며, 각각 소찬(小贊)을 연계해두었다. 도상은 각각 근거하는 바가 있어, 인물의 조형은 구조가 확실하며, 판각이 굳건하고 공교로워서 화상의 신채(神采)가 생생하다. 이것은 15세기 말 인물 판화의 대표작으로, 현재 북경도서관에 있다.[119] 이 밖에 회화 판각의 인물화상집이 줄을 이었다. 명대 궁정화가 그림들을 모은《성군현신전신상책(聖

118_李霖燦,〈故宮博物院的圖像畫〉,《故宮季刊》5:1, 1970年 秋季號, pp.51-61.
119_[明]天然編撰,《歷代古人像讚》, 郭磬 · 廖東編,《中國歷代人物像傳》(濟南: 齊魯書社, 2002)(全4冊), 第1冊.

君賢臣全身像冊)》·《명대제왕상축(明代帝王像軸)》 등등이 그것이다. 청나라 사람들은 지역 명현의 도상을 수집하여 모음집으로 만들어 표창하고 교화에 사용했다. 건륭 연간에는 서장(徐璋) 그림의《운간방언화상(雲間邦彦畫像)》(상해·송강 명현의 초상), 만청 시기에는《월중삼불후도찬(越中三不朽圖贊)》(소흥인쇄국 1918년 연인),《태창선현화상(太倉先賢畫像)》[능조이(凌祖詒) 편집, 왕백명(王伯明)·누용수(樓龍殊) 임모, 상해백가인쇄국 1947년 배인] 등을 판각하여 출판했다. 또한 한 시기 한 부류의 저명인 화상들의 도상집을 영인하여 출판한 것도 있다.《청대학자상전(淸代學者象傳)》 제1집은 청나라 섭연란(葉衍蘭)이 편집하여 모각하고 황소천(黃小泉)이 그린 것으로, 1930년 상무인서관 가라판인본(珈羅版印本)이 있다. 고염무(顧炎武)부터 위원(魏源)까지 169인의 모든 화상을 생졸년 선후에 따라 배열하고, 화상 뒤에 각각 전을 부기했다. 제2집은 섭공작(葉恭綽)이 편집하고 양붕추(楊鵬秋)가 임모하여 그린 것인데, 1953년 영인되었다. 제1집에 수록되지 않은 학자들을 보충하여 수집해서, 전겸익(錢謙益)부터 이희성(李希聖)까지 모두 200인이다. 단, 후방역(侯方域)은 제1집에 중복되어 나온다. 이 제2집은 화상만 있고 전은 없다. 역시 생졸년의 선후에 따라 정리했다. 회각(繪刻)한 사람이 서화에 정밀했으므로, 이 두 책은 세상에 나오자 학술계의 칭송을 받을 만큼 문헌적 가치가 높다.《경자신해충렬상찬(庚子辛亥忠烈像贊)》(1934년 가라판인본)에 수록된 것은 1900년 8국 연합군의 침략 후 1911년 신해혁명 때 청 왕조를 옹호하다가 순난한 대신·장군들의 상으로, 사진을 근거로 그림을 그린 수조(水照, 복제 그림)이다.[120]

《청대학자상전》은 당시의 문인 화상을 수록했다. 이것은 만청의 판

120_華人德,〈中國歷代人物圖像概述〉, pp.18-19; 郭磬·廖東編,《中國歷代人物像傳》(全4冊) 第1冊: [明]天然撰《歷代古人像讚》, [明]呂維祺編《聖賢像讚》, [淸]上官周繪《晚笑堂畫傳》, [淸]張士保繪《雲台三十二將圖》, [淸]劉源繪《凌煙閣功臣圖》. 第2冊: [淸]顧沅輯《古聖賢像傳略》. 第3冊: [淸]顧沅等輯《吳郡名賢圖傳讚》卷1-卷14. 第4冊: [淸]顧沅等輯《吳郡名賢圖傳讚》卷15-卷20, [淸]王齡撰·[淸]任熊繪·[淸]蔡照初鐫《於越先賢像傳讚》, [晉]皇甫謐撰·[淸]任熊繪·[淸]蔡照初鐫《高士傳》, [唐]段成式撰·[淸]任熊繪·[淸]蔡照初鐫《劍俠傳》, [淸]王翽繪·顏鑑塘撰《百美新詠》, [淸]張景祈撰·[淸]葉衍蘭繪《秦淮八豔圖詠》等.

각본이기는 하지만, 제2집의 〈약례〉에 "각 화상의 저본은 제가의 전신상 및 행락도를 취했으며, 혹은 유집에 부록으로 간각되어 있기도 하고 혹은 섭영(攝影)이 유전하여 모두 확실하게 근거가 있다"[121]라고 한 것을 보면, 많은 화상들이 모두 진본을 근거로 모탁되었음을 알 수 있다. 따라서 제영 집단에 속하는 인물의 화상을 대조할 때 참고할 만한 가치를 지닌다.

필자는 아오키 마사루의 〈제화문학의 발전〉이 제시한 내용과 친구들의 도움을 얻어서, 상해복단대학도서관과 북경대학 고적특장실에서 가경 연간 고수(顧修)의 《독화재제화시》 부록 1권을 조사할 수 있었다. 이 책은 강희 명사의 화상 11폭을 집각한 것으로, 현재 전하지 않는 화적이 허다하다. 주이준의 〈죽타도〉·〈두붕소하도〉, 우통의 〈죽림안좌도〉, 전문(田雯)의 〈추범도(秋泛圖)〉, 이양년(李良年)의 〈관원도〉, 이부(李符)의 〈여산행각도(廬山行脚圖)〉 등은 이 책의 모각 출판을 통해서 도면 물상의 대강을 엿볼 수 있었다.[122] 물론 판화 편집서는 시야를 넓혀주는 보조 문헌일 수 있지만, 제1차 자료는 역시 현존 화적이어야 한다. 하지만 화적의 보존은 용이하지 않았다. 극소수의 예를 제외하고 명·청 문인 소상은 거의 궁정에 수장될 수가 없었으므로, 시간이 흐르고 또 이러저런 이유에서 산일한 것이 많다. 필자가 운에 맡겨 힘껏 수집했을 따름이다.

대만에서 편집된 《중화오천년문물집간》·《고궁서화도록》을 보면 대북고궁박물원에 명·청 문인화상이 소장되어 있는 현황을 대략 알 수 있다. 수량은 많지 않다.[123] 그 밖에 《중국미술전집》·《중국회화전집》·《청대궁정회화》·《명대인물초상화선》 등 대형 화책에서 우연히 명·청 문

121_葉衍蘭·葉恭綽編,《淸代學者象傳合集》(上海: 上海古籍出版社, 1989), 第二集 〈略例〉 第5條, p.376.

122_顧修 ,《讀畫齋題畫詩》 偶輯1卷, 附圖.

123_吳哲夫總編纂,《中華五千年文物集刊》(台北: 中華五千年文物集刊編輯委員會, 出版年次不一). 宋畫4冊·元畫2冊·明畫3冊·版畫1冊 등을 선별 인쇄했다. 이 책은 圖面題款과 印款을 상세하게 저록했으나 아쉽게도 청나라 그림은 수록하지 않았다. 國立故宮博物院編,《故宮書畫圖錄》(台北: 故宮博物院, 1989-2002)은 21책으로, 수량이 아주 많다. 하지만 台北故宮藏品은 淸故宮을 승계했으므로 , 명·청 문인 화상의 수장은 풍부하지 않으며 관련 畫蹟도 많지 않다.

인의 화상 화적을 볼 수가 있었다.[124] 해외 중국 화적의 소장 현황으로 말하면, 필자는 대북고궁박물관 편찬《해외유진(海外遺珍)》과 정진탁(鄭振鐸) 편《역외소장 중국고화집》, 도쿄대학출판《중국회화총합목록》등 화책 도록[125]을 통해서 명·청 문인 화상의 해외 소장에 관한 일단을 엿볼 수 있었다. 이것들은 명·청 문인 화상 자료고를 건립하는데 많은 보탬이 되었다. 대륙의 각 지역 박물관에 분산되어 있는 명·청 문인 소상은 수량이 아주 많다. 1986년 '중국고대서화감정조'가 중국 내 각 박물관과 기타 소장기관의 화적을 조사하기 시작한 이래《중국고대서화도목》을 속속 편찬하여 지금 이미 23책을 출판했다.[126] 각 책은 소장 박물관을 강(綱)으로 삼아 긴요하면서 보존 상태가 좋은 화적을 택하여 선명한 흑백도록으로 제작했고, 각 책의 맨 뒤에는〈중국고대서화목록〉을 붙여서 검색이 편하도록 했으며, 진적으로 감정된 가품을 일률적으로 편입해두었다. 이 도목은 현재 중국 회화 도목(圖目) 자료 가운데 가장 상비된 편저인데, 필자는 이 속에서 청인 화상의 소장처를 많이 찾아내었다. 그리고 다른 자료들로부터도 안내를 받아, 북경대학도서관 고적특장실, 남경박물관, 양주(揚州)박물관, 진강(鎭江)박물관, 절강도서관 고산(孤山)분관, 소흥(紹興)도서관 등에 가서 중요한 화적의 탁본·각본·제영을 채집했다.

그 밖에 진귀한 화상은 개인이 소장한 것도 많다. 필자는 근래 수년 동안 기쁜 발견을 많이 했다. 이를테면 대만 진계덕(陳啓德) 부부는 명대의 중요 문인 화상 두 폭을 소장하고 있다. 증경이 그린〈유경정소상도(柳敬亭小像圖)〉축과 항성모(項聖謨)가 그린〈주색자화상(朱色自畫像)〉축으로, 이미 석두출판사 간행《열목—중국만기서화(悅目—中國晩期書畫)》

124_《中國美術全集》全60冊, 繪畫編共21冊(台北: 錦繡出版社, 1986-1989);《中國繪畫全集》全30冊, 中國古代書畫鑒定組編 (北京: 文物出版社, 1997-1999);《淸代宮廷繪畫》, 北京故宮博物院編 (北京: 文物出版社, 2001);《明代人物肖像畫選》, 南京博物院供稿, (上海: 上海人民美術出版社, 1982.)

125_國立故宮博物院編,《海外遺珍》(台北: 故宮博物院, 1985); 鄭振鐸編,《域外所藏中國古畫集》(成都: 新華書店, 1990); 東京大學東洋文化研究所編,《中國繪畫總合圖錄》正編全5冊 (東京: 東京大學出版會, 1982-1983); 戶田禎佑·小川裕充編,《中國繪畫總合圖錄》續編共4冊 (東京: 東京大學, 1998-1999).

126_中國古代書畫鑑定組編,《中國古代書畫圖目》(北京: 文物出版社, 1986, 第1版) 共23冊.

(전 2책)에 수록되었다.[127] 그 속에 선명한 도판과 도면 해설이 있어서 도움이 많았다. 그 밖에 청나라 우지정이 그린 〈허력신급간소영〉권은 현재 대북 하창시(何創時) 서법예술문교기금회에 있고, 청나라 사빈이 그린 〈풍강어부도〉권은 상해 양씨 풍강서옥에 있으며, 청나라 우지정이 그린 〈주량공무금도상〉축은 미국 왕계천회운루(王季遷懷雲樓)에 있다. 필자는 앞의 두 화적에 대해서는 대북 하창시서법예술문교기금회 하국경(何國慶) 이사장과 상해 양씨 풍강서옥 양숭화(楊崇和) 박사가 각각 소장품을 선뜻 제공하여 연구를 진행하도록 협조해주셨기에, 여기서 특별히 감사의 마음을 표시한다.

이상 명·청 문인 화상과 관련 있는 화적, 탁본, 각판의 도상에 대해, 필자가 근년 조금씩 모색한 옅은 견식으로 알게 된 내용을 한 모퉁이나마 제시했다. 이 도화 자료는 문헌학적인 시야를 넓힐 때 참조했고, 일부 진귀한 화적과 탁본은 논문을 작성할 때 연구대상으로 삼았다.

(2) 시야와 연구 방향

① 도상문헌을 둘러싼 시야

매체 속성이 다르므로 시(문자)와 그림은 역사적으로 각각 별도로 발전했다. 하지만 이 둘은 같은 문화 속에서 늘 서로 밀접한 관계를 지녀서, 시와 그림은 형제와 같아 서로 떨어질 수 없게 되었다. 서방 문학이론가 크리스테바, 데리다, 라캉 등은 여성주의· 해체주의 · 정신분석학 등 각기 다른 측면에서 도상이 파쇄적인 문자의상과 결합할 수 있고, 의미가 풍부한 문자의상도 도상으로 보충할 수가 있다고 했다. 필자는 시각요소에 대해서는 이 학자들의 이론을 따랐다.[128]

명·청 시대에는 도상문화가 대단히 발달했다. 필자는 근래 시와 그림의 범주에 관심을 두어, 문자와 도상의 교섭을 주제로 명·청 문화를 정리하고자 실험적 탐구를 진행했고 연구 결과를 속속 발표해왔다.[129] 필

127_《悅目—中國晚期書畫》(圖版篇·解說篇共2冊)(台北: 石頭出版社, 2001).

128_Michael Payne著·李奭學譯,《閱讀理論—拉康·德希達與克麗絲蒂娃導讀》(台北: 書林出版公司, 民86年7月), 第5章〈讀書〉, pp.301-330.

129_필자가 근년 학술지에 발표한 논문은 다음과 같다. 〈於俗世中雅賞—晚明《唐詩畫譜》

자는 도상 분석 훈련이 부족하고 예술사 배경 지식이 적은 탓에, 문학과 도상을 병렬적으로 연구하는 것이 힘에 부쳤다. 하지만 크리스테바, 데리다, 라캉 등 이론가들이 도상을 문학의 보조물로서 중요하다고 제기한 것을 보고, 명·청 문화는 도상 문헌의 보조를 통해 더욱 많이 이해할 수 있으리라고 여기게 되었다. 그리하여 필자가 구사할 수 있는 '문자를 주로 하고 도상을 보조로 하는' 연구 모델을 설정하고자 힘썼다. 이 연구 모델은 많은 전문가들로부터 계발을 받았다.

우선 제화문학 방면에서 필자는 아오키 마사루 〈제화문학의 발전〉, 우군질(虞君質) 〈중국화제발의 연구〉 두 논문에서 도움을 받았다.[130] 대만에서는 30년 동안 우수한 학자들이 관련 연구를 계속해왔다. 포근제(包根弟)·이서(李栖)·대려주(戴麗珠)·정문혜(鄭文惠)·의약분(衣若芬) 등이 저술과 논문에서 당·오대·양송·원·명·청 시대의 제화시문을 각각 다루어서, 대만 학자들은 중고 시기 이후 역대 제화시의 개황과 관련 문제를 상당히 체계적으로 파악할 수 있게 되었다.[131] 대륙과 해외 한학계의 전문 논저 및 국내외 학술지·학위 논문 등은 인터넷을 매개로 하여 정보가 신속하게 유통되어, 이 분야의 전문가들이 누적해온 풍부한

圖象營構之審美品味〉, 〈'拂拭零縑讀艷歌'—'張憶娘簪華圖'題詠再探〉, 〈遺照與小像: 明淸時期鶯鶯畫像的文化意涵〉, 〈一個淸代閨閣的視角: 顧太淸(1799-1877) 畫像題詠析論〉 등. 필자의 國科會專題研究計畫으로는 다음과 같은 것이 있다. 〈物·身姿與空間—明末淸初圖繪與文本交織互詮之女性形象〉(89-90), 〈擺設與觀看—晚明圖繪與文本的私密空間研究〉(90-91), 〈明淸文本中的女性畫像〉(2年期, 91-93), 〈明淸畫像題詠研究〉(2年期, 93-95), 〈迦陵塡詞圖〉題詠研究〉(95-96), 〈王士禛畫像題詠研究〉(96-97). 拙著로《物·性別·觀看—明末淸初文化書寫新探》(台北: 台灣學生書局, 2001)도 文字圖像을 함께 연구한 결과이다.

130_青木正兒, 〈題畫文學の發展〉, 馬導源譯, 《大陸雜誌》 3:10 (1951年11月), pp.15-20; 虞君質, 〈中國畫題跋之研究〉, 《故宮季刊》 1:2 (1966), pp.13-31.

131_대만 중문학자의 專著는 다음과 같다. 李栖, 《兩宋題畫詩論》(台北: 台灣學生書局, 1994); 鄭文惠, 《詩情畫意—明代題畫詩的詩畫對應內涵》(台北: 東大圖書公司, 1995); 戴麗珠, 《明淸文人題畫詩輯》(台北: 學海出版社, 1998). 단독 논문이나 연구 보고는 다음과 같다. 李栖, 〈唐題畫詩初探〉, 《高雄師大學報》 第5期, pp.21-35; 包根弟, 〈論元代題畫詩〉, 《古典文學》 第2集, pp.317-335; 鄭文惠, 〈元代題畫詩研究—以花木蔬果爲主〉, 國科會專題研究報告, 1995; 戴麗珠, 〈淸代婦女題畫詩〉, 《靜宜人文學報》 第3期, pp.45-69 등등. 기타 논저에 대해서는 衣若芬, 〈題畫文學論著知見錄(1911-2003)〉, 《觀看·敍述·審美—唐宋題畫文學論集》, pp.363-407을 참조.

성과가 중문학계에 이미 중대한 공헌을 했고, 필자의 제화문학 연구 영역의 시야 또한 넓혀 주었다.

제화문학 연구 영역에서 정치한 논저를 발표하는 의약분 박사는 도상과 문자의 상호 인식에 침윤되어왔던 당·송 문화를 연구하여, 인상(人像)·아집도(雅集圖)·촉루환희도(髑髏幻戲圖)·소상화(瀟湘畫)·어부도(漁父圖) 등 각 부류의 화적(畵蹟)과 관련 제사(題辭)를 중심으로 각 부류의 제화 텍스트를 정치하게 분류했다. 그리고, 각 시대의 횡적인 총체적 현상을 파악하기도 하고, 개별 주제를 다루는 방식으로 심도 있게 연구하기도 했다. 흔히 제화문학 연구에서 화적을 홀시하고 문학에 중점을 두어 해석하는 논술이 많은 가운데, 의약분 박사는 그 양자를 아울러 고찰하여 도상 분석에서 정치하고 내실 있는 보기 드문 작업을 수행했다. 의약분 박사는 중국예술사학자의 연구 성과를 참작하는 데 그치지 않고, 도화의 예를 문화사 속에 두고 관찰하여, '소상'이나 '어부' 주제의 도화가 회화사에서 돌출한 산물이 아니라 중국 문화의 침전 속에 나온 결정체이므로 회화학의 분야에서만이 아니라 그 밖에 문화사 속에서 정밀하게 고찰할 필요가 있다고 제안했다.[132] 문학 연구자라면 예술사 영역의 성과를 적용하여 광활한 논술 공간을 찾아나서 중국문학 연구의 시야를 개척해야 한다. 의약분 박사는 도상과 문학의 연구 시야와 풍부한 성과를 둘 다 돌아보아서, 필자에게 도움을 주었다.[133]

132_衣若芬의 瀟湘 계열 연구는 적어도 10편 논문에 달한다. 衣若芬, 〈'瀟湘'山水畫之文學意象情境探微〉,《中國文哲研究集刊》20期 (2002. 3.), pp.175-222; 〈漂流與回歸: 宋代題'瀟湘'山水畫詩之抒情底蘊〉,《中國文哲研究集刊》21期 (2002. 9.), pp.1-42; 〈瀟湘文學與圖繪中的柳宗元〉,《零陵學院學報》23:1, (2002. 9.), pp.6-10; 〈'江山如畫'與'畫裡江山': 宋元題'瀟湘'山水畫詩之比較〉,《中國文哲研究集刊》23期 (2003. 9.), pp.1-38 등등. 이 밖에 漁父 주제 연구로 〈不繫之舟: 吳鎮及其〈漁父圖卷〉題詞〉를《元明文人之自我建構與審美風尙》學術研討會(2004. 12. 16, 中研院文哲所)에서 발표하고, 뒤에《思與言》45:3, (2007. 9.), pp.117-186에 수록했다. 衣若芬 관련 저작은 中研院文哲所網을 참조.

133_衣若芬은 일찍이 碩博士 단계에서 鄭板橋·蘇東坡의 題畫文學을 연구하여 그 후 당·송 시기 제화 문화를 계속 연구해서 많은 논저를 발표했다. 〈北宋題仕女畫詩析論〉,《傳承與創新—中研院文哲所十周年紀念論文集》, 中研院中國文哲所籌備處編 (台北: 南港, 1999), pp.301-380 ; 〈北宋題人像畫詩析論〉,《中國文哲研究集刊》第13期 (1998), pp.121-174 ; 〈不繫之舟: 吳鎮及其 '漁父圖卷'題詞〉등. 衣若芬은 題畫文學의 논제 특성, 대상, 내용, 연구사를 정리하고 제화 연구의 전망을 제시하기 위해 〈題畫文學研究概述〉을 저술했고, 유관 논저를 귀납해서 〈題畫文學論著知見錄(1911-2003)〉을 제출했다. 衣若芬은 文字

도상 문화로 돌아가면, 의약분의 연구 이외에, 정문혜(鄭文惠) 교수도 문학과 도상의 병행을 연구하는 데에 힘을 쏟은 저명한 학자이다. 최신의 역작《문학과 도상의 문화미학—상상공동체의 낙원 논술》은 한나라 때 화상석과 도화원 등 오래된 논제에 대해 창의적으로 논술한 걸작이다. 이 밖에 또 새로운 사조의 전위적 각도에서 현대 문화의 과제를 다루어, 창견을 담은 몇몇 주제를 논술하여 이목을 일신하고, 동시에 중문학계의 시야를 열어주었다.[134] 중앙연구원 근대사연구소의 직책을 맡고 있는 왕정화(王正華) 박사는 예일대학 예술사학과에서 견실하게 훈련한 것을 바탕으로 물질문화의 각도에서 명·청 도상문화에 관해 상당히 많은 논저를 발표했다. 그 모두가 통량하고 참신하여 필자가 연구 방법과 시야를 개척할 때 그 두 방면에서 모두 도움을 받았다.[135] 북경대학 진평원(陳平原) 교수의 근대 문화 연구는,《점석재화보(點石齋畫報)》를 대상으로 논문을 서너 편 발표하여, 도상 문헌이 문화 해석에 지니는 보조적 기능을 부각시켰다. 진평원 교수와 하효홍(夏曉虹) 교수가 합편한《도상만청(圖像晚淸)》은 필자가 주력하는 명·청 문화에 대해 참신한 연구 시

와 圖像을 함께 연구하는 방법에서 공로가 있어 中研院靑年學者獎 · 吳大猶先生紀念獎을 2004년에 수상했다.

134_鄭文惠,《文學與圖像的文化美學—想像共同體的樂園論述》(台北: 里仁書局, 2005). 鄭文惠 교수의 이 저서는 그 導論에서 게시했듯이 '文化場域與符號系統'·'互文修辭與套語結構'·'空間權力與意識型態'·'想像共同體與身分認同'·'美學範式與文化建制' 등 여러 방면에서 오래된 논제를 처리하여 이론적 의미를 깊이 갖추고 있다. 그 밖에 〈身體·慾望與空間疆界—晚明《唐詩畫譜》女性意象版圖的文化展演〉(《政大中文學報》第2期, 2005)도 여성주의 관점에서 만명 雅俗共賞의 畫譜를 고찰했다.

135_王正華 박사는 〈傳統中國繪畫與政治權力——個研究角度的思考〉(《新史學》8:3, 1997, pp.161-216)를 발표하여 방법론과 연구 범주를 엄밀하게 논했다. 또 〈'聽琴圖'的政治意涵: 徽宗朝院畫風格與意義網絡〉(《國立台灣大學美術史研究集刊》 第5期, 1998, pp.77-122)는 방법론의 훌륭한 모범이 되었다. 〈藝術史與文化史的交界: 關於視覺文化研究〉(《近代中國史研究通訊》 第32期, 2001, pp.76-89)는 시각 문화에 초점을 맞추어 관련 있는 논술을 포함하고 있다. 〈女人·物品與感官慾望: 陳洪綬晚期人物畫中江南文化的呈現〉(《近代中國婦女史研究》第10期, 2002, pp.1-57), 〈呈現'中國': 晚淸參與1904年美國聖路易萬國博覽會之研究](黃克武主編,《畫中有話: 近代中國的視覺表述與文化構圖》, 台北: 中研院近史所, 2003) 등은 예술사에 뿌리를 둔 근실한 문화 해석을 했다. 2007년 10월 초 王正華 박사는 〈淸末民初的新式印刷與古物論述〉리는 주제로 강연을 했다. 王正華의 논저 목록은 中研院近史所網을 참조.

각을 열어주었다.[136]

도상 문화 연구 방향으로 나아가면서, 필자는 대만 중국예술사학계의 논저도 줄곧 주목했다. 필자는 일찍이 대만대학 예술사 연구소에서 교편을 잡고 국립고궁박물원 원장을 지내신 석수겸(石守謙) 교수를 사숙하여 많은 가르침을 받았다.[137] 석수겸 교수는 중국예술사 연구의 권위자이다. 학술의 격조가 넓고 저작이 아주 많으며, 연구 목표가 중국예술사의 논제로부터 동아시아 예술 교류의 범주로 뻗어나갔다. 그의 가르침을 받은 이숙미(李淑美)·여패근(余佩瑾)·유교미(劉巧楣)·왕정화(王正華)·이국안(李國安)·임여강(林麗江)·마맹정(馬孟晶)·의약분·무패용(巫佩蓉)·황정연(黃貞燕) 등 소장 연구자들이 학위 논문과 후속 논저를 발표해왔다. 석수겸 교수 및 이 여러 학자들의 연구 논저는 필자가 중국회화사와 도상에 관한 배경지식을 형성하는 데 가장 중요한 기초가 되었다.[138]

136_陳平原의 도상 연구 논저는 〈晚淸人眼中的西學東漸—以〈點石齋畫報〉爲中心〉이 陳平原·王德威·商偉編,《晚明與晚淸—歷史傳承與文化創新》(武昌: 湖北教育出版社, 2002), pp.179-198에 들어 있다. 또 〈晚淸教會讀物的圖像敍事〉는《文化場域與教育視界—晚淸至1940年代》國際學術研討會(台灣大學, 2002年11月7-8日)에서 발표됐다. 陳平原·夏曉虹은 晚淸의 點石齋畫報를 새롭게 배열하고, 그 導論에서 도상 연구가 만청 연구에서 차지하는 중요성을 밝혔다. 陳平原編著,《圖像晚淸: 點石齋畫報》(天津: 百花文藝出版社, 2001).

137_筆者는 1993-1995년에 台大藝術史研究所에서 石守謙 교수의 四門課程을 방청하여, 중국회화사·중국화론에 대해 전반적인 시야를 갖추고, 석사 논문의 추형을 이루었다. 뒤에 石守謙 교수는 아낌없이 지도해주시고 Craig Clunas, *Superfluous Things: Material Culture and Social Status in Early Modern China*(1991 by Polity Press in association with Basil lackwell, Oxford)를 빌려주시면서, 필자가 박사 논문을 쓰는 계기를 마련해주었다. 필자가 1993년부터 지금까지 예술사 분야에서 문화 해석에 주력하고 있는 것은 石守謙 교수의 인도 덕택이다. 石守謙의 주요 저작은 六朝畫論·盛唐白描畫·李郭山水·元代畫院·明代浙派畫風 및 貴族品味·文徵明의 정치적 불행과 山水畫的關係, 金陵繪畫 등과 관련되어 있으며 그 저작들은 이미 중국 예술 전사를 포괄하고 있다.《風格與世變—中國繪畫史論集》(台北: 允晨文化, 1996)에 수록되어 있다. 이는 필자의 석박사 단계에서 매우 중요한 참고문헌이었을 뿐 아니라, 필자로 하여금 중국 예술사 전문가인 方聞·傅申·李鑄晉·James Cahill·Craig Clunas·Richard Vinograd·Wu Hung 등의 관련 저술에 친숙하게 해주었다. 이 책을 보면, 중국회화사 연구의 개황을 알 수 있다.

138_石守謙 교수의 학위논문 지도를 받은 학생은 매우 많다. 다음 논문들은 필자의 연구 영역과 관계가 있다. 李淑美 〈吳鎭漁父圖之研究〉(台大史研74碩), 余佩瑾, 〈仇英有關園林繪畫的幾張作品〉(台大史研75碩), 劉巧楣 〈晚明蘇州繪畫〉(台大史研77碩), 王正華, 〈沈

필자는 중국 예술 사학자의 지도로, 서방 한학계의 관련 참고문헌을 열심히 찾아보았다. 필자의 소견에 의하면, 명·청 회화사에서 이름난 한학가로는 위에 언급한 석수겸 교수 이외에, 제임스 케이힐(James Cahill), 크래이그 클러너스(Craig Clunas), 리처드 버노그래드(Richard Vinograd), 무홍(Wu Hung, 巫鴻), 이주진(Chu-tsing Li, 李鑄晉) 등이 있다.

제임스 케이힐은 명·청 회화사 관련 저작으로《강기슭의 이별: 명대 초기 및 중엽(1368-1580)의 조국 회화(Parting at the shore: Chinese painting of the early and middle Ming dynasty, 1368-1580)》,《산 밖의 산: 만명(1570-1644) 회화(The distant mountain: Chinese painting of the late Ming dynasty, 1570-1644)》,《당당함의 심상: 17세기 중국의 자연과 풍격(The compelling image: nature and style in seventeenth-century Chinese)》을 간행했다. 세 저술은 중국예술사 연구의 대저작인데, 대북 석두출판사에서 중국어로 번역 출판했다.[139] 제임스 케이힐의 또 다른 논저《임웅과 그의 자화상(Ren Xiong and His Self-Portrait)》[140]은 임웅(任熊, 1820-1864)의 자화상을 연구하여, 필자의 화상 자제(自題) 연구에 상당히 도움을 주었다.[141]

周〈夜坐圖〉研究〉(台大史研77碩), 李國安〈明末肖像畫研究〉(東海史研79碩), 林麗江,〈明代琵琶行敍事畫之研究〉(台大藝研79碩), 馬孟晶,〈晚明金陵〈十竹齋書畫譜〉·〈十竹齋箋譜〉〉(台大藝研81碩) 등. 陳葆眞 교수의 지도 논문으로는 다음 예들이 있다. 許文美,〈陳洪綬〈張深之正北西廂祕本〉版畫研究〉(台大藝研84碩), 林煥盛,〈丁觀鵬的摹古繪畫與乾隆院畫新風格〉(台大藝研82碩).

139_James Cahill은 저명한 중국예술사 전문가로, 3종의 명·청 회화사 저작은 근년 대만에서 중국어 번역본이 차례로 출판되었다. *Parting at the shore: Chinese painting of the early and middle Ming dynasty, 1368-1580*, 夏春梅等初譯,《江岸送別: 明代初期與中期繪畫(1368-1580)》(台北: 石頭出版社, 1997); *The distant mountains: Chinese painting of the late Ming dynasty, 1570-1644*, 王嘉驥譯,《山外山: 晚明繪畫(1570-1644)》(台北: 石頭出版社, 1997); *The compelling image: nature and style in seventeenth-century Chinese*, 李佩樺譯,《氣勢撼人: 十七世紀中國繪畫中的自然與風格》(台北: 石頭出版社, 1994).

140_*Ars Orientalis* 25(1995), pp.119-132.

141_Craig Clunas는 영국 그레이트 브리튼 박물관 연구원으로, 그의 책은 모두 6장이다. 제1장은 物的 文獻에 관한 것으로, 명말 이래 鑑賞文學을 탐구했다. 제2장은 物的 사유에 관한 것으로, 鑑賞文學의 관련 과제를 탐구했다. 제3장은 物的 언어에 관한 것으로, 鑑賞文學의 어휘를 탐구했다. 제4장은 過去之物로, 명대 물질문화 속의 '古風'의 기능에 관해 논했다. 제5장은 流通之物로, 명나라때 호화 사치품을 일용품으로 사용한 현상을 논했다. 제6장은 物的焦慮로, 현대 중국의 소비 현상과 소비 계급에 착안했다. Clunas의 이 책은 지금 중국어번역본을 볼 수 없으나. 필자는 박사논문을 쓸 때(1994) 石守謙 교수께서 선뜻 빌려주셔서, 박

크레이그 클러너스는 명청의 물질과 시각문화를 연구하는 학자로, 정밀하고 창의적인 역작이 여럿 있다. 《사치: 근세 초기 중국의 물질문화와 사회계층(Superfluous Things: Material Culture and Social Status in Early Modern China)》은 문진형(文震亨, 1585-1645)의 《장물지(長物志)》에 나오는 '장물'이란 단어를 명·청 물질문화 탐구에 도입했다.[141] 《중국 명대의 정원문화: 과실수 영역(Fruitful sites: garden culture in Ming dynasty China)》[142]은 명대 원림문화를 연구했다. 《근세 중국의 초상과 도상(Pictures and visuality in early modern China)》[143]은 명·청 시각과 도상 문화에 관한 논저이다. 대만대학 예술사연구소는 2006년 3-4월 크레이그 클러너스를 초빙하여 집중 강의를 부탁했는데, 4회의 강연은 "명대 시각 및 물질 문화의 하늘, 땅, 사람(Heaven, Earth and Man in Ming Visual and Material Culture)"(3월 28일), "명대 문화에서의 자세와 동작(Position and Motion in Ming Culture)"(3월 30일), "명대 텍스트의 시각 및 물질 문화(Visual and Material Cultures of Text in the Ming)"(3월 31일), "명대의 심상, 범주, 지식(Images, Categories and Knowledge in the Ming)"(4월 3일)으로, 모두 명대 시각문화와 관련이 있다.

리처드 비노그래드의 연구서 《자아의 영역: 중국 초상화 1600-1900(Boundaries of the self: Chinese portraits, 1600-1900)》[144]는 인물초상화의 연구 시각을 확립해주었다. 이 책은 자료와 관점의 면에서 필자에게 직접 도움을 주었다. 4개 부분으로 나뉘어져 있다. 제1부는 도론으로, 중국 초상화의 특성을 개념·범주·관습·상징·사건 등으로 나누어 중국 문학 속의 화상 전설을 탐구하는 한편, 중국 초상화의 개황을 종합적으로 서술했다. 제2부는 17세기 중국 초상화가인 진홍수·증경·우지정을 각각 논하여, 심리학과 신화학의 각도에서 청나라 초기 개인주의 성향의 초상화를 탐구했다. 제3부는 18세기 초상화 속의 각색(배역)과 재현에 대해, 자화상을 남긴 화가인 김농·나빙 두 사람의 예를 분석해서, 영상(影

사논문《晩明閒賞美學硏究》(1997)를 완성할 수 있었다. 그 후 필자는《物·性別·觀看—明末淸初文化書寫新探》을 집필하면서 '物'에 관한 사고를 할 때 그 책의 도움을 받았다.

142_Duke University Press, 1996, Includes bibliographical references(pp.208-237) and index.

143_Princeton, N.J.: Princeton University Press, 1997.

144_Cambridge[England]; New York, NY, USA: Cambridge University Press, 1992., Includes bibliographical references(pp.178-186) and index.

像)과 허구, 자아의식, 심령모방 등의 각도에서 초상화가가 얼마나 교묘한 책략을 쏟아 부었는지 검토했다. 제4부는 19세기 상해의 초상화와 그 의의를 논했는데, 임웅(任熊)·임백년(任伯年)으로 대표되는 화상 작풍과 회화 의식을 탐구했다. 리처드 비노그래드의 책은 필자의 서너 과제와 직접 관련이 있어서, 필자는 일찍이 이 책의 관점을 끌어와서 논술의 근거로 삼은 적이 있다. 리처드 비노그래드는 또 다른 저술《풍자와 상황—19세기 말 중국 예술가의 형상(Satire and Situation: Images of the Artist in Late Nineteenth century China)》[145]에서 화상의 유희성 문제를 언급했다.

무홍(巫鴻)도 중국 회화에 관한 많은 논문을 발표한 탁월한 전문가이다. 그 가운데《황제의 가면—옹정제와 건륭제의 분장 초상(Emperor's Masquerade: 'Costume Portraits'of Yongzheng and Qianlong)》은 제목 자체가 아주 흥미로운데, 황제의 가장무도회를 다루면서 강희 이후 옹정과 건륭 황제의 분장 초상인 행락도를 고찰하여, 이 책을 집필하는 데 많은 도움을 주었다.[146] 이주진(Chu-tsing Li)이 다른 사람과 함께 저술한《중국 학자의 서재—만명 시기의 예술가 삶(The Chinese Scholar's Studio: Artistic Life in the Late Ming Period)》은 만명의 예술생활에 대해 논했다. 또 다른 공저《예술가와 후원자—중국 회화에 관환 몇 사회적 경제적 시각(Artists and Patrons: Some Social and Economic Aspects of Chinese Paintings)》은 사회경제사의 면에서 중국 회화의 예술가 및 그 후원자들을 고찰했다.[147] 또한 만청력(萬靑力)과 공동으로 편찬한《중국현대회화사》는 '만청지부(1840-1911)'와 '민초지부(1912-1949)'를 포함하는데, 그 여러 부분에서 근대 초상화에 대해 논했다.[148]

145_Duke University Press, 1996. (Includes bibliographical references (p.208-237) and index.)
146_Orientations 26:7(July/August 1995), pp.25-41.
147_Li, Chu-Tsing, and James C.Y. Watt eds., *The Chinese Scholar's Studio: Artistic Life in the Late Ming Period*, (New York: Asia Society Galleries in association with Thames and Hudson, 1987); Li, Chu-tsing Li, James Cahill, and Wai-kam Ho eds., *Artists and Patrons: Some Social and Economic Aspects of Chinese Paintings* (Lawrence, Kan.: Kress Foundation, Dept. of Art History, University of Kansas, Nelson-Atkins Museum of Art, Kansas City in association with University of Washington Press, 1989).
148_李鑄晉·萬靑力合撰,《中國現代繪畫史一晚淸之部(1840-1911)》(台北: 石頭出版社, 1998);《中國現代繪畫史一民初之部(1912-1949)》(台北: 石頭出版社, 2001).

중앙연구원 근대사연구소는 황극무(黃克武) 주편의 논문집《화중유화(畫中有話): 근대 중국의 시각 표현과 문화 구도》[149]를 간행하여, 국내외 논문 13편을 수록했다. 생활의 반영, 공간의 재현, 중국적인 것의 현시 등 3개 부분으로 이루어져 있으며, 각각 도상·물건 등 시각 자료를 중심으로 신문화사적 연구 방향에서 명나라 말부터 지금까지 중국(대만 포함)의 여러 지역 여러 집단에서 이루어진 표현 문화에 대해 고찰했다. 근대 중국의 도상 문화에 대해 선구적 논술들을 모아두어, 근대 중국 문화의 이해에서 도상 문헌이 지닌 중요성을 부각시켰다.

이상은 필자가 얕은 식견으로 모은 것이어서 누락이 많을 듯하다. 그렇기는 하지만 이 논저들은 제화 문학, 도상 문화, 중국 예술사, 시각 문화의 전문 연구성과를 아우르며, 어느 것이나 도상 문헌을 중심으로 전개하지 않은 것이 없다. 국내외 한학계의 걸출한 노작들로, 필자의 연구 작업에 중요한 도움을 주었을 뿐 아니라 필자의 명·청 문학 연찬과 관련하여 시야를 넓혀주었다.

② 연구 방향

위에서는 도상문헌 연구의 시각을 중심으로 서술했다. 이하에서는 이론과 관점을 거론하여, 이 책이 근거로 삼은 연구 방향을 밝히기로 한다.

149_黃克武主編,《畫中有話—近代中國的視覺表述與文化構圖》(台北: 中研院近史所, 2003)는 近史所〈文化思想史組〉가 거행하는 두 차례 硏討會의 성과를 모은 것으로, 13편의 근대 중국 도상문화 논문을 수록했다. ⓐ생활의 반영 ⓑ공간의 재현 ⓒ중국적인 것의 현시 등 3개의 주제로 나누었다. ⓐ부분은 王爾敏 〈'點石齋畫報'所展現之近代歷史脈絡〉, 陳祖恩 〈揭開封閉社會的神秘面紗: 圖片中的上海日本人居留民〉, 曾藍瑩 〈圖像再現與歷史書寫: 趙望雲連載於 '大公報'的農村寫生通信〉, 黃麗生 〈近代內蒙古人民的生活圖像〉을 포괄한다. ⓑ부분은 張哲嘉 〈明代方志的地圖〉; Tobie Meyer-Fong, Seeing the Sights in Yangzhou from 1600 to the Present, Robert Eskildsen: "Foreign Views of Difference and Engagement along Taiwan's Sino-aboriginal Boundary in the 1870s; 呂紹理, 〈日治時期台灣旅遊活動與地理景象的建構〉, 潘朝陽 〈土地崇拜的空間示意與景觀詮釋: 以苗栗地區的土地公祠爲例〉를 포괄한다. ⓒ부분은 劉紀蕙 〈現代化與國家形式: 中國進步刊物插圖的視覺矛盾與文化系統翻譯的問題〉, 許綺玲 〈魯迅寫攝影〉, 王正華, 〈呈現'中國': 晚淸參與1904年美國聖路易萬國博覽會之研究〉, 朱靜華, *The Palace Museum as Representation of Culture: Exhibitions and Canons of Chinese Art History* 등을 포괄한다.

(a) 도상 분석

ⓐ 도상 요소와 은유성

탁월한 초상화가는 은밀한 수단을 이용하여 화면 구도를 고안하므로, 화상의 열람과 관람에서도 도상의 부호 요소와 은유 상징에 유념해서 화가가 도상을 그릴 당시의 의미 체계를 거꾸로 재구성해야 한다. 명·청 화상은 다음 두 경향으로 전개되었다. 하나는 눈요기의 유희 풍모이고, 하나는 신분 소격(疏隔)의 분장이다. 화면의 물상 구조에서 전자는 시정(詩情)·화의(畫意)의 분위기를 교묘하게 조성한다. 한가하게 거닐거나, 안석에 의지하거나, 경치를 감상하거나, 서적을 손에 들고 있거나, 차를 품평하거나, 현악기를 안고 있거나 하는 등등의 표징이 한가롭고 우아한 태도를 상징하며, 산과 강, 정원의 나무, 화분의 꽃, 의자와 탑상, 궤안의 서적, 향로, 바둑판, 차솥 등 문사의 여가 생활의 도상 기호와 결합해서 우아하면서 한가로운 의상을 뚜렷하게 드러낸다.

신분 소격의 분장으로 말하면, 화가는 상주를 위해 흔히 고기 잡고 낚시하거나 농사짓고 나무 하는 은자의 형상을 만들어, 삿갓·도롱이·낚싯대·연파·망혜·죽장·술병·뗏목·멜대·쟁기 등 전통적인 어부·농부의 상징부호(그림 23)와 결합시켜, 피세·은거의 의상을 일으켰다. 은둔자 화상은 도면 언어로, 언어행위가 본래 사회권력의 언술에 속하듯이, 그 언술은 극적 대화방식을 연출하여 신성/세속, 사회/정치, 재야/재조, 자연/인문의 교환과 소통을 달성한다.

그림 23. 장지화상, 판화, 《중국역대명인도감》.

문인 분장의 화상은 호를 취하는 것과 같다. 명·청 문사의 호는 왕왕 수십 개에 이르러, 어떤 사람은 자신을 의심하는 이름을 지니기도 했고, 어떤 사람은 풍자와 유희의 태도로 자신을 대하기도 했다. 호는 본래 어떤 한 사람을 지칭하는 것이지만, 차라리 그것으로 그 사람을 은폐한다고 말하는 것이 옳다. 심지어 어떤 사람은 부단히 호를 바꾸어 독자로 하여금 오리무중에 떨어지게 하여 정체를 포착할 수 없게 만든다. 이와 마찬가지로 분장 화상도 어떤 연출, 어떤 기대라고 말하기보다는 차라리 삶의 처지에 대한 은폐이자 일종의 은유라고 말하는 것이 낫다. 은유적 사유는 인간이 세계를 인식하는 방법 가운데 하나로, 인간은 서로 다른 사물들 사이의 유사성을 비교함으로써 사물의 특징을 인식한다. 문인이 어째서 어부로 분장하는가? 한편으로 고기 낚는 어부는 도성에서 멀리 떨어져 강호에 자취를 숨기는 직업상의 특질을 지니고, 다른 한편으로 문인은 명리의 장에서 도피해서 은둔하려는 바람을 지닌다. 고기 잡이 삶과 은둔의 바람은 원래 아무 연관이 없지만 이 둘에서 유사성을 발견하여, 그로부터 은유를 만들어내어, 어부의 삶이 문사의 바람에 새로운 방향을 제공한다. 은유는 억압되어 있다가 무의식적인 충동으로 인해 신비적 상징을 통해 표현되므로, 심리의 면에서 말하면 은유어는 개인세계를 재조합하는 도구가 된다.[150]

〈풍강어부도〉의 죽립, 낚싯대, 정박한 배, 책 상자, 〈가릉전사도〉 상주의 긴 수염, 널찍한 도포, 오사란전, 필연, 퉁소, 그리고 왕사진의 여러 화상 속의 긴 수염, 풍성한 의상, 길고 가는 손가락, 서책, 오래된 현학기, 아로새긴 탑상, 긴 대나무, 눈 오는 날의 서재, 어부의 삿갓 등은 모두 은유를 창조하는 매개이다. 따라서, 도상 요소의 기호적 의미를 자세히 분석하고 화면을 번역한다면 화가의 인물 조형(혹은 상주 스스로의 조형)이 지닌 의도를 파악할 수가 있다.

ⓑ 관람 방식

명류 인사를 회화에서 재현할 때, 얼굴이 정면을 향하거나 측면을 향하게 하는 것, 앉거나 서게 하는 것, 눈썹과 눈동자에 정신과 감정이 드러나게 하는 것, 손과 발의 자태, 관모와 모자 및 복식, 경치의 배치, 그리고 화폭에 가득 채운 제발(題跋)에 이르기까지, 모든 것이 인물/사물 배치학(화가의 구상), 공개 전시 욕망(상주의 바람), 관중의 독서 심리(독자의

150_束定芳,《隱喩學研究》(上海: 上海外語教育出版社, 2000), pp.99-101.

기대) 등 여러 시각언어를 촉발하고 포괄하며, 육안과 렌즈로 하여금 하나의 해석권을 형성하도록 요구한다. 화가는 한 폭의 초상화를 통해 관람하고 관람되는 사회관계를 만들어낸다. 이것들은 실천적 의미를 지녀서 사회의 위계가 지닌 유동성과 가시성이 관람의 정치 속에서 형성되도록 한다. 시각은 대상물을 물화하고 통제하며 일종의 거리를 설정한다는 점에서, 후각·미각·촉각·청각보다 우월한 지위를 차지한다. 묵묵히 사방을 돌아보면서 인간은 영상을 재현하는데, 이때 눈동자는 결국 어떠한 사회적 정보를 얻는가? 명·청 때 대량으로 출현한 초상화는 재현 영상 목록으로서 한 시대의 문화를 귀약(歸約)시켜둔 결과라고 할 수 있다. 연구자는 형상의 재현에만 관심을 두는 것이 아니라 이 재현을 낳고 길러낸 사회에도 관심을 두어야 한다. 다음으로 연구자는 재현 자체의 상대성을 자각하고, 관람을 새로 체험하거나 재창조해야 한다.

필자가 도상을 보조로 삼는 연구에서 늘 인용하는 시각 분석이론으로는 영국 존 버거(John Berger)의 명저《어떻게 볼 것인가(Ways of seeing)》를 꼽을 수 있다.[151] 버거는 예술사학자와는 다른 관점에서 시각과 문화의 관계를 해석했다. 그는 각 형상마다 한 가지씩 관람 방식을 구현하고 있다고 보았다. "우리가 사물을 보는 방식은 우리가 이미 알고 있고 믿고 있는 관념으로부터 영향을 받기" 때문이다. 사진사·화가나 일반이나 모두 그러하다. 이를테면 사진사의 관람 방식은 그의 대상 선택에 반영되어 있다. 왜냐하면 촬영자는 기타 가능한 무수한 시계(視界) 가운데서 이 한 장면을 촬영하기 때문이다. 화가의 보는 방식은 그가 그리는 회화 속에 거듭 구조화된다. 사람들은 자기의 독특한 신념과 경험을 투사해서 그 관람 방식으로 어떤 형상을 감지하거나 점유한다.[152]

그림의 경우, 연구자는 화가가 그림 그릴 때의 관람 의식을 추정하고 그것에 근접하려고 해야 한다. 관람 위치로 환원하든 관람 위치를 창조하든, 연구자는 시각적 매개가 진술하는 범주로 들어가서, 시각 경관의

151_필자는 최근 명·청 '관람 문화'에 대해 일련의 연구를 진행하고 있는데, 사실 존 버거의 영상 분석에서 자극받은 바가 크다. 影像의 전수와 접수는 바로 사회 의식과 차별 의식이 서로 작용해서 이루어진다. 約翰·柏格(John Berger)著, 陳志梧譯,《看的方法—繪畫與社會關係七講》(台北: 明文書局, 1991).

152_《看的方法—繪畫與社會關係七講》, p.4.

배후에 필시 숨어 있을 '관람 방식'이 영상 분석의 최고 관건이기에, 그 관람 방식을 추적하여 탐색해야 한다. 연구자는 이것을 근거로 화면의 처리 방식을 해독하고, 도상의 표층에서 도상 설계자의 이념·의식으로 뚫고 들어가, 문화적 감수성, 사회성, 심미적 안광이 어떻게 도상 사유로 전환되었는지 탐구해야 한다.

(b) 문학사회학

ⓐ 문학세대와 집단구조

문학사회학의 체계는 루카치(George Lukacs)가 구상했는데, 제2차 세계대전이 끝난 후 그 문하생 뤼시앵 골드만(L. Goldmann)이 정리하여 출판했다. 골드만의 가설은 "작품 세계의 구조는 곧 특정 사회 집단의 심리 구조와 통하거나 적어도 분명한 관계가 있어, 문학 창작의 집단적 특징은 이것에 근원한다"라는 것이다.[153] 그러므로 집단의 서사(書寫) 텍스트는 필연적으로 공통 심리와 관련이 있고, 집단 내의 사람들은 문학을 통해서 서로 영향을 받아 같은 문학 세대를 형성한다. 한 세대의 성장은 문단 영수의 흥기 및 몰락과 관련이 있다. 서너 해를 사이에 두고 한 시대의 문학적 천재가 풍운을 일으켜 문학을 이끈다. 앞 시대의 주력 작가군이 점차 몰락하고 새 작가 세대가 나오면, 혁혁한 주력 작가가 우수한 신인들의 압박을 받게 되고, 두 세력이 엇비슷해지면서 온갖 꽃이 함께 봉우리를 터뜨리는 것이다.[154]

필자는 이 책에서 순치·강희 시기를 진유숭·서구·왕사진 등 3개 인물 항목으로 다루면서 문학 세대와 시사(詩社)에 특별히 유의했다. 진유

153_루카치(G. Lukács)가 문학사회학 체계를 처음으로 구상한 이후, 제2차 세계대전 종식 후 그 문생 뤼시앵 골드만(L. Goldmann)이 귀납해서 출판했다. Robert Escarpit, 葉淑燕 譯, 《文學社會學》(台北: 遠流出版社, 1990), p.10.

154_문학사상의 '세대(generation)'는 수량상 감식할 수 있는 무리를 이룬 단체이다. 생물학의 세대와는 크게 달라, 주기성의 규율을 찾을 수가 없으며, 때로는 문학 체제의 '혁명'과 상관이 있다. 어떤 학자는 세대의 교체가 인류 생명의 주기 70년 전후와 부합하므로 70년이 한 단위를 이루어 주기적 교체의 특색을 지닌다고 본다. 체계화 연구에서 수백 년간 금자탑을 쌓은 작가들의 연령 분포 상황을 보면 앞 시대에 주력 작가가 나이 40을 넘은 이후에 새로운 작가 세대가 나오며, 혁혁한 주력 자가가 신예의 압박을 받을 때 세력이 맞먹어서 백화제방의 국면이 나타난다. Robert Escarpit, 葉淑燕譯, 《文學社會學》, pp.40-48.

숭과 서구는 제영자들과 사생(師生)·동학·동사·동향·동호 등 여러 층으로 관계를 맺었다. 왕사진의 경우 광릉에서 화상을 제작했을 때와 북경 부임 후 개인 화상을 제작할 때의 제영·창화 집단이 다르다. 그리고 전체적으로 볼 때 그 제영·창화 집단과 왕사진의 관계도 역시 다층적이어서, 유민·귀족·동향·동학·동호·사생·동료 등등이 문학의 정예 집단을 이루었다. 강희 연간에 가장 두드러진 문학적 특징은 이러한 집단 형태의 독(讀)/사(寫) 집단이 각기 다른 텍스트에 여러 유형의 흔적을 남겼다는 점이다. 순치·강희 연간에 함께 활동했던 세 상주가 제영자들과 함께 이룬 집단은, 각기 다른 신분과 다른 시관으로 각기 다른 세대에 속하여 각기 다른 집단에서 명성을 얻은 인물들을 아우른다. 그들은 뚜렷하거나 흐릿하게, 혹은 드러나거나 은미하게, 천 갈래 만 갈래로 연계되어, 때로는 서로 이끌어주기도 하고 때로는 서로 경쟁하기도 하면서, 연계 조직이 상당히 복잡한 집단 네트워크를 이루었다. 따라서, 연령·관향·직무·우의·시관 등 문학 집단의 시각에서 고찰할 필요가 있다. 마찬가지로 문학사회학의 집단 구조를 고찰하는 일을, 필자는 하천장과 김농을 다룰 때에도 시도했다. 하천장의 경우 전기 자료가 부족하지만, 필자는 하천장의 교유권을 재구성하고자 했다.

ⓑ 문학장

프랑스 사회학자 피에르 부르디외(Pierre Bourdieu)는 일찍이 필드(장) 이론을 제출한 바 있다. 부르디외는 필드를 갖가지 위계로 존재하는 객관적 관계의 네트워크, 혹은 형태(configuration)라고 정의했다. 이것은 특정 행위자가 상호 관계망 속에서 표현하는 역량에 의해 유지되는 사회 공간이다. 필드를 관통하는 것은 특정 행위자와 집단 사이의 권력 관계로, 행위 주체는 네크워크의 위치에 의거하여 권력을 취득하고 특수한 관계를 만들어낼 수 있다. 권력 관계에 위치한 사회적 행위자는 필드에서 자본을 얻기 위해 경쟁하고 자본을 착취하는데, 이 권력 경쟁을 통해서 자원 분배의 계층 관계가 부각되어, 권력의 필드에 지배자와 피지배자가 드러나게 만든다. 필드 속의 사회적 행위자는 각기 관습(habitus)이 다르고 각기 상징 자본(capital symbolique)이 다르므로 그에 따라 각기 다른 행동 책략을 택해서 경쟁과 충돌에서 승리의 기회를 얻으려고 한다.[155] 강희 연간에는 문인들의 복잡한 교유 관계와 권력 네트워크가 문단을 이루었다. 따라서, 피에르 부르디외가 제기한 문학 필드(literary field)의 관점은, 강희 문단에 큰 영향력을 미친 왕사진과 그 문학 집단의 미묘한 상호 관계를 고찰하고 각 부류의 문학 활동의 배후에 있는 사회적 요인을 분석하는 데 원용할 만하다.

ⓒ 집단 인식과 문화 유행

명·청 시기에는 초상화 제작이 다른 어떤 시대보다 훨씬 크게 유행했다. 여러 유형의 초상이 출현하여 창작자의 관람 시각을 드러냈고, 화가는 관람 방식과 회화 수법을 통하여 상주를 일종의 이상적 시각 영상으로 연출했다. 각각의 초상은 문화적 명사가 자아를 전시하려는 욕망을 배후에 지니고 있다. 남성의 초상은 대중이 부여한 명성과 공훈과도 같은 개인주의적 색채를 지녔다. 서구(徐釚)는 강가 배 안에 자리하고, 진유숭은 방석 위에 앉아 있다. 왕사진은 삽을 매거나 책을 싣거나 대숲에 앉아 휘파람을 불거나 지팡이에 의지하여 사립문 앞에 서거나 삿갓을 쓰거나 참선을 하는 등 여러 시선 아래에서 드러난다. 화폭은 형상 배치의 척도에 따라 광(框)으로 구획되고, 공개의 의식에 따라 장표(裝裱)가 더해져서, 청사에 높이 걸리기도 하고 두루마리로 펼쳐지기도 하며 출판물의 비면(扉面)에 드러나기도 한다. 시각을 통해 이상적 전형을 제시하여, 관람자로 하여금 '주시(注視)'에서 '성사(省思)'에 이르고 다시 '모우(慕尤: 부러워하며 본뜨고자 함)'에 이르게 만든다.

회화에서 광(框, 테두리)으로 둘러진 상주의 여러 자태는, 규범화되고 기대되며 확정된 유한 공간 속에서, 이상적 관중을 동시대의 관중과 미래의 지기로 설정한다. 이에 따라 자세, 성음, 의견, 표정, 의상, 환경, 품격 등 그림 속의 전부가 감상/작화의 관중에게 자기를 현시하도록 안배된다. 화가는 상상 속의 의지를 신체와 동작으로 구현해서 이 형상을 구

155_Patrice Bonnewitz, 孫智綺 譯,《布赫迪厄社會學的第一課》(台北: 麥田出版社, 2002) ; Wacquant, L.D.著, 李猛 · 李康 譯,《實踐與反思: 反思社會學導引》(北京: 中央編譯社, 1998) ; 高宣揚,《布迪厄的社會理論》(上海: 同濟大學出版社, 2004) 등.

조해내어, 화면을 통하여 상주에 대한 속내와 기대 심리를 표현한다. 수용의 각도에서 말하면, 제화 시문은 화면의 관람자가 도상 요소를 해석한 결과라고 할 수 있다. 관람 과정에서 그 관람자는 구불구불하고 왔다 갔다 하는 다중 대화의 과정을 거치게 된다. 이로써 관람자, 상주 본인, 그림 속 인물, 도상 요소 등 이 네 개의 국면이 외연을 넓혀나가 광대무변의 상상천지로 나아가게 된다.

〈하천장행락도〉·〈가릉전사도〉에서는 악기가 수반되고 〈풍강어부도〉에서는 삿갓 늙은이가 낚시바위에서 고기를 낚고 있다. 왕사진의 화상은 삽을 매거나 책을 싣거나 대숲에 홀로 앉아 있거나…. 제영은 문인 집단 사이에서 상징의미를 지닌 의식 행위와 방불하다. 제지(題識)를 행하는 개인은 서로 다른 각도에서 열람하여 자신의 가치관을 투사한다. 그리고 제지를 통하여 화상 관람 집단에 녹아들어가 대화 단체의 일원이 된다. 대화 단체에 들어가서 감상을 제출한 이후에 동의, 긍정, 평가, 영예를 획득한다. 제화 시사문(詩詞文)의 내용은 단지 초상화의 눈요기 경관이나 분장 의식을 보충 해석해주는 데 그치지 않고, 그 문인이 축적해온 문화를 담지하고 있다. 그리하여 도상 요소와 시가 의상이 문화의 비흥(比興) 전통과 연결되어, 문인 집단 내에서 피차에게 익숙한 부호 체계를 이룬다. 이 부호 체계의 숙지와 조작을 통해 집단 인식이 한층 깊어진다.

만명 이후 중국은 상업자본주의로 진입하여, 사람들은 점차 상품 양산의 사회형태에 적응하게 되었다. 몸에 입고, 머리에 쓰며, 읽고, 감상하고, 듣고, 담론하는 것에서 선구자들이 가장 좋고 가장 새롭다고 인정한 것을 '시양(時樣, 최신 스타일)'[156]이라고 불렀으며, 그것은 추종하는 조류를 낳았다. 이 시양은 가구 장식, 거실 배치, 색깔, 직물, 인쇄 수법, 장식 의장일 수 있다. 광의로 말하면 유행하는 모델은 인기 높은 문학 저작, 희극, 여행, 베스트셀러 작가, 정치 인물, 사상 학설 등등을 포함하여, 어떤 사물이라도 유행의 소재가 될 수 있다. 유행 문화의 각도에서 보면, 초상은 시상(時尙, 패션)을 만들어내는 면이 있었다고 할 수 있다.〈하천

156_文震亨은 古雅 양식을 논할 때 당시 유행하는 양식에 대해 평가를 하여, 유행문화의 문제도 언급했다.《長物志》가 時樣·俗製를 논한 점에 대해서는 拙著,〈物的神話: 晚明文震亨《長物志》的物體系論述〉, 2002年3月,《中國文哲研究集刊》第20期, pp.338-341 참조.

장행락도〉의 문인은 예쁜 여인이 모시고 있다. 〈풍강어부도〉와 〈대립도〉에는 삿갓 쓴 어부가 있다. 〈유황좌소도〉·〈방한도〉의 상주는 자태가 우아하다. 그 밖에 〈천녀화산도〉·〈독서도〉·〈선열도〉 등도 명·청 시기에는 특별한 예가 아니었다. 다만 이 그림들은 같은 시기에 이루어진 그 밖의 대량의 화상들에 비하여 정교해서, 구도의 양식, 인물과 복식의 안배, 배경 가구인 의자·좌석 등의 설치를 분석하면 화상에 세밀하게 새겨진 사회 계층, 생활 주장의 호소, 공개 표방의 의식을 탐색하기에 더욱 유리하다. 집단 인식의 심리가 유행 문화를 낳는다는 관점을 도입한다면 명·청 문인 화상 연구에서 새로운 시야를 열 수 있다.[157]

(c) 자전 연구의 관련 시각

ⓐ 관람 잉여

16세기 프랑스 작가 몽테뉴(Michel de Montaigne)는 자기의 화상에 대해 이렇게 말한 적이 있다. "나는 나의 대상을 잡을 수가 없다. 그는 홀연히 변화하여 고정되어 있지 않아서 흔들거리고 순간적이다. 내가 그리는 것은 그의 본질이 아니라 그의 일시적 형상이다."[158] 가만히 있지 않고 끝없이 움직이는 자기의 형상은 확실히 장악할 길이 없다. 한 개인이 가장 뚜렷이 볼 수 없는 것이 사실은 자기 자신이다. 자기를 온전하게 뚜렷이 본다는 것은 이론적으로 불가능하다. 자신의 뺨, 머리, 뒷통수는 거울로 보지 않는다면 영원히 볼 수 없다. 그러므로 일상생활에서 '보는 것'과 '보이는 것'은 같지 않다. 보는 사람은 보이는 사람이 보지 못하는 부분까지 볼 수가 있다. 이것은 미하일 바흐친(Mikhail Bakhtin)이 말한 '관람 잉여(the excess of seeing)'[159]이다. 즉 보는 사람은 보이는 사람에게 박탈된

157_유행 문화의 사회학 관점은 高宣揚,《流行文化社會學》(台北: 揚智出版社, 2002) 참고. 또한 Dominique Waquet · Marion Laporte, 楊啓嵐 譯,《法國時尚(La mode)》(台北: 麥田出版社, 2002) 참조.

158_Michel de Montaigne, 梁宗岱 · 黃建華 譯《我不想樹立雕像》(北京: 光明日報出版社, 2000), p.210.

159_바흐친은 〈美學活動中的作者與角色(Author and Hero in the Aesthetic Activity)〉에서 문학은 작가가 배역을 창조하는 미학활동이라고 규정하고, 시각을 통해서 작가의 관찰, 사유 및 배역 재현의 주객 관계를 설명했다. 바흐친은 일상생활에서의 '보기'·'보이기'의 관계를 문자 예술의 작가와 배역 사이의 문제로 확장하여, 작가가 어떻게 관찰하고 배역을 재현하

시역을 보충할 수 있어서, 관람을 완전한 상태로 높일 수 있다는 말이다. 바흐친은 문학 창작을, 작자가 배역을 창조하는 미학 활동이라고 보고, 작자의 관찰, 사유, 배역 재현 등 주객 관계를 시각을 통하여 설명했다. 바흐친은 이 문제를 문자 예술의 작자와 각색의 문제로 연장하여, 작자(화가)가 관찰하고 배역을 재현하는 일이 창작 과정의 가장 기본적인 활동이며, '관람'은 관찰자의 '관람 잉여'를 특징으로 하는 일종의 미학 활동이라고 보았다.

그러므로 '보이는 자'를 아우르고 있는 '보는 자'는 영원히 완전한 자아 형상을 볼 수가 없다. 타인이 객체의 자리에 있으면, 관람의 시야가 영원히 자기보다 뛰어나다. 이에 근거하여 말하면, 초상화가는 시각의 입장에서 상주보다 우위를 차지한다. 상주는 화상 속의 자신을 볼 때에 생소하고 의아한 느낌을 갖지 않을 수 없다. "네게는 용모가 있지만 스스로 볼 수가 없으나, 다른 사람은 그것을 보면서 폐간까지 살필 수 있다. 단청을 빌려서 너를 알 수가 있다(爾有儀容, 不能自觀, 他人觀之, 兼見肺肝. 多藉丹靑, 與爾相識)"[두경(杜瓊) 〈자찬〉]. 다른 한편으로, 화상의 제찬은 교묘하게 자아를 둘로 나눈다. 하나는 나를 화면 속에 두어 '그림 속의 나'로 만든다. 다른 하나는 나를 바깥으로 몸을 돌리게 해서 '그림 밖의 나'로 만든다. 일단 관람 활동이 시작되면 '그림 밖의 나'가 유리한 위치를 차지해서 타인처럼 '보는 자'가 되어, '보이는 자'(그림 속의 나)에게 박탈되었던 시야를 보충할 수 있다. 이런 식으로하여 보는 자(그림 밖의 나)는 보이는 자(그림 속의 나)를 완전한 상태로 높여줄 수 있다. 화상자찬이 시각 틀에서 일으키는 서사(書寫) 활동이 바로 이것이다. 바흐친의 관람 잉여 관점은 우리들이 화상 자제를 분석할 때 도움을 준다. 즉, 방관자인 '그림 밖 나', 의식 저층의 '진실한 나', 관람 대상인 '그림 속 나'가 상호 왕복을 통해 도피·배척·기이(奇異)·조소·연민의 대화 내용을 격탕(擊盪)시킨다는 점을 생각하도록 만든다.

는가 하는 것이 창작 과정의 가장 기본적인 활동이라고 보았다. '관람'은 관람자의 '관람 잉여(the excess of seeing)'를 특색으로 하는 일종의 미학 활동으로, '보는 자'는 '보이는 자'에 의해 박탈된 시야를 보충하여, 완전한 상태로 높여 준다. 바흐친의 '관람 잉여' 이론에 대해서는 馬耀民, 〈作者·正文·讀者—巴赫汀的 '對話論'〉, 呂正惠主編 , 《文學的後設思考》(台北: 正中書局, 1993), pp.57-60에서 인용했다.

ⓑ 자전 기서의 진로

구미의 자전 연구(autobiography studies)는 1970년대 미국학계에서 크게 성행했다. 그 후 구조주의가 언어, 기서(記敍), 작품의 개념에 대해 수정을 가한 이후, 새로 제출된 문류(文類) 개념이 자전 연구를 혁명적으로 바꾸었다. 자전의 규정은 언어 매개와 수사 표현의 문제와 관련하여 아주 복잡하다. 전통적 연구는 자전을 진실의 재현으로 보았지만, 신뢰를 얻을 수 없었다. 비평가들은 중심을 자아 재현(self representation)의 문제로 바꾸었다. 후기구조주의는 언어가 의미를 제대로 드러낼 수 없다는 사실을 폭로하고, 과거 · 현재 · 미래라는 전통적 시간 분류를 분쇄했으므로, 기억은 더 이상 신뢰할 만한 도구가 아니게 되었다. 이에, 자전의 기서를 자아 해석 담론의 과정으로 이해하기에 이르렀다. 작자는 자전의 기서를 통해서 자아 대신에 하나의(혹은 복수의) 신분(identity)을 구성한다. 진실한 자아가 해체되므로, 진실한 생활 세계도 자전 기서로 포착될 수 없다. 달리 말하면, 자전은 자아 재현 과정을 이용하여 복잡한 주체를 포착하려고 시도하므로, 자전은 창조적 혹은 해석적 기서이지, 결코 실체의 서술이 아니다. 자전은 자아 해석의 언술이고, 전주(傳主)와 과거 자기와의 대화는 기억과 시간적 거리에서 촉발된 담론 영역이며, 그 기서는 자기 반성과 자기 각성의 기회를 제공한다. 투영(reflexivity)이 발생하면 각기 다른 국면의 나를 설정한다. 전주는 이로써 수용, 반박, 수정하거나, 이미 이루어진 담론과 의미를 개정하며 자아를 새롭게 이해한다. 자전 기서자는 과거의 나, 현재의 나, 미래의 내가 서로를 바라보는 정경을 가정한다. 자전 속의 자아 대화는 새로운 시야를 제공한다. 기서 전후의 대화는 내가 사회 언어(social speech, 즉 대화)를 가지고 사적 언어(private speech, 즉 기서)의 자기 조정을 통해, 내재 언어와 외재 언어(external and internal speech)를 전환시켜 내재언어를 더욱 발전시켜나가는 과정이다.[160]

중국의 전기는 정사(正史) 속의 사전(史傳)이 역사 인물 기서의 막을

160_朱崇儀, 〈女性自傳: 透過性別來重讀/重塑文類?〉, 《中外文學》 26:4(1997年9月), pp.133-135; 沈兆嫩, 《後設小說式的自傳: 勞倫斯 · 史坦恩的崔士坦 · 仙地傳研究》(國立台灣大學外文研究所碩論, 1988).

올렸다. 제조문(祭弔文)과 묘지명도 모두 사회적 기능이 있지만, 전기문류 중에서 자전이 가장 주목할 만하다. 전기 작가의 장점과 단점은 그와 그의 묘사 대상 사이에 놓인 거리에 달려 있다. 마찬가지로 자전 작가의 장점과 단점은 그와 그의 묘사 대상(자기) 사이의 거리에 달려 있다. 자전 작가는 추호도 남겨두지 않고 솔직하게 과거의 자기를 반성함으로써, 타인이 전을 지을 때의 거리감을 극복한다. 하지만 사실은 자기가 다른 사람보다 전을 더 쉽게 지을 수 있는 것이 아니다. 이른 시기에 자각적으로 문자를 이용하여 자기를 반성한 문학가는 도연명이다. 병이 들어도 약을 구하지 않고 기도도 하지 않고, 자제문과 만가를 지어 임종 때의 심정을 글로 적어 유언의 말을 남겼다. 생명의 종언에서 자신의 일상을 돌아보는 것, 이것이 중국 자전 서술의 전통이다. 조숙연(曹淑娟) 교수는 명대 사인의 생사 관련 서술을 연구하면서 그 텍스트 유형을 자서전문(自敍傳文)이라 했는데, 묘지명·자서·자전·자찬연보 등을 포함한다. 조숙연 교수는 명나라 사인이 생사의 갈림길에서 행한 자기 서술은 대략 다음 네 가지 국면을 드러낸다고 했다. 죽음으로 향하고 있다는 자각에 따른 과거 화상과 과거와의 고별, 인생 역정의 회고와 위상 정립, 빈사 경험에 따른 자아 관조, 생사 갈림길에서의 쾌활한 선택과 실천 등이다.[161] 이 가운데, 내키는 대로 글을 엮어서 개성을 드러내는 자서전은 화상 자제의 시각적 관람 사유에 가장 가깝다.

자전문은 크게 산문과 운문의 둘로 나뉜다. 산문은 역사 산문과 제자 산문 가운데 개인 품행의 묘사에서 비롯되었다. 뒤에 사마천의 《사기》 〈태사공자서〉, 왕충의 《논형》 〈자기(自紀)〉, 조비의 《전론(典論)》 〈자서(自敍)〉, 갈홍의 《포박자》 〈자서(自敍)〉, 이청조의 《금석록》 〈후서〉 등이 나왔다. 자서 문학(즉 자전 문학)이 만약 벼슬을 구하거나 직업을 구하는 이력 자전이라면 자천(自薦) 문학의 맥락에서 고찰할 수 있다. 위·진 이후의 자전은 개인의 비범한 성격·풍모·인격·태도를 진술했다. 도연명의 〈오류선생전(五柳先生傳)〉, 원찬(袁粲)의 〈묘덕선생전(妙德先生傳)〉, 왕적(王績)의 〈오두선생전(五斗先生傳)〉, 백거이의 〈취음선생전(醉吟

161_曹淑娟, 〈從自敍傳文看明代士人的生死書寫〉, pp.205-243.

先生傳)〉, 육귀몽의 〈보리선생전(甫里先生傳)〉, 구양수의 〈육일선생전(六一先生傳)〉 등이 그러한 예들로, 문인의 자제와 자찬 묘지 등을 아우른다. 운문 자전은 굴원의 《이소(離騷)》에 나오는 자아 표출에서 기원한다. 그후 시가 형식의 자전이 끊이지 않고 이어졌다. 심지어 대부분의 시가는 모두 자술의 성분을 지니고 있다. 이백의 〈장진주(將進酒)〉, 두보의 〈서울에서 봉선현으로 향하면서 속내를 읊은 500자(自京赴奉先縣詠懷五百字)〉·〈초가가 추풍에 파괴된 것을 노래하다(茅屋爲秋風所破歌)〉, 육유(陸游)의 〈분노를 적다(書憤)〉 등이 그 예들이다.[162] 자전체 소설은 명말에 이르러서야 흥기했다. 명·청의 자전체 소설은 화상 자제의 연구가 주목받아야 할 방증이다. 학자들은 만명 문학작품이 구성과 시문의 리듬, 행문 습관 등에서 개인적 특징을 강구한 점에 주목한다. 특히 그 당시의 문학비평 이론이 글을 쓸 때 화가와 같이 세부 묘사를 해야 한다고 제창했다. 여기에 기이한 제재의 특이한 홍취, 새로운 구상을 담은 문자유희, 신기하고 영특한 수사 비유, 세상을 내리깔아보는 담론 등의 요소들이 한데 얽혔다. 이것들은 모두 후대의 자전소설의 수사법과 대단히 유사하다. 이렇게 점점 더 내면 경험과 개인 관점을 중시하는 창작 태도, 그리고 소품문에서 개성과 성령(性靈)을 강조하는 사조는, 마침내 명말 청초에 자아를 반추하고 묘술하며 개인의 감정을 드러내고 자신의 인생을 논하는 자전체 작품을 분분하게 꽃피웠다. 《유거시록(游居柿錄)》·《한정십이무(閑情十二憮)》·《서하객유기(徐霞客遊記)》·《도암몽억(陶庵夢憶)》·《영매암억화(影梅庵憶語)》·《부생육기(浮生六記)》 등이 그 예들이다. 모든 유기(遊記)들은 자전의 색채를 지니지 않은 것이 없었다.[163]

서방 자전 연구의 해체적 사유를 중국 고전문학에 끌어와보면 상당히 들어맞는 것이 있다. 옛 악부시 가운데 이미 양면성이 드러났다. 즉, 한편으로는 생명을 사랑하고 자아를 긍정하면서도, 다른 한편으로는 세월이 신속하게 날아가버리고 죽음이 임박해 있다는 점을 심각하게 깨달았다. 문인의 심리 속에는 회재불우(懷才不遇)의 애상이 일찌감치 일종의

162_郭登峰編, 《歷代自敍傳文鈔》는 각 부류의 自敍傳文을 수록하되 대개 韻體·散體의 둘로 크게 나누었다.

163_曹萌, 〈論李贄與明末及清代自傳體小說〉, 《古今藝文》 29:3, pp.20-31.

경향성을 띠었다. 명·청 때 화상 상주의 자아 관람도 이 맥락을 이어, 공개하여 전파시키겠다는 의식이 겸손해하고 애상에 젖는 의식과 혼재되어 양면성을 드러내었다. 화상 자제의 텍스트는, 한편으로는 세월이 흘러감을 홀연 깨닫고 아무 일도 이루지 못한 자신을 낮춰 보며 취약한 상태임을 괴로워하면서, 다른 한편으로는 세상에 이름을 전하겠다[名在身後(이름을 죽은 뒤에 남김)·死後留名(죽은 뒤에 이름을 남김)]는 강렬한 욕망을 지녀 천고에 방명을 남겨 영원하기를 바라지만, 동시에 일순간 소멸하여 허환에 불과하다는 점을 깨달았다. 많은 문인들은 자제 상찬에서 낭만적 측면과 애상적 측면의 양면성에 주의하여, 화상을 관람할 때 자아 인식을 특히 뚜렷하게 드러냈다. 미국의 한학가 스티븐 오웬(Stephen Owen)은 중국의 자전시를 연구하여, 자전은 여전히 한 몸으로 가정되는 자아를 불가피하게 분할하고 재분할하지 않을 수 없으며, 자기의 실제를 이해하는 일을 타자의 시각에서 수행한다고 확인하고, 자전 작가와 그 대상의 사이에 친밀한 관계가 있는 동시에 둘 사이의 분리가 불가피하다는 문제를 거론했다. 하나의 옳다고 여기는 형상, 즉 일체의 허망으로부터 벗어난 자아의 완전한 영상을 찾고자 시도하여, 결과적으로 그가 현재 있는 모습을 완전히 옳지 않다고 여길 수가 있다. 스티븐 오웬은 '이중 자아', '감춤의 동기', '각색과 지자(智者)', '변형' 등 여러 방면에서 중국의 자전시를 고찰했다.[164]

화상 자제로 돌아가자. '나'는 그림 밖 나와 그림 속 나의 둘로 나뉘기 마련인데, '나'의 경계는 어디에 있는가? 글 안의 내가 나의 서술 권리로 그림 밖 나에 대해 검열을 수행함으로써 마침내 하나의 의문스런 수수께끼에 빠지지 않을 수 없다. '나'는 필경 누구인가? 주체성은 관찰자가 관람을 마치는 때에 와해된다. 하지만 자전(자제) 글쓰기는 원래 허구 해석 이후의 문자 구성이며, 글 속에서 제시하는 인생은 실은 작자의 선택과 정리 이후의 인생이니, 대개 해석 책략과 해석 활동의 결과이다. 따라서 필경 단편적이어서 완전하지 못하다. 서방에서는 18세기에 자기에 대해 글쓰는 일이 이미 문명 현상으로 되었다. 자전은 문학 텍스트

164_宇文所安, 〈自我的完整映像—自傳詩〉.

로, 한 개인이 진실하다고 승인하여 자기에 관해 쓴 기록이다. 심리 측면에서 말하면 자전의 행위는 기억, 개성, 자아분석 등의 문제와 관련이 있다. 이는 역사상 자아 인식의 과제가 가장 뛰어나게 집중되어 있는 문헌들이다. 이 밖에 이것은 개인 문학과 관련하여 탄생한 철학성(반성), 종교성(참회), 사회성(회억)의 전통과 관련이 있다. 중국의 자전은 전통이 오래고 국면이 광활하며 의의가 복잡하다. 서방의 자전 연구도 역시 자아 인식의 역정, 자아 전환의 역정, 자아와 사회의 변증법적 역정을 거쳤다. 이 책에서 화상 자제에 관해 논할 때 이상의 두 가지가 모두 유리한 시각을 제공하여, 해석의 길을 찾아 나서는 데 도움을 주었다.[165]

ⓓ 휴한(休閑) 이론[166]

명·청 때 발전하기 시작한 새로운 화상 양식을 특별히 행락도라고 일컫는데, 그 화상이 전시하는 의미는 상주의 행락이 어떠했는지에 있지 않고 별도의 의도하는 바에 있었다. 바로 뤼시앵 골드만이 말했듯이, 향락이었다. 이것은 행락 활동이 이루어지는 중에 수반되는 감정 상태이다.[167] 명·청 문사의 화상(행락도)은 상주와 화가가 열락의 기분을 관중에게 전이시켜 주든 주지 않든 관계 없이 이러한 의도를 지녔다. 인류가 필요로 하는 것은 매슬로(Abraham H. Maslow)의 욕구 단계설에 따르면, 아래에서 위로 생리적 욕구, 안전의 욕구, 소속감과 애정의 욕구, 존경의 욕구, 자아실현의 욕구 등이다.[168] 존중의 욕구, 자아실현의 욕구는 문명

165_Philippe Lejeune, 楊國政 譯,《自傳契約》(北京: 三聯書店, 2001); 王元,《傳記學》(台北: 牧童出版社, 1977); 楊正潤,《傳記文學史綱》(南京: 江蘇教育出版社, 1994); 川合康三 ,《中國的自傳文學》; 廖卓成,《自傳文研究》(台大中文博論, 1992); 趙白生,〈'我與我周旋'—自傳事實的內涵〉(《北京大學學報》39卷4期, 2002); 呂海春,〈長眠者的自畫像—中國古代自撰類墓志銘的歷史變遷及其文化意義〉(《中國典籍與文化》, 1999年03期) 등.

166_이 책에서는 휴한 이론의 개념을 Thomas L.Goodale · Geoffrey Godbey, 成素梅等 譯,《人類思想史中的休閑(The Evolution of Leisure: Historical and Philosophical Perspective)》(昆明: 雲南人民出版社, 2000)에서 얻었다. 또 Josefpieper, 劉森堯譯,《閑暇: 文化的基礎(Leisure: The Basis of Culture)》(北京: 新星出版社, 2005)을 참고로 했다. 馬惠娣,《休閒: 人類美麗的精神家園》(北京: 中國經濟出版社, 2004)는 휴한 이론을 휴한 문화 · 휴한 경제 · 휴한 산업 · 휴한 연구 개술 등 4대 방향에서 체계적으로 검토해서 주목할 만하다.

167_Thomas L.Goodale, Geoffrey Godbey 成素梅等 譯,《人類思想史中的休閑》, pp.234, 259.

168_매슬로는 사람의 욕구를 분석해서 생리적 욕구, 안전의 욕구, 소속감과 애정의 욕구,

이 발전할수록 더욱 추구하게 된다. 명나라 초기 행락도가 표현하고자 했던 것은 태평성세 때 관직에 있으면서 누리는 휴한(休閑, leisure)의 즐거움이다. 공무 여가의 유락은 도덕적으로 진선진미한 모델이 아니라, 개인의 재화를 과시하여 서민과의 거리를 크게 만드는 자아 존중의 기연이다. 공무의 여가는 재부(재능을 포함), 계층, 권력으로부터 온다. 휴한 이론에서 말하는 "휴한은 언제나 사회 엘리트의 특권이다"라는 것이 이것이다. 이 밖에 행락도의 상주가 화상을 통하여 관중하게 전달하고자 하는 것은 행락 활동의 우아함, 존엄함, 풍족함이다.

어떠한 정황하에서도 인간은 가치 있는 사물을 찾아내어, 역경에 처하더라도 자유와 소요의 심적 체험을 누릴 수 있다. 휴한은 관념에 그치는 것이 아니라 이상이며, 존재 상태와 인류 생존 환경과 관련이 있다. 따라서 행락도를 펼쳐, 귀족과 고관의 휴한 형상이 문인의 문예 활동으로 나타날 때, 휴한 이론의 관점에서 그것을 다음과 같이 설명할 수 있다. "휴한은 문화 환경과 물질 환경의 외부 압력에서 벗어나려는 일종의 상대적 자유 생활로, 개체로 하여금 자기가 좋아하면서 본능적으로도 가치 있다고 느끼는 방식을 통해서 추동해나가게 하는 행위이다."[169] 휴한의 이상은 교양, 품격, 미덕을 요소로 지닌다. 진유숭과 왕사진은 모두 서향(書香) 세가의 출신으로, 고등 교양을 지니고 있었다. 진유숭의 '문으로 사를 짓는(以文作詞)' 창작 풍격은 전사(塡詞)를 삶의 불가결한 문학 사명으로 만들었다. 왕사진은 젊은 나이에 뜻을 얻어 관운이 형통하여 고위직에 있으면서, '신운(神韻)' 시학을 자담하여 전개해나갔다. 전사의 진유숭이나 작시의 왕사진은 창작을 자신이 맡아야 할 엄숙한 사명으로 여겨 태평성세와 묵계하는 동시에, 문우와 우정을 맺어 왕래하고 서로 간에 창화하는 휴한 형식으로 삼았다. 토마스 구데일(Thomas L. Goodale)은, "휴한은 문화 이상을 실현하는 기본요소이다. 지식이 도덕에 부합하는 선택과 행위를 인도할 때, 이것이 도리어 진정한 쾌락과 행

존경의 욕구, 자아실현의 욕구로 정리했다. Abraham H. Maslow, 許金聲等 譯,《動機與人格(Motivation and personality)》(北京: 華夏出版社, 1987), pp.40-45.

169_Thomas L.Goodale · Geoffrey Godbey, 成素梅等 譯,《人類思想史中的休閑》, p.11, 23-24.

복을 끄집어낸다"[170]라고 한 바 있다.

전사를 통하여 진유숭은 궁수(窮愁, 곤궁의 수심)와 고민이 도리어 행복으로 향하는 길이라고 말했다. 왕사진의 개인 형상은 여러 화상을 통하여 존귀하고 우아하며 고요하고 그윽한 휴한 분위기를 만들어내어, 한 시대의 문학정종으로서 개인의 형상을 가지고 행복으로 통하는 한 가닥 길을 열어 보였다. 본서는 휴한 이론의 관점에서 명·청의 여러 화상들이 보여준 화가·상주·관중(제영자)의 복합 심리를 탐구하고자 한다.

(3) 종합 해설

이상을 종합하면 이러하다. 명·청 문인화상에 대해서는 그 배경에 숨어 있는 특유의 '관람 방식'에 유의해야 한다. 관람자는 화가·문인·친구를 포괄할 뿐 아니라 상주도 포함한다. 이 관람 방식을 추적하면서, 필자는 화면의 처리 방식, 이를테면 신체, 눈동자, 표정, 각도, 자세, 동작, 물건, 공간 등 도상 요소를 해독하여, 화면의 은유 체계를 구축하려고 하며, 도상 요소와 은유 체계의 해석을 통하여 시각 언어를 일종의 중요한 담론으로 간주하고자 한다. 필자는 도상의 표층으로부터 도상 설계자(화가와 각공)의 이념 의식 속으로 뚫고 들어가, 도상 설계자가 어떠한 문화 관념, 자아 의식, 유행 관념, 심미관을 지니고 있었으며, 그것들을 어떻게 도상으로 전화시켰는지, 어떻게 이 도상을 선택하고 배치했는지, 왜 이러한 배치를 했는지, 어떻게 관중의 시선을 모으는지, 어떤 것을 관중에게 제공하는지를 깊이 고찰해야 할 것이다. 그리고 그 의도를 시대의식과 문화 맥락 속에서 숙고해야 한다. 또한, 많은 제영 문헌들을 접할 때 문학사회학의 각도에서 상주가 속했던 문학 세대와 집단 구조 등 사회적 국면에 주의하여, 문학 필드의 권력 네트워크 관계를 고찰하고, 집단 인식과 유행 문화의 시대 맥락 속에 위치시켜야 한다. 화상 자제의 연구는 중국의 오랜 자전 글쓰기 전통에 유의하고 관찰 잉여, 후설성(後設性, 사후 부설의 성격), 이중 자아의 관람 소격(疏隔)에도 유념하여 탐구의

170_《人類思想史中的休閑》, pp.28-30.

실마리로 삼아야 한다. 나아가, 화상 및 제영과 관련하여 이루어진 창화에 깃든 문학적 오락 심리는 마땅히 여가 이론의 관점에서 살펴보아야 한다. 종합하면, 화상/제영의 해석은 두가지 축을 읽어나가는 방식을 사용해야 한다, 즉, 화상, 제지(題識)·서발, 전기 자료 등 문헌 자료를 도상 분석과 문자 해독에 결합시켜 서로 착종시켜 해석하여, 명·청 문인화상 제영의 복합적 서술 의식을 구명해야 한다.

4) 연구 목적과 개관

(1) 연구 목적

명·청 시기는 중국 역사가 전통에서 현대로 전환하는 단계로, 자아의식이 고조되고 개성주의가 발달하여 개인의 독립·자주의 도래를 선고했다고 평가된다. 따라서 사진 화상의 유행은 고립된 현상이 아니었다. 명·청 문인의 대부분은 소상을 제작한 기록이 있다. 전통 화상에는 상(像)·용(容)·상(狀)·모(貌)·영(影)·진(眞)·전신(傳神) 등 여러 명칭이 있었다. 화상은 인간이 자아를 이해하는 전통의 궤적을 따른다고 볼 수 있으며, 문화 자체가 인간을 이해하는 방식을 반영한다고 볼 수 있다. 화상은 인간의 정신과 외모를 표현하는 데 그치지 않고 그 화상을 창조하는 문화 형태 및 근본 개념을 드러낸다. 따라서 화상은 주위 세계를 본떠 드러낸다고 말할 수 있다. 인간을 시간 속에서 연구하는 것을 두고 역사라고 한다면, 초상도 구체적 인물을 영구한 시간 속에 보존하므로, 초상은 '언어나 문자를 사용하지 않는 시각 예술의 역사 기록'이라고 할 수 있다.[171]

한 폭의 화상은 다음과 같은 의문을 제기한다. 첫째, 동기로 말하면, 개인은 이미 서면 문자의 전기가 있거늘 어째서 시각화하여 구상적인 초상화를 제작해야 했는가? 둘째, 신분으로 말하면, 누가 화상을 남겨두려고 했는가? 황족과 귀족인가? 명류 문인인가? 종교 인사인가? 혹은 화

171_이 개념은 俄羅斯硏究院 연구원 郭靜云 박사의 강연 '초상의 정의와 그 범위 윤곽'에서 얻었다. 2005년 6월 20일 2:00-4:00pm. 國家圖書館.

가 자신인가? 셋째, 화면을 두고 말하면, 화상을 통하여 무엇을 드러내려고 했는가? 개인의 은밀한 심리와 바람을 담으려고 했는가? 개인의 특출한 명성을 남겨두려고 했는가? 아니면 사회의 기대나 문화 이상을 전파하려고 했는가? 개인의 바람과 사회적 기대에 어긋남은 없었는가? 넷째, 상주와 화가의 관계로 말하면, 우호 관계인가? 찬조 관계인가? 자기가 자기를 그린 것인가? 그 관계가 화면의 효과에 영향을 끼쳤는가? 다섯째, 수용자의 관점에서 말하면, 화가와 상주를 제외하고, 누가 이 화상에 관심을 가졌는가? 제3자의 입장을 취한 관중은 누구인가? 어떤 각도에서 화상을 보았는가? 제영의 서술 필조(筆調)는 어떠한가? 여섯째, 시대 환경을 두고 말하면, 화상 제작은 어떤 사회 형태 속에서 이루어졌는가? 어떤 유행 풍조에서 나왔는가? 어떤 관습에서 새로 변화하여 나왔는가? 어떤 시대적 분위기에 처해 있었는가? 어떤 문학 현상을 입증하는가? 어떤 문화 풍조와 호응하는가?

개성화 시대에 화려 · 사치가 존중되고 개방 의식이 강해진 사회 풍조 속에서 화상은, 때로는 자아를 표방해서 숭앙되고 흠모받아 사회에 기투하는 중요한 수단으로 되었고, 때로는 농부 · 어옹 · 고승 등 일상의 자아로부터 소격된 모습을 분장함으로써 세속에서 벗어나고픈 향모와 지취를 드러냈다. 그림 속의 인물이 자기라면, 다음과 같이 질문하게 된다. 이 사람이 나인가? 그림 속 나와 관람하는 나는 같은 사람인가? 상주가 어떤 식으로 그림 속의 자기를 보는가? 여러 자성이 일어나면서, 화상은 자아검열 · 추억 · 회고 · 첨앙 · 기대의 전장으로 된다. 본래 화상은 극히 사사로운 내면의 대화지만, 그림이 완성된 이후 독자를 갖게 되면, 화상은 자아 표현 · 자아 변설의 유력한 수단이 된다. 이로 보면, 화상은 상주의 내밀한 자아 표징에 그칠 뿐만 아니라, 때로는 관중(화가)의 심리투사로서, 시대 분위기를 확인하게 해준다.

이 책은 명·청 문인의 화상 제영이 드러내는 복합적 현상과 그 의의를 탐색하고자 한다. 도론 이외에 두 부문 여섯 편 논문에서 개별 사안을 정밀하게 연구하여 시대 현상을 조망한다. 이 여섯 편에서 다룬 논제는 종래 학자들의 큰 주목을 받지 못했으나 필자가 수년 동안 모색하여 심득한 것으로, 그 학술적 의의는 명·청 화상 제영의 연구 가치를 논정한 데 있다. 일절 주목받지 못했던 한 폭(혹은 한 계열)의 문인 화상과 그 화상이 촉발한 많은 제영들은 실은 상주, 화가, 관중 집단, 사회 풍조, 문학 사조 등 여러 층위의 의의를 지니고 있다. 작은 것에서부터 큰 것을 보아나가는 식으로 세밀하게 개별 사안을 살펴 문화의 살결 속으로 들어간 이후에, 곱씹어볼 만한 수많은 의미가 하나하나 분명하게 드러날 것이다.

(2) 개관

이 책은 모두 두 부문 여섯 편으로 이루어져 있다.

제1편은 '자제(自題)'로, 남이 그린 것이든 자신이 그린 것이든, 제영자가 상주인 화상을 다루었다. 화상 자제는 중국 역사의 유구한 자서(自序) 전통과 대화할 공간을 많이 지니고 있다. 자화상, 화상 자제, 자전의 서술 행위는 기억, 개성, 자아 분석과 관련이 있다. 이는 중국 문화의 자아 인식 문제에서 대단히 정채 있는 문헌들로, 복합적이고 변증법적인 연구 범주와 상관한다. 본편은 화상 자제만을 대상으로 삼아 명·청 두 시대와 관련하여 각각 하나씩 논제를 제기했다. 간략히 말하면 다음과 같다.

제1장 〈자기를 관람한다(觀看自我):—명인의 화상자찬〉. 육수성이 남긴 일생의 화상들을 통해 화상자찬의 문체적 의의를 논하고, 명인 화상자찬 서술의 여러 국면을 다루었다. 시각적인 먼 상상, 관람의 거리, 단형 자전의 인생 도경, 다양화된 관조, 자아와의 대화, 자아의 송양, 자아의 폄억 등을 포괄한다. 화상자찬의 서술은 가까이할 수도 있고 멀리할 수도 있는 '반성(reflexivity)'을 발생시킬 수 있으며, 각기 다른 자아를 후설(後設)한다. 전주(傳主)는 이를 통하여 기존 이해를 수용 · 반박 · 수정 · 개신함으로써 자아를 재구성할 수 있다. 서술활동은 곧 '자기 관람'의 심층적 의의를 '자기 정화'로 이끈다.

제2장 〈이것을 즐겨서 피로하지 않다(樂此不疲)—김농의 화상자제〉. 자기를 표현하는 것을 즐거워해서 피로를 느끼지 않았던 김농은 노년에도 여전히 '유희하여 정신으로 통해 스스로 고인이 되는 것(遊戲神通,

自我作古)'을 즐겼다. 그는 일생 동안 아홉 폭의 자화상과 자제를 남겼는데, 각각 기증한 대상이 달라 자아와 타자의 여러 연계 네트워크를 이루었다. 즉, 문사와 시정, 세속과 종교, 괴괴(鬼怪)와 범상, 과거와 현재와 미래의 경계선을 허물려고 시도했다. 이 형형색색의 자화상과 자제는 그의 인생 최후 10년에 집중되어 있었으며, 완연히 다중 신분의 우언과도 같다. 전체적으로 보면 그것들은 관 뚜껑이 닫히기 이전에 창조된 '자아의 신화'이다.

제2편은 타제(他題)를 다루었다. 명·청 문인화상은 기념성과 찬송성을 지니고 있되, 모두 눈요기와 분장으로 개인의식을 표현하려는 경향에서 벗어나지 않았다. 문인은 초상을 빌려 개인의 명성을 현양하고 자아를 과시하며, 심지어 상업화의 산물로 되었다. 상주의 생활방식, 언행 동작, 복식 분장은 화가·관중·사회의 취향 및 상황에 부응해야 했다. 필자는 본편에서, 화상 제영과 관련이 있는 상주의 일생, 화상 제작 관념, 회화 구조, 제영 텍스트, 제영 집단, 초시대적 혜안 등 관련 부문들을 정면에서 다루어 각각 깊이 고찰했다.

제3장 〈여색에의 은둔과 유희—진홍수의 '하천장행락도' 제영〉. 상주 하천장의 일생 사적은 잘 알 수 없다. 다만 그가 일찍이 군직에 있었으며, 퇴직 후 동해에서 쉬면서 이 화상을 그렸다는 것만 알 수 있다. 〈하천장행락도〉는 만명 화가 진홍수가 개인 풍격을 드러낸 걸출한 회화 작품일 뿐만 아니라, 화폭 제영의 목소리들은 또한 명말 문사 화상의 참신한 시야를 입증한다. 변란이 잦았던 명말의 시기는 변고가 많아 더 이상 태평의 분위기가 아니었다. 한선(늦가을 매미) 같은 처지의 화가·문사들은, 한편으로는 화상이 200여 년의 행락도 물상기호를 답습함으로써 정치적 소외의 인생을 그려냈으리라고 여겼으며, 한편으로는 화면에 그려진 주색·가악의 분위기에 야들야들한 염정의 상상을 첨가했다. 여러 많은 제영들이 행락의 화면을 해석하여 하천장을 호색가라고 선언하면서도, 그가 결코 탐닉의 부류가 아니며, 만명의 '주색위은(酒色爲隱, 주색에 은둔함)'의 '벽기(癖寄)' 관념에 부응했다고 확신했다. 그밖에 정치적 소외를 언급하는 진술에서, 도상과 제영은 마음이 넓고 정신이 즐거운 유희의 정취를 부풀려 보여주었다. 시, 음악, 주색으로 강가나 숲에서 유유

자적하는 이러한 문인 행락도의 화상은 청대에 영향을 주었다.

이하 세 편의 논문은 모두 강희 시기에 집중했다.

제4장 〈문화 분장의 수수께끼—서구의 '풍강어부도' 제영〉. 이 어부도의 상주는 청초에 활약한 사인(詞人) 서구(徐釚)이다. 제영자는 모두 97명으로, 각기 다른 시기에 이 화폭을 보고 제발을 통해 갖가지 목소리를 드러내었다. 방대한 문자 기록이 상주 자신의 시선이나 붕우·친족·문생 등의 여러 시점을 포괄하고 있다. 화상이 이미 자신을 추천하는 성격을 띠었고, 사교의 특성 또한 가득하다. 어부의 형상을 그린 것은 마치 분장하여 연기하는 유희와 같다. 화상 자체가 다중의 관점을 촉발시켜, 상주와 자기, 상주와 타인, 타인과 타인 사이에 풍부한 대화가 전개되며, 다중의 목소리가 사유·유희의 은유 체계를 갖게 된다. 어부도는 상주 서구에 대해 말하면 하나의 가면이다. 곧 서구가 교묘하게 자기에게 씌운 가면으로, 그 관직생활의 의미를 심화시킨다. 서구의 〈풍강어부도〉는 유유자적한 어은(漁隱)의 즐거움을 표현했는가? 아니면 명예를 낚으려고 하는 간알(干謁)의 도구였던가? 그도 아니면 관직을 그만두고 고향으로 돌아가려는 뜻을 나타낸 것인가? 사우들이 서구를 본다면, 이는 교만이요 자만인가? 혹은 참회하고 자신을 낮춘 것인가? 상반되는 면에서 화상의 황당함이 돌연 드러난다. 필자는 '문화 분장의 수수께끼'라는 관점에서 이 그림을 다면적으로 탐색했다.

제5장 〈긴 갈기는 바람에 휘날리고 구름 트레머리는 아리따워라(長鬣飄蕭, 雲鬟窈窕)—진유숭 '가릉전사도'의 제영〉. 이 그림에서 진유숭은 수염을 매만지며 붓을 들어 전사(塡詞, 사패에 맞춰 평측과 압운을 지켜 사를 짓는 일)를 하고, 그 곁에서 서자운(徐紫雲)이 퉁소를 불며 모시고 있다. 문사들과 시첩들은 땅에 자리를 깔고 앉아 있으며, 배경의 여백은 그리 많지 않다. 일주일종(一主一從)의 구도로 다정다감한 사인의 본색을 형상화했다. 서자운은 진유숭의 창작 노정과 문학 집단에서 중요한 위치에 있었으므로, 서자운의 화상과 제영에 대해서 이 책에서 상세히 검토했다. 〈가릉전사도〉는 강희 17년(1678)에 이루어졌고, 제영들은 뒤늦게 나왔다. 〈전사도〉 및 〈전사도〉 제사는 사의 제작과 관계되어 있으며, 그것들이 이루어진 시기는 바로 청나라 사학의 부흥기에 해당한다. 〈가

릉전사도〉는 사가(詞家) 진유숭이 강희 연간의 사학 부흥기에서 차지하는 위치를 형상으로 보여준다. 또 사가가 전사에 집착했던 숙연함을 그림을 통해 입증해주는 동시에, 당시 문인의 활동에서 전사가 극히 중시되었음을 알려준다. 필자는 서구 화상에 대해 논한 내용을 기초로 순치·강희 시기의 제영 집단을 개괄하고, 진유숭이 사학사에 이룬 성취와 지위, 사학사의 이후의 변화를 탐구한 후, 〈가릉전사도〉의 당대 문인 제영들을 서로 비교했다.

제6장 〈명성을 드날리다(揄揚聲譽)—왕사진의 화상 제영〉. 화상 제영으로부터 문학사로 파고들어가는 방식은 〈가릉전사도〉 분석의 방식과 유사하다. 하지만 왕사진과 진유숭은 완전히 다르다. 왕사진은 명호추류(明湖秋柳), 모춘수계(暮春修禊), 여자수화(女子繡畫) 등 주목할 만한 제재를 제창하고, 시사를 결집하여 창화하며, 그림을 그려서 평론을 진행하고, 이어서 그것을 사방에 전하여 제영을 두루 청해서, 청초의 문인이 문학을 전파하고 문단을 조작하는 모델을 보여주었다. 왕사진은 평생 문학적 지위의 건립을 아집(雅集) 활동과 긴밀하게 결합시켰다. 왕사진은 일생 18폭이나 되는 화상을 남겼는데, 그 가운데 3폭은 합상(合像)이고 15폭은 개상(個像)이다. 왕사진은 이 화상들과 많은 제영들을 통하여, 황은을 입었으면서 담박하고 우아하며 느긋하고 존귀한 자기의 형상을 구축했다. 사실을 기록한 〈재서도〉만 그러한 것이 아니라, 아집의 창화도 이러하다. 그 밖의 회상(繪像)도 서정과 사의(寫意), 기거 생활의 묘사, 전고의 운용, 삿갓 쓴 초상 등으로 그러한 형상을 구축했다. 그리고 왕사진은 개인 화상의 제영 집단을 공 들여 경영하여, 한편으로는 문생 집단의 범위를 확대해나가고, 한편으로는 초기 포의의 친구들이나 사단과는 일정한 거리를 두어 시학의 교유나 혹은 창화 수응에서 권모술수의 심기를 드러냈다. 개인의 지위와 명예를 경영하는 데 뛰어났던 왕사진은, 그림을 통해 개인의 담박하고 초연한 산림 형상을 소조하여 귀은의 뜻을 공언하고 주지시키려고 했다기보다는, 청고한 뜻을 현창하여 더욱 많은 존숭과 추대를 받아 문단 맹주의 지위를 굳히려 했다고 말할 수 있다.

특별히 주목할 것은 제5장과 제6장이다. 〈가릉전사도〉와 왕사진 화상의 제영들은 모두 청초 문학사의 흐름과 관계가 있다. 순치·강희 연간에 문학 집단에서 활약한 진유숭과 왕사진은 한 사람은 양선파(陽羨派)의 사종이고 다른 한 사람은 신운파(神韻派)의 시학 맹주였다. 두 사람의 화상과 제영 현황은 그 사실을 확인할 수 있는 아주 좋은 증거가 된다. 필자는 이 책에서 다음과 같은 의문들을 차례로 제기했다.

첫째, 그들의 화상은 초상화로서 어떤 상징적 의의를 지니는가? 어떤 도상적 특성이 있는가? 어떠한 표징 수법을 사용했는가? 이 화상들은 결국 어떤 주제를 담고 있는가? 이 문제들은 인물 화상사의 문제와 연계되어 있고, 상주 및 화상 수용자의 복잡 미묘한 관계와 연관되어 있다.

둘째, 이 두 화상은 각각 진유숭과 왕사진의 일생에서 어떤 의미를 지니는가? 진유숭의 화상은 몰락한 문사가 상층으로 올라가려고 한껏 힘쓴 행위로 볼 수 있는가? 왕사진의 화상은 문학 정종으로서 명성을 구축한 삶을 그림으로 그려낸 것이라고 볼 수 있는가? 두 화상은 각각의 인물에서 삶의 어떤 국면을 주기(註記)하는가?

셋째, 이 화상들은 진유숭이나 왕사진의 문사 집단과 동시대에서 어떤 의미의 상징성을 지니는가? 제영은 어떤 사람들에게서 나왔는가? 그들의 처지·항렬·연령·향관·관직은 진유숭이나 왕사진과 어떤 관계에 있는가? 제영 집단은 어떤 특성을 지니는가? 그들은 자기 시대를 어떻게 바라보았고 어떤 목소리를 내었는가? 그 시선과 목소리는 어떻게 평가해야 하는가? 그 제영들은 어떻게 대량으로 유통되고 전파되었는가?

넷째, 〈가릉전사도〉와 왕사진 화상 및 그 제영들은 청초 문학사에서 어떤 의의를 지니는가? 진유숭에게 부착된 '양선사파'와 개인 화상인 〈가릉전사도〉가 어떻게 연결되는가? 이 그림은 사가(詞家) 진유숭을 형상화한 소조로 볼 수 있는가? 사학 부흥기에 형안을 지녔던 사인의 도상으로 볼 수 있는가? 〈가릉전사도〉는 확실히 사가가 전사에 숙연하게 몰두했던 모습을 그려내면서, 사인이 창작 활동을 즐겼던 사유 심리를 전달하고 있다. 이에 비해 왕사진은 화상의 관중을 선택적으로 한정했다. 진유숭은 창작 활동을 강하게 드러냈으나 왕사진은 창작 활동을 소거했으며, 진유숭은 떠들썩한 목소리를 내었으나 왕사진은 침묵에 가까운 목소리를 내었다. 이 차이를 어떻게 보아야 하는가? 청나라 초는 문학

유파의 경쟁이 격렬했던 시기이다. 화상의 제영이 그 현상을 더 잘 이해할 수 있도록 해 주는가?

진유숭과 왕사진의 화상 제영은 상주, 화가, 관중, 사회, 사조 등 여러 층위와 연관되어 있다. 필자는 그 둘에 대해 세밀하게 탐색하여 화상 제영 연구의 한 방법을 제시하고, 청초 문인 집단의 문학 활동에 대하여 나름대로 해석하고자 한다.

(3) 부언

명·청 문인 화상은 눈요기의 경관을 통해서 명성을 현양하고 자아를 과시하기도 하고, 때로는 소격 분장으로 질의 · 힐문하고 자기를 감추기도 했다. 결국 어떤 거리에서 화상을 보아야 할 것인가? 자아의 목소리를 추심하는 과정에서, 진정한 자아는 술래잡기 하듯 점점 화상을 버리고 떠나서 자취를 쫓을 수 없는 오리무중의 존재로 되었다. 흥미롭게도, 필자가 이 지난한 추적을 시작하여 극점에 이르렀을 때, 저 고백을 하려는 상주와 해석을 하려는 제영자가 교대로 교활하면서도 희롱하는 낯으로 맞아주었다는 점이다. 신운을 표방하는 각도에서 말하면, 황제 · 귀족 · 명류 · 문사가 초부 · 어옹 · 농부 · 거지로 분장하다니, 어느 정도 유희의 심리가 있지 않았겠는가? 때로는 지나치게 자아를 칭송하고 때로는 병적으로 자아를 억누르며, 때로는 적극적으로 사교에 끼어들려고 자천하고 때로는 소극적으로 속세를 벗어나 스스로 은둔했던 것이다.

명·청의 문인 화상들은 각기 다른 연극을 공연하는 것과 같다. 등불, 배경, 도구(화상)가 가설되어 있으며, 막후 감독(화가)이 주인공(상주)의 의견을 들어서 각본을 고치기도 한다. 등불 빛이 어두워지고 막이 오르면 연극의 복색으로 화장을 하고 등장한 연기자들(그림 속 인물들)은 머리를 긁적이고 장난스러운 몸짓을 하며, 눈썹을 모으고 눈알을 굴려, 무대 바깥을 가는 눈으로 살핀다. 박수 치고 갈채를 보낼 관중(당대의 제자들)은 이미 하나둘 극장 안으로 들어와 있다. 무리를 이루어 뒤에 들어온 사람들(뒷날의 제자들)은 손발이 조금 무디다. 백 년을 기다려야 했기 때문이다.

진유숭은, 이 책의 처음 부분에서 말했듯이, 친구 설지의 화상에 〈심원춘〉을 적어, 그 한 구절에 '도성행락(圖成行樂)'이라 했다. 필자는 그 단어를 가져와 이 책을 꿰뚫는 제목으로 삼았다. 지금은 분명히 설명할 수 있는지 모르겠다. '도성행락'의 원 뜻은 한 폭의 행락도를 완성했다는 뜻이다. 그런데 진유숭은 〈행락도〉에 설지가 추운 밤 여성을 끼고 연회를 하면서 가희에게 노래부르게 하는 행락의 기식이 있음을 부인하지 않을 것이다. 명 · 청 문인의 화상과 제영은 유희의 심리를 숨길 수가 없다. 화상과 제영은 얼른 보면 특별한 것 없어 보이지만 다층의 의미와 관련 있다. 그렇다면 화상과 그 제영은 나(상주)와 타자(화가 · 관중 · 집단 · 시대 · 역사)가 함께 행락의 기식을 만들어내는 연합 공정으로 보아도 무방할 것이다. 그림이 이루어졌으니(圖成) 즐기자(行樂)!

제1편

자제自題

제1장

자아의 관람 — 명인의 화상자찬[*]

1) 서론 — 육수성(陸樹聲)의 일생을 관통하는 화상자찬

(1) 하나의 화상찬

> 인생은 꿈속에 꿈을 꾸는 것, 그림은 몸 밖의 몸을 그리는 것. 필경 그림을 펼쳐 도면을 보면, 누가 거짓이고 누가 참인지 알랴?
> 人世作夢中夢, 丹靑寫身外身. 畢竟披圖覿面, 不知誰假誰眞?
> (자찬·1)[1]

이것은 명나라 육수성(陸樹聲, 1509-1605)의 화상자찬(自贊)이다. 인생은 끝없이 이어지는 몽환과도 같아, 한 폭의 단청(그림)이 이루어지고 나서 '꿈속의 꿈'과 '몸 밖의 몸'을 인지하는 일은, 화상이 진실을 바탕으로 하면서도 허구의 특성을 지닌다는 사실을 폭로한다고 했다. 그림 속의

∗ 필자는 〈明淸肖像畫題詠芻論〉을 작성해서 초고를 第六屆中國詩學會議(彰化: 彰化師範大學國文系主辦, 2002. 5. 24)에서 발표하고, 뒤에 〈自我認同的困惑—明淸文人自題像贊初探〉이라는 제목으로 彰化師大國文系主編, 《中國詩學會議學術會議論文集》(台北: 萬卷樓, 2002年12月), pp.27-67에 게재했다. 이 논문은 명·청 시대 화상 제영의 의미를 초보적으로 탐색했는데, 그 속에서 다룬 과제를 필자는 계속 탐구하여 논문을 작성했다. 여기의 글은 그 논문의 한 장절을 기초로 확충하여 완성했다. 일부 단락의 논술은 그대로 남겨두었다.

1_陸樹聲, 〈自贊二首〉, 《陸文定公集》, 卷14, p.14. ; 杜聯喆輯, 《明人自傳文鈔》(台北 : 藝文印書館, 1977), pp.257-258; 陸樹聲, 〈自贊二首〉·〈自題諸像〉, 四則·〈自題篷笠小像〉 등 3종. 단 후자는 오식이 있어 육수성 문집에 의거해 고쳤다.

'나'와 그림을 펼쳐 화면을 보는 '나'의 둘 가운데 누가 참이고 누가 거짓인지? 육수성은 이 문제를 제기하며, 화상 속의 자기를 자세히 살폈다.

> 미간의 기운은 근심스러운 것 같지만, 흉중에 감춘 것은 나날이 한가하다. 시내의 바람을 이웃하고, 산의 달과 동무한다. 한 골짝에 오기를 부쳐, 세상에 대해 구하는 바가 없도다. 모르는 이들은 나를 보고 무엇을 근심하느냐 묻는다. 나는 옛 분을 그리워하여 입으로 마음으로 꾀하나, 학업을 더 닦지 못하니, 이것이 내가 종신토록 근심스러워하는 바가 아니랴!
>
> 察眉間之氣似憂, 探胸中之隱日休. 溪風與鄰, 山月與儔. 寄傲一壑, 與世無求. 不知者謂我何憂? 我思古人, 口與心謀, 而業不加修, 此予終身之憂也歟!
>
> (자찬·2)

미우에서 발산하는 기운을 주시하고 흉중에 숨은 퇴휴의 심현(心弦)을 튕기면서, 짧은 글에서 세 번이나 '우(憂)'를 말했다. 종신토록 근심을 품고 있는 자기 자신을 화상에서 본 것이다.

육수성은 집안 대대로 농업을 했다. 젊은 시절에는 밭농사를 하면서 틈을 내어 고학을 했다. 32세(가정 20년, 1541)에 회시 제1등으로 한림편수에 제수된 후 문관 고위직으로 생애를 보냈다. 뜻하지 않게 11년이 지나(가정 31년, 1552) 43세의 그는 세 조정을 거치고 사직한 후, 징소되어도 부임하지 않았다.[2] 진계유의 〈육문정공전(陸文定公傳)〉에 따르면, 성

2_陸樹聲은 字가 與吉로, 松江 華亭 사람이다. 처음에 林姓을 칭하다가 관직을 얻은 후 원래 이름을 썼다. 대대로 농업을 하여, 육수성도 젊어서는 밭을 갈면서 여가에 독서를 했다. 嘉靖 20년(1541, 32세) 會試에서 제1로 합격하고, 庶吉士에 선발되었다가 編修를 제수받았다. 가정 31년(1552, 43세) 부친이 위독하다는 이유로 귀향을 청했고, 부친의 상을 당했다. 한참 뒤에 南京司業으로 기용되었으나 다시 휴가를 청해 떠났다. 左諭德으로 기용되어 南京翰林院의 관직을 맡았다가 春坊에 소환되었으나 부임하지 않았다. 한참 후 太常卿으로 기용되어 南京祭酒의 일을 관장했다. 그후 징소되어 吏部右侍郎이 되었지만 병을 이유로 배수하지 않았다. 隆慶(1567-1572, 58-73세) 때 옛 관직으로 기용되었으나 취직하지 않았다. 神宗(1573)이 즉위하자, 집에서 74세로 예부상서를 배수했다. 萬曆의 연호 이후 中官이 육수성을 좋아하지 않았다. 연달아 소를 올려 휴가를 청하여, 한층 힘껏 청하자, 마침내 역마를 주어 돌아가도록 명했다. 이렇게 해서 도성 문을 나서자 사대부들이 온성이 뒤집히듯 나와 뒤늦게 전송했다. 《明史》, 卷216, 列傳104, 《廿五史》之《明史》 3(台北: 藝文印書館), pp.2356-2357.

격이 개결하고 집정자를 두려워하지 않았던 이 문인은, 한림원에 있으면서 세종(世宗)[가정(嘉靖)]과 목종(穆宗)[융경(隆慶)] 때 권신 엄숭(嚴嵩)이 정권을 농단하던 20년 동안 결코 그에게 들러붙으려 하지 않았다. 뒤에 만력 원년(1573) 65세의 고령으로 예부상서에 배수되기는 했지만 국정을 맡은 재상 장거정(張居正)과 의기가 투합하지 않았으므로 거듭 사직하여 부임하지 않았다.[3] 모곤(茅坤, 1512-1601)도 육수성이 당시에 구차하게 부합하려 하지 않았다고 논평했다. "재집(宰執, 집정자)이 활택(滑澤, 매끈하고 반들반들함. 아첨꾼)과 지위(脂韋, 비계와 무두질한 가죽. 아첨꾼)를 좋아했으므로 공과는 네모난 장부와 둥근 구멍처럼 맞지 않았다. 공은 마침내 미련 없이 사직했다." 모곤은 육수성의 학술을 존숭했을 뿐 아니라 그의 성격이 "바른 도를 지켜 아부하지 않고", "확고하고 차분하여 불러도 오지 않고 내쳐도 떠나지 않아"[4] 마침내 도성을 떠나 고향으로 돌아간 사실을 찬미했다. 육수성은 화상에서 일생 근심을 품고 지냈던 자신의 형상을 자세히 관찰했는데, 그 형상은 분명히 일생의 관력과 큰 연관이 있다.

《육문정공집》[5] 제14권에 '인발(引跋)'과 '찬진(贊眞)'의 두 부류가 있어 각각 화상 자제 여러 편을 수록했다. 이것을 보면 육수성이 일생 여러 화가들에게 화상을 만들게 했음을 알 수 있다. 유감스럽게도 이 화상들은 전하지 않는다. 필자는 문헌을 근거로 각기 다른 시간, 각기 다른 경우, 각기 다른 화가들이 그린 화상과 육수성의 자제를 그 일생의 지략(志

3_陳繼儒, 〈陸文定公傳〉: "分宜(嚴嵩)壽賀者皆衣緋, 公獨否. 庚戌廷試, 分宜謀寘私人上第, 公掌卷故混之, 分宜猝無所得, 聲色厲不爲動. 入都, 江陵(按張居正)首謁公, 公接對殊簡, 還報謁, 引席正南不少假尺寸. 江陵餞公, 公倨牀見之, 抗手而別. 其後怙勢奪情, 不弔江陵者, 亦終公一人而已. 是不畏執政也"; 《續修四庫全書》(上海: 上海古籍出版社, 2002), 〈集部, 別集類〉, 第1380冊, 《陳眉公集》, 卷13, pp.198-201 수록; 《明史》 本傳: "初, 樹聲屢辭朝命, 中外高其風節, 遇要職必首擧樹聲, 唯恐其不至. 張居正當國, 以得樹聲爲重, 用後進禮先謁之, 樹聲相對穆然, 意若不甚接者, 居正失望去. 一日以公事詣政府, 見席稍偏, 熟視不就坐, 居正趣爲正席, 其介介如此." 《明史》 本傳.

4_茅坤, 〈壽大宗伯平泉陸先生九十序〉, 《續修四庫全書》 〈集部, 別集類〉, 第1345冊, 《茅鹿門先生文集》, 卷16, pp.678-679.

5_《陸文定公集》은 육수성이 타계한 6년 후 명나라 萬曆 丙辰(44年, 1616) 華亭 陸氏 族人이 刊刻했다. 앞에 徐三重의 序가 있고, 뒤에 陸彦章의 跋이 있으며, 共26卷, 線裝26冊이다. 台灣 台北國家圖書館 善本書室 소장.

略)과 연결시켜 보고자 한다.

(2) 조의상(朝衣像), 공복상(公服像), 관복상(冠服像)

육수성에게는 각기 다른 관복을 입은 화상들이 있었다.[6] 그 가운데 〈조의상〉이 있는데, 육수성의 자제는 다음과 같다.

> 너는 관띠를 묶고, 너는 아랫단을 드리워, 그 모습이 느긋하다. 직려에서 직무를 맡고, 석거각에서 붓을 잡는군. 직분에서 자기 할 일을 생각할 터에, 어이하여 여유로워 태연자약한가? 어찌 □□하여 여유로워서가 아니겠는가?
> 爾束帶, 爾垂裾, 其容也舒. 待問直廬, 秉筆石渠. 職思其居, 胡委蛇自如. 豈□□有餘也耶?

조의는 조복으로, 군신 백관이 조회할 때 입는 의복이다. 명나라는 지난 왕조의 복식 제도를 계승하여, 조복은 강사(絳紗)로 도포를 만들었는데, 교령(交領)과 대수(大袖)의 제도로, 길이는 아래로 무릎까지 이르렀다. 목(領)·소매(袖)·옷깃(襟) 등 부위에 모두 널찍한 흑변(黑邊)으로 연(緣, 가장자리)을 했다. 속에는 백사중단(白紗中單)과 백군유(白裙襦)를 입고, 아래에는 강사폐슬(絳紗蔽膝)·백말(白襪)·흑석(黑舄)을 사용했으며, 허리에는 패수(佩綬)를 묶었다. 관직에 따라 각기 다른 양관(梁冠)을 썼다.[7] 청나라 서장(徐璋) 그림, 석운산(席雲山) 판각의 《운간방언화상(雲間邦彥畫像)》 1집을 열람해보니, 후인이 뒤에 모의하여 그린 육수성의 조복상(그림 1-1)이 있었다. 전신 단좌하고 금포를 입고 목과 옷깃에는 널찍한 검은 가장자리가 있으며, 머리에는 오량관(五梁冠)을 썼다. 조복의 제도는 《삼재도회(三才圖會)》에 따르면 "삼품은 오량관이며, 의상은 중단(中單)·폐슬(蔽膝)·대대(大帶)·백말(白襪)·흑리(黑履)를 사용

6_陸樹聲, 〈自題諸像〉 4則, 〈冠服像〉·〈公服像〉·〈朝衣像〉·〈野服像〉, 《陸文定公集》 卷14, p.15, 이하의 인용문은 모두 여기서 나왔다.

7_명나라 태조 홍무 26년, 미리 정한 관복 제도를 대규모로 정비하고 확립했다. 周汛·高春明編著, 《中國衣冠服飾大辭典》(上海: 上海辭書出版社, 1996), 〈明代的衣冠服飾〉, pp.9-10 및 周汛·高春明共編, 《中國古代服飾大觀》(重慶: 重慶出版社, 1995), pp.263-270을 참조.

그림 1-1. 〈육수성 조복상〉, 판화, 원석은 상해 송강(松江) 취백지(醉白池) 회랑벽.

하며, 혁대에는 금구각섭(金鉤角楪)을 사용한다. 금수(錦綬)는 녹색·황색·적색·자색의 4색을 사용하여 운학화양(雲鶴花樣)으로 짜며, 청사망소수(靑絲網小綬) 2개, 금환(金環) 2개이다"[8] 라고 했다. 이 복식은 황제를 알현할 때 입는 정식 예복으로, 사인의 영광스러운 표징이다. 육수성은 문장이 천하의 으뜸이었고 천자의 장려를 입어 홍유(鴻猷)를 크게 펼치리라 기대되었던 인물이다. 이 화상을 통하여, 그는 관띠를 묶고 옷자락을 드리운 느긋한 태도로 조칙을 기다리며 붓을 잡은 자신의 모습을 보았으니, 득의함을 달리 견줄 만한 것이 있었겠는가? 그렇지만 그림 속 '이(爾, 너)'의 조복 차림을 두고도 교만하고 자부하는 마음을 조금도 일으키지 않았다.

또한 〈공복상〉이 있는데, 그 자찬은 다음과 같다.

> 일찌감치 금마문에서 군주를 모시고, 늘그막에 품질의 최고위에 올랐네. 세 조정에서 군명을 받들고, 다섯 번이나 사직소를 올려 영화로웠다. 재주가 특별하지 않고, 자질은 성글고 용렬했다. 벼슬길에 나아가서는 이미 쇠락하여 시험할 만한 성적이 없었고, 물러나서는 절개를 지켜 끝없는 충성을 가슴에 품었다. 한 골짝에서 만년을 보내어, 담박하여 아무 영위함이 없노라. 오로지 여생을 즐겨 요임금 시절의 날을 즐기고, 제왕의 덕에 갱화하여 태평성세의 바람을 노래하고 춤추리라.
>
> 蚤陪金馬, 晩備秩宗. 三朝拜命, 五疏辭榮. 材非特達, 質類竦庸. 其進也既落落, 而無可試之績. 其退也則耿耿, 而懷未盡之忠. 投老一壑, 澹然無營.

8_[明]王圻·王思義輯,《三才圖會》〈衣服〉卷二,〈國家大慶會〉條.《續修四庫全書》,〈子部, 類書類〉, 第1234冊, p.652.

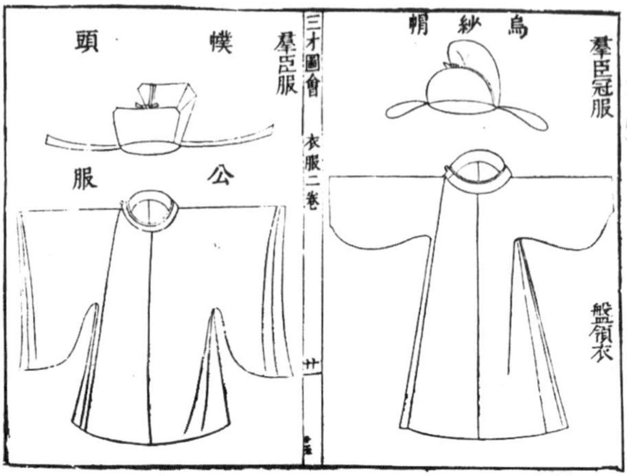

그림 1-2. 명대의 공복(왼쪽), 일상복 혹은 관복(오른쪽), 《삼재도회》

惟樂餘年, 以嬉游堯天之日, 賡帝德而歌舞聖世之風.

공복은 원래 관리가 관아 안에서 공무를 처리할 때 입는 것을 가리키는데, 관복이라고도 했다. 명대에는 관복을 공복(公服)과 상복(常服)으로 나누어서(그림 1-2), 공무 처리에 편리하도록 고안하여, 번쇄한 괘패(掛佩)가 많은 조복과는 달랐다. 공복은 저사(苧絲)와 사라(紗羅) 등의 재질로 두루마리를 만들어, 네모난 목에 오른쪽 여밈이며, 소매는 3척의 너비이다. 머리에는 박두(幞頭)[절각양각(折角兩腳)을 뻗으면 한 자 길이]를 썼다. 보자(補子)는 없고, 금수(錦繡)의 포복(袍服)에 등급에 따라 색깔을 정했으며, 수문(繡紋)도 관직과 등급에 따라 구별했다. 정무를 상주하고, 반열에 모시고, 사은을 하거나, 사직을 할 때 전적으로 사용했다(그림1-3). 상복은 곧 관복(冠服)으로, 비교적 간편한 공복이다. 오사마(烏紗帽)를 쓰고 단령삼(團領衫)을 입으며, 상의는 문식의 보자(補子)를 사용하는데, 문직(문관)은 금(禽)을 수놓고 무직(무관)은 수(獸)를 수놓았고, 허리춤에는 등급을 구별하는 혁대와 과식(銙飾)이 있었으며, 관할 관서에서 매일 아침 정사를 볼 때 입었다(그림 1-4).[9] 벼슬아치의 관복에

9_周汛 · 高春明合編,《中國古代服飾大觀》, pp.271-277; 王圻 · 王思義輯,《三才圖會》〈衣服〉卷二(이 2종의 복제가 그림으로 있다.) p.648.

그림 1-3. 일명씨, 〈왕오상〉축, 종이, 채색 161.4X95.6cm, 남경박물원.

그림 1-4. 상복 입은 명대 관리.

그림 1-5. (명) 나허백, 〈위원초상〉권, 종이, 채색, 27.8X97.8cm, 남경박물원.

상(像)을 그려 넣는 전통은 역사가 오래이다. 한나라 기린각(麒麟閣)과 당나라 능연각(凌煙閣)에 걸린 성현과 공훈의 상은 모두의 환복(宦服) 차림이다. 북송에 이르러 〈수양오로도(睢陽五老圖)〉는 수양 지역 다섯 명의 고관 은퇴자를 그렸는데, 화면에 연복(燕服)을 입은 다섯 노인을 재현했다.[10] 명나라 나허백(羅虛白)이 그린 〈위원초(魏沅初)〉(그림 1-5)가 있는데, 위원초(1580-?)의 자는 중운(仲雲) 혹은 중설(仲雪), 강소성 상숙(常熟) 사람이며, 만력 44년(1616) 진사로, 관직은 광동 제학참정에 이르렀다. 나허백의 그림은 위완초 53세 때 반신상으로, 위원초는 "숭정 5년(1632) 임신 3월, 영풍(永豐) 나허백이 나를 위해 그렸다. 때는 내 나이 53세로 정치를 그만두고 산림에 산 지 3년이 되었다"라고 스스로 그림 위에 썼다. 위원초가 은퇴 3년 후 연복을 입고 퇴휴를 기념하여 제작한 화상이다.

명대 초의 관복 화상은 결코 끊어진 적이 없는 전통에 따른 것이었으니, 제찬은 자연히 정치상의 총우와 사환의 이력을 둘러싸고 이루어졌다. 위에 인용한 찬문의 어조에서, 육수성이 화상 자제를 할 때 상당히 늙은 뒤에 공복을 입은 '나'가 32세 때 처음 관직에 임명되었을 때의 추억으로 미끄러져 들어간 것을 알 수 있다. 한나라 금마문(金馬門)과 옥당전(玉堂殿)은 후세의 한림원이며, 질종(秩宗)은 예부의 별칭이다. 육수성은 처음에 예부 한림원 편수로 들어가 아침에는 군주를 모시고 밤에는 자문에 대비하면서 조금도 게으름이 없이 임무를 수행했다. 그 후 세종·목종·신종의 세 황제를 거치면서 40년 가까이 환해에서 부침하며, 몇 번이나 임명이 되면 사직을 했던 지난 일이 주마등처럼 눈앞에 훌쩍 지나갔다. 육수성의 필치는 내면으로 향해 스스로를 반성하여, '재주가 특별하지 않고 자질도 성글고 용렬했지만' 나아가 '시험할 만한 성적이 없었고' 물러나 '끝없는 충성을 가슴에 품었다'라고 적었다. 같은 심리가 화상을 관람할 때에도 나타났다. 육수성에게는 상복을 입은 화상이 있으니, 〈관복소상(冠服小像)〉이 그것이다. 제찬은 이러하다.

10_北宋 〈睢陽五老圖卷〉, 各像題字: 〈兵部郎中致仕朱貫八十八歲〉·〈致仕祁國公杜衍八十〉. 東京大學東洋文化研究所編, 《中國繪畫總合圖錄》(東京: 東京大學出版會, 1982-1983), 第1冊, p.18.

> 지난날 내가 조정에 있더니, 지금은 내가 재야에 있도다. 모습은 풍성하고 정신은 한가하여, 거의 고요할 정도이다. 누가 나의 진영을 그리랴? 단청은 가짜로다.
> 昔予在朝, 今予在野. 貌腴神閑, 庶幾靜者. 孰寫予眞? 丹靑是假.

그림 속의 나는 지난날 아침이면 금마문에서 군주를 모시고 저녁이면 질종(예부)에 대기했지만, 금일 초상을 그릴 때 그림 바깥의 나는 관직을 물러나 재야에 있다. 그림 속의 지난날 나는 외모가 풍성하고 신기가 느긋했으니, '지금의 나'가 관직이 떨어져 구질구질하고 쓸데없는 일을 해나가는 심경을 누가 알겠는가? 세월은 흐르지만, 단청을 통해 영원히 고요한 경관이 남았다.

육수성은 각기 다른 시기에 여러 관복 화상을 만들었다. 더할 나위 없는 영광을 입어 창창한 득의 상태의 '조의'도 있고, 문직 최고의 위치를 대표하는 두 '공복'도 있다. 화상을 바라보는 심경과 안광은 조정과 재야를 떠다니면서 반성적 사고를 일으킨다. 육수성의 어릴 적 친구를 자칭하는 진계유는, 천자도 두려워하지 않고 집정도 두려워하지 않으며 부자(父子)가 녹위에 연연하지 않았던 이 선배를 극도로 찬양하여, "큰 용기라고 진정으로 말할 수 있다"[11]라고 했다. 하지만 육수성이 남긴 일련의 관복 상찬에서는 육수성이 '집정을 두려워하지 않고' '네모난 장부와 둥근 구멍처럼 맞지 않는' 성격 때문에 사직한 사실을 온유돈후하게 덮어두었다. 육수성은 스스로의 재주와 학문을 조정에서 발휘할 수 없었던 것을 부끄러워하여, '골짝에 들어가 그대로 늙어서 여생을 담박하게 지내려고' 하여, 은둔하면서 유유자적하는 인생의 길을 찾으려고 했던 것이다.

(3) 병중 소상

육수성의 저술은 대단히 많다. 40여 세에 남경 좨주로 있을 때 학규를 신칙하여 작성한 〈국학훈제생(國學訓諸生) 12조〉 이외에는 대부분은 중

11_陳繼儒, 〈陸文定公傳〉.

년 이후 집중적으로 출판했다. 《급고총어(汲古叢語)》는 음양오행과 성명학을 논했는데, 가정 45년 병인(1566) 58세라고 기년을 스스로 적었다.[12] 나머지 저술은 모두 육수성 65세 때 장거정의 추천을 거부하여 관직을 그만두고 도성을 떠난 이후에 판각한 것으로, 육수성이 벼슬길에서 부침하던 고통을 벗어던지고 자신의 뜻을 부치고 내면을 표출한 문학적 산물들이다. 《다료기(茶寮記)》는 집에 거처하던 여가에, "오대(五臺) 승려 연진(演鎭), 종남(終南) 승려 명량(明亮)과 함께 다료에서 천지차(天池茶)를 시음하면서 만필로 쓴 것이다."[13] 《청서필담(淸暑筆談)》은 늙어서 퇴직한 후, 조용히 지내며 손님을 사양하고, 긴 여름에 문을 닫아걸고 홀로 앉아서 지난날의 견문이 잡다한데다가 오류가 많았음을 기억해서 억설을 바탕으로 삼아 건망증에 대비한 것이다. 만력 8년 경진(1580)[14]이라고 자서했으니, 육수성 72세의 때의 작이다. 10년 후 만력 18년 경인(1590) 82세의 육수성은 《육학사제발(陸學士題跋)》·《모여잡지(耄餘雜識)》 두 책을 판각했다. 전자는 서화 시문의 제발이다.[15] 후자는 육수성이 노년에 느낀 바가 있고 책 읽기가 어려워지자 "평소 지우들과 담론하고 구문(舊聞)에서 이치를 찾고 억견을 쏟아 넣어" 세상을 경계하고 책려하기 위해 지은 것이다.[16] 《선림여조(禪林餘藻)》는 선종에 노닐고 선림에 마음을 부친 작품이다.[17] 《병탑오언(病榻寤言)》은 병석에서 몸을 일으켜 붓을 잡아 빠르게 써 내려 간 것인데, 오매간에 자득한 것으로

12_陸樹聲, 《汲古叢語》〈自序〉, 《陸學士雜著》, 《四庫全書存目叢書》(台南: 莊嚴文化事業有限公司, 1995), 子部163冊, p.183. 이는 上海圖書館藏 萬曆刻本에 의거하여 印行한 것이다. 陸樹聲의 著作 10種 11卷(存8種9卷)을 수록했다. 필자가 조사한 바에 의하면, 原刊의 刻年은 일정하지 않되, 대부분 육수성의 생전에 이미 간행한 것이다. 《四庫全書·總目提要》에 "其中亦有別本單行者, 此則其門人子弟所合刊成帙者也"라고 했다. 台灣台北 國家圖書館藏 《陸文定公集》 卷15 이후도 육수성의 《汲古叢語》·《淸暑筆談》·《適園雜著》·《禪林餘藻》·《耄餘雜識》·《陸學士題跋》·《長水日抄》·《病榻寤言》 등 여러 잡저를 수록했다. 편장을 비교해보면 둘의 刻版은 서로 같다. 문인·자제가 육수성의 여러 저작을 수집해 繁簡이 일정하지 않은 合集本을 간행했기 때문이다.

13_《茶寮記》, 陸樹聲 〈自序〉, 《文淵閣四庫全書》〈子部·譜錄類〉, 第79冊, p.711.

14_陸樹聲, 《淸暑筆談》〈自序〉, 《陸學士雜著》, p.299.

15_陸樹聲, 《陸學士題跋》, 《陸學士雜著》, pp.221-250.

16_《耄餘雜識》〈自序〉, 《陸學士雜著》, p.251.

17_陸樹聲, 《禪林餘藻》, 《陸學士雜著》, pp.273-290.

양생가의 말이 많다.[18] 《장수일초(長水日抄)》는 "사직하고 돌아가길 청한 이래, 나이는 늙고 병은 쌓여" 추억과 견문을 그때그때 적어 두었다가 한데 엮은 책이다.[19]

육수성의 많은 저술들은, 진계유가 말했듯이, 역(易)[즉 유교]·도교·석교의 심오한 지취를 다룬 편저이거나, 담소·제영의 소품이거나, 고인의 성패득실과 본조의 장고 가운데 세교에 관계된 찰기(札記)이다.[20] 대량의 저작이 만년에 판각되었는데, 인생의 궁극적 지향을 담았다고 할 수 있다. 병을 이유로 사직하고 귀향한 이후로 만년의 저작은 대부분 노병의 인지와 관련이 있어서, 각 저작마다 서언에서 걸핏하면 '쇠로하여 퇴휴하고' '병을 이유로 사직하고 돌아가 한가하게 지내며' '병으로 누워 있다가 처음 일어나서' '쇠모에 정신이 혼몽하다'라고 언급했으며, 책명도 《모여잡지》·《병탑오언》 등이다. 하지만 육수성은 중년에 벌써 자기의 '노병'에 대해 아주 민감했다. 〈발정미소상(跋丁未小像)〉에서 이렇게 말했다.

> 이것은 내가 정미년에 용모를 기록한 것으로, 그린 사람은 하간(河間) 이씨이다. 나는 외람되이 한림의 직에 있었다. 지난 병진년부터 대략 십 년 동안에 나는 병을 많이 앓아서 얼굴이 점점 시들고 있지만, 나의 충심만은 경경하여 하루 같으니, 불설(佛說)에서 항하(恒河)를 본 성품은 해가 지나도 바뀌지 않는다는 것이 이것을 말하는 것이리라.
> 此予丁未歲記容, 寫者爲河間李氏. 余時承乏翰林, 去今丙辰蓋十年, 予經多病, 遲顔漸摧, 獨余衷耿耿如一日, 佛說見河之性, 不隨年改者也.[21]

화가 하간 이씨는 가정 26년 정미(1547)에 이 화상을 그렸다. 그림 속의 육수성은 당시 39세였으며, 한림원의 직무를 맡은 지 7년째였다. 육수성이 작성한 제찬은 10년 후 48세(1556) 때로, 그가 거듭 고사하여 부

18_陸樹聲, 《病榻寤言》, 《陸學士雜著》, pp.291-298. 〈自序〉, p.291.

19_陸樹聲, 《長水日抄》, 《陸學士雜著》, pp.320-339. 〈小引〉, p.320.

20_陳繼儒, 〈陸文定公傳〉, p.200. "文章元本理學, 尤邃于易, 談笑題詠, 必關于世教, 或時以二氏微瀾助之. 其稱說古人成敗得失及本朝掌故, 即二三百年官爵里居歲月姓字, 滾滾不爽毫髮."

21_《陸文定公集》, 卷14, p.10.

임하지 않던 시기였다. 그가 보고 있는 것은 그림 속의 10년 전 의기 충만한 자기였지만, 그가 상상하고 있는 것은 10년간 좌절한 채 병치레를 해 온 늙고 쇠잔한 자기 모습이다. 시간은 인생과 체형을 바꾸었지만, 육수성은 불교어를 끌어와 경경한 충성의 마음만은 변하지 않았다고 했다. 육수성은 자기의 병든 몸과 늙은 모습을 마주하여 이러한 마음을 지녔으니, 《명사》 본전에서 "단정하고 염담하며, 훌쩍 진세를 떠난 듯이 하여, 벼슬에 나가기는 주저하고 벼슬에서 물러나기는 쉽게 하여, 관직에 있기는 60년이었지만 관직에 실제 있던 기간은 일기(12년)가 채 되지 못한다"라 한 것이 기이하지가 않다.[22]

다시 10년 후 화가 남생(藍生)은 58세의 육수성을 위해 또 다른 화상을 그려주었다. 육수성은 〈발정미소상〉에서 다음과 같이 말했다.

> 병인년 봄 삼월, 나는 남태학에서 와병했는데, 부량(浮梁) 남생이 사진의 일로 나를 찾아와, 흰 비단을 꺼내어 붓에다 먹을 묻혀 떨어뜨려, 경각에 나에게 작은 초상화를 그려주었다. 동자들이 돌아보면서 나를 닮았다고 하기에, 나도 손바닥을 치면서, 마치 동산양개(洞山良价)가 강물을 지날 때 그림자를 보면서 스스로 웃듯이 했다.
>
> 丙寅春三月, 予臥病南太學, 浮梁藍生以寫眞謁予, 出縑素勻毫落墨, 頃刻呈予小影. 童子相顧以爲肖予, 予亦撫掌, 如洞山過水, 覩影自笑也.[23]

당시 가정 45년 병인(1566) 늦봄이었다. 화가 남씨는 붓과 비단을 갖고 와서 알현하겠다고 청하여, 경각에 신속하게 그려내어 육씨의 소조를 완성했다. 그림이 실물과 아주 똑같았으므로, 이미 60이 다 되어 와병 중이었던 육수성은 자신의 그림자를 되돌아보면서 혼자 웃듯이 기뻐했다. 80여 세에 또 〈병중제소상(病中題小像)〉을 적었다. 이 소상이 같은 화상인지 아닌지는 확실하지 않다. 하지만 20여 년의 간격을 두고 자기의 병든 모습을 관찰했으므로 그 심경은 같지 않았다. 그 글은 이러하다.

> 하나의 기(氣)였던 처음에, 누가 너이었으랴? 대괴 속에서, 처음으로 나뉘

22_《明史》本傳.

23_《陸文定公集》, 卷14, p.10.

> 어 갈려서, 형해가 분석되어, 너와 나가 판별되었다. 무리지어 살아가는 것을, 인간세상이라 하나니, 왔다가는 돌아가고, 태어났다가는 죽는다. 소요하며 노닐다가, 태시로 돌아가면, 나는 나이고, 너는 너이다.
> 一氣初, 孰爲爾? 塊中, 始分剖. 析形骸, 判爾汝. 群然生, 曰人世. 往而復, 生則死. 逍遙遊, 還太始. 我爲我, 爾爲爾.[24]

질병은 평소의 용모를 바꾸므로, 나의 본래 면목이 무엇인지 생각하게 만들기 쉽다. 육수성은 사람의 형해는 너와 나를 판별하는 근거임을 잘 알았지만, 모든 생명은 시작도 없고 끝도 없는 사이클과 같아, 생과 사는 왕복하고 순환한다는 사실을 환기했다. 형해가 늙어 장차 관에 들어가면, 생명이 이미 종점에 임한 것 같지만, 사실 이 기는 기점으로 되돌아갈 것이니, 형해가 어디에 있겠는가? 우연히 그림의 너와 그림 밖의 내가 둘로 갈라졌을 따름이라고 했다.

육수성은 노병에 이렇게 민감했다. 이것은 '젊어서 병을 자주 앓았던' 것과 관련이 있을 듯하다. 48세 때 자제 〈정미소상(丁未小像)〉(39세상), 58세 자제 〈병인소상(丙寅小像)〉(58세 당시의 화상)은 자기의 쇠하고 병든 용모를 직시하면서 병으로 고통받고 고통 속에 즐거움을 누리는 '고민'을 털어놓았다. 80여 세의 몸으로 병중에 있으면서 다시 자기의 소상을 보고는, 심경을 바꾸어 자기를 위로하여 죽음에 대해 아무 두려워할 것이 없다고 타이르고, 광달(曠達)하고 통투(通透)한 소요의 세계로 진입하도록 스스로 격려했다. 이 심경은 육수성이 장수의 숲으로 들어가게 된 중요한 요인이었다. 진계유의 관찰은 다음과 같다.

> 공은 젊어서 병을 많이 앓았지만 뒤에는 정신이 더욱 왕성해져서, 고령이 지나서도 흰 머리에 누런 빛이 돌고, 두 뺨은 진홍색이었다. 파리 머리 크기의 글자를 쓸 수 있었으며, 달빛 아래 서적의 주석도 볼 수 있었다. 수염과 구레나룻에 서너 줄기 검은 털이 났으며, 숨을 쉬지 않기를 한참 동안 할 수 있었다. 아침에 일어나고 저녁에 잠자리에 드는 일, 음식을 씹어 먹고 도보로 다니는 일을 평소처럼 했으며, 종신토록 웃옷의 어깨를 드러내거나 맨발로 지내거나 하는 일이 없었다. 하루 종일 꼿꼿이 앉아 있었지, 지치고 피

24_〈病中題小像〉, 《病榻寤言》, p.297.

곤하여 기우뚱하게 기대려는 기색이 전혀 없었다.

公少年善病, 後益神旺. 踰大耋, 髮白加黃, 兩輔如渥丹. 能作蠅頭字, 月下視夾注書, 髯鬢間復生黑毫數莖, 鼻息閉不出入者可兩時許. 旦晚臥起, 飮啜步履皆有常, 終身不見袒跣. 竟日危坐, 亦絶無疾遽陂倚之色.[25]

(4) 야복상

육수성이 포숙아 같은 지기로 여겼던 모곤(茅坤)은 자기보다 세 살 많은 육수성이 '올바름을 지켜 아부하지 않고' '확고하고 차분한' 성격이었을 뿐 아니라, 당국자와 '네모난 장부와 둥근 구멍처럼 서로 맞지 않았던' 탈속의 정신을 지녔다고 찬양했다. 또 "귀거래해서는 홀로 천석을 비밀로 즐겨 물외에 초연했으니, 정말 나만 홀로 아는 것이지 세상에서 모두 함께 아는 것이 아니다(其來歸也, 獨祕泉石, 超然物外, 則固予之所獨知, 而或非世之所共知者)"라고 했다. 이 87세의 늙은 문호 모곤은 육수성의 알려지지 않은 측면을 알아보고 내심으로 몹시 좋아하여, 〈대종백 평천 육선생의 구십을 축수하는 글(壽大宗伯平泉陸先生九十序)〉에서 특별히 육수성이 "나의 포숙아이니 관이오를 깊이 아는 자로다(予之鮑叔, 而知管夷吾之深者也)"라고 했던 말을 인용했다. 모곤은 육수성의 이 90세 수서에서, 특히 '홀로 천석을 비밀로 즐겨 물외에 초연했던' 초월 정신을 표창했다. 육수성이 이러한 면을 보이기 시작한 것은 그렇게 늙어서의 일이 아니다. 80여 세의 육수성은 〈병중제소상(病中題小像)〉에서 형해 바깥의 대괴(大塊)에 노니는 현리(玄理)의 사유로 전환하고 질병의 고통을 누그러뜨리려고 마음에 드는 천석의 원림공간인 '적원(適園)'을 경영하여 그 안에 초연하게 거처했다.

육수성은 자찬의 〈적원포객기(適園逋客記)〉에서, "내가 적원을 경영한 것은 병진년(가정 35년, 1556)에 시작했다. 적원의 폭과 너비가 2무(畝)에 차지 않는데, 그것이 작기 때문에 자적하여, 내가 그것을 끼고서 주인 노릇 한 것이 벌써 3기(36년)가 넘었다"[26]라고 했다. 육수성은 이 2

25_陳繼儒, 〈陸文定公傳〉, pp.199-200.

26_陸樹聲, 〈適園逋客記〉, 《陸學士雜著》 〈適園雜著〉, pp.216-217; 《陸文定公集》 卷17, pp.20-22.

무에 불과한 작은 원림을 일찌감치 36년여 전 개간하여, 새 물고기와 더불어 노래하고 너울너울 소요하는 장소로 삼았다. 집필 당시 육수성은 이미 80세의 노옹이었다.

> 하지만 나는 병이 많아서 날마다 문을 닫아걸고 서식(소요)하고 있다. 간혹 열흘마다 한 번 가거나 혹은 달마다 한 번 이르렀다. […] 내가 마침 오거나 마침 가는 것은 잠깐이지만 정원의 시설은 날마다 항상되다. 항상 같은 것은 정주하는 것이고 정주하지 않는 것은 잠깐이다. 정주하는 자를 이름하여 주인이라 하고 정주하지 않는 자를 손님이라 이름하니, 정원을 주인이라 하고 나를 손님이라 하여도 안 될 것이 없다. […] 그 시원을 소급하여 그것을 차지하고 있는 것을 주인으로 삼으니, 지금 그것을 보면 과연 손님인가 주인인가? 그런데 나는 늙어 얼마 남지 않은 삶에서 오히려 그 속에 너울너울하면서 자적함을 얻으니, […] 정말로 나는 손님이로다 […] 어찌 손님이 아니라? 그러나 바야흐로 고집하여 지니고 있는 자는 자기에게 속하여 있는 하나를 두고 항상되리라 여기고, 조물자가 방여(대지)를 단지 한 줌의 흙으로 보고 있다는 사실을 모른다. […] 비록 주인과 손님의 둘 역시도 가짜 이름인데, 이와 같다면 나는 장차 명과 실에서 도망하여 그것들을 아예 잊어버리려고 하니, 주인과 손님을 변별할 것이 무어 있겠는가?
>
> 然余以多病, 日杜門以棲息也. 間或兼旬一往, 或月一至焉. […] 夫以余之適來適往者暫也, 而園之設日以爲常也. 常者曰住, 不住者曰暫, 住者名之爲主, 不住者名之爲客, 則雖謂園爲主而余爲之客, 無不可者. […] 遡其始而有之以爲主者, 今視之果客耶? 主耶? 而余以老耄餘年, 猶獲婆娑其中以爲適, […] 則信矣余之爲客也. […] 何者非客? 而拘方執有者, 以一屬於己者之謂常也, 而不知造物者之視方輿直一撮土耳. […] 雖主與客二者亦假名也, 如是者, 我將逃名實而與之相忘矣, 又何主與客之辨?[27]

작자는 외부 세계의 주와 객, 구(久)와 잠(暫), 명과 실이 복잡하게 뒤얽힌 현실에서 빠져나와 나의 생명의 활달한 경계를 깨달았다. '적원포객(適園逋客)'이라 자칭한 이 노옹은 적원 속에서 유유히 노닐면서, 자기에게 '구산산초(九山散樵)'라는 봉호도 주었다.

구산산초란 자는 성명과 자를 알 수 없는데, 구산 속에 집을 두어, 출입하

27_陸樹聲, 〈適園逋客記〉.

는 때에 도성의 저자를 피하지 않는다. 산초는 안에서 벼슬을 살다가 이미 환유(벼슬살이)에 싫증을 내어 사직하여 떠나면서, "난대(蘭臺)와 석실(石室)에 처하여 제군들과 더불어 기이한 서적들을 마구 수집하는 일을 한다면, 나는 그 일을 제대로 할 수가 없다. 언덕 하나 골짝 하나에서 바야흐로 나의 일을 내가 한다면, 누가 나와 겨루겠는가? 그래서 세속에 내키는 대로 이리저리 다니고 소요하면서 마음껏 지내어, 산수의 아름다운 곳을 만나면 편안하게 다리를 쭉 뻗고 앉아 즐기고, 사방에 아무도 없으면 휘익 긴 휘파람 소리를 내면 그 소리가 숲과 골짜기에 울리고는 한다. 때때로 작은 수레를 대령하라고 명하여 야복을 걸치고 떨이채를 손에 들고 책을 옆에 끼고서 한 두 창두(종)를 데리고 근교로 나가 노닐어 절간이나 정사에 들어가 배회하면서 돌아가길 잊는다. 산 늙은이, 들판 농부, 숨어 지내는 자, 선정의 희열을 아는 자를 마주하여, 가시풀 잎을 깔고 나란히 앉아 티끌세상 바깥의 일을 논하고 사계절의 변화를 헤아리면서, 식물을 심고 땔나무를 캐며 약용식물을 복용한다. […] 시와 글씨로 스스로 즐기고, 흥이 극에 달하면 〈벌목〉과 〈벌단〉 두 편을 큰 소리로 노래하고, 지치면 파초 가의 초가에서 몸을 쉰다. 손님이 오면 좌탑으로 나아가 함께 이야기하다가, 문득 사양하길, "나는 바야흐로 화서(華胥, 상상의 세계)에 노닐고 희황(羲皇, 상상의 제왕)을 접하고 있어서 그대의 말을 대꾸할 겨를이 없소"라고 한다. […] 마음속을 털어내어 스스로 쾌적해 하길 이와 같이 한다. […] 일찍이 스스로를 산초라 명명하고 이렇게 말했다. "나는 천지를 거려(집)로 여기고 운물(구름)과 벗하면서, 서사(書史, 고전)로 산의 수풀을 삼고 술작(述作, 저술)을 초동의 도끼로 삼아, 고금을 아울러서 봉식(封殖, 초목을 가꾸는 영토)으로 여기고 음영을 빌려서 소구(嘯謳, 휘파람과 노래)를 대신한다. […] 그러므로 내가 산등성을 올라가고 험한 곳을 건너며, 원숭이와 친하게 지내고 호랑이 표범과 무리를 이루어, 형극의 장(과거 시험장)에 몸을 두고 내 멋대로 겹겹층의 풀을 베어내어, 그것들을 주워다가 많이 쌓은 뒤에야 진정으로 나무하는 자라고 하겠는가?"

九山散樵者, 不著姓字, 家九山中, 出入不避城市. 樵嘗仕內, 已倦游謝去, 曰: 使余處蘭臺石室中, 與諸君獵異搜奇, 則余不能. 若一丘一壑, 余方從事, 孰余爭者? 因浪跡俗間, 徜徉自肆, 遇山水佳處, 盤礴箕踞, 四顧無人, 則劃然長嘯, 聲振林谷. 時或命小車, 御野服, 執麈尾挾冊, 從一二蒼頭出遊近郊, 入佛廬精舍, 徘徊忘去. 對山翁·野老·隱流·禪伯, 班荊偶坐, 談塵外事, 商略四時, 樹藝樵採服食. […] 以詩筆自娛, 興劇則放歌伐木伐檀詩二章, 倦則偃息樵窩中. 客至造榻與語, 輒謝曰: "余方游華胥·接羲皇, 未暇理君語. […]" 其放懷自適若此. 常自命散樵, 曰: "余將蘧廬天地, 曹耦雲物, 以書史爲山藪, 述作爲樵斧, 包古今以類封殖, 藉吟詠以代嘯謳. [⋯] 然則使余攀巒躋阻, 狎猿猱・群虎豹, 措身荊棘之場, 肆意戕伐累苴, 拾以厚封殖而後爲眞樵者乎?"[28]

〈구산산초전〉은 도연명의 〈오류선생전〉을 이어 별전(別傳)의 전통을 계승했다.[29] 이 글은 〈적원포객기〉와 함께 육수성이 난대의 벼슬살이를 멀리 벗어나 초동처럼 임원에 은일하는 형상을 조형해 내었다. 이 전은 특히 '적원'에 은퇴하여 생활하는 세부 사실과 심리적 기대를 서술했다. 육수성은 '구산산초'를 위한 문자를 통해서 자아를 묘사해서 '야복을 걸치고 떨이채를 손에 들고 책을 끼고 있다'라고 했다. 이 표현은 화가가 그를 위해 그린 〈야복상〉과 호응한다. 육수성은 야복을 입은 자기의 화상을 응시하고는 이렇게 제영했다.

나를 옥당과 금마에 두어도 영광으로 여기지 않고, 나를 청천과 백석의 사이에서 찾아도 곤궁으로 여기지 않는다. 산에 달이 뜨고 시내에 바람이 불어오면, 그 속에서 소요하여, 갈건 쓰고 청려장 짚고서, 떨이채를 조용히 흔든다. 나를 아는 사람은 적원 주인이라 할 것이요, 나를 모르는 사람은 한음의 하상공이라 하리라.

置我於玉堂金馬不爲榮, 索我於青泉白石不爲窮. 山月溪風, 徜徉其中. 葛巾藜杖, 揮麈從容. 知者謂適園主人, 不知者謂漢陰老河上公.

그림 속의 자기는 어떤 모습인가? 동곳과 인끈, 자색 관포를 벗어버리고 갈건으로 바꾸어 쓰고 청려장을 짚고 산의 달과 시내의 바람 속을 소요하고 있으니, 몸이 옥당전과 금마문이 있는 한림원에 처해도 영광스럽게 여기지 않고 온종일 청천이나 백석과 대오를 이루어도 곤궁하다고 느끼지 않는다. 자신이 다시는 영욕과 궁달의 문제로 고통을 받지 않는다는 것에 환희하면서 그것을 만족스럽게 여기고 느긋하게 지내니, 외인은 그를 상고 시대의 신선으로 여길 정도이되, 그는 도리어 순전히 현

28_陸樹聲, 〈九山散樵傳〉, 《適園雜著》, pp.212-213; 《陸文定公集》, 卷17, pp.11-12.

29_陶淵明은 〈五柳先生傳〉에서 竹林七賢과 마찬가지로 樹木을 별호로 삼아 '林下之風'을 드러냈으며, 別傳을 가지고 뜻을 표시했다. 일본의 小川環樹는 〈五柳先生傳〉을 도연명의 자화상과 자찬으로 보았다. 小川環樹, 〈五柳先生傳と方山子傳〉, 《中國古典研究》 第13期, 1965.

실 속에 살아 있으면서 자기의 적원을 배회하는 주인이다.

'적원포객'이기도 하고 '구산산초'이기도 했던 육수성은 교야에서 마음 내키는 대로 다닐 때 갈건을 쓰고 여장을 짚은 모습이었으므로 '야복을 걸쳤다'고 했다. 야복은 야인의 복색, 혹은 재야의 복장이다.[30] 야인은 농민·어부·초부 등 임야에서 먹을 것을 구하는 자를 말한다. 초기의 귀족은 야복을 입을 기회가 있었다. 《예기》〈교특생(郊特牲)〉에 "황의와 황관으로 제사를 지내니, 전부(田夫)를 쉬게 하는 것이다. 야부는 황관을 쓰는데, 황관은 초복이다. […] 초립으로 이르러 오는 것은 야복을 존중하기 때문이다(黃衣黃冠而祭, 息田夫也. 野夫黃冠. 黃冠, 草服也. […] 草笠而至, 尊野服也)"라고 했다.[31] 당나라 공영달의 소(疏)에 "초립은 야인의 복색이다. 지금 한 해가 끝나고 공이 이루어진 것은 전야의 사람으로서 얻은 것이므로, 그 일을 중히 여기고 그 복색을 존중하는 것이다"라고 했다. 한 해가 끝나고 농제를 지낼 때, 귀족은 상징적으로 농부의 옷을 입어 농사를 존중하는 뜻을 보였다. 이 야복은 후대에는 사대부가 벼슬을 그만두고 전야로 내려갈 때 입는 옷으로 발전했다. 송나라 나대경(羅大經)은 "주문공(주희, 주자)은 만년에 야복으로 객을 만나 곁에 나란히 자리했다고 한다. 형양(滎陽) 여공[여희철(呂希哲)]은 일찍이 말하길 '경낙(서울)에서 치사한 관리가 남과 만날 때는 한거의 야복을 걸치는 것을 예로 삼았거늘 바깥 고을에서는 그러하지 않는다' 한탄했으니, 그 뜻이 깊도다!"[32]라고 했다. 만년의 주희가 퇴휴 후에 손님을 만날 때 입은 야복은 재야에 한거할 때 입는 편복을 가리키므로 조정에서 관직에 있을 때 정식으로 입는 등급이 삼엄한 예복과는 다르다. 관리가 조정에서 퇴근하여 한거하는 것을 연거(燕居)라 했으므로, 야복은 사대부의 편복으로, 혹 연복(燕服)이라고도 일컬었다.

육수성에게는 또 다른 야복상으로 〈봉립소상(蓬笠小像)〉이 있다. 자제는 이러하다.

30_周汎·高春明編著,《中國衣冠服飾大辭典》, 總類, p.10.

31_鄭玄注,《禮記》〈郊特牲〉, 王雲五主編,《四部叢刊》正編(台北: 台灣商務印書館, 1990), p.81.

32_羅大經,《鶴林玉露》(北京: 中華書局, 1997), 乙編, 卷2〈野服〉條, p.146.

정수리에는 삿갓 쓰고 몸에는 쫑긋하게 도롱이를 걸치고는, 손에는 마른 나무지팡이를 들었으니, 숲 사이에 노니는 외관이요, 진속을 벗어난 자취로다. 존귀한 지위에 있어도 자취를 거두어 머물지 않는다. 세간에서 벗어나는 법에 대해서는, 배우기는 했어도 통하지 못했기에, 시절에 대해 언건(偃蹇, 오만함)하며, 본성에 내맡겨 추솔하고 용렬하다. 드세게 굴어 남과 다른 설을 세우지도 않고, 굽실굽실 구차하게 뇌동하지도 않노라. 만족해하는 것은, 언덕 하나와 골짝 하나. 반려가 되는 것은, 산의 달과 시내의 바람. 바깥은 넉넉하고 안은 소박하며, 검검하니 마치 충막(沖漠)한 듯하여라. 흡사하게 방불하기는, 아마도 시내에서 낚시하는 늙은이와 들에서 밭가는 농부가 아니겠는가! 기억해주는 사람도 없고 알아주는 사람도 없이, 무회씨(無懷氏)와 갈천씨(葛天氏)의 풍모를 그리워하는 자가 아니겠는가!

頂笠竦篷, 手揸枯笻. 林間之相, 俗外之蹤. 在尊貴位, 收之不住. 于出世法, 學焉未通. 與時偃蹇, 任性麄庸. 不矯矯以立異, 不容容以苟同. 所自足者, 一丘一壑. 爲之侶者, 山月溪風. 裕外朴中, 侗兮若沖. 彷彿其似, 殆庶幾乎釣溪之叟, 耕野之農! 不識不知, 而慕無懷葛天之風者耶![33]

육수성은 그림 속의 자기를 자세히 살폈다. 삿갓을 쓰고 도롱이를 입고서 나무 지팡이를 짚고 수풀 사이를 만보하여, 속세를 멀리 벗어난 자취는 지절이 고매한 듯도 하다. 하지만 '시절에 대해 언건'하고 '본성에 내맡겨 추솔하고 용렬'한 자기를 마주하고는 존귀한 길에도 세간을 벗어난 길에도 모두 통하지 못했다고 참회하고 자책한다. 이어서 다시 자기를 긍정하여, 드세게 굴어 남과 다른 설을 세우지도 않고, 굽실굽실 구차하게 뇌동하지도 않으며, 마음속 바람은 그리 크지 않아서 다만 언덕 하나 골짝 하나면 만족하다고 했다.

야복은 농민 · 어민 · 초동의 작업복이다. 사인이 은둔할 때 이것을 교야에 만보하는 한거(閑居)의 편복으로 삼은 것은 심지를 드러내는 '기호'로 여긴 것이라고 볼 수 있다. 명나라 사람 장추(張丑)는 이렇게 말했다.

야복의 제도는 일민자의 무리에서 시작되었다. 대개 명리의 족쇄를 벗어던지고 청고한 문호를 열고자 하는 자가 걸치는 것으로, 현막(玄漠)의 경지에

33_《陸文定公集》卷14, p.14.

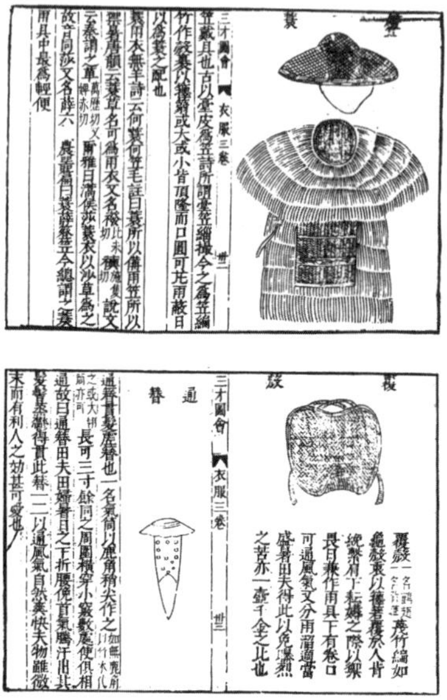

그림 1-6. 《삼재도회》 야복도 1: 사립·부각·통잠

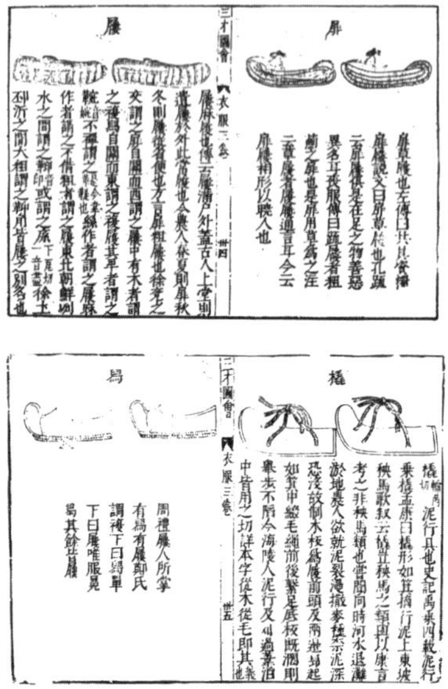

그림 1-7. 《삼재도회》 야복도 2: 비·구·취

서 본성을 닦고, 홍허(弘虛)의 경지를 흉도에 품지 않으면 그럴 수가 없다.
野服之制, 始于逸民者流. 大都脫去利名枷鎖, 開淸高門戶之所爲, 自非繕性玄漠抱度弘虛勿能也.[34]

장추는 옛 서적 속의 야복 양식을 널리 찾아서 《야복고(野服考)》를 저술했다. '사슴 가죽 옷에 흰 띠', '불차(不借)'[즉 초리(草履)], '풀옷(草裳)', '단갈(短褐)', '나무껍질 옷과 미투리' '무른 삿갓에 녹색 도롱이' 등이 곧 야인·일사의 일상 의복이다(그림 1-6, 그림 1-7).[35] 야복의 기호적 의미는 그 제도에 규식이 없고 예제의 규범을 받지 않는 데 있다. 야복은 후세의

34_張丑, 《野服考》, 《美術叢書》(台北: 藝文印書館, 出版年次不一), 第2集 第10輯, pp.147-154.

35_《三才圖會》에는 야복과 상통하는 그림이 있다. 이를테면 笠(삿갓), 簑(우의), 覆殼(대로 엮어 등을 덮어 햇빛을 차단하고 비를 막는 것으로 사용하는 도구), 屝(짚신), 屨(麻屨, 농민은 봄여름에는 짚신, 가을 겨울에는 屨를 신는다), 橇(진흙을 갈 때 사용하는 도구), 木屐(춘추 시대에 이미 있어서, 司馬晉은 常服으로 삼았다) 등등이다. 《三才圖會》〈衣服〉卷三, pp.674-676. 또한 僧衣, 道衣, 軍服 등도 있다. p.676.

학사·대부가 잠영(벼슬)에 대한 연모를 벗어던진 이후의 선언과 표상이 되었다. 풀잎과 죽엽으로 만든 야복을 입는 것은, 참 도리를 얻은 평온함을 보이지는 않더라도, 일체의 예제와 속투를 벗어나, 관복을 입어야 하는 벼슬 세계와 경계를 분명히 그은 사실을 드러낸다. 농민·어민·초동의 외적 분장은 은일 추구의 내면 심지를 전달한다. 야복은 '진흙 세상에서 매미 허물 벗듯이 빠져나와 먼지세상의 밖에서 떠돌며 노니는(蟬蛻淤泥之中, 浮游塵埃之表)' 상징 부호가 되었다.[36] 육수성의 '야복'은 나무꾼, 낚시꾼, 혹은 농부의 분장이며, 야복을 걸치는 것은 진박(眞樸)으로 회귀하는 행동이라고 할 수 있다. "기억해주는 사람도 없고, 알아주는 사람도 없이, 무회씨와 갈천씨의 풍모를 그리워한다"라는 것은 자기 화상을 응시하는 동안 시종 마음에 품고 있던 내면의 목소리이다. 진박으로 회귀하는 행동의 배후에 있는 동력과 심성은 그의 모든 자전에 관통되어 있다. 육수성은 자신의 공복상을 대하더라도 미래에는 "한 골짝에 몸을 맡겨 담박하게 아무 경영하는 것도 없이 남은 생을 즐기리라(投老一壑, 澹然無營, 惟樂餘年)"(〈공복상〉 자제)라고 기대했다.

87세의 모곤은 지기의 모습으로 말하길, 공이 "홀로 천석을 비밀로 즐겨 물외에 초연했으니, 정말 나만 홀로 아는 것이지 세상에서 모두 함께 아는 것이 아니다"라고 했다. 그리고 90세 육수성을 축수하는 하례에 달려가서 남들과는 다른 식으로 축언을 했다. "대종백 평천공의 나이가 90이다. 친구 아무개가 구장(鳩杖) 하나, 죽주(竹麈) 하나, 탁관(籜冠) 하나, 아울러 함정에 빠진 사슴 한 마리를 가지고 가서, 공손히 절하여 이마를 땅에 까지 절한 후, 크게 말씀을 올려, '공은 정말로 천하의 위인이십니다'라고 했다(大宗伯平泉公之年九十也. 友人茅某手持鳩杖一, 竹麈一, 籜冠一, 併穽鹿一, 而拜手稽首, 颺言曰: 公固天下之偉人)."[37] 높은 수명을 상징하는 비둘기 머리 모양의 장식을 한 나무 지팡이와, 야복에 어울리는 행장인 죽주(竹麈)·죽관(竹冠)으로 축수하여, 산림 명지(明志, 벗)로서의

36_명나라 謝遷도 〈自題野服行樂圖에서 去仕就隱의 목소리를 표현해서 "跡誤厠于廟廊, 榮謬膺夫軒冕. […] 謝世路之紛華, 遂平生之疎懶, 肆川泳而林棲, 玩霞舒而雲惓"라고 했다. 《歸田稿》, 卷4, 《文淵閣四庫全書》, 第1256冊, p.39.

37_茅坤, 〈壽大宗伯平泉陸先生九十序〉, pp.678-679.

그림 1-8. (청) 비단욱, 〈입극도〉 삽도, 비단, 채색, 22X30.5cm, 대북 염성루(念聖樓).

우정을 펼쳐 보였다.

육수성은 동파 소식(蘇軾)의 야복도를 보고 다음과 같이 제한 적이 있다.

> 관면을 쓰고 조정에 있을 때는 뭇 사람이 노하고 무리가 헐뜯어서 시대에 용납되지 못했으나, 산인의 용모와 야인의 복식으로 바꾸자, 앞을 다투어 와서 즐겁게 목도한다. 저것도 동파요, 이것도 동파이니, 관람자가 여기에서 동파를 대신하여 한바탕 비웃노라.
>
> 當其冠冕在朝, 則衆怒群咻, 不可於時. 及山容野服, 則爭先快覩. 彼亦一東坡, 此亦一東坡, 觀者於此, 聊代東坡一哂.[38]

육수성의 벼슬살이 처지가 어찌 소식과 같지 않았겠는가? 관면을 쓰고 공복을 걸치고 조정에 있을 때 소식은 당시 원우(元祐) 신당의 눈엣가시였다. 이는 육수성이 가정 연간에 당국자와 투합하지 못했던 처지

38_陸樹聲,〈題東坡笠屐圖〉, 施蟄存編,《晩明二十家小品》(台北: 新文豐, 1977), p.24.

를 영사(映射)한다. 소식은 경주(瓊州)[광동성 남부의 고을]에 방축되어 있던 어느 날 친우를 방문했다가 비를 만나 삿갓을 쓰고 나막신을 신었는데, 소식의 이 형상에 대해서 세상 사람들은 다투어 〈입극도(笠屐圖)〉를 제작했다(그림 1-8). 산인의 용모에 야인의 복색을 한 소식은 재능이 많아 세상을 내리 깔아보고 풍류가 있고 기세가 헌앙했기에 사람들은 그의 풍모를 듣고 마음이 쏠려 남에게 뒤질세라 먼저 한번 보고자 했다. 소식의 경우 이때는 이렇고 저때는 저러한 영고성쇠를 겪었다. 육수성은 그 사실을 또렷이 알고 있었다.

(5) 종교성 화상

진계유는 〈육문정공전〉의 여러 곳에서 육수성의 멋진 자태에 대해 언급했다. "공은 턱이 풍성하고 어깨는 솟아 있으며, 신장은 칠척이고, 작은 눈은 조용하고 깊어 빛을 안에 머금고 있어서, 햇빛 속에서도 눈을 깜빡이지 않았다(公豐頷竦肩, 長七尺, 有陋目靜深, 含光內藏, 當日中抗對不瞬眩)"라 했다. 그리고 "의관을 차려 입은 모습이 아주 훌륭하며, 눈썹이 두툼하고 치아가 두드러지게 새하얗고, 정신이 내리 쏟아져, 사람이 더욱 단정하며(衣冠甚偉, 龐眉皓白, 精神注射, 人更端伸)", "하루 종일 꼿꼿이 앉아 있어도, 몸이 고단하여 기우뚱한 기색이 전혀 없고(竟日危坐, 亦絶無疾遽陂倚之色)", "기린과 봉황과 같아 길들일 수가 없다(麟鳳不可馴擾)"라고도 했다. 이러한 의태를 두고, 위로는 신종 황제와 밖으로 조선 사신에 이르기까지 모두 그가 하늘의 사람처럼 우람하다고 찬탄했으며,[39] 교만한 소년들까지도 감화시킬 정도였다.

> 야박한 풍속이 남을 비난하길 좋아하여, 혹 소년들 가운데 교만하고 덜렁거리는 자들이 선배를 능멸하고 책망하길 좋아했으나, 공에게 말이 미치면 모두 옷깃을 여미고 탄식하면서 이의를 달지 않았다.

39_진계유는 〈陸文定公傳〉에서 陸樹聲의 소년 때 독서 탐닉에 대해 다음과 같은 신화를 만들었다. "獨嗜書, 族人毁其書, 驅就田跣而耕, 蘆刺入足趼中, 歸則挾書避人讀之. 忽從杵臼間習爲文, 拾殘紙錄文以呈族兄, 驚以爲奇, 勉就學. 公父未之許也, 公灑涕跽請, 乃遣就里師授經." 〈陸文定公傳〉, p.198.

> 薄俗好訾議, 或少年趫捷, 喜凌侮責備先達, 至語公, 皆斂衽嘆息無間言.

진계유는 육수성보다 반세기 정도 늦게 태어났으나, 그와 망년지교를 맺고 정세한 내용을 담은 전을 지었다.[40] 전의 끝에서는 육수성에 대해, '고풍으로 높은 자리에 오르고(高風漸逵)', '고령의 숙덕이며(耆年宿德)', '봉록과 지위에 명성과 수명을 갖춰(祿位名壽)', '선종에 유희하고(游戲禪宗)', '복희의 획(주역)에 정신을 쏟고(潛神羲畫)', '충신독경(忠信篤敬)으로', '바름을 지켜 아첨하지 않았다(守正不阿)' 등등, 여러모로 추숭했다. 끝에 가서는 "마침내 고금의 완인(完人)이었다"라고 극찬했다. 백성을 사랑하고 백성과 친화했던 이 완인은 대중으로부터도 사랑을 받고 추대되었다.

> 매번 공이 이르러 온다는 말을 들으면, 모여드는 사람들이 담장을 이루듯 하여, 밭일하는 아이나 농사 짓는 노인에서부터 치의를 걸친 승려나 황관을 쓴 도인의 무리에 이르기까지 사랑하고 흠모하여 즐겨 모이지 않는 사람들이 없었다. 공은 수레에서 내려(부임지에 착임하여) 작황을 살피고 풍속을 물으며, 백성에게 편안한지 고달픈지 묻고, 홍수나 가뭄을 만나면 반드시 공문서를 보내어 관아 창고의 비축을 덜어서 진휼할 것을 의론하니, 백성이 이에 힘입어 조금 살아났다. 생신에는 향과 저화를 가지고 와서 공을 위해 탑묘(塔廟)에서 기도하는 자들이 아주 많았다. 공의 상을 그림으로 그린 것이 원근의 명산에 편재했다. […] 돌아가신 날에는 서로서로 슬퍼하고 애석해하여, 장례에 모인 사람이 만여 명이나 되었고, 동네는 거의 파시(罷市)의 상태가 되었다.
>
> 每聞公至, 聚觀者如堵墻, 凡田童野老以及緇黃者流, 莫不愛慕而樂就之. 公下車閱耕問俗, 咨便宜病苦間, 遇水旱必移書議捐賑, 民藉稍甦. 生辰之日, 攜香楮爲公禱於塔廟者甚衆. 繪畫公像, 偏遠近名山. […] 歿之日悲惋交屬, 會葬者萬餘人, 里中幾於罷市.[41]

민중은 육수성의 은택에 감격하여 곳곳마다 분분하게 그의 화상을 그려 명산의 탑묘 속에 걸어두고, 생신이 되면 분향하고 축수했다. 원근

40_〈陸文定公傳〉. "公立朝大節, 炳若三光, 其生平勤小物·護細行, 世未必盡知之, 余故識其小者以備公四時之氣而已."

41_〈陸文定公傳〉.

의 명산 탑묘 안에 상을 건다는 것은 불보살이 공양을 받을 때의 기념 화상처럼 종교적 신성성을 띠었음을 뜻한다. 이것은 육수성 만년의 심경과 서로 부응하는 듯하다. 육수성은 만년에 병을 칭하여 귀거래한 후 선학에 마음을 부쳐, 성 밖에 오두막을 짓고 작은 방을 두고 그 위에 좌구를 설치하여 가부좌를 하기도 하고 편히 쉬기도 하며 한두 선객과 청담을 나누었으며, 《선림여조(禪林餘藻)》 1집을 저술했다. 이 책에는 많은 불상과 고승의 상찬이 실려 있다.[42] 그 가운데 하나가 〈묘탑상자찬(泖塔像自贊)〉이다. 묘탑상은 명산 탑묘에 걸렸던 수많은 육수성 화상 가운데 하나로, 육수성은 자기 화상이 민중에 의해 탑묘에 걸려 있는 것을 보고 다음과 같이 자찬했다.

> 어찌 문장이 있다고 집현전에 두랴? 훈업도 없으니 능연각에 오르지 못하리라. 노거사로 그림이 그려져, 백향산(백거이)과 더불어 깨끗한 인연을 맺고파라.
> 豈有文章置集賢? 也無勳業到凌烟. 只應畫作老居士, 留與香山結淨緣.

집현전은 당대 문학 삼관(三館)의 하나로, 그 관원은 경적을 편집 간행하고 일서(佚書)를 수집하는 직책을 맡았다. 능연각은 당나라 태종이 24명의 공신을 위해 화상을 그려 걸어둔 전각이다.[43] 육수성은 당나라 태평성세에 전각을 지어서 화상을 걸어두었던 일을 회상했다. 화상

42_《陸文定公集》 卷18은 《禪林餘藻》, 卷25는 《續禪林餘藻》이다. 이 둘은 모두 육수성의 고승 상찬을 수록하고 있다. 전자는 또한 《陸學士雜著》, pp.272-290에 수록되었다. 육수성은 이렇게 말했다. "余自謝病歸閑, 結廬城外, 闢斗室於艮隅, 廣不踰尋, 中設坐具, 名木上座者, 至則跏趺燕息其上, 偕一二禪客, 談空宗之指, 坐久忘勞, 冥心教息, 得靜中三昧爲小休歇. […] 萬曆己丑(按: 萬曆17, 1589, 陸氏81歲)孟冬旣望解空居士陸樹聲." 《禪林餘藻》〈木上座〉條識語, 同上, p.290.

43_《文獻通考》〈職官考·集賢殿〉 기록에 따르면 集賢殿은 당나라 태종 開元 때 이 이름으로 바뀌었다. 당나라 때는 文學三館이 있어, 昭文·史館·集賢을 三館이라 했다. 五品 이상을 學士라 했으며, 經籍의 刊輯, 佚書의 搜求를 맡았다. 송나라 때 集賢院으로 바뀌었다. 《大唐新語》에 "貞觀十七年, 太宗圖畫太原倡義及秦府功臣趙公長孫無忌·河間王孝恭·蔡公杜如晦·鄭公魏徵·梁公房玄齡 […] 等二十四人於凌煙閣, 太宗親爲之贊, 褚遂良題閣, 閻立本畫"이라 했다. 劉肅, 《大唐新語》, 《叢書集成初編》(北京: 中華書局, 1985), 2742冊, 卷11 〈褒錫〉 第23, p.115를 참조.

의 인물들은 재상·대학사이거나 공적이 빛나는 훈신이었다. 80여 세의 육수성은 가경·융경·만력의 어두운 시기에 처하여, 문장과 훈업을 둘 다 이루지 못했다고 겸손해하며, 자신의 화상을 훈신들의 화상처럼 조정 전각에 걸 수는 없다고 했다. 하지만 은혜를 백성에게 끼쳐 그들이 감복해서 거사의 상이 불탑묘당에 걸릴 수는 있었다. 진계유가 "선종에 유희하길 백향산(백거이)처럼 했다"라고 했듯이, 이 해공거사는 향산거사 백거이가 만년에 부처에 귀의한 예를 뒤따르려고 했다. 육수성의 생전에 탑묘 전벽에 걸렸던 화상은 육씨가 세상을 뜬 후 유상이 되어, 엄연히 신령한 상으로 변하여 민중의 분향과 기도를 받았다. 애석하게도 육수성은 그런 화상들을 관람 한 뒤의 느낌을 말할 수 없었으니, 이는 후대의 지기를 기다려야 했다.

(6) 소결

육수성의 반생은 벼슬살이 바다에서 잠겼다 떴다 하고 벼슬길에 나아갔다가 거기서 물러났다가 하다가, 마침내 재야로 돌아가 은둔하여 산의 달 아래 자유롭게 기거하고 선림에서 노닐었다. 그의 화상과 제찬은 편년 기사의 의의를 지니는 데 그치는 것이 아니다. 공복, 조복, 관복, 야복, 삿갓과 도롱이 등 각기 다른 분장으로 재현된 모습은, 각기 재조, 재야, 세속 신분의 화상을 대표한다. 게다가 탑묘에 걸려 기도의 대상이 된 신성한 화상도 있다. 화상은 편안한 모습, 근심하는 모습, 웃는 모습, 산인의 모습, 병든 모습 등 갖가지이다. 이 화상들은 인생의 단면과 방불하여, 갖가지 상이한 목소리를 낸다. 환희도 있고 근심도 있으며, 확인도 있고 질의도 있으며, 찬탄도 있고 참회도 있으며, 너그러운 위로도 있고 질책하는 비난도 있다. 여러 목소리들이 떠들썩하게 뒤섞여서 이것이 일어나면 저것이 수그러드는 식이다. 적원포객(適園逋客), 구산산초(九山散樵), 십연주인(十硯主人), 도산선사(道山仙史), 장수어은(長水漁隱),[44]

44_陸樹聲은 〈九山散樵傳〉·〈適園逋客記〉 이외에도 自傳文의 부류로 〈海上仙遇記〉·〈硯室記〉 두 글을 남겼다. 앞의 글에서는 道山仙史라 자칭했고 뒤의 글에서는 十硯主人이라 자칭했다. 〈海上仙遇記〉는 《適園雜著》, p.213. 〈硯室記〉는 施蟄存編, 《晚明二十家小品》,

해공거사(解空居士) 등의 이름이 서로 갈마든다. 화상 · 제찬 · 자전은 호문(互文)의 특성을 지녀, 서로 상관관계를 맺고 있다. 그리고 서로를 비추면서 잠재적 대화를 해나가 육수성의 풍부한 인생 그림을 이룬다.

2) 화상자찬의 문체

(1) 찬의 문체

앞에서 말했듯이, 육수성의 일생에 걸친 화상자찬은 육수성의 기타 자전성 텍스트와 함께 읽어야 육수성의 일생을 더욱 뚜렷하게 그려볼 수 있다. 화상 제영은 텍스트 유형의 관점에서 볼 때[45] 시각 정보인 도상과 사유 정보인 문자, 이 두 유형으로 나뉜다. 도상은 문사소상(文士小像)의 화적과 판화를 아우른다. 문자는 화상에 둘러져 있는 제영이다. 곽등봉의 《역대자서전문초》와 두연철의 《명인자전문초》는 역대 및 명나라의 자전 텍스트들을 분류하고 편집하여, 명대 자전 문학을 살피는데 편리하다. 두연철 선집은 제화 텍스트 유형으로 소상자제(小像自題) · 소상자찬(小像自贊) · 자서화상기(自書畫像記) · 화상자발(畫像自跋) 등을 두었고, 곽등봉의 책은 하권 병조(丙組)에 '도화에 부기된 자서'의 부류를 두었다.[46] 문체는 제발, 찬, 기 3종에 속하며, 그 가운데 상찬의 수량이 가

---

pp.18-19.에 들어 있다. '長水漁隱'은 陸樹聲이 〈長水日抄小引〉에서 서명한 별호이다. 陸樹聲,《陸學士雜著》, p.320.

45_현대 비평가들이 사용하는 텍스트 개념은 문학의 텍스트에 한정되지 않고, 영화 · 회화 · 음악 등 다른 예술 텍스트에도 적용되어, 일체 언어·기호의 구조물을 가리킨다. 이로써 텍스트는 사회문화의 맥락에 존재하며 해독되는 대상이다. 王先霈 · 王又平主編,《文學批評術語詞典》(上海: 上海文藝出版社, 1999), 〈文本和作品〉, '文本'條, pp.167-169.

46_杜聯喆輯, 《明人自傳文鈔》; 郭登峯輯, 《歷代自敍傳文鈔》(台北: 台灣商務印書館, 1965). 후자는 篇章의 성질에 따라 自敍傳과 準自敍傳의 둘로 구분하고, 위로 서한에서 시작해서 민국 시대까지 모두 140편을 수록했다. 대상으로 보면, 본인의 일생이나 반생의 綜述, 혹은 본인의 모종의 성격을 대표할 만한 한 단락이나 서너 단락의 글을 포함한다. 모두 상하 8組로 나뉜다. 上卷: 甲組－單篇獨立自敍文, 乙組－著述附記自敍文, 丙組－自作傳記, 丁組－自作墓誌銘. 下卷: 甲組－書牘體自敍文, 乙組－辭賦體詩歌體自敍文, 丙組－哀祭體 · 雜記體 및 圖畫附記自敍文, 丁組－自狀自訟自贊. 郭登峯輯,《歷代自敍傳文鈔》, 〈編

장 많다. 여기서는 화상자찬을 핵심 텍스트로 삼아, 먼저 찬의 문체에 대하여 살펴보고자 한다.

문장가는 상당히 일찍부터 문체들을 분류했다. 이를테면《문심조룡》〈정세편(定勢篇)〉은 다음과 같이 말했다.

> 장표주의(章表奏議)는 전아(典雅)함을 준적(準的)으로 삼는다. 부송가시(賦頌歌詩)는 청려(淸麗)함을 우의(羽儀)로 삼는다. 부격서이(符檄書移)는 명쾌한 판단을 해식(楷式)으로 한다. 사론서주(史論序注)는 핵요(覈要)를 사범(師範)으로 한다. 잠명비뢰(箴銘碑誄)는 홍심(弘深)을 체제로 삼는다. 연주칠사(連珠七辭)는 교염(巧艶)에 종사한다. 이것들은 체에 따라 형세를 이루며 변화에 따라 공을 이루는 것들이다.
>
> 章表奏議, 則準的乎典雅. 賦頌歌詩, 則羽儀乎淸麗. 符檄書移, 則楷式於明斷. 史論序注, 則師範於覈要. 箴銘碑誄, 則體制於弘深. 連珠七辭, 則從事於巧艶. 此循體而成勢, 隨變而立功者也.[47]

유협(劉勰)의 '부송가시(賦頌歌詩)' 네 글자는 오눌(吳訥, 1372-1457)의《문장변체(文章辨體)》에서는 한 글자를 바꾸어 '찬송가시(贊頌歌詩)'라고 했다.[48] 유협은 이 문체가 청려한 문필에 속하면서 높은 위의의 기풍을 지닌다고 강조했다. 오눌은 유협이 말한 문체의 정세(定勢)에 대하여 더욱 섬세하게 논했다.

> 성대한 덕을 형용하고, 아름다운 공덕을 현양하는 것이 송(頌)이다. [···] 일을 평가하고 공을 비교하며 사실을 고찰하여 이름을 바로잡는 것이 명(銘)이다. 옛일을 원용하여 지금을 풍자하고 득실을 잠계하는 것이 잠(箴)이다. [···] 의논하여 현양하는 것이 찬(贊)이다. 의식에 올려서 숭상하는 것이 책(冊)이다. 부류를 말하여 분석하는 것이 논(論)이다. 적의함을 판단하여 헤아리는 것이 의(議)이다. 혐의를 변별하여 밝히는 것이 변(辨)이다. 시비를 바로잡아 드러내는 것이 설(說)이다. 기(記)란 일을 기록하는 것이

者的話〉, pp.2-30.

47_劉勰著 · 王更生注譯,《文心雕龍讀本》(全2冊)(台北: 文史哲出版社, 1984), 下冊,〈定勢第三十〉, p.63.

48_劉勰著 · 王更生注譯,《文心雕龍讀本》(全2冊)(台北: 文史哲出版社, 1984), 下冊,〈定勢第三十〉, p.63.

다. 기(紀)란 사실을 순서대로 기록하는 것이다. 서(書)란 찬(撰)하여 서술하는 것이다. 책(策)이란 조목을 들어서 대답하는 것이다. 전(傳)이란 전하여 믿을 수 있게 하는 것이다. 서(序)란 풀어내어 진설하는 것이다. 비(碑)란 사공을 열거하여 금석에 싣는 것이다. 갈(碣)이란 조행(操行)을 들어서 묘수(墓隧, 묘도)에 세우는 것이다. 첩(諜)이란 평소의 행리(行履)를 누적하여 귀신에게 질정하는 것이다. 지(誌)란 명(名)과 계(系)를 기록하여 광혈에 묻는 것이다.

形容盛德, 揚厲休功謂之頌; […] 程事較功, 考實定名謂之銘; 援古刺今, 箴戒得失謂之箴; […] 諮而揚之者贊也. 登而崇之者冊也. 言其倫而析之者論也. 度其宜而揆之者議也. 別嫌疑而明之者辨也. 正是非而著之者說也. 記者, 記其事也. 紀者, 紀其實也. 書者, 纘而述焉者也. 策者, 條而對焉者也. 傳者, 傳而信者也. 序者, 緒而陳者也. 碑者, 披列事功而載之金石也. 碣者, 揭其操行而立之墓隧也. 諜者, 累其素履而質諸鬼神也. 誌者, 識其名系而埋之壙穴也.[49]

송(頌)·명(銘)·잠(箴)·찬(贊)·책(冊)·논(論)·의(議)·변(辨)·설(說)·기(記)·기(紀)·서(書)·책(策)·전(傳)·서(序)·비(碑)·갈(碣)·첩(諜)·지(誌) 등 여러 문체에 대해 오눌은 하나하나 찬작(撰作)의 효능과 용도를 열거했다. 효용의 각도에서 말하면, 찬의 문체는 의논하여 현양하고 미덕을 칭송함을 위주로 한다. '의논하여 현양하는' 찬의 문체는 '성대한 덕을 형용하고 아름다운 공을 드날리는' 송의 문체와는 사실은 거의 차이가 없다.

명나라 가정 연간의 서사증(徐師曾)은 찬의 기원에 대해 다음과 같이 탐구했다.

자서(字書)에 보면 찬은 칭미(稱美)이다. 글자는 본디 '讚'으로 적는다. 지난날 한나라 사마상여가 형가(荊軻)의 일을 찬했는데, 그 문구는 없어졌지만 후대 사람들이 그것을 조본으로 삼아 저작한 것이 아주 많다. 당나라 때 이것으로 선비를 시험하게 되면서, 세상에서 숭상하게 된 지 오래이다.

按字書云贊稱美也, 字本作讚, 昔漢司馬相如初贊荊軻, 其詞雖亡, 而後人祖之著作甚衆. 唐時至用以試士, 則其爲世所尙久矣.[50]

49_吳訥의《文章辨體》는《文心雕龍》를 인용하면서 '賦'를 '贊'으로 개작했다.《四庫全書存目叢書》(台南: 莊嚴文化事業有限公司, 1995), 集部, 291冊,〈諸儒總論作文法〉, p.3.

50_吳訥,《文章辨體》, 同上註, p.3.

《춘추》에서 화곤(華衮)으로 표창하고 부월(斧鉞)로 주살하던 포폄 전통을 계승하여, 서한 시대의 역사가가 역사 인물을 비평하는 정신을 확립했으니, 태상공의 서(《사기》)는 바로 이 정신을 대표한다. 사마상여가 형가의 일을 찬한 것도 필시 포양(褒揚)과 송미(頌美)를 발휘했을 것이다. 찬은 역사서의 전통에 연원을 두어, 청려(淸麗)한 문자로 드러내야 하며, 4언 운문을 주요 형식으로 삼았다. 남조 양나라 임방(任昉, 460-508)은 이렇게 말했다.

> 찬이란 사실을 밝히고 차탄을 하여 표현을 돕는다. 4자를 구로 하며, 서너 개의 운으로 장을 이룬다.
> 讚者, 明事而嗟嘆以助辭也. 四字爲句, 數韻成章.[51]

유협은 더 상세하게 설명했다.

> 찬이란 밝히는 것이요 돕는 것이다. [···] 그 뜻을 따져보면, 일이 생기면 장려하고 한탄한다. 그래서 옛날부터 편체(篇體)가 촉급했지 넓지 못했으며, 반드시 4자 구로 말을 매듭짓고 서너 개 운의 어사에서 소요했다. 간략히 거론하여 실정을 다 밝히고, 환하게 빛내어 문세를 보낸다. 이것이 그 문체이다.
> 贊者, 明也, 助也. [···] 本其爲義, 事生奬歎. 所以古來篇體, 促而不廣, 必結言於四字之句, 盤桓乎數韻之辭. 約擧以盡情, 照灼以送文. 此其體也.[52]

찬은 송미를 위주로 해야 하지만, 찬송의 대상에 따라 언술 방식이 달라진다. 서사증은 이렇게 말했다.

> 이 체는 세 가지가 있다. 첫째는 잡찬(雜贊)으로, 오로지 포미(褒美)를 의도한다. 여러 문집에 실린 인물·문장·서화의 찬이 이것이다. 둘째는 애찬(哀贊)으로, 사람의 죽음을 슬퍼하고 덕을 서술하여 찬하는 것이 이것이다. 셋째는 사찬(史贊)으로, 어휘가 포폄을 겸한다. 《사기색은》이나 《한서》·《진서(晉書)》의 찬들이 이것이다.

51_[梁]任昉撰·[明]陳懋仁註, 《文章緣起註》, 《百部叢書》24, 《學海類編》第135本, p.11.
52_《文心雕龍讀本》上冊, 〈頌讚第九〉, p.153.

其體有三, 一曰雜贊, 意專褒美, 若諸集所載人物文章書畫諸贊是也. 二曰哀贊, 哀人之沒而述德以贊之者是也. 三曰史贊, 詞兼褒貶, 若史記索隱·東漢晉書諸贊是也[53]

역사를 평가할 때 포폄을 깃들여야 하는 찬도 있지만, 일반적으로 찬은 인물·문장·서화에 대해서 사용하거나, 혹은 사람의 죽음을 애도하는 경우에 사용하며, 포미(褒美)의 서를 정종으로 한다.

(2) 화상자찬

요컨대 찬의 내용은 포미·송양을 정종으로 하고 형식은 4언 운문을 정식으로 한다. 상찬은 화상을 보고 지은 찬문으로, 시각 성분에 융입하는 것이 필수이다. 이로써 상찬은 도시(圖詩)·화찬(畫贊)·제화(題畫)와 밀접한 관계에 있다. 도시는 곧 화찬이다. 출토 문물에서 알 수 있듯이, 화찬의 출현은 동한보다 늦지 않다. 삼국 시기의 조식(曹植, 192-232)에게 이미 〈화찬〉이 있어 지금도 전한다. 그리고 한나라 부(賦)에도 '제화'의 작이 있다.[54] 이것들은 모두 도화를 관람한 끝에 나온 문자이다. 이를테면 소식의 〈왕원지화상찬(王元之畫像贊)〉은 좋은 예이다. 이 찬 앞에는 긴 서문이 있다. 상주 왕원지가 웅대한 문장과 올곧은 도리로 당대에 홀로 우뚝했던 자태에서 무한한 감동을 받은 사실을 표현하고, 또 그가 가을 서리나 여름 태양과 같이 친압할 수 없는 지절을 지녀 세 번이나 폐출된 끝에 죽은 사실을 불쌍히 여겼다. 이어서 제찬을 하게 된 인연을 다음과 같이 적었다.

처음에 내개 소주(蘇州) 호구사(虎丘寺)에 들러 공의 화상을 보고, 그 끼친 풍모와 남은 매서움을 상상하고는 그를 위해 말채찍을 잡고 수레를 몰고

53_徐師曾《文體明辨》, p.129.

54_衣若芬, 〈題畫文學研究概述〉, 《中國文哲研究通訊》10:1, 2000, pp.217-218. (衣若芬, 《觀看·敍述·審美—唐宋題畫文學論集》, 台北: 中央研究院中國文哲研究所, 2004, pp.30-45). 衣若芬은 青木正兒의 〈題畫文學の發展〉(《支那學》 第9卷 第1號, 1937년 7월)을 전면 검토하고 상당히 수정하고 보완했다. 青木正兒著, 馬導源譯, 〈題畫文學之發展〉, 《大陸雜誌》 3:10, pp.15-20.

싶어도 그럴 수가 없었다. 그 뒤 서주(徐州)를 맡게 되었는데, 공의 손자 분(汾)이 연주(兗州)를 맡고 있으면서, 공의 묘비를 내게 보여주기에, 뒤이어 찬을 지어 그 가전에 붙이게 했다.

始余過蘇州虎丘寺, 見公之畫像, 想其遺風餘烈, 願爲執鞭而不可得. 其後爲徐州, 而公之曾孫汾爲兗州, 以公墓碑示余, 乃追爲之贊, 以附其家傳云.

소식은 왕원지의 화상을 보고서 그 끼친 풍모와 남은 매서움을 상상하여 뒤미쳐 찬을 짓는다고 했다. 이것은 상찬을 짓게 된 경위를 말한 것이다. 이하 찬은 다음과 같다.

지난날 성현은, 자신을 알아주는 이 없음을 걱정했다만, 공은 태종의 은우를 입었으니, 정말이구나 때의 중요함이여! 황제는 공을 등용하고자 했고, 공은 조금도 부족한 것이 없었거늘, 세 번이나 궁벽한 산으로 쫓겨나, 죽더라도 유감을 지니지 않았다. 함평 이래로, 유독 한 분의 명신이었으니, 한 시대에는 굴했어도, 만세에 뻗어나가리라. 분분하게 비부들까지도, 역시 공의 상에 절한다. 무엇으로 점치는가? 그 이마에 땀이 흐르는 것을 보고서라네. 공이 능히 땀을 흘려, 그만두지 않누나. 망망하게 구원에 있는 공을, 사랑하여도 일어키지 못하다니!

維昔聖賢, 患莫己知. 公遇太宗, 允也其時! 帝欲用公, 公不少貶. 三黜窮山, 之死靡憾. 咸平以來, 獨爲名臣. 一時之屈, 萬世之信. 紛紛鄙夫, 亦拜公像. 何以占之? 有泚其顙. 公能泚之, 不能已之. 茫茫九原, 愛莫起之![55]

소식이 선택하여 사용한 문체는 앞서 말한 '4자 구로 말을 매듭짓고 서너 개 운의 어사에서 소요하는' 찬의 체이다. 이 찬에서 소식은 왕원지가 성군을 만났다가 쫓겨난 사실을 애련하게 여기고 양원지의 인격을 찬미했다.

간단히 말하면, 상찬은 상을 보고서 찬을 짓는 것이다. 화찬과 다른 점은, 관람하는 도화가 화상이라는 점이되, 문체의 형식은 꼭같이 찬의 체이다. 화상자찬은 혹은 상찬 자제라고도 한다. 작자는 상주 본인으로, 상주가 자기 화상을 보면서 찬을 작성한다. 앞에서 인용한 육수성의 〈공복

55_孔繁禮點校,《蘇軾文集》(全6冊)(北京: 中華書局, 2004第6刷) 第2冊, 卷21, 〈贊〉, pp.603-604.

상자찬〉이 전형적인 예이다. 육수성은 자기의 공복 화상을 보고 자찬하기를, "일찌감치 금마문에서 군주를 모시고, 늘그막에 품질의 최고위에 올랐네. 세 조정에서 군명을 받들고, 다섯 번이나 사직소를 올려 영화로웠다. 재주가 특별하지 않고, 자질은 성글고 용렬하였다. 벼슬길에 나아가서는 이미 쇠락하여 시험할 만한 성적이 없었고, 물러나서는 절개를 지켜 끝없는 충성을 가슴에 품었다"라고 했다. 화상자찬은 찬자의 신분을 따라 이루어지는 까닭에 자전의 일종이 된다.

찬술 요구의 차이에 따라 자전은 갖가지 상이한 문체를 취할 수 있다. '성대한 덕을 형용하고 아름다운 공덕을 현양하는' 송의 체, '일을 평가하고 공을 비교하며 사실을 고찰하여 이름을 바로잡는' 명의 체, '옛일을 원용하여 지금을 풍자하고 득실을 잠계하는' 잠의 체, '올려서 숭앙하는' 책의 체, 혹은 논·의·변·설, 혹은 기·서·책·전, 혹은 비·갈·첩(諜)·지(誌) 등등이다.[56] 두연철《명인자전문초》에 수록된 자전문은 다음 여러 종류이다.

ⓐ 자전(自傳), 자서(自序/敍), 자술(自述), 자장(自狀), 자기(自記)[자지(自誌)] 등: 자기 인생의 경력을 서술하는 것을 목표로 한다.

ⓑ 자계(自戒), 자송(自訟), 자잠(自箴), 기출(紀黜), 자서(自誓), 자저(自詛), 자조(自嘲) 등: 윤리의 시각에서 엄격하게 자기를 해부하고 자아를 권면하는 것이 많다.

ⓒ 자서(自壽)(告存과 비슷함), 자제(自祭), 자조(自弔), 자뢰(自誄), 자비갈(自碑碣), 자위묘지명(自爲墓志銘), 광지(壙誌) 등: 삶이 임종에 이른 것과 관련이 있다.

이상의 분류에서 자기 서술에 여러 각도가 있음을 알 수 있다. 혹은 삶이 끝나가는 종점에서, 혹은 엄하게 반성하고 스스로를 권면하기 위해, 혹은 인생의 경력을 기록하기 위해서 등등이다. 곧 '참을 추구함(求眞)'을 목적으로 자기 자신을 기록하는 것이다. 이에 대해 곽등봉은 다음과 같이 말했다.

56_吳訥,《文章辨體》,〈諸儒總論作文法〉, p.3.

> 각 작가가 작성하는 자서전은 대부분 완전한 일생이 아니다. 왕적과 육귀몽 등은 전후 두 편의 자전을 지었으나, 마지막 편 이후의 사정은 그 전에 미리 상세하게 적을 수가 없었다. 즉 자기가 묘지명을 지었어도, 10년 뒤까지 살고 나서야 세상과 영결하기도 한다. 또한 작가가 작성하는 자전은 사관이 그를 위해 지은 전기와 마찬가지로 개인의 사적을 서술하지만 둘 사이에는 모순되는 곳이 왕왕 있다.
>
> 各作家所寫的自敍傳, 多不是整個的一生. 王績陸龜蒙等, 皆前後作兩篇自傳, 而末一篇以後的事情, 仍不能預詳於傳內. 即自己作畢墓誌銘者, 也往往壽命更延長十年之後, 纔與世永訣. 並且作者寫的自傳, 與史官爲他作的傳記, 同敍一人事蹟, 而互相矛盾之處, 往往有之.[57]

자전의 양식에는 분명히 맹점이 있다. 다만, 과거를 추억하고 현재를 헤아리며 미래를 예측하는 차원에서 자기에 대해 이러저러 생각한 흔적을 드러내므로 문학 영역에서 보면 특이한 유형이라 할 수 있다.

화상자찬의 글쓰기는 상찬 대상을 타인에서 자기로 바꿀 때 본래의 포미 · 칭송 필조가 변이를 일으킨다.[58] 상찬 자제는 찬 양식의 규범을 따라 자기 자신을 포양해야 하겠지만, 자제자는 다음과 같은 물음에 봉착하지 않을 수 없다. 사람들이 화상을 마주하여 자기를 어떻게 보아줄 것인가? 자기를 어떻게 응시할 것인가? 사람들이 자기를 충분히 알게 되었을 때에도 여전히 포미 · 칭송할 것인가? 나는 어떻게 독자에게 '나는 누구이다'라고 말할 것인가? 포미 · 칭송의 찬 양식에서 파생된 자기에 대한 이 글쓰기는 결국 일반적인 찬과는 어떻게 달라야 할 것인가? 이렇게, 그림 안과 그림 밖의 대비와 반성을 통하여 여러모로 자성하게 된다. 자신의 화상을 관람하는 일은 자기검열, 추억, 회고, 첨조(瞻眺), 기대의 전장으로, 본래 극히 비밀스러운 심령의 대화였지만, 자찬을 적은 이후에 독자가 생기면서 화상과 자찬은 자아를 표현하고 자기를 선포하는 유력한 도구로 된다. 그래서 자찬은 자아의 반성 · 인식 · 표술과 관계되어, 역사에 이름을 남기고 싶다는 바람을 담기도 하고, 화상 제작 시기와 관람 시기의 불일치 때문에 세월이 덧없이 흘러간다는 환멸감을 일으키

57_郭登峯輯,《歷代自敍傳文鈔》,〈編者的話〉, p.5.

58_楊開達,〈論古代文人的號 · 自況 · 自題像贊的文化內涵〉,《雲南師範大學學報(哲學社會科學版)》2001年02期.

기도 하여, 제화 문학에서 주목할 만한 범주로 되었다.

이하, 명나라의 화상자찬에 대하여 더 고찰하기로 한다.

3) 명대 화상자찬의 몇 가지 국면

육수성의 화상자찬은 자기 관찰과 응시의 산물로, 관찰 주체인 '그림 밖 나'가 관찰 대상인 '그림 안 나'와 화상 안팎에서 힐문을 해나간다. 그림 속 지난날의 나를 마주하여, 뜻을 얻고 마음에 찼는가? 후회하며 슬퍼하는가?라고 묻는 자아성찰의 목소리가 마음 깊이에서 끊임없이 솟아나온다. 시각의 역정을 두고 말하면, 동일한 자아가 만약 달리 조관의 분장이나 야인의 분장을 하고 있으면 이질적인 기분을 갖게 되고, 체형이 지난날과 다르다는 사실에서 광음이 베틀 북같이 흘러간다는 느낌을 가지게 된다. 도상의 기년은 시간의 순간성을 더욱 두드러지게 만든다. 여기에서는 육수성의 화상자찬을 대상으로, 시각적 하상(遐想), 관찰의 거리, 소형 자전의 인생 도경, 다양한 관조, 자기와의 대화, 자기 송양(頌揚), 자기 폄억(貶抑) 등 7개의 각기 다른 국면을 끄집어내어, 명인 화상자찬의 의의를 더 깊이 살펴보고자 한다.

(1) 시각적 먼 상상

관람자가 여러 다른 복색의 육수성 화상들을 볼 때, 처음에는, 조복과 공복은 모두 관직 신분을 드러내므로 사인(士人) 화상의 주류일 뿐이라고 여길 수 있다. 정봉(丁奉)의 〈조복상자찬〉은 '우뚝한 관모와 드리운 패물(峨冠委珮)'과 '드리운 띠와 잡고 있는 홀(垂紳秉笏)'(杜1)[59]의 형상에서 출처행장(出處行藏)에 부끄럼이 있거나 간특함이 없는지 반성했다. 서학모(徐學模, 1522-1593)는 두 편의 공복 상찬을 남겼는데, 하나는 〈이천석상자찬(二千石像自贊)〉(杜196)이다. 이천석은 봉급을 말한다. "가경

59_杜聯喆輯,《明人自傳文鈔》. 이하 이 책으로부터의 인용은 협주로 쪽수를 표시한다. '(杜1)'은 杜聯喆 편의 p.1을 가리킨다.

· 융경 연간에 10년 동안 두 군주를 섬겼으나 관직은 조금도 오르지 않았다. 남은 빨리 승진하지만 너는 느리고, 남은 높이 오르지만 너는 낮기만 하다"라고 했다. 승진할 길이 없다고 원망한 말이다. 또 하나의 글은 〈행성중서우승상자찬(行省中書右丞像自贊)〉(杜196)으로, 존귀한 체 하는 자기 몸뚱이에 대하여, "네가 귀하지 않다고 여기느냐? 어이하여 훨훨 학무늬의 비단에 무소 뿔 혁대를 하고 있는가? 너를 귀하다고 여기느냐? 어이하여 손을 소매에 넣고 자리에 기대어, 중년이 되어도 하나의 계책도 내지 않고 하나의 사려도 발표하지 않아, 중서성에서 밥이나 먹는 것과 같이 하며, 전당의 해가 이미 서쪽으로 기운 것을 모른단 말인가?(謂汝不貴歟? 胡爲乎翩翩然錦之鶴, 而犀之犀? 謂汝爲貴歟, 胡爲乎袖手而倚席, 中年不出一謀, 不發一慮, 等中書之伴食, 而不知堂日之已西?)"라고 했다. 지위가 높으나 도리어 시위 소찬(尸位素餐)할 뿐이며 조정에서 실력을 발휘하지 못하는 점에 대하여 자기 폄억의 목소리를 일으키되, 마지막에는《장자》에서 말한 '무용지용(無用之用, 쓸모없음의 쓸모)'이란 관점에서 자기를 위로했다.

이상 몇몇 상찬은 그림 속 인물의 복장에서부터 파고들어 갔다. 일반적인 비전(碑傳)[자전을 포함하여]은 이와 같이 전주(傳主)[자기를 포함하여]의 복장 · 면모 · 안색에 주목하지 않는다. 하지만 화상 제찬은 면대하는 것이 시야에 들어오는 화상이므로, 시각요소의 도입이 최대의 특색이다.[60] 이를테면 모곤의 〈염옹자찬(髯翁自贊)〉은 이러하다.

> 배워서 수확이 없고, 업을 닦아도 자립하지 못했다.《시》《서》와 문장으로 스스로 즐기지만 그 뜻이 자적하지 않다. 하지만 손에는 옥 떨이채를 쥐고 자리는 푸른 바위 위에 깔아, 송라가 그 앞에 엉기어 있고, 학과 사슴이 그 곁에 노닌다. 옹은 짐짓 이러하여 구름과 노을을 마시고, 산택에 몸을 숨긴다.
> 學無獲, 業無立. 以詩書文章自娛, 非其志之所適. 然而手玉麈, 席蒼石, 松蘿縈其前, 鶴鹿載其側. 翁聊以此吸雲霞, 匿山澤.(杜174)

60_自傳 작품에 물론 形貌의 묘사가 없는 것은 아니다. 이를테면 宋濂의 〈白牛生傳〉에는 "生軀幹短小, 細目而疎髯"(杜91)이라고 했다. 하지만 이것은 긴 편폭 가운데 한 부분의 작은 묘사일 따름이다.

모곤의 별호 '염옹'은 본래 개인의 외모에 근거하여 지은 것이다. 화상이 전하지 않지만, 상찬 내용에 따르면, 화가가 염옹을 서재에서 산림의 경치 속으로 옮겨 두고, 손에 옥 떨이채를 쥐고 푸른 바위 위에 자리를 깔고 송라가 둘러 있는 곳에서 학과 사슴을 동무로 삼고 있는 모습으로 그려내어, 염옹을 신선 같은 인물로 형상화했음을 알 수 있다. 모곤은 상찬에 자기의 시각 인상과 관람 의미를 기록했다.

자기를 어떻게 바라보는가? 하는 것이 자제 상찬의 첫번째 과제이다. 자제 상찬은 자기의 체형에 대해 직접 이야기한다. 이를테면 진제(陳第, 1541-1617)는 자기의 안면·눈·광대뼈·목·이마를 주시하여, "눈은 모나고 광대뼈는 성글며 목은 짧고 이마는 길다(眼方顴疎, 頸短顙長)"(〈자찬소상〉, 杜243)라고 했다. 지대륜(支大倫)은 화상의 자기를 세세하게 관찰하여, "몸은 야윈 듯, 색은 푸르스름하며, 이마는 솟아나 있고, 눈은 이글거리며, 수염은 창처럼 뾰족하고, 콧등은 봉긋하다(體也癯然, 色也蒼然, 顙也聳然, 目也炯然, 髯也戟然, 準也隆然)"(〈자제소상〉 3수 제2, 杜4)라고 하여, 자기의 체형·피부·이마·눈·수염·코 등의 특징을 품평했다. 하맹춘(何孟春, 1474-1536)은 자기의 입술과 이빨의 모양에 자괴감을 느껴, "귀가 얼굴보다 희어서, 사람들은 모두 너를 잘 알아본다. 입술이 이빨에 붙어 있지 않아, 너는 늘 부끄럽게 여긴다(耳白於面, 人皆汝見. 脣不著齒, 汝嘗自恥)"(〈사진자찬〉, 杜80)라고 했다. 경정향(耿定向, 1254-1596)은 자기의 늙은 모습을 보고, "흰 머리카락에 무너진 이빨, 넌 역시 늙었다(皓髮垝齒, 而亦老矣)"(〈소상찬〉, 杜4202)라고 했다. 도화에 그려진 자신의 형모를 보며, 자기 자신을 곱고 아름답거나 더럽고 못났다고 자평했던 것이 실제 관찰과 동떨어진다는 점에서 반성을 일으켰다. 우겸(于謙, 1398-1457)은 자기의 밝은 눈과 부푼 배가 세상살이에 아무 쓸모없다고 여겨, "눈은 비록 밝지만 기미를 볼 수 없고, 배는 비록 크지만 남을 용납하지 않는다(眼雖明不能見機, 腹雖大不能容人)"(〈소상자찬〉, 杜3)라고 했다. 진굉(秦紘, 1426-1505)은 쓸모없이 늙었다고 자책하여, "네 모습은 늙은이의 그것이지만 네 견식은 아동의 그것이다(爾貌雖翁, 爾識則童)"(〈화상자찬〉, 杜202)라고 했다. 주사겸(周思兼, 1519-1565)은 자기 외모를 기이하게 여겨 다음과 같이 말했다.

> 사람이라면 누가 마르지 않으랴만, 너는 아주 말랐구나! 사람이라면 누가 늙지 않으랴만, 너는 늙음이 신속하구나! 서글피 근심하되, 네 근심은 지극하도다! 아득히 생각하되, 네 생각은 망녕되도다! 아아! 눈은 비록 밝아도 그 형모를 보지 못하니, 너는 어떤 사람이냐? 나의 거울이로다!
> 人孰不瘦, 汝最瘦耶! 人孰不老, 汝老速耶! 戚然有憂, 汝憂至耶! 渺然有思, 汝思妄耶! 嗚呼! 目雖明不見其形, 汝何人斯? 吾之鑒耶! (〈小像自贊〉, 杜131)

마르고 늙은 그림 속 인물은 아주 근심이 짙고 너무 생각에 빠져 있다. 그림 속의 너는 누구냐? 밝은 눈을 가지고 있으면서도 그 실제 모습을 보지 못하는 주사겸은 소격의 시선으로 차갑게 자기를 주시했다. 주사겸에게는 〈경용자찬(鏡容自贊)〉이 따로 있어,[61] 화상을 거울 속 모습으로 간주했다. 상이 거울로 되어, 차가운 거울이 너(그림 밖)와 상(그림 속)의 일체성을 분리시키고, 화가의 그림붓을 통해 '상 속의 너'가 '그림 밖의 나'임을 선고한다. 이로써 주사겸은 거울에 비친 자기의 맹점을 빌려 소격화된 타자의 신분으로 자아를 바라보았다.

서위(徐渭, 1521-1593)는 화상을 바라보면서, 나이에 따라 마르기도 했고 또 살이 찌기도 하여 일정하지 않았던 자신의 형상을 추억했다.

> 나는 태어나서는 퉁퉁했으나, 약관에는 파리하여 옷을 이기지 못할 정도였고, 서른에는 다시 차츰 살이 쪄서 마침내 이 그림처럼 벙벙하게 되었다. 대개 나이가 들어 지비(知非)의 오십 나이에 이르게 되면, 오늘날 벙벙한 것이 다시 파리하게 되어, 산택 사이에서 바짝 마른 존재로 되지 않을 줄 어찌 알겠는가? 그렇거늘 사람들은 또한 이 그림을 들고서 각주구검을 하고 수주대토를 하는 식일 것이다. 아아! 용인가? 학인가? 오리인가? 나비가 훨훨 나는 것인가? 누가 그 처음을 알랴?
> 吾生而肥, 弱冠而羸不勝衣, 旣立而復漸以肥, 乃至於若斯圖之痴痴也. 蓋年以歷於知非, 然則今日之癡癡, 安知不復羸羸, 以庶幾於山澤之癯耶? 而人又得執斯圖以刻舟而守株. 噫! 龍耶? 鶴耶? 鳧耶? 蝶栩栩耶? 周蘧蘧耶? 疇知其初耶? (〈自書小像贊〉, 杜192)

61_周思兼, "資可以爲學而理或未明. 時可以行道而力有不至. 緬懷古人, 夙夜惟厲, 而莫及焉. 嗚呼老矣!"(〈鏡容自贊〉, 杜309).

그림 1-9. (명) 일명씨, 〈서위상〉 삽도. 종이, 채색. 40.3X25.6cm. 남경박물원.

그림 1-10. 〈청등산인소상〉. 판화. 명말 각본 《서문장일고》 권수.

서위는 눈앞의 화상을 보면서 자기 외모가 살이 쪘다가 말라가는 등 변화를 겪었던 사실을 기억했다. 그림 위에 새겨진 이 바보 같고 살찐 인물이, 처음에는 살이 쪘다가 약관에는 바싹 마르고 다시 서른에 살이 쪘던 과거의 변천 사실로 볼 때, 미래에 다시 파리해지지 않을지 누가 알겠는가? 결국, 이 사람이 용일까, 학일까, 오리일까, 나비일까, 장주(장자)일까 알 수가 없다. 남경박물관에는 〈서위상(徐渭像)〉(그림 1-9)이 있는데, 눈썹·수염·구레나룻이 모두 세필로 자세히 그려져 있다. 그림 속의 서위는 미간에 근심을 드러내고 있으나, 조금 둥그스름한 얼굴이어서 그다지 마르지는 않았으며, 미련하게 살이 찐 상태에 이르지도 않았다. 다만 명나라 때 판각한 《서문장일고(徐文長逸稿)》 비면(扉面)에 인쇄된 〈청등산인소상(青藤山人小像)〉(그림 1-10)은 서위가 자기를 어리석다고 조롱한 묘사에 더 부합한다.

이상에서, 화상 제찬은 보통 비전(碑傳)보다 자기 외모에 더 주목한다는 사실, 명나라 사람은 자기 외모를 비하하는 일이 많았다는 사실을 알 수 있다. 연지대사(蓮池大師, 1535-1615)는 끓는 물에 다리를 다친 후 스스로 피각법사라고 자호했는데, 〈피각법사가자조(跛腳法師歌自嘲)〉

(杜391-392)를 지어서 자기의 절름발이 상태를 조롱했을 뿐 아니라 자기의 화상을 보고 "바짝 마르기는 마른 장작 같고, 쇠약하기는 지는 잎 같으며, 어리석기는 눈먼 거북에 비견할 만하고, 졸렬하기는 깨진 자라와 동일하다(瘦若枯柴, 衰若落葉. 獃比盲龜, 拙同破鼈)"(〈화상자찬〉, 杜388)라고 말했다. 또 석재에 판각한 자기의 상을 보고서 쓴웃음을 지으며 이렇게 말했다.

> 이 늙은이는 완고하기는 바위 같구나. 우뚝하여라 파리한 용모여! 낭낭하구나 수척한 골격이여! 어리석음을 지켜 고단하고 홀로 위태로운 처지에 부지런 부지런하다만, 기량도 하나 없이 자기 처지를 고집하여 잦단 소리를 낸다. 단단하여 새길 수는 있어도, 모의하여 그릴 수는 없기에, 사람이 그저 흑백의 색이다.
>
> 這老漢, 頑如石. 硉矹兮癯容! 硠硫兮瘦骨! 守癡獃矻矻乎孤危, 沒伎倆硜硜乎固執. 堅以實鐫, 不得打摹, 人徒白黑. (〈石像自贊〉, 杜389)

절름거리는 것은 다쳐서 그렇지만, 거기다가 수(瘦) · 쇠(衰) · 애(獃) · 졸(拙) · 구(癯) · 치(癡)의 모양까지 더하여, 이 고승은 자기를 조롱했다. 서위가 자기를 벙벙하다고 한 것(杜192), 나홍선(羅洪先, 1504-1564)이 자기 얼굴이 은쟁반 같다고 웃은 것(杜381), 도본준(屠本畯)이 귀 먹은 것을 자랑한 것(杜263), 주굉(袾宏, 1535-1615)과 전숙윤(錢肅潤)이 피각(跛脚, 절름발이)으로 호를 삼은 것(杜387, 杜356), 팽화(彭華, 1432-1496)가 서너 줄기 흰 머리뿐이라고 기록한 것(杜266-267), 모곤과 고곡(高瀔, 1494-1542)이 염옹(髯翁)이라 자칭한 것(杜173, 杜208), 장대복(張大復, 1554-1630)이 병거사(病居士)라 자호한 것(杜215-216), 동사장(董斯張, 1586-1628)이 수거사(瘦居士)라 자호한 것(杜319-321)이 모두 그런 예들이다. 형모의 변화가 하도 빨라서 화가는 면면을 주도하게 그려내지는 못한다. 하맹춘은 화상을 보는 중에 외모는 일시적인 것이어서 명예나 비방과 아무 관련이 없다고 깨달아서, "평생의 비방과 명예가 어찌 여기에 매이랴?(平生謗譽, 寧繫於此?)"(杜80)라고 했다. 우겸(于謙, 1398-1457)은 화상을 믿을 수 없다고 하여, "하필 분묵을 빌려서 정신을 베껴내야 하겠는가?(何必假粉墨以寫其神邪?)"(杜3)라고 했다. 지대륜은 외모에 대한 집착을 버려, "나의 마땅히 그러한 바를 다하고 운명의 적절한 것을 들어 따르리라(且盡吾所當然, 而聽乎命之適然)"(杜4)라고 했다.

(2) 관찰의 거리[62]

상주는 시각적으로 먼 상상을 하게 되는데, 상주는 결국 어떤 거리에서 자기를 바라보는가? 화상을 마주하다가, 때로는 눈앞의 친밀한 반려가 되어 마치 지기처럼 마음을 붙이기도 한다. 이유방(李流芳, 1575-1629)은 〈자제소상(自題小像)〉에서 이렇게 말했다.

> 이는 어떤 사람인가? 혹은 산택의 위의를 갖춰, 아지랑이 노을의 반려라고 말했다만, 어이하여 이 세상에서 안절부절하는가? 그 흉회는 드넓고 낙락하여, 마침내 먼 듯 하면서도 가깝도다! 그 벗은 혹 알아도, 처자의 비웃음을 면하기 어렵도다. 아아! 명명한 하늘로 높이 날 수가 없으니, 덤불과 못에서 보게 된다고 해도 어찌 괴이하랴?
> 此何人斯? 或以爲山澤之儀, 煙霞之侶, 胡栖栖於此世? 其胸懷浩浩落落, 迺若遠而若邇兮! 其友或知之, 而不免見嗤於妻子. 嗟咨兮! 旣不能爲冥冥之飛兮, 夫奚怪乎藪澤之視矣? (杜109)

작자는 그림 속 인물을 가리키며 중얼중얼 말했다. 너는 누구냐? 산택연하의 사람이더냐? 어찌 이 세계에서 안절부절하느냐? 흉회는 드넓어서 신선이 지우로 삼을 만하지만 속가의 처자로부터 공감은 얻지 못하리라. 정신이 멀리 날아올라, 소택에서 음영하게 되길 바랄 뿐이다. 상주는 이유방의 지기인 듯, 그의 내심의 호소를 잘 들을 수 있었다. 후칠자(後七子)의 한 사람 오국륜(吳國倫, 1524-1593)은 장난스럽게 그림 속의 자기를 오랜 친구로 여겼다.

> 아아! 이는 나의 70 먹은 친구의 상이다. 사람들은 나와 닮았다고 하는데, 그런가 아닌가? 젊어서부터 늘그막까지 하루도 면대하지 않은 일이 없다

62_이 제목은 필자의 논문 〈自我認同的困惑—明淸文人自題像贊初探〉(pp.52-53)에서 가져오되, 내용을 많이 증보했다.

> 만, 다만 성명을 물은 적이 없구나. 심지어 안락을 함께 누리고 환난을 같이 하면서도 조금도 안색을 바꾸지 않았으니, 면교(面交)하는 자가 거의 아니로다. 지금은 허옇게 아주 늙고 말았으나, 기운은 여전히 풍부하고 정신은 여전히 왕성하며, 풍치 있는 흉금과 운치 있는 기우는 여전히 뇌락하여 얽매임이 없다. 바라보면 고령인 것 같지는 않구나. 고령인 것 같지 않거늘 어찌 나와 닮았으랴? 아아! 내게는 따로 참된 상이 있기에, 참된 나일리 없거늘, 어찌 닮지 않았다고 따지겠는가?
>
> 嘻! 此予七十老友像也. 人謂其似予, 然耶否耶? 蓋予與此友交, 自少至老, 無一日不面, 第未嘗問其姓名. 至與共安樂, 同患難, 不少變色, 殆又非面交者. 今皤然耄矣, 而氣猶然腴, 而神猶然王, 而風襟韻宇猶然磊落不羈. 望之不似耄也. 夫不似耄, 安得似予? 嘻! 予自有眞像, 即似非眞予也, 何論不似? (〈自讚小像〉, 杜87)

'남들이 나와 닮았다고 하고' '젊어서부터 늘그막까지' 친밀하게 교유한 늙은 친구가[63] 그림 속에서 기운이 풍성하고 정신이 왕성하며 풍모와 운치가 뇌락하여 얽매임이 없는 모습으로 있는 것을 찬양했다. 하지만 오국륜이 시간 요소를 넣어서 화상을 관람하자, 그림 속의 친밀한 반려(이전에는 나이가 젊고 영특했던 나)는 그림 밖에서 보는 자(현재 행색이 걷잡을 수 없게 늙어가는 나)와는 결국 달라지게 되어, 화상과 참 인간 사이의 거리가 벌어졌다.

화상의 나는 비록 '나'이지만, 때로는 이렇게 생소하게 되어, '너'로 바뀌어 아득히 멀리 저쪽 끝에 선다. 추적광(鄒迪光)은 이렇게 말했다.

> 사람들은 너를 질투하고 너를 원수로 여기며, 너를 원망하고 너를 비방하며, 너를 조롱하고 너를 욕하면서도, 너를 모른다. 너를 엄히 대하고 너를 친하게 대하며, 너를 곱게 여기고 너를 덕 있다고 여기며, 너를 축송하고 너를 시축(尸祝)으로 삼으면서도, 역시 너를 모른다. 너는 너와 함께 주선하여, 혹 너는 너를 알지만 역시 스스로 너를 알지 못한다. 너는 얻는 것도 잃는 것도 없고, 훼손될 것도 영예롭게 될 것도 없으며, 즐거워할 것도 두려워할 것도 없고, 노할 것도 기뻐할 것도 없다. 기(夔)이기도 하고 용(龍)이기

63_祝允明은 〈丁未年生日詩〉(杜199) 어느 날 자성하여 시 속에 삶의 한정성에 대한 상념을 담았다. 또 '人/我'의 대화를 허구로 설정하여 "吾與斯人之徒四十八年"이라고 했는데, 이러한 자아분열의 대화는 吳國倫과 비슷하다.

도 하며, 소부(巢父)이기도 하고 허유(許由)이기도 하다. 평원군(平原君)이기도 하고 맹상군(孟嘗君)이기도 하며, 증삼(曾參)이기도 하고 사추(史鰌)이기도 하다. 범부이기도 하고 불제자이기도 하다. 하상공(河上公)이기도 하고 칠원씨(漆園氏, 장자)이기도 하다. 누가 그 끝을 헤아리랴?

人妒汝仇汝, 怨汝訕汝, 嘲汝詈汝, 不知汝. 即嚴汝親汝, 艷汝德汝, 頌汝尸祝汝, 亦不知汝. 汝與汝周旋, 或汝知汝, 而亦不自知汝. 汝無得無喪, 無毀無譽, 無怡虞, 無怒喜. 亦夔亦龍, 亦巢亦許. 亦原嘗, 亦曾史, 亦凡夫, 亦佛弟子. 亦河上公, 漆園氏, 夫孰測其涯涘? (〈小像自題〉, 杜325)

추적광은 '나는 누구인가'라는 물음에서 전환하여 '너는 누구냐'라고 따짐으로써 자기와 화상의 거리를 넓혀, '사실 어느 누구도 진정으로 너를 알지 못한다'는 사실을 부각시켰다. 너의 악의나 선의에 대해 논평하더라도 너에 대한 곡해요 오해일 따름이다. 진정으로 너를 아는 사람은 바로 나이다. 일련의 인지 부정을 통하여, 바뀔 수 없는 존재, 100가지로 변화하는 화신, 광대하여 끝없는 자기를 건립한다. 정효(鄭曉, 1499-1566)도 '이(爾, 너)'에 대해 따진다.

네 모습은 어찌 그리 야위고, 네 마음은 어찌 그리 흐리멍덩한가? 네 말은 어찌 그리 날카롭고, 네 행동은 어찌 그리 껄렁껄렁한가? 혹자는 네가 조급하다고 말하고, 혹자는 네가 근심 가득하다고 말한다. 혹자는 네가 강퍅하다고 말하고, 혹자는 네가 억세다고 말한다. 너의 병은 그치지 않고, 너의 본질은 바뀌지 않는다. 너는 성정을 함양하여야 하지, 견문에 기대지 말라. 너는 경서에 침잠하여야 하지, 사전(史傳)에 탐닉하지 말라.

爾貌何癯, 爾心何漶. 爾言何銳, 爾行何翫. 或謂爾躁迫, 或謂爾愛悺. 或謂爾剛愎, 或謂爾精悍. 爾病弗弭, 爾質弗變. 涵養爾性情, 勿恃爾聞見. 沈潛爾經書, 勿耽爾史傳. (〈자찬〉, 杜347)

자기를 축출하고 '너(이)'가 되어, 형모·심사·언행·성정·병증·독서 등의 각도에서 자아에 대해 전면적인 성찰을 해나간다.

화상자찬은 보는 사람과 보이는 사람의 대화를 설정하므로, 인칭의 운용에서 글쓰기 주체가 도상 인물과 합일을 이루어, 제1인칭의 나로 친밀하게 부르고, 소곤소곤 말을 건다. 하지만 때로는 갖가지로 기묘하게 거리를 두므로 소원함을 느끼게 된다. 제찬자는 글 쓰는 '나'를 은폐하여, 자기 소격화를 통해 도상의 너(제2인칭)로 바뀌고, 너와 나의 대화를 전개하여, 멀리 동떨어진 눈빛으로 또 다른 자기의 다양한 연출을 바라본다. 때로는 '너'를 눈앞에 데려 오려는 간절하고 열렬한 바람을 드러내기도 한다. 이를테면 왕석작(王錫爵, 1534-1610)의 〈중추 초이틀 밤 꿈을 꾸어 소상에 자제하다(中秋二日夜夢自題小像)〉에서는 "이는 누구인가? 이가 나라면 나를 잃어서, 몸 바깥에 몸이 있어, 신체가 땅·물·불·바람과 합하기에, 거짓인지 참인지 알 수 없구나!(此何人哉? 此爲我而喪我, 身外有身, 體合四大, 不知其假與眞!)"(杜60)라고 했다. 왕석작은 꿈에서 글을 써서, 내가 있는지 나를 잃어버렸는지, 이것이 거짓인지 참인지 알 수가 없다고 했다. 화상 관람과 집중 사유를 통한 자아의 인식은 필경 이와 같이 우원하며 도전적이다. 자기 연민의 방식으로 자기를 미화하든 자기 조롱의 방식으로 자기를 추화하든, 그것은 상주/찬자가 꾸며낸 관람 거리와 관련이 있다. 이 때 상주 자찬은 상주가 묘사대상과의 사이에 거리를 거의 두지 않는다는 점 때문에 자아인식이 뛰어나다. 상주는 조금도 거리를 두지 않고 솔직하게 과거의 자아에 대해 통절하게 반성할 수 있다. 하지만 진상을 폭로함으로써 적의의 시선을 갖게 되어, 이것이 그의 발목을 붙잡아 앞으로 나아가지 못하게 만든다. 따라서 거리를 두지 않음은 하나의 곤경과도 흡사하다. 그래서 상주는 묘사 대상과의 사이에 거리를 두어, 이러한 자기 폭로와 자기 해부의 곤경에서부터 빠져나오기도 한다. 독자에게 신뢰를 얻기 위해 자찬자는 서술의 원근을 달리하고 친소의 어조를 바꾸어 유동할 수가 있다.

(3) 단형 자전의 인생 도경

① 전폭 정밀 묘사

일반적으로 자전은 개인사 전체를 강조하려고 자아에 대해 총체적으로 회상하여 일생의 긴 기간을 전면적으로 기록한다. 양유정(楊維禎, 1296-1370)의 〈철적도인자전(鐵笛道人自傳)〉(杜310)이 이에 속한다. 화상 제찬은 생각을 열어주는 매개물(도상)이 공간 예술이어서 일반적인 자전과는 다르지만, 이 자전의 작자도 지나온 사적을 일련의 인생 궤적으로 서술하려는 욕망을 지닌다. 진여교(陳與郊)의 〈자상찬(自像讚)〉(杜250-251)은 우선 화면의 자기를 정면으로 묘사하여, "깃옷을 입고 산인의 건을 쓰고 있어, 표표하게 도를 추구하는 사람 모습이다(衣羽衣, 巾山巾也, 飄飄一道民也.)"라고 했다. 하지만 결국 '문벌의 옛 신하(門閥之舊臣)'가 "빠져서 잠기면 바둥바둥 벗어나려고 하는 웅덩이를 만났다(逢陷溺而閔閔焉欲出之瀦也)". 어떻게 빠져나올 것인가? 얼핏 보면 분명히 '하나의 수유(豎儒, 못난 선비)'이고, 결국은 '향당의 독부(獨夫)'이다. 진여교는 떨떠름한 필치로 자기 인생의 6년, 9년, 19년, 30년, 40년, 50년, 60년 등을 관찰한 내용을 적었으니, 이것은 엄연한 소형 자전이다. 장한(張瀚, 1511-1593)의 〈환적도자기(宦蹟圖自記)〉(杜229-233)는 편폭이 제법 길다. 급제한 25세부터 시작하여, 간지로 편년을 하는 방식으로 56세에 이르렀으며, 벼슬살이한 지난날의 사적을 번다할 정도로 상세하게 말했다. 글 쓸 때 이미 56세였는데, 글 끝에 남경장원우도(南京掌院右都)의 공문을 적어두었고, 황상이 장한에게 휴가를 주어 태평강(太平岡)에 이은(吏隱)했다는 말로 끝을 맺었다. 본문은 〈환적도〉 위에 스스로 적었을 것인데, 애석하게도 그림은 볼 수가 없다. 그 그림은 장한의 30년 환력을 그려낸 편년도였을 것이다. 장한처럼 그림에 스스로 주기한 사람이 또 없는 것은 아니다. 요순목(姚舜牧, 1543-1627)의 〈자서역년(自敍歷年)〉(杜156-161)은 〈67세의 일을 평망의 배 위에서 서술하다(敍其六十七歲事于平望舟中)〉로, 크든 작든 남김없이 출생에서부터 목전까지의 인생 사적을 기록하여, "이것을 스스로 서술하지 않으면 누가 지목(知牧)[지현(知縣)]의 이전 일을 알아서 그것을 서술해주겠느냐?(此不自敍, 誰知牧前事而爲之敍哉?)"라고 했다. 그 후 80세와 84세에 두 번 보완해서, 개인의 경력과 질병은 물론, 가족과 후손의 주요 사적에 이르기까지 붓을 들어 기록하지 않은 것이 없어, 혹이라도 빠진 것이 있을까 염려했다. 요순목은 세부 사실로 개인의 믿을 만한 역사를 건립하려고 했다. 나 이외에 누가 하랴? 남의 손을 빌리지 않고 스스로 서술하겠다는 불안감이 행간에 숨어 있다. 제3편 〈자서역년〉에서 "지금 도상을 그리고 아울러 방비(坊碑)를 세워 후대에 전하고자 한다"(杜166)라고 했으니, 문자 외에도 도상을 이용하여 일생을 기념하는 패방(牌坊)을 만들려고 했다.

나홍선(1504-1564)의 〈자서화상기(自書畫像記)〉는 그에게 그토록 많은 화상이 있는 이유를 잘 설명해준다. "화사 유전(劉傳)이 나의 모습을 그림으로 그리려고 하여, 해마다 행사를 근거로 용색(容色)을 기록했다. 나는 군더더기는 없애버리고 아주 닮은 것만 골랐으니, 열에 하나 비율이다."(杜380) 유전은 나홍선을 위해 매년 한 가지 일을 배경으로 화상을 하나씩 만들었는데, 나홍선이 훗날 군더더기를 없애고 남은 화상이 11폭에 이를 만큼 많았다. 화상에 의한 편년이 줄곧 이루어졌음을 알 수 있다. 나홍선의 '용색을 기록한' 편년 화상은 크기가 일정하지 않고 화면의 내용도 한결같지 않았다. 어떤 때는 그림 속 인물이 상주의 참모습에서 벗어났다는 느낌을 주기도 했다. 이것은 화가의 문제가 아니라 시간의 문제였다.

> 닮았는지의 여부는 논할 것이 없다. […] 내가 급제했을 때는 얼굴이 희고 윤택이 있어, 이 상국이 한번 보고는 얼굴이 은쟁반 같다고 하며, 거듭 칭찬했다. 인간은 젊어서는 아름답고 장년이 되어서는 살이 찌고 늙어서는 파리하게 되며, 마음의 예리함과 권태로움도 이에 따라 달라진다. 파리하게 된 뒤에 젊어서 아름다운 모습을 보면 별개의 사람 같다. […] 젊었던 사람이 늙어가는 변화는 인간이라면 면할 수가 없으나, 내가 일찌감치 이렇게 변한 것은 절로 이유가 있다.
>
> 肖與否不暇論. […] 余登第時, 面皙而澤, 李相國時一見, 以爲面如銀盤, 亟稱之. 夫人少則美, 壯則腴, 老則癯, 心之銳與倦, 亦因之異. 自癯而視少美也若兩人. […] 老少人所不免也, 而吾之早則有自. (杜 380)

인간이 젊은 시절을 지나 장성한 때에 이르고 늙어가는 것은 자연스러운 과정이다. 급제했을 때 얼굴이 희고 윤택이 흘러 얼굴이 은쟁반과 같았던 나홍선은 당연히 현재의 늙고 쭈글쭈글한 모습과는 달랐다. 젊어서는 아름다웠어도 늙어서 추하게 변했는데, 세월의 흐름이라는 원인 외에도, 나홍선은 자기가 일찍 노쇠한 원인이 달리 있다고 했다. 위태로운 지경에 직면하고, 고초를 겪으며, 살육에 떨고, 참소를 두려워했기 때문이라고 밝혔다. 온갖 신산을 겪은 뒤이기에 화상의 자기 모습이 변한 것을 본다는 식으로 말했다. 나홍선은 삶의 이치를 분명히 알았다. "형체에 변함이 있어도 형체가 변한 것이 결코 변한 것이 아님을 안다. 처지에 옮겨감이 있어도 처지가 옮겨간 것이 결코 옮겨간 것이 아님을 안다. 무언가 이루려고 하는 사람에게는 시절을 만남과 만나지 않음의 차이가 있으나, 아무것도 바라는 바가 없으면 정말로 불우함이라고는 없음을 안다(雖然形有變矣, 知形之變者未嘗變. 境有遷矣, 知境之遷者未嘗遷. 欲爲者有遇與不遇, 知無所欲則固無不遇也)." 자손에게 나홍선은, 아름다운 용모와 안색이 오래 머무르지 않고 순식간에 변하는 사실에 정면으로 맞서야 한다고 가르쳐서, "고인은 형체를 매미 허물과 같이 여기고, 처지를 역려(여관)로 여겼으며, 사업을 뜬 구름으로 여겼다.(古人以形爲委蛻, 境爲逆旅, 事業爲浮雲)"라고 말했다. 영원히 불변하는 자기를 화필로 그려낼 수는 없다. 만약 이 이치를 분명히 안다면, 어찌 노쇠를 두려워 하겠는가? 존망이 무어 슬프겠는가? 나홍선은 편년 화상을 열람하면서 자기 자신을 성찰했다. 편년 화상은 개인사의 중요한 인기(印記)가 되었다.

② 조필(粗筆) 스케치

상주의 인생을 전폭(全幅)으로 묘사해내는 것과 달리, 어떤 화상자찬은 영성한 도경을 펼쳐 보이기도 해서, 과거를 하나하나 추적하지 않고 어떤 한 시점에서 깊은 상념으로 파고들기도 한다. 육수성의 〈관복상〉, 〈공복상〉, 〈조의상〉, 〈야복상〉, 〈봉립소상〉 등은 화가가 각기 다른 시기에 펼쳐 보인 인생 도경이다. 명대 중엽의 오파 화가 심주(沈周, 1427-1509)도 58세 상, 70세 자수상, 74세 상, 80세 상 등, 여러 화상을 남겼다. 이것은 각기 다른 나이에 초점을 맞추어 제작한 도상 기록이다. 상열(桑悅)은 〈자찬〉 앞의 소서에서 이렇게 말했다.

> 지휘 벼슬로 치사하신 김 선생과 고을의 사대부들이, 내가 얼마 있으면 자리를 떠나게 되자, 훌륭한 화공을 초빙하여 나를 위해 이 화상을 만들어주었다. 또한 말하길, "앞으로 유문혜(유종원)의 상과 짝을 지워 고을 사람들이 우러러보게 하겠다"고 했다. 아아, 내가 유문혜의 반열에 뛰어오를 수

> 있까? 그래서 스스로 찬을 지어, 내 뜻이 어디에 있는지 보이고자 한다.
> 致仕指揮世俊金老先生與郡中大夫士, 以予去位有日, 邀良工爲予作此像. 且曰: "他日可配柳文惠像, 同爲郡人瞻仰." 於乎, 予能上躋柳否耶? 因自爲之贊, 抑以見志所在云. (杜198)

상열은 성화 원년 을유(1645)의 거인(擧人)인데, 이 상찬은 유주 통판으로 있을 때 지었다. 그래서 '유 문혜의 반열에 뛰어오른다' 운운한 것이다. 이 상은 퇴휴를 기념하는 초상이다. '치사'는 인생의 큰 전환기이다. 이 전환기를 맞아 자아를 탐색하고 확인하고자 했으나, 자신의 일생을 전면적으로 자서(自敍)하는 것에 비해서는 얕고 부실하다.

인생의 한 시점에서 자기를 관찰하는 방식 가운데 가장 일반적인 것이 연경(年庚), 즉 생일을 기념하는 일이다. 나흠순의 〈자찬〉에 다음 소서가 있다. "내가 최근 훌륭한 화공을 얻어 가경도(家慶圖)를 그리게 하고 아울러 이 상도 그리게 했다. 세월이 너무도 빨리 흘러가서, 깨닫지 못하는 사이에 40년이 되었다."(杜384) 나흠순의 화상은 화공이 그를 위해 그려준 〈가경도〉에 붙어 있다. 나흠순은 집안사람들이 단란하게 경사를 즐기는 도상을 보고, 홀연히 자기가 이미 40세의 연령에 이른 것을 상기했다. 당시 남경 국자사업으로 있었던 나흠순은 이미 조정에 사표를 내고 부모를 모시고 귀향하려던 참이었다. 앞으로의 생애는 어찌 될 것인지? 나흠순은 자찬을 쓰면서 지난날을 회억하고 앞날을 생각했다. 그래서 서문에서 이렇게 말했다. "옛 책에 따르면 40세의 군자는 도를 밝히고 덕을 세우는 때라고 하는데, 나는 이 말에 부끄럽기만 하다. 그래서 서너 말을 적어서 스스로를 격려하는 바이다." 찬의 글은 이러하다. "지금에서야 깨닫고 성군의 마음을 환히 보게 되었다. […] 이 생애는 얻기 어려우니, 부디 허비하지 말기를!"(杜384). 이학(理學)에 잠심하여 연구하는 일이, 나홍선의 사직 이후 20여 년 생활의 중심을 이루게 된다. 〈자찬〉은 나흠순으로서는 인생 전환기의 중요한 고백이었다. 명나라 말 제생 두준(杜濬, 1611-1667)은 〈육십자서(六十自序)〉(杜125)를 남겨, 60세라는 많은 의미를 지닌 시점에서 자기를 돌아보고 과거로 거슬러 올라갔다. 부친을 여읜 지 5년, 자모를 여읜 지 14년, 고향을 떠난 지

36년(황강에서 금릉으로 이주), 도성을 떠난 지 14년, 그리고 또 12년이 흘렀다. 이 글을 쓸 당시 생일을 맞았는데, 자식과 손자에게 축하연을 열지 못하게 하고, 이 시점을 빌려 인생의 삼변(三變)을 깊이 회상했다. 글 끝에서는, 부모의 탄신일까지 더 살 수 있다면 다시는 유람하지 않고 자작의 시문을 산정하리라고 결심했다.

양사기(楊士奇, 1365-1444)는 화상자찬에서 자신의 특별한 사건 하나를 기록했다. 즉 〈자제시교상찬(自題侍教像贊)〉에 이러하다.

> 족손 양정(楊挺)이 북경에 와서 아침저녁으로 좌우에서 시중을 들고 있다. 마을의 소생(蕭生)이 그것을 두고 시교도(侍教圖)를 그리자, 양정이 찬을 구했으므로 내키는 대로 이렇게 쓴다. 그런데 선비는 옛것을 스승으로 삼는 법인데, 양정은 바로 그렇게 하고 있구나! 장래 멀리 뻗어나가고 위대하게 될 것이다.
>
> 族孫挺來北京, 旦夕在左右. 里蕭生爲寫侍教圖, 挺以求贊, 因謾書此. 然士之師古, 挺尙從事乎! 遠且大者, 可也. (杜302)

손자뻘 친척인 양정이 서울로 와서 양사기를 모시게 되자, 소(蕭)씨 성을 가진 화가가 그림을 그렸다. 양정은 족조부 양사기에게 제찬을 청했다. 그림 속에는 양씨의 노인과 소년이 함께 들어 있었다. 양사기는 아주 간단하게 화상과 제찬의 연유를 밝히고, 말미에 '사고(師古, 옛것을 스승으로 삼음)'라는 원대한 이상으로 양정을 격려했다. 그래서 찬문 앞의 서문이 찬문의 중심이 되었다. 서문은 이렇게 시작한다. "이 노인이 살아서 금년에 73세가 되었는데, 벼슬살이 한 것은 모두 37년이다. 네 조정에 두루 벼슬하면서 항상 하나의 뜻을 견지했다(此老之生, 今七十有三年, 其仕凡三十有七歲. 歷仕四朝, 恒持一志)." 서문을 찬보다 3배나 길게 써서, 장기간의 환력을 서술하고, 단정하고 엄숙하며 위엄 있고 경외스러웠던 처사(處事)의 사실을 부각시켰다. 이어서 청명한 정치를 칭송해서, "진실로 송구하게도 위로 밝으신 성군의 은택에 의지하여, 청백의 치세에 외람되이 관직을 맡았습니다(誠懼上怙明聖之恩, 有忝淸白之世)"라고 했다. 양사기는 이 내용을 친족의 후배들에게 두루 알렸다. 명초 대각의 대신 양영(楊榮, 1371-1449)도 〈칠십세자찬(七十歲自贊)〉에서 청명한 정치를 칭송해서, “선대가 두텁게 덕을 쌓아온 것에 힘입어, 외람되이 열성께서 융성하게 보살펴주시는 은덕을 받들어, 오랫동안 금중에서 성군을 가깝게 모시고, 어리석으나마 충성을 바치고자 했습니다(荷蒙先世積德之厚, 叨承列聖眷遇之隆, 久侍近禁, 冀效愚忠)”(杜312)라고 했다.

명나라 초기 상찬은 정치적 의미가 아주 짙다. 왕오(王鏊)의 첫번째 본 부인은 홍치 황후의 가까운 친척인데, 황후가 몰한 후 왕오는 극력 피혐하여 세상사에서 대단히 신중하게 처신했다. 그래서 〈자찬〉에서 “벼슬은 외람되이 공고(公孤)에 이르고, 관위는 대각에 있었으니 […] 귀척의 혁혁한 권세에 붙을 수 없었다. 환관의 광포한 작태를 덮어둘 수 없었다(爵側公孤, 官居臺閣. […] 貴戚赫炎, 不能附麗. 權璫狂猘, 不能婞阿)”(杜61)라고, 정치적 곤경에 자처하는 도리를 순순하게 권계했다.[64] 왕오는 한 폭의 회상(그림 3)을 남겼는데, 청대의 어느 화가가 그린 것이다. 수문대적금포(繡紋大赤錦袍) 공복을 입은 좌상으로, 얼굴의 혹을 검은 반점으로 배치한 것이 매우 사실적이다. 상주의 단정하고 엄숙한 표정은 호부상서 문연각 대학사의 높은 신분을 드러내며, 세상사에 신중하게 대처했던 왕오의 성격을 암시하는 듯하다. 우겸(于謙)의 〈소상자찬(小像自贊)〉은 “밝은 태평성대를 만나 외람되이 진신사대부의 열에 낀 것(遭時明盛, 濫厠搢紳)”(杜3)을 다행으로 여기면서, “밝은 절개를 보물로 여기고(寶明節)’ ‘군부를 어버이처럼 중히 여기는(重君親)” 충정을 거듭 말하고, ‘위로는 황제의 칙유를 아로새길 길이 없고, 아래로는 생민에게 은택을 적실 수 없음(上無以黼黻皇猷, 下無以潤澤生民)’을 깊이 깨닫고 부끄

64_杜聯喆의 고찰에 따르면, 王鏊의 原配 張氏는 弘治 張皇后의 아버지 張巒의 姊妹行이거나 姪女輩로, 王鏊는 皇親이었다. 단, 장황후가 일찍 죽자, 왕오는 근신하여 이 일을 일절 입에 올리지 않았고, 뒷날 碑傳墓誌도 대부분 거론하지 않았다. 청나라 초 王士禛은 筆記에서 왕오의 장남 王延喆이 어릴 때 궁중에 출입했다고 적었는데, 왕연철은 아마도 장황후의 몸에서 태어났을 가능성이 있다. 正德 연간 劉瑾이 권세를 휘둘러 大臣 가운데 죄를 얻은 사람이 많았고, 당시의 奏疏는 늘 왕오가 領銜(책임지고 서명함)하게 했지만, 왕오는 결코 득죄하지 않았다. 당시 여러 대신들과 劉瑾이, 이 사람이 皇親이라는 사실을 알았기 때문일지 모른다. 그러므로 왕오가 自贊에서 “貴戚赫炎, 不能附麗. 權璫狂猘, 不能婞阿”라 한 것은 이것을 가리키는 것이 분명하다. 장 황후의 두 아우 鶴齡·延齡이 실각한 뒤에도 왕오는 근신하여 몸을 보전해서 피해를 입지 않았을 뿐 아니라, 어느 누구도 그가 장 황후 가계와 두 장씨와 척족 관계라는 점을 거론하지 않았다. 따라서 왕오가 〈附樂全說〉을 지어 스스로 경축한 것은 기이한 일이 아니다. 杜聯喆 〈自序〉, pp.2-3.

러워했다. 마지막에는 일부러 자신을 조롱하길 잊지 않았다. “살아서는 시절에 아무 이익이 없고, 죽어서는 후대에 관계되는 바가 없거늘, 하필 분묵으로 그 정신을 베껴내야만 하겠는가?(生無益於時, 死無關於後, 又何必假粉墨以寫其神邪?)”(杜3). 영종 때 한림편수 문관 주선(周旋)은 겸양하면서, “외모가 받쳐주지 않거늘 어떻게 금방에서 수석을 했는가?(貌不揚, 何以魁金榜?)”(杜132)라 하고는, “옥당에서 관직을 맡고 조정의 총우를 입어, 진신 사대부들과 나란히 너울너울 날았던(官玉堂, 受朝庭之褒寵, 與縉紳而翺翔)” 사실을 만족해했다. 주선은 후에 죄안에 걸려 파직되었으므로, 관직을 맡은 것이 부끄럽다는 뜻을 자찬에서 드러냈다. “재주가 적절히 쓰일 만하지 못해, 병을 이유로 명광전을 사직했으며, 제작에 드러낼 만한 것이 없었다. […] 어진 사관이 됨에 부끄럽구나!(才非適用, 病謝明光, 無以著之製作 […] 有愧乎爲史之良!)”라 하고는 다시 “동쪽 구석(젊은 시절)에서 잃고 서쪽의 상유(노년)에서 거두었다(失之東隅, 收之桑榆)”라고 스스로를 위로했다.

나홍선은 한림 문관으로 있을 때 깊은 못에 임하고 얼음을 밟듯이 위태로웠던 심경을 다음과 같이 표현했다.

> 나는 조정에 오를 때마다 큰 사건에 걸려, 경사스러운 가문이 곧 조문하는 집이 되었고, 계합의 기약이 뒤바뀌고 말았으니, 목숨이 남아 있다는 것이 요행이다. 위태로운 지경에 직면하고, 고초를 겪으며, 살육에 떨고, 참소를 두려워했으니, 그 경복이 칼과 톱 같은 형구로 고통을 겪는 것보다 더 참혹했다. 이것이 어찌 서글퍼하지 않을 일이겠는가? 나는 23년 동안 학문을 배워, 당시에는 태평성대를 만나 명군을 받들어, 옛 도를 떨쳐서 군주의 덕을 바로잡을 수는 없더라도 100치(雉)의 성에 수령이 될 만하다고 스스로 허여했다. […] 지금 2기(紀)가 지났으나, 위로는 한마디도 우리 군주를 요순의 성군이 되게 하지 못하고, 아래로는 한 가지 일도 백성에게 은택을 끼치지 못하고서, 그저 허명을 진신 사대부 사이에 걸어두었다. […] 이것이 어찌 송연하게 만들지 않겠는가?
>
> 余每登朝, 輒罹大故, 慶門吊廬, 契期環轉, 餘生者幸也. 瀕危茹楚, 懼戮畏讒, 其福憯于刀鋸, 得是不足爲愴然乎? 余二十有三而聞學, 當時自許逢盛時, 奉明君, 縱不能振古道以正君德, 猶當假百雉城一令長. […] 今且二紀, 上無一言以致主, 下無一事以澤民, 徒掛虛名縉紳間 […] 此不足爲悚然矣

乎? (〈自書畫像記〉, 杜380)

명나라 초기의 문사들은 단정하고 엄숙하며 위엄 있고 외경하는 태도를 중시했다. 나홍선도 왕오·우겸·주선 등 문사들이 상찬(像贊)을 지어 성찰했던 것과 마찬가지로 상찬을 지어 한 시기의 삶을 회고하고 반성했다. 먼저 자신이 무능한데도 황제의 은총을 입고 있다는 점에 대하여 한편으로 놀라워하고 한편으로 기뻐하면서, 살아서 성세를 만난 것을 다행으로 여겨 청명한 조정을 칭송했으며, 다시 자신이 못에 임하듯 얼음을 밟듯이 했던 관리의 길을 회고했다. 나홍선 등은 직분을 다하지 못하는 것을 참회하고, 환로가 고단한 것을 슬퍼했으며, 마지막에는 화상에 대해 허실의 질의를 던졌다. 생애를 전부 다루지 않고 인생의 가장 중대한 부분에 대하여 성근 붓으로 스케치를 했다.

명나라 초기의 문사들은 자신을 조복과 공복으로 화상에 그려 개인의 정치적 측면을 드러내기를 좋아했다. 화상 제찬도 시각적으로 먼 상상을 하거나, 편년 경력을 기록하거나, 특정 사건에 초점을 맞추되, 어느 경우든 정치상의 총우를 중심에 두거나 벼슬살이의 경험에 연결지었다. 문사의 화상만 이러한 것이 아니었다. 산수 미경에 뜻을 붙인 행락도나 화상과 무관한 소상도의 제발 텍스트도 대개 정치적 기미가 짙었다.[65]

(4) 다면 관조

세월이 흐르면 외형이 변화하듯이, 마음도 외경의 순역에 따라 평탄하거가 꺾이거나 분격하거나 흔들리거나 솟구치거나 엎어진다. 자제 상찬의 작자는 이러한 변화의 원칙을 잘 알고 있었다. 그래서 화상이 눈앞에 출현할 때마다 늘 '너는 누구냐?'라는 의문을 던졌다. 위에서 필자는 화상자찬은 단형의 전기로, 상주에 관한 갖가지 인생 도경을 제시한다

65_文人行樂圖의 政治贊頌 의미에 대해서는 Wang,Cheng-hua, *Material Culture and emperorship the shaping of imperial roles at the court of Xuanzong*(r.1426-35) (New Haven, Conn Yale university, 1998), Chapter 4, pp.214-221을 참조. 명초 瀟湘圖題跋의 정치의식에 대해서는 衣若芬, 〈旅遊·臥遊與神遊—明代文人題'瀟湘'山水畫詩的文化思考〉, 王瓊玲主編, 《明淸文學與思想中之主體意識與社會》(台北: 中研院文哲所, 2004), pp.17-92를 참조.

고 했다. 앞서 인용한 추적광의 〈소상자제〉에서는 작자가 특히 인생의 여러 도경마다 그 배후에 있는 변화에 유의하여, 자신만만하게 스스로를 다음과 같이 비유했다. “기(夔)이기도 하고 용(龍)이기도 하며, 소부이기도 하고 허유이기도 하다. 평원군이기도 하고 맹상군이기도 하며, 증삼이기도 하고 사추이기도 하다. 범부이기도 하고 불제자이기도 하며, 하상공이기도 하고 칠원씨(장자)이기도 하다. 누가 그 끝을 헤아리랴?”(杜325) 만변하는 자기는 머리는 보여도 꼬리는 보이지 않는 기·용(夔龍)이요, 고결한 은사요, 선비를 양성하는 공자요, 유가요, 사가요, 불가요, 도가이다. 추적광은 변화무상한 자기 자신을 바라보았다. 고대소(顧大韶, 1576-1639)는 이와 달리, 자신의 화상을 보면서 벽두부터 자기를 네 가지 상의 어떤 것으로도 나타낼 수 없다고 했다.

> 너를 불자라고 하자, 너는 비린내를 끊을 수가 없다. 너를 도인이라고 하자, 너는 정기를 아낄 수가 없다. 너를 유자라고 하자, 너는 이름을 이룰 수가 없다. 그렇거늘 부지런 부지런 경전을 궁구하는 것을 무어 취할 것이 있는가? 공인도 아니고 상인도 아니며, 전투를 하지도 않고 경작을 하지도 않으며, 선대의 덕에 힘입어 밥을 먹어, 이 시들한 형체를 양성할 따름이다.
> 謂汝爲釋, 汝不能斷腥. 謂汝爲道, 汝不能嗇精. 謂汝爲儒, 汝不能成名. 而奚取乎矻矻窮經? 不工不商, 不戰不耕, 賴食先德, 養此委形. (〈自像題贊〉, 杜409)

고대소는 자기를 어떻게 평가했는가? 먼저 석·도·유의 이상적인 세 척도를 제시하고 그 기준에 견주어 자신이 결국 어느 하나의 격에도 이르지 못했다고 비평했다. 또 자기가 공인도 아니고 상인도 아니며 군인도 아니고 농민도 아니어서 업종이 없는 유민이라고 했으며, 물감으로 형체를 그려둔 그림 속의 자신은 선인의 덕으로 먹고 사는 기생충에 불과하다고 자조했다.

황보둔(皇甫鈍)은 〈고은량상(顧隱亮像)〉(그림1-11)을 그렸다. 만명의 고은량은 당인(唐寅)의 글씨를 애호하여 수많은 비장본을 몸소 보았으며 감상에 정밀했다. 문진맹(文震孟)·동기창(董其昌)과 친하게 지냈다. 풍몽룡(馮夢龍, 1574-1646)은 그 상에 다음과 같은 제찬을 적었다.

그림 1-11. (명) 황보둔, 〈고은량상〉권. 종이, 채색. 32.1X90.6cm. 남경박물원.

〈고은량상〉 부분.

너는 유학자가 아니거늘, 담론과 해학이 넉넉하구나. 너는 협객이 아니거늘, 간장(속마음)이 어이 그리 뜨거운가? 너는 승려가 아니거늘, 소쇄하여 속진의 정을 끊었구나. 너는 예인이 아니거늘, 손과 입이 모두 신령하구나.
爾非儒, 談諧博有餘. 爾非俠, 肝腸一何熱? 爾非僧, 瀟灑絶塵情. 爾非藝, 手口俱靈異.[66]

66_皇甫鈍은 〈顧隱亮像〉을 그리고 馮夢龍이 題跋을 했다. 《南京博物院藏中國肖像畫選集》(北京: 文物出版社, 香港大業公司印行, 1993), 圖5.

풍몽룡은 오동나무와 죽림 아래 앉은 고은량을 보고, 유(儒) · 협(俠) · 승(僧) · 예(藝)를 푯대로 들고 고은량이 각각의 기준에 유사하다는 식으로 여러 모형을 열거하여 대조시켰다. 고은량은 스스로 그런 표준에 부합하지 않다고 여겨 결국 자조했지만, 풍몽룡은 친우 고은량이 각각의 표준을 넘어섰다고 높이 칭송했다.

혹자는 고인을 거론하여 자기를 저울질하기도 했다. 대량(戴良, 1317-1383)은 자찬에서 "글자를 아는 것은 양자운(양웅)만 못하고, 어휘를 벌여놓아 미문을 짓는 것은 심휴문(심약)만 못하거늘, 어이하여 심휴문의 수척함을 지니고 어이하여 양자운의 가난을 지닌단 말인가!(識字不如揚子雲, 摛辭不似沈休文, 胡爲而有沈之瘦, 胡爲而有揚之貧!)"(〈구령자찬(九靈自贊)〉, 杜368)라고 했다. 심약과 양웅에게 자신을 견주어 본 것이다. 심약의 수척함은 있어도 어휘를 벌여놓아 미문을 짓는 재주는 없고, 양웅의 빈곤은 있어도 자학의 연원은 없다고 하여, 두 사람의 탁월함은 없고 도리어 결점은 지니고 있다고 했다. 자조의 의미가 짙은 이 글을 쓴 대량은 원말 명초의 남방 문인으로, 44세 때(지정 21년, 1361) 강북 등지에서 행중서성 유학제거(行中書省儒學提擧)를 제수받은 일이 있다. 그러다가 바다를 경유해서 북상하여 마지막에는 사명(四明)에 우거했다. 명나라가 들어섰을 때 이미 51세로, 홍무 15년(1382) 징소되어 경사에 이르렀으나 늙고 병든 것을 이유로 관직을 사양하여, 칙지를 어긴 죄로 대죄하다가 다음 해 금릉에서 죽었다.[67] 인생의 대부분을 이민족 통치하에서 보낸 대량은 그 자찬에서 심경을 토로하여, 양웅과 심약의 자질에 턱없이 부족한 자기는 "죽지도 않고 살아 있지도 않은 눈으로 심약의 팔영의 풍치를 보고자 하고, 반은 주리고 반은 배부른 배로 양웅의 4편의 부 작품의 청신한 어휘를 쏟고자(以不死不活之眼, 而欲覽八詠之風致. 以半飢半飽之腹, 而欲吐四賦之淸新)" 할 뿐이라고 했다. 하지만 절조를 지켜, "영화와 오욕에 처해도 두 마음을 갖지 않고, 출사하든 처사로 있든 일치의 정신으로 한결같아, 〈서리〉와 〈맥수〉의 음을 노래하고 '잉수'와 '잔산'의 시구[두보 〈游何將軍山林〉 '剩水滄江破, 殘山碣石開开']를 읊으니, 그 두 사람

67_杜聯喆輯, 《明人自傳文鈔》, p.368.

에게 대해 거의 부끄럽지 않으리라!(處榮辱而不二, 齊出處于一致, 歌黍麥秀之音, 詠剩水殘山之句, 則於二子, 蓋庶幾乎無愧!)"라고 했다. 특수한 시대에 처했기 때문에 동한의 양웅과 남조 양의 심약을 전형으로 삼아, 그 두 사람에게 거의 부끄럽지 않다고 했다.

저술이 풍부한 장섭(張燮, 1574-1640)은 후한 장중울(張仲蔚)과 진나라 사곤(謝鯤)에게 자신을 빗대어, 은일의 뜻을 표방했다. 〈자제소상찬(自題小像贊)〉에서 "쑥대로 길을 보호하는 것은 장중울에 견주고, 한 언덕 한 골짝이 인간세계보다 낫다고 여기는 것은 혹 사유여(사곤)에 비의할 수 있으리라!"(杜236)라고 했다. 지대륜은 고인의 모범을 열거하여 자아 성찰의 근거로 삼았다. 〈자제소상(自題小像)〉에서 장섭은 이렇게 말했다.

> 화평자(華平子)가 구구하게 이학을 좋아하기는 정백자(정호)와 같다. 방정함을 고수하고 의리를 잡았지, 남의 뜻에 영합하기를 좋아하지 않기는 급장유(급암)와 같다. 부지런 부지런 서사(書史)를 펼쳐보며 고문사에 공교로와 당시의 세상을 흘겨보기는 소노파(蘇老坡, 소식)와 같다. 시절을 근심하고 세상에 분개하여 강개하게 천하를 논해서 대개 요령에 적중하며 의연히 천하의 급선무를 몸소 솔선하기는 범희문(범중엄)과 같다. 손바닥을 치면서 손자와 오자를 담론하고 기축을 운행하여 닫거나 열어젖힘이 법도에 적중하여 간웅을 허벅지와 손바닥 사이에서 가지고 놀기로는 제갈공명(제갈량)과 같다. 성글고 게으르며 굼뜨고 편벽되어 빈 문장과 허례의 의식을 익히길 좋아하지 않는 것은 혜중산(혜강)과 같다. 뜻이 가는 그대로 하고 정이 일어나는 그대로 표현하여 남과의 사이에 밭두둑 같은 경계를 세우지 않아 남과 말할 때 폐부를 환히 보여주며 호연히 득실과 생사를 한가지로 여기며 대언을 즐겨 말하기는 몽읍의 장주(장자)와 같다. 맑은 새벽에 문을 닫아걸고 정신을 응집하여 안을 비추어 보아, 삽상하게 한 점 티끌도 가슴속에 응체하지 않는 점에서는, 화평자도 그 몸이 누구와 유사한지를 알지 못한다. 스스로 가슴을 쓸어내리며 다시 생각하다가 자신도 모르게 실소하고는, 그 가장 가까운 자들을 비교의 예로 들어서 적는다.
>
> 華平子拘拘好理學, 似程伯子. 執方秉義, 不善迎就人意旨, 似汲長孺. 矻矻閱書史, 工古文詞, 睥睨當世, 似蘇老坡. 憂時憤世, 慷慨論天下, 動中要領, 毅然欲以身先天下之急, 似范希文. 抵掌談孫吳, 運機軸, 闔闢中度, 操弄奸雄于股掌間, 如諸葛孔明. 疎懶迂僻, 不喜習虛文縟儀, 似嵇中散. 率意徑情,

> 不立畦畛, 與人語洞示肺腑, 浩然齊得喪死生, 而好爲大言, 似蒙莊周. 至淸旦閉關, 凝神內照, 翛然無一塵得滯胸中, 則華平子亦不自知其身之何似也. 捫己再思, 不覺失笑, 因模其近似者而書之. (杜3-4)

지대륜은 그림 속의 인물을 보면서 '이 사람은 누구인가' 묻고는, 전전하여 회억의 심연으로 빨려 들어갔는데, 단상들이 뇌리에서 밑도 끝도 없이 상기되므로 어떻게 하면 이 단편적 인상을 구체적으로 설명할 수 있을까 생각했다. 지대륜은 고대의 전형들을 끄집어내어 비교했다. 성리학의 정호, 방정하여 구차하지 않았던 급암, 문학적 재능이 광탕하고 오만했던 소식, 시절을 우려하고 세상을 분개했던 범중엄, 지략이 충분하고 지략이 많았던 제갈량, 명교에 구애되지 않았던 혜강, 제물론의 관점으로 소요했던 장자 등등이 그 전형들이다. 지대륜은 화상을 보면서 자신의 여러 국면들을 상기하고, 자부심을 갖고 고인을 푯대로 삼아 자아를 관조했다. 이로써 고인에게서 자기의 잃어버린 그림자를 찾아낸 듯, 자기가 긍정하는 형상을 만들어내려 했다. 하지만 결국 옛사람 판박이의 자잘한 파편들을 만들어 내었을 뿐이다.

화상은 통상 하나의 고정된 형상을 드러내지만 삶의 진상은 복잡다단하다. 그렇기에 화상의 나는 나이기는 하지만 끝내 생소하기만 하다. 왕기(王畿)는 〈송석주인자찬(松石主人自贊)〉에서 이렇게 말했다.

> 관을 우람하게 높이 쓴 자가 나인가, 신발을 질질 끄는 자가 나인가? 눈동자가 반짝반짝 빛나는 자가 나인가, 외모가 정정한 자가 나인가? 때때로 큰 소리로 노래부르고 길게 탄식하며, 때때로 소리를 죽여가면서 가영하고 묵묵히 읊조리며, 때때로 힘들여 수고하고 바쁘게 일하며, 때때로 동산 수풀에 유유히 은거한다. 일곱 자 환몽의 몸뚱이가 용이 되기도 하고 지렁이가 되기도 하며, 칩복했다가는 곧 몸을 뻗기도 한다. 나는 내가 나인 바를 알지 못하겠거늘, 하물며 한 폭의 단청으로 그린 그림이 나인 줄 어찌 알랴? 억지로 모양을 본떴지만, 누가 내가 어떤 사람이고 내가 어떤 마음인 줄 알겠는가?
>
> 冠稜稜者我耶, 屨仍仍者我耶? 眸星星者我耶, 貌亭亭者我耶? 時而浩歌長嘆, 時而潛詠默吟, 時而劬勞鞅掌, 時而賁趾園林. 七尺幻軀, 爲龍爲蚓, 倏蟄倏伸. 我方不知我之所以爲我, 而況一幅丹靑? 強肖象形, 誰能知我爲何人何心? (杜57)

자제 상찬의 상주는 화상에 고착된 자신의 형상에 만족하지 못하고 자기 자신을 인식하고자 여러 가지로 기이한 사유를 했다. 왕기는 화상의 저 우람한 관, 질질 끄는 신발, 빛나는 눈동자, 정정한 모습의 인물이 자기라는 것을 확신하지 못했고 승인하지 않았다. 나는 많은 얼굴을 가지고 있다. 때로는 호가를 부르고 때로는 가만히 음영하며 때로는 힘들여 일하고 때로는 여유롭게 은둔한다. 일곱 자 몸은 혹은 용 같기도 하고 혹은 지렁이 같기도 하여 고정된 형상이 없다. 자기는 때때로 생소한 사람처럼 눈앞에 있기도 하고, 때로는 실종된 듯도 하여 사방에서 찾느라 고생한다.

왕양명에 필적하는 사상가였던 담약수(湛若水, 1466-1560)는 이르는 곳마다 반드시 서원을 세워, 종유하는 사람들이 많았으며, 많은 화가들이 다투어 화상을 그렸다. 그가 남긴 〈자찬화상〉 10수를 보면, 그의 화상을 그려준 화가로 주자정(周自正) · 구계하(歐啓河) · 주칙지(朱則之) · 풍사경(馮仕卿) · 진보지(陳補之) · 사생(謝生) · 노희상(盧希商) · 하정수(何正受) · 장성재(張省齋) 등 9인이 있었다. 주자정의 〈축융관일소영(祝融觀日小影)〉과 〈진보지소전백운정영(陳補之所傳白雲貞影)〉이 배경을 함께 그린 화상인 것을 제외하고, 나머지는 모두 초상이어서 진영(眞影) 혹 정영(貞影)이라고 일컬었다. 담약수는 화상의 허실, 형신, 진가의 문제를 논하여 이렇게 말했다. "참인가 아닌가, 형체인가 그림자인가? […] 누가 나를 닮으랴? 나는 꿈을 꾸는 것이지 실제 형체가 아니다(是耶非耶, 形耶影耶? […] 誰能肖我? 我夢非形)"(杜268)라 하고, "갈고리로 후벼 파듯 품물의 본을 떠서, 나의 형체와 정신을 빌려 왔다. 정신은 형체가 없으니, 형체와 그림자는 사람을 따른다(如鉤範物, 假我形神. 神則無形, 形影從人)"(杜269)라고 했으며, "너의 정신과 너의 참모습은, 남에게서 빌려올 수 없다(爾神爾眞, 則不可假于人)"(杜271)라고 했다. 10폭 화상은 담약수가 강학할 때 이용한 도구였던 듯하다. 담약수는 〈자찬노희상소전소영(自贊盧希商所傳小影)〉에서 이렇게 말했다.

> 희상아 희상아! 그대는 나의 말과 성음을 문답에서 찾더니 또 나의 형체와 그림자를 단청에서 찾느냐? 그대는 나의 형체와 그림자를 단청에서 찾고

는, 또 나의 글과 찬을 목소리에서 찾느냐? 그대는 별도로 나를 형체로 만들려 한다만 나는 정녕코 형체가 없다. 그대는 나의 목소리를 확인하려 하지만 나는 본시 목소리가 없다. 목소리도 없고 형체도 없이 혼융하여 온갖 물건과 함께 태어나고 사계절 내내 형체를 같이한다.

希商希商! 子旣索我言語於荅問矣, 又索我形影於丹青耶? 子旣索我形影於丹青矣, 而又索我文贊於有聲耶? 子自形我, 我固無形. 子扣我聲, 我本無聲. 無聲無形, 渾乎與百物同生, 而四時同形. (杜270)

그림 속의 자기를 대면하고 있기는 하지만 말을 거는 대상은 화가 노희상이다. 노희상은 담약수가 곳곳마다 천리를 체인한다는 내용을 강학할 때 종유한 사람이다. 담약수는 노희상이 단청으로 형체를 그려내자 문묵으로 제찬하게 되어 이를 계기로 노희상을 가르쳤다. 형체와 목소리는 모두 가상이며, 인간은 천지·만물·사시와 함께 태어나 함께 형체를 지닌다고 했다. 또 다른 화가 하정수(何正受)도 그의 종유자였을 것이다. 담약수는 “나를 모시는 하생아, 너의 두루마리와 너의 화축으로 나의 삶을 보되, 형체를 잊어야 그 뜻을 얻는다(侍側何生, 爾卷爾軸, 獨觀我生, 忘乎其形, 而得其意)”(杜271)라고 했다.

종유하는 사람이 그림 속에 들어가기도 했다. 〈자찬남안진보지소전백운정영(自贊南安陳補之所傳白雲貞影)〉에서 담약수는 “백운이 삽삽하여 하늘 끝까지 아득하다. 한 늙은 촌부가 머리에 연관을 쓰고 묵묵히 말이 없으나 그 뜻은 전하는 듯하다. 천지 가운데 사람이 담 선생의 참 본질과 방불하도다(白雲霅霅, 峻極于天. 有一老村, 頭戴蓮冠. 默而不言, 其意若傳. 中天地人, 彷彿湛子之眞)”(杜269)라고 했다. 이 화상은 흰구름을 배경으로 삼고, 담약수는 연관을 쓴 모습인데, 그 곁에 여러 현자들을 그려두었다. 담약수의 바로 왼쪽은 신재군(愼齋君)이다. 이 사람은 80세의 근면한 노학자이다. 왼쪽 다음은 심강(潯岡) 황문(黃門)이다. 오른쪽은 선소분(冼少汾)[선계기(冼桂奇)], 오른쪽 다음은 오남(吳南)이다. 이런 식으로 여러 인물이 주인공을 받쳐준다. 다른 그림 〈자찬주칙지소전진영(自贊朱則之所傳眞影)〉에서는 “한 노인이 마치 궁한 선승과 같아서, 추호도 욕망을 지니고 있지 않으며 기가 호연한 듯하다. 한 현자가 그 앞에 공수하고 서 있되, 묻지도 않고 말하지도 않는다(一老若窮禪, 絲毫不存, 氣

若浩然. 有一賢拱立于前, 不問不言)"(杜269)라고 했다. 현자가 공수하고 도를 묻는 그림이다. 〈자찬장정문소장시좌진영(自贊張廷文所藏侍坐眞影)〉에서는 "툭 트였구나 그림이여, 마치 천지를 실은 듯하다. 묵옹이 거하고 장 선생이 모시고 있다(廓乎一圖, 如載天地, 默翁居, 張子侍)"(杜271)라 했으니, 장정문이 시좌하고 있는 감옹(甘翁)[감천(甘泉) 담약수]의 입상이다.

여러 화상이 대개 이 학자를 앙모해서 헌정한 것이다. 그래서 담약수는 화상의 제찬을 수기강학(隨機講學: 근기에 따라 그 수준에 맞게 가르침)의 일환으로 보았다.

> 성재(省齋)여, 너는 나의 얼굴을 보지만 스스로 너의 얼굴은 볼 수가 없다. 나는 나의 얼굴을 볼 수 없지만 너의 얼굴을 볼 수 있다. 어찌 남은 관찰하면 분명하면서 자기를 관찰할 때는 현혹되는가? 성재, 성재여! 어찌하여 형해의 바깥에서 잊어버리고 선한 본래 면목을 돌이켜 관찰하지 않는가? 말할 수 없는 존재여서 마주하여 묵묵하게 정신으로 참선을 돕는 것인가?
> 省齋爾見我面, 而不能自見爾面. 我不能見我面, 而能見爾之面. 豈觀人則明, 觀己則眩耶? 省齋省齋! 盍相忘於形骸之外, 而反觀本來面目之善耶? 所不能言, 而相對默默以神相禪耶? (〈自贊張省齋所傳眞影〉, 杜271)

이 많은 화상들의 목적은 담약수의 본존(本尊)을 추종하게 하려는 데 있었다. 10폭의 화상은 10명의 화가가 다양한 시점에서 만들어낸 산물이지만, 결국 담약수는 하나하나 모두 쓸어 없앴다. 따라서 화상은 이제 파기하는 것이 옳았다. 참 모습은 그림으로 그려내지 못하는 본래 면목이므로, 득어망전(得魚忘筌)함이 옳았다.

(5) 자아와의 대화

그림 속 '지난날 나'와 그림 밖 '지금 나'가 외모상 다르다는 사실은 화상을 그대로 믿을 수 없게 만드는 이유가 될 수는 있다. 하지만 화상과 진실 사이의 줄다리기는 변증법적 사고를 촉발한다. 명나라 중기 오파 문인화가 두경(杜瓊, 1396-1474)은 한 화상찬에서 이렇게 말했다.

> 너는 우람한 용모를 지니고 있지만 스스로 볼 수가 없다. 다른 사람이 그것을 보고 폐간까지도 본다. 대부분 단청을 빌려서, 너는 너와 알게 된다. 그런데 네가 만일 스스로를 기만한다면, 공손한 모습을 본뜬다 해도 무슨 보탬이 되겠는가? 너는 스스로 현명하다고 여기지만, 바깥사람은 그렇게 여기지 않는다. 네가 능히 스스로를 다스린다면, 친히 여기고 칭예하는 것이 나날이 두드러지게 될 것이다. 두 구레나룻은 비록 은빛이지만, 두 뺨은 여전히 봄날의 모습이다. 만일 본분에 의지하는 사람이길 잊지 않는다면, 그러면 너는 너의 자손에게 부끄럽지 않을 것이다.
>
> 爾有儀容, 不能自觀. 他人觀之, 兼見肺肝. 多藉丹青, 與爾相識. 爾若自欺, 象恭何益? 爾謂自賢, 而外人不然. 爾克自乂, 則親譽日著. 雙髩雖銀, 兩頰猶春. 苟不失爲依本分之人, 斯能無愧於爾之子孫. (〈自贊〉, 杜127)

두경은 자기의 화상을 보면서 그림 밖의 나와 그림 속의 나를 소격시켜 대화를 했다. 그 속에는 여러 흥미로운 생각이 담겨 있다. 자기를 분명하게 보는 일은 이론상 불가능하다. 거울을 빌리지 않는다면 인간은 자기의 얼굴과 등을 볼 수가 없다. 그러므로 나는 영원히 완전한 자아 형상에 도달할 수가 없다. 타인이 객체의 자리에서 관찰하는 것이 국중인(局中人)보다 영원히 낫다. 유리한 위치의 관찰자는 '보이는 사람'에게는 박탈되어 있는 시야를 보충할 수 있으니, 이것이 잉여 관람(the excess of seeing)이다.[68] 화상 제찬은 교묘하게 나를 화면 속으로 옮겨놓고, 그림 밖의 나를 유리한 위치의 관찰자로 만들어, 화면의 그림 속 나를 읽음으로써, 보이는 자에게는 박탈되었던 시야를 보충한다. 이렇게 보는 사람(그림 밖 나)이 보이는 사람(그림 속 나)을 정합적 상태로 상승시킨다. 화상자찬은 시각을 통해서 구축하는 서술 활동이다. 그렇기에 "너는 우람한 용모를 지니고 있지만 스스로 볼 수가 없다. 다른 사람이 그것을 보고 폐

68_바흐친은 〈美學活動中的作者與角色〉에서 視覺을 가지고 작자의 관람과 사고 및 배역 재현이라는 주객 관계를 설명해서, 문학 창작은 곧 작자가 배역을 창조하는 미학 활동이라고 했다. 바흐친은 일상생활의 '보기'·'보이기'의 관계를 문학 예술 속의 작자와 배역의 문제로 파생시켜, 작자가 관람하며 배역을 재현하는 것이 창작 과정의 기본 활동이라고 보았다. '관람'은 '잉여 관람(the excess of seeing)'을 특색으로 하는 미학 활동이다. '보는 자'는 '보이는 자'에게 박탈되어 있는 시야를 보충해서 시야를 넓혀 완전한 상태로 제고할 수가 있다. 馬耀民撰, 〈作者·正文·讀者—巴赫汀的《對話論》〉, 呂正惠主編, 《文學的後設思考》(台北: 正中書局, 1993), pp.57-60.

간까지도 본다. 대부분 단청을 빌려서 너와 알게 된다"라고 했다.

화상이 그려지면 그와 동시에 다음 물음이 자연스레 제기된다. 궁극적으로 그림으로 그려진 자는 누구인가? 단청 화상은 가면이지 않을까? 만일 참모습을 베껴내는 때에 자기가 의도적으로 가상을 만들어낸다면, 즉 "네가 만약 스스로를 속인다면", "공손한 모습을 본뜬다 해도 무슨 보탬이 되겠는가?" 다음으로 화가는 완전히 자기를 인식하는 것은 아니므로, " 너는 스스로 현명하다고 여기지만 바깥사람은 그렇게 여기지 않는다. 그러므로 네가 능히 스스로를 다스린다면, 친히 여기고 칭예하는 일이 나날이 현저하게 될 것이다." 화상은 자아 인식의 안개를 만들어낼 수 있다. 두경은 거듭 사색하여, 화상이 도리어 그에게 '나는 누구인가?'라는 식의 훨씬 심각한 불확정성을 낳았다고 했다. 마지막으로, 외모가 참인가 거짓인가 너인가 나인가 하는 변론을 벗어나서, '본분에 의지하는 사람이길 잊지 않는' 도덕적 층위, 진정으로 후인이 본받을 수 있는 자기가 남게 된다.

두경의 이 제찬은 초상화의 시각성, 그리고 관람을 거쳐 자아를 인식해나가는 주객 대화의 과정에 주목했다. 문인이 자기의 화상을 관람하면 늘 대화와도 같은 자술(自述)을 낳는다. 초상화는 상주(나)를 위해 특이한 대화공간을 열어주어, 화상에 자제하는 인물(그림 밖 나)은 상주(그림 속 나)의 부름에 응해 자기 조형, 자기 인식, 자기 해석의 작업으로 들어가게 되는데, '나'는 인지에 있어 미혹 덩어리이다. 북송의 황정견은 일찍이 "비슷한지 비슷하지 않은지라니, 이것이 무슨 말인가?(似與不似, 是何等語?)"라는 물음을 제기했다. 황노직(황정견)은 누구인가? 태어나서부터 "갑이며 을이며 이루다 기록할 수가 없다(若甲若乙, 不可勝紀)."[69] 하물며 한 폭의 구구한 화상이 어떻게 다 기록하겠는가? 명나라 정진(鄭眞)은 "나와 비슷한 듯하면서 내가 아니기에, 나는 불가한 것이 없다(似我非我, 我無不可)"(〈자찬〉 又, 杜338)라고 했다. 이 말도 황정견의 말과 취

69_黃庭堅에게 〈寫眞自贊五首幷序〉가 있는데, 그 한 수에서 이렇게 말했다. "或問魯直似不似, 似與不似, 是何等語? 前乎魯直, 若甲若乙, 不可勝紀. 後乎魯直, 若甲若乙, 不可勝紀. 此一時也, 則魯直而已矣. 一以我爲牛, 予因以渡河而徹源底. 一以我爲馬, 予因以日千里計. 魯直之在萬化, 何翅太倉之一稊米?" 黃庭堅, 《山谷集》, 《景印文淵閣四庫全書》(台北: 台灣商務印書館, 1983), 第1113冊, 卷14, pp.113-114.

향이 같다. 오중 문인화가 당인(唐寅, 1470-1523)은 화상에 대하여 유머러스하게 자문자답을 해나갔다.

> 나는 묻나니, 너는 누구인가? 너는 원래 나이다. 나는 본래 너를 인정하지 않았지만, 너는 도리어 나를 인정하고자 한다. 아아! 나는 네가 없어서는 안 되지만, 너는 도리어 내가 없이 있을 수 없다. 너와 나의 100년 뒤에는 너는 있고 나는 없게 된다.
> 我問你是誰? 你原來是我. 我本不認你, 你却要認我. 噫! 我少不得你, 你却少得我. 你我百年後, 有你沒了我. (〈伯虎自讚〉, 杜189)

작가의 대화는 자기를 둘로 나누었다. 그림 속 사람은 객체로서 힐문을 받는 대상이다. 그림 밖 사람은 관람자 '나'이기도 하고 글쓰기 주체 '나'이기도 하다. 그림 속과 그림 밖에서 '나'는 자문자답한다. 이 시각에 너는 나와 합일하지만, 시간이 흘러가면 너와 나는 점차 거리를 두게 될 것이다. 화상은 나/너, 영상/참 나, 정신/물질, 불후/훼멸 등 여러 가지 변증법적 사고를 조성한다. 고기원(顧起元, 1565-1628)도 같은 질문을 했다. "몽환·포말의 몸은 […] 하나는 상이고 하나는 상이 아니다. 상이 아님은 정말로 참이 아니지만 상도 역시 허망하지 않다고 어이 알랴?"(〈자제소상〉, 杜409-410)라고 했다. 하나는 물질적 화상이고, 하나는 몽환·포말의 몸이다. 어느 것이 참이고 어느 것이 허망한가?

결국 그림으로 그려진 저 사람은 누구인가? 이것은 가면이 아닐까? 만약 자기가 의도적으로 저 가상을 쓴다면, 상을 그린들 무슨 보탬이 되겠는가? 만약 화가가 자기를 진정으로 인식하지 않는다면, 대면하여 사생(寫生)할 때 그림으로 그려진 그 사람은 누구인가? 화상이 완성되면 헷갈리게 되어, '나는 누구인가?'라고 묻게 되고, 점점 더 불확실하게 되고 만다. 강국상(康國相)의 〈화상기(畫像記)〉는 당인과 오국륜 두 사람의 의혹을 중첩시켜, 나와 화상을 변증하면서 시각에서부터 심리로 들어갔다.

> 객이 나의 도상을 그려주었다. […] 그는 이렇게 말했다. "훌륭하도다, 융융하여라! 공은 꼿꼿이 앉아 외모는 느긋하고 안색은 즐거우며 정신을 맑

> 으니, 화상을 그릴 만합니다." 상이 다 이루어지자 모두 "닮았다"라고 했다. 나는 이렇게 말했다. "닮았다고 하는 것은 나를 닮았다는 것뿐이오. 다른 날에 내가 없어지면 누구를 닮는다는 말이오? 또 다른 날에는 볼 수 있는 상을 볼 것이니, 볼 수 없는 나를 볼 수 있겠소? 지금 닮았다고 하는 것은 나를 닮은 것이지만 다른 날에는 나를 일러 상과 닮았다고 할 것임을 정말로 알 수 있소. 상을 일러 나와 닮았다고 한다면 상은 여전히 상이지만, 나를 일러 상과 닮았다고 한다면 상은 곧 내가 되오. 그런즉 상이 없어지지 않으면 나는 항상 존재하는 것이 되오. 하지만 상이 끝내 없어지지 않을 수 있겠소?"
>
> 客爲予圖像. […] 曰 : "美哉融乎? 公坐危·形舒·色愉·神澄, 是可像已." 既成, 僉曰: "像." 予曰: "像, 像我耳. 異時無我誰像耶? 且異時見可見之像, 能見不可見之我耶? 固知今謂: '像, 像我也.' 異時謂: '我, 像像也.' 謂: '像, 像我', 像猶像也. 謂: '我, 像像', 像即我矣. 是則我亡而像能不亡, 像之不亡, 我常存已, 而像能終不亡也耶?" (杜215)

화가는 강국상을 위해 외모가 훌륭하고 성정이 훈훈한 화상을 그려주었다. 관람자는 화상과 강국상 본인을 비교하여 '그림이 형상을 잘 그려냈다'고 찬탄했지만, 강국상은 화상에 대해 깊이 의심하여, 화상의 사람이 나인가? 나는 누구인가? 라고 물었다. 관람자는 모두 화상이 나를 잘 형상화했다고 하지만, 시일이 지나면 나는 소멸할 것이니, 이 화상은 누구를 형상화했다고 할 것인가(상주가 이미 변했으므로)? 그때 상은 이전처럼 있겠지만 그 볼 수 없는 나는 어디에 있겠는가? 오늘 화상은 나의 형용에 따라 그렸지만, 저때 나의 형모는 이미 바뀌었을 것이므로, 내가 저 화상을 본떴다(닮았었다)고 말해야 할 것이다. 즉, "상(불변)은 (변화할) 나를 본떴으되, 상은 그대로 상(불변)이니, (변화할) 내가 상(불변)을 본떴고, 상(불변)은 곧 (변화할) 나이다"라고 하는 것이 낫다. 또 "나는 없어져도 상은 없어지지 않으므로 상이 없어지지 않는다면 나는 늘 존재하는 것이다"라고 할 수 있다. 화상은 불변의 물질성으로, 변화하기 쉬운 육신의 나를 대신하게 될 것이다.

매정조(梅鼎祚, 1549-1618)도 〈자제소상〉에서 이렇게 말했다.

> 이 육신이 그림자 몸임을 알고, 이 사람의 상모가 나의 상모임을 안다. 한 언덕 한 골짝 속에 두기만 하고, 상인지 상이 아닌지를 묻지 않는다. 눈알이

> 튀어나와 사해의 허공에 걸려 있고, 허리가 야위어서 일생 굳세다. 문필은 잘못하여 허명을 낳았고, 책 보따리는 대부분 그의 업장이었다. 주묵으로 평장(품평)하면 그만이지, 무어 단청으로 형상할 것이 있는가? 흰 종이를 그대로 남겨 두어 창문을 발라서, 해마다 매화나무 가지 끝에 달이 올라 비추는 것을 즐기면 되리라.
>
> 知是肉身影身, 知是人相我相. 但置丘壑之中, 不問像與不像. 眼突四海橫空, 腰瘦一生倔疆. 文筆枉却虛名, 書袋多他業障. 儘從朱墨平章, 何用丹青形狀? 合留素紙糊牕, 歲歲梅梢月上. (杜197)

매정조는 강국상과 마찬가지로 화상이 자기 육신의 환상에 불과하다는 사실을 잘 알았다. '눈이 튀어나오고' '허리가 마른' 외모의 특징은 그의 눈에는 개성의 상징이었다. 처음에 매정조는 '닮음(형상화함)과 닮지 않음(형상화하지 않음)'의 차이를 이해할 수 없었다. 자기가 화상 속의 자기와는 간격이 있을 수 있음을 몰랐다. 그러다가 주묵의 문필과 비교하여 단청의 형상을 충분히 신뢰할 수가 없어서, "흰 종이로 남겨 두어 창을 바르는 것이 마땅하다"라고 했다. 흰 종이를 그대로 남겨 두어 매창(梅窓)을 바르는 것이 훨씬 운치가 있겠다고 한 것이다. 매정조는 자기 소상에 대하여 해조(解嘲)와 희어(戲語)를 토해냈다.

강국상과 매정조가 의혹을 제기한 것은 육신은 잘 변하지만 화상은 불변한다는 점에 그 이유가 있다. 인간은 쇠로하여 죽게 되지만, 물질인 화상은 상대적으로 오래갈 수 있다. 그렇기에 인간은 화상을 통하여 만고에 방향(芳香)을 남기게 된다. 강국상은 이 점을 확인하여 애초의 의문을 풀었지만, 제찬의 마지막에 '화상이 영원토록 없어지지 않을까?'라는 한 구절을 내던졌다. 흘러가는 시간과 영원히 불후함 사이의 모순에서 오는 불안을 다시 일으켰던 것이다.[70]

70_唐宋 문인이 畫像을 마주하여 自我疑惑의 힐문을 발한 것은 畫像題贊의 공통 화법이 되었다. 당나라 백거이의 〈自題寫眞〉, 송나라 황정견의 〈寫眞自贊〉이 모두 그러하다. 宇文所安, 〈自我的完整映象—自傳詩〉, 樂黛雲 · 陳玨編, 《北美中國古典文學研究名家十年文選》(南京: 江蘇人民出版社, 1996), pp.110-137. 康國相은 그림 감상자가 그림 속 인물에게 辯問하는 것을, 我 · 汝 · 人 3종 배역의 認知辯說이라 보았다. 이를테면 명나라 초 丘濬의 〈自贊像〉은 이러하다. "天賦汝以性, 而汝不能盡. 地全汝以形, 而汝不能踐. 謂汝全無用邪, 則似乎亦有所爲. 謂汝了無知邪, 則似乎或有所見. 噫我則汝也, 尙不知汝之有無, 人非我也, 又安能測我之淺深耶?"(杜63).

화상의 관람은 오래 전 실종된 사람이나 이미 잊힌 비밀을 찾아내는 것처럼, 나는 누구인가, 누가 나인가, 나는 어디에 있는가, 어떻게 나를 그리는가? 라는 질문을 화상의 관람자에게 부단히 제기한다. 동시에, 그림 속 인물인 자기가 되어 그 질문에 회답하려고 노력한다. 하나이면서 둘이고 둘이면서 하나인 식으로 자아의 대화를 해나가는 것이다.

(6) 자아 칭송

① 비유

이정기(李廷機)는 〈자찬〉에서, "어이하여 효효한가(뜻을 크게 가지고 큰 소리만 하는가), 나는 고인을 사모하노라. 어이하여 홀로 행하여 옹옹거리는가? 몸을 깨끗이 하고자 해서라네. 쇠처럼 차갑고 물처럼 담백하며 생강·계피처럼 맵기를 바라노라(何爲嘐嘐? 我思古人. 何獨行踽踽? 欲潔其身. 如鐵之冷, 如水之淡, 如薑桂之辛)"(杜106)라고 했다. 차가운 쇠, 맑은 물, 매운 생강과 계피 등의 물질로, 몸을 깨끗이 지니고 지조를 지키고 있는 자신의 본성을 비유했다. 이와 같다면 정치적 총우(寵遇)의 관점에서 보면 진퇴는 끝내 거점을 잃게 되어, "이 일곱 자 몸을 저버려, 이 관모와 진신에 부끄러운(負此七尺, 媿此冠紳)"(杜106) 지경에 이르게 된다. 하맹춘(何孟春)도 사물로 자기를 비유하여, "마음은 철석과 같아 늙을수록 더욱 돈독해졌고", "생강 계피의 성격이 늙을수록 더욱 매워졌다"라 하고, 이어서 《세설신어》의 두 전고를 상기했다. 하나는 고열(顧悅)이 진 문제(晉文帝)와 더불어 포류와 송백에 관해 주고받은 토론이다. 다른 하나는 진 원공(晉遠公)이 상유(桑榆)의 지는 햇빛과 조양(朝陽)의 밝은 빛을 비교해서 제자를 훈계한 일이다. 사람마다 모두 자기만의 심성이 있기에, 하맹춘은 자아를 독려하길, "너는 철석과 강계처럼 스스로를 지켜야 하니", "나는 송백(松柏)보다 무성하기를 바라지, 포류(蒲柳)처럼 영락하기를 바라지 않는다"라고 했다. 아울러 진 원공의 전고로부터 자기가 '조양보다 빛났지만 상유보다 더 늙어서' 고년의 나이로 향하고 있다는 사실을 깨달았다. 하맹춘은 이 글을 새 해 첫날 작성했다. "신정(新正)에 한번 붓을 놀려 화상 머리에 자찬을 하니, 화상을 내 짝으로 삼기 때문이다"라고 했다. 서너가지 물품을 거론하면서 자아를 관상하여, 안도하는 어조로, 자기가 늙을수록 철석·강계(薑桂)·송백의 성질을 지니게 되었고, 고년의 숲으로 뛰어올랐으므로 앞으로 천도에 순응하고 천명을 편안히 여기면 된다고 말했다(〈又自贊像〉, 杜81).

이정기와 하맹춘은 훌륭한 품물을 빌려 자기를 비유했으므로, 화찬에 스스로 오만해하는 측면이 있다. 두 사람은 물성을 자기 성격의 평가에 도입하여 사물을 상징부호로 삼았다. 마찬가지로 만력 말년의 제생인 진간(陳衎)의 〈자제소상〉에 다음 인(引)이 있다.

> 취전(觜田) 진천리(陳千里)는 전신(傳神)의 묘기가 있는데, 어제 유양(維揚)에서 와서 나를 위해 이 그림을 만들어주었다. 그는 말하길, "노래와 음악으로 노년을 즐기면 되지, 무어 구차하게 모수(毛遂)의 낭추(囊錐) 같은 작은 재주나 쇠 삽 같은 무딘 재주 사이에 부지런히 애쓸 필요가 있느냐?"라고 했다. 그러고는 낭탁에서 비파 하나를 꺼내 주고 아울러 그림으로 그려주었다. 지난날 남제(南齊)의 재자(才子) 왕융(王融)은 〈비파시〉를 읊어, "어른어른 기이한 자태가 있고 쟁글쟁글 훌륭한 소리가 많구나!"라고 하였으니, 비파는 회포를 쏟을 만하다. 어찌 하면 들판에 모적(蟊賊, 해충 즉 탐관오리)이 없고, 산에서 여우와 토끼를 감추어, 나로 하여금 사인조(謝仁祖)[동진의 사상(謝尚)]의 무리를 따라 북창 아래 다리를 쭉 뻗고 지내게 하랴?
> 觜田陳千里傳神妙技, 昨自維揚來, 爲衎作此圖. 且言: "聲樂可娛老, 何役役於毛錐鐵鍤間也." 囊一琵琶見贈, 因並畫之. 昔南齊才子王融咏琵琶詩, "掩映有奇態, 淒鏘多好音!", 是固足以寫于懷矣. 安得野無蟊賊, 山藏狐兎, 使衎獲從謝仁祖輩, 企脚北窗之下耶? (杜241)

진간의 초상화는 비파를 그 속에 그려넣어, 상주가 화상을 볼 때 감흥을 일으키게 했다. 문사라고 반드시 필전(筆田)을 지키면서 주경야독할 것이 아니라 노래와 음악으로도 만년을 즐길 수가 있다는 뜻이다. 이어서 진간은 자신의 좌절한 일생을 시로 위로했다.

> 화상을 마주하여 비로소 늙은 것을 알았나니, 넘어지고 접질려서 이 삶이 글렀구나. 강 구름 솟는 곳에서 문을 닫아걸고 한가롭게 지내며, 산의 비가 내리면 밭을 깊이 가노라. 세상 지내는 것은 흰 물새가 기심에 놀라 사라지듯 환몽이요, 형체를 수고롭게 하는 것은 나비의 꿈을 놀라 깨는 것과 같아

라. 도리어 아이들 유희를 찾아, 네 줄 현악기의 소리를 요란하게 내어본다.
對像方知老, 蹉跎負此生. 江雲閑閉戶, 山雨試深耕. 閱世鷗機幻, 勞形蝶夢驚. 還尋兒戲事, 撩亂四絃聲. (杜241)

그림 1-12. 항성모, 〈금천도〉축, 부분. 종이, 수묵. 65.5X29.5cm

이미 만년에 접어들어 일생의 유락은 흰 물새가 날아가버리듯 환몽이요 내가 나비인지 나비가 나인지 모르는 나비꿈과 방불하니, 사현금을 타며 소년 시절로 돌아가고 비파로 정회를 쏟아냄만 못하다. 이 그림은 화상 곁에 물품을 그려 넣음으로서, 인간과 물품이 어울려 기호학적인 관람과 사유를 일으켰다.

명말의 화가 항성모(項聖謨, 1597-1658)는 〈금천도(琴泉圖)〉(그림 1-12)에 다음과 같이 스스로 적었다.

백이를 배우려 하지만, 그런 염치 · 절개가 없구나. 유하혜를 배우려 하지만, 그런 화평함이 없구나. 노중련을 배우려 하지만, 그런 고답(高踏, 멀리 떠남)이 없구나. 동방삭을 배우려 하지만, 그런 해학이 없구나. 도연명을 배우려 하지만, 그런 광일(曠逸, 초연함)이 없구나. 이태백을 배우려 하지만, 그런 호매함이 없구나. 두자미를 배우려 하지만, 그런 궁수(窮愁)가 없구나. 숭산초당을 열었던 (당나라) 노홍을(盧鴻乙)을 배우려 하지만, 그런 조우가 없구나. (송나라) 미원장(米元章, 미불)을 배우려 하지만, 그런 광벽(狂癖)이 없구나. 소자첨(蘇子瞻, 소식)을 배우려 하지만, 그런 풍류가 없구나. 이 열 분의 철인과 나란히 하려고 생각하지만 하나도 함께할 수 있는 것이 없도다. 혹은 육홍점(陸鴻漸, 육우)이나, 종자기(鍾子期)를 닮으려 하지만, 거문고에 현을 매달지 않아 스스로 우습고, 차를 키우기도 전에 먼저 샘물을 저장했도다. 샘물은 혹 나의 마음을 씻어 줄지 모르지만, 거문고는 지음하는 바가 없구나. 이 금천도를 그려서, 잠시 스스로 즐길 뿐이로다.

> 我將學伯夷, 則無此廉節. 將學柳下惠, 則無此和平. 將學魯仲連, 則無此高踏, 將學東方朔, 則無此詼諧.將學陶淵明, 則無此曠逸. 將學李太白, 則無此豪邁. 將學杜子美, 則無此窮愁. 將學盧鴻乙, 則無此際遇. 將學米元章, 則無此狂癖. 將學蘇子瞻, 則無此風流. 思比此十哲, 一一無能爲. 或者陸鴻漸, 與夫鍾子期. 自笑琴不絃, 未茶先貯泉. 泉或滌我心, 琴非所知音. 寫此琴泉圖, 聊存以自娛.

항성모의 이 그림은 인물 화상은 아니지만, 자제(自題)에서 물품을 자아의 표징으로 삼았다. 제시(題詩)는 옛 명철 10명을 쭉 열거하고, 자기는 그 어느 누구에게도 미치지 못한다고 했다. 글은 먼저 폄억하여 '하나도 내가 처할 것이 없다'라고 하고서 도화의 깊은 뜻을 끄집어냈다. 즉, 거문고를 그린 것은 종자기의 고산유수를 흠모해서이고, 샘물을 그린 것은 육우(陸羽, 733-804)의 점다(點茶)와 품천(品泉, 찻물로 쓰는 샘물에 대한 품평)을 찬탄해서이다. 일생 지음을 얻지 못했으므로 검은 색의 무현금을 그림으로 그려두어 자조하고, 차가 없어도 서너 개 항아리에 샘물을 저장한 것을 그림으로 그려두어 마음을 씻으려 했다. 거문고와 샘물은 역시 항성모가 '물품을 본떠서 짝으로 삼은' 매개물이다.[71]

② 오만과 자부

장섭(張燮, 1574-1640)은 〈자제소상찬〉에서 자기에 대한 자만의 뜻을 드러냈다.

> 신체는 보통 사람을 넘지 못하지만, 머리와 얼굴 부분은 반월 빗으로 빗을 만하다. 힘은 길 가기 전날 밤 식량을 찧을 정도도 못 되지만, 가슴과 배에는 천년의 저장이 있다. 태어나서는 아양 떠는 근성이 없고, 장성해서는 나긋나긋 추종하는 태도를 사양했다. 먼지 낀 용모를 쓸어버리되, 호탕한 기운도 역시 제거했다. 혹은 홀로 가서 봉우리에 오르고, 혹은 아이를 불러서 책을 끼고 따르게 한다. 혹은 가파른 바위에 기대고, 혹은 무성한 나무 아래

71_항성모의 自題詩는 〈琴泉圖〉 畫幅에서 인용했다. 楊新編《項聖謨精品集》(北京: 人民美術出版社, 1999), 第38幅圖. '물품을 형상화해서 짝으로 삼는' 전기 수법은 徐師曾이《文體明辨》卷60에 〈假傳〉으로 분류해두었다. 예를 들어 韓愈의 〈毛穎傳〉(붓의 가전)은, 卷60, p.421-422. 秦觀의 〈淸和先生傳〉(술의 가전)은, 卷60, pp.422-424.

> 서 휘파람을 분다. 쑥대로 길을 보호하는 것은 장중울에 견주고, 한 언덕 한 골짝을 즐기는 것이 다른 사람보다 낫다고 여기는 것은 어쩌면 사유여(사곤)에 견줄만 하도다! 옥함에 일만 축의 서화를 두었고, 반죽 대롱의 붓은 삼여(三餘; 겨울, 밤, 비올 때)의 때에 휘호한다. 저술이 집 안에 가득하고, 구입한 책이 수레에 가득하다. 뜻을 얻으면 고운 구름이 골짝을 잠그고, 그림자 돌아보면 향기로운 이슬이 옷자락에 오른다.
>
> 是其體不能踰中人, 而頭面可半月之梳. 力不能具宿舂, 而胸腹有千歲之儲. 生無媚骨, 壯謝纖趨. 塵容旣掃, 豪氣亦除. 或獨往以凌峰, 或呼兒而擁書. 或據石埈嶒, 或嘯樹扶疏. 其蓬蒿護徑者, 或以方張仲蔚, 其丘壑勝人者, 或以擬謝幼輿者夫! 琅函萬軸, 斑管三餘. 著述滿家, 售較滿車. 得意則鮮雲封洞, 顧影則香露上裾. (杜236)

신체와 완력이 선천적으로 남만 못하다는 것으로 시작하되, 다행히 머리 얼굴과 가슴 배는 칭찬할 만하다고 했다. 그 아래에서는 자기의 지난날 성격을 벗어던졌다고 했다. 아첨기도 없고 나긋나긋 추종하는 태도도 사양했으며, 속진의 용모를 쓸어버리고 호탕한 기운도 제거했다. 그리하여 산림에 소요하는 성향을 지니게 되었다고 밝혔다. 아울러 장중울·사유여(사곤)와 비교하고, 다시 '저술이 집 안에 가득하다'고 자부했으며, 인생에서 뜻을 얻어 만족해한다고 했다. 글의 끝에서는 신선이 되어 하늘로 날아오르고 싶어하는 세외(世外)의 동경심을 드러내었다.

양사기(楊士奇, 1365-1444)는 〈자찬〉에서, "그 사람됨이, 처음에 선하지 않은 면이 조금도 없음을 알았다가, 기왕에는 혹 옳음이 드물었음을 알았으며, 옛 성현은 모두 공부하여 능하게 되었음을 알았고, 우주간의 일이 모두 나의 분내(分內) 일임을 알았다"(杜303)라고 했다. 장섭과 마찬가지로 자아를 관람하면서 희열하고 자부했다. 장섭이나 양사기의 자전문과 비교하여 자아를 더욱 과장한 인물이 만명의 출판상 여상두(余象斗, 1561-1637)이다. 그는 출판물의 판면에 과장 광고를 내어 자칭 '고금 제일인'이라 했다. 또 산인(山人) 주이정(周履靖)은 〈나관자자서(螺冠子自敍)〉(杜136-140)에서, "태어나서는 병에 잘 걸렸으며, 약관이 되자마자 제거업(과거시험 대비 공부)을 포기했다"라 하고, "처음에 유한(柔翰, 문묵)에 마음을 두다가, 곁으로 서화·정이(鼎彝, 골동)의 여러 보(譜)와 초목·금어(禽魚), 하늘의 별자리, 땅의 술수, 이역의 방언에 이르기까지 파고들어가지 않은 것이 없다"라고 자부했다. 즉 주이정은 이 글에서 과거 공부를 포기한 이후 오히려 풍성한 업적을 이루었다고 자술한 것이다. 관직에 있지도 않았는데 무슨 공적이 있었단 말인가? 그는 모든 면에서 뛰어난 문화인의 자태를 드러냈다. 주이정은 인생을 두 단락으로 나누어, 번거로울 정도로 세세한 명세서를 나열했다. 인생의 제1단계에서는 '현자와 호걸 사이에 노닐어' '마침내 글상자 속에 가득 채우게 된' 제증(題贈)을 열거하고 이름을 기록했으며, 현자와 호걸들이 자신의 시문과 예학에 보낸 칭송의 말들을 채록했다. 주이정은 그것들을 '여러 어른들이 굽어 내려주신 가르치심'이라고 했다. 제2단은 다른 명세서를 열거했다. 즉, 개인의 저술, 편집, 석각, 법첩을 빈틈없이 저록했다.

물론 주이정은 〈나관자자서〉에서 자신의 심경을 드러내어 "흐르는 세월이 뉘엿뉘엿한데" "지리하고 병 많은 육신으로" "교유를 사절하고자 필연을 태워버리고 내면을 돌이켜 관상하고 천지의 소리를 묵묵히 들어서 자연의 이치를 따르고자 한다"라고 서술했다. 하지만 이보다는 〈나관자자서〉에서 주이정은 타인 찬상과 개인 저술의 명세서를 적어두어 남과의 폭넓은 교제와 자신의 풍부한 문학적 재능을 전시해서, 수많은 교제와 이력의 정보를 가득 채우고 자신의 이름을 널리 알리고자 했다고 말하는 것이 나을 듯하다. 주목할 만한 것은, 자기의 '석각(石刻)' 성적표를 제시하는 말미에 〈매전나관자화상(梅顚螺冠子畫像)〉이란 자료를 덧붙인 점이다. 이 화상은 그가 목판에 새겨 공개했다. 주이정이 이렇게 자신을 뽐내는 수법은 유래가 있었다. 한나라 동방삭(기원전 154-93)의 〈자찬〉이 그것이다.

> 신(臣) 삭(朔)은 어려서 부모를 여의고 자라서는 형수의 양육을 받았습니다. 나이 열둘에 글씨를 배워, 삼동(한 해 겨울)에 문학과 사학이 쓸 만하게 되었습니다. 열다섯에 검을 배웠으며, 열여섯에 시서를 배워, 22만 글자를 외웠습니다. 열아홉에 《손자병법》과 《오자병법》을 배워, 전투의 군진에 필요한 물품, 쇠북·가죽북으로 군사를 지휘하는 방법에 관해서도 역시 22만 글자를 외웠습니다. 신 삭은 전부 44만 글자를 외운 것이 됩니다만, 그러면서도 자로(子路)의 말을 늘 마음속 깊이 새겼습니다.

> 신 삭은 스물둘에 키가 9척 3촌이며, 눈은 구슬을 매단 것 같고 이빨은 조개를 묶어둔 듯 휩니다. 용감하기는 맹분(孟賁)과 같고 민첩하기는 경기(慶忌)와 같습니다. 청렴하기는 포숙아와 같고 신의를 지키기는 미생과 같습니다. 이와 같기에 천자의 대신이 될 만합니다. 신 삭은 죽음을 무릅쓰고 두 번 절하고 올립니다.
>
> 臣朔少失父母, 長養兄嫂. 年十二學書, 三冬文史足用. 十五學擊劍, 十六學詩書, 誦二十二萬言. 十九學孫吳兵法, 戰陣之具, 鉦鼓之教, 亦誦二十二萬言. 凡臣朔固已誦四十四萬言, 又常服子路之言.
>
> 臣朔年二十二, 長九尺三寸. 目若懸珠, 齒若編貝. 勇若孟賁, 捷若慶忌. 廉若鮑叔, 信若尾生. 若此, 可以爲天子大臣矣. 臣朔昧死, 再拜以聞.[72]

동방만청(東方曼倩), 즉 동방삭은 해학을 좋아하고 구변이 뛰어나며 은둔하는 듯하면서 완세(玩世, 세상을 조롱함)하고 세속을 따라 넘실넘실 처신했으나 시절을 만나지 못했으니, 사람들은 그를 '골계의 웅'이라고 일컬었다. 이 〈자찬〉은 동방삭이 한나라 무제에게 올린 것이다. 무제가 즉위(기원전 140)한 후 천하의 방정(方正)·현량(賢良)·문학(文學)·재지(材智)의 선비들을 징소하자, 사방에서 정치의 득실을 논하며 자신을 팔려고 하는 사람들이 수 천을 헤아렸다. 동방삭도 상서한 무리에 들어 있어서, 교만하게 자신을 칭송했다. 그의 〈자찬〉은 편년체의 수법으로 22년 동안의 이력과 학식을 상세히 서술하고, 아울러 개인의 장점과 성격도 언급했다. 한 무제는 그 글을 훌륭하다고 여겨, 공거(公車)에서 대조(待詔)하도록 하여, 대중대부에 제수하고 다시 중랑에 임명했다. 동방삭은 조금도 부끄러워하는 기색이 없이 자기를 자랑해서, 학식이 박통하고 외모가 출중하며 성격에서 용맹·민첩·청렴·신의의 장점을 지녀 고인에 견줄 만하므로 '천자의 대신이 될 만하다'고 했다. 이 글은 중국 '자천 문학'의 시조가 되기에 손색이 없다. 자천의 관습은 한나라 천거 제도를 배경으로 태어났다. 이로써 자천 문학은 권력의 논리가 지배하는 사회적 네트워크 속으로 말려들어갔다. 당나라 때 과거를 통해 선비를 선발하자 고시생은 자신을 알리며 간알(청탁)했고, 이에 따라 자천 문학이 아주 성행했다. 이 풍조는 오랫동안 쇠퇴하지 않았다. 이렇게 한나라에

72_[漢]班固,《漢書》卷65, 傳第35〈東方朔傳〉,《景印文淵閣四庫全書》(台北: 台灣商務印書館, 1983), 第250冊, pp.492-506.

서 흥기하고 당나라에서 번성한 자천 글쓰기는 마침내 후세의 문인이 문학을 이용해서 자기를 표방할 때 전형으로 되었다. 앞서 본 장섭과 양사기의 찬문에서는 자긍의 필치에 그래도 절제가 있었지만, 주이정에 이르러서는 한껏 자랑해서 사람들이 혀를 차면서 기이하다고 일컫을 만한 자전 서술로 바뀌었다. 이러한 서술은 진/위, 정/오의 문제와 관련되기보다는 언어적 효과에서 출발했다. 그것은 주이정이 산인(山人)의 신분으로 출판을 이용하여 공경의 사이에 노닐면서 스스로를 천거한 현실적 배경과 밀접한 관계가 있다.[73]

(7) 자기 폄하

앞서 양사기는 〈자찬〉에서 “그 사람됨은 당초에는 선하지 않음이라고는 없었음을 알았고, 기왕의 일에는 혹이라도 옳은 것이 드물었음을 알았으며, 옛 성현은 배워서 능히 같아질 수 있음을 알았고, 우주의 일이 모두 나의 분내(分內)에 있음을 알았다”(杜303)라고 했다. 명나라 문사의 자제 상찬은 양사기의 예처럼 득지(得志)를 희열하는 심리를 띠는 것이 아주 적다. 대개는 자기 폄하의 시각을 지닌다. 왕위(王褘)는 이렇게 말했다. “고인의 시 · 서를 읽으면서 지금 사람의 관복을 입고 있다. 바깥에서 보기에는 혹 넉넉함이 있다고 하겠으나, 내면에 지니고 있는 것은 내 스스로 부족함을 안다”(〈자찬화상〉, 杜50)라고 했다. 이렇게 화상자찬은 일반적으로 자아의 부족함을 성찰하는 어조이다. 나흠순(羅欽順, 1465-1547)은 〈자찬〉의 소서에서, 화공이 40세 소상을 그려주었는데, 경전에서 40세의 군자는 도를 밝히고 덕을 세울 나이라고 한 것을 홀연 생각하고는 부끄럽다고 했다(杜384). 부끄러워하며 반성하는 그들의 목소리는 문학사에서 생소한 것이 아니다. 한나라 사마상여는 〈자서(自序)〉

73_東方朔 이외에도 司馬遷 · 王充 · 曹丕 · 葛洪 등의 自敍文도 編年體로 적었다. 필자는 명나라 山人 周履靖이 자기를 표방하여 글 쓰는 문체의 전통이 한나라 東方朔의 自薦文學으로 소급한다고 보았는데, 그 관점은 楊玉成,《陶淵明文學研究—語言與民間禮儀的綜合分析》(國立政治大學中文研究所博論, 1993), 〈自傳文學的幻滅與新生: 論‘五柳先生傳’〉, pp.6-9에서 가져왔다. 〈五柳先生傳〉이 중국 自傳書寫 전통에 새로운 변화를 가져온 점에 대해서는 楊玉成의 논문이 지적한 바 있다.

에서 참회의 뜻을 강하게 드러내었다. 당나라 유지기(劉知幾)는《사통(史通)》〈서전편(序傳篇)〉에서 이렇게 말했다.

> 사마상여의 〈자서〉는 임공에 노닐다가 탁씨를 몰래 아내로 삼았다는 사실을 기록하여,《춘추》에서라면 기휘할 사실을 미담으로 삼았다. 그 일이 허구가 아니라 하더라도 이치상 취할 것이 없다. 전에 싣다니, 부끄럽지 않은가?
>
> 相如相〈自序〉, 乃記其客游臨邛, 竊妻卓氏, 以《春秋》所諱, 持爲美談. 雖事或非虛, 而理無可取. 載之於傳, 不其愧乎?[74]

유지기는 "자신의 단점을 숨기고 장점을 칭송하여 그 말에 잘못이 없을 수 있다면 곧 실록이다(自敍之爲義也, 苟能隱己之短, 稱其所長, 斯言不謬, 即爲實錄)"라고 했다. 유지기는 사마상여의 〈자서〉가 자서의 예에 부합하지 않는다고 비평하고, 자서의 양식은 "자기의 단점을 숨기고 장점을 칭송해야 한다"라고 보았다. 전(傳)에 담은 사적이 실록일 필요는 없다고 하면서도, 동방삭의 〈자찬〉처럼 교만하게 '자기의 단점을 숨기고 장점을 칭송해야' 자전의 정통이라고 여긴 것이다. 이렇게 동방삭의 〈자찬〉과 마찬가지로 한 무제 때 작성된 사마상여의 〈자서〉는 동방삭의 경우와 달리 유지기의 붓끝에서 반(反)전통의 예가 되었다.

한나라 동방삭의 〈자찬〉은 지나치게 교만하다. 사마상여의 참회의 〈자서〉는 지나치게 자기를 비하했다. 동진 때 도연명의 〈오류선생전〉은 낮은 자세로 사마상여의 〈자서〉에 호응했다. 자전의 양식은 송양(頌揚)에서 참회로, 교만에서 자기 비하로 나아갔다. 더욱 뚜렷한 전향은 위진 시기에 발생했다. 혜강(嵇康, 224-263)의 〈산거원과 절교한 서찰(與山巨源絶交書)〉은 그 중요한 표지이다. 이 글은 자기를 심하게 폄하하고 아주 추하게 묘사했다. 자전의 주인공은 영웅주의의 송양에서 반영웅주의의 회한으로 바뀌었다. 갈홍(葛洪, 284-363)의 〈포박자자서(抱朴子自敍)〉는 극도의 자기 비하에서 나왔다.[75] 명나라 화상의 자찬 작자는 자기 폄

74_[唐]劉知幾,《史通》,《景印文淵閣四庫全書》, 第685冊, 卷9,〈內篇〉第32〈序傳篇〉, pp.71-73.

75_葛洪,〈抱朴子自敍〉, 郭登峯輯,《歷代自敍傳文鈔》, pp.157-172.

하의 서사 전통에서 한걸음 더 나아갔다. 당초 화가가 그를 위해 전신(傳神)하여 그려낸 아름다운 형상에 한 동이의 물을 들이부어 그 기염을 잠재워버렸다. 화가의 붓 아래서의 영웅이었던 존재가 자기의 문필 아래서 폐물로 돌연 바뀌고 말았다. 문학사에서 자아 인식은 천당과 지옥의 양극을 오갔다.[76]

자기 폄하의 눈빛은 병을 앓거나 근심에 잠겨서 스스로를 비하하고 참회하는 시선으로 자기를 바라본다.

① 질병

중년 이후 노병에 특히 민감했던 육수성은 〈병중소상(病中小像)〉의 자제를 남겼다. 방붕(方鵬, 1470-1534)의 〈자제소상〉도 그러한 처지에서 나왔다. 방붕의 글은 슬픔과 고통에서 촉발되어 근심이 가득하다. 첫머리부터 "이 상은 누구인가?" 묻고는 곧 이어서 의혹을 제기했다.

> 이 상은 누구인가? 오송의 방교정이라네. 전신(그림 이전의 지난 시절)의 일을 자못 기억하니, 태어나 예닐곱쯤 되었을 때 병에 걸려 갑자기 요절해서, 천지는 어두컴컴해졌지. 창두는 나를 끌어안고 곡을 했으며 여러 부인들은 통곡하며 가슴을 쳤네. 그 집은 성 안에 있어, 북쪽을 향해 처마와 기둥이 높았다네. 거리에는 도고가 줄지어 있고, 음풍이 슬픈 목소리를 조장했지. 이 일을 생각하면 완연히 어제 일만 같아, 말이 여기에 미치면 문득 눈물이 떨어지누나. 생각건대 성령이 어둡지 않아서, 다시 이 생명을 얻은 것이라네.
>
> 此像何人斯, 吳淞方矯亭. 頗記前身事, 生可六七齡. 一疾遽夭死, 天地爲晦冥. 蒼頭抱我哭, 諸婦慟拊膺, 其家乃城居, 面北高簷楹. 臨街列屠沽, 陰風助哀聲. 思之宛如昨, 語及輒涕零, 性靈想不昧, 還復得此生. (杜 15)

유년 시기에 죽음의 신과 손을 잡았던 신고를 겪었으나, 다행히 "다시 이 생명을 얻었다." 그 후에는 부친의 훈도를 입어 명경(明經)으로 집안을 일으켜서, 방붕은 정덕 3년(39세) 무진에 진사가 되었다. 그런데 대

76_東方朔의 과분한 驕傲와 달리, 漢·魏·晉 때 司馬相如·陶淵明·嵇康·葛洪의 自序傳은 謙卑自抑의 書寫 전통을 형성했다. 楊玉成, 〈自傳文學的幻滅與新生: 論'五柳先生傳'〉, pp.6-9.

례를 의논한 일로 당시의 유신들과 조화하지 못하여 벼슬을 그만두었다. 방붕은 "(생황을 불지도 못하는 자가 악공의 열에 섞여 있듯이) 외람되이 공봉의 반열에 들고, 열 번 제수받아 승진하여 맑은 경의 자리에 이르렀다(濫芋供奉班, 十命至淸卿)"라고 했다. 공교롭게도 또 질병으로 고생하여, "행년 고작 예순이거늘 온갖 병에 걸려 괴롭다(行年甫六十, 而苦百病嬰)." 그래서 현실을 버리고 선계로 향하려고 해서, "날아가는 신선을 끼고서, 오르락내리락 바람과 천둥을 좇아가련다(我欲挾飛仙, 下上逐風霆)"라고 토로했다. 끝에 가서는 저술에 힘써, "뱃속에 유고가 있으니, 황금이 바구니에 들어 있는 것보다 낫고 말고!(腹中有遺稿, 絶勝金滿籯!)"라고 했다. 방붕은 화상을 통해, 질병으로 고통을 겪은 지난날, 즉 어린 나이에 '한바탕 앓은' 일부터 시작하여, 예순에도 '온갖 병에 걸려 있는' 상태에 이르기까지의 경력을 조감했다. 마지막으로는 화상으로 돌아가, 본래 화가가 그린 모습은 "반생[묵선(墨仙), 글장이]이 이 상의 모습을 지녀, 여위고 허약하여 이기지 못할 정도이다(潘生貌此像, 瘦怯如不勝)"라고 했다. 방붕은 병에 아주 민감하여, 빈사 상태에서 발악했던 일도 회억했다. 또 달리 〈교정잠(矯亭箴)〉(杜14)을 지어, 역시 병을 둘러싸고 자기를 돌아보고 사색했다. "내게 여섯 가지 병이 있어, 생명을 상하게 하고 본성을 해친다(予有六病, 傷生伐性)"라고 했는데, 생리적 질병을 가리킨 것이 아니라, 난폭함(暴)·광포함(狂)·편벽됨(褊)·조급함(躁)·고달픔(露)·나약함(懦) 등 성격적 결함을 거론했다. 65세 임종 때 지은 〈자찬문〉(杜14)에서는 결국 "질병이 낫지 않았으니 죽음의 기약이 이러하구나!(厥疾弗瘳, 死期伊爾!)"라고 했다.

정진(鄭眞)은 〈자찬〉에서, 일생 내내 학문과 사장(詞章)에서는 기뻐할 만한 것이 아무것도 없었으며, 쇠약하여 늙음과 병들어 추악함이 시간이 흐를수록 점점 침범한다고 한탄했다. 곧, "늙음과 병이 서로 인연하여, 마음을 아프게 하고 얼굴을 추하게 만든다"(〈자찬〉, 두337)라고 했다. 만일 권태를 더 느끼게 된다면 최후에는 죽음을 가만히 기다려서, 선인의 묘역에 묻혀 영구히 돌아가리라고 했다. 방붕과 정진 두 사람은 지옥의 입구에 서 그 안을 들여다본 것 같다. 앞에 인용한 주사겸도 "너는 아주 파리하구나(汝最瘦耶)", "너에게 늙음이 달려오는구나(汝老速耶)",

"너에게 근심이 이르러오는구나(汝憂至耶)"(杜131)라고 했으니, 그가 바라본 것도 필경 자신의 참담한 모습이었다. 장대복(張大復, 554-630)은 〈병거사자전(病居士自傳)〉의 첫머리에서 자신을 폄하하여, "거사의 성은 부친이 주었고 이름은 부친이 붙여주었는데, 부친의 뜻에 부합하지를 못했다. 추한 데다가 병이 많았으므로 병거사라고 자호했다"(杜215)라고 했다. 그러고서 자신의 질병사를 기술했다. 생리적으로 동계(動悸, 두근거림), 부종, 하혈, 신장병을 앓은 병력을 전부 서술한 후, 나아가 처지의 면에서 곤궁을 겪어 오만함(傲), 어리석음(戇), 조급함(躁) 등 성격상의 결함을 지닌 것은 물론, 사랑에 병들고, 초야(草野)에 병들어 거만하며, 결습(結習, 뿌리 깊은 습관)에 병들어 있다고 개인적인 습벽까지 서술했다. 병은 장대복에게는 생명에 대한 심각한 반성을 촉구하는 일종의 은유이다.

명나라 말 제생 곽사모(郭士髦)의 〈동해처사자장(東海處士自狀)〉은, 대죄의 몸으로, 명말 이후 부친이 생존하여 차마 자결하지 못했기 때문에 자기는 '천지의 죄인이다'[77]라고 자책했다. 그리고 스스로 조롱하기를, "염치의 풍모가 미약하니, 어찌 능히 물굽이 속의 지주산이 되랴? 죽음이 장차 가지가지로 이르러 오니, 작은 화상을 보호하고, 황관이 좋구나!(廉恥風微矣, 疇能獨砥瀾? 死將種種, 護小像, 好黃冠!)"(杜259)라고 했다. 장대(張岱)는 〈자위묘지명(自爲墓誌銘)〉에서 "어려서 담질이 많아, 외조모 마태부인의 손에서 자란 것이 10년이다. 외조부 운곡공이 광동과 광서에서 벼슬살이 하실 때, 생우황 서너 광주리를 보관하여 두었는데, 내가 땅에 떨어져 태어나서부터 16세에 이르기까지 죄다 먹어치운 후에 그 병이 비로소 나았다(幼多痰疾, 養於外大母馬太夫人者十年. 外太祖雲谷公宦兩廣, 藏生牛黃凡盈數簏, 自余墜地以至十有六歲, 食盡之而厥疾始瘳)"(杜218)라고 했다. 병의 내력을 진술하되 외조부의 관력이 혁혁했음을 표방하는 뜻이 농후하다.

77_謝正光·范金民合編,《明遺民錄彙輯》(南京: 南京大學出版社, 1995),〈郭士髦〉條, p.718.

② 참괴와 후회

자기의 화상을 보면서 고대소(顧大韶, 1576-1639?)는 자기가 불승도 아니고 도사도 아니고 유가도 아니며 공인도 아니고 상인도 아니고 전투도 하지 않고 농사도 짓지 않는다고 하면서, 네 가지의 불상(不像, 닮지 못함)에 대해 불만을 쏟아냈다. 연로하게 된 고대소는 혼돈스럽고 황당했던 일생을 돌아보면서 외모가 누추한 것을 부끄러워했다. 주갱(朱賡, 1535-1608)도 그러했다.

> 군주의 은우를 입지 않음은 정직함 같으나, 정성은 군의 마음을 바로잡기에 부족하다. 남을 해치지 않음은 인자함 같으나, 재주는 세상을 구제하기에 부족하다. 당여를 만나지 않음은 공평함 같으나, 행동은 친우들에게 신뢰받기에 부족하다. 가득 채우지 않음은 겸손함 같으나, 텅 빔은 넓히고 보익하기에 부족하다. 구차하지 않음은 개결함 같으나, 염치는 풍속을 부지하기에 부족하다. 타인의 뜻을 거슬리지 않음은 화평함 같으나, 관대함은 뭇사람을 용납하기에 부족하다. 나아가서는 건의한 바가 없으니, 어찌 백성이 즐거워한 이후에야 즐거워했다고 하랴? 살아서는 도를 들은 것이 없거늘, 누가 이를 두고 죽어 안녕하다고 하랴? 급급하고 자자하여, 늙음이 장차 이르러옴을 알지 못하다가, 끝내 초목과 함께 썩을 자가 그대가 아니겠는가!
>
> 不逢君似直, 而誠不足以格心. 不害人似慈, 而才不足濟世. 不値黨似公, 而動不足以信友. 不滿假似謙, 而虛不足以廣益. 不苟得似介, 而廉不足以維風. 不忤物似和, 而寬不足以容衆. 出無建明, 詎云後樂? 生不聞道, 孰曰寧歿? 汲汲孳孳, 不知老之將至, 而究與草木同腐者, 非子也耶! (〈自贊〉, 杜76)

주갱도 고대소와 마찬가지로 매 구마다 '不' 자를 삽입하여 점층해나가, 자기 삶이 결함투성이라는 사실을 전면적으로 점검했다. 정진(鄭眞)은 거의 한 가지도 옳게 대처한 것이 없는 자기를 응시했다. "망망하여라 학문의 바다여! 크고 넘실거려 끝을 볼 수 없구나. 깊숙하여라 사림(詞林)이여! 수주대토하여 변화를 하지 못했구나. 늙음과 병이 서로 인연하여, 마음을 아프게 하고 얼굴을 추하게 만든다(茫乎學海! 望洋而未之見也. 邃乎詞林! 守株而莫之變也. 老病相仍, 痛心醜面)"(杜337-338). 왕직(王直, 1379-1462)은 자기의 재학, 지학, 성격의 결점을 반성하여, "재학은 우활하고 성글며, 지행도 광간하다. [⋯] 동료는 이것을 강인하다고 하고, 주상은 이것을 판에 박힌 듯하다고 하시니, 변통을 잘 하지 못함이 부끄럽다(其才學則迂疎, 其志行亦狂簡, [⋯] 僚友謂之强, 而主上謂之板, 愧變通之未能)"(〈자찬소상〉, 杜32-33)라고 했다. 서계(徐階, 1503-1585)는 조부를 푯대로 들고, "지난날 나의 대부(조부)는 선을 즐거움으로 삼았고, 선공(부친)에 이르러서도 다시 대부를 배웠다(昔我大父, 以善爲樂, 暨于先公, 以復爲學)"라 말하고, 자신은 "미덕을 밟아나가려 해도 그러지 못하고(欲趾美而未能)" "직분을 제대로 하지 못한 것을 생각하면 너무도 창피하다(念曠職而多怍)"(〈화상자찬〉, 杜193)라고 했다. 이 글들은 약조하지 않고도 똑같다. 곧, 단청(회화)을 앞에 두고, 몸뚱이조차 감당하지 못하는 자기 자신을 바라보았다.

찬의 문체는 본래 포미·칭송을 하므로, 상찬 주인에 대하여 악을 감추고 선을 칭양해서 포상과 명예를 더한다. 하지만 화상자찬은 참회와 자책의 어조를 거듭거듭 토로한다. 이것은 중국 문사가 자성(自省)을 중시했던 문화의 일단을 드러낸다. 이것은 개인이 불후의 생명을 추구하는 것과 모순되기도 했다. 장대(張岱)는 〈자제소상(自題小像)〉에서 이렇게 말했다.

> 공명이야 허공으로 떨어지고, 부귀야 꿈과도 같다. 충신이야 고통이 두렵고, 쟁기머리야 무거움이 두렵다. 저서 20년이야 끝내 장독이나 덮을 정도로다. 그 사람이야, 쓸 데가 있어도 쓰이지 않누나!
> 功名邪落空, 富貴邪如夢. 忠臣邪怕痛, 鋤頭邪怕重. 著書二十年邪而竟堪覆甕. 之人邪有用莫用! (杜219)

장대는 자신의 화상을 바라보면서 한껏 자기를 비난해서, 자기를 조롱하고 자기를 조소하여, 스스로를 폐기된 자로 간주했다. 실은 유머와 해조 속에 참회의 의도를 드러 낸 것이다. 관 뚜껑이 덮히고서 일생을 평가받는 때에 이르지는 않았지만, 어떻게 후인에게 "나는 대체 누구였던가?"라고 호소할 수 있으랴? 한 가지도 옳은 곳이 없거늘, 어떻게 자신의 위치를 판정하고 어떻게 스스로를 평가하여 후세에 남길 것인가?

자신을 후회하는 이러한 필치는 자전 양식의 자잠(自箴)이나 자계(自戒)와 유사하다. 임방(任昉, 460-508)의《문장연기(文章緣起)》주(註)에 이러한 말이 있다.

> 잠이란 규계하여 과실을 막는 것이다. 의리는 절차탁마를 높이 치고 문장은 정확하고 지극해야 한다.《문심조룡》에 "잠이란 병을 다스려 환란을 방지하는 것이니, 잠석과 같다"라고 했다.
>
> 계(誡)는 경(警)이요, 신(愼)이다.《주역》에 "가볍게 처벌받아 크게 조심한다(小懲而大誡)"라 했고,《서경》에 "아름다움으로 경계한다(戒之用休)"라고 했다.《주역》에 "저녁까지도 두려워하는 듯이 하면, 위태로운데도(夕惕若厲)"라 하고,《효경》에 "윗자리에 있으면서 교만하지 않다(在上不驕)"라 했다.
>
> 箴者, 規戒以禦過者也. 義尙切劘, 文須確至. 文心雕龍曰: "箴者所以攻病防患, 喻箴石也." 誡, 警也·愼也, 易曰: "小懲而大誡." 書曰: "戒之用休, 易云: 夕惕若厲." 孝經云: "在上不驕." [78]

잠과 계의 목적은 하자를 언급하고 폐단을 지적하여 환란을 미연에 방지하는 데 있다. 자송(自訟)과 자조(自詛)는 더욱 엄중한 태도를 취한다. 육심(陸深, 1477-1544)은 〈자송(自訟)〉에서 "너는 교만하고 너는 긍지가 높으니, 타락하고 경솔하다. 너는 재능이 많다고 여기지만 남들이 일컫지 않기에 근심한다. 너는 변론이 뛰어나다고 여기지만, 소리 없는 남에게 굴복한다. [···] 너는 작은 이룸을 달게 여기니, 이를 일러 낭질(狼疾)이라 한다(汝驕汝矜, 旣墮旣輕. 謂汝多能, 而病人之不稱. 謂汝多辯, 而屈人於無聲. [···] 汝甘於小成, 是謂狼疾)"(杜254-255)라 하여, 죄상을 조목조목 진술했다. 황도주(黃道周)의 〈자조〉는 조금도 가차 없는 어조이다.

> 너는 덕에 뒤틀린 것이 넷 있고, 본성에 반하는 것이 여섯 있다. [···] 너는 희떡거리는 일이 많지만 환희는 적다. [···] 너는 신뢰는 적고 거짓은 많다. [···] 너는 숭상하는 것이 편중되고 습벽이 기이하며, 너는 단속하기는 쉽게 하면서 즐겁기는 어렵다. [···] 네 마음은 성현이 아니거늘, 입으로는 그 교리를 외고, 네 마음은 불교와 노자에 복종하거늘, 몸은 그 의리에서 어긋

78_[梁]任昉撰·[明]陳懋仁註,《文章緣起註》, p.11, p.17.

나 있다. […]네 형체는 파리하고 쇠약하며, 지의(志意)는 조잡하고 속악하다. 너는 속마음에 수결(修潔, 결백함을 닦음)을 생각하지만, 밖으로는 잡답함에 맡긴다. […] 너의 본성은 남에게 아첨하길 좋아하여, 남이 네게 간사하게 구는 것을 즐긴다. […] 너는 글을 닦으면서 글을 천시하고, 무(武)를 멀리하면서 무를 귀하게 여긴다. […] 너는 이 여러 악을 지니고 있으면서도 걸음걸이도 고치지 않고 옥의 흠을 연마하지 않고는, 아로새기느라 마음을 벌레 먹게 하고 흘겨 보느라 눈을 비둘기 눈처럼 부릅뜬다.

爾有悖德四, 反性者六. […] 爾多嫚寡歡, […] 爾寡信多假, […] 爾偏尙奇癖, 爾易約難樂, […] 爾心非聖賢, 口誦其敎, 爾心服佛老, 身悖其義, […] 爾形體羸弱, 志意粗惡, 爾中懷修潔, 外託沓雜, […] 爾性喜諛人, 戱人佞己, […] 爾脩文賤文, 遠武貴武. […] 爾具數惡, 不改不玉, 乃復雕鏤蟲心, 盱衡鳩目. (杜298-299)

덕에 뒤틀리고 본성에 반하는 것들을 죄다 모아 지닌 형편이어서, 스스로 한바탕 저주를 한다고 해도 이상할 것이 없다. 찬술자는 정의로운 중재관으로서 이 저주스러운 자기를 주살하고 더 높은 위치에서 명령하기를, "너는 무릎을 꿇고 머리가 땅에 닿도록 조아려 나의 저주를 들어라!(爾跽泥首, 聽吾詛爾!)"라고 했다.

이렇게 매섭게 자조하고 자송하는 이외에, 생명의 대한(大限)이 이르렀음을 생각하고 스스로 묘명을 짓는 일도 있다. 장대(張岱)의 〈자위묘지명〉은 그 전형이다.

젊어서는 귀족의 자제로, 번화를 극도로 사랑했다. 깨끗한 집을 좋아하고, 아름다운 여종을 좋아하며, 귀여운 동남을 좋아하고, 예쁜 옷을 좋아하며, 맛난 음식을 좋아하고, 준마를 좋아하며, 화려한 등을 좋아하고, 연화(경치)를 좋아하며, 이원을 좋아하고, 고취(악대)를 좋아하며, 고동(골동)을 좋아하고, 화조를 좋아했다. 아울러 차(茶)에 빠지고 귤에 혹하며, 책의 좀벌레가 되고 시의 마성에 휩쓸려, 녹녹한 반생이 모두 환몽이 되고 말았다. 나이가 50에 이르러 도성은 깨어지고 집안은 망하여, 산 속 거처에 자취를 숨기니, 남은 것은 깨친 평상과 부서진 안석, 다리 망가진 솥과 고장난 거문고, 짝 맞지 않는 서적 서너 질과 이지러진 벼루 하나뿐이다. […] 20년 전을 회고하니 정말로 격세와도 같다. 늘 스스로를 평하기를 일곱 가지 해득하지 못한 것이 있다고 했다. […] 글씨를 배워 이루지 못하고, 검을 배워 이루지 못하며, 절의를 배워 이루지 못하고, 문장을 배워 이루지 못하며, 신을 배우고 부처를 배우며 농사를 배우고 채마밭 가꾸기를 배웠으나 모두 이루지 못했다. 세상 사람이 패배자라 부르고, 폐물이라 부르며, 완민이라 부르고 둔수재라 부르며, 끄덕끄덕 조는 놈이라 부르고 늙어 죽은 도깨비라 불러도 어쩔 수 없다. [⋯] 갑신년(1644년, 명의 멸망) 이후로 유유하고 홀홀하여, 죽음을 추구할 수도 없고 구차하게 살 수도 없어서, 백발만 너풀너풀거리며 인간세상에 근근이 살아가고 있다. 아마도 하루아침에 새벽이슬보다 먼저 스러질 것이요, 초목과 함께 썩을 것이다. 고인 가운데 왕무공(왕적), 도연명(도잠), 서문장(서위) 같은 사람들이 묘명을 지었으므로 나도 효빈하여 그렇게 하려고 가만히 구상했다가, 사람도 문장도 훌륭하지 못하여 붓을 그만둔 것이 여러 차례이다. 그렇기는 하지만 나의 기벽과 착오만을 말한다면 후세에 전할 수 있을 것이다.

少爲紈絝子弟, 極愛繁華, 好精舍, 好美婢, 好孌童, 好鮮衣, 好美食, 好駿馬, 好華燈, 好煙火, 好梨園, 好鼓吹, 好古董, 好花鳥. 兼以茶淫橘虐, 書蠹詩魔, 勞碌半生, 皆成夢幻. 年至五十, 國破家亡, 避跡山居, 所存者破床碎几, 折鼎病琴, 與殘書數帙缺硯一方而已. [⋯] 回首二十年前, 眞如隔世. 常自評之, 有七不可解. [⋯] 學書不成, 學劍不成, 學節義不成, 學文章不成, 學仙學佛, 學農學圃俱不成, 任世人呼之爲敗子, 爲廢物, 爲頑民, 爲鈍秀才, 爲瞌睡漢, 爲死老魅也已矣. [⋯] 甲申以後, 悠悠忽忽, 旣不能覓死, 又不能聊生, 白髮婆娑, 猶視息人世. 恐一旦溘先朝露, 與草木同腐. 因思古人如王無功 · 陶靖節 · 徐文長皆自作墓銘, 余亦效顰爲之, 甫構思, 覺人與文俱不佳, 輟筆者再. 雖然, 第言吾之癖錯, 則亦可傳也已. (〈自爲墓誌銘〉, 杜217)

장대의 이 글도 역시 자전이다. 죽음을 서술하는 글 가운데 애사 · 뇌 · 제문 · 조문 등은 영전에 봉헌한다. 묘지명은 묘비와 묘지에 새기므로, 묘에 종속한다. 형식을 보면, 앞에 지(산문)를 적고 뒤에 명(운문)을 적는다. 일반적으로 사망 사실이 발생한 후 타인이 짓는다. 스스로 묘지명을 짓는 것은, 일생을 회고한다는 점에서는 자전과 유사하되, 자기가 이미 사망했다고 상상해야 하므로 그 속의 언어 설정과 예술 형상은 매우 특수하다.[79]

장대는 스스로 묘를 파서 다른 사람의 손을 빌리지 않고 자기가 관 뚜껑을 덮고 생전을 논정하는 일을 상상했다. 70년의 긴 세월을 한 폭의 완정한 자아 도상에 수렴하려고 시도하면서도, 세월이 무의미하게 흘러

79_[日]川合康三撰 · 蔡毅譯 ,《中國的自傳文學》(北京: 中央編譯出版社, 1999), 第4章.

가는 것을 깨닫고, 호화찬란한 귀공자와 이룬 것 없는 파락호라는 서로 다른 모습으로 반생의 자아 도상을 그려내었다. 그리고 갑신사변은 그 날카로운 칼날로 자아를 분할하여 세 번째 영상, 다시 말해 산 자도 아니고 죽은 자도 아닌 백발옹을 만들어내었다. 장대는 추호도 사정없이 자기의 죄과를 해부해서, 자기의 도상에 쏟아부었다. 다중의 영상을 겹치기도 하고 쪼개기도 하고 분쇄하기도 하여 원초의 불확정성 속으로 거듭 회귀하게 하여, 추심의 목소리와 현시된 실제가 서로 칼날을 마주하게 함으로써, 참회의 어조로 가득 채웠다.

혹자는 수사학과 심리학을 결합하여, 먼저 자기 폄하를 한 후에 다시 칭양함으로써 자기를 찬미·추허하는 효과를 더욱 두드러지게 하기도 했다. 진굉(秦紘, 1426-1505)의 〈화상자찬〉은 이러하다.

> 네 외모는 늙은이이지만, 네 견식은 아동이다. 졸렬함에 맡기는 것이 교묘하여, 곤액에 처해서도 오히려 통하누나. 담이 작기에 가득 차게 되면 두려움을 알고, 복이 박하여 귀하게 되더라도 곤궁함을 지킨다. 정치에는 다른 능력이 없어, 오로지 하급관리를 부려 일을 줄인다. 전쟁에서는 아무 기이한 모책이 없지만, 그렇기에 남의 덕에 공을 이룬다.
> 爾貌雖翁, 爾識則童. 任拙爲巧, 處困猶通. 膽小而盛則知懼, 福薄而貴乃守窮. 政無異能, 惟馭史以省事. 戰無奇策, 乃因人而成功.(杜202)

겉으로는 허리를 굽혔지만, 사실 전횡은 자신의 성공으로부터 어리석은 듯 졸렬함을 지킨다는 처신 원칙을 끄집어내어, 앞에서는 폄하하고 뒤에서는 표창하는 식으로 자기를 칭송하고 허여했다. 또 다른 예로, 왕숙과(王叔果, 1516-1588)의 〈소상자찬〉에는 이러하다. "너는 산택에서 지내는 사람처럼 파리하거늘 어이하여 금자광록의 인끈을 하고 있는가? 너는 천지에서 가장 우활하거늘 어이하여 복택을 구하는가?(予爲山澤之臞, 胡爲乎金紫之紆? 予爲天地之迂, 胡爲乎福澤之需?)"(杜30) 메마르고 우활하거늘 도리어 관직과 복택을 얻었으니, 이것은 폄하해야 할 것인가 포창해야 할 것인가? 이는 하늘이 신랄하게 웃을 그런 사람이다. 손작(孫作)의 〈소상자찬〉도 "가난하여 도시락과 표주박이 자주 비는 지경에 이르러도 마음은 1만 종 봉록을 받고 1천 사(駟, 수레 끄는 네 필의 말)

를 끼고 있는 것처럼 부유하다. 곤액을 당하여 운수가 기이한 지경에 이르러도 마음은 (삼공 벼슬에 올라) 홰나무를 마주해 선 일이나 휘황한 가시 우리의 조정에 신하로 나가는 존귀함에 이른 듯 형통하다. 신장은 보통 사람을 넘지 않으나 뜻은 삼군의 장수를 빼앗는 것보다 어려우리라(貧至於屢空, 而心富如萬鍾千駟. 困至於數奇, 而心亨如面槐列棘之貴. 長不踰乎中人, 而志可以奪三軍之帥)"(杜180)라고 했다. 왕숙과 마찬가지로, 자신은 가난하고 곤궁하고 키가 작지만 마음은 부유하고 형통하며 뜻이 높다고 했다. 손작은 자신을 눌렀다가 다시 높이고는 독자에게 고백하길, "이는 어떻게 이럴 수가 있는가? 대개 스스로를 반성하여 부끄러움이 없고자 했기 때문이다(此何得而然哉? 蓋庶幾乎自反而無媿)"라고 했다. 이와 같다면 인생은 저절로 부유하고 풍족하다고 느낄 것이라는 말이다. 화상을 보면서 촉발되는 생각은 사실 아주 복잡하다. 때로는 회고하고 반성하는 목소리 속에서 극도로 자기를 추화하기도 하고 때로는 명성을 얻으려고 자신을 연모하기도 한다. 이러한 반응에 대해서는 설명할 길이 없다. 문사들은 자기의 화상을 보면서 개인의 특성을 파악하여, 혹은 자기를 억누르고 자기를 괴롭히고 자기를 훼손하고 자기를 버리기도 하지만, 혹은 자기를 연모하고 자득하며 자만하고 오만하게 된다. 곧, 화상 자제 텍스트가 다중의 성음을 지니는 것은 자전 찬술자가 자기 해석을 위해 갖가지로 노력하고 실험한 결과이다.

③ 교계 이주(教界二主)

명대 중엽 이후 교풍이 왕성하여, 많은 고승들이 탑명(塔銘)을 스스로 만들고, '형체를 훼기하는' 사유를 통해 활달한 생사관을 드러내었다.[80] 만명의 양대 교주 감산대사(憨山大師, 1546-1623)와 연지대사(蓮池大師, 1535-1615)는 자아 성찰의 때에 항시 스스로를 참회하고 스스로를 후회하는 색채를 띠었다.

감산대사 덕청(德淸, 1546-1623)은 편폭이 각기 다른 31수의 자찬을

80_杜聯喆輯, 《明人自傳文鈔》, 釋眞一 〈自製塔銘〉, pp.386-387, 釋景隆 〈自製塔銘〉, pp.392-393.

남겼다.[81] “너를 백반 천반으로 묘사한다 하여도, 다만 한 점 그림을 벗어나지 않는다(任他描寫百千般, 只有一點畫不出)”(杜390), “이 노인은 볼 품이 없으니, 이것이 무슨 모양인가?”(杜401), “너를 묘사하든 본 뜨든 마음대로 하라”(杜406) 등의 내용으로 볼 때 이 자찬은 화상찬이되, 시간적으로도 길게는 10년 이상 차이가 있는 듯하다.[82] 하지만 자료가 부족하여 어떤 화상에 대해 자찬을 남겼는지 특정할 수가 없다. 다만 상찬의 내용으로부터 감산대사가 화상을 보며 어떻게 자기를 성찰했는지 추측할 수 있을 뿐이다. 감산대사의 시선은 화상의 좌우상하로 이동하며, 그림 속의 사람에 대해 헤아려본다. 시각 정보는 이러하다.

○ 지팡이를 긴 창처럼 짚고, 바리때기를 조두(초두, 취사도구)로 지녀, 일등의 생애이니, 고우냐 추하냐는 따져 무엇하랴? 물에 비친 달이 허공에 어른 거리는 꽃과 같음을 볼 뿐이니, 이 밖에 내게 무엇이 있으랴?(拄杖長戈, 鉢盂刁斗, 一等生涯, 何分妍醜? 但看水月空華, 此外於吾何有?)

○ 얼굴은 널찍하고 입은 좁으며, 눈썹은 횡으로 뻗고 코는 곧으니, 너를 어떻게 묘사하든, 전혀 기식이 없다(面闊口窄, 眉橫鼻直, 任爾描模, 全無氣息).

○ 서리 맞은 듯한 구레나룻이 부숭부숭하다(霜鬢髼鬆).

○ 달은 키 큰 소나무에 걸려 있고, 그림자는 가을 물 아래 가라앉아 있으니, 상(相)이 있어 엿볼 수 있으나, 어느 것도 비교할 것이 없다.(月桂長松, 影沈秋水, 有相可窺, 無物堪比).

○ 붉기는 조각구름 같고, 태허에 머물지 않는다. 오든 가든 무심하여, 바람따라 한 번 오간다. 정호(鼎湖)의 높은 봉우리에 앉아, 조계(曹溪)의 드러난 기둥을 비웃는다(彤似片雲, 太虛不住. 來去無心, 隨風一度. 座鼎湖之高峰, 笑曹溪之露柱).

81_釋德淸(1546-1623)의 호는 憨山으로, 어려서 金陵 報恩寺에 출가하고, 자라서 杭州 雲棲寺에서 체발했다. 慈聖 李太后가 그를 위해 절을 세우고 불경을 내려주었으며, 이에 따라 궁중 정치에 말려들어, 마침내 사찰을 사사롭게 창건했다는 죄를 입었다. 三教를 관통하고, 선종과 정토종을 아울러 닦았다. 自贊 31수가 있다. 杜聯喆輯 ,《明人自傳文鈔》, pp.397-407.

82_自贊의 한 수에 ‘出世六十年’라 하고, 다른 수에 ‘七十年來, 夢遊人世 […]’라 했다. 후자는 10년 이상 뒤의 것이다.

흰 구레나룻이 더부룩하고 얼굴은 크고 입은 작으며 눈썹은 옆으로 뻗고 코는 곧다. 인간세상에 떠도는 이 노승은 지팡이를 집고 바리때를 지니고 다니며 미추에는 괘념하지 않는다. 그림을 통해서 그 형상을 엿볼 수는 있되, 어떤 것으로도 비유할 길이 없다. 어쩌면 뜬구름이 바람따라왔다가 가는 것과 같다고 비유할 수 있을지 모른다. 다시 이 노인의 모양을 더 자세히 보도록 하자.

○ 이 노인은 볼품이 없으니, 이것이 무슨 모양인가? 때려도 아프지 않고, 꼬집어도 가렵지 않으며, 욕을 해도 부끄러워하지 않고, 비방을 해도 틀어지지 않는다(此老無狀, 是何模樣? 打之不痛, 抓之不癢, 罵之不羞, 謗之不枉).

○ 생철 나한을 주물해 만들어서, 화택과 염황에 던져버린다. […] 온 몸의 뼈와 육신을 녹여서, 자비심 한 조각을 단련해 얻었다(鑄成一箇生鐵羅漢, 抛向火宅炎荒 […] 鍊得通身骨肉鎔, 剩得慈悲心一片).

때려도, 꼬집어도, 욕을 해도, 비방을 해도 응답하지 않는다는 것은, 아무 감각기관도 없는 가상의 화상을 가리키되, 진실한 자기를 가리키는 것이기도 하다. 고행 중의 자기를 상상하면, 화택 · 염황 속의 철나한이 되어 한 조각 자비심을 단련해낸다. 수행의 길은 너무 괴롭고 힘들기만 하고, 자기는 여전히 우매하고 멍청할 따름이다.

○ 꼿꼿이 앉아 참선을 하지 못하고, 그저 이 생각 저 생각 뒤죽박죽하여, 부처가 되자니 정분(定分)이 없고 조사가 되자니 장애가 있다(兀坐不會參禪, 一味胡思亂想, 作佛無分, 作祖有障).

○ 교리를 보아도 명철하지 못하고, 참선을 하여도 잠깐의 선정에도 들지 못한다. 일미로 어리석고 멍청하니, 시방 세계의 가장 우둔하고 졸렬한 존재이다. 도량이 없어 공(空)과 같고, 강인한 내장은 쇠와도 같다. […] 얼굴 가득 풍진이요, 몸 안 전체에 빙설이다(看教不徹, 參禪未瞥, 一味癡憨, 十方蠢拙, 沒量如空, 剛腸似鐵 […] 滿面風塵, 一腔氷雪).

수행을 어찌 쉽게 말하랴? 화택에 떨어져 풍진이 얼굴에 가득하고 염황 속에서 빙설이 가슴에 가득함을 자각한다. 수행의 성과에 대해 감산대사는 사실 만족하지 않았으므로, 화상을 마주하여 자신에게 이런 질문을 했다.

○ 어리석음을 껍질로 쓰고 멍청한 짓을 하니, 피상만 있지 속뼈가 없다. 수행을 모르니, 전혀 구속이 없다. 그렇거늘 지금 게을러 퍼져서 조계에 이르러, 석두희천이 미곡을 찧는 것을 배운다(裝憨打癡, 有皮沒骨, 不會修行, 全無拘束. 而今躲懶到曹溪, 學墜石頭舂米穀).

○ 속도 아니고 승도 아니고, 참도 아니고 거짓도 아니다. 간과 담은 둥근 서리마냥 얼었고, 형해는 두엄풀이다. 일미로 어리석고 멍청하기에, 만반으로 삽상하다(非俗非僧, 不眞不假. 肝膽氷球霜, 形骸土苴. 一味癡憨, 萬般瀟灑).

멍청하고 삽상한 피상만을 가지고 있지 참된 행실의 속뼈가 없으며, 조계에서 선교를 하지만 쌀을 찧어 대는 데 불과하다. 속을 버리고 승려가 되었지만, 속도 아니고 승려도 아니며, 참도 아니고 거짓도 아니어서, "부처와 조사의 대열 속에 용납되지 못하고, 중생의 세계 속에 머물지 못하는(佛祖隊裡不容, 衆生界中不住)" 괴물이 되었다. 대사는 자신에 대한 질의를 통해서 자아를 부정한다.

○ 승려이되 머리카락을 밀지 않았고, 속인이되 관과 두건을 쓰지 않았다. 문(文)은 글자를 모르고 무(武)는 군사를 담론하지 않아, 실상은 취할 것이 없고 헛되게 이름만 있으니, 이것은 아무 쓸모없는 중이로구나!(僧不去髮, 俗不冠巾, 文不識字, 武不談兵, 實無可取, 虛有其名. 此箇沒用頭阿師!).

○ 이 노인은 그 속에 어떤 것도 세운 것이 없다. 성인도 아니고 범인도 아니며, 마음도 아니고 부처도 아니다. […] 자세히 점검해보면, 흡사 마른 대추나무 토막과 같되, 다만 별도로 일종의 성성자가 있어, 필경 묘사하고 본떠 그려낼 수가 없다(此老其中, 立無一物. 不聖不凡, 非心非佛. […] 仔細檢點將來, 恰似枯椿榾柮, 只是別有一種惺惺, 畢竟描模不出).

○ 거울에 상이 나타나듯, 구름이 허공에 떠 있듯 하다. 빈 골짝에 소리가 울리고, 그쳐 있는 물에 물고기가 멋대로 다닌다. 눈이 있어도 보지 못하고, 귀가 있어도 귀먹은 듯하다. 찬탄할 수도 없거늘, 어찌 형용할 수 있으랴? 어떤 한 가지 품물이라 불러도 적중하지 않으니, 이것이 어리석은 늙은이인 이유이다(如鏡現像, 似雲浮空. 虛谷聲響, 止水魚蹤. 有眼不見, 有耳

如聾. 旣無可以贊歎, 又何可以形容? 喚作一物卽不中, 此其所以爲憨翁).

이 괴물은 일생을 하나하나 헤아려보면 찬탄할 것이라고는 하나도 없거늘 어찌 초상을 남길 것인가? 어리석은 늙은이가 존재할 따름이다. 10년의 광음을 뛰어넘은 자기 화상을 보면서, 감산대사는 진세간의 유람을 적듯이 종교 수행의 기록을 써나갔다. 초상이 그려진 시점에서 관상한 것은 아니지만, 처음부터 끝까지 자기 관찰이 해학의 기조를 띠고 있으며, 외모를 바라보는 것으로 시작하여 개인의 처세와 수행에 관해 깊이 성찰해 들어갔다. 거듭 자아에게 질의하고 거듭 자아를 부정하는 방식으로 자기의 위치를 찾아나섰다.

불교계의 또 다른 대사 주굉(袾宏, 1535-1615)은 호가 연지(蓮池)로, 운서대사(雲棲大師)·피각법사(跛脚法師)라고도 칭한다. 〈대사자책편(大師自責篇)〉이 있는데, 출가 전에 신(身)·구(口)·의(意)로 지은 업을 후회하고, 출가 후 미세한 것에 마음을 두어 점검이 완전하지 못한 점을 참회했다.[83] 공과격(功過格)을 창도한 이 고승은 자기 비판과 자기 해부를 통해 대중에게 가르침을 보여주었다. 대사에게는 두 상찬이 있다. 하나는 〈화상자찬〉(杜388), 하나는 〈석상자찬〉(杜389)이다. 화상 속의 여위고 쇠하고 어리석고 졸렬한 노승이든, 돌로 조각하여 만든 바싹 마르고 고집스러운 늙은이든, 그것이 바로 아무런 수식도 하지 않은 인간 본래의 면목이 아닐까? 연지대사는 "육체의 상에 의거해서 종이 상을 내었기에, 종이 상은 정말 참되지 않다만, 육체의 상이 도리어 망령되니, 어느 것이 운서화상인가?(依肉像出紙像, 紙像固不眞, 肉像還成妄, 那箇是雲棲和尙?)"(〈우유찬법당사인청제(又柳纂法幢上人請題)〉, 杜388)라고 했다. 앞서 인용한 감산대사의 "너를 백반 천반으로 묘사한다 하여도, 다만 한 점 그림을 벗어나지 않는다"라는 말과 유사하다. 두 사람은 화상을 통해 자기를 조롱하고 지난날을 후회하여, 자기의 외모를 추하게 묘사하기를

83_釋 袾宏(1535-1615)의 호는 蓮池인데, 雲棲大師라고도 한다. 끓는 물에 다리를 다쳤으므로 跛脚法師라고 자호했다. 나이 서른이 넘어 비로소 출가하여 사방을 雲遊했다. 隆慶 연간, 杭州 雲棲寺의 주지가 되어 淨土宗을 연찬했다. 그의 〈大師自責篇〉은 杜聯喆輯, 《明人自傳文鈔》, p.387 참조.

꺼리지 않았으며, 화상의 진실성에 대해 의문을 제기하기까지 했다. 이것이 바로 장폐를 제거하고 망집을 분쇄하며 거짓을 끊어버리고 참을 보존하여 불도에 귀의하는 불법의 요의이다.

4) 결론 — 자기 정화

지금까지 명대 문학의 한 가지 특수 텍스트인 화상자찬을 중심으로 그 의의를 살펴보았다. 전체는 4개 부분이다. 우선 도론이다. 육수성을 중심으로 그의 일생을 관통하는 화상자찬을 고찰했다. 화상은 조의, 공복, 관복 등 관료 복식상과 병중의 소상, 야복의 상, 종교성의 화상 등이다. 육수성의 화상자찬과 그 밖의 자전성 텍스트와 대조하여, 육수성 일생의 의지와 행동을 분석했다. 도론에서 다룬 개별 주제들을 확장해서 다음의 2, 3절을 서술했다.

둘째 부분은 '화상자찬 텍스트'로, 화상자찬의 문체적 의의에 대해 윤곽을 그려 보였다. 명대에는 문사들이 개인 화상을 남기는 것이 유행했다. 화상 제찬의 매개는 개인 초상화이고, 사유의 기점은 시각(視覺)이며, 서술 행위는 대개 도상 경치의 관람에서 출발했다. 간단히 말하면, 화상자찬은 '자아 관람'에서 '자전 서술'로 진입하는 행동으로, 다른 자전 양식의 심리 기제와 같다. 모두 자기 서술을 빌려 개인의 역사를 수립하는 것으로, 자잠(自箴)·자송(自訟)·자장(自狀)·자찬묘비명같이, 자아를 대면하여 어떻게 진술하는가 하는 문제를 제기한다. 자전이 허구텍스트로 간주되는 것은 작자가 현재의 시점에서 과거에 대하여 해석을 시도하지만, 과거로는 이미 소급할 수가 없어서 진실한 객관적 개인 역사를 재현할 수 없기 때문이다. 자전적 주체는 언어적 재구로, 언어를 통해 존재하고 언어에 따라 변화한다. 자전에서 행위를 해석하는 주체는 행위하는 객체이기도 하다. 따라서 자전 텍스트는 두 서술 목소리, 즉 하나는 입전되는 대상(자전의 객체), 하나는 입전하는 자(자전의 주체), 그 둘의 목소리를 지니기 마련이다. 따라서 화상자찬은 주체, 객체, 서사 행위의 셋이 서로 침투하여, 허인지 실인지를 분명히 밝히기 어렵다.

여기서부터 세 번째 부분인 '화상자찬의 여러 문제'로 진입했다. 화상

자찬이 일반 자전과 다른 점은 시각 요소의 도입에 있다. 그림 속 인물의 신체 · 얼굴 · 태도 · 나이 · 미추 등 시각적 관람, 원근 · 친소 등 관찰 거리의 설정을 통해 사색의 만유를 해나간다. 다음으로 화상자찬의 각 텍스트는 소형 자전으로 볼 수 있다. 전주(傳主)는 원래 해석 · 재구 이후에 문자로 구성하므로, 전 속에 현시되는 인생 도경은 실은 자전 작가가 계획을 세워 개인 사료를 선택하고 재정리하여 배열한 것이다. 세밀한 전기이든 일사를 조필로 스케치한 생일 시나 자수문(自壽文)[자찬비지(自撰碑誌)]이든, 대개 해석 책략과 해석 활동의 결과로 이루어진다. 명나라 때 문사들은 생명이란 본질적으로 변화하는 것이라는 사실을 새삼 깨닫고, 어떠한 형상도 고정된 것이라고는 없음을 자각하여, 화상자찬을 통한 자아 인식에서 다양한 관조 방식을 구현했다.

자찬 문자는 개인의 존재 가치에 대해 질의하고 조롱한다. 이 전통은 유래가 오래다. 자기를 연모하면서 자기를 혐오하고, 자기를 과시하면서 자기를 타기하고, 자기를 똑똑히 보면서 자기에게 질의하는 변증법적 사유와 대화는 자아 인식의 곤혹성을 잘 반영한다. 명나라 때의 화상자찬은 자아 해독 작업에서 상당한 매력을 발산했다. 그 정채의 지점은 상주가 분열하는 자아와 맞싸워, 부단히 거리가 생겨나는 중에도 동일성과 친밀성을 추구하며, 때로는 일정한 거리에서의 관찰과 질의보다도 훨씬 더 거리를 둔 곳에서 타자의 입장에서 자아를 관조하기도 한다는 점에 있다. 자아 해독은 '그는 누구인가' '그는 대체 누구였던가'라고 물으면 물을수록 더욱 곤란에 봉착하여, 해석 과정 중에 자아를 여러 방식으로 다중화하고 파쇄하고 불확정 지점으로 물러나게 하므로, 추심의 목소리(제영자)와 현시된 내용(화상) 사이에는 늘 불일치가 일어난다. '나는 누구인가'를 해석하려다가 '누가 나인가'라는 매우 기괴한 의문을 낳게 된다. 그가 옳다고 여기는 형상을 찾고, 일체의 허망으로부터 벗어난 자아의 완전한 영상을 찾고자 시도함으로써, 결과적으로 그가 그인 바와는 완전히 다른 형상이게 된다.[84] 이때 감산대사(덕청)처럼 활달하게 "너를 백반 천반으로 묘사한다 하여도, 다만 한 점 그림을 벗어나지

84_宇文所安, 〈自我的完整映像—自傳詩〉.

않는다"(杜399)라고 말하여 화상의 가치를 일거에 뒤집을 수가 있다.

필자는 앞서 서위의 〈자서소상찬〉(杜192)을 인용한 바 있다. 서위는 그 글에서 자기가 본래 말랐으나 지금은 뚱뚱하게 바뀌었다고 말하고, 지금 그림 속의 어리석고 뚱뚱한 자기가 앞으로 산택 속의 바짝 마른 인물로 변하게 될지 어찌 알겠느냐고 자문했다. 화상은 영원히 개인의 단편적인 각색을 드러낼 수 있을 뿐이고, 진정한 자기는 그대로 머물지 않고 흘러가버리므로, 화가가 아무리 역량을 충분히 발휘한다고 해도, 그것은 그저 각주구검과 수주대토의 사태로 끝나고 말 것이다. 서위의 화상자찬에 담긴 사유는 강렬한 후설성(後設性, Meta-Cognition의 성격)을 드러내어, 참 자아를 기록하게 하려고 했던 화상이 자기를 폭로하기에 부족하다는 점을 지적했다. 서위의 또 다른 〈자서상찬〉은 이와 관련된 사실을 아주 통쾌하게 드러냈다.

> 일천 공인의 손으로 한 부처의 모습을 주성할 때, 진흙 범주에서 꺼내어 야금하고는 다투어 자기 것이 닮았다고 자랑한다. 일만 눈의 관람에 부치면, 눈마다 각기 달리 빛나, 논평도 역시 그에 따라 각기 달라서, 공인에게 동조한다. 나를 모양으로 본뜬 것이 많지만, 시간이 흘러 그 때의 해가 아님을 알기에, 만든 공인과 눈으로 관람한 사람들이, 이전처럼 논평이 분분하게 뒤섞인다. 마침 아이가 곁에 있어, 화사로 하여금 모양을 본떠 달라고 했는데, 본뜬 것이 외모가 상당히 닮아서, 아비와 닮았음을 알 수가 있다. 지금은 살찌고 지난날은 여위었는데, 사람들은 야윈 쪽이 낫다고 하지만, 야금하는 백성이 구리를 더 주었거늘, 기명 만드는 자가 감히 듣지 않을 수 있겠는가?
>
> 以千工手, 鑄一佛貌, 泥範出冶, 競誇已肖. 付萬目觀, 目有殊熙, 評亦隨之, 與工同調. 貌予多矣, 歷知非年, 工者目者, 評淆如前. 偶兒在側, 令師貌之, 貌而頗肖, 父肖可知. 今肥昔癯, 人謂癯勝, 冶民增銅, 器敢不聽? (杜192)

서위는 자아 형상이 고정되지 않고 변화한다는 점에 특히 민감하여, 자기 형모가 야윈 몸에서 뚱뚱한 몸으로 바뀐 사실에 재삼 주목했다. 기량이 뛰어난 화사는 '모양이 꼭 닮게' 그릴 수 있지만, 진정한 문제는 꼭 닮게 그리는 기량의 문제가 아니다. 화상은 영원히 한 개인의 단편만 드러낼 수 있으므로 화가가 아무리 상주의 이 순간을 잘 그려낸다고 해도 상주의 저 순간과는 배치될 것이기에, 과거와 현재의 시간적 요소는 화사로 하여금 더욱 각주구검·수주대토의 군색한 처지로 빠져들게 만든다. 참 나[부처]는 화가[천공수(千工手)], 광가(框架)[니범(泥範)], 관람자[만목관(萬目觀)], 시간[역년(歷年)] 등 다중 각색(배역)이 개입하여, 화상의 뇌광(牢框) 속으로 들어가, 참 나를 여실하게 드러낼 수 없을 뿐 아니라 도리어 형상을 혼란스럽게 하여 자아 인식을 더욱 어렵게 만든다.

화상은 결국 자아를 지시할 수 있을 따름이다. 풍몽룡(馮夢龍)은 친구 고은량(顧隱亮)의 화상을 보고, 유학자도 아니고 협객도 아니며 승려도 아니고 예술가도 아닌 그 최종 형상을 파악할 수 없었다. 고은량은 자기가 그 넷의 어느 형상과도 닮지 않았다고 했다. "공인도 아니고 상인도 아니며 전투도 하지 않고 밭도 갈지 않는다"(杜409). 추적광은 자기가 "기(夔)이기도 하고 용(龍)이기도 하며, 소부이기도 하고 허유이기도 하다. 평원군이기도 하고 맹상군이기도 하며, 증삼이기도 하고 사추이기도 하다. 범부이기도 하고 불제자이기도 하며, 하상공이기도 하고 칠원씨(장자)이기도 하다. 누가 그 끝을 헤아리랴?"라고 했다. 서위는 "아아, 용인가, 학인가, 오리인가, 훨훨 나는 나비인가, 허허거리는 장주(장자)인가?"(杜192)라고 했다. 자찬자는 화상을 보면서 갈수록 흐릿해지는 허환을 추심하게 된다. 화상을 관람함으로써 발생하는 '나는 누구인가'라는 의문은 해답을 알 수 없는 수수께끼로 된다. 명나라의 자제 상찬은 자아인식의 복잡하고도 곤혹스러운 다중 성음을 들려주고, 아울러 화상이 지닌 허환의 본질에 대해 직접 질문한다.

자전의 난제는 작품 속의 나(객체)가 어떻게 담화/서술의 나(주체)를 통하여 나(자아)의 삶을 모의(模擬)하는가 하는 데 있다. 자전에서 화자(서술자)는 독백의 방식으로 과거를 회억하지만, 과거를 회억할 때 화자(서술자)인 나(주체)의 의식은 작품 속의 나(객체)와 과거의 나(자아) 및 내가 전에 접촉한 사람(타인)과 다방면으로 서로 작용을 하고 피차 쟁변을 한다. 자아의 인식도 이 상호 대화에서 성립하며, 이에 따라 자전 텍스트로 하여금 다중 성음의 성격을 갖게 만든다. 도연명의 〈오류선생전〉을 예로 보면, 한 사람의 은사가 본문에서 돌연히 오류선생(객체아)과 도연명(주체아)으로 분화된다. 이 분열의 영상은 술/이름의 충돌을 뚜렷이 보여준다. 술은 개인 · 향락 · 육체 · 잠재의식의 '은닉된 자아'를 대표하고, 이름은 집단 · 명예 · 이지 · 의식의 '사회적 자아'를 대표한다. 이 둘은 완전히 다르다. 서술의 목소리를 자세히 들어보면, 텍스트 속에 단지 한 사람의 목소리만 있는 것이 아님을 알 수 있다. 자전의 텍스트는 다중 자아의 각축장이다.[85]

왕석작(王錫爵, 1534-1610)의 〈중추 초이틀 밤 꿈을 꾸어 소상에 자제하다(仲秋二日夜夢自題小像)〉는 다성음의 각축장을 교묘하게 연출했다.

> 이 사람은 누구인가? 이는 나이자 나를 잃어버려, 몸 바깥에 몸이 있다. 체는 사대(四大. 흙 · 물 · 불 · 바람)에 부합한다만, 거짓인지 참인지 알 수 없다. 입은 다섯 가지 비린 것을 싫어한다만, 단맛과 매운맛을 구별하지 못한다. 이웃 노인 첨운(瞻雲) 조씨(趙氏)가 나를 평하길, 좋은 사람이 되지 못한 성인이며, 죽은 사람이 될 산 사람이라고 하였다. 그럴 것이지만, 또한 반드시 그럴 것이지도 않으므로, 지언(知言)하는 사람을 기다렸다가 가려달라고 하리라.
>
> 此何人哉? 此爲我而喪我, 身外有身. 體合四大, 不知其假與眞. 口厭五羶, 不知其甘與辛. 蓋隣叟瞻雲趙氏評我爲不做好人之聖人, 要做死人之活人. 其然其然, 且未必然, 以俟先知言者擇焉. (杜60)

꿈속의 나, 상실한 나, 참 나, 거짓 나, 좋은 사람이 아닌 성스러운 나, 망자가 될 살아 있는 나 등, 모든 나는 집필하는 나의 관조 속에서 생기했다가 소멸하면서, 서로 다른 목소리를 내어 시끌시끌하다. 다성음의 각축장이 생기하는 것은 심리적 요구, 즉 전주(傳主)가 사람들로 하여금 경멸하게 만들 사정을 진심으로 이야기하면서 독자가 찬미의 말로 들어주길 기대하는, 그 심리적 요구에 기인한다. 화자(글쓴이)는 그의 과거를 거듭 드러내려고 노력할 때, 재현과 창조의 두 방향을 심리적으로 기대한다. 화자는 개인의 역사를 재현하되, '적나라한 진실'을 기록하는 것은 아니며, 이상적 자아 형상을 창조하고자 기도한다. 화상 자제의 텍스트에서 다중의 '나'의 대화가 연출된다는 사실은 정말로 멋진 연구과제를 제공한다. 화상 자제 텍스트 속의 자기 대화는 사회 언어와 사적 언어가

85_楊玉成, 〈自傳文學的幻滅與新生: 論 '五柳先生傳'〉, pp.15-16.

안팎으로 변전하는 호환 과정이어서, 다중의 '나'의 개입은 생명이 각기 다른 목소리의 복합적인 해석을 가능하게 한다.

명나라의 화상자찬은 자기를 독해하는 면에서 정채 있는 텍스트이다. 자전과 마찬가지로 자아 해석의 논술이되, 자전과는 다르다. 자전의 서술은 흡사 고독한 발화 공간을 창조하는 듯하다. 고독한 정황에서 전주는 자기의 과거와 대화하는데, 이것은 경험적 반성과 후설(後設)이며, 그 필치는 때때로 발설이기도 하고 때로는 회고로 전환하기도 한다. 이에 비해 명나라 화상자찬은 때로는 아름다운 사물을 비유로 삼아, 동방삭처럼 자신을 과장하고 허풍을 떨기도 한다. 더 많은 경우, 찬의 문체가 지닌 포미·찬송의 전통을 따르지 않고, 자잠·자송·자조와 마찬가지로, 갈홍의 〈자서〉 전통을 이어, 업적과 도덕의 엄격한 척도로 자아를 자세히 살피기도 한다. 그러므로 텍스트는 때때로 자기 비하, 자기 억제, 자기 폄하, 자기 훼손의 필치를 드러내어, 병들어 아파하고 부끄러워 뉘우치는 기조를 띤다. 그렇지만 이렇게 개인이 현실에서 좌절한 모습을 부정적으로 만들어내는 것은 일종의 역방향 조작 수법이니, 그 목적은 독자로부터 더 높은 찬미를 얻고자 하는 데 있다. 작자가 가차 없이 자기 성격의 결함, 신체적 질병에 따른 결점, 도덕상의 불완전한 상태를 지적하는 것을 보는 독자는, 관 뚜껑이 닫힌 후 생전을 평가하기 이전에 작자의 홀시할 수 없는 품질인 '진성(眞誠)'을 최소한 파악하게 된다. 화상 자제의 작가는 독자에게 '진성'의 자아를 보여줌으로써 궁극적으로는 자아의 긍정을 획득하게 된다.

자전의 작가나 화상 자제의 작가는 이러한 정화 작용을 통하여 몸에 붙어 있는 때를 제거하고 새로운 인물이 될 수 있다. 자전의 서사에서는 '반사성(reflexivity)'이 전주와 가까워지기도 하고 멀어지기도 하면서, 각기 다른 국면의 나를 후설(後設)한다. 전주는 이를 통해, 이미 있던 해석을 접수, 반복, 수정, 혹은 개정함으로써 자아를 재구성하여, 최선(崔銑, 1478-1541)이 말한 "마음과 몸이 밝고 영롱하게 되고 사념과 우려가 모두 민몰하는(心體明瑩, 念慮俱泯)"(〈기아(記我)〉, 杜213) 경지로 귀결한다. 이 장에서 필자는 육수성을 사례로 삼고, 거기서 명나라 사람들의 관련 텍스트들을 분석하는 데로 나아감으로써, '화상자찬'이란 바로 글쓰기 활동을 통하여 '자아관찰'의 심층 의미를 '자기정화'로 전향시키는 경로임을 살필 수 있었다.

제2장

이것을 즐겨서 피로하지 않다〔낙차불피(樂此不疲)〕— 김농의 화상 자제*

1) 서론

(1) 두 화상 자제의 전형

① 내성 관조

명대 문인이 자기의 여러 화상들을 마주하여, 자기 인식에 이르게 되는 심리 상황은 상당히 복잡하다. 그 가운데 육수성(陸樹聲)과 심주(沈周)의 화상 자제는 내성 관조(內省觀照)의 전형이라고 볼 수 있다.

성격이 강개하여 세상에 영합하지 않은 한림편수 육수성은 일생 복색을 달리하는 여러 화상을 남겼고, 그 자신이 상찬(像贊)을 자제(自題)하여, 변장의 연기를 하는 듯이 했다. 육수성은 반평생 환해에 부침하여, 세 조정을 거치면서 관직에 나아갔다 물러났다를 반복하다가 마침내 은일로 돌아가, 산의 달을 바라보며 선림에서 유희했다. 공복, 조의, 관복,

---

* 金農 일생의 畫像自題에 대해 분석하면서 연보 자료를 대량으로 참고했는데, 주로 張郁明 편찬《金農年譜》을 핵심으로 삼았다. 이것은《揚州八怪研究資料叢書》의《揚州八怪年譜》, pp.186-268에 들어 있다. 張郁明은 이 연보를 기초로《盛世畫佛－金農傳》을 저술하여 연보와 서로 參訂할 만하다. 이 책들에서는 原文을 인용할 때만 註를 달고,일반 사건의 경위는 황잡하게 되는 것을 면하기 위해 일일이 標註하지 않았다. 이 두 책은 傳主 일생의 이력을 재구성하는 데 크게 도움이 되었다. 또 Richard Vinograd, *Boundaries of the self: Chinese portraits, 1600-1900*는 金農 自畫像을 해석하는 관점에서 많은 도움을 주었다.

야복, 삿갓·도롱이 차림 등 각기 다른 복색으로 무대 위에 모습을 드러내어, 혹은 조정에서 존경을 받거나, 혹은 재야와 세속에서의 각기 다른 신분을 대표하거나 했다. 심지어 탑묘에 걸려 제사받는 신성한 화상까지 있었다. 이 화상들은 느긋한 모습, 근심하는 모습, 웃는 모습, 산인의 모습, 병든 모습 등 여러 외모를 보여주어, 인생의 여러 단면들과도 같다. 육수성의 회상(繪像)은 그 인생의 도화 기록이고, 상찬의 자제는 작가가 여러 각도의 내면 자아에 대해 기쁨/슬픔, 긍정/질의, 찬탄/참회, 용서/질책 등 여러 목소리를 생기시키고 소멸시킨다. 육수성은 별호가 많아서, 적원포객(適園逋客)·구산산초(九山散樵)·십연주인(十硯主人)·도산선사(道山仙史)·장수어은(長水漁隱)·해공거사(解空居士)라 했다. 이 별호에 맞추어 육수성은 여러 별전을 스스로 작성했다.[1] 이 별전들은 각기 다른 복색의 화상들, 그리고 그 화상들의 자기 제찬과 함께 삼각형의 상호 관계를 이루면서 서로 비추어, 잠재적 성찰의 대화를 해나가서, 그것들이 함께 육수성의 풍부한 인생 도경을 묘출해낸다. 육수성의 화상자찬에 대해서는 이 책의 제1장을 참고하기를 바라며, 여기서 다시 서술하지 않는다.

오중 문인 심주(沈周)는 자가 계남(啓南), 호는 석전(石田)이며, 만년의 자호는 백석옹(白石翁)이다. 강소성 장주(長州) 사람으로, 저명한 오파 화가이다. 심주는 중년 이후 자신의 연령을 기념하는 여러 폭의 화상을 남겼다. 〈오십팔세상〉·〈칠십세자수도(七十歲自壽圖)〉·〈칠십사세상〉·〈팔십세상〉 등 수 년마다 화상을 그렸는데, 모두 생일과 관련이 있다. 심주는 40세 때 그 스승 진성암(陳醒庵)[진관(陳寬)]을 위해 축수도(祝壽圖)인 〈여산고(廬山高)〉를 그린 적이 있다. 진성암의 고향인 강서 여산의 거폭 장관을 그려내어 스승의 숭고한 인격과 드넓은 학문을 칭송했다. 심주는 생일을 민감하게 여겼다. 단, 스승을 위해서는 송양·축수의 심리를

1_陸樹聲은 〈九山散樵傳〉·〈適園逋客記〉 이외에 自傳文類로 〈海上仙遇記〉·〈硯室記〉 두 글을 남겼다. 전자는 글 속에서 '道山仙史'라 자칭하고 후자는 '十硯主人'이라 자칭했다. 〈海上仙遇記〉는 《適園雜著》, 《陸學士雜著》, 《四庫全書存目叢書》(台南: 莊嚴文化事業有限公司, 1995), 子部163冊, p.213에 들어 있다. 〈長水漁隱〉은 육수성의 〈長水日抄小引〉에 서명한 별호이다. 《陸學士雜著》, p.320. 〈硯室記〉는 施蟄存編, 《晚明二十家小品》(台北: 新文豐, 1977), pp.18-19를 참조.

지녔으나, 자신의 생일에 대해서는 조롱·권면의 심리를 지녀, 둘이 완전히 다르다. 심주는 〈오십팔세자찬화상〉에서 다음과 같이 말했다.

> 무슨 총명이 있고, 무슨 재주가 있는가? 유건을 꼿꼿이 쓰고, 유복을 산뜻하게 입었구나. 크게 아는 것은 하나의 정(丁)자(한자 가운데 가장 간단한 글자를 대표함-역자)에 불과하고, 크게 읽은 것은 일찍이 《논어》 반 권도 없다. 스스로를 보면 초목과 같은 무리이거늘, 스스로를 기대해서는 너를 금이며 옥이라고 여긴다. 붉은 단풍나무와 푸른 시내, 흰 구름과 외로운 똥섬을 보며, 혹은 앉아서 읊기도 하고, 혹은 길을 가며 노래 부르기도 하는데, 목소리가 뜻에 따라 발하여, 아무래도 막을 수가 없다. 모름지기 나의 처지를 즐겨서 말하길, 스스로 있을 곳을 얻었다고 한다. 부지불각 중에 나이가 58세라, 홀연 구레나룻의 설색이 이와 같구나! 잘 수신하려는 마음을 어이 그치랴, 필시 다함이 있길 기다려서야 그만둘 따름이다.
>
> 有何聰明, 有何才諝? 儒巾兀兀, 儒服楚楚. 大識不過一個丁字, 大讀曾無半部論語. 自視之乃草木之徒, 自望之將金玉乎汝. 紅樹青溪, 白雲孤嶼, 或坐而咏, 或行而歌, 聲隨意發, 亦不能沮. 聊樂我云, 自得其所. 不覺其年之五十有八, 忽髩雪之如許! 敢息夫好修之心, 必待盡而後已也.[2]

심주는 그림 속 유건·유복의 인물에 대해 학식이 고루하다고 조롱했다. 반백의 나이가 지난 심주는 신분이 초목처럼 비천하지만 외관상으로는 금옥 같은 귀인상을 지녔다고 했다. 이제까지 나무·시내·구름·똥섬은 내가 앉아서 읊고 가면서 노래하는 것에 이바지하여 정신을 풍부하게 해주어, 나는 행주좌와에 걸거침이 없는 것을 즐거움으로 삼아왔다. 하지만 어느새 이순에 가까운 나이가 되어 구레나룻이 이토록 희어지고 말았으므로, 자기를 수양하라고 스스로 권면한 것이다.

위의 화상자찬에서 "부지불각 중에 나이가 58세라, 홀연 구레나룻의 설색이 이와 같구나"라고 했다. 기년(紀年)의 화상 제영이 지닌 가장 두드러진 특징은 '시간'의 환기에 있다. 일찌감치 35세 때 심주는 벽천상인(碧天上人)을 위해 산수를 배경으로 하는 화상을 그렸는데, 30년 후 이 그림에 다시 제찬을 하면서 다음과 같이 말했다.

2_《耕石齋石田文鈔》 卷9, 《石田先生集》(台北: 國立中央圖書館 據明萬曆陳仁錫編刊分體本影印, 復自崇禎本輯詩餘·文鈔·事略各1卷 附後. 1968), 第2冊, p.861.

30년 전에 이 산을 베껴내었더니, 산방을 다시 보니 바위는 여전히 완고하다. 산옹이 어찌 이렇게 장수하실 수 있으신가? 청산에게 이 늙은 얼굴이 비웃음 당하리라. 이 그림은 지금부터 31년 전에 이루어졌는데, 나도 이제 65의 나이라, 머리는 벗겨지고 이빨은 성글어, 다시는 옛 모습과 같지 않다.
三十年前寫此山, 山房重看石仍頑. 山翁那得長如此? 當被青山笑老顏. 此圖距今已三十一年, 余亦六十五. 頭童齒闊, 不復如故矣.[3]

65세의 심주는 다시 그림을 관람하면서 감회를 느끼고, 가슴이 뭉클해졌다. 산방과 산석은 예와 같은데, 그림 속의 벽천상인은 이미 고인이 되고, 그림 속의 청산만이 그림 밖 늙은 얼굴의 나를 마주하여 웃는다. 심주는 인간과 시간이 모두 변한다는 사실을 새삼 깨달았다. 70세에 이르러서는 지난날이 더 많고 앞날이 얼마 남지 않은 것에 느껴서 장시 〈민일가(憫日歌)〉를 지어 마음을 추스렸다.[4] 또 자신의 자화상 〈칠십세자수도〉(그림 2-1)를 그렸는데, 파초 아래 의자에 노인이 앉아 있고, 곁에는 동자 하나가 모시고 있다. 노인의 얼굴은 자세히 그리지 않았지만, 수염을 매만지며 하늘의 붉은 해를 우러러 보는 모습이다. 전경(前景)은 의필(意筆)로 언덕을 소묘했다. 심주는 이 그림에 다음 지어(識語)를 적었다.

그림 2-1. (명) 심주 〈칠십세자수도〉 축. 종이. 채색. 크기 미상. 대북 후역화(侯域華) 선생 소장.

3_李鑄晉, 〈沈周早年的發展〉, 故宮博物院編, 《吳門畫派研究》(北京: 紫禁城出版社, 1993), pp.194-196.
4_〈憫日歌〉, 《耕石齋石田文鈔》, 卷3.

홍치 병진, 견마의 나이가 그럭저럭 일흔에 이르렀으니, 옛날 희유의 나이라 일컫던 것에, 나의 연수가 이르고 말았다. 그런데 틈새 앞을 망아지가 지나가듯 세월의 흐름이 분망하므로 나그네가 여관에 잠깐 들렀다가 떠나가는 듯한 그런 애석함이 없을 수가 없다만, 포말을 일으키는 파도가 호탕하여, 내 자신의 넓은 흉회를 열어주기에, 붓을 들어 바람결에 긴 노래를 적는다.

弘治丙辰, 犬馬之齒, 良及七十, 古謂稀有之年, 余年臻此. 然駒隙奔忙, 不無旅□之惜, 漚波浩蕩, 開自廣之懷, 援筆臨風長謠.

이 글은 시절을 슬퍼하고 스스로를 서글퍼하는 뜻을 담고 있다. 화폭 상단에는 〈석일가(惜日歌)〉를 친필로 적어, 화제와 도상이 화폭을 반반씩 점유하고 있다. 명대 서화에서는 그 둘을 모두 중시하는 것이 형식으로 굳어져 있었다. 〈석일가〉의 일부는 다음과 같다. "날은 가고 날은 다시 오니, 오는 것은 정해놓고 옴과 같고, 가는 것은 □과 같다. 오는 것은 누가 약속했고, 가는 것은 누가 밀었는가? 한 번 오고 한 번 가서, 저들은 절로 서로 선양(禪讓)하는구나!(日既去, 日復來. 來如赴, 去如□. 來是誰約, 去是誰推? 一來一去, 彼自相禪!)"[5] 혹은 날을 괴로워하고 혹은 날을 애석해하여 봄이 가고 가을 오는 시간의 흐름에 대해 탄식을 일으켰다. 74세 〈자제소상〉의 찬은 더욱 세세하게 변석했다.

일흔 넷의 나이에, 나는 나를 모른다. 단청의 한 화상을 두고, 그런지 아닌지를 결론짓지 못한다. 곁에서 보는 이가 참이라고 하기에, 나도 따라서 그렇다면 그런 게지 한다. 참으로 거짓을 낳았으니, 당림(唐臨, 600-659)의 귤 열매와 같다. 거짓을 참에 갖다붙이니, 큰 생물들이 벌레로 변화하는 것과 같다. 참과 거짓이 뒤섞였으니, 쇄쇄한 것을 어이 따지랴?

七十四年, 我未識我. 丹青一面, 是否莫果. 傍觀曰眞, 我隨可可. 以眞生假, 唐臨橘顆. 以假即眞, 物化蟲贏. 眞假雜揉, 奚較瑣瑣?[6]

첫머리에서 화상에 대한 참과 거짓의 변설을 제기하여, 74년 동안 자아가 자기를 인지할 방법이 없었거늘, 한 폭의 단청이 어찌할 수 있겠는가 되물었다. 곁에서 보는 사람은 그림이 나를 닮았다고 하지만, 나는 가

5_佘城編,《中國書畫·人物畫》(台北: 光復書局, 1987), 沈周,〈七十自壽圖〉.
6_《耕石齋石田文鈔》卷9, pp.861-862.

부를 표하지 않는다. 물리적 세계도 참과 거짓이 뒤섞이거늘, 화상이 사람에 대해 갖는 관계는 더 말해 무엇하랴? 심주는 이어서 화면의 상으로 시선을 돌려 자기의 늙고 초라한 모습을 상세히 관찰했다.

> 다만 흰 수염에 느끼나니, 어른들이 반이나 돌아가셨구나! 관골은 검고 사마귀는 층을 이루며, 머리는 마르고 주름은 처졌다. 아아 늙었구나! 세월이 이미 늦었다. 소나무 숲 맑은 샘가에서, 가면서 노래하고 앉아서 웃는다. 천지 사이에 소요하며, 하나의 졸(拙)을 스스로 짊어진다.
>
> 但感白鬚, 長者半墮! 顴盧黶層, 頭瘦摺皸. 嗚呼老矣! 歲月既頹. 茂松清泉, 行歌笑坐. 逍遙天地, 一拙自荷.

몸뚱이는 이미 반백의 나이라서, 관골은 튀어나오고 머리는 야윈 데다가 주름이 늘어졌지만, 산림에서 멋대로 산길을 가며 노래하거나 앉아 웃거나 하면서 소요하며 생애를 보내리라 생각했다.[7] 심주의 기년(紀年) 화상 자제는 강렬한 시간의식을 그 속에 쏟아넣었으므로, 화상의 관람은 개인 삶의 역정을 회고하는 중요한 인기(印記)가 된다.

제1장에서 말했듯이 명대에 한·진 이래 화상자찬 전통을 이어 회상을 제작하는 풍조가 유행함에 따라, 문사들이 자기 화상에 대해 제찬을 스스로 적는 의미가 매우 복잡해졌다. 시각적 먼 상념, 관람의 거리, 인생의 도경, 다원적 관점, 자기와의 대화 등 여러 국면을 지니며, 때로는 자아 칭송을 면하지 못하기도 하고 때로는 자기 폄하에 따른 참회의 뜻을 드러내기도 했다. 명나라 중엽 육수성은 서로 다른 여러 복색의 화상들이 있고, 심주는 각기 다른 기년의 화상이 있다. 두 사람의 자제는 문인이 화상 관람을 통해 내면을 관조한 대표적 사례라고 볼 수 있다.

② 은유도상의 정신적 표징

육수성과 심주의 화상 자제는 내면 관조의 의식이 농후하지만, 명·청 교체기 문인의 화상 자제에는 그것과는 다른 방향의 것도 있다. 여기서

7_明人繪〈沈周像軸〉,《藝苑掇英》第27期, 45p. 無款. 그림 위쪽에 '啓南' 自題가 있다. Richard Vinograd, *Boundaries of the self: Chinese portraits, 1600-1900*(Cambridge University Press, 1992), Plate 5.

그림 2-2. (명) 항성모, 〈주색자화상〉 축. 종이, 주묵채색. 151.4X56.7cm. 대북 석두서옥.

유민(遺民) 화가 항성모(項聖謨)를 예로 들어 분석하고자 한다.

항성모의 자는 공창(孔彰), 호는 역암(易菴), 또 다른 호는 서산초(胥山樵)이다. 절강성 가흥(嘉興) 사람이다. 조부 항원변(項元汴)이 명말 강남의 저명한 서화 감정가였으므로, 가풍의 영향으로 문인 시화에 소양이 깊었다. 항성모가 그린 〈주색자화상(朱色自畫像)〉(그림 2-2)은 거폭의 그림으로, 갑신년(1644) 4월 완성되었다. 조금 앞서 3월 19일, 북경은 만청 군사에 의해 함락되고, 숭정제는 스스로 목을 매어 명나라 왕조가 멸망했다. 48세의 항성모는 자신의 자화상에 다음과 같이 침통한 시를 적었다.

> 가까스로 남은 강물과 쇠잔한 산은 빛깔이 아직 붉다만(붉을 '朱'는 명나라 황제들의 성이기도 하다—역자), 하늘과 검은 땅 사이에 작은 몸뚱이 그림자만 쓸쓸하다. 붉은 마음이 불꽃처럼 일어나 단확(붉은 물감)을 바르고, 마른 붓으로 가벼운 말을 하자니 그림에 부끄럽다. […] 외모 하나 맑게 말라 있고 색은 절로 검은데, 전적으로 붉은 물감에 의지하여 수염·눈썹이 뚜렷하다. […] 오래도록 시절을 슬퍼하여, 정신이 차츰 쇠락하니, 황제의 붕어를 곡하기도 전에 기운이 다할 정도이다. 눈물 흔적을 손으로 훔친다 해도 수심은 여전하니, 날마다 승평을 바라는 상상이 바보 같기만 하다.
>
> 剩水殘山色尙朱, 天昏地黑影微軀. 赤心燄起塗丹臒, 渴筆言輕愧畫圖. […] 一貌淸臞色自黧, 全憑赭粉映鬚眉. […] 久爲傷時神漸減, 未經哭帝氣先垂. 啼痕雖拭憂如在, 日望昇平想欲癡.[8]

8_本詩와 하단의 題款은《悅目—中國晩期書畫》(解說篇)(台北: 石頭出版社, 2001), pp.68-

강상의 빛이 이미 바뀌고, 가까스로 남은 산하 속의 인물은 그저 미천한 몸뚱이일 뿐이다. 먹의 색은 설사 맑다 하여도 검은 색을 띠고 있다. 붉은 물감을 억지로 사용하지만 다만 검은 용모의 수염과 눈썹을 드러낼 뿐이다. 전체 시는 절망의 울음으로 가득하다. 시의 끝에는 작은 글자로 다음 관지를 적었다.

> 숭정 갑신 4월, 경사에 3월 19일의 변고가 있었다는 소식을 듣고, 비분이 깊은 병으로 되었다. 소생한 뒤에 마침내 검은 용모를 베끼고 붉은 획으로 보충하고는, 속정을 시에 드러내고, 세월을 기록한다. 강남 재야의 신 항성모, 이때 나이는 마흔여덟이다.
> 崇禎甲申四月, 聞京師三月十九日之變, 悲憤成疾. 既甦, 乃寫墨容, 補以硃畫, 情見乎詩, 以紀歲月. 江南在野臣項聖謨, 時年四十有八.

항성모는 은사 형상의 전형적인 도식을 이용하되, 정치적 소외 사실보다도 은일 전통을 더 드러내려고 했다. 다만, 인물 주위의 산수는 붉은 주사로 그려서, 시각 인상을 절묘하고도 눈부시게 만들었다. 산수의 조형은 별다른 점이 없지만, 색깔은 은유로 충만하다.[9] 주색은 명 황실의 주씨 성을 가리킨다. 일편단심의 마음에서 화가는 주명(朱明, 주씨 명나라) 문화를 강하게 확인하고 추억했다. 먹으로 그린 검은 외모는 망국 유민이 지닌 서리(黍離, 왕조의 몰락을 슬퍼하는《시경》시편에 비롯된 말)의 비한을 암시한다. 세상의 변화를 기록한 주색 산수와 시선을 뺏는 색채 운용은 배경을 주제의 초점으로 만들었다. 원나라 말 예찬(倪瓚)의 일하양안(一河兩岸, 강을 중심으로 근경의 언덕과 강 건너 대안으로 나눔) 구도를 답습하면서 지리 공간의 파쇄 이미지를 이용하여 내면의 절망감을 깊이 각인해두었다. 항성모는 산수 기호를 정치 도화로 바꾸었다. 붉은 색과 검은 색은, 한편으로는 세사에 관여하지 않고 은둔하는 산수를 유민의 심령 도상으로 바꾸고, 다른 한편으로는 강렬한 색감으로 관람자를 자극하는 효과를 낳았다. 나라가 망하고 강산의 빛이 바뀌는 때 화가가 품었던 격렬한 정서와 호응시키고, 또 유민 내면의 결연한 선택을 힘있게

69에서 인용.

9_束定芳,《隱喻學研究》(上海: 上海外語教育出版社, 2000), pp.99-101.

그림 2-3. (명) 사림 회(繪)·항성모 보도(補圖), 〈송도산선도〉 축, 비단, 수묵, 39X40cm, 길림성박물관

표현했다. 이것은 은유법을 이용하여 자기를 재현한 자화상이다.[10]

청나라 순치 9년(1652) 56세의 항성모는 〈송도산선도(松濤散仙圖)〉(그림 2-3)를 제작했다. 화상 부분은 사빈(謝彬)이 그렸고 배경은 항성모 자신이 보충했다. 그림 속 인물은 수염을 휘날리면서 송석의 사이를 소요한다. 두 눈은 이글이글하고, 바람을 정면으로 맞아 옷자락과 옷 띠를 펄럭이며, 표정이 자약하다. 하늘에 닿는 세 그루 거송을 돌출시켜 화면의 주체로 삼고, 소나무에 명 왕조에 대한 추억을 탑재한 기실화(紀實

10_원 그림은 《悅目—中國晚期書畫》, 〈圖版篇〉, p.172 참고. 이 그림은 項聖謨가 죽은 후 嘉興項氏 祠堂에 보관되어 있다가, 1920년 吳興 蔣穀氏 손자의 密韻樓에 귀속되고 1949년 蔣家가 台灣으로 가지고 가서 현재 台北 石頭書屋主人이 珍藏하고 있다. 《悅目—中國晚期書畫》〈解說篇〉, 蔡宜璇〈朱色自畫像圖軸〉 解說, p.70.

〈송도산선도〉 부분.

畫)이다. 세 그루 소나무는 56세의 그를 40년 전으로 데리고 간다. 소나무를 심었던 시공은 바로 명 왕조의 시공으로, 희망이 가득했던 인생의 황금 시기인 18세, 19세 무렵의 시공이다. 소나무를 심어둔 땅에 언덕, 바위, 대나무, 나무를 배치하고 인물이 하늘을 보면서 걸어가며 시를 읊는 의상에 의하여, '파도 같은 소나무 숲 소리를 들으면서 산보하는 신선'이 지닌 '물아합일'의 상념을 강화했다. 화면을 보면 '산보하는 신선'이 바람을 맞으며 느긋하고 한가롭게 소요하며 자적하고 있지만, 항성모의 제기(題記)로부터 이 그림에서 큰 소나무를 심은 땅이 주명의 흙이고 그 심은 때가 주명의 기원을 명시한다는 사실을 알 수 있다. 이 화상의 공간은 꿈속 공간에 방불하다. 항성모가 그 제시에서 "오로지 소나무와 오로지 소나무의 파도소리는 꿈에서도 속되지 않으니, 나는 장차 그 사이에서 생을 마치리라. 반환(소요)하고 반환하여 역시 스스로 만족하니, 그림자를 산 밖으로 내보내지 않고 소리가 골짝에 전하게 하리라(維松維濤夢不俗, 吾將終老乎其間. 盤桓盤桓亦自足, 影不出山聲傳谷)[11]라고 한 것이 기이하지 않다. 회화 공간은 은밀하고 자족적인 의미를 지닌다. 그것은 명나라 멸망 이후 유민이 은거한 주거 공간이자 정신을 의탁한 공간이다. 〈송도산선도〉는 은유의 의미가 충만한 화상인 것이다.

항성모의 또 다른 그림 〈금천도〉(제1장 그림 12)는 인물 화상은 아니지만, 화가가 자제(自題)에서 거문고와 샘물을 빌려 스스로를 비유했다.

11_題記와 詩는 〈松濤散仙圖〉 畫幅에 나온다. 楊新編,《項聖謨精品集》(北京: 人民美術出版社, 1999), 第19幅圖.

일생 지음을 얻지 못했으므로 검은색 무현금을 빌려, 종자기가 '높은 산과 흐르는 물'을 거문고 곡으로 표현했던 그 풍격을 흠모했다. 목이 말라도 마실 차가 없었으므로 흐르는 샘물을 그려서, 육우(陸羽)가 '차를 끓이고 차를 품평한' 우아한 취향을 찬탄했다. 거문고와 샘물은 바로 항성모가 '사물을 형상화하여 짝으로 삼은' 매개물이다.[12] 항성모는 망국의 비통한 상황에 처하여 자신의 미천하고 왜소함을 깨달았다. 그의 세 화상은 주묵 색채와 소나무 · 거문고 · 샘물 등의 물상을 이용한 은유 처리를 통하여, 시대의 크나큰 변고와 상전벽해의 감각에 조응시켰다.

(2) 본문의 논제 — 김농 등장

화상 자제는 자아의 관찰과 사색의 산물로, 관찰 주체인 '그림 밖 나'는 관찰 대상인 '그림 속 나'와 서로 논란을 주고 받는다. 그림의 '지난날 나'를 마주하면서 자아의 성찰하는 목소리가 끊임없이 솟아나온다. 득지했는가? 참회하며 스스로 서글퍼하는가? 시각의 편력을 보면, '나' 육수성이 조관의 복식과 재야의 복식으로 각기 달리 분장하여, 소격화의 관상(觀想)을 낳는다. 심주(沈周)의 기년 도상은, 지난날의 외모와 오늘날의 외모가 다르다는 사실에서 시간이 빠르게 흘러갔다는 사실을 새삼 깨닫게 하고, 시간의 단절을 더욱 두드러지게 만든다. 국가의 큰 변고를 만난 항성모는 화상을 은유화하여 정신의 표징으로 삼았다. 하지만 태평성세의 강희 연간에 이르러서는, 사교 의의와 자천 기능의 〈풍강어부도〉·〈가릉전사도〉 등 명사의 초상화가 여러 사람들의 제영을 촉발해서, 공공의 텍스트 공간을 열어젖히게 된다.[13]

강희 · 옹정 · 건륭 시기에 활약한 김농은 양주팔괴(揚州八怪)로 일컬어지는 서화 명가의 한 사람으로, 참신한 풍격의 서화 작품을 많이 남겼다. 60세 무렵 양주에 정착한 후 주로 사찰에 거주하면서 매일 대나

12_項聖謨 自題의 全文은 〈琴泉圖〉 畫幅에서 취했다. 《項聖謨精品集》, 第38幅圖.

13_康熙 연간 國士畫像은 걸핏하면 題詠이 수십 인에 달했으니, 이는 공전절후의 일이었다. 이를테면 徐釚〈楓江漁父圖〉, 陳維崧〈迦陵塡詞圖〉, 顧貞觀〈側帽投壺圖〉 등등은 많은 사람들의 제영을 촉발해서 청대의 문화를 형성했다. 〈楓江漁父圖〉·〈迦陵塡詞圖〉의 제영에 대해서는 이 책의 아래 장들을 참조.

무를 그렸다. 70세에 서방사(西方寺)로 이거하고 73세에 신성(新城) 삼축암(三祝庵)으로 이주했다. 만년 제자로 나빙(羅聘)·항균(項均)·진팽(陳彭)·양작(楊爵) 등이 있다. 벗 고상(高翔, 1688-1755)이 〈동심선생사십칠세소상(冬心先生四十七歲小像)〉을 그린 것 말고도, 나빙이 스승을 위해 두 폭의 화상을 그렸다. 기록으로 보면 김농은 적어도 〈사십삼세소상(四十三歲小像)〉·〈수도사소상(壽道士小像)〉·〈백이연전부옹소상(百二硯田富翁小像)〉·〈면벽도(面壁圖)〉·〈고매암주독립도(枯梅菴主獨立圖)〉 등 아홉 폭의 자화상을 남겼다. 그 가운데 일곱 폭은 72세 이후에 몰려 있다. 김농은 만년에 자기를 위해 여러 자화상들을 열정적으로 그렸다.[14] 벗 정경(丁敬, 1695-1765)이 그의 중년 생활을 관찰하고, 전인(篆印)에 '낙차불피(樂此不疲)'라고 새겨주었던 그 뜻과 부합한다.[15] 주목할 것은, 김농의 자상화는 모두 제기(題記)에 그림을 줄 대상, 그림 그린 동기와 목적을 밝혀두었다는 점이다. 그림을 준 대상으로는 친구 정섭(鄭燮, 호 板橋, 1693-1765)·정경(丁敬), 제자 나빙·항균, 고승 용흥사(龍興寺) 포 장로(蒲長老)·송 개사(松開士), 시정 인사 주운(朱篔, 二亭, 1718-1797), 향리 숙사 오 처사(吳處士), 그리고 사방의 과해자(寡該者, 세상과 부합하지 않은 인물)들이다.

화가 김농은 일생 관직에 나아가지 못하고 불행했는데, 자화상을 그리기 좋아하고 상당히 많은 화상에 자제를 했다. 그것은 명나라 중엽 한림문관 육수성과 서향가 심주의 내면 관조의 양식과는 완전히 다르다. 은유의 원리를 운용하기는 했으나, 김농의 자화상은 왕조 교체기에 항성모의 도상이 물색으로 비통한 심경을 은유한 것과 차이가 있다. 강희·옹정·건륭 시기에 태평스런 분위기가 이어져 국초의 대로들이 점차 북경에 형성된 강남 문사권으로 흡수되어 갔으나, 김농은 시대적으로 격차가 있고 신분도 미천했기 때문에 그 문사권에 들어가지 못했다. 그의 화상은 명사들의 화상에 걸핏하면 방대한 제영들이 열지었던 것과는 달

14_金農은 생전에 이미《冬心自寫眞題記》를 엮어, 9則의 題記를 실었다.《明淸人題跋》(台北: 世界書局, 1988), 下, pp.77-82.

15_金農의 친구로 篆刻家인 丁敬은 雍正 10년 壬子(1732) 추7월, 46세의 김농을 위해 '樂此不疲'의 인각을 해주었다. 張郁明撰,《金農年譜》,《揚州八怪研究資料叢書》之《揚州八怪年譜》(南京: 江蘇美術出版社, 1990), 上冊, p.210.

랐다. 김농은 경제가 번성하고 제염업이 발달한 양주에서 활약했다. 즉, 개인의 출신, 사회적 처우, 시대의 배경이 모두 앞서 말한 전형적인 예들과 달랐다. 그렇다면 어떻게 당시의 늘그막에 이르기까지 화상과 자제로 "이를 즐겨 지치지 않았던" 것일까? 김농의 화상 자제를 중심으로, 김농과 교유권 및 그가 처한 청대 문화에 대해 고찰하기로 한다.

2) 초기 김농의 화상 두 폭

(1) 제1폭 자화상

옹정 7년 기유(1729) 봄, 43세의 김농은 남쪽으로 돌아가, 3월 22일의 생일에 〈사십삼세소상〉을 그려, 자기의 삶에 대해 기록했다. 이어서 택주(澤州)로 가서 진사(晉祠)·태원(太原)·평정(平定)을 유람했는데, 낭자관(娘子關)에서 뜻밖에 낙마했다. 이 43세의 소상은 애석하게도 남아 있지 않다. 김농은 47세에 판각한《동심선생집》에도 이 상과 관련 있는 제영을 수록하지 않았다. 이하 그의 일생을 간략히 서술한다.

김농의 자는 수문(壽門), 또 다른 자는 사농(司農)으로, 절강성 인화(仁和)(지금 항주) 전당강(錢塘江)에서 태어났다. 청나라 강희 26년 정묘(1687) 생으로, 건륭 28년 계미(1763)에 몰했으니, 향년 77세이다. 17세 때 임포(林逋) 묘에 조문할 때 시를 남겨 시단 선배들로부터 존중받았다. 20세 때《명사》편찬자의 한 사람 서하(西河) 모기령(毛奇齡, 1623-1718)을 소산(蕭山)으로 방문했다. 당시 91세의 모기령은 김농이 회계 유람 때 지은 9언시를 보고, "이 젊은이의 자호관(紫毫管, 자색 붓)을 보고서 미치지 않을 수 있겠는가?"라고 했다. 21세에 오문(소주)으로 가서 황팔자(皇八字) 윤사(允祀)의 사부에 흠명(欽命)되었다. 당시 부친상을 당해 집에 머물던 학자이자 교육가 하의문(何義門) 즉 하작(何焯, 1661-1722)을 스승으로 삼아, 그 집에서 많은 금석비판(탁본)과 화축을 보았다. 또 시단의 선배 주이준(朱彝尊) 등 명인을 배알하고, 가르침을 받았다. 30세 때 김농은 학질을 앓고 가난에 쪼여 있었으므로 이름을

'동심(冬心)'이라 하고, "진작 노쇠했으니 나는 노부라고 칭하겠다"라고 했다. 32세에 벗과 함께 절강을 만유하고 양주 · 진주(眞州) · 장흥(長興) 등지를 왕래했다. 아는 사람이 없었으므로 김농은 양주에서 승사에서 걸식하기도 하고 문을 닫아걸고 굶주리기도 했으나, 양주는 제염업이 성해서 문사들이 많이 우거했으므로 많은 문우들과 교유했다. 마왈관(馬曰琯, 1688-1755) 형제와 교유하여 문우와 함께 마씨 형제의 소영롱산관(小玲瓏山館)에 모여 자주 연회를 가졌다. 당시 시명이 높았던 사준왕(謝遵王, 字 前羲)과 여가백(余葭白) 등으로부터 시의 평점을 받았고, 서화가 왕사신(汪士愼, 1686-1759) · 고상(高翔) 등과 시문과 서화로 교유했다. 문화적 열기는 그로 하여금 이곳에서 노년을 보내도록 결심하게 만들었다.

김농은 만 권 서적을 읽고 만 리 길을 가겠다는 뜻이 있었다. 37세에 처음으로 원유를 시작하여 발걸음이 중국의 전 지역에 미치고, 내동(萊東)으로 갔다가 임치(臨淄)를 거쳐 북경에 이르러, 서화 · 금석 · 문물 등을 감상할 기회를 빌려 명류를 두루 방문했다. 북경에서 반년 남짓 지내다가 여비가 부족하여 지니고 있던 벼루를 팔아 남쪽으로 돌아갈 수 있었다. 북경을 떠난 후에 산서성 택주(澤州)의 장서가 진장리(陳壯履) 집에 3년이나 머물렀다.[16] 진장리의 집에서는 고전적의 감별, 정리, 초교의 일을 적지 않게 했고, 짬을 내어 왕옥산(王屋山)과 중조산(中條山)에 올라 시를 남겼다.

이상의 이력으로 보면 김농이 43세 생일에 자기 소상을 그린 것은 한편으로는 자신을 축수하고 다른 한편으로는 자기 인생을 개척하겠다고 주기(註記)를 남겨둔 셈이다. 48세에 이르러 김농은 〈자제사십삼세소상(自題四十三歲小像)〉 3수를 남겼는데, 제자 나빙이 《동심선생속집》에 수록했다. 그 시는 이러하다.

16_陳壯履(字 幼安)의 부친은 文淵閣大學士로 있다가 병으로 몰했다. 진장리는 이른 나이에 進士가 되었다가 뒤에 어떤 일로 파직되어 귀향했다. 집에는 서적이 많고 골동의 수장품도 풍부했다. 김농을 대단히 존중하고 아껴, 자칭 '詩弟子'라 하면서 김농의 지우를 입었다. 진장리가 詩弟子라 자칭한 일에 대해서는 翁方綱이 微詞를 적어, 김농의 자부심 때문에 진장리가 실언한 것이라고 보았다. 《金農年譜》, pp.203-204.

5년 만에 다시 몸 밖의 몸을 만나니, 그간 2천, 3천 리 모래먼지 길을 다녔구나. 천애의 곳에서 대면하려는 이가 어찌 적었으랴? 낭자관 앞 말에서 떨어진 이 사람을.
五載重逢身外身, 二三千里路沙塵. 天涯豈少爭相識? 娘子關前墮馬人.

낡은 수레는 이미 훼손되어 휘장이라고는 하나 없으나, 아지랑이 속 뱃노와 서리 맞은 봉창으로 계획이 외롭지 않다. 경전들을 내던지고 낚싯대 하나로 떠나서, 농어 살찐 강호에서 고기나 낚으련다.
柴車已毁幔全無, 煙櫂霜篷計不孤. 拋卻殘書一竿去, 有鱸魚處釣江湖.

풍정이 돌연 감쇠하니 구레나룻에 흰 실이 더했구나. 월 땅 구석과 오 땅 뿌리는 누구에게 속했더냐? 술잔 아래 청산이 잠기고 물결 위에 뜬 집이, 해마다 가을 비 오면 꿈에 돌아온다네. (이 시는 다음과 같이 전하기도 한다. "촛불 기름과 등잔 그림자 아래 처량한 신세를 이야기하니, 지난날이 무정하게도 아득히 먼 일 같구나. 술잔 아래 청산이 잠기고 물결 위에 뜬 집에서, 해마다 가을 비 소리를 꿈속에 듣는다네.")
風情頓減鬢絲添, 越角吳根屬阿誰? 杯底青山波上宅, 年年秋雨夢來時. (此詩另作: 燭油燈影話飄零, 往事無情隔杳冥. 杯底青山波上宅, 每年秋雨夢中聽.)[17]

제1수는 10여 년 전 2-3천 리를 여행했던 사실을 알려준다. 그는 5년 전 겪은 뜻밖의 일을 회상했다. 김농은 44세 때 자기가 예서로 적은《왕수(王秀)》책에 '낭자관전타마(娘子關前墮馬)' 인수인(引首印)을 눌러두었으니, 이때의 뜻밖의 일이 그에게 깊은 인상을 남겼음을 알 수 있다. 제2수는 여행에 지쳐 집으로 돌아가고 싶은 심정을 표현했다. "경전들을 내던지고 낚싯대 하나로 떠나서, 농어 살찐 강호에서 고기나 낚으련다"라는 두 구절은 여행에 지친 이유가 육체상의 피로 때문만이 아님을 드러내었고, 벼슬길에서의 미래의 좌절을 은밀히 예견한 듯도 하다. 5년이 지나 지금, 풍정은 이미 감퇴하고 구레나룻은 희끗희끗하며 가을 밤비 속에 술잔을 들여다보면서 전당강 청산 속 집을 상상하고 있다.

김농의 심경에 무슨 변화가 있었던 것일까? 시를 적기 한 해 전, 옹정

17_《冬心先生續集》, 顧廷龍主編,《續修四庫全書》(上海: 上海古籍出版社, 1995), 集部, 別集, 總1424冊, 上卷, p.575.

11년(1733) 가을, 47세의 김농은《동심선생집》을 편집한 후 광릉 반야암(般若庵)에서 판각을 했다. 그 〈자서〉에 이러하다.

> 나는 천성이 조용하다 못해 고요하여, 젊어서부터 홀로 동떨어져 도를 맛보는 즐거움에 탐닉했다. 서너 이랑의 밭과 서너 구(區)의 집이 전당강에 있었는데, 그 가운데 서당(서재)이 강을 향하고 산을 등지고 있으며, 강의 밖에는 산이 끝없이 이어져서, 옥주(沃洲) · 천모(天姥) · 운문(雲門) · 낙사(洛思) 등 여러 봉우리들이 치마를 걷고 파도를 건너와서 나에게 가까이 다가오려는 듯했다. 이에 눈으로는 아지랑이가 부슬부슬 내리는 것을 실컷 보고 귀로는 물결과 파랑의 소리를 한껏 들어서, 마음에 체득한 것이 있는 듯했다. 때때로 고인의 서적과 문사를 취하여 열람하면서, 아침이든 저녁이든 마음에 계합하는 것이 있으면 읊고, 종이와 먹을 가져다가 적어, 그 글이 마침내 많아졌다. 그렇지만 내심에는 흡족해하지 않았다. 도리에 맞는 말을 잘하는 마을의 두세 선비와 가까이 하고 교류했는데, 대체로 나와 기호를 같이했다. 수풀과 골짝의 사이에서 바리때를 들고 포단에 앉아 참선하는 탁월한 승려와 표주박을 손에 들고 삿갓을 쓴 은둔자와 함께 왕래했다. [···] 곧 내 마음에 좋아하는 것들이 늘 옥계(玉溪)와 천수(天隨)의 사이에 있었다. [···] 하지만 어찌 옥계를 규범으로 삼고 천수를 모범으로 삼겠는가? 나의 시는 옥계를 규범으로 삼지 않고 천수를 모범으로 삼지 않으며, 곧 옥계이고 곧 천수일 뿐이다.
>
> 予賦性幽敻, 少耽索居味道之樂. 有田幾稜, 屋數區, 在錢塘江上. 中爲書堂, 面江背山, 江之外又山無窮, 若沃洲 · 天姥 · 雲門 · 洛思諸峰嶺, 群欲褰裳涉波, 暱就予者. 于是目厭煙霏, 耳飽瀾浪, 意若有得. 時取古人經籍文辭研披, 不閒昕夕, 會心而吟, 紙墨遂多, 然猶不自慊. 近交里閈二三能言之士, 大抵多與予同其好, 林壑閒儁僧隱流缽簞瓢笠之往還. [···] 乃鄙意所好, 常在玉溪 · 天隨之間. [···] 然寧必規玉溪而範天隨哉? 予之詩不玉溪 · 不天隨, 即玉溪·即天隨耳.[18]

김농은 고향 산수와 교우 관계가 그에게 가져다준 풍패(豐沛, 고향)의 문학 바탕을 추억하고, 자기를 당나라 이상은(李商隱, 호 玉溪生) 및 육귀몽(陸龜夢, 호 天隨)의 시에에 견주어, 이 글에서 장년의 호한한 유람이 시예를 성장시켜준 사실을 하나하나 손꼽았다. 이 해에《동심선생집》만

18_《金冬心先生詩集》(原刻書名爲《冬心先生集》)(台北: 文海出版社, 未注出版年), 沈雲龍主編,《近代中國史料叢刊續編第98輯》, 卷前 序文.

간행한 것이 아니라 〈동심재연명(冬心齋硯銘)〉도 동시에 판각했다. 이 연명의 자서에서 그는, 자신이 금석문자를 너무 좋아해서 연석을 사려고 먹을 것을 덜고 입을 것을 줄였다고 밝혔다. 명의 글은 일가를 이루어서, 고인에게 뒤지지 않는다. 이 두 저작의 출판은 김농의 일생 문예 창작에서 이정표가 되었다. 《동심선생집》의 서문은 어조가 일전하여 이렇게 이어진다.

> 부친을 여읜 후 옛 가업이 이에 따라 모두 폐기되어, 천수자(天隨子, 육귀몽)가 소유했던, 송강(松江)의 조수가 통하는 밭과 소계산(小鷄山)의 땔나무 주울 장소를 얻으려고 했으나 얻지 못하고, 떠돌며 기식하느라 더욱 곤궁해졌다. 옥계생(玉溪生, 이상은)에게 '불종을 치고 땅을 쓸면서 청량산 행자가 되고 싶다'라고 한 서원(誓願)이 있었으므로, 나도 역시 나이 50이면 의극(법회 때 꽃 담아 바치는 그릇)을 들고 선림에 들어가 구계(句戒)를 얻어 부처에게 바치고 여생을 보내겠다고 서원했다. 마침내 발분하여 옛 원고를 산절하여 편집해서 모두 네 권으로 만들고, 정본 하나를 베껴 누목가(鏤木家, 판각자)에게 주었다. [···] 동심선생이란 내가 병신년에 강가의 병석에 누워 추운 밤 누군가를 그리워하다가 새벽까지 잠을 자지 못하고 마침내 최국보(崔國輔)의 '적료하게 겨울의 마음을 끌어안고 있다(寂廖抱冬心)'라는 말을 취하여 스스로 호로 삼은 것인데, 지금 문집의 씨(氏, 이름)로 삼는다.
>
> 孤露以後, 舊業隨廢, 欲求天隨子松江通潮之田·小雞山之樵薪已不可得, 旅食益困. 念玉溪生有打鐘掃地為清涼山行者誓願, 因亦誓願五十之年便衣祴入林, 得句呈佛, 以送餘生. 遂發憤將舊稿刪削編□, 都爲四卷, 寫一淨本, 付之鏤木家. [···] 冬心先生者, 予丙申病痁江上, 寒宵懷人, 不寐申旦, 遂取崔國輔〈寂寥抱冬心〉之語以自號, 今以氏其集云. (續上)

김농은 28세 장년에 부모 두 분을 여읜 후, 고향과 이별하여 다시는 밭을 갈고 땔나무를 주울 수가 없게 되어, 멀리 떠돌면서 여관에서 숙식했으나, 이제 그 생활에 권태를 느끼게 되고 심경도 역시 쓸쓸해져서, 불종을 치고 봉당을 쓸면서 안신입명의 종교적 은둔 생활을 하려고 했다. 47세의 그는 중년 이후의 자기 삶을 이미 상상하여, "나이 50이면 의극을 들고 선림에 들어가 구계를 얻어 부처에게 바치고 여생을 보내겠다고 서원했다"라고 했다.

50세 이전의 김농은 시로 선배들의 존중을 받았고, 만 권 서적을 읽고

만 리 길을 가며 널리 인연을 맺고 북경으로 나아가 명류를 두루 방문했다. 당시 문사들이 그러하듯, 종래의 입신 계단을 따라나가 출로를 찾으려고 한 것이다. 따라서 〈사십삼세소상〉은 흡사 여정을 찾아나가는 중간지점과도 같았다. 북쪽으로 유람했다가 남쪽으로 돌아온 때 그렸으므로 이 그림을 김농 전반생의 주해로 볼 수 있다. 그 자서는 다음 해 〈제사십삼세소상〉 제2수의 “경전들을 내던지고 낚싯대 하나로 떠나서는, 농어 살찐 강호에서 고기나 낚으련다”라는 심경을 선도했다.

(2) 고상 〈동심선생사십칠세소상(冬心先生四十七歲小像)〉

김농에게는 또 다른 화상이 있다. 양주팔괴의 친우 고상(高翔)이 그린 것이다.[19] 옹정 11년(1733) 《동심선생집》이 갓 편찬되자, 고상이 그 권수에 김농을 그린 〈사십칠세소상〉(그림 2-4)[20]을 두었다. 문집의 첫머리에 판각하여 넣기 위해 고상은 김농의 전반신만 그렸다. 김농의 화상은 이마는 높고 머리를 밀었으며 수염은 길다. 왼쪽 손은 도포 소매 밖으로 뻗어 나와 수염을 만지고 있다. 김농이 평소에 드러내는 호매한 기세를 친구가 간략한 필치로 소묘한 것이다. 포주(蒲州) 유중익(劉仲益)이 김농의 ‘칠서체(漆書體)’를 모방해서 쓴 제찬이 옆 페이지에 있다.[21] 그 제찬은 이러하다.

> 요임금의 외신(外臣)이요 한나라의 일민(逸民)이니, 시초 비녀와 가죽 옷

19_金農의 〈江上歲暮雜詩四首〉의 제3수는 친우 高翔을 그리워하여 지은 것이다. 끝에 小字注가 있어 “題廣陵高翔送予還錢塘山水軸子”라고 했다. 두 사람은 한 살밖에 차이가 나지 않는다. 揚州에서 알게 되어, 詩畫를 매개로 오랫동안 우의를 유지했다. 《冬心先生集》, 卷1, p.14b.

20_이 그림과 아래의 題贊은 모두 《冬心先生集》, 扉面 참조.

21_金農은 隸書에 뛰어났는데, 초기와 만년이 다르다. 건륭 이전의 작품은 軟毫를 꺾지 않고 글씨를 써서 裹鋒하여 운필해서 渾厚하고 圓活하다. 金農은 〈國山碑〉·〈天發神讖碑〉에서 법을 취한 이후, 毫端을 截取하여 大字를 써서, 字法이 奇古하며 沈穩流利의 풍격을 일변시켜 필획의 粗細가 현격히 다르고 구성 체세가 안정되어 있지 않다. 雄奇恣肆의 氣概가 있어, 이것을 漆書라고 불렀으며, 金石氣가 충만하다. 金農의 書法은 碑에서 법을 취하여, 당시 법첩에서 법을 취하던 풍기와 달라, 당시 유행하는 서체와 다르다. 丁家桐, 《揚州八怪》(蘇州: 蘇州大學出版, 2005), 〈如來最小弟: 金農〉, pp.187-192.

그림 2-4. (청) 고상, 〈동심선생사십칠세초상〉/유중익 제찬(판화).

> 띠로 가난을 꺼리지 않는다. 성근 수염과 높은 이마는 천진의 모습을 온전히 지니고 있고, 반생 동안 배를 타고 다니거나 말타거나 수레를 타고 다녔으니, 시의 명성이 가는 곳마다 천 년 미래까지 전하리라.
> 堯之外臣漢逸民, 著簪韋帶不諱貧. 疏髯高顙全天眞, 半生舟楫蹄與輪, 詩名到處傳千春.

먹을 것도 제대로 못 먹는 가난한 선비 유중익의 눈으로 보기에,[22] 김농은 시초로 만든 비녀를 꽂고 가죽으로 만든 옷띠를 두르고, 반평생 말을 타거나 수레를 타거나 하면서 청고한 방랑의 자취를 여기저기 남겨 시의 명성이 탁월했다. 요임금의 외신이자 한나라의 일민으로서 성근 수염과 높은 이마는 고고하면서 천진한 기질을 띠었다. 유중익은 김농의 글씨체로 김농의 형상을 송찬함으로써 김농에 대한 존숭의 뜻을 드러냈다.

《동심선생집》의 권수에는 고상이 그린 〈동심선생사십칠세소상〉이

22_金農, 〈蒲州劉高士仲益隱居不仕, 時時斷炊, 作詩慰之二首〉, 《冬心先生集》 卷3, p.9b.

있고, 이어 유중익의 상찬이 있으며, 다시 김농의 〈자서〉가 있다. 이 셋은 김농이 《문집》을 통해 정식으로 세상과 대면하고자 특별히 배치한 것이다. 앞의 둘은 인물의 풍모와 예술의 조예에 대한 송찬이다. 김농은 그것을 진심으로 받아들였다. 그렇다면 자서에서 50세 때 은퇴하여 부처를 연찬하겠다고 말한 것은 다른 속셈이 있는 듯하다. 마침 이 해(옹정 11년, 1734) 청나라 조정은 박학홍사과를 설치하고 전국에 조칙을 내려 선비를 추천하라고 명했다.[23] 문학의 명성이 나날이 높아지고 있었던 김농에게 설마 어떠한 야심도 없었을까? 어쩌면 〈자서〉의 선언은 물러남이 곧 나아감이라고 여긴 것이 아닐까?

(3) 인생의 새 이정표

김농은 박학했고 문학의 명성이 나날이 높아갔으므로, 식자들이 큰 관심을 보이게 되었다. 옹정 13년 을묘(1735), 김농은 49세였는데, 당시 오홍 지현 구로청(裘魯靑, 思芹)은 절월대부 솔념조(帥念祖)에게 김농을 추천하여 박학홍사과에 응하도록 권했다. 김농은 〈상학사솔공서(上學使帥公書)〉를 적어 '진퇴가 어렵다'는 뜻을 표하고 천거를 사절했다. 그는 "이른 나이에 가난과 신산을 겪어, 옷을 구하고 밥을 찾느라 분주해서, 두 해 동안 요도(堯都)에 있었고 세 해 동안 왕옥산에 있었으며, 궐리(闕里)를 배회하고 주남(周南)·한양(漢陽)에 머물면서 청천(晴川)·양자강을 탐심하여 즐겼으니, 불등의 불을 가까이한 지 거의 50년이 되어가서, 명성이 들리지 않는다는 수치를 장차 품어야 할 셈입니다. 지금 회양(淮陽)의 유람에 싫증나서, 강간(江干)에서 그림자를 쉬고 있는데, 오랜 친구가 외람되게도 추천의 글에 이름을 넣어주었습니다(徒以早歲貧辛, 衣膳奔走, 兩載堯都, 三載王屋, 儃佪闕里, 留滯周南·漢陽, 耽玩晴川·揚子, 則相親佛火, 漸臻五十之期, 將抱無聞之恥. 今者淮陽倦游, 江干息影, 舊友猥列之薦

23_청나라 조정이 博學鴻詞科를 개설한 것은 康熙 18年에 시작되었는데, '得人至多'의 문화 회유책의 하나로 간주된다. 雍正 황제도 강희의 예를 답습하여 科考를 열려 했으나, 뜻밖에도 추천자가 아주 적고 또 황제가 붕어했으므로 科考가 이루어지지 않았다. 乾隆 원년에 이르러 비로서 이 科를 다시 열었다. 博學鴻詞科 관련 詔諭는 이 책 4장에서 상세히 인증했다.

章)"[24]라고 스스로 진술했다. 이렇게 두 해 전 진퇴의 심경을 이어서, 50세가 인생의 한 분수령이 될 참이었다. 그런데 이 해 옹정제가 붕어했고, 또 추천자도 적어, 박학홍사과는 중지되었다.

그 다음 해인 건륭 즉위 원년 병진(1736)에 또 박학홍사과가 열렸다. 귀안령(歸安令) 구로청이 절월대부에게 재차 추천하자, 50세의 김농은 마침내 받아들였다. 김농은 8월에 북경에 가서 앵도사가(櫻桃斜街)에 거주하면서 박학홍사과에 응시하려고 준비했다. 그리고 형부상서 장조(張照, 1691-1745), 한림편수 서직량(徐直亮), 장화남(張華南) 등과 오랜 친구처럼 긴밀하게 어울렸다. 애석하게도 결과는 뜻대로 되지 않았다. 함께 응시했던 여악(厲鶚, 1692-1753) 및 다른 두 사람과 함께 낙제하여 앞뒤로 남쪽으로 돌아갔다. 김농은 한 수의 시를 지었다. 제목은 〈건륭 원년 8월 나는 경사에 노닐었고, 시월에는 수레를 몰아 국문(도성 문)을 나와서 곡부현에 가서 공묘에 전알(참배)하니, 고목이 된 잣나무는 모두 옛날부터 익숙하게 알던 것이기에, 오랜 시간 배회하다가 장가 한 수를 지었다(乾隆元年八月, 余游京師, 十月驅車出國門, 之曲阜縣, 展謁孔廟之中, 古柏皆舊時熟識者, 徘徊久之, 作長歌一首)〉이며, 시의 일부는 이러하다.

> 팔월에 눈이 날릴 때 서울에 노니니, 안절부절 괴로운 얼굴을 누가 마음 기울이랴? 글월 올리길 공경대부에게 하는 것을 게을리하니, 조정에서는 차츰 성명을 잊었구나. 시월의 두꺼운 얼음에 노정을 거꾸로 잡아, 편하게 가서 막힘이 없도다. 작은 수레 한 대로 한밤 4경 때 시끄럽게 하여, 북풍에 갈단 새의 울음 짓는 것이 부끄럽구나. 사람은 맞이하지도 전송하지도 않지만 산은 맞아주고 전송하여, 이어주고 뻗어나가 대단히 정이 많은데, 시린 빛과 차가운 비취빛이 눈썹 가에 생겨나고…
>
> 八月飛雪遊帝京, 栖栖苦面誰相傾? 獻書嬾上公與卿, 中朝漸已忘姓名. 十月堅冰返堠程, 得行便行無阻行. 小車一輛喧四更, 北風恥作鶡旦鳴. 人不送迎山送迎, 綿之亙之殊多情. 冷光寒翠眉際生, …[25]

이 해 김농은 양주로 가서 거처했다. 서화·금석으로 생계를 꾸리려고

24_《金農年譜》, p.218.
25_《冬心先生續集》, 卷上, p.580.

결심하여 벼슬길에 나설 뜻을 그만두었다. 김농은 이때에 한 서찰에서 이렇게 말했다.

> 아우는 봄이 되어 심사가 여러 가지로 좋지 않았는데, 겸하여 천진으로부터의 먼 소식을 들으니, 작은딸이 산고로 죽은 후 늙은 아내는 남쪽으로 돌아오려 결심했다고 합니다. 열흘 안에 4, 5천 금을 마련해야 합니다만, 응수하기가 어렵군요. 마을 안의 동호들이 도와주신다면 도움을 사양하지 않겠습니다. 그대로부터는 거듭 증여를 받았으므로 이때에 이 일로 어찌 망령되이 은혜로운 배려를 해주시길 바라서 다시 꾸어달라고 말씀드릴 수 있겠습니까? 지금 저의 졸렬한 글씨로 바싹 마른 붓을 가지고 그린 작은 병풍 12폭과 휴칠(髹漆, 옻나무 진을 바름)한 작은 등 한 쌍, 논화시(論畫詩) 스물네 수를 적은 글씨를 올립니다. 부디 서너 금을 모아서, 유인에게 뱃삯으로 보낼 생각입니다. 상상컨대 옛 도를 추구하시는 족하께서 결단코 이 필묵에 대한 얼마간의 보수를 아끼지 않으시겠지요.
>
> 弟春來心緒種種不佳, 兼接天津遠信, 小女產亡, 老妻決意南還. 旬日之內措設四·五十金, 頗難應手. 里中諸同好, 各有所助, 助亦弗辭. 尊處屢蒙贈遺, 此事此時, 何敢妄希垂念, 再言借貸? 今以拙書瘦筆小屏十二幅, 髹漆小燈一對, 書論畫詩二十四首奉寄. 聊博數金, 作遺人舟楫之費. 想古道足下, 斷不靳惜些須筆墨之酬也.[26]

김농은 이 서찰에서 자신의 곤궁한 상태를 구구하게 말했다. 박학홍사과에서 뜻을 못 이룬 사실은 무쇠처럼 냉혹했다. 김농이 위의 시에서 '팔월에 눈이 날린다'라든가 '시월의 두꺼운 얼음'이라 한 것은 필시 절실한 느낌을 담은 표현이었을 것이다. 50세는 인생의 새로운 전환기로, 박학홍사과에서는 순조롭지 못했지만, 그 일이 도리어 인생의 새로운 문을 열어주었다.

중년 이후의 김농은 양주에서 문우와 교제하며 작품들을 헌정하여 명성을 쌓았다. 일례로 시 제목에 〈마왈관·왈로 형제가 왕기·서원갑·왕운·여악·민화·왕항·진고를 초빙하여 소영롱산관에 모이다(馬曰琯·曰璐兄弟招同王岐·余元甲·汪埴·厲鶚·閔華·汪沆·陳皐集小玲瓏山館)〉[27]가 있

26_《金農年譜》, p.221. 張郁明의 판독에 의하면 이 서찰은《明淸畫苑尺牘》에서 선한 것으로, 김농의 50세부터 60세 사이의 일이라고 한다.

27_《冬心先生集》, 卷4, p.9a.

다. 이러한 문회는 자주 열렸다. 김농은 양주에서 널리 교제 했다. 양주 염상 마왈관(馬曰琯)·마왈로(馬曰璐) 형제,[28] 양주 양회염운사(揚州兩淮鹽運使) 노견증(盧見曾, 1688-?)[29] 등을 새로 사귀었다. 또 청년 시대부터 교분이 있었던 친구로는 뒤에 전각의 명가가 된 정경(丁敬),[30] 시마(詩魔)로 저명한 시인 여악(厲鶚),[31] 학자 항세준(杭世駿, 1696-1773), 방서생(方庶生), 장흥현(長興縣) 지현이면서 시벽으로 유명한 포서강(鮑西岡) 등이

28_馬曰琯은 金農보다 한 살 적었다. 字는 嶰谷, 號는 秋玉, 安徽 祁門 사람이다. 馬曰璐는 마왈로의 아우이다. 두 사람은 揚州에서 鹽業을 하여 거만금을 두었으며 詩會의 교우로 이름이 동남에 알려졌다. 집이 東關街에 있어서 南齋書屋이라 호하고, 宅園을 小玲瓏山館이라 이름했다. 看山樓·叢書樓·七峰草堂·梅寮 등의 승경이 있었다. 藏書는 동남에서 으뜸이었으며, 邗上吟社를 두어 정기적으로 시객을 위한 연회를 열었다. 이는 揚州八怪의 연락 중심이기도 했다. 저서에《沙河逸老集》이 있다.《金農年譜》, p.192.

29_盧見曾도 金農보다 한 살 적었다. 字는 抱孫, 號는 雅雨, 山東 德州 사람이다. 시문에 뛰어났고, 성품이 고매하고 활달해서 작은 예절에 구애되지 않았다. 체격이 작아서 당시 사람들이 盧矮子라고 불렀다. 어떤 일인가에 연좌되어 新疆에 유배되었다가, 乾隆 원년에 兩淮鹽運使에 임명되어 임지로 나갔다. 乾隆 乙亥(1755, 金農 68세)와 丁酉(1757, 金農 70세) 두차례에 걸쳐 紅橋에서 修禊하여 천하의 문인들을 크게 모아, 揚州를 건륭시대 문화의 전성기로 만들었다. 화운한 사람이 7천 명에 달해, 시집으로 엮은 것이 300여 권이나 되었다. 당시 揚州八怪의 金農·鄭板橋·李葂·汪士愼 등이 이 수계에 참가했다. 이 시기는 八怪가 서화로 양주에서 활약했던 전성시대이다. 揚州畫派의 형성과 발전은 양주 상업의 번창과 관련이 있기는 하지만, 盧見曾이 이렇게 권세를 지닌 지방관인데다가 개명한 학사의 풍모를 지녀 그 풍조를 크게 만들었다는 사실을 낮게 평가해서는 안 될 것이다. 盧見曾에게《雅雨堂詩文集》4卷이 전한다.《金農年譜》, p.192. 이 연보에 따르면 김농은 여러 차례 盧見曾의 부탁으로 그림을 그렸다고 한다.

30_丁敬(1695-1765)의 字는 敬身, 號는 鈍丁 혹은 龍泓山人이다. 金農과 동향으로 교분이 아주 깊었다. 金農보다 여덟 살 어리다. 金農·杭世駿과 함께 浙西三高士라 일컬어졌다. 일생 포의로 지내며 술을 빚어 생활을 했다. 金石과 書法을 좋아했으며, 시는 造語가 奇崛하고 장편에 능했다. 서화를 잘하고 印刻이 정교했다. 위로는 秦漢을 잇고 六朝를 아울러 취하며 곁으로 宋元까지 아울렀다. 당시 유행하던 飛鴻堂의 유파와는 별도로 스스로 기치를 수립해서 浙派를 열어 西泠八家의 鼻祖가 되었다. 하지만 성격이 고고하고 오만하여 가볍게 남에게 글자를 써주지도 새겨주지도 않았다. 十兩의 白銀을 지불해야 그의 글자 하나를 새겨 받을 수 있었다고 한다.《金農年譜》, p.193.

31_厲鶚의 字는 太鴻, 號는 樊榭로, 金農의 契友이다. 康熙 庚子의 擧人으로, 博學鴻詞科에 추천되었으나 합격하지 못했다. 揚州 南街書屋의 主館에 우거하면서, 汪士愼 등이 조직한 馬氏 邗上吟社에 참여했다. 文史·詩詞에 정통하였고, 江左의 칭예를 받았다. 蔡朗余는 "여징군의 시와 사, 김동심의 서와 화는 향리에서 이름이 나란하여, 사람들이 '수염난 김과 바싹 마른 여'라고 일컬었다. 여악은 김농의 서법을 볼 때, 김농이 미나리를 거꾸로 한 듯한 필법을 즐겨 사용하는 점을 높이 쳤다(厲徵君之詩詞, 金冬心之書畫, 鄕里齊名, 人稱'髯金瘦厲'. 厲鶚觀金農書法, 見其喜用倒薤書筆.)"라고 했다.《金農年譜》, p.196.

있었다. 특히 포서강은 자금을 대어 김농의 제1시집《경신집(景申集)》을 판각하게 해주었다. 만년의 망년지교로는 원매(袁枚, 1716-1798)[32] 등이 있었다. 50세에서부터 64세까지, 김농은 양주와 항주로 돌아가, 간간이 악(鄂)·공(贛)·민(閩)·절(浙) 등지를 유람하면서, 시서화의 예술을 나날이 정교하게 발전시켰다. 60세에 시를 지었는데, 제목은 〈건륭 11년 3월 22일 마침내 육십의 견마 날(생일)에 감정이 북바치고 일에 느껴서 내키는 대로 네 수를 썼으니 스스로를 위해 축수하는 것은 아니다(乾隆十一年三月廿有二日, 乃余六十犬馬之辰, 觸情感事, 雜書四首, 非所以自壽也)〉이다. 모두 4수이다.

> 맑은 강 삼월에 상쾌한 바람이 많아, 해마다 동두가(銅斗歌, 구기를 치며 부르는 노래)를 홀로 부른다. 내가 벼슬길에 나갈 분수가 없다고 비웃지 마시게나. 금란(직금)의 관복을 이 어부의 도롱이와 바꾸지 않을 것이니.
> 淸江三月好風多, 自唱年年銅斗歌. 莫哂求官我無分, 金襴不換一漁蓑.

> 백 선생(백거이)은 시아가 없어도 시가 더욱 통달하고, 소우(蕭瑀)의 사택을 희사하여 절을 세우려는 계책은 어긋나지 않았네. 봄 들어 서권을 가까이 한다는 말을 웃으면서 하고, 선생에게 팔아버리길 낙화를 쓸 듯이 한다네.
> 白傅無兒詩更達, 蕭郎舍宅計非差. 春來笑說親書卷, 賣與先生掃落花.

> 노하는 아득히 하늘가에 멀리 떨어져 있다 했으니, 그대의 말을 기억하건대 역시 멋진 말이었소. 이 날 황량한 정원을 제대로 가꾸질 못하니, 누가 대나무 화분을 거두고 솔방울을 주을 것인가?(늙은 아내는 당시 아직도 천진의 딸 집에 있었다.)
> 潞河渺渺隔天涯, 記得卿言亦復佳. 此日荒園失料理, 誰收竹粉拾松釵?(老妻時尙在天津女家)

> 뭉툭한 머리의 예순 살 먹은 사람은 쾌활도 하구나. 노부로서 도를 닦아 정신이 왕성하여라. 이제부턴 술 만들어 생광[생광(壽藏) 살아 있을 때 만든 무덤—역자 주]을 경영하리니, 먼저 청산을 마주하여 백 잔 술로 취하리라.

32_袁枚는 金農보다 30세 젊다. 나이 40에 귀향해서 만년의 김농과 우호를 맺었다.《隨園詩話》·《小倉山房詩文集》에 김농의 軼事가 많다.

快活平頭六十人, 老夫見道長精神. 從今造酒營生壙, 先對青山醉百巡.[33]

10년 이래 김농은 항시 박학홍사과 낙제의 일을 기억하여, 한 톨의 불만과 후회의 말을 시에 끼워 놓었지만, "금란(직금)의 관복을 이 어부의 도롱이와 바꾸지 않을 것이니"라는 식의 소쇄한 태도로 대처하기로 했다. 시를 지을 수 있고 서를 말할 수는 있지만, 자조할 수밖에 없었다. 늙은 아내가 가까이 있지 않은 것은 정말로 유감이지만, 60세의 자기는 도를 추구하여 정신의 쾌활함을 찾고자 한다고 했다. 친구 왕사신(汪士慎, 1686-1759)은 〈동심육십초도(冬心六十初度)〉를 지어 축하해주었다.

> 시는 두 눈에 환히 들어와 아득하여라, 장가와 단가는 천상의 음악이로다. 선인이 아니라면 초빙할 수가 없으니, 짓붉은 도포가 춘산에 어울려 아리땁구나. 서자호 속에서 60의 생일을 보내나니, 벽도화 속에 규룡의 수염이 섰도다. 옥호에 술을 담고 벗들의 동곳이 합하여, 여룡의 명주(야광주, 시를 비유함)를 죄다 찾아내어 여룡이 울 정도로다.
> 詩入雙眼空遙遙, 長歌短歌天上韶. 不是仙人不可招, 猩紅袍映春山嬌. 西子湖中過六十, 碧桃花里虬髯立. 玉壺貯酒盍朋簪, 明珠探盡驪龍泣.[34]

친구 왕사신은 시가에서 비범한 성취를 이룬 김농을 시인으로 인정하고 추대했다. 64세(1750) 이후의 김농은 주로 양주에 정착했다.

3) 김농 기증의 자화상

(1) 자작의 사진—정판교에게 기증

건륭 18년(1753) 봄, 정판교 즉 정섭(鄭燮)은 산동에 있으면서, 진대를 청했다가 상관의 뜻을 거슬러 파직되었다. 67세의 김농은 스스로 소상을 그려서 그에게 기증하면서 제기(題記)에서 이렇게 말했다.

33_《冬心先生續集》〈補遺〉, p.589.
34_《金農年譜》, p.229.

> 10년 전, 강 마을에 와병했을 때 나의 친구 정 진사 판교가 유현(濰縣) 수령으로 있다가 내가 세상을 떴다고 듣고는 시마복을 입고 신위를 설치하고는 곡했다. 심 상사 방중(房仲)이 동래(東萊)로 부임하는 길에 만나, "동심 선생이 이수(고질병)에 걸리기는 했지만 지금 아무 탈이 없습니다"라고 했다. 판교는 비로소 눈물을 그치고 안색을 고친 후 천 리 멀리 서찰을 보내어 위로했다. 나는 그가 생사에 관계없이 우정에 변함없는 것에 감격하여, 시를 지어 보답했다. 근래 판교는 해직되고 나는 다시 바깥으로 노닐게 되었는데, 일찍이 광릉(廣陵)의 승방에서 만난 적이 있다. 나는 옛사람이 그러했던 것처럼 스스로 사진을 만들어 판교에게 부쳤다. 판교는 묵죽을 제일 잘 그려 문견주(文涓州, 文侗)와 혹사하니, 가지 하나를 그려달라고 하여 나의 얼굴 가득한 먼지를 씻을 수 있겠는지?
>
> 十年前, 臥疾江鄕, 吾友鄭進士板橋宰濰縣, 聞予捐世, 服緦麻設位而哭. 沈上舍房仲, 道赴東萊, 乃云: "冬心先生雖攖二豎, 至今無恙也." 板橋始破涕改容, 千里致書慰問. 予感其生死不渝, 賦詩報謝之. 近板橋解組, 予復出遊, 嘗相見廣陵僧廬. 予仿昔人自爲寫眞寄板橋. 板橋擅墨竹, 絶似文涓州, 乞畫一枝, 洗我滿面塵土可乎?[35]

김농과 함께 양주팔괴의 한 사람인 정섭(鄭燮, 板橋)은 김농이 세상을 떴다고 잘못 전해 듣고서 시마복을 입고 영위를 설치하여 곡을 했다가, 뒤에 오보였음을 알고서 눈물을 그치고 안색을 바꾼 후 서찰을 보내어 위문했다. 10년 뒤 정섭은 어떤 일인가로 해직되고, 두 사람은 양주의 승방에서 만났는데, 김농이 스스로 사진을 만들어 그에게 주었다. 애석하게도 그 화상은 남아 있지 않다. 김농은 화상을 통해 자기를 친구의 면전에 보낸 것처럼 하고, 스스로를 위로하면서 그에게 묵죽을 청했다. 제기는 죽어서도 변함이 없을 만큼 서로를 부지하는 우정을 확인하고, 아울러 두 사람의 탈속한 행위를 곁들여 기록했다.

(2) 스스로 베껴낸 소상—항균에게 기증

건륭 23년 무인(1758), 김농은 72세로, 항균(項均)을 시제자로 거두고서, 스스로 소상을 그려 그에게 주었다. 제기에 이러하다.

35_《冬心自寫眞題記》, p.80, 第6則.

항생 균은 처음에 벗이 되어, 일찍이 꽃나무 앞이나 술집에서 만났다. 하루는 시를 예물로 삼아 제자의 예로 나의 문하에 들어와서는 절하면서 청하길, "선생께서 인도해주시고 가르쳐주시길 바랍니다"라고 했다. 시는 간결하고 수려하며 맑고 오묘했으며, 외모는 키가 훌쩍 큰 것이 마치 마른 학과 같되 학보다 훨씬 큰 듯했다. 근래 나에게서 매화 치는 법을 배우고 있는데, 매화 그림의 격조가 깎은듯 뾰족하면서 그 속에 옛 뜻이 들어 있다. 때때로 나 대신에 암향소영(暗香疏影, 매화의 자태)의 모양을 만들어, 사방의 요구에 응하는데, 구(勾) 처사처럼 감별을 잘하는 사람도 내가 나의 조각 먹과 뭉퉁 붓으로 그린 것이 아닌 줄을 변별하지 못할 정도이다. 아아! 지난날 나생 빙(聘)을 얻고, 금년에 또 항생을 얻어, 시화의 인연을 함께 맺었으니, 노쇠하고 폐기된 신세이지만 가만히 여기에 즐거움을 두고 있다. 세간의 부귀와 현달을 어느 겨를에 따지겠는가? 이에 소상을 스스로 그려서 부쳐, 내가 냉징(冷癥, 매화)을 시로 읊고 한파(寒葩, 매화)에 뜻을 부치는 그 업을 전할 사람을 제대로 얻었다는 사실을 알게 하노라.

項生均, 初以爲友, 嘗相見於花前酒邊也. 一日將詩代贄, 執弟子禮遊吾門, 乃拜請曰: "願先生導且教之." 其爲詩簡秀清妙, 狀其長身如鶴之癯, 而高出一頭也. 近學予畫梅, 梅格戌削中有古意, 有時爲予作暗香疏影之態, 以應四方求索者, 雖鑑別若勾處士, 亦不復辨識非予之殘煤禿管也. 嗟呼! 前年得羅生聘, 今年又得項生, 共結詩畫之緣也, 衰牘放廢, 竊有樂焉. 世間富貴利達, 何暇問哉? 因自寫小像付之, 要使其知予冷癥之吟, 寒葩之寄, 是業之所傳得其人矣.[36]

이 화상도 지금 찾을 수가 없다. 글에 따르면, 매화를 전공한 항균은 매격(梅格, 매화 그림의 격조)에 옛 뜻이 있으며, 심지어 김농 대신 붓을 잡아 암향소영을 그려 주위의 요구에 응하면 감별가도 구별하지 못했다. 김농은 신이 나서, 친구에서 제자로 된 항균을 등장시켜, 시예·서예·형모의 뛰어난 점을 거론하여, 영재를 얻어 가르치는 즐거움을 한껏 표현했다. 김농이 스스로 그린 자기의 소상을 제자에게 준 의미는 화상 그 자체보다 훨씬 가치가 높다. 제기를 보면, 인물 화상은 보조역으로 전락하고 매화 그림의 주제가 주역으로 뛰어올라, 그 주제가 김농과 항균 두 사람을 연결하는 매개물로 되었다. 다시 제기의 어조로 보면, 김농이 예상

36_《冬心自寫眞題記》, p.81, 第8則. 글 속의 "嗟呼! 前年得羅生聘"에서 '羅'자 위에 '得'자 하나가 빠졌다. 光緒潘介繁本에 따라 정정한다.

한 독자는 항균만이 아니다. 항균도 도리어 담론의 제3자로 되었다. 김농은 제기를 쓰면서 더 많은 독자들을 기대했다. 화상 제작에서부터 제발의 완성에 이르기까지, 만년에 거둔 고제 항균을 소개하는 것이라기보다는[37] 사랑하는 제자의 예술적 성취를 칭송함으로써 스스로 자부하는 성분이 더욱 농후하다. "냉징(冷癥)을 시로 읊고 한파(寒葩)에 뜻을 부친다"라는 것은 김농이 만년에 노쇠하고 폐기된 신세로 있으면서 자신의 인격을 기탁한 매화 그림의 풍격을 잘 말해준다. 김농은 지금 그 풍격을 전할 사람을 얻었다고 안도하고 있다.

(3) 스스로 형모를 그리다—주이정에게 부치다

다음 해 73세의 김농은 자작 사진을 긴 제기와 함께 주이정(朱二亭) 즉 주운(朱篔)에게 부쳤다. 그 글에 이러한 말이 있다.

> 송대 백옥섬(白玉蟾)은 매화 그림을 잘 그렸는데, 내가 일찍이 그 화법을 이용하여 옆으로 비낀 마른 가지를 그려보았다. 백옥섬은 스스로 모습을 그렸는데, 나도 형모를 그림으로 그렸다. 같아지기를 구하지 않고도 같아져 서로 계합한 것이다.
>
> 宋白玉蟾善畫梅, 予嘗用其法作横斜瘦枝. 玉蟾自寫眞, 予亦自圖形貌. 不求同其同而相契合於同也.[38]

이 제기는 우선 한 가지 중요한 사실을 언급하고 있다. 김농은 초상화 예술기법의 유래를 설명하고, 이어서 소상에 제기를 하여 항균에게 주었던 매화 그림의 주제를 말했다. 김농이 항균에게 게시했던 냉징한파(冷癥寒葩)의 매화 그림 풍격은 그 유래가 있었다. 곧, 백옥섬은 김농이 만년에 사랑한 송나라 화가로, 그의 예술과 인품에 대한 김농의 칭송은

37_張郁明의 고찰에 의하면, 金農이 일생 받아들인 제자로는 束枝鳳·孫松·楊爵·裘鏞(裘魯青의 아들)·陳彭·羅聘·項均 등이 있다. 項均은 가장 만년에 입문한 제자이다. 項均의 생졸년은 알 수 없으며, 畫史에도 전하는 기록이 없고, 冬心의 題畫 및 羅聘의 詩文에서나 활동 사항을 조금 알 수 있다. 揚州 사람으로, 字는 貢夫이며, 羅聘보다 조금 어렸다.《金農年譜》, p.231·249-251.

38_《冬心自寫眞題記》, p.78, 第3則.

〈한파동악도(寒葩凍萼圖)〉 제기에서도 살필 수 있다.

송대 백옥섬은 매화를 잘 그렸다. 매화가지가 뾰족하여, 거의 가시나무 같고, 피어난 꽃이 아주 많으며, 차가운 꽃잎과 언 꽃받침[한파동악(寒葩凍萼)]을 보면 세상 사람 같지가 않다. 옥섬의 본래 성은 갈(葛)이고 이름은 장경(長庚)인데, 집을 버리고 해상에 노닐면서 호를 해경자(海瓊子)라 했고, 또 다른 호를 섬암(蟾庵)·무이산인(武夷散人)·신소산리(神霄散吏)·자청진인(紫淸眞人)이라 했으니, 거의 신선에 가까운 사람이었다. 지난날 그의 소폭 제시를 보니 아주 맑았는데, 지금 상상하여보면 상당히 부합하는 곳이 많다. 나는 처음 호를 동심선생이라 했다가 다시 호를 계류산민(稽留山民)·곡강외사(曲江外史)·석야거사(昔邪居士)·용사선객(龍梭僊客)·백이연전부옹(百二硯田富翁)·심출가암죽반승(心出家庵粥飯僧)이라 했으니, 아득히 천 년 이전 고인과 접한다고 할 수 있다. 애석하게도 나의 객유는 그칠 날이 없다. 먼지 티끌 속에서 어느 날에야 신선의 깃털 한 벌을 걸치고 허공으로 날아오르게 될 것인가?

宋白玉蟾善畫梅, 梅枝戍削, 幾類荊棘, 著花甚繁, 寒葩凍萼, 不知有世上人. 玉蟾本姓葛, 名長庚, 棄家游海上, 號海瓊子, 又號蟾庵·武夷散人·神霄散吏·紫淸眞人, 殆乎仙者也. 昔年曾見其小幅題詩亦淸絶, 今想像爲之, 頗多合處. 予初號冬心先生, 又號稽留山民·曲江外史·昔邪居士·龍梭僊客·百二硯田富翁·心出家庵粥飯僧, 可謂遙遙相接于千載矣. 惜予客游無定日, 在塵埃中羽衣一領, 何時遂沖擧也?[39]

김농은 이상적인 전형으로 송나라 백옥섬을 찾아냈다. 백옥섬은 매화 그림이 아주 맑아 진속을 벗어났을 뿐 아니라, 행동과 명호에 신선기가 충만했다. 김농은 두 방면에서 이 선가의 인물을 뒤따르려고 했다. 73세의 그는 여전히 더러운 진애 속에 빠져 있어서, 백척간두에서 한 걸음 더 나아가야 비로소 우화등선을 할 수 있으리라고 자탄했다. 그렇다면 이 신선 간은 인물을 배워서 자신을 그림으로 그린 것도 자신을 이상적 존재로 상징화한 셈이다. 화상의 제기는 다음과 같이 이어진다.

다 그린 후에 주이정(주운) 군에게 부쳤다. 주이정은 강도(江都)의 저자에 살며, 날마다 가게 안에 앉아 어염의 장사치들과 잡거하지만, 아무리 바빠

39_이 그림은 金農 75세에 그린 것이다. 題記는《金農年譜》, p.259 참조.

> 도 반드시 책을 손에 들었다. 심야에 문을 닫고 삼경에 등불을 켜고는, 낭랑하게 송독하는 목소리가 그치지를 않았으므로, 나는 남호 도소경(南豪都少卿)이라고 지목했다. 평소 나와 아주 친밀하게 왕래하여, 예로 공경하길 게을리하지 않았다. 지금 나의 소상을 별사에 걸어두면, 나를 그저 막연히 보지 않을 것임을 알 수 있다. 그 지경은 시끌시끌하고 비루하기 짝이 없지만, 더럽고 잡박하다고 해서 무어 구애될 것이 있겠는가?
>
> 寫畢以寄朱君二亭, 朱二亭居江都市上, 日坐肆中與魚鹽屠沽雜處, 雖劇忙必手一冊書也. 深夜閉門, 三更燈火, 猶琅琅誦讀之聲不輟, 予目之南濠都少卿. 平素與予往返最密, 禮敬弗倦. 今攜余小像, 懸之別舍, 知非漠然視我也. 其地喧豗苶通, 穢雜又何礙哉?[40]

김농은 자화상을 그린 목적이 시정에서 생활하는 친구 주운에게 보내기 위한 것이라고 했다. 주운은 낮이면 시장에 있지만 밤이면 책 읽기를 그치지 않았다. 이 깊이 교유하던 후배는 김농을 공경하여, 장차 이 소상을 집에 걸어두고 우상처럼 숭배할 것이다. 김농이 백옥섬의 자화상 기법을 모방해서 그린 이 제화상에 붙인 제기도, 앞의 항균에게 보낸 자화상 제기와 마찬가지로 주운을 유일한 독자로 예상한 것이 아니다. 김농의 이 자화상은 제기를 통해서 새로운 전기를 마련했다. 화면에 선기가 충일한지 그렇지 않은지, 주운이 시정의 시끄럽고 비루한 기운을 떨쳐버릴 수 있을지 없을지는 알 수 없다. 이 화상의 기증 대상은 이미 김농이 소속한 문인권을 넘어섰다. 화상과 제영은 본래 문인의 소집단 내에서 전파되었는데, 그 울타리를 김농이 허물었다. 그는 시정 인물의 문화적 기풍을 향상시켰다. 서권기(書卷氣)를 통해 주운으로 하여금 어염 도매상의 기운을 벗어나게 했다. 비록 여전히 선풍의 보호가 필요했지만, 혼탁함과 잡박함도 꺼리지 않고 시정을 향하여 달려가는 흉금을 강개하게 펼쳐 보였다.

(4) 〈석야거사반신상〉—용흥사 포 장로에게 주다

김농은 또 다른 자화상 〈석야거사반신상〉을 용흥사 포 장로에게 기증

40_《冬心自寫眞題記》, p.78, 第3則.

했다. 주운에게 준 제기에서처럼, 김농은 이 제기에서도 서예의 유래를 말했다.

> 송나라 촉 땅 승려 원애(元靄)는 전신(傳神)의 기법으로 태종의 지우를 입어, 일시의 연하(輦下, 서울) 왕공과 대부들이 다투어 그 필적을 구했다. 태종이 "형모를 스스로 그릴 수 있느냐?"라고 하자, 원애는 마침내 사문(중) 자신의 측면 소영을 그렸으므로, 상이 가상하게 여겼다. 하동 유개(柳開)가 거기에 찬(贊)을 지었다. 나도 〈석야거사반신상〉을 스스로 그렸는데, 스님이 남의 안색을 잘 살핀 점을 본받지는 못하고 분묵(粉墨)으로 장난해보았을 따름이다.
>
> 宋蜀僧元靄, 以傳神受知於太宗, 一時輦下王公大夫爭求其筆. 太宗嘗曰: 可能自寫形貌乎? 元靄遂寫沙門側面小影, 上嘉奬之. 河東柳開爲之贊. 予亦自寫昔邪居士半身像, 但不能效阿師看人顏色, 弄粉墨耳.[41]

회화사에서 볼 때 김농은 초상화 기법을 부단히 모색했다. 백옥섬의 뒤를 이었고, 다시 송대 촉 땅 승려 원애의 측면 초상 기법을 모범으로 삼았다. 다만, 자신이 원애와 달리 황제의 지우를 입을 수 없다고 자조하기를 잊지 않았다. 화적이 전하지 않으므로 〈석야거사반신상〉의 반신상이 측면 그림인지는 알 수가 없다. 하지만 제기를 통해서, 김농에게 확실히 화풍 개척의 의도가 있었음을 알 수 있다. 제기는 이렇게 이어진다.

> 그림이 이루어지자 용흥사 포 장로에게 부쳤다. 장로는 춘추가 여든여덟이지만, 신명이 쇠하지 않아서, 듣자니 이가 새로 나고 머리카락이 더 검어졌으며, 거동이 어린애 같다고 하니, 정말로 계족산 앞의 옛 존숙이다. 나는 금년에 일흔셋인데, 광릉(廣陵)에 객이 되고는 돌아오지 않아서 중이 되려는 소원을 이루지 못했다. 이 화축을 부쳐 보여드리는 것은, 요컨대 도력의 눈으로 나의 골상이 불가의 자제인지, 선림의 야호(野狐)인지 살펴보아달라는 것이다. 나도 모르게 수염이 뒤흔들리며 실소하게 된다!
>
> 圖畢以寄龍興寺蒲長老. 長老春秋八十八矣, 神明勿衰, 聞齒重生髮轉黑, 擧如嬰兒, 眞雞足山前古尊宿也. 予今年七十有三, 尙客廣陵未歸, 爲僧之願未償. 寄示此軸者, 要道眼觀我骨相, 是佛家子弟乎? 禪林野狐乎? 不覺掀髯失笑!

41_《冬心自寫眞題記》, p.79, 第3則.

이 화상은 김농이 배알한 바 있고 사람들에게 존경심을 일으키고 있는 용흥사 포 장로에게 주려고 그린 것이다.[42] 앞의 두 초상화는 젊은이를 위한 것이었으나, 여기서는 특별히 고령의 나이에 의미를 두고 있는 듯하다. 88세의 고승과 73세의 자신은 일종의 대비를 이룬다. 이 대비는 연령만 대조되는 것이 아니다. 88세의 포 장로는 신명이 쇠하지 않아 이가 다시 나고 머리카락이 다시 검어지며 행동거지는 어린아이와 같건만, 자기는 도리어 몸이 약하고 병이 많으며 타향에 객이 되어 있고 승려가 되려는 바람은 이루지 못했다. 김농의 이 화상을 자아 반성으로 본다면, 47세의 때에 50세가 되면 승려가 되겠다고 했던 바람을 오늘날까지 실현하지 못한 것을 자책하는 뜻이 담겨 있다. 김농은 화상과 제기에서, 좌절감을 숨기지 않고 참회의 마음을 드러내어 포 장로의 확인을 받고자 했다. "도력의 눈으로 나의 골상이 불가의 자제인지, 선림의 야호인지 살펴보아 달라"고 했다. 그러고서는 자기를 위하여 이렇게 자부하고(창신의 화상을 남에게 보인다) 또 겸손해하는(하나도 이룬 것이 없음을 자조했다) 제기를 적으면서 수염이 흔들리도록 자조의 웃음을 웃었다. 김농의 이 자화상은 화상이 설정한 주된 관중인 포 장로에게 자신의 이상을 투사하면서, 자기 자랑/자기 폄하의 장난스러운 심정을 통해서 인생의 실의와 좌절을 담담하게 바꾸고 평온하게 만들었다.

(5) 〈백이연전부옹소상〉—오 처사에게 부치다

또 다른 자화상 〈백이연전부옹소상〉의 제기에서 김농은 집안에 전하는 벼루를 자부했다. 당시 그는 필묵으로 마치 밭갈고 농사짓듯이 하면서 사방을 유람하고 기식하고 있었다. 47세에 이미 《동심재연명》을 판각했는데, 그 서문은 이러하다.

> 나는 평소 다른 기호가 없고, 오로지 벼루를 벗으로 삼지만, 가난하여 가질

42_金農은 언젠가 龍興寺로 방문하고 〈過龍興寺, 寺僧設伊蒲之供, 因而止宿弁山, 山中對月聽泉即事有作〉이란 시를 지었다. 《冬心先生三體詩》, 《百部叢書集成》(台北: 藝文印書館, 出版年次不一) 第3編 《小石山房叢書》, 第3函, p.1b.

> 수가 없어, 옷가지와 먹을 것을 줄이고 덜어야 했으므로, 스스로 세한에도 저버리지 않겠다는 맹약에 부합한다고 여겼다. 석재의 훌륭함과 조악함, 아름다움과 추악함은 상당히 구별할 수가 있으니, 덕 있는 사람을 친히 하고 박정한 사람을 멀리하는 것과 같다. 한두 가품을 거두어 훌륭한 장인을 얻어 정밀하고 고풍스럽게 깎아 만들었다. 벼루의 북쪽에 거처하는 몸으로, 나날이 글씨를 익혔으므로, 명을 이에 짓는다. 또한 도정백(陶貞白, 陶弘景)이 말했듯이 산중백운에 한껏 기뻐할 따름이다. […] 연석의 명을 이루자마자 팔분체로 적는다.
>
> 予平昔無他嗜好, 惟與硯爲侶, 貧不能致, 必致損衣縮食以迎來之, 自謂合乎歲寒不渝之盟焉. 石材之良楛美惡, 亦頗具識辨, 若親德人而遠薄夫也. 稍收一二佳品, 得良匠刓斫精古. 居北之身, 日習其事, 銘因此作, 亦陶貞白山中白雲, 聊自怡耳. […] 硯石類銘, 成輒以八分書之.[43]

김농이 정말로 102개 벼루를 가지고 있었는지는 알 수 없다. 하지만 47세에 이미 연명을 모은 책을 판각한 것으로 보면, 훌륭한 벼루를 수집하는 습관은 분명 일찌감치 형성되어 있었을 것이다. 김농의 종 가운데는 벼루 깎는 고수인 주룡(朱龍)이 있다. 전조망(全祖望)은 이렇게 말했다.

> 수문(壽門, 김농)이 얻은 창두는 대부분 기예가 뛰어나다. 그 하나는 벼루를 잘 만들어, 규모로 하는 바가 아주 고아하다. 수문은 좋은 돌을 얻을 때마다 그로 하여금 연마하게 했는데, 그는 술 서너 말을 마시지 않으면 손을 대려 하지 않으며, 억지로 시켜서 그렇게 하면 반드시 공교롭지가 못했다. 수문은 술을 잘 마시지 못하지만 창두 때문에 때때로 술을 샀다. 벼루가 이루어지면 수문은 팔분으로 명을 이루는데, 그 명은 옛 기운이 물씬하였으며, 창두는 탁주잔을 들면서 그것을 바라보았다.
>
> 壽門所得蒼頭皆多藝, 其一善攻硯, 所規橅甚高雅. 壽門每得佳石, 輒令治之, 顧非飮之酒數斗不肯下手, 即強而可之, 亦必不工. 壽門不善飮, 以蒼頭故, 時酤酒. 硯成, 壽門以分成銘其銘, 古氣盎然, 蒼頭浮白觀之.[44]

김농이 벼루를 소장하고 벼루를 조탁하며 벼루에 명을 쓰는 명성이 높았음을 볼 수가 있다. 건륭 13년(1748) 장인(蔣仁)이 62세의 김농을

43_《金農年譜》, p.214.

44_全祖望, 〈冬心居士寫燈記〉는 金農 56세 무렵에 작성되었다. 글 중에서 제시한 연장(硯匠)은 김농 집안의 종 주룡일 것이다. 《金農年譜》, p.226.

위해 〈백이연전부옹〉 인(印)을 만들어주었다. 인의 발문에 "동심선생은 평소 인의 기벽이 있어, 좋은 돌을 보면 중가를 아끼지 않고 수장하여 아주 풍부했는데, 감상할 만한 것이 102개였으며, 작은 인을 새기게 하여 일시의 흥을 기록했다(冬心先生素有印癖, 見佳石, 不靳重值, 收藏至富, 可賞鑑者一百二方, 屬鐫小印以志一時之興.)"[45]라고 했다. 이를 보면 김농이 102개의 벼루를 지니고 있었던 것은 빈말이 아닌 듯하다. 하지만 김농이 '백이연(百二硯)'의 주인이자 '부옹(富翁)'의 신분을 한 몸에 지녔다고 말한 것은 억지스럽다고 하지 않을 수 없다.

김농의 경제 상태는 줄곧 어려웠다. 30여 세로 원유할 때 생계를 해결하기 위해 친구이자 종복인 자들과 동행했는데, 벼루 제작의 주룡, 오사란 제작과 새 기르기의 장희자(張喜子), 금곡을 연주하는 장윤랑(莊閏郎), 신악부를 노래하는 장춘해(蔡春解), 글을 초하여 잘 베끼는 정소읍아(鄭小邑兒)[46] 등이 교대로 기예를 팔아 생계를 영위했다. 장욱명(張郁明)의 논고에 따르면 일본의 다카지마(高島) 씨 괴안거(槐安居)에《김동심십칠찰(金冬心十七札)》이 있다고 하는데, 그 태반은 양주에서 지묵을 경영하는 방보(方輔)에게 써준 것이라고 한다. 방보의 자는 밀암(密庵)으로 안휘성 흡현(歙縣) 사람이다. 소식과 미불의 서체에 뛰어났고, 예서에서 주름 잡았다. 두 사람은 아주 친밀하게 지냈다. 방보에게 보낸 그 서찰 중에 김농이 자신의 경제 상태를 언급한 것이 상당히 많다. "그대에게 5금에 해당하는 식량을 빌리겠으니 열흘 내 돌려주겠소(暫向尊處, 借糧五金, 不出十日便送還)"(제1찰), "최근 친필을 보내시고, 주제은(朱提銀) 4금을 아울러 보내셨는데, 잘 받았소. 열흘 사이에 소득이 있으면 상환하겠소(頃示手墨, 幷朱提四金, 收到. 旬日一有所得, 即奉償還)"(제2찰), "망천도(輞川圖)는 옛 색태가 있어 저축해둘 만하오. 2금의 값으로 흥정했더니, 저쪽이 이미 할애했소(輞川圖有古色, 頗可蓄也. 議值二金, 渠已割愛)"(제3찰), "화책을 보낸 후 윤필을 요구한 것이 열흘이나 지났거늘, 지금 친구는 어째서 이렇게 구물거리시오. 당장 급용이 있으니 […](送畫冊後, 索取潤筆, 又旬日矣, 今友何故遲遲乃爾也? 刻下有急用 […])"(제12찰), "윤필 값 3전을 오는 사람 손에

45_《金農年譜》, p.230.

46_丁家桐,《揚州八怪》, p.16

줘어 보내기 바라오(筆價三錢, 望付來手)"(제15찰), "어제 본 송나라 여섯 폭 산수는 8금의 값을 요구하시는데, 대함(臺檻, 운대의 난간을 꺾듯 값을 꺾음)할 수 있는지 없는지?(昨日所見宋人六幅山水, 索價八金, 可惟臺檻否?)"(제17찰)[47] 이 서찰들은 김농의 중년, 만년의 궁핍상을 잘 보여준다.

건륭 17년 임신(1752), 나빙이 《동심선생속집》을 엮자, 66세의 김농이 기세 있게 〈동심선생속집자서〉 1,366자를 적어, 그것이 먼저 세상에 유행했다. 같은 해 2월, 김농은 또 《동심선생삼체시》에 서문을 지었다. "봄눈이 한 자나 쌓이고 부엌 아궁이에 불을 때지 못하는 때, 나는 외로운 그림자를 끌어안고 담이끼 낀 오두막에 앉아 있으면서 삼체시 99수를 선별하여 정리했다(春雪盈尺, 溼突失炊, 予抱孑影坐昔邪之廬, 撿理三體詩九十九首)."[48] 하지만 2집(속집)의 본문은 경제난으로 김농이 죽기까지 목판으로 만들 길이 없었다. 가장 쓰라린 것은 건륭 13년 무진(1748), 기술자가 만든 '백인연전부옹'인을 받아든 62세의 노옹 김농이, 오랫동안 병을 앓아 치료비가 크게 필요해서, 비통함을 참으면서 노우 정경(丁敬)에게 부탁하여 자신이 소장하던 진노련(陳老蓮) 즉 진홍수(陳洪綬)의 〈노동전다도(盧仝煎茶圖)〉를 염상 의돈(부호)의 쌀과 바꾸어야 했던 일이다.[49] 인생이란, 김농을 두고 말하면, 어찌 아이러니가 아니겠는가?

용홍사 포 장로에게 부친 화상과 제기가 삶에서 겪은 실의를 누그러뜨리기 위한 것이었다면, 이 〈백이연전부옹소상〉과 그 제기는 실망감을 심리적으로 보상하기 위한 것이었던 듯하다. 그 글에 이러하다.

> 백이연전부옹의 소상을 다 그리고 난 후, 주절주절 부연한다. 부옹이란 것은 전사랑(田舍郞)의 미칭이다. 나의 골상을 보면 빈궁하기 짝이 없거늘 어찌 이렇게 일컬을 수가 있겠는가? 집에 전하는 벼루 하나에 힘입어서 종신

47_《金冬心十七札》에 수록된 것은 金農이 47세부터 70세까지 주고받은 서신으로, 김농 만년의 생활과 처지 및 교유를 이해하는 데 참고할 만하다. 17통 서찰의 내용은 《金農年譜》, pp.235-239 참조.

48_張郁明의 고찰에 따르면, 《冬心先生續集》은 金農의 생전에 이미 편찬되었다. 김농의 〈自序〉는 丁敬이 手書해 펴냈다. 《金農年譜》, pp.230-231. 하지만 현행 《冬心先生續集》 속의 金農 〈自序〉는 분량이 대폭 줄었다. 이는 분명히 羅聘이 20년 뒤에 찾아서 목판에 새길 때 첨삭한 것이다. 《冬心先生三體詩》 後序 참조.

49_《冬心先生雜畫題記》, 〈予舊藏老蓮〉條, 《明淸人題跋》, p.90.

토록 붓으로 김매고 먹으로 가래질했으며, 사방으로 떠돌며 먹을 것을 얻어서, 해마다 거두는 것이 박하지 않았고, 벼루도 마침내 많아졌다. 한 개에서 열 개가 되고 열 개에서 백두 개가 되었다. 마침내 웃으며 돌아보면서, "낙양의 두 이랑 밭에 불과할 정도가 아니니, 백이연전부옹이라고 이름하는 것이 마땅하지 않겠는가?"라고 했다. 우리 고향 장씨(張氏)의 아들은 선대부터 오흥에 좋은 밭이 있었는데, 매년 소 40제(10마리)로 교대로 밭을 갈아, 겨울의 추수할 때가 되면 망망하게 누런 곡식 구름이 수레를 뒤덮었으나, 30년도 되지 않아 다른 사람에게 팔아버렸다. 풍성하고 기름진 것이 이다지도 오래가지 못한단 말인가? 지금 이 화축을 하저(河渚)의 오 처사에게 보낸다. 처사는 문을 열고 학생들을 가르치며, 향리에서 몸소 연전(硯田)을 경작(문인들이 생계를 위해 글을 쓰는 일—역자)하니, 수확하는 것이 얼마나 많겠는가? 나는 부옹이란 이름까지 처사에게 주려고 한다.

自寫百二硯田富翁小像畢, 喈喈申言之. 富翁者, 田舍郎之美稱也. 觀予骨相貧窶, 安得有此謂乎? 賴家傳一硯, 終身筆耘墨耨, 又遊食四方, 歲收不薄, 硯亦遂多, 一而十, 十而百有二矣. 乃笑顧曰: "不啻洛陽二頃也, 署號百二硯田富翁宜哉?" 吾鄉張氏子有先世良田在吳興, 每歲畜牛四十蹄代耕, 當秋成, 望望然黃雲如覆車, 不三十年鬻於他人, 何豐腴之不久長耶? 今將是軸寄與吳處士於河渚. 處士開門教授, 鄉里躬親硯田, 所獲相較爲何如? 吾幷欲以富翁之名, 轉贈處士也.[50]

시화의 재능이 출중했던 이 예술가는 일생 궁핍으로 고통을 겪다가, 62세에 기원과 조롱의 뜻을 함께 지닌 명호 '백이연전부옹'을 자기에게 부쳤다. 10년 후의 오늘, 그는 한 걸음 더 나아가 자기가 그린 자화상을 두고, "화상 위의 골상은 빈궁한 전사랑이 의당 옳지 않겠는가?" "어떻게 진정한 부자란 말인가?"라고 했다. 김농은 반대의 예로, 동향의 장씨가 선대로부터 지켜오던 양전을 30년 후에 다른 사람에게 넘겨준 상전벽해의 일을 거론하여, 풍요롭고 비옥한 밭이 오래되지 않아 결국 황폐해졌다고 말하고, 이로써 자기를 위로했다.

김농은 추억과 위로와 교화의 마음을 지니고, 이 화상과 제기를 오 처사 즉 오경추(吳鏡秋)에게 주었다. 향리에서 학도들에게 글을 가리키고 붓으로 김매고 벼루를 밭으로 삼는 숙사인 처사 오경추는 김농이 중년 이후 교유했던 인물이다. 악장에 뛰어났던 오경추는 일찍이 《동심선생

50_《冬心自寫眞題記》, p.79-80, 第5則.

집》의 전주(箋注)에서 "황금이 열 개의 떡, 명주가 한 광주리인들, 귀하의 시와 어찌 바꿀 수 있으랴? 뇌뢰하고 낙락하여야 비로소 귀할 수 있도다(黃金十餠, 明珠一簞, 何足取貴君之詩? 磊磊焉, 落落焉, 始足貴也)"[51]라고 했다. 자신의 문묵을 보배로 여기는 오경추에게, 김농은 화상과 제기를 그에게 보내주었을 뿐 아니라, 심지어 '백이연전부옹'의 명호까지 그에게 주려고 했다. 오경추는 김농의 또 하나의 화신이었던 듯하다. 20년 후의 김농은 자기 폄하와 자기 과시, 조소와 기대의 뜻을 함께 띤 화필과 어조로 일생을 돌아보면서, 정신을 재부로 여기는 관념을 한껏 역설하여, 자기를 격려하고 다른 사람도 권면했던 것이다.

(6) 〈면벽도〉—서하 상선당 송 개사에게 주다

김농에게는 또한 〈면벽도〉 자화상이 있다. 제기는 이러하다.

> 옛날부터 전하길 왕우군(왕희지)은 거울을 마주하여 자신을 베껴냈다고 하니, 글씨만 고금의 절묘한 기예인 것이 아니었다. 나는 임지(벼루를 사용함)하는 맑은 여가에, 면벽도를 스스로 베껴, 물외의 상상을 했다. 산꼭대기와 물 언저리로 누군가가 불러 내가 그리로 간다면, 지둔(支遁)의 학이 나를 따라 노닐지 않겠는가? 이 화폭은 서하(棲霞) 상선당(上禪堂) 송 개사(松開士)에게 주어야 하겠다. 감실 속에 걸어두어, 나를 알아보는 자가 있다면 손가락으로 가리키면서 "이 사람의 마음은 출가하여 죽반을 먹는 승려의 그것이다"라고 해주기 바란다.
>
> 舊傳王右軍嘗臨鏡自寫眞, 不特其書翰爲古今絶藝也. 予臨池淸暇, 亦復自寫面壁圖, 作物外之想焉. 山顚水涘, 若有人招, 支公一鶴, 可從我遊乎? 此幅宜贈棲霞上禪堂松開士, 縣經龕中, 定有識我者, 指曰: "此心出家盦粥飯僧."[52]

51_52세의 金農은 乾隆 3년 戊午(1738) 除夕에 西江 滕王閣 아래 배를 정박하고 吳處士 鏡秋를 찾아갔다. 《金農年譜》, p.223.

52_《冬心自寫眞題記》, pp.80-81, 第7則. 이것은 본디 〈面壁圖〉였으나, 光緖 때 潘介繁 重鋟本이〈面壁圖〉라 했으므로 그것을 근거로 고친다. 또 〈松開士〉는 아마도 〈松泉開士〉의 잘못인 듯하다. 金農이 일찍이 〈梁溪道中, 望九龍山, 捨舟策杖至聽松盦, 與松泉開士茶話第二泉上, 追悼拙存·恭壽兩先生, 不覺星燧逾一紀矣〉라는 시를 지은 것이 있다. 《冬心先生三體詩》, p.6a.

김농은 이 짧은 제기에서 회화의 전통을 더듬어, 왕희지가 거울을 마주하여 자기 자신을 베껴내었던 전례를 찾아내었다. 왕희지는 연못을 거울 삼아 연못에 임하여 글씨를 썼다. 만년에 불법에 귀의한 김농은 멀리 동진을 회상하며, 왕희지와 방외의 교유를 했던 고승 지둔(支遁 ?-366)[53]을 떠올렸다. 그로부터, 현리(불법)를 담론하고 학을 놓아주어 하늘로 솟게 했던 지공, 그리고 선종의 초조로서 바다를 건너와 양나라를 떠나 위나라로 가서 9년 동안 면벽했던 달마(達摩, ?-528 혹은 536)[54]를 언급하여, 자기를 숙혜영통(宿慧靈通)하고 소요광달(逍遙曠達)하는 고승의 형상으로 그려냈다.

김농은 이 자화상을 서하 상선당이라는 선사에 보냈는데, 송 개사가 선당에 증정하는 다리가 되어 주었다. 선사의 불경 감실에 어찌 함부로 속인의 화상을 걸 수 있겠는가? 김농은 본인이 76세(건륭 27, 1762) 가을과 겨울에 그린 두 달마상 가운데 하나를 그 화상으로 삼았을 가능성이 있다. 두 그림 가운데 하나는 〈보리달마도축(菩提達摩圖軸)〉이고 하나는 〈달마면벽도(達摩面壁圖)〉(그림 2-5)이다. 후자의 그림 속의 달마조사는 선홍색 가사를 걸치고 벼랑가의 포단 위에 앉아 고심하여 수련하고 있다. 벼랑 오른쪽에는 하늘까지 솟은 보리수가 있으며, 벼랑가에는 서너 덤불의 들풀이 자라고 있고, 벼랑 맞은 편에는 약간 붉은 색을 띤 절벽이 드넓게 펼쳐져 있다. 수묵이 생동감 있고 창창하고 망망하며, 절벽 아래

53_支遁의 字는 道林으로, 晉나라 고승이다. 일찍이 支硎山에 은둔하면서 수행하여 支硎이라 별칭하고 세상에서는 支公 혹은 林公이라 칭했다. 謝安 · 王羲之 등과 나란히 方外交를 맺었다. 晉나라 哀帝 때 징소되어 낙양에 와서 竺潛을 이어 궁중에서 講法을 했다. 玄理를 잘 설하여 일시의 사람들을 傾動하게 했다. 도망한 말을 거두어 기르자 사람들이 기롱했다. 그러자 그는 "吾愛其神駿. 有餉遁鶴者, 縱之曰: 沖天之物, 寧爲耳目之玩哉?"라 하고는 마침내 버렸다. 당시 사람들이 그의 曠達을 높이 쳤다. [南朝梁]釋慧皎著,《高僧傳》(北京: 中華書局, 1991), 卷4, pp.66-69.

54_達摩는 南朝 梁의 고승으로, 禪宗의 東土 初祖이다. 완전한 이름은 菩提達摩로, 번역하면 覺法 혹 道法이다. 天竺의 香至王 제3자이다. 梁나라 大通 원년에 바다로 廣州에 오자, 武帝가 사신을 보내어 영접해서 建業에 이르렀다. 하지만 설법이 계합하지 않자 마침내 양자강을 건너 魏로 가서 嵩山 少林寺에 머물고 종일 面壁하길 9년 동안 했다. 뒤에 法과 袈裟를 慧可에게 맡기고, 얼마 안 되어 入寂했다. 梁武帝가 듣고서 친히 碑를 짓고 鍾山에 刻石했다. 당나라 代宗 때 시호를 圓覺大師라 했다. [南唐]靜 · 筠二禪師編著,《祖堂集》(上海 : 上海古籍, 1994), 卷2,〈達摩〉.

는 얼마나 깊은지 알 수가 없다. 보리수는 높고 커서 교룡처럼 위로 솟아나서 가지와 줄기는 힘차게 뻗었으며, 빼곡한 나뭇잎은 절벽의 정수리 부분을 차단하고 있다. 높이 솟아 있는 데다가 심원하다. 이것은 면벽하여 벽을 뚫을 듯한 자세의 달마가 금강처럼 단단하여 파괴되지 않을 의지를 지니고 반야바라밀의 숭고한 이상을 품고 있다는 사실을 드러낸다. 붉은색의 가사와 담귤색의 보리수 잎이 서로 어우러져,[55] 관중의 눈을 번쩍 뜨게 만든다. 가사는 어깨 부근부터 흘러내려와, 상반신의 늑골과 등짝이 노출되어 있다. 달마는 절벽으로부터 시선을 돌려 관중을 향하고 있는데, 이것은 화가가 관중에게 일종의 유머 감각을 제공하는 한편, 상(相)에 집착하지 않는 선종의 광달한 정신을 표현한 것이기도 하다.

그림 2-5. (청) 김농, 〈달마면벽도〉 축, 종이, 채색, 89X49cm, 상주시박물관.

앞서 인용한 〈면벽도〉의 제기에서 알 수 있듯이, 김농은 승복으로 바꾸어 입은 달마 조사의 면벽 형상으로 스스로의 화상을 제작해서, 선당의 감실에 걸게 했다. 일반 신도는 진위를 분별할 수 없지만, 그를 아는 친구가 가까이 가서 그 얼굴을 자세히 보면 반드시 한눈에 이 사람이 '마음은 출가하여 죽반을 먹는 승려'인 염옹(髯翁) 김농이라는 사실을 인지할 수 있었다. 거짓 형상으로 참 모습을 속여 사람들에게 막배(膜拜)하도록 했으므로, 해학의 의미를 지니되, '달마면벽'의 의상은 금강의 의지와 반야의 지혜를 기대하는 스스로의 소원이 담았다고 보지 않을 수 없다. 자화상이 47세 때 완성되자 김농은 스스로 서약하길, "50년이 되면

55_張郁明,《盛世畫佛—金農傳》(上海: 上海人民出版社), 2001, p.367.

가사를 입고 선림으로 들어가 구계를 얻어 부처에게 바치고 여생을 보내겠다"(〈동심선생집자서〉)라고 했다. 이렇듯이 이 그림은 범속한 신분 변장의 자화상에 그치는 것이 아니다. 도상을 빌려서 종교적 소원을 이룬 것으로 보아야 한다.

4) 〈수도사소상〉

이상 김농이 정판교(정섭)에게 준 자화상 여섯 폭 중 김농이 67세에 그린 한 폭을 제외하면 나머지 다섯 폭은 김농이 73세 전후에 완성한 것이다. 마찬가지로 건륭 24년 기묘(1759) 윤6월 입추에 73세의 김농은 광릉(廣陵)의 승방인 구절(九節) 창포관(菖蒲館)에서 자화상(그림 2-6)을 또 제작했다.

그림 2-6. (청) 김농, 〈수도자소상〉 축, 종이, 수묵, 131.3X59.1cm, 북경고궁박물원.

(1) 실험적 화풍

이 그림은 아무 배경이 없고, 다만 한 사람의 측면 입상만 그렸다. 백묘와 갈묵으로 도포의 풍성한 윤곽을 간결하게 소묘하고, 세필로 미간과 수염을 그렸는데, 손은 등나무 지팡이를 잡고, 두 발은 약간 우측으로 걸어 나오는 듯한 형상이다. 바짝 깎은 머리에 작은 변발을 드리우고 있다. 치발하되 변발을 남겨두는 것은 삼조(三朝)를 거친 노백성의 모습을 그려낸 것이다. 화면 오른쪽에는 김농이 스스로 쓴 제기가 있다. 제기의 첫머리는 이러하다.

> 사진(초상화)으로 말하면, 진(晉)나라에서는 고개지(顧愷之)가 배해(裴楷)를 위해 그린 것, 남제 사혁(謝赫)이 복숙(濮肅)을 위해 전신(傳神)한 것, 당나라 왕유가 맹호연을 위해 섬주(剡州) 석정에 화상을 만든 것, 송지망(宋之望)이 장구령(張九齡)의 참모습을 베껴낸 것, 주포일(朱抱一)이 장과(張果) 선생의 참모습을 베껴낸 것, 이방(李放)이 향산거사(백거이)의 참모습을 베껴낸 것, 송나라 임소온(林少蘊)이 희이선생(希夷先生, 진단)의 화산(華山) 가는 모습을 그린 것, 이사운(李士雲)이 반산노인(半山老人, 황정견)의 나귀 탄 모습을 그려낸 것, 하충(何充)이 동파거사(소식)의 모습을 베껴낸 것, 장대동(張大同)이 산곡노인(山谷老人, 황정견)의 마위각(摩圍閣) 소영(小影)을 그린 것이 있다. 모두 전사가(傳寫家)의 뛰어난 예술품이다.
>
> 古來寫眞, 在晉則有顧愷之爲裴楷圖貌, 南齊謝赫爲濮肅傳神, 唐王維爲孟浩然畫像于剡石亭, 宋之望寫張九齡眞, 朱抱一寫張果先生眞, 李放寫香山居士眞, 宋林少蘊畫希夷先生華山道中像, 李士雲畫半山老人騎驢像, 何充寫東坡居士眞, 張大同寫山谷老人摩圍閣小影, 皆是傳寫家絶藝也.[56]

김농은 육조·당·송의 사진 회화사를 단숨에 개괄했다. 반폭 이상으로 회화에 관한 학식을 쏟아냈지만 이것이 제기의 중심 내용은 아니다. 이에 이어 김농은 문제의 핵심으로 진입했다.

> 스스로 자신의 사진을 만든 사람은 없었는데,《운급칠첨(雲笈七籤)》의 기록을 보면, 당나라 대중(大中) 연간에 도사 오(吳) 아무개가 거울을 보며 붓에 먹을 묻혀 자신의 모습을 베껴냈다. 나는 이를 어어 수묵백묘법을 써서 스스로 삼조노민(三朝老民) 73세 상을 만들었다. 옷 주름과 면상은 일필화(一筆畫)로 만들었으니, 육탐미(陸探微)를 본받았다.
>
> 未有自爲寫眞者, 惟雲笈七籤所載, 唐大中年間, 道士吳某引, 鏡濡毫自寫其貌. 余因用水墨白描法, 自爲寫三朝老民七十三歲像, 衣紋面相, 作一筆畫, 陸探微吾其師之.

종래 명인들이 화가에게 사진 제작을 맡겼던 것과 달리, 김농은 분명

56_原畫의 題記와《冬心自寫眞題記》(p.77, 1則)에 수록된 글은 약간 다르다. 그림에 쓴 제기가 더 상세하다. 여기서는 原畫 題記에서 인용한다.

히 실험성을 지닌 자화상을 회화사에 제시했다. 그는 제기에서 육조·당·송의 사진 화가를 하나하나 손꼽았다. 진 고개지(顧愷之), 남제 사혁(謝赫), 당나라 왕유(王維)·송지망(宋之望)·주포일(朱抱一)·이방(李放), 송나라 임소온(林少蘊)·이사운(李士雲)·하충(何充)·장대동(張大同) 등은 모두 전신에서 탁월한 예술가들이다. 하지만 김농은 당시의 화가는 전혀 언급하지 않았다. 김농처럼 박학한 사람이 어찌 당시에 저명한 사진 화가들이 무리지어 나온 사실을 모르겠는가? '옛날을 귀하게 여기고 지금을 천하게 여기는' 관념이 김농으로 하여금 자신의 자화상을 회화사의 중핵으로 부각시키게 만들었다. 그렇기에 자신을 존귀한 고인들과 나란히 논한 것이다.

위에서 서술한 여러 제기에서 김농은 자신이 제작한 자화상의 연원을 거론했다. 즉, 김농은 당나라 도사 오씨가 거울을 들고 붓에 먹을 묻혀 자신의 외모를 베껴냈던 전례를 본받아, 거울에 비친 자신의 상을 그려내되, 특기라고 할 일필화로 옷 주름과 면상을 소묘해냈다. 그리고 고인을 스승으로 삼아 형체를 정확하게 장악하는 자신의 회화 능력을 만족해했다. 이 화상은 명 · 청 때 유행한 정면 각도의 초상화 풍조[57]와는 달리, 5부 측상을 채용했다. 김농은 이 측면 인물화가 분명히 자기 자신을 그린 것이라고 확인했다. 이것은 거울에 비칠 자기를 그리는 원리에 근거한 것이므로, 그림 속 인물의 시선은 반드시 거울 보는 사람/그림 보는 사람과 연결되어야 한다. 그런데 소상 속 수도사(壽道士)의 눈은 신체 오른쪽을 향하고 있다. 김농이 그린 이 존재는 마치 타인인 듯하다. 적어도 타인을 그리는 방식으로 자기를 그린 것이다. 이렇게 화가와 그림 속 인물 사이에 거리감을 둔 것은 바로 김농이 쓴 제기의 필치와 호응한다. 김농은 객체화시킨 개인 화상을 회화사의 맥락에 대두시켜, 고인의 반열에 이어지는 인물로 되었다. 따라서 그의 위치 설정은 객관적이며 합리적이다. 김농은 관람자의 눈을, 머리를 들고 앞으로 나아가는 모습이라서 상당히 운동감 있는 그림 속 인물의 자태에 머물게 하고, 풍성한 도포 아랫단에 붉은 빛을 띠는 신발코를 노출시켜 화가의 활달하고 유머러스

57_李國安,〈明末肖像畫製作的兩個社會性特徵〉,《藝術學》第6期, 1991年9月, pp.119-157.

한 개성을 드러냈다. 관람자는 상상의 나래를 펼치며 그림의 해학을 느끼면서 시야를 그림 전체로 확장한다. 김농은 의식적으로 그림 속 인물에게 마른 등나무 지팡이를 쥐어주어, 지나치게 길고 마른 등나무가 마치 표지처럼 독자를 데리고 저 길디긴 제기를 읽도록 만든다. 이 제기는 그 시대 자화상 창립자의 선언으로, 김농은 당·송의 전통을 이어 회화사에 하나의 쾌거를 성공적으로 이루어내었다.

(2) 첫 번째 관람자—정경

〈수도사소상〉은 육조 당·송 회화사에서 선불을 벗삼는 인물자화상과 연관이 있다. 이것은 김농이 공들여 제작한 자화상이었으니, 그 관중은 누구인가? 화상의 제기로 돌아가보면, 말단에 다음과 같이 씌어 있다.

> 그림이 이루어진 후 멀리 고향의 오랜 벗 정둔정(丁鈍丁) 은군(隱君)[정경(丁敬)]에게 보낸다. 은군이 나를 만나지 않은 지 5년이 되니, 어찌 그립지 않겠는가? 언젠가 강상으로 돌아가 은군의 지팡이와 신발에 접하여 높이 시를 읊으며 경승을 탐방하며 나의 쇠한 모습이 산림의 기상을 아직 잃지는 않았음을 징험하리라. 건륭 24년 윤6월 입추의 날에 김농이 광릉 승사의 구절창포 게관(憩館)에서 기록한다.
>
> 圖成遠寄鄉之舊友丁鈍丁隱君, 隱君不見余近五載矣, 能不思之乎? 他日歸江上, 與隱君杖履相接, 高吟攬勝, 驗吾衰容尙不失山林氣象也. 乾隆二十四年閏六月立秋日, 金農記于廣陵僧舍之九節菖蒲憩館.

화상이 완성된 후, 김농은 고향 전당에 거주하는 벗 정경(丁敬)에게 화상을 보내어, 헤어진 이후 5년의 근황을 전하고, 벗에게 화상의 모습을 기억해두어 자신이 귀향하지 않는 동안 외모는 쇠로했지만 여전히 산림 기상이 있다는 사실을 확인해달라고 했다.

김농과 동향으로 교분이 깊었던 전각의 명인 정경은 '서냉팔가(西冷八家)'의 비조이다.[58] 김농의 여러 그림에 찍힌 한장(閒章)은 바로 그의 손에서 만들어진 것이다. 김농이 46세 때(1732) 정경은 '낙차불피(樂此

58_丁敬의 簡傳은《金農年譜》, p.193 참조.

不疲)'인을 새겨서 김농에게 주었다. 김농은 73세에 〈수도사소상〉을 그리기 한 해 전, 건륭 23년 무인(1758) 봄 3월, 64세의 정경에게 서찰을 보냈는데, 정경은 '지기득상사일점(只寄得相思一點)'인을 새겨 답했다. 인발(印跋)에 "나의 벗 동심선생은 옛 것을 좋아하여 발분해서, 나와는 수유(水乳)의 계(물과 젖처럼 서로 긴밀하게 어울리는 관계)가 있었다. 유양(維揚, 양주)으로 떠나서 보지 못한 지 3년이 되었다. 서찰이 왔기에 이 인을 만들어서 답한다(吾友冬心先生, 好古撥賞, 與余有水乳契也. 客維揚不見者三年矣. 書來, 作此印答之)"[59]라고 했다. 물과 젖처럼 서로 긴밀하게 어울리던 이 두 사람은 서로를 그리워했다. 이 대단히 개인적인 자화상을 김농은 벗 정경에게 바침으로써 자기가 온 힘으로 돌파한 회화 예술과 현재 그 자신의 용모를 증명해보이고 그들이 다시 만날 것을 기약하고자 했다. 정경은 뒤에 '수도사(壽道士)'인을 새겨서 김농에게 기증했다. 다음 인발은 김농의 제기에 호응하여 정경이 답한 내용이다.

> 수문(壽門)의 노우가 오랫동안 광릉에 객이 되어 만나지 못한 것이 거의 5년이다. 지금 나이 일흔셋인데, 73세 소상을 스스로 그려 우편에 부쳐 보내 제기를 부탁했다. 척폭에 필의가 소활하고 간이하며, 화상은 마른 등나무 한 가지를 붙잡고 있어, 자신의 그림자를 돌아보며 스스로 연민하는 감개가 있다. 아울러 '수도사'인을 전서체로 새겨달라고 요구해왔다.
>
> 壽門老友, 久客廣陵, 不見近五載矣. 今年七十三歲, 自寫七十三歲小像郵寄, 屬題. 尺幅中筆意疏簡, 扶枯藤一枝, 有顧影自憐之慨, 并索篆'壽道士'印.[60]

(3) 두 번째 관람자—나빙

앞에서, 김농이 이 〈수도사소상〉에 또 다른 제기를 써서,[61] 제자 나빙에게 주려고 했다고 말한 바 있다. 김농의 제기는 위에 인용한 삼타화(三朵花) 이야기 뒤에 있다.

59_《金農年譜》, p.247.

60_《金農年譜》, p.252.

61_北京故宮의 〈壽道士小像〉 畫幅에서는 第2則 題記를 볼 수 없었다. 하지만 題記의 정보로 보면 같은 화폭에 제한 것이 있었다. 金農이 두 폭의 혹사한 〈壽道士小像〉을 그리지 않았다면 제2칙은 화폭의 바깥에 써두어서 문집에 수록되었을 것이다.

> 수도사의 소상을 척폭에 스스로 베껴내었다. 필의가 소활하고 간이하여, 단청으로 꾸미지 않았고, 마른 등나무 한 가지는 흰머리 노인의 옛 자태를 잃지 않았다. 이것을 광릉의 나빙에게 부친다. 나빙은 내게 시를 배워, 입실제자라 칭했다. 또 매화 그리기를 사랑해서, 처음에는 나의 강로야매(江路野梅)를 본받더니, 이어서 나의 인물, 토번 말, 기괴한 나무, 구멍 숭숭한 바위를 모방했는데, 붓끝의 움직임이 총명하여 터럭만큼의 어그러짐도 없다.
> 自寫壽道士小像於尺幅中. 筆意疏簡, 勿飾丹靑, 枯藤一枝, 不失白頭老夫故態也. 擧付廣陵羅聘. 聘學詩於予, 稱入室弟子. 又愛畫梅, 初仿予江路野梅, 繼又學予人物蕃馬·奇樹窠石, 筆端聰明, 無毫末之舛焉.[62]

이 제기는 한 해 전 김농이 마찬가지로 자화상을 그려 또 다른 제자 항균에게 주어서 항균의 예술을 공개적으로 칭송했던 일을 생각나게 하는데, 이 제기도 의도가 같다. 김농은 제자 나빙이 자기를 따라 시를 배우고 그림을 배운 과정을 간단히 말한 후, 그 필단이 총명하여 조금도 어그러짐이 없음을 대단히 칭찬했다. 3년 전인 건륭 21년(1756), 70세의 김농은 24세의 나빙을 시제자로 거두었다.[63] 김농이 거주하던 '서방사(西方寺)'는 나빙의 거주지 '주초시림(朱草詩林)'이 있던 미타항(彌陀巷)에서 불과 1리밖에 떨어지지 않아서 왕래가 매우 잦았다. 김농이 마지막 7년 동안 재화에 뛰어난 젊은 제자를 거둔 것은, 김농에게 정말 행운이었다. 이 〈수도사소상〉을 스승의 동료 정경과 함께 선사받았으므로, 나빙으로부터는 틀림없이 이 선물의 수납이 황송했을 것이다. 앞에서 화법을 두고, "옷 주름과 면상을 일필화로 만들었다"라든가, "필의가 소활하고 간이하여, 단청으로 꾸미지 않았고, 마른 등나무 한 가지는 흰머리 노인의 옛 자태를 잃지 않았다"라고 한 것은 흡사 고희를 맞은 은사의 풍격과도 같다. 김농은 여전히 미목이 청수하고, 눈동자가 흑백이 뚜렷하여 형형하게 살아 있었으며, 콧대가 꼿꼿하고, 수염이 표표했으며, 손에

62_《冬心自寫眞題記》, p.78, 第2則.

63_羅聘(1733-1799)의 小名은 阿善, 字는 遯夫, 號는 兩峰, 또다른 호는 花之寺僧·金牛山人·衣雲道人·卻塵居士·蓼洲漁夫·華山寺僧이다. 揚州에서 태어났는데, 그 부친 愚溪는 武擧에 합격했으나 羅聘이 12세 때 타계했다. 나빙은 그 다섯 아들 가운데 넷째이다. 눈동자가 검푸렀다고 한다. 부모를 일찍 여희고 유년의 처지가 대단히 고단했다. 陳金陵撰,《羅聘年譜》,《揚州八怪年譜》, 下冊, pp.375-427.

는 등나무 지팡이를 짚고, 허리를 꼿꼿이 세우고서, 힘찬 걸음으로 앞으로 나아가고 있다. 화가로서 그가 진정으로 추구한 것은 무엇일까? 늙은 스승의 이 그림은 회화사에서 자화상이 자취를 감춘 때라서 그 의의가 매우 특별했다. 이 자화상이 창신의 쾌거였기 때문에, 스승은 득의만만한 마음의 소리를 제자에게 전달했다. 그런데 이 화상은 수령한 사람이 누구인가하는 점 때문에 특별한 의의를 지닌다. 김농은 나빙을 제자로 받아들인 그해(1756), 〈양주시제자나(揚州詩弟子羅)〉라는 시를 지어, 그 시에서 이렇게 언급했다.

> 화지 승[나빙(羅聘)]이 화지사에 머물 때, 금생에 와서 시제자가 되었다. […] 다섯 자 일곱 자 시구로 이루어진 일천 수를, 인간세계의 가을 토끼털이 몽텅 빠질 때까지 썼도다. […] 나의 지팡이와 신발을 따라다니며 나를 따라 노닐어 […] 천상 천하와 천하 사방을 다녔으니, 그대는 진정 젊고 나는 흰머리라네.
>
> 花之僧住花之寺, 今生來作詩弟子. […] 五七字句一千首, 寫秃人間秋兎毫. […] 隨吾杖履從吾游. […] 天上天下天四周, 爾正年少吾白頭.[64]

입실제자 나빙은 종유한 지 3년 동안, 시도 배우고 매화 그림도 배우고 인물, 토번 말, 기괴한 나무, 구멍 숭숭한 바위를 모방했는데, 붓끝의 움직임이 총명하여 터럭만큼의 어그러짐도 없었다. 김농은 회화사에서 창신의 쾌거를 이룩했으므로, 항균에게 "김씨의 회화상의 전문기법은 전할 사람이 있다"라고 분명하게 말할 수 있었다.

앞의 여러 제기들을 돌아보면, 김농은 각 자화상마다 하나의 본받을 만한 전례를 끄집어내었다. 이를테면 "나는 지난 사람을 모방하여 스스로 사진을 만들어서 판교에게 부친다"라는 내용의 제기를 정판교(정섭)에게 부쳤고, "옥섬(玉蟾)이 스스로 진영을 베꼈는데, 나도 역시 나의 형모를 스스로 그림으로 그렸다"라는 제기를 주이정(주운)에게 부쳤다. "원애(元靄)가 마침내 사문의 측면 소영을 그렸는데 […] 나도 역시 〈석야거사반신상〉을 스스로 그렸다"라는 제기를 용홍사 포 장로에게 부쳤고, "옛날에 전하길 왕우군(왕희지)이 일찍이 거울을 보며 스스로 진영

64_《金農年譜》, p.246.

을 베껴냈다고 하는데 [⋯] 나는 연못에 임하여 맑은 휴일에 역시 스스로 면벽도를 베껴냈다"라는 제기를 서하 상선당 송천개사에게 부쳤다. 나빙에게 보낸 이번의 제기에서 김농은 송나라 백옥섬과 승 원애를 배웠다고 하지 않았고 화매선객(畫梅仙客)도 언급하지 않았으며 사문독승(沙門禿僧)도 언급하지 않았다. 또 거울을 보며 붓에 먹을 묻혔던 왕우군(왕희지)의 임경(臨鏡)도 언급하지 않았다. 하지만 가만히 계합한다. 거의 동시에 이루어졌을 김농의 제기에 다음과 같이 밝혀져 있다.

> 송나라 때 삼타화(三朵花)가 있었으나, 뒤에 신선이 되어 떠나갔는데, 능히 스스로 진영을 베껴낼 수 있었으므로, 동파 선생(소식)이 시를 지어 그에게 주었다. 나는 지금 나이가 일흔 셋이다. 그림자를 돌아보면서 감개의 생각이 많기에, 이에 역시 수도사 소상을 척폭 속에 스스로 베껴 넣는다.
> 宋時有三朵花, 後仙去, 能自寫眞, 東坡先生作詩贈之. 予今年七十三歲矣. 顧影多慨然之思, 因亦自寫壽道士小像於尺幅中.[65]

면벽도를 그릴 때 연못에 임하여(거울에 임하여) 붓에 먹을 묻혀 그리는 기법, 사문 원애가 제작한 측면 소영의 개념, 백옥섬이 진애 속에서 날개옷 입고 하늘로 올라 신선이 된 정신적 지향, 이 모든 것이 이 〈수도사소상〉에 결집되어 있다. 김농은 결국 신선이 되어 떠나가는 수도사이기를 기대했다. 송나라 때 삼타화선은 신선이 되어 떠나가면서, 소식이 시를 지어 멀리 증여할 정도의 자화상을 남겼다. 고령이었던 김농이 신선이 되어 떠난 후에도 한 시대의 문호가 그를 위에 시를 지을 것인가? 나빙에게 부친 제기의 마지막에서, 제자 나빙은 스승이 그에게 부여한 중요한 임무를 떠맡게 된다.

> 나빙의 나이는 정말 풍부하니(젊으니), 언젠가 배와 나막신으로 멀리 유람하여, 멋진 산수를 만나고 비범한 사람을 보게 되면, 나의 이름을 듣고 나를 알고자 하는 사람이라면, 마땅히 이것을 내어 보여주어, 내가 아직 인간세계에 있음을 알게 하라.
> 聘年正富, 異日舟屐遠遊, 遇佳山水, 見非常人, 聞予名欲識予者, 當出以示

65_《冬心自寫眞題記》, p.78, 第2則.

之, 知予尙在人間也.

김농은 외동딸이 일찍 죽고 슬하에 자식이 없었다. 집지하여 제자의 예를 취한 나빙은 어떤 의미에서는 이 화가로부터 이미 의발을 전수받은 제자로 간주되었다. 김농의 시와 그림은 어떻게 생명이 이어져 나갈 것인가? 김농의 시와 회화 명성은 어떻게 전개될 것인가? 나빙이 가장 훌륭한 대변인이 될 것이다. 이 그림은 김농의 화신인 자화상으로, '내가 지금 여기에 있다'는 증거로서 김농의 분신이 되어, 뒷날 그를 위해 시를 지을 동파(소식)와 연결될 것이고, 영향의 영역을 넓혀서 영원히 잊혀지지 않을 것이다.

(4) 자기에게 주다

김농은 소곡 〈곡강외사의 작은 자화상에 제하다(題自寫曲江外史小像)〉를 써서 자기에게 주었다.

> 거울을 마주하여 붓에 먹을 적서, 측신의 소상을 스스로 베껴냈다. 세속에 대해서 머리를 흔들고 홀로 떠나서, 남에게 허리를 꺾으며 굽실거리는 것을 면할 수 있었다. 하늘이 늙은 눈을 남겨두어 강산 너머를 보게 하누나. 등나무 지팡이 하나를 설렁설렁 끌고 간다. 만일 당년의 일을 묻는 다면, 가없는 풍월 아래, 일찍이 오호의 장이었다고 하리라.
> 對鏡濡毫, 自寫側身小像. 掉頭獨往, 免得折腰向人俯仰. 天留老眼, 看煞隔江山. 漫拖著一條藤杖. 若問當年, 無邊風月, 曾爲五湖長.[66]

앞 2구로부터 〈곡강외사소상〉이 곧 〈수도사소상〉임을 알 수 있다. 김농은 이 소곡에서 아주 동떨어진 방식으로 이야기를 한다. 다시는 회화사를 일일이 열거하면서 초상화 제작의 쾌거를 자랑하지 않으며, 시와 그림의 전문 기법을 전수할 문도가 있다고 공고하지도 않는다. 김농은 그림을 마주하는 관중의 한 사람으로 돌아가, 진지하게 화면 속의 자기를 바라보았다. 당나라 오도사가 거울에 임하여 붓에 먹을 적셔 그림을

66_《冬心先生自度曲》,《續修四庫全書》, 集部, 曲類, 1739冊, p.442.

제작했던 과정을 충분히 본받되, 화면이 어째서 측신인지 교묘하게 풀이했다. 남에게 허리를 꺾어 굽실거리지 않고 '세속에 대해서 머리를 흔들고 홀로 떠나는' 굳건한 배짱을 전달하려고 했다. 이 그림은 고향 친구 정경에게 기증했는데, 김농은 강북 양주에 있었고 정경은 강남 항주에 있었다. 다행히 하늘이 세 황제를 섬긴 73세의 수염 긴 이 노인에게 눈동자를 남겨주어, 김농은 강산을 뛰어넘어 고향을 조망할 수 있었다. 등나무 지팡이 하나를 일생 끌고 다닌 것은 천애의 곳을 방랑한 표지이다. 만년에 이르러 그림을 관람할 때 김농의 마음속에 자리 잡고 있었던 것은, 화풍을 일신하겠다는 야심도 아니고, 후계자가 있어 다행이라는 스승으로서의 선언도 아니다. 불자도 아니고 유자도 아니고 신선도 아니라, 오호풍월의 고향을 향한 깊은 그리움뿐이었다.

(5) 후대 관람자의 반응

자화상의 주인옹은 옛 사람이 되었는데 그 화상이 세상에 남아 전한다는 것은 대체 무슨 의미가 있을까? 〈수도사소상〉이 전전한 지 20년 후, 여대관(余大觀)이 화폭의 좌측에 제기를 적었다.

> 선생은 우리 고향에 태어났으나 항주에 거주한 날은 적고, 전후로 광릉에 객이 된 이래 30 년이나 된다. 생각하니, 병인 이래 □인을 따라 호상(湖上)의 정혹방장(淨惑方丈)에 거처하면서 한 번 선생의 높으신 모습을 목도한 뒤로 지금 이미 42년이 지났고, 선생이 도산(道山)으로 돌아가신 지[타계하신 지] 또 20여 년이 흘렀다. 추정(秋亭) 팔형이 선생의 자화상 소상을 내어 보여주었는데, 맑은 정신과 수려한 운치가 엄연히 선생을 마주하는 것과 같아서, 우러러 바라보기를 한참 동안 하고는, 서너 마디의 말을 뒤에다 삼가 적는다. 정미년 가을, 같은 고을 후학 여대관.
>
> 先生生於吾鄉, 居杭日少, 計前後客廣陵以來三十年. 憶自丙寅以來, 從□人□湖上淨惑方丈, □得一睹先生道貌, 距今四十二年. 而先生歸道山又二十餘年矣. 秋亭八兄出示先生自寫小像, 清神秀韻, 儼然如對先生, 瞻仰久之, 敬題數語於後. 丁未秋日同里後學余大觀.

동향의 이 후배는 남겨진 화상을 배알한 후 제지를 남겨 지난 일을 추억했다 여대관은 대략 김농이 50여 세일 때 한 스님 곁에서 그를 만나보았다. 42년 후의 지금은 건륭 51년(1787) 가을에 해당하는데, 김농이 세상을 뜬 지 이미 20여 년이 지났으나, 김농의 이 자화상은 여대관에게 선명한 추억을 불러일으켰다. 여대관은 나빙을 언급하지는 않았으나, 아마도 나빙이 지니고 있던 것을 '추정 팔형'이 전달해주어서 이 제기를 쓰게 되었을 것이다. 20년 세월이 흘렀다. 〈수도사소상〉을 수령했던 나빙은 은사의 《동심선생속집》을 편집하는 일로 이 20년 동안 분주했다. 정황으로 보건대, 나빙은 필시 스승의 생전 부탁을 지켜 화상을 몸에 지니고서 인연을 넓혀갔을 것이며, 여대관의 제지는 그런 맥락에서 이루어졌을 것이다.

자화상은 김농이 작고한 후에 역사 속으로 진입하여 새로운 기능을 갖게 되었다. 곧 자화상은 그림 속 인물의 생활기록이었다가, 사후 사람들이 우러러보고 그리워하는 기념물로 되어, 사람들이 그림 속 인물의 사회적 성취와 지위에 대해 성찰하게 만들고, 지난 시기 지난 일을 정서적으로 추억하게 만들었다. 김농의 자화상은 역사 속에서 일련의 기능전환을 일으킨 것이다. 자화상은 집단 기억과 개인 추억이 교환되는 장으로, 이 장 속에서 자화상은 특수한 네트워크를 만들어내었다. 즉, 이미 세상을 떠난 인물로 하여금 현재의 인간관계 속에서 상당한 영향력을 지니게 만든 것이다.[67]

5) 나빙이 제작한 김농 화상 두 폭

(1) 〈초음오수도〉

24세의 나빙은 70세의 김농을 스승으로 섬기기 시작하여, 김농이 77

67_비노그란드(Vinograd)는 金農의 自畫像이 역사상의 '기능전환'(functional transformation) 과정에 참여하여, 사회와 기억 교환의 구체적 중심(physical locus of a social and memory exchange)으로서, 비록 그림 속의 인물을 이미 타계했어도 자화상의 비상한 힘을 통해 그 죽은 자를 현재 존재하는 인적 관계 속으로 들어가게 만들었다고 했다. Richard Vinograd, *Boundaries of the self: Chinese portraits, 1600-1900*, p.119.

세로 작고하기까지 그를 추종하며 7년 동안 학습했다. 나빙은 〈수도사소상〉을 받은 다음 해(건륭 25년 경진, 1760), 스승을 위해 화상을 그렸으니, 〈초음오수도(蕉蔭午睡圖)〉(그림 2-7)가 그것이다. 김농은 74세(1760) 여름에 나빙의 서재 '주초시림(朱草詩林)'에 잠깐 머물렀는데, 스승과 제자는 정이 깊은데다가 나빙의 처 방완의(方婉儀)도 시화를 애호했다. 그러니 세 사람이 모인 정경이 어떠했을지는 상상하고도 남는다. 이 해 늦여름 상휴일(上休日, 보름), 28세의 나빙은 김농을 위해 〈초음오수도〉축을 만들었다. 뜨거운 여름날, 김농은 파초 그늘에 한가롭게 앉아서 꾸벅꾸벅 졸며, 평소의 오만한 태도라고는 전혀 없이, 탈속한 형상만을 남기고 있다. 나빙은 스승 〈수도사소상〉의 백묘 필법을 본받아 인물을 소묘했다. 그림 속의 인물은, 윗옷은 다 벗고 아래는 헐렁하고 긴 바지를 입고 있으며, 발에는 베를 두른 차림이다. 몸은 약간 뒤로 기대어, 나무 교의에 앉아 두 팔을 편안하게 교의 팔걸이에 두었는데, 오른손은 포선을 가볍게 쥐고 있다. 왼발은 약간 굽히고 오른발은 편안하게 땅을 디디고 있다. 조형이 자연스럽고 넉넉하다. 하지만 두 팔, 신체와 머리는 비율이 적절하지 않다. 머리는 너무 크고 팔은 너무 가늘다. 이것이 나빙 인물화의 특징이다. 수성노인(壽星老人)처럼 큰 머리, 만면의 수염, 머리 뒤의 작은 변발 등등이 그 예이다. 몸 뒤에는 서너 떨기 파초가 있다. 나빙은 담묵으로 파초 잎의 색을 물들여, 녹음의 뜻이 물씬하다.

그림 2-7. (청) 나빙 그림, 〈초음오수도〉 축, 종이, 수묵담채, 93X46cm, 일본 난천산관(蘭千山館).

발꿈치 부근에는 웅크리고 졸고 있는 동자가 있어, 화면의 고요하고 평온한 분위기를 부각시킨다.[68] 전체 그림은 수염 짙은 노인이 천명에 순응하여 정신을 양생하는 심경을 대단히 정확하게 표현하여, 김농이 잠에서 깨어난 후 환희한 것도 기이하지 않다. 김농의 제기는 이러하다.

> 시의 제자인 광릉 나빙이 근래 사진(초상화)에 공교로워, 송나라 화가의 백묘 필법을 이용하여 이 노부가 파초 숲에서 낮잠 자는 작은 초상을 그렸다. 그래서 사언의 구를 제작하여, 스스로 찬을 지어 이렇게 말한다. "선생이 눈을 감고 주무시니, 잠을 잔다고 무어 방해되랴? 장안의 고관들은, 이 고향에 오지 않는 것을. 녹빛 하늘은 장막과 같아, 온몸이 청량하다. 세간에서 같은 꿈을 꾸는 이로는, 오로지 몽장(장자)이 있도다." 경진 장하의 상휴일, 칠십사 옹 항군 김농이 잠에서 깨어나서 기록하다.
>
> 詩弟子廣陵羅聘, 近工寫眞, 用宋人白描筆法, 畫老夫午睡小影于蕉林間. 因製四言, 自爲之讚云: "先生瞌睡, 睡著何妨? 長安卿相, 不來此鄉. 綠天如幕, 擧體淸涼. 世間同夢, 惟有蒙莊." 庚辰長夏之上休日, 七十四翁杭郡金農睡醒時記.

만년의 김농은 '잠에서 깨어난 후'라는 제재에 대해 대단히 열의를 보였다. 72세의 김농은 건륭 23년(1758)에도 문사의 잠깐 잠든 모습을 그린 〈향모개옥도(香茅蓋屋圖)〉(그림 2-8)를 제작하고 그 위에 스스로 제기를 적었다.

> 향기로운 띠풀이 집을 덮었고, 파초 그림자는 뜰에 가득하다. 선생은 팔걸이에 기대어 누워, 장안의 공경 벼슬을 꿈꾸지 않고, 푸른 개구리밥 떠 있는 연못의 객이 되는 것을 꿈꾸었다. 또 하나의 〈추수(秋水)〉 한 편을 지으려는가? 세간에서 같은 꿈을 꾸는 이로는, 오로지 몽장(장자)이 있도다. 석야거사 화기(畫記).

68_김농이 나빙의 주초시림에 잠깐 거주할 때 마침 方婉儀이 29세 생일을 맞이했으므로, 사흘 전 師徒 3인이 〈師弟合璧冊〉을 이루었다. 방완의가 그린 묵란은 필법이 난숙하고 수려하여 전체 화폭이 청신하고 아치가 있다. 오른쪽 위에는 방완의의 낙관이 있고, 아래에는 '婉'·'儀' 두 글자의 連珠小印이 있다. 왼쪽 아래 구석에 '白蓮女史'印이 있다. 이 무렵 김농이 나빙의 朱草詩林에 잠깐 머문 일과 〈蕉蔭午睡圖〉의 圖面에 대해서는 李曉庭·蔡芃洋著, 《花之寺僧: 羅聘傳》(上海: 上海人民出版社, 2001), pp.37-38을 참조.

그림 2-8. (청) 김농 그림, 〈향모개옥도〉(삽도), 종이, 채색, 26.3X35.1cm, 상해 당운(唐雲) 선생 소장.

香茅蓋屋, 蕉陰滿庭, 先生隱几而臥, 不夢長安公卿, 而夢綠萍池上之客, 殆將賦秋水一篇乎? 世間同夢, 惟有蒙莊. 昔耶居士畫記.

제재면에서 파초도 같고 낮잠도 같다. 하나는 교의에서 위로 보고 누워 있고, 하나는 탁자에 엎드려 있다. 향기로운 띠풀로 덮은 집 아래 깊이 잠들어 있는 문사는 누구인가? 〈수도사소상〉의 붉은 신발에서 알 수 있듯이, 이는 김농의 또 다른 자화상이 아니겠는가? 두 편의 제발은 수미에 모두 "세간에서 같은 꿈을 꾸는 이로는, 오로지 몽장(장자)이 있도다"라는 문구를 사용하여, 몽향(夢鄉)에서 편안하고 자적하며 진세로부터 초탈하고 싶어하는 바람을 투사했다.

김농이 세상을 뜬 후 나빙은 〈초림오수도〉를 가지고 장자 심대성(沈大成)에게 시로 스승에 대한 그리움을 드러내주길 청했다. 심대성은 다음 한 수를 적었다. "늘그막에 큰 제자가 있어, 의리로 선현의 발꿈치를 따랐다. 한 그림을 받들어 보여주는데, 이것이 김생이 전한 것이라고 하는군. 군이 어찌 갈수한(잠을 탐한 자)이랴, 눈두덩이가 천근보다 무겁기 때문이었지(晚有大弟子, 義高踵前賢. 手捧一畫圖, 云是生所傳. 君豈渴睡漢, 眉棱重千斤)." 이렇게 망우를 애도하고 나군의 의리를 칭송했다.[69]

69_《羅聘年譜》, p.386 ;《花之寺僧: 羅聘傳》, p.210.

(2) 〈동심선생상〉

① 도면 구성

24세에 스승을 따른 나빙은 3년 후에 이미 그 스승을 위해 〈초음오수도〉(그림 2-9)를 멋지게 그릴 수 있었다. 성숙한 화법이 더욱 무르익은 〈동심선생상〉은 그보다 뒤에, 건륭 47년(1782) 나이 50세 때 그렸으니, 김농이 작고한 지 이미 20년 뒤였다.[70] 나빙은 은사를 추억하여 그림을 그렸는데, 그림 속의 김농은 바위에 편히 앉아 정신을 집중하여 경책(經冊)을 읽고 있다. 인물의 조형은 〈오수도〉와 비슷해서 수성노인처럼 큰 머리에다가 자그만 변발을 드리우고 있다. 다른 점은, 앞의 그림에서는 두 눈을 감고 깊이 잠들어 있지만, 이 그림에서는 형형한 눈빛으로 경책을 읽고 있다는 점이다. 김농은 왼손으로 경책을 받치고, 오른손으로 난화지(蘭花指, 엄지와 중지를 구부리고 나머지 손가락은 편 손놀림) 모양을 하여 수염을 매만지고 있다. 몸놀림을 핍진하게 전신했다. 몸에는 당시 유행하던 허리 묶은 긴 도포를 걸치고 있다. 나빙은 전필(顫筆, 떠는 필법)로 의복의 윤곽을 소묘했으며, 묵염(墨染, 먹칠)을 하지 않았다. 그리고 붓으로 세세하게 무수한 두점(豆點, 콩점)을 준출(皴出, 주름 모양으로 만들어냄)했

그림 2-9. (청) 나빙, 〈동심선생상〉, 종이, 채색, 113.7X59.3cm, 절강성박물관.

70_《花之寺僧: 羅聘傳》, p.222.

다. 점을 찍은 것이 미세하고 공교로울 뿐만 아니라, 의복의 질감, 무늬의 향배, 의도적인 준절(皴折, 주름과 꺾임)을 하나하나 점출하여, 포의(관복이 아닌 선비 의복) 노인의 형상을 생동적으로 재현했으며,[71] 나빙이 20년간 발전시킨 회화 기법을 잘 드러내었다.

그림 2-10. (오대) (전) 관휴, 〈십육나한도: 제4 나한 나제밀다라경우존자〉 판화, (청) 정관붕 석각, 항주 정자사.

나빙이 그린 〈동심선생상〉의 인물은 불교 색채를 띠고 있다. 화상의 모본은 오대 화승 관휴(貫休, 832-912)가 그린 〈나제밀다라경우존자(難提密多羅慶友尊者)〉(그림 2-10)인 듯하다. 두 그림의 인물은 얼굴이 오른쪽을 향하고 있고 머리는 기울어져 있으며, 오른손은 쳐들고 왼손은 길쭉한 경책을 붙잡고 있다. 중후한 앉음새, 둔부 아래의 바위덩이, 한데 모은 두 다리 등이 관휴의 그림과 같다. 나빙은 〈수도사소상〉에서 머리를 밀되 작은 변발을 드리우고, 풍성한 몸매, 얼굴 가득한 수염, 수염 끝을 만지작거리는 모습으로 김농을 그리면서, 그 모습을 관휴의 〈나제밀다라경우존자〉의 머리를 약간 기울이고 불경을 읽고 있는 형상의 윤곽에 맞추었다.[72] 나빙은 의도적으로 스승을 나한존자의 옛스런 형상으로 그려낸 것이다.

71_《花之寺僧: 羅聘傳》, pp.37-39.

72_羅聘이 그린 〈冬心先生像〉·〈丁敬像〉과 오대 때 貫休의 羅漢像 두 폭과의 비교는 Vinograd의 관점을 따른다. Richard Vinograd, *Boundaries of the self: Chinese portraits, 1600-1900*, pp.101-109.

② 김농의 불교사상과 불화

김농은 일찍이 시를 지어, "양주 옛 성 서방사에 거처하면서 중식을 마치면 여러 불경을 펼쳐 읽었는데, 말마다 필치가 오묘하여, 나이 일흔의 노옹이 망령된 생각을 모두 끊었으니, 나도 역시 여래의 가장 어린 제자이다(居揚州舊城西方寺中, 每中飯訖繙諸佛經, 語語筆妙. 七十老翁, 妄念都絕, 我亦如來最小之弟也)"[73]라고 했다. 〈화마제기(畫馬題記)〉의 '자서'에서는 이렇게 말했다. "나는 나이 칠십을 넘겼는데, 세간의 망념은 일절 생기지 않는다. 이 몸은 비록 더럽지만 날마다 청재를 하고 있다(余年逾七十, 世間一切妄念, 種種不生. 此身雖穢濁, 然日治清齋)."[74] 김농의 일생은 불교와 상당히 인연이 깊다. 17세(1703) 가을, 김농은 수락동(水樂洞) 근계암(近溪庵)에 더부살며, 역암상인(亦諳上人)의 속가 제자가 되었다. 위의 한 형은 출가하여 승려가 되어 법호를 율선사(聿禪師)라 했다. 장년의 김농은 양주에 정착한 이후 천녕사(天寧寺)에 거처하기 시작했고, 70세 때 서방사로 이주한 이후에는 한마음으로 향불(向佛)했다. 언젠가 승우 소산개사(小山開士)를 위해 화상에 다음 제기를 적어주었다.

> 포단에 앉지 않고 등나무 지팡이에도 의지하지 않으며 본래의 면목을 찾아나섰다. 짚신을 잔뜩 조여매고 어느 곳으로 가는가? 인간세계의 동서남북이 아니라네. 산 속의 천석, 숲 사이의 원숭이와 학, 이것이 노승의 권속이다. 하늘이 하나의 집으로, 들 구름과 함께 묵는다.
>
> 不坐蒲團, 不扶藤杖, 尋覓本來面目. 峭緊草鞋何處去? 非人世東西南北. 山中泉石, 林間猿鶴, 都是老僧眷屬. 天一握, 與野雲同宿.[75]

승려가 되고 부처가 되는 것이 김농 만년의 지향이었다. 서방사의 생활을 자술하여, "여러 해 청재를 하여 날마다 채소 국을 공양하는데, 그 맛이 열지 않다고 느낀다. 사경의 여가에 부처 그리기를 일삼는다"라고 했다. 처음에 김농은 사대부를 위해 불경을 베끼는 데 그쳤으나, 73세(1759) 때 신성 삼축암(三祝庵)으로 이주한 이후에는 대량의 불상 그

73_《盛世畫佛—金農傳》, pp.387-388.

74_《金農年譜》, p.245-246.

75_〈題小山開士小影〉,《冬心先生自度曲》, p.442.

림을 그리기 시작했다.[76] 73세에 〈십육나한책(十六羅漢冊)〉·〈장수불도축(長壽佛圖軸)〉·〈녹천고불축(綠天古佛軸)〉·〈보리수불도축(菩提樹佛圖軸)〉 등을 만들고, 74세(1769)에 〈설색불상도축(設色佛像圖軸)〉·〈용과수하불도축(龍窠樹下佛圖軸)〉을 만들었으며, 76세(1762)에 〈소엽승인도(掃葉僧人圖)〉·〈보리달마도축(菩提達摩圖軸)〉·〈달마면벽도축(達摩面壁圖軸)〉 등을 만들었다.[77] 만년에 향불의 뜻에서 부처를 그린 김농은, 결국 양주 불사에서 몰했다.

건륭 27년 임오(1762) 76세의 김농은, 일련의 불화 제기들을 결집한 《불화제기》에 서문을 지어 이렇게 말했다.

> 나는 처음에 대나무를 그려, 대나무를 스승으로 삼았다. 이어서 강로야매(江路野梅)를 그려 세상에 정야당(丁野堂)[송나라 때 매죽을 잘 그린 도사]이 있는 줄을 몰랐다. 다시 동쪽 골리국(骨利國)[회흘(回紇) 북방, 의 큰 말을 그렸다. 전향하여 여러 부처를 그렸는데, 때때로 몽매간에 나타나기까지 해서, 3년이나 되자 마침내 《화불제기》 2권을 이루었으니, 모두 27편이다. 어구가 방탄한 것이 많아서 고공씨(考工氏)의 잣대로 잴 수가 없을 정도이다. 광릉에서 제자가 된 나빙이 나를 위해 편차했는데, 내가 여든 살의 쇠옹이라서 뒤에 전하지 않을까 염려하여, 마침내 내 벗 항근포(杭堇浦)[항세준(杭世駿)] 태사에게 나의 글에 서문을 써달라고 청하고, 주초시림(朱草詩林)에서 간행하여 판목을 보관하니, 그 마음 씀이 정말로 수고스럽다. […] 전 천거박학홍사(薦擧博學鴻詞) 항군(杭郡) 김농(金農) 만술(漫述).
>
> 予初畫竹, 以竹爲師. 繼又畫江路野梅, 不知世有丁野堂. 又畫東骨利國馬之大者. 轉而畫諸佛, 時時見於夢寐中, 三年之久, 遂成畫佛題記一卷, 計二十七篇, 語多放誕, 不可以考工氏繩尺擬之也. 廣陵執業門人羅聘, 爲予編次之, 懼予八十衰翁, 恐後失傳, 乃請吾友杭堇浦太史序予文, 幷刊藏朱草詩林, 其用心亦良苦矣. […] 前薦擧博學鴻詞杭郡金農漫述.[78]

김농은 대나무, 매화, 말, 부처의 그림을 차례로 배운 과정을 자술하고, 불화의 제기는 잣대로 잴 수가 없다고 자부했으며, 나빙이 그 자료들

76_《自寫眞題記》와 《畫佛題記》는 상호 참조할 수 있다. 김농의 불교 신앙은 만년에 갈수록 더욱 격해졌다. 《金農年譜》 만년 개황 참조.

77_金農 晩期의 佛畫繫年은 《盛世畫佛—金農傳》, pp.387-388을 참조.

78_金農, 《冬心畫佛題記》 卷前自序, 《明淸人題跋》 下冊, pp.66-75.

을 수집한 공을 공개적으로 칭송했다.

나빙은 70세의 김농을 따라 학습하여 각종 제재를 그림으로 그렸는데, 불화도 들어 있다. 나빙은 처음 스승을 따라 배우면서 스승의 여러 불화들을 볼 수 있어서, 그 시기에 〈동심선생화불가(冬心先生畫佛歌)〉를 지어 그 사실을 기록했다.

> 동심 선생은 참으로 나의 스승이시니, 갈필(渴筆)과 팔분(八分)의 글씨는 절묘하기 짝이 없도다. 당년에 경전을 베껴 쓴 것을 대초나무·배나무(판각의 목재)에 새겨 넣어, 백만 천만 권의 공덕을 베푸셨네.
> 冬心先生眞吾師, 渴筆八分書絶奇. 當年寫經鋟棗梨, 百千萬卷功德施.[79]

도제 나빙은 스승이 사원에서 불경을 베끼던 사정을 말하고, 이어서 스승이 불화 그리던 모습을 상세하게 묘사했다.

> 근래의 화법이 묘제(妙諦)를 얻었으니, 말 그림이 어찌 악취로 떨어진 일 있었나? 전환하여 부처를 그려 복을 구하며, 자칭 여래의 나이 어린 제자라 하네. 세 번 훈기를 쏘이고 세 번 목욕하는 사이에 한 몸뚱이를 그려내자, 부처의 휘장에 가벼운 연기가 피어나 향기를 흩는다. 눈과 귀를 청정하게 하고 몸을 청정하게 하여, 단좌하여 홀로 청정인(淸淨因)을 맺노라. 값도 따질 수 없는 보수(寶樹)는 겨울 거쳐 봄까지 면면하고, 청련(靑蓮)의 꽃은 수레바퀴처럼 크도다.
> 近來畫法得妙諦, 畫馬何曾墮惡趣? 轉而畫佛求福禔, 自稱如來最小弟. 三熏三沐圖一軀, 佛幌晃輕煙散香氣. 淸淨眼耳淸淨身, 端坐獨結淸淨因. 無價寶樹綿冬春, 靑蓮花大如車輪.

나빙은 스승이 그림 그리기 전의 준비, 그림 그리는 심경, 그림 속의 내용을 하나하나 알려주고, 이어서 풍부한 상상과 불화에 대한 찬어를 적었다.

> 다만 그림을 마치면 열 손가락[두 손]이 일시에 합할까 염려하여, 줄기차게 부단히 흰 구름을 낳는다. 또 독룡이 낚아채고 날아오를까 염려하여, 열 번

79_羅聘, 《香葉草堂詩存》, 《續修四庫全書》, 總1453冊, p.460.

> 꼭꼭 싸서 깊이 감추어둔다. 이 그림이 과연 미증유의 것을 얻었으니, 관람자는 찬미의 말을 입에서 그만두지 않누나. 해포(澥浦)[절강성 영파(寧波)] 남단(楠檀)의 화축은 구슬 장식 감실에 걸려 있고, 서방 결사 벗들에게 그 반을 부친다. 나도 화지사(花之寺) 속 승려로, 붓 잡아 모사하려 하지만 끝내 그럴 수 없구나. 원컨대 무량지혜등(無量智慧燈)을 빌려다가, 나의 두 도안(道眼)을 더욱 밝게 만들었으면.
>
> 但恐畫畢十指一時合, 縷縷不斷生白雲. 又恐毒龍攫飛揚, 什襲護持深毖藏. 此畫果然得未有, 觀者贊之不去口. 澥楠檀軸懸珠龕, 半付西方社中友. 我亦花之寺裡僧, 執管描摹竟未能. 願乞無量智慧燈, 開我道眼增雙明.

마지막에서 나빙은 스승에 대한 탄복과 자신의 기대를 밝혔다. 나빙은 김농을 7년간 따라다녀 스승 만년의 불화 제작 과정에 참여했으므로 김농의 불화가 지닌 의의를 뚜렷하게 인식하고 있었다.

일찍이 강희 38, 39년(1699, 1700) 무렵, 13, 14세의 김농은 정월 보름마다 부친을 따라 항주 장명사(長明寺)로 가서 오대화상 관휴가 그린 16축 보살진형도(菩薩眞形圖)를 보았다. 건륭 27년(1762), 73세의 김농은 관휴를 모방하여 〈십육나한책(十六羅漢冊)〉[80]을 그렸고, 75세에는 또 〈나한도〉 한 폭을 그렸다. 이 나한도는 관휴의 제4존자 형상이라 하는데, 손에 불경을 들고 읽고 있다. 김농이 관휴를 본받아 그린 이 〈나한도〉는 자신이 법희에 젖어 있는 열락의 경지를 표현하여, 자아 투사의 의도가 뚜렷하다. 나빙도 〈동심선생상〉을 그리면서 같은 나한 형상을 선택해서 스승을 재현하여, 학생 나빙으로서 스승 김농과 묵계를 이루었다. 나빙은 가까이 모시던 스승의 심중에 있던 종교적 경지를 완전히 이해하고 선망했다.

〈동심선생소상〉에 앞서 20년 전, 나빙은 김농의 친우 정경[자 경신(敬身)]을 위해 〈정경신선생상(丁敬身先生像)〉(그림 2-11)을 그렸다. 건륭 28년(1763) 봄의 일로, 나빙이 항주를 떠나 양주로 귀향하기 전이다. 정경이 표변(褾邊)에 손수 쓴 시와 정경이 나빙에게 보낸 서찰에서 알 수 있듯이, 이 상은 나빙이 스승의 명을 듣고 만든 것이 아니다. 나빙이 선배에 대한 앙모의 정에서 만든 것으로, 항주에서 정경을 배알한 후 양주로 가지

80_《盛世畫佛—金農傳》, p.388.

그림 2-11. (청) 나빙, 〈정경신선생상〉 축, 종이, 채색, 108.1X60.7cm, 절강성박물관.

그림 2-12. (오대) (전) 관휴, 〈십육나한도: 제5 나한 발낙가존자〉, 판화, (청) 정관붕 석각, 항주 정자사.

고 갈 기념물로 제작했다.[81] 정경은 이미 69세의 노인이었다. 그림 속 인물은 우향한 측신 입상으로, 장삼을 걸치고 바위에 앉아 있다. 정수리는 민머리이고 아미가 높으며 뒤통수에 서너 가락 백발이 얽혀 있다. 얼굴은 크면서 수척하고, 눈은 가늘고 길며 전방을 응시하고 있다. 턱 아래에는 성근 수염 한 가닥이 매달려 있고, 두 손은 죽장을 짚고 있다. 기운이 안정되어 있고 정신은 한가하다. 이런 국면은 상당히 사실적이다. 하지

81_이 畫像 뒤에는 袁枚·吳蒼石 등 六家의 題詩가 있다. 丁敬은 이 師侄들에 대해 동병상련의 뜻이 있어서 화폭 왼쪽 裱邊에 〈送詩客羅君遯夫歸揚州〉를 自題하여 手書하기를, "作客光陰更似飛, 那能送別不依依? 春風未爲牽畫舫, 夜雨偏來溼釣磯"이라 했으니, 연연해 하는 정이 가득하다. 李曉庭·蔡芃洋의 고찰에 따르면 이 해는 乾隆 28년 봄이라고 한다.《花之寺僧: 羅聘傳》, p.210.

만 그림 속에서 가장 눈길을 끄는 것은 정경의 괴이하게 긴 목, 부정확한 신체 비율, 옷 주름이다. 화가는 치졸한 취미를 의도적으로 전달하려고 한 듯하다. 우연한 것은 없다. 나빙의 이 초상화에는 도상의 모본이 있다. 관휴 〈십육나한도〉의 제5 〈발낙가존자(拔諾迦尊者)〉(그림 2-12)가 그것으로, 특히 두부와 목의 부분은 판을 박은 듯하다.[82] 나빙은 20년을 사이에 두고, 세의가 있는 두 스승뻘의 화상을 제작하여, 하나는 실제를 사생하고 하나는 사후에 모사하되, 채용한 수법은 같다. 〈동심선생상〉에서 나빙은 〈수도사소상〉과 〈초음오수도〉의 실제 김농을 관휴 제4 〈나제밀다라경우존자〉의 형상 속에 안치했다. 그리고 〈정경신선생상〉에서도 현실 속의 정경을 관휴 제5 〈발낙가존자〉의 조형 속에 녹여 넣었다. 그림 속의 두 노인은 전혀 온당한 자세가 아니며, 자기를 어떤 각색으로 연출하지도 않았다. 아무 생각 없이 그림을 관람하는 사람이 보기에는, 두 노인은 오르지 그들 자신의 활동에 온 신경을 쏟고 있을 따름이다. 즉, 한 사람은 불경에 심취해 있고, 한 사람은 눈앞의 자비(字碑)를 바라보고 있다.

두 초상화는 모두 측면의 각도를 취하여, 김농이 정경과 나빙에게 준 〈수도사소상〉이 '사문의 측면 소영'이었던 것을 환기시킨다. 나빙은 이 두 화상을 제작할 때 자기 스승이 신나게 시도했던 실험적 화풍을 따랐고, 아울러 스승의 친우 정경에게 그 점을 입증을 해달라고 요청했다. 이밖에 나빙은 스승 만년의 향불 소원을 화상에 끼워 넣었다. 나빙은 그(그들)를 속인과 나한의 중간에 위치한 조합체로 그려내었다. 말하자면 나빙은 그림 속 인물을, 기묘한 화면 구성을 빌려, 원래의 세속 신분에서 벗어나 초월의 경지에 이르게 하려고 했다. 원매(袁枚)의 제기를 통해 이 점을 더 깊이 설명할 수 있을 것이다.

③ 원매의 현양

원매는 나빙의 요청으로 〈나양봉이 정경신을 그린 상에 제하다(題羅兩峰畫丁敬身像)〉 시를 지었다. 다음과 같다.

> 고풍을 극도로 드러낸 용홍거사[정경]의 상은, 그림으로 그린 영상이 날아

82_Vinograd의 해설 참조.

> 오를 듯해라. 비문을 보려고 학의 목을 뻗고 있고, 지팡이 짚고 이끼 낀 낚시바위에 앉아 있네. 세외의 은군자요, 인간의 위대한 포의가, 과두문자를 찾아 읽고서, 창힐의 사당에서 돌아오는 듯해라.
> 古極龍泓像, 描來影欲飛. 看碑伸鶴頸, 拄杖坐苔磯. 世外隱君子, 人間大布衣. 似尋蝌蚪字, 倉頡廟中歸.[83]

원매는 정경의 전문이었던 전각을 거론했을 뿐 아니라, 그림에 묘사된 용홍거사의 기괴한 면모, 즉 극도로 옛스런 형상, 날아오를 듯한 영상자, 길게 뻗은 학 목, 지팡이 짚고 낚시바위에 앉은 모습 등에 특별히 시선을 두었다. 원매의 눈에 들어온 정경은, 세외의 은사요 인간의 포의였으니, 요컨대 그림 속 인물은 범속을 이미 초탈한 자였다.

〈동심선생상〉에도 원매의 제사(題詞)가 있다.

> 저 민머리의 늙은이는, 정역(淨域)에서 날아왔다. 괴이함은 초선(焦先)[위나라 말 도사]과 유사하고, 은둔은 매복(梅福)[한나라 구강(九江) 사람]의 경우와 같다. 옛것을 기호하여 삼매의 경지를 얻었고, 서법을 관상하여 능히 팔록(八錄)[사주팔자의 복]을 궁구했다. 그림의 오묘함은 위로 천존을 묘사할 수 있고, 시의 맑음은 그 소리가 외로운 대나무를 찢을 정도이다. 하지만 남과 어울리지 못하고 울근불근하며, 웅걸을 좋아하고 소인을 싫어해서, 무리 이룸을 더럽게 여기고 고독을 깨끗하다고 여겼다.
> 彼禿者翁, 飛來淨域. 怪類焦先, 隱同梅福. 嗜古得其三昧, 觀書能窮八錄. 畫之妙, 可以上寫天尊, 詩之淸, 可以聲裂孤竹. 然而觭耦不仵, 嶔奇歷落, 好雄惡雌, 汚群潔獨.[84]

원매는 '민머리의 늙은이'에서 상상을 시작하여, '괴이함'에서 각도를 꺾어 깊이 파고들어갔다. 남들과 동화되지 못한 김농은 특히 고풍과 해박을 통해 그의 청묘한 시와 그림을 이루어내어, 그를 구물구물한 대중과는 구별되게 만들었다. 원매는 김농이 남과 짝을 이루지 않고 고결하며 세상에 처하여 분격하며 얽매이지 않고 소쇄하여 특이한 삶을 살았다고 보았다.

83_袁枚,《小倉山房詩集》卷27, 袁枚著 · 王英志校點,《袁枚全集》(南京: 江蘇古籍, 1993), 第壹冊, p.590.

84_袁枚,〈題冬心先生像〉,《小倉山房詩集》卷28, p.643.

> 홀연 함께 계서(鷄黍)를 먹으며 환담하고, 홀연 개 노래를 노래하며, 혹은 신령한 거북을 기르고, 혹은 귀뚜라미를 조롱에 넣고 구경했다. 감시(甘始)[한나라 말 방사(方士)]가 처방하던 금단(金丹)을 뿌리고, 이예(李預)가 먹던 옥을 먹으며, 제 환공의 존귀함을 알았고, 동왕기(童汪錡)(춘추 시대 남색) 같은 종복을 길렀다. 양홍(梁鴻)은 필경 집이 없었고, 혜숙야(嵇叔夜, 혜강)는 끝내 세속에 어긋났다네. 하루 아침에 서거하고는, 공이 다시 돌아오지 않으니, 누가 생금을 가지고 저 꽃다운 자취를 주물해서 만들어내랴?
> 忽共雞談, 忽歌狗曲. 或養靈龜, 或籠蟋蟀. 揮甘始之金, 餐李預之玉. 識齊桓公之尊, 畜童汪錡之僕. 梁鴻畢竟無家, 叔夜終於忤俗. 一旦化去, 公歸不復. 誰把生金, 鑄他芳躅?

김농은 닭을 치고 거북을 길렀으며 닭 이야기를 하고 개 노래를 불렀다. 이것은 실제 사실을 묘사한 것이되, 타자가 그의 인간됨과 문풍에 대하여 느낀 인상이기도 하다. 지난날 50세 때 김농은 박학홍사과의 천거 시험에 응시하려고 북경으로 갔는데, 북경에서 한림편수 서직량(徐直亮)을 만났다. 서직량의 눈에 비친 김농은 시적 재능이 아주 뛰어나고 "성격이 기이한 것을 좋아하여, 서양에서 온 작은 개를 기르고, 늘 사방으로 데리고 다니며, 초췌하게 떠돌면서 행음(行吟)할 때의 반려로 삼았다." 형부상서 장조(張照, 1691-1745)의 경우는 친히 앵도사가(櫻桃斜街)로 김농을 방문하고, 그를 찬미하는 시를 지어, "병든 호랑이요 어리석은 용과 같아, 조어가 험하고 괴이하다. 푸른 수염의 이 분이, 근래 비록 좌절하기는 했지만, 다시 생각하면 쉽게 만나기 어려운 시인이다(病虎痴龍, 造語險怪. 蒼髯叟, 近雖摧伏, 更想詩人不易逢也)"[85]라고 했다. 김농은 아주 기이한 성품을 지니고 가는 곳마다 기예를 헌정하며 공경의 집을 돌아다녔으나, 만년에 이르기까지 떠돌며 세속과는 어울리지 못했다. 이런 인물이 서거하여 돌아오지 않게 되었으니, 사후는 어떠했던가? 원매의 필봉은 김농의 화예를 가장 잘 계승한 나빙이 김농을 위해 제작한 이 초상화으로 향했다.

> 제자가 있어 양봉(兩峰)[나빙]이라 하는 이가, 은하수에 손을 씻고 이 화폭

85_《金農年譜》, p.220.

> 을 그려 완성했다네. 가득가득 옛 풍모요, 너울너울 기이한 복장이며, 그 뜻은 절절하고, 그 정신은 골똘하다. 손에는 패엽경(불경)을 들고, 읽는 듯 마는 듯. 가죽끈과 가죽 고리(罣履)를 끌고 있되, 묶은 듯 만 듯. 수염은 말려서 풀풀거리고, 눈은 움푹하면서 응시하고 있다. 가규(賈逵)의 의규(衣圭)[의상의 오른쪽에 대는 표백의 장식]가 어깨에 나란하고, 장융(張融)의 혁대가 대퇴골까지 이르렀다. 세 갈래 털을 점 찍어서 뺨의 모습 완연하고, 측영을 그렸는데 정신이 더욱 풍족하다. 관람자는 어른이든 아이든 모두가 감탄하며, "이것이 동심선생의 진면목이다!"라고 한다. 이에 질투하는 이는 비웃고 그리워하는 자는 곡하며, 흠모하는 자는 우러러보고 절하는 자는 몸을 엎딘다. 중당에 걸어두고 한 번 술을 따라 땅에 붓고 한 잔 술을 올린다. 부처의 상으로 떠받들어, 세 번 훈기를 쐬고 세 번 목욕을 하고 접해야 하리라. 그렇기는 하지만 나는 사후의 손숙오(孫叔敖)를 선망하지 않고, 유독 종이 위의 글로 초혼을 했던 초나라 송옥(宋玉)을 더 현명하다고 여기노라.
>
> 有弟子兮兩峰, 洗手天河, 描成此幅: 充充古貌, 襜襜奇服. 其志偲偲, 其神罜罜. 手貝葉經, 似讀非讀. 曳革索革罣履, 欲縛不縛. 鬚連蜷以離披, 目睕睒而凝矚. 賈逵之衣圭齊肩, 張融之革帶至骼. 點三毫而輔頰宛然, 取側影而精神愈足. 觀者無小無大, 皆啨曰: "此冬心先生之眞面目!" 于是妒者笑, 思者哭, 慕者仰, 拜者伏. 懸諸中堂, 而一酹一杯. 當作佛像, 而三熏三沐. 雖然, 吾不羨夫死後之孫叔敖, 而獨賢乎紙上招魂之楚宋玉.

원매는 나빙이 세 갈래 수염을 점 찍고 인물의 측영을 그려낸 절묘한 화법을 칭송하고, 이어서 그림 속 인물의 세밀한 부분들을 자세하게 판독했다. 예스러운 풍모에 기이한 의복을 입고, 뜻은 간절하고 정신은 골똘하며, 손에는 불경을 들고 발에는 신을 끌고 있으며, 수염은 말리고 눈은 응시하고 있으며, 어깨와 나란히 의규(衣圭)를 걸치고 대퇴골까지 혁대를 드리우고 있다. 관람자들의 일치된 발언을 빌려, 이것이 김농의 진정한 면목임을 확인했다. 원매가 제사를 할 때 김농은 이미 작고한 뒤였다. 원매가 보기에 이 초상화는 술을 한 번 따라 땅에 붓고 한 잔 술을 올리면서 그리움을 일으키게 만드는 선배의 유상이었으며, 동시에 사람들에게 세 번 훈기를 쐬고 세 번 목욕을 한 이후에야 비로소 첨앙할 수 있게 만드는 불상이었다. 마지막으로 원매는, 관복을 입어 손숙오로 분장하여 참을 헷갈리게 만든 우맹(優孟)을 칭찬하지 않고, 굴원의 혼백을 진정으로 불러온 송옥을 옳다고 여기고는, 이로써 나빙의 회화 기예가

고도하여 김농을 그림 속에 부활시킨 듯이 했다고 칭송했다.

원매는 나빙이 20년의 시간 차이를 두고 두 고인을 그린 두 그림을 칭찬하여, 범속과 생사를 초월한 상상을 일으켰다. 단 자기에게는 이 상상을 사용하지 않기를 바란다고 했다. 나빙은 〈동심선생상〉을 그리기 한 해 전, 건륭 46년(1781) 가을, 원매의 수원(隨園)에 노닐면서 원매를 위해 〈원매상〉을 그리고(그림 2-13) '건륭 신축(46년, 1781) 10월 23일'이라고 서명했다. 다음해 나빙은 〈동심선생상〉을 그리기 시작했다. 그 후 원매는 〈소상에 장난삼아 제하여 나양봉에게 부치다(戱題小像寄羅兩峰)〉를 지었다.

그림 2-13. (청) 나빙, 〈원매상〉 축, 종이 수묵담채, 158.3X65.9cm, 일본 교토국립박물관.

> 양봉 거사가 나를 위해 상을 그려주고는, 양봉은 이것이 나라고 했으나, 집사람은 내가 아니라고 해서 둘이 다투어 결론이 나지 않았다. 자재자(子才子)가 웃으며 말했다. "성인에게는 두 자아가 있다. '고집함이 없고 아집도 없는(毋固毋我)' 자아가 그 하나의 자아이고, '나는 이와 다르다'의 자아는 또 다른 자아이다." 나에게도 역시 두 자아가 있다. 집사람의 시선 속의 내가 하나의 자아이고, 양봉의 그림 속의 내가 또 다른 자아이다. 사람들은 정말 스스로를 모른다. 내 스스로 내 모습을 알 수가 없는 것은 마치 양봉이 스스로 그 그림을 알 수 없는 것과 같다. 그렇다면 필경 보는 사람이 잘못인가? 그림 그린 사람이 잘못인가? 혹은 내 모습은 본디 당연히 이러하거늘 당시 하늘이 낳아준 것이 잘못인가? 또 혹은 지금 생의 나는 비록 이와 같지는 않지만 전세의 나와 후세의 내가 이와 같지 않을 줄 어찌 알랴? 그렇기에 양봉이 가까이의 나를 버리고 멀리의 나를 그림으로 그려서 선천과 후천을 합하여 그림으로 나타낸 것인가? 그

렇다면 이것이 나인지 내가 아닌지 하는 것은 둘다 놓아두고 따지지 않는 것이 옳다."

兩峰居士, 爲我畫像, 兩峰以爲是我也, 家人以爲非我也, 兩爭不決. 子才子笑曰: "聖人有二我 : '毋固毋我'之我, 一我也 ; '我則異于是'之我, 一我也." 我亦有二我 : 家人目中之我, 一我也; 兩峰畫中之我, 一我也. 人苦不自知, 我之不能自知其貌, 猶兩峰之不能自知其畫也. 畢竟視者誤耶? 畫者誤耶? 或我貌本當如是, 而當時天生之者之誤耶? 又或者今生之我, 雖不如是, 而前世之我, 後世之我, 焉知其不如是? 故兩峰且舍近圖遠, 合先後天而畫之耶? 然則是我非我, 俱可存而不論也.[86]

화상이 나오자, 사람들이 논쟁하여 그치지 않았다. 원매는 나의 면모가 전세, 금생, 후세에서 한결같을 수 없다고 보았다. 집사람의 시선 속의 나는 금생으로, 이는 세속적 존재이다. 나빙의 시선 속의 나는 이미 세속과 금생의 울타리를 넘어서서, 그림 속에서 나의 전세와 후세가 합일되었다. 나빙과 집사람이 언쟁하여 결론을 내릴 수 없는 관건이 여기에 있다. 원매는 이어서 이렇게 말했다.

그렇기는 하지만 집사람이 이미 내가 아니라고 했으므로, 만약 집에 보관한다면 필시 아궁이 불이나 때는 늙은이나 문 앞에서 장국이나 파는 노인으로 오인되어 마구 꺾여 불태워질 것이다. 양봉 거사는 나를 닮았다고 했으므로, 만약 양봉의 곳에 보관해둔다면, 필시 벗을 사랑하는 마음을 미루어 이 그림도 사랑해주어, 〈귀취도(鬼趣圖)〉나 동심(冬心)·용홍(龍泓) 두 선생의 초상과 함께 경건하게 받들어 무궁토록 보물로 저장할 것이니, 이는 두 자아 가운데 한 자아에게 다행스런 일이 될 것이다. 그러므로 이것이 이루어진 마당에, 감히 스스로 보관하지 못하고 되려 양봉이 대신 보관해주기를 부탁하여, 나를 아는 사람들과 양봉을 아는 사람들이 함께 자세히 볼 수 있게 하련다.

雖然家之人旣以爲非我矣, 若藏于家, 勢必誤認爲灶下執炊之叟, 門前賣漿之翁, 且拉雜摧燒之矣. 兩峰居士, 旣以爲似我矣, 若藏之兩峰處, 勢必推愛友之心, 自愛其畫, 將與〈鬼趣圖〉·冬心·龍泓兩先生像, 共薰奉珍護于無窮, 是又二我中一我之幸也. 故於其成也, 不敢自存, 轉托兩峰代存, 使海內之識我者, 識兩峰者, 共諦視之.

86_王英志校點,《小倉山房尺牘》卷5,《袁枚全集》, 第5冊, pp.104-105.

그림 속 인물은 뺨과 미간을 찌푸리고 있고 주름이 가득하여, 갖은 풍상을 겪은 삶에 방불하다. 입꼬리가 아래로 처진 것은 또 삶의 고난이 여전히 그치지 않았음을 드러낸다. 오른손은 국화를 따되 시선은 그쪽을 향하지 않고 머리를 돌리고 있고, 왼손은 옷을 붙잡고 있다. 행동에 분명히 주저함이 있다. 자신만만한 시단의 맹주 원매는 자기의 이와 같은 고초의 형상을 정녕코 좋아하지 않았다. 원매는 하나의 탁사(託辭)를 끄집어내어, 집사람이 초상화의 인물은 딴 사람으로 알므로 초상화를 훼손하게 될 것이라고 말하여, 초상화를 받지 못하겠다는 뜻을 완곡하게 말하고, 이 초상화를 나빙의 나머지 세 화폭 〈귀취도〉·〈동심선생상〉·〈정경신선생상〉과 나란히 두라고 했다. 이 글로 보면, 원매는 자신의 형상이 나빙에 의해 추하게 그려져서는 안 된다고 여겼던 듯하다. 즉 명성 높은 문호가 '부엌에서 밥 짓는 늙은이'나 '문전에서 장국 파는 노옹'으로 오인되어서도 안 된다고 생각했다. 그리고 자신의 형상이 나빙에 의해 귀신처럼 그로테스크하게 되어서도 안 된다고 생각했다. 즉 홍진에 묻혀 있는 성령대사(性靈大師)가 깡마른 나한이나 종잡을 수 없는 귀신으로 화해서도 안 된다고 여겼던 것이다.

나빙이 세인의 비판을 가장 많이 받은 것은 34세(건륭 31년, 1766) 때 그린 〈귀취도〉와 관련해서이다. 이 화풍은 원매를 포함한 많은 문인들을 놀라게 하고 여러 사람들의 분분한 논쟁을 일으켰다. 원매는 〈귀취도〉에 대해 다음과 같은 견해를 표시했다.

> 나는 귀신과 괴기에 관한 책을 엮어, 《자불어(子不語)》라고 했지만, 그대가 귀신을 그린 그림을 보고서, 비로소 귀신이란 이렇구나 알게 되었네. 이러한 취향을 가진 사람이 누구인가? 오로지 나와 그대뿐이로다. 여성을 그림 그릴 때는 반드시 아름답게 해야 하니, 아름답지 않으면 정이 생겨나지 않는다. 귀신을 그림 그릴 때는 반드시 추하게 해야 하니, 추하지 않으면 사람들이 놀라지 않는다. 아름다움과 추함은 서로 돌고 도나니, 조화가 곧 단청이로다. 귀신이 죽어 화하는 것은 점차 이루어지고, 까마귀 울음소리는 나라 안에 편만하다. 그대는 어찌하여 아울러 그리지 않았는가? 귀신보다 더 기괴할 것이거늘. 군은 "잠깐 천천히 기다려달라. 아직 저 세계와 겹겹으로 동떨어져 있다"라고 하는군.

> 我纂鬼怪書, 號稱子不語. 見君畫鬼圖, 方知鬼如許. 知此趣者誰? 其惟吾與汝. 畫女必須美, 不美情不生. 畫鬼必須醜, 不醜人不驚. 美醜相輪回, 造化即丹青. 鬼死化為漸, 鴉鳴國中在. 君盍兼畫之? 比鬼更當怪. 君曰姑徐徐. 尚隔兩重界.[87]

원매는 신마(神魔) · 귀괴(鬼怪)의 기문(奇聞)과 일담(軼談)을 모아 《자불어》를 편찬하여 사회의 암흑과 정계의 부패를 풍자했는데, 흡사 나빙의 〈귀취도〉와 취지가 같은 듯했다. 원매는 나방을 귀신 취향의 지기로 여겨, 제시에서 "여성을 그림 그릴 때는 반드시 아름답게 해야 하고 귀신을 그림 그릴 때는 반드시 추하게 해야 한다"라고 말했다. 단, 정작 자기 자신이 추한 귀신으로 그려지자, 추한 귀신 형상의 초상화 개념에 대하여 은은한 불안을 드러내었다.[88] 결국 원매는 인생을 낙관하는 인걸의 형상으로 그려지길 희망한 것일까? 아니면 〈귀취도〉에서 늘 비유된 탐관오리로 오인되기를 원하지 않았던 것일까? 진상은 알 수가 없다.

원매는 〈동심선생상〉을 논할 때, 고인이 된 선배 김농이 가규(賈逵) · 장융(張融) · 손숙오(孫叔敖) · 굴원(屈原) · 송옥(宋玉) 등 역사적 인물을 인용했던 방식을 수용하여 그 초상을 멋진 초상의 전형으로 분명히 인정했다. 하지만 자기가 삼계윤회로 떨어질 것이라고 논급되자, 옷깃을 바로잡고 똑바로 앉았다. 김농과 나빙, 그리고 관휴는, 상(相)에 집착하지 말라는 불교 사상이나 영혼윤회설과 관련해서, 원매가 믿었던 자아의 영역보다 훨씬 넓은 영역을 상정했다. '불법을 좋아하지 않는다'[89]라고 밝힌 원매로 보면, 그것은 위협을 느끼게 만드는 영역이었다. 원매는 여전히 유가를 믿어, 귀신은 공경하되 멀리하라는 관점을 지니고 있었기 때문이다. 그는 개인이란 가정 · 사회 · 시대 · 역사의 연결 구조 속에 존재한다고 믿었다.

87_袁枚, 〈題兩峰鬼趣圖〉, 《小倉山房詩集》 卷27, pp.590-591.

88_袁枚가 羅聘과 밀접하게 교류한 것은 乾隆 46년, 원매가 축조한 隨園으로 나빙을 초청했을 때이다. 나빙이 〈袁枚像〉을 만들어 주자, 원매는 미곡을 증여했다. 다음해 나빙은 다시 〈隨園圖〉를 그려 보냈다. 나빙의 〈鬼趣圖〉 화풍과 명사 袁枚 · 蔣士銓 등의 鬼趣圖 관련 제영에 대해서는 《花之寺僧: 羅聘傳》, 第九章 〈鬼趣圖〉, pp.178-204 참조. 또 나빙과 원매의 관계에 대해서는 같은 책, pp.132-136을 참고.

89_袁枚는 "불법을 좋아하지 않는다"라고 말했다. 《隨園詩話》 卷3, 第43則, 《袁枚全集》, 第3冊, p.82.

④ 나빙과 김농의 화상

김농(혹은 정경)이 관휴 붓 아래의 나한 형상으로 그려진 것은, 사실은 북송·남송의 선화(禪畫) 전통에 뿌리를 두고 있다. 원매는 너무 과민했을 수 있다. 나빙은 스승의 신체를 조금 변형했을 뿐, 존경하는 스승을 풍자의 의미를 지닌 〈귀취도〉로 그릴 생각이 결코 없었다. 김농이 서거한 지 20년 후, 나빙은 여전히 선생 생전의 '여래최소제자(如來最小弟子)'의 바람을 잊지 않아, 짙은 불교적 함의를 화상에 풀어냈다. 이것은 감은의 마음에 기초한 것이었다. 나빙은 스승에게서 그림을 배우는 7년 동안 김농과 그 인간관계로부터 영향을 받아서, 문화권으로 점차 굴기하던 스승의 인맥에 이끌려 들어갔을 것이다. 그래서 김농과의 제휴에 감격스러워 했고, 전심전의로 보답했다. 김농의 74세(1760) 무렵, 정도 있고 의리도 있는 나빙은 동학의 항균(杭均)·양작(楊爵)과 함께 공동으로 자금을 내어 《동심선생자탁곡(冬心先生自度曲)》을 판각하고, 2년 후(1762) 《화불제기》를 편찬하여 인쇄했다. 김농이 서거한 다음 해(건륭 29년, 1764) 나빙은 그들 항주로 반장(返葬)했다. 이후 나빙은 스승의 흩어진 시문을 찾아내려고 온 힘을 다했고, 아직 목판으로 새기지 못했던 《동심선생속집》의 출판 기회를 엿보았다. 건륭 36년(1771) 나빙은 처음으로 북경과 천진에 갈 기회를 얻어, 김농의 문집을 판각하려고 했고, 2년 후(1773)에는 20년이나 지연되었된 《동심선생집》의 출판을 실현했다.[90]

김농의 〈수도사소상〉과 나빙의 〈동심선생상〉은 머리 부분이 거의 동일하다. 두 그림은 20년의 시간 차가 있거늘, 나빙은 여태껏 은사의 분위기에 감싸여 있었다. 스승에게서 〈수도사소상〉을 받았던 나빙은 스승의 생전 부탁을 지켜 화상을 지니고 다니면서 널리 좋은 인연을 맺었다. 건륭 46년(1781) 수원(隨園)에 노닐며, 원주 원매의 화상을 그린 것도, 김농이 두 번이나 원매의 화상을 그린 사실을 잊지 않았기 때문이다. 건륭 57년(1792), 이미 60세가 된 나빙은 문화권의 명인이 되어, 문사 하난사(何蘭士) 즉 하도생(何道生)을 만났다. 하난사는 나양봉(나빙)의 청으

90_羅聘, 〈冬心先生續集序〉, 張郁明, 《金農年譜》, pp.234·266-266. 나빙은 〈동심선생속집〉에서 "先生旣編續集十年, 而今又十年矣."라고 했다. 이 책은 편집부터 출판까지 20년이나 걸렸다.

로 김농의 소상에 제문을 적었는데, 그 제구(題句)에, "맑은 이름은 예로부터 삼절이라 일컬었고, 고족(고제)은 지금 법등을 이어가네(淸名自昔稱三絶, 高足至今繼一鐙)"[91]라고 했다. 이 소상이 저 화폭임이 분명하지 않은가? 나빙이 몸에 지니고 있던 스승의 자화상 〈수도사소상〉이거나, 자기가 그린 두 폭의 〈동심선생소상〉일 가능성이 있다. 다만 하난사가 제구에서 진정으로 칭송한 것은 김농의 고족인 나빙이었다.

젊은 나빙은 김농이라는 나이 많고 회화 기법으로 이름 높았던 인물을 의지하여 문화권 속으로 들어갔다. 김농이 죽은 후에도 문화권에서 김농이 나빙에게 끼친 영향력은 여전히 감퇴하지 않았으니, 나빙은 20-30년 동안 스승의 화상을 끼고 사방으로 다니면서 제영을 구했다. 김농 이후의 나빙은 여전히 스승에 의존해서, 김농의 화상을 수장하기를 선승 제자가 사부의 금신을 보존하듯이 했다. 나빙은 김농의 화상을 지니고, 영향력이 강한 문화권 속으로 파고 들어가는 것을, 자신을 장대하게 만드는 유효한 길로 삼았다. 스승은 죽었다고 해서 결코 완전히 떠나버린 것이 아니었다. 은사의 화상은 나빙이 화단에서 개인의 명성을 높이는 데 좋은 도구가 되었다. 시와 그림의 예술세계든, 처세의 인간관계든, 그 두 방면에서 나빙은 이렇게 강하게 김농과 결합했으니, 나빙의 전반생은 심지어 김농 형상의 반영이자 복사라고도 볼 수 있다.

6) 〈고매암주독립도(枯梅菴主獨立圖)〉

나빙이 스승을 위하여 그린 〈동심선생상〉은 원매조차도 '괴류(怪類)'로 간주했다. 나빙은 스승을, 아름다운 정경을 감상하는 숭고한 형상을 지닌 선사(先師)로 그려내는 것을 포기하고, 거꾸로 거칠고 졸렬한 방식으로 그려냈다. 이 기괴한 화상 제작의 관념은 김농의 생전 자화상인 〈고매암주독립도(枯梅菴主獨立圖)〉에서 이미 나타났다. 김농은 자화상에 깊이 빠져서 72세 이후 서너 폭의 자화상을 그리는 데 열중했다. 그

91_《羅聘年譜》, p.410.

중에서도 〈고매암주독립도〉가 가장 서정적 의미가 짙다. 제기는 이러하다.

> 천지는 크기만 하니, 문을 나서면 무엇을 따르랴? 외톨이 학도 따를 수 있고, 고독한 등나무 지팡이도 짚을 수 있으며, 한 척의 배도 탈 수 있고, 조각구름 아래 쉴 수도 있다. 일백 척 오동나무는 그 삶이 쌍이 아닌 것을 사랑한다. 수려하고 윤택한 산은 바라보면 우람하게 특립하여 하나이다. 인간도 짝이 없는 것이 뭇 품물과 다르겠는가? 나는 그래서 고매암 주인이 홀로 서 있는 그림을 그려서, 세상과 뜻이 맞지 않는 사람들을 찾아 기증하고자 한다. 아아, 세상과 뜻 맞지 않는 사람들을 어이 쉽게 보랴? 나의 외론 그림자는 무리를 잃어, 슬프고도 망망하니, 짝이 될 이 누가 있는지 모르겠다. 세상의 장님, 벙어리, 귀머거리, 손 뒤틀린 이, 절름발이, 나병환자, 미치광이, 대머리, 얼굴 훼손된 자, 여윈 자, 흉터 있는 자, 손발 오그라든 자, 언청이, 납작코의 사람, 이 가운데 아마도 세상과 맞지 않는 자가 있을 것이다.
>
> 天地之大, 出門何從? 隻鶴可隨, 孤藤可策, 單舫可乘, 片雲可憩. 若百尺之桐, 愛其生也不雙; 秀澤之山, 望之則巋然, 特然而一也. 人之無偶, 有異乎衆物焉? 予因自寫枯梅菴主獨立圖, 當覓寡諧者寄贈之. 嗚呼, 寡諧者豈易覯哉? 予匹影失群, 悵悵惘惘, 不知有誰? 想世之瞽者·喑者·聾者·孿者·躄者·癩者·癲者·禿簡者·毀面者·癯者·瘢者·拘攣者·褰縮者·匾□者, 此中疑有寡諧者在也.[92]

한쪽은 취약하고 표박하는 한 마리 학, 외로운 등나무 지팡이, 한 척의 배, 조각구름, 한쪽은 강인하고 안온한 오동나무, 수려한 산, 그 두 종류는 물상이 얼마나 다른가! 하지만 형체가 고단하고 그림자가 하나뿐이며 홀로 우뚝 서서 짝이 없다는 각도에서 말하면 그 둘은 하나이다. 김농이 자기의 일생을 취약으로 정의하든 강인으로 정의하든, 도달한 지점은 마음속의 강렬한 고적감(孤寂感)이다. 앞의 여러 자화상 속에서의 저 자신만만했던 전위 화가는 어디에 있는가? 예술적 독창성을 자부하던 교만한 어조는 어디에 있는가? 화면의 물상은 그것을 시원하게 말해주지 않는다. 김농은 자화상에서 회화의 본질로 삼아야 할 것을 완전히 무시하고 스스로 쓴 제기를 빌려서 자기를 불쌍히 여기고 억제할 수 없는 적막

92_《冬心自寫眞題記》, p.82, 第9則.

그림 2-14. (청) 김농, 〈기인리하〉, 종이, 수묵, 23.2X33.3cm, 북경고궁박물원.

감과 애수를 드러내었다. 김농은 노년에도 곤궁했고 여러 질병을 연달아 앓았으며, 늙은 아내는 이미 죽고 슬하에 자식이 없었으니, 확실히 고적하고 처량한 처지였다. 그러므로 어조에는 희망이 없고 기운도 없었다.

한두 해 전 72세(1758년)의 김농은 묵매도 〈기인리하(寄人籬下)〉(그림 2-14)를 그렸다. 까만 울타리는 화면을 원내와 원외의 두 세계로 양분한다. 바깥에서 안쪽을 바라보면, 겨울 매화가 쇠락하여 자잘한 옥(흰꽃)이 편편이 날지만 냉향이 여전히 남아서, 신세를 환기시키는 강렬한 느낌이 있다. 사물을 빌려 인간을 비유하여 비애와 애상의 감정이 감돈다. 그림의 오른쪽에는 새까만 칠서(漆書)로 네 개의 큰 글씨 '寄人籬下'를 써넣어서 주제를 요약해서 제시했다. 원내는 먹으로 도드라진 담장이 매화를 압도하고, 원외는 새까만 칠서의 글자가 먹으로 도드라진 담장을 압도하여 시각상의 효과를 강화한다. 김농은 매화 그림에서 종래 외론 꽃을 홀로 감상하는 구도에서 벗어나 울타리와 검은 글자를 가지고 바람 앞에 위태위태한 노년의 화가가 겪고 있는 처량한 삶을 은유해내었다. 이 묵매는 김농의 화신인 듯하다. 하지만 울타리에 기댈 수나 있던 이 묵매보다 더 가련한 것은 2년 후 나무가 마르고 가지가 헐벗은 매화이다.

자화상은 김농의 생명체가 존재하고 인간관계를 맺어 활동한다는 사실을 구체적으로 증명했다. 김농은 그것으로 자기의 모습을 기록하고, 과거의 인물들과 현재의 지인 및 도제, 미래에 인연이 있을 사람들 사이의 관계를 건립했으며, 심지어 불교 신앙과도 연결지었다. 그 앞의 여러 자화상들은 모두 제기에서 제작 목적을 분명히 제시하여 그 의미가 드러났지만, 〈고매암주독립도〉는 그것들과는 달리 기증 대상도 없고 의의·배경도 없는 화상이다. 완전히 고립하고 절망하여 비관적인 이 화상은 대체 누구에게 보내야 적합할 것인가? 세계 전체가 이미 파괴되어 감당할 수 없거늘, 대체 이 그림을 누구에게 보낼 수 있을 것인가? 김농의 제기는 '자화상'이 인생의 과제를 표현하는 감성 도구라는 점을 더욱 깊이 드러냈다. 김농의 절망은 자신의 신체 상황의 쇠퇴와 잔약을 지각한 데서만 온 것이 아니라, 개인과 외부 세계의 통로가 단절된 좌절감에서도 유래되었을 가능성이 있다. 나아가도 공격할 수 없고 물러나도 방어할 수 없다는 비애감이 끊임없이 이어진다. 양주 서화단의 이 영원히 푸르른 노장이 인생의 극한을 보고 권태를 느꼈기 때문이다.

'고매암'은 김농이 전당강(錢塘江) 강가 고향집 앞에 둔 작은 암자로, 어릴 때 정경(丁敬)·진장(陳章)·여악(厲鶚)·항세준(杭世駿) 등과 글을 읽고 휴식하던 가장 조용하고 멋진 곳이었으며, 그가 학문의 길을 찾아 나선 기점이었다.[93] 인생의 커다란 주기를 돌고나서 돌아와보니 고향의 경황은 쇠락하고 지인들은 죽거나 흩어졌다. 학문 탐구의 길이 울퉁불퉁 구불구불했던 사실을 회상하면, 인생의 기점과 종점이 다시 합하기는 했지만, 결국 이렇게 세상에 혈혈 단신으로 남았을 뿐이다! 고매암 앞에 우두커니 서서 늙은 매화를 보며, "이 매화가 나날이 수척 해지기에 고매암이라고 서명한다(此梅日戍削, 自署枯梅菴)"라고 했다. 이 작은 암자의 매마른 매화에 대하여 김농은, "백설의 빛은 정신에 비해 조금 수척한데, 두셋 차가운 꽃이 여전히 자긍의 뜻을 드러낸다. 근래 늙고 추해져서 감상할 사람이 없기에, 춘풍 속에 꽃 피우길 부끄러워하누나(雪比精神略瘦些, 二三冷朵尙矜誇. 近來老醜無人賞, 恥向春風開好花)"라고 했으니, 이는 자신의 내면을 그대로 베껴낸 것이다.[94] 역사를 주름잡던 예술

93_《盛世畫佛—金農傳》,〈枯梅菴中的情結〉, pp.22-25.
94_金農,〈枯梅盦梅花〉,《冬心先生三體詩》, pp.3b-4a.

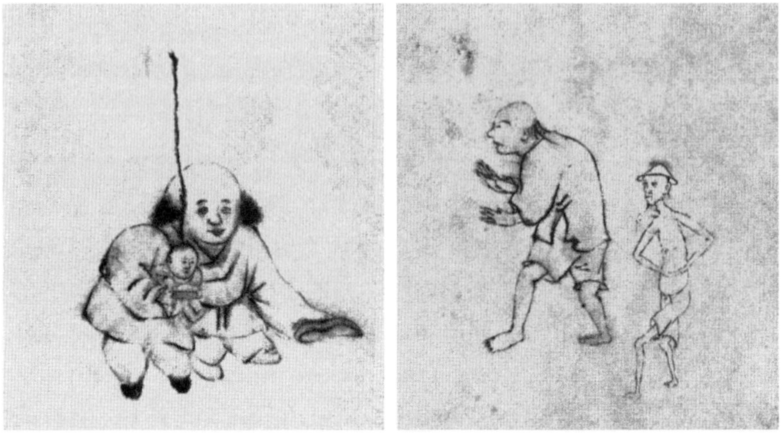

그림 2-15. (청) 나빙, 〈귀취도〉 2폭, 24.1X19.4cm, 홍콩 곽보재(霍寶材) 선생 소장.

가 쪽으로 마음을 돌리지도 않고 지인과 도제도 잊어버리고서, 망망한 천지에 홀로 서 있어 세속과 부합하지 못하는 동병상련의 사람들, 즉 눈먼 사람, 말 못하는 사람, 귀먹은 사람, 뒤틀린 사람, 다리 저는 사람, 나병에 걸린 사람, 간질 앓는 사람, 머리 벗어진 사람, 얼굴 훼손된 사람, 깡마른 사람, 백반증 앓는 사람, 몸 뒤틀린 사람, 입술이 말려 올라간 언청이 등등을 찾아나선 것이다.

김농은 그의 이 자화상을 보아줄 관중을 찾아나서야 했다. 단 그가 설정한 관중은 위에 서술한, 신체가 병든 사람들이다. 앞서 언급한 나빙의 〈귀취도〉(그림 2-15)에서 그림 속의 귀신도 불구의 사람이거나 기형의 사람으로 보인다. 김농도 역시 〈귀취도〉를 그린 후 스스로 다음 제기를 적었다. "송나라 공개(龔開)는 귀신을 잘 그렸는데, 나도 희필로 그려 보았다. 잎이 비처럼 떨어지니, 이는 산 도깨비, 숲의 이매가 오는 것일까? 먼 길 가는 사람은 부디 그들을 만나지 말기 바라나니, 마음을 다잡지 않으면 그 현혹을 입게 된다. 관람자는 경계할 바를 알 수 있을 것이다. 용사선객(龍梭仙客)이 적는다(宋龔開善畫鬼, 余亦戲筆爲之. 落葉如雨, 乃有此山魈林魅耶? 悠悠行路之人愼莫逢之, 不持受其所惑也. 觀者可以知警矣. 龍梭仙客記)."[95] 김농과 나빙은 비자연의 형상을 그릴 때, 주제는 종교에서 취하

95_《花之寺僧: 羅聘傳》, p.185.

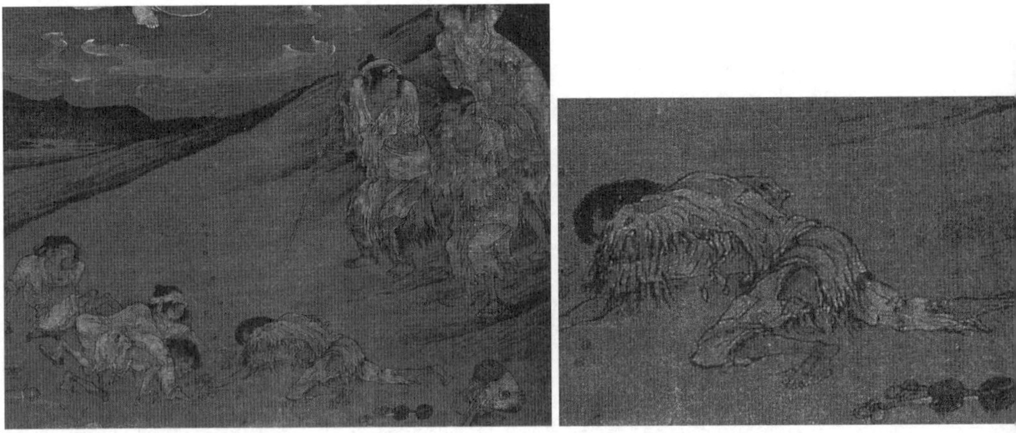

그림 2-16. (남송) 주계상·임정규, 〈오백나한·보시빈기〉 축, 비단, 채색, 115.5X53.1cm, 미국 보스턴예술박물관.

고 이미지는 사람의 형상에서 취했다. 이 스승과 제자가 병든 기형인, 도깨비 및 정령의 주제에 대해 깊이 공감하고 흥취를 느낀 것은 보시도(布施圖)의 회화 전통에서 기형의 사람을 제재로 삼았던 회화 전통을 이은 것이기도 하다. 남송 때 고승이 걸인에게 희사하는 불화(그림 2-16)가 있었는데, 이 역시 당시 양주의 풍속과도 상관이 있을 수 있다.[96] 다만 그림을 그린 동기는 다르다. 비록 둘다 불완전한 사람의 모습을 그렸지만, 과해자(寡諧者)는 고독한 세상의 비극을 반영하고, 귀괴(鬼怪)는 세도를 암암리에 풍자한다.

김농은 기형인을 통하여 자기를 추하고 기괴하게 형상화하여, 세상에 구차하게 부합하지 못하는 고독한 마음을 통렬하게 드러냈다. 세상에 부합하지 못하고 홀로 우뚝한 이 사람이, 사방에 화상을 기증하는 수도사(壽道士), 면벽자, 백이연전부옹과 동일한 인물이란 말인가? 특정한 기증 대상이 없더라도, 김농은 무리에서 떨어져 외론 그림자와만 지내며 남과 어울리지 못하는 상태에서 벗어나지 못했으므로, 동병상련의 사람을 공개적으로 찾아나서 천하의 지음에게 신호를 보냈다. 김농

96_18세기 揚州 畫壇에는 맹인 악사와 걸인의 그림이 끊이지 않았다. 揚州豪富는 심지어 잔폐자들을 종복으로 고용하여 자기의 선행을 과시했다. 〈枯梅菴主獨立圖〉와 羅聘의 〈鬼趣圖〉 및 布施畫의 전통, 揚州의 施捨 풍조 사이의 관계에 대해서는 Richard Vinograd, *Boundaries of the self: Chinese portraits, 1600-1900*, pp.115-116를 참조.

의 이 자화상은 스스로를 가련히 여기고 자기를 억누름으로써 홀로 맑고 홀로 고고하고자 했지만, 거꾸로, 천지간에 홀로 높은 지점을 점유하여 우뚝 선 자아가 세상에 미련을 두고 연연해하는 모습을 암시하기도 했다.

7) 결론

(1) 양주팔괴[97]

양주는 장강의 북쪽, 회하(淮河)의 남쪽에 위치해서, 당시 남북 교통의 유일한 대동맥인 운하의 지도리요 매듭에 해당하는 중요한 항구였다. 경내에는 높은 산이나 험준한 고개가 없이 수로가 종횡하여 교통이 편리했다. 남쪽에서는 조운, 북쪽에서는 교통으로, 선박이 반드시 거치는 곳이었다. 강희 · 건륭 시대에는 극히 번화했다. 강소 · 절강 · 양호(兩湖) 지구에서는 매년 조정을 향해 운송하는 조운 곡량이 약 400만 담(擔, 한 섬에 해당하는 무게)이었는데, 모두 양주를 경유하여 북경으로 운반되었다. 이 밖에 운하를 통한 물류 유통이 이루어져, 당시 대강 남북 지구의 식염이 모두 양주를 의지하여 운수되고 집산되어, 양주는 양회염운사(兩淮鹽運使) 아문의 주재지로, 염상이 빼곡하게 모여들었다. 염업과 조운에 연동된 직조업(織造業) · 인염업(印染業) · 향분업(香粉業) · 야련업(冶煉業) 등의 산업도 급속하게 발전하여, 양주는 마침내 강녕 · 소주 · 항주와 더불어 동남 4대 도회의 하나가 되었다.

청나라 초부터 건륭 말기까지 양주의 본지 출신과 외지에서 온 이름난 화가가 모두 백 수십 명이나 있었다. 부상 · 대고는 풍류 추숭의 풍조에 편승하여, 원림을 건축하고 희곡을 연주하며 서화골동을 수장하고 시문의 연회를 열어 자신의 사회적 지위를 높였다. 원매는 이렇게 말했다.

97_揚州와 八怪의 갖가지 관계에 대해서는 아래의 자료를 참조. 丁家桐,《揚州八怪》,〈八怪諸人概述〉, pp.2-4,〈八怪與揚州〉, pp.8-9; 薛鋒,〈淸中期揚州商品經濟與揚州八怪〉,《揚州八怪年譜》, pp.1-8;《揚州八怪硏究資料叢書》, 卞孝萱〈前言〉;《揚州八怪題畫錄》, (南京: 江蘇美術出版社, 1992), pp.1-8.

> 태평한 나날이 오래되자, 해내가 크게 부유하게 되어, 상인과 사대부는 옛 사람 고아영(顧阿瑛)[고영(顧瑛), 1310-1369]과 서양부(徐良夫)[서달좌(徐達左)]의 풍모를 사모하여 서사(書史)를 저축하고 단점(壇坫)을 크게 열었다. 양주에 마씨(馬氏) 추옥(秋玉)의 영롱산관(玲瓏山關), 천진에 사씨(查氏) 심곡(心穀)의 수서장(水西莊), 항주에 조씨(趙氏) 공천(公千)의 소산당(小山堂), 오씨(吳氏) 척부(尺鳧)의 병화재(瓶花齋)가 있어, 명류가 연회를 열고 시를 음영하는 날이 없는 적이 없었다.
> 昇平日久, 海內殷富, 商人士大夫慕古人顧阿瑛·徐良夫之風, 蓄積書史, 廣開壇坫. 揚州有馬氏秋玉之玲瓏山館, 天津有查氏心穀之水西莊, 杭州有趙氏公千之小山堂·吳氏尺鳧之瓶花齋. 名流宴咏, 殆無虛日.[98]

원매가 이 글에서 말한 마왈관(馬曰琯)·마왈로(馬曰璐) 형제는 양주의 저명한 염상으로, 그들이 영건한 영롱산관은 양주팔괴의 예술가와 문사들이 드나들던 원림이었다. 정판교(정섭)에게 〈마추옥 화선에(爲馬秋玉畫扇)〉 시가 있고, 왕사진에게 〈양명헌의 연꽃 분을 읊어서 해곡 반사 주인에게 바친다(吟兩明軒盆荷 呈嶰谷半查主人)〉 시가 있으며, 김농에게 〈강산에서의 지난날 유람이 생각나서, 여원갑·고상·마왈초·왈관·왈로·왕사신에게 회포를 부친다(憶康山舊游寄懷余元甲·高翔·馬曰楚·曰琯·曰璐·汪士慎)〉와 〈마왈관·왈로 형제가 왕기·여원갑·왕훈·여악·민화·왕항·진고와 함께 불러서 소영롱산관에 모이다(馬曰琯·曰璐兄弟招同王岐·余元甲·汪塤·厲鶚·閔華·汪沆·陳皋集小玲瓏山館)〉 등 시가 있다. 김농은 마해곡을 대신하여 〈마해곡초엽연명(馬嶰谷蕉葉研銘)〉을 새기기도 했다. 문학가·시인·희곡작가·전각가들이 함께 명원에 아집하는 일은 아주 일상적이었다. 이 밖에 양회(兩惟) 염과(鹽課)의 수입도 서원에서 필요한 물품을 조달하는 데 쓰였고, 양회 염정의 관리는 이를 통해 사대부와 교제를 맺었다. 항세준(杭世駿, 1696-1773)·장사전(蔣士銓)·요내(姚鼐, 1731-1815)·오석기(吳錫麒, 1846-1818) 등 명사들은 서원을 진퇴의 장소로 삼고, 또 화가들과도 각기 여러 방식으로 관련을 맺어, 회화예술의 발전에 유리한 조건을 조성했다. 염상과 염관은 특히 우호적이었다. 염상·염관은 문사와 서화가에 의지하여 풍아의 명성을 구했고, 문

98_《隨園詩話》卷3, 第60則,《袁枚全集》, 第參冊, p.88.

사·서화가는 염관의 권력과 염상의 재물에 의지하여 생계를 도모해서, 상호의존적인 문화권을 형성했다.[99]

동남 4대 도회에서 강녕과 항주는 성구(省區)의 정치 중심이고 독무아문(督撫衙門)의 주재지여서, 관가가 예술에 깊은 영향을 끼쳤으므로 전통적 예술 취향이 쉽게 바뀌지 않았다. 소주는 양주와 지위가 대등했다. 하지만 소주는 청초 화단에 속하는 4왕의 고향[왕시민(王時敏)·왕감(王鑒)·왕석곡(王石谷)·왕원기(王原祁)는 각각 태창(太倉) 사람과 상숙(常熟) 사람]으로, 4왕의 산수화가 오랫동안 조야의 존중을 받았으며, 화조화도 상주(常州)화파의 세력이 아주 컸다. 이에 비해 양주는 신흥 시장으로, 각지의 예술가가 모여들었고, 인습적인 회화 전통도 없어서, 양주 예술계로 하여금 신이한 것을 추구하여 천자백태를 드러내고 만학에 온갖 물이 다투어 쏟아져 흐르는 듯한 분위기를 갖도록 만들었다.[100] 양주 일대는 상업이 발달하고 자금이 신속하게 유통되었으므로, 서화 작품도 그와 더불어 빠르게 상품화하여, 상인과 서화가가 뗄레야 뗄 수 없는 관계를 이루어 서로가 서로를 필요로 했다.

회화사의 양주팔괴는 이러한 시대와 환경에서 출현했다. 이 봉호는 사실 좋은 뜻을 지닌 것이 아니었다. 청나라 후기에 여러 저작들이 정판교(정섭)와 김농의 예술 취향을 올바른 예도가 아니라고 보아, 정판교의 글자를 지금 것도 아니고 옛것도 아닌 '소아유희'로 간주하고 김농의 그림을 '일부러 치졸하게 하는' 기만적인 기량이라고 간주했다. 곧, 서화에서 신기축을 내어 압도하려고 한 것은 방문좌도(旁門左道)이고, 사의(寫

99_八怪는 揚州商과 관계가 밀접했다. 黃愼은 일찍이 維揚 李氏園林에 우거했고, 陳撰初는 大鹽商 項氏에 의지했다가 뒤에 鹽商 程夢星에게 改館했으며, 만년에는 鹽商 江鶴亭의 초빙에 응해서 康山草堂에 묵었다. 기타 華嵒·李葂·高鳳翰·楊法 등도 大鹽商이 벌이는 宴樂의 上客이었다. 薛鋒, 〈淸中期揚州商品經濟與揚州八怪〉, pp.2-3.

100_金農은 "족적이 천하의 반에 이르렀다." 黃愼도 金陵·福建에 이르렀으며, 鄭板橋·高翔·高鳳翰·李鱓·汪士愼 등도 늘 외유를 했고, 羅聘은 여러 차례 북쪽으로 올라갔다. 그런데 많은 화가들이 대부분 揚州에 僑居했다. 新安畫派의 창시자 漸江·查士標·汪之瑞 등이 있고, 皖派의 저명한 서화가 戴本孝·梅淸·蕭雲從·梅庚·巴慰祖·方士庶 등도 있다. 金陵八家의 우두머리 龔賢은 揚州에 여러 해 우거했다. 昆山의 명화가 周笠, 打底界畫의 명화가 李寅·蕭晨·袁江·袁耀·顏嶧·顏岳 등도 모두 八怪와 관련이 있어서, 갖가지 유파를 창조하고, 각자의 풍격으로 서로 경쟁해서 절장보단하면서 중국 회화의 발전에 새로운 이정표를 세웠다. 薛鋒, 〈淸中期揚州商品經濟與揚州八怪〉, p.7.

意)의 풍격은 '하인과 상인'이 신기를 추구하는 풍조에 순응한 도압(塗鴨, 낙서)의 필치라고 비판했다. 그림으로 생계를 꾸린 일에 대해서는 예술의 참된 정성이 결여되었다고 비난하며, 위대한 유학자가 도를 보위하기 위해 그들의 머리 위에 봉갈(棒喝)을 내릴 것이라고 했다. 이에 그들에게 양주팔괴라는 이름을 붙였다. 팔괴의 화풍에 대한 예술계의 조롱에서 새어나오는 것은 신흥유파에 대한 불만과 적대감, 나날이 번성하는 상품 경제에 대한 강한 콤플렉스이다.[101]

(2) '기사' 김농의 서화 활동

김농은 천부의 자질을 지닌 시인으로서 공명을 추구했지만 벼슬길에서 뜻이 어그러지자, 양주의 날로 번창하는 상업을 배경으로, 처지가 비슷한 문사들과 함께 점차 전업 서화가로서의 틀을 갖춰 갔다. 사실 김농의 회화 경력은 그리 빨리 시작되지는 않았다. 32세에 그림을 그리기 시작했지만, 독자적인 풍격이 형성된 것은 50세 전후에 갈묵·팔분의 '칠서체(漆書體)'가 완성된 무렵이다. 60세 이후에는 대나무를 그렸고, 만년에는 대나무, 매화, 말, 사람, 부처 등 각 부류의 양식을 두루 그려, 풍격이 뚜렷해졌다.[102]

건륭 8년 계해(1743), 전조망이 양주에 와서 57세의 김농과 교분을 맺었는데, 그는 〈동심선생사등기(冬心先生寫燈記)〉에서 이렇게 말했다.

> 내 벗 전당 김군 수문(壽門)은 기사(畸士)이다. 박학하고 옛것을 좋아하기는 양남중(楊南仲)[북송 금석학 문자학자]과 같고, 고문사(古文詞)는 손가지(孫可之)[당나라 손초(孫樵)]와 같으며, 시는 육천수(陸天隨)[당나라 육귀몽

101_丁家桐,《揚州八怪》,〈八怪諸人概述〉, pp.2-4.

102_정판교(정섭)의 대나무는 풍류재사와 같으나, 김농의 대나무는 초췌한 형상과 고안(高岸)의 기세가 있어, 마치 오래된 절의 노승과 같다. 매화를 그릴 때 왕사신(汪士愼)은 무성한 가지를 그리고, 고상(高翔)은 성근 가지를 그렸으나 김농은 "나는 이 화폭을 그릴 때, 성글지도 않고 무성하지도 않은 경지를 추구했소(予畫此幅, 居于不疏不繁之間)"라고 했다. 그림은 글씨와 마찬가지로 자강과 자부의 품격을 드러냈다. 김농은 문화적 소양이 풍부하여, 선종에 대한 이해와 깨달음을 바탕으로 비범한 창조력과 개척 정신을 드러내어, 청나라 300년간 '화불(畫佛)'의 제일 보좌에 앉았다.《盛世畫佛—金農傳》, pp.353-354.

(陸龜夢)]와 같고, 뇌뢰낙낙함은 유용주(劉龍洲)[남송 유과(劉過)]와 같으며, 결백하기는 예우(倪迂)[원나라 예찬(倪瓚)]와 같고, 협사(狹邪, 狹斜, 화류계)의 노닒을 좋아함은 양철애(楊鐵厓)[원나라 말 양유정(楊維禎)]와 같다. 그런데 치기가 아주 심하여, 멀리는 고장강(顧長康)[동진 고개지(顧愷之)]과 같고 가까이는 광담약(鄺湛若)[명나라 말 광로(鄺露)]과 같다. 이 때문에 강호 사이에 분주히 오가면서 만나는 사람도 또한 적지 않지만, 나이가 50을 넘었어도 옛날처럼 낙탁(落拓, 落魄)하다. 처음에 절강학사 솔난고(帥蘭皐)[솔염조(帥念祖)] 공이 김 수문에게 사과(詞科, 박학홍사과)에 응하라는 격문을 보냈으나, 한사코 사양하고 나아가지 않았다가 뒤에 서울에서 좌절했다. 어떤 사람이 위문하자, 그가 말하길 "나는 다만 징거(徵車) 중의 인물이 과연 어떤 사람들인지 보고자 했을 뿐이오"라고 했다. 서너 달 뒤 낭탁의 돈이 다 소진되자, 비로소 돌아왔다.

吾友錢塘金君壽門, 畸士也. 其博學好古似楊南仲, 古文詞似孫可之, 詩似陸天隨, 其磊落似劉龍洲, 潔似倪迂, 尤喜狹邪之游似楊鐵崖, 而其痴甚篤, 遠似顧長康, 近似鄺湛若. 以故奔走江湖間, 所際會亦不少, 而年過五十, 拓落如故. 初浙江學使帥公蘭皐, 嘗以壽門應詞科之檄. 力辭不就. 而蹇之都下, 或問之, 則曰：吾特欲觀徵車中人物果何等耳. 數月, 橐中金盡始歸.[103]

김농은 박학하고 고문·시사(詩詞)의 소양을 갖춘 데다가, 개성이 뇌락하고 결백을 좋아하면서 협사(유곽)의 노닒을 즐겼으며, 아울러 치벽(痴癖)이 깊어서, 반백년이 지나도 여전히 불우했다. 건륭 원년에 솔념조가 박학홍사과에 천거하여 북경으로 갔지만, 그의 태도는 다른 사람들과 달랐다. 전조망은 많은 고인들을 이 기인과 하나하나 비교해보고, 그를 기사(畸士)라고 총평했다. '기사'라는 말은 김농의 품성과 서화 풍격을 지적한 것이되, 김농이 일생 벼슬 갈구했지만 사찰에 은거하며 발버둥쳐야 했던 사실과 가만히 부합한다.

김농의 화상은 문헌상 모두 열두 폭이다. 그 가운데 세 폭은 다른 사람이 그린 화상이다. 〈동심선생사십칠세소상〉(1733)은 친구 고상(高翔)이 그린 것이고, 〈초음오수도〉(74세, 1760)와 〈동심선생상〉(김농이 죽은 후 20년 뒤, 1787)은 제자 나빙이 그린 것이다. 〈사십삼세소상〉(1729)은 김농이 중년에 그린 것이다. 〈자위사진(自爲寫眞)〉(67세, 1753)은 정섭에게

103_《金農年譜》, p.226.

준 것으로, 그림은 더 일찍 그렸다. 그 밖에 항균에게 준 〈자사소상〉(72세, 1758), 주운에게 준 〈자도형모(自圖形貌)〉, 정경과 나빙에게 준 〈수도사소상〉, 용홍사 포 장로에게 준 〈석야거사반신상〉, 오 처사에게 준 〈백이연전부옹소상〉, 서하 상선당 송 개사에게 준 〈면벽도〉, 특정한 기증 대상이 없는 〈고매암주독립도〉 등 일곱 폭은 김농의 72, 73세에 집중되어 있다. 김농은 일생 창작을 멈추지 않았으며, 만년에는 자화상 제작에 몰두했다. 이것은 달리 유례를 찾기 어렵다. 그는 부단히 옛 그림을 찾아 수집하고 그것을 본받아서 자사진(自寫眞)의 화법을 실험했다. 그런 후 화상을 줄 대상을 끊임없이 찾았고, 화상에 적는 제기의 어조를 바꾸었다.

그의 자화상과 화상 제기는 기사(畸士) 김농이 자기를 정의하는 글쓰기였다고 보아도 좋을 것이다.

(3) 각종 연계망의 창조

화상 자제(自題)는 자아 열독의 텍스트로, '자아 관찰'에서 자전 서술로 진입하는 행위이기도 하다. 일반적인 자전과 마찬가지로 자아 해석의 논술로, 모두 자아 서술을 빌려 개인의 역사를 수립하는 데 목적이 있다. 자전 서술은 전주(傳主)가 자기의 과거와 대화하도록 만든다. 이것은 경험의 반성이자 후설(後設)이다. 화상 자제를 선택하여 자아를 표현하고 서술할 때, 자전 서술은 가까이서 서술할 수도 있고 멀리서 서술할 수 있는 '투영성(reflexivity)'을 지닌다. 텍스트 속에 각기 다른 국면의 자아를 후설하고, 전주는 이로써 기왕의 해석을 수용, 반박, 수정, 혹은 변개하여 자아를 재구성하며, 더 나아가 자기의 신상에 들러붙어 있는 하자와 허물을 제거하고 정화를 추구한다. 바꾸어 말하면, 화상 자제는 사실상 글쓰기 활동을 통해서 '자아 관찰'의 심층의미를 '자아 정화'의 과정으로 전환시킨다. 명대 화상자찬과 마찬가지로 김농의 자화상과 제기도 자아 정화의 행동이라고 볼 수 있다.[104] 하지만 김농은 명대 문사들이

104_畫像 自題의 後設性, 自我淨化 및 多重音域 등의 관점은 이 책 제1장의 결론 부분을 참조.

고독한 발화공간을 창조하여 내성관조(內省觀照)하던 틀을 벗어나서, 제자 · 지인 · 시민 · 향리숙사 · 선당고승과 만날 장(場)을 창조하려고 제기 속에 자기 자신과 특정 인물을 안배하고 그들을 서로 대화시켰다. 발화 공간은 더 이상 고적하지 않고, 오히려 뜨겁고 시끄러운 분위기를 띠었다. 김농의 화상 자제는 자아를 고립시키기는커녕, 오히려 힘껏 각종 연계를 만들어내었다.

우선 스승과 제자 사이의 연계이다. 김농은 양주라는 곳에서 반드시 서예의 계승자를 얻어 명성을 드넓혀야 했고, 제자도 스승의 아우라로부터 도움을 얻어 문화권에 뛰어들어야 했다. 둘 사이의 상호 의존은 김농이 권위 있는 형상을 확립하는 것에 기초를 두어야 했다. 김농은 제자 항균과 나빙에게 준 화상 자제에서, 회화사 분야에서 자신이 자화상의 대단한 기교를 창시했음을 자긍하고, 항균과 나빙이 각각 총명하여 향학이 남다르다고 칭찬했다. 김농은 항균이 친구 관계였다가 자신의 학생이 된 사실을 특별히 밝혔다. 점차 늙어가는 김농은 삶의 정점을 향해 가는 나빙 · 항균의 바로 그 시점에 연결되어, '뒤이을 사람이 있는' 사제 관계를 이루었다. 항균과 나빙은 김농 초상화의 수장자요 보호자일 뿐만 아니라, 스승의 초상화를 공개할 특권을 지녔다. 두 사람은 각자 기증받은 화상을 지니고 다니면서 대중에게 전시하여, 스승을 위해서도 자기를 위해서도 널리 인연을 맺고 명성을 떨쳤다. 나빙과 항균은 김농의 예술적 추종자와 전파자에 그치지 않고, 학생으로서 그들은 김농이 만들어내는 예술 형상의 참여자이자 김농이 만들어낸 예술 형상의 입증자가 되었다.

그들과 긴밀한 사제 관계를 맺은 이외에도, 자신만만한 이 노화가는 초상화를 통해 여러 사람들과 관계를 맺어 나갔다. 정섭이나 정경 등 지인도 있고, 포 장로나 송 개사 등 고승도 있으며, 오 처사 같은 향리숙사도 있고, 주운 같은 강도(江都)의 장사치도 있다. 그들은 각각 문화의 청영(菁英), 산림의 아사(雅士), 사찰의 고성(高聖), 시정의 속객을 대표한다. 김농의 초상화와 제기는 개인 삶을 기록하는 단순한 기능을 뛰어넘어, 뭇사람에게 재능을 전시하고 눈요기를 제공하며, 지취를 표현하고 사람들을 개도하는 매개물로 되었다. 김농은 초상화를 통해서 자기를 중심으로 하는 드넓은 인적 네트워크를 구축했다. 흥미로운 점은, 김농은 자신이 그린 그림이든 남이 그린 그림이든 그림 속에서 부단히 자신의 배역을 바꾸었다는 점이다. 문사, 수도사, 석야거사, 면벽한 사람, 백이연을 지닌 전부옹, 파초 그늘 아래 배를 드러내고 낮잠 자는 사람, 고매암의 주인으로서 홀로 서 있는 사람 등등, 그 대부분은 일상적이지 않은 분장이다. 화면과 제기의 비일상적 형상과 발화는 일종의 사회적 의미를 진술한다. 김농은 자아를 타자와 연계시키는 데 그치지 않고, 문사와 시정, 세속과 종교, 귀괴와 범상, 과거 · 현재 · 미래의 경계를 타파하고, 해학이나 연기의 방식으로 자연/인위, 문아(文雅)/비야(鄙野), 신성/세속, 전세/금생/내세의 교환과 소통을 이루어냈다. 김농은 화상과 자제를 통해 이러한 교환과 소통을 수행하여, 생전에는 이룰 수 없었던 여러 바람을 이룰 수 있었다.[105]

(4) 신분의 우언[106]

김농은 일생 아주 많은 별호를 사용했다. 그 스스로, "병신년 강가에 와병하여 추운 밤 사람이 그리워 새벽까지 잠을 이루지 못했다. 마침내 최국보의 '적료하게 겨울 마음을 품고 있다'라는 말을 취하여 자호로 삼는다"라 밝히고 호를 동심 혹은 동심 선생이라 했다. 또 작고한 부친이 곡강 별업에 지은 치춘정(恥春亭)에서 취하여 호를 치춘정옹(恥春亭翁)이라 했다. 절강 항주 천축산(天竺山)은 허유(許由)가 일찍이 이곳에 숨어 살았고, 산 위에는 매미가 많았는데, 매미 울음이 '계류(稽留, 머물라)'라는 소리로 들렸다고 한다. 이는 허유와 같은 음(절강성 방언에 따른)이다. 김농은 일생 청고(淸高)를 자칭하면서 시류와 부합하지 못하는 처지

105_비노그래드는 김농의 자화상의 목적이 '연계(bonds)'와 '보상(reparations)'이라 보고, 친구나 도제와의 '연계'와 그림 제작을 통한 '보상'으로 실제 생애에서 이룰 수 없는 바람을 달성했다고 주장했다. 이 글의 관점은 그 설에서 취했다. Richard Vinograd, *Boundaries of the self: Chinese portraits, 1600-1900*, p.118.

106_趙白生은 故事 · 寓託의 뜻을 지닌 '신분의 우언'이란 관점에서 蘭克林의 自傳을 검토했다. 이 책의 '신분의 우언'이란 말을 그의 설에서 취했다. 趙白生,《傳記文學理論》(北京: 北京大學出版社, 2003),〈身份的寓言〉一節, pp.83-99.

를 탄식했으므로 호를 계류산민(稽留山民)이라 했다. 또 호를 김길금(金吉金)이라 했는데, 범어로는 소벌라길소벌라(蘇伐羅吉蘇伐羅)라고 했다. 중년 이후 불교에 귀의하고는, 호를 심출가암죽반승(心出家庵粥飯僧)이나 여래최소제(如來最小弟)라 했다. 그리고 일생 강희 · 옹희 · 건륭의 조정을 거쳤으므로 삼조노민(三朝老民)이라 했다. 서화의 여가에 벼루를 좋아하여 백이연전부옹(百二硯田富翁)이라 했다. 이밖에도 곡강외사(曲江外史) · 석야거사(昔邪居士) · 용사선관(龍梭仙館)[용사선객(龍梭仙客)] · 수도사(壽道士) · 노김(老金) · 이십육랑(二十六郎) · 노정(老丁) · 주양관주(朱陽館主) · 형만민(荊蠻民) · 소선암주(小善庵主) · 석화인(惜花人) · 지강조사(之江釣師) · 십구송장자(十九松長者), 지구노생(紙裘老生) · 금우호시로(金牛湖詩老) · 죽천(竹泉) · 고천(古泉) · 연신거사(蓮身居士) · 선단소화인(仙壇掃花人) · 고매암주(枯梅菴主) 등등이 있다.[107]

자전 작가는 왕왕 특정한 신분으로 자아를 재현한다. 별호로 변장하기를 좋아한 김농은 만년에 묘필을 휘둘러 여덟 폭의 자화상을 그렸는데, 이 자화상들은 김농의 입체적 별호에 다름 아니다. 김농은 각기 다른 화상 자제에서 먼저 독자를 선택하고 그 독자와의 관계를 설정한 다음 발화의 어기와 필조를 정했다. 악보 첫머리에 올림따옴표나 내림따옴표를 두는 것과 마찬가지로 발화의 기조를 먼저 정했던 것이다.[108] 그는 친우 정섭 및 정경과 마주하고, 제자 항균 및 나빙과 마주하며, 도를 닦아 고묘했던 용홍사 포 장로 및 송 개사와 마주하고, 강도 장사치 주운 및 향리숙사 오 처사와 마주하며, 천지 사이에 흩어져 있는 과해자들과 마주했으므로, 한 가지 신분만을 드러낼 수가 없었다. 그는 진정한 지인, 천재 예술가, 계발에 뛰어난 시화 선생, 성역을 추구하는 고승과 도사, 정신적으로 풍부하여 어떤 처지에서도 편안한 문사, 즐거운 일 없이 울울한 고매암주(枯梅菴主)의 사이에서 교묘하게 자기를 변환하고 신분의 우언을 구축했다.

김농이라는 초상화가/서술자는 이와 같이 각종 신분의 면모로 자신

107_《金農年譜》, p.191.

108_프랑스의 필리프 르죈은 자서전 쓰는 것을 악보에 비유해서, 먼저 어조와 필조를 확립해야 한다고 했다. Philippe Lejeune, 楊國政譯《自傳契約》(北京: 三聯書店, 2001), p.66.

의 과거 역사를 재현하면서, 그와 동시에 그가 기대하는 이상적인 미래를 조형했다. 결코 적나라한 사실을 기록하는 데 그치지 않았으며, 완전히 이상적인 자아 형상을 우탁하기도 했다. 자전이 일종의 허구적 텍스트 서술로 간주되는 것은, 작자가 현재의 관점에서 지난날에 대한 새로운 해석을 제출하되 지난날로는 소급할 수가 없으므로 진실한 객관적 개인사를 재현할 수 없기 때문이다. 자전적 주체도 언어에 의해 구축되고, 언어를 빌려 존재하며, 언어를 따라서 생성되고 변화한다. 그리고 자전 속에서 해석을 행하는 저 주체는 동시에 행위의 객체이기도 하다. 그러므로 자전의 텍스트는 필연적으로 하나는 입전 대상(자전의 객체), 다른 하나는 입전하는 사람(자전의 주체)의 두 목소리와 연결되어, 주체·객체·서술 셋이 서로 침투하므로 허와 실을 명확히 가려낼 수가 없다.

김농의 화상은 다중 신분의 우언과 다르지 않다. 그는 화상 자제를 작성해서 가탁된 신분을 이용해서 풍부한 우의를 하소했다. 노년의 서화가 김농이란 주체는 텍스트 속에서 겹겹의 영상, 즉 문사, 수도사, 석야거사, 면벽한 사람, 백이연을 지닌 전부옹, 파초 그늘 아래 배를 드러내고 낮잠 자는 사람, 고매암 앞에 홀로 서 있는 세속과 맞지 않는 사람 등등으로 분화된다. 이 분열의 이미지는 김농의 모순과 기대를 드러낸다. 그 속에는 김농으로 대표되는, 재부를 추구하고 영예를 낚고 향락을 의식하는 '은닉된 자아'도 포함되어 있다. 김농으로 대표되는, 품행이 고결하고 명성이 높으며 영재를 교육하는 '사회적 자아'도 포함되어 있다. 그 둘은 아주 다르다. 서술의 목소리를 자세히 들어보면 텍스트의 목소리는 한 사람에게서 나오는 것만이 아님을 깨닫게 된다. 화상 자제의 텍스트는 김농의 신분 우언의 총체를 이루어, 다중 '자아'의 각축장을 이루고 있다.[109] 김농의 화상 자제는 자전 텍스트의 구조적 특성을 충분히 발휘하여, 다중 신분에 숨어 부단히 변환하는 자아로 하여금 대화의 연기를 하게 만들었다. 참된 나, 거짓된 나, 현실의 나, 꿈속의 나, 세속의 나, 신성한 나, 귀괴

109_楊玉成은 多重我의 경쟁이란 관점에서 陶淵明의 〈五柳先生傳〉은 분석하고, 이 글이 중국 自傳書寫의 전통에 새로운 변화를 가져왔다고 논했다. 楊玉成, 《陶淵明文學研究—語言與民間禮儀的綜合分析》(國立政治大學中文研究所博論, 1993), 〈自傳文學的幻滅與新生: 論 '五柳先生傳'〉, pp.15-16.

의 나, 고독한 나 등등. 이 자아들은 모두 집필할 때 자아 관조 중에 차례로 일어났다가 스러지면서 복수의 목소리로 시끄럽게 떠들어 댄다. 자전의 도전성은 다음과 같은 점에 있다. 즉, 텍스트 속 나(객체)가 어떻게 담화/서술의 나를 통하여 나(자아)의 생명(삶)을 모의(模擬)하는가? 자전의 전주(담화인/서술자)는 독백식으로 과거를 회상하지만, 과거회상/미래설계의 때에 담화인(서술자)의 나(주체)의 의식, 작품 속의 나(객체), 과거/미래의 나(자아), 나의 과거/미래에 접촉한/접속할 사람(타인) 등등이 다방면으로 서로 작용하고 서로 쟁변한다. 자아인식도 이러한 자기와 자기, 자기와 타인, 과거와 미래가 서로 대화하는 관계 속에서 이루어져, 그로써 자전 텍스트로 하여금 다성음 경쟁의 장을 만들어낸다.

김농은 만년에 자화상과 제기를 왕래·소통에 유리한 매개로 삼는 데 그치지 않고, 각종 인간관계의 네트워크를 만드는 데 사용하여, 자기/고인/타인의 다원적인 대화장을 연출했다. 그것은 지향의 표징, 신분 우탁의 수수께끼 형식이어서, 각각 독립적인 단편 자전 서술을 통해 사적 언어와 사회 언어의 내외 전환의 과정을 거쳐 나의 목소리를 여러 방식으로 개입시켜, 다중의 복합적인 총체적 삶의 윤곽을 그려내었다. 18세기의 현실에서는 실의한 문사이자 서화가였던 그는, 다층의 인간관계 네트워크를 만들어내고 신분 변환과 우의를 통하여 실의와 좌절을 극복하고 이상적 형상으로 전환하여 인생의 실패를 보상받을 수 있었다.

(5) 부언

76세의 김농은 죽기 한 해 전(1762) 늦가을에 〈늙음이 이미 이르러 왔기에 최근의 심경을 펼쳐 집우 양팔장(자귀)에게 부친다[老已至矣, 抒寫近懷寄執友楊八丈(自貴)]〉 시를 지었다.

> 나는 늙었어도 완전히 늙지는 않아, 흰 구레나룻과 수염이 희어질수록 더욱 묘해서, 늘 유수(劉叟)[당나라 유희이(劉希夷). 노인이 장안의 낙화를 보며 슬퍼하는 뜻을 노래한 〈대비백두옹(代悲白頭翁)〉을 지었음—저자 주]의 꽃 앞에서 나이가 젊다고 말했다. 금년 봄에는 귀가 반쯤 어두워졌으나, 여전히

청량산의 타종소리를 들을 수 있으니, 장승(張丞)[당나라 장계(張繼). 〈풍교야박(楓橋夜泊)〉 시에서 한산사(寒山寺)의 종소리를 듣는다고 했음—저자 주]이 '대강(양자강) 소리가 콸콸거리는 것이 들리지 않는다'고 했을 것보다는 훨씬 낫다. 나는 가난해서 구부(九府, 재정담당 관서)의 돈이라고는 한 꿰미도 없으나, 책상에는 도리어 천금의 벼루가 있으니, 이 수전 300 이랑이 어찌 천한 적이 있었던가? 눈은 더욱 밝아져 빛이 반짝반짝하는데, 아침나절 붓을 놀리자니 수심이 다시 들어 시름겹구나. 오로지 들판의 매실이 신 것과 대나무가 가을에 우는 것을 그려내고, 파리 머리 크기의 작은 해서를 종이에 한 가득 가늘게 쓰노라. 두 다리가 게을러져 가는 곳을 헷갈리지만, 허리를 꺾고 공경대부를 찾아다닐 필요가 없구나. 우연히 문을 나서서 소매 떨치며 길을 가, 붉은 등나무 지팡이를 버리고는 씩씩하게 걷노라. 얼굴이 쇠했어도 최근 술잔을 가까이 하게 된 것을 기뻐하니, [진(晉)나라 환온(桓溫)이 나쁜 술을 평한 것과 달리] 평원(平原)의 독우(督郵) 같은 술이든 곡수재(曲秀才, 술)든 괘념하지 않는다. 서로 약속하고 이르러 가서는 웃으면서 입을 크게 벌리니, 취향(술에 취해 몽롱한 상태)이 어찌 속객이 오는 것을 허락하랴? 긴 노래를 부르나니, 누구에게 화운을 구하랴? 은근히 양임하(楊臨賀, 양자귀)에게 부쳐서 화운을 구하려, 백이 굽이 산하의 진관(秦關)으로 기러기 날아 지나가길 기다리노라.

我老未全老, 白髭鬚, 白更妙, 常在劉叟花前説年少. 今春耳半聾, 尙能聽打清涼山上鐘, 絶勝張丞不聞大江聲洶洶. 我貧九府之錢無一串, 書床卻有千金硯, 此中水田三百頃, 何曾賤? 眼優明, 光瀏瀏, 經朝弄筆愁復愁. 偏畫野梅酸苦竹啼秋, 細寫滿紙小楷如蠅頭. 雙腳懶, 迷所向, 免得折腰謁公相. 偶然出門散袖行, 健步拋去紅藤杖. 衰顔近喜親酒杯, 平原督郵曲秀才. 相約而至笑口開, 醉鄉那許俗子來? 賦長歌, 乞誰和? 殷勤覓寄楊臨賀, 只等百二秦關雁飛過.[110]

늙음/늙지 않음, 귀먹음/귀먹지 않음, 가난함/가난하지 않음, 천함/천하지 않음, 게으름/게으르지 않음, 취함/취하지 않음 등등, 김농은 늙었음을 깨닫고 늙음을 한탄하지만 늙음에 굴복하려 하지 않았다. 눈, 귀, 다리가 모두 제대로 기능하지 않지만, 도리어 "오로지 들판의 매실이 시어 빠진 것과 대나무가 가을에 우는 것을 그려내고, 파리 머리 크기의 작은 해서를 종이에 한 가득히 가늘게 쓴다"라고 했다. 김농은 성격이 드세어서, 서예로 오만하게 자기의 존재를 증명하려고 했다. 같은 해 또 〈쌍구

110_《金農年譜》, pp.262-263.

총죽도(雙鉤叢竹圖)〉축을 만들었다. 그 제기의 글은 이러하다.

> 건륭 무진년, 나는 강상으로 옮겨서, 남성의 구석으로 이주했다. 서당 앞에는 아리따운 땅이 많아서, 정원 손보는 사람에게 묵은 풀을 제거하라고 명하고, 용정산(龍井山) 승려에게서 총죽 100간(竿)을 사다가 심어두어, 1간마다 대략 청부(青蚨, 돈) 30냥을 허비했다. 나는 처음에 대나무를 그려, 대나무를 스승으로 삼았다. 사람들은 그것을 훌륭하다고 하여, 문득 나를 지목하길 문파공(文坡公)[문동(文仝)과 동파(東坡)를 합한 명칭—역자]이라고 했다. 또 내 그림을 사랑해서 대나무 그림을 구하면, 수응으로 받는 값이 대나무 살 때보다 수백 배나 되었다. 3년 사이에 대를 그림으로 그리고 제기의 시문 58편을 얻자, 광릉의 벗이 판각하여 전하고자 했으니, 곧 지금 봉신원(奉宸院)의 경(卿) 강학정(江鶴亭)[염상(鹽商)—역자] 군이 그 사람이다. 근래 다시 대나무 그리길 싫증 내지 않아서 별도로 신의를 내고는, 스스로 생각하길 노문(老文, 문동)과 파공(坡公, 소식)도 이런 화법(畫法)이 없으리라고 여겼다. 홍화(興化) 정판교(鄭板橋, 정섭) 진사도 또한 대나무 그림을 잘 그렸는데, 일찍이 칠품 관인이 되었을 때 사람들이 다투어 구매했다. 정판교의 시에 "그림 그려 판 것이 대나무 구매의 돈보다 많구나"라고 했다. 나는 일찍이 남을 마주하여 이 시를 읊고 풍송하여 입에서 그만두지를 않았는데, 우리 두 사람의 대나무 그림이 남에게 존중받고 있음을 더욱 믿을 수가 있다. 나는 지난 왕조의 옛 종이를 얻어, 왕우승(왕유)의 비백(飛白)으로 대나무를 그려 죄다 시제자 강도 항균에게 주자, 항균은 장정을 해서 작은 입축을 만들었다. 나빙이 다시 내게 제기를 청했으므로, 이에 글을 써서 관람자로 하여금 이 노부의 사향 내음 나는 먹과 여우털의 붓을 어디서 얻어서 종이 위에 베풀었는지 알지 못하게 한다. 유희(遊戲)가 신통하니, 스스로 옛 화풍을 만든 것이다. 칠십육 늙은이 김농이 내키는 대로 기록한다.
>
> 乾隆戊辰, 予徙江上, 移居南城隅. 書堂前多婉地, 命薙氏芟除宿草, 買龍井山僧叢竹百竿種之, 每一竿約費青蚨三十. 予初畫竹, 以竹爲師. 人以爲好, 輒目我爲文坡公, 又愛而求之者, 酬値之數百倍於買竹. 三載中, 得畫竹題記詩文五十八篇, 爲廣陵友人鏤版以傳, 即今之奉宸院卿江君鶴亭也. 近復畫竹不倦, 別出新意, 自謂老文. 坡公無此畫法. 興化鄭板橋進士亦擅畫竹, 皆以其曾爲七品官人爭購之. 板橋有詩云: "畫竹多于買竹錢." 予嘗對人吟諷不去口, 益徵信吾兩人畫竹見重于人也. 予得前朝舊箋一番, 作王右丞飛白竹, 擧付授詩弟子江都項均. 項均裝成小立軸, 羅聘復請予題, 因爲書之, 令觀者不能測老夫麝煤狐柱, 何從而施之紙上. 游戲神通, 自我作古.

七十六叟金農漫記.[111]

노화가는 자기의 화죽(畵竹) 기교에 만족하면서, “관람자로 하여금 이 노부의 사향 내음 나는 먹과 여우 털의 붓을 어디서 얻어서 종이 위에 베풀었는지 알지 못하게 한다”라고 했다. 76세의 김농이 자부하는 이런 모습은 결코 낯설지가 않다. 우리는 그의 화상과 자제에서 이 늙은 화가가 신출귀몰하게 신분과 분장을 변환시켰던 것을 보지 않았던가? 어떤 때는 도포 차림에 지팡이를 짚었고, 어떤 때는 가사를 걸치고 면벽했으며, 어떤 때는 배를 드러내고 파초 그늘에서 낮잠을 자고, 어떤 때는 고매암 앞에 홀로 서 있는 등, 엄숙한 발화 속에 그는 골계·유희의 뜻을 끼워넣어 왔다.

이러한 분장들은, 김농이 그것들로 김농 자신을 지칭했다기보다는 그것으로 김농을 은폐했다고 말하는 것이 옳다. 자전을 서술하거나 자화상을 제작하는 사람은 사회적으로 활용하든 자기의 열독에 사용하든, 과장/엄폐, 교만/자비, 송양/참회의 모순이라는 자기모순 속에 빠져드는 것을 면하기 어렵다. 김농은 부단히 분장을 변환했는데, 이것은 개인 삶의 풍부한 면모에 부합하고, 삼교구류(三教九流)의 드넓은 교제를 충족시킨 데다가, 독자 대중의 새로운 ‘열독 기대’에 영합했다. 18세기 양주에서 어렵게 생활했던 김농은 만년에 이렇게 자화상에 열중했다. 일생의 지우였던 정경이 이른 시기에 그에게 보낸 전인(篆印)의 ‘낙차불피(樂此不疲)’에 부응한다. 정경은 그 인발(印跋)에서 “사람의 성정은 반드시 좋아하는 것이 있어 즐기면, 그것을 즐거워하여 싫증내지 않으므로 마침내 이름으로 삼는다”[112]라고 했다. 만년에 이르러 김농은 “유희가 신통해서, 스스로 옛 화풍을 만든 것이다”라고 실실 기뻐했으니, 그가 인생 최후 10년에 제작한 초상화와 스스로 쓴 제기는 관 뚜껑이 닫히고 남

111_《金農年譜》, p.263.

112_篆刻家로 친구였던 丁敬이 金農을 위해 ‘樂此不疲’이라고 인각을 해주었다. 그 印跋은 이러하다. “人之性情, 必有所好而樂之, 樂之不倦, 遂以成名. 瓦奕小技耳, 而遼秋擅古今名, 況其大焉者乎? 書畫雖小道, 然非天姿超邁, 學力純粹, 博觀古人名跡, 神而明之, 無不能成一家. 吾友昔邪居士, 詩文書畫, 天分旣高, 學力又足以副之, 四方求索如云, 得之珍同拱壁, 予于此道, 亦篤嗜不倦, 故刻此爲贈.”《金農年譜》, p.210.

들이 생전을 논평하기 이전에 스스로 창조한 '자아의 신화'[113]라고 보아도 무방하다.

김농은 화상과 자제를 통하여 '자아의 신화'를 창조했다. 그리고 18세기 양주팔괴의 전형으로 그치지 않고,[114] 후래에 고수(顧修) 같은 문사가 기회를 보아 스스로《독화재제화시(讀畫齋題畫詩)》[115]를 출판하도록 만들었으며, 19세기 해상화파(海上畫派)의 화상과 자제 풍조에도 영향을 끼쳤다.[116]

113_이 어휘는 Philippe Lejeune, 楊國政譯《自傳契約》, p.106에서 차용했다.

114_揚州八怪 가운데 高翔은 汪士愼을 위해〈煎茶圖〉를 그려주었는데, 왕사신의 自題가 있다. 邊壽民은〈葦間主人潑墨圖〉를 스스로 그리고 역시 自題를 했다. 華喦은〈新羅山人小影〉을 스스로 그리고 아울러 自題를 했다. 羅聘에게는〈兩峰道人蓑笠圖〉와 自題가 있다.

115_건륭 연간의 문사 顧修는 평생 남에게 부탁해서 20폭의 화상을 그리고 또 제영을 한데 모아《讀畫齋題畫詩》19卷을 편집하고 嘉慶元年 東山草堂에서 刊刻했다.

116_海上畫派의 화가 任熊·任頤·吳昌碩 등은 모두 自畫像·他畫像 및 畫像自題가 있다.

제 2편

타제他題

제3장

색은(色隱)과 유희—진홍수(陳洪綬)의 〈하천장행락도(何天章行樂圖)〉 제영

1) 서론

만명 시기에는 엄숭(嚴嵩, 1480-1569) 초상화의 제찬처럼 명 초의 농후한 정치적 사유를 계승한 부분이 있음을 면하지 못한 것도 있다. 하지만 다른 한편으로는 엄요일(嚴堯日)의 〈행락도상설(行樂圖像說)〉처럼 벼루를 씻거나 차를 끓이는 일 등의 일상적인 한적(閑寂)의 의미를 지녀 청나라 초 우통(尤侗, 1618-1704)이 제기한 '요산요수(樂山樂水)', '가음풍월(歌吟風月)' 등 탈정치 행락의 의의에 부응하는 것이 나오기도 했다.[1] 명말의 화가 진홍수(陳洪綬, 1599-1652)[2]가 그린 〈하천장행락도(何天章行樂圖)〉와 그 제영은 이 새로운 사조의 산물이라 할 만하다. 여기서는 이 과제에 대하여 상세히 논하고자 한다. 이하, 먼저 진홍수의 또 다른 화상 〈생로거사사락도(生魯居士四樂圖)〉를 검토하기로 한다.[3]

1_嚴嵩의 많은 畫像題贊과 嚴堯日의 〈行樂圖像說〉 및 尤侗이 朱熹의 〈性理吟〉을 모방하여 '樂'에 새로운 의미를 부여한 것에 대해서는 이 책의 도론편 참조.

2_陳洪綬의 字는 章侯, 號는 老蓮, 집안에 寶綸堂藏書가 있었다. 浙江 諸暨 사람으로, 國子生이었다. 詩書에 뛰어났고, 특히 회화를 잘했다. 숭정 연간에 징소되어 供奉이 되고, 명나라 멸망 이후 老遲라고 자호하고, 또 悔遲·弗遲 라고 일컬었다.《寶綸堂集》을 저술했다.

3_〈生魯居士四樂圖〉卷, 絹本, 設色, 30.8×289.5cm. 東京大學東洋文化研究所編 ,《中國繪畫總合圖錄》(正編全5冊)(東京: 東京大學出版會, 1982-1983), 第2冊, 著錄編號 E7-056/(チューリッヒ・リートベルク美術館Museum Rietberg Zürich). 그림 윗부분에 '己丑(1649)仲冬'의 款이 있다.

(1) 〈생로거사사락도〉와 제영

〈생로거사사락도〉의 권미에 다음 발지(跋識)가 있다.

> 이용면(이공린)은 백향산(백거이)의 네 그림을 그렸는데, 도군(道君, 송나라 휘종)이 제목을 쓰길 '백로사락(白老四樂)'이라고 했다. 홍수(나)는 백향산이 일찍이 항주에서 관리 생활을 하면서 풍아가 있고 담백한 생활을 하며, 도기와 불심으로 남들과 계합하여 천고의 신교를 이루었으므로, 생옹거사(生翁居士)를 위해 그 뜻을 취하여 그림을 그리고는, 문인 엄담(嚴湛), 아들 진명유(陳名儒)에게 색을 칠하라고 했다. 이때는 기축년 중동이다. 산민 홍수.
>
> 李龍眠畫白香山四圖, 道君題曰: 白老四樂. 洪綬以香山曾官杭州, 風雅恬淡, 道氣佛心, 與人合體, 千古神交. 爲生翁居士取其意寫之, 屬門人嚴湛·兒子陳名儒設色. 時己丑仲冬也. 山民洪綬.[4]

이 그림은 이공린(李公麟, 1040-1106)이 백거이를 위해 그린 그림에 송나라 휘종(1082-1135)이 '백로사락(白老四樂)'이라고 제목을 붙인 것에서 뜻을 취했다. 전체 그림은 해구(解嫗)·취음(醉吟)·강음(講音)·도선(逃禪) 등 4단의 독립 화면이 차례로 이어진다. 진홍수는 각각 소전(小篆)으로 제목을 적고, 아울러 오언절구 1수의 해제를 적었다. 제지의 기년은 순치 기축 6년(당시 남명 계왕 영력 3년, 1649)으로, 진홍수 51세 때였다. 그는 3년 뒤 세상을 떴다. 발문은 남생로거사(南生魯居士)가 당시 항주에 관직을 하고 있었음을 말해준다. 진홍수는 거사를 역시 그곳에서 관리로 있었던 백거이에 견주고, 스스로는 송나라 때의 백묘 인물화가 이공린에 견주었다.

제1단 〈해구〉(그림 3-1)[5]는 상주 생로거사가 돌 책상의 뒤에 앉아 있으면서 오른손에 붓을 쥐고 왼손에 종이를 누르고 있는데, 책상 위 종이 옆

4_陳洪綬, 〈題四樂圖卷〉, 吳敢輯校, 《陳洪綬集》(杭州: 浙江古籍出版社, 1994), 〈附錄〉; 鄭振鐸, 《偉大的藝術傳統圖錄》, pp.368-369.

5_필자는 이 畫蹟을 보지 못하고, 圖錄의 흑백 도판으로 가까스로 전체 그림을 엿볼 수 있었으므로 도면의 세세한 부분을 잘 알지 못한다. 〈四樂圖〉 화면에 관한 해설과 화법에 대해서는 翁萬戈編, 《陳洪綬》(上海: 上海人民美術出版社, 1997)(上卷), 〈文字編〉, p.62를 참조.

그림 3-1. (명) 진홍수, 〈생로거사사락도〉 권1, 〈해구(解嫗)〉, 비단, 채색, (전체) 30.8X289.5cm, 취리히 리트베르크 박물관.

그림 3-2. (명) 진홍수, 〈생로거사사락도〉 권2, 〈취음(醉吟)〉, 비단, 채색, 세로 30.8cm, 취리히 리트베르크 박물관.

에는 벼루, 먹, 필세(筆洗)가 있고, 그 곁에는 술잔, 불수치분(佛首置盆), 그리고 주관(酒罐)이 있다. 한 사람의 노구(노파)가 지팡이를 짚고 거사의 앞 우측에 서 있다. 이 화면은 송나라 혜홍(惠洪)의 《냉재야화》에서 재료를 취했다. 그 글에는 백거이가 평이한 통속어로 시를 지어 노파도 능히 이해할 수 있게 했다는 일화가 기록되어 있다.[6] 진홍수는 다음 제시

6_[宋]釋惠洪,《冷齋夜話》(海口市: 海南出版社, 2001), 卷1, 〈老嫗解詩〉條, p.11. "白樂天每作詩, 令一老嫗解之, 問曰: 解否? 嫗曰: 解, 則錄之, 不解則易之. 故唐末之詩, 近於鄙俚也."

를 남겼다.

> 고음하여 신사(神思)를 허비하면, 또한 천진(天眞)을 결핍한다네. 노승은 거문고 뜯는 소리 듣기를 좋아한다만, 아무래도 이 노파보다 뒤지도다.
> 苦吟費神思, 且乏天眞好. 老僧善聽琴, 又遜此嫗了.

진홍수는 노파가 백거이의 시를 이해했다는 고사를 아주 좋아하여, 이를 제목으로 삼아 그린 그림이 한두 점이 아니다. 〈제백향산시해노구도(題白香山詩解老嫗圖)〉는 이러하다.

> 이 〈백향산시해노구도〉는 홍수가 번번이 이것을 그림으로 베끼기를 좋아하여 어릴 때부터 지금까지 모두 수십 본에 달한다. 필묵이 나날이 쌓여가지만 도덕은 나날이 감손되니, 어찌 쌍하엽(雙荷葉)을 앞에 두고 얼굴을 베껴낼 수 있을까?
> 此〈白香山詩解老嫗圖〉, 洪綬每喜寫此, 自髫年至今, 凡數十本. 筆墨日積, 而道德日損, 寧能對雙荷葉而寫顔乎?[7]

제2단 〈취음〉(그림 3-2)은 생로거사가 머리에는 국화를 가득 꽂고 어깨에는 모피를 덮고 오른손으로 긴 지팡이를 비스듬히 잡고, 술에 취해 왼쪽으로 기우는 몸을 지탱하고 있다. 진홍수는 다음과 같이 시를 적었다.

> 여산(廬山) 초당이 이루어지니, 나가서 당 바깥으로 다니지를 않노라. 취중에 큰 소리로 노래 부르길 좋아해서, 정리(情理)가 아주 청명하여라.
> 廬山草堂就, 不出堂外行. 醉中喜浩唱, 情理頗淸明.

백거이는 강주사마로 좌천된 후 여산에 초당을 짓고 승려 및 도반과 함께 노닐어, 반은 쉬고 반은 은둔하며 취중에 노래하고 음영하는 세월을 보냈다. 진홍수는 백거이를 추모하여 그가 초당에서 취하여 음영하는 모습을 베껴 그려냈다.[8]

7_《石渠寶笈》3編, 《陳洪綬集》, 〈附錄〉, p.560.
8_陳洪綬에게 별도로 〈醉吟圖〉軸이 있다. 絹本, 設色이다. 圖面에는 두 高士가 對飮을 하고 있는데, 오른쪽 인물이 중심으로, 바위에 비껴 앉아 오른손에 구기[勺]를 잡고 청동 술동이

그림 3-3. (명) 진홍수, 〈생로거사사락도〉 권3, 〈강음(講音)〉, 비단, 채색, 세로 30.8cm, 취리히 리트베르크 박물관.

제3단 〈강음〉(그림 3-3)의 거사는 기암 위에 다리를 뻗고 느긋하게 앉아 있고, 미녀는 왼쪽에 마주하여 책상에 기대어 있으며, 책상 위에는 비파를 비단 주머니 속에 거두어 두었다. 이 미녀는 백거이 〈비파행〉에서 강호에 윤락한 장안 명기가 아니겠는가? 그 여인은 배 안에서 비파를 타면서 신세를 호소하고, 강주로 내쫓긴 시인 백거이와 함께 서로 동정하고 서로 슬퍼했다. 그림 속의 여인은 비파를 타다가 비파를 거두고 일어나서는 백거이와 함께 음률을 논하고 있는 중이다. 진홍수는 다음 시를 적었다.

> 비췻빛 파도가 일렁이는 술 한 잔, 붉은 창에 그림자 비치고 한바탕 비파 소리. 소리가 살아 신묘한 경지에 든 것을 아나니, 가을이 층대 위에 늙었구나.
> 翠濤酒一杯, 紅窗影一響. 知聲活入神, 秋老層臺上.

제4단 〈도선〉(그림 3-4)의 거사는 파초 잎 위에 편안히 앉아 있고, 등 뒤에는 고졸한 기석과 탁자가 있다. 탁자에는 동 항아리에 꽃이 꽂혀 있

에 넣어 객을 위해 술을 짐작하고 있다. 술동이 곁에는 고운 꽃이 병에 꽂혀 있어, 봄빛이 물씬하다. 주인을 면대하고 있는 사람은 다른 바위에 앉아 왼손으로 술잔을 잡고 오른손으로 책을 펼쳐보고 있으며 吟哦하는 모습이다. 그 아래에는 나무 밑둥 부근에 책상 하나가 있고, 그 위에 병[壺] 하나 잔 하나가 있으며, 향로 형태의 솥[鼎]이 하나 있다. 1649년 전후에 그린 것이다. 翁萬戈編著, 《陳洪綬》(上卷), p.84.

그림 3-4. (명) 진홍수, 〈생로거사사락도〉 권4, 〈도선(逃禪)〉, 비단, 채색, 세로 30.8cm, 취리히 리트베르크 박물관.

는데, 연화 가지 두 송이와 연 잎 한 조각이다. 가운데는 원형 도자기 향로가 있고, 향로 뒤에는 작은 불상 하나가 있으며, 큰 병에는 대나무 두 가지가 꽂혀 있다. 만년의 백거이가 낙양에 정착한 뒤의 생활에서 재료를 취했다. 백거이가 한가롭게 술을 마시고, 거문고를 켜며, 시를 짓고 산수에 푹 빠져 지내며, 또 불교에 마음을 깃들인 사실을 소재로 삼았다. 이 그림은 돌 책상에 종교상의 물건들을 풍부하게 진설함으로써, 생로거사가 선의 이치를 깨달은 지취를 부각시켰다. 진홍수가 쓴 시는 이러하다.

> 사람들은 연화 기질이라 하고, 나는 전단의 향이라고 말하지. 매번 무생무법의 때를 만나, 주착하지 않은 방도를 실천하노라.
> 人謂蓮花氣, 我曰旃檀香. 每逢無法時, 乃理不住方.

〈생로거사사락도〉는 제1단의 바위 탁자에 마른 붓으로 준찰(皴擦, 날카로운 붓을 옆으로 뉘어서 끌면서 거두는 방식)을 약간 베푼 것 이외에는, 대부분 고고유사묘(高古遊絲描, 물이 흐르듯이 유연하게 이어지는 소묘법)를 사용하여, 담백하고 우아하다. 4단의 화상 가운데 처음 것과 마지막 둘은 정면상이다. 제2단은 볼을 약간 오른쪽으로 향하여 미인과 대화하는 듯하고, 제3단은 볼을 약간 왼쪽으로 틀어 신체의 방향과 일치한다. 전체 그림은 인물 표현을 위주로 하였고 배경 처리는 간략하다. 화폭의 위에 각 단의 도면과 긴밀하게 연계되어 있는 것은 진홍수의 친구인 회계 당구경(唐九經)의 제시이다. 각각 앞에 당구경의 소시가 있다.

> 나의 친구 진장후(陳章侯)는 붓놀림이 천하에 오묘한데, 선뜻 가볍게 남을 위해 일필을 베풀지 않는다. 유독 우리 생로 선생을 보고는 흔연히 네 폭의 그림을 그려주고는 나에게 제시를 요구했으므로, 이에 순서대로 제한다.
> 予友陳章侯, 下筆妙天下, 而又不肯輕爲人設一筆. 獨見我生魯先生, 欣然爲繪四圖, 且索題於予, 因爲之取次題曰.
>
> 해구: 군의 〈남유초〉를 손으로 잡고서, 100번 펼쳐보고 100회 좋아하네. 붓에 침을 묻힐 때 대부분 응하여, 이 노파가 먼저 또렷이 알았구나.
> 解嫗: 手君南游草, 百展百回好. 多應舐筆時, 此嫗先了了.
>
> 취음: 잠깐 마시고는 시를 읊느라 멈추고, 산보하다가는 다시 호방하게 길을 가네. 그대에게 어이 풀옷을 입었느냐 물으니, 산으로 돌아가 밝은 달을 희롱한다 하는군.
> 醉吟: 薄飮取吟止, 散步復恣行. 問若奚卉服, 還山弄月明.
>
> 강음: 좋은 음은 귀에 묵지 않나니, 솔바람이 숲에 들어와 아름다운 음향이 이누나. 곡 마칠 때까지 참예하자, 서너 봉우리가 강 위에 뚜렷하다.
> 講音: 好音不宿耳, 松風入林響. 能參到曲終, 數峰自江上.
>
> 도선: 군지(물병)에 꽂아서, 색과 향을 남겨두니, 주착 않는 방법에 의지하여, 안색 머물러 둘 방도를 잠시 세우노라.
> 逃禪：取向軍持插, 攀留色與香. 憑將無住法, 權立駐顏方.[9]

당구경의 4편 시는 각각 好·了, 行·明, 響·上, 香·方 등의 운자로 진홍수의 제시에 화운했다. 권말에는 승려 친구의 발문이 있다.

> 장후(章侯)의 그림 속에는 시가 있어, 이미 우리 생로거사를 위해 모양을 그대로 베껴내어 전신(傳神)을 했으니, 대개 뺨 위의 삼모(三毛)를 그대로 그려냈을 정도이다. […] 네 폭의 그림에 대해 옛 운자를 사용하여 찬탄함

9_唐九經의 題詩는 화폭에 보인다. 전체 시는《陳洪綬集》,〈附錄〉, p.612에 수록되었다.

> 이 좋지 않겠는가?
> 章侯畫中有詩, 已爲我生魯居士寫照傳神, 蓋以頰上三毛矣. […] 已請就四圖舊韻重按以當贊歎可乎?

이 승려는 '밀인도인 등치 원래 이름 증지가 기암정사에서 쓰다(密印道人等幟原名增志題於埼巖精舍)'라고 서명하고 똑같은 운자로 네 수의 시를 지었다.

기축년(1649)은 남명이 성립한 후 5년이 되던 해로, 갑신사변(1644)의 아픔은 다행히 계왕(桂王)이 이룩한 부분적으로 평온한 정국 때문에 잠시 치유되었다. 진홍수가 그린 〈생로거사사락도〉는 남생로 거사 개인의 사실을 베껴낸다는 특질을 열게 하고, 당나라 시인의 전고를 재현하는 것으로 화상의 소재를 삼았다. 즉, 상주(像主)를 백거이의 해구, 취음, 강음, 도선 등 4개의 생활 단면에 하나하나 대입시켰다. 이로써 표현수법에서 명초 이래 행락도에서와는 달리, 관람의 정치적 사유를 벗어나 화상 제작의 개념에서 신기축을 이루었다. 진홍수의 이 화상은 백거이의 형상, 이공린의 회화 기법, 송 휘종의 흠제(欽題) 등 역사고사를 한데 뭉쳐 모아서 화가/상주의 삶의 이상을 우탁했다. 진홍수도 글을 적어, "풍아가 있고 담백한 생활을 하며, 도기와 불심으로 남들과 계합하여 천고의 신교를 이루었다"라고 하여, 풍아염담(風雅恬淡)과 도기불심(道氣佛心)의 백거이를 현재의 남생로와 신교를 맺어 일체가 되도록 해서, 새로운 행락 전범을 융합해 만들어내었다. 주희(朱熹, 1130-1200)의 "예의를 기뻐하는 마음에 충심으로 얻은 것이 있고, 궁통에 안분하여 도가 늘 뻗어간다(禮義悅心衷有得, 窮通安分道常伸)"라는 심성수양의 즐거움과는 달리, 생로거사의 화상과 제시는 우통(尤侗)의 '요산요수(樂山樂水)'와 '가음풍월(歌吟風月)'의 행락에 더욱 가깝게 되었다.

(2) 〈남생로육진도〉 및 제영

세상에 짝 없는 것은 없다고, 남생로에게는 또 다른 사진도가 있다. 명말청초의 저명한 화가 사빈(謝彬, 1602-?)이 제작하고 유복(劉復)이 보충한 것이다. 오위업(吳偉業, 1609-1671, 호 梅村)은 〈남생로육진도가(南生魯六眞圖歌)〉의 서인(序引)에서 이렇게 밝혔다.

> 산동 남생로는 절강의 관찰사로 있을 때 사빈(진홍수)에게 자기의 초상을 그리게 명했고, 유복이 산수를 보충했는데, 모두 여섯 그림이다. 그 하나는 방석에 앉아 두 가희가 아쟁을 타고 퉁소를 부는 것을 듣고 있는 모습이다. 하나는 분향을 하고 거문고를 타고 있고, 샘물이 계단 아래로 쏟아지고 있으며, 곁에는 한 가희가 바위에 기대어 권태롭게 듣고 있는 모습이다. 하나는 두 소년이 축국 놀이를 하고 있는데, 공중으로 찬 공이 이제라도 떨어질 형세이다. 하나는 도서가 책상에 가득하고, 남생로 공은 왼쪽으로 쳐다보며 웃고 있고, 다박머리의 수려한 아동이 단정하게 공수를 하고 좌탑 앞에 있으면서 서장(書狀)을 받는 모습이니, 곧 남공의 아들이다. 나머지 두 그림은 등나무 다리가 끊어지고 골짝 안은 인간의 경지가 아닌데, 남공은 황관을 쓰고 종려잎 떨이채를 들고 있으며, 머리를 저쪽으로 돌리고 이쪽을 돌아보지 않는다. 하나는 깊은 바위와 마른 나무에 두타가 가부좌를 하고 있고 베로 만든 납의를 헤친 상태이니, 즉 남공이다. 내가 육진도가(六眞圖歌)를 지어 바위에 새겨두었으니, 보는 이가 그 뜻을 알 것이다.
>
> 山東南生魯, 官浙之觀察, 命謝彬畫己像, 而劉復補山水, 凡六圖. 其一坐方褥, 聽兩姬搊箏・吹洞簫. 其一焚香彈琴, 流泉瀉堦下, 旁一姬聽倦倚石. 一會兩少年蹴踘戲, 毬擲空中勢欲落. 一圖書滿牀, 公左顧笑, 有髫而秀者, 端拱榻前, 若受書狀, 則公子也. 餘二圖則畫藤橋橫斷, 壑中非人境, 公黃冠椶拂, 掉首不顧. 一則深巖枯木, 有頭陀趺坐, 披布衲即公也. 予爲作六眞圖歌, 鑱之石土, 覽者可以知其志矣.[10]

이 글로 추측하면, 그림은 여섯 폭 사진도였을 것이다. 애석하게도 그림 자체는 남아 있지 않고, 오위업의 서문으로 각 그림의 대강을 알 수 있다. 오위업은 그림 하나하나에 제시를 했다. 제1도는 옥 같은 신체로 수염을 휘날리고 있는 장신의 남생로가 벽도수 아래 방석에 앉아 있고, 한 가희는 아쟁을 타고 한 가희는 퉁소를 불고 있다. 제시는 이러하다.

> 장신으로 옥처럼 서 있는 이는 우사옹(于思翁, 수염이 많고 짙은 노옹), 미인

10_吳梅村, 〈南生魯六眞圖歌幷引〉, 《梅村家藏稿》(台北: 台灣學生書局, 1975), 第1冊, 卷3, pp.4b-5a, 總. 98-99. 아래 인용한 오위업의 詩句도 모두 여기에서 인용했다.

은 현악기의 기러기발을 촉급한 소리가 나도록 움직여 춘풍가를 타고 있구나. 첫 번째 소리, 두 번째 소리로 옥퉁소 소리가 급하여, 벽도화가 무수한 홍색 꽃잎을 떨구네.
長身玉立于思翁, 美人促柱彈春風. 一聲兩聲玉簫急, 吹落碧桃無數紅.

제2도는 남생로가 방 밖에 향을 피워두고 거문고를 타고 있는데, 샘물은 계단 아래로 쏟아지고, 한 가희가 부채를 흔들며 바위에 기대어 가만히 듣고 있다. 제시는 이러하다.

곁에 한 아리따운 여인이 부채에 의지하여, 군이 타는 상비원(湘妃怨) 곡을 듣고 있구나. 거문고 끌어 안고 꼿꼿이 앉아 있는데 수염이 표표연하니, 맑은 휘(徽, 현악기 기러기발)에 광릉산곡이 들어 있음을 알겠노라.
旁有一姝嬌倚扇, 聽君手拂湘妃怨. 抱琴危坐鬚飄然, 知入淸徽廣陵散.

제3도는 남생로가 두 소년과 함께 축국을 하고 있고, 제4도는 남생로가 서재에서 자제에게 글을 읽히고 있다. 제시는 이러하다.

문을 나서서 동무를 좇아 바람같이 수레를 몰고, 장안에서 축국하고 모여서 술을 마시네. 돌아와 문 닫아 걸고 한가하게 아들에게 공부시키며, 돌탑상에 분향하고 도서와 역사서를 벌려 두었구나.
出門逐伴車如風, 築毬會飮長安中. 歸來閉門閒課子, 石榻焚香列圖史.

나는 이 노인이 너무도 기이해서 우스워라. 거문고 연주도 축국 놀이도 모두 하다니. 독서로 늙는 것이 무슨 묘책이랴? 구름 타고 용을 채찍질하여 과감하게 떠나고 싶어라.
我笑此翁何太奇, 彈琴蹴踘皆能爲. 讀書終老豈長策? 乘雲果欲鞭龍螭.

제5, 6도는 남생로의 분장한 화상이다. 제시는 이러하다.

신선을 우리는 모두 배울 수 있으니, 육박(도박)에 생황 연주로 유희를 하노라. 만년에 부처가 되려고 꾀한다는 말은 믿지 못하겠구나, 포단에 가부좌하고 잠에 잔뜩 취했으니.
神仙吾輩盡可學, 六博吹笙游戱作. 不信晩年圖作佛, 趺坐蒲團貪睡著.

장부의 웅대한 마음이란 결국 이와 같나니, 유유한 세간사는 무어 말할 것이 있는가? 흥이 오면 서적을 펼쳐보며 수염을 흔들고, 종려 떨이채와 등덩굴 신발로 이제부터 떠나리라.
丈夫雄心竟若此, 世事悠悠何足齒? 興來展翫自掀髯, 椶拂藤鞋自玆始.

제5도는 납의를 입고 등덩굴 신발을 신은 채 가부좌를 하고 있는 두타의 상이고, 제6도는 황관을 쓰고 종려 떨이채를 손에 든 도사의 상이다. 오위업은, 남생로가 세상이 허무하여 웅대한 마음을 부칠 수 없기에 부처가 되려고 한다면서 포단에서 단 잠을 자고, 신선이 되려고 한다면서 도박과 생황으로 유희하고 있으니, 그 마음을 이해할 만하다고 했다.

조용(曹溶, 1613-1685)도 〈남생로관찰 육진도에 제하다(題南生魯觀察六眞圖)〉라는 장시 1수를 지었다. 오위업의 서문과 조용의 이 시제에서 알 수 있듯이, 남생로는 양절관찰사로 항주에서 근무할 때 서룽 사빈(謝彬)에게 초상화를 그려달라고 했다. 또 위에 인용한 진홍수의 〈생로거사사락도〉의 제시에 "백향산이 항주에서 관리 생활을 하면서", "생옹거사(生翁居士)를 위하여 그 뜻을 취해서 그림을 그렸다"라고 했다. 남생로도 절강의 관직에 있었으므로 강남에서 활약하던 진홍수가 이 그림을 그릴 기연이 있었으며, 그림을 완성한 시기는 사빈의 그림보다 빨랐을 가능성이 있다. 조용의 제시는 이러하다.

남공은 일생 낭묘(조정)의 객으로 있었는데, 젊어서 이미 문장백(文章伯)으로 인정받았다. 자수(紫綬, 고관의 자색 관대)로 악저(鄂渚)[호북성 무창(武昌) 부근]에서 돌아오는 것을 보았더니, 또 호산(湖山)을 향하여 금극(金戟)을 들고 나아가누나[군진으로 나아가는 것을 뜻함—역자]. 우의를 맺은 마당에 의기가 조대(粗大)하거늘, 목전에 오늘과 지난날의 차이를 다시 논하지 말자. 좁은 적삼에 느슨한 띠를 각각 때에 따라 걸치니, 흉회를 쏟아내지 않는다면 무슨 보탬이 있으랴? 공은 눈동자가 칠흑과도 같은데, 홀로 앉았노라니 청풍이 옥 자리에서 일어나매, 먼지가 몸에 가득해도 우뚝 미동도 하지 않으니, 안색을 엄히 하여 병혁을 그칠 수 있으리라.
南公一生廊廟客, 少時已許文章伯. 紫綬看從鄂渚廻, 又向湖山拓金戟. 結友場中意氣粗, 目前更莫論今昔. 窄衫緩帶各隨時, 不寫胸懷復何益? 公也瞳神黑如漆, 獨坐淸風起瑤席. 峩然不動塵滿身, 正色足以戢兵革.[11]

조용은 남생로가 일생 낭묘(조정)에서 벼슬 살았는데 젊어서 이미 문묵에 정통했고, 산동에서 집안을 일으켜 무직에 임명되었기에 문학적 기질 이외에 사막에서 전투할 거친 호기가 있다고 찬미했다. "눈동자가 칠흑과도 같은데, 청풍이 옥 자리에서 일어난다"라는 표현은 그 점을 묘사한 것이다. 마지막에는 "먼지가 몸에 가득해도 우뚝 미동도 하지 않으니, 안색을 엄히 하여 병혁을 그칠 수 있으리라"라고 했다. 부하의 선악을 살피고 간특한 사신(중앙 파견의 신하)을 체포하는 관찰사의 직무를 잘 수행하여, 정의의 형상이 늠름하다고 말한 것이다. 시는 이렇게 이어진다.

> 소관(蕭管)이 너무 귀 따가운 것도 혐의하지 않아, 밝은 눈 고운 치아의 가희가 경도로 왔구나. 옛날 신릉군은 기벽이 이와 같았다만, 공은 바야흐로 득지했거늘 어이 이러는가? 옥사를 심리하길 삼순의 기간에 감옥이 텅 비었고, 문을 활짝 열고 보옥 같은 재주 품은 인사들을 망라하여 거두었도다.
> 不嫌蕭管太喧聒, 明眸皓齒來京都. 古有信陵癖如此, 公方得志奚爲爾? 讞獄三旬犴狴空, 闢門網盡珠璣士.

남생로는 옛날의 신릉군처럼 경성의 관직에 있을 때 천하재사를 거두어 들였다. 조용의 시는 이어서 남생로에게 훌륭한 아들이 있다고 했다. 그림 속에서 자제에게 글 읽히고 있는 모습이 있어 그 사실을 알려준다.

> 진(晉)나라 재상 왕도(王導)와 사안(謝安)의 가풍을 누구에게 부탁하랴? 공에게는 늠름한 아드님이 있다고 말하리라. 강건한 날개로 하늘에 솟구쳐 봉황이 되리니, 책상을 에워싼 향내는 난초·지초가 많아서라네.
> 王謝家風付阿誰? 爲言公有丈夫子. 健翮摩霄作鳳凰, 遶牀書馥多蘭芷.

상주(像主)는 때로는 도를 닦아 신선이 되려 하고 때로는 선으로 도망하기도 했다.

11_曹溶, 〈題南生魯觀察六眞圖〉, 《靜惕堂詩集》, 《四庫全書存目叢書》(台南: 莊嚴文化事業有限公司, 1997. 據首都圖書館藏淸雍正3年 李維鈞刻本의 影印에 의함) 集部, 別集類, 第198冊, 卷11, p.101. 아래 曹溶의 詩句도 모두 여기서 인용한다.

> 선뜻 유감없이 신선이 되어 날아가려 한다만, 어이 하면 바다 건너 봉래섬에 이를 것인가? 노을을 먹고 적송자 · 왕자교와 묵묵히 계합하고, 약초 향 엉기어 지극한 참의 경지가 이르러 온다네. 원방(元房) 속에 깊은 지취를 숨겨두고, 눈같이 흰 피부로 푸른 기린을 걸터타노라. 취중에 당돌하긴 화양(華陽)의 손님(도홍경)과 같고, 술에서 깨어선 다시 면포 두건(중의 모자)을 쓰네. 장대한 이야기는 속유에게 할 수 없기에, 선으로 도망하길 좋은 절기의 때 하누나.
>
> 快當無憾即飛仙, 那得蓬萊隔海水? 餐霞默與松喬親, 藥草凝香來至眞. 元房之中閟深旨, 雪肌長跨靑麒麟. 醉中唐突華陽賓, 醒來又披白氎巾. 不堪莊語向儒俗, 逃禪往往多良辰.

조용의 시는 마지막으로, 회화의 기예가 탁월한 사빈을 두고, 동진의 고개지(高愷之, 341-402), 남조의 육탐미(陸探微)가 다시 살아온 듯하다고 칭찬했다.

> 장강(長康)[고개지]과 육탐미를 불러일으킨 듯, 흰 비단을 다시 마름질하여 신선한 화면을 열었구나. 그렇지 않다면 눈앞의 단청 기술자가, 변화무쌍한 사람을 능히 전할 수는 없으리라.
>
> 欲呼長康探微起, 重剪縑素開鮮新. 不然眼底丹靑手, 未許能傳變化人.

조용은 〈육진도〉 각 단의 초상화에 대해 일일히 독해 내용을 진술하지 않고, 여러 도면을 오가면서 상주의 일생을 종합적으로 상상했다. 오위업의 제시에 "인간은 살아서 결국 도화를 만들어보게 되니, 권축을 털고 생초 서너 자를 열어본다(人生竟作畫圖看, 拂卷生綃開數尺)"라 한 것과 같다. 조용의 시와 오위업의 시로 보면, 사빈이 남생로를 위해 그린 〈육진도〉는 진홍수가 전고를 집어넣어 백거이에 견준 〈사락도〉와는 달리, 남생로의 인생 실상을 다룬 행락도이다. 상주의 일생과 지취를 포괄했으므로, 자식에게 독서를 시키는 현실성도 있고, 미색의 노래 · 연주, 축국 · 유예(遊藝)의 오락 활동도 있으며, 신선과 포단의 신성한 경지에 대한 상상도 있다. 오위업과 조용 두 사람은 〈육진도〉의 화면에 반영된 사실을 하나하나 지적했는데, 그것은 남생로가 사람들로 하여금 선망하게끔 자극하는 인생 도경이었다.

화상의 이러한 관람은 〈생로거사사락도〉와 함께 명나라 말 행락의 의미를 방증해준다.

2) 〈하천장행락도〉의 도면과 제영

(1) 도면 자료

그림 3-5. (명) 진홍수, 〈하천장행락도〉 권, 비단, 채색, 25.3X163.2cm, 소주시 박물관.

위에서 본 남생로의 두 행락도 가운데, 사빈이 그린 〈육진도〉의 제1단과 제2단은 미희가 곁에 있으면서 아쟁을 타거나 퉁소를 불거나 부채를 흔들고 있다. 진홍수가 그린 〈사락도〉의 〈강음〉과 〈도선〉도 역시 상주의 곁에 비파 타는 여인과 연화를 곁하게 하여, 생로거사의 화상에 기염(綺艶)의 색채를 점철했다. 진홍수의 또 다른 화상 〈하천장행락도〉(그림 3-5)[12]는 이러한 주제가 더욱 두드러진다.

12_〈何天章行樂圖〉卷, 絹本, 設色, 25.3X163.2cm, 原畫는 蘇州市博物館 소장. 필자는 원화를 보지 못하고 圖版·題者名錄·各家題跋을 中國古代書畫鑑定組編, 《中國古代書畫圖目》(北京: 文物出版社, 1994, 2刷), 第6冊, 著錄編號, 蘇1-209에서 구했다. 이 책의 도판은 상당히 선명하게 촬영되어 있으나 題文은 篆·隸·楷·行·草의 각 서체가 모두 있어 식별이 쉽지 않다. 다행히 篆刻과 書法에 소양을 갖춘 研究助理 蔡孟宸 동학의 협조로 대부분의 題文을

그림 3-5Ⓐ. 〈하천장행락도〉 부분.

그림 3-5Ⓑ. 〈하천장행락도〉 부분.

〈하천장행락도〉의 도화는 횡권으로, 화권을 펼치자마자 정원석 서너 덩이가 눈에 들어오고, 그림 속에 모두 세 사람이 있다. 화폭 우측의 상주 하천장은 관중을 향하고, 가지가 뻗어나가 그늘을 이룬 두 고송 아래의 땅에 책상다리로 한가롭게 앉아 있다. 몸의 뒤에는 태호석이 하나 있다. 상주는 왼손과 팔을 석탁에 두었고, 석탁 위에는 국화병이 하나 놓여 있다. 그리고 붓, 벼루, 사발, 짐승 형태의 동진(銅鎭)에 눌려져 있는 막 펼치기 시작한 생초가, 상주의 시흥이 일기를 기다리고 있다. 이윽고 상주는 붓을 들어 글을 짓는다(그림 3-5Ⓐ). 화폭 중간에 한 가희가 하천장과 마찬가지로 관중을 향하고 있으며, 파초 잎 위에 앉아 있다. 구름트레머리에는 꽃을 꽂았으며, 좁은 소매의 너른한 의복을 걸쳤다. 비단 옷은 가볍고 풍성하며, 나풀거리는 옷 띠에는 수슬이 드리워져 있으며, 옥고리는 쟁글쟁글한다. 두 손은 하나는 올리고 하나는 내려서, 궁선을 손에 쥐어 가슴 부분을 가리고 있다. 선면(扇面)에는 매화가 만개해 있어, 그림 속 그림의 운치가 풍겨난다. 가희의 자태는 화려하고 농염하며, 느긋하고 화귀하여, 당나라 사람의 풍모를 띠고 있다. 화폭 왼쪽에는 기악의 여인이 측면으로 파초 위에 무릎을 꿇고 앉아서 퉁소를 불어

명료하게 채록할 수 있었다. 題詠 시문 가운데 裱綾이 파손되거나 자형이 모호하여 변별할 수 없는 것은 인용할 때 □로 대체했다.

반주하고 있다. 몸의 뒤에는 화로가 있어서 술병의 술을 데우고 있고, 곁에는 도자기 술동이가 놓여 있다. 두 여인의 뒤로 연못이 펼쳐져 있다. 계단 근처에는 자잘한 돌들이 깔려 있고, 멀리 죽림이 보인다.(그림 3-5Ⓑ) 전체 그림은 상주, 여인, 여종이 정원에서 관악기를 연주하고 노래하면서 즐기는 풍경을 소조했다.

진홍수의 제관(題款)은 "진홍수보의관(陳洪綬補衣冠) 문인엄수자보도(門人嚴水子補圖)"라고 했다. 또 화폭 위에 있는 주지항(周之恒)의 칠언 제시는 "이완생은 정말로 명수여서, 군의 풍모를 모사하여 사유가 빼어나다(李子畹生信名手, 摹君道範善思維)"라고 했다. 초상 부분은 이완생(李畹生)이 그렸음을 알 수 있다. '장후씨(章侯氏)'인이 눌러져 있다. 진홍수는 고고한 유사묘(游絲描)의 방식으로 의관과 복식을 그려서, 섬세하고 공교로우며, 색채가 뚜렷하고 현란하다. 옷은 비취색, 띠는 붉은 색, 치마는 홍색, 파초는 녹색, 둥근 부채는 석청을 사용하여, 비할 나위 없이 기염하다. 이 그림은 진홍수의 걸작이라고 할 만하다. 여기에 엄담(嚴湛)이 간결 담박한 필법으로 수석의 경치를 포치하여 인물의 풍아와 품격을 두드러지게 했다.

제기(題記)로는 진홍수·엄담·이완생 등 화가가 스스로 적은 글 이외에, 손정민(孫貞民)·주명(周銘)·방육성(方育盛)·진경수(秦敬修)·미한문(米漢雯)·송완(宋琬, 1614-1673)·주지항(周之恒)·주양공(周亮工, 1612-1672)·만대상(萬代尙)·정요항(丁耀亢, 1606-1678)등 30여 명이 쓴 글이 있다. 제영의 시기를 명확히 표기하여 알 수 있는 것으로는 순치 경자(1660), 강희 계묘(1663), 을사(1665), 정미(1667), 무신(1668), 기유(1669)에서 강희 임자(1672)년까지에 이른다. 시기를 명확히 기록한 제영은 모두 진홍수가 세상을 뜬 이후의 것들이다. 옹만과(翁萬戈)는 이 그림이 진홍수 〈남생로사락도〉 관제(款題)의 글자체와 유사하다는 것을 근거로, 대개 순치 기축(1649) 전후에 제작되었으며[13] 진홍수가 세상을 뜬 1652년 이전일 것이라고 추정했다. 이로 보면 화상의 제지들은 20년의 오랜 기간에 걸쳐 순차적으로 작성되었음을 알 수 있다.

13_翁萬戈,《陳洪綬》, p.85.

(2) 상주(像主)

행락도의 주인공 하천장은 누구인가? 아직 자료를 두루 보지는 못하여 진홍수가 화상을 그린 동기가 무엇인지는 알지 못하지만, 제발의 내용이 이해의 실마리를 제공한다. 정요항의 다음 제지는 주목할 만하다.

> 하천장은 북지(北地)의 명사로, 동무(東武)에 부쳐 살면서, 나의 종씨 남석해(南石海)의 곳에 급간(給諫)으로 있다. 그림이 이루어지자, □□ 장차 동해에서 만년을 보내고자 했다. 평생 기이한 것을 좋아하고 난과 바위를 잘 그렸다. 스스로 구학 사이에 두어야 한다고 여기며, 오랫동안 제영을 요구했으나 시구를 이루지 못했다. □ 밤에 이에 서너 마디를 초하여 응수한다. 눈이 흐려 글자가 □하니 대단하다 할 것이 못 된다. 때는 강희 계묘 3월, 동무(東武) 예순다섯 노인 정요항 야학이 친히 읊고 취하여 적는다.
>
> 天章以北地名彥, 寄居東武, 與吾宗南石海給諫. 圖成, □□將終老東海. 平生好奇, 工畫蘭石. 自爲置丘壑間, 久索題無句, □夜因草數語應之, 眼昏字□不足有也. 時康熙癸卯三月東武六十五老人丁耀亢野鶴親吟醉題.

강희 계묘(1663) 정요항이 작성한 이 글에서, 하천장은 기이한 것을 좋아하고 난과 바위 그림에 뛰어난 인물로 언급되어 있다. 만대상도 제시에서 “잠견지와 붓에 둘 다 편하여, 때때로 난을 치고 혹은《태현경》을 썼다(繭毫俱便, 時而作蘭, 或爲草玄.)”라고 했다. 정요항은 하천장이 북지 동무[산동의 지명, 옛 낭야군(瑯琊郡)]에 부쳐 살고 있으며, 이 그림은 하천장이 여생을 보내려고 동해에 귀은한 것을 기념하여 제작한 초상화라고 했다. 또 위쪽에 있는 사가정(史可程)의 〈백자령(百字令)〉 제사(題詞)를 보면, 그 상편(上片, 전단)은 이러하다.

> 까마귀를 보며 기러기를 활로 쏘았으니, 추억하건대 일생 봉호에 몸을 맡겨, 관하를 일찍이 같이했네. 고년에 동무(東武)에 장유하길 좋아하여, 얼음 하늘이 춥고 언 것을 견디었지. 정수리의 터럭은 모두 꺾여 떨어지고, 치단(癡團)과 비육(髀肉)으로, 오히려 초근(蕉根)의 꿈 때문에 괴로움을 겪었다. 쌍환(雙丸, 해와 달)과 비련(飛練, 은하)이 흘러가나니, 저 10석의 (돌을 드는 힘이 있어야 장전했다는 위나라의) 무거운 활이 우습구나. [형계부수(荊溪浮叟)의 아우 사가정(史可程)]

瞻烏射雁, 憶生平蓬託, 關河曾共. 高年壯遊東武好, 耐盡冰天寒凍. 摧落顚毛, 癡團髀肉, 猶困蕉根夢. 雙丸飛練, 笑他十石弓重. (荊溪浮叟弟史可程)

사가정은 하천장이 '동무에 장유한' 일에 대해 언급했다. 또 제사에서 군대 생활과 무인 직에 대해 서술하여, 지난날 하천장과 함께 군인으로 복무한 추억을 토로했다. 또 다른 사람의 제시에도 "이 연산(燕山)의 하씨는 […] 갑옷을 걸치면 기운이 천지에 가득하다"[옛 오릉(於陵)의 맹제(盟弟) 오관(吳琯)]라고 했다. 정요항 · 사가정 · 오관의 제지로부터, 하천장이 북지의 군직에 있었음을 알 수 있다.

이 그림은 군직을 지내고 지금은 재야에 물러나 있는 하천장을 그린 초상화이다. 제영의 문사들은 그림 속의 형모를 차례로 관람하여, "자태는 우람하고 골격은 억세다(姿偉岸, 骨嶙峋)"(미한문), "형모는 환희를 근원으로 하고 골격은 또 우뚝하다(貌原歡喜, 骨又崚嶒)"(미상), "얼굴은 붉고 마음은 옥과 같다(面如赬兮心如玉)"(유한모), "붉기는 불그레 물든 듯하고 얼굴은 그 마음에 부합한다(赫如渥赭, 貌符其心)"(오관), "기이하여라 선생이여! 모습은 예스럽고 정신은 맑으며, 가슴에는 도서가 갈무리되어 있구나(異哉先生! 貌古神清, 胸藏圖史)"(주명)라고 했다. 그들은 약속이나 한 듯이 하천장의 우뚝하면서 바싹 마르고 굳건한 신체와 붉게 물든 얼굴을 언급했는데, 그것은 그림 속의 색채 입힌 인물 조형에 부합한다. 동흠승(童欽承)의 제시는 하천장의 모습을 더욱 자세하게 서술했다.

> 생견 한 폭에 미미하게 송죽을 채웠고, 그 가운데 고명한 사람이 있어, 한가하여 아무것도 좇지 않는다. 자세히 살펴보다가, 볼수록 눈에 익숙해졌다. 그 얼굴은 자색이면서 창색이고, 그 눈썹은 무성하면서 빛이 난다. 그 코는 우람하고 씩씩하며, 그 수염은 짧고 위로 솟아 있다. 또롱또롱 쟁강쟁강하므로, 그를 천장(天章)이라고 한다. [연가(年家, 동방 급제) 아우 동흠승 서]
>
> 生絹一幅, 微塡松竹. 中有高人, 閒居無逐. 審而視之, 睬之眼熟. 其面紫而蒼, 其眉欝而光. 其鼻偉而莊, 其鬚短而昂. 琳琳琅琅, 故以謂之天章. (年家弟童欽承書)

동흠승의 경우, 눈에 친숙한 이 학형은 자색 얼굴, 빛나는 미목, 우람한 코, 위로 솟은 수염 등으로 보건대, 이 사람은 상모가 비상한 위인이라고 했다. 정대유(程大儒)는 표정에 주의하여 "그림을 펴보면 본래의 분과 꼭같아, 수려한 눈에 네모진 입술, 조용히 웃고 가늘게 읊으니, 그 모습을 보면 그 마음을 알 수 있다(披其圖如見其人, 秀目方唇, 凝笑細吟, 觀其貌可知其心)"라고 했다. 조용히 웃고 가늘게 읊는 외모가 내면의 심경을 드러낸다는 것이다. 앞의 글에서 "마음은 옥과 같고" "외모는 그 마음에 부합하며" "모습이 고고하고 정신이 맑다"라 한 것과 같다. 또 계지한(季之翰)이 "그 용모를 보고 그 행실을 사모하나니, 도 있는 군자가 아니라면 어이 진세에 휘감기지 않을 수 있으랴?(觀其容, 慕其行, 若非有道君子, 安得塵世不攖?)"[고풍(古豐) 아우 계지한]라 한 말과 부합한다. 모두 찬미의 어조로 하천장을 말하여, 그가 도 있는 군자로서 마음이 옥같이 맑아 진세에 떨어지지 않을 수 있었다고 했다.

(3) 전고 활용

앞서 정요항의 제시는 하천장이 연 땅 출신으로 군직을 지냈으며 장차 동해에서 만년을 보내려 한다고 밝혔다. 다른 여러 제지도 또한 다음과 같이 말했다.

> ○ 이 사람의 무리는 […] 동해의 물가에서 소요한다. [정대유(程大儒)]
> ○ 붉기는 붉은 물에 젖은 듯하고, 외모는 그 마음과 부합한다. 이 사람은 연산(燕山)의 하씨인데, 어이하여 동해의 물가에 처하는가? 갑옷 두른 이들이 천지에 가득하자, 마침내 무릎을 끌어안고 길게 읊으며, 천석 사이에서 기오(寄傲, 득의해 함)하며, 은둔자를 좇아 잠시 자취를 낭야(瑯琊)의 본지에 감추었다. [오관(吳琯)]
> ○ 癸癸, 동무(東武)에 복거하여, 창해군(滄海君)이 영오(靈敖)와 짝 이루는 것을 보니, 울울하게 이 토문(土門)으로 가려는 뜻을 품었구나! [범순정(范醇政)]

이 여러 사람들은 회상조로 표기(驃騎)의 군직 생애를 칭송하고, 그 사람이 지금은 동해에서 소요하며 만년을 보내고 있다고 했다. 동해는 지역적으로 보면 한나라 때 설치한 군명, 즉 낭야를 가리킨다.[14] 낭야는 동방의 드넓은 바다를 찬탄하는 말이다.[15] 정대유와 오관은 하천장이 동해에 자취를 감추었다고 말했고, 정요항은 하천장이 장차 귀은하려 한다고 말했는데, 그런 언급과 부합한다. 범순정의 제시는 《장자》〈외물〉편에서 유래했을 것이다. 임공자가 동해에서 자라를 낚시한다는 이미지는 후대의 문인들이 늘 은일의 전고로 인용하여 왔다. 그 전고는 아래와 같다.

> 임공자가 큰 낚시와 굵고 검은 줄을 갖추고 50마리의 황소를 미끼로 회계산에 걸터앉아 낚싯대를 동해에 던졌는데 매일같이 낚시질을 계속했으나 1년이 넘도록 고기를 잡지 못했다. 이윽고 큰 고기가 낚시를 물고는 그 큰 낚시를 끌고 물속으로 들어갔다가 뛰어오르면서 등지느러미를 떨치니, 산더미 같은 흰 물결이 솟아오르며 바닷물이 진동하여 그 소리가 귀신들의 울음소리와 같아 천 리나 떨어진 곳의 사람들까지도 두려움에 떨게 만들었다. 임공자가 이 물고기를 잡은 것은 작은 낚싯대와 가는 줄로 도랑에 가서 송사리나 붕어를 낚는 것과는 만 리 거리보다 더 동떨어진 것이 아니겠는가?[16]

임공자는 의도하지 않고 자연에 맡겼기에 도리어 큰 물고기를 낚았으나, 자신을 헤아리지 못하는 천박한 무리는 명리를 억지로 구하려 하다가 도리어 허망하게 되었다. 범순정은 하천장이 "동무에 복거하면서 창해군이 영오와 짝 이루는 것을 보았다"라고 하여, 임공자가 낚싯대를 드리워 영오를 낚았던 경지를 하천장에게도 기대한 것이다.

세속을 벗어나 명징했던 군자, 동해에 낚시를 드리우고 칩복하여 때를 기다리던 임공자는 역사상 어떤 유형의 인물일까? 나씨 성을 가진 제영자는 이렇게 언급했다.

14_漢나라 때 郡名을 두었는데, 山東省의 옛 兗州府 동남 지역이다. 또 江蘇省 邳縣 동쪽부터 바다까지에 郯州를 두었으니, 지금 山東省 郯城縣 서남쪽이다.

15_《左氏》襄公 29년에 "東方之海, 美哉洋洋乎! 大風也哉, 表東海者, 其太公乎!"라고 했다.

16_《莊子·雜篇》第26〈外物〉, "任公子爲大鉤巨緇". 郭慶藩輯《莊子集釋》(台北: 漢京文化事業, 1983), p.925. 뜻만 취했다.

오래 직하(稷下)에 객이 되어 하천장 연사형(年社兄)과 함께 즐겨 고금의 상하(득실)와 산수의 여러 경승에 대해 이야기하노라니, 나도 모르게 티끌과 먼지가 돌연 씻겨나갔다. 우연히 한 권을 꺼내어 보여주는데, 바로 나의 벗 장후(章侯, 진홍수)의 필묵으로, 조사(措思)가 심묘(深妙)하고 명의(命意)가 소쇄하여 강좌(江左)의 풍류를 완연히 다시 보는 듯했으니, 정말로 신공(神工)이다. 여러 사람의 제영이 척폭에 가득했다. [순수 나씨(舜水羅氏)]

久客稷下, 與天章年社兄, 快譚古今上下山水諸勝, 不覺塵囂爲之頓滌. 偶出一卷相示, 係吾友章侯筆墨, 措思深妙, 命意瀟灑, 江左風流, 宛然若覩, 眞神工也. 名人題詠, 盈於尺幅. (舜水羅氏)

직하(산동성 임치)에 객이 되어 있던 나씨는 하천장의 호쾌하면서 시원스레 이야기하는 성격에 대해 말하고 두 사람의 우정에 대해 언급했다. 제지는 작성 시기를 적지 않았다. 나씨는 하천장의 집에서 이 그림을 보았을 때 이미 "여러 사람의 제영이 척폭에 가득했다"라고 했으니, 그들보다 이후에 글을 적었을 것이다. 글 속에서 화가 진홍수의 조사(措思)가 심묘(深妙)하고 명의(命意)가 소쇄하여 "정말 신공이다"라고 찬양했을 뿐 아니라, 이 화상을 두고 "강좌의 풍류를 완연히 다시 보는 듯했다"라고 했다. 이것은 무엇을 뜻하는가? 나씨는 앞서의 제시에서 이렇게 말했다.

장송 아래 꼿꼿이 앉은 이 사람을 사람들은 모른다만, 그림과 서적을 앞에 두고 가희를 곁에 두었구나. 예상우의곡을 추고는 봉소를 불고, 바위에 기대에 골똘히 생각하다가 그대로 침묵하네. 가을의 계산에서 높이 자득하고, 갈건과 야복으로 마음 유유(悠悠)하여라. 유여(幼輿)[사곤(謝鯤)]에게 따로 참 구학이 있거늘, 하필 십주(十洲)를 못내 그리워했겠는가! (순수 나씨)

兀坐長松人莫識, 圖史在前姬在側. 霓裳曲盡鳳簫吹, 倚石凝思仍緘默. □然高寄溪山秋, 葛巾野服心悠悠. 幼輿自有眞丘壑, 何必縈情在十洲. (舜水羅氏)

그림 속 인물은 가무와 연주가 벌어지는 곳에 갈건과 야복 차림으로 있어, 계산에 은둔하려는 뜻이 가슴에 가득하다. 작자는 유여가 구학에 은둔했던 일을 끌어와, 하천장이 십주의 속세 먼지로부터 벗어난 정신을 지녔다고 했다. 유여는 동진의 사곤(謝鯤, 280-322)이다. 그는 젊어서 이름이 났고, 통달하고 견식이 높았으며, 자유분방하여 구애받지 않았다. 《주역》을 좋아하고, 노래를 잘 했으며, 현악기를 잘 탔다. 동해왕이 불러서 연(掾)이 되었다가, 참군으로 전직하고 병으로 사직했다. 대장군 왕돈(王敦)이 데려다가 장사(長史)를 삼았으나, 왕돈이 반역의 뜻을 지니자, 사곤은 그를 보좌할 수 없음을 알고 유유자적하면서 정사에 뜻을 두지 않고서 조용히 풍간할 따름이었다. 일찍이 사신으로 수도 건강(建康)에 이르렀을 때 명제가 동궁에서 만나보고 인견하여 묻기를, "그대는 유량(庾亮)과 비교해서 누가 더 나은가?"라고 하자, 사곤은 "조정에서 의젓하게 있으면서 백관으로 하여금 규범대로 따르게 만드는 것은 제가 유량만 못합니다만, 일구일학(一邱一壑)에 거하는 것은 제가 더 낫다고 생각합니다"[17]라고 했다. 불의를 저지르지 않고 구학에 거처하는 면에서 유량(289-340)보다 낫다고 자만한 사곤의 풍류가 바로 나씨가 말한 강좌의 풍류이다. 이런 관찰은 나씨만의 견해가 아니다. 동진 때 왕씨·사씨 등 귀족 세가의 언론과 행동은 대부분 후세의 명사들이 본받고 추모했는데, 사곤이 구학에 뜻을 둔 것 말고도, 사안(謝安, 320-385)이 동산에 은둔한 일이 있다. 관련 시로 두 수를 든다.

○ 장송의 그늘 아래 흰 바위를 걸터타고 있구나, 얼굴은 붉고 마음은 옥 같아라. 미인을 마주하고 흰 비단에 붓을 휘둘러, 깊은 산 난초를 그리니 흥이 바야흐로 극에 달했도다. […] 선생은 풍류 처사이시니, 동산에서 노닐 때 나막신에 밀랍 바르던 이와 무엇이 다르랴? 어찌 우리와 함께 하삭에 함께 노닐던 때와 같겠는가? [중주사(中州社) 맹제(盟弟) 유한모(劉漢慕)]

蔭長松兮踞白石, 面如赬兮心如玉. 對美人兮拂絹素, 畫幽蘭兮興方劇. […] 先生風流處士, 何殊東山之游屐? 豈吾輩同游河朔時邪? (中州社盟弟劉漢慕)

○ 빙그레 웃으면서 장송의 아래에서, 눈을 쳐들어 흐르는 꽃들을 멀리 바라보나니, 웅장한 계책을 가슴에 품고 있도다. 우러러 구름 가는 것을

17_《晉書》(《廿五史》, 台北: 藝文印書館, 1955), 卷49, 本傳, 總 pp.944-946.

> 보고 굽어 샘 흐르는 것을 보며, 마음에 맞출 따름이지, 어이 하여 세상에서 엄자릉(엄릉, 엄광)의 낚시를 다투겠는가? 아니면 사씨의 동(東)인가 산(山)인가? [사원야초(泗原野樵) 손정민(孫貞民)]
> 莞而長松之下, 睥睨遐觀流英, 眄裛雄圖, 仰雲行而俯泉流, 適諸心何競乎世子陵之釣乎? 抑謝氏之東歟山歟? (泗原野樵孫貞民)

유한모와 손정민은 그림을 보고 붓을 일으켰다. 유한모는, 얼굴이 붉고 마음이 옥과 같은 상주가 미인을 대하여 흥을 일으켜 붓을 들어 유란(幽蘭, 깊은 골짝의 난)을 그리고 있는 것을 두고, 이 풍류처사가 어찌 지난날 하삭에 함께 노닐던 군관이겠는가, 라고 했다. 손정민은 그림의 상주에게서, 눈을 흘기며 웅장한 뜻을 지닌 호쾌한 흉금, 구름을 우러러보고 강물을 내려다보는 쇄락한 심경을 보았다. 사동산(謝東山)은 동진의 사안(謝安)으로, 풍모가 맑고 정신이 침착하며 식견이 민첩하여 젊어서부터 중망이 있었으나, 징소되어도 나가지 않고 회계의 동산에 은거하여 음악과 여색을 즐겼다. 산에 오르든 산에서 내려가든 편안한 나막신을 사용했고 기녀를 끼고 노닐었다는 일이, 모두 사안이 회계에 은둔하던 때의 풍류 일화이다.[18]

옹만과의 고증에 따르면 이 그림은 진홍수가 순치 기축(1649), 앞서의 〈생로거사사락도〉가 완성되던 해에 그렸을 가능성이 있다. 바로 남명이 막 성립한 5년 뒤로, 갑신사변(1644)의 비통한 일이 있었지만 계왕(桂王) 등기(登基)가 한구석에서 정국을 안정시킴으로써 잠시 평안을 얻었던 시기이다. 하지만 남생로와 하천장에 대해서는 상세한 전기를 당장에는 알 수가 없다. 화가 진홍수가 보기에 두 화상의 상주는 출신 배경이 비슷하여, 모두 산동 사람인 데다가 모두 무관직을 지냈으며, 또 모두 문예를 좋아했다. 두 초상화(그림 3-6)를 비교하면, 〈해구〉 그림의 남생로와 〈행락도〉의 하천장은, 편안한 도포 차림에 수염을 바람에 날리며 자리를 깔고 비스듬히 앉아 있는 조형과 거기서 느껴지는 평안한 정신태도가 거의 같다. 책상 위에 필묵과 종이를 펼쳐둔 배치도 거의 비슷하다. 다만 남생로는 나이가 조금 젊고 하천장은 나이가 지긋하다. 두 그림이

18_《晉書》, 卷79, 本傳, 總pp.1366-1370.

그림 3-6Ⓐ. (명) 진홍수, 〈남생로사락도〉 해구(解嘔)(부분).

그림 3-6Ⓑ. (명) 진홍수, 〈하천장행락도〉(부분).

이렇게 비슷한 것은 동일한 화가가 제작했기 때문이기도 하고, 화가가 두 상주에게서 유유자적한 행락의 의미를 의도적으로 드러내려 했기 때문이기도 하다.

제시는 20여 년 이후까지 이어졌다. 제시가 가장 집중한 순치 경자(1660), 강희 계묘(1663), 을사(1665)의 3년은 진홍수가 아직 남명의 멸망(1662)을 보지 않았을 때이다. 세상의 크나큰 변고가 있기 20년 전에 일찌감치 퇴직한 이 군관의 화상은, 대단히 예민한 관중에게는 전혀 달리 이해된다. 광릉의 벗이 쓴 제지는 이러하다.

> 여기에 인물이 있어, 세망에 걸리지 않고 지낸다. […] 송죽의 사이에서 상양(소요)하며, 먹으로 그림 그리는 일에 탐닉하여 스스로 기뻐하고, 가을 난

> 초를 엮어서 초나라 노리개를 만들고, 파초 잎을 펼쳐서 가희를 앉혀둔다.
> 有人於此, 不嬰世網. [⋯] 尙羊松竹之中, 獨耽槧墨以自怡. 紉秋蘭而爲楚佩, 舒蕉葉而坐□姬.

"세망에 걸리지 않고 지낸다"라고 할 말은 앞서 계지한이 "만약 도 있는 군자가 아니라면 어찌 진세에 걸리지 않겠는가?"라고 한 말과 호응한다. 세망이나 진세는 일반의 세간을 가리킬 수 있고, 국가의 변고를 암시할 수 있다. 후자라면, 하천장이 정면 대응의 방식으로 시국에 대처하지 못한 것을 의미한다. 순국을 택하지 못했으므로, 군직을 그만두고 송죽의 사이에서 유유하게 지낸 것은 바로 명철보신(明哲保身)의 태도라 하지 않을 수 없다. 갑신사변 후에 제작된 화상에 제영한 많은 사람들은, 이미 남명의 멸망을 겪었거늘, 항성모가 〈주색자화상(朱色自畫像)〉에서 망국의 비통을 상징적으로 드러냈던 것과 달리, 잊어버린 듯 가장하고 겨울매미처럼 웅얼거리는 은필(隱筆)을 채택하여, 국가 멸망의 비분을 덜어내고 임하의 풍모와 염정을 남겨두었다. 광릉의 저 벗만이 세망이 어렵다고 하여 한 줄기 애매한 소식을 누설했고, 《초사》의 "가을 난초를 엮어서 초나라 노리개를 만든다" 구절을 인용하여 군자가 위기의 순간에 자기 몸을 결백히 하여 자중하는 절조를 상징적으로 제시했다.

세태 형국을 따지면서 '강좌풍류'의 두 사씨를 바라보면 별도의 의미가 드러난다. 사곤(謝鯤, 자 幼輿)은 구학에 은거했다가 이후 벼슬에 나가 예장태수에 임명되어 맑고 엄한 정치를 실행해서 백성들의 사랑을 받았으며, 관직에 있으면서 죽었다. 사안(謝安, 자 安石)은 환온(桓溫, 312-373)에게 징소되어 사마를 거쳐 시중으로 승진하고, 상서복야와 영중서령을 거쳐 비수(淝水)의 전투 때 정토대도독(征討大都督)으로서 장수들을 지휘하여 부견(符堅)을 격파했으며, 태보에 승진하고, 죽은 후 문정의 시호를 받았다. 두 사씨는 모두 도를 펼 수 없는 시기에 은둔을 선택하여 시국이 밝아지길 기다렸다가 나가서 벼슬하여 정치를 했기 때문에 역사의 높은 평가를 받았다. 광릉의 벗이 '강좌풍류'라는 말로 하천장을 칭송한 것은 권면의 뜻이 전혀 없었다고 할 수 있겠는가? 앞서 본 손정민의 제시는 "마음에 맞출 따름이지, 어이 하여 세상에서 엄자릉(엄릉)의 낚시를 다투겠는가?"라는 의미 심장한 의문을 제기하지 않았던가? 동한 때 엄광(자 자릉)은 어려서 광무제(기원전 5-기원후 57)와 함께 공부하다가 광무제가 즉위하자 험악한 정치 현실을 혐오하여 부춘산(富春山)으로 돌아가 은둔하여 농사와 낚시를 즐겼다.[19] 〈하천장행락도〉의 상주는 결국 엄광과 마찬가지로 물고기 낚고 농사짓는 일로 일생을 마칠 것인가? 아니면 처음에는 산에 은둔했다가 나중에 조정에 들어가 재상의 직에 올라간 사안처럼 동산에서 재기할 것인가? 손정민에게는 이것이 큰 의문이었다.

사안에게는 동산에서 재기한 전고 이외에, 회계에 은둔하여 '동산에서 기생을 끼고' 음악과 여색을 즐겼다는 전고가 있다. 그리고 그 이유에서 사안은 문인 풍류의 한 전형으로 간주되었다. 서씨 성의 제자는 하천장의 초상화에 대해 다음과 같이 매우 흥미로운 관찰을 했다.

> 도를 즐기면서 술병 사이에 거처하고, 정신을 안정시키면서 규방에 은둔한다. 나이 많은 무희는 제나라 비단 소매를 흔들어, 한데 모이길 두 원앙같이 하고, 어린 가희는 초나라 대나무를 찢는 듯한 소리로, 궁성으로 켜고 봉황곡을 읊는다. (劉琨이 말했듯이) 손가락 굵기의 유연한 검을 단련하여, 백련검의 강인한 보검을 조성한들 어떠리?
>
> 樂道棲壺中, 安神隱閨房. 大姬搖齊紈, 戢合兩鴛央. 小姬裂楚竹, 宮撥吟鳳□. 何妨繞指柔, 調成百鍊鋼?

나이 많은 무희는 제나라 비단 소매를 흔들고 어린 가희는 초나라 대나무를 찢는 듯한 소리를 내는 그 가무와 성악 속에서, 상주(像主)는 기세를 저축했다가 언젠가 크게 펼 것이다. "손가락 굵기의 유연한 검을 단련하여 백련검의 강인한 보검을 조성한들 어떠리?"라고 했으니, 이것은 '도광양회(韜光養晦, 자신의 재덕을 숨기고 은둔상태에서 심신을 기름)'와 '동산재기(東山再起, 동산에 은둔해 있다가 다시 일어나 국정에 참여함)'의 방식을 언급한 것이라 할 수 있다. 제영자는 '강좌풍류'라는 은유적인 표현을 통해, 군직을 맡은 적이 있는 하천장에게 두터운 기대를 걸었다. 순수나씨(舜水羅氏)는 '강좌풍류'라는 말로, 사곤이 발신하기 이전에 느긋하게 노닐며 뜻을 기탁하여 노래와 거문고로 평온하게 늙으려 했던 것에

19_《後漢書》, 卷84, 〈列傳〉第73, '逸民'本傳, 總 pp.986-987.

서 의미를 취했다. 유한모(劉漢慕)와 손정민(孫貞民)은 사안이 재상에 오르기 전 회계에서 기녀를 끼고 등산용 나막신을 제작하며 성색으로 즐기던 것에서 의미를 취했다. 화가 진홍수는 상주를 송죽이 있는 시냇가에 두고, 노래하는 기녀와 악기 연주하는 기녀로 하여금 시종하게 했는데, 몇몇 제영은 그것을 교묘하게 동진 두 사씨의 특수한 은둔 고사로 돌려 해석했다.

(4) 주색에 대은한 신선

〈하천장행락도〉 그림에서 두 미희를 1주 1종의 구도로 배치한 것은 아주 눈에 띄므로, 대부분의 제영자들은 사실 '동산재기'의 과제는 그리 다루지 않고, 화면에 흐르는 염정을 크게 떠들어댔다. 미한문(米漢雯)은 "거처가 율리와 같아 세속을 완전히 잊었고 고향이 온유(溫柔)와 가까워 별도의 봄이로다(居同栗里渾忘俗, 鄉近溫柔別有春)"라고 했다. 사가정(史可程)은 "흰 분 같은 달, 소나무 줄기, 비취 트레머리와 석류빛 고운 얼굴. 호걸의 방종한 이야기를 듣는다. 취향이 깊고 안온하니, 솥이 울어 봉추를 삶기에 좋구나(粉月松竿, 翠鬢榴豔, 聽取賢豪縱. 醉鄉深穩, 鐺鳴正好烹鳳)"라고 했다. 봄빛이 한없이 온유한 마을과 맛난 술로 깊고 안온한 취향이 초상화의 행락 주축과 아주 흡사하다. 동흠승은 이렇게 글을 적었다.

> 하천장은 문필이 뛰어나므로 붓이 책상에 늘어서 있다. 하천장은 벼슬에 마음을 두지 않으므로 깊은 숲에 앉아 있다. 하천장은 속마음이 가시나무 같지 않으므로, 몸을 영석(靈石)에 의지하고 있다. 내가 하천장의 몸가짐을 보니, 그 사람됨이 미색을 좋아하지 않았다. [⋯] 하천장이 호색하지 않는다면 어째서 미인이 곁에 있기를 바란 것일까? 내가 보기에 하천장은 관아의 우인(優人)과 동부(洞府)의 미인을 보면서 배회한다. [⋯] 미인이 보고서는 아리땁게 목소리를 낸다. [연가제(年家弟) 동흠승(童欽承) 쓰다]
>
> 天章蓋文翰, 故書筆陳於案. 天章不以仕爲心, 故坐長林. 天章中不棘, 故身倚靈石. 吾觀天章修飭, 其人不好色, [⋯] 使天章不好色, 何願美人在側? 吾觀天章, 優才中府, 洞□美人, 見之徘徊. [⋯] 美人見之, 婉轉成聲. (年家弟童欽承書)

대은(大隱)의 사람은 유정(有情)에 뜻을 부친다. 진경전(秦敬傳)이 말한 그대로이다.

> 대은이란 무엇인가? 희황씨 이상의 사람들을 말한다. 유정(有情)이라 목소리 바깥에서 깨우치고, 문자가 없어 안색이 봄이로다. 소나무가 안정되자 바람도 모두 적막하고, 산이 높으니 물도 함께 인연한다. 느긋하게 대지를 벗 삼고, 차는 우수 절기 이전의 신차를 끓이네. [도문(都門) 아우 진경전(秦敬傳)]
>
> 大隱何爲者? 羲皇以上人. 有情聲外曉, 無字顏中春. 松定風俱寂, 山高水共因. 陶然友大地, 茶沸雨前新. (都門弟秦敬傳)

하천장은 여색을 좋아했던가? 앞서 서씨는 "도를 즐기면서 술병 사이에 거처하고 정신을 안정시키면서 규방에 은둔한다"라고 했다. 하천장이 색을 좋아했다면, 그것은 '술병 사이에 거처한다'라든가[20] '규방에 은둔한다'라든가 하는 대은의 뜻에 근거한다. 송완(宋琬, 1614-1673)은 화폭을 근거로 하천장의 당시 은둔 경지를 묘사했다.

> 아름다운 군자가 있어, 관을 높이 쓰고 배자를 길게 늘어뜨렸다. 외론 소나무를 쓰다듬고, 벽려를 패물로 차고 있다. 돌 책상과 널찍한 평상을 두고, 향을 불사르고《주역》으로 점친다. 이름난 미희가 곁에서 모시니, 아리땁고 곱디곱다. [⋯] 웅심을 어디에 부칠 것인가? 이로써 족히 호방하거늘, 하필 표기라는 벼슬을 하랴?
>
> 有美君子, 高冠長帔. 坐撫孤松, 佩搴薜荔. 石几匡床, 焚香點易. 名姝侍側, 嬋娟嫵媚. [⋯] 雄心攸寄? 此足以豪, 何必驃騎?

늙은 장수로 말하면, 진속을 벗어난 대은 생활은 1만 장 기세의 웅심을 기탁할 수 있어서, 호방한 홍이 천 길 만 길로 솟아나게 만든다. 이러한 식으로 젊은 시절 표기장군으로서 뛰어났던 하천장에게 낙천지명

20_壺中天은 道家의 말로, 仙境을 가리키니, 즉 壺天이다. 후한 때 壺公이 늘 壺 안에 거처했던 고사가 있다.《雲笈七籤》載道: "施存, 魯人, 夫子弟子. 學大丹之道, [⋯] 遇《張申》爲《雲臺》治官, 常懸一壺, 如五升器大, 變化爲天地, 中有日月, 如世間, 夜宿其內, 自號壺天." 뒤에 신선의 경지를 壺中天地라 하게 되었다. 元稹의 〈幽棲詩〉에 "壺中天地乾坤外, 夢裡身名旦暮間"이라 했다.《雲笈七籤》(北京: 華夏出版社, 1996), 卷28, p.160.

(樂天知命)을 권면할 수 있다. 황경수(黃敬修)는 이 전향의 의미에 대해 한 걸음 더 나아가 다음과 같이 설명했다.

> 지난날 그림을 펼쳐 선생을 보면 아주 엄숙해서 그 신색이 놀라웠다. 지금 선생을 보고 다시 그림을 펼쳐보면, 더욱 그 뜻이 맑고 깨끗하다. 필묵에서 뜻을 펼치면서 노래와 관악기 소리에 뜻을 우탁하니, 장차 뒷뜰에 여악(女樂)을 벌여놓고, 앞뜰에 제생을 도열시킬 것이다. 묵묵하고 깊은 사색을 좋아하는 것은 양자운(양웅)과 무엇이 다른가? 말을 내어 곱고 아름다운 어휘를 내달리는 것은 사마장경(사마상여)을 좇으려 한다. 솔바람은 쉭쉭 소리하고, 괴이한 바위는 우람하니, 비록 표기장군에게 출사하라고 권하여도 끝내 나의 제오(第五)의 이름을 바꾸지 않으리라.[진(晉)나라 은사 하준(何準)은 형제 중 다섯째였는데, 하준의 형 표기장군 하충(何充)이 벼슬하기를 전하자 "다섯째라는 이름이 형님의 표기라는 명칭보다 못하겠습니까?"라고 했다.—역자 주] 다시 하천장 선생을 위해 서원(西園)에 쓰다. 서호 연가(年家) 후학 황경수.
>
> 昔披畫圖而見先生, 已肅然其神驚. 今見先生而重披畫圖, 更泠然其意淸. 縱志于筆墨, 而寓意於歌管之聲. 殆將後庭羅女樂, 而前庭列諸生. 其默而好深湛之思也, 何殊揚子? 其出而騁艷麗之辭也, 欲追馬卿. 松風謖謖, 怪石崢嶸, 雖驃騎勸之令仕, 而終不易予第五之名. 再爲天章先生題於西園, 西湖年家後學黃敬修.

필묵에 뜻을 펼치고 노래·관악기에 마음을 붙이는 것은 모두 호방한 뜻에서였으니, 묵묵하고 깊이 사색하는 양웅과 같기도 하고, 곱고 아름다운 어휘를 내달리는 사마상여와 같기도 하다. 필묵에 숨고 가성에 숨고 미주에 숨고 미인에 숨는 이 곡절에 대해서는 석연년(石延年, 994-1041)[21]과 왕적(王績, 585-644)[22]도 같은 부류로 인용된다.

21_石延年의 字는 曼卿이다. 여러 차례 진사에 불합격했다. 술을 지나치게 좋아하여 세칭 酒仙이라 했다. 蘇舜欽·梅堯臣 등과 이름이 나란했다. 서실을 捫蝨軒이라 했다. 《宋史》, 卷442, 〈列傳〉 第201, '文苑'本傳, 總 p.5367.

22_王績의 字는 無功으로, 일찍이 東皋에 거처했으므로 호를 東皋子라 했다. 唐나라 絳州 龍門 사람(山西省河津縣 사람)이다. 15세때 장안에 들어가 楊素를 알현하자, 만좌가 그의 영민함에 탄복하고 신동이라 일컬었다. 隋나라에서 祕書省正字를 지냈다. 당나라 초 원래의 관직으로 門下省에서 待詔했다. 술을 좋아했으며, 시는 대부분 술을 제재로 삼았다. 말이 질박하고 자연스러웠으며, 산문에 뛰어났다. 원집은 이미 산일되었으나 후대 사람이 편집하여《東皋子集》을 만들었다. 宋祁,《新唐書》(台北: 台灣開明書局, 1962), 卷196, 〈列傳〉

만년에는 아홉 봉우리와 다섯 버드나무 사이에서 뜻을 기쁘게 하고, 1만 축을 마음대로 사용해서 그림을 그리고 시를 지었으며, 쌍환의 아리따운 여인으로 하여금 시종 들게 했다. 대개 석만경(석연년)의 호탕하면서 씩씩함이며 왕무공(왕적)의 느긋하면서 한가로움이 아닌가! [이환장(李煥章)]

晩怡情於九峯五柳之間, 恣萬軸以畫詩, 侍雙鬟之嫣然. 蓋石曼卿之豪邁, 而爲王無功之悠閑也耶! (李煥章)

송나라 때는 기절이 호방하고 문장이 씩씩하며 시에 뛰어난 석연년을 두고, 통음을 즐겼다고 해서 주선(酒仙)이라 일컬었다. 또 당나라 때 관직을 버리고 고향으로 돌아가 동고자(東皐子)라 일컬어진 왕적(무공)도 역시 술을 좋아하여 시에 술을 제재로 삼은 것이 많았다. 하천장은 만년에 주색과 시화에 마음을 붙였으므로, 석연년의 호매(豪邁)와 왕적의 유한(悠閑)에 견줄 만했다. 그렇기에 신선의 형상도 불러내올 수 있었다.

소나무 아래 느긋하여, 신기가 맑디맑다. 두건 높이 쓰고 바위에 기대어, 운연(雲煙)을 거느린다. 술 화로는 이미 끓고, 잠견지와 붓은 모두 잘 준비되어 있다. 때때로 난을 치고, 혹은《초현(태현경)》을 쓰기도 한다. 세상을 조롱하는 바닷가 사람이 아니면 역시 육지의 완고한 신선이라 하리라. [만대상(萬代尙)]

松下從容, 神氣澄鮮. 高巾倚石, 領略雲煙. 茶罏旣□, 繭毫俱便. 時而作蘭, 或爲草玄. 若非玩世之海人, 其亦陸地之頑僊. (萬代尙)

만대상은 화폭의 키 큰 소나무, 높이 쓴 두건, 돌 탁자, 구름과 아지랑이, 차 끓이는 주전자, 잠견지(종이)와 붓 등의 물상을 가지고 한가로운 일민의 생활을 구축하여, 하천장을 '세상을 조롱하는 바닷가 사람' 아니면 '육지의 완고한 신선'으로 조형했다. 다음의 조옥길도 하천장의 신선 같은 행락 경지를 한껏 부각시켰다.

고인은 나무에 노을이 높이 걸리듯 하고, 향기로운 바람이 옛 터의 옷깃과 띠에 표표하여라. 눈썹을 들어 올려 눈길은 말을 하려는 듯 하고, 아리땁게 웃으려 하니 정신이 훨훨 나는 듯하다. 솔잎은 먹을 수 있고 바위는 찔 수

第121, '隱逸' 本傳, p.459.

가 있으니, 아름다운 사람이 있어 율려를 조절하누나. 나는 장차 그대와 함께 〈예상우의곡〉을 춤 추고 〈백저사〉를 노래하리라! 을사 10월 보름에 천장의 노년 문옹을 위해 제영하고 아울러 바로잡아주시길 바란다. [양계(梁谿) 아우 조옥길(趙玉吉)]

故人木兮霞擧, 香飄襟帶兮古處. 眉欲揚兮目欲語, 嫣然欲笑兮神栩栩. 松可餐兮石可煮, 有美人兮調律呂. 吾將與子舞霓裳兮歌白紵. 乙巳十月之望爲天章老年門翁題幷正. (梁谿弟趙玉吉)

조옥길은 초사체로 화면의 복고적 분위기를 그려냈다. 눈썹을 치켜올리고 눈으로 말하며 곱게 웃으려고 하는 듯한 하천장, 그대는 진속을 멀리 벗어나 훨훨 나는 신선인가? 소나무를 먹고 돌을 끓여먹으며 미인을 거느리고 춤추고 노래하며 선향에 몸을 두어 즐겁구나!

연 땅에서 태어나 호매한 시기를 보낸 하천장은 이제 그림 속에서 퇴연히 메마른 듯 앉아서 명상에 잠겨 있다. 주량공(周亮工, 1612-1672)은 제영에서, 구름 두건을 쓰고 안개 갈옷을 입은 주인공을 위로했다.

퇴연히 메마른 듯 앉아서 무엇을 생각하는가? 왼쪽에는 필연을 두고 오른쪽에는 솥과 옛 그릇을 두었구나. 나이 많은 무희는 부채를 흔들고 어린 미희는 피리를 부는데, 솔바람은 메아리가 대답하고 대나무의 이슬은 무거워라. 취하여 깨무는 여인의 입술이 사탕처럼 감미롭기에, 십주오악(十洲五岳)에 대해서는 마음이 의심스러워라. 형문(衡門)에서 늙어가면 속기를 치료할 수 있고말고, 인생이 하필 부귀하여야만 할까? 계묘 포월(蒲月, 5월) 천장 연사형(年社兄)을 위해 쓰다. 역하(櫟下) 동학 주량공 돈수.

頹然枯坐何所思? 左列筆研右鼎彝. 大婦搖扇小婦吹, 松風響答竹露重. 醉嚙妃唇甘如飴, 十洲五岳心□疑. 衡門可老俗可醫, 人生何必富貴爲? 癸卯蒲月爲天章年社兄題. 櫟下同學周亮工頓首.

주량공의 제영은 하천장이 군복무로부터 전향한 이후의 행락을 말했다. 왼쪽에는 필연, 오른쪽에는 솥과 옛 그릇을 두었다(시). 나이 많은 무희는 부채를 흔들고 젊은 미희는 피리를 분다(음악과 춤). 취하여 깨무는 여인의 입술은 사탕처럼 감미롭다(술과 여색). 시와 춤과 음악과 술과 여색에 뜻을 부치면 인생에서 부귀를 추구할 필요가 없다. 가로지른 나무를 문으로 사용하는 누추한 집에 은둔한다면 여생을 잘 마칠 수 있고 세속의 병도 고칠 수가 있다. 이어서 양단목의 제영은 은거 지향의 마음을 불러일으킨다.

> 두건을 쓰고 야복을 입고, 지금 유행도 아니고 옛 모습도 아니다. 이에 거하고 이에 처하여, 송석을 짝으로 삼는다. 죽계의 은일은 일곱쯤이고, 상암(商巖)[부열(傅說)이 판축을 했던 부암(傅巖)을 말함]의 노인은 다섯쯤이다. 형문의 아래에, 아름다운 맹강(孟姜)이 있다. 아름다운 산빛을 밥으로 삼아 즐기고, 샘물의 넘실거림을 편안하게 여긴다. 저 군자여, 붓이 있어도 휘호하지 않고, 술이 있어도 따르지 않누나. 퉁소의 음운은 그윽하고 맑으며, 비단 부채는 곱디 고와라. 노래도 하지 않고 춤도 추지 않았으나, 보기에 태연하다. 마침내 평온하게 꼿꼿이 앉아 멀리 생각하니, 그 속 마음이 크고 넓어서, 비록 흉중에 별도의 구학(丘壑)을 갖추고 있지만, 그러나 어찌 그 뜻의 우탁하는 바를 엿볼 수 있겠는가? 아아! 시내 물가와 산의 꼭대기에, 대나무는 무성하여 우뚝히 수려하고, 소나무는 훠훠 소리하고 바람은 차가운데, 수레바퀴에 기름칠하고 말에 꼴을 먹여, 나는 그대를 따라 고반(考盤, 은둔처)으로 가련다. 정미년 초겨울, 하천장 노년 사옹(社翁)을 위해 직문(稷門)의 기루(屺樓)에 제하다. 관중(關中) 동수(潼水)의 아우 양단목(楊端木).
>
> 乃巾乃服, 不今而古. 爰居爰處, 松石與伍. 竹溪之逸可七, 而商巖之老可五. 衡門之下, 有美孟姜. 餐秀色以樂, 寧泌水之洋. 彼君子兮, 有毫不揮, 有酒不酌. 簫韻幽淸, 紈扇綽約. 不歌不舞, 視之自若. 乃穆然兀坐而遠思, 其中孔博, 雖胸中別具丘壑, 然亦安能窺其意之所託? 噫嘻! 澗之濱 · 山之巓, 竹猗猗而聳秀, 松謖謖而風寒, 膏車秣馬, 吾欲從君于考盤. 丁未冬杪爲天章老年社翁題于稷門之屺樓, 關中潼水弟楊端木.

결국 화면 속에서 두건과 의복을 걸친 노인을 보면, 하천장은 오늘날에도 살아있는 고인이다. 곧 죽계에 숨은 일곱 은일이나 상산에 숨은 다섯 노인의 재현이다. 양단목은, 위에서 주량공이 "형문에서 늙을 수 있다"라고 했던 것과 마찬가지로, 《시경》〈진풍 · 형문〉의 첫머리 "형문의 아래여, 쉬면서 노닐 만하도다. 샘물 졸졸 흐름이여, 굶주림을 요기하여 즐길 만하도다(衡門之下, 可以棲遲. 泌之洋洋, 可以樂飢)"[23]라는 구절을 인

23_姚際恒은 "此賢者隱居甘貧而無求於外之詩.《毛傳》云: '樂道忘飢', 朱熹《集傳》云: '玩樂忘飢'. 猶孔子'蔬食, 飮水, 曲肱而枕, 樂在其中' "이라 했다. 姚際恒,《詩經通論》(台北: 河洛出版社, 1980), 卷7, p.146.

용했다. 주희는 "형문이 누추하지만 노닐면 쉴 수 있다. 필수(泌水, 샘물)는 배부르게 할 수 없지만 노닐면서 주림을 잊을 수 있다"라고 주석했다.[24] 여기에 물빛과 산빛을 찬으로 삼아 먹을 수 있는 맹강이 있다면 또 어떠하겠는가? 양단목은 그림 속 인물이 깊은 생각에 잠겨 앉아 있는 모습에서 기이한 상상을 일으켜, 사면에 송석, 죽계, 미색, 가무를 배치했다. 하천장이 '꼿꼿이 앉아서 먼 생각에 잠겼으니' 어떻게 "붓을 휘두르고 술을 마시지 않으며", "노래도 하지 않고 춤도 추지 않았으나, 보기에 태연자약"한가? 이것이 의문이다. 원래 이 행락도의 심층의식은 상주가 흉중에 별도의 구학을 갖추고 있다는 점에 있으니, 가탁하는 뜻이 있지 않겠는가! 양단목은 〈하천장행락도〉의 물상을 '고반재간(考槃在澗, 고반이 시냇가에 있음)'과 '고반재아(考槃在阿, 고반이 언덕에 있음)'라는 《시경》 〈위풍 · 고반〉의 뜻에 연계시켰다. 양단목은 은자가 산수에 의지하여 집을 얽고 벽지에 은거하면서 도를 즐기는 그 삶을 빨리 뒤따르라고 스스로에게 촉구했다.[25]

주명(周銘)도 하천장의 군인 생활과 은퇴 이후 생애에 대하여 다음과 같이 생각했다.

> 기이하여라 선생이여! 모습은 예스럽고 정신은 맑아라. 가슴에는 도서와 서적을 갈무리하고, 홀로 세속의 영화를 비천하게 여기노라. 건곤천지 아래 너희 무리는, 무엇이 중하고 무엇이 가벼운가? 아! 선생이 즐거워하고 기뻐하는 것은, 소나무가 있고 대나무가 있으며, 도가 있고 소리가 있도다. 대은하여 숨지 않고, 무정하기에 정이 있네. 이로써 세상을 마쳐, 일생을 영원히 즐기리라.
>
> 異哉先生! 貌古神淸. 胸藏圖史, 獨鄙□榮. 乾坤爾曹, 何重何輕? 噫! 先生樂喜, 有松有竹, 有道有聲. 大隱不隱, 無情有情. 于以卒歲, 永此生平.

24_朱熹注, 《詩集傳》 二(台北: 藝文印書館, 1964), 卷7, 總 p.319.

25_《詩經》〈衛風 · 考槃〉, "考槃在澗, 碩人之寬. [⋯] 考槃在阿, 碩人之過. [⋯] 考槃在陸, 碩人之軸." 考는 成이다. 《毛傳訓》에 "考槃爲成樂"이라 했다. 姚際恒은 "槃, 疑是架木爲屋之名, 或以其依山水盤結, 故名之與?"라고 했다. '在澗' 운운은 澗 · 谷에 의지하거나 平原에 집을 얽어서 거처한다는 뜻이다. 碩人은 隱者를 가리킨다. 《詩經通論》, 卷4, pp.82-83. 본디 현자의 隱居樂道를 노래한 것인데, 뒤에 隱居窮處하여 樂道한다는 뜻으로 파생되었다.

"건곤천지 아래 너희 무리는, 무엇이 중하고 무엇이 가벼운가?"라고 했다. 주명은 인생에서 대체 어떤 것이 가치 있고 어떤 것이 가치 없는가 물은 것이다. 그림 속에 소나무가 있고 대나무가 있으며 도가 있고 소리가 있다. 고인을 닮아 정신이 맑은 상주는 가슴속에 도서를 저장하고 있었으니, 속세의 허영을 어찌 천하게 보지 않겠는가? 주명은 극히 흥미로운 관찰을 한 끝에, 진정한 대은은 은둔하지 않으며 진정한 무정은 유정이기에, 이렇게 통달한 사유를 한다면 여생을 잘 마칠 수 있다고 매듭 지었다.

3) 결론

(1) 색은에의 기탁[26]

① 벽(癖)에의 기탁

위에 인용한 주명의 '대은불은'과 '무정유정'의 사유는 만명 이래 '색은(色隱)에 기탁한다'는 생각과 상통한다. 배후에는 벽(癖)에의 기탁이라는 특이한 관념이 있다.

만명의 문인은 성격이 험벽하여 하자가 있는 인물들을 관용하고 좋아했다. 곧, 시벽(詩癖)·서벽(書癖)·주벽(酒癖)·차벽(茶癖)·금벽(琴癖)·연벽(硯癖)·석벽(石癖)·화벽(花癖)·산수벽(山水癖)·연하벽(煙霞癖)·원림벽(園林癖)·화조벽(花鳥癖) 등을 거론하여, 모두 심미 대상으로 여겼다. 장대(張岱)는 "사람이 벽이 없으면 사귈 수가 없으니, 깊은 정이 없기 때문이다. 사람에게 하자가 없으면 사귈 수가 없으니, 참된 기가 없

26_필자는 만명 문인의 養生 추구를 연구하면서 그들의 심미관과 긴밀하게 연결시켜 논문 〈養護與裝飾—晚明文人對俗世生命的美感經營〉,《漢學研究》第15卷 第2期, 1997年12月, pp.109-143을 작성하고, 뒤에 拙著,《晚明閒賞美學》(台北: 台灣學生書局, 2000), pp.299-349에 이 논문을 수록했다. 이 절 '色隱爲寄'에서 '癖寄'와 '色隱'에 대해 탐구한 것은 위의 글에서 인용한다. 이 글은 만명 문사의 '癖疵人物類型的欣賞'을 관념의 소통이란 측면에서 상세하게 인증하고 논설을 진행했다. 필자가 이 글에서 명나라 말 陳洪綬의 〈何天章行樂圖〉에 나타난 '色隱爲寄'의 관람의식에 대해 사조적 배경을 설명하고 그것과 연계시킨 것은 졸저(pp.330-342)의 일부를 압축한 것이다.

기 때문이다(人無癖, 不可與交, 以其無深情也; 人無疵, 不可與交, 以其無眞氣也.)"[27]라고 했다. 벽이 있고 하자가 있어야 진정으로 깊은 정과 참된 기가 있다고 말한 것이다. 장대는 심지어 가족 중에 돈에 벽이 있고 술에 벽이 있고 기(氣)에 벽이 있고 토목에 벽이 있고 서사(書史)에 벽이 있는 다섯 사람의 전을 작성했다.[28] 원굉도(袁宏道, 1568-1610)는 "만약 진정으로 벽이 있다면 술에 깊이 젖어 목숨을 빠뜨려서 죽음을 각오하게 되니, 어느 겨울에 전노(錢奴)와 환고(宦賈)의 짓을 하겠는가?"라고 했다. 이어(李漁, 1611-1679)도 "벽이 있는 곳에 성명(性命)이 통한다"라고 했다.[29] 이는 모두 공리의 목적을 중시하지 않고 목숨도 아끼지 않아서 죽음을 각오하는 심미 정감을 말한다.[30] 황보밀(皇甫謐, 215-282)의 서음(書淫), 두예(杜預, 222-284)의 좌전벽(左傳癖), 간문제(簡文帝, 503-551)의 시벽(詩癖), 완적(阮籍, 210-263)의 취(醉), 왕적(왕무공)의 음(飮), 사안의 극(屐, 나막신), 도잠(도연명)의 국(菊), 혜강(嵇康, 224-263)의 금(琴, 거문고), 혜강의 단(鍛, 대장간 일), 무자(武子)의 마(馬), 육우(陸羽, 733-804)의 차(茶), 미불(米市, 米顚, 1051-1107)의 석(石), 예찬(倪瓚, 雲林, 1301-1374)의 결(潔), 유령(劉伶)의 기주(嗜酒), 노동(盧仝, ?-835)의 기차(嗜茶) 등등. 이 사람들은 도덕적으로 완전한 사람이 아니다. 거꾸로 세속의 물품에 탐닉했다. 하지만 이러한 성격적 결함 때문에, 그들의 삶에서 깨끗함과 화

27_張岱, 〈五異人傳序〉, 朱劍心編, 《晚明小品選注》(台北: 台灣商務印書館, 1991), 卷7, p.235.

28_張岱는 그 가족 중 특별한 癖好를 지닌 다섯 사람을 위해 傳을 지었다. "余家瑞陽之癖於錢, 髯張之癖於酒, 紫淵之癖於氣(按喜練氣), 燕客之癖於土木(按喜挖鑿修補古器), 伯凝之癖於書史. 其一往深情, 小則成疵, 大則成癖. 五人者皆無意於傳, 而五人之負癖若此."《晚明小品選注》, pp.235-238.

29_李漁는 嗜物이 병을 고칠 수 있다고 보았다. "本性酷好之物, 可以當藥, 凡人一生, 必有偏嗜偏好之一物. 如文王之嗜菖蒲菹, 曾晳之嗜羊棗, 劉伶之嗜酒, 盧仝之嗜茶, 權長孺之嗜瓜, 皆癖嗜也. 癖之所在, 性命與通, 遽病得此, 皆稱良藥. 醫士不明此理, 必按本草而稽查藥性, [⋯] 此異疾之不能遽瘳也." 李漁, 《閒情偶寄》(台北: 長安出版社, 1992), 卷16, 〈頤養部〉 '疾病 · 本性酷好之藥'條, pp.362-363.

30_칸트는 일반적 쾌감은 이해감과 결합하여 일어나서, 외재 사물에서 구하는 바가 있어, 객관적 합목적성을 지니지만, 심미적 쾌감은 이해의 욕구가 없으므로 일종의 '사심 없는 만족'이며, 이는 주관적 합목적성이다. 이러한 논법은 張岱 · 李漁가 嗜癖者에 대해 관찰한 내용과 상당히 부합한다. 劉昌元, 《西方美學導論》(台北: 聯經出版社, 1986), 第2章, 〈論康德對美的分析〉, pp.27-49.

사함을 볼 수 있다. 조신지(曹藎之)는 다음과 같이 말했다.

> 풍류의 인사에게 운치가 있는 것은 옥에 하자가 있는 것이나 무소 뿔에 무리(暈)가 있는 것과 같으니, 미처(美處)가 곧 병처(病處)이다. 그런데 이때의 병과 미는 정해진 명칭이 없으니, 탐닉한다면 미요, 지적한다면 병이다.
> 風流之士有韻, 如玉之有瑕, 犀之有暈, 美處即其病處耳. 然病美無定名, 溺之者爲美, 指之者爲病.[31]

동복형(董復亨)도 이렇게 말했다.

> 나의 벗 고태사[고천준(顧天埈)]가 언젠가 나와 역사를 논하다가, 태사공(사마천)의 열전은 인물의 비루(紕漏, 실수)한 곳에 이르면 상세하게 묘사하여 그치지를 않았다고 했다. 대개 비루한 곳이 곧 그 사람의 정신과 혈맥이니, 이것이 다른 여러 사람들과 다른 점이다.
> 余友顧太史嘗與余論史, 謂太史公列傳, 每於人紕漏處, 刻劃不肯休. 蓋紕漏處, 即本人之精神血脈, 所以別於諸人也.[32]

조신지가 말하는 "미처(美處)가 곧 병처(病處)", 동복형이 말하는 "비루(紕漏)한 곳이 곧 그 사람의 정신과 혈맥"이라는 식의 설법은 만명의 문헌에 대단히 많이 나타난다. 치(癡)·벽(癖)·전(顚)·나(懶)·감(憨)·우(愚)·우(迂)·광(狂)·견(狷)·기(奇) 등 정통 문사가 편벽되고 괴리된 것으로 보았던 것을 사랑하고 칭상하는 뜻이 충만하다. 문사들은 심지어 이것을 즐겨 호로 삼았다. 서위(徐渭)는 기인(畸人)이라 자칭하고, 도본준(屠本畯)은 폐인(廢人)이라 자칭하며, 진계유(陳繼儒, 陳眉公)는 췌인(贅人)이라 서명했다. 호만 이런 것이 아니었다. 출판물도 그러했다.《광언(狂言)》의 작자 성정(盛廷)은 지전도인(只顚道人)이라 자호하고《벽기록(癖嗜錄)》를 편집했다. 하수방(夏樹芳)은《주전(酒顚)》을 엮었다. 화숙(華淑)은《벽전소사(癖顚小史)》를 편찬하고 다음과 같이 발문을 스스로

31_曹藎之,《舌華錄》.《筆記小說大觀》(台北: 新興書局, 1974), 第22編 第5冊, 卷5, 韻語引, 總 p.1521.

32_董復亨, 〈漢上集序〉,《詩慰本漢上集》卷首; 陳萬益,《晚明小品與明季文人生活》(台北: 大安出版社, 1988), p.81.

붙였다.

> 온 세상이 모두 향원(鄕愿)이니, 벽(癖)을 모으고 전(顚)을 모은다면 허탄한 데 가깝지 않을까? 아니다. […] 벽(癖)에는 지성(至性)이 있어 남의 손해를 받지 않고, 전(顚)에는 진색(眞色)이 있어 세상의 법을 받지 않는다. 전은 옛날의 광(狂)이로다! 벽은 옛날의 견(狷)이로다! 광도 아니고 견도 아니라면 나는 누구에게 돌아가랴? 차라리 벽과 전이 아니겠는가?
> 擧世皆鄕愿也, 集癖集顚, 不幾誕矣? 非也. […] 癖有至性, 不受人損, 顚有眞色, 不被世法, 顚其古之狂歟! 癖其古之狷矣! 不狂不狷, 吾誰與歸? 寧癖顚也歟?

하자에서 운치를 보고 병든 곳에서 미를 보는 것은 만명 문인의 특수한 심미관이다. 현실에서 실의하여 위축되어 있는 의식을 교묘하게 스스로 위로하고 스스로 밝히며 스스로 높이는 방식이었다.[33]

만명 문사들은 자(疵)·벽(癖)·기(奇)·기(嗜)·광(狂)·전(顚)·나(懶) 등 편향적 인격 유형과 심지어 우졸(愚拙)·완둔(頑鈍)의 무리를 칭송했다.[34] 도덕 인격이 완전한 사람이라면 편벽의 결함이 없을 것이다. 하지만 다른 각도에서 보면, 생명의 진성(眞誠)에서 연유한 것이라서 성격의 편벽됨을 감출 수 없다. 결함은 생명의 진성무위(眞誠無僞)를 분명히 입증해주며, 거꾸로 도덕적 필요조건이 된다. 동시에 이 결함은 생명의 힘차고 준일한 기운을 펼쳐나게 하는 파이프, 간단히 말해 '기(寄)'이다. 원굉도는 "모두 벽이면서 뇌괴준일(磊塊雋逸)의 기를 부친 것이다"라고 말한 바 있다.[35] 지성(至性)의 참에서 나왔다면 편벽되더라도 도덕의 성역에 이를 수 있다. 원굉도는 술을 즐기는 승려를 '감성(酣聖)'이라 예찬했고,[36] 만취한 늙은이를 "용의 덕이 있으면서 숨어 있다"라고 칭찬했

33_만명 문인 盛廷·夏樹芳·華淑 등이 狂怪의 서적을 출판한 사실과 그 특수한 관점에 대해서는《晩明小品與明季文人生活》, pp.80-82 참조.

34_袁宏道는 네 명의 아둔한 종복 冬·東·戚·奎를 위해〈拙效傳〉을 지었다. 원굉도는 愚拙의 종복이 家規의 法度를 근실하게 지키는 것이 狡獪의 무리보다 훨씬 낫다고 하여, 그들이 주인집에 대해 拙鈍癡樸의 충성을 다하는 것을 칭송했다.《袁中郎全集》(台北: 偉文圖書公司, 1976), 卷4, pp.324-327.

35_ 袁中郎《瓶史》,〈十好事〉,《百部叢書集成》(台北: 藝文印書館, 1965) 第48種,《借月山房彙鈔》叢書, 第九函.

36_袁宏道는 한 승려를 위해〈碧暉上人修淨室引〉이란 傳을 지어, 그를 酣聖이라 칭송해서

다.[37] 진계유도 결벽증의 예찬(倪瓚)에 대해 그가 이미 성인의 경지에 이르렀다고 보았다.[38] 이는 모두 같은 인식에 기초한다.

② 색에의 은둔

벽기(癖寄)의 관점을 지지하여 만명의 사람들은 전통적 견해를 전복시키고 세상을 놀라게 하는 논리를 발설했다. 위영(衛泳)은 나막신에 숨고 거문고에 숨고 국화에 숨는 것 이외에 색에 숨어야 한다고 말했다.

> 사안의 나막신, 혜강의 거문고, 도잠(도명)의 국화는 모두 가탁하는 바가 있어서 벽(癖)을 이룬 것이다. 옛날에 색(色)에 은둔한다는 말은 듣지 못했지만, 마땅히 숨는다면 색보다 더한 것이 있겠는가? 고운 용모를 한 번 만나면 명리의 마음을 모두 묽어지게 만든다. 세상에서 달팽이 뿔이나 파리 머리 위에서 분주한 자들을 보면 대개 흉중에 아무 벽(癖)이 없어, 서글프게 가탁할 곳이 없는 자들이다. 참된 영웅호걸은 능히 함께 팔을 끌고 숲으로 들어가 홍분의 가인 한 사람을 빌려 지기로 삼고, 장차 긴긴 대낮을 닳아 없앨 것이다. 일종의 해어(解語, 사람 말을 함)하는 꽃과 대나무가 있다면, 맑은 밤에 영혼이 꿈을 꾸어 수많은 잠자리의 아지랑이와 노을을 배불리 먹을 것이다. 모름지기 색(色)에 도화원의 빼어난 경승이 있음을 알아

"淨室有聖僧, [⋯] 酒酣則拳兩手相角, 左勝則左手持杯飮, 右亦如之. 或指草束木椿相對嫚罵, 或唱或哭. 或作官府叱喝之聲. 或爲皀隸, 坐復跪, 跪復坐, 喧呼不達旦不休. [⋯] 寺僧惡之甚, 余獨喜之, 呼爲酣聖. 夜深無聊, 嘗與諸友穴窗竊聽以爲樂"이라고 서술했다. 《袁中郎全集》, 卷7, pp.418-421.

37_袁中郎은 〈醉叟傳〉을 지어, 生啖蜈蚣·毒蟲 등의 怪異行徑을 기록했다. 단, 수십의 怪誕한 말 속에는 반드시 정미하게 들어간 것이 하나씩 있다. 傳의 뒤에 다음 石公贊語가 있다. "余于市肆間, 每見異人, 恨不得其蹤跡, 因嘆山林巖壑, 異人之所窟宅, 見于市肆者, 十一耳. 至于史冊所記, 稗官所書, 又不過市肆之十一. 其人旣無自見之心, 所與交遊, 又皆屠沽市販遊僧乞食之輩, 賢士大夫知而傳之者幾何? 余往聞澧州有冠仙姑及一瓢道人, 近日武漢之間, 有數人行事亦怪, 有一人類知道者? 噫! 豈所謂龍德而隱者哉?" 《袁中郎全集》, 卷4, pp.316-320.

38_陳繼儒는 〈倪雲林集序〉를 지었다. "先生, 癖人也, 而潔爲甚 [⋯] 高臥清祕, 洗拭梧竹, 摩挲鼎彝, 此見潔者膚也. 試問學道人, 能於元兵未動, 先散家人產乎? 能見張士誠兄弟, 噤不發一語乎? 能避俗士如恐浼乎? 能畫如董巨, 詩比陶韋王孟, 而不帶一點縱橫習氣乎? 余讀先生之集, 所謂其文約, 其辭微, 其知潔, 其行廉 [⋯] 聖人之行不同也, 歸潔其身而已矣." 陳繼儒는 倪迂(倪瓚)현의 개결함이 이미 성스러운 영역에 들어갔다고 평가했다. 《晩明小品選注》, 卷2, pp.78-80.

야 하니, 진인을 찾아 욕망을 끊고 산을 사서 은둔하는 자와 비교한다면 어떠한가?

謝安之屐也, 嵇康之琴也, 陶潛之菊也, 皆有托而成其癖者也. 古未聞以色隱者, 然宜隱孰有如色哉? 一遇冶容, 令人名利心俱淡, 視世之奔蝸角蠅頭者, 殆胸中無癖, 悵悵靡托者也. 眞英雄豪傑, 能把臂入林, 借一個紅粉佳人作知己, 將白日消磨, 有一種解語的花竹, 淸宵魂夢, 饒幾多枕席上煙霞. 須知色有桃源絶勝. 尋眞絶慾, 以視買山而隱者何如?[39]

사안·혜강·도연명의 은벽(隱癖, 벽에 은둔함)은 기탁하는 바가 있었다. 만일 미색을 베갯맡의 아지랑이 노을이나 도화원의 빼어난 승경으로 여겨 세상을 피하는 매개물로 원용한다면 이야말로 일종의 은둔이니, 이것이 곧 색은(色隱)이다. 위영은 이어서 이렇게 말했다. "은(隱)이니 차(借)이니 하는 것은 바로 가탁하는 바가 있어 도망함이다. 정을 부치고 흥나는 대로 하는 것이, 어찌 세상의 치한이 침석에서 뒹굴고 자빠지고 하면서 기름칠하고 분 바른 여인에게 미련을 두고 헤어나지 못하는 것처럼 탐닉하는 지경에 이르겠는가?(曰隱曰借, 正所謂有托而逃. 寄情適興, 豈至沈溺如世之癡漢, 顚倒枕席, 牽纏油粉者耶?)"[40] 색을 벽기(癖寄)로 여기는 관점을 지지함으로써, 호색에 대해 적의를 보여 왔던 전통이 뒤틀리게 되었다. 위영은 더 나아가 다시 호색을 변호하여 이렇게 말했다.

호색은 상하게 하기 쉬운가? 요와 순의 아들들은 매희(妺喜)나 달기(妲己)가 없었지만 천하를 잃은 것이 걸(桀)이나 주(紂)보다 빨랐다. [⋯] 문원령(文園令, 사마상여)은 집이 네 벽밖에 없었고 거문고로 탁문군을 꾀었으나 재주의 명성이 줄어들지 않았다. 곽분양(郭汾陽, 郭子儀)은 있는 대로 사치를 다하고 욕망을 극도로 추구해서 희첩이 앞에 가득했지만 조정에서 기대고 존중했다. [⋯] 만약 색이 생명을 손상시킬 수 있다고 여긴다면 이는 전혀 그렇지가 않다. 팽록(彭籛)은 홀아비로 살아서 학령(鶴齡, 고령)으로 늙지 않았다는 말을 듣지 못했으며, 상자(殤子)는 어디 가실을 두어 일찍이 꺾여 생명을 연장할 수 없었단 말인가? 세상에서 요절하는 자, 병든 자, 전쟁하는 자, 불타거나 물에 빠지는 자, 전염병에 걸리는 자들이 서로 이끌어 죽어가는 것이 어찌 모두 색 때문인가?

39_衛泳,《悅容編》,〈借資〉章,《筆記小說大觀》, 第5編 第5冊, p.2779.
40_衛泳,《悅容編》,〈借資〉章.

> 好色好傷乎? 堯舜之子, 未有妹喜妲己, 其失天下也, 先于桀紂. […] 文園令家徒四壁, 琴挑卓女, 而才名不減. 郭汾陽窮奢極欲, 姬妾滿前, 而朝廷倚重. […] 若謂色能傷生者尤不然, 彭籛未聞鰥居, 而鶴齡不老, 殤子何嘗有室, 而短折莫延? 世之妖者 · 病者 · 戰者 · 焚溺者 · 札厲者, 相牽而死, 豈盡色故哉?[41]

호색은 양생을 위한 금기가 아니므로 망국의 흑화(黑禍)라고 배척해서는 안 된다. 도리어 나이를 늘리고 수명을 더하는 묘방으로 여겨야 한다. 위영은 호색을 《열용편(悅容編)》 전체의 가장 앞에 두고, 희유의 설법으로 결론지었다. "색을 좋다고 여기게 되면 몸을 보전할 수 있고 천명을 즐길 수 있으며 근심을 잊을 수 있고 수명을 다할 수 있다(緣色以爲好, 可以保身, 可以樂天, 可以忘憂, 可以盡年)." 이것은 만명 미학에서 삶과 미학의 합일을 존중하는 관점과 호응한다.

(2) 유희관

〈하천장행락도〉로 돌아가기 이전에, 사빈이 제작하고 유복이 보충한 〈남생로육진도〉를 다시 생각하기로 하자. 조용(曹溶)은 길고 긴 제화시에서 "좁은 적삼에 느슨한 띠를 각각 때에 따라 걸치니, 흉회를 쏟아내지 않는다면 무슨 보탬이랴?"[42]라고 했다. 흥미로운 것은 그가 이 화상을 남생로의 다양한 인생 도경의 전시라고 설명하고는, 도리어 이 인생 책자에서 엄숙한 의미를 찾아내야 한다고 말한 점이다.

> 초포[포단]에서 쌍수법[사라쌍수(沙羅雙樹)의 법. 불법(佛法)]을 가만히 듣고 있음이, 저 여희의 입술을 깨무는 것과 무엇이 다르랴? 부디 그대는 어느 것이 더 나은지 시험해보시오. 처음에는 난만하다가 마지막에서는 우아하고도 순순하게 되었다오.
> 焦蒲靜聽雙樹法, 何異嚙他妃女唇? 請公自試孰優劣, 始也爛熳終雅馴.

〈남생로육진도〉의 첫 장은 두 미희가 아쟁을 타고 퉁소를 부는 것으

41_ 衛泳, 《悅容編》, 〈達觀〉章, pp.2780-2781.
42_ 曹溶, 〈題南生魯觀察六眞圖〉, 《靜惕堂詩集》.

로 시작한다. 조용은 이 그림이 이렇게 환락 추구를 묘사한 것을 불안하게 여기다가, 마지막 장에 이르러 수도(修道)와 좌선의 광경인 것을 다행으로 여겼다. 조용은 그림 책의 처음과 끝을 연결시켜 포단에서 안좌하는 수행의 청법(聽法)이 여악을 두고 환락을 가까이하는 것과 다르지 않으므로, 이 그림이 처음에는 난만하지만 마지막에는 우아하고도 순순하게 되었다고 했다. 이 두 단의 시의는 조용의 심중의 초조감을 드러낸다. 조용은 여기서 전환하여, '곡이 끝날 무렵 우아한 악음을 연주함'(《한서》〈사마상여전찬〉에서 나온 말, 유종의 미를 거둠)을 끌어와서, 남생로의 행락 인생에 대해 도덕적 정의를 수립한다. 조용이 그림을 보고 나서 자기를 설득시킨 이 내용은 만명 인사의 '색은을 기탁으로 여긴다'는 관념과 뜻하지 않게 부합한다고 할 수 있다.

하천장 초상화와 여러 사람들의 제영은 행락의 화면을 해석하여, 한편으로는 하천장의 호색을 승인하면서도, 다른 한편으로 그가 결코 치한처럼 탐닉하거나 침석에서 뒹굴거나 지분에 얽매이지 않았다고 변호했다. 이것은 만명의 주색에 은둔한다는 '벽기(癖寄)' 관념에 부응하고, 조용의 '곡종주아(曲終奏雅)' 사고방식과 같다. 여기서 한 제발을 인용함으로써, 〈하천장행락도〉가 주색에의 골몰을 신선 추구 관념과 결합시켜 회화를 제작한 이념을 밝혀보기로 한다. 시는 이러하다.

> 심의에 넓은 띠 차림으로 역시 신선 반열에 드니, 한 언덕 한 골짝 사이에서도 몸은 한가하지 못하다. 강개하고 삽상하게 그대는 의기가 남아 있거늘, 다정해야지 어찌 홍안을 박대하랴? 동창(東昌) 아우.
>
> 深衣博帶亦僊班, 丘壑之間身未閒. 忼爽如君餘意氣, 多情豈可薄紅顏? 東昌弟.

그림에서 심의를 입고 넓은 띠를 매고 있는 상주는 구학의 사이에 처하여, 군복무 시기의 강개하고 삽상한 의기를 남기고 있을 뿐만 아니라, 두 미희를 곁에 두어 홍안을 어여삐 여기는 다정한 정분을 지니고 있으므로, 양강의 강개와 음유의 다정이라는 두 형상을 한 몸에 지니고 있다. 명나라 초, 정치의 청명한 상황과 산수 유람의 풍조가 결합하여 생겨난 것이 행락도이다. 그런데 정세가 혼란스러워진 만명 때 태평의 분위기가 다시 오지 않자, 겨울매미처럼 웅얼거리는 화가와 문사들은, 한편으로는 200년 이상 답습된 행락도의 물상 기호를 사용하여 정치적 소외 이후의 삶을 그려내는 도구로 삼고, 다른 한편으로는 도면에 깔려 있는 주색과 가악의 분위기에 야들야들한 염정(에로티시즘)의 상상을 첨가했다.

〈하천장행락도〉의 도상과 제영은 정치 소외의 현실을 발언하는 중에 일종의 유희적 취향을 화가·상주·제영자의 심리에 돋아나게 했다.[43] 관람자로 말하면, 하천장에게 동해에서 낚시하고 강좌에서 풍류를 즐기는 전고가 배당되어 있으므로, 그 하천장이 미희를 끼고 술에 취해 여인의 입술을 깨무는 등, 물가 수풀에서 성색을 즐기고 있는 유유자적한 형상은 일상의 틀에서 멀리 벗어나 있는 생활 유형을 공들여 만들어낸 듯 여길 수 있다. 진지한 작업은 도덕적이라 할 수 있지만, 사람을 기쁘고 즐겁게 하는 유희는 엄숙하지 않으며, 왕왕 비도덕적이라고 폄하되기도 한다. 엄숙하지 않다든가 도덕적이지 않다든가라고 간주되는 유희는 정상 생활의 바깥으로 배제되지만, 도리어 이것은 일상생활로부터의 일종의 초월이다. 인간은 유희 속에서 유한(悠閑)의 경지로 나아가기 쉬워서, 심지어 신체까지도 세속의 부담에서 이탈하게 된다. 진홍수가 구축한 주(酒)·색(色)·악(樂)·무(舞)의 세계는 상주와 관중에게 유한의 경지를 상상할 수 있게 해준다. 호리병 속에 은둔하거나 규방에 자취를 감추기도 하며, 상주를 완세(玩世, 세상을 조롱함)의 해인(海人)이나 육지의 완고한 신선으로 간주하게도 하여, 눈썹을 치뜨고 눈으로 말하고 배시시 웃는 너울너울한 신인(神人) 하천장을 송석이 어우러지고 미인의 무악이 연주되는 선향에 두게 한다. 유희의 매력은 사람으로 하여금 현실을 벗어나게 하는데 있다. 특이한 배역을 연기하는 것은 번잡한 세속으로부터 초월하는 것이자, 이상의 나라를 미리 점유하는 것이기도 하다. 화가·상주·제영자로 말하면, 강좌 풍류의 전형을 끼워넣음으로써, 동해가에서 평온하게 은둔하면서 신령한 자라와 짝이 되고 미희의 노래와 연주 속에서 즐기는 주색과 염정, 솔나무 잎을 먹고 바위를 끓여 먹으며

43_필자는 여기서 유희의 관점에서 〈行樂圖〉를 분석했는데, 이 관점은 Thomas L. Goodale · Geoffrey Godbey, 成素梅 等譯, 《人類思想史中的休閑》(昆明: 雲南人民出版社, 2000), pp.179-265에서 취했다.

티끌 밖 선경으로 멀리 날아가는 초월 등등은 바로 유희성의 만유를 의미하지 않는 것이 없게 된다. 만유 중에 현실에서의 좌절은 돌연 사라지고, 사람들은 수시로 경이로운 사물을 접하고서 전혀 다른 법칙이 운용되는 세계로 진입할 준비를 하여, 일체의 염려에서 해제되어 자아를 주재하는 권능을 지닌 인간으로 변화한다. 〈하천장행락도〉라는 방대한 텍스트는 분명히 마음을 넓혀주고 정신을 즐겁게 만드는 한바탕 유희의 장으로, 참여자는 기분이 고양되어 발랄한 열정을 표출하여 선계의 악무 리듬에 따라 뛰놀게 된다.

'행락도'라는 회화 양식은 이를테면 옷깃을 바로하고 꼿꼿이 앉아 있는 모습을 그리는 초상화와는 달리, 화가가 설계한 유희의 정경 속에서 상주가 느긋하게 소요하게 만든다. 도면에서 주제로 제시한 이야기는 강력히 화가 · 상주 · 제영자를 마음 넉넉한 유희자로 변환시켜, 분분한 해석 활동으로 진입하게 만든다. 일상 궤도에서 벗어난 이 해석 활동은 작은 집단을 형성하도록 촉진하고, 이 집단은 한층 신비로운 빛 무리를 들쓰고, 독특한 은유 방식으로 자기와 세속의 불일치를 두드러지게 만든다. 심리 분석 이론에서 말하듯이 유희는 본질상 치료의 성격을 지닌다. 진홍수 등은 하천장을 위해 현실생활의 쾌락 체험을 도입해서 한바탕 유희를 조직했는데, 그 목적은 이 '보상성'의 특질을 발휘하는 데 있었다.[44] 곧, 당시 성행하던 '색에 은둔한다'는 벽기의 관념을 운용하여, 이 유희를 통하여 소집단으로 하여금 실의의 경험과 감정을 제거하거나 해소하게 함으로써 영혼을 위로하고 정화했던 것이다.

(3) 청나라 초기의 발전

〈하천장행락도〉는 화가 진홍수가 자신의 풍격을 드러낸 걸출한 그림이다. 그리고 화폭 제영의 다중 성음은 명말 문사 초상화의 새로운 지평을 특징적으로 드러냈다. 시 · 악 · 주 · 색으로 물가나 수풀 아래서 유희하는 문인 행락도상은 청대에 이르기까지 영향을 주었다.

44_유희의 보상 특성에 대해서는《人類思想史中的休閑》, pp.185-189를 참조.

그림 3-7. (청) 화관회, 〈장사전귀주안온도〉 권, 종이, 채색, 61X132.8cm, 남경박물원.

행락도는 청대에 더욱 다양하고 다채롭게 발전했다. 옹정제에게는 14폭에 이르는 화상 전집 〈윤진행락도(胤禛行樂圖)〉가 있다. 화가는 윤진(옹정제)에게 각기 다른 옷을 입히고 그것에 상응하는 배경에 놓아두어, 행락도의 초상화 구도를 극히 정치한 수준에 이르도록 했다. 곧, 화가는 옹정제를 위해 변화무쌍한 변장의 세계를 만들어 내었다. 문사의 행락도는 대개 전신 편복에 산석 · 임천이나 서재 · 원포를 배경으로 삼아 고아하고 유한한 지취를 두드러지게 하여, 독서(讀書) · 약명(瀹茗) · 청비(淸祕)[공예 미술품 비장] · 세동(洗桐) · 탄금(彈琴) · 행음(行吟)의 공식적 내용을 투식으로 사용하거나, 화관(華冠)의 〈장사전귀주안온도(蔣士銓歸舟安穩圖)〉 · 〈설승기마경도(薛承基磨鏡圖)〉처럼 주제성을 지닌 묘사로 상주의 생활 단편을 표현하고 베껴냈다. 〈장사전귀주안온도〉(그림 3-7)는 화관이 상주 장사전만을 베껴내는 데 그치지 않고 처, 첩, 아이의 모습까지 하나하나 세세하게 그렸다. 만청 옹각(翁頟)의 〈황비열선면소상(黃丕烈扇面小像)〉은 오동과 죽석을 점철하고 겸공대사(兼工帶寫, 공들여 그리기도 하고 활달하게 베껴내기도 함)하여, 소형 행락도 형식이라 할 만하다.[45]

45_명청 때 조상 遺容을 베낀 〈買太公〉과 〈家堂圖〉 이외에, 갖가지 형식의 초상화가 유행

청초 문인의 수많은 행락도 유물 가운데는 〈하천장행락도〉와 유사한 구도의 형식이 적지 않다. 대개 상주의 곁에 시첩을 그려둔 사조도(寫照圖)로, 염정의 연상을 일으키게 한다. 대산(大汕, 1637-1705)은 진유숭을 위한 〈가릉전사도〉에서, 상주가 수염을 매만지며 정수리를 드러내어 앙앙하게 국사의 풍모가 있도록 그려내고는, 아름다운 여인이 약간 몸을 비틀고 통소를 가볍게 쥐어 불고 있는 모습을 곁에 그렸다.[46] 이부(李符, 1639-1689)는 시를 지었는데, 〈상숙 양자학이 공형포를 위해 승려 복장의 소영을 그려주자, 무석 화희일 어른이 두 여인이 꽃을 들고 좌우에서 모시는 그림을 보충하고, 색즉시공 공즉시색의 뜻을 취하여 쌍시도라고 했다(常熟楊子鶴爲龔蘅圃寫僧裝小影, 無錫華叟希逸補二女執花侍左右, 取色空空色意, 題曰雙是圖)〉라는 긴 제목이다.[47] 그림 속에서 공형포(龔蘅圃, 1658-1733)는 승려의 분장을 했는데, 곁에는 꽃을 든 두 시녀가 모시고 있다. 역시 구도가 유사하다. 진유숭은 〈심원춘. 설지를 위한 초상에 제한다. 원래의 운자를 즉흥적으로 차운하여(沁園春 爲雪持題像即次原韻)〉 사에 작은 글씨로 "화상은 대설 중에 연회의 서너 기녀들이 아쟁과 비파를 들고 곁에서 모시고 있는 형상이다(像作大雪中數燕姬箏琶夾侍)"라고 주석을 했고, 제사에 '도성행락(圖成行樂)'이란 구절을 사용해서,[48] 명확히 미색을 행락도의 중요 주제로 삼았다. 우지정(禹之鼎, 1647-1716)이 그린 〈교원지삼호도(喬元之三好圖)〉(그림 3-8)는 상주의 생활 취향을 표현하여, 교원지가 박학의 선비이므로 그를 좌탑에 우뚝 앉혀두고 등 뒤에 책상을 놓고 서책을 높이 쌓아두었으면서, 왼쪽에 세 미희가 사죽(絲

했다. 立幅의 整身大像도 있고 橫幅이나 長卷의 〈行樂圖〉 및 각종 양식의 〈小像〉이 있다. 심지어 小像을 摺扇 扇面 위에 그리기도 했다. 張啓亞, 〈中國的肖像畫〉, 梁白泉主編, 《南京博物院藏中國肖像畫選集》(香港: 大業公司印行, 1993), pp.15-16. 명 · 청 시대 〈行樂圖〉의 畫種과 興起 및 갖가지 상관 국면과 의의에 대해서는 필자가 이 책 도로 편에서 상세하게 검토한 바 있다.

46_陳維崧 〈迦陵塡詞圖〉의 상세한 고찰은 본서 제5장 참조.

47_李符, 《香草居集》, 《四庫全書存目叢書》(據吉林大學圖書館藏淸康熙至乾隆刻李氏家集四種本), 集部, 別集類, 第252冊, 卷5, p.44.

48_〈沁園春. 爲雪持題像即次原韻〉, 《陳迦陵文集》(全2冊) (《四部叢刊初編》, 集部, 第281-282冊, 上海涵芬樓影印患立堂本, 據商務印書館1926年版重印, 上海: 上海書店, 1989), 第2冊, 卷25, p.5b

그림 3-8. (청) 우지도, 〈교원지삼호도〉 권, 종이, 채색, 36.6X107.3cm, 남경박물관.

竹)을 연주하면서 탄창하고 있고 오른쪽 여인이 갓 빚은 술을 내오는 모습을 그렸다. 서적(書籍)·주단(酒壇)·여악(女樂)은 화제의 '삼호(三好)'를 가리킨다. 그 그림에는 왕무린(汪懋麟, 1640-1688)의 긴 제지가 있다.

> 우람한 호사(好事)가 나만한 이 없기에, 조양(朝陽) 우생(禹生, 우지정)이 소장 삼호도(少壯 三好圖)를 그려주었다. 왼쪽에는 기이한 서적 1만 권을 끼고, 오른쪽에는 좋은 술 300병을 저장해두었으며, 앞뒤로 다섯 소녀가 나란히 앉아, 거문고 타고 생황 불며 오 땅 노래를 부른다. 사내장부가 흥을 부치는 것은 우연일 따름이라, 일시에 웃음거리로 전하여 용렬함에 놀라누나. 모두 내가 색을 좋아하는 데다가 술을 사랑한다고 말한다만, 책벌레(蠹)처럼 말라 죽는다면 어찌 우활하지 않으랴! 아아, 나는 이 그림에 괴이하게 여기는 것 많도다, 완가(阮家)의 아함(阿咸)은 우아하고 멋있었지. 그림 그린 것이 이 뜻을 베껴낸 것과 같아, 내 좋아하는 바와 부절처럼 부합한다. 그대의 희디흰 미간을 보게나, 두 눈동자가 밝게 빛나니 범부가 아니로다. 책도 그대에게 읽도록 하고, 술도 그대에게 마시도록 하니, 성기(聲伎)로 즐긴다 해서 무어 저해되랴? 그렇거늘 나는 초라하게 30 나이를 넘겨, 거울을 들어 살피다가 나날이 머리와 옷차림이 엉망으로 되는 것을 깨닫는다. 문장은 진보하지 않고 기예도 여기에 멈추었으니[고찰하건대, 작은 글씨로 '방옹(육유)의 말을 사용했다'라고 했다], 부지런 부지런 기욕한다고 해도 어찌 하랴? 원컨대 이 뜻을 그대에게 부쳐, 부디 나의 덕이 정말 외롭지 않기를 바란다네.
>
> 嶔崎好事如我無, 朝陽禹生爲寫少壯三好圖. 左擁異書一萬卷, 右貯良醞三百壺. 前後列坐五少女, 彈絲吹竹歌吳歈. 丈夫寄興偶然耳, 一時傳笑驚庸愚. 謂我好色兼愛酒, 蠹魚乾死何其迂! 嗟我此圖多所怪, 阮家阿咸雅且

都. 作圖髣髴寫此意, 乃與所好相合符. 看子白皙好眉宇, 雙眸爛爛非凡夫. 書亦讓子讀, 酒亦讓子飮, 何妨聲伎爲歡娛? 顧我龍鍾過三十, 攬鏡日覺頭服龘. 文章不進技止此, (按小字曰: 用放翁語)孜孜嗜□何爲歟? 願以此意託吾子, 庶幾吾德良不孤.[49]

왕무린은 화면을 살피면서 하나하나 물상을 진술하여, 화면의 상주가 왼편에는 기이한 책을 끼고 있고, 오른편에는 좋은 술을 두었으며, 앞뒤로 다섯 가희를 두었다고 했다. 그리고 해학의 어조로 상주가 나이 서른이 넘어서 나날이 쇠로하고 문장의 기교도 조금도 진전이 없으면서 호색과 애주는 그대로라고 했다. 그래서 이 '정통에서 벗어난'의 괴이한 그림을 일반인들에게 보일 수는 없지만, 교원지가 서적을 좋아하고 술을 좋아하며 가희를 두어 홍을 부치는 심사는 왕무린 자신과 기호가 같아서 서로 지음의 관계라고 했다. 왕무린은 시의 끝에서 이렇게 말했다.

교원지 세년 도형(道兄)의 화상에 진열된 경물은 나의 〈삼호도〉와 대략 비슷하여, 화권을 펼치면서 기뻐 뛰면서, 내 뜻을 맡길 곳이 있음을 즐거워하고, 임모의 그림이 차츰 퍼지도록 도모하고자 했다. 즉시 제목에 따라 장구를 짓는다만, 교원지는 나를 어떻다고 생각할 것인가? 병진 4월 21일 십이연재(十二研齋) 왕무린이 백전낙지당(白田樂志堂)에서 초하다.

元之世年道兄畫像列景, 與余三好圖畧相類, 展卷欣躍, 喜余意之有託, 而圖摹畫之漸廣也. 即率題長句, 元之其謂我何? 丙辰四月廿一日, 十二研齋汪懋麟, 草於白田樂志堂.

원래 왕무린 자신에게도 이와 비슷한 행락도인 〈왕교문소장삼호도

49_汪懋麟은 〈子靜兄子畫像列景與余三好圖畧相類請題, 走筆疾書, 兼呈子靜〉라는 시를 자신의 《百尺梧桐閣集》에 수록했다. 《四庫全書存目叢書》(據中國社科院文學研究所藏清康熙刻本), 集部, 別集類, 第241冊, 卷14, p.629. 이 그림은 현재 南京博物院에 있다. 필자가 왕무린 문집의 시를 남경박물관 소장의 제시와 비교해보니, 후반부가 서로 상당히 다르다. 즉, 뒤에 이루어진 시집은 원래 화폭의 제시를 대폭 산정하고 개작했다. 필자는 본문의 제시와 아래의 제서(題署)를 남경박물관 소장 〈교원지삼호도(喬元之三好圖)〉 화폭에서 채록했다. 왕무린의 제사(題詞)에는 강희 15년(1676)의 관지가 있다. 즉 "丙辰四月廿一日十二研齋汪懋麟草於白田樂志堂"라고 되어 있다. 필자는 2005년 남경에 갔을 때, 아우 毛明華 박사의 도움으로 화폭을 사진 촬영했는데, 남경박물관 보관부 凌波 주임과 도서관 직원 劉勝 선생과 崔燕 양의 배려가 있었다. 뒤에 연구 조교 黃馨慧 동학이 원문을 베껴주었다. 감사의 뜻을 표한다.

(汪蛟門少壯三好圖)〉가 있었다. 그림 속의 상주 왕교문(즉 왕무린)은 만권 서적을 끼고 있고, 좋은 술을 곁에 두었으며, 뭇 가희들이 아쟁과 비파를 끼고 곡을 연주하고 있다. 그 화상도 더할 나위 없이 야들야들한 색채를 띤다.

송·원 이래 인물화에 유희를 세세하게 묘사한 것이 없지 않았지만, 만명의 행락도는 그림 속 인물의 형모와 신분을 두드러지게 하여, '사조(寫照, 인물의 형상을 베껴냄. 사진)'의 개념에서 벗어나 개인의 특징을 시정·화의의 경치 속에 녹여넣었다. 바꾸어 말하면, 상주의 이름을 행락도라는 단어 앞에 크게 놓아서 도면의 의의가 필연적으로 그림 속 상주가 누구인지(신분·직무·취향·소원)에 따라 결정되도록 했다. 명나라 말 〈하천장행락도〉 이래로 문사 화상은 엄숙한 정치적 사유에서 점점 벗어나, 시·서·주·악·색을 조흥(助興)의 도구로 삼아, 문인의 행락 모형을 부연해내었다. 청나라 강희 연간에 이르러서는 시주·악무·염정으로 행락도를 그린 문사 화상이 일일이 손꼽을 수 없을 정도로 많이 나왔다. 그것이 당시 문사들이 자아를 드러내는 아주 뚜렷한 특징을 대표하게 된 것이다.

제4장

문화 분장의 수수께끼 —서구 〈풍강어부도〉 제영*

1) 서론

(1) 들어가는 말—한 쌍의 제화[1]

낙조 붉을 때 낚싯대를 거두니, 가을 바람이 오히려 부용을 베듯 하는구나.
사람은 흐릿하고, 물은 아득한데, 갈대꽃이 짧은 피리 속에 날려 들어간다.
收却綸竿落照紅. 秋風寧爲翦芙蓉. 人淡淡, 水濛濛. 吹入蘆花短笛中.

---

* 이 논문은 처음에 '北京2005中國古代文藝思潮國際學術研討會'(2005年8月18-20, 北京首都師範大學主辦)에서 구두로 발표한 것으로, 당시 北京大學 中文系 汪春泓 교수의 논평을 수용하여 일부 수정하고, 논문집에는 싣지 않았다. 뒤에《淸華學報》의 세 심사교수님으로부터 많은 귀중한 의견을 들어, 다시 수정하여《淸華學報》第36卷 第2期(2006年12月)에 게재했다. 徐釚의 〈楓江漁父圖〉는 실전되었다고 여겼으나 2007년 모춘에 특수한 기연으로 上海 楊崇和 박사(호 楓江書屋)가 소장하고 있음을 알았는데, 양 박사의 호의로 화적을 살필 수 있었고, 중요한 도면 정보도 제공받았다. 양 박사는 원고의 몇 군데 착오를 세심하게 지적해주고, 또 바쁜 틈을 내어 도권에 관한 필자의 몇몇 의문에 해답을 주셨으므로, 특별히 감사드린다. 필자가 새로 〈楓江漁父圖〉 畫蹟을 보게 됨에 따라 원고에서 풀지 못한 곳을 해결했고, 인용 오류를 고칠 수 있었으며, 새로운 이해도 하게 되었으므로, 지금 일일이 증보하고 수정했는데, 이에 따라 글의 길이가 부단히 길어졌다. 근 3년간 여러 기연으로 이 글을 세 번이나 고쳤으므로 이 글을 작성하는 과정에 진귀한 문헌과 학술적 고견을 내려주신 전문 학자분들에게 특별히 이 자리를 빌려 깊이 감사의 뜻을 올린다.

1_鄧實은 청나라 말《徐電發楓江漁父小像題詠》1권을 초록했는데, 그것이 黃賓虹 · 鄧實合編,《美術叢書》(台北: 藝文印書館, 1975年11月初版. 原版經始於宣統辛亥, 1911), 第3冊, 〈初集第6輯〉, pp.61-98에 수록되었다. 世界書局이《明淸人題跋》(台北: 世界書局, 1988), 下冊, pp.587-623에 독립시켜 편집했다. 卷末에 吳昌碩과 鄧實의 版本 流傳 관련 題識를 부록으

> 10리 연파 속에 작은 붉은 부용을 부르니, 저 물새에게 받아들여 줄지 묻노라. 노래는 차분하고, 그림자는 뿌옇구나. 삿갓 하나 쓴 모습을 이 그림 속에서 다시 찾네.
>
> 十里烟波喚小紅. 問他鷗鷺可相容. 歌澹蕩, 影空濛. 一笠重尋是畫中. (〈漁父〉, 591)

이것은 강희 초 북경의 유명한 사인 납란성덕(納蘭性德, 1654-1685)과 고정관(顧貞觀, 1637-1714)의 제화사이다. 경쾌한 악조에 간결한 가사를 배치하여, 당나라 장지화(張志和, 730-810)가 어부의 즐거움을 말한 것을 모방했다. 어선이 갈대 숲에 정박해 있고, 삿갓 쓴 어부는 낚시를 거두는데, 어부의 시야에 부용과 해오라기의 가을 연파 광경이 들어온다. 두 사람은 같은 운각으로 '어부' 사에 맞춰 사를 지어 그림에 써주어,[2] 사인이 그림을 관람하면서 지녔던 여유롭고 편안한 뜻을 전달했다. 이 화면은 홍두사인(紅豆詞人) 오기(吳綺, 1619-1694)의 완전히 다른 제시 2편 1조를 촉발했다.

> 한 굽이 동풍에 애내가(배따라기) 울려나니, 오호의 안개 낀 물에 국진(麴

로 실었다. 오석창의 글은 光緒甲辰(1904)의 기년이다. [清]陸心源도《徐電發楓江漁父圖卷》1권을 저록하여, 陸心源編,《穰梨館過眼續錄》, 卷15,《續修四庫全書》(上海: 上海古籍出版社, 2002), 〈子部, 藝術類〉, 第1087冊, pp.604-616에 수록했다. 陸心源 著錄本의 시대는 鄧實本보다 20년 빠르며, 鄧實本보다 기록이 상세하다. 그 밖에 徐釚가 편집한《楓江漁父圖題詞》1권이 康熙乙亥(1695) 菊莊 刻本(아래 글에 상세히 나옴)으로 나와, 各家의 題詞를 가장 많이 수록하고 있다. 菊莊 刻本은 현재 浙江圖書館 孤山分館에 소장되어 있고, 현대의 印本은 없다. 이상 여러 제영 텍스트에 관한 개황은 필자가 서론에서 하나하나 서술하겠다. 본문은 이미 여러 번 고쳤는데, 필자가 최초로 참고한 판본은 世界書局 輯印本(原《美術叢書》本)이다. 지금 본문에서 인용한 題詠文字는 모두 上海楊氏藏本의 畫蹟 卷面의 題文에 근거해서 일일이 교정했다. 하지만 독자들이 쉽게 참고하도록 인용문 뒤에 世界書局 輯印의 實鄧本 인용구를 밝혀두었다.

2_당나라 張志和는 烟波釣徒라고 자칭하고 일찍이 〈漁歌子〉 詞를 지어 漁家의 일을 극도로 칭송했다. 그 詞는 이러하다. "西塞山前白鷺飛, 桃花流水鱖魚肥. 青箬笠·綠蓑衣. 斜風細雨不須歸." 지금 樂章 가운데 일명 〈漁父〉라고 하는 것이 이 곡조이다. [清]馮金伯,《詞苑萃編》卷1〈體製〉, 〈漁歌子〉條, 唐圭璋編,《詞話叢編》(台北: 新文豐出版社, 1988), 第2冊, p.1766. 후세에는 〈漁父〉 이름의 곡조가 아주 혼란되고, 〈漁歌子〉 曲이 전하지 않았다. 納蘭性德·顧貞觀 두 사람이 塡詞한 〈漁父〉는 이 곡조가 아니라 〈漁父引〉으로, 별명이 〈漁父辭〉이다. 이 밖에 蘇軾이 〈漁歌子〉에서 脫化하여 매번 '漁父' 두 글자로 起句를 삼는 〈漁父〉의 조가 있는데, 納蘭性德·顧貞觀 두 사람이 塡詞한 〈漁父〉는 소식의 것과도 다르다.

麈)같은 담황색 물결이 일어난다. 꽃 피어난 물가에서는 정히 물고기를 낚을 만한데, 나는 이미 낚싯줄을 거두었으니 어찌할 건가?
一曲東風欸乃歌, 五湖煙水麴塵波. 花汀正有魚堪釣, 我已收綸奈爾何?

동해의 젊은 신선은 본디 기이한 재주가 있어, 징거(徵車) 타고 가서 백량대에 오를 것이거늘, 어이하여 그림에선 기심 잊은 객으로 그려졌나? 낚시바위의 백로에게 의심을 받을지 모르겠군.
東海僊郞本異才, 徵車行上柏梁臺. 如何畫作忘機客? 恐被磯邊白鷺猜. (602)

물고기를 낚을 만하거늘 낚시를 거두다니, 배따라기 노래를 불러 어쩌란 말인가! 내 낀 강물의 꽃 핀 물가에 있는 어부를 등한하게 보아서는 안 된다. 그는 분명히 징거를 타고가서 백량대에 오를 동해선인으로, 이제 큰 뜻을 펼 것이거늘 어찌하여 그림 속에서 망기의 객으로 그려두었는가? 시에서 '내하(奈何)'와 '여하(如何)'는 의심해도 어쩔 수 없다는 뜻이다. 시의 끝에서는 또 유머러스한 어조로 "낚시바위의 백로에게 의심을 받을지 모르겠군"이라 했다. 이렇게 오기의 시는 이것은 어떤 그림이고, 누가 그린 것이며, 누구를 위하여 그린 것인가? 하는 물음을 이어갔다. 이 일련의 질문들은 홍두사인 오기의 호기심만 불러일으킨 것이 아니다. 이것은 청나라 초 문화의 수수께끼로서 매우 흥미롭다.

(2) 〈풍강어부도〉의 회화 자료

① 화가

납란성덕·고정관·오기 세 사람이 제화를 남긴 〈풍강어부도〉의 화주는 청나라 서구(徐釚, 1636-1708)로, 자는 전발(電發), 호는 졸존(拙存) 혹은 홍정(虹亭), 또 다른 호는 국장(菊莊)으로, 강소성 오강(吳江) 사람이다. 명나라 숭정 9년(1636)에 태어나 청나라 강희 47년(1708, 혹은 강희 46년)에 죽었다. 강희 14년(1675), 40세의 서구는 당시 이미 74세인 전당(錢塘) 화가 사빈(謝彬, 1602-?)에게 이 그림의 제작을 부탁했다. 모제가(毛際可, 1633-1708)[3]의 발어에 "관지에 서릉 사빈의 작이라고 했는데, 사

3_毛際可(1633-1708)의 字는 會侯, 號는 鶴舫, 청나라 浙江 遂安 사람이다. 順治 15년의 진

빈은 물고한 지 오래되었다. 이 그림을 그린 것이 이미 10년이 넘었는데 지금도 이렇게 꼭같으니, 사빈이 당시 명성이 높았으리란 것은 정말로 틀림이 없다"(621)라고 했다. 사빈의 자는 문후(文侯), 호는 선구(仙臞)로, 명나라 만력 30년(1602)에 태어났다. 절강성 상우(上虞) 사람으로, 전당에 집을 두었다. 창혼(蒼渾)한 필묵의 산수를 그리고, 인물화를 잘 그렸다.[4] 명나라 파신파 인물화가 증경(曾鯨, 1568-1650)을 사사했다. 그의 초상화 기법은 명나라 말에 대단히 인기가 있어서 사람들이 다투어 초상화를 그려달라고 할 정도였다. 증경은 문인·진사·의사·화가 등 여러 신분의 화상을 제작했다. 서책에 기대어 앉은 문사 〈갈일룡상(葛一龍像)〉(그림 4-1), 손에 떨이를 들고 포단에 편히 앉은 화가 〈왕시민소상(王時敏小像)〉(그림 4-2), 그 밖에 화가 장경자(張卿子), 진사 조사악(趙士鍔), 문인 고몽유(顧夢游)·예원로(倪元璐) 등등의 그림이다. 가끔 다른 산수화가와 합작하기도 하고 자기의 작품으로 보답하기도 했다. 당시 증경이 위임을 받아 제작한 화상이 널리 환영을 받았음을 알 수 있다.[5] 장대(張岱)는 이런 필기를 남겼다.

> 갑술(숭정 7년, 1634) 10월, 초생(楚生)을 이끌고 불계원에 머물면서 홍엽을 보았다. 정향교에 이르자, 뜻하지 않게 8인의 객이 모였다. 남경 증파신(증경), 동양 조순경, 금단 팽천석, 제기 진장후(진홍수), 항주 양여민, 육구, 나삼, 여령 진소지이다. 나는 남아서 술을 마셨다. 장후가 흰 비단을 가져와 조순경을 위하여 고불을 그리고, 증파신은 조순경을 위하여 사조했고, 양여민은 삼현을 연주하고 나삼은 곡을 창하고, 육구는 퉁소를 불었다.

사로, 河南彰德推官을 제수받았다가, 知城固縣으로 개수되었다. 康熙 22년, 浙撫가 通志를 수찬할 때 초빙하여 總裁가 되었다. 古文을 잘 지었다. 수많은 문사들의 간략한 전기 자료는 대부분 池秀雲編,《歷代名人室名別號辭典(增訂本)》(太原: 山西古籍出版社, 1998)에서 인용하되, 그 수가 많아서 인용이 번다해질까 염려되어, 상세한 주를 달지 않는다.

4_謝彬은 인물 그림에서 新意를 내어, 서너 필로 喜怒의 모습을 꼭같이 표현했다. 간간이 산수도를 그렸는데, 필묵이 蒼渾하다. 청나라 康熙 19년 樂圃를 위해 〈靑庄潑墨圖冊〉을 만들었는데, 당시 나이 79세였다.

5_曾鯨의 畫蹟은《中國美術全集》(台北: 錦繡出版社, 1989), 〈繪畫編〉, '明代繪畫下'冊을 참조했다. 文士의 그림으로 〈葛一龍像〉(圖110), 〈王時敏像〉(圖112), 〈張卿子像〉(圖111), 〈趙士鍔像〉(圖113), 〈顧夢游像〉(圖114) 등이 있다. 蘇州大學圖書館 編,《中國歷代名人圖鑑》(上海: 上海書畫社, 1989) 下冊 〈倪元璐〉 像, p.612도 있다.

그림 4-1. (명) 증경, 〈갈일룡상〉 권, 종이, 채색, 32.5X77.5cm, 북경고궁박물원.

그림 4-2. (명) 증경, 〈왕시민소상〉 축, 비단, 채색, 64X42.7cm, 천진시 예술박물관.

甲戌(崇禎7年, 1634)十月, 攜楚生住不系園看紅葉. 至定香橋, 客不期而至者八人: 南京曾波臣 · 東陽趙純卿 · 金壇彭天錫 · 諸暨陳章侯 · 杭州楊與民 · 陸九 · 羅三 · 女伶陳素芝. 余留飮. 章侯攜縑素爲純卿畫古佛, 波臣爲純卿寫照, 楊與民彈三弦子, 羅三唱曲, 陸九吹簫.[6]

장대는 우연히 조우한 일을 기록했다. 증경은 한 명사의 초상을 그리려고 하여, 붓을 들어 곧 완성했다고 했다. 당시 문화 활동이 빈번하여, 회화의 재예가 연회의 우아한 활동으로 되었다. 만명의 화가 증경의 사적과 경력은 명말청초의 화풍과 당시 화단의 분위기를 상상하게 한다. 사빈은 그 스승과 마찬가지로 탁월한 회화 기법으로 문인권으로 뛰어올라, 공경 사대부의 집을 돌아다니면서 명사를 위해 초상을 그렸다. 이하, 사환가 임노옹(任老翁), 문사 주규석(朱葵石), 화가 항성모(項聖謨), 그리고 주인공인 사인 서구에 대하여 검토하기로 한다. 이들은 모두 사빈에게 초상의 제작을 청한 인물들이다.

② 도면

〈풍강어부도〉의 원화는 상해 양숭화 박사의 개인 소장본(상해 양씨 소장본)이다. 필자는 2007년 늦봄에 양 박사와 인연을 맺어 이 그림을 볼 수가 있었다. 원화는 상태가 아주 좋았다. 높이 26㎝, 화심 길이 133㎝[육심원의 기록에 따르면 화지(畫紙)는 높이 8촌 9분, 길이 4척 3촌.《대청회전》 공부 영조척에 따름]이다. 인수(引首)와 타미(拖尾)를 포함하면 총 길이 2,000㎝이다. 전체는 지본으로 채색이며, 화심의 양단 격수(隔水)는 능포로 이어져 있다. 이하, 화심 부분에 관해 도면의 자료를 고찰하기로 한다.

화심 우측에는 1행의 소전(小篆) '謝彬寫照'(사빈 그림)가 있고, 화심 좌측 위에는 3행의 행서 '乙卯九秋為菊莊先生補圖錢唐章聲(을묘 9월 가을 국장 선생을 위해 보완해서 그리다. 전당 장성)'이 있다. 이로써 이 그림이 실제 인물의 사조를 위주로 하고 산수 배경을 보조로 하는 합작화임을 알 수 있다. 이 그림의 사조를 맡은 사빈의 스승 증경이 남긴 일련의 화상에도 이렇게 사조와 산수를 겹합한 것들이 있다. 사빈은 어가(漁家)라는 제재에 자못 마음을 쏟아서, 〈어가도〉(그림 4-3) 한 폭이 따로 있다. 갈

6_張岱,《陶庵夢憶》(上海: 上海遠東出版社, 1996年), 卷4, '不繫園'條, p.105.

그림 4-3. (명) 사빈, 〈어가도〉 축, 비단, 채색, 168.1X73cm, 상해박물관.

그림 4-4. (명) 남영, 〈산수인물도〉 권, 비단, 채색, 세로 28.59cm, 미국 캘리포니아 버클리 경원재(景元齋) 소장.

대숲에 고깃배가 점점이 있고 어부는 대작하면서 쉬거나, 혹 피리를 불면서 홀로 즐기고 있거나, 매를 깍지에 얹어 돌아온다. 어부의 즐거운 생활을 묘사한 것이다. 단 어부가 특정 인물의 사조는 아니다. 사빈은 또 산수화가 남영(藍瑛, 1585-1664?)과도 〈산수인물도(山水人物圖)〉를 합작했는데, 역시 어부를 제재로 삼았으니, 〈풍강어부도〉가 서구 화상임을 입증해주는 방증이 된다. 이 그림은 만명의 관료 임노옹의 사조로, 긴 화폭 두루마리는 임노옹을 산수 경물 속에 두고 권말에 어은(漁隱) 생활을 묘사했다(그림 4-4). 어부는 아내·자식과 함께 배를 물에 띄워 고기를 잡고 낚시를 하고 있다. 사빈은 이 노옹을, 세상과 다투지 않고 일흥(逸興)에 젖은 인물로 그려내었다.

전체 화권은 임노옹의 도화묘지명(圖畫墓誌銘)과도 같아서, 그의 여러 미덕을 표방했다.[7]

사빈·남영 합작의 〈산수인물도〉의 구조는 〈풍강어부도〉 구상의 남본이라고 볼 수 있다. 이 그림의 화심에는 화가 장성(章聲)이 근·중·원

7_James Cahill·李佩樺等譯,《氣勢撼人—十七世紀中國繪畫中的自然與風格》(台北: 石頭出版社, 1994), 第4章, 〈陳洪綬: 人像寫照與其他〉, pp.166-169.

의 횡렬 3단식 화법으로 풍강의 가을 경치를 보완해서 그렸다. 화폭의 우단은 근경으로, 강가 암석 사이에 크기나 위치가 각기 다른 일곱 그루의 나무가 자리 잡고 있고, 늘어선 나무그늘과 나무들 사이에 무성한 죽림이 울창한 경치를 형성하고 있다. 가장 가까이의 두 그루 나무는 하나는 앞에 하나는 뒤에 자태가 서로 얽혀 있고, 전자는 노란 잎의 큰 나무이고 후자는 그림의 주제인 단풍나무이다. 여러 나무들이 뒤덮고 있는 그늘은 왼쪽으로 뻗어 있고, 나무 그늘 사이에 등라가 드리워져, 아래쪽 바위 비탈의 이끼 풀, 강가의 갈대숲이 이루는 권역과 함께 천연의 광가(框架)를 이루어내어, 화가 사빈이 상주를 위치시키기에 편하도록 했다. 화폭의 중단은 중경으로, 드넓은 수역이다. 좌단에는 대안의 모래톱, 키 작은 나무, 갈대숲을 그렸는데, 호한한 강물과 공활한 창공이 아득히 먼 원경을 이루고 있다.

그림 4-5. 사빈 그림·항성모 보족, 〈주석규상〉 축, 비단, 수묵, 69.2X49.7cm.

그림 4-6. 사빈 그림·항성모 보족, 〈송도산선도〉 축(부분), 비단, 수묵, 39X40cm, 지린성박물관.

〈풍강어부도〉를 그리기 20년 전(1655), 52세의 사빈은 주무시(朱茂時)를 위해 〈주규석상(朱葵石像)〉을 그렸다. 주무시는 자가 규석으로, 순치 때의 문사이며, 뒷날의 사단 대가 주이준의 숙부이다. 그림의 제지는 "송림반박(松林般薄) 계사(癸巳)(순치 10년, 1653) 팔월(八

月) 문후사위규석선생사조(文侯謝爲葵石先生寫照) 공창항성모보도(孔彰項聖謨補圖)"라고 되어 있다. 또한 3년 전 순치 9년(1652)에 이 두 화가는 〈송도산선도(松濤散仙圖)〉라는 인물화를 공동 제작했다. 두 그림은 위에 말한 합작 방식을 취하여, 사빈의 사조에 항성모가 송림의 배경 경치를 보충했다. 〈주규석상〉(그림 4-5)은 전폭이 묵화로, 인물은 송석에 기대어 있다. 사빈은 파신파 스승 증경이 창시한 묵골요철법(墨骨凹凸法)을 채용하여, 상주의 얼굴에 담구(淡鉤)로 가볍게 입체감을 나타내고, 인물의 정신을 핍진하게 하여, 거울을 보고 모습을 그린 듯한 효과를 내었다. 〈송도산선도〉(그림 4-6)의 화가 사빈도 〈주규석상〉처럼 얼굴 표현에 담구세염범(淡鉤細染法)을 취하여, 두 눈동자가 이글이글거리면서 수염을 매만지며 너울너울 천천히 걷고 있는 노인을 그려내었다. 상주는 문인 화가 항성모인데, 세 그루 소나무, 흙 언덕, 송죽은 항성모가 보족하여 완성했다. 인물의 위쪽 두 큰 소나무 사이에는 항성모가 스스로를 견준 '송도산선(松濤散仙)'의 제지가 있다.[8]

다시 돌아가면, 상해 양씨 소장본 〈풍강어부도〉의 인물 사조는, 좌단과 우단의 전경에 나무 그늘, 등라, 바위 언덕, 이끼 풀, 갈대 숲 등이 원형을 이루도록 배치한 광가 속에 강기슭의 작은 배와 주인공 서구를 그려두었다. 74세의 늙은 화사 사빈은 중년에 〈주규석상〉·〈송도산선도〉에서 스승의 인물화법인 묵골요철법을 본받아 그 화법을 자유자재로 운용했다. 〈풍강어부도〉 상주의 얼굴과 사지는 먼저 담묵 세선으로 형곽을 구출(鉤出)하고, 다시 코 부분, 두 관골, 눈꺼풀, 목, 지체를 혹은 짙게 혹은 옅게 담채를 칠하여, 올록볼록한 골격과 피부, 입체감이 선묘(線描)를 따라 자연스레 형성되게 했다. 의복은 강남 고유의 구륵전채법(鉤勒塡彩法)을 채용하여, 먼저 거칠게 짙은 묵필로 홑 적삼, 느슨한 바지, 대나무 삿갓, 배의 봉창 등 윤곽을 구출하고, 다시 색채를 채워넣었다. 사빈은 증경의 창신과 강남의 전통 두 화법을 융합하여 상주 서구를 사조해낸 것이다.[9]

8_項聖謨 畫像 〈松濤散仙圖〉에 대해서는 이 책 제2장을 참조.

9_張庚의 《國朝畫徵錄》에 이러한 말이 있다. "寫眞有兩派, 一重墨骨, 墨骨旣成, 然後傅彩, 以取氣色之老少, 其精神早傳於墨骨中矣, 此閩中曾波臣之學也. 一略用淡墨, 鉤出五官部位

그림 속 상주는 삿갓을 쓰고, 옷깃을 벌린 홑 적삼을 입고 느슨한 바지를 꿰어 입고 있으며, 서너 줄기 수염이 뻗어 있다. 거의 정면을 향한 9부 측상이어서 그림 바깥의 관중과 시선이 이어진다. 이 상주는 반나마 감추어져 있는 봉창의 뱃머리에 걸터앉아 오른손으로 삿대를 잡고 있는데, 삿대 머리는 물에 잠겨 있으며, 왼손은 무릎에 두었다.

사빈은 서구를 위해 유유자적한 자태를 설계하고, 봉창 안에 서적 한 상자, 주당(酒鐺) 하나를 두었다. 색채 방면에서는 전경의 두 큰 나무 잎에 각기 다른 색을 써서, 앞의 나무는 황엽의 노란색, 뒤의 나무는 단풍의 붉은 색이다. 바위는 묵채로 그렸고, 강기슭의 나무 그늘, 수면, 풀언덕의 울창한 모습은 우선 묵필로 준점(皴點)을 하고 나서, 석청으로 층층이 붉게 물들였다. 인물의 피부색은 선묘로 가늘게 칠했으나, 죽립·낚싯대·갑판·봉정에는 담갈색을 사용했다. 인물의 의복과 봉창 배의 휘장은 백분을 평평하게 칠했다. 화폭 우단의 근경은 두 화가가 각기 분담하여 황·홍·청·부(膚)·갈·백 등 색을 채우거나 물들여서, 찬란한 분위기를 만들어내었다. 서구가 신은 선명한 붉은 신발은 이 열띤 장면에 활기를 더한다.

모제가(毛際可)는 제서(題序)에서, 자신이 본 화면을 간명하게 요점을 파악해서 다음과 같이 설명했다. "그림은 너비가 폭 길이에 차지 않아서, 연파가 넘실거려 지척이 천리인 듯한 기세가 있다. 배 안에는 술 항아리, 도서 수십 권을 두고, 상주는 홍정(虹亭)에서 낚시를 드리우고 대껍질 삿갓을 쓰고 발을 쭉 뻗은 자세로 한가롭다"(621)라고 했다. 이 해설은 상해 양씨 소장본과 완전히 일치한다. 화권 속의 제영도 화면에 대한 진술을 빠뜨리지 않았다. 약간만 들어보면 다음과 같다.

之大意, 全用粉彩渲染, 此江南畫家之傳法." 張庚,《國朝畫徵錄》,《續修四庫全書》, 子部, 藝術類, 第1067冊, 卷中, p.124. 사실상 증경의 초상화는 상술한 두 기법을 모두 포괄한다. 즉 제1류는 墨骨凹凸法으로, 금일 학계에서 서방의 영향을 받았다고 보는 방식이다. 이는 증경이 창신하여 예림을 주름잡은 기법으로, 波臣派는 이로써 명성을 얻었다. 〈葛一龍像〉[그림 4-1]·〈張卿子像〉·〈顧夢游像〉·〈柳敬亭小像〉 등 증경의 대부분 그림이 여기에 속한다. 제2류는 鉤勒填彩法으로, 강남의 고유한 전통에 속하는데, 증경이 이것에도 뛰어났다. 〈王時敏小像〉[그림 4-2] 등의 그림이 여기에 속한다. 증경의 이 화법들에 대해서는《悅目—中國晚期書畫》(解說篇)(台北: 石頭出版社, 2001), 梅韻秋, 〈柳敬亭小像圖軸〉 解說, pp.66-67 참조.

○ 서리가 재촉하여 나무 잎이 모두 붉게 흐르고, 비바람에 용이 울음 우는 듯 여울 소리는 음향이 급하도다. 금일은 옥 갈고기로 몸소 낚시밥을 시설하여, 낚싯줄 드리우며 응당 옛 사람의 낚싯대를 생각하노라.

霜催木葉盡流丹, 風雨龍吟響急湍. 今日玉鉤親設餌, 垂綸應憶舊漁竿.

기러기가 먼 하늘에 외론 그림자를 떨어뜨리고, 창망하게 아지랑이 낀 강물은 평평한 풀밭에 접해 있다. 단풍과 비취 봉우리는 강기슭을 에둘러 있구나. 한스럽게도 이 몸이 그림 속으로 들어가지 못하다니!

鴈落遙天隻影孤, 蒼茫烟水接平蕪. 丹楓翠巘環江岸, 恨不將身入畫圖.
[장택복(張澤復), 616]

○ 사당(沙棠)으로 만든 배는 오송의 강물을 깨부수며 나아가고, 솔솔 바람은 기슭의 단풍과 물가 갈대에 불어온다. 주구(酒具)와 다쟁(茶鎗, 차솥), 구름 같은 도롱이와 비 올 때 쓸 삿갓으로, 강 한가운데로 나아가니 가을 생각 깊구나. 순채와 농어회는 정말로 맛있기에, 온 땅에 풍파가 가득하든 말든, 삿대 하나에 두렁허리와 다랑어를 낚는다.

棠舟衝破吳淞水, 瑟瑟岸楓汀葦. 酒具茶鎗, 雲蓑雨笠, 載得半江秋思. 蓴絲信美, 任滿地風波, 一竿鱣鮪.
[양청표(梁清標), 〈여차강산(如此江山)〉, 587]

○ 단풍 잎 누럴 때 하늘은 강물과 같은 색으로 나란하고, 도서를 선창 속에 잔뜩 싣고서, 제후와 더불어 읍리를 나눌 것 없이, 나는야, 필상(筆牀)과 다조(茶灶) 갖춰 천수자(天隨子, 육귀몽)가 되련다.

楓葉黃時天似水, 圖書堆滿船艙裡. 不共諸侯分邑里. 吾欲擬, 筆牀茶灶天隨子.
[손지울(孫枝蔚), 〈어가오(漁家傲)〉, 593]

○ 가을바람은 솔솔 불고 가을 강 푸른 때, 강가에 단풍은 붉고 갈대꽃은 희어라. 구름은 엷고 하늘은 높아서 기운이 맑고 명랑한데, 잠자는 해오리와 졸고 있는 갈매기는 모래 바위 뒤에 숨어 있네. 만곡 깊은 곳에 고기잡이 배 하나 두고, 한 사람이 향기로운 금 갈고리를 손에 쥐고 있다. 두 눈동자는 칠흑을 점찍은 듯하여 바위 아래서 번득이고, 수염은 누런 색, 눈썹은 자색으로 신색이 유유하여라.

秋風瑟瑟秋江碧, 江邊楓赤蘆花白. 雲薄天高氣泬寥, 宿鷺眠鷗隱沙石. 一灣深處一漁舟, 一人手把香金鉤. 雙眸點漆閃巖下, 鬚黃眉紫神悠悠.
[왕사괴(王嗣槐), 599]

각 제시들은 그림 속의 여러 장면을 기록했으며, 어떤 작가는 화면 이외의 물상도 덧붙였다. '도서가 선창 안에 가득하다'(고작 한 함뿐이라 했거늘 어떻게 가득하단 말인가?), '주구(酒具)와 다쟁(茶鎗)'(주당만 있다고 했지 다쟁은 말하지 않았다), '필상(筆牀)과 다조(茶灶)'(그림에는 이 둘이 보이지 않는다), '기러기가 먼 하늘에 외론 그림자를 떨군다'(원경에 외론 기러기가 보이지 않는다), '잠자는 해오리와 졸고 있는 갈매기'(근경에 해오리도 갈매기도 보이지 않는다). '운사(雲蓑, 구름 같은 도롱이)와 우립(雨笠, 비 올 때 쓰는 삿갓)'(어부는 삿갓만 쓰고 있지 운사는 걸치지 않았다) 등등. 이런 식으로 여러 작가들이 그려내려고 한 것은 훨씬 풍부한 이상적인 〈풍강어부도〉 세계이다. 그들이 이상적으로 생각한 풍광은 이러하다. 오송 일대는 가을바람이 소슬하고, 강기슭에는 단풍이 붉고 갈대가 희며, 강물에는 나뭇잎이 떨어져 흐른다. 원경을 말하면, 높은 가을 하늘에 구름이 지고, 먼 하늘에는 기러기의 외론 그림자가 있으며, 풀밭은 멀리 평평하고, 안개 낀 강물이 드넓으며, 모래와 바위 사이에는 해오리가 잠자고 갈매기가 졸고 있다. 근경을 말하면, 기슭과 만곡의 모래톱 갈대밭에 어선 한 척이 있고, 봉창 안에는 주구와 다당, 서적과 화권이 있으며, 어부는 도롱이를 걸치고 삿갓을 쓰고 낚싯대를 드리우고 있다.

〈풍강어부도〉의 물상 배치는 원나라 오진(吳鎭, 1280-1354)의 어부도에서 기원한다. 북경 고궁에 오진의 〈어부도〉(그림 4-7)가 있다. 먼 산에는 나무 숲이 우거져 있고, 샘이 흐르고 강이 굽어나가며, 평평한 언덕에 늙은 나무가 서 있다. 근경은 시냇물이 돌아나가고 작은 배가 중류를 떠간다. 배 안에는 어부가 삿갓을 쓰고 도롱이를 걸치고, 한 손에는 상앗대를 잡고 다른 한 손은 낚시를 쥐고 있으며, 봉창 안에는 술병 하나가 매달려 있다. 그림 위에는 〈어부사〉가 쓰여 있다. 명나라 이일화(李日華, 1565-1635)는 이렇게 말했다.

> 매도인[매화도인(梅花道人) 오진(吳鎭)]은 형호(荊浩)[오대 후량(後梁)의 화가]를 모방하여, 어선 15척을 그렸다. 중단에는 나무와 바위가 한 무리를 이루었고, 전후의 산과 섬은 원근에서 4, 5점이 출몰한다. 또 그림 위쪽에는 〈어가오〉사를 써두었다. 소쇄하고 초탈하여, 원진자의 어조에 핍진한데, 이 역시 매도인이 지은 것이다.

그림 4-7. (원) 오진, 〈어부도〉 축, 비단, 수묵, 84.7X29.7cm, 북경고궁박물원.

梅道人倣荊浩, 寫魚舫十五, 中段樹石一叢, 前後山嶼遠近出沒四五疊. 又畫上方題漁家傲詞. 瀟灑超逸, 逼眞元眞子口吻, 亦道人所製.[10]

오진은 형호(850-911)를 모방하여 어부도를 그렸는데, 전후에 산과 섬이 있고 중단에는 나무와 바위가 있으며, 스스로 〈어가오(漁家傲)〉 사를 써어, 장지화의 어은 이상을 천발했다. 〈풍강어부도〉는 송·원의 어부도 전통을 계승하여 은일의 희구를 드러내되, 그 속에 시정(詩情)·화의(畫意)의 기호인 '가을 단풍'을 삽입했다. 본래 수묵 화면의 어은추강(漁隱秋江)이었으나 단홍을 점염한데다가 각종 풍부한 색채들로 부전(敷塡)하고 홍염(烘染, 바림)하여 대단히 화려한 까닭에, 은둔의 의미가 조금 퇴색했다. 〈풍강어부도〉는 오진의 어부도 모식을 채용한 것 말고는, 상주의 인물 형상이 다르다. 그림 속에서 삿갓 쓰고 낚시하는 어부(그림 4-8)의 시선은 그림 바깥을 직시한다. 서너 가닥의 수염이 어우러져 있고, 입꼬리는 조금 위로 치켜져 약간 웃는 모습이다. 근거리에서 얼굴을 묘사한 것은 상주의 두 눈에 신채가 있도록 하고 수염과 미간을 맑게 드러내며 자태를 유연하게 그려내려고자 했기 때문이다. 앞서 본 왕사괴 제영에서 "두 눈동자는 칠흑을 점 찍은 듯하여 바위 아래서 번득인다"라고 한 것과 부합한다. 곧, 〈풍강어부도〉의 구도는 두 부분으로 이루어져 있다. 하나는 송·원 화가가 구축한 어부도 모식이고, 하나는 증경 풍격의 인물 사조 방법이다. 어은 도식에 인물을 삽입한 것은, 사빈이 명말 이래 산수 사이에 초상을 두는 서정적 사의 화풍을 따른 것이다.

필자의 고찰에 의하면 강희 34년(1695), 60세의 서구는 자신의 저작물을 합각했다. 《남주초당집(南州草堂集)》 30권, 부수(附首) 1권, 《속집》 4권, 《국장사(菊莊詞)》 2권, 《사화(詞話)》 1권, 《풍강어부도제사(楓江漁父圖題詞)》 1권, 《청문집(靑門集)》 1권 등으로, 현재 절강도서관 고산(孤山) 분관에 소장되어 있다.[11] 《남주초당집》 강희 을해(1695) 국장 각본을

10_李竹嬾, 〈吳鎭題畫詞十五首〉條, 《詞苑萃編》 卷6 〈品藻〉, 《詞話叢編》 第2冊, pp.1906-1907.

11_대만의 공공 도서관 선본 목록을 조사해보니, 徐釚의 저작은 台大圖書館藏 《南州草堂集》 16卷, 卷首 1卷, 續集 4卷, 末附 《楓江漁父圖題詞》 與 《靑門集》 2卷이 있을 뿐이다. 徐釚의 菊莊自刻本은 현재 北京圖書館 · 南京圖書館 · 遼寧省圖, 河南省圖, 安徽省圖, 江西省

그림 4-8. (청) 사빈 그림 장성 보족, 〈풍강어부도〉 권, 비단, 채색, 26X133cm, 상해 풍강서옥.

그림 4-9. 〈풍강어부소상〉(판화), 18X12.8cm, 강희 을해 국장 각(刻), 《풍강어부제사》 권수.

보면, 《풍강어부도제사》 권의 앞에 한 폭의 판화(그림 4-9)가 부각되어 있다. 바로 풍강어부 소상(小像)이다. 이 소상을 화집에 부각할 때, 사빈의 그림은 서구에게 반환되어 판각의 남도(藍圖, 저본의 그림)로 사용되었을 것이다. 이 소상은 원 그림의 횡폭 척촌(높이 26㎝)을 단폭의 책장 형식(높이 18㎝ 너비 12.8㎝)으로 줄여서 번각했다. 홑장 삽도의 판화 척촌에 제한을 받아 근경을 취했으므로, 사빈 그림에서 우단 경치만 남기는 데 그쳤다. 원래 그림 우단의 큰 바위와 일곱 그루 나무는 완전히 숨어버리고, 본래 울창한 모습이던 죽림, 언덕의 풀, 갈대숲은 서너 필치로 생략되었으며, 전경에 두 나뭇가지가 위를 덮고 등라가 걸려 늘어져 있을 뿐이다. 원 그림에서 뻗어나가는 시각 효과를 주었던 중경과 원경은 전부 제거되었다. 판화에는 강기슭 단풍나무와 갈대숲 사이에 배 한 척이 있고, 봉창 안에는 주당과 서함이 있으며, 삿갓 쓰고 낚시 드리운 어부가 갑판에 걸터 앉아 그림 바깥으로 시선을 던지고 있다. 이 도상은 사빈과 장성의 원화를 완전하게 베껴내었다. 이 판화가 《풍강어부도제사》

圖, 南開大學, 南京大學 등 여러 곳에 소장되어 있다. 李靈年·楊忠主編, 《淸人別集總目》(合肥: 安徽敎育出版社, 2001), 中卷, p.1851.

권수에 있어, 원 그림을 볼 기회가 없는 독자들은 이 판화를 통해 그림 속 어부의 표정을 엿볼 수 있을 것이다.

③ 유전

상해 양씨 소장본은 그림 제목 아래의 제첨에 '존재(存齋)' 두 글자의 서명이 있다. 청나라 말 민국 초의 등실(鄧實, 1877-1951)은 "이 그림의 진적은 귀안(歸安) 육존재(陸存齋)가 소장하여, 지금 아들 육숙동(陸叔同)이 호(滬, 상해)로 가지고 와서 내어 보여주었다"(623)라고 했다. 곧, 이 그림은 그 당시 육존재 집에 소장되어 있었다. 육존재는 바로 육심원(陸心源, 1834-1894)으로, 도광 14년에 태어나 광서 20년에 졸했다. 자는 강보(剛甫), 호는 존재로, 귀안(지금 절강성 吳興) 사람이다. 저서에《송사익(宋史翼)》,《백송루장서지·속지(皕宋樓藏書志·續志)》,《양이관과안록·속록(穰梨館過眼錄·續錄)》,《의고당제발(儀顧堂題跋)》 등이 있다. 만청 시기의 저명한 감정가이자 수장가이다. 육심원은《서전발풍강어부도권(徐電發楓江漁父圖卷)》1권(이하, 육씨 저록본)을 저록해 두었다.[12]

상해 양씨 소장본의 권면에는 여러 작가들의 제영과 휘황한 서명장(署名章)과 한장(閑章) 이외에 감장용인(鑒藏用印)이 있다. '자강보(子剛父)'(8회), '수병노인감정(守瓶老人鑒定)'(1회), '사가장보(嗣家藏寶)'(1회) '계고서림(稽古書林)'(1회) '귀안장수함자자백인(歸安章綬銜字紫伯印)'(1회) '장익선당법서명화기(章翼詵堂法書名畫記)'(2회), '귀안육수성숙동보인(歸安陸樹聲叔桐父印)', '공속(公束)' '장명가(張鳴珂)' 등이다.[13] 〈풍강어부도〉가 300여 년간 유전된 경위는 잘 알 수 없으나, 필자는 화면의 8개 인을 근거로 다음과 같이 추정한다. 우선 8회 나오는 '자강보'는 육심원의 인이다. 육씨 저록본의 머리에 '자강보'가 있는데, 육심원이 스스로 주하기를 "기봉(騎縫) 이하에 모두 있다"라고 했다. 육심원은 이 그림을 진장하여, 종이가 겹치는 기봉 8처에 날인을 하여, 화권의 소유권을 확실하게 보여주었다. 육씨 저록본에는 그밖에 '수병노인감정'·'사가장

12_陸心源 著錄의 版本 자료는 陸心源編,《穰梨館過眼續錄》, 卷15,《續修四庫全書》(上海: 上海古籍出版社, 2002),〈子部, 藝術類〉, 第1087冊, pp.604-616 참조.

13_이상의 鑒藏印의 原畵는 원 그림을 수장하신 楊崇和 박사가 제공했다.

보'·'계고서림'의 세 인이 타미(拖尾) 맨 마지막 주륜(周綸)의 제화문 뒤에 있다. 수병노인이 누구인지는 알 수 없으나, 뒤의 두 인은 성명과 자호를 표시하지 않은 것으로 보아 육씨의 가장인(家藏印)인 듯하다. 상해 양씨 소장본에서 나머지 5개의 감식인은 육심원이 저록한 것이 아니다. 우선 인수(引首)에 심전(沈荃)의 제명 아래쪽과 타미 맨 마지막에 각각 '장익선당법서명화기'가 있다. 이 인은 화권 속의 '귀안장수함함자자백인'의 인주(印主) 장수함(章綬銜, 1804-1875)의 것인 듯하다. 장씨와 육씨가 모두 귀안의 저명한 감식가인데, 장씨가 육씨보다 30세 더 나이가 많아, 장씨가 타계했을 때 육씨는 40세였다. '장익선당법서명화기'의 인문(印文), 인수(引首)와 타미의 착기(戳記, 인장) 위치로 보건대, 그림을 빌려서 본 사람이 찍은 것이 아닌 듯하다. 이 그림은 장수함이 소장했다가 동향인 귀안의 육심원 집안에 흘러들어 갔을 가능성이 높다.

육심원 편《이운관과안록(穰梨館過眼錄)》에 이런 서술이 있다.

> 나는 본성이 글씨를 잘 쓰지 못하는데다가 그림도 알지 못한다. 동치 갑술, 민차(閩鹾)에서 내직으로 불려 올라오게 되었으나, 걸양하여 진정소(陳情疏)를 올리고 집에서 편히 지내면서 날마다 문인 일사들과 노닐었는데, 장자백(章紫伯) 명경(明經)[장수함(章綬銜)]이 특히 친했다. 명경은 소장한 서화가 아주 많았으므로, 아침저녁으로 어울리며 때때로 가서 감상을 했다. [···] 차음 명경의 소장물을 빌려서 보다가 간혹 수장도 하면서, 어루만지며 감상하길 오래하자, 상당히 즐거운 취미로 되었다. [···] 나는 성격이 시절과 어긋나, 명나라 이전의 물품을 수장하길 좋아했는데, 명나라 말 충신, 국초 고인·기사(高人畸士)의 작품을 얻은 것이 아주 많았다. 처음에는 장사꾼에게 많이 속았으나, 20년 이래 감별이 점차 정밀하게 되어, 변령지(卞令之)[변영예(卞永譽)]·고강촌(高江村)[고사기(高士奇)]·육윤지(陸潤之)[육시화(陸時化)]의 저록에 대해서도 때때로 논문을 써서 반박하게 되었다. [···] 오랜 시간이 흐르자 한 질을 이루었으므로, 범례를 만들어 아이 수번(樹藩)·수병(樹屛)과 문하생 이연달(李延達)을 시켜 40권으로 편하게 하고, 각공에게 새기도록 주었다. [···] 광서 기원 18년.
>
> 余性不善書, 更不知畫. 同治甲戌, 由閩鹾內召, 乞養陳情, 棲息家巷. 日與文人逸士游, 而章紫伯明經爲尤習. 明經收藏書畫極富, 朝夕過從, 時時出以相賞. [···] 稍稍借觀明經所藏, 間亦從而收蓄, 摩挲日久, 頗爲樂趣. [···] 余性與時異, 好收明以前物, 而明季忠臣·國初高人畸士之作, 所得尤多. 其

始頗受市儈欺, 二十年來辨別漸精, 卞令之·高江村·陸潤之所著錄, 亦時時著論駁之. […] 積日累時, 裒然成帙, 發凡起例, 命兒子樹藩·樹屛·門下士李延達編爲四十卷, 付之梓人. […] 光緒紀元之十八年.[14]

이 글은 광서 18년(1892)이라고 날짜를 적었는데, 이것은 중요한 정보이다. 첫째, 동치 갑술 13년(1874), 41세의 육심원은 민 땅 염리(鹽吏)에서 내직으로 소환되었으나 걸양하여 귀향한 후에 비로소 서화를 감식하고 수장하기 시작했다. 계도해준 사람은 서화 수장가 장자백(章紫伯) 즉 장수함이니, 장수함은 당시 이미 70세였다. 육심원은 장수함의 가장품을 빌려 보았는데, 그 사이에 스스로도 수장하게 되었다. 둘째, 육심원은 자신의 수장 방향을 밝혔다. 육심원은 기호가 세상과 달라, 수장품의 범위를 명나라 이전 것과 명말청초의 것을 위주로 했는데, 후자의 소득이 아주 많았다고 했다. 셋째, 육심언은 수장 경력이 20년이 되자 과안한 서화 명적과 관련한 반박문을 저록하여 한 질을 이루었으므로, 두 아들과 문생에게 위임하여《양이관과안록》40권을 엮었다.

《양이관과안록》범례를 보면 이러하다.

제6칙: 본조 명가가 이미 많아 사왕(四王) 오훈(吳惲)을 끝으로 한다. 건륭 이후 심사봉(沈獅峯)[심종경(沈宗敬)]·장남화(張南華)[장붕충(張鵬翀)]·동동산(董東山)[동방달(董邦達)]·방환산(方環山)[방사서(方士庶)]·해철생(奚鐵生)[해강(奚岡)]·방난유(方嬾儒)[방훈(方薰)]·화신라(華新羅)[화암(華嵒)]·이복당(李復堂)[이선(李鱓)]·정판교(鄭板橋)[정섭(鄭燮)]·나양봉(羅兩峰)[나빙(羅聘)] 등은 잠시 속편을 기다린다.

제7칙: 이 편을 간행한 이후 주문구(周文矩)의 〈중병도권(重屛圖卷)〉과 이산풍(李山風)의 〈풍설송삼권(風雪松杉卷)〉 […] 등을 보았으나, 모두 속편을 기다리라.

(第6則)本朝名家既多以四王吳惲爲斷, 其乾隆以後如沈獅峯·張南華·董東山·方環山·奚鐵生·方嬾儒·華新羅·李復堂·鄭板橋·羅兩峰諸家, 姑俟續編.
(第7則)是編刊成之後, 續見周文矩〈重屛圖卷〉·李山〈風雪松杉卷〉. […] 均待續編.[15]

이 범례에서 육심원은 건륭 이후 많은 화가의 원화를 이미 수장하고

14_《穰梨館過眼錄》敍文,《續修四庫全書》, 第1087冊, pp.1-4.

15_兩則凡例, 同上註, pp.4-5.

있지만 편성을 하지 않았으니 속편을 기다리라고 했고, 편성 이후 과안한 화적도 정편에 넣지 못했으니 역시 속편을 기다리라고 했다. 제7칙은 그림 목록을 열거했는데, 애석하게도 〈풍강어부도〉는 들어 있지 않다. 화가 사빈은 명말 청초에 활동했지, 건륭 이후 활동하지 않았으므로, 제6칙의 조건과 부합하지 않는다. 따라서 〈풍강어부도〉는《양리관과안록》 편성(광서 18년, 1892) 이후 육심원 집안에 귀속되어《양리관과안속록》 제15권에 들어가게 된 것이다. 그렇다면 〈풍강어부도〉는 장수함이 죽고 다시 10여 년이 지난 후 육심원 집안에 수장되었으며, 그 저록은 더 늦어서 육심원이 58세가 되었을 때의 일이다. 육심원은 그 2년 뒤 타계했다.

이해하기 어려운 것은, 육심원이 그림을 수장할 때 장수함의 3개 감장인이 이미 찍혀 있었거늘 육심원이 자기를 계도한 이 선배의 인을 전혀 기록하지 않은 이유이다. 수장가가 서로 경시하는 마음을 지녔던 것일까? 그 감장인은 가짜일까? 어떤 특별한 원인이 있었을까? 함부로 해석하지 않기로 한다. 그 밖에 상해 양씨 소장본의 권면에 '귀안육수성숙동보인(歸安陸樹聲叔桐父印)'이 있는데, 이것은 육심원의 아들 육숙동(陸叔桐)의 인이다. 육심원이 죽은 후 차남 숙동이 육가 서화 수장품을 승계하고[16] 권면에 착기(戳記)했는데, 부친 생전의 저록 때보다 이후의 일이므로《양리관과안속록》에 수록하지 못했다. '장명가'와 '공속'은 동일인이다. 장명가(張鳴珂, 1829-1908)의 자는 옥산(玉珊), 호는 공속(公束), 만년의 호는 와옹(窳翁)으로, 절강성 가흥(嘉興) 사람이다. 유명한 사가(詞家)로, 육심원보다 다섯 살 많았고 향년도 더 길었다. 그가 이 그림을 볼 때 육심원은 이미 하세했으므로, 그의 두 착인은《양리관과안속록》에 수록되지 못했다. 육숙동이 세고가 있는 근린의 어른들을 청하여 그림을 본 흔적을 남겨두게 했기 때문이다.

육심원 저록본의 가장 끝에는 섭서로(葉舒璐)의 발(跋)이 있지만, 상해 양씨 소장본의 권미에는 두 사람의 제지(題識)가 더 있다. 한 사람은

16_收藏家 楊崇和 박사에 따르면, 陸心源이 죽은 후 장남이 고전적을 계승했다가 뒤에 일본인에게 매도했으므로, 그것이 민국 초 여론이 비등한 일대 사건이 되었다고 한다. 차남 陸叔同은 그 부친의 서화소장품을 계승하여 〈楓江漁父圖〉의 새 주인이 되었다.

오준경(吳俊卿, 1844-1927)으로, 즉 오창석(吳昌碩)이다. 자는 창석(昌碩·倉石), 호는 부로(缶廬)·고철(苦鐵)·대롱(大聾)이다. 절강성 안길(安吉)[호주(湖州)] 사람이다. 소주·상해 등지에 우거했으며, 금석과 서화에 뛰어났다. 관직에 임명되었지만 한 달 만에 버리고 떠나 호(滬, 상해)로 가서 그림을 팔아 생계를 세웠다. 화권의 제지는 이러하다.

> 숙동 태수가 그 가장의 〈풍강어부도〉에 제를 해달라고 하므로 무리해서 40자를 이루어, 이에 청운의 끄트머리에 둔다. 갑진 맹하.
> 叔同太守屬題其家藏楓江漁父圖, 勉成四十字, 藉衬青雲, 甲辰孟夏. (623)

광서 30년 갑진(1904)에 61세의 해파 화가 오창석은 육숙동이 상해로 가져온 이 그림을 보고 그의 부탁으로 제지를 썼다. 육심원은 타계한 지 10년이 되었고, 육심원의 차남 육숙동은 대개 50세 무렵이었다. 이권을 본 등실(鄧實)은 다음 글을 남겼다.

> 이 그림의 진적은 귀안 육존재가 수장했는데, 지금 그 아드님 육숙동이 호 땅으로 가져와서 보여주므로, 그 글을 초록하고 인을 찍는다.
> 此圖眞蹟爲歸安陸存齋所藏, 今其令嗣陸叔同携滬出眎, 因鈔錄其文付印. (623)

청말 민국 초 오준경보다 조금 뒤, 젊은 등실은 호 땅에서 육숙동으로부터 가장의 화적에 시를 써 달라는 부탁을 받았다. 그런데 상해 양씨 소장본에는 오준경이 시를 적은 40년 뒤 또 다른 사람이 시를 적은 것이 있다. 근대의 시인 하경관(夏敬觀, 1875-1953)으로,. 자는 검승(劍丞), 호는 관인(盥人)·부암(吷庵)이며, 강서성 신건(新建) 사람이다. 광서 거인(擧人)으로 관직이 제학사(提學使)에 이르렀다. 민국 후에 절강성 교육청장을 지냈고 만년에 상해에 우거했다. 역시 사를 잘 짓고 그림을 잘 그렸다. 상해 양씨 소장본의 끝에 다음 제시가 있다.

> 고서화 감정에 정밀하고 박식했으며, 능히 백송루 유물을 수집했다. 그림은 묘필로 진중되고, 제영은 당시에 존중되었다. 고기잡는 포구는 번번이 바뀌고, 풍강은 아득히 상상된다. 웅당 옥 피리를 가지고, 한 번 국장(菊莊)

의 사를 연주해야 하리라. 인재(忍齋) 인형이 소장의 〈서전발풍강어부도〉에 써달라고 부탁했다. 임오 겨울, 부암 하경관.

鑑古多精識, 能搜皕宋遺. 畫圖珍妙筆, 題詠重當時. 漁浦番番改, 楓江渺渺思. 定應持玉笛, 一奏菊莊詞. 忍齋仁兄屬題所藏徐電發楓江漁父圖, 壬午冬吷庵夏敬觀.

제시의 처음 두 구는 '백송루'를 두었고 《백송루장서지》·《양이관과안록》을 저술한 감장자 육심원을 언급했다. 그 다음은 〈풍강어부도〉의 화면, 제영, 상주 서구를 언급했다. '임오'라는 기년으로부터 민국 31년(1942)에 이 글을 쓴 것임을 알 수 있다. 만년에 호 땅에 거처한 68세의 하경관은 인재라는 호를 쓰는 수장자에게서 이 그림을 보았는데, 인재는 누구인가? 육숙동이 살아 있었다고 해도 이미 88세이다. 제시의 앞 두 구절이 육가의 감식안을 칭송하는 것으로 보면 인재는 육숙동이 아니라면 육가의 후손일 것이다.

④ 제영

절강도서관 고산 분관의 강희 을해(1698) 국장(菊莊) 각본 《남주초당집》은 앞에 주이준이 동년 8월에 지은 서문이 있고, 뒤에 〈풍강어부도제사(楓江漁父圖題詞)〉 1권이 있다. 이것은 서구가 40세에 그림을 그린 뒤 20여 년간 그림을 가지고 다니면서 구했던 제영들을 집각(集刻, 한데 모아 판각함)한 것이다. 이 권에는 장상원(張尙瑗) 〈서〉, 〈풍강어부도제사성씨(楓江漁父圖題詞姓氏)〉(명부), 〈풍강어부도제사총목(楓江漁父圖題詞總目)〉, 도(어부 소상), 각 체의 제사(양식별로 받은 순서대로 수록했지, 나이나 관직을 따지지 않았다), 서구 〈풍강어부전(楓江漁父傳)〉, 모제가(毛際可) 〈풍강어부도기(楓江漁父圖記)〉 등이 있다. 권후에는 또 〈중제풍강어부도(重題楓江漁父圖)〉를 두어 아홉 명의 절구 15수를 실었다. 권수의 〈풍강어부도제사성씨〉에는 "모두 91인으로, 고문, 시사, 곡 등 135수를 얻었다"라고 했다. 필자의 통계에 의하면 실은 92인이다. 권수의 〈풍강어부제도성씨〉는 〈도기〉를 작성한 모제가는 포함시키면서, 전을 지은 서구와 서를 지은 장상원, 발을 지은 섭서로 등 3인은 열기하지 않았다. 그렇다면 "고문, 시사, 사곡 135수, 외전 1수를 얻었다"라고 하여, 장상원과 섭서로 두 사람을 포함시켜야 한다. 또 전을 지은 서구 자신을 보탠다면 모두 95인이다.

상해 양씨 소장본의 제영 상황은 이러하다. 화권의 인수(引首) 부분이 매우 길다. 심전(沈荃)이 쓴 대자 화명으로 시작하여, 제영자는 양청표(梁淸標, 1620-1691), 주치렴(周稚廉), 조이해(曹爾垓), 오농상(吳農祥), 장병(張昺) 등 5인이다. 인수에서 화심(畫心)에 인접한 격수표릉(隔水裱綾)에 제영한 사람은 고표문(顧豹文) 1인이다. 화심 부분에는 화가 사빈(謝彬)과 장성(章聲)의 서관(署款)이 있다. 화심에 제영한 사람은 이양년(李良年, 1635-1686), 장이(蔣伊, 1631-1687), 납란성덕, 고정관 등 4인이다. 화심 뒤에 이어지는 타미의 격수표릉에는 강개(江闓) 1인의 제영이 있다. 타미의 제영자로는 서건학(徐乾學, 1631-1694), 왕무린(汪懋麟, 1640-1688), 도징(陶徵), 손지울(孫枝蔚), 서원문(徐元文, 1634-1691), 황여견(黃與堅), 전문(田雯, 1635-1704) 등 모두 72인이다.

주목할 것은 강희 을해년 국장 각본의 판각 이전에 서구가 〈풍강어부전〉을 지어 자서로 삼고, 장상원과 모제가에게 위촉하여 특별히 글을 지어 받은 것이 있다는 사실이다. 이 글들은 모두 그림에 제영하려고 지은 것이 아니었다. 그래서 장상원의 서, 서구의 전, 모제가의 기는 국장 각본에서 독립되어 배열했지, 제영편 속에 두지 않았다. 상해 양씨 소장본은 타미의 주륜(周綸)에 제시(題詩)를 나열한 뒤에 서구의 전, 장상원의 서, 모제가의 기, 섭서로의 발 등 4편의 장문을 이어두었다. 필적이 완전히 같고, 어떠한 인도 없으며, 접착의 흔적이 있다. 어떤 후인이 국장 각본에 의거해서 서·전·기·발을 베껴내어 원래의 권 뒤에 이어붙인 것이다. 물론 그 네 사람은 〈풍강어부도〉의 제영 집각 찬문의 작자로, 넓은 의미의 제영자 반열에 포함시켜야 한다.

상해 양씨 소장본과 국장 각본을 대조하여 본 결과, 국장 각본의 제영인이 양씨 소장본보다 훨씬 많다. 양씨 소장본은 각본보다 홍기(洪基)와 사용(查容, 1636-1685) 두 사람이 더 많으므로, 국장 각본에 열거된 95인에 이 2인을 포함시키면 제영자는 97인에 달한다. 그런데 국장 각본은 양씨 소장본보다 25인이 많다. 장주(長洲) 왕완(汪琬, 1624-1690), 상구(商丘) 송락(宋犖, 1634-1713), 남해(南海) 굴대균(屈大均, 1630-1691), 남해(南海) 진공윤(陳恭尹, 1631-1700), 제성(諸城) 이징중(李澄中, ?-1700), 상숙(常熟) 귀윤숙(歸允肅, 1642-1689), 무석(無錫) 진송령(秦松齡, 1637-1714), 상해(上海) 섭영류(葉映榴, 1638-1688), 남해(南海) 번영조(潘永祚), 오강(吳江) 심영령(沈永令), 육합(六合) 오성조(吳盛藻), 기주(蘄州) 고경성(顧景星), 경양(涇陽) 이염자(李念慈), 해염(海鹽) 육가숙(陸嘉淑), 휴령(休寧) 황학암(黃鶴巖), 강도(江都) 오수잠(吳壽潛) 등등이다. 이 밖에 각본 권말 부록의 〈중제풍강어부도〉의 제영자로, 양청표(梁淸標), 서원문(徐元文), 고정관(顧貞觀), 풍정괴(馮廷櫆) 등 4인이 있다. 이들은 원래의 그림 아래 제영을 남겼으므로 각 이름 아래 '재견(再見)'이라고 표시되어 있고, 제시의 내용으로 보면 두 번째로 관람한 후 지은 것이다. 왕완·진송령·섭영류·송락·남련(藍漣) 등 5인의 이름 아래에는 '재견'이라 표시하지 않았으니, 처음 그림을 관람 후 지은 것이었기 때문이다. 이 9인의 문사는 앞서 언급한 〈풍강어부도제사성씨〉 명부에 들어 있다.

기이한 것은, 어째서 양씨 소장본의 제영인이 강희 을해 국장 각본에 수록된 사람과 차이가 있는가 하는 점이다.

민국 초 등실은 상해에서 육숙동이 보여준 육씨 가장 진본을 본 후 권면의 제영을 하나하나 베껴서 《서전발풍강어부소상제영(徐電發楓江漁父小像題詠)》 1권(등씨 저록본이라 약칭함)을 이루었는데, 이것은 등실과 황빈홍(黃賓虹) 합편의 《미술총서》 초집 제6집에 수록되었다.[17] 《미술총서》의 등실 〈원서〉에 '신해 정월'이라 적혀 있다. 그 서문을 보면 이러하다.

> 이 편의 간행은 신해에 시작하여 계축에 끝났으니, 3년도 되지 않아서 120책을 이루었다. 제첨(題籤)과 표질(標帙)을 했는데, 날개 돋친 듯이 팔린 것이 수천 부이다. 을묘에 이르러 재판을 하여, 지금 10여 년이 흘렀다.
>
> 是編刊行, 肇始辛亥, 竣工癸丑, 曾未三稔, 成書百二十冊. 題籤標帙, 不脛而走者凡數千部. 逮乙卯再版, 至今又十餘年.[18]

17_陸心源, 《徐電發楓江漁父圖卷》, 1卷, 陸心源編, 《穰梨館過眼續錄》, 卷15, 《續修四庫全書》(上海: 上海古籍出版社, 2002), 〈子部, 藝術類〉, 第1087冊, pp.604-616.

18_鄧實 序, 《美術叢書》, 第1冊, p.4. "是編刊行, 肇始辛亥, 竣工癸丑, 曾未三稔, 成書百二十冊. 題籤標帙, 不脛而走者凡數千部. 逮乙卯再版, 至今又十餘年." 아래의 黃賓紅 序는 同書

이 글로 판단하면, 등실 저록본은 선통 신해 3년(1911) 이전에 완성되었고, 《미술총서》의 발행과 재판으로 민간에 널리 유포되었다. 이 판본은 1980년대 세계서국 《명청인제발》에 수록되었다. 필자는 앞서 육심원이 광서 18년(1892)에 쓴 《서전발풍강어부도권》 1권을 살펴보았다.[19] 육심원본과 등실본의 제영자 수, 배열, 제기 내용을 비교한 결과 두 사람이 저록한 것의 모본이 상해 양씨 소장본임을 확인할 수 있었다. 다만 육심원본은 오준경, 등실, 하경관의 이름을 올리지 않았고, 등실본은 뒤에 제영을 한 하경관의 이름을 올리지 않았다. 육심원본은 오자가 없고, 화폭 각 단의 장표 접지, 높이 길이, 서명, 한장(閒章), 감장인 등을 상세히 기록했다. 등실본은 매우 간략하고 때때로 오자가 있다. 육심원본이 등실본보다 상세하고 정밀하며, 20여 년 앞선 것임을 알 수 있다.

만년에 〈풍강어부도〉를 지니게 된 육심원은 화권에 8개의 감장인을 찍었다. 그만큼 이 화권을 진장했다. 수장 경험이 풍부하고 《백송루장서지》와 《양이관과안록》도 편찬한 이 감식가는 〈풍강어부도〉의 권면을 자세히 살피고 기록으로 남겼는데, 이는 서화 감식 전문가의 저록 습관에 부합한다. 하지만 '죽어가는 국가를 살리지 못하여 차마 죽지 못한' 큰 뜻을 지닌 미술사가 등실이, 귀안의 이름난 감장가 육심원이 정밀하고 풍부하게 기록했던 텍스트를 집록하지 않고, 어째서 완전히 새롭게 스스로 초록을 해야 했을까? 또 소략한 데다가 오자도 있는 책을 널리 유포시킨 것일까? 육심원 저록본을, 그 아들 육숙동이 호 땅에서 〈풍강어부도〉를 보여줄 때 등실에게 알리지 않았단 말인가? 등실에게 다른 생각이 있었던 것일까? 필자는 이해할 수 없다. 전문가의 가르침을 청한다.

어떻든 육존재본과 등실본의 강희 제영 저록이 상해 양씨 소장본을 저본으로 삼았다는 것은 논란의 여지가 없다. 상해 양씨 소장본에는 모두 72명의 제영이 있다. 앞의 문제로 돌아가면, 그림의 제영 인원은 72

---

p.1에서 인용.

19_鄧實, 《徐電發楓江漁父小像題詠》, 1卷, 世界書局, 《明清人題跋》(台北: 世界書局, 1988), 下冊, pp.587-623; 陸心源, 《徐電發楓江漁父圖卷》, 1卷, 陸心源編, 《穰梨館過眼續錄》, 卷15, 《續修四庫全書》(上海: 上海古籍出版社, 2002), 〈子部, 藝術類〉, 第1087冊, pp.604-616.

명인데, 국장 각본은 95명이니, 어째서 이렇게 차이가 나는 것일까? 강희 34년 을해 국장이 판각된 이후 동치·광서 연간의 육심원 저록에 이르기까지, 이렇다 할 제영이나 장인이 전혀 없어서, 200년 유전의 역사가 중단되었다. 따라서 도권의 원래 모양이 어떠했는지는 알 수가 없다. 유국은(游國恩)은 다음과 같이 말했다.

> 등추매(鄧秋枚, 등실)는 《미술총서》 초집 제6집에 저록하면서, "이 그림의 진적은 귀안 육씨 소장으로, 제영은 모두 청초 대가들의 손에서 나왔다. […] 그래서 그 글들을 초록하고 인을 붙인다"라고 했다. 이것을 보면 등추매가 원 그림의 진적은 보았지만 제영의 각본이 있음을 몰랐다.
> 鄧秋枚錄入《美術叢書》初集第六輯中, 謂此圖眞迹爲歸安陸氏所藏, 所題咏均出淸初諸大老之手, […] 因鈔錄其文付印. 是秋枚雖睹原圖眞迹, 似仍未知題詠之有刻本也.[20]

유국은은 등실이 다른 각본의 존재를 모르고 화권의 제영을 초록하여 완본이라고 여겼다고 했는데, 육심원도 등실과 마찬가지였다. 〈풍강어부도〉 제영의 첫 번째 실기 기록은 강희 을해 국장 각본, 즉 육심원 자각본(自刻本) 〈풍강어부도제사〉이다. 강희 을묘(1675)에 〈어부도〉 그림이 이루어진 후 강희 을해(1695)에 이르러 국장에서 판각할 때까지 20년간, 그림의 제영자가 줄 이어서 97인이나 되었지, 72인은 아니다. 200년이나 오랜 세월, 벌레 먹고 물에 젖고 불에 타고 사람의 해를 입는 등 불가항력의 외부 힘이 화권에 상당히 손상을 입혔다. 육심원은 탁월한 감식안으로 이 그림을 수장하고 오랜 세월 파손된 권면을 없애고 장지를 새로 했다. 포수(包首)의 제첨에는 '존재'라고 이름을 적었다. 그래서 상해 양씨 소장본의 화심은 수보한 부분이 있으나, 강희 을묘(1675) 원본과 그리 차이가 없다. 다만 타미 부분의 제영은 이미 강희 을해 판각 때의 원 모습이 아니었다. 그렇게 육심원은 왕완·송락·굴대균·진공윤 등 25인의 강희 국사의 제영과 함께, 20년간 있었을 감장인과 유전 맥락도 함께 제거했을 것이다.

20_游國恩, 〈跋洪昇楓江漁父圖題詞〉, 《游國恩學術論文集》(北京: 中華書局, 1999), 下編, p.443.

지금 상해 양씨 소장본의 권면에는 황가어람인(皇家御覽印)이 전혀 없고, 건륭·가경·도광 시기의 중요 감정가가 과안한 흔적도 없다. 그렇다면 이 화권은 본래 면모와는 상당한 차이가 있는 것일까? 소장본에서 식별되는 10여 감장인이 도광·동치 연간에 집중되어 있는 사실을 보면, 도광·동치 때 이 그림이 육가에 귀속된 전후의 교유권을 상상할 수 있다. 이는 육심원이 장정한 이후의 새로운 모습이다. 필자는 이 모습을 통해 이 그림의 유전 과정을 추측해볼 수 있을 따름이다. 강희 을묘 14년(1675) 〈풍강어부도〉 그림이 이루어지고, 상주 서구는 그림을 가지고 사방으로 제영을 구하러 다녀서 당대의 사람들을 놀라게 했다. 이때 화폭에 당시의 영구히 기억될 만한 많은 제영들이 남게 되었다. 강희 정묘 26년(1687) 서구가 남쪽 오 땅으로 돌아간 이후 강희 을해 34년(1695) 제영을 집각 출판하기까지 20년간 이 그림의 제영은 중단되지 않았다. 강희 문사가 영락하고 침몰한 200년간, 이 그림은 서구의 후손이 소장했는데, 남에게 공개되지 않았고 오 땅에서 멀리 벗어난 적도 없었다. 동치·광서 연간에 이르러 비로소 절강 오흥의 저명한 감식가 장수함과 육심원이 차례로 수장했다. 광서 30년(1904) 이후 이 그림은 육심원의 아들 육숙동이 휴대하고 상해로 갔다. 민국 31년(1942)에 하경관은 육씨 후손 '인재'의 곳에서 이 그림을 보았다. 그리고, 이후 문물 수장의 세계에 진입하여, 경매회에서 높은 가격으로 팔리는 보물로 되었고, 현재는 상해 풍강서옥 양숭화 박사가 소장하고 있다.

제기(題記)의 수량을 보면 국장 각본은 〈풍강어부도제사성씨〉의 뒤에 "고문 시·사·곡, 135수, 외전 1수'라고 했다. 〈풍강어부도제사총목〉에 근거하여 각 시문 양식을 계산한 결과, 시·사·곡 총 127편을 얻었고, 서구 전, 장상원 서, 모제가 〈도기〉, 섭서로 발을 더하여 모두 131편을 얻었다. 따라서 위에서 말한 수량과 조금 차이가 있다.[21]

21_游國恩은 137首라고 考定했으나 차이가 있다. 즉 "原集에서 135首라고 했으나, 계산에 잘못이 있는 듯하다"(《游國恩學術論文集》, 下編, p.444)라고 했다. 필자는 항주에서 菊莊刻本을 열람할 때 시간에 제한이 있어서 이 집에 수록된 모든 제사(題詞) 작품의 수를 헤아리지 못했다. 畫蹟이든 刻本이든 印本이든 문사들의 제영에 長篇古詩 1수가 있고 連作短詩 서너 수가 있어서 체제를 쉽게 판별하기 어려워, 편말의 통계를 기준으로 삼기 어렵다. 실제 수치에 구애될 것이 아니라 제가의 설을 종합하여 제영의 수를 130편 이상이라고 어림한다.

(3) 본문의 논제

명·청의 화상 제영은 수량이 대단히 많다. 시문집에 수록되어 있기도 하고 제발 전문 서적에 저록되어 있기도 하다. 원래의 제발도 그림에서 많이 발견된다. 명대 〈감도거사소상권(甘茶居士小象卷)〉 권후의 제영자는 17인으로, 대부분 명말 유로(遺老)이다. 〈반금대상(潘琴臺像)〉에도 많은 제찬이 있다.[22] 〈풍강어부도〉의 제영자 가운데 고정관은 〈측모투호도(側帽投壺圖)〉를 남겼는데, 사람들이 납란성덕의 부사(賦詞)를 다투어 전했다.[23] 진유숭에게는 〈가릉전사도〉가 있는데, 홍승(洪昇, 1659-1704)과 장심여(蔣心餘, 1725-1785)가 제곡(題曲)을 적었고, 특히 오농상(吳農祥)의 제사가 더 있다.[24] 〈장장군사연귀래도권(張將軍賜宴歸來圖卷)〉 권후에도 제시가 역시 늘어서 있다.[25] 고정관·모제가·교래·오농상·모기령·홍승 등은 〈풍강어부도〉의 제영자이기도 하다. 명·청 문인들이 사회적 네트워크 속에서 화상 제영을 서로 수작하는 현상이 극히 보편화되었음을 말해 준다. 〈풍강어부도〉의 초상과 제영은 그러한 유행의 산물이다.

상해 양씨 소장본의 화권 제영자, 육심원 저록 제영자, 등실 저록 제영자는 그 인원수가 강희 을해 국장 각본에 미치지 못한다. 이 사실은 이미 위에서 말했다. 직접 조사한 결과, 25명의 누락 제영자들은 왕완·송락·굴대균·진공윤 등 이외는 이름조차 알 수 없다. 지금 가장 널리 유포되어 있는 등실 저록본(《미술총서》 수록본)에는 25명의 제영이 빠져 있지만, 이 화권의 문학적 풍채가 감손되지는 않는다. 국장 각본을 보지 못한

22_佘城編,《中國書畫·人物畫》(台北: 光復書局, 1987), 圖75.

23_徐釚,《詞苑萃編》, 卷18,〈紀事〉, '成容若側帽詞'條,《詞話叢編》, 第3冊, p.2132. "金粟顧梁汾舍人, 風神俊朗, 大似過江人物. […] 其標格如許, 畫〈側帽投壺圖〉, 長白成容若題賀新涼一闋於上 […], 都下競相傳寫, 於是教坊歌曲間, 無不知有側帽詞者."

24_[淸]郭則沄,《淸詞玉屑》卷7 "迦陵塡詞圖, […] 有見其圖者, 爲釋大汕傳神, 寫迦陵作掀髯露頂狀, 旁坐一麗人, 拈洞簫吹之, 恍唱'楊柳岸·曉風殘月'也." [淸]吳衡照,《蓮子居詞話》, 卷1,《詞話叢編》第3冊, '迦陵塡詞圖'篇, pp.2404-2405.

25_羅振玉이 저록한 題者에 梅庚·冒丹書·顧貞觀·毛際可·冒襄·程鑾·喬萊·葉燮·吳農祥·柴世堂·毛奇齡·洪昇·沈三曾·沈玉亮·陳士傑·江昭年·蘇輪·徐樹穀·傅澤洪 등이 있다. 羅振玉,《貞松老人書畫跋》,《美術叢書》, 第21冊, 5集 第2輯, pp.13-14.

등실이지만 그조차도 다음과 같은 지문을 남겼다.

> 이 그림의 진적은 귀안 육존재가 소장하고 있는데, 그 장남 육숙동이 호 땅으로 가져와 보여주었으므로, 그 글과 인을 초록한다. 제영은 모두 국초 대가들의 손에서 나왔으니, 정말로 한때의 융성을 극도로 보여준다.
>
> 此圖眞蹟爲歸安陸存齋所藏, 今其令嗣陸叔同攜滬出眎, 因鈔錄其文付印. 所題詠均出國初諸大老之手, 洵極一時之盛. (623)

제영자에는 공정자(龔鼎孳) · 우통(尤侗) · 진유숭 · 주이준 · 서건학(徐乾學) · 모제가 · 왕사진(王士禛) · 홍승 등등이 들어 있다. 모두 순치 · 강희 문단의 명사들로, 그 제영은 한 시기의 풍류를 잘 보여준다.

상주가 그림을 구하는 동기로 말하면, 화상은 '자아 표방'의 매체라고 볼 수 있다. 남에게 자기의 화상이나 선인 혹은 처첩의 화상 위에 제찬을 청하는 것은 인간 관계망의 역동성을 드러낸다. 화가는 그림 밖 사람과 그림 안 사람으로 하여금 정신과 눈이 서로 접하게 함으로써, 시각 연상이 일으키는 유의미한 안배를 강화한다. 곧, 그림 속 인물을 그림 밖 세계로 향한 역동적 개방 의식의 표징이 되도록 하여, 관람자로 하여금 흠모의 마음을 일으키게 만든다.[26] 〈풍강어부도〉는 많은 관람자의 제영을 촉발하여 공공의 집단 텍스트 공간을 열어, 풍아 사교의 대화 기록을 창조했으며, 화상 제발은 도본을 벗어나서 독자의 시선 앞으로 용약했다. 제영은 자전(自傳) · 시(詩) · 사(詞) · 곡(曲) · 문(文) 등 각기 다른 양식이 뒤섞여 있을 뿐 아니라, 그 내용도 찬양하기도 하고 질의하기도 하고 서로 보충하기도 하고 상호 주석을 하기도 하는 등 다양한 목소리이다. 화가 · 상주(자아 주석자) 사이에 수많은 대화의 방대한 집합체를 이루어, 이 〈풍강어부도〉에 여럿의 떠드는 목소리들을 띠게 하고, 잠시도 눈을 쉴 수 없는 화려한 색채를 지니게 만들었다.

이제 '어부'라는 주제를 둘러싸고 전개된 문학의 논점을 다루기로 한다. 어은(漁隱)은 문학사와 회화사에서 일찌감치 침전되어 있으면서 갈

26_만명 이후 초상화의 제작이 어떻게 개인주의 사조에 호응하고 수작이라는 사회적 기능을 지녔는지, 도면 설계의 觀像心理가 무엇인지에 대해서는 李國安, 〈明末肖像畫製作的兩個社會性特徵〉, 《藝術學》 第6期, 1991年 9月, p.141을 참조.

수록 새롭게 제기되는 과제이다. 선배 학자들이 이 과제에 관심을 기울인 것은 내원이 있다. 의약분(衣若芬)은 논문 〈묶이지 않은 배: 오진(吳鎭)과 그의 어부도권(漁父圖卷) 제사(題詞)〉에서 원나라 화가 오진의 〈어부도〉에 초점을 두어, 한편으로는 '어부 이미지'가 《초사》 및 《장자》의 '지혜로운 어른'에서부터 문인의 영혼이 투사된 이상적 삶의 양태로 바뀌어 문인에게 어떻게 수용되고 공감되고 향수되었는지 검토하고, 아울러 《논어》와 도가 문헌에 나오는 공자와 두 현자의 대화 논쟁에서부터 문인이 장저·걸닉을 버리고 어부를 은둔의 상징으로 삼게 된 이유를 고찰했다. 다른 한편으로는 〈어부사〉가 오진 스스로 전사한 것인지, 후대 문인이 오진의 이름을 빌린 것인지, 역사 맥락은 어떠한지 고찰했다. 의약분은 어부의 창조·계승 과정을 고찰하여, 어부도의 그림 제작과 어부 시사(詩詞)의 찬술이 함께 발전했다고 결론지었다. 즉 육조의 대규(戴逵, 325-396)와 사예(史藝)가 그린 〈어부도〉는 높은 지절을 전달하는 데 뜻을 두었는데, 중당 시기에 실제 어부의 생활에서 벗어난 〈어부도〉가 출현하여 점차 화가·문인의 묘사 대상이 되었다고 보았다. 어부 문화 텍스트의 다원적인 전개는 장지화(張志和)라는 인물, 그의 사, 그림과 밀접한 관계가 있다. 장지화의 어부사와 어부도 전통은 오진—형호(荊浩)—장지화 전형으로 확대되는 과정이었다고 말할 수 있다. 의약분은 원나라 이전의 어부도 시화 전통의 변천에 대하여 체계적으로 정밀하게 분석하여, 필자가 〈풍강어부도〉를 이해하는 시각에 훌륭한 기초를 마련해주었다.[27]

그런데 서구의 〈풍강어부도〉에는 출사와 은퇴 사이의 갈등, 문학 집단 속의 종유, 비밀스러운 듯 공개적으로 향유하는 마음이 뒤얽혀 있다.

27_吳鎭, 〈漁父圖〉 落款. "至元二年秋八月, 梅花道人戲作漁父四幅並題." 이 그림은 絹本水墨으로, 현재 北京故宮博物院에 소장되어 있다. 《中國美術全集》〈繪畫編〉 '元代繪畫'冊, 圖56, p.85. 吳鎭의 〈漁父圖〉는 오랫동안 중국예술사의 주요과제가 되어 왔다. 이 과제와 문학 전통을 계통적으로 연구한 것으로 衣若芬의 〈不繫之舟: 吳鎭及其'漁父圖卷'題詞〉가 가장 뛰어나다. 元明文人之自我建構與審美風尙學術硏討會(2004年12月16日, 中硏院中國文哲所主辦)에서 발표되었고, 뒤에 《思與言》 45:3, 2007年9月, pp.117-186에 수록되었다. 원나라 이전 '漁父'가 문학 및 회화에서 지녔던 의미와 변천에 대해 분석한 衣若芬의 논문은 필자가 徐釚 〈楓江漁父圖〉의 화상과 제영을 논할 때 중요한 시야를 열어주었다.

시대 상황과 문화 풍토로 말하면, 원나라 오 땅 오진의 〈어부도〉가 지닌 의미를 완전히 수용한 것과는 거리가 멀다.[28] 이 글 처음에서 제기했듯이, 백량대의 동량재인가, 망기의 객인가, 오기가 지녔던 의문이 우리에게 수수께끼를 던진다. 사빈이 제작한 〈풍강어부도〉는 화필로 상주 서구의 '분장'을 '문화'적 어부로 만들어내었다. 원래 어부는 시정 상인과 마찬가지로 영리를 도모하지만, 굴원과 장자 이래로 어부는 중국의 은일 문화에서 특수한 표징을 지니게 되었다. 서구를 풍강어부로 대체시킨 것은 신분의 전환인가? 문화의 분장인가? 은밀한 문건인가? 대중에게 개방된 독본인가? 도면에 제영을 요청받은 90명의 관중은 각기 다른 시간에 이 그림을 보았는데, 그들의 제영은 이 의혹에 회답을 줄 수 있을까? 여기서는 〈풍강어부도〉의 제영을 중심에 두고, 도면의 물상, 제영 텍스트, 서구의 전기, 제영자의 생애, 문단 형세, 지역 관계, 인적 관련 등과 연결시켜보고자 한다. 우선 풍강어부가 누구인지 고찰하겠다. 다음으로 제영자 무리가 조성한 시사 집단의 성격을 분석하고, 이어서 제영의 각기 다른 목소리를 탐색할 것이다. 서구의 삶은 여러 번 굴절했는데, 그는 어떻게 자아를 서술했는가? 제영을 했던 친구들은 그 인생의 전환 이후를 보고 어부도를 어떻게 새롭게 해석했는가? 제영자들은 이를 빌려서 어떻게 자아를 투사했는가? 필자는 화상의 유희와 분장의 은유라는 두 각도에서 심층 의미를 해석하고, 마지막으로 소집단 내 전파와 후설 서사(後設書寫)로 마무리 짓고자 한다. 여기서는 회화와 관련된 문학 사안들을 세밀하게 탐구하고, 관련 서술 상황까지 고찰하여, 청초 문학 활동에 대해 새로운 해석의 시야를 열기로 한다.

28_拙文을《淸華學報》에 투고했을 때 익명의 심사 교수는 "이것은 매우 중요한 과제이며, 특히 '畫像題詠'을 공공의 집단텍스트 공간으로 삼아, 논자가 '小衆傳播'에서 19세기 후반 '海派'가 신흥매체 신문을 매개로 삼는 변환이 있었다고 지적한 것은 명청시대의 문학만이 아니라 예술사 연구에서도 중요한 과제이다"라고 하여, 전망으로 삼을 견해를 보충해 주었다.

2) 풍강어부는 누구인가

강희 34년(1695), 60세의 서구는 자기의 화상에 자전을 적었으니, 사빈이 그림을 제작한 20년 뒤이다. 서구는 이 그림에 근거하여 풍강어부라고 자호했다. 자전의 첫 문단에서 "어려서 고음(苦吟)을 좋아하여, 나이 13세에 '잔월은 무정하게 작은 누에 들어온다(殘月無情入小樓)'의 구를 지어, 장로들이 모두 기이하게 여겼다"(617)라고 해서, 소년 시절 이미 문학적 재능을 드러내었다고 자부했다. 출생지는 강남이다. 어려서 고음을 좋아했던 서구는 유명한 스승의 교도를 입고 공명을 세우려는 뜻을 지녀, 과거로 발신하는 일반 독서인들의 종적을 따라 공경 사이에서 문학의 이름을 세우고자 했다. 과거 시험에는 불합격했으나, 강희 17년(1678) 조정에서 박학홍사과를 열고 천자가 문학지사(文學之士)를 불러 고문(顧問)의 선발에 갖추고자 했을 때 서구는 대사농 양청표(梁清標)의 천거를 받았다. 다음해 체인각(體仁閣)에 징소되어 시험을 쳤는데, 천자가 우등으로 뽑아, 한림원 검토에 제수되고《명사》찬수관에 충원되었다. 서구의 이 경력에 관해 청나라 정방곤(鄭方坤)은 이렇게 말했다.

> 어려서 송기정(宋旣庭)[송실영(宋實潁)] 징군(徵君)의 문하에서 수업을 했는데, 송기정은 경술이 매우 깊어, 학도가 거의 천으로 헤아렸다. 홍정(虹亭)[서구]이 홀로 영특하고 뛰어나, 주장유(朱長孺)[주학령(朱鶴齡)]가 보고 기특하게 여겨, "이는 오늘의 곽공보(郭功甫)[곽상정(郭祥正, 1035-1113), 모친이 꿈에 이백을 보고 낳았다고 함—역자]이다. 세상에 왕형공(王荊公, 왕안석)이 있다면 마땅히 격찬할 것이다"라고 했다. 남위(南闈)와 북위(北闈)에서 여러 번 시험을 보았으나 불리하자, 박피(襆被)를 쓰고 사방으로 다니고, 대반(敦槃)과 호저(縞紵)로 맹약하고 우의를 맺어 오·월·제·노 지방을 두루 다녔다. 부용막(芙蓉幙) 아래, 사죽당(絲竹堂) 앞에서, 성북의 서공(徐公, 서구)은 명성이 아주 높았다. 기미의 해에 문학지사(文學之士)를 체인각 아래로 불러 시험하자, 고등으로 발탁된 이들이 50인으로, 그날로 사관에 들어갔는데, 홍정(서구)도 거기에 들었다.
>
> 少受業宋旣庭徵君門, 旣庭經術湛深, 學徒幾以千計. 虹亭獨英英秀絶, 朱長孺見而奇之, 曰: "此今之郭功甫也. 世有王荊公, 定當激賞." 旣屢戰南北闈不利, 則襆被四出, 敦槃縞紵, 徧吳·越·齊·魯之鄉, 芙蓉幙下, 絲竹堂前, 城北徐公, 聲華籍甚. 歲己未, 召試文學之士於體仁閣下, 擢高等者五十人,

同日入史館, 而虹亭與焉.[29]

강희 18년(1679)의 박학홍사과는 청나라 조정의 회유 조처로, 청조 정권이 전성기로 들어갔음을 알려주는 표지였다고 말할 수 있다.

서구가 한림에 들어간 것은 강희 18년이다. 그 이후의 삶을 꼼꼼히 따져보겠다. "정미(강희 6년, 1667) 10월, 나는 경저에 이르렀다." 32세의 서구는 북경에 이르렀으나, 과고(科考)는 순조롭지 못했다. 이후 2, 3년 간이나 그러했다. 서구가 지은 《본사시(本事詩)》 1칙에, "기유·경술 연간(강희 8, 9년, 1669, 1670) 나는 연(燕)·제(齊)에 객이 되었는데, 흙먼지가 얼굴을 가득 덮었으므로, 실의하여 술을 마구 마셔 대며, 퇴연히 방탕했다."[30] 2년 뒤 37세의 서구는 북경에서 남쪽 오 땅으로 돌아왔다.

> 임자 늦여름, 나는 조장공(曹掌公, 조이감)·주인원(朱人遠)[주이매(朱爾邁)]·탁영섬(卓永瞻)[탁윤영(卓允域)]·섭원례(葉元禮)·주설객(周雪客, 주재준)·송초홍(宋楚鴻)[송사옥(宋思玉)]·왕계우(王季友)[왕홍서(王鴻緖)] 등과 함께 주응수(周鷹垂)[주륜(周倫)]의 우재(寓齋)에 모였다. 당시 조장공은 도성문에 갓 이르렀는데, 주설객과 내가 장차 남쪽으로 돌아가려 하자, 주설객이 〈수조가두〉를 노래하여, "주렴 밖에 비가 막 개고, 6월 들어 새로 서늘하여 기쁘도다. 일시의 좌상에 모인 좋인 손님들은, 태반이 강향 출신이로군. [⋯] 나 또한 이별하여, 돌아가 창랑 가에 누워서는, 넘실거리는 물을 보고, 자색 누각에 올라, 장양부를 읊으련다. [⋯] 무슨 일로 노래를 추징하고 바리때를 두드릴 것인가? 함께 장구(藏鉤)와 석복(射覆)을 하면서, 한바탕 마셔 대어 일천 잔을 다 비우세." 당시 동인들이 모두 화운하여 사를 지었다.
>
> 壬子季夏, 余同曹掌公·朱人遠·卓永瞻·葉元禮·周雪客·宋楚鴻·王季友, 集周鷹垂寓齋. 時掌公初至都門, 雪客及予將南還, 雪客賦「水調歌頭」云: "簾外雨初霽, 六月喜新涼. 一時座上佳客, 大半是江鄉. [⋯] 我亦欲分手, 歸去臥滄浪. 看滾滾, 登紫閣, 賦長楊. [⋯] 何用徵歌擊鉢? 且共藏鉤射覆, 一飲罄千觴." 一時同人皆有和詞.[31]

29_《國朝名家詩鈔小傳·南州草堂詩鈔小傳》, 錢仲聯主編《淸詩紀事》, 第5冊, 〈康熙朝卷〉(上海: 江蘇古籍出版社, 1987), 〈徐釚篇〉, p.2804.

30_徐釚, 《本事詩》〈略例〉第1則, 杜松柏主編, 《淸詩話訪佚初編》(台北: 新文豐出版社, 1987), 第1冊, p.5. "己酉庚戌間(康熙8·9年, 1669·1670), 余客燕齊, 塵土滿面, 跅跎縱酒, 頹然自放."

31_《詞苑萃編》, 卷18, 〈紀事〉, '周在浚水調歌頭'條, 《詞話叢編》, 第3冊, pp.2137-2138.

강희 11년 임자(1672) 여름 끝, 북경에서 전별의 시회가 있었다. 송별의 대상은 남쪽으로 돌아가는 당시 37세의 서구와 주설객이었다. 주설객은 주양공(周亮工, 1612-1672) 아들 주재준(周在浚, 1640-1696?)으로, 북경의 가헌(稼軒, 신기질) 사풍을 창도한 핵심인물인데, 당시 남쪽으로 떠나 금릉에 우거했다. 위의 글에서 처음 북경에 이른 조장공이란 조이감(曹爾堪, 1617-1679)[32]을 말한다. 기록에 의하면 "조고암 학사는 시와 사가 해내에 널리 전하여 이미 30년이 되었다. 신해에 북경에 노닐어 동지와 창수하니, 의기가 하늘에 치솟고 정력은 큰 솥을 들 정도였다. 새 사가 나올 때마다 서리들이 다투어 베꼈다(曹顧庵學士, 詩詞流播海內, 已三十年. 辛亥遊京國, 與同志唱酬, 意氣凌霄, 精力扛鼎. 新詞一出, 小胥競寫)."[33] 조이감은 강남 유주(柳州) 사파의 영수이다. 주재준과 조이감은 청초에 이루어진 세 차례 사작 창화를 창도한 사람과 거기에 참여한 사람이다. 사단의 주요인물이었던 주재준과 조이감이 분명히 서구와 문학적 교유가 있었다. 설객(주재준)의 부시에서 알 수 있듯이, 전송연 참가자들은 대부분 강남 자제들로, 서구가 북경에서 문학적으로 교유한 동호인들이었다. 남쪽으로 돌아가기 전에 서구도 한 수의 사를 전사했다.

> 임자 늦여름, 나는 북경에 객이 되어 있으면서 마침 벽자(檗子)[기영종(紀映鍾)]·방호(方虎)[서방호(徐方虎)]·설객(雪客)과 함께 기정(旗亭)에서 조촐한 술자리를 가졌다. 나는 〈풍입송(風入松)〉을 노래했다. "청춘에 유협을 즐겨 강동으로 가서, 육박(陸博)[육박(六博), 도박]의 장에 노닐었지. 기정에서 술을 마주하니 꽃이 흰 눈 같았는데, 목로 곁에서 한껏 취했던 오농(吳儂)이여. 녹양이 물에 잠긴 것을 손으로 가리키면서, 자줏빛 말이 바람에 울든 말든 두었지. 위장(偉長)[서방호를 서위장에 견줌]은 문필이 뛰어나고 소유(少瑜)[기영종(벽자)을 기소유에 견줌]의 문필은 젊어도 공교로웠는데, 연경의 저자에서 만났다네. 퉁소 불고 축(筑)을 치면서 슬픈 노래를 부르는 중에, 누가 아까워했으랴, 불타고 남은 마른 오동 〈거문고〉를? 다만 석두(石頭)의 주의(周顗)[설객 주재준을 동진의 주의에 견줌]가 있어, 옷을 저

32_曹爾堪의 字는 子顧, 號는 顧庵으로, 명나라 浙江 嘉善 사람이다. 柳洲派이다. 順治 9년 진사에 올라, 翰林院編修를 거쳐 侍講學士에 올랐다. 掌故를 많이 알고 시에 뛰어났으며 王士禛 등과 창화하여 海內八大家라고 일컬어졌다.

33_《南州草堂詞話》, 張璋等編, 《歷代詞話》(鄭州: 大象出版社, 2002), 下冊, p.1125.

당 잡히고 뼈를 묻기까지 종유한다네."
壬子季夏, 余客京師, 偶偕檗子·方虎·雪客, 旗亭小飲. 余賦〈風入松〉云: "青春游俠去江東, 陸博場中. 旗亭對酒花如雪, 當爐側·爛醉吳儂. 指點綠揚蘸水, 贏他紫馬嘶風. 偉長文筆少瑜工, 燕市相逢. 吹簫擊筑悲歌里, 誰憐惜·爨後枯桐. 只有石頭周顗, 典衣埋骨堪從."[34]

서구는 최근의 종유를 회고하면서 느낀 바 있어 전사를 했다. 강동에서부터 와서 친구들과 기정에서 모여 시를 짓고 술에 취하고는 했던 일은 일생 잊기 어려웠다.

남쪽으로 돌아간 후 서구는 무엇을 했는가? 《본사시》 〈약례(畧例)〉에 이러하다.

여름 6월에 더위가 심하여, 죽림에 앉고 눕고 하면서, 지난날 백자(伯紫)[기영종]·방호(方虎)[서방호] 등과 기정에서 창화하던 일을 회상하니 꿈과 같이 황홀하다. 우연히 편집을 하여, 명초에서 국조에 이르기까지 여러 사람들의 시가 가운데 징험하여 서술할 만한 일이 있는 것들을 한 편으로 묶어 '본사시'라고 했다. 한때의 이야깃거리로 삼을 만하여, 술동이를 둔 술자리에서 외울 만하다고 여긴다.
夏六月暑甚, 坐臥竹林, 迴思曩日與伯紫方虎諸君, 旗亭倡和, 恍惚如夢, 偶有編輯, 昉自明初暨國朝諸家詩歌, 事有足徵述者, 萃爲一編, 名之曰〈本事詩〉, 稍資一時談柄, 以爲是可誦之尊前酒邊云爾.[35]

북경에서 시우의 전별을 받고 37세의 서구는 오 땅 국장으로 돌아와, 지난날 문우들과 창화하고 시를 논했던 원고를 정리하기 시작하고, 별집·야사 수십 종을 열람했다. 이로써 《본사시》가 이 해 12월 매화 개화일에 살청(殺青, 탈고)되었다.[36] 이 저작은 북경의 여러 벗들과의 문학적

34_《南州草堂詞話》, 卷中, 《歷代詞話》, 下冊, p.1128. "壬子季夏, 余客京師, 偶偕檗子·方虎·雪客, 旗亭小飲. 余賦〈風入松〉云: '青春游俠去江東, 陸博場中. 旗亭對酒花如雪, 當爐側·爛醉吳儂. 指點綠揚蘸水, 贏他紫馬嘶風. 偉長文筆少瑜工, 燕市相逢. 吹簫擊筑悲歌里, 誰憐惜·爨後枯桐. 只有石頭周顗, 典衣埋骨堪從.'"

35_《本事詩》〈略例〉 第1則. "夏六月暑甚, 坐臥竹林, 迴思曩日與伯紫方虎諸君, 旗亭倡和, 恍惚如夢, 偶有編輯, 昉自明初暨國朝諸家詩歌, 事有足徵述者, 萃爲一編, 名之曰〈本事詩〉, 稍資一時談柄, 以爲是可誦之尊前酒邊云爾."

36_徐釚가 京南에서 吳地로 돌아간 시간에 대해서는 두 설이 있다. 하나는 辛亥, 하나는 壬子로, 두 설 사이에 1년의 차이가 있다. 앞의 설을 지지하는 것은 《本事詩》의 "辛亥歸憩菊

교유의 산물이라고 할 수 있다. 뒤늦게 강희 12년(1672), 39세의 서구가 그의 사집《국장악부(菊莊樂府)》를 간행했다. 서구의 시적 재능은 넘실거렸다. 원경로(袁景輅)의《국조송릉시징(國朝松陵詩徵)》에 이런 말이 있다.

> 반가당(潘稼堂)[반뢰(潘耒)]은 이렇게 말했다. 서전발(서구)은 젊어서 시에 뛰어났는데, 시의 체는 화수(華秀)를 숭상했다. 장성하여 북경에 노닐어 강(江)·회(淮)·해(海)·대(岱)의 지역을 두루 돌아다니며 호걸들과 절차탁마하여 재주가 종횡으로 치달리고 산뜻하고 굳건하여 작자의 이름에 부끄럽지 않았다. 관띠를 두르고 조정에 올라서는, 홍장(鴻章) 거편(鉅篇)이 순수하여 대아(大雅)의 풍모가 있었다. 대개 그 처지가 여러 번 바뀜에 따라 격조가 나날이 진보하고, 작시하는 날이 더욱 많아졌으니, 이에 마음을 쏟았다고 할 만하다.
>
> 潘稼堂云: 電發早歲工詩, 體尙華秀, 壯遊京闕, 周歷江·淮·海·岱之間, 與豪雋相切劘, 才力縱橫, 爽朗遒健, 無忝作者. 洎乎結綬登朝, 鴻章鉅篇, 粹然大雅. 蓋其境數變而格日益進, 作日益多, 可謂盡心耳矣.[37]

서구는 북경에 노닐며 시적 재능이 크게 진보하여, 후대의 찬양을 받게 되었을 뿐 아니라 당시 이미 문인들의 칭송을 받았다. 화상의 제영자 가운데 조용(曹溶)은 "사는 이합(離合)을 귀하게 여기므로, 본제에 들

莊"(畧例第1則)뿐이다. 나머지는 모두 뒤의 설을 지지한다.《詞苑萃編》〈周在浚水調歌頭〉條에 "壬子季夏, 余同曹掌公·宋人遠·卓永瞻·葉元禮·周雪客·宋楚鴻·王季友集周鷹垂寓齋. 時掌公初至都門, 雪客及予將南還"이라 했고,《南州草堂詞話》에 "壬子季夏, 余客京師, 偶偕檗子·方虎·雪客, 旗亭小飮"라고 했다. 이 조항은 또 張璋의《歷代詞話》補注에 "朱人遠序曰: 次厚爲永瞻(按已逝)愛弟. 余交永瞻, 凡十餘年. 壬子(按康熙11, 1672)夏季, 偕游金臺. 當是時, 名流雲集, 訂文酒之好. 若吳江徐子電發·葉子元禮·中州周子雪客·雲間宋子楚鴻·周子鷹垂·王子季友·魏里曹子掌公, 結兄弟歡如一日"(卷下, p.1,136)라고 했다. 이 조항들은 임자년에 서구가 여전히 북경에 있었음을 말해준다. 다시《本事詩》에 따르면 "是編乘興偶輯, 非關窅渺, 兩月之內, 便擬殺青. 且家鮮藏, 書肆無善本, 所閱別集野史數十種而外, 不能傍搜遍覽, 故多遺漏"(畧例第11則)라 했고, 가장 마지막의 紀年이 "歲次壬子臘月梅花開日, 吳江徐釚書於菊莊之香雪窩"이라 했다.《본사시》를 편집하는 데 2개월 걸려 전서를 탈고하고 殺靑했으며, 이때가 임자년 臘月이었다. 그래서〈畧序〉에 紀年이 있는 것이다. 임자년 계하에 남쪽에서 돌아와서부터 서문을 지은 당년 납월까지 약 반년의 시간을 들여서 이 작품을 완성했다. 이 고찰에 따르면《本事詩》의 "辛亥歸憩菊莊"의 연월은 오기일 가능성이 높다. 康熙 11년,《本事詩》는 鸞尾山房에서 간각되었다. 台大圖書館에 善本이 있다.

37_《淸詩紀事》, 第5冊,〈康熙朝卷〉, p.2,805.

러붙지 않아야 정신이 아득히 뻗어나갈 수 있다. 국장(菊莊)[서구]은 답사행(踏莎行)조로 〈수(愁)〉를 읊어, '맥맥히 바라보이는 붉은 누각, 무성하게 우거진 신록의 들판. 온 강의 봄물이 아득하게 쏟아진다'라 했다. 수심을 말하지 않고도 수심이 절로 드러나니, 이합이 오묘한 것이 아니냐!(詞貴離合, 不粘本題, 方得神情綿邈. 菊莊踏莎行賦愁云: 脈脈紅樓, 萋萋綠野, 一江春水茫茫瀉. 不言愁而愁自至, 非離合之妙乎!)"[38]라고 했다. 우통(尤侗, 1618-1704)은 서구의 사가 차츰 자연스러워져 소식과 비슷하다고 하고, "사의 가작은 본색이 차츰 자연스러워짐에 있다. 황금을 새기고 채색을 뒤섞는 공교로움에 있지 않다. 서전발(서구)의 여러 작품을 읽고 이 뜻을 터득했다"[39]라고 했다. 이천복(李天馥, 1637-1691)은 "국장의 사조(詞藻)는 멀리 옛 풍격에서 취하고 정사(情思)는 가까이 참에서 얻었으므로, 사조를 긁어 모아 분식한 흔적이 없다(菊莊詞藻則遠取諸古, 而情思則近得乎眞, 故無捃摭粉飾之跡)"라고 했다.[40] 서사준(徐士俊)은 "우리 집 옥대(玉臺)에 서문을 한 번 쓴 이래로 유리의 연갑(硯匣)과 비취의 필상으로 하여금 천고의 사인들이 휘호하기를 그치지 않게 만들었다. 여기 국장의 사 한 권을 펼쳐보면, 한묵이 향을 흘려보냄을 다시 깨닫게 된다. 《초당(草堂)》의 풀이 매년 푸른빛을 불어 보내고 《화간(花間)》의 꽃이 해마다 고운 빛을 띤다는 사실을 마침내 알았다. 후래자가 상위에 거처하거늘 하필 남당과 북송의 작품을 입에 달 필요가 있는가?(自吾家玉臺一序後, 幾令琉璃研匣, 翡翠筆牀, 爲千古詞人揮灑不盡. 玆披菊莊詞一卷, 更覺翰墨流香. 乃知 草堂之草, 歲歲吹靑. 花間之花, 年年逞豔. 後來者居上, 何必沾沾南唐·北宋耶?)"[41]라고 했다. 왕무린(汪懋麟, 1640-1688)은 "국장의 재조(才調)가 횡일해서 사는 능히 풍류를 온축하여, 유칠(柳七, 柳永)이나 황구

38_《詞苑萃編》, 卷8, 〈品藻〉, 〈菊莊詞有離合之妙〉條, 《詞話叢編》, 第2冊, pp.1940-1941.

39_《詞苑萃編》, 卷8, 〈品藻〉, 〈菊莊詞漸近自然〉條, p.1940. "詞之佳者, 正以本色漸近自然, 不在鏤金錯采爲工也. 讀電發諸作, 故得此意." 우통은 〈菊莊詞似坡公〉을 지어 서구의 신묘함이 坡公(蘇軾)을 닮았다고 했다. "'百頃黃蘆, 千條濁浪, 人在柁樓吹笛.' 神似坡公. 或問何似? 曰: '解衣欹枕綠楊橋, 杜宇數聲春曉.'"《詞苑萃編》, 卷8, 〈品藻〉, 〈菊莊詞漸近自然〉條, p.1,940.

40_[淸]沈雄《古今詞話》, 〈詞評〉, 下卷, 〈徐釚菊莊詞〉條, 《詞話叢編》, 第1冊, p.1048.

41_《詞苑萃編》, 卷8, 〈品藻〉, 〈菊莊詞一卷〉條, 《詞話叢編》第2冊, p.1940.

(黃九, 黃庭堅)와 다툴 만하다. 대사농 양공(梁公)[양청표(梁淸標)]이 그의 재봉(才鋒)이 날카롭고 온축이 크고 깊음을 칭송하여 강동의 독수(獨秀)라고 추대했는데, 이것은 빈 말이 아니다(菊莊才調橫溢, 詞能蘊藉風流, 堪與柳七·黃九爭勝. 大司農梁公稱其才鋒犀銳, 蘊蓄宏深, 允推江東獨秀. 此言不虛也.)"[42]라고 했다. 서명(西溟) 강신영(姜宸英, 1628-1699)은 "제과(制科)의 오묘한 구절은 군주의 칭상을 남기고, 악부의 신사는 바다 건너 전하누나(制科妙句留宸賞, 樂府新詞過海傳)"[43]라고 했다. 목중(牧仲) 송락(宋犖)은 "국장의 〈억진아(憶秦娥)〉와 〈보살만(菩薩蠻)〉 등은 남당의 운치가 있다(菊莊憶秦娥·菩薩蠻諸闋, 猶有南唐遺韻.)"[44]라고 했다. 서구에 대해 여러 사람들의 추숭이 대단했으니, 그들과의 우정도 상상하기 어렵지 않다.

서구는 문학적 명성을 누리며 10여 년간 시와 사로 공경들과 교제를 맺었다. 공정자(龔鼎孶)와의 교류는 그의 삶에 특히 중요한 의미를 지녔다. 앞서 든 서구의 〈풍입송〉에 대해 공정자는 다음 화사(和詞)를 지었다.

> 대종백 지록(芝麓) 공공(龔公, 龔鼎孶)이 보고 좋아하여 멀리 한 곡을 화운했다. "객의 마음은 흔들려 서쪽으로 동쪽으로 끌려가고, 유서(버들솜)는 공중에 날리네. 자맥(紫陌, 도성의 붉은 길)에 있는 푸른 주렴 아래 다투어 전하니, 쌍환(기녀)을 시켜서, 악보로 만들어내어 환락하노라. 한바탕 꽃 재촉하는 매우(梅雨, 장맛비)가 내리고, 주렴 가득 여름 더위 식히는 솔바람이 불어오네. 오릉(五陵)의 의마(衣馬)[의마경비(衣馬輕肥). 귀족 자제의 화사스런 옷과 말—역자]는 누가 공교로운지 다투며, 호해(湖海)에서 서로 상봉하누나. 타구에 침을 뱉고 때려 부수며 미친 노래를 발하니, 처량할 정도로 맑게 이슬이 어린 오동나무에 떨어진다. 주루의 고 선생[고적(高適)]과 이 선생[이백(李白)]에게 전갈하여, 글을 논하려고 내가 찾아뵙겠노라." 왕서초(王西樵, 王士祿) 사훈(司勳)은 대종백의 "주루의 고 선생과 이 선생에게 전갈하여, 글을 논하려고 내가 찾아뵙겠노라"라는 구절을 보고는 무릎을 손으로 치면서, "유공(庾公, 庾亮)의 남루(南樓)가 다시 일어나 기세가 감쇄하지 않았다"라고 했다.

42_《菊莊詞話》, 尤振中 · 尤以丁編著, 《淸詞紀事會評》(合肥: 黃山書社, 1995), 〈徐釚〉篇, p.267.

43_姜宸英, 〈送徐電發檢討歸里二首〉 제1수, 《淸詞紀事會評》, p.267.

44_《詞苑萃編》, 卷8, 〈品藻〉, 〈菊莊詞南唐遺韻〉條, 《詞話叢編》, 第2冊, p.1940.

大宗伯芝麓龔公, 見而喜之, 亦遙和一闋云: "客心遙曳往西東, 柳絮空中. 爭傳紫陌青簾下, 倩雙鬟·譜出歡儂. 一陣催花梅雨, 滿簾消夏松風. 五陵衣馬斗誰工, 湖海相逢. 唾壺擊碎 · 狂歌發, 勝淒清·露滴新桐. 寄語酒樓高李, 論文吾欲過從." 王西樵司勛睹宗伯'寄語酒樓高李, 論文吾欲過從'之句, 擊節曰: "庾公南樓, 興復不減."[45]

왕사록(王士祿, 西樵)은 동진의 '남루청소(南樓淸嘯)'[46] 전고를 인용하여, 유량(庾亮, 289-340)을 당시의 풍류 인물 공정자[47]에게 견주었다. 공정자는 객을 좋아하고 재주 있는 이를 사랑하며, 긴 소매로 춤을 잘 추었다. 정치적 입장이 어떻든 사람들이 모두 그 집에서 모여 '사류가 귀의하는' 형국이었으므로, 시는 후생을 발탁하고 인사들과 내왕하는 매개물이 되었다. 진유숭과 고정관도 그의 지우를 입었으니,[48] 공정자는 북경 시원(詩園)과 사단(詞壇)의 영수라고 할 만했다. 공정자는 전겸익·오위업과 함께 강좌 3대가로 일컬어졌다.

임자년에 남쪽 고향으로 돌아가는 전별 시회에서 서구는 이미 면식이

45_《南州草堂詞話》, 卷中, p.1129.

46_[南朝宋]劉義慶, 《世說新語》(台北: 台灣商務, 1979), 下卷, 〈容止第十四〉, p.101. "庾太尉(亮)在武昌, 秋夜, 氣佳景, 淸使吏殷浩 · 王胡之之徒, 登南樓理詠. 音調始遒, 聞函道中有屐聲甚厲, 定是庾公. 俄而率左右十許人步來, 諸賢欲起避之, 公徐云: '諸君少住, 老子於此處, 興復不淺.'"

47_龔鼎孳(1615-1673)의 字는 孝升, 號는 芝麓, 安徽 合肥 사람, 藏書室名에 三十二芙蓉齋 · 定山堂이 있다. 명나라 崇禎 7년(1634)의 진사로, 兵科給事中에 제수되었다. 청나라에 들어 吏科給事中을 제수받고, 여러 번 옮겨서 太常寺少卿이 되었다. 청나라 康熙 연간에 관직이 禮部尙書에 이르렀다. 詩와 古文에 모두 공교로웠다. 저서에《定山堂集》·《白門柳》傳奇가 있다.

48_陳維崧과 顧貞觀 두 사람이 공정자의 지우를 입은 사실은《蓮子居詞話》, 卷2, 〈陳其年受知於龔定山〉條, 《詞話叢編》, 第3冊, pp.2438-2439 참조. 또한 [淸]丁紹儀《聽秋聲館詞話》, 卷16, 〈顧貞觀受知於龔〉條, 《詞話叢編》, 第3冊, p.2775도 참조. 공정자는 진유숭을 극도로 아끼고 칭송했다. 강희 7년 겨울, 진유숭이 실의하여 초라해지자, 공정자는 그 재주를 기이하게 여겨 구제해주고 도와주었다. 강희 18년, 진유숭은 박학홍사과에 천거되어 검토의 직을 제수받아 북경에서 직무를 맡게 되자, 공정자의 후의에 사은하려는 뜻을 지녔다. 공정자는 응수와 출처에서 뜻을 마음대로 하고, 정치 소용돌이 속에 몸을 두고서 3朝를 섬겼다. 順治 초년에 공정자는 南人의 입장을 지지하여 여러 차례 상소하여 강남을 맡겠다는 명을 받고자 했으나, 北黨이 기회를 타서 탄핵해서 14級이나 강등되었다. 강희 원년 이후에 현달하기 시작해서 비로소 시랑 후보로 기용되어 刑 · 兵 · 禮部 尙書를 차례로 거쳤다. 죽은 뒤 시호는 端毅이다. 건륭 때 다시 시호가 폐지되고《貳臣傳》에 들었다. 공정자는 미묘한 시대를 살다 간 평가가 어려운 인물이다. 嚴迪昌, 《淸詞史》(南京: 江蘇古籍, 1999), pp.116-125.

있고 예부상서로 승진한 공정자를 만났다. 위에 인용한 화사는 저 문단 좨주(공정자)가 그를 발탁할 뜻을 드러낸 것이다. 오형조(吳衡照)는 이러한 말을 했다.

> 공정산(龔定山, 공정자)은 후진을 장려하여 예림의 존중을 받았다. 임몰에 서홍정(서구)을 양당촌(梁棠村, 양청표)에게 부탁하여, "서군처럼 재주 있는 사람을, 이름을 이루지 못하게 할 수 있겠는가?"라고 했다. 기미년 박학홍사과의 징소에서 서홍정은 양당촌의 천거를 입어 검토의 직에 제수되었다.
>
> 龔定山獎掖後進, 爲藝林倚重. 臨歿時, 屬徐虹亭于梁棠村曰: '負才如徐君, 可使不成名耶?' 己未宏詞之徵, 虹亭由棠村薦擧, 授檢討.[49]

이 일에 대해 심덕잠(沈德潛)도 이런 기록을 남겼다.

> 서홍정 선생(서구)은 공단의(龔端毅, 공정자)의 지우를 입었다. 공단의가 임몰에 양진정(梁眞定, 양청표)에게 말하길, "서군처럼 재능 있는 사람을 이름을 이루지 못하게 할 수 있겠는가?"라고 했다. 여기서 선배가 재능 있는 이를 사랑했다는 사실을 알 수 있다. 서홍정이 공단의에게 존중받은 것은 실은 그의 마음을 꺾게 만든 면이 있었기 때문이다. 일생 전사(塡詞)가 아주 뛰어났다. 만년에 《본사시》를 이루었는데, 먼 곳의 사람들도 구매하려고 하여 낙양의 종이 값이 귀하게 된 옛일에 견줄 만했다.
>
> 虹亭先生爲龔端毅賞識. 端毅臨歿謂梁眞定曰: '負才如徐君, 可使之不成名耶? '於此見前輩之愛才. 而虹亭見重於端毅, 實有使之心折者也. 生平塡詞極工. 晩歲成本事詩, 遠地購求, 比於洛陽紙貴.[50]

37세의 서구가 남쪽으로 돌아간 다음 해(강희 12년, 1673), 공정자가 임몰에 여전히 잊지 않고 양청표(梁淸標)[51]에게 힘껏 서전발(서구)을 천거하라고 부탁했다. 박학홍사과가 있기보다 6년이나 이전 일이다.

49_同上註, 〈陳其年受知於龔定山〉條. 《淸詞紀事會評》, pp.267-268.

50_沈德潛, 《國朝詩別裁集》所言, 《淸詞紀事會評》, p.267. 徐釚의 《本事詩》〈略例〉에서 紀年을 알 수 있으니, 이 책은 37세에 편성되었다. 심덕잠이 '晩歲'라고 말한 것은 잘못이다.

51_梁淸標(1620-1691)의 字는 玉立, 一字는 蒼巖, 號는 棠村으로, 直隸 眞定 사람이다. 명나라 崇禎16년 진사로, 관직은 庶吉士에 이르렀다. 청나라에 들어와 누차례 兵·刑·戶 각 부의 상서를 지냈고, 保和殿大學士에 올랐다. 《棠村詞》가 있다.

이상의 고찰을 종합하면, 서구는 32세에 북경에 있으면서 연·제 땅에서 퇴연히 분방하다가 37세로 고향으로 돌아가 《본사시》를 엮고, 39세 이전에 이미 사집 《국장악부》를 간행했다. 서울에서 10년간 시적 재능으로 여러 사람들의 주목을 받았으며, 마침내 강희 18년(1679) 44세로 천거되어 박학홍사과에 합격하여 한림으로 벼슬살이를 시작했다. 재능 많은 서구는 《본사시》를 엮을 때, 벌써 미래의 은인 공정자·양청표 두 사람을 앞뒤로 배열하고, 많은 편폭을 배당하여 두 사람의 작품을 추대했다.[52] 후에 과연 공정자·양청표의 천거로 출사하였으니, 재명이 빼어났을 뿐만 아니라 처세 수완이 기민했음이 입증되었다. 그렇다면 4년 전 서구가 사빈에게 수간도(垂竿圖)를 그리게 한 일에는 특별한 의미가 숨어 있었다고 볼 수 있다.

3) 제영 집단

(1) 문학 세대

〈풍강어부도〉의 상주 서구는 사가(詞家)이다. 이하 청초 사단의 발전 개황을 살펴보기로 한다. 순치·강희 연간에 포의(布衣)와 유로(遺老)의 시단이 주류 문화권에서 거대한 응집력을 지니고, 각 방면에서 조야 문사들과 긴밀한 관계를 맺어, 여러 방식으로 문화 풍조와 집단 구성을 좌우했다. 하지만 강희 18년(1679) 3월, 황제가 체인각에서 박학홍사과를 시험 보이자 천하 인재가 북경에 운집했을 때, 강좌(江左)의 여러 대가들은 분분하게 서너 해 전에 영락한 뒤였다(전겸익은 16년, 오위업은 9년, 주량공은 8년, 공정자는 7년, 조이감은 2년). 시단은 점차 적막하게 되어, 청초 시학은 변환기에 들어섰다. 사(詞)에서 이름이 높았던 진유숭·주이준·모기령 등은 모두 박학홍사과에 응시해서 녹취되어 한림원에 들어가 검토의 직을 받았다. 본래 항주(절강성)의 사풍은 명말 진자룡(陳子龍,

52_《本事詩》, 卷8, pp.343-354, 모두 11p. 梁淸標는 7p. 同書, pp.354-360.

1608-1647)의 운간사파(雲間詞派)를 답습하고《화간(花間)》(오대)과《초당(草堂)》[남송 주밀(周密)]의 풍을 본받았는데, 북경은 주재준(周在浚)을 필두로 가헌사풍(稼軒詞風)을 주창했다. 뒤에 '신풍이 남쪽으로 점진하고' '절파가 북쪽으로 옮겨가며', 주재준이 남향해서 금릉(남경)에 우거하자, 후래자가 대부분 추수헌(秋水軒)에서 창화한 인물들로 구성되었다.[53] 한편 강희 17년 여름과 가을 무렵, 서너 해 전 백하(白下, 남경)의 공상린(龔翔麟, 1658-1733) 저택 '첨원(瞻園)'에서 모임을 가졌던 절파(浙派) 사인들은 대거 북경으로 올라가, 황성에서 주이준을 핵심으로 하는 사인 집단을 이루었다. 강희 10년(추수헌 창화)부터 강희 17년(주이전 북상)까지 서너 해 동안 사학의 주도권은 정치세력의 성장 · 소멸에 따라 사단의 풍조를 좌우했다. 사의 역사는 정적인 조합이 아니라 동적인 면모를 지녔다. 절서(浙西) 사인은 정치의 중심지 북경에서 거대한 영향력을 발휘하여, 주이준 영도의 절파가 극도의 홍성기로 진입했다.[54]

순치 10년(1653) 무렵부터 강희 18년(1679) 박학홍유과 소시(召試)까지 약 30년 동안, 청초 사단의 변천과 전환에 대해서는 고정관(顧貞觀)이 성쇠소장의 윤곽을 잘 정리해두었다.

국초 연곡(輦轂, 북경)의 여러 공이 술동이 앞에서 장단구(사)로 흉중을 토

53_嚴迪昌의 연구에 따르면, 秋水軒 唱和는 강희 10년(167) 가을에 있었다. 이것은 輦轂諸公이 영향력을 발휘한 社集 성질의 집단 수창 활동으로, '稼軒風'을 京師에서 남북 사단으로 추동시킨 대파란이었다. 추수헌은 孫承澤(1592-1676)의 별서이다. 손승택은 周亮工 · 龔鼎孳 · 梁淸標 등과 교분이 있어, 주량공의 아들 周在浚은 북경에 있을 때 손승택이 마련한 처소에 거처했다. 〈秋水軒詩集序〉는 汪懋麟이 이 성대한 일을 기술한 것이다. 당시 唱和詞는 모두 26家를 수록했는데, 그 가운데 徐釚의 화상에 제영한 사람으로는 梁淸標 · 龔鼎孳 · 汪懋麟 · 宗鼎九 등이 있다. 이 창화는 周在浚이 그 일을 주관하고 아울러 제영을 널리 요청해서 집록했다. 曹爾堪이 首唱하고 아울러 題했으며, 공정자는 이에 호응하고 크게 물결을 만들어 파란을 도왔다. 창화자들은 대부분 공정자 막하에 기식하던 遺逸의 무리이거나 옛 가문의 자제들로, 大江 남북에서 앞서거니 뒤서거니 우편으로 부쳐온 것도 양양하게 대관을 이루었다. 詞學의 각도에서 말하면 周在浚(居京)과 杭州 章回在가《詞滙》를 편찬할 때 방침상의 차이가 발생했으며, 江 · 浙 · 寧 · 杭의 詞風을 주장하거나 고집했다. 이것은 강희 초 · 중기 詞壇의 풍류가 바뀐 사실을 반영하는 전형적인 문건이다. 秋水軒 唱和가 청초 詞史에서 차지하는 위상에 대해서는 嚴迪昌,《淸詞史》, pp.125-137을 참조.

54_남방의 朱彝尊을 수반으로 하는 浙派가 북상하여 북경에서 영향력을 발휘한 것에 대해서는 嚴迪昌,《淸詞史》, pp.140-141을 참조.

로했다. 처음에는 조금 기탁하는 뜻이 있었으나 이윽고 해학과 창달에 힘썼다. 향엄(香嚴, 공정자)과 권포(倦圃, 조용)가 한 시대의 영수였다. 오직 당시 삿갓 쓴 친구와 자루 달린 갓을 울러 멘 인재들이 연회의 자리에 함께 하여 각각 창화 작품을 전했다. 그리고 오·월의 조고가(操觚家, 작가)들이 풍모를 듣고 다투어 일어나, 선자(選者)나 작자(作者)가 가작과 졸작을 한데 진설했다. 어양(漁洋, 왕사진)이 서너 해 광릉에 있으면서, 사실상 사도(斯道)의 총지(總持)로 있었는데, 두셋 동학의 공적도 역시 민몰할 수 없다. 마지막으로 나의 벗 용약(容若)[납란성덕(納蘭性德)]은 문지(門地)와 재화(才華)의 면에서, 곧바로 안소산(晏小山, 晏幾道)을 넘어섰다.

國初輦轂諸公, 尊前酒邊, 借長短句以吐其胸中. 始而微有寄託, 久則務爲諧暢. 香嚴(龔鼎孳)·倦圃(曹溶)領袖一時. 唯時戴笠故交, 擔簦才子, 並與讌遊之席, 各傳酬和之篇. 而吳越操觚家, 聞風競起, 選者作者, 妍媸雜陳. 漁洋之數載廣陵, 實爲斯道總持, 二三同學, 功亦難泯. 最後吾友容若, 其門地才華, 直越晏小山而上之.[55]

이것은 청초의 사풍이 크게 변하여 사학이 진흥했던 주요한 단계를 잘 설명했다. 사학 변천의 핵심인물들이었던 공정자·조용·진유숭·주이준·모기령·왕사진·고정관 등은 모두 서구 화상의 제영자들로, 그 제영은 태평성대의 문학 세대를 대표했다. 뤼시앵 골드만(L. Goldmann)은 "작품 세계의 구조는 특정 사회집단의 심리 구조와 상통한다"라고 했다.[56] 이로 보면, 집단의 서술 텍스트는 반드시 공통 심리와 관련이 있으며, 집단 내부의 인물들은 문학의 면에서 서로 침투해서 하나의 문학 세대[57]를 형성하게 된다. 세대의 성장은 또 문단 영수의 흥기 및 쇠망과 상관이 있다. 서너 해 만에 다시 한 세대의 문학 인재가 일어나 풍운을 일으키고 풍소(문학)를 이끌게 되는 것이다.

문학 세대의 각도에서 〈풍강어부도〉의 제영자들을 보면, 순치·강희 시기 제1대 연곡(서울) 대가들은 서구의 은인 공정자·조용이었다. 공정자는 강희 초 북경 사단을 이끌었고, 《추수헌창화(秋水軒唱和)》 1첩 수십 운은 그 명성의 정점이었다. 조용은 박학홍사과에 천거되었으나 병

55_[淸]謝章鋌, 《賭棋山莊詞話續編》 卷3 〈答秋田求詞序書〉條, 《詞話叢編》 第4冊, p.3530.

56_문학사회학의 체계는 루카치(G. Lukacs)가 구상한 이후 그 문생 골드만이 귀납해서 출판했다. Robert Escarpit, 葉淑燕譯, 《文學社會學》(台北: 遠流出版社, 1990), p.10.

57_문학사에서의 '세대(generation)'에 대해서는 《文學社會學》, pp.40-48을 참조.

으로 사직하고, 다시《명사(明史)》 편수자로 추천되었으나 부임하지는 않았지만, 청초 사풍을 발양한 한 사람이다. 주이준 편《사종(詞綜)》은 조용 소장의 '송인유집(宋人遺集)'에서 선정한 것이 많으므로, 주이준의 사학은 조용으로부터 상당한 영향을 받았다. 제2대 연하(輦下, 서울)의 대가는 서구의 은사 양청표이다. 이 사람은 고관이면서 사인으로, "술동이 앞에서 장단구(사)로 흉중을 토로한" 북경 인사들 가운데 하나이다. 그의《당촌사(棠村詞)》는 모두 세 번 판각되었는데, 초판은 바로 그의 제자 서구가 편집했다. 수십 수에 불과하며, 후에《국조명가시여(國朝名家詩餘)》에 수록되었다. 관직이 극품에 이르러 지위가 높고 명망이 중했으며, 사인으로서의 명성도 높았다. 문하의 제자 왕무린과 서구도 사가로 추대되었다. 그 밖에 서울의 대신이면서 이름난 사가로 이천복(李天馥, 1637-1699)과 왕숭간(王崇簡, 1602-1675)이 있어, 제영 및 창화의 작품이 많았다. 문단의 영수가 차츰 조락하는 때에 주이준은 서울에서 기치를 내걸고 남북에서 이름을 드날려, 제3대 신흥 연하 대가의 위치에서 사단을 호령했다. 주이준은 강희 18년(1679) 한림검토를 제수받은 이후 강희 31년(1692) 귀향하기까지 사인 집단을 영도했다. 인망이 높아져서 신흥 연하공의 위치에서 사단을 호령할 수 있었던 것이다.[58]

서구의 화상에 제영한 인물들은 대부분 순치·강희 때 유로·일민·포의 시집단에 속하면서, 상층 문화권에서 거대한 응집력을 지니고 문화풍조와 집단 구성을 좌우했다. 정치권의 변두리에 위치하면서 도리어 중심의 시단·문단·사단을 점유하였고, 심지어 연곡 제공(輦轂諸公)이 되기도 했다.[59] 서방 비평가 푸코(Michel Foucault)의 '억압 권력(repressive power)' 이론을 빌려 해석하면, 몇몇 유민은 정치에서 억압을 받았기 때문에 문학 세계에서 상상을 격동시켰고, 그것이 그들로 하여금 정치권과는 별개의 문학 권력을 추구하게 만들어, 문학 창작의 새 전형을 창조

58_필자가 청초 문단을 3개 세대의 맥락으로 관찰한 것은 嚴迪昌,《淸詩史》(台北: 五南圖書公司, 1998)·《淸詞史》의 두 책을 따른다. 전자는 제2편〈風雲激盪中的心靈歷程(下)淸初詩壇〉, pp.339-540을 참고로 하고, 후자는 제1편〈淸初詞壇與詞風的多元嬗變〉· 제2편〈陽羨·浙西二派先後崛起和淸詞中興期諸大家〉, pp.7-338을 참고로 했다.

59_嚴迪昌의《淸詩史》에 따르면 청초 江浙 일대 隱逸耆宿은 대부분 문학적 威望이 있었다고 한다.《淸詩史》, p.424.

하고 문학 세대를 이루어내어 '일대정종(一代正宗)'으로 추대받기까지 했다.[60]

(2) 집단 칭송

강희 시기 연곡 대가들의 사학 영지는, 제1대 북경의 신풍(辛風)[가헌사풍(稼軒詞風)]에서부터, 제3대 남쪽에서 북경으로 온 절파(浙派)로 바뀌었다. 〈풍강어부도〉의 제영자는 청초 유로, 연공 대가, 남쪽에서 온 절파 등 속성이 서로 다른 3개 세대를 포괄한다. 강희 시기의 주목할 만한 사학 영수들이 모두 그 속에 들어 있어서, 제영 권역을 통하여 사학 영지의 너비를 계측할 수 있다. 청나라 사의 변천은 강희 18년(1679) 박학홍사과 소시(召試)가 분수령을 이루었다. 즉, 절서 사인이 북경으로 올라가 크게 발신하기 시작함으로써, 사풍이 바뀌기 시작하는 분위기가 조성되었다. 단, 제영의 사는 대부분 수작과 응수의 성질을 지녀 기치를 수립하겠다는 창작 의도는 없었고, 사학의 주장을 진정으로 반영할 수도 없었다. 이 때문에 사풍 전환기의 여러 제영자들이 각자 양식을 선별하고 제영하여, 화폭 위에 시 양식과 사 양식을 잡다하게 늘어놓았다. 서구의 〈풍강어부도〉 제영은 바로 이 무렵에 이루어졌다. 문학 사회학의 각도에서 말하면 제영자들이 3개 세대를 두루 아우르므로, 이를 근거로 문학집단의 모습을 밝힐 수 있다.

공시적인 문학 세대 이외에, 청초 시단에서는 풍격이 비슷하고 동일 세대에 위치하면서 서로 왕래가 빈번하여 이루어진 집단을 두고 '칠자(七子)'나 '오자(五子)' 등과 같은 식으로 명예롭게 불렀다. 이것은 조정과 재야 시단의 영수들이 풍기를 좌우한 결과 있게 된 징표이다.[61] 〈풍강

60_孫康宜는 王士禛이 어떻게 강희 조정에서 문학의 권력을 쥐게 되었는지를 푸코의 억압 권력 이론으로 해석하여, "이러한 유민들은 정치 방면에서의 억압을 받았으므로 문학 상상력을 격동시켜 문학 권력을 추구하게 되었다"라고 했다. 孫康宜 교수는, 만약 명조 강남의 유로와 일민의 계발과 후원이 없었다면 왕사진은 그렇듯 젊은 나이에 시단의 일대정종으로 추대될 수 없었으리라고 보았다. 孫康宜, 〈典範詩人王士禛〉, 《文學的聲音》(台北: 三民書局, 2001), pp.105-142.

61_嚴迪昌은 문학사를 서술할 때 집단 칭송을 잘 살펴야 했다고 보았다. 《淸詩史》, p.442.

어부도〉의 제영자들은 수많은 여러 집단 예칭 속에 따로따로 등장한다. 순치·강희 경화 시단의 성쇠는 대체로 공정자의 부침에 따라 기복이 있었다. 공정자는 서구의 지우이자 은인이었으며, 연대칠자(燕臺七子)[62]도 공정자를 핵심으로 하는 낭묘체파(廊廟體派)에 속했다. 칠자 중의 송완(宋琬, 1614-1673)·시윤장(施閏章, 1618-1683)은 서구 화상에 제영을 했고, 둘 다 '남시북송(南施北宋)'의 칭호가 있었으며, 또 '해내팔대가' 속에 이름이 들어 있었다. 팔대가는 그들 이외에 왕사진·심전 두 사람도 포함한다. 주이준·엄승손(嚴繩孫, 1623-1702)·강신영(姜宸英)도 모두 명성이 있어, '강남삼대명포의(江南三大名布衣)'[63]라고 일컬어졌고, 엄승손과 주이준은 이인독(李因篤, 1633-?)·반차경(潘次耕, 1646-1708)과 함께 '사포의(四布衣)'라고 일컬어졌다. 주치렴(周稚廉)은 주이준과 이름이 나란했고,[64] 고정관은 진유숭·주이준과 함께 '사가삼절(詞家三絶)'로 일컬어졌다. 모선서·심겸(沈謙)·추지모(鄒祗謨, 1633-1670)·팽손휼(彭孫遹, 1631-1700) 등은 '서령십자(西泠十子)'라고 일컬어졌으며, 우통(尤侗)·유체인(劉體仁)도 서령 집단에 속했다. 진유숭·모기령·왕사괴(王嗣槐)·오농상은 '가산당육자(佳山堂六子)'[65]라고 일컬어졌다. 황여견(黃與堅)은 '누동십자(婁東十子)'의 한 사람이었다. 유주사파(柳州詞派)의 조이감(曹爾堪) 일문은 사에 뛰어나, 형제 중 이방(爾坊)·이식(爾埴)·이연(爾埏)·이원(爾垣), 조카 감평(鑒平)·감장(鑒章) 등이 모두 작품을 전하고 있다. 〈풍강어부도〉의 제영자 조이해(曹爾垓)는 조이담의 형제이다. 이양년(李良年)은 형 이승원(李繩遠), 아우 이부(李符)와 이름이 나란하여, '삼이'라고 일컬어졌다. 또 주이준과 함께 '주이(朱李)'로 병칭되기도 했다. 모기령·모제가·모선서는 '절중삼모(浙中三毛)'라 일컬어졌다. 팽손휼

62_ 燕臺七子는 張文光·趙賓·宋琬·施閏章·嚴沆·丁澎·陳祚明 등이다. 陳祚明이 포의로 공정자의 저택에 노닐고, 장문광이 숭정의 진사인 것을 제외하면 나머지 5인은 순치 연간의 진사이다.《淸詩史》, p.439.

63_《淸詩史》, p.484.

64_錢葆馚은 "周稚廉可與彷彿者, 溧陽彭爰琴·秀水朱竹垞耳"라고 했다.《古今詞話·詞評》, 下卷, 〈周稚廉雲居堂詞〉條,《詞話叢編》, 第1冊, p.1050.

65_〈佳山堂六子〉에 "方四方徵車詣闕, 益都相國擇其尤者六人, 客之邸中, 世稱六子者, 迦陵·西河·吳任臣·王嗣槐·徐林鴻, 吳農祥等"이라 했다.《淸詩紀事》, 〈吳農祥〉篇, p.2904.

은 시에 뛰어나 왕사진과 함께 '팽왕'[66]이라 일컬어졌다. 주이준의 시는 왕사진과 함께 '남북양대종(南北兩大宗)'이라 일컬어졌다. 집단 예칭은 문학 세대의 구성에 부응했으며, 문학집단의 긴밀도를 강화시켰다.

(3) 시사의 구성

① 연령, 본적, 칭위

서구 화상의 제영자들은 청초 문단에서 각기 시관도 다르고 세대도 다르며, 각기 다른 집단 예칭이 있었지만, 하나의 초상화 위에 몸을 드러내어 서로 제사(題詞)를 응수했다. 그들은 분명하거나 암암리에, 드러내놓거나 숨긴 채, 가닥가닥 연관을 맺어, 사우·동년·세교·통가 등 각종 관계로 집단 네트워크를 이루었다. 이하 연령, 본적, 동사(同事), 교우 등을 문학 집단의 시각에서 고찰하고자 한다.

90여 명의 제영자 가운데 연령을 알 수 있는 사람들은 대략 반이다. 서구보다 어린 사람이 9인이다. 홍승이 가장 젊어, 서구보다 23세나 적다. 나머지는 나이 차가 그리 크지 않다. 이 밖에 대부분의 제영자는 서구보다 나이가 많아서, 10세 이내로 많은 사람이 17인, 10세 이상 많은 사람이 19인이다. 화상을 그린 사빈은 서구보다 34세 많았다. 인수(引首)에 제자(題字)한 심전은 서구보다 12세 많다. 뒷날 서구를 천거한 대사농 양청표도 서구보다 16세 많다. 연장의 폭은 많게는 23, 24, 27, 31, 34세이다. 서구로 말하면 선배와 현자를 중심으로 격려하고 칭송해주는 영걸 집단이었던 셈이다.

서구는 강소성 오강 사람이다. 제영자의 고향과 본적을 살펴보면, 강남 사람이 대종을 이룬다. 강소 23인, 절강 17인, 안휘 5인이고, 광의의 강절(江浙) 지구에 속하는 인물이 48명이다. 강남 지구에 속하는 안휘를 합하면 강남 문인의 제영이 53명이나 된다. 나머지는 귀주·복건·광동·섬서·직례·하남·산동, 그리고 만주 양황기(鑲黃旗)의 1인 등 모두 20여 명이다.

제영자는 낙관하고 서명을 했는데, 여기에서 친소 원근의 관계가 드

66_《淸詞史》, p.61.

러난다. 일부는 칭호가 없이 낙관만 하거나, 혹은 객기에서 상대방을 선생이라고 칭한 예가 있다. '주치렴씨(周穉廉氏)', '산좌 전선생 원운 운간 장병 배초(山左田先生原韻雲間張昺拜艸)'와 같은 식이다. 고정관 · 서건학 · 사용(查容, 1636-1685) · 홍기(洪基) · 홍승 등이 모두 그러하여, 정분이 소원한 경우이다. 형제로 호칭한 경우는 아주 많다. 상대를 '전발 연형(電發年兄)'이라 칭하고 자칭 '제'라고 한 예로, 오농상 · 이양년 · 고표문(顧豹文) · 왕무린 · 손지울 · 황여견 · 종원정(宗元鼎) · 오기(吳綺, 1619-1694) · 동사(董舍) · 시윤장 · 육유(陸棻, 1630-1699) · 진유숭 · 모기령 · 강신영 · 손치미(孫致彌, 1642-1709) 등이 있다. 자칭 제(상대방을 선생이라 칭하기도 함)라 한 사람으로는 장이(蔣伊, 1631-1687) · 강개(江闓) · 도징(陶徵) · 만언(萬言) · 정수(程邃, 1605-1691) · 심고일(沈暭日) · 조용(曹溶) · 양윤식(梁允植) · 교래(喬萊) · 주이준 · 엄승손(嚴繩孫, 1623-1702) · 이인독(李因篤, 1633-?) · 예찬(倪燦, 1626-1687) 등이 있다. 혹은 존칭으로 형이라 부르기만 한 예로, 양청표 · 납란성덕 · 왕사괴 · 우통 · 팽손휼 등이 있다. 낙관할 때 형이니 제이니 칭한 경우는 면식이 상당히 있었기 때문일 것이다. 또한 숙질로 칭한 예가 있어, 서원문(徐元文, 1634-1691)은 '조카를 위해 부시하여 증정한다(爲姪賦贈)'라고 했다. 같은 동리를 칭한 자로는 장상원(張尙瑗)이 있고, 수업생(受業生)을 칭한 예로는 섭서로가 있다.

② 동사(同事)

강희 17년 을미의 날(1678년 2월 14일)에 황제는 이부(吏部)에 다음과 같은 칙유를 내렸다.

> 자고로 한 시대의 흥기는 반드시 박학홍유가 있어 문운을 떨쳐 일으키고, 경사(經史)를 천발하고 사장(詞章)을 윤색하여, 고문(顧問)과 저작(著作)의 선발에 대비해야 한다. 짐은 정무를 보는 여가에 문한에 마음을 두어, 박학의 인사를 얻어 전학(典學, 학문에 부지런함)의 바탕으로 삼고자 한다. 우리 왕조가 국가의 기틀을 정한 이래로 유학을 숭상하고 도를 존중하여 인재를 배양했으니, 이 드넓은 사해에 어찌 기특한 인재와 큰 인물로서 학문이 깊고 통달하며 문조(文藻)가 아름다워 앞 시대의 인물들을 뒤이을 자가 없겠는가? 학문과 행실이 아울러 뛰어나고 문사가 탁월한 사람이 있으면, 이

미 벼슬을 살든 아직 살지 않든, 서울에서는 삼품(三品) 이상과 과도(科道, 6과 급사중과 도찰원 13도 감찰어사)의 관원이, 재외에서는 독무(督撫)와 포정사·안찰사가 각각 아는 자를 천거하면, 짐이 장차 친히 시험하여 명부에 기록하고 등용하겠다. 나머지 내외의 각 관리들이 과연 인물임을 진정으로 알고 환히 보게 되면, 안에서는 이부에 개송(開送)하고, 밖에서는 독무에게 개보(開報)하여, 교대로 제천(題薦)하라. 사심 없이 공정하게 맞이하고 방문해서, 참된 재주를 얻도록 힘써서, 짐이 현자를 구하여 문치를 보우하려는 뜻에 부응하도록 하라.

自古一代之興, 必有博學鴻儒, 振起文運, 闡發經史, 潤色詞章, 以備顧問著作之選. 朕萬幾餘暇, 游心文翰, 思得博學之士, 用資典學. 我朝定鼎以來, 崇儒重道, 培養人材, 四海之廣, 豈無奇才碩彥, 學問淵通, 文藻瑰麗, 可以追踪前喆者? 凡有學行兼優, 文詞卓越之人, 不論已仕未仕, 令在京三品以上, 及科道官員, 在外督撫布按, 各擧所知, 朕將親試錄用. 其餘內外各官, 果有眞知灼見, 在內開送吏部, 在外開報督撫, 代爲題薦. 務令虛公延訪, 期得眞才, 以副朕求賢右文之意.[67]

이 칙령은 강희제가 청나라 조정의 치국 방향을 한족 전통으로 전환시켜 '숭유중도(崇儒重道)'의 뜻을 높이 내건 것이다. 칙어에 문운·경사·사장·저작·문한·박학 등의 용어를 사용해서, '학문이 심오 통달하며 문조가 수려하고' '학문과 행실이 아울러 뛰어나고 문사가 탁월한' 인재를 경관에 임명하겠다고 강조했다. 이것은 청 제국이 순치 이래 왕도의 이념으로 한족 민심을 농락한 문화적 조치로, 군정(軍政)에서의 대일통 국면이 더 이상 흔들리지 않게 되자, 마침내 박학홍사과를 열어 회유 정책을 실시하게 되는 첫 번째 행보였다.

박학홍사과는 본래 제과(制科)의 하나로, 당나라 현종 개원 19년(731) 시작되었다. 홍은 본디 굉(宏)인데, 청나라 건륭 때 고종의 이름 홍력(弘曆)의 한 글자와 뜻이 가깝다는 이유로 고친 것이다. 강희 18년(1679)과 건륭 원년(1736)에 각각 거행되었다. 내외 대신의 천거로, 관직에 있든 없든 기일을 택하여 전정(殿庭)에서 고시를 하여, 녹취자에게는 한림의 관직을 주었다. 한림원을 관장하는 학사는 만족과 한족 각 1인이 주관(主官)이고, 속관에는 만족과 한족을 병치했다.[68] 7월에 칙지를 내려 징

67_《淸實錄》(北京: 中華書局, 未注出版年) 第4冊,《聖祖實錄》卷71〈康熙十七年正月〉, p.91.
68_[淸]徐松,《登科記考》(北京: 中華書局, 1984) 上冊 卷5, 開元5年〈博學鴻詞科〉條下按

소하자, 강희 17년 경신일(庚申日)(1678년 9월 7일) 이부에서 보고하여, 각 성의 제천(題薦) 인원으로서 추천을 받은 자들을 신속하게 계문했다. 각지에서 추천을 받은 일부가 '병으로 사양하거나' 모친이 늙었다는 이유로 사양했지만, 강희제는 그대로 "학문이 심오 통달하고 문조가 수려하다고 천거를 받았으면 해당 독무가 속히 일으켜서 서울로 보내어 짐이 현자를 구하는 지극한 뜻에 부응하라(旣經諸臣以學問淵通, 文藻瑰麗薦擧, 該督撫作速起送來京, 以副朕求賢至意)"[69]라고 했다. 다음 해 봄 3월 전시를 시행하여, 병신의 날(1679년 4월 11일)에는 다음 기록이 남았다.

> 내외 신하들이 천거한 박학홍유 143인을 체인각에서 시험하고, 연회를 내렸다. 시제는 〈선기옥형부(璇璣玉衡賦)〉와 〈성경시(省耕詩)〉 오언배율 20운이다.
> 試內外諸臣薦擧博學鴻儒一百四十三人於體仁閣, 賜宴. 試題:〈璇璣玉衡賦〉,〈省耕詩〉五言排律二十韻.[70]

갑자일(1679년 5월 9일) 이부에 칙유를 내렸다.

> 천거한 문학 인원은 이미 친시를 거쳤다. 그 가운데 1등은 팽손휼(彭孫遹)·예찬(倪燦)·장렬(張烈)·왕림(汪霦)·교래(喬萊)·왕욱령(王頊齡)·이인독(李因篤)·진송령(秦松齡)·주청원(周淸原)·진유숭(陳維崧)·서가염(徐嘉炎)·육유(陸棻)·풍욱(馮勗)·전중해(錢中諧)·왕즙(汪楫)·원우(袁佑)·주이준(朱彝尊)·탕빈(湯斌)·왕완(汪琬)·구상수(邱象隨)이다. 2등은 이내태(李來泰)·반뢰(潘耒)·심형(沈珩)·시윤장(施閏章)·미한문(米漢雯)·황여견(黃與堅)·이개(李鎧)·서구(徐釚)·심윤(沈筠)·주경증(周慶曾)·우통(尤侗)·범필영(范必英)·최여악(崔如岳)·장홍렬(張鴻烈)·방상영(方象瑛)·이징중(李澄中)·오원룡(吳元龍)·방개(龐塏)·모기령(毛奇齡)·김보(金甫)·오임신(吳任臣)·진홍적(陳鴻績)·조의보(曹宜溥)·모승방(毛升芳)·조주(曹朱)·여건(黎騫)·고영(高詠)·용섭(龍燮)·소오원(邵吳遠)·엄승손(嚴繩孫)이다. 모두《명사》찬수관으로 등록하라.[71]

語, p.188 ;《中國歷代職官詞典》(上海: 上海辭書出版社, 1998), p.331, p.369.

69_《聖祖實錄》卷75,〈康熙十七年七月〉, p.966上.

70_《聖祖實錄》卷80,〈康熙十八年三月〉, p.1016下.

71_《聖祖實錄》卷80,〈康熙十八年三月〉, p.1023上.

이상이 강희 18년 박학홍사과의 합격자 명부이다. 당시 청나라는 해내가 평정되고 무공이 혁혁하던 때라, 원래 관외(關外)에 웅거하던 만족 통치 집단은 화하(華夏)의 전 종족에 대해 온건한 통치를 확고하게 발전시켰다. 이 조치는 청나라 조정에 의해 '득인지다(得人至多)'의 문치 대업으로 예찬되었다. 이 문화 조치는 유민의 원로들과 그 자제를 과녁 안에 망라했다. 이는 강희의 태평성세 국면이 노정된 신호이자, 청조 정권이 전성기로 진입한 표지이기도 했다.

강희 18년 박학홍사과 합격자의 1등과 2등은 각각 25인씩이다.[72] 〈풍강어부도〉의 제영자를 조사하면, 서구가 한림 검토의 직을 제수받은 이외에, 20인이 추천을 받아 징소되어 그 가운데 17인이 박학홍사과에 합격했다.[73] 왕완 · 진유숭 · 우통 · 팽손휼 · 교래 · 주이준 · 엄승손 · 이인독 · 시윤장 · 고영 등 17인의 문사는 서구와 함께 내각의 한림에 들어가서, 모두 《명사》 편찬에 참여했다. 박학홍사과를 거치지 않고 한림에 들어가 《명사》 편수에 참여한 인물로는 왕무린(汪懋麟) · 서원문(徐元文) · 만언(萬言) 등이 있다. 원래 직책이 경성의 고관 학사에 속했던 인물은 30인으로, 총 제영자의 3분의 1에 달한다. 서구 초상화에 제영한 사람들은 대부분 강남 동향의 문인이되 한림원에서 같은 직무를 한 것에 그치지 않고, 강희제가 주관하는 문교 사업에서 함께 문채를 빛냈으니, 청초 문단에서 명성이 멀리 뻗어나간 부류였다.

③ 당대의 교유

또한 초상화 제작 3년 전에 서구가 고향으로 돌아가 편성한 《본사시》에는, 은인 공정자 외에도 이미 언급된 제영 사인이 들어 있다. 양청표 · 이양년 · 강개 · 서건학 · 왕무린 · 양패란 · 종원정 · 오기 · 진유숭 · 우통 · 모신(毛甡, 모기령) · 팽손휼 · 교래 · 주이준 · 강신영 · 엄승손 · 시윤장 · 육유 ·

72_袁景輅은 "樸村云, 康熙初鴻博一科, 聚四海才俊之士, 所得僅五十人. 而吾邑潘 · 徐兩公並以草茅得列高等入翰林, 何其盛也"라고 했다. 《清詩紀事》, 〈徐釚篇〉, p.2805.

73_顧豹文은 浙江 錢塘 사람으로, 順治 때 進士이다. 노령인데다가 질병이 들어 사직했다. 王嗣槐(1650년 전후 여전히 생존)은 浙江 仁和 사람으로, 징소되었으나 노령이라 박학홍사과에 응시하지 않았다. 李良年(1635-1686)은 浙江 秀水 사람인데, 징소되어 시험에 응했으나 합격하지 못했다.

예찬·왕사진·손적애(孫赤崖) 등 21인이다. 그중 양청표는 은사, 왕무린은 동문이고, 나머지 9인은 한림원 동료이다. 모두 당시 저명한 사가로서, 서구의 사평집에 수록되어, 서구와 문학 동호인 집단을 이루었다.

서구는《사원총담》·《남주초당사화》두 책을 저술해서, 당시의 많은 사가의 사적, 염사(艷詞)의 본사를 수록하고, 문우들과 교유한 세세한 일들을 추억했다. 서구는 청문하거나 경험한 각도에서 유연(遊宴)·탐유(探幽)·아집(雅集)·창화(唱和)·제영(題詠) 등 일상적인 모임을 묘사하고, 우아한 우의의 실루엣을 포착해내었다.[74] 한 예를 들면 이러하다.

○ 우회암(尤悔庵, 우통)은 이렇게 말했다. 내가 일찍이 항산(恒山)에 객이 되어 있을 때 양사도공(梁司徒公)[양청표]이 가기(家伎)를 나오게 하여 주흥을 돕게 했다. 나는 즉석에서 〈청평조(淸平調)〉 잡극을 연출하고 어린 가기에게 노래하게 했다. 공은 〈보살만(菩薩蠻)〉 사를 지었다. [⋯] 좌객이 다투어 전했고, 극도로 즐기다가 마쳤다.

尤悔庵云: 僕嘗客恒山, 梁司徒公出家伎佐酒. 僕于座上演淸平調雜劇, 即令小鬟歌之. 公賦〈菩薩蠻〉詞云. [⋯] 座客爭爲傳唱, 極歡而罷.[75]

○ 절중(浙中) 사이황(查伊璜)[사계좌(查繼佐, 1601-1676)]은 음률을 기막히게 잘 알았다. 그 가희 유사(柔些)는 일시의 절창이었다. 광릉 왕사인(汪舍人) 교문(蛟門)(왕무린)이 〈춘풍뇨나(春風裊娜)〉를 만들어, 사이황에게 보내고 아울러 유사에게 증여했다고 한다. [⋯] 같은 고을 소향거사(小香居士) 종정구(宗定九)(종원정)가 화운했다. [⋯] 두 사를 보면 유사의 풍모를 알 수 있다.

浙中查伊璜, 妙解音律, 其家姬柔些, 尤擅絶一時. 廣陵汪舍人蛟門, 制〈春風裊娜〉, 遣查君兼贈柔些云. [⋯] 同郡小香居士宗定九和云. [⋯] 觀二詞, 可以知柔些風度矣.[76]

서구는 양청표와 사계좌의 가희가 연회에서 홍을 돋운 일, 여러 벗들

74_徐釚가 문단 벗들과 우의를 다져 왕래한 사실은 徐釚의《詞苑叢談》·《南州草堂詞話》두 책에 많이 실려 있다. 앞의 책은 馮金伯이 부류별로 조목화하여《詞苑萃編》각 권에 수록했다.《詞話叢編》, 第3冊.《南州草堂詞話》,《歷代詞話》, 下冊, pp.1113-1138.

75_《南州草堂詞話》,《歷代詞話》下冊, 卷中, p.1123.

76_《南州草堂詞話》,《歷代詞話》下冊, 卷中, pp.1121-1122.

이 전하여 노래한 상황, 우통이 전술하고 왕무린과 종원정이 화운한 일을 기록했다. 사는 당시 일상의 교유에서 부영(賦詠, 시가를 짓고 읊음)할 때 이용하는 주요한 문학양식이었다. 서구는 자신이 청문하거나 경험한 각도에서 기록했는데, 우리는 이를 통해 제영자들 사이의 교류 양상을 분명히 파악할 수 있다. 다시 다음 기록을 보기로 한다.

> 임자(강희 11년 1672) 원소(元宵), 오형서(吳荊西) 지기(之紀)와 심용문(沈龍門) 영령(永令)이 옥수당(玉樹堂)에서 합악(合樂)을 했다. 유명 인사들치고 모이지 않은 사람이 없었으며, 화등(花燈)과 화수(火樹)가 아주 성대했다. 교서(校書) 방손(芳蓀)은 운간(雲間) 사람인데, 미모와 기예가 출중했다. 당시 가랑비가 내리고 달이 뜨지 않았는데, 사람들이 외치길, "항아는 어디에 있는가?"라고 했다. […] 마침내 〈화당춘〉 1결을 연주했다. […] 좌석에 늙은 악공 심수(沈遂)가 있다가 악보를 관현에 올리고 즉시 그에 맞춰 가창을 하여, 극도로 즐기다가 파했다. 그 사가 양주에 전파되어, 종정구 원정이《화전집(花鈿集)》속에 판각하여 넣었다.
>
> 壬子元宵, 吳荊西之紀 · 沈龍門永令, 合樂玉樹堂, 名士勝流, 無不畢集. 花燈火樹, 稱爲極盛. 校書芳蓀, 雲間人, 色藝獨絶. 時微雨無月, 群呼曰: 嫦娥何在耶? […] 遂調〈畫堂春〉一闋云. […] 席上有老樂工沈遂, 譜入管弦, 即爲歌唱, 極歡而罷. 其詞傳播揚州, 宗定九元鼎刻之《花鈿集》中[77]

서구는 이 해 원단의 성대한 야연을 경험하고 그것을 기록으로 남겼다. 종원정은 화운한 사를 해당 문집에 판각하여 넣었다. 왕사진은 양주의 사리(司理)로 있을 때 여러 명사들과 홍교(紅橋)에서 연회를 열고 창화했으니, 즉 사의 역사에서 이름 높은《홍교창화집(紅橋唱和集)》이 그 결과물이다. 진유숭과 서구는 시를 지었다.[78]

사인의 염사(艷事)에 관한 기록은 아주 많다.[79] 서구는 40세에 수간도

77_《南州草堂詞話》,《歷代詞話》下冊, 卷中, p.1121. 이 밖에《詞苑叢談》에도 실려 있다. 이하 〈吳偉業詞〉(《詞話叢編》, 第3冊, p.2110)에서 인용한다. 〈梁淸標洞庭春色〉(p.2111), 〈陳其年望江南〉(p.2,116), 〈梁淸標春風裊娜〉(p.2113) 등등이다.

78_《詞苑萃編》, 卷17, 〈紀事〉, 〈紅橋唱和詞〉條, 《詞話叢編》, 第3冊, p2117.

79_《南州草堂詞話》에 이러한 艷記가 빠지지 않는다. 龔芝麓은 横波夫人과 달밤에 西湖에 배를 띄웠다(《歷代詞話》(上冊), 卷上, p.1113. 이하 모두 이 책에서 인용). 吳偉業은《秣陵春》을 추운 밤에 어린 여종에게 명하여 노래하고 연기하게 했다(p.1114). 吳偉業은 桃葉의 名姬 卞玉京에게 반했다(p.1,116). 朱彝尊은 代州에서 小字를 白狗라 하는 기녀와 친

(垂竿圖)를 그려달라고 위촉한 그해 5월 무렵, 문우와 함께 서호에 배를 띄우고 소청(小靑)의 묘를 찾았다.

> 을묘 5월 배를 띄워, 오후의 바람을 맞으며 술이 거나하게 되어서는, 그림 배에서 생황을 불고 노래를 하면서 호산(湖山)을 한 바퀴 돌았다. 양야미(梁冶湄)[양윤식(梁允植)] 사군이 방학정(放鶴亭) 가에서 술을 실었다. 그 아우 중계(中溪) 씨[윤전(允栴) 윤진(允秦 윤오(允梧) 가운데 한 사람—역자]가 마침 소청묘를 찾았으나 결국 찾지 못하고, '한참 넋 잃는 곳이 바로 고산이로다(消魂一半是孤山)'라는 구를 가만히 읊었다. 나는 입에 나오는 대로 구를 더하여 시를 이루었다. […] 함께 탁주를 마시고 외치니, 술 자국과 먹물이 거의 적삼의 소매를 적셨다. 취기가 오르자, 처사사(處士祠) 안에서 조금 쉬면서 분운(分韻)을 하여 어가오(漁家傲) 한 곡을 지었다. 이윽고 석양이 산에 드리우고, 사람 그림자가 흩어졌다. 포선(逋仙, 임포)의 신령이 있다면 응당 매처학자(梅妻鶴子)를 불러 소청의 향혼(香魂)을 아지랑이 낀 무덤과 쇠락한 풀덤불 사이에서 동무하게 할 것이다. 양야미(梁冶眉, 양윤식)의 사는 이러하다. […] 양중계(梁中溪)의 사는 이러하다.[…] 나의 사는 이러하다.
>
> 乙卯五月泛舟, 午風酣暢, 畫舫笙歌, 湖山環繞. (梁)冶湄使君, 載酒放鶴亭邊. 其弟中溪子, 偶尋小青墓不得, 微吟'消魂一半是孤山'之句. 余信口足成之云 […]. 相與拍浮叫絶, 酒痕墨瀋, 幾污衫袖. 酒半, 小憩處士祠中, 分韻賦漁家傲一関. 已而夕陽在山, 人影散去. 逋仙有靈, 亦應呼梅妻鶴子, 共伴香魂于墓烟衰草之際也. 冶湄詞云 […]. 中溪詞云 […]. 余詞云.[80]

서구는 양윤식 형제와 함께 소청의 묘를 찾아, 전사(塡詞)하고 창화하기 위한 영감을 구했다. 사화는 사인 사이의 유연·아집·창화·제영 등 일상생활에 빈번하게 끼어드는 문회 활동을 기록했는데, 문사들은 이러한 활동을 통해 긴밀한 문학 집단을 형성했던 것이다.

압했다(p.1119). 合肥 龔中丞은 桐城方太史를 위해 여희를 들이고 催妝詞를 지었다(卷中, p.1122). 梁清標는 文玉이라는 여희를 淮陰侯로 분장하게 한 고사가 있다(卷中, pP.1123-1124). 曹爾堪은 河陽을 위해 기녀 紅兒를 분장하고 詞를 지어 올렸다(卷下, p.1132). "梁清標는 春風에 하늘하늘했다."(《詞話叢編》, 第3冊, p.2113. 이하 이 책에서 인용) "王士禛은 王素를 조문하여 詞를 음률로 읊었다."(p.2118) 吳綺의 안 사람 黃淑人에게는 林下風이 있었다(p.2121). 彭十은 艷情으로 집안 생계를 꾸려나갔다(p.2129). 葉舒崇과 雲兒의 일도 있다(p.2133). 사례를 일일이 거론할 수 없을 정도이다.

80_《詞苑萃編》 卷18 〈紀事〉, 〈西湖唱和詞〉條, 《詞話叢編》 第3冊, p.2138.

이렇게 서구는 제영자들과 여러 층의 관계를 맺고 있었으니, 사제·동학·동료·동향·동호 등을 아울렀다. 이것은 강남 포의, 시사 명가, 한림 문관, 장자 현달 등 겹겹으로 조직된 문학 영결 집단이다. 그들은 자족적 상류층으로 자신들만의 세계를 이루어, 풍부한 지식을 배양하고 미학적 훈도를 입어, 한가하고 조용하게 서적을 열람하기도 하고, 생활이 넉넉하여 늘 서적을 구매할 수도 있었으며, 문학비평을 통하여 문학 사조를 형성할 능력도 지니고 있었다.[81] 강희 연간의 두드러진 문학적 특징 가운데 하나는 이러한 독자군/작자군이 이전보다 더욱 왕성하게 활동하여 갖가지 모습을 여러 다른 텍스트 속에 남겼다는 점이다. 서구는 부단히 확장되어나가는 문학집단 속에서 점차 문학적 명성을 쌓아나갔다.

4) 제영의 목소리

서구는 자신의 초상화를 지니고, 점점 확장되어가는 문학 집단 속에 진입했다. 즉, 그는《풍강어부도제사》1권을 스스로 판각하고 다음 기록을 실었다.

> 나는 지난날 사빈(謝彬)에게 〈풍강어부도〉를 그리게 했는데, 남해 굴대균(屈大均)이 제하길 "꿈속에 봉우리 하나 푸르른 것을 보았으니, 서동정과 흡사했다. 평소 숲 속 집을 사랑하지만, 가을 그림의 병풍을 은장하지 못했다. 백로는 절로 솟구쳤다간 내려앉고, 매화는 어둑어둑한 기운을 돕는다. 그대 집은 어디에 있는가? 손 흔들어 부르는 곳이 홍정이라네"라고 했다. 대개 나의 호가 홍정이므로 그렇게 말한 것이다. 신성(新城) 왕완정(王阮亭)[왕사진]은 "십 년 […]", 시우산(施愚山)[시윤장]은 "가을 구름 […]", 팽선문(彭羨門)[팽손휼]은 "수결(手結) […]", 엄손우(嚴蓀友)[엄승손]는 "슬슬(瑟瑟) […]", 관중(關中) 이구암(李㤿庵)[이염자(李念慈)]은 "휴목(休沐) […]", 우산(虞山) 귀효의(歸孝儀)[귀윤숙(歸允肅)]는 "집이 오강 입택 가에 있으니(家住吳江笠澤邊) […]", 익도(益都) 풍상국(馮相國)[풍보(馮溥)]은 "풍강 […]"이라 하여, 모두 강호의 즐거움을 한껏 일컬었다. 장백

81_문학 엘리트 집단의 특성은《文學社會學》, pp.100-101을 참조.

(長白) 성용약(成容若)[납란성덕]은 나를 위해 〈어부사〉를 지어 "수각(收却) […]"이라 했다. 동인들이 장지화의 〈어부사〉와 함께 나란히 전할 만하다고 했다. 갯가의 잎은 푸르고 바위에는 석류 꽃이 어우러졌다. 그래서 내가 그 뒤에 이런 절구 한 수를 적었다. "몸은 갈매기와 백로를 따라 연파에서 친압했기에, 10리 남호를 노 하나로 지나간다." 장지화가 북을 잘 치고 피리를 잘 불어서 일찍이 어부가를 지었기 때문에 이렇게 말한 것이다.

余舊屬謝彬畫〈楓江漁父圖〉, 南海屈大均題云: "夢里一峰青, 依稀西洞庭. 平生愛林屋, 未得隱秋屏. 白鷺自高下, 梅花相杳冥. 君家在何處, 招手且虹亭." 蓋余號虹亭, 故云. 新城王阮亭先生云: "十載 […]." 施愚山云: "秋雲 […]." 彭羨門云: "手結 […]." 嚴蓀友云: "瑟瑟 […]." 關中李舠庵云: "休沐 […]." 虞山歸孝儀云: "家住吳江笠澤邊 […]." 益都馮相國云: "楓江 […]." 皆能極道江湖之樂. 長白成容若爲余作〈漁父詞〉云: "收却 […]." 同人以爲可與張志和並傳. 浦濱葉蒼巖映榴, 因爲余題一絶於後云: "身隨鷗鷺狎煙波, 十里南湖一棹過. […]." 以志和善擊鼓吹笛, 嘗撰漁歌也.[82]

사실 사로 제영한 사람들은 여기에 그치지 않는다. 인원이 100명에 가까운 사보(詞譜)이다. 서로 다른 문학 세대에 걸쳐 있지만, 그들은 그림으로 스스로를 천거한 서구를 면대하여 관람 심리와 서사 필조에서 세대 차이를 그리 드러내지 않았다. 하지만 많은 제영들이 내용상 차이를 보였다. 이 현상은 주목할 만하다.

(1) 어락(漁樂) 혹은 간알(干謁)

서구가 스스로 적은 제사에서 '강호의 즐거움을 극력 말했다'라고 했듯이, 많은 제영자들은 초상화에 제시된 어락(漁樂)에 주목했다.

○ 짧은 옷에 모자 벗은 맨 머리로 어부나 초동과 친압하며, 손으로 청운을 떨쳐버려 초빙에 응하지 않네. 어린 아이가 새 물이 터져 나온다고 홀연 전하기에, 하채(蝦菜)를 어린 물고기들이 좇아다니는 것을 웃으며 바라본다. 물에 뜬 집(배) 등잔불에는 시내 안개가 얽혀들고, 곳곳마다 가을 바람 속에 낚싯배를 묶어두었다. 취한 후에는 도롱이와 삿갓이 젖는 것

82_徐釚,《南洲草堂詞話》, 卷下,《歷代詞話》, 下冊, 卷下, p.1138. 또한 徐釚,《詞苑叢談》,《詞苑萃編》, 卷18〈紀事〉,〈楓江漁父圖題詞〉條,《詞話叢編》, 第3冊, p.2137. 원문 기록과 거의 같다.

도 모르나니, 여울 가득 백로 내리고 갈대꽃 피어 있는 때로다.

短衣脫帽狎漁樵, 手拂靑雲不聽招. 稚子忽傳新水發, 笑看蝦菜逐魚苗. 浮家燈火雜溪烟, 處處秋風繫釣船. 醉後不知簑笠濕, 滿灘白露荻花天. [양윤식(梁允植), 603]

○ 사빈은 그림에 능하다고 자자하게 일컬어지는데, 너를 단풍과 취죽 사이에 그려두었구나. 오래된 집 서너 서까래에는 저녁노을이 깃들고, 어부가 울려나는 서너 곳에는 졸졸 물소리가 답한다. 옛날 왕유는 의호로 가는 길에 숨었고, 이발은 결국 소실산으로 돌아갔다. 이러한 풍광을 어이 쉽게 얻으랴? 명월 아래 편주를 가벼이 돌리지 말아라.

謝彬籍籍稱能手, 置汝丹楓翠竹間. 老屋數椽棲晩照, 漁歌幾處荅潺湲. 王維舊隱欹湖道, 李渤終歸少室山. 如此風光那易得? 扁舟明月莫輕還. [사중휘(謝重輝), 612]

양윤식과 사중휘는 화면을 근거로 어은한적(漁隱閒適)의 즐거움을 일으켰다. 이 즐거움은 왕유(王維)와 이발(李渤)의 심미 전통과 연결될 수 있다. 모기령(자 大可)도 사를 지어 그림 속 인물의 고기 잡고 독서하는 삶을 묘사했다.

보리선생(육귀몽)은 어디에 있는가? 집이 수홍 정자 가까이 있다네. 새 책의 저술을 끝내고는, 문을 열고 한가히 바라보니, 다만 호수 가득 안개 낀 물만이 보이네.

배의 노를 던져놓고 미침 낚시 밥을 드리우니, 사람들은 말하길, 송릉어사(松陵漁史)라 한다. 양구(羊裘)에게 낚싯대를 어디에 던졌는가 묻는다면, 응당 여뀌꽃 똥섬 속에 던졌다 하리라.

甫里先生何處是? 家住近·垂虹亭子. 著罷新書, 開門閒望, 但見一湖烟水. 放棹偶然垂釣餌, 人道是·松陵漁史. 若問羊裘, 投竿何所, 應在蓼花洲裡. (〈明月棹孤舟〉, 605)

낚싯대를 드리우고, 새 책을 저술하며, 내 낀 물, 여뀌꽃 속에 유유자적하는 송릉어사는 은사 서구의 정신을 그려낸 것이다.

강희 18년에 제영한 육유(陸棻)[83]는 마침 서구가 징소되어 궁궐로 들

83_陸棻의 題詠紀年은 "乙未九月譜〈憶舊遊〉"(610)로 되어 있다. 을미는 순치 12년

어가는 일에 접하여, 〈풍강어부도〉의 어부 화상에서 모기령이 본 이미지와는 전혀 다른 것을 보았다. 그는 서구의 '봄 맑은 날에 말을 타고(春明騎馬)', 홍겨워 하는 표정을 보고 "양구의 객이 되지 않고, 가는 베옷과 짧은 도롱이에 내맡겨, 가부좌하길 유연히 한다. 낚싯대 하나로 위수 계곡에서 그림자를 엿보니, 검은 구레나룻은 엄연히 신선 같았거늘, 하지장의 풍류와 비교하면, 봄 밝은 날 말을 타고 가기를, 마치 배를 타고 가는 듯이 하네(不作羊裘客, 任纖絺矮篛, 趺坐悠然. 一竿渭谿窺影, 黑髩儼神仙. 看賀監風流, 春明騎馬, 只似乘船)"(〈憶舊遊〉, 610)라고 했다.

같은 화폭이지만 이천복(李天馥)은 또 다른 광경을 보고 다음과 같이 사를 적었다.

> 갈대는 소소하게 물 빠지는 어구에 길게 자랐고, 머리 흔들고 떠나, 들판 배를 받아들이기 좋아라. 채색 줄에 아롱 낚싯대, 녹색 도롱이에 푸른 삿갓으로, 마름 옷과 꽃무늬 끈을 너무도 좋아한다.
> 자사는 원래 성주(聖酒)에 탐닉하길 좋아하니, 오인하지 말아라, 연파조수라고. 바야흐로 자라들을 한데 꿸 터라, 번거롭게 독미어를 경계할 것이 무엇 있나? 바로 사륜(낚싯줄)[조칙을 상징함—역자 주]이 손에 있거늘.
> 葭菼蕭蕭長蕩口, 掉頭去·野航恰受. 綵線文竿, 綠簑青笠, 說甚藻衣花綬.
> 刺史原躭中聖酒, 莫認做·烟波釣叟. 方意連鼇, 何煩戒鱮? 正是絲綸在手.
> (〈明月棹孤舟〉, 605)

이천복은 모기령과 같은 곡패(曲牌)를 사용했으나, 그림의 '채색 줄에 아롱 낚싯대, 녹색 도롱이에 푸른 삿갓'의 어부는 이미지가 완전히 달라, '마름 옷과 꽃무늬 끈'을 어부의 삶과는 동떨어져 있다는 증거로 삼았다. 어부는 물고기가 아니라 '자라들을 한데 꿰는 일'에 마음을 두었다. 그렇다면 연파조수는 허구인가? 교래(喬萊)도 이천복과 같은 이미지를 보았다.

(1655), 혹 강희 54년(1715)이다. 전자라면 서구가 19세로 〈楓江漁父圖〉가 아직 그려지지 않은 때이다. 후자라면 서구는 이미 죽은 지 6년이었다. 그러므로 '乙未'는 '己未'의 오식으로 여겨지는데, 己未는 강희 18년(1679)이다.

> 한가운데 고깃배에 낚시하는 사람이 있어, 풍성한 외모는 양구의 객과는 같지 않네. 도롱이 삿갓은 둥글고 푸르고 월나라 베로 만든 옷을 입었으니, 번개 빛이 번쩍이듯 두 눈동자가 빛을 낸다. 갈고리가 곧으니 어디 뜻이 물고기에 있으랴? 길게 읊으며 한 쌍의 흰 갈매기를 대하듯 사랑한다. 우연히 강호에서 산인(散人)이라 일컫지만, 흉중에는 원래 시절을 구할 계책이 있도다. 최근에 천자가 현량의 신하를 구하시니, 낚싯대를 챙겨서 징소에 응하리라. 적막한 강가에 옛 낚싯배만 남았고, 흰눈 같은 물결이 공중에 뒤집어져 높이 떴다가는 강물을 때리누나.
>
> 中有漁舟把釣人, 丰標不似羊裘客. 篛笠團青越布衣, 電光閃爍雙瞳射. 鉤直何曾意在魚? 長吟愛對雙鷗白. 偶向江湖號散人, 胸中原有匡時策. 比來天子求賢良, 收拾綸竿應徵辟. 寂寞江干舊釣舟, 雪浪翻空自浮拍.
> (606-607)

그림 속 인물은 두 눈이 번득여서, 양구(羊裘)를 걸치고 낚시하는 은둔의 객과는 다르다. 곧은 낚시 바늘의 낚싯대를 들고 있어, 마음은 물고기에 있지 않다. 다만 우연히 시적 상상을 일으킬 따름이다. 흉중에는 시절을 구할 방책이 가득했기에, 한 번 천자가 부르자 곧장 낚시를 거두고 징소에 응했으므로, 강가는 적막하고 물결만 허공을 때린다.

조정의 학자 서건학(徐乾學)의 제영은 아주 흥미롭다.

> 우리 종씨의 재주 있는 이는 풍류가 많아서, 호산을 실컷 보고 자유롭게 노니누나. 가랑비와 비껴 부는 바람 맞으며 푸른 대껍질로 만든 삿갓을 쓰고 있으니, 그림은 흥을 창주에 붙여둔 모습을 그렸구나.
>
> 吾宗才子最風流, 覽勝湖山汗漫遊. 細雨斜風青箬笠, 畫圖託興在滄洲.

> 물밀듯이 사인들이 옥경으로 올라가서, 한나라 공경이 상소문을 봉해 올리길 실북처럼 하는구나. 군의 재주로 어찌 낚싯줄이나 드리우랴? 북해[후한의 북해태수 공융(孔融)]에선 방금 예형을 추천했다는군.
>
> 袞袞詞人上玉京, 封章如織漢公卿. 君才那許垂綸釣? 北海今方薦禰衡.
> (591-592)

서건학에 따르면, 서구는 풍류 재자로서 호산을 만유하는 우아한 취미가 있어, 홍이 일자 창주어부도(滄州漁父圖)를 제작했다. 하지만 당시는 양청표 등 여러 공들이 한껏 인재를 천거하는 때이니, 지금이 어찌 어은의 시기이겠는가? 박학홍사과에 합격하자마자 다른 인재들과 함께 한껏 재능을 발휘하여 공경의 숲으로 도약할 참이거늘, 금상이 어찌 어은을 허용하겠는가? 그 시는 이렇게 이어진다.

> 수유꽃 핀 물굽이에서 별안간 기성랑[서구를 진(晉)의 산기상시(散騎常侍) 반악(潘岳)에 견준 말]을 만나니, 비 때리는 창 아래서 서권을 펴고는 제목 찾기에 바쁘다. 흰 관을 쓴 이래로[상기(喪期)에 있은 이래로] 성운을 오랫동안 폐했으나, 특별히 새 시를 적어서 처음 벼슬길 떠나는 행장을 갖추라고 권하노라.
> 瞥遇萸灣騎省郎, 雨窓攤卷索題忙. 素冠久廢拈聲韻, 特寫新詩勸俶裝. (592)

작자가 흥에 들떠 화권을 펼쳐 시제를 구하는 것을 보고, 자신은 오랫동안 성운을 폐기했지만 이제 성운을 구해 새 시를 쓴다고 겸손해했다. 서건학은 역사학자인데, 관직이 높았다.[84] 왕무린은 일찍이 서건학의 천거를 받아 응시할 수 있었다.[85] 서건학은 서구가 시제를 구하자 시를 지어 보내, 상주의 재주가 여덟 말이라고 추허했으니, 서구가 자천한 뜻에 부합한다.

진희(陳僖)는 한 수의《시경》집구시로 어락과 간알의 문제를 다루었다.

> 황하 물은 넘실넘실, 긴 갈대는 푸르다. 수영을 하고 헤엄을 쳐서, 물 저쪽에 있도다. 시냇가에 한가롭게 거처하니, 아름다운 소문과 아름다운 명성이 퍼지도다. 네 얼굴을 온화하게 가지매, 영광스럽고 빛나도다. 손짓하며 부르는 뱃사공이여, 나에게 큰 길을 보여다오.
> 河水洋洋, 蒹葭蒼蒼. 泳之游之, 在水一方. 考槃在澗, 令聞令望. 輯柔爾顔, 爲龍爲光. 招招舟子, 示我周行. [진희(陳僖), 607]

84_徐乾學(1631-1694)의 字는 原一, 號는 健庵, 江蘇 昆山(지금 昆山) 사람. 청나라의 관리를 지냈고, 학자이자 사학가이다.

85_汪懋麟의 字는 季角, 號는 蛟門, 淸나라 江蘇 江都 사람. 명나라 崇禎 13년 생이고, 청나라 강희 27년 졸이다.강희 6년의 진사로 內閣中書를 제수받았다. 徐乾學의 추천으로 刑事主事로서 史館에 들어가 纂修官에 충당되어 함께《明史》를 편수했다.

진희가 시편을 인용한 뜻을 분명하게 하기 위해, 인용된 단구의 시를 원래의《시경》속에 위치시켜 살펴보기로 한다. 첫구는 "황하물은 넘실넘실 북쪽으로 콸콸 흘러간다(河水洋洋, 北流活活)"(위풍 〈석인〉)를 인용하여, 풍강에 물이 콸콸 흐르는 수국의 풍광을 묘사했다. 다음 구는 "긴 갈대 푸른데, 흰 이슬이 서리가 되었네(蒹葭蒼蒼, 白露爲霜)"(진풍 〈겸가〉)를 인용하여, 갈대의 경치로 〈어부도〉의 계절이 가을임을 밝혔다. 다음 구는 "깊은 곳에 나아갈 때는 뗏목을 타고 배를 타며, 얕은 곳에 나아갈 때는 수영을 하고 헤엄을 쳤노라(就其深矣, 方之舟之. 就其淺矣, 泳之游之)"(패풍 〈곡풍〉)를 인용하여, 강을 건너는 일로 상주의 출처(出處)를 암암리에 비유했다. 다음 구는 "이른바 저 사람이 물 저편에 있도다(所謂伊人, 在水一方)"(진풍 〈겸가〉)를 인용하여 상주의 흠모하는 뜻을 표명했다. 다음은 "산골 시냇가에서 한가히 소요하나니, 현인의 마음이 넉넉하도다(考槃在澗, 碩人之寬)"(위풍 〈고반〉)와 "규와 같고 장과 같아라. 아름다운 명망이 있는지라(如圭如璋, 令聞令望)"(대아 〈권아〉)의 뜻을 각각 인용하여, 상주가 시냇가에 집을 지어 은거하는 데서 즐거움을 느끼고 있으며, 그로써 아름다운 명성을 얻었다고 노래했다. 다음은 "네가 군자를 벗하는 것을 보니 네 얼굴을 온화하게 가지누나(視爾友君子, 輯柔爾顔)"(대아 〈억〉)를 인용하여, 상주의 교유가 넓어 인간관계가 원만함을 말했다. 다음 구는 "이미 군자를 만나보니, 영광스럽고도 빛나도다(旣見君子, 爲龍爲光)"(소아 〈육아〉)를 인용하여, 다시 서구를 칭송했다. 다음 구는 "손짓하며 부르는 뱃사공이여, 남들은 건너도 나는 건너지 않노라(招招舟子, 人涉卬否)"(패풍 〈포유고엽〉)를 인용하여, 뱃사공이 불러 강을 건너는 정경으로 발문하고, 마지막 구에서 "나를 좋아하는 사람은, 나에게 큰 길을 보여줄지어다(人之好我, 示我周行)"(소아 〈녹명〉)를 인용하여 서구가 이미 드넓은 길을 나아가기 시작했다고 암시했다. 진희는 전체 시를《시경》의 시구들로 조합하여 함축의 뜻을 풍부하게 했다. 특히 국풍에서 산수경치를 묘사한 멋진 시구를 가져다가 단풍 물든 강의 가을 빛 감도는 아름다운 경치에 부응시키면서, 소아·대아에서 '아름다운 명망이 있는지라'나 '영광스럽고도 빛나도다'와 같이 현자를 구하는 시의를 기탁시켜 상주 서구를 찬양했다. 전체 시는 출사/은둔의 민감한 갈등심리를 정면으로 다루어, 마지막 두 구 "손짓하며 부르는 뱃사공이여, 나에게 큰 길을 보여다오"에서, 어부와 목동이 되어 숨어 지내는 현자이지만 '종남산에 은둔하는 것이야말로 벼슬에 나아가는 지름길'이라는 깊은 뜻을 에둘러서 전달했다.

심고일(沈皡日)과 이인독(李因篤)은 그림 속 인물이 낚싯줄을 손에 쥐고 있는 모습을 두고, 그것이 고명한 사람의 간알의 도리라고 드러내놓고 찬미했다.

○ 금마문을 출입한 이후로는, 옛날의 도롱이와 삿갓을 버려두고, 가을날 강물과 하늘이 일색인 풍광을 생각하지 말고, 낚싯대를 버려두고 붓을 들어라.

自向金門出入, 閒了舊時蓑笠, 莫憶水天秋一色, 抛竿還載筆.
[심고일(沈皡日), 〈알금문(謁金門)〉, 610]

○ 초부가 홀연 계문(북경 서쪽 문)의 먼지를 밟아, 어부를 태액지 가에서 상봉하네. 한 질의 구름 노을이 작은 초상화를 따르니, 오호의 안개와 비를 이웃하던 일이 생각나누나. 저녁 산에 사슴들은 헛되이 이르러 온다만, 봄물의 어룡을 어이 쉽게 길들이랴?

樵夫忽踏薊門塵, 漁父相逢太液濱. 一帙雲霞隨小像, 五湖煙雨憶比鄰. 暮山麋鹿徒空到, 春水魚龍豈易馴?
[이인독(李因篤), 609]

심고일과 이인독은 상주의 일을 상상했다. 일단 금마문을 지나 금난전에 들어가서는, 일군의 어부들과 태액지에서 만나, 지난날의 삿갓과 낚싯대는 던져버리고 한가히 어촌의 풍광을 추억했을 것이라고 했다.

고건(高騫)의 제사(題詞)도 운치가 있다.

10리 푸른 숲에 얼큰하게 취해 있는데, 한바탕 가을빛이 고요하고, 강물은 거울을 새로 간 듯하다. 사람의 정을 묶어두는 곳이 대체로 여기로다. 한 다발 비단을 잘라서, 내낀 물결을 작게 점철하였네. 나도 두 번 지나쳤지. 반길이 낚싯대로 마름 덮인 나루, 지난 그 일이 기억나네. 조정 관료의 적삼을 과연 선뜻 가벼운 도롱이로 바꾸랴, 거듭 배를 저어가서, 마주하여 맑은 노래를 부르노라.

> 十里青林半欲酡. 一奩秋色靜, 鏡新磨. 繫人情處此中多. 裁束絹, 點綴小煙波. 我亦兩番過. 半竿菱葉渡, 記曾拖. 朝衫果肯換輕蓑, 重移艇, 相向發淸歌. [〈소중산(小重山)〉, 614]

강남의 연파 깊은 곳에 숨어 있는 그림 속 인물은 세간을 잘 알고 있는 그림 밖 제영자와 긴밀히 연결된다. 상주 서구는 숨을 것인가 벼슬할 것인가? 고건은 "조정 관료의 적삼을 과연 선뜻 가벼운 도롱이로 바꾸랴?"라고 의문을 제기하여, 과객의 어조로 출사/은둔의 심리적 갈등을 곧바로 지적했다.

(2) 도명(逃名) 혹은 전명(傳名)

어부로서의 모습을 남에게 보임으로써 내심 어떤 심경을 전달하려고 한 것일까? 회화의 관람자는 이를 근거로 질문을 던진다. 강애(江闓)는 이렇게 적었다.

> 연파를 내왕한 것은 물고기 때문이 아니니, 물고기를 잡는 것이 어이 서적을 저당잡히는 것만 하랴? 나도 낚싯줄을 드리우되 갈고리는 아주 곧았으니, 몇 번이나 물고기를 낚으려다 성취하지 못했던가?
> 來往煙波不爲魚, 得魚何如更換書? 我亦垂綸鉤太直, 幾番把釣魚不得?
>
> 부러워라, 그대가 오호 부근에 거주하여, 일흔두 봉우리가 사방에 매달린 풍경을 보는 것이. 배에 거처하든 육지에 거처하든 어느 때나 유유자적하다만, 이름으로부터 도망하려다가 이름이 되려 전할까 걱정이로다.
> 羨君家住五湖邊, 七十二峰四面懸. 舟居陸居總自適, 只恐逃名名却傳. (591)

낚싯바늘을 곧게 펴서 어떻게 물고기를 낚겠는가? 서구가 어부의 형상을 택하여 자신을 가탁한 것은 사람들로 하여금 선망하게 만들려고 그런 것이다. 강개는 그림 속 인물이 어부라는 제제를 택하여 몸을 숨기고 이름에서 도망했으면서 도리어 사방에서 제영을 구하여 몸을 드러내고 이름을 전하려고 하는 모순성을 지적하고, 배 안의 어부는 결국 이름에서 벗어나려 하는가 이름을 전하려 하는가 물었다. 덮으려고 할수록 더 드러날 뿐이다. 정수(程邃)도 "이름이 중한 것도 이름에서 도망하는 것도 낚싯대 잡음에 있네(名重逃名把釣竿)"(600)라고, 마찬가지로 의혹을 품었다. 엄승손도 "재주 있다는 명성이 이미 구중궁궐에 들렸거늘, 어찌 한가한 몸을 강물과 구름에 붙일 것인가?(才名已是九重聞, 豈有閒身屬水雲?)"(608)라고 의문을 표시했다. 이들은 모두 서구가 어은과 출사 사이에서 모순적인 사유를 하고 있다고 지적했다.

손지울은 서구가 은둔에서 출사의 길로 들어간 사실을 미화했다.

> (하편) 강호에서 세상을 피하는 것은 부득이해서이니, 방패와 창으로 쟁투함이 어느 때에야 그치랴? 옥황을 낚아[주나라 태공망이 반계(磻溪)에서 반원형 벽(璧)을 낚아올린 고사에서 조정 신하가 된 것을 뜻함—역자] 마음이 절로 기쁘구나, 시절이 이르렀으니, 낚싯대를 버리고 일찌감치 창생을 위해 일어나자.
>
> (下片) 辟世江湖非得已, 干戈爭鬪何時止? 釣得玉璜心自喜, 時至矣, 擲竿蚤爲蒼生起. (〈漁家傲〉, 593)

그림 속 인물은 전쟁이 그치지 않아 강호로 피신했으나 결국 옥황을 낚았으며, 시기가 이미 이르렀으므로 창생을 위해 복무하고자 한다고 했다. 이 사는 은둔을 출사의 전환점으로 보는 의미를 담았다. 손지울은 서구와 친하여, 서구가 벼슬을 구해온 지난날을 잘 알았을 것이고, 서구의 어부 분장에 대해 칭송하는 듯 폄하하는 듯, 출사와 은둔 사이에서 결정을 내리지 못하는 모순 심리를 폭로했다. 사실, 많은 시인들이 서구가 출사/은둔의 갈림길에서 지녔던 복합 심리를 헤아리려고 했다. 양패란은 다음과 같이 말했다.

> 동정호의 꾀꼬리 목소리처럼 소리내는 호숫물에서 호탕하게 노닐며, 물결을 가로지르며 두 상앗대로 잠자리 같은 배를 저어간다. 산호로 만든 낚싯대를 손에 쥐고, 물속에 드리려 하다가 그만두니 마음이 유유하다. 어옹이 물고기 낚는 뜻이 심원하니, 낚싯줄이 긴지 짧은지는 따지지 말라. 물고기 머리는 빽빽이 많고 물고기 꼬리는 모여들어 있어, 쟁반에 오른 생선회에 향설이 가득하다. 바람과 우레가 홀연 일어나 천지에 봄이 오니, 큰 물고기가 지느러미를 펼치고 금빛 비늘을 열어젖힌다. 그대는 보지 못했나, 어옹

> 이 용지연 나루에서 낚시하는 것을?
> 洞庭鶯脰浩蕩遊, 劃波兩槳蜻蜓舟. 珊瑚釣竿執在手, 欲下不下心悠悠. 漁翁取魚之志遠, 不論釣絲長與短. 魚頭戢戢魚尾纂, 登盤縷鱠香雪滿. 風雷忽起天地春, 巨魚張鬣開金鱗. 君不見, 漁翁釣向龍池津? (599-600)

어옹이 손에 낚시를 쥐고 드리울까 그만둘까 주저주저하는 것은 고기를 낚는 뜻이 고기에게 있지 않기 때문이다. 낚싯줄이 길든 짧든 응당 낚싯줄을 드리울 나루를 신중히 골라야 할 것 아니겠는가? 바람과 우레가 불어 봄이 돌아오자, 서구는 마침내 용지진(龍池津)에서 지느러미를 펼친 금비늘의 큰 물고기를 낚았다(천거에 들어 시험에 합격하여 한림에 들어간 사실을 암시한다). 조이해는 "연파의 한 낚시꾼이었던 것이 우스워라, 20년의 자취를 부들에 기탁했다니. 어찌 알았으랴 조칙 기초하는 금문객이면서, 풍강어부도를 만들 줄을?(自笑烟波一釣徒, 廿年踪跡寄菰蒲. 那知視草金門客, 也作楓江漁父圖?)"(588)이라 했다. 조이해는 어은도와 서구의 구직 경력을 대조시켜, 당시 이미 금문객이 되어 있거늘 〈풍강어부도〉를 그린 것은 아주 적절하지 않다는 조소의 뉘앙스를 풍겼다. 지위가 높았던 조용(曹溶)도 이렇게 말했다.

> 향기 가득한 옥전(궁중)에서 군주의 노래에 맞춰 갱가[갱재(賡載)]하기 좋으니, 내게 오송에서 만 이랑 물결을 양보하시게나. 다른 날 낚시하며 옛 일을 모방하려 한다면, 봄 깊은 태액지에서 한들 또 어떠리?
> 含香玉殿好賡歌, 讓我吳淞萬頃波. 他日釣魚修故事, 春深太液又如何?

> 양구(羊裘)의 인물은 동량재이니, 청운 위로 솟고 장수대에 오르는 일을 초개같이 보았네. 만약 마는 일과 펴는 일이 내 손에 달렸다면, 객성(엄릉)은 응당 역사가가 시기한다고 웃으리라.
> 羊裘的是棟樑才, 芥視凌雲上將臺. 若使卷舒都在手, 客星應笑史臣猜. (603)

그림 속 인물은 문학적 재능을 지녀 강호에 소요할 수도 있고 동량의 재능을 지녀 청운 위로 솟아 장수대에 오를 수도 있으니, 결국 어떻게 출처를 할 것인가? 낚싯대를 쥔 것은 권(卷)인가 서(舒)인가? 역사가에게 의심하게 만들 뿐이다.

문인들이 서구의 초상화를 대할 때 우선 시야에 들어온 것은 아지랑이와 여뀌에 둘러싸인 어부의 도상이었다. 이로써 문인들은 어은 전통의 기대수준(horizon of expectation)과 연계시켜 그 화면이 어부도이길 더욱 요구했다. 다른 한편으로는 서구의 지향과 영욕 등 개인사에 대해 추측을 해나가서, 서구가 어떤 교유를 했는가, 어느 때 발신했는가, 정치상의 처지는 어떠했는가? 물었다. 피와 살의 서구가 '눈앞에 현신하여' 선명하게 화상으로부터 튀어나온다. 하지만 기대수준의 어은 서구는 '현신'의 출사자 서구와 낙차를 낳는다. 제영자들은 이로써 출사/은둔의 복합심리에 빠져든다. 홍기(洪基)는 "푸른 물이 반짝이는 곳에 낚싯대를 쥐고 있으나, 미역 감는 갈매기와 날아가는 해오라기를 등한시한다. 모르겠네 태액지의 봄 물결 푸른 광경이, 추운 강 가을 잎 붉은 풍광과 어떠한지?(碧水鱗鱗把釣竿, 浴鷗飛鷺等閒看. 不知太液春波綠, 何似寒江秋葉丹?)"(595)라고 했다. 어은의 '붉은 가을 잎'과 출사의 '푸른 봄 물결'을 대조하여 어느 것이 나은가 물은 것이다.

강남 장주(長洲)의 우통[86]은 서구의 화상을 마주하여 출사와 은둔을 대조시키고, 현달하는 것과 자취를 감추는 것에 대한 생각을 제시했다.

> 집이 오강의 아지랑이 끼고 비 내리는 물가에 있어, 녹색 도롱이와 푸른 대삿갓으로 낚싯줄 드리우기 편하다. 유희가 우연히 호복(濠濮)의 놀이[장자와 혜자가 호복에 노닐며 물고기의 즐거움에 대해 논한 고사에서 따온 말—역자]와 같구나. 화권을 펼치니, 완연히 한 폭의 현진자(장지화) 전기로다.
> 밝은 달로 갈고리를 삼고 무지개를 줄로 삼아, 비단 비늘 고기를 죄다 잡으니 신령한 자라가 나타나누나. 〈능운부(凌雲賦)〉를 짓자 대사마가 천거했지[한나라 사마상여가 〈대인부(大人賦)〉를 지어올리자, 무제가 능운의 기세가 있다고 칭찬한 고사—역자]. 그대는 보지 못했나, 어옹이 지금 궁궐의 금난전에 오른 것을.
> 家在吳江煙雨畔, 綠簑青箬垂綸便. 游戲偶同濠濮玩. 披其卷, 宛然一幅玄

86_尤侗(1618-1704)의 字는 同人, 다른 字는 展成, 號는 悔庵, 晩號는 艮齋, 또 다른 호는 西堂老人이며, 청나라 江蘇 長洲 사람이다. 康熙 18년 박학홍사과에 합격하고 翰林院檢討를 제수받아,《明史》수찬을 분담했다. 3년 뒤 그만두자, 聖祖가 御書로 鶴棲堂 匾額을 주었다. 뒤에 또 御書 한 폭을 주었다. 詩詞와 古文에 뛰어났고, 시를 많이 남겼으며, 曲에 뛰어났다. 尤侗의 일생과 저술은《淸詞史》, pp.40-42 참조.

> 眞傳.
> 明月爲鉤虹蜺線, 錦鱗釣盡靈鰲現. 作賦凌雲司馬薦. 君不見, 漁翁今上金鑾殿. (〈漁家傲〉, 604)

상단과 하단은 간결한 언어로 단형의 전기를 엮어내어, 서구의 발신 과정을 해설했다. 일찍이 서구가 강남에서 도롱이 삿갓 차림으로 낚시하던 일은 호복 놀이라 하겠는데, 서구는 이것을 인생 화권의 저본으로 삼아서 자기를 그 시대의 현진자(장지화)로 소조했다. 그러나 밝은 달을 갈고리로 삼고 무지개를 줄로 삼아 비단 비늘 고기를 죄다 낚은 후 신령한 자라를 낚으리란 생각을 했다고 본다면, 그림의 어부가 낚시하는 모습은 분명히 벼슬을 추구하는 일을 상징한다. 서구는 과연 대사마 양청표의 천거로, 어옹에서 금란전으로 뛰어올랐다. 우통도 강희 18년에 징소되어 박학홍사과에 합격하여 함께 한림검토의 직을 제수받았다. 진유숭과 창화했던 한 시대의 재자인 우통은, 순치 · 강희 두 조정을 거치면서 교유 범위를 넓혀 나갔는데, 자신의 저작 속에 자신이 당시의 사인들을 위해 제작한, 지나친 칭예에 응수한 대량의 서사(序辭)들을 수록해두었다. 서구보다 18세 많아 60세에 이른 이 동료 우통은, 〈풍강어부도〉가 완성된 4년 후 그림을 보고서, 한눈에 서구의 의도를 꿰뚫어보고는 위와 같이 제영한 것이다.

스스로 호를 풍강어부라고 했던 서구, 벼슬에 적극 나아가려 했던 한림문관 서구, 취향이 완전히 다른 두 형상은 서로 모순되는 듯하면서도 서로를 보완한다. 서구는 강희 6년(1667) 32세 이후 10여 년간 서울에서 바쁘게 지내며, 문예상의 두 중요한 상품을 만들어내었다. 하나는 강희 11년(1672) 37세에 편찬한 《본사시》로, 조정 대신을 포함한 문사들의 시편을 수집하여, 열렬한 반향을 얻었다. 서구는 《본사시》를 통해 저명한 사가들과 우의를 유지하여, 그중 28명이 뒷날 서구 화상의 제영자가 되었다.

또 다른 문예 상품은 그 3년 후 강희 14년(1675) 40세에 완성한 〈풍강어부도〉이다. 서구는 이 그림을 지니고 다니다가 만나는 사람마다 제영을 구하여, 스스로를 천거했다. 제영의 대열에 부단히 추가된 문인들은, 각 개인의 관점에서는 화상 관람에서 얻은 자기의 감상을 표현했지만,

집단의 관점에서 보면 각 제영마다 집단의 동질성과 구심력을 강화했다. 서구는 이를 통해 개인의 형상과 명성을 높여갔다.

5) 인생 역변

(1) 자아의 부연 서술

서구는 52세에《청문집(靑門集)》을 편찬하고, 그 〈소서〉에 자기 인생의 중대한 전환 사실을 기록해 두었다.

> 나는 병인 4월 병석에서 일어나 관직에 보임되어 선무문(宣武門) 밖에 집을 빌렸고, 반년도 안 되어 좌천되었다. 당시 식솔이 많아서 남행에 동행할 수 없었고, 엄동을 보내고 수십 일을 넘긴 후 다음 해 2월 비로소 돌아가는 배를 샀다. 혹은 백낙천(백거이)과 소자첨(소식)의 처지로 위로하는 자도 있으나, 나는 스스로를 불민한 자라 여겨 사양했다. 같은 조정의 여러 공경들도 모두 시를 지어 전송했다. 마침내 차례를 살펴 권질을 이루고《청문집》이라고 제목을 붙였다. 강희 정묘 상사일, 홍정 서구가 노하(潞河)의 배 안에서 쓰다.
>
> 余於丙寅四月病起補官, 僦屋宣武門外, 居未半載, 蒙恩左遷. 時以眷口累重, 不能從陸南行, 守凍復踰數旬, 明年二月始買歸棹. 或有以樂天 · 子瞻相慰勞者, 余謝不敏. 同朝諸公卿咸賦詩相送, 遂詮次成帙, 題曰: 靑門集云. 康熙丁卯上巳虹亭徐釚書於潞河舟次.[87]

문학의 시종관으로서 지위가 대단히 높았지만, 서구는 고작 4년의 짧은 관직 생활을 보내고, 강희 22년 계해(1683)에 병으로 귀향을 선언했다. 3년 후 강희 25년 병인(1686) 4월, 51세의 서구는 병이 낫자 관직에 보임되었다가는 곧 좌천되었다. 다음 해 정묘(1687) 2월, 비로소 배를 사서 남쪽으로 돌아갔다. 강희 을해에 이루어진 국장 각본 수록의《청문집》제목 아래 '이르러 오는 대로 손수 기록한다(隨到手錄)'라고 주석을

87_徐釚,《靑門集》卷前小序.《靑門集》菊莊刻本은 현재 浙江圖書館 孤山分館에 소장되어 있다.

했으니, 원고가 오면 차례대로 배열했을 가능성이 있다. 가장 끝 교래(喬萊)의 작품이 가장 마지막에 온 원고였을 것이다. 이 시의 끝에는 교래가 작은 글씨로 "정묘 3월 전발(電發, 서구) 연형이 배로 정가(鄭家)에 들렀기에, 우거하는 집에서 날마다 작은 연회를 열고 아울러 전별의 뜻을 적는다"라고 했다. 교래의 글은 서구가 위에서 정묘(1687) 상사일(3월 3일) 귀향하는 배 안에서 지었다고 했던 서문의 시간 및 지점과 매우 가깝다. 이로 보면, 이때에 이르러 《청문집》의 원고가 완성된 듯하다. 그렇다면 강희 병인(1686) 4월 "병석에서 일어나 관직에 보임되었다가 좌천되었다"로 시작하여, 다음 해 정묘(1687) 3월에 원고를 모두 정리하고 소서를 귀향의 배 안에서 작성하기까지, 전후 1년에 불과하다. 77명의 문사들이 분분하게 보낸 시는 100여 편에 이르렀으니, 그 문학 진용이 성대하지 않았다고 말할 수 없을 것이다.

《청문집》의 77명을 〈풍강어부도〉의 제영자와 비교해보면, 중복자는 겨우 20여 명이다. 편찬 체제는 흥미롭다. 서구는 시를 준 사람의 이름 아래 자호와 관적을 표시하고, 특별히 관함을 주기했다. 양청표의 경우 "창암(蒼巖) 진정인(眞定人) 호부상서 관병부상서사(戶部尙書管兵部尙書事)"라 했고, 전문의 경우 "윤하(綸霞) 제남인(濟南人) 홍로시정경(鴻臚寺正卿)"이라 했으며, 팽손휼의 경우 "선문(羨門) 해염인(海鹽人) 우춘방우서자장방사(右春坊右庶子掌坊事)"라고 했다. 77명의 문사는 청일색(淸一色, 성분과 특색이 하나임)으로 모두 관직을 가지고 있고, 그 관함으로 볼 때 대부분 서구가 한림원에 있을 때의 동료임을 알 수 있다. 그러므로 《청문집》이라고 했다. 서구는 벼슬길이 순탄치 못했으나, 조정의 공경들이 지어 보내준 시들로 《청문집》 한 권을 엮어 스스로를 위로할 수 있었다. 좌천되어 귀향하는 1년간, 조정의 여러 관료들이 따스하게 시를 보내자 서구는 자기의 서울 벼슬 생활을 빛내는 기념품으로 삼았다.

서울 벼슬의 꿈이 사라진 서구에 대하여 문우들의 반응은 어떠했는가? 탕빈(湯斌, 1627-1687)의 〈청문집서〉는 이러하다.

> 서전발(서구) 군은 징소되어 금원(궁궐)의 관리가 되었는데, 문장과 시부는 백향산(백거이)과 부옹(涪翁, 황정견)의 사이에 있었다. […] 다시 관직

> 에 임명된 지 한 달도 되지 않아서 갑자기 좌천되어 떠나게 되니, 조정 사대부들이 대부분 크게 한숨 쉬며 시를 지어 전송했다. […] 군의 재주로 보면 관직이 높은지 낮은지는 따질 것이 못 된다. 오중의 산수는 맑고 고와서 은둔한 군자가 많으므로, 군이 가서 그들과 함께 노닐며 성명(性命)의 은미한 도를 구명하고 염락(濂洛)[염락관민지학(濂洛關閩之學)의 준말—역자]의 뜻을 탐색하면, 필시 번화함을 거두고 실질로 나아가 초연히 자득하여 도덕의 지고한 상태로 곧 돌아갈 날이 있을 것이다. 어찌 문사만을 장점으로 삼겠는가? […] 군은 당시에 뜻을 얻지 못했지만 후대에 필시 명성이 있을 것이다. 군은 힘쓰기 바란다.
>
> 徐君電發以徵辟官禁苑, 文章詩賦在香山·涪翁之間. […] 還署未匝月, 遽謫官而去, 同朝士大夫多太息賦詩以贈其行. […] 如君之才, 固不以官之崇卑論也. 吳中山水清妍多隱君子, 君往從之, 相與究性命之微, 探濂洛之旨, 必將斂華就實, 超然自得, 道德之歸有日矣. 豈止以文辭擅長乎? […] 君不得志於時矣, 必有聞於後. 君其勉之.[88]

탕빈이 서문에서 위로하고자 한 것은 삶의 정점에서 돌연 미끄러져 좌절한 영혼이다. 탕빈은 그에게 문학의 여가에 성명(性命)의 학문(성리학)을 탐구하여 인생을 편안히 지내도록 권했다. 양청표도 마찬가지로 위로의 어조로 이렇게 권했다.

> 좌천되는 객이 봄 돛배로 석거각을 떠나매, 교우들이 손을 잡아 거듭 주저한다만, 떠나는 지기 한 사람은 유감이 없어서, 십묘의 땅에서 스스로 밭 갈며 복거를 잘 하리라. 몸 밖의 빈 주머니에는 시구가 가득하고, 난간에서 싸우는 오리들과 어울려 세간 인연이 성글리라. 못자리에서는 도화 보던 일 더욱 생각나고, 고향 상자(뽕나무와 산뽕나무)의 짙은 그늘에서 저서를 하겠지.
>
> 遷客春帆謝石渠, 故交執手重踟躇. 一人知己曾無憾, 十畝躬耕好卜居. 身外空囊詩句滿, 闌邊鬭鴨世緣疎. 水苗猶憶看圖畫, 桑柘陰陰且著書.[89]

한 무리의 친구들과 일일이 악수하고 헤어졌으므로, 홀로 남쪽으로 돌아가는 이 지기에게는 아무 여한이 없을 것이다. 강남의 수국으로 돌아

88_湯斌, 〈靑門集序〉, 《靑門集》 卷前.
89_《靑門集》, p.1a-1b.

가, 십묘의 밭을 몸소 갈며 저술하면서 은둔할 수 있으리라고 위로했다.

서구는 자기의 이 인생 사건을 어떻게 여겼는가? 시간이 모든 것을 씻겨주고 귀향 8년 후, 60세의 서구는 자기를 위해 자전 〈풍강어부전〉을 지었다. 자기 삶을 베껴내는 일은 아주 어려운 일이다. 자전은 사실을 기록하기도 하지만, 인물의 내면 진실을 드러내기도 한다. 이 상황은 전주(傳主, 자서전의 주인공)로 하여금, 남이 경멸할 일이라도 이야기하여 귓부리에 독자의 찬미가 들리기를 희망하게 만든다. 서구의 자전은 처음 시작부터 마지막까지 자신이 벼슬길에 들어선 이후의 발신 과정을 기술했다. 조숙했음을 자부하는 것에서부터 군은을 입은 영광에 이르기까지의 이력을 기록한 것을 보면, 작자의 필치가 자긍의 색채를 띠고 있음을 면할 수 없다. 그런데 서구는 특별히 자기 인생의 전환점에 주목했다.

> 관직을 맡은 지 4년, 병으로 귀향을 할 것을 고하여 남해에서 약초를 캐겠다고 했다. 병이 나아 관직에 보임되어 관서로 돌아갔으나, 서너 달이 되지 않아 갑자기 좌천되어 관직에서 떠났다. 조정의 사대부들은 왕원지[왕우칭(王禹偁)]가 소자첨(소식)을 위로했던 일을 들어 위로했다. 어부는 불민하다며 사양하고, 마침내 조정 신료의 적삼을 벗고 광주리를 메고 수홍 정자(垂虹亭子)의 곁에서 소요하면서 일생을 마쳤다.
>
> 任館職四年, 因病請告歸, 而采藥南海. 病愈補官還署, 未數月遽左遷而去. 同朝士大夫, 有以王元之·蘇子瞻相慰勞者. 漁父謝不敏, 遂脫朝衫, 擕笭箵, 徜徉終老於垂虹亭子之側. (617)

이 단락에서 서구는 박학홍사과에 합격한 이후의 생애를 재차 기록하며, 8년 전 벼슬길에서의 좌절을, 타인의 시선에서 보면 자신의 높은 재주를 자긍하는 일로 뒤바꾸었다. 그로서는 퇴은의 선택이 일종의 자고(自高) 형식이었다. 자전은 마지막 단락에 어부의 문답을 안배했다.

> 이보다 앞서 어부는 나이 40세에, 전당 사빈(謝彬)에게 〈수간도(垂竿圖)〉를 그려달라 부탁하고는 그 김에 풍강어부라고 자호했다. 어떤 객이 이것을 규탄하여, "그대는 어부라고 호했으므로, 강호의 본성을 알 것이거늘, 영주(瀛洲)를 거치자마자[등영주(登瀛洲), 즉 조관이 됨을 말함—역자] 거의 전복되어 익사할 뻔했소. 지금 다행히 귀향할 수 있게 되어, 배를 끌고 가

> 서 집 지어 살려고 생각하지 않고, 마치 안개 끼었을 때 도롱이 입고 비올 때 삿갓 쓰는 것에 연연해하는 것 같으니 어찌 그대는 이렇게 어리석단 말인가?"라고 했다. 어부는 웃으면서 대답했다. "그대는 높은 배와 큰 선박이 비단 돛을 펼치고 장풍을 받아 순식간에 천 리를 달릴 기세를 지녔더라도, 중류에서 홀연 양후(陽侯, 물의 신)의 노여움에 걸려 파랑이 크게 일어나서 돛과 닻이 소용없게 되고 상앗대와 노도 미쳐 쓸 수가 없이 교룡에게 짓밟히고 악어를 배불리는 일이 자주 있는 것을 보지 못했는가? 지금 내가 작은 배와 외로운 노로, 맑은 물결과 넘실거리는 파랑 사이에서 여유롭게 지내며, 물새·해오리와 반려가 되어 노를 베게 삼아 깊이 잠들면, 한껏 바람에 실려가서 아무래도 갈대꽃 핀 얕은 물에 있을 것이오."
>
> 先是漁父年四十歲, 曾屬錢唐謝彬畫垂竿圖, 因自號楓江漁父云. 客有規之者曰: "子自號漁父, 當諳江湖之性. 乃一過瀛洲, 幾遭覆溺. 今幸而得歸, 不思牽船結屋以居, 猶若戀戀於煙簑雨笠間者, 何子之愚也?" 漁父笑曰: "子不見夫高艖巨艑, 張錦帆·乘長風, 有瞬息千里之勢, 及乎中流, 忽攖陽侯之怒, 波浪大作, 帆檣無所用, 篙櫓不及施, 蹈蛟龍而飽黿鼉者, 比比然也. 今余以短篷孤櫂, 容與淸波澹沱間, 偕鷗鷺爲伴侶, 枕楫長眠, 縱然吹去, 亦在蘆花淺水之際." (617-618)

어부는 멈추지 않고 주유하는 인생 모형을 설명하기 위해 배를 두 종류로 나누었다. 높은 배 큰 선박, 작은 배 외로운 노이다. 전자는 순식간에 천 리를 달려갈 형세이지만, 파랑이 크게 일어나면 돛과 닻, 상앗대와 노가 꺾이는 위험에 처한다. 이에 비해 작은 배와 외로운 노는 청파에서 여유롭고, 노를 베고 깊이 잠들면 바람에 실려가서 강호의 험난함이 몸에 이르지 않을 것이다. 이 가설의 문답은 어부가 일엽편주로 유랑하는 위험으로 매듭지어, "세상에서 큰 바람을 잔뜩 머금어 돛을 기울이고 키를 비스듬히 하는 자와 비교한다면 편안함과 위태로움, 수고로움과 안일함의 차이가 만에 만만큼이나 동떨어져 있으니, 그대는 내가 이렇게 하지 않고자 바란단 말인가?"(618)라고 했다. 서구는 작은 것으로 큰 것을 격파하는 이치를 펼쳤다. 강호의 험난함을 환해·세도의 난행에 비유하여, 자신은 처세에 교묘한 어부의 지혜를 지니고 있다고 자부했다. 곧, 굴원·장자의 〈어부〉편이 채용했던 문답형식을 모방하여 어부의 인생지향에 대해 스스로 주석하면서, 천명에 순응하고 운수에 맡기는 활달한 인생관을 피력했다.

서구는 60세의 이 자전에서 "풍강어부는 어떤 사람인가?(楓江漁父, 不知何許人也?)"(617)라고 스스로 질문을 던졌다. 그는 자기를 결국 어떻게 인식했는가? 앞서는 급급하게 초상화를 가지고 스스로를 천거하여 출사했다면, 현재는 어부의 발화와 화상을 이용해 멋진 퇴각을 추구한다. 자전은 〈어부소상〉을 둘러싼 20년간의 개인 약력으로 소급된다. 이 화상에 대한 다른 사람들의 제영을 수집하여 기록한 것은 인생의 중요한 각주인 듯하다. 이렇게 하여 서구의 자전은 찬란하게 징소를 받은 일과 어둡게 사임한 것의 대위적 관계를 드러낸다. 자전의 찬술은 망각되는 것을 염려하는 두려움에서 기원한다. 이는 '자기변론'의 필요성에서 나온다. 자전을 통하여 서구는 '진정한 나'와 '표면적 나'라는 '이중 자아(double ego)'를 드러내었다. 이중 자아를 해석할 때,[90] 진정한 나는 심중 자아의 선택이자 강렬한 기대이다. 표면의 나는 고작 일상적인 한 관원이고, 심지어 한 허위로, 이 표면의 배역은 자아의 선택과 기대에 의해 결연하게 폐기되어야 한다. 자전 텍스트가 지닌 진정한 매력은 표면 아래 복잡한 여러 국면이 들끓고 있는다는 점이다. 서구는 자신의 자전에서 자아의 상당한 모순과 불안을 제기했다. 표면의 나는 외관상의 배역을 연기하지만, 인생에서 기복을 겪으면서 표면의 나는 가면 아래에 자부·자기비하·자오(自傲)·자기위안이라는 내면의 본성과 열렬한 갈망을 숨겨두고 있다. 서구는 이 자전을 화상에 대한 주석으로 삼아, 복잡하게 뒤얽히고 번전하는 자아에 대해 부연해서 서술한 것이다.

(2) 어부도의 다중 해석

서구의 중년 생애는 극적으로 바뀌었다. 40세 때 화상을 그리고 44세 때 박학홍사과에 합격하여 한림에 천거되었으며, 48세 때 병으로 귀향을 고하고 51세 때 병이 나아 관직에 보임되어 관청으로 복귀했으나, 한 달이 되지 않아 좌천되어 관직을 떠났다. 다음 해 배를 사서 귀향하여, 《청문집》 1권을 엮었으며, 60세 때 〈풍강어부전〉을 짓고, 모든 제영을

90_宇文所安(Stephen Owen), 〈自我完整的映象—自傳詩〉, 樂黛雲·陳玨編, 《北美中國古典文學研究名家十年文選》(南京: 江蘇人民出版社, 1996), pp.113-116.

한데 수합하여《풍강어부도제사》1권을 출판했다. 20년간, 서구의 심경은 세 번 바뀌었다. 첫 번째 전환은 40세에 출사를 위해 화상을 이용해서 스스로를 천거하여 자기를 적절한 값에 팔고자 한 일이다. 두 번째 전환은 44세에 한림문관에 임명되어 동해의 낚시꾼 임공자로 자처한 일이다. 세 번째 전환은 51세에 좌천되자 다시 귀은의 전통으로 돌아가 이로써 여생을 마치려고 한 일이다. 장상원(張尙瑗)의 서문은 이러하다.

> 선생은 스스로 징소에 응하여 관직에 있으면서 최근 휴가를 청하여 남쪽으로 유람을 했는데, 거치는 곳마다 반드시 그림을 지니고 가서, 명인의 제영을 얻은 것이 많았다. 관직에 보임되었다가 좌천되자, 조정의 인사들이 전송하여 거처까지 와서 창화했으며, 또 왕왕 이 그림의 왼쪽에 시를 적어주었다. 마침내 이로 호를 삼았으며 스스로 전을 지었다. 전후의 증언을 모았는데, 장단가행·고체시·근체시부터 사곡에 이르기까지 약간 수이다.
> 先生自應召居館職, 比乞假南遊, 所歷必挾圖自隨, 得名人題詠甚夥. 旣補官左遷, 同朝餞送及里居唱和, 又往往題詩此圖之左, 遂因以爲號, 而自爲之傳. 裒集前後贈言, 自長短歌行·古近體詩並詞曲, 凡若干首. (618-619)

〈풍강어부도〉의 제영은 동일 시간에 완성된 것은 아니라, 이 3개 시간 단위에 분포되어 있다. 서구의 인생 역전에 따라 다중의 관람이 이루어졌고, 문인들은 서구의 인생 전절 이후까지 관찰함으로써 어부도의 해석을 바꾸었다. 두 번째 단계의 임공자 낚시에 관심을 두면 제영의 내용은 출사와 은둔의 대위법에 관계 된다. 세 번째 단계에 착안한 제영들은 서구가 벼슬길에서 기복과 전절이 있었던 사실을 증거로 삼아 화상의 관람과 해석을 앞서의 제영자들과는 달리한다. 강남 출신의 오농상(吳農祥)은 지우의 입장에서 그 일생 전절을 개괄했다.

> ○ 나는 군의 시를 읽고, 또 군을 알았다. 옥대의 신영(新詠)에 가까웠으니, 이는 경전과 역사에 깊기 때문이다. 씩씩한 기운은 세상을 덮을 만하다고 추대할 수 있었으니, 풍아의 타락을 몰아내어, 힘껏 당시의 풍조를 바꾸었다. 흰 물가에서 낚싯대를 드리우고, 붉은 언덕에서 학창의 차림으로 있다가, 10년 동안 금마문 앞에서 뻣뻣한 목으로 대기했다. 창파는 드넓은데, 깊은 강에 물이 빨리 흘러가는 소리를 들으며, 맑은 날의 낚

싯줄을 문드러지게 하누나.
봄날 산호 낚싯대를 한가롭게 떨치며, 아지랑이와 안개가 몽롱한 곳에서 지내며 정말 세속으로 돌아가지 않겠노라고 맹세한다. 맨 머리로 지팡이 짚고서, 미친 듯 어린아이를 부르고, 문 닫아걸고 길이 읊조리니, 늙어서 남아의 기운이 다했다. 비에는 연잎 옷이 좋고, 바람에는 도롱이와 삿갓으로 부지하니, 어이 차마 조각배로 떠나는 이별의 정을 하소하랴? 그대는 너무 호방하여, 신령한 거북 낚은 이를 선망하니, 이는 본시 기심을 잊은 일이로다.

我讀君詩, 亦復知君, 玉臺似之. 是湛深經史, 雄推蓋代, 驅除風雅, 力變當時. 白水魚竿, 丹丘鶴氅, 十載金門項領遲. 滄波闊, 聽江深放溜, 爛却晴絲.
珊瑚閒拂春枝, 誓烟霧空濛信不歸. 任科頭策杖, 狂呼孺子, 長吟閉戶, 老盡男兒. 雨長荷衣, 風扶篛笠, 豈忍扁舟訴別離? 卿豪甚, 羡神鰲釣得, 原是忘機.

○천 이랑으로 못이 맑으니, 밤새 조수가 돌아왔기에 가벼운 돛으로 푸른 호수를 떠간다. 여울 소리가 귀에 시끄러운 것을 좋아하여, 한가롭게 작은 거룻배를 타자, 달빛이 고요한데, 섬여(달)를 갈아서 깨뜨린다. 돌부리는 환하게 밝고, 구름 테두리는 아스라하며, 팔 뒤꿈치에는 때때로 오악도(五嶽圖)를 매달아두었다. 하늘이 부여해주어, 양구(羊裘)로 가랑비를 맞다가, 잠깐새 오동나무 심겨진 초가로 내려간다.
강 단풍이 붉은 동오를, 어찌 하루라도 눈 앞에 보지 않을 수 있으랴? 생각나네, 꿩이 새벽에 엎디어 숨어, 봄 풀을 가만히 머금고 있었으며, 해노(게)는 가을에 고달퍼서, 마른 갈대에 놀라 떨어졌지. 100말의 순정한 술과, 석 되의 고미(줄풀) 열매, 이것의 흥이 되려 술꾼들에게 맞는구나. 연하(烟霞)의 기벽이 있거늘, 또 꽃숲 곁에서 석책(射策)을 하여, 명성이 황도(서울)에 가득하였지.

千頃澄潭, 半夜歸潮, 輕帆碧湖. 喜灘聲聒耳, 閒乘舴艋, 月華初靜, 碾破蟾蜍. 石齒空明, 雲牙縹緲, 肘後時懸五嶽圖. 天付與, 認羊裘細雨, 纔下桐廬.
江楓的的東吳, 問眼底那能一日無? 記雉媒晨伏, 低啣春草, 蟹奴秋困, 驚墜枯蘆. 十斛醇醪, 三升菰米, 此興還應對酒徒. 烟霞癖, 又花邊射策, 聲滿皇都. (〈沁園春〉 2闋, 588-9)

제1결(闋)은 먼저 서구와 시가를 주고받은 이야기에서 시작해서, 서구의 문학성취가 비범함을 찬양했다. 오농상은 서구가 10년간 서울에 있던 기간을 서구의 칩복기로 보아, 서구가 거친 파랑 속에서 창파의 소리를 듣고 값을 기다려 팔아서 마침내 신령한 자라를 낚았다고 풀이했다. 많은 사인들이 오농상과 마찬가지로, 서구가 앞서는 칩복했다가 뒤에는 현달한 사실에 주목했다. 규동(繆彤, 1627-1697)은 "상보[강태공, 태공망, 여상]는 원래 어부였으니, 누런 옷 입었던 사람이 오늘은 흰 옷의 분들과 교유하여, 낚싯줄을 거두어 천자의 고을에 이르렀네(尙父原來漁父是, 黃衣今與白衣遊, 絲綸收拾到皇州"(602)라고 했다. 서구가 전에는 강호에 은둔했으나 후에는 징소를 입어 한림에 들어간 사실을 말한 것이다. 곧, 어부의 분장은 이름을 팔고 명예를 낚는 것이어서, 어부 형상의 인물이 벼슬길로 나아가려는 목표를 품고 있었다고 간주하여, 출사/은둔의 문제에 대한 자신의 해독법을 제시했다. 오농상은 서구가 환해에서 부침했던 두 번째 전절에 특별히 주목했다. 서구가 지녔던 본래 높은 기개의 삶은 이미 지난 자취가 되었으니, 파관을 기다려 조정을 길이 떠나는 것이 아름다운 풍모를 유지하는 길이 아니겠는가? 월화가 비치는 아래 귀향하면서, 다행히 멋진 주홍을 남겨두고, 또 아름다운 명성을 황도에 남겨두었다는 사실에 주목했다.

젊은 극작가 홍승(洪昇)은 북곡의 산투(散套)를 지어, 서구의 관리 생활을 언급하고 화상 관람에서 느낀 심경을 진술했다.

> (북중려분접아) 강이 평평한 호수에 이어져, 아득히 망망하고 강물에는 구름이 비치고 아지랑이는 나무를 감싸고 있다. 서풍에 한바탕 부들풀이 몸을 떠누나. 흰 마름의 갯가, 누런 갈대의 기슭, 먼 갯가에는 사이사이 단풍이 있도다. 가을 경치가 쓸쓸하여, 긴 하늘에 지는 노을이 외론 따오기와 어울리네.
>
> (北中呂粉蝶兒) 江接平湖, 渺茫茫水雲煙樹. 戰西風一派菰蒲. 白蘋洲, 黃蘆岸, 厮間著丹楓遠浦. 秋景蕭疎, 映長天落霞孤鶩.

> (취춘풍) (나는 보네) 작은 배가 잠깐 조수를 맞닥뜨려, 외론 봉창에 빗발이 비끼는 것을. 버드나무 숲가에서는 어망을 잔양(석양)에 말리니, 그 광경이 제법 또렷또렷하구나. (멈추노라) 짧은 상앗대와 가벼운 돛을, (때맞추나니) 가을 강에 저녁 아지랑이 낄 때, (정박하길) 들판 다리가 있고 관청에서 관리하는 나루에.

(醉春風) (俺只見) 小艇乍迎潮, 孤蓬斜帶雨. 柳邊漁網曬殘陽, 有多少楚楚. (停下了) 短槳輕帆, (趁著這) 晚烟秋水, (泊在那) 野橋官渡.

(보천락) (보아하니) 고기 낚는 사람이 강변에 살고 있네. 대나무 껍질로 만든 삿갓에, 연잎으로 만든 의복을 걸치고. 발걸음은 명리장에 이르러 가지 않고, 마음에는 풍파의 두려움이 없도다. 낚시바위 머리의 인적 없는 곳에 평온하게 앉아 있나니, 푸르게 반짝반짝 서너 마리 작은 물고기들이 유영하고 있구나. (누리나니) 짧은 대나무의 낚싯대 하나, 녹색을 띠는 빛은 술을 반나마 담은 술병, 서너 권의 경서들.

(普天樂) (見一個) 釣魚人江邊住. 筍皮笠子, 荷葉衣服. 足不到名利場, 心沒有風波懼. 穩坐磯頭無人處, 碧粼粼細數遊魚. (受用足) 一竿短竹, 半壺綠醑, 數卷殘書. (洪昇撰, 朱鎬書, 596-597)

이상의 세 곡은 화면을 베껴 내어, 화폭 전체의 산수를 세세하게 재구성하고 선창 안 물품까지 서술했다. 이어서, 서구가 풍강의 집에 거처한 것은 본래 단순하고 소박한 생활을 보내려 한 것이었지만, 도리어 황제의 징소를 입었다고 했다.

(상소루) (정히 안온하여라) 양구(羊裘) 걸치고 세속을 피하더니, (막지 않았네) 학서(鶴書)가 내려와 징소하네. (너를 내몰아서) 낚시를 그만두어 낚싯줄을 거두고, 먹이를 버리고 낚싯대를 버려두고는, 고삐를 잡고 수레에 올랐다. 은거를 떠나서, 제도(황도)에 이르러, 용문을 곧바로 건넜도다. 특수한 은혜에 배수하니 고금에 드문 기이한 권우였다.

(上小樓) (正安穩) 羊裘避俗, (不隄防) 鶴書徵取. (逼扎您) 罷釣收綸, 棄餌投竿, 攬轡登車. 離隱居, 到帝都, 龍門直度. 拜殊恩古今奇遇.

어강을 떠나 한림에 이른 것은 불가사의한 기이한 은우이다. 조정에 있으면서 의연히 옛일을 그리워하지만, 그것은 그리움에 그칠 따름이었다.

(십이월) 다만 갈매기 백로와 맺은 지난날의 맹약을 잊지 말되, 농어의 갓 뜬 회를 거론하지는 말자. 헛되이 장지화의 둥둥 떠다니는 집을 상상하고, 범려가 서호로 돌아간 옛일을 괜스레 생각해본다. 정신을 모아 생각하는 곳은, 구름 낀 산이 아득하니, 몽혼 속에, 안개 낀 강물이 흐릿해라.

(十二月) 但莫忘舊盟鷗鷺, 且休提新鱠鱸魚. 空想像志和泛宅, 慢尋思范蠡歸湖. 凝望處, 雲山杳靄, 夢魂中, 烟水模糊.

(요민가) (묘사해내지 못하겠네) 가슴 가득한 고향 생각에 동오를 추억하는 일을. 이에 작은 강에 겨울 빛이 가득한 조어도를 베껴내노라.

(堯民歌) (描不出) 滿懷鄉思憶東吳. 因寫就小江秋色釣魚圖.

홍승은 서구가 몸은 궁궐에 있고 마음은 강호에 있어, 어부의 상을 그린 것은 일종의 보상심리라고 추정하여, 서구의 그림 제작 동기[어초(漁樵)를 종남(終南) 은둔의 첩경으로 삼음]를 미화했다. 하지만 서구의 화상은 그가 징소되기 이전에 완성되어, 서구는 북경의 문인 권역에 들어가 자신을 추천하고 자신을 표방하는 매개로 이 화상을 활용했다. 그런데 서구는 북경에서 고작 실록 편수의 문관직을 맡았을 뿐이고 결국 부요풍(회오리 바람)을 받아 하늘로 치솟을 수가 없었다.

(사해아) (나는 할 수 없구나) 향기 머금고 붓을 꽂은 채 금마문을 걸어가지만, 다만 궁한 길에 떨어져 통곡할 수밖에. 산중에는 세 칸 집이 아직 없으니, 돌아가 쉬려다가 또 주저하네. 흰 갈매기 떠다니는 강 위의 새로운 어부가 될 수 없으니, (다만 뒤섞여 있을 뿐) 단봉문 성안의 옛 술친구들 새로 그린 그림을 몇 번이나 보았던가? (낯설구나) 반 길의 상앗대와 들판의 강물, (서늘하여라) 십리에 펼쳐진 겨울 풀밭이여.

(耍孩兒) (俺不能) 含香簪筆金門步, 只落得窮途慟哭. 山中尙少三間屋, 待歸休轉又躊躇. 不能做白鷗江上新漁父, (只混著) 丹鳳城中舊酒徒. 幾迴把新圖覰? (生踈了) 半篙野水, (冷落了) 十里寒蕪.

(미성) 강 물결에 겨울비가 걷히고, 단풍나무 숲은 석양 아래 성글다. 반계에 비교하여도 차이 날 곳이라곤 없구나. 다만 낚시 드리우고 있는 당신이 여씨 성[태공망 여상]이 아닌 것 이외에는.

(尾聲) 江波寒潦收, 楓林夕照踈. 比磻溪也沒甚爭差處. 單只您這垂釣的先生不姓呂.

출사와 은둔 사이에서 주저하며 북경에 머물며 기회를 기다리고 있거늘, 고향으로 돌아가 흰 갈매기와 친압하는 어부가 될 수 있을까? 그림

에 뜻을 부쳐, 어향의 풍경과 은둔의 마음을 멀리 회상할 따름이었다고 했다.[91]

좌천 뒤 10년 이래의 서구는 반은반사(半隱半仕)의 사대부 신분이었다. 장상원은 힘 있게 변론했다.

> 이에 낚싯대를 든 자는 물가에서 맞이하고, 노를 두드리는 자는 못가에서 동무하며, 쑥대머리에 몽치 머리를 한 자는 문에 기다려 위로한다. 갈매기·해오라기와 무리를 이루고, 물고기·새우의 짝이 되어, 서로 친압하면서 서로 놀고 서로 즐기니, 어부는 마침내 풍강에서 늙는다. 아마도 풍강이 다시 한 어부를 얻은 것이 아니겠는가? 아! 풍강이 어부를 얻었으나 (조정이) 잃어버린 것은 유감이로다.
>
> 於是持竿者邀於水濱; 鼓枻者偕於澤畔; 蓬頭椎髻者候門而慰勞. 鷗鷺之羣, 魚鰕之侶, 相狎而以遨以嬉, 而漁父乃遂以楓江老也. 殆楓江之復得一漁父歟? 噫! 夫楓江得漁父而其爲失之者, 可感也已. (620)

어부는 서구가 은둔하여 여생을 마치기에 가장 좋은 신분이다. 앞서는 풍강을 떠난 어부로서 조정에 부임했으나, 지금의 좌절은 조정으로서는 손실이요 풍강으로서는 득이다. 장상원은 예리하게 관찰하여, 궁궐/강호, 출사/은둔, 득/실을 서구 인생의 대위법적 양단에 두었다.

어부도는 한 폭의 가면일 수 있지만, 하나의 예언일 수도 있다. 고향 친구 장형은 이렇게 제영했다.

> 우연히 낚싯줄을 던져두고 세간을 떠나서는 돌아오지 않았으니, 맑은 꿈이 언제 조정 관료 반열의 사람에게 들었던가? 거문고 끼고 바윗가에서 한가롭게 강물을 보고, 단약을 제련하며 구름 속에서 대낮에도 문을 닫아걸었다. 뜻밖에도 붉은 인주의 칙서로 북궐에 징소될 줄 몰랐으니, 어찌 흰색 둥그래깃 옷차림[평민의 옷]으로 동산을 연모할 수 있으랴? 다른 해 녹야로 돌아오는 날까지, 갈대꽃 핀 낚시터 물굽이는 아무 탈 없기를.
>
> 偶爾投綸去未還, 何曾淸夢入鵷班? 攜琴石畔閒看水, 鍊藥雲中晝掩關. 不分紫泥徵北闕, 豈容白袷戀東山. 他年綠野歸來日, 無恙蘆花舊釣灣. (589)

91_洪昇은 徐釚의 〈楓江漁父圖〉와 陳維崧의 〈迦陵塡詞圖〉에 대해 각각 曲을 만들어 題畫를 했다. 游國恩은 전자의 문학성이 더 뛰어나다고 했다. 游國恩, 〈跋洪昇楓江漁父圖題詞〉.

고향 친구는 서구가 날개를 펼쳐 떠나가는 것을 보고 그가 벼슬길에서 득의하기를 축복하고 귀향의 날에 아무 탈 없는 어부가 되기를 기대했다. 이 어부도는, 장병이 보기에는 미래를 예시하는 도경으로, 하야 후 어은의 이상을 표방하는 것으로 간주해도 무방하지 않겠는가?

모단사(毛端士)는 귀숙(歸宿)을 권했다.

> 노 하나 배에 풍강의 가을 물이 맑고, 갈대숲 깊은 곳에 기러기 울음도 없구나. 농부와 초동과 수답하지 않는다면, 선생이 홀로 낚시하는 뜻을 누가 알랴? 장안에서 쌀을 꾸는 것[서울에서 벼슬살며 생계를 꾸림—역자]도 한때이니, 그대가 관띠 묶는 뜻이 더디고 더딘 것을 보노라. 꽃무늬 벽돌담에 그림자 지나간 후 높은 노래 일어나니, 이는 당년의 어부사와 같구나.
>
> 一棹楓江秋水清, 荻蘆深處雁無聲. 耕樵也不相酬答, 誰解先生獨釣情? 索米長安此一時, 看君束帶意遲遲. 花磚過影高歌起, 猶是當年漁父詞. (612)

갈대 우거진 강에서 고기 낚는 이로 은둔하니, 만약 그와 수답하지 않는다면 누가 그림 속 인물이 낚시하는 마음을 분명히 알 것인가? 관띠 묶고 벼슬길에 나가는 것은 필경 일시적인 일이고, 마지막에는 원래 출발했던 곳으로 돌아와 어부사를 높이 노래할 것이라고 했다.

왕사진(王士禛)도 서구의 어은(漁隱) 심리를 읽어내려고 했다.

> 10년 동안 오강에서 낚싯줄을 가까이 하고, 필상과 다구를 앞에 한 것은 천수자(天隨子, 육귀몽)와 같았다. 아침에 봉지(蓬池)의 회를 하사받고는, 도리어 농어 향내 나는 정자의 일을 추억한다네.
>
> 十載吳江狎釣絲, 筆床茶具似天隨. 朝來宣賜蓬池鱠, 卻憶鱸香亭畔時. (612)

일반 문인은 출사하여 관리가 되고 싶어하지만 일단 등용되면 귀거래하는 것만 못하다는 은거의 바람을 때때로 지니게 된다. 서구는 북경에 있는 동안, 《본사시》와 〈풍강어부도〉를 매개로 추천을 받아 출사했고, 파관 후에는 강호가 험난함을 깊이 깨닫고 속히 도망하여 벗어나려고 했다. 왕사진은 서구의 10년래 역정을 그렇게 보았다. 풍보(馮溥)의 상상도 그러하여, "누가 금마문 앞에서 주려 쌀을 찾게 했던가? 다시 혼몽에 이끌려 오땅 산에 이르네(誰使金門饑索米? 更牽魂夢到吳山)"(614)라고 했다. 그밖에 자칭 숙항이라고 했던 서원문(徐元文)은 "산수에 정을 붙여 마음 먹은 대로 하고 싶어, 구름 낀 물가에 있겠다고 결의한다. 비록 다시 낚싯대를 버리고 일어난다 해도, 끝내 독성(獨醒)을 자부하리라(寄暢任所適, 結意在雲汀. 縱復投竿起, 終能傲獨醒)"(594)라고 했다. 서원문은 서구를 위해 변론을 하여, 서구가 물고기에도 뜻을 두지 않았고 명예를 낚으려 하지도 않았으며, 낚싯대를 버리고 몸을 일으킨다고 해도, 속인들은 오만하게 내려 보는 독성(獨醒)의 인물이 되리라고 했다.

수업생을 자처한 섭서로는 스승의 갈망이 진정으로 어은을 지향하여 즐거움으로 삼았는지 어은에 가탁하여 이름에서 도망한 것인지 밝힐 수 있다고 자신했다. 이 둘은 확실히 차이가 있다. 만일 이름에서 도망하여 어은으로 나아갔다면, 일단 기회가 있으면 "황황하게 낚시를 쳐들고 누누이 관독(灌瀆)으로 달려가 (붕어 같은 잔고기를) 구하여,[《장자》〈대물〉에서 인용—역자] 이미 얻고서는 거의 떨 뜻이 기뻐하여, 비록 환해의 물결 속에서 부침하여 잠을 자다가 놀라고 꿈에 경악하더라도 후회하지 않을 것이다(皇皇乎揭竿累趨灌瀆以求之也, 迨於既得而躍然喜也, 雖浮沈於宦海之波, 寢驚而夢愕無悔也)." 섭서로의 시선에는 그 스승 홍정(서구)이 고기잡이를 진정으로 낙지(樂志, 뜻대로 삶을 즐김)로 삼았다고 하여, 스승의 일생 전절에 대하여 강력하게 변론했다.

> 무지개를 줄로 삼고, 밝은 달을 갈고리고 삼았기에, 세속의 진망은 잡아끌 수 없었고, 조정의 갓끈은 미끼가 될 수 없었으니, 운몽의 못을 가슴으로 삼켜, 기운이 창명으로 치솟는 자가 아니었던가? 이것이 선생의 재주와 선생의 학문이 그 쓰임을 크게 전개시키지 못하여 고작 풍강에서 늙은 이유이다. 하지만 도도하게 흘러가는 것은 되돌릴 수 없으니, 둥둥 떠가는 것이 모두 이러하다. 낭탁의 붓으로 승명전에서 활용하고 봉지연에서 붓에 먹을 묻힌다고 해도, 저 물고기 · 새우와 짝을 하고 갈매기 · 해오라기와 친압하며, 갈대숲에서 노를 두드리고 아지랑이 끝에서 낚싯줄을 거두면서, 오호와 삼묘(三泖)에 소요하면서 쾌적하게 지내는 것과 비교하여 어느 것이 더 낫겠는가? 그런 후에 선생이 여기에 매우 즐거워하는 바가 참으로 있었던 것은 그 뜻이 먼저 정해져 있었던 사실을 알 수 있다. 세상의 저 낚시하는

사람들은 모두 선생에게 부끄러우리라.

以虹霓爲線, 明月爲鉤, 塵網所不能牽, 朝纓所不能餌, 胸呑雲夢, 氣凌滄溟者乎? 此先生之才之學, 所以不得大展其用, 僅僅以楓江老也. 然而滔滔者不返矣, 汎汎者皆是矣. 即使槖筆承明之廬, 染翰鳳池之上, 孰與夫侶魚蝦, 狎鷗鷺, 蘆中鼓枻, 烟際收綸, 徜徉於五湖三泖之爲適也哉? 然後知先生眞有所甚樂乎是者, 其志先定也. 彼世之釣者, 其皆有愧於先生也夫. (622-623)

(3) 문인의 자아 투사

모제가(毛際可)는 10년 후에 이 화폭을 보고 먼저 다음과 같은 의문을 제기했다.

강희 병인(강희 25년, 1686) 봄, 오강 서홍정(서구) 선생이 여러 차례 집에 오셔서 〈풍강어부도〉를 꺼내 보이고 글을 적어달라고 청했다. 나는 이것이 필원의 명적이므로 이로써 중하게 감상될 것이라고 여겼다. 권을 펼치자 곁에서 촛불을 잡고 있던 아이가 자기도 모르게 실소했으니, 정말 묻지도 않고 그것이 홍정(서구)임을 알았다.

康熙丙寅(25, 1686)春, 吳江徐虹亭先生, 屢過邸舍, 出楓江漁父圖, 相屬以記. 余謂必畫苑名蹟, 藉爲賞鑒之重. 及展卷, 而奚童之執燭於旁者, 不覺粲然失笑, 固不問而知其爲虹亭也. (620-621)

모제가는 서구가 보여준 것을 화원의 명적이리라고 생각했으나, 촛불 아래 자세히 화면을 보고는 낚시 드리운 자가 바로 눈앞의 사람임을 돌연 깨달았다. 모제가는 더 나아가, 서구가 어부의 형상으로 자기 뜻을 드러내는 심리를 다음과 같이 추리했다.

홍정은 뭇 서적을 두루 끝까지 연찬하여, 붓을 내려 쓰면 고인을 닮겠다고 결심하였으나, 장옥(과거장)에서 굴욕을 보고, 유사(有司)에게서 연달아 뜻을 얻지 못했다. 하루는 성천자의 박학굉사 선발에 응하여, 중비(中祕)에서 글을 읽고 지난 명왕조의 유문을 편집하게 되었으니, 유신으로서의 영광과 총우를 극도로 입었다고 할 수 있다. 입택(笠澤)과 구구(具區, 대호) 사이에서 물고기를 낚고 술을 사서 마시던 일을 돌이켜 생각하니, 의당 천하고 하찮고 비루한 일로 보아야 하거늘, 도리어 해내의 승류(명사)들을 두루 찾아다니며 가영하고 제발을 쓰게 하니, 아마도 궁궐에 몸을 두면서 강호에 마음을 둔 것이 아니겠는가?
虹亭博極群書, 落筆以古人自命, 屈首場屋, 連不得志於有司. 一日膺聖天子博學宏詞之選, 讀書中祕, 編輯勝國遺文, 可謂極儒臣之榮遇. 回思笠澤具區之間, 得魚沽酒, 宜視爲少賤鄙事, 乃更廣求海內勝流歌詠而題跋之, 殆所爲身魏闕而心江湖者耶? (621)

만일 이 화폭이 불우함을 토로하며 자기를 추천하는 그림이었다면, 상주가 박학홍사과에 응하여 한림의 직에 나아간 뒤에는 벼슬 구하는 목적을 달성했으므로 어은을 하찮고 비루한 일로 삼아도 될 것이다. 그런데 서구는 끝내 사방으로 그림을 끼고 다니면서 제영을 구했다. 이것은 무슨 심리인가? 벼슬살이 이전에는 시절을 만나길 구했고, 시절을 만난 후에는 또 연연해하지 않았으니, "몸은 대궐에 있으면서 마음은 강호에 두는" 구래의 관습적인 모순 심리가 아닌가? 모제가는 이러한 심리를 완전히 알아차린 듯하여, 화두를 일전하여 자신을 돌아보았다.

그런데 나는 박봉의 환해에 부침하다가 여러 해를 지내고 나서는 지금은 호연하게 강호에서 늙고 있다. 만약 홍정(서구)의 이빨과 모발이 아직 다 늙지 않았다면, 황도로 가서 내달려야 하지 조금도 쉬거나 안일할 겨를이 없다. 그렇지만 조정의 공무에서 물러나 당직이 아닌 때에 이 그림을 펼쳐 보면 홀연 호복의 즐거움이 있을 것이니, 하필 깊은 못에 임하여 선망해야 하겠는가?
而余浮沈薄宦, 多閱歲年, 今浩然以江湖老矣. 若虹亭齒髮未艾, 行且馳驅皇途, 不敢暇逸. 然於退朝下直之餘, 一披此圖, 翛然濠濮, 又何必臨淵而羨也哉? (621-622)

3년 전 강희 병인에 모제가는 성고(城固) 현령을 그만두고 귀향하여, 절무총재 수통지사의(浙撫總裁修通志事宜)에 임명되어, 환해의 부침에 느낌이 있어 늙음을 탄식했고, 서구는 여전히 황궁의 대로에서 내달리지 않았던가? 이 한 폭의 어부도는 임시로 와유(臥遊)에 충당하여 호복(濠濮)에 노니는 상상을 보상할 수 있다. 만약 조정에 있는 신분이 아니라면 어찌 재야의 임연(臨淵)을 선망하겠는가? 설마 비황등달(飛黃騰達,

벼락출세) 이후의 카타르시스로 여긴 것은 아닐까? 서구는 관중 모제가의 투사체로 되어, 모제가는 서구가 궁궐/강호의 두 심리를 지니고 있음을 분명히 깨달았다.

〈풍강어부도〉의 제영자는 청초 강남에서 북경으로 올라온 문인들을 핵심으로 하는 집단이다. 그들은 각각의 처지가 달랐지만, 처세의 사유가 비슷했고, 문학의 표현도 비슷했다. 바로 골드만이 말했듯이, 작품세계의 구조는 특정 사회 집단의 심리 구조와 상통하거나 적어도 분명한 관련이 있으므로, 문학 창작의 집단적 특성은 바로 여기에서 기원한다.[92] 출사와 은둔의 모순을 전달하는 화상을 마주할 때, 한편으로는 어부의 삶을 인정하거나 그것을 소거하기도 하며, 한편으로는 자기 스스로를 반성하고 더 나아가 심리적으로 자기를 투사하게 된다. 화상 제영은 독자로서의 반응이지만, 제영의 문인들은 도리어 자기의 삶에 비추어 갖가지 대화를 진행했다.

이양년은 서구가 박학홍사과에 합격한 그해 8월 소사(小詞)를 적었다.

> 지난날 단풍 아래 흰 갈매기의 고향에서, 의내(배따라기) 소리에 온 시내가 서늘했다. 오늘 다시 찾아보니, 냉홍이 10리에 뻗어, 옛 어랑은 볼 수가 없구나. 임경곡(臨鏡曲) 끝나면 걸식을 해야겠다고 말하지 말라, 비감(하지장)이 장차 상양(소요)하리라. 온 강호에, 차츰 사람이 없게 되니, 내게 창랑의 한 굽이를 점유하도록 허용하네.
> 年時楓底白鷗鄕, 欸乃一溪涼. 今日重尋, 冷紅十里, 不見舊漁郞. 休言鏡曲終需乞, 祕監且徜徉. 滿地江湖, 漸無人矣, 容我占滄浪. (小闌干, 590)

이 사람이 지난날의 저 어부인가? 그는 북경의 대궐에 이르러 뜻을 얻어 한림 · 비감에서 소요하더니, 지금은 냉홍 십리가 남아 있어, 나 홀로 강호의 땅에 머무르며 창랑을 점유하고 있다. 박학홍사과에 추천되었지만 뜻을 얻지 못한 이 수수(秀水)의 제생은, 훗날 사학(詞學)에서 뜻을 펴서 주이준과 함께 '주이'로 병칭된다. 그런데 그는 어부도를 보고는 불우를 슬퍼하는 마음을 일으켰다.

강희 계해 22년(1683), 서구는 휴가를 얻어 남쪽으로 돌아갔다. 이때

92_《文學社會學》, p.10.

주륜(周綸)이 제영했다.

> 오강의 재자요 옥당의 신선, 너의 마음이 비어 있기에 땅이 절로 외지다. 해노(게)와 어비[궤추(鱖歸)] 잡으러 가던 일 기억하고, 궁궐의 봉지연에 있었던 일사(逸事)를 한가로이 전하련다. 함께 노래하고 외치며 계문(북경 지역)을 밟았건만, 10년 사이에 영락하여 차마 신세를 논하지 못하겠군. 흰 실(백발)만이 가을을 슬퍼하는 객에게 잔뜩 남았기에, 머물러 있는 구름[친구를 연상하게 하는 상징—역자]을 바라보면서 눈앞이 흐려온다.
>
> 吳江才子玉堂僊, 輸爾心空地自偏. 記取蟹奴魚婢去, 閒將逸事鳳池傳. 曾共歌呼踏薊門, 十年搖落不堪論. 蒓絲剩得悲秋客, 爲望停雲眼欲昏. (616-617)

서구는 오강 재자이면서 옥당 신선이다. 도연명의 '마음 머니 지경이 절로 외짐(心遠地自偏)'을 추구할 것도 없다. 잠시 이 어은의 일사를 기록하여 유전하게 하자. 후단에서 작자는 완연히 동병상련의 뜻을 품었다. 10년간 북경에서 함께 있으면서 환해에서 부침했으나 한림의 자리에서 떨려나서 결국 슬픈 가을의 객으로 남았기에, 멈춰 있는 구름을 바라보니 눈앞이 어두워진다고 했다.

아우를 자칭한 주이준은 제사의 상단에서 이렇게 말했다.

> 이상하다, 연파와 낚시꾼의 향리에, 그물 치는 어부가 저렇게 구레나룻이 푸르다니! 둥둥 뜬 집(배)에는 한가하게 서권을 실었으니, 어이 몸과 이름이 완전히 숨으랴? 보게나 일순간, 문·부(賦)·시편·악부를 모두 궁에 올렸네. 도권을 펼치면서 가만히 웃는다. 백수(白水)에서 새우 잡고, 붉은 난간에서 오리와 싸우는 모습이, 너와 아무 구별 없을까 염려되노라.
>
> 怪煙波·釣徒鄉里, 罛師如許靑髩! 浮家尙載閒書卷, 那得身名全隱? 看一瞬, 把文賦詩篇·樂府都經進. 披圖暗哂. 怕白水撈鰕, 紅闌鬪鴨, 與爾便無分. (〈邁陂塘〉, 607)

주이준은, 이 연파조도는 뜻대로 행동해서 괴이하며 구레나룻이 푸르러 여전히 늙지 않았거늘, 부가(浮家, 배)에 서권을 실었는데, 조정에 올린 문·부·시편·악부를 결코 잊지 않았거늘 어찌하여 몸과 이름을 숨기려 하는가? 라고 물었다. 사인(詞人)은 도권을 펴면서 가만히 웃는다.

맑은 물에서 새우를 잡고 붉은 난간에서 오리와 싸우는 어은의 즐거움을 그림 그린 것은, 네가 저 연파조도로 분장한 것이 아니냐? 하단에서는 자기의 소원으로 전회했다.

> 편주가 아직 있고, 도롱이 삿갓과 낚싯줄과 낚시대가 망가지지 않았기에, 이날의 방촌(마음)을 뒤흔든다. 청강의 서너 구비가 풍림 아래 있고, 많은 수의 농어와 적순(荻笋)이 있도다. 돌아가는 꿈이 허락되면, 열 폭의 부들 돛을 배에 걸테니, 제4교가 어딘지 알겠도다. 병 속에 묵은 술을 사야지. 헤아려보면 팔측당(八測塘) 가, 삼고사(三高祠)[호북성 양양에 있음—역자] 아래에서, 내가 취하여 안온하게 잠들도록 하자.
>
> 扁舟在, 簑笠綸竿未損, 攪人此日方寸. 淸江幾曲楓林下, 多少鱸魚荻笋. 歸夢准, 挂十幅蒲帆, 第四橋能認. 瓶中宿醞. 算入測塘邊, 三高祠下, 讓我醉眠穩.

편주가 아직 있고 도롱이, 삿갓, 낚시줄, 낚싯대도 손상되지 않았으니, 돌아가서 취하여 편히 잠드는 것만 못하다. 주이준은 한편으로는 서구를 조롱한다고 표방하면서, 다른 한편으로는 어은의 소망을 끌어들였다.

제영은 때로 두 사람의 관계에 관한 내용을 담는 경우가 있다. 강희 21년(1682) 늦가을, 47세의 서구는 전문(田雯)의 산강(山薑)초당을 방문하여 〈풍강어부도〉를 보이고 제영을 부탁했다. 전문은 그의 방문 시기를 두고, "두 해 만에 강남으로 내가 잠깐 돌아가니, 초당에 가을이 늙어[깊어] 국화울타리가 울긋불긋하다(二載江南我乍還, 草堂秋老菊籬斑)"(594)라고 했으며, "부질없이 위로하기는 고기 낚는 늙은이 천수자요(육귀몽), 찾아 방문하기는 나무하는 초동의 녹각처럼 깎아 세운 관문이로다(漫勞釣叟天隨子, 來訪樵人鹿角關)"라고 명시했다. 서구는 낚시하는 사람이고 전문은 땔나무 하는 사람이라고 했다. "지난날 누른 새매새끼가 주둥이를 펴는 것만을 기억했더니, 사장(사단)은 역시 뾰족한 칼날 모양의 산이었네. 삿갓 쓰고 배를 저어, 단풍 잎, 갈대 꽃 앵두 있는 만곡으로 향함이 어떠하랴?(舊識偏張黃鵖觜, 詞場亦是劍芒山. 何如戴笠搖船子, 楓葉葦花鶯脰灣?)" 전문은 당시 두 사람이 사학에 대하여 각기 다른 설을 제기하여 설전까지 했던 일을 거론했다. 어부의 삶과 초동의 삶은 훌륭한 생활방식이거늘, 왜 계속 어부와 초동으로서 학문을 논하며 세간과 다투지 않는 나날을 보내지 않는단 말인가?

종원정(宗元鼎)의 제영도 우정을 언급했다.

> 편주에서 홀로 낚시하기를 단풍나무 곁에서 하니, 차가운 갈대 한 조각에 강물은 가을 빛이로다. 명류는 왕왕 출처행장을 잘하여, 어옹이 되기도 하지만 소환되면 즉시 나아간다. 연잎으로 옷을 만들고 삿갓으로 두건을 삼았으니, 화권을 펴서 이 사람이 누구인가 세밀하게 확인하노라. 백문(白門)의 술집에서 일찍이 함께 취했거니, 서릉(徐陵)[남조 양나라 문인. 옥대신영 편찬자. 서구의 성이 같으므로 견줌 – 역자]의 새 제영은 붓끝이 신묘하다.
>
> 獨釣扁舟楓樹側, 寒蘆一片秋江色. 名流往往善行藏, 便作漁翁喚亦得. 荷葉爲衣笠作巾, 披圖細認是何人. 白門酒肆曾同醉, 新詠徐陵筆有神. (601)

명류는 행(출사)과 장(은둔)을 잘 하여, 어옹으로 분장하더라도 역시 행장의 깊은 뜻을 지닌다. 그림 속에서 연잎으로 옷을 만들고 삿갓으로 건을 삼은 은둔자는 누구인가? 이는 나와 함께 취하곤 하던 사중재자(詞中才子)이다라고 했다.

제영은 그림을 바탕으로 서술하기도 한다. 왕요린(汪耀麟)의 제영이 그 예이다.

> 상보(강태공)는 반계에서 낚시하고, 엄자릉(엄광)은 엄탄[절강성 부춘산 칠리뢰(七里賴). 엄릉뢰(嚴陵賴)]에서 낚시했다. 출처행장에 각각 뜻이 달랐지만, 세상의 치란에는 관여하지 않았다네.
>
> 尙父釣磻溪, 子陵釣嚴灘. 出處各有志, 治亂非所關. (600)

반계(磻溪) 강태공(상나라 말 주나라 초)과 엄탄(嚴灘) 엄자릉(기원전 37-43)은 비록 모두 조은(釣隱)을 했지만, 한 사람은 출사하고 한 사람은 은둔했다. 왕요린은 출처가 개인의 뜻이며 치란에 상관이 없다고 하여, 출처와 치란의 관념에서 벗어났다(600).

제영은 때로는 인생의 깨달음을 담기도 했다. 진유숭은 "행장출처의 일은, 지금 가까스로 깨달은 것이 아니니, 헛된 명성이 다시 그르치지 않도록 하자. 인간세계에서 금초를 관모에 장식한 여러 객들이, 도롱이 걸친 어부에게 뒤진다네(行藏事, 不是如今纔悟, 浮名休再相誤, 人間多少金貂客, 輸却綠蓑漁父)"(〈연피당(蓮陂塘)〉, 604)라고 제영했다. 진유숭은 헛된 명성이 사람을 망친다는 것을 체인하고, 금초의 고관이 도롱이 걸친 어부만 못한다고 여겨서, 서구의 출처행장을 위로하면서 개인의 느낌을 투사했다.

서구의 화상은 문인 집단의 자기 투사에 이용되었다. 서구 자신도 일찍이 다른 사람의 소상을 자기와 비교한 일이 있다. 육형(陸鎣)은《문화루시화(問花樓詩話)》에 서구의 흥미로운 일화를 기록하여 두었다.

> 서홍정(徐虹亭) 검토(檢討)는 오강 사람으로 반차경(潘次耕)[반뢰]과 함께 강희 기미년 박학홍사과에 천거되었다. 나이 70이 안 되어 귀향하고는 벼슬길에 나가지 않았다. 일찍이 돌아가신 황중공(黃中公)의 소상에 이렇게 제영했다. "이 노옹은 조금 알 수 있겠다. 아마도 지팡이를 꽂아두고 밭가는 농부는 경전을 갈아 자력으로 살아나가는 것이요, 삼태기를 등에 맨 이웃 노인은 일찍이 고금의 일을 목소리 높여 논하는 것이다. 시대를 함께 하는 육기(陸機)와 육운(陸雲) 형제요, 바야흐로 지금의 장저(長沮)와 걸닉(桀溺)이다. 아아! 나도 쇠퇴하여, 관직을 그만둔 지 오래다. 밭두렁 논두렁 너머에는 아는 이가 많지 않다. 부디 노옹과 함께 노닐어 낚시를 드리우고 주살을 날리고자 한다. 20년이 지나면 옹은 100세이고 나도 여든 살이다." 황중공은 돌아가신 방백의 포제(胞弟, 친아우) 중달공에게서 태어났다. 오강의 현학생으로 학문을 쌓고 문학에 능했으나, 청금의 신세로 일생을 마쳤다. 검토(서구)가 전원으로 돌아온 이후 아침저녁을 늘 같이 했다. 국초 노인들의 풍류는 사람들을 흠모하게 만든다. 검토는 사에 공교로워, 판각한《국장(菊莊) 악부》로 명성이 해내와 해외를 진동시켰다. 저서에《남주초당집(南州草堂集)》30권이 있다. 시의 격조는 중당과 만당 사이에 해당한다.
>
> 徐虹亭檢討, 吳江人, 與潘次耕同擧康熙己未鴻博, 年未七十, 乞歸不出. 嘗題先黃中公小像曰: "這箇老翁, 有些認得. 疑以爲植杖之農夫, 乃畬經以自力. 以爲荷鋤之鄰叟, 嘗抗譚乎古昔. 幷世機雲, 方今沮溺. 噫! 吾亦頹然, 久辭館職. 越陌度阡, 無多相識. 幸與老翁, 相從釣弋. 更二十年, 翁旣百齡, 吾亦八十." 黃中公爲先方伯胞弟仲達公所出, 吳江縣學生, 績學能文, 一衿終老. 檢討歸田後, 嘗共晨夕. 國初老輩風流, 令人欣羡. 檢討工詞, 所刻菊莊樂府, 名動海外. 著有南州草堂集三十卷, 詩格在唐中晚間.[93]

육형은 서구의 "나이 70이 안 되어 귀향하고는 벼슬길에 나가지 않았던" 생애를 서술하고, 서구가 한림의 직을 사직하고 고향으로 돌아와 노옹 황중공과 함께 주살을 던지고 낚시하기를 20년 동안 하면서, 어은의 생활을 보냈다고 했다. 고을의 어진 인물에 대한 화상 제찬을 통하여 서구는 학문을 쌓고 문학에 능한 향리의 은둔자 노옹을 칭송하고, 다른 한편으로는 높은 재주를 지니고도 농포에 숨은 것에 대해 조롱과 풍자의 뜻을 드러냈다. 황중공을 묘사했지만, 자기를 투사하여 견주는 뜻이 있었다.

집단의 공공 텍스트가 되었다는 것은 서구의 화상 제영이나 황중공의 화상 제영이나 같다. 실은 그것들은 한 문인의 관람과 자기 진술의 장을 제공한 것이기도 하다.

6) 유희와 분장 은유

(1) 화상의 유희성

90여 명의 관중이 서로 다른 시각에 각각 이 〈풍강어부도〉를 보고 제발(제영)을 통해 여러 목소리를 드러내었는데, 그 가운데 가장 많은 음성은 은둔을 흠모하고 의리를 높이 치는 것이었다. 대부분의 문사들은 호복(濠濮)에 임한 것과 같은 와유를 행했다. 서구는 그들을 지음으로 끌어들여, 문사들 사이에서 청고하다는 칭송을 한껏 받았다. 안개가 낀 드넓은 강에 일엽편주를 띄운 공간은 맑고 그윽한 이상국으로 변환되었으니, 서구의 '독서 기대'에 아주 부합한다. 어떤 제영들은 서구의 내심을 곧바로 가리켰다. 왕무린 시는 이러하다.

> 월나라 베로 아래옷을 만들고 좌석 감으로 모자를 만들고는, 손에는 산호 낚싯대를 쥐고 외론 배 안에 앉아 있다. 종래 실의했던 영웅들은, 번번이 연

93_《淸詩紀事》第5冊, 〈康熙朝卷〉, '徐釚篇', pp.2805-2806.

> 파조수에 가탁하여 고기잡고 낚시하는 일을 배웠다. 낚싯바늘이 곧은지 낚싯바늘이 굽은지 말하지 말라, 명월과 청풍은 웃음을 주기에 충분하다. 회음에서 걸식한 것[한신의 고사]을 마음으로 부끄럽게 여기고, 엄뢰에서 이름을 판 것[엄릉의 고사]을 좋아하지 않는다. 단풍이 쐈쐈 소리를 내고 황엽이 울음을 울 때, 석벽이 마주하여, 하늘 잠긴 강물에 맑게 비친다. 배 안에 그림도 있고 또 서적도 있으니, 어찌 술동이와 차 아궁이가 없겠는가? 우연히 수국에 들어갔다가 혹은 산으로 들어가, 성을 바꾸고 이름을 감춘 것은 도무지 헤아리기가 어렵도다. 근자에 듣자니 조칙이 내려와 은둔하고 윤몰해 있는 이들을 징소한다 하니, 낚싯줄을 말아서 낭묘(조정)로 향하는 것이 좋으리라.
>
> 越布爲裳席爲帽, 手把珊瑚坐孤櫂. 從來失意英雄人, 每託煙波學漁釣. 休言鉤直與鉤曲, 明月淸風餌堪笑. 淮陰乞食心所羞, 嚴瀨沽名非所好. 丹楓瑟瑟黃葉鳴, 石壁江天對淸照. 船中有畫還有書, 豈少酒盆與茶竈? 偶然于水或入山, 變姓藏名總難料. 近聞下詔徵隱淪, 好卷絲綸向廊廟. (592)

회음에서 한신이 걸식하고 엄뢰에서 엄광이 이름을 팔았던 것은 모두 분에 넘치게 흔적을 남긴 것이고, 연파에 기탁하여 고기잡이 · 낚시를 배우거나 물 건너고 산에 들어가 성을 바꾸고 이름을 숨기는 것은 다만 실의한 영웅이 잠시 몸을 맡기는 것일 따름이다. 서구는 과연 징소되자 출사하여, 낚싯줄을 드리우고 있던 처지에서 낭묘(조정)의 명성을 일으켰다. 왕무린의 관찰은 고영(高詠, 1622-?)의 "풍강 강의 한가한 몸이, 별안간 낚시를 버리고 시종신이 되었다(楓江江上一閒身, 瞥爾投竿作侍臣)"(611-612)라는 구절에 부합한다.

앞에서 보았듯이 우통은 이러한 작풍을 유희라고 보았다.

> 집이 오강의 아지랑이 끼고 비 내리는 물가에 있어, 녹빛 도롱이와 푸른 대삿갓으로 낚싯줄 드리우기 편하다. 유희가 우연히 호복(濠濮)의 놀이와 같구나. 화권을 펼치니, 완연히 한 폭의 현진자 전기로다.
>
> 밝은 달로 갈고리를 삼고 무지개를 줄로 삼아, 비단 비늘 고기를 죄다 잡으니 신령한 자라가 나타나서, 〈능운부(凌雲賦)〉를 짓자 대사마가 천거하네. 그대는 보지 못했나, 어옹이 지금 금난전에 오른 것을. (〈어가오(漁家傲)〉, 604)

밝은 달을 갈고리로 삼고 무지개를 낚싯줄로 삼아, 비단 비늘 고기를 모두 낚은 뒤 신령한 자라가 홀연 나타나자, 어옹으로 분장했던 인물이 금난전에 오른다. 후단(제2단)은 아예 골계풍이다. 도롱이 걸치고 삿갓 쓰고 낚싯대를 드리운 어은은 인생의 유희와 유사하다. 미한문은 서구 〈어부도〉의 유희 심리를 더 갈파하여, "구름 속에 깃들고 강물과 친압한다는 것은 대개 붓끝의 유희에 불과할 따름이다. 출사와 은둔을 어떻게 구분하겠는가? 대각을 옛날부터 사륜을 붙잡는 곳이라 했나니(栖雲狎水, 大抵毫端遊戲耳. 仕隱何分? 臺閣由來號秉綸)"[감자목란화(減字木蘭花), 599]라고 했다. 어부와 대각 대신은 어떤 정도로는 모두 조객(낚시꾼. 한 사람은 물고기를 낚고 한 사람은 이름을 낚는다)이니, 출사와 은둔이 무슨 구분이 되랴? 〈어부도〉를 그린 것은 본시 기대하고 의도하는 바가 있어서이다. 오린(吳麐)도 어은을 유희의 심리로 보아, "홍엽 물든 맑은 강에 갈대 같은 배를 띄워, 영원토록 삿갓을 쓰기로 하여 수레를 타지 않았거늘, 어찌 알았으랴 황가의 그물에 걸려, 여전히 낚시를 손에 들고 고기 낚는 일을 할 줄을?(紅葉淸江一葦如, 久拚戴笠不乘車. 那知身被皇家網, 猶自持竿事釣魚?)"(601)이라고 했다. 원래 이 어부는 처음부터 끝까지 어부이기는 하지만, 전에는 홍엽 청강에 일엽편주를 몰았으나 뒤에는 몸이 황가의 그물에 걸려 명예를 낚게 되었다는 뜻이다.

고형(高珩, 1612-1697)은 〈풍강어부도〉를 관리 생활의 연출로 보았다.

> 장상 벼슬이 어부의 즐거움과 어떠한가? 운대는 결국 편주에게 양보하리라. 추풍 만리에 대강이 흐르고, 상령(아황·여영 혼령)은 춤을 추는 듯하고, 솔솔 바람은 가을 두형(족두리풀)에 불어온다. 금마문에는 효목[서릉(徐陵)]의 유희가 남아, 채색 붓으로 난초밭 일구는 풍류로다. 노부는 홍을 타서 동쪽으로 유람하려 하나니, 그대와 함께 붉은 잉어를 불러 타고, 손잡고 봉래산 언덕을 물으련다.
>
> 將相何如漁父樂? 雲臺終讓扁舟. 秋風萬里大江流. 湘靈爲若舞, 瑟瑟杜蘅秋. 孝穆金門游戲在, 彩豪蘭畹風流. 老夫乘興欲東遊. 與君呼赤鯉, 携手問蓬丘. (613-614)

편주의 어부는 운대에 화상이 걸리는 장상보다 즐겁기만 하다. 상령이 대강(장강)에서 춤을 추므로, 어부는 물 세계의 영광을 향유하기 때문이다. 고형은 서구가 금마문에 진입해서 여전히, 채색 붓으로 유희하여 풍류를 드러낼 수 있음을 선망하여, 홍이 나면 그와 손잡고 잉어를 타고 동쪽으로 유람하고 싶다고 했다.

노원창(盧元昌)은 서구의 출사/어은의 모순을 의심의 눈으로 바라보았다.

> 일만 이랑의 연파는 정말로 담담하게 베껴내었다만, 녹빛 도롱이와 푸른 삿갓은 무엇 하자는 것인가? 길고 뾰족한 대나무 낚싯대를 한가로이 잡고 있다. 능히 소쇄할 수 있어서, 눈앞에 홍진이 일어나지 않게 하누나.
> 우연히 옥당에 이른 것은 유희이니, 나를 고기 낚는 곳 갈대꽃 아래로 돌려놓았구나. 다만 낚싯줄을 갑자기 버리긴 어려우리라. 도무지 모르겠군, 강호와 위궐(궁궐) 가운데 어느 것이 참이고 어느 것이 거짓인지.
>
> 萬頃煙波眞淡寫, 綠蓑靑笠何爲者? 篷篷竹竿閒自把. 能瀟灑, 眼前不遣紅塵惹.
> 偶到玉堂遊戲也, 還吾漁所蘆花下. 只恐絲綸難遽捨. 都聊且, 江湖魏闕誰眞假. (〈漁家傲〉, 614-615)

이 제사(題詞)의 상단은 어부가 소쇄하게 자득하여 홍진을 야기하지 않는다고 했다. 하단은 옥당에 오르는 것과 고기잡이 터로 들어가는 것을 변증법적으로 제시했다. 앞서의 문인들은 서구가 낚싯줄을 드리움으로써 낭묘의 명성을 낚았다고 편향적으로 해석했으나, 노원창은 다른 각도에서 우통 · 미한문 · 오린 · 고형 등이 말한 연출 · 유희 관념에 동조했다. 갈대꽃 아래 어은하는 것이 유희인가, 낭묘 · 옥당에 오르는 것이 유희인가? 어부는 손에 든 낚싯줄을 버리지 못하는가, 아니면 행간에 결코 언명되지 않았지만, 낭묘 · 한림을 버리지 못하는가? 강호가 참인가, 아니면 궁궐이 참인가? 출사하여 한림 관직에 임명된 것도 마찬가지로 한 바탕 유희에 불과하지만, 갈대꽃의 고기잡이 터로 돌아간다고 해서 진정한 초탈일 수 있는가? 노원창의 의혹은 우통 · 고형 · 왕무린 등의 의혹이요, 서구 자신의 의혹이 아니겠는가? 작자는 서구의 심전(心田)에 일침을 깊이 꽂았다.

장상원(張尚瑗)은 이 주저주저함의 심리를, 생동적으로 묘사했다.

> 바야흐로 도롱이와 삿갓을 벗어던지고, 동곳과 패물을 차며, 궁궐의 근시직으로 빙빙 돌면서, 장차 한 번 낚아서 문왕을 얻으려고 했더니, 얼마 안 있어 매서운 바람과 괴이한 비가, 아득히 들이닥치고 콸콸 흘러내려서, 위태로워라 다시 머물 수가 없구나! 마침내 '해변에 지금 조어옹이 되노라' 시구를 읊는다. 멀리 태액지의 맑은 물결을 바라보니, 금명전의 어조(魚藻)를, 또한 황홀하게 잃어버린 듯하구나.
>
> 方其釋蓑箬, 襲簪佩, 迴翔禁近, 將以爲一釣而得文王. 無何盲風怪雨, 澒洞澎湃, 岌乎不可復留! 乃賦'海邊今作釣魚翁'句. 迴視太液晴波, 金明魚藻, 又恍然若失矣. (619)

장상원은 어옹이 금난전에 오른 것을 두고, 환해가 험난하므로 귀거래만 못하다고 말했으나, 그가 관직을 멀리 벗어나게 되자 실망스럽다고 말했다. 장상원은 "아! 한 어부로다"(619)라고 장탄식을 하고, 어은의 심정을 대단히 조리 있게 분석했다. 이어서 자기의 추측을 부정하여, "그렇지만 인간세상에서의 득실이 이 그림과 무슨 관계가 있는가?"라고 반문했다. 또한 어은과 환해의 관계를 단번에 쓸어 없애고, 유희의 필조로 자신의 관찰과 체득을 이야기했다.[94]

(2) 문화 분장의 은유

서구는 자전에서 강호/환해의 사고와 관련하여, 어부를 개인의 상징기호라고 분명히 밝혔다. 모제가에게도 삿갓을 쓰고 낚시를 드리운 분장도가 있어, "나도 전에 〈대립수륜도(戴笠垂綸圖)〉가 있어, 받은 시문이 아주 많았는데, 거의 이 그림과 비슷하다"(621)라고 했다. 모제가는 어부의 분장이란 점에서 서구를 지음으로 삼았다. 서구는 일찍이 모회후(毛會侯)[모제가]의 〈어부수간소조(漁父垂竿小照)〉에 대해 이렇게 서술한 일이 있다.

94_Richard Vinograd는 19세기 만청 회화의 풍자성을 연구하여, *Satire and Situation: Images of the Artist in Late Nineteenth century China*, Chou Ju-his ed., Art at the Close of China's Empire, Phoebus, vol. 8, 1998, pp.110-133을 발표했다. 그 관점은 이 절에서 화상의 유희성을 분석할 때 근거가 되었다.

> 엄주(嚴州) 모회후가 역시 낚시를 드리운 모습의 소조를 그렸는데, 화정(華亭) 고속원(高謖園) 층운(層雲)은 〈매피당(邁陂塘)〉을 지어 이렇게 노래했다. "기이하게 아강(娥江)이 천 이랑으로 푸르게 주름이 졌는데, 오나라 비단 서너 자 길이를 누구에게 알리랴? 아지랑이 낀 나무줄기는 비스듬한 모래사장 바깥으로 짐짓 굽어나갔고, 연초선(燕梢船, 작은 배)의 부드러운 노를 살짝 스치며, 바람이 지나가매, 세 짝 문을 봉창 아래 걸고는, 갈매기와 해오라기의 졸고 있는 그림자를 그려본다. 저녁 되어 멋진 곳은, 바로 물이 평교에 넘쳐나는 들이니, 가벼운 도롱이와 작은 삿갓으로, 시내에 가득 내리는 막막한 빗속에 선다. 집을 두고 묘수(泖水)에 오래 살아, 나도 역시 연파의 옛 동무이니, 낚싯대를 던진 당일의 정서로다. 주도(酒徒)는 모두 봉후의 벼슬을 찾아나서, 어쩔 수 없이 부드러운 먼지 길에 나그네가 되었네. 헤아리건대 가든 머물든, 춘수와 도화를 따라 해나가, 낚시거룻배에 의지하여 모래톱 물가에 임한다. 그대를 만나면 어찌하랴? 다만 차 부엌과 향 대그릇, 낚시통과 시권으로, 거울 속 사람을 마주하여 말할 뿐이로다." 사객(槎客) 고건(高騫)은 속원령(謖園令)의 아들인데, 나를 위해 '풍강어부'에 제를 하여 〈소중산(小重山)〉조로 노래했다.
>
> 嚴州毛會侯, 亦畫垂竿小照, 華亭高謖園層雲賦〈邁陂塘〉云: "訝娥江·綠揉千頃, 吳綃數尺誰譜? 烟條故踠斜汀外, 半拂燕梢柔櫓. 風欲度, 挂三扇低篷, 寫影眠鷗鷺. 晚來佳處. 正野漲平橋, 輕蓑小笠, 漠漠一溪雨. 家長泖, 我亦烟波舊侶, 投竿當日情緒. 酒徒盡覓封侯矣, 漫向軟塵羈旅. 商去住, 趁春水桃花, 倚艓當沙溆. 逢君何許? 但茶灶香籠, 釣筒詩卷, 相對鏡中語." 高槎客騫, 謖園令子, 爲余題楓江漁父〈小重山〉云.[95]

고건(高騫)은 서구의 화상에 사를 썼다. 그 부친 고층운(高層雲)은 모제가의 수간소조(垂竿小照)에 사를 썼다. 서구도 두 사를 기록했다. 의경과 필조는 서로 비슷하다. 모제가의 수간소조 화면에 나오는 녹아강(綠娥江), 낮게 걸린 봉창, 졸고 있는 갈매기와 해오라기, 평교(平橋), 가벼운 도롱이와 작은 삿갓, 차 끓이는 아궁이, 향 담는 대그릇, 낚시통, 시권(詩卷) 등등 모두가 〈풍강어부도〉와 그리 차이가 없다. 서구는 두 소조의 제영을 나란히 거론하여, 당시 어부 분장의 소조로 자아를 처리하는 일이 유행했음을 잘 보여주었다.

95_彭孫遹, 《詞藻》 卷4, 《歷代詞話》 下冊, p.997; 徐釚, 《詞苑叢談》, 《詞話叢編》 第2冊, p.1943.

시대는 조금 내려와, 청나라 번성기 양주팔괴의 한 사람 나빙(羅聘)은 삿갓 쓰고 도롱이 입고 어옹으로 분장하여 자기를 위해 화상을 그리되(그림 4-10), 도롱이 아래는 그리지 않았다. 나빙 스스로 제영한 시는 이러하다.

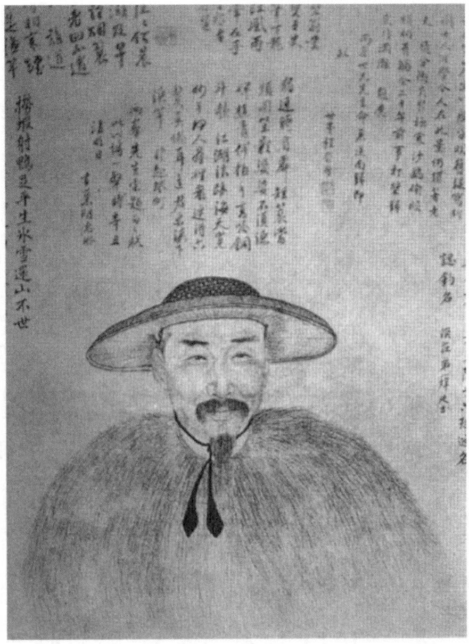

그림 4-10. (청) 나빙, 〈자화상〉 축, 비단, 수묵, 59.8X56cm, 북경 고궁박물원.

> 감히 신선 장지화라고 말하나니, 물가 기슭의 갈매기, 백사장의 해오라기가 함께 연파의 강에 있도다. 우연히 고기잡이배를 버리고 인간 세상의 바다로 왔다만, 어찌 금란(직금)의 관복 때문에 낚시 때의 도롱이를 벗으랴? 경자 10월 6일, 요주어부 스스로 도문(都門)에 쓰다.
>
> 敢道神仙張志和, 汀鷗沙鷺共煙波. 偶拋漁艇來人海, 肯爲金襴脫釣簑? 庚子十月六日, 蓼洲漁父自題于都門.

이 어부는 강호의 도리를 배반하고, 큰 배를 타고 도문의 인해(人海)에 이르러 금란의 관복을 입으려고 도롱이를 벗었다. 화폭에 가득한 제발과 낙관으로 알 수 있듯이,[96] 나빙은 장지화의 연파 분위기를 그림으로 그려 진신사대부들과 교제를 맺는 매개로 삼았다. 청대 화가 황정(黃鼎, 1650-1730)은 〈어부도〉(그림 4-11)를 그렸는데, 그림의 윗부분에 황존고(黃尊古) 즉 황정 자신이 유종원의 〈어부도서(漁父圖序)〉를 행서로 적어 넣었다. 강의 두 기슭에는 산수가 펼쳐 있고, 주창(舟艙)에는 간단한 가재도구가 있으며, 갑판의 어부는 관중을 등지고 수면을 바라보면서 소요·자적한다. 어은의 의경을 주제로 삼은 것이다. 황정은 강희 연간

96_《中國歷代名人圖鑑》(下冊), p.813.

에 만주인 박이도(博爾都) 화상을 그렸다. 박이도는 제기에서, "나의 호는 동고어부인데, 존고가 이것을 그려 보내주었으니, 백붕(많은 보물)의 선물일 뿐이겠는가? 문정(予號東皐漁父, 尊古寫此相贈, 何啻百朋之錫也? 問亭)"이라고 했다. 나빙은 자신이 화가가 되어, 문인이 즐겨 사용하는 전통적인 어부의 형상으로 자기를 묘사하고, 문인이 모두 공감하는 문화 가치를 화면에 전시하여, 자기의 분장을 관람자들의 대화에 공여할 기호로 삼았다. 서구의 〈풍강어부도〉와 마찬가지로 심오한 의미의 도상기호를 활용했다. '어부'가 분장 은유로 유행한 것이다.

그림 4-11. (청) 오정, 〈어부도〉 축, 비단, 수묵, 113.8X46.6cm, 상해박물관.

초상화는 신체의 외모를 표현하고 의복과 상황을 묘사하는 데 집중한다. 문사들은 상주의 영광스러운 자태를 벗겨내고 조형에 변화를 추구하여, 농부·어부·초동 등 일상적이지 않은 분장을 통하여 인물의 지취를 홍탁해냄으로써, 명·청 때 신흥한 초상화의 구도 원칙을 이루어 내었다.[97] 화가는 상주를 말을 타거나 지팡이를 짚거나 어깨를 세우거나 바위를 받치거나 소매를 말거나 차의 거품을 일으키거나 하는 여러 가지 자태로 설계했다. 이로써, 옷깃을 바로 하고 꼿꼿이 앉은 모습으로 마치 진흙으로 만들어내고 나무로 깎은 인형과 같이 만드는 결함을 벗어날 수 있게 되었다.[98] 문인 · 학사만이 조형을 창신

97_楊新 · 班宗華等人合著,《中國繪畫三千年》(台北: 聯經出版社, 1999), 聶崇正撰 〈清代〉部, p.271.

98_蘇州大學圖書館編,《中國歷代名人圖鑑》; 華人德主編,《中國歷代人物畫像集》(全3冊)

한 것이 아니라, 청나라 제왕도 분장 소조를 유행시켰다.[99] 상주의 자태와 동작은 실내의 화려하고 정교한 가구를 배경으로 하되, 실외는 맑고 우아하며 그윽하고 아름다운 산수를 조형했다. 이 두 가지 모두가 초상화의 눈요기 요소로 추가되었다. 수많은 분장 형상 중에서 서구가 유독 어부에 마음을 쏟은 것은 어째서인가? 서론에서 인용했듯이, 의약분(衣若芬)은 〈어부도〉에 대해, 공간적으로 보면 "강남의 가담(葭菼, 갈대숲) 지역에서는 고기잡이와 낚시를 잘 알았다"라고 언급했다. 또 통시적으로 보면 역사 관념으로부터 영향을 받았으니, '어부'는 중국 문화 체계에서 세간사에 연연하지 않고 강호에 자취를 감추는 상징 의미를 지녔다고 했다. 출사와 은둔 사이의 방황 및 갈등은 유가적 사유 체계에서 중대한 일로, 한 개인의 존재 의미에 관계된다. 어부를 이상적 은자의 모범으로 삼는 일은 향유되고 모방되어 왔다. 연파조도(烟派釣徒)라고 자호한 장지화는 찬영과 흠모의 함성 속에서 이상적 은자의 전형으로 조형되었다. 원나라 화가 오진(吳鎭)은 '대선오지자(大船吳之子)'로서 어은했으니, 그것은 분명히 고심하여 선택한 일(지향이자 바람)이었다. 청나라 사람이 〈오진어부사(吳鎭漁父詞)〉를 지어 이렇게 노래했다.

> 오중규(吳仲圭)[오진]는 그림에 뛰어나고 또 소사(小詞)에도 능했다. 일찍이 인계(麐溪) 심언실(沈彥實) 처사의 화책에 적기를, "붉은 잎의 서촌에 해 그림자 남아 있고, 누런 갈대의 여울가에 달의 흔적이 갓 나온 때, 가벼이 노를 저어, 장차 돌아가리라. 낚싯대는 걸어두었어도 물고기는 낚지 않고"

(上海: 上海古籍出版社, 2004) ; 瞿冠群 · 華人德主編, 《中國歷代人物圖像索引》(南京: 江蘇教育出版社, 1994).

99_《中國美術全集》〈淸代繪畫中〉冊은 청나라 황제들의 조복 입지 않은 초상들을 많이 수록하고 있다. 〈玄燁(康熙)戎裝圖軸〉(圖110), 〈胤禛(雍正)行樂圖軸〉(圖112), 〈胤禛(雍正)朗唫閣圖軸〉(圖113), 〈弘曆(乾隆)平安春信圖軸〉(圖154), 〈弘曆觀畫圖軸〉(圖155) 등이다. '扮裝'의 관점에 관해 예술사학자 Wu Hung(巫鴻)의 *Emperor's Masquerade-'Costume Portraits' of Yongzheng and Qianlong*, Orientations 26:7(July/August 1995), pp.25-41은 청나라 옹정 · 건륭의 분장 초상을 연구하고 옹정 · 건륭 두 황제의 분장 화상이 서방의 가장무도회와 연결되어 있다고 밝혔다. 여러 황제들은 많은 분장 화상을 더욱 심각한 표징으로서 남겨두었으며, 이러한 화상은 지존의 황제가 기이한 복식에 대해 지니는 기호를 만족시켰다. 이것은 벼슬살이에 실패한 문인 서구의 어부도가 표지하는 것과는 본질적으로 다르다. 巫鴻의 논문은 새로운 시각을 제공했다.

> 라고 했다. 대개 어부사이다. 그 품격의 고묘함이 어찌 장지화만 못하랴?
> 吳仲圭工於畫, 亦能小詞. 嘗題嚳溪沈彦實處士畫冊云: "紅葉村西日影餘. 黃蘆灘畔月痕初. 輕撥棹, 且歸歟. 掛起漁竿不釣魚." 蓋漁父詞也. 其品之高妙, 何減張志和?[100]

원나라 화가 오진은 당나라 장지화의 뒤를 이어, 새로운 이상적 어부의 전형이 되었다. 문인은 어부 형상을 정의(情意) 전달의 통로로 삼아, 개인의 심리를 투사하고 자아를 정립했으니, 그 배후에는 강고한 문화 전범의 지지가 있었다. 후대의 시인과 화가들은 대부분 장지화 방식의 어부를 시화에 끼워넣어 전고로 삼거나, 적어도 어부의 생활에 주목했다. 문인들은 전통 속의 정형화된 '어부'로 자기 삶을 은유했다.[101]

서구는 어부를 자천(自薦)의 분장 형상으로 선택했다. 모제가는 굴원과 장자의 어부라는 사고 노선을 따라 깊이 파고들어 관찰했다.

> 어부가 낚싯밥을 두고 어망을 잡는 것은 그 뜻이 고기 잡는 데 있으니, 이는 도고(屠酤)·시판(市販)과 같을 따름이다. 칠원(장자)이 〈어부〉편을 저술했는데, 그 말이 광대하고 심원하며 자기 멋대로였으며, 영균(굴원)은 강담에서 초췌하던 때에 문답을 설정하여 스스로 뜻을 넓히기를 마치 세상을 업수이 여기고 뜻을 방자하게 함이 있는 듯이 하였다.
> 漁者之設釣餌, 操罝網, 志在於得魚, 不過與屠酤市販等耳. 自漆園著漁父之篇, 其言多洸洋自恣, 而靈均於江潭憔悴之時, 設爲問答以自廣, 若有以輕世而肆志者. (620)

어부는 도고·상판과 같아서, 본래 생계를 꾀하는 직업 유형이다. 단, 중국의 은일 문화에서 어부는 특별한 의미를 지녔다. 《장자》〈잡편·어부〉는 공자와 어부의 대화를 설정하여, 유학과 도가의 사상이 다름을 천명했다. 글 속에서 어부는 눈썹과 수염이 모두 희고 머리카락을 드리우

100_《詞苑萃編》, 卷6, 〈品藻〉, 〈吳鎭漁父詞〉條, 《詞話叢編》 第2冊, p.1906.

101_衣若芬은 원나라 화가 吳鎭의 〈漁父圖〉를 기점으로 삼아 두 노선을 탐구했다. 첫째 漁父 意象이 《楚辭》·《莊子》의 智慧長者로부터 文人의 영혼에 이상적 생활상태로 투사되었는데, 어떻게 문인들이 이것을 수용하고 지향했는가? 둘째 〈漁父詞〉는 吳鎭이 스스로 전사한 것인가 다른 문인이 의작한 것인가? 그 역사 맥락은 무엇인가? 의약분은 漁父의 문예 형상 창조와 수용 과정을 면밀하게 검토하여 〈漁父圖〉의 시화 전통을 탐색했으므로 참고할 가치가 높다. 衣若芬, 〈不繫之舟: 吳鎭及其 '漁父圖卷' 題詞〉.

고 소매를 날리면서 왼손을 무릎에 대고 오른손으로 턱을 괴고는, 공자가 한가롭게 현악기를 타면서 노래를 부르고 북을 치는 것을 들은 후에, 인의예악과 인륜에 대하여 질문한다. "인(仁)은 인이지만, 그 몸이 마음을 괴롭히고 형체를 고달프게 하여 참을 위태롭게 하는 것을 면하기 어렵다"라고 했다. "허리가 구부정하게 꺾여 있고 말마다 절을 하고 응대하는" 공자가, "지팡이를 끌고 뒤로 서 있다가" "배를 노 저어 떠나 갈대숲에 연연해하는" 어부와 대조를 이룬다. 어부를 도에 밝은 지자의 형상으로 소조한 것이다.[102]

《초사》〈어부〉에서는 안색이 초췌하고 형용이 바싹 마른 굴원이 강담(江潭)과 택반(澤畔)을 방황하는 중에 어부를 만나는데, 어부는 다음과 같이 위로의 말을 한다. "성인은 외물에 응체하지 않고 세상과 더불어 함께 변화한다오. 세인들이 모두 혼탁하다면 어째서 그 진흙을 파고 물결을 거세게 하지 않는단 말이오? 뭇사람들이 모두 취했다면 어째서 술찌끼를 먹고 술을 후루룩 마시지 않는단 말이오?" 정치에 대해 결벽증을 앓던 굴원이 삶의 고달픔에 대한 의혹을 다시 제기하여 더 물으려고 하자, 어부는 탁영탁족(濯纓濯足)의 창랑가를 부르면서 빙그레 웃으며 노를 저어 떠나갔다.[103]

모제가의 글은 이렇게 이어진다.

> 뒷날 사람은 배회하며 상상하길, 마치 하늘가의 진인이 너울너울하여 가까이할 수 없다고 여기고는 왕왕 우의하여 호로 삼았으니, 대개 황홀하게 갈대와 함께 거처하면서 갈매기·오리를 벗 삼았다.
>
> 後之人低徊想像, 如天際眞人縹緲而不可即, 往往寓意以爲號焉. 蓋恍然蘆荻之與居, 而鷗鳧之是侶矣. (620)

모제가는 장자와 굴원의 어부 문답을 인용하여, 서구의 어부 분장이 지닌 은유의 뜻을 밝혔다.

102_《莊子》 雜篇 第31〈漁父〉, 郭慶藩輯, 《莊子集釋》(台北: 漢京文化事業, 1983), pp.1023-1035.

103_屈原, 〈漁父〉, 洪興祖撰, 《楚辭補注》(台北: 漢京文化事業, 1983), pp.179-181.

공자와 어부가 이야기를 나눈 장편 이외에도, 《장자》 〈잡편〉에는 우언 속의 인물 임공자가 도가의 수순자연관(隨順自然觀)을 천명하는 부분이 있다. 바로 화상 제영자 가운데 도징(陶徵)이 다음과 같이 쓴 내용이다.

> 어느 뱃사공이 텅 비고 밝은 곳에 앉아 있는가? 먹이를 던지고 물고기와 친압해도 물고기는 일어나지 않누나. 이때 응수에 어찌 계책이 없으랴? 집이 강가에 있어 짐짓 다시 그러할 따름이다. 물고기 잡고 술 사오는 것이 괴이하지 않아라, 물고기 흩어지고 낚시 갈고리 한가한 것 또한 즐겁도다. 군의 마음은 오래전부터 이미 요확(텅 비고 드넓음)의 경지에 부쳤으니, 시선 앞의 사물이야 정말 해진 신발과 같도다. 그대는 보지 못했는가, 동해에서 한 낚시 갈고리로 여섯 자라를 연달아 낚은 것을? 지금도 도리어 임공자를 추억한다네.
>
> 何人艇子坐空明? 投餌狎魚魚不起. 此時應手豈無策? 家住江干聊復爾. 得魚貫酒不足怪, 魚散鉤閑亦可喜. 君心久已寄寥廓, 眼前之物眞敝屣. 君不見, 東海一鉤連六鼇? 至今還憶任公子. (593)

배 안의 어부는 한가롭게 갈고리에 낚싯밥을 걸어 던졌으나, 그 마음은 물고기에 있지 않았다. 마음이 어디에 있었나? 도징은 동해에서 자라를 낚은 임공자의 전고를 이용했다. 임공자는 큰 갈고리와 큰 실로, 회계(會稽)에 웅크리고 앉아 동해에 낚시를 던져 매일 고기를 낚았는데, 한 해가 지나도 고기를 잡지 못했다. 이윽고 대어가 그것을 삼켜 큰 갈고리를 끌고는 물속으로 내려가면서 튀어올랐다가 지느러미를 뒤흔들자 흰 물결이 산처럼 솟고 바닷물은 마구 뒤흔들려, 소리가 귀신과 같아 천 리 멀리에 있는 사람들까지도 두려움에 떨게 했다. 임공자가 큰 물고기를 잡은 것은 작은 낚싯대를 들고 작은 물이 모인 곳으로 달려가서 붕어나 잡으려고 지키는 자와 얼마나 거리가 먼가! 임공자는 자연의 원리를 순순히 따라서 조금도 의도하지 않았으므로 도리어 대어를 낚았거늘, 제 힘을 헤아리지 못하는 천박한 무리는 명리를 억지로 구하다가 도리어 완전히 허망하게 된다.[104]

104_〈任公子〉則, 《莊子》 雜篇 第26 〈外物〉, '任公子爲大鉤巨緇', 郭慶藩輯, 《莊子集釋》,

도징의 제영에서 "군의 마음은 오래전부터 이미 요확의 경지에 부쳤다"라고 했는데, '요확'은 무슨 뜻인가? 뿌리가 없이 무한한 인생 경계를 가리키는가, 아니면 벼락출세하여 오르려 하는 '궁궐'을 가리키는가? 답은 다음의 "그대는 보지 못했는가, 동해에서 한 낚시 갈고리로 여섯 자라를 연달아 낚은 것을, 지금도 도리어 임공자를 추억한다네"에 있다.

만언(萬言)의 경우도 서구의 기백을 헤아려, 서구가 동해에서 자라를 낚으려 했다고 보았다. 그래서 "낚시바위를 일찍이 동해 머리에 쌓아두고, 100척 낚싯줄을 드리우고 곧은 갈고리에 맡겼다. 남방에서 동심의 동료를 만나 기쁘니, 어느 때 바람 타고 작은 배를 띄우려나?(釣磯曾築海東頭, 百尺絲垂任直鉤. 南州喜得同心侶, 何日乘風縱小舟?)"(595)라고 했다. 손지울은 "고기를 한 마리도 얻지 못했다 함은 무슨 말인가? 지모가 어찌 임공자만 못하랴? 삿갓이 머리를 차단하여 쏟아지는 비를 막지만, 구차함이 없으니, 노비의 얼굴과 여종의 꿇어앉는 자세를 선생은 매도한다네(不得一魚何謂也? 智謀肯出任公下? 笠子遮頭憑雨灑. 無苟且, 奴顏婢膝先生罵)"(漁家傲, 593)라고 했다. 손지울도 어옹의 뜻이 고기에 있지 않고 임공자와 마찬가지로 좋은 상인을 기다렸다가 팔려고 하듯이 하여, 비가 뿌려 삿갓으로 머리를 가릴지언정 노비의 표정을 짓지도 말고 무릎을 구부리지도 말라고 하면서, 지혜로운 자로서의 오만한 본성을 지키라고 했다. 굴원이 행음택반(行吟澤畔)하다가 만났던 어부는 액운에 처한 굴원의 고통 받는 마음을 위로하여, 자처(自處)의 도로 이끌려고 했다. 장자의 임공자는 큰 것과 작은 것의 구분을 뛰어넘는 변론을 빌려 자연에 순응하는 인생관을 드러냈다. 장자와 굴원은 고기 잡아 생계를 꾸리는 어부를, 문화적 의미가 깊은 어부로 변환시켰다.

> 장주(장자)와 굴원이 일컫고, 오원(伍員)[오자서(伍子胥)]이 맞닥뜨린 것 이외에, 스스로의 이름으로 가탁한 것이 혹 시문에 보이는 것으로는, 수선(水仙)·해상조오객(海上釣鰲客)·어만자(魚蠻子)·백두파상옹(白頭波上翁) 등이 있다. 오송(吳淞) 지역에서 가장 두드러진 것으로는 이른바 연파조도(煙波釣徒)·강호산인(江湖散人)이 있으니, 모두 어부의 이름으로 스스로를

p.925.

드러낸 예들이다.

自莊周·屈原所稱, 伍員所遇之外, 其託以自名, 或見稱于詩文者, 曰水仙·曰海上釣鰲客·曰魚蠻子·曰白頭波上翁. 而著跡於吳淞間者, 亦有所謂煙波釣徒·江湖散人, 皆漁父之以名自見者也. (張尙瑗, 619)

시점을 바꾸자 어부는 일변하여 문화적 의미의 분장으로 되었다. 수선·해상조오객·어만자·백두파상옹·연파조도·강호산인은 모두 문인이 뜻을 기탁하고자 할 때의 가장 좋은 분장이 될 수 있다. 어부는 좌절한 영혼의 은신처를 제공할 수 있고(굴원의 어부), 기세를 온축하여 발동을 기다리는 칩복 상태일 수도 있다(장자의 임공자). 굴원을 택반에서 만난 어부가 빙그레 미소 지으면서 크게 노래한 일은 정말로 맥없이 불우한 자가 영혼을 기탁한 것이었지만, 그것과 긴밀하게 연계되는 것이 임공자가 거대한 물고기를 낚은 위대한 경지는 아닐지 누가 알겠는가?

옛날 사람들은 왕왕 처지가 불우하여 그 뜻을 펼칠 곳이 없으면 농사에 은둔하거나 땔감 줍기에 은둔하거나 낚시에 은둔했다. 우리 스승 국장(菊莊) 선생(서구)은 은자가 아니다. 일찍이 궁궐의 근시직을 맡았으니, 문학으로 시종하는 신하였다. 게다가 젊어서는 기걸한 뜻을 지녔고, 자라서는 짧은 옷과 필마로 족적을 천하에 남겨, 임공자가 큰 갈고리와 굵고 검은 줄로 동해에서 낚시를 드리운 것 이상이었다. 그래서 풍강에 취미를 붙여 일찍이 그림을 그려서 스스로 즐겼다.

古之人往往所遭不偶, 無所放其意, 或隱於耕, 或隱於樵, 或隱於釣. 吾師菊莊先生, 非隱者也, 蓋嘗官禁近, 爲文學侍從臣矣. 且少負奇傑之志, 長而短衣疋馬, 足迹半天下, 不啻任公子之大鉤巨緇, 持竿於東海也, 而顧寄趣楓江, 蚤繪圖以自娛. (葉舒璐, 622-623)

섭서로는 이 글에서, 서구의 일생 행적이 《장자》의 우언에 나오는 임공자가 동해에서 낚시를 드리우고 있으면서 큰 경지를 깊이 갖추었던 것과 흡사하다고 주저 없이 말했다. 서구가 여러 분장 중에서 어부를 선택하여 지취를 붙인 것은 칩복 이후의 성공을 기다렸기 때문이리라!

풍강어부 서구 이외에도 제영자 가운데 '어(漁)'로 자호한 사람이 많다. 이를테면 주이준은 만년에 소장려조어사(小長廬釣魚師)라 칭했다. 엄승손은 호가 우어(藕漁)인데, 또 우당어인(藕塘漁人)이라고도 했다.

왕사진의 별호는 어양산인(漁洋山人)이다. 중국 문인의 문화에서 어부는 이미 은일의 전형으로 소조되었다. 섭정수(葉廷秀)는 다음 시화를 남겼다.

> "창랑의 여든 살 먹은 한 노옹이 있어, 갈대꽃 어우러진 강에서 강물이 허공과 이어져 있는 곳에서 지낸다. 세간에는 승제(乘除)의 일이 많다만, 좋은 밤 밝은 달에 낚시 통을 거둔다." 세상 사람들은 승제의 일을 아는 이가 드물다. 승제를 알면 헝클어져 술에 찌든 상태로는 이르지 않을 것이다. 《주역》에 "나아가는 것을 알고 물러나는 것을 알며 생존하는 것을 알고 멸망하는 것을 아는 것은 오직 성인이 아니겠는가?"라고 했다. 정말로 승제를 아는 사람이 드물어서, 좋은 밤 달 밝은 때에 결코 낚시 통을 수습하려 하지 않는다. 또 옛 사람이 〈제어옹야조도(題漁翁夜釣圖)〉에서 "그대여 급히 낚시를 파하게나, 밝은 달이 이미 많지 않다네"라고 한 것은 세상 사람을 깨우칠 만하다.
>
> "八十滄浪一老翁, 蘆花江上水連空. 世間多少乘除事, 良夜月明收釣筒." 恐世人知乘除者少. 知乘除, 則不至於離披酩酊矣. 《易》曰: "知進而知退, 知存而知亡, 其惟聖人乎?" 信乎知乘除者少, 而良夜月明, 決不肯收釣筒也. 又昔人〈題漁翁夜釣圖〉: "勸君急罷釣, 明月已無多." 較足醒世.[105]

어옹은 강호에 출입하는데, 그 처세의 지혜는 인생에서 험난한 처지에 대응하는 도리에 자주 비유된다. 달 밝은 좋은 밤에 낚시 통을 선뜻 수습해야 하지 않을지, 아니면 시간이 많이 남지 않은 밝은 달밤에 서둘러 낚시를 그만둘지, 어부는 중국 문인의 정신을 은유하는 중요한 기호이다.

원나라 절강 일대의 화단에서 어부의 제재가 성행한 이후, 이 지역에서 기원한 절파의 시조 대진(戴進, 1388-1462)과 후대의 절파 화가 오위(吳偉, 1459-1508) · 장로(張路, 1464-1538) · 왕조(汪肇) · 장숭(蔣嵩) 등도 어조(漁釣) 제재의 산수화를 대량으로 제작했다. 어부가 모여 있는 강변의 어락(漁樂) 장면을 그리기도 하고, 눈 오는 날 고기를 낚는 정경을 그리기도 했다. 오위의 〈어락도〉(그림 4-12)는 근경의 기슭에 정박한 배에

105_葉廷秀, 《詩譚》 卷5 〈洞庭老人詩〉, 《葉廷秀詩話》, 《明詩話全編》(南京: 江蘇古籍出版社, 1997) 第9冊, pp.9240-9241.

그림 4-12. (명) 오위, 〈어락도〉 축, 종이, 수묵담채, 270.8X174.4cm, 북경 고궁박물원.

서부터 먼 곳의 배에 이르기까지 고깃배들을 점점이 배치하고, 배 안의 어옹은 한담을 하거나 낚시를 드리우거나 종다리를 내리거나 배를 거두거나 하고 있어, 어부의 현실 생활을 반영했다. 이 그림 속 어부의 무리는 촌민·비부와 같은 세속적 존재들이라서, 원나라 오진(吳鎭)의 〈어부도〉에서 고아·탈속의 홀로 낚시하는 초일한 형상과는 완전히 다르고, 남당 조간(趙幹) 〈강행초설(江行初雪)〉이나 원나라 당체(唐棣, 1296-1364) 〈상포귀어(霜浦歸漁)〉의 현실 세계 속 어부에 가깝다. 그렇지만 문인 품격을 드러내는 어은도는 일일이 손꼽지 못할 정도로 많다.[106] 명나

106_徐邦達編,《中國繪畫史圖錄》(上海: 上海人民美術出版社, 1997). 元朱德潤〈松溪放艇

그림 4-13. (명) 요수, 〈추강어은도〉 축, 종이, 채색, 128.4X58.5cm, 북경 고궁박물원.

라 요수(姚綬, 1422-1495)의 〈추강어은도(秋江漁隱圖)〉(그림 4-13)를 예로 보면, 가을 숲과 먼 봉우리가 보이고 교목이 높이 솟아 있으며, 무성한 그늘 아래 작은 배가 정박해 있고, 배 안에는 명환이 오사모를 쓰고 홍색 관복과 도포를 걸치고서 뱃머리에 앉아 낚싯대를 쥐고 고기를 낚고 있다. 이 두드러진 모습으로 그려진, 관복 입고 고기 낚는 사람은 누구인가? 화가는 이렇게 기록했다.

> 동해옹[즉 장필(張弼), 자 여필(汝弼), 당시 54세]에게 삼가 부쳐, 경운산장의 청상(淸賞)으로 삼게 한다. 성화 병신(1476) 건자월(11월) 4일, 대운 요수(姚綬) 씀.

圖〉, 上冊, p.366; 元趙雍〈松溪釣艇圖〉, 上冊, p.337; 明仇英〈蓮溪漁隱圖〉, 下冊, p.572等.

奉寄東海翁(按即張弼, 字汝弼, 時年54歲), 作慶雲山莊清賞. 成化丙申建子月四日, 大雲姚綬書.

시당(詩堂)에 동기창(董其昌, 1555-1636)의 발문이 있다.

요운동(姚雲東)[요수] 시어와 동해옹은 같은 시기의 인물이다. 이것은 경운산장을 그린 작품으로, 당시 요운동이 곡양(谷陽)을 방문했을 때 증정한 것이다. 두 분은 천하의 인사로, 한묵이 유전하고 있으니, 모두 천고의 물품이 될 만하다. 자고(子固)가 진장하고 있는데, 상상컨대 조부의 벗의 풍류를 어제 일처럼 보는 듯이 하리니, 정말로 문손(文孫)으로서 우아한 일이다.
姚雲東侍御與東海翁同時, 此爲慶雲山莊作, 當時雲東過訪谷陽時呈. 二公天下士, 翰墨流傳, 皆足千古. 子固寶藏, 想見祖翁之友風流如昨, 眞文孫雅事.[107]

화가 요수는 어은 삶을 강조한 도상을 청상(清賞)의 물품으로 만들어 장필(張弼)에게 증정하여 화주(畵主)의 별장과 인품을 칭송했다. 관복을 걸친 어부의 형상은 이 화폭이 표방하는 사조(寫照)의 특질을 더욱 도드라지게 한다. 요수가 채용한 어은도가 서구나 모제가의 어부와 달랐다고 해도, 화자와 제영자들은 어부의 방광(放曠)한 삶을 한껏 멋대로 상상했다. 양윤식(梁允植)의 〈유촌어락도(柳村魚樂圖)〉를 예로 들어본다.

유촌(柳村)은 항산(恒山)의 남쪽에 있는데, 양야미(梁冶湄)[양윤식] 사군이 그 속에서 글을 읽고 있으면서, 금릉 번기(樊圻)에게 〈유촌어락도〉를 그려 달라고 청했다. 나(서구)에게 절구가 있다. "까마귀가 지붕에서 울고 버드나무는 안개에 쌓여 있는데, 일대의 인가가 물가에 있구나. 가장 사랑스럽기는 맑은 봄날 삼월의 저녁이니, 석양 아래 낚싯배를 비껴두었네." 그 풍경은 완연히 강남의 모습이다. 조고암(曹顧菴)[조이감] 학사는 만강홍(滿江紅) 사를 적었다. "푸른 나무와 맑은 시내, 외론 정자 바깥에, 물가 모래밭이 굽어나간다. 가재도구가 한산하여, 필상과 차조뿐이며, 고깃배가 지붕집과 같다. 호수에서 낚싯줄 드리워 오로지 달을 낚는 듯, 소반에는 농어회가 흰 옥을 쌓아둔 듯해라. 새벽에 안개가 깊고, 양류는 맑은 물살에 잠겨,

107_姚綬, 〈秋江漁隱圖軸〉, 董其昌識語, 《中國美術全集》〈明代繪畫上〉, 圖版說明, p.33.

> 마을마다 신록이고, 새벽이슬은 울음을 떨구며, 밭두둑에는 국화가 이어져 있다. 가랑비가 뿌리는데, 드리운 처마 아래에는 대나무가 있다. 푸른 도롱이가 있어 입을 만하고, 짧은 옷은 흉이 아니다. 축항편(縮項鯿, 방어)은 살이 찌고 봄물은 넘실거리는데, 장요미(長腰米)가 백강촌(白江村)에 넉넉하다. 향기로운 탁주에 취하고, 배는 석양이 비끼는 곳에 매어 두고는, 잠이 바야흐로 깊어라." 화운한 사람이 수십 명이었다. 이에 조군(趙郡)에서 조교(雕橋)와 백당촌(柏棠村) 이외에 유촌의 존재를 모르는 사람이 없다.
>
> 柳村在恒山之南, 梁冶湄使君讀書其中, 屬金陵樊圻畫〈柳村魚樂圖〉. 余(按徐釚)有絕句云: "鴉啼屋角柳藏煙, 一帶人家住水邊. 最愛春晴三月暮, 夕陽斜繫釣魚船." 其風景宛然江南也. 曹顧菴學士題滿江紅云: "碧樹淸溪, 孤亭外, 汀沙紆曲. 閒家具, 筆牀茶灶, 漁舠如屋. 湖上綸竿惟釣月, 盤中鱸鱠全堆玉. 曉煙深, 楊柳醮晴波, 村村綠. 朝露泣, 連畦菊. 細雨灑, 垂檐竹. 有靑簑可著, 短衣非辱. 縮項鯿肥春水活, 長腰米白江村足. 醉香醪·船繫夕陽斜, 眠方熟." 和者數十家. 於是趙郡自雕橋柏棠村而外, 無弗知有柳村矣.[108]

양윤식의 서재는 항산의 남쪽 유촌에 있는데, 화가 반기(樊圻, 1616-?)가 〈어락도〉를 그려주었고, 서구와 조이감 두 사람은 수촌즉경(水村卽景)의 사를 지어 주었다. 화가는 어부의 소조와는 달리 회화사에서 익숙한 어락(漁樂)의 도경을 채택했다. 조이감과 서구의 제사는 문인들이 어부의 생활을 선망해서 어부를 선명하게 그려내어 어부의 문화적 분장을 인생 속에 깊이 심어두었음을 잘 말해준다.

문인의 문화에서 강호는 환해를 비유했다. '어부'는 정치적 은유에 따라 은일의 전형으로 소조되었다. 생활이 검소하고 자립해 있으며, 영리를 흠모하지 않고 더러운 세상을 벗어나, 기쁘게 스스로 즐기고 정신이 깨끗하며, 물결에 휩쓸리지 않는다는 등등, 문인은 사환 생애의 주변부에 몸을 둠으로써 어부를 완미한 도덕적 모델로 승격시켰다. 문인 화가는 어부를 시와 회화 속에 끌어들여, 호해에서 근심도 우려도 없이 생활하는 광달한 형상을 취해왔다. 그뿐 아니다. 더 중요한 사실은 인유(引喩)의 전통을 원용했다는 점이다. 〈풍강어부도〉로 말하면, 화상 · 자전 · 제영의 표상 열독과 함께 병행하는 것이 인유의 강한 전통이다. 즉, 어부에 자취를 기탁하고 어은을 가면으로 삼는 사람이 정치에 뜻을 두고 있

108_〈曹爾堪滿江紅〉條,《詞話叢編》第3冊, pp.2120-2121.

을 수 있다. 이것은 일종의 이상적인 수단으로, 삶에 인유 독해의 깊은 뜻을 충만하게 만들어, 결국 전주(傳主)의 지위를 공고히 하는 데 도움을 준다.

7) 소결

서구는 문인들에게 〈풍강어부도〉의 제영을 부탁했는데, 문인 제영자들은 열려진 마음가짐으로 다변적인 심경에서, 다중의 목소리로 상주의 심경에 호응했다. 〈어부도〉는 사적인 은밀한 문건이기도 하지만 대중을 향해 공개된 독본이기도 하다. 이것은 가면일 수도 있고 예언일 수도 있다. 인생 지향의 두드러진 부호이기도 하고 사회적 네트워크의 교제용 매개물이기도 하다.

(1) 소집단 속의 전파

개인의 층위에서 말하면 서구는 그림을 제작한 후 제영을 청함으로써 서정을 드러내고 자아를 표방했다. 문학전파의 각도에서 보면 〈풍강어부도〉의 제영 활동은 공시적이지 않은 여러 소집단 내부로 전파되었다.[109] 〈어부도〉의 제영은 상주가 직접 요구한 것만이 아니라, 남에게 부탁하여 대신 요구한 것도 있다. 다음 제관(題款)에서 그 점을 알 수 있다.

> 전옹(電翁, 서전발, 서구) 연도(年道)형이 호상(湖上)을 방문했을 때 마침 병으로 누워 있어서 손을 마주잡아 대면하는 것을 늦추었다. 성수(星叟)[오농상]가 풍강(楓江)의 맑은 소조를 지니고 와서 보여주므로, 소사(小詞)를 붙여 올려 정신상의 계합을 베껴내고 아울러 출발을 권면하니, 교정하여 주기 바란다. 포제(圃弟) 고표문(顧豹文) 돈수.
>
> 電翁年道兄過湖上, 偶以臥疾, 尙遲握手. 星叟攜楓江淸照見示, 附呈小詞以寫神契, 幷爲勸駕, 惟教正之願. 圃弟顧豹文頓首. (590)

109_楊玉成, 〈小衆讀者: 康熙時期的文學傳播與文學批評〉, 中央研究院.《中國文哲研究所集刊》第19期, 2001年9月, pp.55-108.

강남 문인 고표문은 순치 연간의 진사로, 서구와 함께 박학홍사과에 추천되었으나, 늙고 병이 들어 사양하고 부임하지 않았다. 제관에서 고표문은 서구와 대면하지 못한 점을 애석해했다. 이에 성수(星叟)가 〈풍강소조도〉를 가지고 왔으므로 제사(題詞)를 통해 우의를 맺었다. 성수는 바로 오농상(吳農祥)으로, 항주 사람이다. 고표문과 우의가 있었는데 서구를 위해 제영을 구했다. 오농상에게 〈심원춘(沁園春)〉 사패의 화상 제영이 있다. 고표문은 평소 잘 알지 못했지만 후배를 위해 칭찬을 아끼지 않았다.

> 강동에서 풍채가 뛰어나고, 옥패와 아름다운 구슬을 지녔으며, 윤건(綸巾)을 쓰고 도의(道衣)를 걸쳤다. 헤아려보며 재주가 손색 없어서, 명성을 들은 것이 유독 빨랐기에, 교분을 논하자고 바랐건만, 서로 만남이 어이 이리 더뎠는지! 시편을 충분히 읽어보니, 도화를 머물러 둘 만하다. 바다의 학과 같고 영걸스러운 자태. 다시 누구에게 속하랴? 정말로 의아해 하고 따질 만해라. 징거(徵車)의 바퀴를 밀어 빨리 가시라 권면하건만, 낚시 바위에 서 있다니!
>
> 丰采江東, 玉珮瓊琚, 綸巾道衣. 算才華不愧, 聞聲獨早, 論交有待, 相見何遲. 剩讀詩篇, 堪留圖畫. 海鶴英姿. 更屬誰? 眞當訝問, 徵車推轂, 猶立漁磯! (589-590)

고표문은 서구를 직접 만나볼 기회는 없었지만, 서구의 시편을 읽고 그의 바다 학 같은 영걸한 자태를 보건대, 남들을 흠모하게 만드는 풍류재자의 전형이라고 여겼다. 제사는 이어서 상주의 외모를 두고, "보아하니 우람하게 골격이 크고, 곧바로 가을 물과 같아라. 종횡하여 코로 숨을 내쉬면, 도리어 무지개를 흔드네(看崢嶸骨格, 直同秋水. 縱橫鼻息, 還拂虹霓)"(589-590)라고 했다. 화면으로부터 그 영걸스러운 자태를 추측하여, "한스럽구나 유람의 수레를 쫓아가 함께 돌아가지 못하다니!(恨不追游載與歸!)"(589-590)라고 했다. 서구는 제3자를 통해 대리로 이 그림의 제영을 청했는데, 고표문의 발어(跋語)는 사모하고 칭송하는 뜻을 전했다. 이로써 추측한다면 그림에 사(詞)를 쓴 90여명의 제사자는 모두 서구와 면식이 있었던 인물들만은 아니며, 고표문처럼 전전하여 제영한 새로운 친구도 상당히 있었다. 이 사실은 소조 제영의 전파 모형을 잘 보여준다.

청나라 초에는 징시(徵詩)가 풍조를 이루어, 공개적인 원고 요청이 대부분 우편을 통해 이루어졌다. 시를 통해 문인은 대중과 만났으므로, 이 사실은 징시의 전파가 당시 문학에 깊은 영향을 끼쳤음을 입증해준다.[110] 서구의 소집단 내 징시는 선연(善緣)을 널리 맺고 문학의 명성을 높이거나 문학의 영향력을 확대시키는 사교 활동이었다. 〈풍강어부도〉의 제영자는 같은 시간 같은 지점의 집단을 이룬 것이 아니다. 하지만 문인 집단의 성격과 화상 대면의 독자 반응으로 보면, 스탠리 피시(Stanley Fish)가 말한 해석 공동체(interpretive communities)의 특징을 지녔다. 어부도는 인생 독본이 되었다. 그 의취가 은(隱)·현(顯), 행(行)·장(藏), 출(出)·처(處) 사이에서 유동하여, 이 텍스트는 결코 고정된 의미를 지니지 않았다. 그러나 이 텍스트는 확실히 전주(傳主) 서구를 포함하는 집단의 공통된 해석을 향유했고, 이 집단은 독자 열독의 형태를 결정하고 또 해석 활동의 텍스트 재구성을 제약했다.[111]

〈풍강어부도〉의 상주 서구는 그림을 갖고 다니며 스스로 제영을 청했다. 이로써 이 그림은 문인층의 소집단 사이에 전파하여, 제영자가 관람자·작자·독자 등 다중의 신분을 겸했다. 이에 상주·제영자, 심지어 흥을 돋우려고 임시로 끄집어내온 굴원·장자·장지화 등 고인들이 종이 위에서 서로 다면적인 대화를 나누었다. 그들은 몸과 마음을 다 바쳐 슬픔과 즐거움을 함께하고 행동거지를 함께하면서, 즐거움을 슬픔으로 바꾸고 눈물을 거두고 웃음으로써, 열독의 세계를 시공 초월의 독서 아집(雅集)으로 변화시켰다. 현대풍으로 말하면 종이 위의 문학 살롱(literary salon)을 만들어낸 것이다. 제영자는 기약하지 않고도 같은 지면에서 예상 독자(혹 동인)를 대상으로 목소리를 내었다. 여러 사람 사이에 상호 대화가 이루어지는 것은 문인 제영과 창화에서는 보편적 현상이었다.

110_楊玉成, 〈小衆讀者: 康熙時期的文學傳播與文學批評〉, p.63.

111_解釋共同體라는 개념은 스탠리 피시의 설을 따른다. "의미가 확정적이지도 안정적이지도 않은 텍스트의 특징이며, 구속을 받지 않으며 독립적 독자가 갖추고 있는 속성이며, 그리고 해석 단체(interpretive communities)가 공유하는 특성이다. 해석 단체는 한 독자(열독)의 동형태를 결정하고, 이 활동에서 만들어지는 텍스트를 제약한다." 斯坦利·費什著·文楚安譯, 〈看到一首詩時, 怎樣確認它是詩〉, 《讀者反應批評: 理論與實踐》(北京: 中國社會科學出版社, 1998), p.46.

이 작은 권역의 다원적 대화는 강희 연간에 발전한 가장 전형적인 열독 전파 방식이라 할 수 있다.[112] 소집단 내 전파와 대중 전파의 큰 차이점은, 전자가 함축적인 텍스트를 통해서 독자의 반응을 이끌어내므로 특수한 사회적 정황에서 비로소 창작 법칙과 열독 법칙이 있게 된다는 점에 있다. 예술 텍스트는 의미가 언어의 바깥에 있으므로 독자들이 공개해서 말하지 않아도 서로 마음이 통한다. 예술 텍스트는 모든 사람이 보도록 써서 주는 것이 아니다. 예술 텍스트의 대상은 피차 호흡이 통하고 충분히 묵계하는 독자들이므로, 예술 텍스트는 '사적으로 전달하는 정보'라는 장점도 지니고 목적도 있다. 하지만 그 독자는 작자가 일찍부터 알고 지낸 친숙한 친구들에 제한되지 않는다. 어느 정도 전달의 공공화, 지음의 연결이라는 작용을 일으킨다.[113] 서구의 예로 말하면, 그의 독자는 그가 요청한 관중이면서 또한 그가 기대한 지음이었다. 곧, 자기보다 나이가 많은 은일 시인이거나 예술가로, 대부분 문화계의 핵심 인물로서 시단·문단·사단을 장악하는 높은 지위에 있었고, 심지어 연곡제공(輦轂諸公)이기도 했다. 그들은 그림에 제영을 하고 화운시를 지었으며, 동시에 특수한 독자로서 지향이 같은 지음의 목소리를 내었다.

서구의 어부 화상 제영이 이룩한 집단 텍스트는, 본래 강희 한림원 《명사》 수찬의 동료들을 핵심권으로 하면서, 강절(江浙) 출신을 표방하는 집단의 사교활동의 산물이다. 제영 텍스트는 그림의 완성부터 결집에 이르기까지 20년에 걸쳐 이루어졌다. 문인 엘리트의 소집단은 남주인공 서구를 중심으로 전개되어, 대부분 동향이자 한림 문신의 신분이면서 또한 서구의 선배들이 많았다. 이 선배들은 명말 유로(遺老)로서 청나라 조정에서도 높은 지위를 점유하면서 문단에서 정치 권력의 광휘를 지니고 있다. 혹은 문학 풍조를 리드하여 막강한 세력을 지니고 있녔고, 혹은 후진을 발탁하는 데 여력을 아끼지 않았다. 서구와 제영자는 서로 잘 알고 있거나, 혹은 중개자를 통해 알기도 하면서, 공동의 인식을

112_楊玉成 교수는 최근 中國評點學을 전문적으로 연구하여 정치한 논문을 속속 발표하고 있다. 강희 시기 소집단에서 평점을 전파하고 작은 권역의 대화를 해나간 모형에 대해서는 楊玉成, 〈小衆讀者: 康熙時期的文學傳播與文學批評〉, pp.64-65 참조.

113_孫康宜, 〈典範詩人王士禛〉, 《文學的聲音》, p.115.

지녔다. 제영의 집합을 살펴봄으로써 우리는 당시 문인의 범위를 그려 볼 수 있다. 〈풍강어부도〉는 서구가 몸에 지니고 다닌 일종의 사교 매개물로, 제발(題跋)의 릴레이를 통하여 촘촘한 교제망을 이루었다. 서구로서는 저자세의 '색구(索求)'로 제영을 요청했고, 장년배나 명망가의 화운은 '원고를 하사한' 셈이었다. 그 가운데는 문학적 명성을 인정받고 싶다는 욕구 때문에, 서구의 직접적인 요청 없이도 스스로 제영에 참여한 자도 있었다. 곧, 이 제영 소집단이 엘리트 무리라는 특성을 띠게 되자, 서구와의 구면이든 남을 통한 신교이든, 설사 짬을 내어 원고를 내려주었다고 해도, 어떤 각도에서 말하면, 최신 문학활동에서 소외될까 염려해서 영합하여 참여했다고 볼 수 있지도 않을까? 그들은 하나의 주제와 관련하여 무리지어 참여했지만, 서로 다른 인생의 품격을 차례로 드러냈다. 이 산수 소조를 두고 어떤 누구도 회화 기법의 좋고 나쁨을 품평하지 않고서, 모든 사람이 '소집단 독자'의 신분으로서 대화를 하여, 신기하게도 〈풍강어부도〉는 마침내 강희 문단에서 가장 영향력을 갖춘 문인들이 다투어 맞이하고 방문하는 판도를 구축했다.

(2) 양면성과 후설 서술

서구는 40세에 서정 사의의 어부 소조 〈풍강어부도〉를 남겼다. 당시의 그는 사환의 길을 잘 헤쳐나가 권력 있는 고위자들과 교분을 맺었고, 4년 후에는 마침내 신분 상승의 계단을 찾았다. 그림이 완성된 이후에 서구는 그림을 끼고 다녔다. 장상원은 서문에서 "선생은 징소에 응하여 관직에 있게 되었으나 조금 있다가 휴가를 청하여 남쪽으로 유람했는데, 다닐 때 반드시 그림을 끼고 다녀 명인의 제영을 얻은 것이 아주 많다"라고 했다. 제발을 구하는 것은 본시 독자의 참여를 불러들이는 문학활동이다. 20년이 지난 후 서구는 제영을 모아 간행했다. 서구는 〈풍강어부도〉를 대가에게 보이며, 이것은 평범한 분장의 어부가 아니라 '진정한 나'라고 선언했다. 이것은 일종의 자천 그림이 아니겠는가? 중국에는 본래 자천 문학(自薦文學)의 전통이 있었다.[114] 벼슬과 직장을 구하기 위

114_이 책 제1장.

해 이력을 적는 일이 그것이다. 《한서》〈동방삭전〉에 보면 동방삭이 한 무제에게 글을 올려 자신의 소년 시절 경력을 상술하고 편년사의 추형을 갖춘 자전을 적었다고 한다. 동방삭은 스스로 허풍을 떨어 조금도 부끄러운 기색이 없었다. 그의 자전은 중국 자천 문학의 시조라고 할 수 있다.[115] 서구의 〈풍강어부도〉도 자천의 의미가 상당히 있으므로, 관련 문화 맥락에 두고 보아도 무방하다. 자천 동기의 글쓰기 활동은 실은 권력이 구동시키는 사회망 속에 들어가는 것이므로 진/위, 정/오가 문제로 되는 것이 아니라 언어의 효과적 표현이 문제로 된다. 서구는 그림을 끼고 다니며 제영을 구했는데, 자기를 한껏 현양하려는 강렬한 동기와 자기를 미화하여 서둘러 간알하려는 계책을 동반하여, 자기의 인생 역정에 중요한 표지를 새겨두었다.

자천과 관련된 집단 서술 활동은, 화상의 유희 관점에서 또 다른 사실을 지적할 수 있다. 곧, 상주 서구는 자아 현시와 자아 은폐의 사이에서 연출을 했는데, 많은 독자들이 증답하면서 친밀하기 짝이 없는 지기의 목소리를 냈다. 독자들은 교유의 열성을 표현하고, 우울과 고뇌를 토로하며, 비밀스럽게 자기를 조롱하는 등등 여러 목소리였다. 제영자는 화상을 관람하고 상주의 복잡성과 다양성에 초점을 맞춰, 상주 인생의 불확정한 상황을 해석해냈다. 풍강 소조는 서구가 박학홍사과에 합격하기 이전에 이루어졌는데, 당시 여전히 감생이었던 서구는 문학적 명성이 조금 있어서 선배 시인들의 칭송을 받았다. 서구는 이 그림을 제작해서 문화적으로 침전된 도덕 형상인 어부 형상을 문학 형상에 쏟아부어 자신의 청정 의식을 표방하여, 청고해지려는 의도를 상당히 드러냈다. 그는 이로써 인간관계를 수립하고 자신의 명예를 높였으니, 실은 적극적인 진취의 태도였다. 그런데, 서구는 강희 18년의 박학홍사과에 합격하고 벼슬길에서 정점에 이르렀지만 그 후에는 관직을 그만두고 고향으로 돌아갔다. 이 그림은 마치 예언과 같아서, 소극적으로나마 은퇴의 의도가 가득하여 은둔하려는 정서와 불안 · 초조를 드러내었다. 이로써 전후의 두 상황이 서로 일치하지 않게 되었다.

115_楊玉成, 〈自傳文學的幻滅與新生: 論 '五柳先生傳'〉, 《陶淵明文學硏究—語言與民間禮儀的綜合分析》(國立政治大學中文硏究所博論, 1993), p.7.

많은 독자들이 요청에 응하여 상주를 해석하고 상주를 소조하는 작업에 참여했다. 문인들은 화상을 보고, 한편으로는 가까이 가서 한껏 상주의 특성을 장악하려고 시도하여 아주 친밀하게 가장 적당한 지음의 어조를 찾았다. 다른 한편으로는 거리를 유지하여 도발적인 눈빛으로 화상을 바라보고 상주가 공개한 형상의 진위와 허실을 따졌다. 따라서 제영을 행한 사람의 눈빛과 어조는 양면성을 드러내었다. 한편으로 어떤 시인은 어부의 긍정적 의의를 그대로 받아들여, 서구가 어은(漁隱)하면서 즐긴 정회를 풀어헤쳐 보였다. 다른 한편으로 어떤 시인은 서구를 강호·하해에서 물의 성질을 터득한 어부로 간주하여 벼슬길에서도 넉넉히 재능을 보이리라고 예상했다. 모든 제영이 표면적으로는 찬양의 어조를 펼쳤지만, 자세히 읽어보면 질의와 조소를 지니는 것을 면하지 못하여, 관람의 양면적 반응을 드러냈다.

서구가 〈풍강어부도〉를 위촉한 것은 자기를 현시하기 위한 것이었는가, 자기를 은폐하기 위한 것이었는가? 그림에서 자신을 어부로 만든 것은 진실한 사조(寫照)인가, 자기에게 가면을 씌운 것인가? 이 가면을 쓴 것은 무엇을 드러내려는 것이었는가, 아니면 무엇을 감추기 위한 것이었는가? 그 방도는 어떠했는가? 어떤 비밀스러운 복합 심리를 누설하기 위한 것이었는가? 마음을 숨기고 직접 진술을 피하는 문학적 표현 수법을 손강이(孫康宜)는 가면의 주조라고 했다. 시가나 회화도 일종의 연출로 볼 수 있다. 시인이나 화가는 시/그림 속의 인물을 통하여 자아를 숨기거나 자아를 표현하여, 제재를 초월한 객관성과 거리감을 만들어낸다. 시/그림에 현저한 특징은, 형식적으로 공개되는 표면 인상을 만들지만, 실제로는 극히 은미한 내면을 게시한다는 점이다.[116] 이 양면성이 서구 어부도의 열독을 풍부하게 했다.

〈풍강어부도〉의 화상은 어은으로 은폐된 가면이다. 이는 서구가 벼슬길에서 자기에게 교묘하게 씌운 가면으로, 그의 인생에 은유적인 깊

116_孫康宜는 명대 遺民 吳偉業의 시가를 '鑄造面具'의 의도에서 탐구했다. 오위업은 공개적으로 또는 간접적으로 명 왕조의 覆亡에 대한 은밀한 비애를 토로했다. 이것은 오위업 본인의 가면이다. 孫康宜는 '鑄造面具'를 명나라 유민의 공통된 수법이라고 보았다. 孫康宜, 〈吳偉業的'面具'觀〉, 《文學的聲音》, pp.252-258.

은 뜻을 띠게 했다. 이 화상과 본인의 관계는 실물과 닮았는지의 여부에 기초하여 건립되는 것이 아니다. 인물의 사조(寫照)로서 〈풍강어부도〉는 쉽게 사람들로 하여금 참이라는 환각을 갖게 만들면서, 거꾸로 독자를 부단히 각성시켜 이것이 허구의 사조임을 깨닫게 만든다. 본래 영원불변의 형상을 그림으로 그릴 수는 없다. 인간은 세월의 흐름에 따라 젊어서는 아름답다가 늙어서는 추해질 뿐 아니라, 인생의 단계마다 위험에 맞닥뜨리고 신산을 겪고 참소를 두려워하고 살육을 겁내는 고통 속에서 형체의 변화를 겪기 마련이다. 화상에서 어부로 분장한 서구의 형상은 20년 동안 조금도 변하지 않지만, 그 인생은 이미 많은 굴곡을 겪었거늘, 어떻게 화폭에 외모가 고정되어 있는 화상을기준으로 끊임없이 변화하는 인생의 형상을 해석할 수 있겠는가? 어떤 의미에서 화상은 거울과도 같지만, 그것이 충실하게 반영하는 것은 인간의 진실한 형모가 아니라, 사람들이 욕구하고 기원하며 기탁하는 형상이다.[117] 그리고 화상을 관람하는 것은 장기간 실종된 사람의 그림자, 혹은 오랫동안 잊힌 비밀을 찾는 것과 마찬가지다. 〈풍강어부도〉는 서구의 인생에서 징소 이전, 박학홍사과 합격 후, 좌천하여 떠난 이후 등 세 단계에 걸쳐 있다. 각기 다른 단계에서 화상을 관람하고 제영하는 사람들은, 화폭을 마주하여 야기되는 각기 다른 관람 반응을 제영 속에 표현하여, 마치 화상의 진실치 못함을 지적하는 듯도 하다. 서구의 인생 역정과 결합된 〈풍강어부도〉는 새로운 형태의 텍스트이자 허구의 본질을 폭로하는 텍스트이다. 이것은 시간에 따라 다시 쓰일 수 있는 후설(後設) 텍스트로, 제영자는 이 후설 텍스트에 근거하여 열독/제영을 수행한다.

〈풍강어부도〉의 표징은 서구의 적극적 시대 참여인가, 조용한 초월인가? 어은(漁隱)과 환해(宦海), 임하(林下)와 낭묘(조정), 강호와 궁궐은 붙어 있으면서 떨어져 있는 듯, 일체의 양면을 이룬다. 서구가 그림을 공개하여 사방에서 제영을 구한 것은 근본적으로 어은(세속으로부터의 격리)이라는 면사포를 쓴 것이다. 바로 강개(江闓)가 직설한 그대로이다.

117_布希亞은 거울이 충실하게 반영하는 것은 사람이거나 진실한 형상이 아니고 자기가 욕망하는 형상이라고 보았다. 우리들이 감추어둔 영원한 자기 자신을 비춘다는 것이다. 尙·布希亞著·林志明譯,《物體系》(台北: 時報文化, 1997), pp.103-104.

"그대가 오호 가에 사는 것이 부러우이, 72봉이 사면에 매달려 있는 곳. 배에 거처하든 땅에 거처하든 모두가 자적하지만, 다만 이름에서 도망한다는 이름이 전할까 두려우이(羨君家住五湖邊, 七十二峰四面懸. 舟居陸居總自適, 只恐逃名名却傳)."(591) 우리는 왕정눌(汪廷訥, 1569-1630?)이 우여곡절 끝에 〈환취당원경도(環翠堂園景圖)〉를 제작해서 세인에게 '나는 좌은선생(坐隱先生)이다'라고 떠든 일을 상기하지 않을 수 없다.[118] 명리에 담박한 것은 각도를 바꾸면 명예를 사고 낚는 일이 된다. 만명의 왕정눌도 이러했고, 청초의 서구도 이러했다.

관중에 대해 말하면, 이 어부 화상은 자득한 인생을 표현한 것인가? 명예를 사고 낚는 것인가? 아니면 파직되어 곤경에 처한 것인가? 사우들이 서구를 보면, 이는 교만하게 자부하는 것인가? 참회하여 겸손해하는 것인가? 이 서로 반대되는 국면은 화상에 내재된 황당한 오류를 두드러지게 하고, 화상이 지닌 자천(自薦)의 본질을 깨뜨려 보인다.[119] 〈풍강어부도〉는 보기 드문 후설 텍스트를 창조함으로써, 도면·자전·제영이 서로 다른 시간에 일종의 담화(discursive praxis)를 진행함으로써 특수한 예술적 서술 활동을 구조화하고 마침내 방대한 텍스트를 구축했다. 모든 서술자는 감성에 호소하는 경향을 가져, 개인 경험을 새겨 넣어 그로부터 보편적 진리를 단련해 내었다. 개인의 특수한 경험을 보존하면서 보편적 상징을 소조하여, 그로써 문화적 전형에 이른 것이다.[120]

118_명나라 말의 문사 汪廷訥은 坐隱先生이라고 자호해서 은둔하여 도를 추구하려는 마음이 있었으나, 수만 금을 소모하여 개인의 대형 별장 環翠堂園을 건축해서, 화려한 선향과 같이 꾸몄다. 그 후 당시의 명화가들을 초빙하여 돈을 내어 〈環翠堂園圖景〉를 그리게 하고, 사방에 제영을 요구했고, 다시 刻匠 黃應組에게 이 그림을 판각해서 세상에 행하게 했다. 汪廷訥의 環翠堂과 坐隱園에 대해서는 拙著, 《物·性別·觀看—明末淸初文化書寫新探》(台北: 台灣學生書局, 2001), 〈園林: 圖繪·文本·欲望空間〉, '明末汪廷訥的環堂與坐隱園'節, pp.222-238을 참조.

119_楊玉成에 따르면, 自傳文學의 困境은 결코 작자가 조성하는 것이 아니라 독자가 그 글에 과도한 자만이나 자기비하·참회의 텍스트를 기대하는 데 있다. 과도하게 교만하면 '自薦'의 교만한 본질을 천착하고, 과도하게 과장하면 어떤 면에서 보면 이것은 거꾸로 진실이라고 여긴다. 이와 같아서, 自傳은 도리어 自傳의 황당한 오류를 드러내고 만다는 것이다. 自薦類 自傳을 쓰는 원료에 대한 탐구와 분석은 楊玉成, 〈自傳文學的幻滅與新生: 論'五柳先生傳'〉, 《陶淵明文學硏究—語言與民間禮儀的綜合分析》, pp.5-37.

120_吳潛誠, 〈從'征途上的踟躕'檢視'獻給雨季的歌'的抒情路線〉, 《感性定位—文學的想像

(3) 부론

서구는 필경 자기의 이 〈풍강어부소조〉를 사랑했다. 52세로 좌천되어 남쪽으로 돌아오기 이전에 서구는 당시 저명한 궁정 화가 우지정(禹之鼎, 1647-1716)에게 또 다른 화상 〈수묘삼경백주상도(水苗三頃百株桑圖)〉를 그리게 했다.[121] 우지정은 강희 연간에 여러 명사들을 위해 여러 화상을 그린 적이 있다.[122] 필자는 〈수묘삼경백주상도〉를 보지 못했다. 양청표의 제시가 〈수묘삼경백주상도〉를 언급한 것 말고는 강희의 명사들 가운데 제영한 사람이 없는 듯하다. 이 그림은 서구가 북경 궁궐을 하직하고 강남으로 돌아간 이후에 주경야독에 힘쓰는 광경을 그렸을 것이다. '어부'로 벼슬길을 출발하여 '농부'으로 귀향한 이 문사는 자기가 40세 때 출사/은둔의 곡절이 있는 〈어부도〉를 빌려 큰 뜻을 펼 수 있었던 그 일을 결코 잊지 못했다. 그래서 60세에 이르러 자전을 쓸 때에 8년 전 남쪽으로 내려가 주경야독하려 했던 소원과 농사꾼의 사조(寫照)를 너무도 쉽게 잊어버렸다. 그는 마음에 응어리가 남아서, 스스로를 애처로워하는 불우의 심경을 광달한 사상으로 엄폐하려고 애썼다.

기묘하게도, 자전을 작성하는 서구가 "마침내 조정의 관복을 벗고 대광주리를 끼고 수홍정자 곁에서 소요하면서 생을 마치고자 결정했을" 때, 오래지 않아 어떤 의외의 일이 발생하리란 것을 어찌 생각했겠는가? 정방곤(鄭方坤)의 말에 따르면 이러하다.

> (《명사》를 편수하여) 유(兪)[유대유(兪大猷)]·척(戚)[척계광(戚繼光)]·유(劉)[유현(劉顯)]·마(馬)[마방(馬芳)] 등 대장군의 전을 저술한 것이 특히 고결하고 치밀하여, 당시의 사람들이 대작수로 추대했다. 다만 품성이 소한(蕭閒)하여 오래지 않아 마침내 좌천되어 떠났다. 고향으로 돌아온 후 더욱 문을 닫아걸고 글을 읽어 저술을 그만두지 않았다. 또한 때때로 예장(豫

與介入》(台北: 允晨文化, 1994), pp.182-183.

121_梁清標 贈行詩의 끝에 小字注가 있다. "時虹亭令禹生畫水苗三頃百株桑圖."《青門集》, p.1b.

122_李珮詩,《詩畫兼能爲寫眞—禹之鼎詩題式肖像畫研究》(台北: 國立台灣師範大學藝術研究所碩士論文, 2004).

> 章)·민(閩)·월(越) 지방을 유람하여, 편장(篇章)이 더욱 풍부하게 되었다. 이와 같이 하기를 10년, 마침 성조 황제가 남순(南巡)하자, 재적(在籍)의 여러 신하들과 함께 어가를 접하여, 조칙을 받아 원래의 관직으로 복귀하여 어서(御書)를 하사받았으니, '상유의 만조(桑榆之晚照)'라고 할 것인가!
>
> (按編修明史)所著兪·戚·劉·馬諸大將傳, 尤高潔縝密, 一時推大作手. 徒以賦性蕭閒, 不久遂左遷以去. 歸里後, 益鍵戶讀書, 著述不輟. 亦時而爲豫章·閩·越之遊, 篇章益富. 如是者又十年, 會聖祖皇帝南巡, 偕在籍諸臣接駕, 詔復原官, 兼有御書之賜, 所云桑榆之晚照歟![123]

서구에겐 마침내 화려한 상유의 만조(만년의 낙조)가 찾아왔다. 이것은 빛을 감추고 덕을 양성하여 진취, 당혹, 고통, 참회, 자기비하를 겪었던 서구가 미리 알 수 있었던 일이 아니다. 〈풍강어부도〉를 그리거나 보거나 제영한 사람들이 환히 알 수 있던 일도 아니며, 진영을 이루어 좌절의 영혼을 위로하던 《청문집》의 여러 경관(京官) 동료들이 점칠 수 있었던 일도 결코 아니다. 그렇다면 〈풍강어부도〉라는 수수께끼의 대형 서술 텍스트는 인생을 조롱하는 우언인 듯도 하다.

이 화상은 사빈이 서구에게 헌정했다기보다는 서구가 모든 독자에게 헌정했다고 하는 것이 옳다. 이 화상은 특이한 대화 공간을 열어 보였지만, 상주 서구는 도리어 도화의 경관 속에 자신을 숨기고 있다. 음미할 점은, 본디 서구의 인생 수수께끼를 풀어줄 화상과 제영이 오히려 우리들 인생의 수수께끼를 열어젖혀주는 듯하다는 사실이다.

123_鄭方坤,《國朝名家詩鈔小傳》〈南州草堂詩鈔小傳〉,《淸詩紀事》第5冊,〈康熙朝卷〉, p.2804.

제5장

긴 갈기는 바람에 휘날리고 구름 트레머리는 아리따워라(長鬣飄蕭 · 雲鬟窈窕[1])—진유숭 〈가릉전사도(迦陵塡詞圖)〉 제영

1) 서론

(1) 주이준의 화상 제사

사장(詞場)을 주름잡아, 날아오르고 펄펄뛰니, 전신(前身)은 아마도 푸른 외뿔소. 바람과 아지랑이의 한 골짝, 양선(陽羨)에 집을 두었으니, 죽산의 향리가 가장 좋아라. 벼루와 책상을 끼고, 그림 같은 시내의 그늘 아래 앉았으니, 한들한들 구슬 같은 비취 등나무가 흔들린다. 살아서 뜻이 맞구나. 다만 자줏빛 죽순과 찻물 끓이는 샘물, 은색 아쟁으로 음주를 돕나니, 이 외에는 모두가 등한한 일.

허공의 말은, 공중의 아리따운 여인으로부터 나온 듯하여, 마름 모양 쌍갈래 머리를 그려내었군. 악장을 거문고로 연주하여 삼천 곡조, 작자가 고

1_이 對句는 袁枚의 〈陳檢討塡詞圖序〉에서 인용했다. 필자는 이 두 구를 표제로 삼아, 〈迦陵塡詞圖〉의 畫龍點睛으로 삼고자 한다. 글은 騈體로, 그 가운데 한 단락은 〈迦陵塡詞圖〉의 圖面을 묘사하여, 이렇게 말했다. "곧 기예에서 주름 잡은 호두(虎頭, 고개지)와, 교묘함이 초승한 주방(周昉, 당나라 화가)이 있어, 경성(傾城)의 미모를 베껴내어, 아울러 명사와 풍류들 사이에 전했다. 하나는 긴 갈기를 바람에 휘휘 휘날리며 꽃을 따면서 미소 짓고 있다(長鬣飄蕭, 拈花微笑). 하나는 구름 같은 트레머리가 요조하며, 술잔을 마주하여 노래를 부르고 있다(雲鬟窈窕, 對酒當歌). 그 용모가 순수하여, 아름답고도 곱도다. 부르면 살아날 듯하니, 진짜인가 아닌가? 온화하게 옷과 쓰개를 걸쳐, 영주 십팔사(瀛洲十八士) 그림보다 뛰어나다. 영롱하게 손과 손톱을 놀려, 예상(霓裳) 제3첩 그림처럼 나긋나긋하다." 袁枚, 〈陳檢討塡詞圖序〉, 袁枚著 · 王英志校點, 《袁枚全集》(南京: 江蘇古籍, 1993), 第2冊, 《小倉山房外集》, 卷8.

> 금에 몇이더냐? 둥근 부채 아래, 곧바로 술동이 앞에서, 곡명을 기억하여 낭자를 부른다. 기정(旗亭)과 약시(藥市)에서, 강북과 강남의 노래를 듣나니, 노래 먼지 이르는 곳은, 버드나무 아래 정화수(井華水).
>
> 擅詞場·飛揚跋扈, 前身可是靑兕. 風煙一壑家陽羨, 最好竹山鄕里. 攜硯几, 坐罨畫溪陰, 裊裊珠藤翠. 人生快意. 但紫笋烹泉, 銀箏侑酒, 此外揔閒事. 空中語, 想出空中姝麗, 圖來菱角雙髻. 樂章琴趣三千調, 作者古今能幾. 團扇底, 也直得樽前, 記曲呼娘子. 旗亭藥市. 聽江北江南, 歌塵到處, 柳下井華水. (〈매피당(邁陂塘)〉)

이것은 강희 연간 주이준(朱彝尊)이 친구 진유숭을 위해 작성한 한 편의 사(詞)이다.[2] 청나라 초 주이준·진유숭·납란성덕을 '사가삼절(詞家三絶)'이라 일컫는다. 주이준은 준일(俊逸)해서 뛰어나고 진유숭은 웅활(雄闊)해서 뛰어났다고도 한다. 진유숭은 창웅(蒼雄)으로 기발하고 주이준은 생신(生新)으로 특별했다고도 한다.[3] 위의 사의 상단(전단)은 진유숭의 사풍을 지적하는 것으로 시작했다. '푸른 외뿔소'로 송나라 사인 신기질(辛棄疾)을 환기시키고, 두보가 이백에게 보낸 시의 "통음하고 광가를 부르며 한갓 시일을 보내니, 기세를 크게 떨치는 것은 누구를 위해 씩씩한가?(痛飮狂歌空度日, 飛揚跋扈爲誰雄?)"를 가져다가 신기질처럼 호방한 사풍으로 이름난 진유숭의 사를 찬양했다. 진유숭은 남송 유민으로서 사의 작가였던 장첩(蔣捷, 竹山)과 동향으로, 양선(陽羨)[지금 강소성 의흥(宜興)] 사람이다. 주이준은, 꽃봉오리가 옥구슬처럼 엮여 장막을 이룬 그림 같은 시냇가에서 진유숭이 샘물을 끓여 차를 달이고 벼루를 가져와 안석에 펴고, 가희가 은빛 아쟁을 타는 것을 들으며 그것으로 취흥을 돕는다고 했다. 사인의 한적하고 만족스러운 생활을 그림으로 그려낸 듯하다.

하단(후단)은 전사(塡詞, 사의 제작)의 인물과 그 시자를 상상하는 쪽으로 진입한다. 사인이 문학적 영감을 추심하길 허공에서 언어를 잡아내

2_詞는 〈迦陵塡詞圖〉 乾隆拓本에서 인용했다. 朱彝尊의 《江湖載酒集》에 이 사를 수록한 것을 보면 圖本에 의거했고 한 글자도 고치지 않았다. 다만 圖本의 詞 끝에 "摸魚兒題請其年長兄正 弟彝尊"의 字樣이 있다. 詞集에서는 〈邁陂塘〉이라고 했다. 葉元章·鍾夏選註, 《朱彝尊選集》(上海: 上海古籍出版社, 1991), pp.300-301.

3_鈕琇編, 《觚賸》(台北: 文海出版社, 《近代中國史料叢刊續編》 第94輯, 1982), 卷1, 〈紉蘭詞〉條, p.13.

듯 하고, 마치 화가가 공중에서 아름다운 그림자를 포착하는 것과 같이 하여, 쌍갈래 머리의 시아를 붓으로 그려내었다고 했다. 송나라 때 사를 다작한 유영(柳永)이 엮은《악장집(樂章集)》이라든가 황정견(黃庭堅)이 편찬한《산곡금취외편(山谷琴趣外篇)》과 마찬가지로, 진유숭의 대량의 사는 실제로 곡(曲)을 기억해주는 저 시아의 도움을 얻어 강북·강남의 버드나무 아래와 우물가에서 노래되고 연주되어 전파되었다.[4]

진유숭과 주이준이 교분을 맺은 것은 아주 이르다. 순치 9년(1652) 강소에서는 명나라 말 전란의 상흔이 치유되자마자, 문사들이 시사(詩社)를 일으키고 문회(文會)를 자주 가졌다. 당시 28세의 진유숭은 강남 4군의 문회에 참가하여 천하의 명사들과 교유했다. 이미 전사에 힘을 쏟고 있던 진유숭은, 수수(秀水)에서 온 불과 24세의 주이준과 이때 교분을 맺었다. 주이준은 두 사람의 교류에 대하여 "내가 기년(其年, 진유숭)과 교분을 맺던 날, 나는 사를 지을 수가 없었고, 기년도 사로 이름을 날리지는 않았는데, 서너 해 지나지 않아《오사사(烏絲詞)》가 나왔다. 한참 오래되어 내가 지은 것도 차츰 많아졌다. 하지만 세상에 좋아해주는 사람이 없었고, 유독 기년 형제만 훌륭하다고 칭찬했다(方予與其年定交日, 予未解作詞, 其年亦未以詞鳴. 不數年而烏絲詞出. 遲之又久, 予所作亦漸多. 然世無好之者, 獨其年兄弟稱善.)"[5]라고 했다. 순치 17년(1660), 왕사진(王士禛)이 양주로 부임하여 추관(推官)에 임명되었고, 5년간(순치 17년-강희 4년) 그곳 사단 활동을 주도하던 때에, 창화에 참여한 진유숭과 주이준은 이미 일시의 명사가 되어 있었다. 3년이 흘러 강희 7년(1668) 무렵《주진촌사(朱陳村詞)》를 합각(合刻, 두 종류 이상 권책을 함께 판각함)하고, 두 사람은 북경으로 들어가 문단의 주목을 받았다.[6] 그리고 10년쯤 지나 주이

4_葉元章·鍾夏選註《朱彝尊選集》, pp.83-84는 이 詞에 대해 상세한 주석을 하여 필자가 사의 뜻을 풀이할 때 보탬이 되었다.

5_朱彝尊, 〈陳緯雲〈紅鹽詞〉序〉, 朱彝尊撰,《曝書亭全集》(台北: 中華書局, 1972, 據原刻本校刊,《四部備要》集部), 卷40, p.2上.

6_陳維崧 本傳에 "嘗由河南入都, 與秀水朱彝尊合刻一稿, 名朱陳村詞, 流傳至禁中, 蒙賜問, 人以爲榮"이라 했다.《清史列傳》, 卷71, 〈文苑傳〉2, 〈陳維崧〉篇,《清代傳記叢刊》(台北: 明文出版社, 1986, 全205冊), 第104冊, pp.785-786 ;《清史稿》卷484, 列傳271, 文苑 1.《清代傳記叢刊》第94冊, pp.679-680. 두 편은 문장이 다른 부분이 있다. 후자가 조금 글자를 줄였다.

준과 진유숭은 모두 강희 18년(1679) 박학홍사과에서 합격할 수 있었고, 함께 한림원의 《명사》 편수관으로 들어갔다. 진유숭은 이미 54세이고, 주이준도 반백의 나이에 접어들어 있었다.

위에 인용한 주이준의 제화사(題畵詞)에 대해 후대의 진세혼(陳世焜)은 평하기를, "기년 일신의 심사를 그려내었다. [⋯] 두 사람은 동일하게 뜻을 사용했다. 서로 깊이 알아, 두 사람 사이에 심상인(心相印)이 있었다(將其年一身心事繪出. [⋯] 二公同一用意, 相知之深, 兩人有心相印者)"[7] 라고 했다. 진유숭과 오랫동안 우의가 깊었던 주이준은 서로 알아주는 마음이 인합(印合)하여 진유숭 일신의 심사를 제대로 말할 수 있었다. 주이준이 이 〈매피당(邁陂塘)〉이란 제목의 사로 제영한 그림이 〈가릉전사도〉로, 그 상주가 진유숭이다. 강희 17년 윤3월 24일, 석(釋) 대산(大汕)이 진유숭을 위해 〈가릉전사도〉를 그렸다. 화폭에는 수염을 날리며 머리를 드러낸 국사(國士) 진유숭이 있고, 그 곁에 퉁소를 가볍게 잡고 있는 여인이 앉아 있다. 도권(圖卷)의 제영이 아주 많고 전해진 지 오래되어, 이 역사 문건은 문화적 의미가 풍부하므로 깊이 탐구할 만하다. 그림 속 인물을 살펴보기 이전에 먼저 진유숭에 대한 연구 상황을 알아보기로 한다.

(2) 진유숭 연구 문헌

① 작품집 간각

진유숭의 저작은 아주 풍부하여, 시 · 사 · 변문 · 산문의 각 체에 걸쳐 있다. 초본(抄本) · 각본(刻本)이 많이 전한다. 《사고전서총목제요》가 《사육금침(四六金針)》을 "진유숭의 필이 결코 아니다"라고 변증하고, 《양진남북조사집진(兩晉南北朝史集珍)》이 《사고제요》의 논지를 따르라고작 "남북조 고실을 채집하여 표목을 가하여" "변체를 채철(採綴)하는 쓰임에 대비했다"라고 말했을 따름인 것을 제외하면, 문체가 다르고 권수가 다른 단행본이 여럿 전한다. 시집을 보면 4권본(강희 22년 서문 각

7_陳世焜《雲韶集》抄本,《朱彝尊選集》, p.303.

본), 8권본(강희 26-28년 患立堂 각본), 10권본(강희 각본), 12권본(강희 60년 각본) 등 연대가 다른 간본들이 있다. 저명한《오사사》는 진유숭의 생전에 출판되었다.

강희 21년 임술 5월 진유숭이 죽은 후, 다음 해(강희 22년) 3월, 그 아우 진자만(陳子萬)이 산일된 원고를 사방에서 수집하기 시작하여 전집을 편찬하기 시작했다.[8] 각체 작품집의 서발 기년으로 보면 전집의 편찬 작업은 적어도 7년간 계속되었다. 각체 합각의《호해루전집(湖海樓全集)》은 강희 환립당(患立堂) 각본 50권, 대만에 소장되어 있지 않은 원각본, 국가도서관소장 민국 18년(1929) 상해상무인서관《사부총간》축인 환립당 간본 54권이 있다. 이 54권본은《진가릉문집》6권,《진가릉여체문집(陳迦陵儷體文集)》10권,《호해루시집》8권,《가릉사전집(迦陵詞全集)》30권을 수록했다. 필자가 참고한《호해루시집》은 상해서점에서 상무인서관 1929년 사부총간본을 중인(重印)한 것으로, 제명의 총칭은《진가릉문집》이다.[9] 환립당 원간본은 상해도서관·남경도서관·복단(復旦)대학도서관 등에 있다. 그 밖에《호해루전집》은 건륭 60년(1795) 호연당(浩然堂) 각본 51권이 있어,《호해루시집》12권 (부: 보유 1권),《호해루사집》20권,《호해루문집》6권,《호해루여체문집》12권으로 이루어져 있다. 대만사어소(台灣史語所)와 대만대학에 각각 소장되어 있다. 국가도서관에도 청나라 광서 19년(1893) 엄산서간본(弇山署刊本) 50권이 있다.[10]

② 최근 연구 현황

대만 중문학계의 진유숭 연구 논문은 많지 않다. 대부분 진유숭 사의 연원과 문학 세계에 대해 검토한 것들이다. 1990년대 학위 논문이 처음 나왔다. 왕취방(王翠芳)의《진유숭 호해루사 연구》(高雄 사범대학 국

8_李澄中,〈陳迦陵文集序〉,《陳迦陵文集》, 第1冊, p.首.

9_《陳迦陵文集》(全2冊),《四部叢刊初編》, 集部, 第281-282冊, 上海涵芬樓影印患立堂本, 據商務印書館1926年版重印 (上海: 上海書店, 1989.)

10_李靈年·楊忠主編,《清人別集總目》(合肥: 安徽教育出版社, 2001), 中卷, pp.1315-1316 ; 陳邦炎,〈評介陳維崧及其詞論詞作〉, 葉嘉瑩·陳邦炎撰,《清詞名家論集》(台北: 中央研究院, 1996), pp.31-32.

문소 석사논문, 1997)가 있다. 연구서로는 정혜영(丁惠英)의 《진유숭과 그 호해루사 연구》(高雄: 復文, 1992)가 있다. 최근 출판된 《호해루사연구》(台北: 里仁, 2005)는 소숙분(蘇淑芬) 교수의 저술로, 정혜영의 저술보다 10여 년 뒤에 나와, 자료를 보정했고 탐구 각도도 새롭다. 소숙분 교수는 〈진유숭 사회사 연구〉(東吳중문학보, 1988.5), 〈진유숭과 청초 사단의 관계 연구〉(동오중문학보, 1989.5), 〈진유숭 필하의 여성 연구〉(동오중문학보, 1992.5), 〈진유숭 고향풍토사 연구〉(興大중문학보, 1994.6) 등 논문을 발표한 바 있다. 진방염(陳邦炎)의 〈진유숭 및 그 사론 사작 논평〉(진염방 · 섭가영葉嘉瑩 공찬, 《청사명가논집(淸詞名家論集)》, 대북: 중앙연구원, 1996)은 진유숭의 연도별 행적과 연결시켜 그의 사작과 사학을 논한 논문으로, 새로운 관점이 많다.

대륙 학계는 1990년대 이후에 진유숭에 관심을 보이기 시작했다. 육용강(陸勇強)의 〈진유숭 가세 고술〉(暨南학보 철학사회과학판, 2002.1)은 전기 연구이다. 또 문학사회학의 각도에서 연구한 것도 있다. 승검분(承劍芬)의 〈진유숭 사풍 형성의 문화배경 고찰〉(남경이공대학학보 사회과학판, 2002.2), 예치평(艾治平)의 〈양선파 종사 진유숭 논〉(嘉應대학학보, 1998.1) 등이 그것이다. 문학사의 맥락에서 진유숭 사의 계승과 창신에 관심을 둔 학자들도 있다. 양감강(梁鑑江)의 〈시사(詩史)와 사사(詞史)—두시(杜詩)가 진유숭 사에 끼친 영향에 관한 소론〉, 오효량(吳曉亮)의 〈진유숭 사의 가헌사에 대한 계승과 창신에 관한 논고〉(문학유산, 1998.3), 주려하(朱麗霞)의 〈사단에서 장군 북을 탈취하다—진유숭의 신가헌 수용에 관한 논고〉(남양사범학원학보, 2003.11), 양감강의 〈진유숭—청초 사단의 혁신자〉(中國韻文學刊, 2004.3) 등이다. 또 가릉사의 풍격을 탐구한 학자들도 있다. 이흔(李欣)의 〈침울 풍격 신석 및 진유숭 사고찰〉(蘇州대학학보 철학사회과학판, 2002.2), 주현륭(周絢隆)의 〈가릉사의 이문위사(以文爲詞) 경향 논고—진유숭의 사체 혁신의 득실을 아울러 논평함〉(문사철, 2002.1), 종금(鍾錦)의 〈진유숭 사의 침울하지 않은 예술 특색에 대한 간론〉(唐都學刊, 2002.4), 주현륭의 〈진유숭의 이시위사(以詩爲詞) 창작 특징과 그 의의〉(문예연구, 2004.3), 주현륭의 〈의물사형(擬物寫形)과 서정적 기호화 경향—진유숭 영물사 중의 자아표현〉(소주대학학보 철학사회과학판, 2005.2) 등등이다.

필자는 여러 학술회의 발표집에 들어 있을 논저들을 조사하지 못했고, 해외 한학계의 연구 성과도 검색하지 못한 채, 대만과 중국 학계에서 최근 20년 이루어진 학술 성과만 일부 언급했다. 강희 문단에서 진유숭은 사륙문에서 높은 성취를 이룬 인물이다. 하지만 후대인이 그의 문학 성취에서 주목하는 것은 가릉사이다. 〈가릉전사도〉에서 '진유숭 전사'는 개인 화상의 문학 유희 활동이지만, 〈가릉전사도〉 제영을 연구할 때 이 위대한 사가의 '전사' 이미지에 대하여 살펴보고 그것이 청대 사학에서 지니는 상징적 의의에도 주목하고자 한다.

주현륭의 〈실용성 원칙의 준수와 배반—진유숭 제화사의 텍스트 해독〉(수도사범대학학보 사회과학판, 2000.6)은 진유숭의 제화사가 대부분 수증(酬贈)이라는 실용 목적에서 나왔다고 보고, 이 전제에서 볼 때 진유숭은 실용성 원칙을 관철하면서도 문학의 본색을 지켜 자기 표현의 목적을 이루고자 했다고 논했다. 주현륭의 이 논문은 제화사가 자아 경험을 개입시킨다는 점, 제화사가 실용적 표현 형식이란 점을 밝히고, 진유숭이 이 점에 기여했다고 확인했다. 즉, 창작 중에 타인을 회화 속의 자아 경험으로 끌어들여, 그로써 개인 문학의 표현 영역을 확대하고 제화사의 실용 기능에 큰 창신을 이루었다는 것이다. 이 논문은 진유숭의 전사도 화상을 탐색하지는 않았지만 제화사의 과제에 대해 필자에게 새로운 탐구 시각을 제공했다.

(3) 본문의 논제

여기서 〈가릉전사도〉의 상징적 의의가 무엇인지 살펴보고자 한다.

〈진유숭전사도〉는 상식을 벗어난 화가 석 대산(大汕)이 내키는 대로 그려낸 유마천녀도(維摩天女圖)이다. 초상화의 범주에서 어떤 도상적 특성이 있는가? 어떤 서정적 의의가 있는가?

다음으로, 이 화상이 진유숭의 일생 중에서 어떤 상징적 의의를 지니는가? 이 그림은 저 불우한 문사가 발신하고자 분투했던 인생 도경으로 볼 수 있는가? 삶의 어떤 상황을 주기(註記)하는가?

다음으로, 이 그림은 진유숭의 문인 집단 및 시대에서 어떤 상징성을 지니는가? 여러 제영들이 집단과 시대에 대해 시선을 던졌고, 여러 목소리들을 내었다. 이 시선과 목소리를 어떻게 보아야 하는가? 어떤 사람에게서 나왔는가? 그들의 신세, 배항, 나이, 본적, 관직 그리고 진유숭과의 관계는 어떠한가? 부단히 작성된 제영들이 어떻게 밀려들어 왔는가?

다음으로, 이 화상은 명·청 문학사에서 어떤 의의를 지니는가? 〈가릉전사도〉 및 그 제영은 대체로 사(詞)의 제작을 둘러싸고 이루어졌다. 청대 사학이 부흥할 무렵 〈전사도〉는 진유숭의 형상화에 어떤 공헌을 했는가?

필자는 도상에서 출발하여 관련 화상과 제영을 연결시켜, 상주 진유숭과 조연 서자운(徐紫雲), 화가 석 대산, 화상을 둘러싼 관중/제영집단, 강희 연간 부활된 사학의 분위기, 화상 유행의 사회 풍조 등등 여러 각도에서 주의를 쏟고, 도상 분석, 은유 연구, 인식 연구, 유희 이론, 문학사회학 등을 참작하여, 〈가릉전사도〉 제영을 총체적으로 고찰하고자 한다.

2) 화상 인물의 일생

(1) 진유숭의 여러 전기

진유숭의 자(字)는 기년(其年), 강소성 의흥(宜興) 사람이다. 명나라 희종 천계 5년(1625)에 태어나 청나라 강희 21년(1682)에 졸했으니, 향년 58세이다. 조부 진우정(陳于廷)은 만력 23년(1595)의 진사로, 관직이 좌도어사(左都御史)에 이르고 태자소보(太子少保)가 더해졌으나, 위충(魏忠)·주연유(周延儒)의 뜻을 거슬러, 두 번이나 삭적되어 서민으로 내려앉았다. 조정에서 절개를 떨쳤으므로 사림에서 존중되었다. 고헌성(顧憲成)을 따라 동림(東林)에서 강학했으니, 동림의 영수 가운데 한 사람이다. 부친 진정혜(陳貞慧)는 자가 정생(定生)이며, 만력 연간의 늠생(廩生)이다. 글을 읽고 행실을 닦아 절개로 숭상되었고, 당시의 석학들과 왕래가 있었다. 여고(如皋) 모양(冒襄, 1611-1693), 상구(商邱) 후방역

(侯方域, 1618-1654), 동성(桐城) 방이지(方以智, 1611-1671)와 함께 사공자로 일컬어졌다. 숭정 2년(1629) 복사(復社)에 참가했고, 숭정 11년(1638) 복사의 명사 여응기(吳應箕) · 고고(顧杲)와 함께 〈유도방란공게(留都防亂公揭)〉를 기초하여 위충현의 당우 완대성(阮大鋮)의 죄상을 낱낱이 열거해서, 물러나는 척하다가 재기하려고 했던 완대성의 음모를 좌절시켰다. 〈유도방란공게〉에는 진정혜(陳貞慧) · 모양(冒襄) · 진자룡(陳子龍) 등 140여 명이 연명했으며, 대의를 내세운 늠연한 거사였다.

진유숭은 집이 의흥에 있었지만, 어릴 때는 소주에 살면서 자주 남경으로 갔다. 자라서는 부모님을 모시고 여러 명사들의 의론을 들어 학문이 나날이 진보했다. 갑신 이전 소년 시절에는 난리가 없는 강남에서 보냈다. 영특하여 벌써 10세에 조부 대신 〈양충렬상찬(楊忠烈像贊)〉을 지었다. 당시 가세가 극성하여, 강남 문사의 교류 성황을 보고 들을 수 있었고, 연회에서 붓을 잡아 기(記) · 서(序)를 지으면 경각에 1천 언을 만들어 대단히 훌륭했으므로 명공들이 모두 경탄하여 배항을 무시하고 교분을 맺었다. 이어서 왕사록(王士祿) · 왕사진(王士禛) · 송실영(宋實穎) · 계동(計東) 등과 창화하여, 이름이 더욱 퍼졌다. 당시 강좌의 세 봉황이란 칭호가 있었는데, 진유숭이 그 하나였다. 제생(諸生)으로 보충되었으나 오래도록 뜻을 이루지 못하고 외지로 나가 곳곳을 유람했다. 성격이 소탈하여, 물품이 있으면 그때그때 남에게 나누어주었다. 유독 책을 좋아하여 섭렵하지 않은 것이 없었으며, 배와 수레가 위태로워도 평소처럼 옹알옹알 글을 읽었다. 나이 50이 지나서 박학홍사과가 열리자 대학사 송덕의(宋德宜, 시호 文恪, 1626-1687)의 추천으로 응시하여 1등의 열에 들어, 한림원 검토를 제수받고 《명사》 편수에 참여했다. 한림원에 있던 4년간 편찬에 종사하면서 늘 강남의 산수를 그리워했으나 귀향하지 못하다가 병이 위독해져 나이 58세로 타계했다. 강희 21년(1682)이었다.[11]

진유숭의 전기는 4종이다. 하나는 경관 서건학(徐乾學)[12]이 지은 것이

11_필자는 陳維崧의 編年 · 行誼를 파악할 때 아래 청나라 사람이 지은 4편의 傳記를 줄기로 삼되, 아울러 陳邦炎, 〈評介陳維崧及其詞論詞作〉을 확보했다. 葉嘉瑩 · 陳邦炎撰, 《淸詞名家論集》, pp.31-46.

12_徐乾學(1631-1694)의 字는 原一, 號는 健庵, 江蘇 昆山人. 淸의 官吏이면서, 學者 · 史學家이다.

고, 다른 두 편은 장영수(蔣永修)·장경기(蔣景祁) 부자가 각각 지은 것이며, 네 번째가《청사열전(清史列傳)》〈문원전(文苑傳)〉의 것이다. 이하, 각각 요점을 논술하며 진유숭의 약력을 밝힌다.

① 서건학〈진검토유숭지명〉[13]

진유숭은 뒤늦게 대학사 송덕의의 추천으로 박학홍사과에 응시했다. 서건학은 지난날 진유숭을 알게 되고 그를 고무시켰던 일을 추억하면서 글을 시작했다.

> 무오 봄, 진기년(진유숭)이 곤산을 방문하여 나의 동산에서 책을 읽었다. 마침 조정에서 박학홍유를 천거하라는 조칙이 내려왔다. 그래서 대학사 송문각 공이 진기년의 이름을 올렸다. 나는 전송하면서 "그대는 비록 늦게 은우를 입었지만 이로써 청명(青冥)을 가로지르고 진애를 벗어나, 성대한 조정에서 우의(羽儀)를 펴는 일이 오래지 않을 것이오. 나는 그대를 상경(上京)에서 만나보겠소"라고 했다. 다음 해 봄, 천자가 여러 징사(徵士)들을 전정(殿庭)에서 친히 시험했는데, 진기년의 이름이 일등에 들었다. 한림원검토를 제수받아《명사》를 찬수했다.
>
> 戊午春, 陳其年過崑山, 讀書余園中, 適朝廷下詔舉博學鴻儒於是, 故大學士宋文恪公以其年名上, 余送之曰: "子雖晚遇, 然自是絶青冥·脫塵埃, 羽儀盛朝不久矣. 吾與子相見於上京耳." 次年春, 天子親試諸徵士於殿庭, 其年名入一等, 授翰林院檢討, 纂修明史.

경성에 이른 후 진유숭은 이름이 크게 성하여, 사방에서 경모하여 왕래하는 사람들이 많았다.

> 이때 공경 이하 경사들이 모두 진기년의 이름을 성하게 입에 올려, 경모하여 교제를 원하지 않는 자가 없어서, 인사의 왕래(往來)·하증(賀贈)·연전(宴餞)·송술(頌述)의 작은 반드시 그의 글을 얻는 것을 영광으로 여겼다. 정포(脡脯, 등심)의 폐백이 당에 넘치고, 사방 인사들의 신발이 문 앞에 뒤섞였다. 진기년은 붓을 들어 글을 이루어, 더욱 그들과 수작하여 그치지 않았다.

13_徐乾學,〈陳檢討維崧誌銘〉,《清代碑傳全集》(上海: 上海古籍出版社, 1987), 上冊, p.240.

是時京師, 自公卿下, 無不籍籍其年名, 傾慕願交者. 凡人事往來·賀贈·宴餞·頌述之作, 必得其文以爲榮, 脡脯之贄溢於堂, 四方之屨交錯於戶, 其年輒提筆綴辭, 益與酬酢不休.

이와 같았으므로 진유숭의 생활 조건은 나쁘지 않았을 터이지만, 불과 4년 만에 경성 한림의 신세가 가난해서, 병을 앓다가 타계하고 말았다.

하지만 진기년이 거처하는 곳은 성북에 있었는데, 상점들이 늘어서 있어 누추하고 거처는 무릎을 들일 정도로 좁았다. 부들 장막에 흙 아궁이로, 그 속에서 책을 털어 보았으며, 콩죽을 마시고 밥을 씹으면서, 경전을 읽으며 깊이 생각에 잠겼다. 물품이 어디서 오는지는 따지지도 않았으나, 때때로 텅텅 비어, 곤궁하여 누워 지낼 따름이었다. 4년이 지나, 나이 58세에 병이 일어났다.

然其年所居在城北, 市廛庳陋纔容膝. 蒲簾土銼, 攤書其中而觀之, 歠菽啖飯, 沈思經籍有餘. 無問所從來, 時時匱乏, 困臥而已. 閱四年年五十八而病作.

여기서 서건학은 시간을 거슬러 올라가 진유숭의 선조와 유년 시절을 회고했다.

부친의 휘는 정혜(貞慧)로, 공생(貢生)에 부방(副榜)되고, 관생(官生)으로 고쳐졌다가, 진기년이 검토(檢討)가 되자 태보공(太保公)에 증봉(贈封)되었다. 안색을 엄히 하고 입조하여, 당시의 명경들과 교유를 맺어 의논하였는데, 대부분 나라를 걱정하고 공무에 봉직하는 신하들이었다. 태보공은 귀공자로서 절개를 지켜 진신사대부들 사이에서 존중되었으나, 화를 입고 난을 당했다. 뒤에 아예 은둔하여, 저서로 즐겼다. 늘 발걸음을 왕래한 자들은 모두 해내의 포신(逋臣)·유로(遺老)로서 울연히 전형이 있었으므로, 군은 속발한 소년 시절부터 귀에 젖고 눈에 물들어, 세속의 약아빠지고 경박한 기운 속으로 떨어지지 않았다.

父諱貞慧, 副榜貢生, 改官生, 贈檢討太保公. 正色立朝, 爲時名卿所交游相議論, 多憂國奉公之臣, 而贈公以貴公子, 用節概, 推重搢紳閒中, 罹禍遭亂. 後鑿坏肥遁, 著書自娛. 諸常所蹤跡往還者, 皆海內逋臣遺老, 蔚然典型. 故君自束髮以來, 耳濡目染, 已不墮俗下儇薄氣.

집안이 서향가(書香家)였으므로, 진유숭은 속발 이래 부친의 문학 집단과 교유권에 참여했다. 벼슬길은 순조롭지 않았지만, 재주가 가려지지 않았으므로 발걸음이 이르는 곳마다 당시의 명류와 접할 수 있었다.

> 이보다 앞서 군은 17세 때 읍박사제자원(邑博士弟子員)에 보충되었다. 뒤에는 태보공을 따라 산촌과 절에 은거하고, 벼슬에 뜻을 끊었다. 한참 뒤에 무리들을 따라 향시에 응했으나 불리하자, 남북으로 방랑했다. 경사에 이르러, 고 대사마 합비(合肥) 공공(龔公)[공정자(龔鼎孳)]이 그 글을 칭송하여 가장 먼저 교제를 맺었다. 중주(中州)에서는 후조종(侯朝宗)[후방역(侯方域)]·서공사(徐恭士)[서작숙(徐作肅)] 등과 두루 교제했다. 여고(如皐)에서는 모징군(冒徵君)[모양(冒襄)] 집에 손님으로 있는 일이 가장 오래되었다.
> 先是君十七歲時, 補邑博士弟子員. 後隨侍贈公棲止山村野寺, 絶仕進意. 久之, 隨輩應鄕試不利, 浪遊南北. 至京師, 故大司馬合肥龔公賞歎其文, 首爲定交. 在中州則遍交侯朝宗·徐恭士諸君. 如皐, 主冒徵君家最久.

서건학은 이어서 진유숭의 외모를 묘사하면서, 당대 학자의 시각으로 그의 시·사·변체에서의 성취에 대해 논평했다.

> 군은 수염이 길고, 풍모가 아름다웠으며, 풍류가 비범했다. 군이 지은 가시(歌詩)는 가는 곳마다 사람들 사이에 전해졌으며, 호방하고 질탕했다. 처음에는 삼당(三唐)을 근본으로 삼았으나, 당풍을 극복하고, 창려(한유)·미산(소식)의 사이에서 한껏 자신의 기량을 다 했다. 화간(花間)의 자리를 만나면, 전사(塡詞)를 아주 좋아했다. 술이 거나해지면 늘 스스로 퉁소를 불며 화답했으므로, 사람들은 혹 미쳤다고 지목하기도 했다. 그 사는 천 여 결(闋)에 이를 정도로 많으니, 예전에 없던 일이다. […] 군은 문에서는 변체(騈體)에 아주 공교로웠다. 일찍이 한·당·송·원 및 근대의 문을 부류별로 모으고, 간간이 모의(摹擬)하여 문을 지었지만, 변체의 작품이 애염(哀艶)하고 유일(流逸)한 것에는 미치지 못했다. 번번이 회포를 서술하고 지난날을 슬퍼하며, 부앙(俯仰)하고 돈좌(頓挫)하여 서글픈 정이 가득했으니, 유개부(庾開府, 庾信) 이래 첫째이다.
> 君修髯·美丰儀, 風流倜儻. 所作歌詩, 隨處散落人間, 豪肆排宕. 初本三唐而隮唐, 自恣於昌黎·眉山之間. 遇花間席上, 尤喜塡詞. 興酣以往, 常自吹簫而和之, 人或指以爲狂. 其詞至多累至千餘闋, 古所未有也. […] 君於文最工騈體. 嘗部集漢唐宋元及近代文, 間摹擬之爲文, 然率不如其騈體所作哀艶流逸, 每於敍懷傷往, 俯仰頓挫, 愴有餘情, 庾開府來一人而已.

글의 끝에서는 진유숭의 성격에 대해 언급하여, 그가 언변에는 능하지 못했으나 문사는 끓는 듯이 나왔다고 했다. 그리고 재자(才子)라는 말을 그의 삶을 개괄하는 정론으로 삼았다.

> 군은 문벌이 청소(淸素)하고, 사람됨이 순실하고 겸손했으며, 금회가 탄솔하여 세상에 험난한 일이 있는 것을 알지 못했다. 말은 어눌하여 자기 논리를 주장하는 것을 좋아하지 않았으나, 글을 지으면 회오리가 일고 샘이 솟아나는 듯하여 기려(奇麗)한 표현들이 백방으로 나와, 천하의 아는 사람이든 알지 못하는 사람이든 모두 그를 재자(才子)라고 일컬었다.
> 君門閥淸素, 爲人恂恂謙抑, 襟懷坦率, 不知人世有險巇事. 口蹇訥不善持論, 及其爲文, 則飈發泉涌, 奇麗百出, 天下知與不知, 無不稱爲才子.

② 장영수 〈진검토가릉선생전〉[14]

장영수(蔣永修)는 순치 4년의 진사로, 진유숭과 같은 의흥 사람이다.[15] 장영수가 지은 〈진검토가릉선생전〉에 의하면, "우리 읍에서 추수사(秋水社)를 바로잡아 여러 문사들의 서열을 매겼다. […] 이때 진기년의 나이가 가장 어렸는데, 나는 처음으로 그와 더불어 동사(同社)가 되어 아주 친하게 교제했다"라고 했다. 장영수는 진유숭보다 나이가 많았지만, 동사로서의 우의가 있었다. 진유숭은 천거를 받기 이전, 장영수 집에 잠깐 머문 적이 있다. "무오년에, 내가 학정을 감독할 때 그를 맞아와 함께 지내려 했으나, 다른 일이 있어서 뜻을 이루지 못했다. 얼마 있다가 송문각 공의 천거가 있었다." 장영수는 진기년을 위해 전을 지었는데, 두 사람이 동향인 데다가 교분을 일찍 맺었으므로 인생 이력을 서술한 부분은 서건학의 〈지명〉보다 자세하다. 글은 이러하다.

> 나이 17세에 제생이 되었으나 뜻을 얻지 못하고, 54세에 이르러 대사마로 지금의 총재(冢宰)로 있는 송공[송덕의(宋德宜)]이 조정에 천거하여, 징소되어 박학홍사과를 시험 보았는데, 천자의 뜻에 맞아서 제생에서부터 임시로 한림원검토에 제수되어 《명사》를 편수했다. 직무를 맡아 열심히 일했으

14_蔣永修, 〈陳檢討迦陵先生傳〉, 《淸代碑傳全集》, pp.240-241.

15_蔣永修는 字는 愼齋, 號는 紀友로 淸 宜興人이다. 順治 4년 진사 급제하여, 應山縣知縣, 刑科給事中, 平越府知府 등을 지냈다. 蔣景祁은 永修의 아들로, 生平은 미상이다.

> 나 나이 58세에 병이 생겨 경사에서 졸하여서, 역말을 이용하여 반장(返葬)했다. 검토로 있던 기간은 모두 4년이었다. 검토가 비록 늦게 현달했으나, 30년 이래 해내에서 그의 시와 고문사(古文詞)를 추대하여, 우뚝 일등으로 칭송되어 맞설 자가 없었다. [⋯] 부친 정혜는 자(字)가 정생으로, 절개를 지켜 글을 읽어, 교유한 사람들이 모두 일시의 명사들이었다. 기년은 어린 나이에 경전을 배웠는데, 눈을 거치기만 하면 외웠다. 조금 자라서 부친이 이끌어 사람들을 두루 만나게 하자, 여러 명사들이 모두 그릇으로 여겨 차츰 기년과 교제를 맺되, 부친의 항렬이어도 기년을 내려보지 않았다.
>
> 年十七爲諸生, 齟齬至五十四, 大司馬今家宰宋公薦諸朝, 召試博學鴻詞, 稱天子意. 由諸生權授翰林院檢討, 修明史, 勤其官, 年五十八疾作, 卒於京師, 乘驛反葬, 爲檢討凡四年. 檢討雖晚達, 然三十年來, 海內推其詩古文詞, 隆然首稱, 無與頡頏者. 父貞慧字定生, 折節讀書, 所交盡一時名士. 其年髫齔受經, 過目成誦. 稍長, 定生引之徧見, 諸名士咸器之, 稍稍與其年定交, 不敢以父行.

진유숭은 부친의 연고로 여러 명사들과 교유했는데, 명사들은 모두 그를 인물로 여기고 감히 자기가 그 부친의 항렬이라고 해서 그를 내려보지 않았다. 장영수는 진유숭의 시문이 일찍부터 뛰어났다고 적고, 실제 예를 들어 증명했다.

> 신묘·임진 연간(순치 8, 9년, 1651-1652) 오문(吳門, 소주), 운간(雲間, 송강), 상(常, 상주), 윤(潤, 진강)에서 크게 문회가 열려, 네 군의 명사들이 모두 모였다. 술잔을 들기도 전에 염(髯, 진유숭)이 붓을 달라고 해서 시를 지어, 수십 운을 당장에 완성했다. 혹은 때때로 기(記)·서(序)를 지어, 육조의 배체(俳體)를 사용하여 경각에 천 마디를 이루었는데, 웅장하고 화려함을 비할 바가 없었다. 여러 명사들이 모두 경탄하며 신묘하다고 여겼다.
>
> 辛卯壬辰間(按順治8·9年, 1651-1652), 吳門(蘇州)·雲間(松江)·常(常州)·潤(鎭江), 大興文會, 四郡名士畢集. 觴酌未引, 髯索筆賦詩, 數十韻立就. 或時作記序, 用六朝俳體, 頃刻千言, 鉅麗無與比, 諸名士驚歎以爲神.

진유숭은 남들과 잘 지냈다. 광망하게 으스대지 않았다.

> 진염은 사람됨이 안으로 행실을 닦아, 여러 아우들을 보기를 우애롭게 하고 친척과 붕우들과 돈독했으며, 남들을 만나면 온화하여 마치 어눌한 듯이 했다. 평생 갑작스레 말하거나 안색을 돌변하는 일이 없었다. 여러 공들

사이에 노닐면서는 근신하여 함부로 말을 하지 않았으며, 바른 도리로 자기를 지켰다. 때때로 남을 바로 잡는 말을 해도, 여러 공들이 그 때문에 즐겁게 여기고 가까이 했으며, 그러면서도 친압하지 못했다.

髯爲人內行修, 視諸弟甚友愛, 篤親戚朋友, 遇人溫溫若訥. 生平無疾辭遽色, 其游諸公閒, 謹愼不泄, 持己以正, 時有所匡, 諸公以故樂近之, 而莫敢狎也.

장영수는 진유숭의 이름이 천하에 가득했고 서울의 여러 공들이 다투어 교제를 맺었다고 적은 후, 공정자가 진유숭의 망년지기였음을 특별히 밝혔다.

기년은 젊어서 청수하며 말랐으나, 관례를 올린 후 수염이 많아졌다. 수염이 차츰 번져서 광대뼈와 콧마루까지 미쳤으므로, 천하의 학사대부가 진염(陳髯)이라 호하였는데, 그의 자와 함께 이 호가 아울러 행하여, 이로부터 진염의 이름이 천하에 가득하게 되었다. […] 30세에 불우하여 문호가 쇠락하자, 행장을 꾸려 호방하게 유람했는데, 이르는 곳마다 문밖에 신발이 가득하고 거마가 골목을 채워, 제공과 귀인이 다투어 진염을 객으로 삼으려 했다. 합비(合肥) 대종백(공정자)이 진염을 특히 애중하여, 창수하길 밤낮 없이 계속하여, 망형지교를 맺었다.

其年少淸臞, 冠而于思. 鬑浸淫及顴準, 天下學士大夫號爲陳髯, 與字並行, 由是陳髯之名滿天下. […] 三十不遇, 門戶中落, 因束裝汗漫游, 所至, 戶外屨滿, 車馬塡巷, 諸公貴人爭客髯. 合肥大宗伯愛重髯尤甚, 唱酬日夜相繼, 與爲忘形交.

진유숭이 실의하게 되는 운명은 그가 돈을 흙처럼 천시하여 생계를 꾸리지 못하고 본성이 책, 술, 음악을 좋아한 데서 비롯되었다.

진염은 불우해서 실의했으나, 돈과 비단 보기를 흙처럼 하여, 나가 노닐 때마다 손에 잡히는 대로 남에게 다 주어 빈 주머니로 돌아왔다. 돌아와 아무 자산이 없으면, 옷가지와 가재를 저당 잡혀 먹을 것을 구하라고 자주 명했고, 저당 잡힐 것도 없어지면 다시 나가 노닐어, 이러하길 상례로 했다. 날마다 한 권의 책을 손에 들었는데, 남쪽에서는 배를 타고 북쪽에서는 수레를 이용하는 식으로 다녔으며, 돛배가 위태롭고 말이 놀라도 진염은 웅알웅알 책을 읽어 태연자약하여 결코 책을 손에서 놓은 적이 없다. 책에 대해서는 마치 기욕(嗜慾)하듯이 하여, 섭렵하지 않은 것이 없었다. 술은 한 홉도 이기지 못했으나, 술잔을 들면 시상을 물씬 일으켰으며, 음률을 잘 이해했다.

髯落拓, 視錢帛如土, 每出游饋遺隨手盡, 空囊而歸. 歸無資, 亟命質衣物供食用, 及無可質, 輒復游, 率以爲常. 日手一卷書, 所歷南舟北轅, 檣危馬駭, 髯咿吟自如, 未嘗釋卷. 其於書若嗜慾, 無不漁獵, 酒不任一合, 引杯油然. 頗解音律. […]

진유숭은 가난했으나, 외지에서 첩을 들였는데, 첩은 아들을 낳고 3년 만에 집으로 돌아갔다. 첩의 부모와 첩은 '진염이 가난한 데다가 늙은 제생일 따름'인 것을 혐오했기 때문이다. 2년 후 검토의 직에 천거되었지만 집안 상황은 개선되지 않았다.

관직을 얻은 후로도 가난이 더욱 심해졌다. 저유인(儲孺人)은 집에서 죽었으나, 살아서도 죽어서도 만나지를 못했으므로 더욱 애통해하여, 마음을 수습하지 못할 정도였다. 임술년, 머리에 종기를 앓아, 마침내 일어나지 못했다. 여러 대부들이 재물을 걷어 진염을 염습하고 박촌(亳村)의 선인 묘 옆에 반장했다.

得官後貧益奇. 儲孺人卒于家, 生死不相見, 益悼痛, 不自聊賴. 壬戌, 患頭癰, 遂不起. 諸大老斂財殮髯反葬亳村先人墓側.

이 부분은 진유숭의 곤란한 처지와 처량한 만년을 극도로 잘 묘사했다. 장영수가 지은 전은 마지막으로 진유숭의 문학적 성취를 언급하고 평가한 이후, 그가 임종 직전까지 창작에의 집착이 여전했다고 적었다.

진염이 병이 들었을 때 나의 아들 장경기(蔣景祁)가 마침 서울에서 병 문안을 하여 침상 아래서 절하자, 진염은 그간 지은 고문사를 전부 꺼내어 손수 경기에게 주고, 교정하여 간행하라고 했다. 진염의 글에는 산문도 있고 배체도 있는데, 배체는 스스로 아주 대단히 좋아했다. 새로 지은 시는 앞으로 내달려서, 전에 지은 것과 달랐다. 사(詞)는 더욱 기세가 억세고 기괴하고 번쩍번쩍해서 신묘하게 변화했으며, 1,800수에 이르렀으니, 이전 작자들에게서는 볼 수 없는 일이었다. 진염은 시와 고문사로 해내에서 존숭되었는데, 늘그막에 관직을 얻었으나, 서너 해 되지 않아서 외롭게 집에서 죽었으므로, 천하 사람들이 애도했다. 진염이 아직 병들지 않았을 때 누차 호산(湖山)과 어조(魚鳥)를 생각하여 돌아가고자 했으나, 마침 사국(史局)의 일이 끝나지 않아서 감히 사직을 청하지 못했다. 병이 심하게 되자 단구(斷口)를 읊조려, "산 새와 산 꽃이 옛 친구로다(山鳥山花是故人)"라 하고는, 손을 휘둘러 퇴고하는 형세를 지었으니, 참으로 슬프다. 진염의 반장 비용은 대부분 송공[송덕의]의 재력에서 나왔다. 이른바, "살아서는 나를 조정에 천거하고, 죽어서는 나를 선영에 돌려보낸다(生吾薦諸朝, 歿吾歸諸原)"라고 하는 것이 이에 해당한다. 진염은 아들이 없었으므로 죽은 아우 유미(維嵋)의 아들 이단(履端)을 아들로 삼았는데, 진염이 죽은 후의 일이다.

髯疾時, 余子景祁適在京師問疾拜牀下, 髯悉出所著古文詞, 手授祁, 命其校刊. 髯文有散有俳, 其俳體自喜特甚. 新詩馳驟, 異前所爲. 詞尤淩厲光怪, 變化若神, 富至千八百首, 前此作者未之有也. 髯以詩古文詞爲海內推重, 遲暮得官, 不數年孑然邸舍死, 天下哀之. 始髯未疾, 屢以湖山魚鳥爲念, 欲告歸, 會史局未竣, 不敢請. 疾亟, 吟斷句云: '山鳥山花是故人', 猶振手作推敲勢, 其可悲也. 髯反葬多出宋公力, 曰: '生吾薦諸朝, 歿吾歸諸原.' 髯無子, 以亡弟維嵋之子履端爲子, 在髯亡後.

③ 장경기 〈가릉선생외전〉[16]

장경기(蔣景祁)는 장영수의 아들로, 부자 두 사람이 같은 해에 각각 전을 지었다. 장경기는 진유숭에게 배웠으므로, 그를 스승으로 여겼다. 이 전은 이러한 관계의 서술로부터 글을 시작했다.

가릉선생은 우리 고향의 명사로, 나경기가 선생을 마을에서 10여 년 동안 모셨다. 선생이 연대(燕臺)에 객이 되자, 더욱 긴밀하게 왕래하였는데, 문주(文酒)로 모시는 여가에 선생이 문득 조용히 평생의 일을 말씀했다. 삼가 일사(軼事) 서너 조항을 엮어 별도로 외전(外傳)을 짓는다.

迦陵先生爲吾鄕名宿, 景祁獲侍先生於里中十有餘載, 及客燕臺, 往還尤密, 文酒過從之暇, 先生輒從容爲道平生. 謹次軼事數條, 別爲外傳.

서건학과 부친의 전이 앞에 있었으므로 장경기는 외전의 수법으로 일사를 보충 서술했다. 먼저, 태어나면서부터 영특한 점을 말했다.

태어나면서부터 영특하여, 열 살에 조부 소보공(少保公)을 대신하여 〈양충렬상찬(楊忠烈像贊)〉을 지었다.

16_蔣景祁, 〈迦陵先生外傳〉, 《淸代碑傳全集》, p.241.

生而穎異, 十歲時即代祖少保公作楊忠烈像贊.

다음은 진유숭이 명사와 석학을 따라 노닐고 사우를 따라 배운 공을 말했다.

따라 배운 분으로는 귀지(貴池) 오차미(吳次尾)[오응기(吳應箕)]와 오문(吳門) 전길사(錢吉士)[전희(錢禧)] 두 선생이 있다. 당시 명사와 석학으로 누동(婁東)·운간(雲間)[팽사도(彭師度)]·완강(皖江) 등이 모두 배항을 무시하고 사귀어, 다투어 명성을 널리 퍼뜨렸다. 이어서 정촌(程村, 추지모)·문우(文友, 동이녕)·서초(西樵, 왕사록)·완정(阮亭, 왕사진)·기정(旣庭, 송실영)·보초(甫草, 計東)·표인(豹人, 손지울)·효위(孝威, 등한의) 등 여러 군자들과 창화하여 학문이 더욱 진보했으니, 사우의 공이 적다고 할 수 있겠는가?

從學者爲貴池吳次尾·吳門錢吉士兩先生. 一時名公碩望如婁東·雲間·皖江等, 皆折輩行與交, 爭爲延譽. 嗣與程村·文友·西樵·阮亭·旣庭·甫草·豹人·孝威諸君子倡和, 而學益進, 師友之功, 信不可少哉?

다음으로는 진유숭이 당시 사람들의 칭송을 받은 사실을 적었다.

오매촌(吳梅村, 오위업) 선생은 '강좌삼봉황(江左三鳳凰)'이란 명목이 있었다. 가릉 선생도 그 한 사람인데, 당시 약관에 이르지 않은 나이였다. 나머지 둘은 오강(吳江) 오한사(吳漢槎)[오조건(吳兆騫)]와 운간(雲間) 팽고진(彭古晉)[팽사도(彭師度)]이다.

吳梅村先生有江左三鳳凰之目, 先生其一也, 時未弱冠. 其二謂吳江吳漢槎·雲間彭古晉.

이어서, 사공자의 한 사람으로 일컬어졌던 그의 부친 정생공에 대해 기록했다.

선생은 여고(如皐)의 객이 된 것이 10년이었는데, 주인은 모벽강(冒辟疆, 모양) 군이었다. 명말 가릉(迦陵)의 부친 정생공(定生公)은 여고 모벽강, 상구(商邱) 후조종(侯朝宗)[후방역], 동성(桐城) 방밀지(方密之)[방이지(方以智)]와 이름이 나란했다. 경(卿) 벼슬의 아들로서 글을 읽고 행실을 닦으며, 재산을 기울여 천하 명사와 교제하여, 천하에서 사공자라고 칭했다. 사공자는 깊이 교유 관계를 맺어, 굉광(宏光, 弘光) 때 정생공이 당화에 걸리자, 후조종이 수천 금을 덜어 벗어나도록 힘껏 도모했다. 그러고도 후조종은 자신의 공덕으로 여기는 기색이 없었다. 진유숭 선생도 자잘자잘 신경 쓰지 않았으나, 그래도 고마워했다. 옛 도리로서의 교제를 맺기를 이와 같이 했다.

先生客如皐者十年, 主人冒君辟疆也. 明末迦陵父定生公與如皐冒辟疆 · 商邱侯朝宗 · 桐城方密之並以名. 卿子讀書砥行, 傾家財, 交天下名士, 天下稱四公子, 四公子深相結. 宏光時, 定生公罹黨禍, 朝宗捐數千金力爲營脫, 侯無德色, 陳亦不屑屑, 顧謝. 相與爲古道交如此.

다시 부친의 벗 모양(冒襄, 1611-1693)[17]의 지우를 입었다고 말하고, 이어서 수회원(水繪園)에서 서자운(徐紫雲)과 사랑한 일을 끄집어냈다.

정생(定生)이 몰하자 모벽강이 가릉(진유숭)을 초빙하여 집에서 글을 읽게 했는데, 그의 재주가 뛰어남을 사랑하여 성기(聲伎)를 나오게 하여 그 뜻을 흡족하게 해주었다. 가희 양지(楊枝)가 곡을 부르고 자운(紫雲)이 퉁소를 불었다. 10년 사이에 가릉의 시문이 더욱 힘이 넘치고 기세가 급히 꺾이게 되었다. 저술에 《사치(射雉)》와 《소삼오창화(小三吾倡和)》 등의 시집이 있다. 그 후 자운은 가릉을 따라 돌아갔는데 모벽강은 불문에 부쳤다. 가릉 선생은 수회원에 우거하면서 자운에게 벼루의 일을 시중들게 하고 싶어 했다. 모벽강 어머니 마태부인(馬太夫人)이 아까워해서, 매화시 100수를 얻은 후에나 허락하겠다고 하자, 선생은 흰눈 빛이 비추는 창 아래서 하룻밤에 붓을 달려 완성했다. 글에 평점을 더할 곳이 없었으므로, 사람들은 신의 도움이라 하며 놀랐다.

定生沒, 辟疆招迦陵讀書於家, 愛其才雋, 爲進聲伎, 以適其意. 歌者楊枝度曲, 紫雲吹簫. 十年間, 迦陵詩文益復淋漓頓挫, 所著有《射雉》·《小三吾倡和》諸集. 其後紫雲從迦陵歸, 冒弗問也. 先生寓水繪園, 欲得紫雲侍硯, 冒母馬太夫人靳之, 必得梅花百詠乃可, 雪窗一夕走筆遂成之, 文不加點, 衆驚爲神助. […]

장경기는 외전의 필치로, 진유숭이 매화시 100수를 읊어서 자운과 바꾸어 자운에게 벼루 시중을 들게 했던 일을 신묘하게 묘사했다. 10년간

17_冒襄의 字는 辟疆, 號는 巢民, 또 다른 호는 朴庵, 청나라 江蘇 如皐 사람이다. 명나라 萬曆 39년 생으로, 청나라 康熙 32년에 졸했다. 객을 잘 대우했으며, 집에 水繪園을 두고, 圖書로 스스로 즐겼다. 저서에 《水繪園詩文集》·《朴巢詩文集》이 있고, 또 《同人集》 12卷 및 《影梅庵憶語》을 편하여 세상에 전한다.

진유숭의 시문은 창작의 기세가 극히 왕성했는데, 수회원에 손님이 되어 의식 걱정이 없는 데다가 가동 자운이 시중을 드는 생활을 할 수 있었기 때문이었다.

진유숭과 서자운의 연애에 관해 서건학의 〈지명(誌銘)〉은 한 글자도 언급하지 않았다. 장경기의 부친도 매우 간단하게 "일찍이 가동 운랑(雲郎)을 가까이 했는데, 운랑이 죽은 후에는 그녀의 물건을 보면 문득 슬퍼하여, 이기지 못할 듯이 했다"(〈진유숭전〉)라고 했을 뿐이다. 장경기의 글은 일사를 위주로 하는 외전의 양식이므로, 저 염문의 일을 기록해두었다(자운의 일에 대해서는 아래에 상세하게 다루겠다). 그러고 나서 다시 진유숭의 사(詞)가 공정자의 첩인 진회(秦淮)의 명기 고미(顧媚)를 감동시킨 일을 기록했다.

> 횡파부인(橫波夫人)은 선생의 〈우미인영경사(虞美人咏鏡詞)〉를 읽고, "나도 남의 연민을 받고 남에게 혐오되고 있다"라고 말하고 합비 상서를 향하여 한참을 오열했다. 남을 감동시키는 것이 이와 같았다.
> 橫波夫人讀先生〈虞美人咏鏡詞〉, 曰: '我亦受人憐惜爲人磨', 向合肥尙書嗚咽者久之, 其足以感人若此. […]

글 끝에서 작자 장경기는 진유숭을 두고 산중에서 경전 외는 원숭이가 환생했다고 전하는 기이한 말을 인용한 후, 진유숭이 임종 때 시를 외운 일을 들고, 진유숭이 하늘에서 내린 조숙한 지혜를 지녔었다고 찬탄했다.

> 선생은 나이 40여 세에도 제생의 신분이었다. 일자(日者)가 말하길 "군은 50을 넘어 필시 한림에 들어갈 것이다"라고 했다. 그래서 매표사(梅杓司)[매뢰(梅磊)]가 준 시에 "아침에 일자가 다리 가를 지나가다가, 공명이 마주(馬周) 같으리라 허여했다네"의 구가 있었는데, 뒤에 그 말이 과연 들어맞았다. 고로들이 서로 전하길, 선생이 선권산(善權山)의 경전 외는 원숭이가 환생했으므로 그 성정이 소담(蕭淡)하여 구속을 견디지 못한다고 했다. 질병이 심해지자, '산 새와 산 꽃이 옛 친구로다'의 구를 읊고 서거했다. 무릇 큰 지혜의 인물은 깨달음을 이룰 근성이 진작부터 있는 법이므로, 상식에 맞는 논리가 아니라고 해서 전부 배척할 수는 없다.

先生年四十餘尙爲諸生, 有日者謂之曰: '君過五十必入翰林.' 故梅杓司贈詩有'朝來日者橋邊過, 爲許功名似馬周'之句, 後其言果信. 故老相傳先生爲善權山中誦經猿再世, 故其性情蕭淡, 不耐拘檢. 疾革時, 吟'山鳥山花是故人'句而逝. 凡大智慧人, 類有夙根, 未可盡斥爲不經之論也.

이상의 세 편은 모두 진유숭과 생전에 교제했던 친구들이 지었다. 그들은 친소도 다르고 배항도 다르고 교제한 시간도 달랐으므로, 진유숭을 위해 전을 지을 때 각각 중점을 달리했다. 《청사열전(清史列傳)》 〈문원전(文苑傳)〉은 진유숭의 이력을 정사(正史)의 어조로 세 전의 재료를 잘라 부쳤고, 전을 지은 세 사람보다는 훨씬 유리하게 후대의 시점에서 진유숭의 문학을 서술하고 일생 제작한 산문·변체·시·사(詞) 등의 문류에 대하여 종합적으로 논평했다.[18]

(2) 서자운(徐紫雲) 기사

〈가릉전사도〉에서 진유숭 가까이서 통소를 부는 여인은 실은 장경기의 〈외전〉이 언급한 모양(冒襄) 집의 성기(聲伎) 자운(紫雲)이다. 자운의 성은 서(徐), 또 다른 자는 구청(九青), 다른 호는 만수(曼殊)이다. 모양이 기른 남성 가동이다.[19] 수회원에서 진유숭과 자운이 염문을 뿌린 이야기에 대해, 장경기의 기록은 너무 간략하다. 뉴수(鈕琇)의 《고잉(觚賸)》에 상세한 기록이 있다.

광릉(廣陵)에 노닐었는데, 모소민(冒巢民, 모양)이 그 재주를 사랑하여, 매

18_《清史列傳》 卷71 〈文苑傳〉 2 . 진유숭의 문학에 대한 전면적인 논평과 인용에 대해서는 본문의 결론을 참조.

19_如皋冒鶴亭輯 · 東莞張次溪訂, 《雲郎小史》, 張次溪編纂, 《清代燕都梨園史料》(正續編)(原刊本爲張次溪於1937年編成. 北京: 中國戲劇出版社, 1991, 二刷), 下冊, pp.955-977 ; 張次溪輯, 《九青圖詠》, 張次溪編纂, 《清代燕都梨園史料》, pp.979-1001. 徐紫雲의 일생 기사에 관해 고증하는 문헌은 대개 이 두 책을 참고로 했다. 또 李孝悌, 〈士大夫的逸樂—王士禛在揚州(1660-1665)〉를 읽고 중요한 가르침을 얻어서, 위의 두 책 속에서 陳維崧 · 徐紫雲의 斷袖戀과 傳記 관련 문헌을 얻어 본문의 여러 단에서 핵심적인 장절을 구성했다. 李孝悌, 〈士大夫的逸樂—王士禛在揚州(1660-1665)〉, 《中央研究院歷史語言研究所集刊》 第76本, 第1分, 2005年3月, pp.81-115.

화별서(梅花別墅)에 맞아 들였다. 자운이란 이름의 동자가 있어, 나긋나긋하고 노래를 잘했으므로 서당에서 허드렛일을 하게 했다. 생(生)[진유숭]이 한 번 보고 혼이 나가서, 아름다운 시구를 주고 아울러 그 화상을 그려, 권질로 장정하여 '운랑소조(雲郎小照)'라고 이름했다. 마침 별서에 매화가 한창 피어나자, 생은 자운과 함께 매화의 암향(暗香)·소영(疏影) 사이에서 배회했다. 모소민은 마침 내각(안채 누각)에 올랐다가, 멀리서 그들을 보고는 홀연 거짓으로 화를 내어, 두 건장한 종을 불러 자운을 묶어 데려가 곤장을 치려고 했다. 생이 구하려 했으나 방책이 없자, 정신이 아주 혼란스러웠다. 계책이라고는 모소민 모친의 한마디를 얻으면 재액을 풀 수 있을 뿐이었다. 이미 저녁 어스름이 깔려 있었는데, 모소민의 노모 댁 앞에 달려가서 문밖에 무릎을 꿇고 문지기를 통해 아뢰길, "진 아무개가 급한 일이 있어 태부인께서 옥음을 발하시길 구합니다. 허락을 받지 못하면 저는 일어나지 않을 것입니다"라 하고는 자운의 일을 상세히 말했다. 이윽고 청의(青衣)의 유모가 나와서 "선생, 그만두시오! 소민이 모친의 명을 받들어 운랑을 죄주지 않기로 했소. 하지만 선생의 영매 절구 100수를 오늘 밤에 완성해서 주신다면 운랑을 보내어 좌우에서 시중들게 하겠소"라고 했다. 생이 크게 기뻐하여 옷자락을 떨치고 돌아가, 등불을 밝히고 먹을 묻혀 괴롭게 읊기를 새벽까지 했다. 100수가 이루어지자 재빨리 써서 소민에게 보냈다. 소민은 그것을 읽고 무릎을 치고는, 웃으면서 운랑을 보냈다. 그 후 운랑이 아내를 맞아 합근의 날이 되었다. 생은 황망하게 정신을 잃은 듯이 하여, 〈하신랑(賀新郎)〉을 지어 보냈다. [⋯] 이 사가 사람들 입에 다투어 전해져, 듣는 사람들이 모두 절도했다.

遊於廣陵, 冒巢民愛其才, 延至梅花別墅. 有童名紫雲者, 儇麗善歌, 令其執役書堂. 生一見神移, 贈以佳句, 並圖其像, 裝爲卷帙, 題曰雲郎小照. 適墅梅盛開, 生偕紫雲, 徘徊於暗香疏影間. 巢民偶登內閣, 遙望見之, 忽佯怒, 呼二健僕縛紫雲去, 將加以杖. 生營救無策, 意極徬徨, 計唯得冒母片言, 方解此厄. 時已薄暮, 乃趨赴老宅前, 長跪門外, 啓門者曰: "陳某有急, 求太夫人發一玉音, 非蒙許諾, 某不起也." 因備言紫雲事. 頃之青衣媼出曰: "先生休矣! 巢民遵奉母命, 已不罪雲郎. 然必得先生詠梅絶句百首, 成於今夕, 仍送雲郎侍左右也." 生大喜, 攝衣而回, 篝燈濡墨, 苦吟達曙. 百詠旣就, 亟書送巢民, 巢民讀之擊節, 笑遣雲郎. 其後紫雲配婦, 合巹有期矣. 生惘惘如失, 賦〈賀新郎〉贈之云: [⋯]. 此詞競傳人口, 聞者爲之絶倒.[20]

뉴수(鈕琇)가 자신의 필기를 '고잉(觚賸)'이라고 이름 지은 것은 차 마

20_鈕琇, 《觚賸》, 卷2, 〈賦梅釋雲〉條, pp.40-41.

시고 술 들면 이르는 곳마다 명말청초의 잡사를 기술했기 때문이다.[21] 뉴수는 진유숭과 같은 시대 인물로, 진유숭의 일을 기록한 내용은 진실일 가능성이 높다.[22] 진유숭과 자운의 연애에 대해서는, "논자들이 평원공(平原公, 춘추 시대 조나라 趙勝)의 높은 우의와 두목(杜牧)의 치정이 본사시(本事詩) 속에 전하듯이 천추의 멋진 이야기가 될 것이다(論者以爲平原高誼, 杜牧癡情, 傳之本事詩中, 應作千秋佳話也)"[23]라고 했다.

뉴수의 글은 단수벽(斷袖癖)의 풍류를 기록했다[단수벽은 치정을 말한다. 한(漢)나라 애제(哀帝)가 동현(董賢)을 총애하여 늘 기거를 함께했는데, 어느 날 낮잠을 자다가 황제가 일어나려고 하자 동현이 황제의 옷소매를 깔고 있으므로 애제는 동현이 깰까봐 소매를 자르고 일어났다고 한다 — 역자]. 남주인공 진유숭이 가동 자운을 한 번 보고 사랑을 쏟았고, 이후 두 사람이 함께 기거하며 몸뚱이와 그림자처럼 떨어지지 않았다. 하지만 자운이 배필을 정하여 혼례를 올린 이후 진유숭은 망연자실했다. 심층에서 보면, 이것은 일종의 교환(交換) 고사이다. 명성이 자자했던 왕후(王侯)나 척완(戚畹)과 달리, 문사와 진신사대부는 재부도 넉넉하고 문화도 우세한 환경에서, 집안에 악공을 두어 문채·풍류를 드러내고 가문이 존귀함을 과시하는 표징으로 삼았다. 모양은 교제의 목적으로 성기(聲技)를 양성해서, 풍류재자와의 교제 때 그를 예물로 삼았다. 모양이 자운을 진유숭의 시종으로 보내고 100수 영매 절구를 교환하겠다고 하자, 진유숭은 시로 자운의 소유권을 얻었다. 모양은 가령(歌伶)을 줌으로써 진유숭과의 사이에 정서적으로 교류할 수 있는 지름길을 트려고 했던 것이다.[24] 진유숭

21_鈕琇의 字는 玉樵, 江蘇 吳江 사람으로, 貢生이다. 康熙 연간에 項城·白水·沈印·蒲城·高明 등의 현에서 지현으로 있었는데, 가는 곳마다 惠政을 펼쳤다. 박아하고 견문이 많았으며 시에 뛰어났다. 저술에《臨野堂詩文集》·《觚賸》등의 책이 있다. 후자에는〈正篇〉8권이 있어, 吳·燕·豫·秦·粵 등의 觚로 나누고 續編 4권은 言·人·事·物 등 觚로 나누었다. 觚는 酒爵이다. 賸은 餘이다. '觚賸'이라고 그 필기를 이름지은 것은 차 마시고 술 드는 때 가는 곳마다 명말청초의 잡사를 기술한다는 뜻이다. 鈕琇,《觚賸》,〈敍言〉.

22_청나라 易宗夔는《新世說》〈任誕〉편에서 같은 기록을 했는데, 원작은 분명히 뉴수의 글이다. 단, '生'이란 글자를 '陳'으로 바꾸었다.

23_《本事詩注》,《九靑圖詠》附〈紫雲傳〉, p.1001.

24_紫雲을 예물로 교환했다고 보는 관점은,〈如食橄欖—十七世紀對中國男伶的文學消受〉에서 차용했다. 陳平原·王德威·商偉合編,《晩明與晩淸》(武漢: 湖北教育出版社, 2001), pp.291-297.

과 자운의 단수 연애는 사람들의 이목을 확 끌었다. 뉴수는 그 이야기를 서술하면서 진유숭을 치정 도련님으로 형상화했다. 뉴수의 글에 따르면 진유숭은 자운을 한 번 보자마자 혼이 팔려 멋진 시구를 그에게 주고 그의 초상을 그려주면서 간곡한 교제를 부탁했다. 또, 진유숭이 하루 저녁에 100수의 영매시를 만든 사실과 자운이 배필을 정한 후 실연하여 창망하게 〈하신랑(賀新郎)〉을 지은 사실을 가지고 뉴수는 진유숭의 재자(才子) 본색을 그려내었다.

만명 때는 가악의 풍조가 아주 성했는데, 강(江)·절(浙)·송(松) 일대가 가장 심했다. 가악의 주인이 희극 작가를 겸한 예는 일일이 들 수 없을 정도로 많다. 날마다 이원(梨園)을 드나들어, 심지어 국가 파망의 상황에서도 극장에 깊이 빠진 자도 적지 않았다. 가악의 양성은 스스로 즐기고 집안에서 즐기려는 이유 이외에, 교제의 필요성과 관계가 있었다. 곡연(曲宴)에서 객을 대접하기도 하고, 음악을 끼고 교유하기도 하며, 집회에서 기예를 헌정하기도 했다. 모양은 그 일례이다.[25] 모양은 수회원을 쌓고, 성기(聲伎)를 두루 저축하여, 동림(東林)·기사(幾社)·복사(復社)의 고인 자제 등 사방의 문인부터, 아래로는 방기(方伎)·은일(隱逸)·치우(緇羽, 불교와 도교)의 무리에 이르기까지, 시시로 한데 어울렸다. 모양은 가악을 가지고 좌객을 즐겁게 했으므로, 빈객이 귀의하듯 모여들었다. 성기 가운데 가장 유명한 자가 자운(紫雲)·양기(楊枝)·운추(雲雛)·진소(秦簫) 등이었다. 모양과 왕래하는 문우들은 저마다 그들에게 시를 지어 주었다. 공정자에게 〈희화벽자증양지(戲和檗子贈楊枝)〉·〈희송양지병간수회주인(戲送楊枝並簡水繪主人)〉·〈기진소(寄秦簫)〉가 있고, 왕사진에게 〈양지곡희대기년(楊枝曲戲代其年)〉·〈영추편면(靈雛便面)〉이 있으며, 진유숭에게 〈장상사증별양지(長相思贈別楊枝)〉·〈완랑귀위영추제화(阮郎歸爲靈雛題畫)〉가 있고, 정주량(程周量)에게 〈청양지탁곡화지옹운서증(聽楊枝度曲和芝翁韻書贈)〉 등이 있다.[26]

25_冒襄이 家樂을 기른 것은 당시 유행하던 풍조였다. 劉水雲,《明淸家樂硏究》(上海: 上海古籍出版社, 2005), pp.210-225. 그 밖에 優童의 양성, 매매, 歸宿 등의 상황은 劉水雲이 상세히 고찰한 바 있다.

26_冒家의 빈객이 성황을 이루었고 문우들이 冒家의 聲伎에게 贈詩한 예는 如皐冒鶴亭輯·東莞張次溪訂,《雲郎小史》, pp.958-959 참고.

모양은 진유숭의 부친 진정혜가 작고한 이후, 옛 우의를 생각하여 자금을 내어 장례를 도와주었을 뿐 아니라, 진유숭을 초청하여 여고(如皐)에 와서 글을 읽게 했다. 진유숭이 처음 여고에 이르렀을 때 모씨 집에는 가동이 아주 많았지만, 진유숭은 유독 자운을 가까이했다. 이 해 마침 징군(徵君) 모양의 모친 마공인(馬恭人)의 생일을 만나, 진유숭은 이런 시를 지었다. "지난날 내가 여고에 갔을 때, 태모는 바로 현세(懸帨, 수건을 닮. 생일)의 날이었다. 그 때는 무술년 겨울로, 켜켜 쌓인 얼음에 수풀이 매섭게 추웠으니, […] 아운(阿雲, 자운)은 나이 열다섯, 아리따운 자태로 병풍 가에 서 있었다(憶我過如皐, 太母正懸帨. 是爲戊戌冬, 層冰莽寒厲. […] 阿雲年十五, 娟好立屛際)."[27] 이때는 순치 15년 무술(1658) 겨울로, 진유숭은 34세였다. 처음 15세의 자운을 보았으니, 이로부터 역산하면 자운은 숭정 갑신(1644)에 태어난 셈이다. 서로 대면한 이후 두 사람은 아주 가까워졌다. 진유숭은 시에서 "동고(東皐, 여고)에 객이 된 지 대여섯 해, 아서(阿徐, 서자운)[운랑을 가리킴]와 날마다 서로 놀이에 팔려 정신이 없었다"[28]라고 했다. 강희 원년(1662), 진유숭 38세, 자운 19세, 두 사람은 잠시 이별했는데, 진유숭은 〈추창사이십수별운랑(怊悵詞二十首別雲郎)〉을 지었다.[29] 강희 3년(1664) 봄, 자운이 혼인하자, 진유숭은 〈하신랑〉 사를 지었다.[30] 두 사람의 연정은 이미 6년이나 계속되고 있었다. 강희 7년(1668), 자운 25세, 44세의 진유숭이 여고를 떠나 북경으로 들어가 벼슬에 나갈 방도를 구할 때, 자운은 그를 따라갔다. 그 해 6월, 서울에 이르러, 일하(日下, 북경)의 명사들 사이에 이름이 드날려, 사람들이 다투어 자운의 아름다운 연주를 들으려고 했다. 공정자 등 서울의 제공이 분분하게 자운에게 경도했다. 후에 자운은 다시 진유숭을 따라 중주(中州)로 가서 3년간 있다가 다시 그를 따라 의흥으로 돌아갔다. 강희 14년(1675), 자운이 졸했으니, 향년 32세였다. 자운이 죽은 3년 뒤, 진유숭은 박학홍

27_陳維崧 癸卯詩 〈將發如皐留別冒巢民先生〉, 《湖海樓詩集》, 卷1, p.8b. 《陳迦陵文集》, 第1冊.

28_陳維崧 癸卯詩 〈過崇川訪家善百善百作長歌枉贈賦此奉酬〉, 《湖海樓詩集》, 卷1, p.13b. "東皐作客五六載, 阿徐(小字注: 謂雲郎也)日日相流連."

29_陳維崧, 〈怊悵詞二十首別雲郎〉, 《湖海樓詩集》, 卷1, pp.7b-10a.

30_陳維崧, 〈賀新郎 雲郎合巹爲賦此詞〉, 《迦陵詞全集》, 卷26, p.3a. 《陳迦陵文集》, 第2冊.

사과에 천거되어 한림에 들어갔다. 다시 4년 뒤, 강희 21년 임술(1682), 진유숭은 병으로 경사에서 죽었다. 자운과 진유숭의 생사에 뒤얽힌 사건을 당시 사람들은 진진하게 즐겨 말했다.

3) 도본

(1) 두 텍스트

〈가릉전사도〉 화폭에 관한 기본 자료로 청대 사화(詞話)에 다음 두 기록이 있다.

> 〈가릉전사도〉는 석 대산이 그린 전신(傳神)으로, 수염을 날리며 정수리를 드러내어, 정말로 국사의 풍모가 있다. 곁에 앉은 여인은 퉁소를 들어 불고 있으니, 황홀하게 〈양유안효풍잔월(楊柳岸曉風殘月)〉을 창하는 듯하다.
> 迦陵填詞圖爲釋大汕傳神, 掀髯露頂, 眞有國士風. 旁坐麗人拈洞簫而吹, 恍唱〈楊柳岸曉風殘月〉也.[31]

> 〈가릉전사도〉는 무오 윤3월 24일에 이루어졌다. 대개 박학홍사과에 천거되기 한 해 전이다.
> 迦陵填詞圖, 作於戊午閏三月廿四日. 蓋擧鴻博之先一年也.[32]

진유숭(가릉)의 사진(전신) 속 인물은 수염을 날리고 정수리를 드러내고 있으며, 퉁소를 든 여인이 곁에 앉아 있었다. 그린 사람은 석 대산이며, 그린 때는 강희 무오(17년, 1678) 늦봄으로, 진유숭이 박학홍사과에 천거되기 한 해 전이었다. 원래의 화첩은 볼 수 없다. 현전하는지 모르겠다. 필자가 알기로는 북경대학도서관에 《가릉전사도제영(迦陵填詞圖題詠)》 두 텍스트가 있는데, 하나는 건륭 탁본이고 하나는 도광 인본이다.[33] 아래와 같다.

31_[淸]吳衡照, 《蓮子居詞話》 卷1, 唐圭璋編, 《詞話叢編》(台北: 新文豐出版社, 1988) 第3冊, pp.2,404-2,405.

32_[淸]謝章鋌, 《賭棋山莊詞話》 卷2, 《詞話叢編》 第4冊, pp.3,487-3,488.

33_필자는 2005년 8월, 북경의 〈2005中國古代文藝思想國際學術研討會〉에 참가하고 논문을 발표했는데, 그 때 北京大學圖書館 古籍特藏室에서 서적을 열람했다. 당시 《迦陵填

그림 5-1. (청) 석 대산 그림, 〈가릉전사도〉, 판화, 건륭탁본, 탑장/함, 북경대학도서관 고적선본특장실.

(a) 건륭 탁본: 접장(摺裝), 1함. 앞에 그림(그림 5-1)을 게시하고, 그림 뒤에 서너 편 제영이 이어진다. 그림 상부의 횡비(横批)는 예서로 '전사도(塡詞圖)' 세 글자가 쓰여 있다. 그림 하부에는 '세재무오(1678) 윤삼월 입묘囸 위기옹유마전신 석산(歲在戊午閏三月廿卯囸 爲其翁維摩傳神 釋汕)'이라는 글이 있는데, '大', '汕'의 양각 인문, '看松'의 음각 인문이 눌러져 있다. 횡비의 좌측에는 '북평후학옹방강제(北平後學翁方綱題)'라고 서명되어 있다. 옹방강은 또 다른 제사를 화권 속에 기록하고, 기년(紀年)의 낙관에서 '건륭을미(1775)장지후삼일 대흥후학옹방강제(乾隆乙未長至後三日 大興後學翁方綱題)'라고 했다. 옹방강의 제사와 서명은 진유숭이 죽은 100년 뒤의 것이다. 도면의 오른쪽 하방에는 '상남소하거사왕울모륵(湘南嘯霞居士汪蔚模勒)'의 쌍행 글자가 있다.

(b) 도광인본: 선장(線裝), 1책. 그림 상방 횡비 '전사도', 좌측 옹방강 서명, 하방 '釋大汕' 기년(紀年) 서관(署款)과 인양(印樣)은 모두 탁본과 같다. 그림 앞(우방)에 만공진(萬貢珍)이 제서기년(題署紀年)하여 '시도광을사(15년, 1845) 중하 지어상남반서 양선여문만공진(時道光乙巳仲夏 識於湘南藩署 陽羨荔門萬貢珍)'이라 했다. 하방의 명에는 '초남대위산인 호만본 배류모륵(楚南大潙山人 胡萬本 排類摹勒)'의 자양(그림 5-2)이 있다. 이 인본은 민국 16년(1927) 상해 중화서국에서 출판했다.

詞圖題詠》을 열람했는데, 두 텍스트가 있었다. 하나는 拓本摺裝, 1摺冊(1函)으로, 索書號 X/979.5/1625이다. 다른 하나는 線裝印本으로 뒤에 丁輔之가 편찬한 '題者小傳'이 붙어 있다. 索書號 X/6168/4332이다.

이하 3조의 기록은 주목할 만하다.

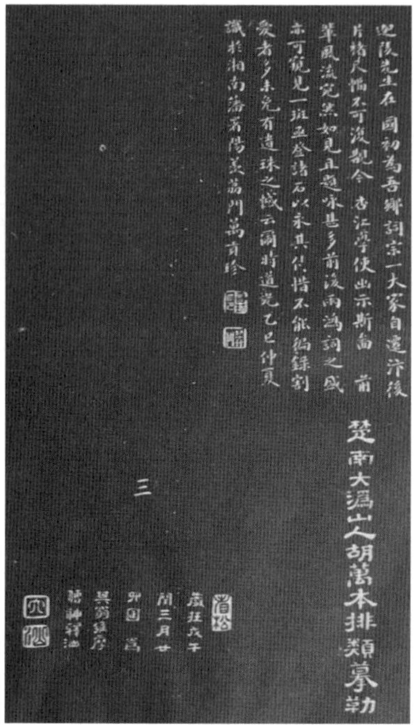

그림 5-2. (청) 석 대산 그림, 〈가릉전사도〉, 판화, 도광인본, 도광을사만공진제서·호만본모륵, 북경대학도서관 고적선본특장실.

○ 망지(望之) 태수가 장차 염주(廉州)로 부임하러 가면서, 〈가릉선생전사도〉를 꺼내어 제영을 부탁했다. 화권 속에는 각 문체가 뒤얽혀 있고 명작이 숲을 이루어, 함부로 지을 수가 없었다. 이윽고 망지가 요구하길 더 강하게 하여, 부득이 북곡(北曲) 11수의 보(譜)를 쓴다. […] 건륭 신사 구추 상강, 연산(鉛山)후학 장사전 절하고 씀.

望之太守將赴廉州, 出迦陵先生塡詞圖屬題. 卷中各體參錯, 名作如林, 未敢漫作. 旣而望之索益力, 不得已譜北曲十一首. […] 乾隆辛巳九秋霜降鉛山後學蔣士銓拜題.[34]

○ 전사도란 것은 선배 진기년 선생의 유상으로, 그 종손 망지(望之) 중승(中丞)이 모각한 것이다. [원매(袁枚)]

塡詞圖者, 前輩其年先生遺像, 其從孫望之中丞所摹刻也. (袁枚)[35]

○ 건륭 말, 그 종손 진약주(陳藥洲) 중승(中丞)이 축본(縮本)으로 판각했는데, 원간재(袁簡齋)가 서문을 썼다. [사장정(謝章鋌)]

乾隆末, 其從孫藥洲中丞縮本刻之, 袁簡齋爲之序. (謝章鋌)[36]

이상 3조로 판단하면, 진약주는 별칭 망지(望之)이며, 장사전 글의 '망지태수(望之太守)'를 말한다. 원매 글의 '종손망지(從孫望之)', 사장정 글의 '종손약주(從孫藥洲)'는 동일 인물, 즉 진유숭의 종손 진망지(약주)이

34_〈迦陵塡詞圖〉, 蔣士銓跋識.

35_袁枚, 〈陳檢討塡詞圖序〉, 袁枚著·王英志校點, 《袁枚全集》(南京: 江蘇古籍, 1993), 第貳冊, 《小倉山房外集》, 卷8, p.134.

36_謝章鋌, 《賭棋山莊詞話》, 卷1, pp.3,329-3,330.

다. 〈가릉전사도〉의 원화는 진씨 집안에 소장되어 있었으며, 적어도 진유숭의 4대 후손 때 장사전[37]이 지(識)를 쓴 건륭 신사(1761)에도 여전히 진망지의 수중에 있었다. 진망지는 부임하면서 그림을 가지고 가서, 여러 명사들에게 제영을 부탁했다. 10년 후 진망지는 원화를 축소해서 간각했는데, 대략 위에 인용한 탁본에 옹방강이 서명한 시기(건륭 을미, 1775)와 가깝다. 진망지는 당시 소하거사(嘯霞居士) 왕울(汪蔚)에게 원화의 모륵(摹勒)을 위탁하여 간인하기 이전에, 평소 비판(碑版)을 정밀하게 간각한 경험이 많은 43세의 감장가 옹방강에게 가르침을 청하고, 옹방강에게 원화 위에 제첨(題簽)을 청하여 현재 볼 수 있는 도면 양상을 남겼을 것이다.[38] 그리고 진망지와 원매는 건륭 47년(1782)에는 이미 우의[39]가 있었던 터라, 이전에 진망지가 그림과 제영을 간각하려고 할 때 원매(수원노인)에게 우편으로 청하여 서문을 써달라고 했을 것이다. 원매의 서문은 이러하다.

> 전사도란 것은 선배 기년(其年, 진유숭) 선생의 유상으로, 그 종손 망지 중승이 모각한 것이다. […] 중승은 본디 고양(高陽)의 후손으로 대대로 통후(通侯, 고위관료)가 이어졌다. 통덕(通德)의 문에서 태어나, 외직으로 나가서 개부(開府)했다. 연침(燕寢)에 향이 엉기자 '한정부(閒情賦, 욕정을 끊을 것을 노래한 부)'를 읊으려 하고, 분방비측(芬芳悱惻, 조상의 아름다운 명성이

37_蔣士銓의 字는 心餘·苕生, 號는 淸容, 또 다른 호는 藏園(芷園), 청나라 江西 鉛山 사람이다. 집에 忠雅堂藏書가 있었다. 옹정 3년에 나서 건륭 50년 졸했다. 건륭 22년에 진사가 되고, 翰林院庶吉士로 고쳐졌다. 散館으로 編修에 제수되었다. 건륭 25년 順天 鄕試同考官에 충당되고, 모친 봉양을 이유로 乞歸했다. 저서에 《忠雅堂文集》 12卷, 詩集27卷, 《銅弦詞》 2卷이 있다. 曲에 뛰어나, 《藏園九種》·《西江視椵》·《采樵圖》·《廬山會》 등이 있어 모두 세상에 전한다.

38_翁方綱의 字는 正三, 號는 覃溪, 집에 寶蘇齋·復初齋 藏書가 있었다. 청나라 順天 大興 사람으로, 옹정 11년에 나서 嘉慶 23년 졸했다. 건륭 임신년 한림이 되고, 관직은 내각학사에 이르렀다. 篆隸에 뛰어나고 金石의 고증에 정밀했다. 평생 碑版을 鉤勒한 것이 아주 많다. 옹방강이 간각한 것은 모두 정치하다. 진망지가 옹방강과 친했는지 관련 자료가 없어 알 수 없으나, 다만 중승의 직에 있었던 진망지가 선조의 유상을 縮刻하기 이전에 당시 鑑藏으로 이름난 옹방강에게 題署를 청하여 유상의 명성을 키우려 했을 가능성이 아주 크다.

39_袁枚는 乾隆 壬寅 47년(1782)에 〈寄懷陳藥洲觀察〉 시를 주었으므로, 두 사람이 전부터 우의가 있었음을 이로써 알 수 있다 .이 해 이전에 원매와 진망지가 이미 면식이 있었다. 《袁枚全集》 第壹冊, 《小倉山房詩集》, 卷28, p.614.

> 스러지지 않을까 슬퍼하는 마음)의 상념을 품을 때 조상의 덕을 잊기 어려워, 여러 현자들의 훌륭한 시편을 모아, 마침내 편차하여 책을 이루었다. 그리고 후진의 동과(同科)에게 우통(郵筒)으로 서문을 요청했다.
>
> 塡詞圖者, 前輩其年先生遺像, 其從孫望之中丞所摹刻也. [⋯] 中丞本高陽之後, 世有通侯. 生通德之門, 出而開府. 當燕寢凝香之際, 欲賦閒情. 抱芬芳悱惻之懷, 難忘祖德. 集群賢之佳什, 遂甲比以成書. 因後進之同科, 乃郵筒而問序.[40]

원매의 이 서문은 진유숭이 특장으로 하는 변려체로 적어, 선배에 대한 숭모의 뜻을 표현했다. 인용문에 따르면, 진망지는 중승으로 있을 때 공무의 여가에 조상의 명성이 스러지지 않을까 염려하여 선조의 유상을 모각하고, 아울러 여러 현인들의 훌륭한 시편을 모아 배열하여 책을 만들어 널리 전하게 했다. 진유숭과 원매 두 사람은 앞서거니 뒤서거니 박학홍사과에 천거되었으므로 원매는 자신을 '후진의 동과'라고 했다. 진망지는 우편을 통해 원매에게 서문을 구했다. 원화가 이루어진 해(강희 무오, 1678)로부터 근 100년이 흐른 때였다.

모양의 후손 모광생(冒廣生, 1873-1959)[41]은 "검토가 박학홍사과에 천거된 날 〈전사도〉가 있었는데, 석 대산이 그린 것이다. [⋯] 〈전사도〉는 항성(項城) 원씨(袁氏)에게 있다고 들었으며, 섭난대사(葉蘭臺師)에게 모본이 있는데, 나도 보았다. 이 밖에 또 의흥(宜興) 만씨(萬氏) 석각본이 있다(檢討擧鴻博日, 有〈塡詞圖〉, 釋大汕畫. [⋯] 〈塡詞圖〉聞在項城袁氏, 葉蘭臺師有摹本, 余亦見之. 此外, 尙有宜興萬氏石刻本)"[42]라고 했다. 모광생은 광서 때 사람이다. 그의 글에서 언급한 〈전사도〉 진적은 항성 원씨 가문에 일단 전해졌고, 모광생의 스승으로서 금석서화의 감별이 뛰어났던 섭연란(葉衍蘭, 1823-1897) 집에 모본이 있었다.[43] 의흥 만씨는 위에 인용한

40_袁枚, 〈陳檢討塡詞圖序〉.

41_冒廣生은 字가 鶴亭, 號는 疚齋, 江蘇 如皐 사람으로, 청나라 同治 12(혹은 13)년에 태어나 1959년에 졸했다. 光緖 연간의 擧人으로, 청나라 정부의 형부낭중·농공상부낭중을 지냈고, 무술변법 때 保國會에 이름을 걸었다. 뒤에 시문으로 당세에 이름이 났다.

42_《雲郎小史》, p.965.

43_葉衍蘭의 字는 蘭臺, 號는 南雪, 청나라 廣東 番禺 사람으로, 道光 3년에 나서 光緖 23년에 졸했다. 관직은 知府에 이르렀다. 근대 명가 葉恭綽의 조부로, 금석·서·화·문예로 세상에 이름이 났다. 詞에 공교로웠으며, 《秋夢庵詞》가 세상에 전한다.

'양선여문 만공진(陽羨荔門萬貢珍)'이다. 도광 을사(25년, 1845) 만공진의 서명은 모륵(模勒)·탁인(拓印)해서 발행하기 이전에 한 것이다. 만씨 석인본은 건륭 탁본에 있던 '상남소하거사왕울모륵(湘南嘯霞居士汪蔚模勒)'이란 글자들을 제거하고, '초남대위산인호만본배류모륵(楚南大潙山人胡萬本排類摹勒)'으로 바꾸었다. 옹방강이 서명한 건륭 탁본보다 70년 뒤이다.

필자의 대조에 의하면 도광 인본에 수록된 제영들은 건륭 탁본에 수록된 제영들과 완전히 일치한다. 다만 판면의 배치가 약간 다르고, 각 제영의 순서에 드나듦이 있다. 그 둘은 도면 양식이 완전히 같다. 따라서 도광 인본은 70년 전 건륭 탁본을 근거로 번모(飜摹)하되, 각판(刻板)의 크기를 고려하여 판면의 전후상하를 약간 변화시켰음을 알 수 있다. 진씨 집안에 전하는 진본을 축소 판각한 건륭 탁본이든, 이 축간본을 근거로 재차 번모한 석인본이든, 모두 원화의 제권(題卷)을 존중했다. 사장정(謝章鋌)은 또 "이 그림은 근일 각본이 있는데, 그 가운데 홍치휴(洪稚畦)·장연산(蔣鉛山)의 남곡·북곡이 가장 훌륭하다. 지난날 도문(都門)에 있을 때 소호(筱塢) 원보항(袁保恒) 시랑의 곳에서 원래의 화권을 보았는데, 아리따운 사어를 뽑고 비밀스러운 의미를 구사하였으니, 사원(詞苑)의 대관이다(是圖近日有刻本, 其中洪稚畦·蔣鉛山二套南北曲最佳. 昨在都門於袁筱塢保恒侍郎處見其原卷, 抽妍騁祕, 詞苑大觀也)"[44]라고 했다. 건륭·가경 연간에 이르러 원래의 화권은 경성에 전해졌고, 각본도 돌아다니고 있었다.

도광 석인본에 있는 만공진의 제서는 이러하다.

> 가릉 선생은 국초 우리 고향 사종(詞宗)의 대가인데, 변(汴) 땅으로 옮긴 후에는 작은 종이 조각이나 한 자 크기의 편폭도 다시는 볼 수가 없게 되었다. 지금 행강 학사(杏江學使)가 이 그림을 보여주는데, 선배의 풍류가 마치 눈으로 보듯 완연하다. 또한 제영이 아주 많다. 전후 두 박학홍사가 번성하였다는 사실의 일반(一斑)을 볼 수 있으므로, 빨리 돌에 새겨서 영구히 전해야 할 것이다. 애석하게도 전부 수록할 수가 없어서 할애한 것이 많아, 옥구

44_謝章鋌,《賭棋山莊詞話》, 卷2, p.3320.

> 슬을 버린 애석함을 면하기 어렵다.
>
> 迦陵先生在國初爲吾鄕詞宗一大家, 自遷汴後, 片楮尺幅不可復觀. 今杏江學使出示斯圖, 前輩風流, 宛然如見, 且題咏甚多, 前後兩鴻詞之盛, 亦可窺見一斑, 亟登諸石以永其傳. 惜不能徧錄, 割愛者多, 未免有遺珠之憾云爾.[45]

이 도폭은 한 시대를 주름잡은 사종(詞宗, 사의 대가)의 화상으로, 제영자는 강희 · 건륭 시대의 한림 문관과 명류를 아우른다. 만공진은 "애석하게도 전부 수록할 수가 없어서"라고 했는데, 확실히 인본은 일부를 덜어 없앴다. 다행히도 이 인본의 마지막에 정보(丁輔)가 엮은 '소전(小傳)'이 있어서, 필자의 통계에 의하면 제영자 수는 모두 71인이었음을 알 수 있다. 이 화권은 사종을 상주로 하고, 통소를 쥔 가동을 곁에 그렸다. 승려 화가가 있고, 관람자/제영자의 목소리들이 시끌시끌하다. 이 화권은 한 개인은 물론, 한 집단과도 관계가 있고, 남성은 물론 여성과도 관련이 있다. 도본은 시각 요소가 풍부하고, 문자 텍스트는 여러 시대에 걸친 제영자의 혼을 담아, 다양한 국면들이 한데 모여 방대한 문화적 결정체를 이루었다.

(2) 도면 정보

① 상주 진유숭의 형상

강희 17년(1678)에 제작된 〈가릉전사도〉의 구도는 매우 간단하다. 화가는 좌우 두 인물을 공들여 모사했을 뿐, 어떠한 배경도 공들여 그리지 않았다. 오른쪽 남성은 54세의 상주 진유숭이다. 땅에 자리를 깔고 앉아, 왼다리는 쭉 뻗고, 왼손 손가락과 손바닥으로 수염을 매만지고 있으며, 붓을 쥔 오른손은 곧추 세운 오른쪽 무릎 위에 두고, 무릎 위에는 빈 면지를 펼쳐두었다. 몸 곁의 깔개에는 서책, 먹, 벼루, 연적 등 문구, 그리고 술잔으로 보이는 용기가 놓여 있다.

그림 속의 진유숭은 헐렁한 도포를 입고 한가롭게 앉아 있는데, 몸이 뚱뚱하고 정수리는 벗어져 있으며 수염이 길다(그림 5-3). 화가는 이 조

45_北大圖書館 古籍特藏室 所藏 道光印本.

그림 5-3. (청) 석 대산 그림, 〈가릉전사도〉, 판화, 진유숭상.

형에 주의를 쏟아, 진유숭 중년의 형상에 부합시켰다. 뉴수(鈕琇)는 "나는 해내의 세 수염장이와 교유했다. 하나는 자계(慈谿) 강서명(姜西溟) 하나는 흡양(郃陽) 강맹모(康孟謀[강내심(康乃心)], 하나는 양선(陽羨)의 제생 진기년(陳其年, 진유숭)이다(余所交海內三髯, 一爲慈谿姜西溟, 一爲郃陽康孟謀, 其一則陽羨生陳其年也)"[46]라고 했다. 당시 사람들도 의흥 진유숭과 무진(武進) 소장형(邵長蘅, 字 子相, 1637-1704)을 '양염(兩髯)'이라 일컬었고, 신성(新城) 왕사진(王士禛)을 넣어 '삼염(三髯)'이라 일컬었다. 소장형은 이렇게 말했다.

> 지난날 경저(京邸)에 객이 되어 있었을 때 기년(진유숭)과 어울리는 일이 자주 있어서, 그 당시에 우리 둘이 '양염'이라 일컬어졌다. 〈양염행(兩髯行)〉 장가가 세상에 전한다. 그리고 신성(新城) 왕완정(王阮亭, 왕사진) 선생이 그 권에 제하기를 "사룡(士龍)[장화(張華)의 긴 수염을 보고 웃었던 서진(西晉)의 육운(陸雲)]은 웃을 수 있겠소? 나의 수염은 다행히 탈이 없다오"라고 했다. 그래서 혹자는 또한 '삼염'이라 일컬었다.
>
> 憶曩時客京邸, 其年過從尤數, 同時並稱兩髯, 有〈兩髯行〉長歌傳於世. 而新城王阮亭先生題其卷曰: "士龍能笑不? 吾髯幸無恙." 故或亦稱三髯.[47]

46_鈕琇《觚賸》, 卷2, 〈賦梅釋雲〉條.

47_邵子湘, 《青門賸稾》, 卷4, 〈水榭詩序〉. 蔣寅, 《王漁洋事跡徵略》(北京: 人民文學出版社, 2001), p.251.

처음에 진유숭이 장편시 〈양염행. 증소자상(兩髯行 贈邵子湘)〉을 지었다.

나의 수염은 언덕에 빽빽하게 들어선 대나무숲처럼 더부룩하고, 그대의 수염은 고슴도치 털이 뻗친 것과 같다. 두 수염쟁이가 뜻밖에도 손을 한번 맞잡고는, 물끄러미 바라보다가 무단히 하하 웃었다. 고향을 떠나 유랑하여 대면하지 못하다가, 얼굴을 보는 것이 바로 장안의 큰길. 감격하여 잠시 간담을 드러내어 대화하면서, 환호하여 떠들며 문장의 으뜸이라고 서로 추어주었다. 생각하면 지난날 난릉(蘭陵)에서는 추우사(鄒訏士, 추지모)와 동문우(董文友, 동이녕)를 손꼽더니, 미천한 이 사람이 교분을 맺어 정말 막역한 사이가 되었도다. 어여쁘게도 사람됨이 심사가 좋아서, 나를 붙들고 시의 풍격이 오묘하다 말하누나. 꽃 핀 하늘 아래 벌주 100잔을 걸고 술을 함께 마시고, 달 뜬 땅에서 천인석을 함께 베고 누워, 왕희지 붓글씨로 거위와 바꾸기를 세 번이나 하고, 곤계(鵾鷄)의 줄을 철로 튕기지 않고 엄지 손가락 아래쪽으로 반나마 튕긴다. 한 자 붉은 적삼 소매를 아끼지 않고, 곧바로 소반 속의 생선구이를 싸서, 일부러 음담패설로 가는 허리의 남만 여인을 괴롭혀, 청춘의 뺨을 살짝 붉게 물들이려 했다. 최근의 종적은 돌연 접질리고 말았다만, 당일의 환락은 대단히 낭자했지. 만년에 그대와 만나니 재주 더욱 굳건하여, 손을 내자마자 100여 아이들을 압도하는구나. 사장(詞場)에서 호랑이 뛰고 용 뒤흔드는 듯하고, 붓의 진영은 은갈고리에 철 같은 글자 획이다. 장안의 흰눈 조각은 방석마냥 크다만, 나는 지금 잘못하여 장안의 객이 되었구나. 무슨 일로 청문(靑門)의 담탕(淡蕩)한 사람이, 말을 끌고 채찍으로 때려가며 노혁(老革, 늙은 병사)을 따르게 하는가? 그대의 집은 물가에 몇 칸 누각인가? 그대의 집은 아지랑이 끝 한 구역의 택지로다. 붓도랑 채소는 밥상의 맛을 조금쯤 돋우고, 동산의 실과는 쟁반 위에 얼추 주워 담을 만하다. 아, 아아! 돌아가 동촌에서 보리를 심고파라.[48]

我髯冗似緣坡竹, 君髯捲若蝟毛磔. 兩髯意外一握手, 熟視無端笑啞啞. 家鄕流浪不見面, 見面乃在長安陌. 感激聊爲肝膽言, 讙豗互詡文章伯. 憶昔蘭陵數鄒(訏士)董(文友), 賤子結交眞莫逆. 可憐爲人好心事, 拉我談詩妙風格. 花天同飮百罰杯, 月地共枕千人石. 鵝管三更每換吹, 鵾絃半撚偏低擘. 一尺紅衫不自惜, 直向柈中裹魚炙. 故將惡語惱蠻腰, 要使春顋暈微赤. 邇來蹤跡頓錯落, 當日歡娛太狼籍. 晩歲交君才更健, 出手壓倒羣兒百. 詞場

48_陳維崧詩,《湖海樓詩集》卷6,《陳迦陵文集》第2冊, pp.16b-17a. 邵長蘅의《靑門旅稿》卷1에 〈兩髯行〉에 관련된 陳維崧 · 邵長蘅 · 王士禛 3수를 나누어 실었다.《邵子湘全集》(據靑海省圖書館藏淸康熙刻本, 收入《四庫全書存目叢書》, 集部, 第248冊), pp.15-16, 總pp.55-56 수록. 陳維崧 시는 본집의 것에서 약간 수정했다.

> 虎跳或龍掀, 筆陣銀鉤兼鐵畫. 長安雪片大如席, 我今悞作長安客. 底事靑門淡蕩人, 也挽馬撾隨老革? 君家水上幾間閣? 君家煙際一區宅. 畦蔬差足媚盤飧, 園果粗能飣盤槅. 噫嚱噓! 得歸且種東村麥.

이 〈양염행〉 장가에서 진유숭은 두 사람이 수염 모양은 서로 다르지만, 두 사람이 만나자마자 오랜 친구처럼 간담상조(肝膽相照)했다고 말했다. 난릉(蘭陵) 청년의 시절부터 만년인 최근까지 자신의 교유와 경력을 서술하고, 스스로의 재주가 뭇 아이들을 압도할 만했다고 말했다. 끝에서는, 잘못해서 장안의 객이 되어 있지만 귀향하여 몸소 농사지으면서 은둔하고 싶다는 심경을 토로했다. 소장형은 이에 대해 〈진기년이 내게 양염행을 주기에 장난삼아 광가를 지어 답한다. 이때 나는 장차 제량으로 유람하러 갈 참이었다(陳其年贈余兩髯行戱爲狂歌答之時余將有梁齊之游)〉로 답했다.

> 나는 수염이 더부룩하고 군은 수염이 창과 같으며, 군의 재주는 여덟 말이고 나는 아주 작도다. 두 수염의 재주는 너무도 등급이 다르지만, 두 수염의 의기는 아교나 칠처럼 합치한다. 연경에서의 2월 끝자락, 눈 조각이 거위 날개처럼 날릴 때, 좌객 사이에서 한 번 보고는, 손을 마주 잡고 청안으로 보았지. 그대는 〈양염행〉을 읊어, 내게 돌아가 몸소 밭 갈라고 조롱했다만, 나의 읊는 시는 그대와는 달라 미친 노래이니, 넉넉한 마음으로 그대여 한 번 들어보시오. 나는 지난 열다섯 나이에, 향공(鄕貢)에 충당되었으나, 세 번 올라갔어도 거두어지지 않아, 접질려서는 오랫동안 웅크리고 있었다오. 중간에는 그물에 걸려 날개를 꺾이고는, 땔나무를 지고 돼지를 치면서 황량한 호숫가에서 지냈소. 남아가 땅에 태어나서는 절로 우람하여, 구주(천하)를 휘두르고 오악(五嶽)을 오르려 하는 법이거늘, 어이하여 울울하게 초가 속에서, 목 움츠리고 고개 속이고 호미·쟁기나 쥐고 있단 말인가? 날개 활짝 펴서 원유(遠遊)를 노래하고, 갈옷을 벗어던지고 경락(京洛)에 왔더니, 자궁(紫宮)과 각도(閣道)가 아스라이 높고, 구중 문은 호랑이 표범 같은 군사가 지키고 일천 문은 잠겨 있었소. 동화문(東華門) 드나드는 수레와 기마는 유룡(遊龍)과 같거늘, 홀로 동화문 앞에 나막신을 신고 있다니! 나가서 엄기(嚴耆)와 사마상여(司馬相如) 같은 이들을 따라 노닐고, 취해서는 김일제(金日磾)와 장탕(張湯) 같은 해학 잘하는 다섯 봉후를 친압하여, 공경 사이에서 해학하고 휘파람 불며, 식은 구이와 남은 술도 싫어하지 않

았다네. 상간수(桑乾水)의 구월에 나뭇잎 누렬 때, 나는 나귀 타고 숭양(嵩陽, 숭산 길)을 방문하려고 했으니, 태실산과 소실산이 서로 나지막하거나 우뚝하고, 서른 여섯 봉우리가 구름에 잠겨 창창했다오. 구산(緱山)의 신선을 도중에 만나서는, 생황 불고 학을 타고 짐짓 소요하였소. 또한 채찍을 돌려 동쪽으로 바다에 이르고자 했으니, 봉래산 등 삼신산이 지금도 있다네. 지부산(之罘山)은 푸르게 아스라하지 않더냐? 안기생(安期生)이 바다에서 멀리 기다리더라. 곧바로 해약(海若)을 채찍질하고 꾸짖으며 교룡과 신기루를 내몰면, 단루(옥루) 열둘이 변화하여 노을이 부슬부슬 내리며 빛나리라. 평생에 한두 나막신으로, 한껏 10년 동안 노닐고, 그런 후 귀거래하여, 머리 풀고 창주에 누우리라. 약초 씨를 뿌리고 술을 빚으며 거위와 기러기를 기르고, 왕무공(王無功, 王績)과 중장자광(仲長子光)을 따라 끝내 여유있게 노닐리라[왕적의 〈제처사중장자광문(祭仲長子光文)의 뜻을 취함—역자]. 그대는 읊기를 마치고, 나의 노래를 들어보오. 승강과 침몰은 천명이 있기에 나는 근심하지 않노라. 공경의 무리는 봉미락(鳳尾諾, 천자의 비답)을 스스로 서명하지만, 나는 돌아가면 곧 양가죽 갖옷을 걸치리라. 웅비하느냐 자복(雌伏)하느냐는 따져 말해 무엇하랴? 두 수염은 요컨대 천추 미래를 다투리라.

我髯于思君髯戟, 君才八斗我一映. 兩髯才調大殊科, 兩髯意氣特膠漆. 燕京二月尾, 雪片飛鵞翎. 客中一相見, 握手眼爲靑. 君吟兩髯行, 調我得歸且躬耕. 我吟與君異狂歌, 磊落君試聽. 我昔年十五, 充賦鄕國賓. 三上不見收, 蹭蹬長踆踆. 中離罻羅鎩羽翮, 負薪牧豕荒湖濱. 男兒墮地自卓犖, 便欲揮斥九州淩五嶽. 安能鬱鬱菰蘆中, 槁項低頭把鉏钁? 翩然賦遠遊, 披褐來京洛. 紫宮閣道高峨峨, 九關虎豹千門鑰. 東華軒騎如遊龍, 獨向東華躡芒屩! 出從嚴馬諸君遊, 醉狎金張五侯謔. 詼諧嘯傲公卿間, 冷炙殘盃亦不惡. 桑乾九月木葉黃, 我思跨驢尋嵩陽. 太室少室相低昂, 三十六峯雲蒼蒼. 緱山仙人行相逢, 吹笙騎鶴聊徜徉. 又欲迴鞭東到海, 蓬萊三山至今在. 之罘不其靑嵯峨? 安期海上遙相待. 逕須鞭叱海若驅蛟蜃, 變化丹樓十二霏霞彩. 平生幾兩屐, 汗漫十載遊. 然後歸去來, 散髮臥滄洲. 蒔藥釀酒養鳧雁, 無功子光可以終優游. 君罷吟, 聽我謳. 升沈有命我不愁. 公輩自畫鳳尾諾, 我歸即披羊皮裘. 雄飛雌伏何足道? 兩髯要是爭千秋.[49]

소장형도 자기의 수염이 짙고 말려 있어 진유숭의 창같이 뾰족한 수염과는 다르다고 했다. 그리고 자신의 재주는 진유숭의 팔두고재(八斗高才)에 미치지 못한다고 겸손해 하면서도, 두 사람은 아교 · 칠처럼 의

49_邵長蘅,《靑門旅稿》卷1,《邵子湘全集》, 同上註, pp.14-15, 總p.55.

기가 합치한다고 했다. 이 시에서 소장형은, 15세 소년 때 구주 오악을 유력할 포부를 지녔으나 서울에 와서 벼슬을 구했고, 해학을 하고 휘파람 불었으나 차가운 음식과 남은 술을 먹을 수밖에 없었다고 말했다. 그리고 생황 불고 학 타는 선계를 선망해서, 구름 아지랑이가 망망하고 아스라한 허환의 이미지를 현실의 공허하고 고통스러운 상태와 대조시켰다. 마지막으로 창주에서 맨머리를 드러낸 채 약초를 심고 술을 거르며 오리 기르는 일을 인생의 귀결처로 삼겠다고 했다. 소장형은 이런 식으로 운명의 부침에 따른 근심을 해소하자고 자신에게도 진유숭에게도 타일렀다. 진유숭은 이 시를 읽고서는 극찬하여 이렇게 말했다.

> 의기가 우뚝하여, 깨달았네, 무진(茂秦)[사무진(謝茂秦) 즉 명나라 사진(謝秦)]과 백곡(百穀)[왕치등(王穉登)]은 결코 뛰어난 물건이 아니요, 빙수(冰修)[육가숙(陸嘉淑)]는 변화가 묘하여 선녀가 지어낸 것임을. 비늘의 가지런한 형상은 청련(이백)으로 하여금 뒷걸음치게 만들고 창려(한유)로 하여금 실색하게 만드는구려.
>
> 意氣傲兀, 覺茂秦百穀, 終非俊物, 冰修變化, 天嬌有作. 其鱗之而狀, 直使靑蓮却步, 昌黎失色.[50]

한번 가고 한번 온 〈양염행〉의 두 끝에 각기 진유숭과 소장형이 있어, 그들은 서로 비슷한 형상을 만들어내어 서로 비슷한 운명과 재주에 연계시켜 동병상련의 우의를 가탁했다. 그 후 왕사진도 두 사람의 시에 화운하여 〈양염행의 뒤에 장난으로 적어 진기년의 아들 진상에게 준다(戲題兩髯行後贈其年子湘)〉를 지었다.

> 초나라 왕이 장화궁(章華宮)에서 연회를 열어, 긴 수염의 인물을 재상으로 삼았다. 저 수염은 무엇이 좋은가? 제후의 나라에서는 스스로 장대하게 여기는 자를 쓰는 법이라네. 평소 두 수염장이와 교유하니, 더부룩한 수염이 서로 지지를 않누나. 절륜하기는 진괴오(陳櫆梧, 우람한 진유숭), 무리에서 빼어나기는 소질탕(邵跌宕, 질탕한 소장형). 어제 〈양염행〉을 보고는, 껄껄 웃으며 홀연 정신이 왕성했다네. 사룡(士龍, 육운)은 웃을 수 있겠는가? 내

50_邵長蘅,《靑門旅稿》卷1, 註.

수염은 다행히 아무 탈 없다오.

楚王宴章華, 乃以長鬣相. 彼鬣有何好? 霸國用自壯. 平生交兩髯, 于思不相讓. 絶倫陳槐梧, 軼群邵跌宕. 昨見兩髯行, 囅然忽神王. 士龍能笑不? 吾髯幸無恙.[51]

왕사진은 진유숭과 소장형이 애상에 젖어 자신을 연민하고 크게 격앙해서 내질렀던 장가 형식을 따르지 않고 짧은 오언시에 장난스러운 조롱을 가득 실었다. 왕사진은 먼저 전고로 시작했다. 《좌전》 소공 7년에 "초자(楚子)가 장화(章華)의 누대를 만들어 여러 제후들과 함께 즐기고자 했다"라고 했고, 또 "초자가 공(公)을 새 누대에서 향응하면서, 긴 수염의 사람에게 보필하게 했다"라고 했다. 《국어》는 이 기록에 대하여 "초나라 영왕(靈王)이 장화의 누대를 만들고, 긴 수염의 인사로 하여금 보필하게 했다(靈王爲章華之臺, 使長鬣之士相焉)"[52]라고 적었다. 초나라 왕은 장화대를 신축하고, 자신을 보필하는 재상을 뽑을 때 수염이 긴 인물을 골랐다. 왕사진은 이 전고를 바탕으로 진유숭·소장형과 대화를 해나갔다. "저 수염이 얼마나 훌륭한가?" 조소하는 식으로 긴 수염을 거론해서 호방하게 굴었고, 재상에 임명될 수 있고 나라도 이에 따라 굳건하게 될 것이니, 우리 세 수염의 위력을 어찌 작게 보겠는가,라고 했다. 이어서 세 사람의 평소 우의를 적고, 아울러 두 사람이 서로 엇비슷한 풍모를 지녔다고 찬미했다. 다음으로 단편의 시를 지은 동기를 말했다. 진유숭·소장형의 〈양염행〉에 호응하여 본시의 창작 주제를 '웃음'으로 좁히고, 제환공이 '껄껄 웃었던(囅然而笑)' 일을 빌려왔고, 다시 사룡 즉 육운(陸雲)이 수염이 휘감을 정도였던 장화(張華)를 보고 웃어대어 그치지 않았던 일을 뒤집어 이용했다. 마지막에는 아주 다행스러워하면서, '내 수염은 아무 탈이 없다'라고 자기를 위로했다. 이것은 수염에 액운이 있다고 하는 이야기에 근거한다. 호시(胡侍)의 《야담(墅談)》에 이러한 이야기가

51_《漁洋續集》 卷12, 《四庫全書存目叢書》, 集部 別集類, 226冊. p.813. 그 밖에 왕사진의 만년에 이 시를 왕사진의 저술에 넣었다. 李毓芙·牟通·李茂肅整理, 《漁洋精華錄集釋》(全3冊)(上海: 上海古籍出版社, 1999), 中冊, 卷8, p.1315. 편명은 조금 고쳐 〈戲題兩髯行後贈陳其年邵子湘〉이라 했으며, 卷次紀年은 '康熙己未'(康熙18年)에 연계했다. 《邵子湘全集》, p.16, 總 p.56.

52_邵長蘅, 《靑門旅稿》 卷1, 注釋 第1條, pp.1315-1316.

있다.

> 허돈(許惇)은 수염이 허리띠까지 드리워져 성(省)의 사람들은 그를 장염공이라고 불렀는데, 제나라 문선공(文宣公)이 술김에 그 반을 잘라 그를 제염공(齊髯公)이라고 부르게 되었다. 최염(崔琰)은 수염이 넉 자나 되었는데, 조조(曹操)가 "규수(虬鬚, 규룡의 수염)의 저 무장이 직시하면 눈을 부릅뜬 것 같다"라고 하여, 핍박해서 자살하게 만들었다. 사영운(謝靈運)은 수염이 아름다웠는데, 내가 화상을 보니 무릎까지 길었다. 처형당하게 되었을 때 남해(南海) 기원사(祇洹寺)에 있는 유마힐(維摩詰)상의 수염으로 보시했다. 당나라 안락공주(安樂公主)는 단오의 투백초(鬪百草, 풀싸움)에서 드넓게 물색하려고 역마를 내달려서 그의 수염을 취해 오게 하는 한편, 다른 사람이 얻을까 염려하여 나머지는 전부 잘라버렸으며, 끝내 끊기고 말았다. 이것은 모두 수염의 재액이 아니겠는가?
>
> 許惇鬚垂至帶, 省中號長髯公. 齊文宣因酒截其半, 號齊髯公. 崔琰鬚長四尺, 曹操謂其虬鬚直視, 若有所瞋, 逼令自殺. 謝靈運鬚美, 余嘗見畫像, 長至過膝. 臨刑, 施爲南海祇洹寺維摩詰鬚. 唐安樂公主五日鬪百草, 欲廣其物色, 令馳驛取之, 又恐爲他人所得, 因剪棄其餘, 遂絶. 斯幷鬚之厄哉?[53]

소장형이 지은 〈양염행〉은 〈5월 17일 제공이 한림에서 같은 벼슬하게 되었다는 소식을 듣고 기뻐서 50운을 지어 증정한다(五月十七日喜聞諸公同官翰林賦贈五十韻)〉의 뒤에 이어진다. 소장형의 시집에서 시편의 배열 순서로 보면 이 시는 강희 18년 8월에 지었으니, 박학홍사과 시험 이후의 작이다. 소장형과 함께 시험에 합격한 진유숭과 그 친구 왕사진 등 두 사람의 시가도 당연히 이때에 지었을 것이다. 그러므로 진염(진유숭 수염)의 형상에 관한 이야기는 진유숭이 시험에 합격한 이후 빠르게 전파되어 해내가 모두 알게 되었다. 동배 장영수(蔣永修)는 이렇게 묘사했다.

> 진기년은 젊어서 맑을 정도를 수척했으나 관례를 올린 후 수염이 많아져 차츰 번져서 광대뼈와 콧마루까지 미쳤으므로, 천하 학사대부가 그를 진염(陳髯)이라 호하여 자와 함께 이 호가 세상에 통했으며, 이로 말미암아 진염의 이름이 천하에 가득하게 되었다. (〈진유숭 전〉)

53_《漁洋精華錄集釋》中冊, 注釋 第6條, p.1316.

其年少清臞, 冠而于思鬚浸淫及顴準, 天下學士大夫號爲陳髯, 與字並行, 由是陳髯之名滿天下. (〈陳傳〉)

진유숭은 온화하고 겸손했다.

유숭은 맑을 정도로 수척했으나 수염이 많아 해내의 인사들이 진염(陳髯)이라고 일컬어 자와 함께 병행되었다. 평생 갑작스레 말하거나 안색을 돌변하는 일이 없었다. 여러 공들 사이에 노닐면서는 근신하여 함부로 말을 하지 않고 일마다 바른 도리로 대처했으므로, 여러 공들이 그 때문에 기꺼이 가까이 했으며, 그러면서도 친압하지 못했다. (서건학 〈묘지명〉)

維崧清臞多鬚, 海內稱爲陳髯, 與字並行. 生平無疾言遽色, 於諸弟篤友愛, 其遊公卿間, 謹愼不泄, 遇事匡正, 以故人樂近之, 而卒莫之狎. (徐乾學 〈誌銘〉)

군은 문벌이 청소(淸素)하고, 사람됨이 순실하고 겸손했으며, 금회가 탄솔하여, 세상에 험난한 일이 있는 것을 알지 못했다. 어눌하여 자기 논리를 주장하는 것을 좋아하지 않았으나, 글을 지으면 회오리가 일고 샘이 솟아나는 듯하여, 기려(奇麗)한 표현들이 백방으로 나와, 천하의 아는 사람이든 알지 못하는 사람이든 모두 그를 재자(才子)라고 일컬었다. (서건학 〈묘지명〉)

君門閥清素, 爲人恂恂謙抑, 襟懷坦率, 不知人世有險巇事, 口蹇訥不善持論. 及其爲文, 則飇發泉涌, 奇麗百出, 天下知與不知, 無不稱爲才子. (徐乾學 〈誌銘〉)

남들에게는 겸손하고 온화했지만, 진유숭은 자신의 재주와 학문에 대해 자부심이 컸다. 즉, 〈만강홍. 하명서선생연상작(滿江紅 何明瑞先生筵上作)〉 사에 이러하다

양선(陽羨) 서생은, 기억나네, 젊었을 때 건강한 말보다 더 씩씩했지. 공이 한 번 돌아보고는, 바람에 날리는 머리터럭과 안개에 갈기를 모두 그 아래에 두었지. 양원(兩院)에서 황총(黃驄, 준마)같이 훌륭한 자제들 가운데, 세자루 붉은 초로 진사(進士)시험을 치른 교(喬, 왕자교)의 몸값이 가장 높았었다네.

陽羨書生, 記年少・劇於健馬. 公一顧, 風鬃霧鬣, 盡居其下. 兩院黃驄佳子

弟, 三條紅燭喬身價.[54]

제목 아래에 주가 있어, "신사의 해, 선생은 양선 수령의 막하에 있으면서 나를 동자 가운데 제1로 뽑았다"라고 했다. 시의 어조가 범상하지 않다. 서건학의 다음 글은 〈가릉전사도〉에 대해 한 가지 해석을 내놓았다.

> 군은 수염이 길고 풍모가 아름다웠으며 풍류가 비범했다. 지은 가시(歌詩)는 가는 곳마다 사람들 사이에 흩어져 전해졌는데, 호방하고 질탕했다. 처음에는 삼당(三唐)을 근본으로 삼았으나 당(唐)을 극복하고, 창려(한유)·미산(소식)의 사이에서 한껏 자신의 기량을 다했다. 화간(花閒)의 석상을 만나면 더욱 전사(塡詞)를 좋아하여, 술이 거나해지면 늘 스스로 퉁소를 불고 화답했다. 사람들은 혹 미쳤다고 지목했다. 그 사는 천여 결(闋)에 이를 정도로 많으니, 예전에 없던 일이다. (서건학 〈묘지명〉)
>
> 君修髯, 美丰儀, 風流俶儻. 所作歌詩, 隨處散落人閒, 豪肆排宕. 初本三唐而隮唐, 自恣於昌黎·眉山之閒. 遇花閒席上, 尤喜塡詞, 興酣以往, 常自吹簫而和之, 人或指以爲狂, 其詞至多累至千餘闋, 古所未有也. (徐乾學〈誌銘〉)

긴 수염을 지니고 풍채가 뛰어났던 진유숭은 풍류도 너글너글했다. 한가하면 즐겨 전사를 하여 어떤 일이든 사로 노래했으며, 술이 거나하면 퉁소를 불면서 즐겼다. 친우 왕사록(王士祿, 1626-1673)의 관찰은 매우 흥미롭다.

> 왕서초(王西樵, 왕사록)가 일찍이 자제에게 말하길, "진기년은 키가 작고 수염이 길었는데, 변폭을 닦지 않았다[남들과의 사이에 경계를 두지 않았다—역자]. 내가 그를 마주하면 아름답고 사랑스럽다고 깨달았을 뿐이니, 그 흉중에 수천 권의 책이 들어 있기 때문이었다"라고 했다.
>
> 王西樵常語子弟曰: "陳其年短而髯, 不修邊幅, 吾對之祇覺其嫵媚可愛, 以伊胸中有數千卷書耳."[55]

54_〈滿江紅 何明瑞先生筵上作〉,《迦陵詞全集》, 卷11, p.13b.

55_王士禛,《感舊集》(王士禛選·盧見曾補傳, 台北 : 廣文書局, 1968)(下冊), 卷11, '陳維崧條' 아래 小字注에 宋犖의《筠廊偶筆》을 인용, p.483. 또한《國朝詩人徵略》에 같은 글이 있되, '不修邊幅, 對之'의 글자가 없다.《淸代傳記叢刊》第21冊, p. 430.

이 친우의 관찰은 석 대산의 붓 아래서 〈가릉전사도〉의 진유숭으로 구현되었다. 무릎 위에 종이를 펼치고, 붓을 잡고 생각에 잠겨 있으며, 여인이 가볍게 퉁소를 들고 곡을 살펴 반주하는 모습을 곁에 그린 도상이다. 진유숭은 겸손하고 성정이 온화했으며, 말을 잘하지 못했지만 문학적 상상이 샘솟듯 나와 당시 사람들이 당대의 재자(才子)로 지목했으며, 흉중에 1천 권의 서적이 들어 있으면, 남과의 사이에 경계를 두지 않는 긴 수염의 모습으로 발현되었다. 수염은 성격 및 소양과 연결되어 진유숭의 독특한 형상 표징이 되었다.

② 고운 사람 자운의 형상

그림으로 다시 돌아가면, 진유숭은 정면을 향하고 있되, 화가는 그의 동적인 모습을 표현하기 위해 신체를 그림의 우측에 배치했다. 그 때문에 진유숭의 얼굴이 좌측으로 향하게 되어, 좌측의 조금 아래쪽에 있는 여성적 인물과 교묘하게 연결되도록 했다. 화가는 의도적으로 두 인물이 서로 마주보는 모습으로 만들어, 구도가 좌우로 이분될 우려를 누그러뜨리려 한 듯하다. 왼쪽의 여성적 인물은 가동 출신의 자운으로(그림 5-4), 남자인데 여자로 분장했다. 자운은 모양(자 벽강, 호 소운)의 수회원 영기(伶妓) 가운데 색과 예가 출중했다. 자운의 재예에 대하여는 아래의 기록들이 있다.

○ 모소민(冒巢民, 모양)이 만년에 집을 하나 지어 닉봉려(匿峯廬)라 하고, 명류들을 모아 연회를 할 때면 반드시 가동들을 나오게 하여 연극을 하게 했다. 가동들로는 양지(楊枝) · 진소(秦簫) · 서랑(徐郎) 등이 있었다. 서랑은 이름이 자운으로, 색과 예가 출중했다. 구유중(瞿有仲)[호 건곡(健谷)]의 시에 "진소는 노래하고 양지는 춤을 추는데, 그 가운데 자운이 가장 아리따웠다"라고 했다. 양지의 아들은 소양지(小楊枝)라고 하는데, 역시 가동(歌童)이다.

冒巢民晚築一室曰匿峯廬. 每燕集名流, 必出歌童演劇. 有楊枝 · 秦簫 · 徐郎諸人. 徐郎名紫雲, 色藝冠絶流輩. 瞿有仲詩云: "秦簫爲歌楊枝舞, 就中紫雲尤媚嫵." 楊枝之子名小楊枝, 亦歌童也.[56]

56_[淸]査爲仁, 〈蓮坡詩話〉, 《淸詩話》(全2冊)(台北: 西南書局, 1979) 上冊, 第14則, p.428.

그림 5-4. (청) 석 대산 그림, 〈가릉전사도〉, 판화/서자운상.

○ 영인(伶人)이 〈한단몽(邯鄲夢)〉을 노래했다. 영인이란 모소민이 교육시킨 동자들이다. 서랑은 노래를 잘하고 양지는 춤을 잘 추었다. 진소란 자는 슬픈 소리를 잘 내었다. 한번 목을 울릴 때마다 반드시 소리를 천천히 내면서 격렬하게 하여, 처량하기 짝이 없어서, 좌중이 한숨을 쉬었다.

伶人歌邯鄲夢. 伶人者, 即巢民所教之童子也. 徐郎善歌, 楊枝善舞, 有秦簫者, 解作哀音. 每一發喉, 必緩其聲以激之, 悲涼倉況, 一座欷歔.[57]

○ 그가 가르친 동자들은 모두 박자에 맞추고 절주에 뛰어나 극도로 야들야들했다. 자운은 춤을 잘 추고, 양지는 노래를 잘했다. 진소는 빼어 났고, 음을 토하면 격렬하여, 북곡을 잘했으므로, 듣는 이들의 마음을 쓰라리게 만들었다.

其所教之童子, 無不按拍中節, 盡致極妍. 紫雲善舞, 楊枝善歌, 秦簫雋爽, 吐音激越, 能度北曲, 聽者淒楚.[58]

○ 동자 가운데 자운이란 자는 아리땁고 노래를 잘했다.

有童名紫雲者, 儇麗善歌.[59]

○ 진청(秦青, 진소)은 전승이 끊어진 곡조를 노래하고, 아자(阿紫, 자운)는 우의예상을 춤추었다.

57_陳確庵, 〈得全堂夜讌後記〉, 《雲郎小史》, p.961.

58_王周臣, 〈冒巢民五十壽序〉, 《雲郎小史》.

59_鈕琇《觚賸》, 卷2, 〈賦梅釋雲〉條.

秦青歌絶調, 阿紫舞霓裳.[60]

○ 양지는 곡에 맞춰 노래하고, 자운은 퉁소를 불었다.
楊枝度曲, 紫雲吹簫.
(장경기, 〈외전〉)

모양(벽강, 소민) 집의 재기(才妓)에 관한 이상의 기록들로 보면, 양지와 진소는 곡의 연주에 뛰어나면서 양지는 춤을 잘 추고 진소는 노래를 잘하여 각각 특기가 있었다. 그런데 자운은 노래도 잘하고 춤도 잘 추었으며, 곡의 연주도 가능하고 퉁소도 잘 불었다. 게다가 자태가 곱고 아리따웠다. 색과 예가 절륜했다는 것이 당시 자운에 대한 전체적인 인상이었다.

화가로서 석 대산은 자운이 땅의 파초 잎 위에 편히 앉아 있으면서 두 손의 손가락으로 퉁소를 연주하고 있는 모습을 그렸다. 사인(詞人) 진유숭을 위해 곡을 반주하는 배역을 적절하게 소묘했다. 머리는 빗질을 하여 구름 상투를 하고 있고, 옷을 차려 입은 모습이 바싹 말라 있다. 옷 띠는 어깨와 팔꿈치를 한 바퀴 휘감고 땅에 드리워져 있다. 유약하고 표일하며, 시선은 아래로 향하여 정신을 집중하고 있다. 몸은 45도로 조금 기울인 모습으로 그려서, 자운을 단아하고 조신한 조연의 형상으로 소조하여, 오른쪽 남주인공 진유숭이 우람하고 고양된 태도를 띤 것과 선명하게 대비시켰다. 석 대산의 구도는 깔끔하여, 대칭 원리를 교묘하게 운용했다. 남/주, 주/종, 정면/측신, 양강/음유, 우람함/아리따움, 고양됨/처짐 등이 서로 대조된다.

이 화상을 그릴 때, 진유숭은 이미 대학사 송덕의의 추천을 통해 북경으로 가서 박학홍사과의 고시에 참가하여 의기양양하게 사람들의 주목을 받았으며, 32세의 자운은 3년 전 세상을 떠나 그 혼이 저승으로 간 뒤였다. 전체 그림은 상주 진유숭의 경우, 기대감도 있고 처량함도 있다. 석 대산의 이 그림은, 반은 강호에 실의해 있되 재주가 횡일하는 호방한 재자이고, 반은 가장(歌場)에 윤락해 있으면서 음유의 태도와 아리따운 몸가짐을 지닌 남성 가인이다. 반은 현실 속 진유숭의 사진이고, 반은 문

60_〈冒徵君追和檢討詩, 疊韻至20餘首〉, 《雲郎小史》, p.975.

인의 기억 속 자운의 유상(遺像)이다. 한편으로는 상경하여 시험에 합격한 진유숭을 축복하면서, 다른 한편으로는 아득히 사라진 자운의 영혼을 추억하고자 했다. 화면 구도는 허와 실이 서로 짝하고 참과 거짓이 서로 관계한다. 석 대산의 〈가릉전사도〉는 무서운 마력을 발산하여, 독자들로 하여금 깊이 빠져들게 만든다.

4) 화폭의 화가

(1) 교유

〈가릉전사도〉의 화가는 석(釋) 대산(大汕)으로, 진유숭보다 12세 적다.[61] 등지성(鄧之誠)의 《청시기사초편(淸詩紀事初編)》은 석 대산의 일생을 상당히 자세하게 기록했다. 우선 그를 오 땅의 다재다능한 승려로 그려 보였다.

> 석 대산은 이름이 석렴(石濂)으로 오 땅 사람이다. 증찬(曾燦)은 그를 구강(九江) 사람이라 하고 심덕잠은 가흥(嘉興) 사람이라 했으나 모두 잘못이다. 본성은 서(徐)이다. 혹은 김(金)이라거나 공(龔)이라 하지만 모두 탁언이다. […] 시와 그림에 뛰어나며, 교묘한 상상이 있어, 기물을 만든 것이 정묘하고 아름답다.
>
> 釋大汕, 字石濂, 吳人. 曾燦以爲九江, 沈德潛以爲嘉興皆非. 本姓徐, 或金或龔, 皆託言也. […] 工詩及畫, 有巧思, 製器精美.[62]

석 대산은 문예의 재주가 높았지만, 행동은 상도에서 벗어나, 돈을 모으고 이익을 꾀하는 짓을 하여 일반 승려와는 아주 달랐다. 풍아(風雅)를

61_釋大汕 詩 〈過毘陵哭陳其年太史〉. "君年三九我廿七", 釋大汕厂翁氏譔, 《大汕離六堂集》(台北: 新文豐出版公司, 2000), 卷4, p.13b, 總p.91. 자술로부터 대산이 진유숭보다 12세 적음을 알 수 있다. 또 鄧之誠의 "大汕爲按察使許嗣興禽治, 押發出境. 至贛州, 止于山寺, 皈依者衆, 爲巡撫李基和逮解回籍, 死於常山途次. 則甲申乙酉間事."라는 말로부터 대산이 康熙甲申 · 乙酉(康熙43-44, 1704-1705) 무렵 죽었음을 알 수 있다. 鄧之誠, 《淸詩紀事初編》(上海: 上海古籍出版社, 1684)(全2冊), 上冊, 卷3, p.342, '釋大汕'條. 이로 보면 大汕은 명나라 崇禎10年(1637)에 태어나 康熙 44년(1705) 전후에 졸하여, 향년 약 70세이다.

62_鄧之誠, 《淸詩紀事初編》, pp.342-343, '釋大汕'條.

좋아하고 명사들과 교제 맺기를 기뻐했으며, 악인과도 쉽게 교제했다.

> 강희 초, 광주(廣州) 장수암(長壽菴)의 주지로 있었는데 비래사(飛來寺)를 빼앗아 하원(下院)으로 삼아, 해마다 조(租)로 7천여 석을 거두어서는 남해로 내려가 홍판을 하여 더욱 부유하게 되었다고 한다. […] 명사들과 교제 맺기를 좋아했다. 일찍이 오기(吳綺)가 죽은 후 문집을 판각했는데, 굴대균(屈大均, 1630-1696)과 뜻이 맞지 않았으므로, 굴대균이 〈화괴설(花怪說)〉을 지어 비난했다. 이 일은 강희 30년 신미의 일이다. 뒤에 반뢰(潘耒)와 뜻이 갈려 서로 다투어서, 반뢰가 다시 글을 지어 그 망녕됨을 꾸짖고, 월중(粵中)의 당사(當事, 당로)에게 서신을 보냈다. 양패란(梁佩蘭)의 경우는 대산을 독하게 꾸짖기를 매우 심하게 하여, 《구광폄어(救狂砭語)》를 판각하기까지 했다. 대산은 그것을 오류이자 사기라고 여겨 《석아초(惜蛾草)》를 간행하여 비난했다. 이 일은 기묘 · 경신 무렵에 있었다. […] 저술한 《이륙당집(離六堂集)》 12권은 신미년에 판각했는데, 굴대균이 지은 서(序)를 삭제하고, 굴대균에게 주었던 작품도 그 목록을 제거했으니, 절교 후 그렇게 한 것이다.
>
> 康熙初, 主廣州長壽菴, 奪飛來寺爲下院, 歲收租七千餘石, 下海興販, 益稱富厚. […] 喜結納名士. 嘗爲吳綺身後刻集, 與屈大均齟齬, 大均作〈花怪說〉詆之, 事在康熙三十年辛未. 後與潘耒交鬨, 耒再作書責其妄, 幷致書粵中當事. 及梁佩蘭, 毒罵大汕甚厲, 刻爲《救狂砭語》. 大汕以爲訛詐, 亦刊布《惜蛾草》以相抵攔, 事在己卯庚辰間. […] 所著《離六堂集》十二卷, 刻于辛未, 削大均所作序, 凡與大均投贈之作, 亦去其目, 絶交後所爲也.

강희 30년 신미(1691), 석 대산이 약 60세일 때, 굴대균은 석 대산의 시를 표절이라고 간주하여 〈화괴설〉을 지어 비난했다. 대산도 굴대균의 시 가운데 이태백과 같은 시들을 열거했다. 두 사람은 서로 틀어져서 마침내 절교했다. 같은 해 석 대산은 《이륙당이집(離六堂二集)》 12권을 간각하면서 굴대균의 서문을 제거하고 굴대균이 증여한 작품까지 없앴다.

강희 갑자·을축(23-24, 1684-1685) 무렵, 왕사진이 사신으로 남해(광동 광주)로 가서 제사를 거행하게 되자, 광주 장수암의 석 대산은 이 기회에 왕사진을 만나보고, 창화하여 시를 지었다. 대산은 이때에 〈을축 모춘에 왕완정(王阮亭, 왕사진) 궁첨(宮詹), 황인암(黃忍菴)[황여견(黃與堅)] 태사,

고직원(高謖苑)[고층운(高層雲)] 대리(大理) 및 진원효(陳元孝)[진공윤(陳恭尹)]·장초연(張超然)[장원(張遠)] 등 여러분과 회고루(懷古樓)에 함께 모였는데, 이부자리를 갖고 작은 누대에 모여 달을 보며 시를 짓자는 약속이 있었으나 장마로 뜻을 이루지 못하여 서글퍼서 짓는다〉[63]라는 제목의 시를 지었다. 왕사진은 북쪽으로 갈 때 귀로에 고향을 거치게 되었는데, 그 부친 광려공(匡廬公)[왕여칙(王與敕)]이 관직에 있으면서 타계했으므로 처연히 노모를 봉양할 마음을 먹었다. 왕사진이 3년 동안 여막에 있는 동안, 석 대산은 〈기회완정왕궁첨(寄懷阮亭王宮詹)〉 2수[64]를 지어, 위로하고 사모하는 뜻을 표시했다.

○ 경대(京臺, 황금대가 있는 북경)에서의 기거가 어떠신지 여쭈었는데, 옷깃을 떨치고 귀거래를 하시다니 그 마음은 어떤 마음이신지요? 용사(龍沙)[백룡퇴(白龍堆)와 막북 사막을 가리키되 변경을 뜻하는 말—역자]로 나갈 때는 가의(賈誼)가 상수(湘水)에 〈조굴원부(弔屈原賦)〉를 지어 던졌듯이 하지 않고, 봉궐(鳳闕, 궁궐)에 도리어 사마상여처럼 〈간렵서(諫獵書)〉를 매달아두고 떠나셨구려. 내각(內閣)의 사신(詞臣)들이 응당 기다리니, 동산(東山, 은둔의 곳을 가리킴)의 문물은 근래 남은 것이 없답니다. 진정(陳情)의 사직서는 노모를 봉양하고 스스로 밭 갈려는 날에 올리신 것이니, 어찌 군왕의 우로(雨露, 은택)가 성글어서이겠습니까?

曾到京臺問起居, 拂衣歸去意何如? 龍沙不作投湘賦, 鳳闕還懸諫獵書. 內閣詞臣應有待, 東山文物近無餘. 陳情逮養躬耕日, 豈是君王雨露疎?

○ 만나서는 왕포(王褒) 같으셨던 논설을 너무도 사랑했고, 이별 후에는 완적(阮籍)같으신 서찰을 항상 그리워하고 있습니다. 만 리 멀리 황곡(黃鵠)이 떠난 것을 이미 보았으나, 높으신 풍모는 오히려 옥당에 남아 있군요. 어느 때에야 양웅(揚雄)의 《태현경(太玄經)》 같은 저술을, 꽃 앞에서 함께 읽으며 한껏 소탈할 수 있을까요?

相逢最愛王褒論, 別後常懷阮籍書. 萬里已看黃鵠去, 高風尙有玉堂餘. 何時著就楊玄易, 共讀花前任放疎?

이후 석 대산은 왕사진과 친밀하게 교제를 맺고 싶어하여, 이 경성의

63_《離六堂二集》, 卷12, 《大汕離六堂集》, p.269. 〈乙丑暮春王阮亭宮詹·黃忍菴太史·高謖苑大理暨陳元孝·張超然諸公過集懷古樓, 有抱襆小樓對月賦詩之約, 以陰雨不果, 悵然有作.〉

64_《大汕離六堂集》 卷8, p.156.

고관이 생각날 때마다 서찰을 보내 문안드리는 것을 잊지 않았다.[65] 하지만 모든 소원이 다 이루어지지는 않는 법이다. 굴대균의 사건이 있은 10년 뒤 강희 기묘·경진(38-39, 1699-1700) 무렵 석 대산은 반뢰(潘耒)와의 사이가 틀어져서 괴이한 작태를 벌여 사람들의 공분을 일으켰다. 강희 39년(1700) 8월 중, 반뢰는 《구광폄어(救狂砭語)》를 지어 대산을 공박했다. 이때 형부상서에 올라 있던 왕사진은 반뢰가 부친 서찰을 받아보고 그 서찰을 다음 달 판각하여 시중에 내놓았다. 왕사진은 답서에서 석 대산의 행적을 논하여, 지난날 광주에 사신으로 갔을 때 그를 만나보고 그의 사람됨을 혐오하여 자신의 저서《남해집(南海集)》에서 한 글자도 언급하지 않았고, 고작《광주유람소지(廣州游覽小志)》에서 그가 기물 제작이 교묘하다고 언급했을 뿐이라고 밝혔다.[66]

굴대균·반뢰와 사이가 나빴고 왕사진의 혐오가 이런 정도에까지 이르렀지만 당시 사람들이 대산에 대해 갖는 감정이 모두 그러했던 것만은 아니었다. 반뢰는 서찰을 왕사진 이외에 양패란에게도 부쳤는데, 양패란은 완곡한 말로 답장을 보냈을 뿐, 왕사진과 달리 대산을 비난하여 맞받아치지는 않았다. 모제가의 태도도 그러했다.

> 대산은 각랑장인(覺浪杖人)에게서 불법을 얻고, 박아(博雅)하고 회기(恢奇)했으며, 시에 특히 뛰어났다. 성상(星象)·역률(曆律)·연석(衍射)·이수(理數)·전예(篆隷)·단청(丹青) 등에 월등하지 않은 것이 없었다. 나는 더욱 그가 어떤 사람인지 헤아릴 수가 없을 정도이다.
> 師得法於覺浪杖人, 博雅恢奇, 尤長于詩, 以及星象·曆律·衍射·理數·篆隷·丹青之屬, 無不超越. 余益不測其何如人.[67]

65_예를 들면 大汕에게는 또 〈贈佛大司寇〉 二首가 있어, "驄乘御史傳烏府, 履賜尙書上夏臺. [···] 邗關一別分南北, 嶺外音書無雁裁", "九千里外人重會, 十二年前話可憑"라고 했으니 모두 칭송하고 추억해서 지은 것이다. 강희 38년(1699) 11월, 왕사진은 형부상서로 옮겼다. 大汕의 詩意로 판단하면 이 시는 이 해에 지은 것이 분명하다.《大汕離六堂集》, 卷8, p.157.
66_王士禛, 〈答潘次耕翰林〉,《蠶尾集剩稿》. 또《分甘餘話》에도 이 기사가 있다. 이 글은 潘耒의《救狂砭語》부록에 보인다. 강희 39년(1700) 왕사진은 반뢰가 보낸 서찰을 얻어보고, 大汕의 인품·행사, 반뢰가 대산을 받아친 일 등을 알았다. 蔣寅,《王漁洋事跡徵略》, p.486.
67_毛際可, 〈厂翁燕遊詩序〉,《大汕離六堂集》, p.29.

명류와 교제 맺기를 좋아했던 석 대산은 남들이 헤아릴 수 없는 '기인'의 자태와 남들보다 월등한 시예의 재주를 가지고 문인세계 속을 돌아다니며 여러 문인들과 창화했다. 왕조용(汪兆鏞)의 《영남화징략(嶺南畫徵略)》에 이런 말이 있다.

> 대산의 자는 엄옹(厂翁)이고, 또 다른 호는 석렴(石濂), 또 다른 자는 석련(石蓮)으로, 장수사의 승려이다. 굴[굴대균(屈大均)], 진[진공윤(陳恭尹)], 양[양패란(梁佩蘭)] 세 사람과 교유했으며, 일시의 명류인 두우황(杜于皇, 杜濬), 오매촌(吳梅村, 오위업), 진기년(陳其年, 진유숭), 위화공(魏和公, 魏禮), 고담인(高澹人, 高士奇), 오원차(吳園次, 吳綺), 송목중(宋牧仲, 송락), 만홍우(萬紅友, 萬樹), 전윤하(田綸霞, 田雯), 왕어양(王漁洋, 왕사진), 황구연(黃九烟, 黃周星) 등 여러 사람들과 모두 창화했다. 저서에 《이륙당집(離六堂集)》 12권, 《해외기사(海外紀事)》 6권이 있다. 또 그림을 잘 그렸다.[68]

(2) 시화의 명인

석 대산은 시를 잘 지었을 뿐 아니라, 그림도 잘 그렸다. 일찍이 〈자술도(自述圖)〉 33폭을 그려, 개인의 행적을 표현했다(그림 5-5, 그림 5-6). 회고루 장판 《이륙당집》 권수에 붙어 있으며, 차서는 다음과 같다.

> 매우(賣雨)·방도(訪道)·견마(遣魔)·부신(負薪)·독서(讀書)·공모(供母)·묵계(默契)·우이(遇異)·관상(觀象)·연락(演洛)·음아(吟哦)·설법(說法)·오유(遨遊)·작화(作畫)·취소(吹簫)·매복(賣卜)·조어(釣魚)·몽유(夢游)·아집(雅集)·간운(看雲)·□□·완화(浣花)·법기(法起)·와병(臥病)·출령(出嶺)·논도(論道)·영중(領衆)·작고(酌古)·주서(註書)·□□·제기(製器)·북행(北行)·장소(長嘯).[69]

등지성의 《청시기사초편(淸詩紀事初編)》은 이에 대해 이렇게 기록했다.

68_釋大汕, 《海外紀事》(《四庫全書存目叢書》, 史部, 地理類, 第256冊), 附錄.

69_필자는 懷古樓藏版 《離六堂詩》 卷首 附圖에 근거해서 하나하나 기록한다. 《大汕離六堂集》.

그림 5-5. (청) 석 대산 자회(自繪), 〈행적도〉, 판화/첫 번째: 행각(行脚).

그림 5-6. (청) 석 대산 자화, 〈행적도〉, 판화/두 번째: 작화(作畫).

> 첫머리의 부록으로 행각(行脚), 견마(遣魔), 방마(放魔), 공모(供母), 묵계(默契), 우이(遇異), 연락(演洛), 관상(觀象), 설법(說法), 음아(吟哦), 오유(遨遊), 방도(訪道), 작화(作畫), 취소(吹簫), 추복(推卜), 조어(釣魚), 몽유(夢游), 아집(雅集), 간운(看雲), 말마(秣馬), 매우(賣雨), 완화(浣花), 법기(法起), 와병(臥病), 출령(出嶺), 논도(論道), 영중(領衆), 작고(酌古), 주서(註書), 악금(樂琴), 제기(製器), 북행(北行), 장소(長嘯) 등 33도는 일생의 행적을 대략 갖추었다. 모두 대산이 손수 그린 것이다.[70]

또《이륙당이집》권수에도〈자술도〉를 선별하여 간각해 두었다. 회고루본 권수의 두 그림은 제목이 없는데, 도면으로 판단하고 등지성의 글과 대비하면, '말마(秣馬)'와 '포금(胞琴)'(《이집》본에 의거하여 고침)이다. 두 그림에는 차이가 있다. 등지성의 글에는 '행각(行脚)'과 '방마'(放魔)

70_鄧之誠,《淸詩紀事初編》.

두 그림이 더 있고, 회고루본에는 '부신(負薪)'과 '독서(讀書)'가 더 있다. 도면으로 판단하면 '부신'은 등지성이 말한 '행각'이다. 등지성의 '방마'와 회고루본의 '독서'가 어떤 관계인지는 알 수가 없다. 이 밖에 회고루본이 '매복(賣卜)'이라 한 것을 등지성은 '추복(推卜)'이라 해서, 글자가 다르다. 그리고 그림의 배열 순서도 조금 다르다.[71]

석 대산이 자기 일생을 속히 베껴낸 '자술도'는 모두 자기를 상주로 하여 33종의 정경으로 일생 행적을 그려낸 것이다. 그 정경은 일상·종교·윤리·문학·음악·예술·경제·술수·오락 등을 포괄하고 지향이 아주 넓어서, 석 대산의 풍부한 인생을 잘 말해준다. 요종이(饒宗頤)의 〈중인이륙당집소인(重印離六堂集小引)〉은 이러하다.

> 명나라 말 화가 가운데는 기이한 인물이 많다. 석천(石天) 심호(沈顥)[석 대산의 스승—역자]는 가장 특이하다. […] 그(석 대산)는 길게 휘파람을 불고 노래를 불렀으며, 즉흥적으로 읊조렸다. 그림을 그릴 때는 화필이 냉엄하고 엄준하며, 먹 자국이 뒤얽혀 배열되었으니, 이는 별천지라고 할 수 있다. 인물을 백묘하는 것은 더욱 당시를 주름잡았다. 문집을 보면 권 앞에 자신이 그린 평생의 행적 34폭은 오추(吳趨)의 제자 주규(朱圭) 상여(上如)가 판각한 것으로, 볼 만하다. 소주(蘇州) 영암사(靈巖寺)에 대산이 경신년에 그린 〈유마힐경변도(維摩詰經變圖)〉가 있다. […] 대산은 스스로 제기(題記)를 지었는데, 그 글에서 인물화의 남종과 북종을 논하여, 홀로 척안(隻眼, 뛰어난 감식안)을 갖추었다. 이를테면 근대 진장후(陳章侯, 陳洪綬)에 대해서는 소이장군(小李將軍, 李昭道)의 신(神)과 이용면(李龍眠, 李公麟)의 수(髓)를 얻었다고 했다. 역시 일시의 걸출한 감식안이다. 그가 노련(老蓮, 陳洪綬)의 기법에 다시 빠져들어 그 법유(法乳)를 묘하게 얻은 것이 깊음을 알 수 있다.
>
> 明季畫家多奇士, 沈石天顥其尤特異者也.[…] 其長嘯謳歌, 隨機發詠. 其

71_《離六堂詩》懷古樓藏本에 大汕의 〈自述圖〉가 모두 33폭이다. 鄧之誠의《淸詩紀事初編》에 수록되어 있는 것을 계산하면, 비록 題名 및 次序가 위의 항목과 출입이 있기는 하지만 역시 합계 33폭이다. 하지만 饒宗頤의 〈重印離六堂集小引〉에 "觀集卷前自繪平生行跡三十四幅, 爲吳趨弟子·朱圭上如所鐫刻" 운운했는데, 아마도 잘못 계산한 듯하다. 그 밖에《離六堂二集》卷首에도 圖가 수록되어 있지만 축소하여 열한 폭에 그쳤고, 그 圖面·題辭는 모두 懷古樓藏本과 안전히 일치하므로 하나의 근원에서 나왔을 것이다. 필자의 비교에 따르면 懷古樓藏本 附圖에서 脫字인 한 폭은《二集》에서 〈抱琴〉으로 題署되어 있으므로, 이것을 근거로 고친다.

> 作畫, 則下筆冷峭, 墨痕錯落, 皆別有一天地. 其白描人物, 尤擅勝場. 觀集卷前自繪平生行跡三十四幅, 爲吳趨弟子朱圭上如所鐫刻, 可以見之. 蘇州靈巖寺藏有大汕庚申所繪 〈維摩詰經變圖〉. [⋯] 大汕自撰題記, 文中論人物畫之南北宗, 獨具隻眼. 且言近代陳章侯得小李將軍之神 · 龍眠之髓, 亦一時之傑觀也. 知其復浸淫於老蓮之技, 妙得其法乳者深矣.[72]

화가 석 대산은 회화사의 맥락을 깊이 알아, 명말 인물화의 전문가 진홍수가 위로 당나라 이소도(李昭道)와 송나라 이공린(李公麟)에 닿아서 백묘법으로 인물의 정신을 포착하는 데 뛰어나다고 존숭했다. 석 대산은 행적도를 스스로 그렸는데, 요종이 씨의 말에 의하면 화필이 냉엄하고 엄준하며 먹 자국이 뒤얽혀 인물 백묘가 당시를 주름잡았다고 하며, 진노련(陳老蓮) 즉 진홍수의 정수를 잘 터득했다고 했다. 단, 대산이 〈자술도〉를 제작한 시기는 알 수 없다. 제사(題辭) 부분을 조사하면, 진공윤(陳恭尹, 1631-1700)이 〈매복〉 그림 위에 '병인추초(丙寅秋杪)'(건륭 25, 1686)라고 적은 것이 있을 따름이다. 석 대산은 강희 17년에 진유숭을 위해 〈가릉전사도〉를 그리고, 강희 19년 소주 영암사 승려를 위해 〈유마경변도〉를 그린 후, 늦어도 강희 25년에는 이미 여러 폭의 행적도를 스스로 그렸을 것이다. 뒤의 둘은 모두 백묘 화풍이다. 〈가릉전사도〉는 그림 자체는 전하지 않지만, 도판으로 보건대 그림의 배경을 새기지 않고 선묘로 경승을 그렸으므로 그 화풍이 같았음을 알 수 있다.

(3) 일생 약력

이상 여러 사실을 종합하여 판단하면, 석 대산은 숭정 초 오 땅에서 태어나 강희 초 30여 세에 이르러 발적(發跡)하여 광주 장수암의 주지로 있으면서, 수조(收租)와 홍판으로 재물을 모았다. 당시 남해 일대의 문화적 명사 굴대균 · 진공윤 · 양패란 등과 왕래했는데, 광주에 사신 갔던 왕사진과 그의 이후에 사신 갔던 조집신(趙執信, 1662-1744)도 여기에 포함된다. 족적이 강남에 미쳤으며, 강희 17년 진유숭을 위해 〈가릉전사도〉를 그려주고 강희 19년 소주 영엄사 승려를 위해 〈유마힐경변도〉를

72_饒宗頤 ,〈重印離六堂集小引〉,《大汕離六堂集》, 卷首, p.1.

그려주었다. 일시의 명류 두준(杜濬, 于皇, 1610-1686), 오위업(吳偉業, 梅村, 1609-1671), 진유숭(陳維崧, 其年), 위례(魏禮, 和公), 고사기(高士奇, 澹人, 1645-1704), 오기(吳綺, 園次, 1619-1694), 송락(宋犖, 牧仲, 1634-1713), 만수(萬樹, 紅友), 전문(田雯, 綸霞), 황주성(黃周星, 九烟) 등과 왕래하며 창화했다. 이 무렵에 대산은 계속하여 〈자술도〉 33폭을 제작하여, 사방에 제영을 구했다. 매 행적도마다 각각 문우의 제사가 있다.

매우(賣雨) 풍남(豐南) 제(弟) 오기(吳綺)
방도(訪道) 양패란(梁佩蘭)
견마(遣魔)
부신(負薪)
독서(讀書)
공모(供母)
묵계(默契) 순수(舜水) 장광업(張廣業)
우이(遇異) 황주성(黃周星)
관상(觀象) 영도(寧都) 증찬(曾燦)
연락(演洛)
음아(吟哦) 오백우(吳百雨)
설법(說法) 오강(吳江) 구암(臞菴) 서숭(徐崧)
오유(遨遊) 진안(晉安) 임정복(林鼎復)
작화(作畫) 위례(魏禮)
취소(吹簫) 고(古) 무석(無錫) 왕세정(王世禎)
매복(賣卜) 병인추초(丙寅秋杪) 공윤(恭尹)
조어(釣魚) 화정(華亭) 고층운(高層雲)
몽유(夢游) 송릉(松陵) 추경방(鄒庚芳)
아집(雅集) 건주(建州) 왕영예(王永譽)
간운(看雲) 제자(弟子) 황하도(黃河圖)
□□[말마(秣馬)] 오강 법제(吳江法弟) 서구(徐釚)
완화(浣花) 서영(西瀛) 오수잠(吳壽潛)
법기(法起) 포간 법제(蒲澗法弟) 대소(大韶)
와병(臥病) 남병(南屛) 계황(季煌)
출령(出嶺) 오문 학인(吳門學人) 고간(高簡)
논도(論道) 문제자(門弟子) 당화붕(唐化鵬)

영중(頜衆) 회계(會稽) 동양연(董良梴)
작고(酌古) 산음(山陰) 장오(張梧)
주서(註書) 도황(陶璜) 구제(具題)
□□
제기(製器)
북행(北行) 남해(南海) 이국진(李國珍)
장소(長嘯) 산음(山陰) 김주(金周)

이 명단 가운데 동향 사람과 제자 이외에 제사를 한 명사들로, 오기·양패란·황주성·증찬·진공윤·고층운·서구 등이 있다. 이 문사들은 대산 시문집의 서문을 작성한 대열에도 끼어 있다.

강희 30년 신미(1691), 대산의《이륙당집》12권이 판각되었는데, 이 책이 판각되기 이전, 약 60세의 대산은 사방에서 서문을 구했을 것이다. 모제가의 시서에 "강희 무진(강희 27, 1688) 봄, 석사(石師)[호 석렴(石濂)의 석 대산을 말함—역자]를 호상(湖上)에서 면대했다"라고 했다.《이륙당집》서문의 작자는 증찬(曾燦)·왕배(王培)·웅일소(熊一瀟)·장총(張惚)·당화붕(唐化鵬)·오기(吳綺)·양패란(梁佩蘭)·번택규(樊澤逵)·오수잠(吳壽潛)·주재준(周在浚)·도훤(陶煊)·이방광(李方廣)·고층운(高層雲)·모제가(毛際可)·황학암(黃鶴巖) 등이다. 서문에 명확히 연도를 기록한 것으로는 번택규〈이륙당시집서〉(강희 35년 병자, 1696), 오수잠〈이륙당집서〉(강희 38 기묘, 1699), 도훤〈이륙당집서〉(강희 38년 기묘, 1699) 등등이다.[73] 서문을 구하는 일은 오랫동안 계속되었는데, 10년쯤 후 석 대산은 만년에 달했다. 석 대산이 굴대균과 틀어진 일은 문집 출판의 그해(강희 30년 신미, 1691) 일어났고, 반뢰와 틀어지는 일은 10년 뒤 강희 기묘·경진(38-39, 1699-1700)에 일어났다. 4, 5년 후 석 대산은 안찰사 허사흥(許嗣興)에게 체포되어 경내 밖으로 입송되었다. 그 후 순무 이기화(李基和)에게 체포되어 승적을 빼앗기고 본적으로 돌아가 상산(常山) 길에서 죽었으니, 갑신·을유 무렵(강희 43-44, 1704-1705)의 일로, 향년 70세였다.

73_《大汕離六堂集》, 卷首, pp.18-35.

(4) 진유숭과의 우정

석 대산의 스승은 심호(沈顥)이다. 진계유이 심호를 위한 찬을 지었다.

> 이 도인을 나는 일찍이 한산(寒山)의 꼭대기에서 만났다. 덩그마니 방 하나에, 띠로 얽고 쑥으로 엮은 집이었다. 외형은 흙이나 나무 같았으나 남의 연민을 받아들이지 않았으며, 소리는 금석에서 나오는 듯하되 세상 사람과 아름다움을 다투지 않았다. 그러니 누가 그가 검중협(劍中俠)·시중선(詩中仙)·화중선(畫中禪)인 줄을 알겠는가? 대개 상행선생(上行先生, 윗길 가는 선생)이요 독행대현(獨行大賢, 홀로 자기 길을 가는 큰 현자)이다.
> 是道人也, 我曾遇之於寒山之顚. 塊然一室, 茅縛蓬編. 形如土木而不受人憐, 聲出金石而不爭世妍. 而誰知其爲劍中俠·詩中仙·畫中禪? 蓋上行先生, 而又獨行之大賢也.[74]

석 대산의 기인다운 모습은 검협·시선·화선이 일신에 모인 심호 스승과 비슷하다. 하지만 심호 스승이 세상과 아름다움을 다투지 않고 홀로 오가는 정신은 석 대산이 많은 선비들과 교제하기를 좋아한 것과 다르다. 요종이는 "대산도 역시 시선과 화선으로서 유명하였고, 진성(振聲)과 봉갈(棒喝)을 즐겨하지 않았다(大汕, 亦以詩仙畫禪著聞, 而又不屑振聲棒喝)"[75]라고 했다. 진세를 벗어난 승려이지만, 종단의 본분을 지키지 않고 적극적으로 세상에 들어가, 일생 행적이 계속해서 물의를 일으켜 비방을 초래한 것은 그 원인이 없지 않다. 그래서 사장정(謝章鋌)은 이렇게 말했다.

> 〈가릉전사도〉는 석 대산의 작이다. 수염을 날리며 정수리를 드러내고 있고, 곁에는 여인이 퉁소를 불고 있다. […] 애석하게도 대산의 인품은 감당할 수가 없어서, 종풍을 완전히 쓸어 없애고 말았다. 비희도(祕戲圖)를 잘 제작하여 당로자의 환심을 얻었더니, 마침내 금법을 어기고 이익을 취하다가 법에 걸려 폐사했다. 왕어양(왕사진)의 《분감여화(分甘餘話)》에 그 사정이 상세하다. 이 그림이 그의 손에서 나온 것은 옥의 큰 티이다.

74_饒宗頤, 〈重印離六堂集小引〉.
75_饒宗頤, 〈重印離六堂集小引〉.

迦陵塡詞圖爲釋大汕作, 掀髯露頂, 旁坐麗人拈洞簫而吹. […] 惜大汕人品不堪, 宗風掃地. 以工爲祕戲圖, 得當路歡心, 卒以違禁取利斃於法. 詳王漁洋《分甘餘話》. 此圖出其手, 是一大玷耳.[76]

교계 윤리와 세속 도덕의 각도에서 왕사진을 필두로 석 대산의 인품을 부정적으로 평한 것은 근거가 있다고 할 것이다. 다만, 당시 사람들은 그래도 석 대산이 제작한 〈가릉전사도〉를 못 본 척할 수가 없었다. 이 그림이 문인 세계에서 환영받은 것은 분명하다. 등지성(鄧之誠)은 이 점에 대해 공평하게 보았다.

붉은 비단옷을 걸치고 머리를 기르며, 온 몸이 맨들맨들하고, 우령(優伶)을 돈으로 샀다. 비희도(祕戲圖)를 제작해서, 비가 오게 기도하고 비가 그치게 기구하면서, 초첩(招帖, 초체, 광고)을 내어, "석두타(石頭陀)[석렴, 석 대산]에게 비바람이 있어 판매를 한다"라고 했다. 귀신을 부리고 혼령을 불렀으며, 의복(醫卜)과 성상(星相)을 하며, 심지어 권세가에게 들러붙어 재물로 사람들 사이에 치달리고, 해국까지 거래를 텄다. 궤도에서 벗어난 일로 세상을 놀라게 하고 대중을 동요하게 하는 데 힘썼으니, 모두 재주와 정이 분방하여 그런 것이다. 그런데 그가 패망한 것은 재(財) 한 글자가 해쳤기 때문이다. 그러므로 방정관(方貞觀, 1679-1747)이 장수암에 들러 지은 시에, "야성은 응당 절로 물의를 부르는 법이니, 여러 노예들이 자기 재물을 이롭게 여김을 면치 못했네"라고 했다. 실제 사실을 기록했다고 할 만하다. 또한 "오로지 시권만이 오래도록 남아, 이것이 너의 서쪽에서 온 금강불괴의 몸이로다"라고 했다. 그가 시에 능했던 것을 아무래도 애석해했다.

大凡紅繻蓄髮, 竟體薌澤, 買優伶. 作祕戲圖, 祈雨止雨, 出招帖曰: "石頭陀有些風雨出賣." 役鬼召魂, 醫卜星相, 甚至依附勢要, 以財貨奔走人, 交通海國, 諸軼軌之事, 務在驚世動衆, 皆由才情奔放使然. 而其敗也, 則一財字害之. 故方貞觀過長壽菴詩云: "野性自應招物議, 諸奴未免利吾財." 可謂實錄. 又云: "唯餘詩卷長留在, 還爾西來不壞身." 亦惜其能詩也.[77]

등지성은 대산의 인물 형상과 취미를 묘사하고, 이어서 그가 세속을 놀라게 하고 재물을 탐하며 권세가에 들러붙은 행위를 구체적으로 서술했다. 그리고 석 대산이 세상을 놀라게 하고 대중을 동요시킨 일탈 행위

76_謝章鋌,《賭棋山莊詞話》, 卷1, pp.3329-3330.
77_鄧之誠,《淸詩紀事初編》.

가 그의 분방한 재정(才情)에서 말미암았다고 풀이했다.

재주와 성정이 분방하고 행위가 궤도에서 벗어난 승려 화가, 재주와 성정이 호매하고 연정에 얽힌 불우한 재자, 이 석 대산은 문예상에서 너무도 수많은 화제를 만들어냈다. 〈전사도〉를 그리기 이전에 석 대산은 이미 강남 문사들과 왕래한 일이 많았고, 일찌감치 진유숭과도 면식이 있었다. 석 대산에게 〈비릉에 들러 진기년 태사의 죽음에 곡한다(過毘陵哭陳其年太史)〉 시가 있어, 두 사람이 교유한 자취를 살필 수 있다.

> 출처행장은 각기 다르지만, 생사의 문제는 그대나 나나 똑같이 긴요한 문제이네. 살아 이별함도 차마 하지 못하거늘, 하물며 죽어 이별하게 된 슬픔을 어이 견디랴? […] 그대는 보지 못했는가, 의흥(宜興)의 형계(荊溪) 물이 맑고도 긴 것을? 당시 진 선생이 이름을 드날렸다네. 저작은 강엄(江淹)의 풍부함보다도 월등했고, 세상을 비웃음은 완적(阮籍)의 미치광이보다 훨씬 더했네. 지난날 군과 좋은 시절에 만난 것을 기억하면, 군의 나이는 서른아홉, 나는 스물둘. 기약하지 않아도 옛것을 찾느라 양원(梁園)에 체류하고, 문장을 논하면 안면이 있다고 해서 양보하질 않았지. 가는 곳마다 풍류를 즐기는 사람들이 그 재주를 사랑하였기에, 정중하게 몸소 중산(中山) 술(천일주)을 올렸네. 왕희지의 붓 아래 드러나는 것에 깊이 취하고, 노두(두보)의 시 속에서 혼을 되돌려 오게 했으며, 기운을 규염에서 토하여 뇌성벽력을 일으키고, 대내(궁궐)에 명성이 들려 상객으로 징소되었으니, 크나큰 문사(文詞)가 구중 하늘에 곧바로 달하여, 소대(召對)하매 풍류가 이백보다 뛰어났었다네. […] 들판 떠도는 승려의 발길이 유관(庾關, 대유령)과는 거리가 멀어, 그리워하는 마음에 함께 소요하게 되길 날마다 바랐더니, 지난 해 홀연 계북(薊北, 북경)에서 소식이 전하여, 군이 진(秦)·진(晉)의 역사[《명사》를 빗댄 말—역자 주]를 이어서 편수한다고 들었는데, 누가 알았으랴 한 번 병이 들어 돌이킬 수가 없어, 가련하게도 만 리 멀리 고향으로 반장하지 못하다니? […] 살아 있을 때 서신 한 장이라도 부치지 못한 것이 한스럽고, 죽은 이후에 한 잔 술도 제사상에 올리지 못해 부끄럽구려. 지난날 비릉(毘陵)을 지나다가 다리에 이어진 큰 길가에 묵으며, 그대가 내게 고금의 일을 말하는 것을 꿈에서 보았다오.
>
> 出處各不同, 生死同關切. 尙不忍生離, 何堪悲死別? […] 君不見荊溪之水淸且長? 當時陳子名飛揚. 著作絶勝江淹富, 笑傲高超阮籍狂. 憶昔與君良會日, 君年三九我廿七. 不期探古滯梁園, 論文不讓因相識. 到處風人雅愛

才, 殷勤手進中山醅. 沈醉羲之筆底見, 返魂老杜詩中來. 氣吐虬髯翻霹靂, 大內聲聞徵上客. 弘詞直達九重天, 召對風流過李白. [⋯] 野僧蹤跡庾關隔, 相思日望共逍遙. 往歲忽傳薊北信, 聞君續史修秦晉. 誰知一病不能回, 可憐萬里無歸櫬? [⋯] 生恨未寄書一紙, 死慙未奠酒一盃. 昨過毘陵泊橋陌, 夢君向我談今昔.[78]

석 대산은 진유숭이 이른 나이에 타계한 것을 애통해하고, 그의 호매한 시재를 추숭했으며, 그가 징소되어 박학홍사과에 천거되는 영광을 입었던 사실도 언급했다. 그는 비릉을 지날 때 진유숭이 세상을 떴다는 소식을 듣고 무한한 추념의 뜻을 표했다. "군의 나이는 서른아홉, 나는 스물둘. 기약하지 않아도 옛것을 찾느라 양원에 체류했다"라는 구절은 두 사람의 교유에 대하여 중요한 정보를 제공한다. 진유숭은 대산보다 12세 많았고, 두 사람은 양원에서 문학을 논하면서 서로 알게 되었다. 강희 2년 계묘(1663)의 일이다. 대산이 강남 문인과 교제를 맺은 시기가 대략 이 때임을 알 수가 있다. 진유숭 스스로 〈희천앵. 석렴화상이 월에서 동쪽 양원으로 와서 나를 위해 소상을 그려 주었으므로 천녀산화도를 만들어 사례한다(喜遷鶯 石濂和尙自粵東來梁園爲余畫小像作天女散花圖詞以謝之)〉[79]를 적은 시기는 강희 2년 이후였을 것이다. 이 무렵 27세의 젊은 승려 화가는 진유숭을 위하여 한 폭의 나긋나긋한 화상 〈천녀산화도〉를 그려주었다. 몇 년 뒤 대산은 또 〈진기년 태사에게 속마음을 부친다(寄懷陳其年太史)〉시를 지었다.

돌이켜보면 양원에서 이별한 것이 어제 같은데, 그대는 삼추가 지나도 돌아오지 않는구려. 다만 명월이 나오는 것을 만나면, 옛 친구가 오지 않았나 의심한다오. 그윽한 꿈은 방초에 통하고, 봄바람은 매화 향을 불어 보내건만. 높이 은거하는 곳으로 찾아가서, 갈매기 날아가는 길에 가볍게 한 잔 술을 띄워야지.

記得梁園別, 三秋尙未回. 但逢明月出, 疑是故人來. 幽夢通芳草, 春風寄好梅. 待尋高隱處, 鷗路泛輕杯.[80]

78_《大汕離六堂集》, 卷4, pp.13a-b, 總p.91.

79_《迦陵詞全集》, 卷22, p.6a.

80_《大汕離六堂集》, 五律, 卷6, p.3a, 總p.108.

석 대산은 이 시에서도 두 사람의 양원 모임을 언급했다. 강희 17년(1678)에 이르러 다시 강남에 족적을 뻗은 석 대산은 사(詞)로 천하에 이름 높은 진유숭을 위해 두 번째 화상 〈가릉전사도〉를 그렸다. 이때 41세의 대산은 아직 굴대균·반뢰·왕사진 등과 틀어지지 않아서, 강남 문사들과의 관계가 좋았던 때이다. 시문을 왕래하고 창수하여, 많은 명사들이 그의 〈자술도(自述圖)〉에 제찬을 했고 그의 문집에 서문을 써주었다. 대산이 일생 문화 권력자들과 교유하길 좋아했다는 말은 정말로 사실이었다.

이 무렵에 운 좋게도 대산은 시로 진유숭(陳維崧, 其年), 장삼(張杉, 南士), 방문(方文, 爾止), 왕배(王培, 益仲), 오백붕(吳伯朋, 錦雯), 서작숙(徐作肅, 恭士), 송락(宋犖, 牧仲), 동추(童樞, 漢木), 황화도(黃河圖, 攝之) 등 여러 문사들의 고평을 얻었다.[81] 이들 가운데 진유숭과 송락의 이름이 가장 높았다. 진유숭은 이렇게 평했다.

> 시에는 습기(習氣)란 것이 있어, 벗어나기가 가장 어렵다. 지난날 방외에서 시 잘한다고 이름 있는 자들이 각 시대마다 적지 않았는데, 혜휴(惠休)·보월(寶月)과 제기(齊已)·청강(淸江)·영일(靈一) 등은 다시 그 중에서 가장 저명하여, 시가 후세에 전한다. 일찍이 그 시들을 가져다 읽어보니, 정말로 훌륭한 운치가 있었다. 다만 바싹 마르고 인색할 정도로 검약한 기세가 필묵 사이에 감돌아 멀리서 보아도 알 수 있으니, 우뚝 서서 스스로 빼어나 습기에 갇히지 않은 것은 구하려 해도 구할 수가 없었다. 석옹(石翁)[석렴, 석대산] 화상은 천성이 초탈하고 시적 정서가 깊으며, 체격과 자구가 씩씩하고 고우며 유려하고 빼어나다. 경문을 바탕으로 삼고 인물을 논하는 것을 뜻으로 삼아, 고시는 영운(靈運, 사영운)·장사(長沙, 가의)·소릉(少陵, 두보)·고(高, 고적)·위(偉, 위응물)·이청련(李靑蓮, 이백)의 호매한 장점을 모두 자기 것으로 삼았다. 또한 비루한 말과 과도한 음향도 그 사이에 흐르지 않았다. 최근의 작품은 전부 열어젖히고 크게 하는 것을 귀결처로 삼아, 풍류를 즐기는 상상과 우아한 음조가 진실로 작자로서의 능사를 다하여, 습기의 밖으로 초출했으니, 고금에 한 사람이다.
>
> 詩有習氣, 超出最難. 昔方外以能詩名者, 代不乏人, 如惠休·寶月, 以及齊已·淸江·靈一諸公, 又其最著, 傳諸後世. 嘗取其詩讀之, 固有佳致. 第一種

81_《大汕離六堂集》, 〈離六堂詩評〉, pp.37-39.

> 癰削儉嗇之氣, 行於筆墨間. 望即知之, 求其卓立自拔不爲習氣所錮者不得也. 石翁和上, 賦性超然, 詩情深遠, 體格字句, 雄麗流軼. 經文以質, 論物以志, 古詩擅靈運·長沙·少陵·高偉·李青蓮豪邁之勝, 且無俚辭浮響流及其間. 近作則全以開大爲歸, 風思雅調, 洵極作者能事, 超出習氣之外擴焉, 一人而已.[82]

이 단평(短評)은 석 대산에 의해《이륙당집》에 수록되었다. 시를 평한 확실한 시간은 알 수 없다. 대산은 강희 신미년과 을축년에 각각 굴대균·번뢰와 사이가 틀어졌고, 그 무렵에는 진유숭도 이미 세상을 떠나 다시 만나지 못했으므로, 이 시평은 〈가릉전사도〉 완성의 때에 이루어졌을지 모른다. 방외 인사이거늘 그의 시가 문호 진유숭의 이러한 칭찬을 받은 것을 보면 두 사람 사이는 범범한 정도가 아니었다. 두 사람의 우의는 15년이나 지속되었다.

강희 17년 늦봄, 54세의 진유숭은 박학홍사과에 천거되어 시험에 합격했는데, 당시 사단(詞壇)에서 이미 이름이 혁혁했다. 진유숭과 경관(京官) 송락 등의 시평은, 이 재기 분방하고 대중을 놀라게 만드는 석 대산이 요구하여 얻은 것일 수 있다. 그렇다면 대산이 사종(詞宗) 진유숭을 위해 두 번에 걸쳐 화상을 제작한 것은, 대산이 강남 문사권에 진입한 사실을 가늠할 수 있는 시금석으로 보지 않을 수 없다. 〈가릉전사도〉의 제작은 사의 대가에 대한 숭앙의 뜻을 표하는 데 그치지 않고 자신의 문화적 명성을 높이려는 고도한 술책에서 나온 것이기도 하다. 다시 말해, 대산은 명류를 위해 초상을 그려주는 기회를 빌려 사대부 교류권에서 명성을 획득하려고 했다. 후대에 대산의 악명이 높아지자, 대산이 제작한 〈가릉전사도〉도 도덕적 명망을 중시하는 사고 방식에 따라 백옥의 흠으로 간주되었다. 하지만 아무리 흠이 있더라도 옥은 옥인 법이다. 〈가릉전사도〉는 당시는 물론 후세에 이르기까지 널리 오랜 기간 제영을 획득했으니, 화가에게 공이 없다고 할 수 없다. 이러한 시각에서 말하면, 석 대산은 남의 화상을 제작해서 용과 봉에 붙어가려고 했던 처음 목적을 달성했다고 할 수 있다.

82_《大汕離六堂集》,〈離六堂詩評〉, p.37.

5) 교유 네트워크

(1) 〈가릉전사도〉의 당대 제영

〈가릉전사도〉 도면 뒤에 이어지는 많은 제영들에 대해, 도광 연간 출판된 인본의 만공진(萬貢珍) 제지(題識)는, "선배들의 풍류를 완연히 보는 듯하다. 게다가 제영이 아주 많은데, 전후 두 박학홍사과의 선발이 얼마나 성대했는지 그 일반(一斑)을 엿볼 수 있다"라고 했다. 〈가릉전사도〉는 강희 17년에 이루어졌으니, 바로 청 조정이 박학홍사과를 열었을 때로, 당시 진유숭 이하 많은 문사들이 고시에 응시했다. 강희제는 이 과를 거듭 열면서, 청나라 조정의 치국 방향을 한족 전통으로 되돌려, '학문이 깊고 통달하며 문조가 아름다우며' '학문과 행실이 둘 다 뛰어나고 문사에 탁월한' 선비들을 경관에 임명했다. 이것은 청 제국이 순치 이래 왕도 정치의 이념으로 한족 민심을 농락한 문화적인 조처로, 한족 회유정책의 선도가 되었다. 박학홍사과는 강희 18년(1679)과 건륭 원년(1736) 두 번에 걸쳐 시행되었으며, 내외 제신의 천거로 이미 관직에 있든 없든 선비들을 대상으로 기일을 정해 전정(殿廷)에서 시험을 보이고, 녹취(錄取)된 사람에게는 한림의 직을 수여했다.[83] 강희 17년 7월에 칙지를 내려 징소했고, 다음 해 봄 3월에 전시(殿試)를 거행했다. 이때 여러 신하들이 천거한 143인을 대상으로 체인각(體仁閣)에서 여러 신하들에서 전시를 보였다. 시험 제목은 〈선기옥형부(璇璣玉衡賦)〉와 〈성경시(省耕詩)〉 오언배율 20운이었다.[84] 이미 앞서 보았듯이, 갑자일에 이르러 이부에 칙유했다.[85] 그 시험 합격자의 일등 명단 속에 진유숭의 이름이 들어 있다. 〈가릉전사도〉 도광 인본의 뒤에 붙어 있는 정보(丁輔) 편찬의 제영자 〈소전〉에 따르면, 제영 인수는 모두 71인이다. 그 가운데 진유숭과 동시대의 제영자가 모두 53인으로, 약 반을 차지한다. 강희 무오

83_강희 17년 박학홍사과 개설 관련의 詔令과 諭旨는《清實錄》(北京: 中華書局, 未注出版年), 第4冊,《聖祖實錄》, 卷71 · 75 · 80, 康熙17年正月 · 7月, 康熙18年3月等 諭告를 참조. 필자는 이 책 제4장에서 상세하게 인용하고 고찰했다.

84_《聖祖實錄》, 卷80,〈康熙十八年三月〉, p.1016下.

85_《聖祖實錄》, p.1023上.

에 천거받아 징소되어 박학홍사과에 응시한 자는 17인으로, 또 그 반을 차지한다. 그 가운데 6인은 응시했으나 불합격했으므로, 그 나머지 11인이 진유숭과 동시에 방목에 이름이 올랐다. 여기에는 주이준 · 엄승손 · 우통 · 손지울 · 고영 · 서구 · 팽손휼 · 미한문 · 왕욱령 · 등한의 · 모승방 등이 들어 있다. 당시 박학홍사과 합격자의 1, 2등 인사는 모두 50인이다. 〈가릉전사도〉의 제영자는 상주 자신을 포함하여 5분의 1 이상이므로, 비율이 아주 높다. 그들은 함께 한림에 들어가 문관이 되어《명사》의 수찬에 참여했다. 박학홍사과에 천거되었으나 시험에 합격하지 못한 사람으로는 오농상 · 모제가 · 이양년 · 송실영 · 서임홍 · 왕무린 등 6인이 있다. 왕무린은 박학홍사과에 합격하지는 못했으나 그 해의 정시(廷試)에서 진사가 되어, 뒷날 역시 한림원에 들어가 진유숭과 함게《명사》수찬의 동료가 되었다. 그 밖에 당대의 제영자로 양청표 · 송락 · 왕사진 등 대부분이 경성의 고관이었다. 납란성덕 같은 만주 귀족도 있었고, 이부 · 모선서 · 사굉 등 강남에서 우의가 이미 있었던 문사들도 있었으며, 홍승이라는 후배도 있었다. 모두 청나라 초 문단에서 활약한 인사들이다.

이 문사들이나 경성 고관들은, 진유숭이 박학홍사과에 응시하여 한림원에 들어간 이후 동료나 후배로서 빈번하게 왕래했고, 몇몇은 훨씬 일찍 강남에서 벌써 기식이 통해 있었다. 그들은 출신 · 배항 · 연령 · 본적 · 관직은 서로 달랐지만, 진유숭의 인적 네트워크에 속했기에, 〈가릉전사도〉를 열람하고 글을 부탁받았다. 진유숭의 인적 네트워크는 길고긴 과정을 거쳐 이루어졌다. 이하 이에 대해 검토하기로 한다.

(2) 진유숭의 인간관계망

① 부친 항렬의 사람들

진유숭의 부친은 이름이 정혜(貞慧), 자가 정생(定生)이다. 차분히 글을 읽어 당시의 명경이 되었다. 왕래한 인사들은 대부분 해내의 포신(逋臣) · 유로(遺老)이거나 우국(憂國) · 봉공(奉公)의 신하들로, 모두 일시의 명사들로서 절개로 존중을 받는 울연한 전형들이었다. 서건학은 "군은 속발 이래로 귀에 젖고 눈에 익어, 속하의 경박한 기운으로 떨어지지 않았다"(〈묘지명〉)라고 했다. 15세 때(숭정 12년, 1639) 부친을 따라 남경에 노닐었는데, 왕래한 사람들 중에 주표(周鑣)·방이지(方以智)·장자열(張自烈)·심수민(沈壽民)·고고(顧杲)·모양(冒襄)·매낭중(梅朗中)·후방역(侯方域) 등이 있었다. 진정혜가 소주에서 독서할 때 증답한 인사로는 문진맹(文震孟)·후동증(侯峒曾)·서견(徐汧)·진자룡(陳子龍)·장보(張溥)·이문(李雯)·양정추(楊廷樞)·황종희(黃宗羲) 등이 있었다. 진유숭은 그들을 늘 곁에서 모셔 여러 선생의 의론을 귀담아 들었으며, 생각을 깊이 해서 시를 지어 여러 선생의 칭찬을 받았다. 숭정 14년(1641), 17세의 진유숭은 읍박사제자원(邑博士弟子員)에 보충되었으므로 상당히 자부했다. 뒤에 부친을 모시고 산촌과 절에 거처하면서 벼슬에 나갈 뜻을 끊었다. 한참 후 동료를 따라 향시에 응시했으나 합격하지 못했다. 청년 시기에 고향의 추수사(秋水社)에 참가하여, 명나라 말 결사(結社)의 분위기를 짙게 체험했다. 추수사는 향리의 문사들을 망라하여, 오기뢰(吳其靁) 청문(淸聞), 노상관(盧象觀) 유철(幼哲), 황희시(黃羲時) 복공(宓公)이 참여했는데, 진유숭이 가장 어렸다.(서건학 〈묘지명〉과 장영수 〈진유숭전〉).

진유숭은 부친의 동료들과 교유했다. 이미 앞서 보았듯이 장영수·장경기 부자가 지은 전기를 통해 그 사실을 조금 엿볼 수 있다.

○ 부친 진정혜는 […] 교유한 사람들이 모두 일시의 명사들이었다. 진기년은 어린 나이에 경전을 배웠는데, 눈을 거치기만 하면 외웠다. 조금 자라서 정생이 이끌어 두루 만나게 하자, 여러 명사들이 모두 그릇으로 여겨, 차츰 진기년과 교제를 맺어 부친의 항렬로 내려다보려 하지 않았다. (장영수, 〈진유숭전〉)

○ 따라 배운 분으로는 귀지(貴池) 오차미(吳次尾)[오응기(吳應箕)]와 오문(吳門) 전길사(錢吉士)[전희(錢禧)] 두 선생이 있다. 당시 명망 있는 공경 벼슬의 인사들인 누동(婁東)[오위업(吳偉業)]·운간(雲間)[팽사도(彭師度)]·환강(皖江) 등이 모두 배항을 무시하고 사귀어, 다투어 명성을 널리 퍼뜨렸다. (장경기〈외전〉)

뒤에 진유숭은 서초(西樵, 왕사록)·완정(阮亭, 왕사진)·기정(旣庭, 송실영)·보초(甫草, 계동)·표인(豹人, 손지울)·효위(孝威, 등한의) 등 여러 군자들과 창화하여 학문이 더욱 진보했으므로, 사우의 공이 적다고 할 수 없다. 호헌징(胡獻徵)이 〈가릉문집서〉에서 말한 그대로이다.

> 선생은 본디 가학에서 연원하는 데다가 사우에게서 바탕을 취했다. 그래서 당시에 황문(黃門)[진자룡(陳子龍)]·태사(太史)[양정린(楊廷麟)]·중사(中舍)[등한의(鄧漢儀)] 및 오차미(吳次尾, 오응기), 후조종(侯朝宗, 후방역) 등 여러 군자들이 앞에서 서로 칭송했다. 근일에는 합비(合淝)[공정자(龔鼎孳)], 장주(長洲)[우통(尤侗)], 대야(大冶)[여국주(余國柱)] 및 완정(阮亭, 왕사진), 신재(愼齋)[장윤수(蔣胤修) 뒤에 장영수(蔣永修)로 개명] 등 명공이 뒤따라 추허했다.
>
> 先生素淵源於家學, 而復取資於師友, 故在當時, 若黃門·太史·中舍暨次尾·朝宗諸君子, 旣相與稱譽於前, 在近日則合淝·長洲·大冶·暨阮亭·愼齋諸名公, 尤相與推許於後.[86]

진유숭의 학식과 문한은 앞 시기에는 스승 격의 선배들이 칭송하고 뒷날에는 붕우들이 추허하여, 이로써 진유숭은 이름을 크게 떨쳤다. 부친은 가재를 기울여 천하명사들과 사귀어, 모양(冒襄, 辟疆, 1611-1693), 후방역(侯方域, 1618-1654), 방이지(方以智, 1611-1671)와 함께 나란히 4공자라 일컬어졌다. 남명 홍광(弘光) 때(1644-1645) 부친이 당화에 걸렸는데, 후방역이 수천 금을 덜어 힘껏 벗어나게 했다. 부친이 죽자, 모양이 옛 우의를 생각하여 자금을 내어 장례를 도왔을 뿐 아니라 진유숭을 초청하여 여고(如皋)에서 독서하게 했다. 진유숭의 교유망은 부친의 교우권에서 먼저 기초가 다져졌으며, 그 문학 집단이 차츰 확대되었다.

② 지인 감상자들

진유숭은 부친 항렬의 사람들로부터 존중을 받고 보살핌을 받았다. 가장 구체적인 예로는, 부친이 작고한 이후 진유숭이 모양의 초빙으로, 순치 15년(1658) 수회원에 거처하며 독서하여, 문학 창작면에서 크게 진보한 점이다. 여고에서의 10년은 진유숭의 문학과 인생에 결정적으로 영향을 끼쳐, 이 당시 시문 창작이 풍성하게 되었다. 그리고, 여고의 여러 사람들이 그를 위해《호해유고(湖海樓稿)》를 중각하고 또《사치집(射

86_《陳迦陵文集》, 第1冊,《迦陵文集》首.

雉集)》을 유양(維揚)에서 판각해주었다. 사 작품도 대량으로 창작했으나, 강희 7년(1668)에 이르러서야 편집해서 《오사사》를 모아 판각했다.

진유숭은 약관 이전에 오강 오조건(吳兆騫, 漢槎, 1631-1684), 운간(雲間) 팽사도(彭師度, 古晉, 1609-1671)과 함께 오위업으로부터 '강좌 3봉황'으로 칭송되었다(장경기 〈외전〉). 또 동이녕(董以寧) · 추지모(鄒祗謨) · 황영(黃永)과 함께 '비릉 4재자(毗陵四才子)'라는 칭호도 있어, 많은 관심과 사랑을 받았다. 모양이 그를 애호한 데서 알 수 있듯이 진유송은 당시 서울의 덕망 높은 고관들로부터 칭찬을 받았다. 강희 7년(1668), 44세의 진유숭은 수회원을 떠나 북경으로 가서 벼슬에 오를 수단을 찾았다. 북경에서 공정자 등과 창화를 하여, 주이준과 합각한 《주진촌사》가 궁중에 들어가 천자의 하문이 있었고 주의를 끌었다. 공정자는 그에게 지음으로서의 우의가 있었다. 이하 세 기록에서 그 사실을 알 수가 있다.

○ 경사에 이르러, 고 대사마 합비(合肥) 공공(龔公, 공정자)이 그 글을 칭송하여 가장 먼저 교제를 정했다. (서건학 〈묘지명〉)

○ 30세에 불우하여 문호가 쇠락하자, 행장을 꾸려 호방히 유람했는데, 이르는 곳마다 문밖에 신발이 가득하고 거마가 골목을 채워, 제공과 귀인이 다투어 객으로 삼으려 했다. 합비 대종백(공정자)이 진염을 특히 애중하여, 밤낮으로 창수하여, 망형지교를 맺었다. (장영수 〈진유숭전〉)

○ 가릉선생은 선권산(善權山) 속에서 경전을 외던 원숭이가 환생했다. 처음에 공정산(龔定山, 공정자) 종백에게 지우를 입었다. 바야흐로 제생이었고 명예는 아직 성하지 않았거늘 종백이 후대했다. 하루는 연회를 벌여, 여러 달관이 모두 모였을 때, 종백이 읍례를 하여 선생을 자리에 오르게 하자, 선생이 사양하지 못하고 자리에 나아갔다. 객 아무개가 선생이 수염을 날리며 자리에 걸터앉아 방약무인한 것을 보고 불평을 했으나, 어찌할 수가 없었다. 수년 후에 선생이 실의하여 지난날과 같게 되었다. 내가 험한 일을 겪은 후 얼마 안 있어 강남학사가 되었는데, 선생이 평소 거자업을 좋아하지 않는 것을 알고, 선생에게 격문을 보내 시험을 보게 했다. 선생이 병이 있다고 하기에, 내가 선생이 반드시 가기를 바라서 힐난했으나, 어쩔 수 없었으므로, 부득이하여 굽혔다. 향선생에게 주선을 부탁하여 오랜 뒤에 마침내 발해(發解)했다. 선생은 〈심원춘〉을 노래하여, "…(자술사)…"라고 했다. 종백이 선생에게 준 말에 "그대의 도

포는 아직 비단이 아니건만, 나의 구레나룻이 먼저 서리같은 흰 빛이 되었구나"라는 말이 있었다. 선생이 뒤따라 화운한 사를 읽으면, 당시 지기의 느낌을 상상할 수 있어, 정말로 한 글자마다 한 번씩 눈물을 흘릴 정도이다.

迦陵先生相傳是善權山中誦經猿再世. 初受知於龔定山宗伯. 時方爲諸生, 譽未盛也, 宗伯遇之厚. 一日讌會, 諸達官畢集, 宗伯揖先生上座, 先生不獲辭, 乃就坐. 有客某見先生掀髯據席, 若無人焉, 爲不平, 然無如何也. 旣數載, 先生落魄尙如故. 某已歷險要, 未幾爲江南學使, 知先生素不善擧子業, 檄先生試. 先生以病告, 某必欲其至以難之. 不得已, 浼鄕先生周旋, 久乃解. 先生賦沁園春云: "…(按爲自述詞)…". 宗伯贈先生有'君袍未錦, 我鬢先霜'之語, 讀先生追和詞, 想見當時知己之感, 眞一字一淚.[87]

공정자는 경성에서 힘이 있었고, 후생을 발탁하는 아름다운 뜻이 있었다. 세 글은 모두 공정자가 진유숭에 대해 지음의 우의가 있다고 했다.

공정자에게 지우를 입은 이외에, 공정자가 세상을 뜬 후 진유숭이 박학홍사과에 천거된 것은 대학사 송덕의(宋德宜)의 추천을 받았기 때문이었다. 서건학의 다음 기록이 있다.

무오 봄, 진기년(진유숭)이 곤산을 방문하여 나의 동산에서 책을 읽었다. 마침 조정에서 박학홍유를 천거하라는 조칙이 내려왔다. 그래서 대학사 송문각 공이 진기년의 이름을 올렸다. […] 다음 해 봄, 천자가 여러 징사를 전정(殿庭)에서 친히 시험했는데, 진기년이 일등에 들었다. 한림원 검토를 제수받아《명사》를 찬수했다. (〈묘지명〉)

송문각 공이 곧 대학사 송덕의이다. 강희제가 칙령으로 인재 천거를 맡도록 시킨 고관 가운데 한 사람으로, 당시 시사의 맹주이기도 했다. 지위가 높고 명망이 중하여, 천거(薦擧)와 제휴(提携)를 뜻대로 했다. 다음 글을 보면 알 수 있다.

오조건(吳兆騫)의 자는 한사(漢槎)로, 오강 사람인데, 젊어서 준일한 재주가 있었다. […] 오위업은 화정 팽사도, 의흥 진유숭과 함께 강좌 3봉황으

87_吳衡照,《蓮子居詞話》, 卷2, '陳其年受知於龔定山'條, pp.2404-2405.

로 지목되었다. […] 순치 14년, 과장의 옥사에 걸려, 영고탑(寧古塔)의 수자리로 파견되었다. […] 변새에 23년간 있었다. 부친의 친우 고정관(顧貞觀)이 전사(塡詞)하여 보내주었다. […] 지난날 시사의 맹주 송덕의와 서건학이 금전을 갹출해서 납속하여 풀려나 돌아왔다.

吳兆騫, 字漢槎, 吳江人, 少有雋才. […] 吳偉業以與華亭彭師度·宜興陳維崧, 共目爲江左三鳳凰. […] 順治十四年, 罹科場之獄, 遣戍寧古塔, […] 居塞上二十三年. 摯交顧貞觀塡詞寄之云 […]. 昔日社盟宋德宜·徐乾學, 乃醵金納贖, 得放歸.[88]

진유숭은 여러 차례 불합격했으나, 영재가 출중하여 명망 높은 서울 고관들로부터 칭송되었고, 마침내 송덕의의 추천으로 박학홍사과에 참방했던 것이다.

③ 동년배 친우들

청나라로 들어온 후 진유숭은 여러 차례 향시에 응했으나 합격하지 못했다. 남북으로 유랑하다가 경사에 이르러, 대사마 합비 공정자의 칭송을 받고 그와 제일 먼저 교제를 맺었다. 중주(中州)에 이르러서는 후방역·서작숙 등과 두루 교제하고 당시의 명류들과 친밀하게 지냈다. 묘지명을 작성한 서건학은 진유숭보다 나이가 조금 적었지만, 순조롭게 급제하여 조정의 관리가 되어 있었다. 송덕의가 진유숭을 추천하여 박학홍사과에 시험을 보도록 했을 때, 진유숭은 곤산(崑山)으로 서건학을 방문했다. 서건학은 임별에 "그대는 비록 은우를 입는 것이 늦지만 이로써 청명 하늘을 횡행하고 진애를 벗어나, 성대한 조정에서 우의(羽儀)를 펴는 일이 곧 있을 것이오. 나는 그대를 상경(上京)에서 만나보겠소"(〈묘지명〉)라고 하여, 대단히 기대하고 축복했다.

사실 진유숭은 일찌감치 청년기에 강남 문사와 긴밀한 왕래가 있었다. 순치 9년(계왕 영력 6년, 1652) 진유숭이 28세였을 때, 강소(江蘇) 문사가 차츰 시사를 일으키고 문회를 열자, 진유숭은 2년간 강남 4군의 문회에 참여했다. "명사들이 모두 모였는데, 술잔을 들기도 전에 염(髥, 진유숭)이 붓을 구하여 시를 지어, 수십 운을 당장에 완성했다. 혹은 때때

88_《淸詩紀事初編》上冊, 卷3, 〈吳兆騫〉條, p.387.

로 기(記)·서(序)를 지었는데, 육조의 배체(俳體)를 사용하여 경각에 천 마디를 이루었으며 웅장하고 화려함이 비할 바가 없었다. 여러 명사들이 모두 경탄하며 신묘하다고 여겼다"(장영수 〈외전〉). 전사에 치력한 진유숭은 이때 이미 문단에서 이름이 났다. 사단의 개황에 대해서는, 왕사진이 전개한 문학 활동을 방증으로 삼을 수 있다. 순치 17년(1660), 왕사진은 양주 추관(推官)으로 부임하여, 3년 전 역하(歷下) 대명호(大明湖)의 추류창화(秋柳唱和)가 크게 환영받은 것을 거울삼아, 역시 양주에서 이 풍조를 일으켰다. 다음 해 널리 창화하여, 팽손휼·추지모·정강장(程康莊)·동이녕·진유숭 등 명사들이 모두 왕사진이 읊은 〈청계유사화책(青溪遺事畫冊)〉에 제영을 하고, 왕사진이 양주 여인 여온주(余韞珠)의 수상(繡像)에 제영한 염사(艷詞)에 화영(和詠)했다. 다시 1년 뒤, 강희 원년 임인(1662) 여름, 29세의 왕사진은 여러 명사들과 함께 홍교에서 배를 띄우고 〈완계사(浣溪紗)〉 3결을 지었다. 그러자 많은 사람들이 그 사의 '녹양 우거진 성곽 그곳이 양주로다(綠楊城郭是揚州)' 구에 화영했다. 왕사진은 그것들을 《홍교창화사(紅橋唱和詞)》로 집성했다. 2년 지나 강희 3년(1664) 3월 초9일 청명, 왕사진은 손지울(孫枝蔚)·정수(程邃)·손묵(孫默)·허승선(許承宣) 형제와 함께 홍교에서 수계(修禊)하고, 즉석에서 〈야춘시(冶春詩)〉를 지었으며, 여러 사람이 창화했다.[89]

장굉생(張宏生)이 연구했듯이, '추류 창화'의 주요 참여자는 모양(冒襄)·서야(徐夜)·고염무(顧炎武, 1613-1682)·조용(曹溶)·허욱(許旭)·왕사록·진유숭·주이준·왕무린(汪懋麟, 1640-1688)이었다. 왕사진은 숭정 7년(1634) 출생했으므로, 화영한 여러 사람들 가운데 왕무린 이외에는 연령이 모두 그보다 많고, 심지어 네 사람은 그보다 20세나 더 많았다. 정치 태도에서 보면, 모양과 고염무처럼 시종 유민의 입장을 견지하여 새 왕조에 협력하지 않은 사람도 있고, 진유숭과 주이준처럼 처음에는 절개를 지키다가 뒤에 벼슬 살아 관리가 된 사람도 있으며, 왕사록과 왕무린처럼 처음부터 새 왕조로 달려간 사람도 있다. 이 세 부류는 당시 정

89_두 번에 걸친 紅橋 唱和에 참여한 인물에 대해서는 본 5장의 주 66 참조. 蔣寅, 《王漁洋事跡徵略》, p.86, p.106. 그 밖에 王士禛의 양주 시기 문학 활동에 대해서는 이 책의 다음 장 〈揄揚聲譽: 王士禛的畫像題詠〉에서 상세하게 고찰하겠다.

치사회의 모든 유형을 포괄한다. 사회적 영향력으로 보면, 어떤 이는 창화 이전에 이미 성대한 명성을 누리고 있었고, 어떤 이는 바로 이때 명성을 크게 떨쳤으며, 어떤 이는 창작의 재능을 드러내기 시작했고, 어떤 이는 향후 발전하게 된다. 그런데 '홍교 창화'에 직접 참가한 인물로는 원우령(袁于令, 1592-1670) · 두준(杜濬, 1610-1686) · 진유숭 · 주극생(朱克生) · 구상수(丘象隨) · 조정길(曹貞吉, 1634-1698) · 진윤형(陳允衡) 등이 있다. 정치 태도로 나누면 인원의 기본 구성은 앞서 본 '추류 창화'와 대략 같고, 문학 성취와 지명도도 대략 같다. 이 유사성은 우연이 아닌 듯하다. 추류 창화의 집단 활동을 통해 사회적 영향력이 광범하게 되자 왕사진은 지명도가 크게 높아졌으며, 여기서 계발되어 이 형식을 제남(濟南)에서 양주(揚州)로 이식했다. 왕사진의 문학집단은 동남 지방의 명류 문학가들을 망라해서, 유민 · 신흥귀족 · 부집(父執) · 동년배를 포함했으므로, 문단 내 그의 지위는 이 집단 활동을 통해서 수립되었다. 그리고 이 문학집단의 활동은 청대 사학의 부흥에 촉매제가 되었다.[90]

강희 4년 을사(1665), 왕사진은 모양의 수회원으로 가서 진유숭 등 여러 명사들과 수계하고 시를 짓고 분분하게 제화하여《수회원수계시(水繪園修禊詩)》를 집성했다.《진가릉전집》을 펼쳐보면, 이러한 유의 문회 활동은 이루 다 들지 못할 정도로 많다. 진유숭은 왕사진을 우두머리로 하는 문학집단과 왕래가 빈번했고 그 문학집단과 긴밀한 관계를 지닌 주요 인물이었다. 진유숭은 왕사진이 산동과 양주에서 결성하여 청대 사학의 발전을 촉진한 두 모임에 참여하여, 두말할 것 없이 그 문학집단의 후원을 받았다. 진유숭이 창화 · 수증 · 교유한 문우의 권역은 왕사진의 문학집단과 밀접했고 또 겹치기도 했다.[91]

90_王士禛의 창화 추동이 청나라 詞 부흥 운동과 상관이 있다는 인식은 南京大學 淸詞 전문가 張宏生 교수로부터 정보를 얻었다. 대만에 客座로 온 張宏生 교수는 본교에서 두 차례 강연을 진행했는데, 그 하나의 강연 제목이 〈康熙揚州詞事與淸詞復興〉(2005년12월7일 6:30-8:30 p.m.)으로, 해석 관점과 문헌 인증이 모두 내게 큰 자극을 주었다.

91_필자의 조사로는《陳迦陵文集》6卷 ·《陳迦陵儷體文集》卷2~卷8에 많은 贈序 · 壽序 · 詩文 · 序跋 · 尺牘 등의 문자가 있으며,《湖海樓詩集》·《迦陵詞全集》에도 遊蹤 · 題和 · 酬贈 등의 내왕 기록이 너무 많아 이루 셀 수 없을 정도이다. 여기에 종유한 문사 명류도 역시 왕사진과 왕래가 많아, 같은 문학 집단에 속했다.

④ 시문 총집의 선·참·교·서·발 명단

진유숭이 내왕한 문인 집단과 광범한 교유권은 그가 죽은 후 편찬된 작품집에 들어 있는 명부를 통해서도 부분적이나마 살필 수가 있다. 진유숭의 저작은 풍부하지만,《오사사》가 진유숭 생전에 출판된 것 말고는 그의 시문집이 완전하게 결집된 것은 그의 죽음 이후의 일이다. 이징중(李澄中, ?-1700)의 〈진가릉문집서〉에 "진유숭이 죽은 지 3개월 뒤, 그 아우 진자만(陳子萬)이 여성(黎城)에서 와서 유고를 찾아내어 편찬했다"라고 한 것을 보면, 강희 21년 임술(1682) 5월 진유숭이 타계하고서 다음 해(강희 22년) 3월 그 아우가 원고를 사방에서 수집하기 시작해서 전집을 엮기 시작했음을 알 수 있다. 전집의 편찬 작업은 대단히 완만하게 이루어졌다. 각 체 작품집의 서발 기년(紀年)에서 고찰할 수 있는 것을 열거하면 아래와 같다.

정묘(강희 26): 진종석(陳宗石) 〈진가릉여체문집발(陳迦陵儷體文集跋)〉, 진유악(陳維岳) 〈진가릉여체문집발〉, 진유악 〈호해루시집발(湖海樓詩集跋)〉

무진(강희 27): 진희(陳僖) 〈진가릉여체문집서(陳迦陵儷體文集序)〉, 진종석 〈호해루시집발〉

기사(강희 28): 이응천(李應薦) 〈호해루시집서〉, 서건학(徐乾學) 〈호해루시집서〉, 진종석 〈가릉사전집발(迦陵詞全集跋)〉

경오(강희 29): 고우사(高佑釲) 〈가릉사전집서〉, 임기(任璣) 〈가릉사전집서〉

이로 보면 진유숭의 각체 문집의 편찬은 진유숭이 죽은 다음 해에 시작되어, 7년이나 계속되었다.[92]

왕사진이 이외에, 환립당(患立堂) 간행 진유숭 전집을 검토하면 주목할 만한 명단이 있다. 전집은 문집, 시집, 여체(儷體) 문집, 사집의 4종을 포괄하는데, 집을 나누어 교각(校刻)하여, 각 권수에 선(選)·참열(參閱)·교(校) 등 세 종류의 명부가 있다. 각 권은 진유숭 아우 '유학휘운(維岳緯雲)·종석자만(宗石子萬)'의 참열과 '남(男) 이단(履端), 질(姪) 이(洢)'의

92_필자는《陳迦陵文集》(全2冊)에서 각체 작품집의 序跋을 조사하여 글 끝의 署年이 있는 것들을 인용해 기록했다.

교가 변하지 않는 것 이외에는, '선'에 이름을 나열한 이들은 반드시 같지는 않다. 전체로 보면 명사들의 방대한 명사 명단을 이룬다. 즉 다음과 같은 이들을 아우른다.

가정(嘉定) 육원보(陸元輔)
여요(餘姚) 황종희(黃宗羲)
여고(如皐) 모양(冒襄)
상구(商丘) 후방암(侯方巖)
신성(新城) 왕사진(王士禛)
곤산(崑山) 서건학(徐乾學)
장주(長洲) 왕완(汪琬) 둔암(鈍菴)
수수(秀水) 주이준(朱彝尊) 죽타(竹垞)
오현(吳縣) 우통(尤侗)
소산(蕭山) 모기령(毛奇齡)
해염(海鹽) 팽손휼(彭孫遹)
길수(吉水) 이진유(李振裕)
수안(遂安) 방상영(方象瑛)
화정(華亭) 왕욱령(王頊齡)
장주(長洲) 송실영(宋實穎)
강도(江都) 오기(吳綺)
무석(無錫) 진송령(秦松齡)
태창(太倉) 황여견(黃與堅)
보응(寶應) 교래(喬萊)
오강(吳江) 반뢰(潘耒)
상해(上海) 섭영류(葉映榴) 창암(蒼巖)
완평(宛平) 미한문(米漢雯)
제성(諸城) 이징중(李澄中)
자계(慈谿) 강신영(姜宸英)
곤산(崑山) 섭방항(葉方恒)
합비(合肥) 공정자(龔鼎孳)
태창(太倉) 오위업(吳偉業)
오강(吳江) 계동(計東)
동읍(同邑) 임원상(任源祥)
내양(萊陽) 송완(宋琬)
가선(嘉善) 조이감(曹爾堪)
상구(商丘) 후방악(侯方岳)
의흥(宜興) 주계수(周啓嶲)
수수(秀水) 조용(曹溶)
수주(睢州) 탕빈(湯斌)
강녕(江寧) 기영종(紀映鍾)
합양(郃陽) 왕우단(王又旦)
신성(新城) 왕사록(王士祿)
무진(武進) 동이녕(董以寧)
오강(吳江) 섭서숭(葉舒崇)
의흥(宜興) 사가정(史可程)
만주(滿洲) 납란성덕[成德容若]
무진(武進) 추지모(鄒祗謨)
전당(錢塘) 오임신(吳任臣)
백향(栢鄉) 위양(魏勷)
덕주(德州) 사중휘(謝重輝)
평호(平湖) 육유(陸棻)
여고(如皐) 모단서(冒丹書)……등(等).

진유숭의 아우와 자질들은 이 명부를 문 앞에 내걸 듯이 각체 문집의 권수에 눈에 확 띄게 늘어놓았다. 이 진영은 진유숭이 살아 있을 때 왕래한 문단 명류의 축소판이라고 볼 수 있다. 왕사진이 양주에서 창화를 추

동한 집단과 완전히 중첩한다고 할 수 있으며, 포괄하는 범위가 아주 넓어서 마치 강희의 정계과 문단에서 활약한 선비들의 명부인 듯하다. 연령상으로는 선배 · 동년 · 후배의 3대에 걸쳐 있다. 진유숭을 기준으로 보면, 그를 인정한 선배는 소수이고, 동년은 더 많으며, 후배는 몇몇 있다.

6) 제영

(1) 제영 시기와 기사 어조

〈가릉전사도〉의 제영은 오랜 기간에 걸쳐 이루어졌다. 그 가운데 반은 화상이 이루어진 강희 17년(1678)부터 2, 3년 사이, 혹은 4년 후 진유숭이 죽은 무렵에 집중되어 있다. 제영자는 대부분 진유숭이 생전에 사귄 옛 친구들이다. 진유숭이 죽은 후인데 서개봉(徐喈鳳)의 예처럼 동년배로서 추억에 젖어 지은 경우도 있다(강희 27년 병진, 1688년). 또 곤산 여웅(呂熊)처럼 강희 · 건륭에 걸친 시기(강희 45년 병술, 1706년)에 제영한 경우도 있다. 여웅은 어려서 진유숭을 만난 적이 있지만, 같은 세대는 아니다.

〈가릉전사도〉 도광인본 뒤에 있는 정보(丁輔)의 제영 〈소전〉 71인을 보면, 그 가운데 후대 제영자 중에서 진유숭의 생전과 전혀 겹치지 않는 사람이 36인이다. 도광 인본의 만공진 제서(題署)에 "선배들의 풍류를 완연히 보는 듯하다. 게다가 제영이 아주 많은데, 전후 두 박학홍사과의 선발이 성대했다는 사실을 일부나마 엿볼 수 있다"라고 했다. 하지만, 건륭 원년 병진(1736) 박학홍사과 합격자는 전재(錢載, 1708-1793)와 구왈수(裘曰修, 1712-1773)에 불과하여, 강희 연간 박학홍사과 합격자로서 제영에 참여한 인물들이 성황을 이룬 것에는 훨씬 못 미친다. 나머지는 건륭 · 가경 · 도광의 진사로, 대체로 모두 경성의 고관이다. 후대의 제영은 시간적으로 흩어져 있어, 건륭 말년 이외에는 어떤 한 시기에 집중되어 있지 않다. 또 제영자 상호간에도 긴밀한 연관이 없다. 대부분 우연하게 이 그림을 보고 제영을 남겼다. 따라서 후대 제영자의 집단에 대해서는 그 특징을 검토할 생각이 없다.

앞서, 건륭 말 진씨 집안에 소장되어 있던 〈가릉전사도〉가 진유숭의 사손(嗣孫) 진회(陳淮, 자 望之, 호 藥洲)에 의해 옹방강(翁方綱)의 제첨(題簽)과 원매(袁枚)의 제서(題序)를 받아 축소본으로 판각되어 전하게 되었다고 말한 바 있다.[93] 또 다른 제영들이 이때에 집중적으로 출현했다. 화상 제작 시기부터 근 100년이 흘러, 진유숭이 죽은 지 이미 오래되었지만, 모륵(摹勒) 각인으로 인해 이 그림은 다시 명류의 관심을 촉발하여 100년 전의 사단을 추억하게 만들었다. 제영의 시기를 서명한 예들을 보면 다음과 같다. 건륭 40년 을미(1775) 옹방강과 우민중(于敏中, 1714-1779), 건륭 41년(1776) 병신 전재(錢載), 건륭 44년 기해(1779) 영렴(英廉, 1707-1783), 건륭 57년 임자(1792) 사용(謝墉, 1719-1795) 등등. 이보다 조금 빨리 진회가 그림을 지니고 다니며 명류에게 제영을 청했으므로, 건륭 5년 경신(1750) 구왈수(裘曰修), 건륭 12년 정묘(1747) 장우락(張祐犖), 건륭 26년 신사(1761) 장사전(蔣士銓) 등의 제영도 있다. 완원(阮元) 제지(題識)의 기년이 가장 늦어서, 가경 15년 경오(1810)까지 내려간다.

제영자가 당대 인물인 경우는, 고관의 명사이거나 문단의 교유자이다. '하북 양청표', '회암(悔菴) 우통', '전당 모선서', '오강 서구(徐釚)' 등이 그 예들이다. 많은 제영자들이 '제(弟)'를 일컬어 우의를 표시했다. '설원 제 송락(雪苑弟宋犖)', '화남 제 이양년(禾南弟李良年)', '석산 제 엄승손(錫山弟嚴繩孫)', '주이준(弟彝尊)', '제남 제 왕사진(濟南弟王士禛)' 등이 그 예들이다. 또한 당대에 관계가 소원했던 사람의 제서도 있다. "기옹로 세대선생 전사소상 경제 겸 구영정(其翁老世臺先生塡詞小像敬題兼求郢正), 무오 가평 모승방 서어연산승사(戊午嘉平毛升芳書於燕山僧舍)"가 그 예이다. 혹은 긴밀하게 맺어진 우의에서 나온 예도 있고, 혹은 제영을 통해 경관의 명류와 교분을 맺게 된 예도 있다. 대부분 상주(像主)가 일일이 제영을 청하여 이루어진 것들이다. 그들은 진유숭과 길게 혹은 짧게 교유한 적이 있으며, 강희 무오와 그 후에 집중되어 있다. 진유

93_상세한 내용은 앞서의 〈圖本〉節을 참조.

숭의 사후에 추억의 어조로 쓴 친구도 있지만, 강희 전기에서 중기까지 문학 권역에서 함께 활동한 사람들이어서 친소원근에 관계없이 모두 진유숭의 사풍을 깊이 이해하고 있었고, 진유숭의 염문에 대해서 익숙히 들어 알고 있었다. 한 시기를 같이 살았던 경험에 근거하여 제영자는 아주 친근한 어조로, 찬양하기도 하고 희학하기도 하며 조롱하기도 하고 고뇌하기도 하며, 진유숭의 전사(塡詞) 행위를 묘사하고, 주연(酒筵)·가석(歌席)을 재구성하되, 치정의 자초지종을 시샘하여 모두 짙은 '현장감'을 띠고 있다. 당대 제영자의 눈에, 제영을 요청하는 진유숭과 〈가릉전사도〉의 헐렁한 옷을 입고 한가히 앉아 있는 진염(陳髯, 진유숭)이 합일하여, 진실로 웃음기 가득한 생동적인 형상으로 구현되었다.

후세의 제영들은 시대가 멀리 떨어진 관중군에 의해 이루어졌다. 그들은 대개 '동리 후학 저국균(同里後學儲國鈞)', '대흥 후학 옹방강(大興後學翁方綱)', '양주 후학 완원(揚州後學阮元)' 등으로 후학을 자칭했다. 건륭 57년(1792) 사용(謝墉, 1719-1795)의 제지(題識)는 "임자 윤사월, 백공관(伯恭館) 어른이 이 전사도를 내어 보이면서 제영을 부탁했다. 도권에 심원춘(沁園春) 사가 많은 것을 읽고 역시 그에 인하여 이 노래를 짓는다. 동야 후학(東野後學) 사용, 나이 일흔 넷"이라고 밝혔다. 사용은 스승으로부터 이 그림을 얻어 보았고 또 제영을 부탁받은 것이다. 그는 진유숭 세대에 속하지 않은 다른 후생들과 마찬가지로, 마치 눈이 뭉쳐 부푸는 방식으로 커진 이 숭배의 전례에 끼어들었다. 진유숭과 세대가 다른 독자들은 진유숭의 일을 몸소 보지는 못했지만 100년 제영의 성대한 모임에 참여하는 행운을 입어, 대부분 지난날의 전형에 대한 존경과 예찬의 뜻을 지켰다. 사단에 바람이 일고 구름이 솟듯 거세었던 기운이 점차 수그러들어 공시적인 공감이 부족하게 되었으므로, 소원하고 담박한 어조에서 나오거나 제영을 통하여 불평을 토로하거나 했다.

당대의 친구들은 평소 진유숭과 사 작품으로 창화하는 일이 잦았으므로 〈가릉전사도〉를 보고 상주가 사의 작가임을 명확히 지적할 수 있었다. 또 당대의 제영자들은 당시 사단의 번성에 호응해서 대부분 사를 선택하여 그림에 제영을 했다. 강희 초에 극성했던 사단의 풍조는 100년을 거치면서 이미 잠잠해졌고, 후대의 제영자는 대부분 사의 명가가 아니었으므로, 그림에 남긴 제영은 주로 시 형식이고 사는 극히 일부에 불과하다.

이하, 제영의 내용을 분석하기로 한다.

(2) 제영의 내용[94]

① 당대 제영 시선

ⓐ 대표성을 지닌 세 편

장주 우통(尤侗)의 제사는 이러하다.

> 비스듬히 쓴 모자와 가벼운 적삼은 옛 뜻이 농후하니, 오사란 종이에 오농가를 베끼는구나. 홍아는 노래 불러 풍파를 멎게 할 줄 알았네.
> 푸른 피리의 음률이 여운을 끄는 동안 한 말 술을 다 기울이고, 옥 퉁소를 끝까지 연주하기까지 두 아미를 오므리고 있다만, 술이 거나하고 곡도 끝나면 수염의 인물을 어이하랴?
> 側帽輕衫古意多, 烏絲欄寫懊儂歌, 紅兒解唱定風波.
> 翠管吟殘傾一斗, 玉簫吹徹斂雙蛾, 酒闌曲罷奈髯何? (調浣溪紗)

우통의 제사는 화면의 장면을 그대로 묘사했다. 사의 작가는 모자를 비스듬히 쓰고 가벼운 적삼을 입고 한가하게 오사란 종이에 〈오농가〉[95]를 채워 쓰고 있고, 시종의 아이는 음률을 오묘하게 이해하여 노래에 맞춰 한 말 술을 전부 쏟아 붓는다. 한참 후, 시아가 옥관을 다 불고 두 눈썹을 살짝 모으는 사이, 술이 다하고 곡이 끝나면 염옹은 어찌할 것인가? 우통의 제사는 "오사란 종이에 오농가를 베끼고", "푸른 피리의 음률이

94_〈迦陵塡詞圖〉의 題詠 텍스트는 필자가 北大圖書館古籍特藏室所藏 '道光印本'으로부터 전부 목록화했고, 필자가 사진으로 찍어 왔다. '道光印本'의 摹勒은 '乾隆拓本'과 내원이 동일하다. 각 제영의 끝에 張次 p.장으로 표시한다. 이하 제영을 인용할 때 번잡함을 피해 모두 주를 달지 않기로 한다. 印本의 題文은 篆·隸·楷·行·草의 各體가 모두 있고 수량도 아주 많다. 篆刻과 書法에 소양이 많은 硏究助理 蔡孟宸 동학의 협력으로 전모를 파악하는 데 도움을 받았다. 연구 중에 채맹신과 그리고 서법가인 그의 부친 蔡明讚 선생이 협조해주어 감사드린다.

95_陳維崧, 〈懊惱曲〉, 《湖海樓詩集》, 卷1, p.11b, 《陳迦陵文集》, 第1冊.

여운을 끄는 동안 한 말 술을 다 기울이고", "옥 퉁소를 끝까지 연주한다"라는 식으로, 그림 속 두 인물의 형상을 구체적으로 묘사했다. 생각에 잠겨 사를 읊고 약간 취해 옥 퉁소로 박자를 맞추는 전사 과정을 그대로 베껴내고, 끝으로 "술이 거나하고 곡도 끝나는" 시점에 이르렀다.

만주인 납란성덕의 제사는 이러하다.

> 오사란의 사는 홍아의 악보에 맞춰 이뤄지고, 퉁소로 예상무의 춤을 반주하네. 춤이 끝나고 트레머리가 기울어지니, 풍모가 정말로 아리따워라.
> 경성지색과 명사, 천고의 풍류 이야기. 낮은 목소리로 여보여보 부르니, 여보여보 이 정을 어이하랴?
> 烏絲詞付紅兒譜, 洞簫按出霓裳舞. 舞罷髻鬟偏, 風姿眞可憐.
> 傾城與名士, 千古風流事. 低語囑卿卿, 卿卿無那情?

이 그림이 이루어졌을 때 마침 진유숭은 박학홍사과에 응시하러 북경으로 가서 고관들이나 문사들과 교제를 맺었으므로, 납란성덕이 진유숭을 알게 된 것도 이때일 것이다. 전단(상단)은 자운이 악보에 맞춰 노래하다가 퉁소를 불고 춤을 추어 사람들로 하여금 애련한 느낌을 갖게 만드는 그 자태를 착실하게 묘사했다. 납란성덕은 우통과 마찬가지로 자운을 홍아라고 불렀다. 당나라의 소리 잘 하던 군기(軍妓) 두홍아(杜紅兒)에게 견준 것이다.[96] 하단은 천고풍류사라는 말로 옥구슬 한 쌍과 같은 두 사람의 연정을 노래했다. 납란성덕의 사집에 〈보살만. 다시 진기년을 위해 초상화에 쓰다(菩薩蠻 又爲陳其年題照)〉가 있다. 위의 작품과는 자구가 상당히 다르다.

> 오사란의 곡을 홍아를 시켜 악보에 올리게 하니, 쓸쓸한 작은 집에서 가을비에 놀라누나. 곡이 끝나 트레머리가 기울어져, 풍모가 정말로 아리따워라.
> 수염은 온통 창인데, 때때로 꽃을 비녀처럼 꽂고 한바탕 노누나. 등지고 서

96_〈羅虯比紅兒詩幷序〉注. "廣明中, 虯爲李孝恭從事. 籍中有美歌者杜紅兒, 虯令之歌, 贈以綵. 孝恭以紅兒爲副戎所盼, 不令受. 虯怒, 手刃紅兒. 旣而追其冤, 作比紅詩." 張草紉箋注, 《納蘭詞箋注》(上海: 上海古籍出版社, 2004), p.79.

> 서는 여보여보 물으니, 여보는 정을 어이하랴?
> 烏絲曲倩紅兒譜, 蕭然半壁驚秋雨. 曲罷髻鬟偏, 風姿眞可憐.
> 鬚髯渾似戟, 時作簪花劇. 背立訝卿卿, 知卿無那情?[97]

원래 사의 상단 "퉁소로 예상무의 춤을 반주하네"를 "쓸쓸한 작은 집에서 가을 비에 놀라누나"로 바꾸었다. 납란성덕이 보았던 진유숭의 경성 거처가 협소함을 암시한 듯하다(서건학 〈묘지명〉). 하단은 '경성지색과 명사, 천고의 풍류 이야기'를 바꿔, 진유숭의 양강한 기세("수염은 온통 창")를 묘사한 후, 때때로 광태를 드러내는 형상("때때로 꽃을 비녀처럼 꽂고 한바탕 노누나")을 그려내었다.[98] 둘을 비교하면, 후작이 전작보다 필치가 생동적이다. 전작은 납란성덕이 진유숭을 알게 된 처음에 요청을 받고 제영한 작품인 듯하여, 신중하고 보수적이다. 개작은 서로 친숙해진 이후 이루어져, 진유숭이 임대해서 살던 작은 집과 수염 더부룩한 그의 광태를 희롱하는 듯한 필치로 묘사했다.

북경 고관 양청표의 〈희천앵(喜遷鶯)〉 제사(題詞)는 이러하다.

> 형계(荊溪)의 염객(髯客)은, 일찌감치 유영(柳永)을 내몰고 진관(秦觀)을 뛰어넘어, 빼어난 재주가 거의 짝이 없을 정도로다. 수실로 평원군의 모습을 짜고, 몸속에 서사(書史)를 보물처럼 보관하니, 스무 해 동안 그 명성이 남국을 기울였네. 어느 곳에서 단청의 밑그림이, 돌난간에서 아로새기는 듯한 붓으로 사 짓는 모습을 베껴내었나? 높이 읊조리나니, 풍뎅이 모양의 장식으로 머리를 묶었고, 비췻빛 아미를 오므리며 피리 반주에 맞추누나. 멀리 생각하여도, 응당 뒤지지 않으리라, 난초밭 같은《화간》에, 노랫소리가 금석을 울리듯 울려나누나. 홍아는 파초 잎을 깔고 앉았고, 비단 손으로 기러기발을 안배하며, 취하여 가인이 옥 거문고 타는 곁에서 듣고 있네. 젊어서는 평소 시·주·악의 셋을 좋아하더니, 맥없이 실의해서는 사장(詞場)에 일곱 자 몸뚱이를 두었구나. 늦었다고 한숨 쉬지 말라, 영주(瀛洲) 정자가에 있는 그를 보시오, 안색을 다시 그리게나.

97_《納蘭詞箋注》, 卷1, p.78.

98_고대에는 典禮나 佳節의 宴會에서 남녀가 모두 꽃을 꽂았다.《宋史》〈司馬光傳〉에 "仁宗寶元初, 中進士甲科. 年甫冠, 性不喜華靡, 聞喜宴獨不戴花. 同列語之曰: '君賜不可違.' 乃簪花一枝."라는 기록이 있다.《納蘭詞箋注》, p.80. 徐乾學의 〈誌銘〉에도 "遇花間席上, 尤喜塡詞. 興酣以往, 常自吹簫而和之. 人或指以爲狂."이라고 했다.

荊溪髯客, 早駕柳軼秦, 英游罕匹. 絲繡平原, 寶裝內史, 廿載名傾南國. 何處丹靑粉本, 寫出石闌鏤筆? 高吟就, 有金蟲綴鬢, 翠眉倚笛.
懸憶, 應不讓, 蘭畹花間, 聲出鏘金石. 紅藉蕉茵, 錦排雁柱, 醉傍佳人瑤瑟. 少壯平生三好, 潦倒詞場七尺. 休嗟晩, 看瀛洲亭畔, 重圖顔色.

상단(전단)은 형계의 염객이 견줄 이 없을 정도의 높은 재주를 지녀, 북송의 유영·진관을 뛰어넘었다고 했다. 문채의 화려함은 수실로 평원군을 짜내듯 하고 몸속(배)에 서사(書史)를 간직하고 있는 것과 같아서, 재주 있다는 명성이 강남을 20년이나 진동시켰다고 했다. 지금 단청의 회화는 염객이 아로새기는 듯한 붓으로 사를 짓는 모습을 그려내고, 가동이 풍뎅이 장식으로 머리를 묶고 비췻빛 아미를 오므리며 피리 반주를 따라 읊조리는 소리까지 그려내었다. 하단(후단)은 난완(난초 밭)이란 말로 오대 후촉의 조숭조(趙崇祚)가 엮은《화간(花間)》을 비유했다. 이 사집은 온정윤(溫庭筠)·위장(韋莊)을 첫머리로 하고 사인 18명의 작품을 선록한 총집이다. 당시에 구양형(歐陽炯)이 〈화간집서〉를 지었다.

곧, 화려한 연회석의 공자와 수놓은 휘장 안의 가인이, 한 잎 한 잎 꽃 전지에, 고운 비단실에서 뽑아낸 글을 적어 보내고, 섬섬 가느다란 옥 손가락을 들어서, 향기로운 단판(박자 맞추는 판)으로 박자를 맞춘다. 맑고 고운 가사도 없을 수 없어, 아리따운 자태를 돋보이게 하누나. 남조의 궁체로부터, 북리 창기의 염풍을 선동한다. 어찌 '말이 문채가 없다'고만 말하랴? '꽃이 피어도 열매를 맺지 못한다'고 하리라.
則有綺筵公子, 繡幌佳人, 遞葉葉之花箋, 文抽麗錦; 擧纖纖之玉指, 按拍香檀. 不無淸絶之詞, 用助妖嬈之態. 自南朝之宮體, 扇北里之娼風. 何止言之不文? 所謂秀而不實.[99]

구양형은 사인이 창작하는 정경을 세밀하게 묘사하여, 마침내《화간집》으로 하여금 후세에 맑고 고우며 부드럽게 면면하며 아리땁고 차분한 풍격의 모범이 되도록 했다. 양청표는 "난초밭 같은《화간》에 뒤지지 않는다"라고 하여 진유숭의 음유(陰柔)한 사풍을 설명하고, 또 "노래 소리가 금석을 울리듯 울려나누나"라는 구절로 그의 호매한 기풍을 점출

99_〈花間集序〉, 趙崇祚編·蕭繼宗點校,《花間集》(台北: 台灣學生書局, 1996), 卷首.

해냈다. 그림 속의 자운은 파초 잎을 깔고 앉아, 현악기로 노래를 반주하면서 진유숭의 전사를 돕고 있다. 젊어서는 시·주·악의 셋을 좋아했다고 했으니, 진유숭이 실의하여 사장에서 세월 보낸 모습을 그린 것이고, 강희 연간의 문인 행락을 반영한 것이다.[100] 마지막 세 구에서는 진유숭이 북경에 들어가 박학홍사과에 응시하여 대기만성해서, 반생을 맥없이 살았던 사인이 성공의 길을 달리게 되어 영주(瀛州)의 정자 가에서 머물러 즐긴다고 하고서, 이 새로운 신분에 부합하도록 화가더러 사진도를 다시 그리라고 재촉했다.

이상의 세 제영은 모두 사 작품이어서, 당시 사람들이 한 시대의 사종(詞宗) 진유숭에 관련해서 의도적으로 사로 창화했다는 사실을 알 수 있다. 세 사람 가운데 우통은 진유숭보다 7세 위로, 일찍이 강남에서 교분을 맺은 포의 학자이며, 뒷날 진유숭과 함께 강희 18년 박학홍사과에 합격했다. 양청표는 진유숭보다 5세 많으며, 당시 경성의 고관으로, 편수·시강학사를 거쳐 여러 번 옮겨 병부·형부·호부의 상서에 이르고 보화전대학사(保和殿大學士)에 올랐다. 납란성덕은 진유숭보다 30세 정도 어려서, 사를 적을 당시 고작 24세의 젊은 사인이었다. 세 사람은 〈가릉전사도〉의 도면에서 진유숭의 긴 수염, 자운의 아리따운 자태, 그리고 두 사람의 관계에 공통적으로 주목했다. 단, 세 사람의 제영은 중점이 각기 다르다. 납란성덕은 그림 속의 두 사람이 명사들을 매료시킨 풍류운사(風流韻事)에 주목했다. 우통은 친구가 노래 소리에 맞춰 전사(塡詞)하는 과정을 상상했다. 양청표는 만사(慢詞)를 전사했기 때문에 묘사 · 서술하는 층을 더욱 확장해서, 그림의 화면으로부터 시작하여 진유숭의 사풍과 인생 행로에 대하여 전면적으로 논평했다. 강희 7년(1668), 44세의 진유숭은 도성에 들어와 벼슬을 구하려고, 공정자 등 요로의 인물들과 창화를 했는데, 대개 이 해에 양청표와도 교분을 맺었다. 그 후 10년간 진유숭은 늘 서찰을 보내 안부를 물었다.[101] 일단 화상이 이루어지게

100_예컨대 喬萊에게는 〈喬元之少壯三好圖〉가 있고, 汪懋麟에게도 〈汪蛟門少壯三好圖〉가 있다. 모두 詩(書)·酒·樂으로 문인의 三好로 삼아, 화가에게 청해서 화상을 그리게 했다.

101_《陳維崧全集》에는 공정자 · 양형표와 서찰을 내왕한 흔적이 적지 않다. 《文集》에는 〈上龔芝麓先生書〉, 卷4, p.5a; 〈上棠村梁大司農書〉, 卷4, p.13a. 《儷體文集》에는 〈與芝麓先生書〉, 卷2, p.7a; 〈上芝麓先生書辛亥〉, 卷2, p.9a. 《詩集》에는 〈贈龔芝麓先生〉, 卷2, p.18b;

되자, 진유숭은 제영을 청한다고 빙자하여 양청표 같은 이들의 발탁을 기대했다. 연하의 고관 양청표도 진유숭을 실망시키지 않고 이렇게 공을 들여 전사하여 그림을 감평했다. 10년간 우정을 쌓았기 때문이기도 하겠고, 분명히 재주를 아끼는 마음이 있기 때문이기도 했을 것이다.

이상의 세 사인의 제영을 모범으로 삼아 이하의 글을 전개하되, 〈가릉전사도〉의 다른 제영들에 대해서도 검토하기로 한다.

ⓑ 화면의 감상

제영은 우선 도면의 관람에서부터 시작한 것이 가장 많다. 시각이 선행하는 데 따른 자연스런 현상이다. 이를테면 이양년은 〈요화(瑤花)〉 사에서 이렇게 노래했다.

> 퉁소를 불며 봉황을 그리나니, 그림 병풍 속에 사람이 남아 있어, 지난날 아름다운 이야기를 추억하게 하네. 원화(元和)[당나라 헌종의 연호]의 재자 같은 분이, 가성에 의지하길 사랑하여, 긴 몸을 산호 필가 곁에 두었으니, 비췻빛 비녀를 값 치러 구하고, 진주를 사다가, 그림 속으로 들어가게 했구나. 《화간》을 펼쳐, 작은 책을 보며 침음할 뿐, 인간세계에 들을 사람이 있기를 바라지 않노라.
>
> 도량(都梁)[택란(澤蘭)의 별명]의 꽃판 하나를 평평하게 덧붙이고, 아청지(鴉青紙)가 비스듬히 펼쳐져 있는 것을 보면서, 서수필(鼠鬚筆)을 내려 쓰려고 하다가, 잠깐 머리 돌려, 춘총(春葱)[봄날의 고운 파. 여성의 손가락을 비유—역자]을 돌아보니, 궁상의 곡조가 어긋나 다시 쓰는군. 소상강 반죽(斑竹)으로 만든 붓 대롱을 쥐고, 친히 받아들이누나, 붉은 입술로 불어 보내는 사향을. 괴이하여라, 금년에는 유칠(柳七, 柳永)이 바삐 서둘러, 칙지를 받들어 전사(塡詞)하러 가는구나.
>
> 吹簫待鳳. 畫屏留人, 憶舊來佳話. 元和才子, 愛倚聲·長只傍珊瑚架. 翠鈿量得, 珍珠買·便教入畫. 展花間·小帙沈吟, 不願人間聽者.
> 平添一瓣都梁, 看鴉紙斜鋪, 鼠須欲下. 纔回首說·與春葱·誤了宮商再寫. 拚作湘筠, 親領取·絳唇吹麝. 怪今年·柳七匆匆, 奉旨塡詞去也.[102]

〈壽大司農梁蒼巖先生〉, 卷6, p.9b.《詞集》에는 〈滿庭芳 壽大司農梁蒼巖先生〉, p.8b-9a 등등.

102_이 제영은 뒤에 자구의 수정을 하지 않고 다음 책에 그대로 수록되었다. 李良年,《秋錦山房集》, 卷11, 〈瑤花 題其年塡詞圖〉, p.151.《秋錦山房集》(據清華大學圖書館藏清康熙刻乾隆續刻李氏家集四種本),《四庫全書存目叢書》, 集部, 別集類, 251冊.

상단은 먼저 조연인 '퉁소 부는' 인물 형상에서 시작하여, 훌륭한 그림 한 폭이 사람의 영상을 영원히 보존할 수 있다고 하고는, 그림 속의 인물이 누구인지 말했다. 즉, 이 사람은 음곡에 맞춰 전사하는 원화 연간의 문인 같은 재자이라고 했다. 그러고 나서 자운을 등장시켜, 섬세한 여성으로 분장시켰다. "비췻빛 비녀를 값 치러 구하고, 진주를 사다가, 그림 속으로 들어가게 했다"라 하고, '춘총'이니 "붉은 입술로 불어 보내는 사향"이라고 했다. 하단은 작자가 그림에 따라 상주의 전사 준비를 구체적으로 묘사해서, "아청지(鴉紙)가 비스듬히 펼쳐져 있는 것을 보면서, 서수필을 내려 쓰려고 하다가"라고 한 후 여악이 퉁소를 불어 궁상의 곡조에 맞추는 과정을 언급하여, "잠깐 머리 돌려, 춘총을 돌아보니, 궁상의 곡조가 어긋나 다시 쓴다. 소상강 반죽으로 만든 붓 대롱을 쥐고, 친히 받아들이누나, 붉은 입술로 불어 보내는 사향을"이라고 했다. 마지막에는 진유숭이 당년에 박학홍사과에 합격한 사실을 잊지 않고 언급했다.

서구는 〈월화청(月華淸)〉 사를 지었다.

> 비취 나전 같은 트레머리는 수묵의 일을 돕고, 파초 잎은 서늘한 기운을 맞아들이니, 오사란 잠견지에 가늘게 글씨를 쓰노라. 모두 말하길 내가 일생 내내, 도화꽃 볼과 매끄러운 뺨을 보길 좋아한다고 하네. 괴이하게도 수염 많은 노복이, 서리같이 흰 털의 붓을 놀리며, 응시하여 바라보며, 진진(眞眞, 기녀)을 낮게 부른다. 연모의 정에 응하여 가만히 말하는 소리를 들으며, 감자(減字) 예상우의곡을 거듭 조율한다.
> 옥우의 경루(광한전, 궁궐)가 멀지 않아, 징소하려고 보낸 수레가 물 흐르듯 오기를 선망하나니, 자허(사마상여)가 처음 추천되자, 조칙 내려 전사를 하도록 명하고, 일찌감치 궁녀를 보내어 사보(詞譜)를 두루 보게 했네. 화들짝 놀라 깨우치나니 잔월과 효성만 남았기에, 거듭 머리 돌려 주점 깃발과 가희의 부채를 바라보네. 원망하지 말아라, 푸른 적삼으로 가렸던 몸이 이미 늙었다고, 자색 비단으로 지금 바꾸어 입었으니.
>
> 翠螺調墨, 蕉葉迎涼, 細寫烏絲蠶繭. 都道我一生, 貪看桃腮膩臉. 怪髯奴, 也撚霜毫, 凝盻著·眞眞低喚. 應戀聽偷聲, 減字霓裳重按.
> 玉宇瓊樓非遠, 羨徵車似水, 子虛初薦. 勅使塡詞, 早遣宮娥譜遍. 猛驚醒殘月曉風, 重回首酒旗歌扇. 休怨, 揜靑衫已老, 紫羅今換. [傳][103]

103_題畵의 구를 맺은 이후에 徐釚가 작은 글자로 '傳'이라 써두었는데, 어떤 글자를 고치

상단에서는 화면의 관람과 상상에 주력했다. 먼저 머리 형태와 깔개를 묘사해서 조연의 자운을 등장시켰다. 서구는 진유숭과 면식이 있었으므로 이 제사는 신랄한 풍자의 의미를 띠고 있다. 오사란의 잠견지 위에 궁극적으로 어떤 인생의 색채를 메울 것인가? 서구는 일인칭을 이용하여 진유숭의 참회하는 심경을 헤아려, “모두 다 말하길 내가 일생 내내, 도화꽃 볼과 매끄러운 뺨을 보길 좋아한다고 하네”라고 적어, 진유숭이 악곡에 의지하여 전사하고 미색을 연연해한 사실을 교묘하게 끌어왔다. 하단으로 들어가, 서구는 화면 밖으로 튀어나와 진유숭의 당시 영광스러운 사적을 적었다. 이양년과 서구는 진유숭과 함께 모두 강희 18년 박학홍사과에 천거되었으나, 서구는 진유숭과 함께 합격했지만 이양년은 불우했다. 그래서 이양년은 앞서 〈요화〉 끝에서 가볍고 덤덤하게 언급했으나 서구는 하단에서 그 영광스러운 사적을 적극적으로 진술했다. “옥우의 경루가 멀지 않아”는 진유숭이 천거되어 도성에 들어가 칙명으로 전사하여 경성 사단을 뒤흔들었던 사실을 말했다. 맨 마지막에는 진유숭이 푸른 적삼을 자색 비단 관복으로 바꾸어 입고 한림에 임명되어 갈채를 받은 사실을 말했다. 이양년과 서구는 한 사람은 느슨한 필치로 한 사람은 긴박한 필치로 진유숭의 사실을 서술했는데, 각자 자기 자신의 성패 경험을 불가피하게 투사했다.

제영자가 화면 관람으로 시작한 예는 일일이 들지 못할 정도로 많다. 위의 이양년과 서구의 예는 오히려 특수한 편이어서, 도면과 진유숭의 인생을 연계시키고 다시 자신의 경험을 연결시켰다.

순전히 화면을 따라가면서 상상하는 것은 그 나름의 취향이 있다. 모선서의 〈목란화만(木蘭花慢)〉은 이러하다.

> 물들이지 않은 비단이 어이 그리 매끄러운지! 미끈미끈한데, 자색 붓 끝으로, 써내려 가길 낙락하게 하니, 시원도 해라 신운(神韻)이 감도누나. 게을리 의관은 풀어 젖히고. 긴 수염이, 서너 자 길이로 흔들려 움직이니, 이는 풍진의 바깥에 거처하는 선관(仙官)이로구나. 다만 변란(邊欄)이 다 끝나는 것이 한스럽기에, 웅당 긴 대나무 일천 그루를 더 두어야 하리.

겠다고 한 것인지 알 수 없다.

긴 세월 동안, 태호를 방문하지 못했구나, 산은 멀리 끊어지고, 오운(五雲)의 물굽이가 있는 그곳. 전사(塡詞)를 하여 송나라 음곡을 이루는 것을 상상해보면, 꽃을 보며 눈가에 주름이 잡히겠지. 술을 마셔 내장을 넉넉히 풀어주고는, 상(商)의 곡조를 머금고, 치(徵) 곡조를 씹으며 신묘한 경지로 들어가나니, 이 속에 몇몇 소리가 신산한가? 마음으로는 미인이 박자 맞추는 것을 애석해 하기에, 섬섬 손가락이 너무 시리게 하지 않도록 했으면!

生綃何太膩! 滑刺煞, 紫毫端. 便寫來落落, 蕭踈神韻, 懶熳衣冠. 長髯, 飄動數尺, 是風塵之外一仙官. 却恨幱邊行盡, 應添修竹千竿.

多年, 不訪太湖, 山望斷, 五雲灣. 想塡詞宋閿, 看花眼皺, 嚥酒腸寬. 含商, 嚼徵入妙, 問此中還有幾聲酸? 心惜美人持拍, 莫教纖指多寒!

모선서는 눈에 보이는 경관에서부터 붓을 일으켰다. 상단에서는 화면의 매끄러운 재질, 붓이 종이에 닿는 상상을 하고, 이어서 남주인공의 신태와 의관을 묘사했다. 흥미로운 것은, 모선서가 화가에게 화면에 수죽 일천 그루를 더 그려 넣어 "긴 수염이, 서너 자 길이로 흔들려 움직이는" 속세를 벗어난 선관의 형상에 부합시키라고 한 점이다. 하단에서는 여러 해 동안 방문하지 못한 그림 속 친구를 추억하면서, 그 친구가 시상의 흐름에 따라 전사하는 과정과 전사하는 모습을 상상했다. 먼저 생각하길, "꽃을 보면서 눈가에 주름이 잡히겠지, 술을 마셔 내장을 넉넉히 풀어주고는"이라 하고, 다시 그가 악보에 맞추는 것을 상상하여 "상(商)의 곡조를 머금고, 치(徵) 곡조를 씹으며 신묘한 경지로 들어가나니, 이 속에 몇몇 소리가 신산한가?"라고 했다. 마지막으로 방관자로서 향을 사랑하고 옥을 애련하게 여기는 유순한 감정을 주입하여, 자운이 박자를 맞춰가며 음악을 곁들이느라 고생하는 사실에 마음 아파했다.

왕욱령(王頊齡)은 금조(琴調) 〈상사인(相思引)〉으로 지었다.

파초 깔개에 서늘한 기운 생겨나 더위가 수그러지니, 옥인이 가부좌하여 퉁소를 부는구나. 멀리 낭군의 눈길을 맞이함이여, 낭군은 붓을 들어 눈썹 모양을 그려주네. 낭군은 수염 날리며 사를 읊어 마침 멋진 구를 얻었으니, 서리같이 흰 털의 붓을 한가하게 놓아둘 수 없지. 오사란 종이에 적어나가, 뜻을 붙여 우리 님을 소묘한다네.

蕉簟涼生暑氣消, 玉人趺坐學吹簫. 頻邀郎盼, 倩筆畫眉梢. 郎把吟髯方得句, 未能閒却是霜毫. 烏絲題就, 著意爲儂描.

왕욱령의 시선은 묵필을 이끌어 소묘해나갔다. 먼저 좌석의 파초 깔개에서 계절을 부각시키고, 깔개 위에 가부좌하고 있는 옥인이 퉁소를 불어 낭군의 돌아보는 시선과 자주 눈을 마주친다고 했다. 왕욱령은 사인의 '음구(吟句)' 문필과 화가의 '화미초(畫眉梢)' 화필을 합일시켰다. 오사란 종이의 사보(詞譜)에 맞춰 전사하고, 또 가인의 미간에 감도는 신운을 그려내야 하니, 그 두 가지를 하느라 어느 겨를에 쉬겠는가? 왕욱령이 드러낸 관람 취미와 같이 육번소(陸繁弨, 1646-1669)의 사도 "어디서도 상봉할 곳 없더니, 누가 알았으랴 단청 속에서 만날 줄을? 붓이 종이를 스쳐갔거늘, 자세히 보면 한 글자도 없구나(沒處相逢, 誰知却在丹青裡? 含毫拂紙, 看著渾無字)"라고 했다. 육번소는 진유숭을 만나지 못하다가 오늘 단청(회화)을 빌려 상봉하게 된 것을 기뻐하고, 그림 속 진유숭의 손에 들린 붓이 종이를 스쳐지나가는 듯해도 자세히 보면 무릎 위 종이에는 한 글자도 없다고 했다.

(c) 남녀 주인공의 형상

석 대산이 이 화상을 설계해서 특히 두 인물을 두드러지게 했으므로, 제영자가 남녀의 묘사에 주력한 것은 아주 자연스러운 일이다. 고사기(高士奇)의 〈어가오(漁家傲)〉 사는 이러하다.

> 큰 코에 긴 수염은 진중거(진유숭), 판판한 뱃속에는 천고의 서사(書史)가 들어차 있는데, 새 사를 만드느라 나직이 사보를 살피누나. 황금 실이 이어지듯하네, 빙빙은 오사란 종이의 구를 익숙히 이해하누나. (진무기의 시아 이름이 빙빙이다.)
> 은하수 청량하여라 비가 갓 지나가서, 모시 적삼과 파초 깔개에 더위가 사라졌도다. 무슨 일로 궁상의 곡조를 자주 틀리나? 낭군이 자주 돌아보기 때문이니, 낭군은 이제 곧 금화문을 들어간단다.
> 大鼻長髯陳仲擧, 便便腹裏橫千古. 製得新詞低按譜. 黃金縷, 娉娉慣解烏絲句. (陳無己侍兒名娉娉)
> 銀漢淸涼纔過雨, 紵衫蕉簟無暑. 何事宮商頻錯誤? 邀郎顧, 郎今要入金門去.

상단은 진유숭의 외모를 그려, 코가 크고 수염이 길며 배가 튀어나왔다고 했다. 다음으로 진무기 즉 진사도(陳師道)의 시아 빙빙을 자운에 견주어, 자운을 총명하여 시를 이해하는 시종으로 간주했다. 하단은 물상으로부터 계절을 부각시켰다. 은한(은하수)이 청량하고 비가 갓 지나갔으므로 모시 적삼과 파초 깔개에는 더위가 남아 있지 않다고 했다. 마지막으로 진유숭이 입경하여 박학홍사과에 응시한 일로 매듭지었다.

가유정(柯維楨)의 〈감자목란화(減字木蘭花)〉 사는 이러하다.

> 화공이 눈과 눈썹을 그리고, 볼에는 세 갈래 털을 그릴 정도로 아주 신묘하여, 수염은 아름답고 몸은 순순하고 풍성하니, 나는 전신(前身)이 이분이었다고 말한다. 맨 머리에 신발도 신지 않고 옷을 비스듬히 걸쳤거늘, 도리어 뱃속 가득한 수심은 어찌해서인가? 붓을 내려 쓰면서 침음하여, 새 사를 전사하는 이 사람이 누구인가?
> 가인은 얻기 어렵나니, 일백 개의 구슬을 내준들 아까울소냐? 듣자니 신년에는, 이미 아침 구름이 되어 뜻이 애련하단다. 새 사를 지어, 그 사보가 진나라 퉁소로 연주된다만 듣는 이가 누구일지? 말하지 마시게 지금, 미친 사람이 저 참모습을 본다고.
> 畫工眉眼, 頰上三毫神更遠. 髯美順豐, 我道前身是此公. 科頭徙倚, 還滿腹牢愁還得似? 下筆沈吟, 塡就新詞問那人?
> 佳人難得, 百琲明珠何足惜? 聞道新年, 已有朝雲著意憐. 新詞按也, 譜入秦簫誰聽者? 不道而今, 却與狂生看箇眞.

가유정은 이 사의 상단에서 자신이 본 진유숭의 형상을, 눈 자위, 뺨의 털, 긴 수염, 머리, 배, 손의 순서로 묘사하고서, 관모를 쓰지 않고 신발도 신지 않고 의상을 헐렁하게 걸친 모습을 형용하여 '맨머리에 신발도 신지 않고 옷을 비스듬히 걸쳤다(科頭徙倚)'라 함으로써, 소탈하여 매이지 않는 사인의 형상을 핍진하게 그려냈다. 하단은 가인 서자운을 묘사하여, 그가 진유숭의 전사(塡詞)에 조력하여 곡을 타고 박자를 맞추는 역할을 하는 것으로 소묘했으며, 마지막 구에서 관중의 약간 광기어린 시선을 언급했다.

손지울(孫枝蔚)의 제사에는 "그대가 전사한들, 누가 격문으로 부르랴, 이것이 가장 불만이다. 수염은 길어 창과 같고, 손은 빨라 바람 같아라

(使爾塡詞, 何人草檄? 此最不平之事. 鬚長似戟, 手快如風)"라는 말이 있다. 창처럼 긴 수염이란 표현으로는 성격이 양강하고 소탈하여 매임이 없음을 표현하고, 바람처럼 빠른 손이란 표현으로는 쉬지 않고 붓을 놀려 재기가 횡일함을 비유했다. '긴 수염'은 개인의 독특한 외모를 드러내고, 손으로 '붓을 잡고' 무릎에 '종이를 깐' 모습은 사인으로서의 본색을 드러냈다. 화필과 문필을 통해서 진유숭을 강희 태평시절의 상큼한 사종(詞宗)으로 소묘해낸 것이다.

또 다른 인물인 자운의 색기는 대단히 두드러진다. 이 남성 가동은 여성화된 모습으로 출현한다. 이를테면, "붉은 입술과 섬섬 옥수가 서로 걸맞는다(絳唇纖手恰相宜)"(왕무린)라든가, "흡사 두 아미가 비췻빛을 오므려 남에게 그림으로 그리라 하는 듯하니, 채색 붓으로 그려낸 모습이 어여쁘다. 연잎 치마는 아(亞)자 형태이고, 파초 깔개는 똑바르다. 곤현이 지치자, 옥 퉁소도 적막하네(恰雙娥·歛翠要人描, 憐彩筆. 荷裳亞, 蕉茵直. 鯤絃倦, 玉簫寂)"(胡亦堂)라든가 하여, 아예 여성으로 간주하기도 했다. 육진(陸進)은 〈청평악(淸平樂)〉에서 이렇게 노래했다.

> 수염 드날리며 비스듬히 앉았으니, 붓을 잡고 누구의 화답에 의지하나? 쌍환의 여인이 있어 꽃 치마가 반나마 늘어져, 한 곡조 퉁소가 다 끝났구나.
> 이는 누가 묘필로 전신한 것인가? 풍광이 어리비쳐 참인 것 같아라. 우습구나 나는 노안이 흐릿하여, 때때로 그림 속에서 군을 불러내려 하다니!
> 掀髯欹坐, 搦管憑誰和? 有女雙鬟花半嚲, 一曲洞簫吹破.
> 是誰妙筆傳神? 風光掩映如眞. 笑我迷離老眼, 時從畫裏呼君!

진유숭은 수염을 휘날리며 붓을 내달리는데, 쌍갈래 머리에 꽃을 꽂은 여악이 퉁소를 불어 화답한다. 육진은 화면을 자세히 들여다보고, 흐릿한 노안을 곧바로 그림 속 인물로 향하여 그를 불러내고자 했다.

이부(李符)의 〈동선가(洞仙歌)〉는 이러하다.

> 전사의 노련한 작가, 가을이 아닌데도 붓이 이슬을 드리우네. 수염은 풍류가 장옥전(張玉田)의 동무로다. 유리를 손에 잡아, 벼루 갑을 도근(桃根)에게 주고는, 지니고 앉아 있게 하기를, 길이 도성의 산이 푸른 곳에서 그렇게 하누나.

오사란 종이를 펼치자마자, 곡은《금전집(金荃集)》에 맞추고,《화간》의 단혼(斷魂, 애끊음) 구절을 써내노라. 파초 잎은 간단한 깔개가 되어, 악보의 들쑥날쑥한 곡조를 들으면서, 가녀린 손가락을 내려 짚어서, 끊어질 듯 이어질 듯 하소하는 음률을 이루네. 하늘가의 봉황을 날아오게 한다면, 틀림없이 의심하리라, 나의 전신이, 바로 진가(秦家)의 여인[악부시 〈맥상상(陌上桑)〉에 나오는 미녀—역자]이었던가 하고.

塡詞老手, 筆非秋垂露. 髯也風流玉田侶. 把琉璃, 硯匣付與桃根, 携教坐, 長在國山靑處.

烏絲欄乍展, 曲按金荃, 寫出花間斷魂句. 蕉葉當輕茵, 聽譜參差, 纖指下·纏綿如訴. 若引得天邊鳳飛來, 定猜作前身, 是秦家女.

상단에서는 진유숭이 '전사의 노련한 작가'임을 찬미하고, 풍류는 남송의 장옥전과 짝할 만하다고 했다. '도근'은 본래 동진 왕헌지(王獻之)의 시첩으로, 여기서는 진유숭의 영리한 시아(서자운)를 가리킨다. 하단의 앞 세 구는 진유숭이 전사하고 자운이 악보를 살펴 가녀린 손가락으로 퉁소를 불어, 성악이 호소하듯 늘어져 하늘의 봉황을 이끌어온다고 했다. 사의 마지막에서는 "전신이 바로 진가의 여인이었다"고 상상하여, 자운이란 가동이 여인의 몸으로 된 비밀을 언급했다. 흥미로운 것은, 이부가 자신의 사집을 편집할 때 이 사를 수록하면서, '도근'을 '홍아'로 고쳤다는 점이다. 사의 뜻은 고치지 않았다. 마지막 서너 구는 자운의 성별 문제를 모호하게 처리하여, 여성 시아로 보는 각도에서 개작해서 "1,200 마리 가벼운 난새가 정히 날아오리니, 석류 색 치마를 만류해두어, 날아가지 못하게 하라(千二百輕鸞定飛來, 須挽住榴裙, 莫教乘去)"[104]라고 했다.

등한의(鄧漢儀)는 강희 17년(1678) 봄, 장안에 객으로 있으면서 〈과진루(過秦樓)〉 사를 지었다.

제비가 가벼운 몸으로 되고, 앵무가 교묘한 혀로 바뀌었으니, 정원에는 어느 누구도 이르지 않누나. 한가롭게 소상 반죽의 대로 만든 붓을 들어, 가볍게 만전(蠻箋)을 스치니, 이때에 심정이 아주 좋아라. 정상(正商)의 곡조는

104_李符,《耒邊詞》, 卷6,〈洞仙歌 題陳其年塡詞圖〉, p.53. 李符,《香草居集》(吉林大學圖書館藏淸康熙至乾隆刻李氏家集四種本),《四庫全書存目叢書》, 集部, 252冊.

> 주방언(周邦彦)·신기질(辛棄疾)에 방불하여, 얼마나 진중한지! 처마 끝을 돌더니 모자 곁으로 날아들다가, 홀연 버드나무 숲가 꽃으로 내려앉아, 애간장을 녹여, 마음 추스르기 어려워라.
>
> 자세히 그를 보니, 녹색 살쩍에 긴 아미, 정정하게 홀로 서서, 별스런 아지랑이 자태에 옥같은 모습을 지녔구나. 짐짓 비췻색 소매를 끌며, 붉은 난간에 비껴 기대어서는, 바람 앞에 손가락과 손톱을 살짝 드러내네. 응당 오사란 종이에 적힌 아름다운 사를 가져다가, 옥 같은 퉁소에 곡을 올렸기에, 소리마다 낮게 절규하는군. 다만 지금, 진진(眞眞)을 자주 불러, 밤들면 사의 원고를 수습하라 하네.
>
> 燕作輕身, 鶯翻巧舌, 庭院揔無人到. 閒抽湘管, 小拂蠻箋, 此際心情殊好. 正商髣髴周辛, 幾許端詳! 巡檐側帽. 忽柳邊花下, 煞是銷魂, 難爲懷抱.
> 細看他·綠鬢修娥, 亭亭獨立, 別有烟姿玉貌. 故拖翠袖, 斜倚紅欄, 微露風前指爪. 應把烏絲麗詞, 吹入瓊簫, 聲聲低叫. 只如今·頻喚眞眞, 收拾夜來詞藁.

상단에서는 진유숭의 산책, 구상, 집필, 불전(拂箋, 붓으로 종이에 씀), 합악(合樂)으로 이어지는 전사 과정을 진술하고, 아울러 가인이 곁에 있어 혼을 녹이는 일을 상상했다. 하단에서는 그림 속 자운의 형상을 한껏 묘사했는데, 자운은 완전히 여성의 분장으로, 진유숭의《오사사》를 곡에 올려 퉁소로 부는 배역이다. 사의 마지막 3개 구가 점출해낸 것은 지난날에 대한 추억이다. 자운은 3년 전 강희 14년(1675)에 이미 세상을 떴으므로 당나라 진사 조안(趙顔)이 그림 속 진진을 부르듯이 그림에서나 그리워할 따름이라고 했다.

(d) 향과 옥에 대한 애증

모제가(毛際可)는 〈망상인(望湘人)〉 사를 지었다.

> 보건대 생초 한 폭에, 다리 펴고 앉은 이는 누구인가? 지난밤 술로 접대하던 그 사람이네. 술이 취한 후 미치광이 짓을 하여, 한산하여 낙탁하니, 어떻게 전신하여 눈썹미까지 그렸는가? 용미향이 감돌고, 토끼털 붓에서는 구름이 물씬 일어날 듯한데, 쓰려다가는 다시 구겨버린다. 상상컨대 연래에, 금마문의 조칙에 응하려고, 미리 궁사 3첩을 짓는 것이로다.
>
> 한스럽다, 우리들이 쉬이 늙다니! 성아(星娥)가 곁에서 모셔, 서리 내린 터

> 럭을 족집게로 뽑아주고는, 차츰 옥 퉁소로 바람을 일으켜, 일찍 피어 추위에 떠는 매화에게 불어준다. 가녀린 손가락이 멎은 한참 뒤, 붉은 입술도 오므린 뒤에는, 웃으며 낭군의 어깨를 가볍게 주물러준다. 다만 말하리라, 살쩍과 긴 수염이, 사람의 두 뺨을 스칠까 두렵다고.
>
> 看生綃一幅, 踞坐者誰? 昨宵杯酒曾接. 醉後顚狂, 閒時落拓, 怎便傳神眉睫? 龍尾香浮, 兎毫雲湧, 欲書還摺. 想年來·應詔金門, 豫製宮詞三疊.
> 堪嘆吾儕易老! 有星娥侍側, 霜毛偷鑷. 漸瓊管風生, 吹得早梅寒怯. 纖指停餘, 朱唇整後, 笑把郎肩輕捻. 只道是·接鬢長髯, 生怕拂人雙頰.

그림 속에서 두 발을 편히 뻗고 있는 이는 누구인가? 지난밤 주연에서 만난 그 재자가 아닌가? 취하여 미친 짓을 하고 한산하여 낙탁한 진유숭을 화가가 어떻게 전신할 수 있을까? 진유숭은 재주가 여덟 말이라서, 토끼털 붓에서 구름이 들끓듯 하고, 일찍이 도모하는 바가 있어 궁사 3첩을 지어 장차 금마문의 조칙에 응하려고 했다. 하단에서는 자운과 진유숭의 관계를 극진히 묘사했다. 작자 모제가는 동년배로서 함께 늙어감을 한탄했다. 하지만 진유숭에게는 성아(직녀)가 시측하고 있다가 한가하면 흰 머리카락을 족집게로 뽑아주고, 옥 퉁소를 손에 들어 추위에 겁내는 이른 봄 매화를 위해 불어준다. 그리고 이 성아는 섬세한 손가락을 멈추고 붉은 입술을 모아, 웃으면서 낭군의 어깨를 가볍게 주물러준다. 마지막 3구에서 모제가는 유머러스한 상상으로, 진유숭의 창과 같은 긴 수염이 옥인의 두 뺨을 아프게 할지 모른다고 했다. 모제가는 진유숭의 단수벽(斷袖癖)에 대해서는 그다지 서술하지 않고, 이성 사이의 연애를 곁에서 바라보는 각도에서 향과 옥을 애석하게 여기는 감정을 표현했다.

팽손휼도 같은 심리에서 시를 지었다. 그 사는 이러하다.

> 오사사 한 곡이 너무도 공교로워, 푸른 퉁소의 소리 속에 기러기가 놀라누나. 홍아가 옥 퉁소를 영롱하게 서너 곡 연주하니, 몇 번이나 두형 풀 무성한 곳의 꿈에 얽혔는지? 어떻게 계당 동쪽의 풍정을 향유하여, 사람으로 하여금 그림 속 일을 이다지도 질투하게 만드는가?
>
> 一曲烏絲絶代工, 碧簫聲裏見驚鴻. 紅么小撥玉玲瓏, 幾度牽縈蘅薄夢? 怎生消受桂堂東, 教人妬殺畫圖中?

그림 속 사인은《오사사》로 멀리까지 이름 난 인물이다. 곁에서 악기를 타서 음악을 연주하여 소리에 따라 박자를 맞추는 홍아는 기러기도 놀라게 할 정도로 아름다운, 푸른 옥 퉁소를 부는 미인이다. 한 쌍의 옥 같은 인물들이 그림 속에서 그림자가 합하여, 재주 있는 남성과 여성 외모자 사이의 연정이 그림 관람자로 하여금 질투를 느끼게 만든다.

엄승손(嚴繩孫)의 〈금루곡(金縷曲)〉은 이러하다.

> 연 땅 저자에서 슬픈 노래를 부르는 이는, 종래 영웅의 아녀를 논하여, 한껏 성가를 다투네. 애간장을 끊누나, 오추마와 짝하던 이[항우(項羽)]가 떠나가려 하고, 이제 막 교씨 작은 딸[주유(周瑜)의 아내가 된 여인]이 갓 시집갔다 하네. 다만 반 폭의 도화에만 춘풍이 가득하여라. 하늘가 방초의 신세라는 구절을 창하며, 한바탕 소리하며 떠나가는 봉교(鳳嬌)의 쪽찐 머리를 보나니, 울음을 울어 붉은 눈물이, 서너 줄기 떨어진다, 아래로.
>
> 燕市悲歌者. 論從來·英雄兒女, 漫爭聲價. 腸斷班騅人欲去, 剛道小喬初嫁. 只半幅·春風圖畫. 唱到天涯芳草句, 看一聲離鳳嬌鬟亞. 紅淚泣, 數行下.[105]

엄승손은 슬픈 노래를 부른다, 애간장이 끊어진다, 사람이 떠나가려 한다, 울음을 울어 붉은 눈물이 서너 줄기 떨어진다 등의 자안(字眼)을 가지고 우수와 무상감의 무드를 만들어내었다. 엄승손은 눈앞의 그림을 보면서, 수년 전 자운이 혼인한 일을 회상하고, 두 사람의 사랑과 석별에 대해 동정의 눈물을 쏟은 것이다.

위에서 본 사 작품들은 진유숭의 재주, 수염, 전사, 연정은 물론, 얽매이지 않는 성격까지를 모두 흠모할 만한 특질로 삼았다. 그 선망 속에 질투의 심리가 자라나고 있으니, 이는 대개 자운 때문이었다. 자운은 진유숭의 시종이면서 문인들의 탄상과 욕망의 대상이었다. 그들은 사를 지어 삼각연애를 연출하여 진유숭과 서자운 사이에 개입했다. 이를테면 모제가는 "다만 말하리라, 살쩍과 긴 수염이, 사람의 두 뺨을 스칠까 두렵다고"라고 했으니, 이는 향을 사랑하고 옥을 애석하게 여기는 감정이다. 팽손휼은 "몇 번이나 형계에 얽힌 옅은 꿈을 꾸게 했던가? [···] 사람

105_詞集의 本題 아래 序가 있다. "題陳其年小照塡詞圖, 有姬人吹玉簫倚曲." 〈金縷曲〉을 〈賀新郞〉이라고도 한다.

으로 하여금 그림 속 일을 이다지도 질투하게 만드는가?"라 하여, 선망과 질투의 마음이 싹튼다고 실토했다. 그들은 자기를 진유숭의 잠재적 연적으로 여겼다. 이렇게 선망과 질투의 심리가 자라난다고 밝힌 사는, 어떤 것은 자운이 기예를 피로한 연음에 실제로 참여한 데서 나왔고, 어떤 것은 고작 자운의 유상을 보면서 상상하는 데서 나왔다. 사 작품은 일종의 통화(currency)가 되어 문인 집단 사이에서 유통되었다. 이렇게 갈망 및 욕망에 관계된 사 작품은 우리에게 시가가 예물로서 교환된다는 사실을 알려주며, 진유숭의 문인 교유권에서 정감의 지형학을 어떻게 세워야 할지 고민하게 만든다. 사실, 제영자는 자운과 대면하려고 하지 않아도 선망과 질투의 어조를 가지고 연적의 위치에서 진유숭과 뜻을 같이하여 같은 쇠사슬에 엮이게 된다. 그러므로 사 속의 '욕구 대상'은 부차적이고, 중요한 것은 문인들 사이의 공감과 공명이다. 그들은 자운에 대한 앙모·연모와 선망·질투를 통하여 내면의 욕망을 표현함으로써 자신의 신분 지위를 드러내고, 그로써 저 문인 집단에 소속되었음을 공인받았던 것이다.[106]

(e) 인격과 사학(詞學)에 대한 평가

여러 제영자들이 사의 제작에서 각기 다른 연상을 했다. 그 가운데 하나는 문학사의 풍류 선배를 찾아내어 비유하는 일이었다. 호역당(胡亦堂)의 사는 "호매함을 보니, 이청련(이백)이 대조(待詔)하여, 붉은 난초가 빛을 내는 것과 같다. 꽃 아래서 수염을 날리며 소동파가 부(賦)를 짓듯이 시문을 쏟아내고, 아침이 돌아오자 취하여 도연명이 두건을 벗듯이 했다(看豪邁·靑蓮待詔, 紅蘭生色. 花底髯掀蘇子賦, 朝回醉脫陶公幘)"라고 했다. 이백처럼 긴 수염을 날리고, 동파 소식이 부를 토해내듯 시문을 쏟아내며, 살짝 취하여 도연명이 두건을 벗어던지듯 관모를 벗어던진다고 했다. 호역당은 염객과 취객의 구체적인 형상으로 진유숭을 이백·소식·

106_紫雲을 노래한 시편은 通貨나 禮物과 같아서 문인들 사이에 교환되어, 情感과 연계되어 地形學을 이루었으며, 그로써 시편의 작가는 문인집단에 의해 공인되었다. 이 관점은 Sophie Volpp, 〈如食橄欖—十七世紀對中國男伶的文學消受〉에서 가져왔다. 이 밖에 題詠者의 선망의 심리 및 선망과 피선망자 사이의 미묘한 관계에 대해서는 [瑞士]維電娜·卡斯特 著·陳瑛譯,《羨慕與嫉妒—深層心理分析》(北京: 新華書店, 2004) 참조.

도연명에 연결시켰다. 문학은 그 사람과 같은 법이므로, 세 거장의 호매하고 소탈한 인품을 진유숭의 문학 풍격에 가만히 연결시킨 것이다.

소식은 제영자들이 마음속에 첫 번째로 선정한 비교 대상이었다. 소식에게는 호매한 문풍 이외에도 시첩 조운(朝雲)이 있었다. 왕사진의 제시는 이러하다.

> 옷에서 향이 나고 살쩍이 그림자를 떨구어 분위기가 같구나. 퉁소를 불자 높은 듯 낮은 듯한 곡조가 한밤에 파고든다. 가릉의 새 구를 충분히 얻어 좋아라, 마음과 힘을 사양 않고 조운의 일을 하게 하네.
> 衣香鬢影共氤氲, 吹徹參差入夜分. 贏得迦陵新句好, 不辭心力事朝雲.[107]

왕사진은 소식 만년의 시첩 조운을 가릉(진유숭)의 반려 자운에게 견주었다. 어떤 사람은 사에서 조운이라는 어릴 적 이름으로 자운을 대체하여 "조운은 사리를 알아, 기러기발의 줄을 튕겨, 비스듬히 켜는 소리가 교묘하다(朝雲解事, 拂柱絃·斜撥聲巧)"(모승방)라 하거나, "아마도 소씨 집 늙은이가 아닐까, 조운이 반려해주었던(疑是蘇家老子, 朝雲爲侶)"(고영)이라 했다. 어떤 제영자는 좋은 반려라는 각도에서 그 둘을 사마상여와 탁문군의 관계에 비유하기도 했다. 임인창(林麟焻)의 〈요화(瑤花)〉 제사는 이러하다.

> 눈썹 그린 재자요, 벼루 받드는 가인이, 예전의 이름난 이야기를 만들어 내었구나. 용의 수염을 반쯤 자르고, 소리를 고를 줄 알며, 차가운 줄로 추천을 높이 걸었네. 아전(研箋)[아청지(鵝鴉紙)]과 짙은 먹을 준비하고, 빗으로 잘 다듬은 운환이 그림 속에 들어 있도다. 목로에서 술 따르는 숙상구(鷫鷞裘)[기러기 비슷한 새의 가죽으로 만든 갖옷] 입은 여인, 그 탁문군이 바로 사마상여와 어울렸구나.
> 掃眉才子, 捧硯佳人, 成古來名話. 龍鬚半剪, 學弄聲·索冷鞦韆高架. 研箋凝墨, 對梳掠·雲鬟入畫. 有壚頭·取酒鷫裘, 文是相如似者.

107_王士禛은 〈塡詞圖〉畫幅에 두 絶句를 썼다. 다른 한 수는 "玉梅花下交三九, 紅杏尙書枉擅名. 記得微吟倚東閣, 梅花如雪撲簾旌"이다. 왕사진은 만년에 스스로 《漁洋精華錄》을 편찬하면서 두 수 가운데 이 한 수만 실었다.

임인창은 도면의 관람에서 시작하여, 눈썹 그린 재자이자 벼루 받드는 가인의 이야기를 예전의 훌륭한 이야기로 삼았다. 흥미로운 것은 이 가인은 "용의 수염을 반쯤 자르고, 소리를 고를 줄" 아는 남자로, "빗으로 운환을 잘 다듬는" 법을 배웠다는 점이다. 성별을 바꾸면 사마상여와 함께 술집 목로에서 술을 팔던 탁문군이 된다.

그러나 조운을 반려로 삼았던 호매하고 표일한 소식이 완전히 진유숭과 겹칠 수는 없다. 고영은 〈계지향(桂枝香)〉 사에서 이렇게 노래했다.

> 하늘이 부여했으니, 이 묘수의 염옹은, 악곡의 오음을 제대로 품평하네. 아마도 소씨 집의 늙은이로, 조운이 반려해주었던 그 사람인 듯하구나. 오로지 '효풍잔월'을 능히 말하니, '대강동거'는 결국 빈말이 되었구나. 자색 퉁소를 처음 연주하고, 홍색 상아발을 다시 누르니, 염정이 저와 같아라.
> 오히려 두렵군, 옥당에서 재촉할 것이. 만약 말에 오르느라 총총하다면, 누가 다시 기다려줄 것인가? 석 자 오사란 종이에, 《화간》 사보를 다 쓰지 못했거늘. 휘호하여 다시 〈청평조〉를 올리니, 만일 당년에, 사(詞)로 인한 천거에 응한다면, 정녕 비단도포 입고 홀을 잡고서, 능연각 위에 화상이 걸려, 풍류를 그 아버지와 함께 하리라.
> 天教付與, 此妙手髯翁, 評品宮羽. 疑是蘇家老子, 朝雲爲侶. 偏能道曉風殘月, 大江東·竟成虛語. 紫簫初弄, 紅牙再按, 艷情如許.
> 却只恐·玉堂催取. 若上馬匆匆, 誰更延佇? 三尺烏絲, 寫未了花間譜. 揮毫又進淸平調, 使當年·若應詞擧. 定圖袍笏, 凌煙閣上, 風流同父.

상단에서는 상주 '묘수 염옹'의 형상과 '악곡의 오음을 품평하는' 동작을 두고 하나의 의문을 제기했다. 그는 누구인가? 그는 조운의 반려였던 소식이 아닌가? 하지만 어째서 염공(진유숭)의 붓은 유영(柳永, 약 987-1053)의 은근한 '효풍잔월'의 사를 베껴내어, 그 붓 아래서 동파사(東坡詞) '대강동거'의 호매한 사어를 빈말이 되게 한단 말인가? 가동은 퉁소를 불고 가성을 조절하여, 염풍의 기색을 한없이 미만하게 만든다. 하단에서는 진유숭이 추천을 받아 서울에 들어가 전시에 응시한 일에 주목했다. 이때는 《화간》 특징을 지닌 《오사사》가 이미 완성되어, 경성에 전파될 참이었다. 고영은 진유숭이 그저 염사만 지어서는 안 되며, 마땅히 이백이 〈청평조〉를 올렸던 것을 본받아 제왕의 칭송을 얻어 일찌감치 한림에 들어가 영광스레 능연각에 화상이 걸릴 기회를 얻어야 한다고 격려했다.

제영자 고영은 가릉사의 풍격을 논급하면서 여러 송나라 사가들을 분분하게 등장시켰다. 송락(宋犖)의 〈모어아(摸魚兒)〉[또 다른 이름은 매피당(邁陂塘)] 사를 지었는데, 그 상단은 이러하다.

> 괴이하여라 염공은, 소단(문단)에서 치달려, 필봉이 무소 뿔이라도 자를 기세로다. 일생 홍아(紅牙)의 구를 특장으로 하여, 맑게 일천 리 푸른 파도를 가져왔지. 채색 벼루를 책상에 놓아두고, 마주하여 빈운(蘋雲)에 박자를 맞추니, 한 조각 파초가 비췻빛이다. 붓을 먹에 적셔 주제를 선택하네. 부러워라, 흰 겹옷을 막 벗어던지고, 오사란을 갓 펼쳤으니, 이러한 때 아무 일도 없는 것이.
> 怪髯公·騷壇馳驟, 筆鋒欲斷犀兕. 生平擅絶紅牙句, 淸致碧波千里. 彩硯几, 對按拍蘋雲, 一片芭蕉翠. 含毫選意. 羡白袷纔披, 烏絲初展, 此際了無事.

이것은 송락이 주이준의 제사(이 책 서론에서 일부 인용)에 화운하여 지은 것이다. 송락과 주이준은 가릉(진유숭)의 사풍부터 적어나가기 시작하여 서로 대화를 했다. 송락은 "소단(문단)에서 치달려, 필봉이 무소 뿔이라도 자를 기세"라 해서, 주이준이 말한 "날아오르고 날뛰어, 온 몸이 푸른 외뿔소"에 대응시켰다. 두 사람은 이미지를 이용해서 진유숭의 웅혼한 사풍을 묘사했다.

진유숭은 호매한 사를 잘 지었지만, 생전에 도리어 '홍아구(紅牙句)'에 뛰어나, '맑게 일천 리 푸른 파도를 가져오는' 풍격이 있었다. 모승방(毛升芳)도 〈미무(眉嫵)〉 사에서 같은 식으로 고찰했다.

> 생각나네, 푸른 치마의 사람이 벼루를 받들어, 오후의 소매에는 향기가 가득한데, 호기가 진세의 바깥으로 넘실대었지. 우람하게 염공이 그 풍격을 가져왔으니, 오늘 이후로는, 활 모양 둥근 눈썹, 매미 날개 같은 살쩍이 소교(小嬌)와 같으리라. 조운은 사리를 알아, 기러기발의 줄을 튕겨, 비스듬히 내는 소리가 교묘하다. '양류곡'을 들으며, '잔월' 새로운 사를 완성하고는, 눈을 들어 비췻빛 트레머리의 아리따운 모양을 보네.
> 봄날 새벽에 섬섬하게 꽃다운 모습이여. 다만 진소유(秦少游)[북송의 진관

> (秦觀)]의 정서요, 신가헌(辛稼軒)[신기질(辛棄疾)]의 회포로다. 아름다운 구가 갓 이루어져, 조그만 예쁜 입으로 하여금, 노래하게 하니 구름 가에 아스라하다. 금마문에 물시계가 시각을 알리기에, 봉지(鳳池)에서 대기하고, 귤도(璚島) 사를 지어 연주한다. 도포를 끌며, 화로 앞에서 연기를 쬐니, 화려하게 장정한 서적을 지니고 꾀꼬리 우는 소리를 듣노라.
>
> 憶靑裳捧硯, 午袖裁香, 豪氣溢塵表. 勃崒鬌公致, 從今後, 弓眉蟬鬢嬌小. 朝雲解事, 拂柱絃·斜撥聲巧. 聽楊柳·殘月新詞就, 盼來翠鬟姣.
> 春曉纖纖花貌. 只少游情緒, 稼軒懷抱. 佳句初成候, 倩檀口·歌來雲際縹緲. 金門漏繞, 待鳳池·賦奏璚島. 曳袍袖罏煙, 携緗帙聽黃鳥.

상단에서는 먼저 진유숭을 소식의 호매한 기풍에 견주고, 벼루 심부름 하는 자운을 '사리를 알았던' 조운에 견주어, 진유숭이 가성에 의지하여 전사하도록 자운이 도와주는 광경을 설정했다. 천성이 호매한 이 사인은 전사할 때에 활 모양 둥근 눈썹, 매미 날개 같은 살쩍, 비췻빛 트레머리, 조그만 예쁜 입을 곁에 두어, 완연히 양류와 잔월을 노래하는 유영(柳永)의 경지를 재현했다. 음유(陰柔)의 경치를 승경으로 여긴 유영은 〈학충천(鶴沖天)〉 사에서 이렇게 노래한 바 있다.

> 황금 과방에서, 우연히 용두(장원)의 기대를 잃어버렸네. 밝은 시절에 잠시 현인을 버려두니, 어디로 향할 것인가? 풍운의 방도를 탈 일을 완수하지 못했으니, 어찌 멋대로 노닐며 미친 듯 방탕하지 않으랴? 득실은 따져서 무엇하는가? 재자와 사인(詞人)이, 바로 백의의 경상(卿相)인 것을!
> 아지랑이 낀 꽃이 늘어선 도성의 거리는, 의연히 단청으로 그린 병풍과도 같구나. 다행히 마음 속 그리는 사람이 있어, 잠깐 찾아가 방문하노라. 잠시 이렇게 홍색을 가까이 하고 비췻빛에 의지하여, 풍류의 일로, 평소의 울적함을 통창하게 하노라. 청춘도 한 순간이거늘, 어이 헛된 명성을, 가볍게 술을 따르며 낮게 노래 부르는 즐거움과 바꾸랴?
>
> 黃金榜上, 偶失龍頭望. 明代暫遺賢, 如何向? 未遂風雲便, 爭不恣遊狂蕩? 何須論得喪? 才子詞人, 自是白衣卿相!
> 煙花巷陌, 依約丹靑屛障. 幸有意中人, 堪尋訪. 且恁偎紅倚翠, 風流事, 平生暢. 靑春都一晌. 忍把浮名, 換了淺斟低唱?

유영은 벼슬길에서 실의하여 풍류로 방랑했다. 그 풍류로 방랑하는 심경과 생활은 바로 〈가릉전사도〉의 제영자가 유형의 형상을 관람에 도입시켜 연상하게 만들었던 요소이다. 도면이 흡사 양극의 기질을 시설한 듯하므로, 제영자도 완약(婉約)과 호매(豪邁) 두 방면에서 가릉사를 바라보았다. 봄 새벽에 섬섬하게 피어난 꽃 모양의 염색(艷色)이 곁에 있어, 진유숭의 전사(填詞)는 북송의 진관과 유영이 추구했던 완약한 정조를 띠고 있었다. 진유숭이 자운의 가성에 의거하여 사를 제작해서 멋진 구가 완성된 후, 자운이 어여쁜 입으로 노래하자, 그 가성은 구름 속으로 아련하게 들어가는 듯했다. 하지만 진유숭은 호방한 기운이 진세의 바깥으로 내달려서 신기질의 호매한 풍모를 지니기도 했다. 그러므로 '소유(진관)의 정서요, 가헌(신기질)의 회포'라고 했으니, 이것은 앞서 본 송락의 평과 같다.

강희 17년의 〈가릉전사도〉는 진유숭이 천거되어 박학홍사과에 응시할 때에 이루어졌으므로, 당대의 많은 제영자들이 이 이야기를 다루지 않을 수 없었다. 앞서 언급한 것을 보면, "낭군이 자주 돌아보기 때문이니, 낭군은 이제 곧 금화문을 들어간단다"(고사기), "늦었다고 한숨 쉬지 말라, 영주(瀛洲) 정자 가에 있는 그를 보시오, 안색을 다시 그리게나"(양청표), "금년에는 유칠(柳七, 柳永)이 바삐 서둘러, 칙지를 받들어 전사(填詞)하러 가는구나"(이양년), "원망하지 말라, 푸른 적삼으로 가렸던 몸이 이미 늙었다고, 자색 비단으로 지금 바꾸어 입었으니"(서구), "상상컨대 연래에, 금마문의 조칙에 응하려고, 미리 궁사 3첩을 짓는 것이려니"(모제가) 등과 같다. 위에 인용한 모승방의 사는 진유숭의 사풍을 논한 이후에, 사의 끝에서 "금마문에 물시계가 시각을 알리니, 봉지에서 대기했다가, 귤도 사를 지어 연주한다. 도포를 끌며 화로 앞에서 연기를 쬐고, 화려하게 장정한 서적을 지니고 꾀꼬리 우는 소리를 듣노라"라고 역시 이 일을 언급했다. 원문의 금문은 금마문을 가리킨다. 한나라 궁정에 금마문과 옥당전이 있었는데, 금마문은 조정 신료가 드나드는 문으로, 미앙궁에 있었다. 무제가 대원(大宛, 페루가나)의 말을 얻어 동으로 상을 주조하여, 관아의 문에 세웠으므로 금마란 이름을 얻었으며, 후세에는 한림원이라고 일컬었다. 사방의 재주 많은 사람들이 관직에 제수되어 여기에서 조칙을 기다렸다. 봉지와 귤도는 금중 연못과 동산으로, 여기서는 금중을 차대(借代)한다. 모승방은 팔두의 재주를 지닌 진유숭이 박학홍사로서 금마문에 들어가 봉지에서 대기하면서 궐도에 이를 날이 멀지 않았다고 노래했다. 호역당도 "송아지에 채찍질하면서 양선에서 비 맞던 일을 한가로이 그리워하며, 용 아로새기는 일은 영주의 바위에 맡기리라. 전사가 이루어지기를 기다려, 학해에서 창생을 구제한 뒤에는, 호상으로 돌아갈 수 있겠지(鞭犢謾懷陽羨雨, 雕龍且付瀛洲石. 待塡成·學海濟蒼生, 歸湖得)"라고 했다. 영주는 본래 동해 신선이 사는 산이다. 당 태종은 문학관에 이 이름을 붙여 어질고 재주 많은 이들을 초빙하여 모아두었으므로, 천하가 여기에 드는 사람들을 경모하여, 거기에 드는 것을 등영주라고 일컬었다. 그렇다면 진유숭은 강남의 가랑비 내리던 고향 양선에서 문학으로 출세했는데, 마치 갓 태어난 송아지가 부단히 스스로를 채찍질하듯이 그렇게 했다. 또한 지금은 문체가 성숙하여 장차 문명으로 한림으로 튀어오를 기세이며, 결국 용의 무늬를 아로새길 홍사(鴻詞)로 문학관에 진입하여 그 홍사가 각석되고 판각되기에 이를 것이다. 청삼을 자주 비단옷으로 바꾸고, 칙지를 만들어 전사를 해서 한림에 들어가, 학해에서 창생을 구제할 것이니, 바로 한 시대의 사종이 종묘사직에 공을 세울 기회인 것이다.

위에 본 여러 사람들의 제영은 진유숭의 형상을 그려낼 때 대개 그의 사풍과 연계시키면서 소식·신기질을 본색으로 삼아 그의 사풍이 웅혼하고 호매하다고 했다. 하지만 자운을 반려로 삼고, 맥없이 불우하며, 정이 진실하고 뜻이 애절한 면이 있어, 그의 풍류 형상과 작품은 오대 《화간집》의 염풍에 물들어 있었다. 따라서 진유숭은 사는 북송 진관·유영의 완약한 사풍에 견주어지기도 했다. 사학의 각도에서 보면, 100년 후에까지 그런 식이다. 건륭 을미(40, 1775) 진사 오석기(吳錫麒, 1746-1818)는 〈백자요(百字謠)〉[일명 백자령(百字令)·염노교(念奴嬌)]를 제하여 이렇게 말했다.

> 공은 진정 건강한 사람으로, 기억해보면 지난날 사장(詞場)에서, 서로서로 푸른 외뿔소로 추대했지. 순수하여 남을 얕보아 질탕함에 이바지했고, 신릉군의 생계를 배웠다네. 연지분의 풍모를 비웃고, 호접의 모양을 생동적으로 묘사했네. 비파행의 뜻을 그려내어, 공명이 50의 나이에, 사마상여와

> 같았으나 머리는 희었도다.
>
> 옥우(玉宇)의 백옥루를 향해 휘파람을 불며, 바람을 타고 떠나가려 하니, 다만 수염만 소식과 같구나. 100년 이래 친구들은 모두 스러지고, 금일은 옥매화 아래에 있을 뿐이로다. 정수(井水)의 물은 의연하고, 기정(旗亭)은 옛날처럼 있으니, 선생이 죽었다고 말하지 말라. 쇠 피리에 안배하여, 옥룡을 야반에 재촉하여 일으키리라. 한 결(곡)의 노래에 의지하여.
>
> 公眞健者, 記昔日詞場, 交推靑兒. 醇□嫚人供跌宕, 學得信陵生計. 笑破胭脂, 活描蝴蝶, □出琵琶意. 功名五十, 馬同頭早白矣.
>
> 嘯向玉宇瓊樓, 欲乘風去, 只有鬚蘇比. 一百年來朋輩盡, 今日玉梅花底. 井水依然, 旗亭故在, 莫說先生死. 安排鐵笛, 玉龍夜半催起. 倚一闋.

사의 하단은 우선 진유숭을 호매한 소식에게 견주었다. 다음으로, 화상이 전하는 역사가 이미 100년이 되어 당시 무대에 올랐던 주인공과 조역이 전부 스러졌다고 했다. 마지막으로 오석기는 소식을 버려두고, 정수든 기정이든 노래하지 않은 것이 없었던 유영에게 사종 진유숭을 견주어, 그의 사는 가릉(진유숭)이 잊혀져 옛 인물로 되고 말 것과는 다르리라고 했다.

건륭 40년 을미(1775) 대흥(大興)의 장서가 옹방강도 같은 관점을 지니고, 제시에서 "1,630결(곡), 진관·유영·신기질·소식을 모두 박자에 합했다(一千六百三十闋, 秦柳辛蘇合拍來)"라고 했다. 가릉(진유숭)의 사가 너무 많아 사람들을 놀라게 하며, 풍격은 다양한 요소를 지녀서 북파 소식·신기질의 호매함과 남파 진관·유영의 완약함을 겸했다고 지적한 것이다. 또 이렇게 말했다.

> 봉황 새끼는 오동나무 꽃에서 수옥사(漱玉詞)를 읊더니[이상은(李商隱)의 〈한동랑(韓冬郞)에게 부친 시〉에 "오동꽃 핀 만 리의 단산 길을 떠나니, 어린 봉이 늙은 봉 소리보다 맑다네(桐花萬里丹山路, 雛鳳淸于老鳳聲)"라고 했다. 봉황 새끼, 오동나무 꽃은 진유숭이 부친의 가업을 잘 이은 것을 말하는 듯하다.—역자] 가성에 의지하여 한번 변하매《오사사(烏絲詞)》로구나. 누가 교향(交響)하는 동심(同心)의 말에 응하랴? 주렴 밖 봄 그늘이 먹을 뿌리듯 빗물을 쏟을 때. […] 무오년 봄과 기미년 봄, 제공이 날마다 황제의 성문에 모일 때, 사가(詞家)로서 한림검토에 제수되어 명성이 오로지 한 몸에 모였으니, 기정(旗亭)의 그림 벽에 있는 사람에 견줄 정도로 그치지 않았다. […] 장선(張

> 先)의 삼영(三影)에 이어 모치황(毛馳黃)[모선서(毛先舒)]의 삼수(三瘦), 운(韻)에 따른 촬록은 응당 곡(曲)을 아는 사람으로부터 시작해야 하리라. 시(柴)[시소병(柴紹炳)]와 심(沈)[심겸(沈謙)]이 끼친 서적[시소병은《고운통(古韻通)》을, 심겸은《동강사운(東江詞韻)》을 남겼음—역자]을 정리할 이는 누구인가? 사화(詞話)에 의거하여 서령(西泠)[소소소(蘇小小) 단혼처(斷魂處)인 항주(杭州) 서호(西湖)의 서령교(西泠橋)인데 서령십자(西泠十子)의 사단이 활동한 곳—역자]에게 묻고파라.
>
> 么鳳桐華漱玉詞, 倚聲一變是烏絲. 誰應交響同心語? 簾外春陰潑墨時. […]. 戊午春交己未春, 諸公日聚帝城闉. 詞家檢討專名集, 不比旗亭畫壁人. […]. 張三影後毛三瘦, 韻撮應從識曲聽. 柴沈遺書定誰是? 欲憑詞話問西泠.

진유숭의 사풍은 여러 번 변화했다. 이청조(李淸照, 1084-대략 1151)의 〈수옥사(漱玉詞)〉일 수도 있었고, 몸을 한번 흔들어 자기 자신의《오사사》가 되기도 했으며, 자운과 교향한 동심어일 수도 있었다. 〈가릉전사도〉가 제작되던 처음으로 돌아가보면, 무오 봄·여름 사이에 제영자의 제공이 날마다 성에 모여 그림을 볼 때, 그림 속의 상주 진 검토(진유숭)는 저명한 사가로서 전문 사집《오사사》가 세상에 행했으므로, 기정에서 무명으로서 벽에다 그림을 그렸던 사람이 전혀 아니었다. 이 구절에 작은 글자의 다음 주가 있다. "사집에 수록된 모선서(毛先舒, 馳黃, 1620-1688) 〈운학통지서(韻學通指序)〉를 보면, 모선서는 일찍이 사를 지어 '내가 정말 그림처럼 말랐다고는 믿지 않는다'라고 하고, 또 '학의 등과 산의 허리가 모두 말랐다'라고 했으며, 또 '서찰이 와서 먹이 담박한 것을 보고 너도 마른 것을 알았다'라고 했다. 당시 사람들이 모삼수(毛三瘦)라고 칭했다고 했다." 사가 장선(張先, 990-1078)에게 삼영(三影)의 별호가 있고, 운학전문가 모선서에게 삼수(三瘦)의 별호가 있었다. 옹방강은 두 사람의 삼영삼수설을 빌려, 사를 짓고 운을 맞추는 것은 곡을 아는 것으로부터 시작해야 한다고 논하여, 관람의 문제를 사학의 과제로 향하게 했다.

후대의 제영은 진유숭의 문학적 위치를 논하지 않은 것이 없다. 이어(李御)는 풍격별로 파를 나누어 보는 관점에서 벗어나, 진유숭의 사학에 더욱 높은 평점을 주었다. 시는 이러하다.

> 가릉의 노란 비단에 이름난 사가 적혀 있으니, 옛 모습을 보면 엄연히 여기에 있구나. 전해 내려오는 것을 가지고 절승의 어여쁨이 무엇인지 다투니, 몇 사람이나 수고롭게 당시의 일을 알랴? 북파와 남종의 논변이 끝나지 않는다만, 아이들의 떠드는 소리는 내버려두자꾸나. 한바탕 웃으면서 수염 드날리는 객이, 공공연히 그 위치가 윗자리에 있음을 알겠노라.
> 迦陵黃絹有名詞, 古貌相看儼在玆. 共把流傳爭絶豔, 幾人辛苦識當時? 北派南宗論未休, 兒曹口說任悠悠. 可知一笑掀髯客, 位置公然在上頭.

이어는 화권의 많은 제영자들이 앞 사람이 엎어지면 뒷 사람이 있듯이 소식·신기질 사(북파)와 절서파(남파)의 구별로 논쟁을 그치지 않는 수준에 머문 것을 보고, 그런 논쟁이야 어떻든 이 수염 드날리는 사인이 협애한 파벌 다툼에서 초월하여 문학사상 선도적 위치에 있다고 보았다. 건륭 을미(40, 1775) 가을, 우민중(于敏中, 1714-1779)의 제시는 역사상의 인물들을 더욱 많이 등장시켰다.

> 당대 전사(塡詞)의 작가로는, 가릉이 제일류로다. 미산(소식)과 표격을 같이 하고, 회해(진관)처럼 풍류가 넉넉하다. 화권을 펼쳐보며 선배들을 흠숭하나니, 제시들이 우월한 위치로 손꼽누나. 옥 퉁소로 반주할 수 있어, 영원토록 운치가 유유하여라. 변체는 지금 누가 필적하랴? 난성(蘭成)[유신(庾信)]의 후신이라네. 집안의 네 공자를 이어, 사인 한 사람으로서 이름이 중하구나. 가판(歌板) 그림은 기정(旗亭)에 자취로 남고, 천화(天花) 그림은 유마거사 방장실에서 유래하네. 여음에 거문고 덮던 일을 추억하나니, 옛날부터 엄화계(罨畫溪) 가까이에 살아왔다네.
> 當代塡詞手, 迦陵第一儔. 眉山共標格, 淮海足風流. 展卷欽前輩, 題詩數勝游. 玉簫如可按, 終古韻悠悠. 駢體今誰匹? 蘭成是後身. 家承四公子, 名重一詞人. 歌板旗亭跡, 天花丈室因. 餘音懷掩瑟, 罨畫舊相鄰.

진유숭보다 100년 후의 시인은 자기의 시선을 문학사로 향하게 했다. 제1류 사가 진유숭은 사풍이 소식(미산)의 호방하고 분일(奔逸)한 풍격을 지니기도 하고, 또 소식이 대단히 찬미한 진관(회해)의 풍류로우면서 완약(婉約)함을 지니기도 한다고 하여, 이어는 재자 진유숭을 높이 칭송했다. 진유숭의 문학적 성취 가운데 변체는 어느 누구도 맞설 수가 없어, 그는 바로 유신(庾信)[어릴 때 이름 난성(蘭成)]의 후신이다. 집안 대대로 전해오는 풍류를 계승한 이 재자는 명나라 말 4대 공자의 한 사람인 진정혜의 맏아들로, 청초에 이름이 일시에 높았던 양선(陽羨)의 사종(詞宗)인 것이다. 이어는 시의 마지막에서 진유숭의 두 화상 즉 〈가릉전사도〉[가판기정적(歌板旗亭跡)]와 〈천녀산화도〉[천화장실인(天花丈室因)]으로 돌아가서, 그것들이 100년 공백을 넘어 길고긴 여음을 남겨, 후인으로 하여금 당시 엄화계(罨畫溪)에 이웃했던 문사의 풍류를 추억하게 만든다고 했다.

가경 15년 경오(1810) 완원(阮元)의 제시는 수많은 전고들을 깔아서, 이 화상에 더욱 역사 사실의 색조를 점철시켰다. 시는 이러하다.

> 듣자니 진원룡(陳元龍, 陳登)의 기세가 아주 호방하여, 평원군의 수상(繡像)을 만나보고 기뻐했다지. 오사란 세밀한 사보의 변란에 글자를 쓰느라, 화색이 볼 위의 세 터럭에 자주 올랐다. 양선의 서생은 구당(鉤黨)[동림사의 당—역자]으로 남았고, 유마의 천녀는 선으로 도망을 했네. 강산 한 구비를 주랑(周郞, 周瑜)은 돌아보고, 사죽(絲竹)은 중년의 사부(謝傅, 謝安)가 심정을 도야한 바로다. 군주의 징벽이 있어 청쇄달(궁궐)에 들어가 다투어 글을 지었나니, 진정한 공명은 울륜포 옛 곡조를 빌리지 않는 법[울륜포는 비파의 악곡. 전하는 말에 당나라 왕유(王維)가 현종의 아우 기왕(岐王)의 중개로 공주의 집에 가서 울륜포 곡을 연주하여 총애를 받아 과거에 급제했다고 한다—역자]. 정수(井水)에서의 가후(歌喉)는 새로 유영(柳永)의 노래를 다투고, 선면(扇面)에 아지랑이 낀 꽃 그림은 옛 복사꽃을 한하누나. 장회당 곁 후방역의 묘전에 술을 부어 조문하고, 여고에 있는 모양의 정원 집에서 퉁소를 불어 옛 일을 추억한다. 사인은 어찌 동림의 뜻을 이해했던가? 호해루는 본디 높이가 100척이었던 것을.
>
> 聞道元龍氣最豪, 平原繡像喜相遭. 烏絲細譜襴邊字, 火色頻添頰上毫. 陽羨書生鉤黨在, 維摩天女借禪逃. 江山一曲周郞顧, 絲竹中年謝傅陶. 徵辟競題靑瑣闥, 功名不藉鬱輪袍. 歌喉井水新爭柳, 扇面烟花舊恨桃. 酹酒墓田依壯悔, 吹簫園館記如皋. 詞人那解東林意? 湖海樓原百尺高.

완원의 이 시에서 앞의 두 구는 진유숭의 호매함을 언급하는 것으로 시작하여, 130년 후에 이 그림을 볼 수 있어서 정말로 이 그림과의 상봉을 기뻐한다고 했다. 제3-4구는 진유숭의 《오사사》와 석 대산의 〈전사도〉가 마치 살아 있는 듯하다고 적고, 다음으로 천녀의 산화를 비유로 삼아 그림 속의 진유숭·서자운의 연애가 색즉시공의 깨달음을 가져 온다고 했다. 다음으로 주유(周瑜, 175-210)와 사안(謝安, 320-385)이 중년에 소탈하고 기개가 컸던 사실을 가져와 진유숭을 비유했다. 다음으로 진유숭이 천거되어 입경해서 박학홍사과에 합격하고 한림에 들어간 일을 말했다. 완원은 극명(劇名)의 쌍관(雙關)을 이용하여, 진유숭이 곧바로 '청쇄달(青瑣闥)'에 들어갔지, '울륜포(鬱輪袍)'를 빌리지 않았다[간알(干謁)하지 않았다—역자]고 했다. 그 다음으로 진유숭의 사는 유영의 사나 마찬가지로 정수(井水)의 가후(歌喉)가 다투어 창하고 있다고 말했다. 또 공상임(孔尚任)의 《도화선(桃花扇)》 희곡에도 나오는 진회의 가기 이향군(李香君)의 도화선면(桃花扇面) 일을 끌어들여 옛일을 조문했다. 마지막으로 명말 4공자 가운데 후방역(侯方域)의 장회당(壯悔堂), 모양(冒襄)의 여고원(如皋園) 등에서의 장면으로 연결시켜, 진유숭의 역사적 지위를 건립하고 만명 동림당의 의기를 회고함으로써, 진유숭의 호해루를 문학의 영원한 기념물로 만들었다.

(3) 창화 제영의 내용

70여 편의 제영 가운데는 화운 작이 빠지지 않았다. 위에 인용했듯이 송락은 주이준의 작에 화운하여 〈조기모어자차죽타운(調寄摸魚子次竹垞韻雪)〉, 손지울은 등한의(鄧漢儀)의 작에 화운하여 〈전조화효위제기년선생전사서정위북(前調和孝威題其年先生塡詞書正渭北)〉, 임인창(林麟焻)은 이양년의 작에 화운하여 〈조기요화차무증운정기옹년장형정(調寄瑤花次武曾韻呈其翁年長兄正)〉을 지었다.

① 관람 시선의 풍부성: 오농상(吳農祥)과 서임홍(徐林鴻)의 창화 제영

제영의 숲 속에 오농상[108] 한 사람의 제영이 다섯 편이나 된다. 오농상

108_吳農祥은 명나라 崇禎 5년(1632)에 태어나 청나라 康熙 47년(1708)에 졸했다. 《三續疑年錄》에는 萬曆 30년(1602)에 태어나 강희 17년(1678)에 죽었다고 했다. 향년은 같다. 〈迦陵塡詞圖〉가 이루어졌을 때가 강희 17년(1678) 3월이고 紀年이 있는 〈沁園春〉이 戊午 12월 초8일로 되어 있으니, 오농상이 죽은 때는 이보다 빠를 수 없다. 짧은 1개월 사이에 어떻게 이렇게 많은 題詠을 할 수 있겠는가? 또 죽기 전에 이런 調로 웃을 심경이었겠는가? 그

의 다섯 편은 둘로 나뉠 수 있다. 하나는 오농상이 대신 지은 두 편이고, 또 하나는 오농상이 서임홍의 작 〈심원춘(沁園春)〉에 화작한 세 편이다. 사장정(謝章鋌)은 이런 말을 했다.

> 〈가릉전사도〉 […] 권 속에 오농상의 제사가 유독 많다. 풍류자가 여랑(女郞)을 대신하여 주인에게 증여한 것이 있고, 봉황대에서 퉁소 분 일을 그리워하여 주인을 대신해서 여사에게 준 것도 있다. 또 〈심원춘〉 3결도 있다. […] 발문에 "진염에게 옛적에 소사(小史)가 있어, 일시를 놀라게 하고 염모하게 했다"라고 했다. 또한 〈심원춘〉을 지어 고뇌하게 만들었다"라고도 했다. 서임홍이 이렇게 화운했다. […] 발문에 이렇게 말했다. "성수(星叟) 선생이 희어를 사보에 넣으려고 했는데, 나도 앞의 운자로 첩운하여 이름하길 뇌염(惱髯)이라 하고, 오농(懊儂)에 배당시켰다. 홍(서임홍)이 거듭 기록한다." 성수란 즉 오농상이다. 소사란 자운을 말한다.
>
> 迦陵塡詞圖, […] 卷中吳農祥題詞獨多, 有風流子代女郎贈主人. 有鳳凰臺上憶吹簫, 代主人贈女史, 又有沁園春三闋. […] 跋云: "陳髯舊有小史, 驚艷一時." 又作〈沁園春〉以惱之. 徐林鴻和云. […] 跋云: "星叟先生將戲語譜入, 余亦再疊前韻, 名曰惱髯, 以當懊儂, 鴻再記." 按星叟, 即農祥也. 小史蓋謂紫雲.[109]

오농상의 다섯 편은 건륭 탁본에서 서로 가까이 위치하여, 제영이 시간순으로 이어졌음을 보여준다. 대작의 형식으로 지은 것은 희학 성분이 농후한 사이다. 첫째는 〈부득풍류자대여랑증주인(賦得風流子代女郎贈主人)〉이다. 작자가 자운으로 분하여 여랑의 어조로 말하여 진유숭에게 주었다. 둘째는 〈부득봉황대상억취소대주인증여사(賦得鳳皇臺上憶吹簫代主人贈女史)〉이다. 이는 거꾸로 작자가 진유숭의 어조를 모의하여 자운에게 준 것이다. 오농상은 이 한 짝의 사로 진유숭·서자운의 이별 정경을 그려냈다. 진유숭은 추천을 받아 입경하여 박학홍사과에 응했으나, 오농상은 그의 앞길은 점칠 수가 없었다. 〈부득풍류자대여랑증주

러므로 두 설 모두 믿을 수 없다. 오농상의 자는 慶百, 호는 星叟, 浙江 錢塘 사람이다. 집에 장서가 많았고 저서를 즐겼다. 박학하고 시와 고문에 뛰어났으며 《주역》에 밝았다. 저서에 《蕭臺集》 240권, 《梧園雜誌》 20권, 《流鉛集》 40권, 詩餘 24권, 그리고 《嘯臺讀史》·《綠窗讀史》·《錢邑志林》·《唐詩辨疑》 등이 있다.

109_《賭棋山莊詞話》, 卷2, pp.3487-3488.

인〉의 사는 이러하다.

> 산호 필가는 필격(筆格)을 더하고, 향렴을 열고, 창 아래서 이별의 수심을 하소하네. 이것이 얼마나 당돌한가? 거문고 줄을 튕겨 감히 정을 부치나니. 용모의 광휘는 줄어서 다 없어져, 거울을 덮으며 오히려 수심한다오. 검은 가죽의 책상에 기대어, 옥 기러기발을 옮기면서 장가를 부르고, 한 조각의 말을 은갈고리글씨로 난숙하게 적어 보내오.
> 珊瑚增筆格, 香奩啓 · 窗下訴離愁. 是唐突幾何? 彈琴堪寄, 容輝減盡, 掩鏡還羞. 烏皮凭, 長歌移玉柱, 片語爛銀鉤.

이 사는 자운이 마음의 목소리를 주인에게 보내는 상황을 그려내었다. 별리의 정 때문에 규방 속에서 수심이 가득하고 원망이 그치지 않는 상황이다. 화가는 여랑이 마음으로 잊지 못하는 주인을 그려낸 것이 아닐까? "정성 들여 그리려 했지만 이루지 못하나니, 100번 웃는 모습을 취해보지만, 데리고 가지 않기에, 한사코 눈을 감고 있다네(刻畫未成, 百番索笑, 携來不是, 一餉凝眸)." 보아 하니 화가는 그림을 완성하지 못했다. "푸른 난새가 전하는 서신이 아득히 오지 않아, 장문궁에서 한나라 진황후가 모색했듯, 사마상여가 지은 것 같은 부(賦)를 사서 완 땅과 낙양에서 미친 듯 놀려 하고, 허랑하게 침단향목으로 소상을 주물해서, 함께 서루에 갇혀 지냈으면 했다네(青鸞書信杳, 長門索 · 賣賦宛洛狂游. 浪鑄沈檀小像, 同鎖西樓)." 간절하게 그리워하는 여랑은 기별이 오지 않자, 침단향목 소상이 되어 서루에 갇혀 지낼 수 있게 되길 바랐다. 기운이 꺾이고 애상에 젖어, 끝내 "어조는 작약과 같으나 오로지 마음으로 오열할 따름(語調芍藥揔咽心頭)"이었다. 오농상은 사의 끝에서 규중의 수심이 있게 된 배경을 말했다. 그리고 이별은 부득이하므로, 주인이 얼른 성공하기를 축복해서, "빨리 〈장양부〉와 〈우렵부〉로, 부군이 후에 봉해지길 바라네(計日長楊羽獵, 夫婿封侯)"라고 기대의 어조로 말했다.

〈부득봉황대상억취소대주인증여사〉는 오농상이 각색을 바꾼 의작(擬作)이다. 상단에서는 여사가 지난 날 어떻게 서적을 교감하고 가성으로 전사(塡詞)를 도왔는지를, "봄기운이 벽계 깊은 곳에 가득하자, 소상반죽에 따스한 기운 돌고, 일제히 매화가 피어났다. 신곡을 번안하여, 봉황을 불러오고 끌어와서는, 다투어 구름과 노을을 토해낸다(春滿碧溪深處, 湘竹暖·齊發梅花. 翻新曲, 呼皇引鳳, 競吐雲霞)"라고 노래해서, 인생에 이런 조력자를 얻은 것을 기뻐했다. 하단에서는 여랑의 온유한 정에 대해, "이런 다정함은 하늘이 부여한 것이니, 일종의 가실이었네(是多情天付, 一種人家)"라고 했다. 이 순간 이별하여 세월이 총총하게 흘러가버리면 '벽옥연화(碧玉年華)'를 머물러 둘 수 없을 것이다. 하지만 다행히 이 도상이 있어서 위로받을 수 있다. "도화에 의지해서, 돌아가는 꿈을 따라, 함께 천애 가에 멀리 있으리라(憑圖畫, 還隨歸夢, 同遠天涯)"라고 했으니, 주인과 여사가 그림 속에서 영원히 헤어지지 않으리라 말한 것이다.

위의 두 의작 이외에, 오농상은 〈심원춘〉 조에 맞춰 3결의 사를 전사했다. 제1사의 발문은 이러하다.

> 〈심원춘〉을 지었는데, 보명(寶名) 서 선생(서임홍)의 운을 삼가 그대로 밟았다. 서호(西湖) 제(弟) 오농상이 죽림사의 여관에서 제하다. 때는 무오 12월 초8일이다.
> 賦得沁園春, 敬步寶名徐先生韻. 西湖弟吳農祥, 題於竹林寺之旅泊齋. 時戊午十二月初八日.

이 한 편은 서임홍의 사에 화운한 것이다.[110] 오농상과 서임홍은 둘 다 전당 사람으로, 사적인 교분이 있었다. 오농상의 어조에서 그가 서임홍을 존경했음을 알 수 있다. 죽림사 여관에서 제했는데, 그 사는 아래와 같다.

> 저 군자여, 한 미인이 있어, 곡방에서 한껏 교태를 부리네. 긴 수염이 가늘게 비트는 것을 보고, 나긋나긋하게 옛 자태를 꾸미고, 별 같은 눈동자를 비껴서 흘겨보며, 나긋나긋하게 새 화장을 한다. 유년(幽年)을 애석해하여, 도리어 지난 밤 교태를 부려, 악부에서 분명하게 서너 줄을 짚누나, 침음하길 오래하니, 결국 노래가 희고 고운 매화꽃을 이루고, 퉁소의 취주는 난초향을 흩는다.

110_徐林鴻은 본디 莆田林氏로 徐씨의 사위였다. 字는 大文, 號는 寶名, 錢塘 사람이다. 海寧에서 諸生의 명부에 올려져, 박학홍사과에 천거되었다.《兩間草堂詩文集》이 있다.

> 개원 이후 여러 재자들 가운데, 누가 빼어난 음조와 풍류로 광장에서 뽐냈던가? 영롱한 반죽(斑竹)의 붓을 선망했으니, 붓 끝에서 율려가 조화되고, 들쑥날쑥 섬세한 손가락으로, 손 아래 오음의 음률을 조화하누나. 금 술동이가 거꾸러지기도 전에, 분내 나는 소매로 자주 부축이고, 술잔을 따르면서 춘정을 머금고 (옛 도사 여옹처럼) 주머니에 기대었다. 도화라고 해도, 같은 목소리로 창하기를 기다리니, 그 노래는 화려한 들보 주위를 맴돌리라.
> 彼君子兮, 有美一人, 弄姿曲房. 看長鬌細撚, 婆娑故態, 星眸斜睇, 婀娜新粧. 以惜幽年, 還嬌昨夜, 樂府分明按幾行. 沈吟久, 果歌成雪艷, 吹□蘭香. 開元以後諸郎, 誰絶調風流賽廣場. 羡玲瓏斑管, 毫端律呂, 參差纖指, 手底宮商. 未倒金樽, 頻扶粉袖, 斟酌春情坐隱囊. 雖圖畫, 待同聲出唱, 繞遍雕梁.

상단은 도면에서 본 것을 상세히 묘사하여, 군자/미인 두 사람이 전사에서 서로 보완하는 상보 관계에 있다고 언급했다. 하단은 성당 시기를 그 당시 사단이 홍성한 상황에 견주어, 전사 때 합악의 실황을 추측하여 적었으며, 춘정과 염색을 끌어들이고, 다시 평면 도화에서 가성이 유동하는 것을 상상하여, "도화라고 해도, 같은 목소리로 창하기를 기다리니, 그 노래는 조각한 화려한 들보 주위를 맴돌리라"라고 했다.

오농상의 발문은 무오 12월 초8일 작성했다. 〈가릉전사도〉가 그 해 늦봄에 완성된 후 반 년 지난 뒤의 일이다. 오농상은 단숨에 세 편의 사를 이루었는데, 그 세 편의 주제가 비슷하다. 진유숭에 대해 젊어서 음악에 뛰어나 "문원(文園)의 영수가 되어 오래도록 주름잡은" 사인의 재능을 지닌 인물로 추숭하거나, 전사의 정황을 상상하여 "슬픔을 머금어도 하소할 길이 없어, 노래는 변치(變徵)에 근원하고, 홀로 지내는 고독한 정이 합하지 못하여, 곡조는 청상곡으로 애절하다(含悲莫訴, 歌原變徵, 單情未合, 調切淸商)"라고 했다. 그리고 자운의 음유의 미를 한껏 묘사하여, "아슴프레 밝은 화장을 하고, 치아 위에서 나오는 노래는 가볍고 둥글며, 손가락으로 튕기는 곡은 완곡하고 구성지다(縹緲明粧, 齒上輕圓, 指間婉轉)"라고 했다. 또 남들이 흠모할 운치를 묘사하여, "가을 병풍 뒤에 숨는 것을 배우고, 교묘하게 둥근 부채로 몸을 가려, 다만 목로에 바짝 임하여 사마장경(사마상여)을 모신다(學隱秋屛, 巧遮團扇, 只狎當壚侍長卿)"라든가, "춘풍에 나긋나긋, 선망하는 사람들은 그를 농옥이라 칭하고, 선루에는 허비경 신선만 있도다(春風便, 羨人稱弄玉, 仙婁有飛瓊)"라고 했다. 오농상이 제2편 사에 쓴 발문은 이러하다.

> 앞의 사를 다 짓고 나자, 보명(寶名, 서홍림)이 "그대에게 이 그림을 보여주었는가?"라고 했다. 대개 기년(진유숭)선생이 명하여 사를 지은 것이지만, 사실 미처 보지 못했다. 또 〈심원춘〉을 지어 기록했다. 기조(記曹, 서기관)가 뒤이어 부친 것처럼, 당연히 다시 보명 선생께 드려서 종이 끝에 부록으로 삼아야 할 것이다. 서간 오농상이 또 죽림사의 산화거에서 쓴다.
>
> 作前詞竟, 寶名曰: "與卿曾見此圖耶?" 蓋其年先生命作, 實未見也. 又作沁園春以記之. 如記曹續寄, 當更作與寶名先生附紙尾耳. 西澗吳農祥, 又題于竹林寺之散花居.

오농상은 이 그림을 보지 못했으나 진유숭이 사를 지어달라고 부탁하자 화면을 스스로 해석하고 상상을 해나갔다. 이러한 상황에서 오농상은 연속하여 세 편을 지었다. 진유숭의 제영 요구에 대해 이렇게 마음을 다하여 자신의 필묵과 재주를 발휘한 것이다.

제3편 사의 발은 이러하다.

> 진염에게 옛적에 소사(小史)가 있어, 일시를 놀라게 하고 염모하게 했다. 또 〈심원춘〉을 지어 고뇌하게 했다. 아우 오농상이 다시 돈수하고 죽림사 사천왕이 미소하는 곳에서 적다.
>
> 陳髯舊有小史, 驚豔一時. 又作沁園春以惱之. 弟吳農祥, 又頓首題于竹林寺之四天微笑處.

오농상은 서임홍과 함께 죽림사의 정원에 묵으면서 인연을 맺었다. 오농상은 도화의 본사를 갖추어 말하고, 진유숭에게 사람을 놀라게 하는 나긋나긋한 소사가 있어서 가성에 맞춰 전사할 수 있도록 도와주고, 또 사람들의 선망과 질투를 자아낸 연정이 있었다고 주를 달아 밝혔다. 그래서 이 주제를 핵심으로 삼아 앞에 장난스럽게 2편을 의작하고, 뒤에 〈심원춘〉 3편을 지었다. "또 〈심원춘〉을 지어 고뇌하게 했다"라고 했으니, 제3편 사의 경우도 해학의 필치를 유지하여, 이 초점에 따라 서술 내용을 설계했다.

> 버드나무 아래서 퉁소와 생황을 불고, 떨이채와 오사란으로, 다투어 빈객을 위한 연회에 모셨다. 시를 짓다가 지쳐가는 것을 보면, 서자운이 휘장 아래 머물러, 숙취가 조금 풀리기까지, 항상 침상 앞에 서서 기다렸다. [두목(杜牧)의 옛 일처럼] 멋진 남성의 수레에 정표로 과실을 던질 만한 풍만한 자태요, [미자하(彌子遐)처럼] 자기가 먹다 남은 복숭아를 주인에게 바치는 어리석다고 할 태도를 지었네. 황금문고리를 열고 들어가 두꺼운 이불을 덮고 자기도 했지. 낭군이 서약하길, 분명히 금생에서는 너와, 헤어지지 않고 서로 사랑하자고 했네.
>
> 柳底吹笙, 麈尾烏絲, 爭侍賓筵. 見題詩欲倦, 徐留帳下, 宿酲微解, 恒立床前. 擲果丰姿, 餘桃憨態, 任打金鋪擁被眠. 郎君誓, 定今生與汝, 不罷相憐.

오농상은 진유숭의 과거사를 잘 알고 있어서, 상단에서 두 사람이 서로 연애했던 상황을 상상했다. 이 제3편 사에서는 진유숭이 수회원에 들어온 후 처음에는 서먹서먹했지만 곧 친근하게 된 사실을 적고, 진유숭이 자운의 풍만한 자태와 어리석은 태도를 보고 연정에 빠져, 두 사람의 감정이 더 깊어져 맹세를 함으로써 둘 사이가 더욱 굳어지게 되었다고 말했다.

> 지금은 추억만이 너울너울하지만, 처음의 용모는 소년에 견줄 만했다. 기억하나니, 웃는 얼굴로 눈을 쳐들어 보면, 꽃은 말을 해득하기 어려워, 목구멍을 굴려 노래하고 박자에 맞추었으니, 구슬도 자기의 둥근 것을 부끄러워할 정도였다. 금마문이 처음 열렸을 때, 벽옥 같은 이는 어디에 있나? 비취 주렴이 차갑게 바뀌어 망연했도다. 가을의 그리움이 고통스러워, 황하가 그치지 않는 듯하고, 기름과 등잔불이 함께 끓는 듯하다.
>
> 只今追憶蹁躚, 好初日容儀比少年. 記笑顏擡眼, 花難解語, 歌喉按拍, 珠亦羞圓. 金馬初開, 璧人何在? 翡翠簾寒易惘然. 秋懷苦, 似長河不息, 膏火同煎.

하단(하편, 후편)은 자운이 곁에서 모시던 아름다운 지난 일들을 소묘하고, 지금은 다만 "추억만이 너울너울하다"고 했다. 그런데 진유숭이 입경하여 벼슬을 구할 때 자운은 죽은 지 이미 3년이 되었으므로, "금마문이 처음 열렸을 때, 벽옥 같은 이는 어디에 있는가?"라 했고, 마지막으로는 두 사람 천상계와 인간계로 서로 떨어져 다만 "가을의 그리움은 괴로워, 황하가 그치지 않는 듯하고, 기름과 등잔 불이 함께 끓는 것 같은" 상태로 되었다고 했다.

오농상은 이 정경과 필치로 진유숭을 '고뇌하게' 만들었다. 연못의 봄물을 흔들리게 하고, 사방 한 치의 마음을 끓어오르게 했다. 또 제서하기를 "돈수하고 죽림사 사천왕이 미소하는 곳에서 적는다"라고 하여 여러 불보살의 미소로 모든 것을 이해하려고 했다. 오농상의 제3편 사는 원작자 서임홍의 반응을 불러일으키는 것으로 매듭지었다.

> 성수 선생(오농상)이 해학의 말을 보(譜)에 넣으려 했으므로, 나도 앞의 사조(詞調)를 거듭 이용하면서 이름을 '뇌염(惱髯)'이라 바꾸어 오농(懊儂)에 배당시킨다. 홍(서임홍)은 거듭 돈수한다.
> 星叟先生將戲語譜入, 余亦再叠前調, 易名曰惱髯, 以當懊儂. 鴻再頓首.

'오농(懊儂)'은 오뇌(懊惱)·오농(懊憹)과 같아, 회한·통회를 뜻한다. 일찍이 남조 악부 오가(吳歌)에 녹주(綠珠)가 지은 〈오농가〉가 있어, 사랑이 이루어지지 못하여 초래된 고통과 회한을 토로했다. 역대로 오뇌의 심경을 시에 집어넣은 작품이 많다.[111] 진유숭도 〈오뇌곡〉을 한 수 지었다. 시는 이러하다. "어슴프레하게 달도 없고 바람도 없는데, 고요하게 청동제 문고리를 닫아걸고 뇌공(惱公)을 시로 노래한다. 생각하면 쌍환의 그가 옥과 같았기에, 후당에서 왕안풍(王安豊)[눈빛이 형형하여 바위 아래 번개가 치듯 했다는 인물.《세설신어》에 나옴—역자]을 사위로 허락했지(依稀無月亦無風, 靜掩金鋪賦惱公. 憶得雙鬟人似玉, 後堂曾許婿安豐)."[112] 고요한 밤, 작자는 시집간 쌍환을 추억하면서 고뇌한다. 오농상과 서임홍 두 사람의 창작과 화운은 분명히 진유숭의 '고뇌'의 기분을 제대로 파악했다. 그래서 두 사람의 연정이 싹 트고 자라나서 칭칭 얽혀 단단하게 굳어

111_晉나라 石崇의 첩 綠珠가 일찍이 〈懊儂歌〉를 지어, "絲布澀難逢, 令儂十指穿. 黃牛細犢牛, 游戲出孟津"(《樂府詩集》 卷46)이라 했다. 古樂府에도 〈懊惱歌〉가 있어, "懊惱奈何許, 夜聞家中論, 不得儂與汝"라 했다. 당나라 백거이는 시에서 "懊惱何人怨咽多"라고 했으며, 溫庭筠은 〈懊惱曲〉에서 "藕絲作線難勝針, 蘂粉染黃那得深. 玉白蘭芳不相顧, 倡樓一笑輕千金"이라고 했다. '懊惱'를 시에 넣고 노래에 넣는 것은 일찍 관례로 되었다.

112_陳維崧, 〈懊惱曲〉, 《湖海樓詩集》, 卷1, p.11b, 《陳迦陵文集》, 第1冊.

졌으나 마침내 이별하고 마는 과정을 묘사하여, 남주인공에게 회한의 색조를 물들였다.

> 그대의 집에서 노래하고 춤추어, 다른 사람이 보도록 빌려주지 않았으니, 누가 선뜻 어여삐 여겼겠는가? 비록 허리가 버드나무 가지처럼 치렁치렁하여, 긴 가지를 사람 손이 붙들고 꺾는다고 해도, 웃옷과 치마는 구름의 상상을 일으켜, 별스러운 모습으로 휘감겨 있었다. 잠깐 보는 일이 언제 있었던가? 가만히 훔쳐보는 것도 허락하지 않았네. 아득히 먼 봉래산의 길이 몇 천 리나 떨어져 있는가? 평소 얼굴을 보는 것은, 다만 비단 이부자리와 장막 아래, 보계대(寶髻臺, 화장대) 앞에서였지.
> 무단히 새 곡을 제작하니, 촉 땅 비단과 오 땅 능사 십만 전(牋)의 값이로다. 채색 노을이 바람에 불려 없어지든 말든, 짧은 퉁소와 옆으로 부는 피리를 부니, 은하가 단절되어 멀리 있고, 바다는 벽색이고 하늘은 푸르기만 하다. 봄빛이 의연하건만, 옥인은 어디에 있나? 오묘한 솜씨가 부질없이 호사를 전하누나. 서로 희학하면서, 몸을 명경으로 만들어, 아리따운 모습을 나누어 가지리.
>
> 歌舞君家, 不借人看, 阿誰肯憐? 縱腰枝柳擺, 長條攀折, 衣裳雲想, 別樣纏綿. 瞥見何曾, 竊窺未許, 迢遞蓬山路幾千. 平生面, 只錦衾帳底, 寶髻臺前. 無端賺製新篇, 有蜀錦吳綾十萬牋. 任彩霞吹徹, 短簫橫笛, 銀河隔斷, 碧海青天. 春色依然, 玉人何處, 妙手空將好事傳. 伊相謔, 除身爲明鏡, 分得嬋娟.

서임홍은 "봄빛이 의연하건만, 옥인은 어디에 있나?"라고 했다. 오농상이 "금마문이 처음 열렸을 때, 벽옥 같은 이는 어디에 있는가?"라고 말한 것과 같다. 혼이 날아가고 종적이 묘해, 비록 "비취 주렴이 차갑게 바뀌어 망연"했지만, 다행히 "오묘한 솜씨가 부질없이 호사를 전하누나." 진유숭은 자운을 독점하여 번뇌하고, 자운과 이별하여 오뇌하며, 다시 자운과 영결의 사별을 함으로써 고뇌했다. '뇌'라는 한 글자는 이 불우한 재자 진유숭이 10년간 겪은 꽃다운 심사를 모두 아우른다.

오농상과 서임홍은 〈가릉전사도〉의 방대한 판면을 공동으로 점유했다. 그들은 자신들이 그림을 읽어 마음에 얻은 것을 온 힘을 다해 펼쳐 보이려고 하여, 상주 진유숭과 대화하고 또 서로 대화했다. 화폭은 하나의 무대였다. 오농상과 서임홍은 본시 진유숭과 자운이 엮어내는 연극

프로그램의 관중으로, 〈가릉전사도〉의 화면에 대해 박수갈채를 보냈다. 100년 후 우민중(于敏中, 1714-1780)이 "화권을 펼쳐 선배를 흠숭하고, 제시의 멋진 놀이를 손꼽는다(展卷欽前輩, 題詩數勝游)"라고 말한 그대로이다. 뒷날 제자의 관점에서 보면, 본디 관중이었던 오농상과 서임홍이 화권 무대 위에서 한 번 답하고 한 번 창하면서 정채 있는 연기를 펼치는 쌍황(雙簧, 고전연예)의 연기자로 변신하여 사람들의 갈채를 받는다. 그 두 사람은 〈심원춘〉의 연환을 통해 후대 제영자의 주목을 끌어내었다. 사용(謝墉)의 제지(題識)는 이러하다.

> 임자 윤4월, 백공관 어른이 〈전사도〉를 꺼내어 제영을 부탁했다. 권 속의 많은 〈심원춘〉 사를 읽고 나서, 역시 이 편을 지었다. 동야(東野) 후학 사용, 당시 나이 일흔 하고 넷.
>
> 壬子閏四月, 伯恭館丈出塡詞圖屬題, 讀卷中多沁園春詞, 因亦賦此闋. 東野後學謝墉時年七十有四.

건륭 57년(1792), 사용은 후대의 관중으로서 이 무대의 대화진에 참여하여, 대화에 더욱 열을 올렸다. 100년간 제영자와 화운자가 속속 분묵(粉墨)을 통해 등장하여, 〈가릉전사도〉의 관람 시선을 풍부하게 했다.

② 영향의 불안—홍승과 장사전 등

오형조(吳衡照)는 이렇게 말했다.

> 〈가릉전사도〉는 석 대산이 전신(傳神)한 것으로, 진숭조는 수염을 드날리고 정수리를 드러내어 정말 국사의 풍모가 있다. 곁에 앉은 여인은 퉁소를 손으로 잡고 불어, 황홀하게 '양류의 기슭에 새벽이 들자 잔월 아래 바람이 분다(楊柳岸曉風殘月)'[북송 유영(柳永)의 〈우림령(雨霖鈴)〉—역자]를 창하고 있다. 홍방사(洪昉思, 홍승)와 장심여(蔣心餘, 장사전) 두 선생이 쓴 곡이 절창이다. 여기에 붓 가는 대로 적는다.
>
> 迦陵塡詞圖爲釋大汕傳神, 掀髯露頂, 眞有國士風. 旁坐麗人拈洞簫而吹, 恍唱'楊柳岸曉風殘月'也. 洪昉思·蔣心餘兩先生題曲絶佳. 隨筆於此.[113]

113_《蓮子居詞話》, 卷1, pp.2,404-2,405.

〈가릉전사도〉의 건륭 탁본을 조사하면, 홍승(洪昇)이 제한 남곡 5수, 장사전(蔣士銓)이 제한 북곡 11수가 있다. 두 사람은 모두 투곡(套曲, 희유곡)을 가지고, 그림을 관람하고 느낀 바를 훨씬 큰 편폭으로 펼쳐 보였다. 홍승과 장사전은 각각 강희 성세와 건륭 성세의 곡가(曲家, 곡 전문가)로, 이 화상의 제영을 통해서 시공간을 넘어 얼굴을 마주했다. 장사전의 발지(跋識)는 이러하다.

> 진망지(陳望之, 진회) 태수가 염주(廉州)로 부임하러 가면서 가릉선생의 〈전사도〉를 꺼내어 제영을 부탁했다. 도권 속에는 각 시체가 섞여 있고 명작이 숲을 이룬 듯해서 감히 함부로 지을 수가 없었다. 이윽고 진망지가 요구하길 더욱 힘껏 했으므로, 부득이 하여 북곡 11수의 악보에 맞춰 지었다. 대개 홍방사 선생이 나에 앞서 남곡을 지은 것이 있으므로 가만히 그것에 견준 것이다. 건륭 신사년 구추(九秋) 상강, 연산(鉛山) 후학 장사전 삼가 절하고 쓰다.
>
> 望之太守將赴廉州, 出迦陵先生塡詞圖屬題. 卷中各體參錯, 名作如林, 未敢漫作. 旣而望之索益力, 不得已譜北曲十一首, 蓋洪昉思先生故有南曲在前, 于是竊比云耳. 乾隆辛巳九秋霜降, 鉛山後學蔣士銓拜題.

건륭 26년 신사(1761), 진유숭의 종손 진회가 제영을 구하자 장사전은 제영으로 북곡을 짓게 되었다. 장사전은 도권 속에 시·사·곡 각체가 뒤섞여 있고 가작이 숲과 같아서 함부로 지을 수가 없으므로 부득이 자기가 가장 득의로 여기는 북곡의 곡보에 맞춰 제한다고 밝혔다. 장사전의 이 발지는 한 문인이 제영의 대열에 들어갔을 때의 마음 상태를 드러내어 흥미롭다. 이 도권은 장구한 시간을 겪어, 강희 17년 그림이 완성된 이후 전전하여 여러 손을 거치며 유전했다. 100년 뒤 37세의 곡가(曲家) 장사전의 눈앞에 이르렀을 때, 장사전이 본 것은 석 대산의 붓으로 완성된 선명한 도화만이 아니라, 여러 손을 거쳐 전해 온 명류의 제영들도 있었다. 흠모하여 경도하는 선배들과 조우하게 되었으니, 그 느낌이 얼마나 묘했으랴! 각기 다른 시간과 공간에 활동했던 사람들과 화폭 속에서 상봉하는 것은, 그들과 동등한 자격으로 화상을 품평하는 것과 마찬가지였다. 청대 문인들은 앞 시대의 작가를 대할 때 마음속에 일종의 초조감이 자라나지 않을 수 없었다. 선배 명가들과 함께 문학상의 대화와 이어나가려고 희망할 수도 있지만, 서로 우열을 가리는 경쟁을 할 수도 있었다. 즉, 해럴드 블룸(Harold Bloom)이 말한 '영향의 불안(the anxiety of influence)'이 있을 수 있었다.[114] 그러므로 장사전은 "이윽고 진망지가 요구하길 더욱 힘껏 했으므로, 부득이 하여 북곡 11수의 악보에 맞춰 지었다. 대개 홍방사 선생이 나에 앞서 남곡이 있으므로 이에 가만히 그것에 견준 것이다"라고 했다. 장사전은 반쯤 떠밀리는 식으로 마음속 초조감을 드러내며 낯가죽 두껍게 출연했으나, 홍승과 기량을 비교하고 후인의 비평을 기다리겠다는 자신감을 뜻하지 않게 드러내었다.

후대의 제영자들은 대개 장사전처럼 초조한 심적 태도를 지녔다. 이 주목할 만한 문제를 제기한 사람은 영렴(英廉, 1707-1783)[115]이다. 그는 이런 시를 제영했다.

> 우염(于髯)은 순전히 □과 같아, 낭랑하게 뭇 사람의 자태를 벗어나 있다. 우주 사이에 매이지 않는 객이요, 고금을 통틀어 절묘한 시어를 내놓았지. 사람은 아득히 멀어지고 헛되이 그림만 읽으며, 나도 늙어 제시를 하기에 이르렀도다. 대개 부용의 주인이 누구냐 하면, 대개 아무개가 여기에 있다고 응하리라. 기해년 여름 내가 상곡(上谷) 사서(使署)[사관(使館)]의 청봉당(青鳳堂)에서 제한다. 죽정노인(竹井老人) 영렴. 당시 나이 일흔 셋.
>
> 于髯洵□若, 朗朗軼群姿. 宇宙不羈客, 古今絶妙辭. 人遙空讀畫, 吾老及題詩. 大抵芙蓉主, 多應某在斯. 己亥夏吾題於上谷使署之青鳳堂, 竹井老人英廉, 時年七十有三.

죽정노인 영렴은 건륭 44년 기해(1779), 짧은 오언시로 관람상의 깨달음을 표현했다. 그림 속의 사종 염로(진유숭)는 영걸의 자태가 환하게 발하여, 기묘하게도 우주 사이에 베틀 북처럼 빈번하에 왕래하며 광음

114_Harold Bloom, 高志仁譯,《西方正典》(全2冊)(台北: 立緒文化, 1998).

115_英廉의 자는 計六, 호는 夢堂, 또 다른 호는 竹井老人으로, 청나라 遼東 사람이다. 옹정 10년(1732) 擧人으로 관직은 大學士에 이르렀고, 시호는 文肅이다. 시문에 뛰어나고 산수와 묵죽을 잘 그렸다.《夢堂詩稿》가 있다. 향년 77세이다. 이 사에는 스스로의 題署가 있어, "己亥(乾隆44年, 1779)夏吾題於上谷使署之青鳳堂, 竹井老人英廉時年七十有三"이라고 했다. 이를 보면 그의 생졸년은 1707-1783년인 듯하다.

의 흐름 속에 아무것에도 구속되지 않는 객이 되었다. 100년 후 현화(玄花, 즉 비문)가 날아다니는 노안을 가지고서는 그저 그림 속의 아득한 옛 고인을 볼 수 있을 뿐이지만, 때 맞춰 시를 제영하여 적음으로써 저 고금의 성대한 모임에 참여했다. 영렴은 이 시의 뒤에 다음과 같이 적었다.

> 이 화권이 내 책상머리에 있은 지 두 해인데, 사람과 그림이 둘 다 깊은 운치가 있다. 그런데 국초 여러 명가의 작품 또한 손가락을 이루 꼽을 수 없을 정도로 많은 까닭에, 가볍게 손에서 떠나게 할 수가 없었으므로, 이 때문에 미루다 미루다가 나도 모르게 세월이 두 번 바뀌었다. 다만 주인은 내게 슬쩍할 마음이 있지 않나 염려했으므로, 오언시 1장을 적어서 보낸다. 혹자는 내 뜻이 가작을 얻으려는 데 있다가 이렇게 늦어진 것이 아닌가 하지만, 전혀 그렇지 않다. 나의 시는 화권 속에 있기는 하지만, 토원책(兎園冊)과 마찬가지로 비루한 것일 따름이다. 다음 날 가랑비가 내려 저녁이 서늘하기에 다시 적는다.
>
> 此卷在吾案頭者兩載, 人與畫均有深致. 而國初諸名家之作, 又指不勝偪, 不肯輕去諸手, 以此遲遲不覺歲月之再易也. 第恐主人疑吾有乾沒之心, 乃書五字一章歸之. 或謂吾意在求佳, 故致此遲迴, 殊不然也. 吾詩固在, 不過與兎園冊同一俚鄙耳. 越日微雨晚涼再書.

이 화폭은 영렴의 곳에 두 해나 있었다. 화권의 화상과 제영이 모두 희세의 보물이어서 손에서 놓지 못하게 만든 것이다. 영렴은 본래의 그림 주인이 혹 자신이 이것을 점유하려 한다고 의심하지 않을까 마음에 걸려, 오언시 1장을 지은 후 원래의 그림을 봉환했다. 영렴은 "뜻이 가작을 얻으려는 데 있다가 이렇게 더디게 되었다"라는 타인의 추측을 승인하지 않았지만, 자기의 시는 비루한 토원책에 불과하다고 겸손하게 말하여 '손가락을 이루 꼽을 수 없을 정도로 많은' 선배들의 재능이 자기에게 가져다주는 '영향의 불안'을 숨길 수가 없었다.

홍승과 장사전이 앞서거니 뒤서거니 판면을 점유하려고 했다는 점에 대해 전재(錢載, 1708-1793)도 역시 자신의 생각을 진술했다.

> 염(진유숭)은 유마거사로서 소상반죽의 대나무 붓을 손에 쥐고, 풀방석을 펴서 땅에 앉되 어깨는 드러내지 않았네. 묘령의 여인이 옥 퉁소를 들고 있는 모습을 얼굴 돌려 바라보는데, 여인은 파초 잎에 앉아서 느릿한 곡조를

불고 있도다. 이 달은 윤삼월로 봄날이 짧지 않았으니, 선승이 시인의 허탄한 모습을 미친 듯 베껴내었지. 남당과 서촉의 마음은 전부 내버리고, 〈감자(減字)〉 사를 이루어 가성에 올리려고 했네. 벽계와 금마문에서는 바야흐로 병장기를 씻어버리고, 공거(公車)로 대조(待詔)하도록 봉황성을 열어두었네. 상상컨대 인재를 찾아내려고 암혈을 죄다 뒤졌으리니, 천재일우의 옛일이 서울에서보다 더한 적이 없었도다. 염공은 강동에서 사(詞)로 명성이 났고, 제영자는 함께 징소된 영걸이 대부분이었네. 성대한 조정에서 채택하고 발탁함은 문치에 관계된 일이기에, 꽃다운 필한으로 유락에 빠져 벗들을 돌아보았지. 100년 그리고 또 100년 지나 이 도권을 관람하여, 꽃이 그늘지고 꽃이 그늘지면 나는 자주 펼쳐 보노라. 그 가운데 절서(浙西)의 여섯 대가는 누가 앞서는지? 소장로(小長蘆, 주이준)가 〈모어아(摸魚兒)〉 읊은 것을 너무도 사랑했거늘. 어이 알았으랴 후래 연산(鉛山) 장가(蔣家, 장사전)의 곡이 있어, 앞에 놓인 홍방사(洪昉思, 홍승)를 이길 줄을?

髯也維摩搦湘管, 敷茵藉地肩非袒. 回看妙女捻瓊簫, 芭蕉葉坐吹之緩. 是月閏三春不短, 禪人狂寫騷人誕. 抛盡南唐西蜀心, 看成減字偷聲伴. 碧雞金馬方洗兵, 公車待詔開鳳城. 想見搜材徧巖穴, 千載一遇古莫京. 髯公江東詞是名, 題者同徵多傑英. 盛朝采擢關文治, 芳翰流連眷友生. 百年百年觀此卷, 花陰花陰吾數展. 就中浙西六家孰先之? 絶愛小長蘆賦摸魚兒. 豈知後來鉛山蔣家曲, 賽得前邊洪昉思?

수수(秀水) 사람인 전재는 건륭 41년 병신(1776)에 제영을 했다. 우선 그림을 마주하여 진유숭과 자운의 관계를 상상하고, 처음 화상을 그릴 때의 제영 상황을 묘사했다. "이 달은 윤삼월로 봄날이 짧지 않았으니, 선승이 시인의 허탄한 모습을 미친 듯 베껴내었지. 남당과 서촉의 마음은 전부 내버리고, 〈감자(減字)〉 사를 이루어 가성에 올리려고 했네." 선승은 화가 석 대산을 가리킨다. 그가 진유숭의 평소 허탄하고 풍류 있는 모습을 미친 듯이 베껴내었다고 했다. 다음으로 진유숭이 입경하여 조칙을 기다리게 되었던 벼슬길의 명운을 말했다. 다시 초점을 제영자의 신상에 두어, "염공은 강동에서 사(詞)로 명성이 났고, 제영자는 함께 징소된 영걸이 대부분이로다. 성대한 조정에서 채택하고 발탁함은 문치에 관계된 일이기에, 꽃다운 필한으로 유락에 빠져 벗들을 돌아보았지"라고 했다. 마지막으로 100년 이전 사람들의 제영을 읽고 난 심경을 말하여, "100년 그리고 또 100년 지나 이 도권을 관람하여, 꽃이 그늘지고 꽃이 그늘지면 나는 자주 펼쳐 보노라"라고 했다. 아울러 고하를 매겨서, "그 가운데 절서(浙西)의 여섯 대가는 누가 앞서는지? 소장로(小長蘆)가 〈모어아(摸魚兒)〉 읊은 것을 너무도 사랑했거늘, 어이 알았으랴 후래 연산(鉛山) 장가(蔣家)의 곡이, 앞에 놓인 홍방사(洪昉思)를 이길 줄을"이라고 했다. 절서의 여섯 대가를 거론하면서 자신이 가장 사랑하는 것은 도권 속 주이준의 〈모어아〉였는데, 뜻밖에 그 뒤에 홍승과 장사전의 사도 있다고 했다. 마지막 구에는 작은 글씨로 주를 적어, "홍승은 남곡 7수를 적었고, 건륭 신사에 장신여(蔣莘畬, 장사전)가 북곡 11수를 적었다"라고 하여, 두 곡가가 손수 적은 제영에 대해 깊이 탄복했다. 전재의 제시는 화운하여 지은 것이 아니지만 후인의 주목을 받아, 홍승과 장사전이 지은 대편의 곡을 적막하게 만들지 않았다.

(4) 제영 내용의 세 번째—후대 제영의 시각

제영자들 가운데 진유숭과 동시대의 사람들은 진유숭이 사인이었기 때문에 대개 사의 형식을 즐겨 사용했다. 하지만 100년 이후의 제영은 사가 적고 시가 많다

① 인물의 죽음에 대한 감회, 세월 변화의 무상감

동시대의 제영자들은 상전벽해의 무상감을 필치에 드러내었다. 임인창(林麟焻)이 지은 〈요화(瑤花)〉 사의 하단은 이러하다.

> 지금 시가를 지은 작가는 구름 위로 솟았으니, 기억하나니 가판(歌板, 노래 박자판)의 인연이, 꽃그늘과 주렴 아래에 있었네. 그 사람이 떠나간 후, 너무도 초췌하였으니, 한 자폭의 생초에 헛되이 모습이 베껴져 있구나. 정향(丁香)은 열매를 맺어, 장막 아래 아무렇게나 놓이고, 연기도 사그러들고 사향도 가라앉았다. 상상컨대 수많은 시간 동안 단조(檀槽, 비파의 격자. 비파)를 버려두고, 담담하게 미봉(眉峰, 미간)을 찡그렸으리.
>
> 而今賦手凌雲, 記歌板因緣, 花陰簾下. 那人別後, 憔悴甚 · 尺幅生綃空寫. 丁香帶結, 任帳底 · 烟消沈麝. 想多時抛却檀槽, 淡淡眉峰蹙也.

자운이 이미 타계한 뒤라, 작자 임인창은 화면을 대하여 가인을 뒤쫓아 찾아보았지만 지금은 이미 한 줌의 황토가 되었기에, 화가가 가인의 초상을 화폭에 공연히 남겨두었다고 했다. 그러므로 "그 사람이 떠나간 후, 너무도 초췌하였으니, 한 자 폭의 생초에 모습이 헛되이 베껴져 있네"라고 했다. 진유숭이 세상을 뜬 10년 후, 진혁희(陳奕禧)도 추억의 어조로 다음 시를 적었다.

> 백석의 전사(塡詞)는 소홍(小紅)을 곁하여 이루어졌으니, 도생죽과 먹 자국도 둘다 몽몽하여라. 《금전집(金荃集)》의 절묘한 사를 읊다보면 정신이 아득해지는데, 자옥(紫玉, 옥 같은 자운)이 퉁소를 불되 아직 그리 공교롭지는 않았으리. 염형(진염, 진유숭)이 몰한 지 또 10여 년, 황공의 옛 목로(친구의 무덤—역자)를 찾지 않을까? 금일 눈 씻고 흰 비단 화폭을 펼쳐 보는데, 하물며 이웃의 피리소리를 들으니 가을 심정이 곱절 서글프구나.
> 白石塡詞伴小紅, 桃笙墨瀋兩濛濛. 金荃吟到銷魂處, 紫玉吹簫恐未工. 髯兄沒又十年餘, 怕過黃公舊酒壚. 今日抹眵披絹素, 怳聞鄰笛倍秋吾.

이 제영은 친우를 깊이 추도하는 마음을 드러냈다.

강희 27년 무진(1668) 초춘, 화상이 그려진 10년 뒤, 진유숭과 안면이 있었던 서개봉(徐喈鳳)[116]이 사를 지어 추도했다. 지난날 교유에서의 인상과 진숙한 장면으로 시작한다.

> 화권 속에 수염과 눈썹을 자세히 보니, 작은 서재에서 지난날 함께 고금을 논했던 분이구려. 계수나무 달과 매화의 바람이란 사(詞)는 보기 좋구나. 지금은 어디에 있나? 요대와 낭원에서 천녀를 찾는다.
> 여인은 파초 방석에 앉아 있어 원래 떠나지 않았으니, 비취 날개와 구슬 옷자락만 부질없이 남았구나. 비록 퉁소를 분다고 해도 소리는 토해내지 못하리라. 도무지 잡을 곳 없네, 천지에 다만 아름다운 시구만 길이 남아 있도다. [원문의 '留住'두 글자는 '嬌嫵'로 바꾸고 '聲不吐' 세 글자는 '誰領取'로 바꾼다.] 위는 어가오(漁家傲) 조.

116_徐喈鳳의 字는 鳴岐, 號는 竹逸, 淸나라 宜興 사람이다. 康熙 12年 전후에 태어났다. 順治 15年(1658) 進士가 되었다. 관직은 永昌府推官을 지냈고, 귀향 후 荊南墨農이라고 자호했다. 詩詞에 뛰어났고, 저작 서너 종이 세상에 전한다.

> 卷裡鬟眉吾熟覩, 小齋曾與論今古. 桂月梅風詞快睹. 今何處? 瑤臺閬苑尋天女.
> 女坐蕉茵原未去, 翠翹珠袚空留住. 縱使吹簫聲不吐. 渾無據, 長留天地惟佳句(留住二字改嬌嫵, 聲不吐三字改誰領取). 右調漁家傲.

서개봉이 이 그림을 보았을 때 진유숭은 이미 고인이었다. 그래서 서개봉은 사의 후지에서 "기년 선생의 전사도에 제하여 '인금지통(人琴之痛)'을 부칠 따름이다(題其年先生塡詞圖, 聊寄人琴之痛云)"라고 했다.[인금지통이란 말은 '인금구망지통(人琴俱亡之痛)'의 줄임말로, 동진 때 왕헌지가 죽자 그가 켜던 오현금도 소리가 제대로 나오지 않게 된 것을 그의 형 왕휘지가 한 말에서 유래하며, 가까운 사람의 죽음을 애도하는 말이다. 《세설신어》에서 유래한다—역자]

후배 여웅(呂熊)[117]도 제시에서 같은 느낌을 말했다. 발은 이러하다.

> 생각하면 신유년 가을, 일찍이 가릉선생(진유숭)을 경저에서 알현했는데, 지금 이미 20여 년이 되었다. 병술 초동, 영사(令嗣, 아드님)가 산양(山陽) 광문재(廣文齋)에서 하탑(下榻, 환대함)하고 선존대인의 〈전사도〉를 꺼내어 제영을 구하기에, 화권을 펼쳐서 조영(사진)을 보니 인금지감(人琴之感)을 이길 수가 없었다. 삼가 세 절구를 제하여 추모의 뜻을 표시한다. 곤산후학 여웅.
>
> 憶辛酉秋, 曾謁迦陵先生於京邸, 迄今已二十餘載. 丙戌初冬, 下榻于令嗣山陽廣文齋中, 出先尊大人塡詞圖索題, 展覩照影, 不勝人琴之感. 敬題三截句以志追慕云. 崑山後學呂熊.

여웅이 지어를 적은 때는 강희 45년 병술(1706) 초동이었다. 여웅은 〈전사도〉를 눈 앞에 두고 25년 지난 과거를 추억했다. 강희 20년 신유(1681) 여웅은 경저에서 진유숭을 배알했는데, 진유숭은 당시 이미 천거되어 한림원 검토의 직에 있었고, 다음 해 서거했다. 여웅은 진유숭의 후사가 지닌 진유숭의 유상을 보았으므로 '인금지감'이 있었다. 그래서 제시를 했다.

117_呂熊의 자는 文兆, 호는 逸田叟이다. 청나라 吳(혹은 浙江 新昌) 사람이다. 저서에《女仙外史》가 있다.

가릉선생의 재덕은 천하가 다 아니, 긴 수염은 흡사 옛 모습 같구나. 당년의 옥전(백옥루, 궁전)에서 휘호하던 날, 이백의 청평사(淸平詞) 세 곡은 치지도 않았지.

伽陵先生天下知, 脩髯猶似舊容儀. 當年玉殿揮毫日, 不數淸平三闋詞.

홍두 꽃 피니 꽃 아래서 운자 고르던 일 기억나네. 오사란에는 전사하여 〈월중가〉 노래했지. 분명히 한 조각 푸른 파초 잎이, 가벼운 구름으로 화하여 진홍색 강(은하수)을 건너갔도다.

紅豆記將花下韻, 烏絲塡就月中歌. 分明一片靑蕉葉, 化作輕雲度絳河.

혜업의 문인은 옥청궁으로 올라갔으리니, 아쟁 켜고 거문고 타서 기예를 둘 다 이루었네. 부용성 안에 가을빛 늙었나니, 새 사(詞)를 사보의 몇 번째 소리로 전사(塡詞)했는가?

慧業文人上玉淸, 彈箏鼓瑟共雙成. 芙蓉城內秋光老, 又譜新詞第幾聲?

수수(秀水)의 후학 왕여양(汪如洋, 1755-1794)은 〈동선가(洞仙歌)〉 두 편을 적었다. 그 첫 번째는 이러하다.

창 같은 수염으로 풍모가 소쇄하여, 양선(陽羨)의 서생인 줄 잘 알겠네. 눈물 범벅으로 아침마다 수심의 얼굴을 씻었지. 새 둥지 엎어지듯 남명이 망할 것을 헤아려, 신세는 순수한 술로 생애를 즐길 뿐이었으니, 어느 곳에 있었는가? 천상의 붉은 구름 속 향기로운 책상 앞에 있었네.

푸른 적삼으로 정말 초라하여, 네 벽 뿐인 조촐한 집으로 돌아와서는, 부용의 먼 산을 실컷 마주했다. 가랑비에 꿈이 갓 깨어날 때, 누 바깥은 조금 싸늘한데, 얼마나 빚은 술을 마셨던가? 옥 생황은 그윽이 원망하는 소리였네. 성대가 걸려, 부드러운 떨림판이 소리를 이루지 못할까 걱정인데, 쪽머리 감싸고 등 심지 올리는 것을 기다렸다가, 밤 깊으면 지칠 만큼 이야기를 나누었다네 ['밤낮으로 이즈음에는, 눈의 눈물로 연지 얼굴을 씻는다'라는 구절이 선생의《오사사(烏絲詞)》에 나오는 구이다. 대개 이후주(李後主, 남당 李煜)의 말을 장난으로 갖다 쓴 것이다.].

戟髯瀟灑, 認書生陽羨. 和淚朝朝洗愁面. 算覆巢, 身世醇酒生涯, 何處是? 天上紅雲香案.

靑衫眞落拓, 四壁歸來, 賸對芙蓉遠山遠. 細雨夢回初, 樓外輕寒, 釀多少? 玉笙幽怨. 怕咽住·柔簧不成聲, 待擁髻挑燈, 夜深談倦 (日夕此間以眼淚洗胭

> 脂面, 先生烏絲詞中句也, 蓋戲用李後主語).

먼저 진유숭의 두드러진 외모를 소묘해서, "창 같은 수염으로 풍모가 소쇄하여"라 하고, 아울러 남명 복소(覆巢, 멸망)의 때로 소급하여 "신세는 순수한 술로 생애를 즐길 뿐이었으니"라든가 "푸른 적삼으로 정말 초라했으니"라고 했다. 이어서 진유숭의 전사를 "옥 생황은 그윽이 원망하는 소리"라고 표현해서, 그의 사를 실의의 소리로 간주했다. 하지만 "성대가 걸려, 부드러운 떨림판이 소리를 이루지 못할까" 걱정하여, 자운을 끼고 등 심지를 돋우며 한밤에 담소한다고 했다. 둘째 편은 이러하다.

> 오사란에 쓰기를 마치자, 또 승명전에 서둘러 출근하네. 《화간(花間)》을 머리 돌려보지만 어찌할 것인가? 상상컨대 늦은 나이에, 사부(詞賦)로 향관에 영락해 있었으니, 도무지 기억하지 못하겠네, 강에 임한 구택에는 누가 사는지?
> 여러 손자들의 문채가 성대하고, 서리같이 흰 비단 초상화를 진중하여, 나를 위해 소쇄한 창 아래서 먼지와 좀을 털어내네. 아무 탈 없구나 이 화신(花身)이여, 아녀자의 풍운은, 꺾이고 억눌려, 일생이 황토로 돌아갔구려. 술을 따르고, 가을밤의 영렬한 혼령에 청동 비파로 한 곡을 올리나니, 〈대강동거〉 곡이라네.
>
> 烏闌寫罷, 又承明催赴. 回首花間奈何許. 想暮年. 詞賦零落鄉關, 渾不記. 舊宅臨江誰住.
> 諸孫文采盛, 珍重霜縑, 爲我蕭窓拂塵蛀. 無恙此花身, 兒女風雲, 摧抑盡 · 平生黃土. 拚酹起. 英魂向秋宵, 付一闋銅琶, 大江東去.

상단(전단)은 진유숭이 서울로 올라가 한림원 직책에 있었으나 전사의 명성과 영향이 강남의 향관에 남아 있었다는 사실을 적었다. 이것은 4년도 채 되지 않는 서울 관직 상황에 대하여 유감을 토로한 것이다. 하단(후단)은 시선을 화권의 진귀한 제영으로 옮겨, 광음의 흐름이 모든 것을 쓸어가 버리는 중에 화신(花身)과 풍운(風雲)도 꺾이고 짓밟히지 않을 수 없었다고 말했다. 후대의 독자층은 바다처럼 드넓겠지만, 이 시각에는 다만 가을밤 술잔을 들고 비파로 〈대강동거〉 곡을 연주하며 사사(詞史)의 영걸이었던 혼령에게 헌작할 따름이라고 했다.

홍양길(洪亮吉, 1746-1799)은 〈만강홍〉 두 곡을 제했는데, 후인의 시선으로 지난 시대의 일화를 바라본 것으로는 가장 뛰어나다.

> 30년간 전사했거늘, 향 하나를, 삼가 양선에게 바치노라. 그렇지만 가향의 100리 멀리 떨어진 산이, 그림 속에 자주 보이누나[전에 이문(里門)에서 선생의 사십 세 화상을 보았다]. 붓을 들어 우연히 가을 선비의 그림자를 묘사하니, 마음에 걸려 별도로 춘풍의 얼굴을 살핀다. 한탄하노라, 푸른 적삼이, 50에 오히려 침몰하다니, 울적함 털어내는 것이 공교롭도다.
>
> 장차 피리의 구멍을 누르려고, 먼저 말의 언치를 푸노라. 잠깐 화권을 펼쳐, 그대로 벼루를 준비하네. 풍성한 자태가 압권으로, 등한하게 비녀 꽂고 팔찌를 찼구나. 이별의 밤은 하늘이 강물 같아 너무도 아리땁고, 눈앞에는 구름이 바람에 떨어져 조각을 이루네. 우습구나 그대여, 풍미를 누가 엿보랴? 대들보의 제비만 엿보리라.
>
> 卅載塡詞, 香一瓣, 敬呈陽羨. 可可是, 家山百里, 畫中頻見. (前在里門曾見先生四十畫像) 涉筆偶描秋士影, 關情別省春風面. 歎青衫, 五十尙沈淪, 工排遣.
>
> 將攊笛, 先施韉. 乍展卷, 仍安硯. 只丰姿壓盡, 等閑釵釧. 別夜最憐天似水, 當頭吹落雲成片. 笑箇儂, 風味有誰窺, 梁間燕.

상단(전단)은 진유숭이 전사를 해 온 것이 30년이라고 손꼽아 헤아려 보고, 지금은 고작 향 하나로 유상을 공경할 따름이라고 했다. 사실, 앞 시대 동향인의 화상은 이 화폭에 그치는 것은 아니었다. 그림 속 사람을 보면, 50세에 여전히 몰락하고 실의한 처지에서, 가성에 의거해서 전사를 하여 무료함을 달래고 있다. 하단(후단)에서 작자 홍양길은 적(笛)·천(韉)·권(卷)·연(硯) 등의 사물을 거론하여 화면을 일일이 설명하고 그림 속 인물의 웃는 모습에 이르렀다. 두 번째 사는 이러하다.

> 한번 묻나니 희조(熙朝, 태평성대)에, 인물이 있는 것은, 송나라·원나라보다 능가한다. 다만 기미년에, 굉사(宏詞)의 과방(科榜)은 더욱 인재의 연수(淵藪)라 일컬어졌다. 선배로서 재주를 아낌이 마치 목숨 아끼듯 했으니, 승평의 즐거운 일을 나는 구명할 수 있도다. 한가한 틈에, 단판(檀板)으로 두 셋 소리를 이뤄, 맑은 대낮을 보내노라.

> 죽타(竹垞, 주이준) 노인, 매촌(梅村, 오위업) 어른. 옥숙(玉叔)을 부르고, 홍우(紅友)를 끼었다. 그렇거늘 이제는 진칠(秦七)을 논하지 않고, 황구(黃九)를 논하지 않으며, 비취 책상에는 세 치 붓을 머물러 두었다만, 새로운 곡조가 이미 1,000 사람의 입에 떨어져 회자되었지. 헤아리면 당년에, 풍월이 아주 맑고 화려했건만, 누가 능히 또 그럴 수 있겠는가?
>
> 試問熙朝, 人物在? 宋元之右. 只己未, 宏詞一榜, 尤稱淵藪. 前輩愛才眞似命, 昇平樂事吾能究. 趁閑來, 檀板兩三聲, 消清書.
> 竹垞老, 梅村叟. 招玉叔, 攜紅友. 且不論秦七, 不論黃九. 翡几暫停三寸管, 新腔已落千人口. 算當年, 風月最淸華, 誰能又?

상단(전단)은 한때 극성했던 강희 연간 인물들이 지금 어디에 있는지 물었다. 그들의 사는 송나라 · 원나라 뒤를 이을 수 있었는데, 다행히 기미년(강희 18년) 박학홍사과의 찬란한 방명에 이름이 올랐다. 눈앞의 화권을 보면서 당시 재주를 아껴주던 풍조와 승평의 즐거웠던 고사를 상상하는 일은, 작가 홍양길이 맑은 대낮을 한가하게 보내는 데 도움이 될 것이라고 했다. 하단(후단)은 사의 역사에서 이름이 혁혁한 주이준 · 오위업 등을 거론하고, 광음이 흘러 그들도 3촌 길이의 붓을 정지한 지 오래라고 했다. 모양(冒襄) 수회원의 진칠(秦七) · 황구(黃九) 같은 악사들은 당일 전사를 위해 신곡을 만들어, 그 곡들이 천리 멀리 전하여 가창되었다. 하지만 지금에 이르러서는 그 맑고 화려했던 풍월도 세월의 침식에 저항하기 어렵게 되었다고 했다. 홍양길처럼 상전벽해의 탄식을 하는 것이 후대 제영의 주선율로 되었다.

저국균(儲國鈞)도 역시 그러하다. 제시는 이러하다.

> 당년의 〈대강동거〉 한 곡에 비교하면, 유영의 생각이나 주방언(周邦彦)의 정서는 도무지 하풍이었네. 서글프게도 내가 태어난 것이 어이 이리 늦었는지? 다만 그림을 통해 염공(진유숭)을 식별할 따름이네. 꽃은 지고 꽃은 피어 생각이 엉키는데, 하늘가 방초에는 제비가 엇갈려 나누나. 무단히 사보(詞譜)에 맞추어 마음 녹이는 구절을 만들어내고는, 아침 구름을 다시 보면서 눈물을 떨구노라.
>
> 當年一曲大江東, 柳思周情揔下風. 惆悵余生何太晚? 祇從圖畫識髯公. 花落花開也繫思, 天涯芳草燕差池. 無端譜出銷魂句, 重見朝雲淚下時.

후대 관중의 이 제시는 지난 시대의 전형을 회고하는 어조로, 그림을 보고 "서글프게도 내가 태어난 것이 어이 이리 늦었는지? 다만 그림을 통해 염공(진유숭)을 식별할 따름이네"라고 탄식했다.

장화녕(蔣和寧)은 〈금루곡(金縷曲)〉 두 편을 제했는데, 모두 애상의 분위기를 띠고 있다. 첫째 편은 이러하다.

> 이 화권은 어찌하여 만들었나? 이것은 당일의 가릉태사가, 풍류의 마음을 우탁한 것이로다. 떡을 사고 퉁소를 불던 일은 모두 지나가고 말았고, 난새 떠돌고 봉새 흘러 다니는 일만 남았구나. 하늘가에서 홀연 생각하니, 재주 있는 사람은 운명이 야박하여라. 한 번 노래하여 곧바로 옥황상제 향안리(香案吏)[향안 담당의 아전. 당나라 원진(元稹)의 시에서 나온 말. 한림의 직에 제수된 것을 은유함 — 역자]에 제수되고, 제삼청(第三廳)에 있을 때 정동(丁東, 물시계)의 똑똑 떨어지는 소리를 들었네. 기뻐하여 질탕했던 일이, 오히려 어제 일처럼 느껴지누나.
> 산호의 필격과 유리 갑, 붓을 동곳으로 삼아 일하던 여가에, 궁(宮)조를 끌어오고 치(徵)조를 함유하며, 수염을 꼬면서 깊이 생각하였지. 몇 번이나 엿보았던가 오사란에 전사를 다하기도 전에, 이미 트레머리 미인이 박자에 맞추었던 것을. 어이하랴? 푸른 꽃과 꽃받침, 붉은 분칠과 푸른 적삼이 영원히 회한의 일이 되어, 그때의 노래가 하나같이 모두 소멸되고 말았구나! 그 사람 어디에 있는가? 마음으로 헤아려보노라.
>
> 此卷胡爲作. 是當日 · 迦陵太史, 風懷偶托. 鬻餠吹簫都過了, 剩得鸞漂鳳泊. 天忽念 · 才人命薄. 一賦旋除香案吏, 第三廳時聽丁東索. 喜跌蕩, 還如昨. 珊瑚筆格琉璃匣. 簪毫暇 · 引宮含徵, 撚髭商略. 幾睽烏絲塡未畢, 早有嬌鬟按拍. 敢則是? 綠華姓萼. 紅粉靑衫終古恨, 到當歌一例都消却. 人何在? 心堪摸.

장화녕은 건륭 임신(17년, 1752)의 진사로, '당일의 가릉태사'와 면식이 없었다. 상단(전단)에서는 "난새 떠돌고 봉새 흘러 다니는 일만 남았구나. 하늘가에서 홀연 생각하니, 재주 있는 사람은 운명이 야박하여라"라고 했다. 하단(후단)에서는 "붉은 분칠과 푸른 적삼이 영원히 회한의 일이 되어, 그때의 노래가 모두 소멸되고 말았구나. 그 사람 어디에 있는가? 마음으로 헤아려보노라"라고 했다. 재자의 운명이 야박하여 고인이 되었다고 말하고, 또 두 사람의 염정이 흩어져 소멸되었다고 말한 것이다.

두 번째 편은 이러하다.

> 부끄럽네 나는 후대에 태어났도다! 젊어서의 일을 기억하며, 머리 숙여 사숙하나니, 《화간》의 난초밭을. 지금은 도화 속에서 그분의 수염과 눈썹을 식별하고, 가까스로 향 하나로 마음을 바친다. 알겠네, 노인께서 흥이 남다르고 옅지 않았음을. 옥구슬 굴러가는 듯 인후를 굴려 노래하고 외모는 꽃 모양이었으니, 아무래도 영웅은 풍마(風魔)에 익숙한 듯하도다. 다만 눈을 스쳐갔을 뿐, 모두가 허환이로구나.
>
> 바람 잘 들고 아지랑이 낀 한 골짝을 일찍이 유람했네. 모두 영락했으니, 상아 찌와 비단 표구의 도화, 술집의 깃발과 박자 맞추는 가판만 남았구나. 중주(中州, 중원)에 손자가 없었다면, 어이 이 단청 화권을 지켰으랴? 누가 다시 헤아리랴, 춘풍이 얼굴에 불어오는 일을? 결국에는 문장이란 천고의 옛일이니, 강산이 죄다 마멸되고 이야기는 먼 옛날 것이 되었구나. 어루만지자니, 회한의 정을 어이하랴?
>
> 慚愧予生晚! 記少小 · 低頭私淑, 花間蘭畹. 今識鬚眉圖畫裏, 剛奉心香一瓣. 知老子 · 興殊不淺. 珠樣歌喉花樣貌, 算英雄多半風魔慣. 祗過眼, 都成幻.
>
> 風煙一壑遊曾遍. 零落盡 · 牙籤繡贉, 酒旗歌板. 不是中州孫子在, 那守丹青一卷? 更誰省 · 春風人面. 畢竟文章千古事, 儘江山磨滅傳還遠. 摩挲處, 情何恨?

장화녕은 붓을 자기 자신으로 돌려, 젊어서 오대의 《화간》 같은 진유숭의 사집을 홀로 읽던 일을 회상했다. 그리고 호매했던 사풍의 진유숭을 직접 만나 볼 수 없고 도화 속에서 수염과 눈썹을 식별할 뿐이니, 마음을 다하여 향을 하나 바친다고 했다. 그런데 가릉의 꽃같은 가녀와 헌걸한 영웅의 형상은 지금은 그저 눈앞을 스쳐간 구름이요 아지랑이 같다고 하여, 인간사에 대한 무상감을 쏟아냈다.

후대 제영자들은 진유숭의 유상을 직접 보지 못하고 대부분 회상의 어조로 한 시대의 풍류 인물을 상상했다. 그런데 그것은 그림 속 인물과 시대적으로 현격하게 떨어져 있다는 심리적 거리를 조성하기에, 당대의 제영자가 현장감을 갖던 것과는 아주 다르다. 건륭 25년 임진(1760) 진사 왕문치(王文治, 1730-1802)는 칠언 장시 한 수를 적어, 상전벽해의 감각을 더 조리 있게 표현했다. 아래에 분할하여 서술한다.

가릉의 사필은 소식 · 신기질과 짝하니, 100년 동안이나 도화가 중주(중원)에 남아 있네. 이름난 여인이 붓과 먹 가까이 한 일이 너무나 부러워라, 종래 선배들은 풍류를 한껏 누렸도다.

迦陵詞筆辛蘇儔, 百年圖畫存中州. 羨煞名姝親翰墨, 由來前輩擅風流.

가릉(진유숭)이 소식 · 신기질의 사풍과 짝을 이룬다는 말로 시작했다. 백 년 전의 도화가 강남에서부터 유전하여 중주에 이르러 왔는데, 화면을 보면 한 시대의 풍류문사가 한묵에 친근한 미인과 함께 그려져 있어서 후인으로 하여금 선망하게 만든다고 했다.

풍류는 도량(都梁) 유람의 일을 말하나니, 포의로서 기개가 높았건만 그 행역을 차단한다. 타향에서 봉황 토해내는 재주를 누가 아꼈던가? 연회 자리에서 기러기도 놀라게 할 객을 홀연 만났지. "저의 집은 가랑비 내리는 석두성에 있고, 낭군의 집은 양선(陽羨) 저녁 산이 곁으로 누운 곳에 있지요." 봄날 앵무새는 날마다 산 앞에서 고운 노래를 부르고, 봄 풀은 해마다 성 위에 생겨나는 때, 소년의 나이로 강남의 물을 함께 마셨건만, 천애에 윤락하길 지금 이렇게 하다니, 수심에 겨워 백일이 이문(夷門, 동문)을 비추는 것을 바라보면, 신릉의 문 앞에는 풍토의 꽃이 자색으로 피어나 있어라. 푸른 적삼과 붉은 눈물이 둘 다 스산하여라, 지난 일에 느끼고 봄날을 애처로워하여 모두가 적막하다. 질탕한 유정(柔情)은 채색 붓으로 귀결하고, 전부 쓸어버릴 듯한 호기는 옥 퉁소에 부쳤도다. 퉁소 소리는 명월 아래 서글픔을 더하고, 사의 곡조는 바람결에 비장함을 극도로 하누나. 노래 퍼지고 음이 휘휘 돌아 흐르는 물도 더디건만, 환두(換頭)[주제를 두 번 반복할 때 처음 부분을 바꾸는 음악 형식—역자]의 음향이 격렬하여 층운 위로 솟구치네.

風流見說遊梁日, 布衣骯髒嗟行役. 異地誰憐吐鳳才? 當筵瞥遇驚鴻客. 妾家細雨石頭城, 君家陽羨暮山横. 春鶯日日山前囀, 春草年年城上生. 小年同飲江南水, 天涯淪落今如此. 愁看白日照夷門, 信陵門前土花紫. 青衫紅淚兩蕭騷, 感事傷春並寂寥. 跌宕柔情歸彩筆, 消磨豪氣付瓊簫. 簫聲明月增惆悵, 詞調臨風劇悲壯. 哨遍音迴流水遲, 換頭響激層霄上.

왕문치의 장편 시는 여기서 이전 일로 돌아가, 진유숭이 천애에서 실의해 있을 때 모씨(모양)가 그의 재능을 아까워했던 일, 기러기도 놀라게 할 만한 미모의 자운을 처음 만났던 일을 말했다. 그리고 다시 진유숭과 자운의 고향을 생각해내고, 똑같이 강남의 물을 마신 두 사람이 서로 대면하고 서로 사랑한 것은, 천애에 윤락한 사람들이 서로 마음을 알아주고 서로 애석해하는 정에서 나온 것이라고 했다. 그 아래는 붉은 눈물과 푸른 적삼, 질탕한 유정(柔情)과 죄다 쓸어버릴 듯한 호기, 명월 아래의 퉁소 소리와 바람에 임하여 사의 조를 고르는 일 등, 두 사람에 대한 작자의 애상감을 대장(對仗)으로 적어 나갔다.

> 하루아침 글을 지어 올려 명광전에 숙직하고, 궁중 비단으로 옷을 마름하니 길이가 몸에 꼭 맞았네. 자금성에서 휘호하여 총우를 흠뻑 입다가, 홍루에서 날을 헤아리다니 처량하게 되었구나. 생초에 상사(相思)의 뜻을 베껴 그려내니, 전사가 흡사 회문시에 답한 문자 같아라. 당시에 도하 사람들을 모두 놀라게 한 재주였기에, 소단(문단)에서 성대한 일로 칭송한다네.
>
> 一朝獻賦直明光, 宮錦裁衣稱體長. 紫禁揮毫多寵眷, 紅樓計日轉淒涼. 生綃寫出相思意, 塡詞似答迴文字. 同時都下盡驚才, 傳向騷壇稱盛事.

진유숭이 박학홍사과에 천거되기 한 해 전에 석 대산은 이 〈전사도〉를 그림으로 그렸다. 곧바로 진유숭은 시운을 만나 입경하여 시험에 응해서, 크나큰 대작이 과연 황제의 인정을 받았다. 생초의 그림은 이 두 옥 같은 인물들을 그려내어, 이별의 상사로 농후한 처량한 뜻을 물들였다. 그렇다면, 다정다감한 염객(진수융)의 전사는 동진 때 소혜란(蘇蕙蘭)이 애정을 만회하려고 적은 회문시(迴文詩)에 회답하고자 했던 것은 아닐까? 이 사람, 이 재능, 이 그림, 이 제영은 소단(시단)의 성대한 일로 되어, 도하(서울)를 놀라게 하여 뭇 사람의 시선을 끌었다.

> 지금 도권을 펼쳐 음진(音塵)을 살피니, 금분은 비록 녹아 없어졌어도 필묵은 참 모습이로다. 성기(聲伎)가 언제 대아(大雅)에 관심을 두었던가? 모름지기 염객이 본시 절륜함을 알겠네. 지난 해 운랑(자운)의 그림을 친히 보다가, 붉은 꽃(서자운)이 긴긴 밤 곁에 모셨던 날을 상상했다네. 고운 여인이든 요염한 동자든 등한히 여겨지고, 기정(旗亭)에서 사인의 성가(聲價)만 오로지 높구나.
>
> 只今披卷省音塵, 金粉雖銷筆墨眞. 聲伎何曾關大雅? 須知髯也本超倫. 前年親見雲郎畫, 想到紅蕤伴遙夜. 媛女妖童亦等閒, 旗亭偏長詞人價.

여기에서 왕문치는 작가의 시선으로 돌아가, 비록 지난날은 티끌처럼 되었지만 풍류의 일화는 의연히 화권에 선명하게 드러나 있다고 했다. 노래하는 기녀는 원래 대아의 일과는 무관하지만, 절륜의 진염(진유숭)으로 인하여 문사의 붓 아래서 긍정적인 평가를 얻었다고도 했다. 작가는 말하길, 3년 전 운랑(자운)의 소상을 직접 보고 운랑이 길고 긴 밤에 홍분의 반려가 되었던 일을 상상했다고 밝혔다. 그리고 아리따운 여인이든 요염한 동자든 둘 다 사인의 훌륭한 동반자라고 했다.

> 장회당은 비었고 수회원은 쇠잔하니, 풍광은 이 날 황량하고 쓸쓸하기만 하구나. 평생 회고의 정이 무한하니, 도화를 보다가 상심하지 말아라.
> 壯悔堂空水繪殘, 風光此日剩荒寒. 平生懷古情無恨, 莫遣傷心畫裏看.

왕문치는 마지막으로 다시 시야를 넓혀, 후방역의 장회당, 모양의 수회원은 비록 이미 황량하게 되었지만, 광음이 흘러갔다고 회고의 마음에서 한스러워 하지 말라고 했다. 그림을 보면서 애상에 젖지 말자고 스스로 다짐한 것이다. 이어(李御)의 감상도 이와 비슷하다. 그의 시의 뒷부분을 보면 다음과 같다.

> 좨주 상서의 일은 마음을 서글프게 하누나, 생애의 늘그막에 이름난 꽃을 반려로 삼았지. 도성 사람을 모두 경도하게 할 객과 마주 앉았으니, 그이가 상전벽해 세상의 바깥사람이었던 일과 비교하여 어떠한가? 천금의 호화로운 옛 동산에 이름난 가희를 사서, 맑은 퉁소를 불어 노래는 채색 노을 바깥까지 뻗었다. 우습구나 심양(潯陽) 강가의 객(백거이)이, 저 상인의 아내가 비파를 켜다가 흐느끼는 것을 마주했던 일이. 아리따운 님 가신 후 운랑(자운)은 늙고, 수회원은 쇠망하여 온갖 객들의 내방이 줄었구나. 모르겠네, 박자를 다시 맞추며,《회인시》를 짓고《감구집》을 엮을 날이 어느 때인지?
> 祭酒尙書事愴神, 名花垂老伴前身. 何如坐對傾城客, 却是滄桑局外人? 千金舊院買名娃, 一管淸簫唱彩霞. 合笑潯陽江上客, 對他商婦泣琵琶. 婉君去後雲郎老, 水繪亡來百客捐. 不識此時重案拍, 懷人感舊是何年?

작가 이어는 왕사진과 진유숭을 나란히 거론하여, 왕사진이 서글픈 노년에 비록 명화를 곁에 두었지만 진유숭이 장년에 경성지색을 마주했던 일에는 미치지 못한다고 했다. 〈가릉전사도〉의 그림은 그들의 미려한 모습을 기억 속에 머물러 두어, 상전벽해하는 세상의 바깥에 있게 했다고 했다. 그렇기는 하지만 그 일을 서술하는 작가 이어의 심리는 시공의 변역이 가져오는 애상감을 완전히 떨쳐 버릴 수가 없었다. 남녀 주인공이 이미 세상을 떠나 염문의 장소였던 수회원도 황폐한 데다가 화폭 제영의 관중들도 분분하게 세상을 떠나고 말았기 때문이다.

② 자아 경험의 투사

건륭 말, 진유숭의 종손인 약주(藥州) 진회(陳淮)는 원화의 축소본을 간행하기 전, 면식이 있는 원매(袁枚, 1716-1798)에게 우편으로 청하여, 원매의 〈전사도서(塡詞圖序)〉[118]를 받았다. 이 장문은 진유숭이 능숙했던 변려체로 되어 있다. 일부만 보면 다음과 같다.

> 국풍의 호색(好色)이 우리들의 종정(鍾情, 편집적인 사랑)임을 면하지 못하니, 이한(李翰)은 문장이 메마르면, 음악을 반주하고, 경문(景文)은 역사서를 편수할 때[경문은 송나라 송기(宋祁)의 시호. 사관 수찬이 되어 구양수와 함께 《신당서》를 편찬했음—역자], 곁에 붉은 화장의 여인들을 나란히 두었다. 혹은 음영이 파하면 즉시 초하여 전하게 하고, 혹은 곡이 마치면 다시 박자에 맞춰 노래하게 했네. 시선을 흘리고 웃음을 보내면, 한 미인이 있었고, 치(徵)를 씹고 상(商)을 머금게 하여, 삼롱(三弄)을 가르쳤다[삼롱은 매화삼롱(梅花三弄)의 약칭으로, 진(晉)나라 환이(桓伊)가 작곡한 적곡(笛曲)—역자]. 효후(孝侯)의 마을에 저택을 여니[효후는 동진 때 양선(陽羨) 사람 주효후(周孝侯)를 말하며, 육기(陸機)가 짓고 왕희지(王羲之)가 쓴 〈평서장군주부군비(平西將軍周府君碑)〉의 법첩 〈주효후첩(周孝侯帖)〉이 전함—역자], 먼 산이 푸르게 눈썹 가에 들어오고, 소백(少伯)의 호수에 집을 띄우니[범소백(范少伯) 즉 범려(范蠡)가 월왕(越王)을 보좌하여 오나라에 원수를 갚고 공을 이룬 뒤에 서시(西施)를 배에 싣고 오호(五湖)에 떴음—역자], 봄 강물이 녹색으로 치마 색을 물들였네. 귀 기울여 연회석에 임하니, 번소(樊素)[백거이의 시첩]의 한 기관의 노래하는 성대요, 그를 이용하여 곡을 기록하게 하니, 위랑(韋娘)[당나라 기생 두위랑(杜韋娘)]의 서너 되 홍두(紅豆)로다[홍두는 홍두수(紅豆樹)

118_《賭棋山莊詞話》, 卷1, pp.3329-3330.

또는 상사자(相思子)라 칭하는데, 과일은 선홍색인 데다가 심장처럼 생겨, 상사(相思)의 상징으로 쓰임—역자]. 먹을 경(卿)의 손에서 닳게 하고, 붓을 신료의 관모에 꽂았구나. 정말로 풍류의 사람이 스스로 빼어난 향기를 이루었다 할 만하여라.

未免國風好色, 我輩鍾情. 李翰文枯, 便奏音樂. 景文修史, 旁列紅妝. 或吟罷而即令傳抄, 或曲終而重爲按拍. 流目送笑, 有美一人. 嚼徵含商, 教其三弄. 開第孝侯之里, 遠山青入眉邊. 浮家少伯之湖, 春水綠湔裙色. 傾耳當筵, 樊素一串歌喉. 費他記曲, 韋娘幾升紅豆. 墨磨卿手, 釵冠臣冠. 眞可謂風流人豪, 自成馨逸者矣.[119]

이 단락은 '호색(好色)'과 '종정(鍾情)'에서부터 파고들어가, 우선 역사상 저명한 문인들의 곁에 홍장이 있어 박자를 맞추고 노래를 부른다든가 곡을 기록해준다든가 하며 협조한 예들을 열거했다. 그리고 진유숭이 전사할 때도 미인 자운이 악기를 연주하거나 노래를 불러 음률로 도와주었기에 정말 다행이었다고 하고, 그렇기에 진유숭은 정말로 풍류호걸이라 할 만하다고 했다. 원매의 서문은 이어서 도면의 정황을 다음과 같이 자세하게 말했다.

곧 기예에서 주름 잡은 호두(虎頭, 고개지)와, 교묘함이 빼어난 주방(周昉)[당나라 화가]이 있어, 경성(傾城)의 미모를 베껴내고, 아울러 명사의 풍류를 전했도다. 한 사람은 갈기 같은 긴 수염을 바람에 휘휘 휘날리며, 꽃을 따면서 미소 짓고 있다. 한 사람은 구름 같은 트레머리가 아리따운데, 술잔을 마주하여 노래를 부르고 있다. 그 용모가 순수하여, 아름답고도 곱도다! 부르면 살아날 듯하니, 진짜인가 아닌가? 옷과 쓰개가 온화하여, 영주 십팔사(瀛洲十八士) 그림보다 뛰어나고, 손과 손톱이 영롱하여, 예상(霓裳) 제3첩 그림처럼 완연하다.

則有技擅虎頭, 巧超周昉者, 爲寫傾城顏色, 兼傳名士風流. 一則長鬣飄蕭, 拈花微笑; 一則雲鬟窈窕, 對酒當歌. 有睟其容, 美矣麗矣!; 呼之欲活, 是耶非耶? 蘊藉衣帢, 勝瀛洲十八士之畫; 玲瓏指爪, 宛霓裳第三疊之圖.

그림 속에서 갈기 같은 수염을 바람에 휘휘 날리고 있는 주인공, 구름 같은 트레머리가 아리따운 보조역, 그 둘은 수용(睟容, 얼굴)이 미려하여

119_袁枚, 〈陳檢討塡詞圖序〉, pp.134-135.

살아 있는 듯 생생하다. 원매는 그림 속의 자운이 머리를 기울여 퉁소를 누르고 있는 손가락 끝을 보면, 예상곡 제3첩을 연주하고 있는 듯하다고 했다. 이어서, 작가의 시선은 또 화폭에 가득한 제영에 머물렀다.

> 이에 널리 명류들을 불러서, 각각 제품(題品, 품평을 씀)을 가하게 했으니, 호사가들에게 전해서, 함께 해설자가 되었네. 노을이 뒤섞이고 비단이 펼쳐진 듯했으니, 모두 같은 방(榜)에 이름이 올라 용문에 올랐던 인재들이요, 붓 가는 대로 노래하고 먹 치는 대로 춤을 추니, 삼조에 걸쳐 봉황을 토해냈던 재주들을 모았구나. 일백 휘(斛)의 옥구슬들이, 다투어 종이 위에서 날고, 육조 때의 황금 분이 행간에 반나마 떨어진다. 어찌 희세의 단청이 아니며, 가문에 대대로 전할 묵보(墨寶)가 아니겠는가?
> 於是廣召名流, 各加題品. 傳諸好事, 同作解人. 霞駁錦摛, 皆一榜登龍之彥; 筆歌墨舞, 聚三朝吐鳳之才. 百斛珠璣, 爭飛紙上; 六朝金粉, 半墜行間. 豈非希世之丹靑, 傳家之墨寶也哉?

'모두 같은 방에 이름이 올라 용문에 올랐던 인재들'이라고 하여, 원매는 강희 18년(1679)과 건륭 원년(1736) 박학홍사과의 동방(同榜) 한림들을 언급했다. '삼조에 걸쳐 봉황을 토해냈던 재주'라는 말은, 원매가 제영한 건륭 말년, 화권에 순치 · 강희 · 건륭 3조에 걸친 명사들의 제영이 가득한 사실을 가리킨다. 서로 다른 문학 세대가 한 곳에 모여, 옥구슬이 다투어 나는 듯하고 황금분이 반나마 떨어져 넘실넘실 대관(大觀)을 이루어, 그것이 이 화권을 희세의 단청 보물로 만들었다고 했다. 원매는 마지막으로 붓끝을 작가 자신에게 돌렸다.

> 나는 어린 나이에 붓을 놀리게 되면서, 곧 난성(蘭成)[남북조 문인 유신(庾信). 자 난성—역자]을 흠모했고, 늙어가면서는 꽃을 보며, 늘 기성(騎省)[동진 때 산기상시(散騎常侍)를 지낸 반악(潘岳)—역자]을 그리워했네. 성군이 등기(登幾, 군림)한 날은, 곧 추생(鯫生, 하찮은 자신)이 서울에 들어간 해였도다. 성대한 은전을 거듭 만나, 공거(公車)로 징소되었다. 공보다 57년 늦게, 등황(謄黃, 황제의 명령)의 은혜로운 조칙을 거듭 보았고, 징소한 선비가 180인인데, 연녹색의 머리색을 한 소년으로 끼었네. 당시의 진식(陳寔)은, 조그마하게 새벽별이었고, 이날의 원공(袁公)[원홍(袁鴻)]은, 공공연하

게 석과(碩果)였도다. 변수(弁首, 최우등)에 외람되게 두셔서, 시권에서 뿜어나오는 빛이 기러기를 놀라게 했기에, 하얗게 빛나는 정수리를 가만히 기뻐하여, 화권 종이 끝에 기린마 꼬리에 파리가 붙듯이 글을 붙이노라. 아아! 명류가 어찌 제한이 있으랴? 대체할 인물이 부족하지 않는다는 말을 생각하고, 사객(詞客)[진유숭을 가리킴—역자]에게 신령이 있다면, 공장(孔璋)[진림(陳琳)]은 응당 나를 알 것이다. 퉁소 부는 신선을 손가락으로 가리키면서, 화권에 글씨 쓴 신정(神情)을 헤아려보면서, 재주가 다 끝난 강엄(江淹)의 처지를 근심하지 않고, 다만 두목(杜牧)보다 뒤늦게 태어난 것을 한스러워 하노라. 단선(둥근 부채)을 든 방옹(放翁, 육유)의 모습을 기뻐하여, 노안을 자주 씻어 쳐다보고, 미산(眉山, 소식)이 태백(太白, 이백)의 진영에 제영했듯이, 음진(音塵)이 마치 접하는 듯한 기분에 젖노라.

枚弱齡弄翰, 即慕蘭成. 老去看花, 常懷騎省. 當聖主登幾之日, 即鯫生入洛之年. 盛典再逢, 公車被召. 遲公五十七載, 謄黃之恩詔重看. 徵士百八十人, 慘綠之少年得與. 當時陳寔, 渺矣晨星. 此日袁公, 公然碩果. 辱教弁首, 卷中影照驚鴻. 竊喜華顚, 紙尾偏叨附驥. 嗟乎! 名流何限? 審言不乏替人. 詞客有靈, 孔璋也應識我. 指點吹簫仙子, 揣量題帕神情. 不憂才盡江淹, 只恨生遲杜牧. 欣團扇睹放翁之貌, 老眼頻揩. 似眉山題太白之眞, 音塵若接.

이미 고령에 든 이 작가는 어린 나이부터 만년에 이르기까지의 자신을 술회하면서, 서유체(徐庾體)[120]를 모방하여, 한껏 사조(詞藻)의 기려(綺麗)를 추구하고, 그로써 자부심을 느꼈다. 강희 18년에 뒤 이어 건륭황제가 다시 박학홍사과를 열어 재능 있는 사람을 징소했다. 원매는 이 건륭 원년(1736)에 21세였다. 계림 광서순무 김홍(金鉷)의 관서로 나아가 숙부 원홍(袁鴻) 선생을 방문했다. 김홍은 그의 재주를 시험하려고 〈동고부(銅鼓賦)〉를 지으라고 명했는데, 원매가 붓을 들어 즉석에서 완성하여 재기가 횡일했다. 김홍은 크게 칭찬하고 원매를 그 해의 박학홍사과에 천거했다. 뒤에 비록 낙방했지만, 경사에서 '기재(奇才)'라는 명성을 얻었다.[121] 원매는 젊은 제생으로서 박학홍사과에 천거된 징사 180인의 대열에 이름을 올렸으므로, 〈전사도서〉에서 자기가 추생(鯫生)으

120_徐陵은 陳 땅 사람으로, 徐摛의 아들이다. 여덟 살에 글을 지을 줄 알았다. 梁에서 벼슬을 살아 通直散騎常侍가 되었다. 글을 지으면 辭藻가 綺麗하여 庾信가 이름이 나란했으며, 세상에서 徐庾體라고 했다. 蘭成은 庾信의 小字이다.

121_《袁枚全集》, 王英志 〈前言〉, pp.1-2.

로서 서울에 들어가 연녹색 두발의 소년으로서 추천받은 지난 일을 거론하며 득의양양해했다.

두 번의 박학홍사과는 전후 57년의 간격이 있었다. 비록 건륭 원년(1736)의 박학홍사과에 낙방했으나, 2년 후 23세의 원매는 다시 천거되어 건륭 4년(1739) 진사에 합격하고, 서길사에 선발되어 한림에 들어갔다. 단, 원매가 정치에 참여한 것은 고작 10년도 되지 않는다. 건륭 14년(1749) 은둔처로 수원(隨園)을 구입하여 이로부터 종신 저술에 힘을 기울여, 이로써 세상에 명성이 드러났다. 그래서 〈전사도서〉에서 "당시의 진식(陳寔)은, 조그마하게 새벽별이었고, 이날의 원공(袁公)[원홍(袁鴻)]은, 공공연하게 석과(碩果)였도다"라고 했다. 원매는 금일 〈가릉전사도〉를 늑모 간각하는 때에 변수(弁首)의 제서(題序)를 작성하여, 종이 끝에 글을 부기한다고 겸손해했다. 하지만 실은 원매는 저 도화가 전승되어 온 역사를 중단시키지 않겠다는 의지를 지녀, 진유숭이 계승했던 미문(美文)의 전통을 이어나가겠다고 스스로 기대하고 스스로 호기를 드러내었다. 원매는 화권에 제영한 명류들을 큰소리로 불러내어 그들을 대신하려 했고, 다시 상주 사객의 영혼에게 이 후배 계승자를 한번 보아달라고 청했다. 자신감이 충만한 원매는 강랑(江郎, 강엄)과 달리 자기 재주가 다했다고 우려하지 않았다. 다만 유감스러웠던 것은 너무 늦게 태어나 진유숭이 두목(杜牧)처럼 만좌의 곳에서 경망했던 풍류의 시대에 동참하지 못한 사실이었다. 원매의 제서는 화상 제작의 시기보다 이미 반세기나 떨어져 있었다. 하지만 원매는 박학홍사과 시험을 보고 변문(駢文)을 힘써 지었으며, 붉은 화장의 사람을 크게 거두고 명류와 널리 교분을 맺어, 그 점에서 진유숭이 다시 태어난 것과 같았다. 원매는 그림 속 인물을 자기에게 투영하여, 선배를 마주하여 선배와 역량을 비교하고자 하는 '영향의 불안'으로 가득했다.

뒷사람의 제영은, 원매의 경우와 마찬가지로, 개인의 창작 경험과 기억을 개입시키지 않을 수 없었다. 심초(沈初, 1735-?)도 이렇게 말했다.

> 변려의 문장은 한 시대의 웅자였고, 소식·신기질의 사필(詞筆)과는 고금이 같았네. 수염이 창 같은 이는 참으로 재자로, 춘풍의 구레나룻 그림자를 향

유했었지.

駢儷文章一代雄, 蘇辛詞筆古今同. 鬚髯如戟眞才子, 消受春風鬢影中.

악부는 종래 대대로 전하지 않아, 대성악(大晟樂)의 음절이 오래도록 망망하더니, 하늘이 악보를 사인(詞人)의 손에서 나오게 만들어, 마침 퉁소 소리 속에 들어가 한바탕 원만했도다.

樂府從來代失傳, 大晟音節久茫然. 天教譜出詞人手, 恰入簫聲一串圓.

기려한 음색이 비등하여 국풍의 아취가 있고, 옥당의 맑은 꿈은 강동으로 떨어지네. 분명히 십사교 가에 객이 있어, 스스로 새 사(詞)를 조탁하여 소홍(小紅)에게 가르쳤으리.

綺麗飛騰有國風, 玉堂淸夢落江東. 分明十四橋邊客, 自琢新詞教小紅.

명류의 제영이 구슬 엮은 듯한데, 기쁘게도 우리 집 두 노인이 거기에 들어있구나. 흑접(黑蝶)의 장원은 황폐하고 성각(星閣)도 아득하다만[화권의 제영자 가운데 두 심씨가 심초의 족조였다. 한 사람은 〈흑접사(黑蝶詞)〉를 짓고 한 사람은 〈다성각사(茶星閣詞)〉를 지었다. 《절서육가사(浙西六家詞)》 속에 보인다], 서너 줄 유묵이 이 그림 속에 보이네.

名流題詠似編珠, 喜有吾家二老俱. 黑蝶莊荒星閣杳, (卷中題者二沈爲初族祖, 一著黑蝶詞, 一著茶星閣詞, 見浙西六家詞中.) 數行遺墨見斯圖.

절묘한 음조는 진수(陳隋)[궁중행락의 곡인 〈한궁추월(漢宮秋月)〉의 악보—역자]의 서너 차례 연주에 있고, 마음에 각인하기는 일찍이 문진(問津)하던 해에 있었음을 기억한다[기억하건대 어려서의 시에, "양선의 사신은 옛날 술꾼이었으니, 일생 실의하여 기가 전부 추솔하다. 진수는 서너 차례 연주에서 신곡을 재촉했거늘, 곡조가 끊어져 지금 다시 얻을 수가 없구나"라고 했다. 제영이 어떤 사(詞) 뒤에 있었는지 기억하지 못한다]. 당시의 기홍(寄興)은 거품 따라 소멸했으니, 대개 전사(塡詞)에도 역시 인연이 있다네[일찍이 옛 사 가운데 남아 있는 원고를 편찬했으나, 곧 분실했으므로 뒤에 다시 만들었다].

絶調陳隋數弄邊, 服膺曾記問津年. (記少時有詩云: 陽羨詞臣舊酒徒, 一生落魄氣全麤. 陳隋數弄催新曲, 絶調而今更得無. 不記題在何詞後也.) 一時寄興隨漚滅, 大抵塡詞亦有緣. (曾編舊詞存稿, 旋失去, 後亦不復作.)

심초는 건륭 28년 계미(1763) 진사로, 위의 제시 5수는 각각 중점이

다르다. 요컨대 진유숭의 변려 문학에 대한 추숭과 전사 성취에 대한 찬양에서 벗어나지 않았다. 또 보조역 자운을 그려 넣는 것을 잊지 않았다. 제4수는 뭇 사람들의 제영으로 돌아가, "기쁘게도 우리 집 두 노인이 거기에 들어있구나"라고 하고, 스스로 주석하길 "화권의 제영자 가운데 두 심씨가 심초의 족조였다. 한 사람은 〈흑접사〉를 짓고 한 사람은 〈다성각사〉를 지었다.《절서육가사》 속에 보인다"라고 했다. 제5수의 주석에서는 개인의 창작 경험을 직조해 넣어서, 어려서 자신이 어떤 사(詞)인가의 뒤에 제영한 시를 소개했다. 그리고 자신이 전사와 맺은 인연을 표시하여, "당시의 기홍(寄興)은 거품 따라 소멸하였으니, 대개 전사(塡詞)에도 역시 인연이 있다네"라 하고, 작은 글씨로 또 주석하기를, "일찍이 옛 사 가운데 남아 있는 원고를 편찬했으나, 곧 분실하였으므로 뒤에 다시 만들었다"라고 했다. 심초는 화상을 보고 지은 제시에 줄곧 작은 글씨의 주를 보충했고, 특히 자신의 독특한 경험과 기억을 기입하여, 그림과 자신의 사이에 긴밀한 연관을 쌓아나갔다.

어떤 학자도 마찬가지였다. 구왈수(裘曰修)[122]의 제지는 이러하다.

> 건륭 경신년, 강남 사향조(謝香組)가 내게 말하길, "묘시(廟市)에서 신성(新城) 상서(왕사진)의 〈대립도〉를 구입했는데, 바로《정화록》에 판각하여 넣은 것이네"라고 했다. 지금 사향조도 서거한 지 근 십년이 지났으니, 모르겠다 그 그림이 누구의 손에 떨어졌는지? 그래서 마지막 수에서 언급했다. 남주 후학 구왈수(裘曰修) 삼가 씀.
>
> 乾隆庚申, 江南謝香組爲余言, 於廟市買得新城尙書戴笠圖, 即刻入精華錄者也. 今香組又謝世近十載矣, 復不知竟落誰手? 故末章及之. 南州後學裘曰修敬題.

건륭 5년 경신(1740), 구왈수는 친구 사향조가 묘시(廟市)에서 〈어양산인대립소상(漁洋山人戴笠小像)〉을 구매했다고 들었다.[123] 당시 이 소상

122_裘曰修의 자는 叔度 · 漫士, 호는 諾皋, 江西 新建 사람이다. 강희 51년에 나서 건륭 38년에 졸했다. 건륭 때 진사로 禮, 刑, 工 삼부의 상서를 지냈다.

123_王士禛은 만년에《漁洋山人精華錄》을 선집하여 일생을 압축했다. 그는 이 저작을 위해 상당히 치밀하게 구상을 했다. 그 하나가 당시 화가 梅庚에게 〈漁洋山人戴笠小像〉을 그려달라고 해서 책의 첫머리에 付刻하게 한 것이다. 이 화상은 강희 39년(1700) 무렵 제작되

은 제작된 지 근 반세기가 지나 있었다. 지금은 그 그림을 구매한 사향조도 작고한지 10년이나 되었다. 이러한 회상을 가지고 추측하면, 제영의 시기는 건륭 15년(1755)보다 빠를 수가 없다. 후대의 독자 구왈수는 시의 마지막에서, 친구가 왕사진의 소상을 구득했으나 그것이 사방으로 유락하고 말았다고 말하여, 명류의 화상이 이리저리 전전하여 사방으로 유락하는 것을 유감스럽게 여기고 시간이 총총하게 흘러가는 것에 대해 슬퍼했다. 전체 시는 이러하다.

> 소년 시절 일찍이《화간》을 점검하다가, 〈가릉절묘사〉를 가장 사랑했다네. 금일 단청을 처음 대면했는데, 향을 살라 우리 선생을 받들고 싶구나. 문장은 남북조 서리(徐摛)·서릉(徐陵) 부자와 유견오(庾肩吾)·유신(庾信) 부자 당시의 체이고, 시는 소식(蘇軾)·황정견(黃庭堅) 무리만큼 뛰어나건만, 효풍잔월(曉風殘月)로 오인되어, 직함이 유둔전(柳屯田)[유영(柳永)]이라는 서압(署押)을 감수해야 했다네. 100년 사이에 명인들의 풍류가 스러졌으니, 진염(陳髯, 진유숭)은 소탕하고 호방한 옛 장부였구나. 그날 시향(侍香)은 어떤 여인인가? 기러기를 놀라게 했건만 한순간 세간에서 사라졌구나. 화권의 시백(詩伯)은 어양(漁洋, 왕사진)을 으뜸으로 하고, 다른 여러분들도 비등하여 각각의 장기로 주름잡았다. 한 가지 잊기 어려운 서글픈 것은, 여심(餘瀋, 남은 저작)으로 운랑(雲郎)의 모습을 그대로 그려내지 못한 점이라네. 〈대립도〉가 이루어지자 역시 발군이었지만, 일부 남은 흰 비단 그림이 남의 손을 따라 날리는 먼지를 쫓아갔구나. 중랑(中郞)[후한의 채옹(蔡邕). 아들이 없었으나 딸 염(琰)이 가업을 전함—역자]은 아들 없다는 한을 품지 말라, 대대로 청상(青緗)[청간(青簡)과 상질(緗帙)]을 지킬 사람이 있으니.
>
> 少年曾檢花間集, 最愛迦陵絶妙詞. 今日丹青初識面, 瓣香眞欲奉吾師. 文如徐庾當時體, 詩是蘇黃一輩賢. 却被曉風殘月誤, 頭銜甘署柳屯田. 百年名輩風流盡, 髯也跌豪古丈夫. 爾日侍香何女史? 驚鴻一瞥世間無. 卷中詩伯首漁洋, 諸子飛騰各擅長. 一事難忘惆悵處, 不將餘瀋貌雲郎. 戴笠圖成並軼倫, 斷縑隨手逐飛塵. 中郎莫抱無兒恨, 世守青緗大有人.

구왈수는 이 그림에 그려져 있는 대문호를 극히 존경해서 시대를 뛰어넘어 사숙할 스승으로 여겼다. 구왈수는 비록 진유숭 본인을 친견하

었다. 역시 개인의 화상으로 자기표방을 전파하는 기능을 지녔다. 이 책 제6장 참조.

지는 못했지만, 소년 시절 문학작품을 열독하면서부터 진유숭과 인연을 맺었다. 구왈수는 정통 문학에서 시를 존중하고 사를 경시하는 관점을 견지했다. 그래서 가릉(진유숭)의 시를 소식·황정견 무리와 같다고 여기고 변문은 부의 고수 서릉·유신과 같다고 여기되, 지나치게 진유숭이 성률에 의거하여 전사하는 것을 사랑해서 "효풍잔월(曉風殘月)로 오인되어" 다른 시대의 유둔전(柳屯田) 즉 유영(柳永)으로 간주되고 말았다고 지적했다. 그리고 구왈수는 이 선배가 기러기도 놀라게 할 만큼 아름다운 시향(侍香)의 여사를 대동하여, 재능 있는 남자와 아리따운 여성의 풍류 일화가 인간세계에서 보기 드문 사조(寫照, 초상)를 낳았다고 했다. 후단에서는 도면의 화폭에 가득한 제영으로 돌아가, 왕사진을 맹주로 하는 강희 문단에 주목해서, "다른 여러분들도 비등하여 각각의 장기로 주름 잡고" 모두들 진유숭의 염정과 비애를 이해하고 지음의 편장을 써내었다고 언급했다. 마지막에는 강희 17년의 〈가릉전사도〉와 강희 39년의 〈어양산인대립도〉가 나란히 발군의 작품임을 거론하고, 진유숭과 왕사진을 강희 문단의 두 맹주로 들었다. 그러면서 무정한 세월이 도화의 흰 비단 조각을 먼지처럼 만들고 말았다고 하여, 유감의 뜻을 표시했다. 두 사람은 이미 작고했고 두 그림도 사방에 유락했지만, 맨 마지막으로 구왈수는 위로의 뜻에서 말하길, 진유숭과 왕사진이 '아들이 없는 유감'을 품지는 않을 것이라 하고(두 사람 다 아들이 없었다), "대대로 청상(淸緗)을 지킬 사람이 많도다"라고 했다. 책을 보관하는 푸른 상자는 집안 대대로 전하는 학문이나 한 집안에만 전하는 학문을 가리킨다. 지금 온 세상에 두 대가의 사/시의 아류를 배우는 후생들이 많다고 말하여, 가만히 작가 구왈수 자신을 지목했다. 구왈수에 이르러서 관람의 깨달음이나 시각의 성분은 이미 최저에 이르렀다. 구왈수는 진유숭에서 왕사진으로 잇고 다시 강희 문단으로 확대하여, 자기가 사숙한 문호 진유숭에 대해 문학사적 평가를 했을 따름이다.

③ 천녀산화와 유마힐: 〈천녀산화소상〉

건륭 을미(1775)에 옹방강은 다음 시를 적었다.

> 찬제바라밀(羼提波羅密)은 번번이 그림을 빌려 선에 통하여, 일탄지(一彈指) 사이에 삼생을 한묵(翰墨)과 결연시키네. 선승을 시켜 붓 씻기를 공교롭게 하도록 하니[초상을 그리게 함—역자], 포단이 바로 불광의 둥근 원이로구나.
>
> 羼提每借畫通禪, 彈指三生翰墨緣. 故著禪人工浣筆, 蒲團箇是佛光圓.

승가는 번번이 그림을 빌려 선에 통하여, 일탄지 사이에 과거·현재·미래의 삼생을 한묵과 결연시키고는 한다. 마침 〈가릉전사도〉의 화가는 화필에 뛰어난 석 대산(大汕)이었다. 이 그림에 대해 선의 관점을 일단 주입해보면, 그림 속 인물이 깔고 앉은 포단도 부처의 원형 배광이라고 볼 수 있다. 옹방강은 이어서 이렇게 말했다.

> 구레나룻이 흰 사람이 선판(禪板)을 손을 쥐어 꿈이 모호하고, 협시하고 선 천마(天魔)는 경지가 너무도 특수하다. 동부(洞府)의 벽도는 가지에 꽃이 붙었는가 안 붙었는가? 그 꽃들이 저 방장실의 〈산화도〉에 해당하누나. [선생에게는 별도로 〈천녀산화도〉가 있다.]
>
> 鬢絲禪板夢模糊, 夾立天魔境更殊. 洞府碧桃粘著未, 抵他丈室散花圖. (先生別有天女散花圖.)

옹방강은 〈가릉전사도〉로부터 서술하기 시작해서 진유숭의 또 다른 화폭 〈천녀산화도〉에 대해 언급했다. 옹방강의 시구 "찬제바라밀은 번번이 그림을 빌려 선에 통하여, 일탄지 사이에 삼생을 한묵과 결연시키네"와 "구레나룻이 흰 사람이 선판을 손에 쥐어 꿈이 모호하고, 협시하고 선 천마(天魔)는 경지가 너무도 특수하다"라는 표현은 선가의 시선을 도입했다. 이것은 후대 제영의 한 가지 선명한 특질이 되었다.

설원 송락(宋犖)의 〈모어아(摸魚兒)〉 제사 상단은, 그림 속 상주가 채색의 벼루 책상에 기대어 박자에 맞추고 성률에 의거하여 붓에 먹을 묻혀 생각을 가다듬는 모습에 주목했다. 선망의 뜻을 품은 작가 송락의 시선은 백겹(白袷, 둥그레 깃의 흰 겹옷)을 풀어헤치고 오사란 종이를 앞에 펼쳐 둔 사가의 창작 활동을 보고 있다. 하단은 초점을 자운의 몸으로 옮겼다.

정을 옮기는 곳은, 섬려한 사람에게 가장 많이 옮기기 마련이네. 늙은 갈가마귀가 쌍 결발에 날아올라 있는 듯하구나. 옥 퉁소가 가릉(진유숭)의 사조를 불어 떨치니, 소리가 예상곡 몇 번째에 들어갔던가? 옥구슬 꿰미 아래, 어찌 깨달았으랴? 제천(諸天)이 곱고 예쁜 사람을 허환으로 만들어낼 줄을. 공중의 꽃과 신기루. 그를 불러 내려오게 하여 연석에 임하게 하면, 비파를 한 번 타서, 엄계수를 둘로 가르리라.

移情處, 最是箇人纖麗. 老鴉飛上雙髻. 玉簫吹徹迦陵調, 聲入霓裳第幾? 珠栟底, 甚悟到 · 諸天幻出嬋娟子? 空花蜃市. 擬呼下當筵, 琵琶試撥, 劃破罨溪水.

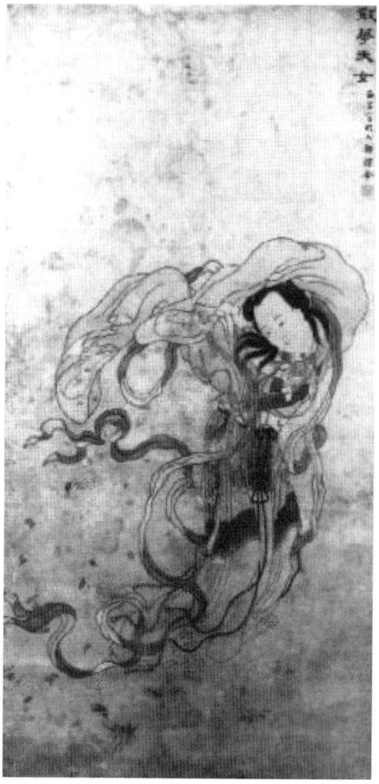

그림 5-7. (청) 여집, 〈산화천녀도〉 축, 150X74cm, 사천대학.

그림 속의 이 섬려한 미인은 쌍갈래 머리에 갈가마귀 수식을 꽂고 있고, 손에 옥 퉁소를 들고 진유숭을 위해 성률에 의거하여 박자를 맞추고 있다. 작가 송락은 도면을 보면서, 현실에서 사와 음악이 서로 유동하는 것을 상상하여, "소리가 예상곡에 들어갔다"라고 했다. 미묘한 음악이 천상에서부터 나와, 흡사 천녀가 출현하여 허환의 신기루에서 허공의 꽃을 뿌리는 것과 같다고 한 것이다(그림 5-7). 그리고 이 미인이 다시 한 곡 비파를 타면, 오묘한 음이 하늘에서 인간세계로 돌아와, 집을 뚫고 들어와서 양선(陽羨)의 저 암화계를 둘로 갈라놓을 것이라고도 했다.

송락은 〈가릉전사도〉를 보고 천녀가 꽃 뿌리는 이미지로 문호를 암유했다. 이것은 결코 희한한 예가 아니다. 사실, 석 대산은 〈가릉전사도〉 이외에 진유숭을 위해 〈천녀산화소상〉[124]을 그렸다. 같은 고향의 후학

124_吳衡照는 "大汕, 字石濂, 江南人. 又曾爲先生作天女散花小像."이라 했다. 《蓮子居詞

홍양길(洪亮吉)은 〈가릉전사도〉에 〈만강홍〉 사 두 편을 썼다. 그는 〈만강홍〉 제1편에서 이렇게 논했다.

> 30년간 전사(塡寫)했거늘, 향 하나를, 삼가 양선에게 바치노라. 그러나 가향의 100리 멀리 떨어진 산이, 그림 속에 자주 보이누나. 붓을 들어 우연히 가을 선비의 그림자를 묘사하니, 마음에 걸려 별도로 춘풍의 얼굴을 살핀다. 한탄하노라, 푸른 적삼이 50십에 오히려 침몰하다니, 울적함 털어내는 것이 공교롭도다. [원문은 659쪽—역자][125]

송락은 〈가릉전사도〉가 진유숭 50세 때 이루어졌다고 지적했다. 이때는 진유숭이 아직 박학홍사과에 천거되지 않았으므로, "푸른 적삼이 50에 오히려 침몰하다니"라고 했다. 홍양길은 "가향의 100리 멀리 떨어진 산이, 그림 속에 자주 보이누나" 구의 끝에 작은 글자로 주를 달아 "전에 고향 문항에서 선생의 40세 화상을 보았다"라고 하여, 가향에서 진유숭 화상을 보았고, 그것은 40세 진유숭을 그린 것이라고 밝혔다. 앞서 언급했듯이, 강희 2년 계묘(1663) 27세의 대산은 39세의 진유숭과 함께 양원에서 알게 되어 서로 지지 않고 문학을 논했고, 다음 해 석 대산이 진유숭을 위해 〈사십화상〉을 그려주었으니, 그것이 곧 〈천녀산화소상〉이었다.

진유숭과 양주 홍교에서 창화한 친우 왕사진에게도 같은 이름의 화상이 있다. 강희 4년 을사(1665) 항주 화가 대창(戴蒼)은 32세의 왕사진을 위해 〈천녀산화도〉를 그렸는데, 이 그림은 문우들의 분분한 제영을 촉발했다.[126] 손지울이 〈우제완정소상(又題阮亭小像)〉을 지어 이렇게 말했다.

> 뉘 능히 천녀를 만났던가? 꽃이 떨어져 몸에 붙지 않는구나. 시 속에서 일찍이 설법을 하였으니, 방장실에 천 명이 앉아 있었네.
> 誰能遇天女, 花落不沾身. 詩中曾說法, 丈室坐千人.[127]

話》, 卷1, p.2404.

125_〈乾隆拓本〉圖幅.

126_본서 제6장 참조.

127_孫枝蔚, 《溉堂詩集》, 《續修四庫全書》(據淸康熙刻本影印, 上海: 上海古籍出版社,

‘천녀산화(天女散花)’란 말은 불경에서 나왔다. 색계 이상의 여러 하늘에는 음욕도 없고 따라서 남녀의 상(相)도 없다. 천녀는 욕계천(欲界天)의 여성으로, 불법을 드러내기 위해 방편문을 행한다. 천녀산화는 욕망을 끊고 두려움에서 벗어난 보살의 수승(殊勝, 희유의 가장 뛰어난 일)을 징험하는 의미를 지닌다.[128] 손지울은 왕사진 화상을 보고서 불교의 내용을 시학으로 전용했다. 즉, 왕사진이 불보살로서 시학에서 조금도 막힘이 없어 최고의 경지에 도달하여, 천녀가 산화하면 꽃이 몸에 들러붙지 않는 것과 같다고 했다. 다시 말해 마음으로 정신으로 깨달은 시법의 오의를 천녀산화로 비유했다.[129]

진유숭은 자기의 40세 때 화상 〈천녀산화소상〉에 〈희천앵(喜遷鶯)〉 사를 적고, 제목 아래 “석렴(石濂)화상[석 대산]이 월(粵)에서 동쪽으로 양원에 와서 나를 위해 소상을 그려 천녀산화도를 만들어주었으므로 사로 사례한다(石濂和尙自粵東來梁園, 爲余畫小像作天女散花圖, 詞以謝之)”라고 적었다. 사는 이러하다.

> 달이 명월주 같은 집에, 제석(부처)의 만다라가 있어, 몸에 구름이 흩어져 가득하네. 교인(인어) 나라 비단으로 깃발과 당(幢)을 세우고, 참게 모양 무지개 돛을 걸고 호가(胡歌)를 불면, 일만 중첩의 눈이 은가루를 흩뿌리누나. 붉은 비단으로 월(粵) 땅 산을 꾸며내었으니, 푸른 단풍나무의 양원(梁苑)을 마음껏 구경하네. 한껏 일을 다한 후에는, 살짝 주름을 입히고 담담하게 그려내어, 누런색은 깊고 붉은 색은 옅구나.
> 책상자에, 한 도권이 있어, 세밀하게 매끈하고 하얀 기름이 엉긴 듯, 석 자 송릉견(松陵絹)이로다. 조금도 남들만 같지 못하지만, 선사여 부디 나를 위해, 흰 구레나룻에 선판(禪板)을 쥐고 있는 모습을 그려내주오. 곁에는 향시(香侍)의 상아(湘娥, 상비와 항아)가 아리따우며, 아래에는 천마(天魔)가 건산(蹇產, 구불구불함)의 형태로 서 있도록 해주고. 인간세계는 고달프고 서럽거늘, 벽도화 떨어지도록, 동천(洞天)으로 돌아감이 더디구나.
>
> 月明珠館, 有帝釋鬘陀, 身雲散滿. 鮫國旌幢, 鱟帆笳吹, 萬疊雪傾銀濺. 裝

2002), 集部, 別集類, 總1407冊, 前集, 卷8, p.379.

128_天女散花의 불교적 의미는 鳩摩羅什譯, 《維摩詰所說經》, 《大正新修大藏經》(台北: 新文豐出版公司, 1987), 第14冊, 〈觀衆生品〉, 第7, pp.547-548 참조.

129_鳩摩羅什譯, 《維摩詰所說經》, 〈不思議品〉, 第6, p.546.

罷紅棉粵嶠, 看足蒼楓梁苑. 饒能事儘, 微皴澹抹, 黃深絳淺.
篋衍, 有一卷, 細膩凝脂, 三尺松陵絹. 少不如人, 師須爲我, 畫出鬢絲禪板.
旁侍湘娥窈窕, 下立天魔蹇產. 人間苦悵, 碧桃花謝, 洞天歸晚.[130]

장년의 진유숭은 아직 천녀산화가 불법에서 욕망을 끊고 두려움에서 벗어난 수승(殊勝)이라는 우의(알레고리)임을 알지 못한 듯하다. 당시 진유숭은 사단에서의 명성이 아직 굳건하지 않았고, 왕사진의 신운설처럼 선학에 부회시킨 그런 시 이론을 제출하지도 않았다. 그래서 〈희천앵〉의 상단(전단)은 불국 법물(法物, 불교의 교리 전통이나 물건)의 찬란한 광화(光華)를 묘사했으나, 하단(후단)은 해학적으로 화가에게 요구하길, "흰 구레나룻에 선판(禪板)을 쥐고 있는 모습을 그려내주오. 곁에는 향시(香侍)의 상아(湘娥)가 아리따우며, 아래에는 천마(天魔)가 건산(蹇產)의 형태로 서 있도록 해주고"라고 했다. 보살/천녀의 관계로 상주(진유숭)/상아(자운)의 염정에 색채를 입힌 것이다. 진유숭이 〈천녀산화소상〉을 바라보는 이러한 관점은 별난 것이 아니었다. 어떤 문사는 심지어 의도적으로 천녀 분장의 화상을 제작했다. 이를테면 육개암(陸介庵)[육요림(陸瑤林)]은 북선사(北禪寺)에 우거할 때 한 폭 화상을 남겼는데, 그림 속 상주 육개암은 승려의 분장을 하고 곁에 열 명의 미녀를 도열해두었다. 반뢰(潘耒)가 장난으로 4구의 절구 연작을 지었다.

> 붉은 화장의 여인을 모으고 비취 소매의 미희들을 모아둔 바싹 마른 승려가 있으니, 괴이한 일이라고 천공(하느님)은 미증유의 일을 웃는다. 하지만 아난다(阿難陀)는 견정(堅定)의 힘이 있기에, 선탑(禪榻)에 마등가(摩登伽) 비구니를 가까이 하리라[아난다와 결혼하고 싶어 한 여인이 부처의 말대로 그 아내가 되기 위해 불법을 닦자 마침내 청정한 비구니가 되었다—역자].
> 紅攢翠簇一枯僧, 怪事天公笑未曾. 可是阿難堅定力, 故將禪榻近摩登.

> 나란한 제비들과 쌍 이룬 꾀꼬리들을 보고도 미치지를 말아라, 춤옷 입고 부채들고 노래함도 모두가 전생의 인연 때문인 걸. 무슨 일로 눈을 감고 공안(公案)을 더하는가, 마른 나무와 식은 재가 되는 것이 선(禪)은 아니거늘.
> 燕燕鶯鶯莫放顚, 舞衣歌扇總前緣. 何須閉眼添公案? 枯木寒灰不是禪.

130_《迦陵詞全集》, 卷22, p.6a.

온 사람 입이 진진(眞眞)이란 소명(자)을 불러내니, 항아가 차례로 꽃을 밟고 나아가네. 어느 해에 도리어 생초(흰 비단) 위에 올라가서, 단노(檀奴)[서진의 반악(潘岳)이란 미남자—역자]에게 각별한 풍정을 더했는가?

百口眞眞喚小名, 仙娥取次踏花行. 何年却上生綃去, 添箇檀奴別有情.

꽃과 대나무가 들쑥날쑥한 불원(사찰)이 깊구나, 색상(色相)으로 참선의 마음을 번뇌케 하지 말라. 아난다 선사는 방편(方便)으로 능히 유희했나니, 높이 좌정하여 먼저 한 홉의 침(바늘)을 삼켰다네.

花竹參差佛院深, 休將色相惱禪心. 阿師方便能遊戲, 高坐先吞一合針.[131]

제비와 꾀꼬리 같은 미색을 앞에 두는 것이 선인가? 마른 나무와 식은 재 같이 되는 것이 선이 아닌가? 색상(色相)과 선심(禪心), 염정과 불심의 변증법에 대해, 이 문인은 독특한 소통의 견해를 지니고 있었다.

그런데, 손지울은 왕사진의 〈천녀산화도〉에 대해서는 시학/불법의 비유를 했으나, 진유숭의 같은 이름(〈천녀산화도〉) 화상을 관람할 때는 그 비유를 연결시킬 수 없었다. 진유숭의 화상에 대해 시학과 불법을 연계시키는 관념은 후대인의 〈가릉전사도〉에 대한 시선에서 발효되었다. 곧, 육비지(陸費墀, 1731-1790)가 다음 시를 적었다.

가릉(迦陵)[가릉빈가(迦陵頻伽)]의 묘음(妙音)이 하늘의 바람을 따라 전파되니, 맑은 것은 상(商)에 부합하고 탁한 것은 궁(宮)에 합한다. 긴 박자와 짧은 영(令)이 교대로 영롱하나니, 누가 베껴내었나 진 염옹(진유숭)을? 외마디 소리가 퉁소 속으로 들어가, 유마거사 장실에서 꽃 뿌리는 천녀를 공양하려 한다네. 이 얼마나 의태가 곱고도 풍성한가? 상인(上人)의 모습을 그대로 닮은 사람이 정말로 공(空)을 관상하는구나. 그렇지 않다면 어찌 알랴 사인(詞人)의 흉중에서, 옥매화 붉은 살구와 더불어 봄날의 공교로움을 다투는 것을? 지금 사람과 옛 사람은 같은가 다른가? 소식(蘇軾)은 철작동판(鐵綽銅版)으로 〈대강동거(大江東去)〉 사를 창할 때 박자를 맞추었다네.

迦陵妙音隨天風, 清者中商濁者宮. 長拍短令交玲瓏, 誰其寫之陳髯翁? 一聲聲入洞簫中, 維摩室要天花供. 是何意態妍且豐? 上人肖兒(貌)眞觀空. 不爾安識詞人胷(胸), 玉梅紅杏爭春工? 今人古人同不同? 鐵綽板付江流東.

131_潘耒, 〈雲間陸介庵寫照作僧裝旁列十好女戲題四絶〉, 《遂初堂詩集》, 卷2《少遊草》, 《續修四庫全書》, 集部, 別集類, 第1417冊, pp.197-198.

앞서 본 송락의 경우와 마찬가지로 육비지도 사인의 전사, 여악의 합악, 묘음의 천계 틈입 등을 언급하고는, 그 끝에 자연스레, "유마거사 장실에서 꽃 뿌리는 천녀를 공양하려 한다네" 라고 천녀산화의 광경을 상상했다. 전계(錢棨)의 〈심원춘〉 제사도 그러하다. 우선 상단(전단)은 다음과 같다.

> 화폭에 가득한 제사(題詞)가, 다투어 소단(騷壇)의 일을 말하여, 선대가 스러지면 후대가 일어난다. 기억나네, 북리에서 생황 불고 노래했건만, 옥비녀는 끊어지고, 남부에는 꽃에 아지랑이 잔뜩 끼었으나, 금가루에는 먼지가 엉겼구나. 부채에서는 도화 혼백[청대 공상임(孔尚任)의 희곡《도화선(桃花扇)》의 고사. 명말 후방역(侯方域)과 기녀 이향군(李香君)의 비환(悲歡)—역자]을 추념하여 흐느껴 울고, 화전(華箋)에서는 연자루(燕子樓)[강소성 서주(徐州)에 있는 누각. 당나라 상서 장건봉(張建封)이 죽은 후 애첩 관반반(關盼盼)이 누에서 수십여 년을 수절했다고 함—역자] 꿈이 허망하여, 그저 영웅으로 하여금 마음을 상하여 더 탄식하게 만들 뿐이로다. 거듭 그림자를 돌아보며, 최휘(崔徽)[당나라 가희. 여기서는 서자운—역자]가 완연히 존재하여, 불러보려 하지만 응답하기 어렵구나.
>
> 滿幅題詞, 爭說騷壇, 後先代興. 記笙歌北里, 玉釵敲斷, 烟花南部, 金粉塵凝. 扇泣桃魂, 箋空燕夢, 徒使英雄感喟增. 重顧影, 縱崔徽宛在, 欲喚難譍.

〈가릉전사도〉 화폭에 가득한 제사들은 진유숭이 소단의 새 시대를 일으킨 위상에 대하여 분분하게 말하고, 다음으로 진유숭과 자운의 관계에 대해 당시 북리(北里)의 연화(烟花)를 상상했다. 옥비녀는 끊어지고 금가루에는 먼지가 뒤엉켰으며, 부채에서는 도화 혼백을 추념하여 흐느껴 울며, 화전(華箋)에서는 연자루(燕子樓)의 꿈이 허망하다고 말하여, 그러한 이미지들이 인간사의 상전벽해 사실을 상징하고 영웅으로 하여금 한숨짓고 탄식하게 만들 뿐이라고 했다. 그리고 다시 그림을 보면, 그림에는 당나라 가희 최휘(崔徽) 같은 미녀가 완연히 존재하기에, 불러보려 하지만 응답은 얻기 어렵다고 했다. 그런데 전계는 이 〈심원춘〉 제사의 하단(후단)에서 유마힐을 언급하여,《유마경》에 근거해서 이렇게 말했다.

> 이때 장자 유마힐이 문수사리(文殊師利)에게 묻기를 "인자(仁者)께서는 무량 천만 억 아승지국을 유람했습니다만, 어떤 불토에 훌륭한 상묘공덕(上妙功德)을 성취한 사자(師子)의 자리가 있습니까?" 문수사리가 말했다. "거사여! 동방으로 36항하사국을 건너가니 수미상(須彌相)이라는 세계가 있고 그 부처는 수미등왕(須彌燈王)이라 하여 지금도 현재하고 있다. 그 부처의 몸은 길이가 8만 4천 유순이고 그 사자(師子)의 자리는 높이가 8만 4천 유순이었으며, 엄식(嚴飾)이 제일이었다." 이에 장자 유마힐이 신통력을 드러내자 즉시로 저 부처가 3만 2천 사자의 자리를 보내었는데, 높고 넓으며 존엄하고 정갈했기에, 유마힐의 방으로 들여보냈다. 여러 보살, 대제자, 석범(釋梵), 사천왕 등이 지난날에는 보지 못했던 것이다. 그 방은 넓디넓어서, 3만 2천 사자좌를 모두 포용하고도 장애가 없었다.
>
> 爾時長者維摩詰問文殊師利: "仁者遊於無量千萬億阿僧祇國, 何等佛土有好上妙功德成就師子之座?" 文殊師利言: "居士! 東方度三十六桓河沙國, 有世界名須彌相, 其佛號須彌燈王, 今現在. 彼佛身長八萬四千由旬, 其師子座高八萬四千由旬, 嚴飾第一." 於是長者維摩詰現神通力, 即時彼佛遣三萬二千師子之座, 高廣嚴淨, 來入維摩詰室. 諸菩薩·大弟子·釋梵四天王等, 昔所未見. 其室廣博, 悉皆包容三萬二師子座, 無所妨礙.

유마힐은 석가와 동시대 사람으로, 부처가 현세에 있을 때 비야리성(毘耶離城)의 거사였다. 유마힐은 묘희국(妙喜國)에서 여기로 화생하여 몸을 세속에 맡겨두고는 때때로 신통력을 드러내어, 석가의 교화를 보좌하여 법신대사가 되었다. 부처가 비야리성 엄마라원(菴摩羅園)에 있을 때 성의 500장자가 부처에게 와서 설법을 청하자, 유마힐은 병중에 있어 가지 못했다. 그래서 부처로 하여금 여러 비구와 보살을 보내 그의 병석에서 위문하게 했다. 그러자 유마힐은 방등시(方等時)(석가모니가 불도를 이룬 후 불경을 설법한 셋째 시기)의 탄사법(彈詞法)을 이루었다. 그러므로 그 경전을《유마경》이라 이름한다. 이 경은 문병하러 온 불제자에게 유마힐이 부처의 이치를 변난한 일을 서술했다.[132] 유마힐의 이름은 아주 많되, 옛 번역은 '정명(淨名)'이라고 했다. '정'이란 청정무구를 말한다. '명'이란 명성이 멀리 퍼지는 것을 말한다. 신역 불경에서는 '무구칭(無垢稱)'이라 했으니, 의역이다. 또 유마라힐(維摩羅詰)·비마라힐(毘

132_鳩摩羅什譯,《維摩詰所說經》,〈方便品〉, 第2, p.539.

摩羅詰)·유마(維摩)라고도 하는데, 모두 범어의 음역이다.

전계(錢棨)의 〈심원춘〉 하단은 다음과 같이 이어진다.

> 사진(초상)에 육조의 승려가 있어, 노인들의 미치광이 짓을 웃으려 하지만 그러질 못했도다. 황홀하게 유마힐이 병석에서 일어나, 포단에 안온하게 좌정하니, 만수(曼殊)[만수실리보살(曼殊室利菩薩) 즉 문수보살. 여기서는 서자운을 가리킴—역자]가 투명하게 깨닫고, 보벌(寶筏, 불법)을 함께 타고 건너갔네. 향초에 뒤덮이고 금신(金身)으로 화했으며, 우담바라가 하늘에서 비처럼 내려, 공공(空空)의 색상(色相)을 능히 해탈할 수 있었도다. 박판을 두드리는 것을 들으며, 맑은 경쇠의 소리에 이르러, 풍도가 가릉빈가의 경지에 이르렀구나.
>
> 寫眞有六朝僧, 笑老輩風狂得未曾. 恍維摩病起, 蒲團穩坐, 曼殊悟澈, 寶筏偕乘. 香草金身, 曇花天雨, 解脫空空色相能. 聽按板, 抵一聲淸磬, 風度迦陵.

전계가 여기서 말한 화상은 풍류스러운 승려 대산이 상주의 광태를 그려낸 것이다. 단, 관중이 보기에 진유숭은 그림 속에서 유마힐이 병석에서 일어나 포단에 조용히 앉아 설법하고 변난하는 모습이며, 자운은 천녀가 우담바라를 하늘에서 비가 오듯 떨어뜨리고 있는 모습이다. 따라서 관중은 이 화상을 관상하면서 불교적 분위기로 이끌려 들어가, 공공색상(空空色相)을 해오하기를 목표하게 된다. 전계가 이렇게 이해한 방식은 당시로서는 희유의 것이 아니었다. 건륭 57년(1792) 사용(謝墉)의 제사는 "전배의 풍류는 심중에 다른 기예가 없었으니, 정이 모여들고 홍에 푹 빠지는 데 있었다(前輩風流, 心中無伎, 情鍾輿耽)"라 하고, 또 "소단에서 문인에게 혜업을 가르쳐, 색즉시공의 해오에 동참하게 했다(騷壇上, 教文人慧業, 空色同參)"라고 했다. 100년 후 진유숭과 서자운의 염정을 바라보는 시선은 결코 강희 무오년의 당시처럼 생생할 수는 없었다. 화면의 해독도 후대 관중의 심리를 반영했다. 그러니 어찌 이 '마음 속 기예'의 수준에 머물러 떠나지 못할 수 있었겠는가? 본래 선배의 풍류가 후대 사람들에게 펼쳐 보인 것은 정이 모여들고 홍에 푹 빠져 색을 통해 공으로 들어가라는 계시였다.

뒤늦게 가경 연간의 제영자인 양장거(梁章鉅)는 다음 시를 적었다.

오사모와 붉은 소매가 사화(詞華)를 독점하여, 한정(閒情)으로 붉은 깁을 충분히 보호했도다. 창 같은 수염과 눈썹이 너무도 어여쁘고 고우니, 광평(廣平)은 철석같은 마음으로도 매화를 노래했다네[광평은 당나라 송경(宋璟)의 자(字). 정조가 굳고 마음이 철석같았지만 청신하고 아름다운 〈매화부(梅花賦)〉를 지었다—역자].

烏絲紅袖擅詞華, 賸得閒情護絳紗. 如戟須眉偏嫵媚, 廣平鐵石賦楳花.

수회원에서는 풍류가 질탕하였지, 기년(綺年)[청춘. 진기년의 기년(其年)을 중의—역자]의 염정 노래는 매촌(오위업)에 필적했도다. 미인을 그린 황금 가루가 아아 영락하고 말아, 생초 화권 하나가 남아 있을 뿐이라니!

跌宕風流水繪園, 綺年豔曲匹梅邨. 美人金粉嗟零落, 贏得生綃一卷存!

징소의 칙서가 처음 내려왔을 때는 구레나룻이 나풀나풀 했었으니, 엄화계 머리에서 이별주에 얼큰했었네. 재자의 퉁소는 금궐에 전하고, 행화에 봄비 내려 강남의 정경이 꿈속 같았도다.

徵書初下鬢毿毿, 罨畫溪頭別酒酣. 才子洞簫傳禁掖, 杏花春雨夢江南.

오랜 명문가의 구당[鉤黨, 동림사의 당에 들어간 일을 말함—역자]은 본시 청광(淸狂)하여, 짐짓 웅심을 소모하여 기려한 시어가 뛰어났네. 천녀와 유마거사는 모두가 환상이니, 천녀산화의 묘제(妙諦)는 색즉시공을 깨닫는 것이 최상등이라네.

故家鉤黨本淸狂, 聊耗雄心綺語長. 天女維摩俱幻相, 散花妙諦悟空王.

양장거가 제영한 이 4수의 시는 각각 중점이 다르다. 제1수는 '오사(烏絲)'와 '홍수(紅袖)'로 남녀 주인공을 점출하고, 자운이 여장한 남자임을 강조하려고 "창 같은 수염과 눈썹이 너무도 어여쁘고 곱다"라고 했다. 제2수는 장면을 당년의 2대 사가로 되돌렸다. 즉, 수회원에서 풍류가 질탕했던 진유숭의 기년(綺年, 청춘) 시절 염곡은 매촌 오위업과 짝을 이룰 만하다고 했다. 그리고 미인의 황금 가루가 이미 영락했으나 다행히 비단 화폭 한 권은 남아 있다고 했다. 제3수는 진유숭이 북경에 들어가 박학홍사과에 합격한 사실을 언급했다. 제4수는 시의 끝에 작은 글자로 주가 있어, "선생에게 별도로 〈산화도〉가 있다"라고 했다. 동림사의 후배였던 이 청광(淸狂)의 문사는 일생 "웅심을 소모하여 기려한 시어가 뛰어났다." 하지만 무얼 슬퍼하랴? 도화 속의 역사는 이미 묵은 자취로 되었고, 그림 속의 천녀(자운)/유마(진유숭)는 결국 환상일 뿐이로다. 우리는 그림 속의 천녀가 꽃 뿌리는 것을 통해 만사가 모두 공으로 돌아간다는 진제를 깨닫게 된다.

〈천녀산화도〉는 진유숭의 〈사십화상(四十畵像〉이다. 뒤의 화상 〈가릉전사도〉는 14년 이후의 것이다. 후대의 제영자들은 모두 〈가릉전사도〉를 보면서 〈천녀산화도〉를 연상했다. 앞서 인용했듯이 우민중은 "가판(歌板) 그림은 기정(旗亭)에 자취로 남고, 하늘 꽃 그림은 유마거사 방장실에서 유래한다"라는 두 구절을 적었는데, 각각 두 폭의 화상을 가리킨 듯하다. 즉 "가판 그림은 기정에 자취로 남고"는 〈가릉전사도〉를, "천화 그림은 유마거사 방장실에서 유래한다"는 〈천녀산화도〉를 가리키는 듯하다. 혹은 사인/여악의 〈전사도〉를 가리키는 듯도 하다. 두 그림은 비록 각기 다른 것을 전달하고 있지만, 화면의 구조가 불경의 상상에 부합하므로 두 그림을 피차 호문(互文)으로 읽을 수 있다. 화면의 일남일녀는 각각 사종(진유숭)/설법자(유마힐), 여악(서자운)/산화천녀로 대별할 수 있을 뿐 아니라, 동시에 화면 바깥의 양선파 사종을 상상하여 사학/불법을 가리킨다고 파악할 수 있다. 두 그림은 약속하지 않고도 서로 같은 식으로 초상을 보여주고, 또 사학(詞學)과 불법(佛法)을 서로 연관시켰다. 강희 초의 이 한 폭 화상은 100년 뒤 제영자의 관람을 통해 세속적 연정의 염문 사건으로부터 신성한 종교적 해오의 역정으로 승격되었다.

7) 연모 서술

진유숭의 일생이 사의 역사에서 갖는 비중은 그가 수회원에서 10년간 상종한 가악(家樂) 서자운의 일거수일투족에 의해 달라졌다. 진유숭의 교유가 광범했으므로, 자운의 작은 초상, 자운의 연극, 진유숭과의 정사가 모두 문우의 글쓰기 소재가 되었다. 무대에서 연기하는 자운은 관중의 주목을 받았다. 등한의(鄧漢儀, 孝威)의 〈서랑곡(徐郎曲)〉에 "한 곡조 맑은 노래가 밤새 들리니, 붉은 소매로 꾸민 것이 더욱 은근하도다(一曲

淸歌徹夜聞, 妝成紅袖更殷勤)"라고 했다. 구유중(瞿有仲)의 〈관극단구(觀劇斷句)〉에서는 "노랫소리가 구성지고 어여뻐서 옥구슬이 떨어지는 것 같고, 호방하고 거침없는 풍류는 무희의 옷을 시험하네. 양지가 모든 것을 점유했다고 말할 수 있겠으나, 반만 화장한 것은 일찌감치 서자운에게 양보했도다(歌聲宛轉落珠璣, 放誕風流試舞衣. 可道楊枝都占盡, 半妝早已讓徐妃)"라고 했다. 또 구유중은 〈소민선생에게 남겨 놓고 떠나다(留別巢民先生)〉에서 "진소는 노래하고 양지는 춤을 추는데, 그 가운데 자운이 특히 아름답구나(秦簫爲歌楊枝舞, 就中紫雲尤媚嫵)"라 하고, "자운아 자운아 정말 뛰어나다, 감정이 오그라들고 마음이 게을러지네, 노래가 그치지 않아서. 잠깐 사이에 봄의 광휘를 빼앗고, 잠깐 사이에 흰 눈을 어지러이 날린다. 슬픈 음조에 만좌의 풍소를 사랑하는 이들이 어깨를 움츠리고, 오농(吳儂)이 애간장 끊어놓는 것을 돌아보지 않누나(紫雲紫雲眞妙絶, 情怯心慵歌未歇. 俄而奪春暉, 俄而亂白雪. 哀音滿座風騷肩, 不顧吳儂腸斷折)"라고 했다. 진확암(陳確庵)[진호(陳瑚)]의 〈구유중의 관극 단구에 화운함(和瞿有仲觀劇斷句)〉에서는 "열다섯 살 서자운의 춤 옷소매가 아래로 드리워졌다(十五徐郎舞袖垂)"라 하고, 〈난릉미인가(蘭陵美人歌)〉에서는 "서랑은 아릿답고 고운 열여섯 나이, 이마 덮은 푸른 비단 아래 얼굴이 옥과 같다. 지난날 자운은 아마 이렇지 못했으리, 만좌가 창광하여 두목을 따라하네(徐郎窈窕十五六, 覆額青絲顔如玉. 昔之紫雲恐不如, 滿座猖狂學杜牧)"[133]라고 했다. 여러 사람들이 용모, 붉은 화장, 노래 소리, 춤추는 모습, 고혹적인 자태 등 여러 각도에서 당시 자운의 연기가 이미 당나라 두목의 가기 자운을 훨씬 능가했다고 찬양했다. 심지어 만좌의 현대판 두목들은 창광의 작태가 지난날 두목보다 더 심할 정도라고도 했다.

강희 7년 무신(1668) 44세의 진유숭은 도성에 들어가 벼슬에 오를 길을 찾았는데, 북경에서 공정자 등 요인과 창화했다. 연하제공(輦下諸公)의 한 사람이었던 공정자는 경도하지 않을 수 없어, 4수의 절구를 구점(口占, 즉흥적으로 지음)하여 이 경성에 도착한 교태스런 객(서자운)을 찬양했다.

133_《雲郎小史》, p.961.

춘풍에 현악기와 관악기가 양주 길에 울려나니, 일찍이 진소(秦簫)[진목공의 딸 농옥(弄玉)과 혼인한 소사(簫史)—역자]가 가장 어린 나이임을 보았네. 오늘밤 운랑이 와서 술잔을 마주하니, 장안의 화월이 더욱 곱고 아름답구나.
春風絲管揚州路, 曾見秦簫最小年. 今夕雲郎來對酒, 長安花月更嬋娟.

수궤원(水績園, 수회원)에 머물지 않고, 석모(席帽, 등나무 줄기 모자)와 가벼운 적삼으로 도성 문에 이르렀군. 본시 주인은 객을 사랑하여, 3천 리 밖에서 추위 더위를 함께하네.
不從水績園中住, 席帽輕衫到國門. 自是主人能愛客, 三千里外一寒溫.

진랑(진유숭)의 문채는 천하를 놀라게 하니, 객이 되어 가난해도 재주는 의지할 만하여라. 다조(찻물 끓이는 부엌)와 약주머니를 곁에 하고 가을비 내리는 밤을 지키니, 타향에서 반려하기 좋아 귀거래할 필요 없겠군.
陳郎文采驚天下, 作客雖貧材足依. 茶竈藥囊秋雨夜, 他鄉伴好不須歸.

운랑의 자태는 운녀와 흡사하여, 아스라이 아침 구름이요 저녁 구름이로다[고당(高塘) 신녀의 고사—역자]. 듣자니 가성이 들보를 휘감아 돌며 절묘하다 하니, 만개한 꽃 앞에서 이 노부에게도 들려주길 바라오.
雲郎態似如雲女, 縹緲朝雲與暮雲. 聽說繞梁歌絶妙, 花前還許老夫聞.[134]

25세의 자운은 진유숭을 따라 도성에 들어와 일하(서울)의 명류들 사이에 그 이름을 진동시켜, 명류들이 다투어 그의 아름다운 연주를 듣고자 원했다. 이로써 남강(南腔, 남쪽 가락)이 북쪽으로 전파되어 국부(菊部, 극단)의 가아들이 대부분 그 음을 모방했으므로 서울의 극이 일변하게 되었다.[135]

〈가릉전사도〉에 대해 대다수의 제영자들은 약속하지 않고도 똑같이 그림 속 사람에 대해 짙은 염정을 상상하여, 진유숭이 서자운을 연모하는 내용으로 글을 시작했다. 이에 대해 아래에서 서술하기로 한다.

134_龔鼎孳, 〈雲郎口號四絶句, 其年索賦〉, 龔鼎孳, 《定山堂詩集》, 《續修四庫全書》, 集部, 別集類, 第1403冊, 卷41, p.243.
135_張次溪, 〈雲郎小史序〉, 《雲郎小史》, p.957.

(1) 진유숭의 〈초창사(怊悵詞)〉

"아운은 나이 열다섯, 아리따운 자태로 병풍 가에 서 있었네. 웃으며 묻기를 객이 어디서 왔느냐? 추파가 넘실대어 맑고 고와라(阿雲年十五, 娟好立屛際. 笑問客何方? 橫波漾淸麗)."[136] 이것은 진유숭이 자운을 처음 만났을 때의 인상이다. 마침내 진유숭은 일생 그에게 정을 쏟았다. 진유숭은 자운을 위해 많은 시와 사를 지었다. 강희 원년 임인(1662) 자운 19세일 때 38세의 진유숭은 〈초창사 20수, 별운랑(怊悵詞二十首別雲郞)〉[137]을 지어, 연정을 적고 또 심경을 가탁했다. 시의 끝에는 장대홍(蔣大鴻)의 〈초창사서(怊悵詞序)〉를 인용했다. 장대홍은 당시 수회원에 객이 되어 있었다. 그의 서는 다음과 같다.

> 서생 자운이란 자는, 소영주(蕭郢州)가 아직 어렸을 때, 이시랑(李侍郞)이 아직 임관하기 전, 기예로 평양(平陽)을 주름잡았다. 집이 회해(淮海)에 임했는데, 몸을 맡겨 주인을 섬겨, 여고(如皋)에서 시중 들었다. 대부[모양(冒襄)]가 마음을 다해 그 재주를 어어삐 여겼다. 마침내 영천 공자(潁川公子)[진(陳)씨가 영천의 망족이었기 때문에 진유숭을 가리켜 한 말—역자]를 만나 '폐인이 먹던 복숭아를 사랑하는 군주에게 쪼개어 주고, "군주가 폐인의 잠을 깨우지 않으려고 깔려 있는 옷소매를 벤 지' 지금까지 4년이 되었다. 비록 서로 느껴 은미한 말을 주고받았지만, 어지러운 지경에 이르지는 않았다. 마침내 앞의 물고기를 버려도 울지 않고[전국시대 위(魏)나라 남색 용양군(龍陽君)이 위왕(魏王)과 함께 배를 타고 낚시질을 하다가 뒤에 더 큰 물고기를 잡고 앞에 잡았던 물고기를 버리고 싶어져 눈물 흘린 고사가 있다—역자], 헌거(수레)가 망가져도 더욱 사랑하는 것같이 했다. 정말 총애가 녹구(綠鞲)[녹수(綠袖)]의 미녀보다 깊고, 환락이 옛 미녀 강수(絳樹)를 뛰어넘었다고 할 수 있다. 당시 추수(秋水)가 물결을 일으키려 하고 현선(玄蟬)이 울려고 했다. 공자는 조장(祖帳, 전별연)을 파하고 돌아가, 광상(匡牀)을 내려와 이별을 했다. 강 바람이 천리에 일어나니, 어찌 서로 만날 기약이 있으랴? 이에 '초창(怊悵)'의 편을 지어, 이별의 근심을 간곡히 있는 그대로 표현했다. 내가 어찌 무정할 수 있으랴? 어찌 이를 견뎌낼 수 있으랴? 시선에 닿는 경물

136_陳維崧, 〈將發如皐留別冒巢民先生〉.

137_陳維崧, 〈怊悵詞二十首別雲郞〉.

마다 마음이 아팠으나, 한을 풀 방도가 전혀 없었다. 박자를 맞추고 노래를 화창하여 수심 돕는 구를 번안하여 만들었는데, 한때의 동인들이 다투어 이 시제에 화운했다. 시는 대부분 싣지 않는다.

徐生紫雲者, 蕭郢州尙幼之年, 李侍郞未官之歲, 技擅平陽, 家臨淮海, 託身事主, 得侍如皋. 大夫極意憐才, 遂遇潁川公子. 分桃割袖, 於今四年. 雖相感微詞, 不及於亂. 若乃棄前魚而不泣, 弊軒車而彌愛. 眞可謂寵深綠韝, 歡踰絳樹者矣. 維時秋水欲波, 玄蟬將咽. 公子乃罷祖帳而言旋, 下匡牀而引別. 江風千里, 詎相見期? 厥有怊悵之篇, 曲盡離憂之致. 僕豈無情? 奚能勝此? 傷心觸目, 曾無解恨之方. 拊節和歌, 翻作助愁之句. 一時同人爭和是題, 詩多不載.

장대홍의 글은 염문의 사실을 간략하게 서술했다. 시는 강희 원년 임인(1662) 가을에 지었다. 진유숭과 서자운이 서로 알게 된 지 4년이었는데, 서로 헤어져 다시 만날 기약이 없자, 진유숭은 "이에 '초창'의 편을 지어, 이별의 근심을 간곡히 있는 그대로 표현"했고, 문우들은 분분하게 그 감정을 같이하여 화운을 했다. 이하 정시(情詩)의 조곡(組曲)을 해석하여 진유숭이 자운에 대해 지녔던 감정을 밝혀보기로 한다.

시는 우선 두 사람이 이별하게 원인이 자운의 귀근에 있었으며, 두 사람은 이후로도 연계를 유지하자고 기대했다고 했다.

(제19수) 떠나올 때 네 어머니는 병으로 쇠잔했고, 문호는 썰렁하여 약물도 계속 올리기 어려웠다지. 다른 날 고당께서 억지로라도 밥을 드시게 되면, 바람결에 종이를 찾아 안부를 알려다오.

別時爾母病闌珊, 門戶蕭條藥餌難. 他日高堂強飯後, 臨風覓紙報平安.

장대홍은 자운이 청의(종)로 윤락하게 된 운명을 대단히 애석하게 여겨, 먼저 그 운명을 슬퍼하고 또 그 재주를 안타까워 했다.

(제2수) 잠깐 연회석에서 보니 정의가 더욱 가까워졌건만, 지금 생이 애처럽게도 지난 생의 인연이라네. 청의가 천하다고 말하지 말라, 강엄(江淹)의 전기에 들어 있는 사람이로다[진유숭을 변문(騈文)에 뛰어났던 강엄에 견준 말—역자].

乍見筵前意便親, 今生憐惜夙生因. 莫言自小青衣賤, 也是江淹傳裡人.

(제7수) 야박한 운명은 기예가 뛰어나기 때문이니, 재주를 아끼는 것이 어찌 옛사람만 하겠느냐?
薄命都由技藝工, 憐才那復古人同?

문화적 재주가 출중했던 자운은 《한단몽(邯鄲夢)》의 연기에 뛰어났다. 진유숭에게 〈만강홍. 한단 길을 가다가 신선 여동빈 사당에 올라 지어 만수에게 보여준다(滿江紅 過邯鄲道上呂仙祠示曼殊)〉가 있다.

사죽(絲竹)을 양주에서 연주하여, 일찍이 네 연주를 들었고, 임천(臨川)에서도 여러 곡 들었다. 명월이 뜬 밤, 황량(黃粱)의 꿈에 얽힌 한 곡조 들으며, 녹의주(綠蟻酒) 천 항아리를 부어 마신다. 베갯속에서 공명의 욕망은 계록(雞鹿)의 변새로 치달려가고, 칼날 끝에서 추구하는 부귀는 기린총(麒麟塚, 부귀자의 무덤)으로 귀결된다. 다만 서너곡 꽃다운 가창이 파하자 술기운이 도무지 썰렁하고, 들보의 먼지만 움직이누나.
오래전에 이미 알았네, 인연은 함께 하기 어려운 법, 몇 번이나 수심에 차서 서로 전송했던가? 다행히 연(燕) 땅 남쪽과 조(趙) 땅 북쪽에서, 황금 채찍을 들고 함께 말재갈을 물리고 있도다. 인간만사는 관하(關河)의 사람을 늙어가게 만드니, 일생 화월 아래의 감정만이 오로지 소중하도다. 어찌 알리두 사람, 오늘 한단에 이른 것이 정녕 꿈이 아니란 것을?
絲竹揚州, 曾聽汝, 臨川數種. 明月夜, 黃粱一曲, 綠醅千甕. 枕裡功名雞鹿塞, 刀頭富貴麒麟塚. 只機芳唱罷酒都寒, 梁塵動.
久已判, 緣難共, 經幾度愁相送. 幸燕南趙北, 金鞭雙控. 萬事關河人欲老, 一生花月情偏重. 算兩人, 今日到邯鄲, 寧非夢?[138]

제목 아래 스스로 주를 하여, "만수는 《한단몽》 극을 잘 연기했다"라고 했다. 만수는 곧 자운의 호이다. 진유숭이 하늘 끝을 돌아다닐 때 자운이 그의 훌륭한 반려였기에, 자운을 동정하고 또 스스로를 동정하는 뜻이 가득하다.

(제1수) 천애에 객이 된 지 4년, 강마을 고기잡이 등불은 곱절 나의 수심을 더하네. 한 줄기 옥 나무가 천연으로 빼어나, 너의 청양(淸揚, 맑고 고움)한 눈동자를 비춰, 나의 읽는 책을 비춰주누나.

138_《迦陵詞全集》, 卷11, p.14a.

照讀書作客天涯四載餘, 江城燈火倍愁予. 一枝瓊樹天然秀, 映爾淸揚照讀書.

(제3수) 운명이 남과 같지 않아 슬퍼하나니, 집이 어려운 까닭에 타향에 머무르네. 여관 창 아래서 날 돌아보는 운랑이 없다면, 바다 모퉁이의 추위가 곱절이나 더하리라.
命不如人黯自傷, 只緣家難滯他鄉. 旅窗若少雲郎顧, 海角寒更倍許長.

(제5수) 실의하여 분사(分司)에 처하니 늙을수록 더욱 광기가 나고, 반생의 종적이 도무지 처량하기만 하다.
落拓分司老更狂, 半生蹤跡總淒涼.

(제18수) 말 안장을 매년 수심 속에 걸터타고, 짧은 노를 금년에는 질병 속에 되돌리네. 본시 이별하는 사람은 무한히 눈물 흘리나니, 가을 빛이 오 땅 관문에 이를 때 눈물 더하네. [저자 주—내가 여고에서 돌아올 때 매년 육로를 택했는데, 금년 가을에는 곧바로 여사(驪沙)에 닿았다.]
征鞍每歲愁中跨, 短棹今年病裡還. 自是離人無限淚, 平添秋色到吳關.(自注: 余自如皋歸, 每歲從陸, 今秋水已直接驪沙矣.)

청의의 자운이 천애 윤락객의 동반자로 되었으므로 진유숭은 동병상련의 마음을 토로하면서 스스로를 동정하는 뜻도 드러냈다. 자운은 진유숭에 대하여 시아, 연인, 가동, 반려, 붕우의 다중 관계였고, 지음이기도 했다.

(제17수) 까치 골수의 약효가 다하여 술을 다시 따르니, 이 생애에서 어이 지음에 보답하랴? 비단을 자르고 먹이 가루 될 만큼 글을 쓰지만 말은 그리 많지 않으니, 문인의 한 조각 마음을 진중히 보존하라.
鵲腦將殘酒再斟, 此生何以報知音. 斷紈碎墨無多語, 珍重文人一片心.

진유숭은 조금도 말을 꺼리지 않고 자운의 여성스러운 유약한 특질과 정태를 사모한다고 말했다.

(제6수) 힘 없는 버드나무 가지 같고 가벼운 구름 같아서 정말 애련하여라, 당시 신변에서 아리따움을 다투었네.
弱柳輕雲盡可憐, 當時身畔鬪嬋娟.

(제8수) 기억나네 단양의 오월에, 그대가 살짝 취하여 성근 울타리에 기대었던 일. 또렷하게 한 폭의 소상강 물에, 밝은 노을이 비스듬히 떨어져 서너 줄 붉은 띠를 이루었네.
記得端陽五月中, 君曾薄醉倚疏櫳. 分明一幅瀟湘水, 斜墜明霞數縷紅.

따라서 진유숭은 4년 이래 자운을 연연해하고 그리움을 견디지 못했으며, 헤어져 있어 서글프기만 했다.

(제4수) 술에 취해 이별하려 하자 상념을 금할 수 없었지, 해마다 오동나무는 푸른 색을 띠어 고요하여라. 경물도 이와 같아 이별하기 어렵기에, 서글프게 아무 말 못하고 눈물만 옷깃을 채우노라.
中酒將離思不禁, 年年桐樹碧愔愔. 物猶如此難爲別, 怊悵無言淚滿襟.

(제11수) 지금 이 인연이 다했거늘 무어 한스러워하랴?
而今緣盡何須恨?

(제16수) 높은 누각에 말을 부치고 탄환 끼고 사냥하는 일을 그만둔 뒤로, 원앙의 정이 종내 이 마음에 한결같아라.
寄語高樓休挾彈, 鴛鴦終是一心人.

두 사람의 공통 추억은 상사하는 마음의 유일한 의지처이다.

(제12수) 성남에 전 왕조부터 정혜사(定惠寺)가 있어, 절에서는 차가운 조수를 마주하여 저녁 종이 울려났네. 기억나누나 그대와 갓 뜬 달 아래 있던 일이, 물무늬 적삼으로 가을 벌레를 잡았었지.
城南定惠前朝寺, 寺對寒潮起暮鐘. 記得與君新月底, 水紋衫子捕秋蟲.

(제13수) 성 머리에서 바리데기 씻고 옥 연잎으로 장난할 때, 연잎은 벌어지고 물결은 매끄러우며 그림 배가 많았었네.
洗鉢城頭弄玉荷, 荷開浪滑畫船多.

진유숭은 서자운과 헤어지기 어렵고 그를 버리기 어려운 심정을 원앙에 비유하고, 매순간 그리워하여 서자운이 돌아오기만을 기다렸다.

(제6수) 버드나무 가지 같은 그대여 금일은 어느 곳으로 갔느냐? 다만 차가운 구름만 지난 해처럼 많구려.
柳條今日歸何處? 祇剩寒雲似昔年.

(제9수) 삼고(삼경)에 문을 나서니 한 밤에 까마귀 날고, 삼경에 집으로 돌아올 때 별들이 희미하다. 수정루 한구석이 어느 때나 따스해질까? 혼자 앉아 그대가 돌아오길 기다린다.
三鼓出門烏夜飛, 五更還家星宿稀. 水晶樓角幾時煖, 獨坐待君歸不歸.

(제10수) 그대는 돌아오지 않고 혼자 앉아 아침하늘 밝아질 때에 이르니, 비스듬히 놓여 있는 향구(香篝)를 보며 가볍게 한숨을 짓는다오. 쥐가 아쟁이 줄을 밟아 스렁스렁 소리가 나서, 혹 사람이 짐승 모양 장식의 문고리를 두드리는 소리인가 착각했다오.
不歸獨坐到天明, 斜倚香篝嘆息輕. 鼠踏箏絃聲窸窣, 錯疑人叩獸環聲.

(제13수) 어느 때 빈주(蘋州) 기슭에서, 다시 서랑(서자운)의 수조가두 노래를 들을 수 있을지?
不知何日蘋州岸, 重聽徐郎水調歌?

(제14수) 돌아오는 노의 배편은 칠석 전이라 기대했건만, 유마거사가 병들어 잠시 마음이 켕기는구려. 어찌 알았으랴 바늘에 실을 꿰는 만남을 간과했더니, 무수한 상심 거리가 눈앞에 이르게 될 줄을?
歸棹原期七夕前, 維摩因病暫相牽. 那知看過穿針會, 無數傷心到眼邊?

〈초창사〉에서 진유숭은 자운의 성격을 논했다.

(제15수) 옥이 깨지고 꽃이 쇠잔하길 그림 누각 앞에서 하니, 의지할 계책이 없어 애처롭다 서로 말하네.
玉碎花殘畫閣前, 相依無計說相憐.

(제20수) 옥 꽃을 둔 집에서 무궁히 자라나는 나무라서, 눈이 짓누르고 서리가 침노해도 도무지 무방했도다. 유독 한 가지만 너무도 초췌하니, 원컨대 바람과 이슬을 맞이하러 동황(봄의 신) 앞에 하소하러 갔으면.
瓊花觀裡無窮樹, 雪厭霜欺總不妨. 獨有一枝憔悴甚, 願邀風露到東皇.

근대 인물 장차계(張次溪)의 고찰에 의하면 시의 '옥이 깨지고 꽃이 쇠잔함'이나 '눈이 짓누르고 서리가 침노함' 등은 자운이 탄솔해서 남의 환심을 잃어 다른 사람의 원한을 샀다는 뜻이라고 한다. 진유숭의 〈모소민(모양) 선생과 이별하면서 남겨두는 시(留別冒巢民先生詩)〉에 "아운(서자운)은 오랫동안 나를 모셨는데, 안타깝게도 모친이 이제 돌아가셨다. 탄솔하여 남의 환심을 잃기 쉽고, 남들과는 사소한 원한이 많았다. 이것을 생각해도 잊기 어려우니, 최상의 사람을 어찌 능히 대체하겠는가? 천추토록 포숙아의 은혜를, 선배들은 힘쓰라 격려했었다"[139]라고 하여 역시 자운의 그러한 성격을 언급했다.

(2) 그 밖의 별사

진유숭과 서자운의 이별은 실은 한 차례에 그치지 않았다. 〈자운을 이별하며(別紫雲)〉 시에 이러하다.

> 세 번이나 옷자락 부여잡고 만류하다 하릴없니 나를 전송했는데, 병주(幷州)에 이르러서야 시를 창하며 눈물이 종횡한다. 공교롭게도 한조각 강남의 달은, 이별의 연석을 선뜻 밝혀주려 하지 않았도다.
> 三度牽衣送我行, 幷州纔唱淚縱橫. 生憎一片江南月, 不是離筵不肯明.[140]

진유숭은 북쪽 병주(幷州)로 갔다. 시에서는 이 이별이 이미 세 번째라고 표명했다. 또한 〈수조가두. 아운을 이별하면서 남겨준다(水調歌頭 留別阿雲)〉가 있다.

> 정말로 이렇게 이별하다니, 이는 바로 가련한 벌레 신세로다. 원앙 이불에는 사향 내가 나고 정말로 따뜻하건만, 이별의 상념은 이미 총총하구려. 지난밤에는 황금 술동이와 가판으로 즐겼더니, 오늘 밤은 새벽바람과 기우는 달 뿐, 종적이 휘휘 날리는 쑥대와 아주 같구려. 적삼의 푸른 눈물 흔적

139_陳維崧, 〈將發如皋留別冒巢民先生〉. "阿雲久侍余, 憐其母新斃. 坦率易失歡, 與人多睚眦. 念此尙難忘, 上者那能替? 千秋鮑叔恩, 前修以爲勵."
140_《雲郎小史》, p.964.

으로, 뺨의 물결치는 붉은 화장을 지우지 말기를.

손을 나누어 이별하던 곳, 가을 비 아래, 기러기 울음 속. 몸을 돌려 손으로 붙잡아두려고, 한밤 물시계의 화살을 다시 끌어안아보지만 한밤이 끝나려 하여 서글프구려. 어찌 하여 당귀(當歸)[약초 이름이자 '마땅히 돌아간다'의 뜻을 지님—역자]의 약을 빠뜨리고, 또 대도로 하여금 환(環, 고리)[돌아감의 뜻을 지님—역자]을 꺾이게 하여, 부평과 나무허수아비처럼 동서로 떠돌게 하는가? 말을 늘어놓아 미처 다하지 못하는 사이에, 돛의 형세가 푸른 하늘 아래 찢어지고 말았구나.

眞作如此別, 直是可憐蟲. 鴛裯麝薰正煖, 别思已匆匆. 昨夜金尊檀板, 今夜曉風殘月, 蹤跡大飄蓬. 莫以衫痕碧, 偷搵臉波紅.

分手處, 秋雨底, 雁聲中. 迴軀攬持, 重抱宵箭悵將終. 安得當歸藥缺, 更使大刀環折, 萍梗共西東. 絮語未及已, 帆勢破晴空.[141]

다정다감한 진유숭의 필치에서, 매번 이별의 정은 칭칭 얽혀 구슬프고 그리움은 감당하기 어렵기만 하다. 강희 원년 임인(1662) 〈초창사〉를 쓴 지 2년 뒤, 강희 3년 갑진(1664) 자운은 21세, 진유숭은 50세였다. 봄에 자운이 결혼을 하자, 진유숭은 〈하신랑. 운랑이 합근을 하였으므로 이 사를 읊는다(賀新郎 雲郎合巹爲賦此詞)〉를 지었다.

잠깐 누룩으로 빚은 막걸리 술을 따르노라, 기쁘구나 오늘 아침, 비녀의 광채가 대자리에 그림자를 비추고, 등불 앞은 일렁일렁하여라. 병풍 건너에서는 웃음과 말소리가 시끄러워, 작교(여뀌 속) 풀이 갓 올라왔다고 일러주네. 또한 서글퍼라, 단노(檀奴)[정인(情人)]의 얼굴을 훔쳐보아야 한다는 것이. 비틀비틀 암컷인지 수컷인지 도무지 구별할 수 없고, 다만 바람결에 가만히 춘궁[여인의 신발 궁혜(弓鞋)]을 취하여, 네게 보내누나, 원앙 휘장을 걷고서.

여섯 해를 외론 객관에서 서로 곁에 의지하였지. 가장 잊기 어려운 것은, 붉은 꽃잎 수놓은 베개 가에서, 눈물의 꽃이 가볍게 날았던 일. 너는 일생 화촉의 일이 끝나면, 나긋나긋하게 부창부수하라. 힘써 나가길, 고침(藁砧, 남편)이 멋이 나도록. 다만 나는 비난 이불이 도무지 쇠와 같아, 도죽으로 만든 대자리를 끼고 누웠으나 깁창이 환히 밝아오는 것을 보기 어렵구나. 나를 위해, 다시 서글퍼하지는 말아라.

141_〈水調歌頭 留别阿雲〉,《迦陵詞全集》, 卷14, p.2a-b.

> 小酌酴醿釀. 喜今朝·釵光簟影, 燈前滉漾. 隔著屛風喧笑語, 報道雀翹初上. 又悄把·檀奴偷相. 撲朔雌雄渾不辨, 但臨風私取春弓量. 送爾去·揭鴛帳. 六年孤館相依傍. 最難忘·紅蕤枕畔, 淚花輕颺. 了爾一生花燭事, 宛轉婦隨夫唱. 努力做·藁砧模樣. 只我羅衾渾似鐵, 擁桃笙難得紗窗亮. 休爲我·再惆悵.[142]

진유숭의 이 〈하신랑〉에서 상단(전단)은 비녀의 광채가 대자리에 그림자를 비추고, 등불 앞은 일렁일렁하며, 기쁜 기색으로 시끄럽게 웃어대는 결혼 장면을 묘사했다. 진유숭은 이 비밀의 벗이 여인을 맞아 결혼하는 것을 진정으로 전송했다. 하지만 "비틀비틀 암컷인지 수컷인지 도무지 구별할 수 없고"라고 하여 그 속내를 드러냈다. 하단(후단)은 둘 사이의 연애가 이미 6년이나 되었음을 손가락 꼽아 헤아려 보고, 붉은 꽃잎 수놓은 베개 가에서 눈물의 꽃이 가볍게 날아갔던 일은 너무도 잊기 어렵다고 했다. 그러고서 한편으로 마음을 추슬러서 자운에게 좋은 남편 노릇을 하라 권하고도, 다른 한편으로 자기자신은 비단 이불이 쇠와 같아 긴긴 밤 독수공방의 추위 때문에 서글프다고 했다.

마지막 이별은 곧 사별이었다. 강희 14년 을묘(1675), 자운이 죽었다. 향년 32세. 51세의 진유숭은 경물을 볼 때마다 마음이 슬퍼 이기지 못할 듯했다(장영수 〈진유숭전〉). 그래서 진유숭은 〈서룡음(瑞龍吟)〉을 짓고, 제목 아래 주하길, "봄날 밤 벽의 삼현자(三絃子)를 보니, 이는 운랑의 옛 물건이기에 느낌이 있어 전사를 했다"라고 했다. 사는 이러하다.

> 봄밤 등불은 불똥을 남기고, 가판(歌板)을 취해보니 거미줄이 뒤얽히고, 무희의 적삼은 먼지가 끼고 빛이 바랬구나. 병풍 사이에 얼핏 단조(檀槽, 비파)가 보이는데, 가을바람에 버림받은 둥근 부채와 함께, 마찬가지로 비스듬히 걸려 있네. 주렴의 틈으로, 몇 번이나 한껏 음을 다스려 들려주었던가? 지금은 얼어붙은 현이 모두 벙어리. 가련타 일만 곡(斛, 휘)의 봄날 시름이여, 10년 전 옛 일을, 허덕허덕 지쳐서 간신히 베껴낸다.
> 기억나네 뱀가죽의 삼현자를, 당시 화장한 이가 손에 들어, 성가가 아주 높았지. 굽은 목 주위에는 유소(수술)가 드리워져, 동심결을 맺었고, 또한 일찍이 만 리 멀리, 나를 동반하여 관산의 밤을 지새웠지. 객이 되길, 동관(潼

142_《迦陵詞全集》, 卷26, p.3a.

闕)의 점사에서 한 후, 곤양성(昆陽城) 아래서 지내었네. 한 곡조 비파를 타서, 달은 검고 단풍은 푸를 때, 가볍게 누르고 가녀리게 스르렁 탔었네. 이 광경은 그림에 담을 만했었지. 오늘은 서글프네, 사람도 그의 거문고도 사라지고 눈물은 납 녹은 물이 쏟아지듯이 하누나. 소리 하나하나마다, 비오는 창가에서 한가롭게 이야기를 했건만.

春燈炧, 拚取歌板蛛縈, 舞衫塵灑. 屏間乍見檀槽, 與秋風扇, 一般斜卦. 簾兒罅, 幾度漫將音理, 冰絃都啞. 可憐萬斛春愁, 十年舊事, 懨懨倦寫.
記得蛇皮絃子, 當時粧就, 許多聲價. 曲項微垂流蘇, 同心結打. 也曾萬里, 伴我關山夜. 有客向 · 潼關店後, 昆陽城下. 一曲琵琶者, 月黑楓靑, 輕攏細研. 此景堪圖畫. 今日愴, 人琴淚如鉛瀉. 一聲聲是, 雨窗閒話.[143]

진유숭은 사물을 대하길 사람을 대하듯이 했다. 규방의 물건 가운데 노래할 때 박자 맞추는 가판에는 거미줄이 뒤얽히고 무용할 때 입는 적삼에는 먼지가 가득하며, 삼현자와 부채는 비스듬히 걸려 있다. 삼현자는 자운의 화신으로, 진유숭과 함께 한밤의 관산을 넘고 곤양성 아래를 거쳤으며, 객을 위하여 가벼이 누르고 가녀리게 갈아서 소리를 만들었거늘, 지금은 줄이 얼어붙어 도무지 벙어리와 같다. 진유숭은 자운의 선서(仙逝, 죽음)를 당하여 슬픈 마음에 눈물을 납 녹은 물 쏟아지듯 흘렸다. 그리고 또 〈모어아. 청명일에 옛일에 느껴(摸魚兒 淸明感舊)〉를 지어 자운을 애도했다. 사는 이러하다.

다만 나는 홀로 상심하고 있다. 머리를 돌려 보지 말라. 새로 더했나니, 한 무더기 황토가 수양버들 뒤에. 바람이 불고 비는 방울을 이뤄 떨어지는데, 기억나네 달 아래 정자에서 아쟁이 울고, 이슬 지는 다리에서 피리를 불던 일이, 말하면 미간이 찌푸려지네.
10년 전의 일이니, 이 뜻은 비단 실을 사와도 전부 수놓기 어렵도다. 근심스런 모습을 술을 다 마신 후에는 잠깐 멈추었다. 이제부터는 비록 기왕(岐王)[당나라 현종의 아우로 문인들을 아꼈음—역자] 댁에 이르러, 춤옷 입은 이들이 가벼이 다투는 것을 보더라도 그냥 놓아두리라. 그대는 아는가? 정월 이틀 사흘, 봄 적삼이 너의 모습을 거듭거듭 투과해 보여주었던 것을. 많은 사람들이 너의 마른 모습에 울었지. 바로 다음 해 오늘 아침, 지전을 걸어두는 곳에, 알알이 홍두가 자라나 있으리라.

143_《迦陵詞全集》, 卷30, p.1b.

只我傷心偏有. 休回首. 新添得・一堆黃土垂楊後. 風吹雨溜, 記月榭鳴箏, 露橋吹笛, 說著也眉皺.
十年事, 此意買絲難綉. 愁容酒罷微逗. 從今縱到岐王宅, 一任舞衣輕鬬. 君知否? 兩三日・春衫爲汝重重透. 啼多人瘦. 定來歲今朝, 紙錢挂處, 顆顆長紅豆.[144]

다정다감한 재자와 사랑스런 반려 자운의 뒤얽힌 연정은 사별로 인하여 더욱 애처롭고 심각하게 사람의 마음을 움직였다. 진유숭은 자신의 〈모어아〉 사의 뒤에 동인(同人)들의 화운 사 20여 수를 부록으로 붙였다. 뉴수(鈕琇)의 《고잉》에 이런 말이 있다.

여고 모벽강(모양)의 집에 원정(수회원)과 성기(聲伎)가 뛰어났다. 가자 양지(楊枝)는 자태가 극히 아리따워, 명망 높은 인사들이 제영해준 것이 시권에 가득한데, 진기년(진유숭)의 것이 가장 뛰어났다. 20년이 지나 양지가 늙었는데, 그 아들도 역시 옥 같은 사람이어서, 소양지(小楊枝)라고 불렀다.
如皋辟疆家有園亭・聲伎之勝. 歌者楊枝, 態極妍媚, 知名之士, 題贈盈卷, 惟陳其年擅長. 閱二十年而楊枝老矣, 其子亦玉人也, 因呼小楊枝.[145]

등한의(鄧漢儀)도 〈후연극행(後演劇行)〉에서 이렇게 노래했다. "자운은 이미 가고 양지도 말랐으며, 진랑[진영추(陳靈雛). 부친은 곡중노교사(曲中老教師) 진구(陳九)—저자 원주]은 앵도처럼 엳은 흙에 묻혔구나. 진소만 남아 두 귀가 막혔고, 합비(合肥)는 존재하지 않고 몸뚱이는 곤드레 취해 있다(紫雲已逝楊枝槁, 陳郎淺土埋櫻桃. 剩有秦簫雙耳塞, 合肥不在形酕醄)." 모양(冒襄) 징군(徵君)의 〈지록에게 답한 서찰(答芝麓書)〉에는 "진소는 박복하여 폐인이 되었다. 봄이 지나자 머리와 눈이 몽치같이 되어 다시 누워서는 일어나지 못했다. 그래서 선생이 눈물을 쏟았으므로 아울러 언급한다(秦簫福薄, 已成廢人. 經春, 頭目如錐, 復臥不起. 因先生垂注, 幷爲及之)"[146]라고 했다. 수회원의 4대 가악(家樂)인 자운(紫雲)・양지(楊枝)・영추(靈雛)・진소(秦簫)는 한때 극성했으나, 시간의 추이에는 어쩔

144_《迦陵詞全集》, 卷29, p.1b-2a.
145_《觚賸》, 卷2, p.30, 〈小楊枝〉條.
146_《雲郎小史》, p.976.

수가 없어서 차례로 시들어 떨어졌다. 제일 먼저 운명한 옥인이 자운이었다.

8) 자운의 또 다른 화상

(1) 〈소청비연도(小靑飛燕圖)〉

자운은 분명히 진유숭의 문학 인생에서 불가결의 조력자였다. 일찍이 〈가릉전사도〉 제작 이전, 두 사람이 서로 알게 된 처음에, 진유숭은 화가에게 부탁하여 자운의 초상을 그리게 하고, 많은 문우들의 제영을 받기도 했다. 서자운의 화상은 조연 각색의 〈가릉전사도〉 이외에, 문헌 기록에 따르면 두 폭이 더 있었다. 첫째는 〈소청비연도(小靑飛燕圖)〉, 둘째는 〈구청소조(九靑小照)〉[일명 〈구청도(九靑圖)〉 혹은 〈운랑출욕도(雲郞出浴圖)〉]이다. 후자에 관해서는 모광생(冒廣生, 鶴亭, 1873-1959)이 편집한 《구청도영(九靑圖詠)》이 있는데, 제영자가 수십 명이다. 이하 첫 번째 화폭에 대해 우선 논하기로 한다.

화가 최화(崔華, 不凋)는 일찍이 자운을 위해 〈소청비연도〉를 제작했다. 그림에 진유숭이 쓴 〈소청비연도서〉와 시가 있다. 〈소청비연도서〉는 이 그림의 화가, 구도, 화면을 다음과 같이 설명했다.

> 누동(婁東) 최부조(崔不凋) 효렴(孝廉)이 나를 위해 비단 부채에 〈소청비연도〉를 그려주었다. 꽃은 '소청'인데, 꽃이 핀 것은 아홉 송이어서, 한 봄 내내 제비가 그 위를 비껴난다. 제목은 '진기년(진유숭)을 위해 구청의 소조에 제한 후 하루 뒤 짓다'이다. 뜻은 구청을 비연(飛燕)에 견준 것이다. 그래서 절구 한 수를 지어 효렴에게 보답한다(婁東崔不凋孝廉, 爲余紈扇上畫〈小靑飛燕圖〉. 花曰〈小靑〉, 開艷者有九, 一春燕斜飛其上. 題曰: '爲其年題九靑小照後一日作'. 意欲擬九靑於飛燕也, 因題一絶以報孝廉).[147] [비연의 성은 조(趙)이며 본디 장안의 궁인이었다. 한 성제(漢成帝)가 궁으로 불러들여 사랑했다. 뒤에 비연은

147_〈小靑飛燕圖〉의 기록은 《雲郎小史》, pp.964-965 참조.

허황후(許皇后)를 참소하여 폐출당하게 하고 황후가 되었다. 애제(哀帝) 때 비연은 서인으로 폐출되자 그날로 자살했다—역자]

사인이자 친구였던 서구(徐釚)는 다음 안어(按語)를 남겼다.

> 태창(太倉) 최화(崔華) 부조(不凋)에게 《앵도헌집(櫻桃軒集)》이 있다. 사생하고 점염한 것이 서희(徐熙)·황전(黃荃)에 방불하다. […] 왕둔옹(汪鈍翁)[왕완(汪琬)]의 《설령(說鈴)》에 이런 이야기가 있다. 최부조가 호서(滸墅)에서 여러 공들과 이별하면서 "단풍 든 강이 차가울 때 사람은 떠나가니, 황엽 떨어지는 소리가 많아 술을 사양하지 않노라"라는 구를 지어, 일시에 인구(人口)에 회자되었으므로 최황엽이라는 호가 있다. 최부조는 완정(왕사진)의 문하에서 나왔는데, 완정은 〈동화사(桐花詞)〉가 절묘해서, 장안에서 다투어 '왕동화'라고 부르니, 정말로 '최황엽'(최화)을 고제로 삼지 않을 수 없다.
>
> 太倉崔華不凋, 有櫻桃軒集. 寫生點染, 彷彿徐熙·黃荃. […] 汪鈍翁《說鈴》云, 不凋滸墅別諸公, 有'丹楓江冷人初去, 黃葉聲多酒不辭'之句, 一時膾炙人口, 因有崔黃葉之號. 不凋出阮亭之門, 阮亭桐花詞妙絶, 長安競呼爲王桐花, 正不可無崔黃葉作高弟也.[148]

최화는 왕사진의 문생인데, 진유숭의 비단 부채에 화조도를 그려 주었다. 아홉 송이 소청화가 꽃봉오리를 틔웠고, 한 쌍의 봄 제비가 그 위를 비스듬히 난다. 자운은 성이 서이고, 자는 구청이다. 화가는 아홉 송이의 고운 꽃으로 자운의 자 '구청'을 가리키고, 또 제비의 가볍고 나긋나긋한 자태로 자운의 야들야들한 춤사위를 견주었다. 최화는 오대 때의 서희·황전을 배워 화조를 잘 그렸는데, 그가 그린 이 그림도 겉으로는 보통의 화조도이다. 하지만 실은 자운의 이름과 자태를 비밀스럽게 감추어두어 도상을 암호로 삼아 실상을 아는 문우들에게 제공하여 일정한 집단 내에서 전파되도록 했다. 진유숭의 제시는 이렇게 말한다.

> 색이 곱고 향이 피어나는데 미처 시를 이루지 못한 참에, 홍색 옷깃을 비스

148_徐釚, 《本事詩》 卷12, 〈陳維崧〉篇, 杜松柏主編, 《清詩話訪佚初編》(台北: 新文豐出版社, 1987), 第1冊, pp.499-500.

듬히 자른 것이 붉은 꽃처럼 가볍구나. 한 번 최랑(최화)의 솜씨로 그림에 집어넣은 뒤로는, 강남에 두루 퍼진 것이 그의 소명(小名, 자)이로다.
嫩色生香賦不成, 紅襟斜剪茜花輕. 一從圖入崔郎手, 流偏江南是小名.

진유숭 또한 이 연인의 이름과 연정을 꼭꼭 감추고, 시와 그림을 통하여 그 연인의 이름을 강남에 유포시키고자 시도했다.

(2) 〈구청소조〉

〈소청비연도〉는 최화가 또 다른 화폭 〈구청소조〉를 그리고 진유숭이 시를 적은 하루 뒤에 제작한 것이다. 〈구청소조〉란 어떤 것인가?

① 화상 제작의 동기, 시간, 화면

뉴수(鈕琇)의 《고잉》에 이런 말이 있다.

> 진기년(진유숭)이 아직 시절을 만나지 못했을 때 광릉에 노닐었는데, 모소민(冒巢民, 모양)이 그 재주를 사랑하여 매화별서(梅花別墅)에 맞아들였다. 자운이란 이름의 동자가 있어, 나긋나긋하고 노래를 잘했으므로 서당에서 허드렛일을 하게 했다. 생(生)이 한 번 보고 혼이 나가서, 아름다운 시구를 주고, 아울러 그 화상을 그려, 권질로 장정하여, 운랑소조(雲郎小照)라고 이름했다.
> 其年未遇時, 遊於廣陵, 冒巢民愛其才, 延至梅花別墅. 有童名紫雲者, 儇麗善歌, 令其執役書堂. 生一見神移, 贈以佳句, 並圖其像, 裝爲卷帙, 題曰雲郎小照.[149]

서구도 이렇게 말했다.

> 여고 모소민(모양) 집의 청동(靑童)인 자운은 나긋나긋하고 노래를 잘했는데, 양선(陽羨) 진기년(진유숭)과 친압했다. 진기년은 그를 위해 '운랑소조'를 그리고, 두루 제영을 요구했다. [⋯] 이에 화운한 자가 수십 인이다.
> 如臯冒巢民家靑童紫雲, 儇巧善歌, 與陽羡陳其年狎. 其年爲畫雲郎小照,

149_《觚賸》, 卷2, 〈賦梅釋雲〉條, pp.40-41.

遍索題句. [⋯] 于是和者幾數十人[150]

뉴수와 서구가 말한 '운랑소조'가 최화의 〈구청소조〉로, 일명 〈구청도〉이다. 이 그림을 소장했던 오경(吳檠)은 이렇게 지어를 적었다.

〈구청도〉란 양선 진기년 선생이 서랑(徐郎)을 위해 그린 소조이다. 서랑의 이름은 자운으로, 여고 모벽강(모양)의 가아(歌兒)였다. 진기년 선생이 재주를 지니고도 실의했는데, 모벽강이 선생을 행사(幸舍, 별채)에 머물게 했다. 소삼오(小三吾)에 거처하게 하고, 성기(聲伎)를 진헌하여 즐겁게 해주었다. 자운은 나긋나긋하고 아리따웠는데, 퉁소를 불어 곡을 이루어, 미세한 부분까지 신묘한 경지에 들었다. 선생이 그를 귀여워하여, 그 소영을 그림으로 그리고, 휴대하고 출입하면서 두루 명인의 제영을 구했다.

〈九靑圖〉者, 陽羡陳其年先生爲徐郎所畫小照也. 徐郎名紫雲, 爲如皋冒辟疆歌兒. 先生負才落魄, 冒嘗館之幸舍. 居小三吾, 進聲伎以娛之. 紫雲儇巧明媚, 吹簫度曲, 分刌入神. 先生孌之, 爲畫其小影, 攜之出入, 遍索名人題句.[151]

모양은 진유숭의 시에 화운하여 20여 수나 첩운했는데, 그 가운데 "진청은 노래가 절조이고, 아자는 예상의 춤을 춘다(秦青歌絶調, 阿紫舞霓裳)"라고 했다. "가성을 선별하기는 호발의 미세한 부분까지 극도로 다하고, 화상을 제작하기는 초나라 미인의 가는 허리를 섬세하게 그려냈다(選聲極毫髮, 圖畫楚腰纖)"라는 구절 아래에 스스로 주를 하여, "진기년이 몰래 자운의 소상을 그려, 두루 제영을 구하여 권을 이루었다(其年密畫紫雲小象, 徧求題詠成卷)"[152]라고 했다. 모양은 진유숭이 자운 소상을 가지고 다니며 두루 제영을 구한 사실을 언급했는데, 이것은 뉴수·서구·오경이 말한 것과 같다.

장차계(張次溪) 편집《구청도영》의 저록에 따르면 〈구청도〉의 제발 기년은 갑진(1664) 을사(1665) 두 해에 집중되어 있고, '북정전(北征前)'·'하제(下第)' 등의 글자가 있다. 강희 3년 갑진 가을, 진유숭은 그 해 낙

150_[淸]馮金伯,《詞苑萃編》卷6,〈品藻〉, 徐釚《南洲草堂詞話》卷中. 張璋等編,《歷代詞話》(鄭州: 大象出版社, 2001年), 下冊, p.1126..

151_《九靑圖詠》, p.998.

152_《雲郎小史》, p.975, 冒襄이 陳維崧의 시에 화운한 구절.

제하여 북행하려고 했다. 이로써 〈구청도〉의 화상이 제작된 시기가 강희 갑진(1664) 가을임을 알 수 있다. 진유숭과 서자운 두 사람은 순치 15년(1658) 서로 알게 되었다. 강희 3년(1664) 봄 자운이 결혼하자 진유숭은 〈하신랑〉 사를 지어, "여섯 해 외론 객관에서 서로 의지했다(六年孤館相偎傍)"라 하여, 두 사람의 연정이 6년이나 지속되었다고 자술했다. 이 〈구청도〉를 제작한 것은 아마 자운이 결혼한 그 사건이 계기가 되었을 것이다. 진유숭은 화가 진곡(陳鵠)에게 위촉하여 고별 기념으로 이 화상을 그리게 했다. 〈가릉전사도〉는 강희 17년(1678) 제작되었으니, 〈구청소상〉보다 14년이나 뒤의 일이다.

〈구청소조〉의 화면은 어떠한가? 오경은 또 이렇게 말했다.

> 그림은 가로 1척 5촌, 세로 7촌으로, 운랑(자운)은 3촌쯤 크기이다. 수벽색 적삼을 입고 턱을 고이고 바위 위에 앉아 있다. 오른쪽에는 퉁소 하나를 놓아두고, 헝클어진 머리가 부숭부숭하며, 뺨은 엷은 홍색이다. 목욕을 막 한 듯도 하고, 살짝 취한 듯도 하다. 별 같은 눈동자를 나른하게 깔고 있다. 신정(神情)이 태탕(駘蕩)하여, 그리워하는 사람이 있는 듯하다. 정말로 뛰어난 물건이다. 그림을 그린 사람은 오랑(五琅) 진곡이다.
>
> 圖橫一尺五寸, 縱七寸, 雲郎可三寸許. 著水碧衫, 支頤坐石上. 右置洞簫一, 逋髮鬖鬖然, 臉際輕紅, 似新浴, 似薄醉. 星眸慵睇, 神情駘蕩, 若有所思, 洵尤物也. 畫者爲五琅陳鵠.

도판(그림 5-8)으로는 색깔을 판별할 수 없지만, 오경이 '수벽색 적삼'이나 '뺨은 엷은 홍색'이라 한 것을 보면 원래 채색화였음을 알 수 있다. 〈운랑출욕도〉라고도 부르는 이 화상은 자운이 반석에 앉아 있는 모습이다. 왼팔은 턱을 고이고 있고, 넓은 소매가 미끄러져 떨어지고 있으며, 오른팔은 옷소매를 높이 팔꿈치까지 걷어 올려 모두 가리지 않고 노출한 채이다. 치마도 높이 올라가, 두 섬세한 작은 허벅지가 드러나 있고, 의포(衣袍)는 옷깃 부근이 넓게 열려 있다. 〈운랑출욕도〉는 벌어진 옷깃, 벗어 드러난 사지, 정돈하지 않고 쭈글쭈글한 의포, 부숭부숭 흩어져 떨어진 머리카락, 아래로 드리운 시선, 맑게 여윈 신체 등등으로, 이 젊은 남자에게 섬세하고 내성적인 여성적 특질을 부여했다. 그리고, 다시 '목욕을 막 하고 나옴'을 주제로 삼아 벌거벗은 신체와 흐트러진 의복을

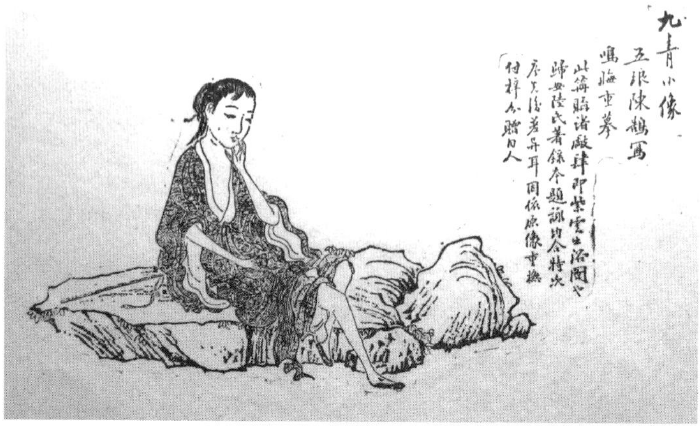

그림 5-8. (청) 진곡, 〈구청소조〉[또 다른 명칭 〈운랑출욕도〉], 《구청도영》 권수.

그려내어, 멀리 상상하는 욕망의 공간을 증대시켰다. 〈운랑출욕도〉와 〈가릉전사도〉는 구도상으로는 퉁소 하나 이외에 비슷한 부분이 전혀 없다. 하지만 진유숭의 반려였던 홍분을 상상하게 한다는 점에서 둘이 전혀 다르지 않다.

② 화상의 유전 과정[153]

〈구청소조〉의 유전에 대해, 옹정 9년(1731) 여름, 오경은 그의 제지(題識)에서, 그 그림을 상인의 손에서 구입한 과정을 밝혔다.

> 선생이 그를 너무 사랑하여, 그의 소영(小影)을 그림으로 만들어, 휴대하고 출입하면서 명인의 제영을 두루 구했다. 그 후 자운은 결국 선생을 따라 돌아갔다. 자운이 죽은 후, 선생이 자운의 물건을 보면 곧 슬퍼져서 이기지 못할 듯이 했다. 우회암(尤悔庵, 우통), 서전발(徐電發, 서구), 저동인(儲同人)[저흔(儲欣)]이 모두 그 일을 기록했는데, 풍류가 방달하여, 진인(晉人)의

153_《雲郎小史》, pp.964-965; 《九靑圖詠》, pp.998-1000. 咸豐·同治 연간에 저명한 감상가 陸心源에게 돌아가 이 그림을 상세하게 저록해서 圖面의 정보를 풍부하게 제공한다. 그것과 張次溪 편집의 《九靑圖詠》은 내용에 출입이 있다. 필자의 고찰은 이 그림에 중점이 있는 것이 아니다. 복잡한 문제들을 면하기 위해 육심원의 저록에 대한 연구는 후일을 기다리고자 한다. 陸心源, 《穰梨館過眼錄》, 卷40, 〈紫雲出浴圖〉卷, 《續修四庫全書》, 子部, 藝術類, 第1087冊, pp.423-433.

유풍에 방불하다. 나는 그 시와 사를 읽고 개연히 그 사람됨을 상상하지 않은 적이 없다. 선생이 뒤에 박학홍사과에 천거되어 검토의 관직에 이르렀으며, 강희 임술(21년, 1682) 경사에서 졸했으니, 지금 50년이 지났다. 홀연 어떤 상인이 이 그림을 가지고 와서 시장에서 팔았다. 내가 구득했는데, 그림은 가로 1척 5촌, 세로 7촌이다. […] 정말로 뛰어난 물건이다. 화가는 오랑 진곡이다. 제영은 모두 76인으로, 시는 161수이다. 우태사(尤太史) 회암(우통), 왕고공(王考功) 서초(왕사록), 사구(司寇) 완정(왕사진)의 절구가 특히 오묘하다. 장황하여 보관하고, 다시 시 1장을 지어 권말에 쓴다. 때는 옹정 신해(9년, 1731) 여름 5월이다.

先生嬖之, 爲畫其小影, 攜之出入, 遍索名人題句. 其後雲竟從先生歸. 雲亡, 先生覩物輒悲, 若不自勝者. 尤悔庵·徐電發·儲同人皆載其事, 風流放達, 彷彿晉人之遺. 余讀其詩若詞, 未嘗不慨然想見其爲人. 先生後擧鴻博, 官檢討, 康熙壬戌(按21年, 1682)卒於京師, 今且五十年矣. 忽有賈人子, 持此圖售諸市. 余購得之, 圖橫一尺五寸, 縱七寸, […] 洵尤物也. 畫者爲五琅陳鵠, 題詠凡七十六人, 詩一百六十首. 而尤太史悔菴·王考功西樵·司寇阮亭諸絶尤妙, 乃裝潢而藏之. 復爲詩一章, 書於卷末. 時雍正辛亥(9年, 1731)夏五月也.[154]

〈구청소조〉가 제작된 70년 후는 진유숭이 타계(1682)한 지 반세기 뒤, 옹정 9년(1731)이다. 이때 오경은 상인에게서 이 그림을 구득했다. 오경은 그것을 양주 김종정(金棕亭) 즉 김조연(金兆燕, 1719-1791)에게 증여했다. 대략 건륭 을유 30년(1765), 김조연은 또 인엄(忍弇) 학구에게 증여하여, 원 그림은 양주 단오교(端午橋)로 돌아갔다. 이 유전 과정에 관해서는 김정종의 제시 뒤에 인엄 학구의 발문이 간단하게 말해준다.

이 화권은 오경 공이 시장에서 얻은 것으로 권질로 장정하여 그 권질을 김종정 교수에게 주었다. 김종정은 다시 나에게 주면서, 5언 고시 320자를 지었는데, 지금 상자에 보관하고 있으니, 10년이 되어간다. 후일 누가 이것을 가지게 될지 모르겠다. 부디 세세대대로 보물로 삼았으면 한다. 건륭 을미(40년, 1775), 진주 반씨(眞州, 潘氏)의 남원(南園)에 객으로 있는 인엄 학구가 아울러 기록한다.

此卷吳公得諸市中, 裝緝成卷, 持贈金棕亭教授. 棕亭轉以贈余, 賦五言古三百二十字, 今藏之篋中, 且十年矣. 不知後日誰復得此者? 願世世寶之可

154_《九靑圖詠》, p.998.

耳. 乾隆乙未(40年, 1775), 客眞州潘氏南園, 忍弇學究並識.[155]

위에 밝혔듯이 김종정의 본명은 김조연(金兆燕)이다. 이두(李斗)의 《양주화방록(揚州畫舫錄)》에 이런 기록이 있다.

> 김조연은 전초(全椒) 사람으로, 교수일 때 시장에서 작은 구리 도장을 구득했는데 '종정(棕亭)' 2자가 새겨져 있었으므로 마침내 호로 삼고, 종정이란 정자를 관서의 서편에 얽었다. […] 김조연은 어려서 신동이라 일컬어져, 장남화(張南華)[장붕충(張鵬翀)] 첨사(詹事)와 이름이 나란했으며, 시와 사에 뛰어났다. 김조연은 원나라 산곡(散曲)에 정교했는데, 노아우(盧雅雨)가 불러 관서를 주관하게 한 것이 10년으로, 원정(園亭) 모임의 연구(聯句)와 대희(大戲)의 사곡(詞曲)이 모두 그의 손에서 나왔다.
>
> 金兆燕, 全椒人, 爲教授時, 於市購得小銅印, 刻'棕亭'二字, 乃旣爲號, 且搆棕亭於署之西偏. […] 兆燕幼稱神童, 與張南華詹事齊名, 工詩詞. 君精元人散曲, 盧雅雨延主使署十年, 凡園亭集聯及大戲詞曲, 皆出其手.[156]

모광생《운랑소사》와 장차계《구청도영》의 관련 기록을 근거로, 〈구청소조〉 및 제영이 유전하는 과정에서 출현한 몇몇 모본에 대하여 설명하기로 한다.[157]

(a) 왕본(汪本)

건륭 29년 갑신(1764), 64세의 왕가(汪舸)가 도권의 제영을 손으로 베껴 기록했다. 김조연 소장의 원도에서 제영을 인용하여 기록한 것일 수 있다. 그러나 이 텍스트는 제영이 조금밖에 없고, 모도(橅圖, 모식도)도 없다. 왕본은 오경의 제시 뒤에 다음 발어를 써두었다.

> 건륭 29년(1764) 세차 갑신 9월, 전중양절(9월 19일), 객음노인 왕가는 선배들의 제영을 베껴 기록한다. 이때 나이 예순 하고 넷이다.
>
> 乾隆二十九年, 歲次甲申, 九月, 展重陽節. 客吟老人汪舸手錄諸前輩題詠, 時年六十有四.

155_《九靑圖詠》, p.1000.

156_《九靑圖詠》, p.1000.

157_摹本에 관해서는《雲郎小史》, p.965와《九靑圖詠》, p.999 참조.

(b) 섭본(葉本)

건륭 60년 을묘(1795) 나빙(羅聘)이 그림을 이모(移模)하고, 가경 15년 경오(1810) 만생(曼生) 진홍수(陳洪綬)가 이 저록했다. 이 모본(이모본)은 모양의 후손 모광생이 소년 때 그 스승 섭란대(葉蘭臺)의 곳에서 보았다고 자술한 것을 근거로,[158] 섭본이라고 한다. 마찬가지로 오경의 제시 뒤에 발어가 있다.

> 지난날 전하던 운랑 소경은 오랑 진곡이 그린 것이다. 우회암(尤悔庵, 우통)·서전발(徐電發, 서구)·저동인(儲同人, 저흔)의 문집에 모두 그 일이 실려 있다. 옹정 신해(9년, 1731) 5월, 찬호(鄼湖) 오청연(吳青然, 오경) 선생이 경사(京師)의 저자에서 구득한 것이다. 건륭 을묘(60년, 1795) 5월 강원(彊園) 시독이 광릉 나산인(羅山人) 빙(聘)을 시켜 부본을 중모(重摹)하여 소장했다. 원래 도권의 제영은 해와 별처럼 찬란하지만 지금까지 베껴둔 사람이 없다. 가경 경오(15년, 1810) 긴 여름, 칠리당(七里塘)에서 더위를 피했는데 친구가 이 권을 내어서 보여주고는 끝에 거듭 기록을 해달라고 했다. 전당 진홍수(陳鴻壽) 만생보(曼生甫)가 기록한다.
>
> 向傳雲郎小景, 爲五瑯陳鵠所寫. 尤悔庵·徐電發·儲同人諸集皆載其事. 雍正辛亥(9年, 1731)五月, 鄼湖吳青然先生購得於京師市肆中. 乾隆乙卯(60, 1795)五月, 彊園侍讀倩廣陵羅山人聘重摹副本以藏之. 原卷題詠, 燦如日星, 迄今無人抄寫. 嘉慶庚午(15, 1810), 長夏逭暑七里塘, 友人出觀是卷, 囑爲重錄於尾. 錢塘陳鴻壽曼生甫記.

(c) 양주 각본

《구청도영》(즉 《출욕도제영》)이 양주에서 간각되어 출판되었는데, 모본(母本)이 무엇인지 모른다. 광서 연간에 심종기(沈宗畸, 太侔)가 양주 각본에 의거하여 《배원루사종(拜鴛樓四種)》에 수록했고, 모광생이 〈자운소전(紫雲小傳)〉을 보충 작성했다.[159] 장차계의 〈운랑소사서(雲郎小史序)〉가 있다.

> 여고 모학정(모광생) 어른은 수회원의 옛 주인으로, 진기년(진숭유)과 구청(자청)의 애절한 생사고사(生死故事)를 모아 《운랑소사》라는 책을 이루었

158_冒廣生은 "兩峯摹本則余少時在番禺葉蘭臺師處見之"라고 했다. 《雲郎小史》, p.964.
159_《雲郎小史》, p.965.

다. 명원의 높은 모임에서 사죽(현악기와 관악기)의 연주 속에 한가한 정을 즐기며 공자는 그리움을 품고 재인은 빼어난 홍치를 누렸던 일들을 차례로 기술했다. 그리고 인물의 모습을 그림으로 그리고 가곡의 소리를 그림으로 그려서, 사람으로 하여금 태평성세에 성스러운 군주와 현명한 신하가 짝을 했던 즐거움을 추모하게 한다. 마침 내가《청대연도이원사료(淸代燕都梨園史料)》의 속편을 편집하면서 운랑이 비록 남자이기는 하지만 일찍이 이 땅을 밟은 일이 있고 희곡을 소통시킨 공은 실로 인몰할 수 없으므로, 마침내《구청도영》도 함께 편집하여 합간한다.

如皋冒丈鶴亭, 爲水繪園舊主, 曾裒其年與九靑纏綿生死故事, 成《雲郎小史》一書. 歷述名園高會, 絲竹閒情, 公子俠懷, 才人逸致. 繪影繪聲, 令人追慕盛世明儔之樂. 適余續輯《淸代燕都梨園史料》, 念雲郎雖爲南人, 旣曾履斯土, 溝通戲曲之功, 實不可湮滅也. 遂並輯《九靑圖詠》而合刊之.[160]

이 서문은 장차계가 민국 26년(1937) 북경 선무문 밖에서 작성했다. 지금《청대연도이원사료》에 들어 있는《운랑소사》와《구청도영》은 확실히 서로 이어져 있고, 또한 뒤 책의 끝에 〈자운전〉이 붙어 있다. 이로 보면 장차계가 편집한《구청도영》은 광서 연간《배원루사종》본에서 추출해내었다고 추측된다. 이 후출본은 모본(母本)이 왕본도 아니고 섭본도 아니다. 장차계가 두 텍스트에 근거하여 본문 글자와 차서를 교정했을 것이다.

그 밖에《청대연도이원사료》속편의《구청도영》권수에 〈구청소상〉이 붙어 있다. 큰 글자로 '오랑 진곡사, 명회중모(五琅陳鵠寫 鳴晦重摹)'라고 서명되어 있으며, 곁에 작은 글씨로 다음과 같이 쓰여 있다.

이 책은 유리창 거리의 점포에서 구입했으니, 즉 〈자운출욕도〉이다. 귀안육씨(歸安陸氏) 저록본과 제영이 모두 부합하고, 다만 차서의 선후에 차이가 있을 따름이다. 원래의 화상에 의거하여 다시 임모하여 판각해서 동인들에게 나누어준다.

此篇購諸廠肆, 即紫雲出浴圖也. 歸安陸氏著錄本, 題詠均合, 特次序先後差異耳. 因依原像重橅付梓, 分贈同人.

진곡이 그린 원화는 오경이 구득했다가 전전해서 김조연, 인엄 학구

160_《雲郎小史》, p.957.

등에게 증여되었다. 또 나빙이 이 화상을 임모했으며, 그것이 후에 양주에서부터 북경 유리창으로 흘러 들어갔다. 이 글에 서명이 없어서, 이 책을 구입하여 소장한 사람이 누구인지 확정할 수는 없다. 다만 그 사람이 명회(鳴晦)에게 부탁하여 다시 이 책을 임모하여 판각해서 동인들에게 나누어준 사실을 알 수 있을 따름이다. 《배원루사종》을 보지 못했으므로, 장차계 편집본이 단순히 양주 구각본의 《배원루사종》본에 근거해서 정리해내어 간각한 것인지, 경성의 아무개가 유리창에서 구입한 후 장차계가 원본에 의거하여 다시 임모하여 간각한 것인지, 함부로 단정할 수가 없다. 어떻든, 《청대연도이원사료》 속편에 수록된 《구청도영》의 부도(附圖)는 원본에 아주 가깝다. 그림 뒤의 제영은 후대에 나온 것이기는 해도 장차계가 왕본과 섭본을 비교하여 교주하고, 아주 잘 정돈해서 수록했다.

③ 제영자와 제영 내용의 경향

서구는 〈구청소조〉에 관해서 다음과 같은 기사를 남겼다.

> 광릉 모소민(모양) 집의 청동(靑童) 자운은 나긋나긋하고 노래를 잘했는데, 양선 진기년(진유숭)과 친압했다. 진기년은 그를 위해 〈운랑소조〉를 그리고, 두루 제영을 요구했다. 신성 왕원정(왕사진)은 "황금의 잔을 들어 무릎 굽혀 옥잔과 맞부딪히고, 좌석에선 은으로 만든 연잎이 타서 재가 올라온다. 법곡(法曲)은 이보다 더한 것을 얻을 수 없으리니, 인간세상에 어찌 자운이 되돌아온 줄을 알랴?"라고 했다. 무진(武進) 진초봉(陳椒峰)[진옥기(陳玉基)]은 "생각나네, 봄 적삼을 벗고 꽃 아래 잠 들고, 새 가성은 이연년(李延年)[한 무제의 총애를 받은 창부(唱夫)—역자]을 너무도 사랑하게 만들었지. 지금 화권을 펼쳐보니 사람은 그대로이건만, 어디서 서로 보며 사랑할 수 없단 말인가?"라고 했다. 장주(長洲) 우회암(尤悔庵, 우통)은 "서원(西園) 공자가 멋진 연회를 열어, 벽옥 같은 달과 경옥 같은 가지가 밤마다 오누나. 작은 악부의 음성에서 누가 제일인가? 옥퉁소 먼저 연주하며 자운이 돌아왔네"라고 했다. 이에 화운한 자가 수십 인이다.
>
> 廣陵冒巢民家靑童紫雲, 儇巧善歌, 與陽羨陳其年狎. 其年爲畫雲郎小照, 遍索題句. 新城王阮亭曰: "黃金屈膝玉交盃, 坐爇銀荷葉上灰. 法曲自從無上得, 人間那識紫云回." 武進陳椒峰曰: "憶脫春衫花底眠, 新聲愛殺李延年.

只今展卷人猶在, 何處相看不可憐?" 長洲尤悔庵曰: "西園公子綺筵開, 璧月瓊枝夜夜來. 小部音聲誰第一, 玉簫先奏紫雲回." 於是合者幾數十人.[161]

(a) 제영자

서구의 기사에서 언급한 수십 인은 대체 누구인가? 오경의 통계에 의하면 제영자는 76인이고 시는 160수이다. 《운랑소사》를 엮은 모광생의 통계로는 "〈출욕도(出浴圖)〉권은 장강손(張綱孫)[개명 장단(張丹)] 이하 제영자가 74인, 시 153수, 사 1수, 단구 2개이다."[162] 장차계 편집 《구청도영》에 근거하여 다시 헤아려보니, 오경의 제지에서 마친다면 확실히 76인이다. 하지만 오경의 뒤로 또 김조연과 인엄 두 사람에게 증여되었으므로 김조연의 제영과 인엄 학구의 후지를 더한다면 78인이 된다. 제시의 부분은 석순초부(石筍樵夫)가 쓴 단구(2구)와 양대(楊岱)가 쓴 〈알금문(謁金門)〉 사를 제외하면 모두 160수의 시이다. 칠언절구가 가장 많다. 오경과 김조연의 장편을 더하면 모두 162수이다. 그러므로 오경의 제지가 아주 정확하다.

162편 제시 가운데 사는 1수뿐이다. 제영자가 선택한 문체로 보면, 〈가릉전사도〉 당시의 제영이 사를 위주로 한 것과 완전히 다르다. 〈구청소조〉 화상은 강희 갑진(1664)에 이루어져, 당시 진유숭이 40세였고, 당시에는 아직 사로 이름이 드러나지 않았기 때문이었다. 제영자의 신분도 역시 그러하다. 78인의 제영가들은 진용이 대단하다고는 할 수 있지만 전체의 명성은 〈가릉전사도〉의 제영 대오에 훨씬 못 미친다. 비록 조양무(曹亮武) · 두준(杜濬) · 손지울(孫枝蔚) · 종원정(宗元鼎) · 모양(冒襄) · 매경(梅庚) · 왕사록(王士祿) · 왕사진(王士禛) · 송완(宋琬) · 공현(龔賢) · 임고도(林古度) · 오가기(吳嘉紀) · 우통(尤侗) · 송실영(宋實穎) · 모단서(冒丹書) · 여회(余懷) 등등 이름난 문사가 없는 것은 아니다. 하지만 이 그림은 진유숭이 아직 박학홍사과에게 천거되기 15년 전에 이루어져, 개인의 재명이 그리 멀리 퍼지지 않았고, 위의 명사들도 역시 북경에서 벼슬을 살지 않았다. 대부분의 제영자는 진유숭 형제 진유악(陳維岳) · 진유

161_《南州草堂詞話》.
162_《雲郎小史》, p.965.

미(陳維嵋) 및 가까이서 제영을 요구받은 동향의 문우들을 포함할 따름이다.

(b) 제영 내용

〈구청소조〉의 화상과 제영은 백시산인(柏視山人) 매경(梅庚)이 말한 바와 같다.

> 진랑이 이미 반백이 되었다니 믿기지 않네, 정을 쏟음은 여전히 정앵도에 있거늘[정앵도는 후조(後趙) 무제 석호(石虎)의 제3부인으로 뒤에 황후가 되었다. 당나라 이기(李頎)가 〈정앵도가〉를 지었다 — 역자]. 생초의 작은 화권은 길이가 석 장(丈). 사인에게 두루 제영을 구하여 지칠 줄 모르네.
> 不信陳郎已二毛, 鍾情猶在鄭櫻桃. 生綃小卷長三丈, 乞遍詞人未覺勞. (986)[163]

이미 중년에 접어든 진유숭은 가동에게 연정을 쏟는 사건을 일으키고, 3장 길이의 화권을 가지고 자주 문우에게 제영을 구했다. 수회원 주인 모양은 〈기년이 자운 소영을 그려 두루 제영을 구하기에 장난삼아 두 절구를 제한다(其年畫紫雲小影遍索題詠戲題二絶)〉에서 이렇게 말했다.

> 밤에 청동을 보내어 독서에 반려로 삼게 하니, 노부가 객을 사랑함이 번여(璠璵, 노나라 보옥)보다 더했네. 자운을 여섯 해 이별하여 있는 사이에 정은 바다와 같았지. 그림 속에서 사람을 만나면 응당 너는 누구냐 물으리라.
> 夜遣青童伴讀書, 老夫愛客勝璠璵. 六年別去情如海, 畫裡逢人應問余.

> 진자(진유숭)는 기이한 재주라 고전을 연마하고, 진자는 연정에 바보 같기를 구름에 바보 같은 것과 같이하네[치운(癡雲)은 월곡(粵曲)의 첫 가사인데, 당나라 이상은(李商隱)의 〈방중곡〉과 송나라 육유(陸游)의 〈망종 후 열흘 지나 하루도 비가 오지 않는 날이 없기에 우연히 장구를 짓는다(芒種後經旬無日不雨偶得長句)〉에도 언급되어 있다—역자]. 세간의 지기로는 나만한 사람이 없으려니, 운랑을 내보내지 않고 마지막에는 그대에게 주리라.

163_이하 인용한 제시는《九靑圖詠》참조. 인용문 끝에 張次(장차)를 夾註(협주)로 밝힌다.

陳子奇才亂典墳, 陳子癡情癡若雲. 世間知己無如我, 不遣雲郎竟與君.[164]

모양은 진유숭의 지기를 자처하여 그 재주를 사랑해서 수회원에 맞아들여 객으로 우대했고, 밤에 가동을 보내어 독서에 반려가 되게 했다. 두 사람이 서로 사랑한 지 6년, 자운이 결혼하여 두 사람이 이별하자, 바다 같은 치정과 그림 속의 화상만 남겨놓았을 뿐이다. 서구는 모양의 시를 평하여, "평원공의 높은 우정이요, 두목의 치정이다. 《본사시》 중에 전하여 천추의 가화가 되게 해야 한다"[165]라고 했다. 광릉 종원정(宗元鼎, 1620-1698)도 모양이 재주 있는 이를 사랑한 점에 대하여 역시 수긍했다.

> 한 곡의 새 노래가 수회원에서 울려나니, 모씨 집 아자(阿紫, 자운)는 쌍갈래 머리 여인과 같았도다. 그대가 객을 사랑한 일을 천년 뒤에 생각하나니, 금슬(錦瑟, 장식한 거문고)로 이의산(이상은)을 시종하게 했던 일 같아라.
> 一曲新歌水繪間, 冒家阿紫似雙鬟. 因君愛客思千古, 錦瑟能令侍義山. (985)

한편 많은 제영자들이 화면의 자운 형상에 착안했다. 장강손(張綱孫)은 이렇게 읊었다.

> 청청한 짧은 머리가 미간 위를 덮었고, 흰 모시로 갓 마름한 적삼에 아리따운 용모가 완연하다. 옥피리 불고나서는 턱 고이고 생각에 잠기니, 정이 깊어도 말로 표현하지 못하고 원룡(元龍)[진등(陳登). 진유숭을 빗댄 말—역자]을 추억하네.
> 青青短髮覆眉峰, 白紵新衫宛媚容. 玉笛罷吹支頰想, 情深不語憶元龍. (983)

강정오(姜廷梧)도 "섬섬한 흰 손으로 옥 같은 뺨을 괴고, 퉁소를 다 분 후에 푸른 이끼의 땅에 앉는다(素手纖纖倚玉腮, 洞簫吹罷坐蒼苔)"(983)라고 했다. 제영자들의 시는 자운의 모발, 눈썹, 얼굴, 손, 턱 등 부위에서부터 적삼, 옥저, 좌석 등 물건에 이르기까지 차례로 훑었다. 이것은 여성

164_徐釚, 《本事詩》 卷7, 〈冒襄〉篇, 《清詩話訪佚初編》, 第1冊, pp.297-298.
165_《雲郎小史》, p.970. "平原高誼, 杜牧痴情. 傳之《本事詩》中, 應作千秋佳話."

보다 더 여성같은 형상이다. 그래서 손지울은 “짧은 옷깃과 작은 머리털로, 정앵도는 수심에 겨웠도다(短襟和小鬢, 羞殺鄭櫻桃)”(984)라고 했다. 어떤 제영자는 심지어 여성의 복장으로 만들었다. 섭우봉(葉虞封) 시에 “붉은 소매를 가벼이 뒤집고 비단 복띠를 묶어서, 한들한들 미인의 복장을 배웠다(紅袖輕翻束錦纏, 娉婷頻學美人妝)”(996)라고 했다. 여회(余懷)는 조롱하여 “살랑살랑 여자의 몸인가 의심되네(嬌嬈疑是女兒身)”(997)라고 했다. 남자를 여자로 만들었으니, 그렇다면 색향을 생동감 있게 표현하여도 기이할 것이 없다.

> 아래로 드리운 짧은 머리는 한 쌍의 눈썹을 덮고, 안개인 듯 가벼운 생초는 피부를 얇게 덮었구나. 선녀의 혼을 불러 내려오지 않더라도 한스럽지 않아라, 한스러운 것은 너의 교태가 사람들을 치정에 얽히게 함이로다.
>
> 垂垂短髮覆雙眉, 如霧輕綃薄掩肌. 不恨仙魂呼不下, 恨儂嬌態向人癡. (天都 方一煌, 991)

> 꽃 덤불 아래 진나라 궁에서 옥퉁소를 연주하니, 앵도의 붉은 빛무리가 멀리까지 그림자를 뻗누나. 하늘이 준골을 나아 추수(추파)를 비끼게 하고, 가녀린 허리를 주어 소교(小喬)와 다투게 하네.
>
> 花底秦宮弄玉簫, 櫻桃紅暈影迢迢. 天生俊骨橫秋水, 拚取腰枝鬬小喬. (荔城 余懷, 997)

방일황(方一煌)은 ‘안개인 듯 가벼운 생초’라는 표현을 통하여, 어루만지면 매끈매끈할 피부를 방불하게 그려냈다. 그림의 자운은 불러도 오지 않는 신녀와도 같아서, 인간을 향하여 교태를 보이고 있다. 여회(余懷)는 옥 퉁소에 시선을 주어, 퉁소를 부는 앵도 입술과 붉은 빛 감도는 뺨의 모습을 보는 듯 상상하고, 다시 골상과 추파, 그리고 소교와도 같이 아름다운 가는 허리를 바라보았다. 그래서 매경(梅庚)은 일찍이 이렇게 말했다.

> 인간세상의 제1춘을 점유하여, 경성(傾城)의 미를 여아의 몸에 주지 않았구나. 진사왕(陳思王, 조식)이 만약 이 그림을 펴볼 줄 안다면, 종전에 낙신(상수의 여신)을 노래한 것을 틀림없이 후회하리라.

> 占斷人間第一春, 傾城不屬女兒身. 陳思若解披圖畫, 定悔從前賦洛神. (986)

사람들을 경도시킬 외모, 낙수의 여신은 여자의 몸에만 속할 것이 아니다. 다정다감도 반드시 여자만 그런 것이 아니다. "노래 사라지면 어찌 천애의 객을 생각하랴만, 어찌 유독 마음에 켕기는 것이 이 여랑뿐이런가?(歌殘肯念天涯客, 何獨關情是女郎)"(섭우봉, 996)라고 토로한 그대로이다. 단수(斷袖)의 연정은 마침내 이 문우들이 온힘 다해 떠들고 떠받드는 찬송가가 되었다.

> 원룡(진등)이 다행히 겸가와 인연을 맺었더니[겸가는《시경》〈겸가〉에서 나온 말로, 진정한 벗을 가리킨다—역자], 동자의 청의에게 곱고 화려함을 우탁했네. 군왕이 폐행을 깨우지 않으려고 옷소매 자른 일을 괴이히 여기지 말라, 비단과 모시를 봄날의 완사(浣沙) 깁과 함부로 동일시 마시게. [뇌수(瀨水) 나간(羅簡)]
> 元龍何幸結蒹葭, 童豎青衣寓麗華. 莫怪君王勤割袖, 漫同羅苎浣春紗. (瀨水 羅簡, 983)

> 연소자의 소매 끊는 환락을 잊기 어려워, 너무도 어려워 그림을 그려두고 보는구나. 오 땅 비단 반폭에 천 줄기 눈물을 떨구어, 되려 시인으로 하여금 차마 볼 수 없게 하는군.[협석초(硤石超)]
> 年少難忘割袖歡, 相思猶作畫圖看. 吳綾半幅千行淚, 翻使詩人不忍觀. (硤石超, 987)

> 살랑살랑 여자의 몸인가 의심되는데, 애간장 끊는 이귀년(李龜年)의 곡 속에 봄이 가누나. 나도 혼을 녹이며 반려 되겠다고 말하니, 정을 뒤흔드는 것은 그림 속 사람이로다.[여성(荔城) 여회(余懷)]
> 嬌嬈疑是女兒身, 腸斷龜年曲裡春. 我亦銷魂說作伴, 傷情惟有畫中人. (荔城 余懷, 997)

협석초(硤石超)와 여회(余懷)는 진유숭과 서자운의 연정을 노래하는 동시에, 자신도 모르는 사이에 작가 내심의 심금이 흔들리고 말았다.

대부분의 시인은 진유숭과 친하여, 〈구청소조〉를 그린 시기가 강희 갑진이며, 그 시기는 운랑(자운)이 결혼하고 진유숭이 낙제하여 북쪽으로 향하는 때임을 잘 알았다. 그래서 "분명히 한 폭의 상사 그림이니, 다른 사람들에 대해 어찌 알게 한단 말인가?(分明一幅相思影, 寫向人間那得知)"(진유악, 984)라고 했다. 시인들은 이별과 불우에 공감하여 대부분 제영에 애상의 색채를 물들였다.

> 바위 위에 턱을 괴고 피리 부는 것을 멈춘 채, 애간장 끊는 곳은 어디인가? 낭군을 따라가지 않고서. 인간세계에 상사의 고통은 너무도 많다만, 단청으로 그리기는 자운만을 허여하노라. [조양무(曹亮武)]
> 石上支頤停玉笛, 斷魂何處不隨君. 人間多少相思苦, 只許丹靑繪紫雲. (曹亮武, 983)

> 강가에서 이별한 한을 금하기 어려워라, 외론 배는 너무도 무료하고 수 이불은 차갑기만 하다. 선랑이 꿈속에 들지 않는다면, 그대가 다시 그림 속으로 들어가 찾으리라 상상되네. [누수(婁水) 섭우봉(葉虞封)]
> 河干分手恨難禁, 閒煞孤舟冷繡衾. 不是仙郎來入夢, 想君還入畫中尋. (婁水 葉虞封, 996)

> 바위 가에서 침음하며 봄바람에 옷소매를 날리니, 짧은 머리가 사락사락하고 뺨에는 붉은 색이 감도네. 아랑(阿郎, 주인)이 적막함을 감내한다고 말하지 말라, 치정은 말하지 않는 속에 있으니. [오릉(吳陵) 육창령(陸昌齡)]
> 沈吟石畔袖春風, 短髮絲絲臉暈紅. 漫道阿郎甘寂寞, 癡情恰在不言中. (吳陵 陸昌齡, 996)

진유숭을 위해 상사의 괴로움, 이별의 한, 적막감, 치정을 말했다. 모양의 아들 모단서(冒丹書)는 이렇게 말했다.

> 정으로 죽고 정으로 죽는다는 것을 나는 모르다가, 우연히 정이 이르러 너에 대한 사랑에 얽어 매였네. 서글픔이 무단히 일어나는 곳을 알고자 한다면, 가벼운 구름(자운)이 한 가닥 실 모양인 것을 보시게.
> 情死情生不自知, 偶然情到繫儂思. 欲知惆悵無端處, 試見輕雲一縷絲. (993)

모단서는 구청(자운)의 화상을 보면서, 진유숭이 죽어도 괘념 않을 정도로 의의하게 놓아주지 못하는 이별의 정을 추측해보았다. 그것은 마음속의 밑도 끝도 없는 서글픔이 흡사 실 한 올이 팽팽하게 연결되어 있는 것과 같았으리라고 생각했다. 대체 누구의 마음이 한 올 실로 팽팽하게 연결되어 있는가? 광릉(廣陵) 화곤(華袞)의 제시는 이와 관련된 사실을 분명하게 드러내었다.

> 부끄럽게도 내가 비록 마음이 쇠와 같다고 해도, 다만 노래를 들을 뿐이니 불러본들 어찌하랴? 두 개의 별이 쉽게 분산된 것을 원망하지 말아라, 바위가에 직녀가 베틀 받쳐둔 곳이 바로 은하로구나.
>
> 慚予縱有心如鐵, 但是聞歌喚奈何? 莫怨雙星易分散, 支機石畔是銀河. (989)

제영자도 다정다감하므로 진유숭이 자운을 잃고 느꼈을 통한에 대하여 마음이 아프지 않을 수 없었다. 다만 시인은 진유숭이 몸 가까이 반려를 끼고 있었던 사실을 두고, 행간에 선망과 질투, 원망과 유감의 뜻을 숨겼다. 이러한 제영시들은 〈가릉전사도〉의 제영과 마찬가지로, 자운을 아름다운 완상물에서 애모 · 친압의 대상으로 바꾸었다. 그들은 약조하지 않고도 똑같이, 자운의 미색과 신체에 시선을 주어, 스스로를 진유숭의 잠재적 정적으로 만들어 삼각연애의 드라마를 연기하게 하여, 이로써 진유숭과 서자운의 관계에 개입했다. 자운이 시인들을 전혀 알지도 못하더라도 그림 속의 자운은 신선처럼 표표한 인상을 그들에게 주었다.

> 3년 전 강도(江都)에 갔을 때가 생각나네, 듣자니 운랑(자운)은 절세의 미색이라 했지. 금일 단청(회화)에서 비로소 얼굴을 알게 되니, 분명히 하나의 낙천(낙수) 신녀의 탱화로구나. [누동(婁東) 허욱(許旭)]
>
> 三年前憶到江都, 聞道雲郎絶世無. 今日丹青纔識面, 分明一幀洛川圖. (婁東 許旭, 998)

> 한가롭게 노니는 공자는 풍류가 대단하여, 벽옥같은 달과 경옥같은 가지를 곁에 두고 흥이 식지 않았다네. 듣자니 자운이란 자는 누구인가? 오늘 아침 먼저 도화를 빌려서 보았네. 꿈이 잦아들고 술이 깨자 너무도 그리워지니, 다만 단청(회화)을 보면서 그를 만난 듯 상상할 수밖에.[원리(轅里) 왕사록(王士祿)]

> 閒游公子風流甚, 璧月瓊枝興不闌. 聞有紫雲者誰是? 今朝先借畫圖看. 夢殘酒醒苦相思, 祇向丹靑想見之. (轅里 王士祿, 988)

이러한 시들은 제영자 시인과 자운의 애매한 관계를 체현했다기보다는 시인과 진유숭의 관계에 집착했다고 하는 것이 옳다. 시인이 자운에 대해 갖는 연모의 정은 진유숭의 내심을 은유하는 것으로 변화한다. 제영의 시에서 자운에 대한 연모는 사실상 진유숭 본인의 정감을 반영함으로써, 제영 작가, 진유숭 및 또 다른 시인들 사이의 대화 관계를 만들어낸다. 화상 관람의 수준을 제고하기 위하여 모사주(毛師柱)는 방향을 틀어서, 제시를 빌려서 새로운 주제를 발휘했다.

> 원룡는 10년 동안 봉호(蓬蒿, 황야)에 누워 있어, 호해에서 떠돌수록 기운은 더욱 씩씩해졌건만, 어찌 이렇게 치정을 도화에 두어, 이 화권으로《이소》를 잇게 했는가?
>
> 元龍十載臥蓬蒿, 湖海飄零氣更豪. 豈是鍾情在圖畫, 直將此卷續離騷. (988)

시인들은 공감(empathy)을 집어넣지 않을 수 없지만, 제시의 진정한 주지(appeal)는 "어찌 이 치정을 도화에 둔단 말인가?"라는 데 있었다. 즉, 어찌 그림 속의 인물과 더불어 두 마음이 칭칭 엮이는가? 하는 것이었다. 10년 동안 봉호에서 지내고 호해에 떠돌았으니, 이 그림과 제영은 근심과 환난을 겪은 인생의 긴 화권이라고 볼 수 있다.

남자 영인(伶人)의 화상과 여성 가자(歌者)의 화상은 모두 하나의 정교한 물품으로, 사교적 창수의 매개물이 되어 문사 사이에서 교환되고 유통되었다.[166] 〈구청소조〉의 제영자는 조금도 거리낌 없이 동성연애의 이야기를 하면서, 자신을 진유숭 · 모양의 교유권에 속한 사람이라고 확인했다. 이러한 정감과 취미는 당시의 유행과 부합했으므로 이러한 감

166_청나라 초 蔣繡谷은 애희 張憶娘을 위해 한폭의 화상 제작을 위촉했으니, 그 그림이 〈張憶娘簪花圖〉이다. 많은 문인들이 여러 시체로 제영한 것은 〈九靑小照〉와 같다. 拙著, 〈卷中小立亦百年—淸初〈張憶娘簪華圖〉之百年閱讀〉, 《〈通俗文學與雅正文學〉第五屆全國學術硏討會論文集》(台北: 新文豐出版社, 2005); 拙著, 〈拂拭零縑讀艷歌: 淸代〈張憶娘簪華圖〉題詠再探〉, 《中正大學中文學術年刊》 第6期, pp.1-28.

상에 한가지 특색을 지니게 했다. 이 점은 우리가 〈가릉전사도〉의 제영들을 읽을 때 잘 알 수 있었다. 갈망에 가득한 이 시들은 하나하나 모두 예물로 되어, 진유숭의 교유권에서 교환되고 유통되어, 진유숭 문우권의 네트워크를 창조하고 정감의 연계 통로를 창조했다. 제영자는 선망과 질투로부터 배태된 적의를 지닌 정적의 역할을 연기하여 얼른 보면 진유숭과 대립하는 듯하지만, 사실상 그와 동병상련했다. 곧 제영의 동기는 '알랑거림'에 있었지 '자리 뺏기'에 있지 않았다. 시인들은 자운과 면식하려 꾀하지 않고도 정적의 지위를 빌려 진유숭과 의기투합의 인상을 구축하고, 선망과 질투의 마음을 빌려 기질 투합의 인상을 표현했다.

연모의 정으로 충만한 이 시들은 사실상 담론기호로 되었고, 시인들은 이로써 일종의 유희성 오락을 누렸다. 시인들의 정열은 결코 확실한 대상을 두지 않았고, 연모의 정은 허무하고 아련했다. 다만 우연히 자운의 화상에 대해 먼 상상을 일으켰을 따름이다. 그러므로 시 속의 애상과 연모는 일종의 문자유희이며, 갈망의 대상은 다만 내면의 열정을 표현하는 촉매일 따름이다. 이 애상과 연모의 마음은 담론기호의 조작을 통하여 시인들로 하여금 한바탕 감정을 과도하게 드러낼 기회를 제공했다. 시인들은 진유숭이 본래 다정다감했음을 입증했다. 그 시들이 《구청도영》을 통해 공개적으로 전달되고 열람되는 방식으로 유포됨에 따라, 도폭에 적힌 제영의 시도 애송되고 감상되며, 시 속에 범람하는 정감도 감상의 대상으로 되었다. 시인들은 원래 진유숭 사건의 관중이었지만, 거기서 크게 변신하여 자기도 무대 위의 연기자로 나섰다. 그러므로 시 속의 '욕망 대상'은 부차적인 것이고, 중요한 것은 사회 명류 사이의 공감과 공명이었다. 이로 보면, 제영자가 욕망과 격정을 표현하는 시들은 이미 특정 대상인 자운에 대한 갈망과 연정을 초월하고 있다. 제영자들은 욕망과 격정을 표현하는 시를 통해, 문인권에 속한 자신의 위치를 더욱 확인하게 되고, 담론기호의 실천을 통하여 자아 확인의 집단 속에 몸을 던졌다.[167]

〈구청소조〉에 제영한 시인들의 경우가 이러하거늘, 〈가릉전사도〉의

167_〈九靑小照〉의 題詠 심리는 〈迦陵塡詞圖〉에서의 戀情思維의 題詠 심리와 다르지 않다. 졸고, 〈如食橄欖—十七世紀對中國男伶的文學消受〉.

제영 의식이 어찌 다르랴? 전자는 후자의 유력한 방증일 수 있다.

9) 진유숭의 기타 화상

강희 연간의 다른 명사들과 마찬가지로 진유숭도 개인 화상을 여럿 남겼다. 화상은 그의 기억을 청년 시기로 소급하게 한다. 그는 21세부터, 조부의 유상에 대해 깊은 인상을 지녀왔다. 진유숭은 부친을 위해 〈칙증징사랑 한림원검토 선부군 행략(敕贈徵仕郎翰林院檢討先府君行略)〉을 지었는데, 그 글에 이러하다.

> 을유 이후, 부군은 가문이 대대로 국은을 입어 와서 일반인이나 한미한 농사꾼과 다르다는 점을 생각하시고, 또 일시의 동류가 산일하여 거의 스러져 몸을 바치고 목이 끊겨 반나마 귀부록에 이름이 오른 것을 생각하셨다. 이에 착배(鑿坏)[노나라 임금이 안합(顔闔)을 재상으로 삼으려고 사람을 시켜 폐백을 전하자, 안합이 집 뒤의 담장을 뚫고 도망친 고사가 있어, 은둔의 뜻으로 사용한다—역자]하며 출사(出仕)하지 않고, 마을의 작은 누대에 앉거나 누우면서 족적을 성시에 들여놓지 않은 것이 20년이나 되셨다. […] 누대 위에 십삼경(十三經)과 이십일사(二十一史) 각각 한 질을 두고, 나머지는 《누산당집(樓山堂集)》·《아실당제예(雅實堂制藝)》·《장회당문집(壯悔堂文集)》·《진황문유시(陳黃門遺詩)》·《오매촌악부(吳梅村樂府)》를 잡다하게 나열하여 두시고는 아침저녁으로 음송하여 목소리가 숲을 진동시켜, 추워도 더워도 그치지 않아 이를 상례로 삼으셨다. 틈이 나면 지팡이를 끌고 밭 사이를 돌아다니며 떨어진 곡식을 줍고 수확하지 않은 이삭을 손에 들고 돌아오셨다. 혹은 서너 날 동안 음식을 들지 않고는 잠시 죽을 들이마시셨다. 세시(歲時)와 복랍(伏臘, 여름 삼복과 음력 섣달)에 소보공(少保公)[진우정(陳于廷, 1566-1635)]의 상을 당에 펼쳐놓고, 우리 형제들을 계단 아래 세워놓고는 말씀하시길, "너희는 조부의 일생을 아느냐? 글을 읽고 대의를 밝히셨다. 부디 너의 조부를 잊지 말라"라고 하셨다. 말씀을 마치시고는 눈물을 줄줄 흘리셨다.
>
> 乙酉之後, 府君念家門世受國恩, 非平流寒畯者比. 又念一時同類散佚略盡, 捐軀絶脰, 半登鬼錄. 於是鑿坏不出, 坐臥村中一小樓, 足跡不入城市者二十年. […] 樓之上, 庋十三經·廿一史各一部, 餘則襍列樓山堂集·雅實

> 堂制藝·壯悔堂文集·陳黃門遺詩·吳梅村樂府. 朝夕吟誦, 聲振林木, 寒暑不輟以爲常. 暇則曳杖而遊於田間, 拾遺秉滯穗以歸. 或數日不得飮食, 則且餔糜也. 歲時伏臘, 張少保公像於堂上, 立維崧兄弟輩於堦下而語之曰: "若知祖父之所從來乎? 讀書明大義. 幸無忘若祖父爲也." 言罷, 淚浪浪下.[168]

이 글은 진유숭이 집안 몰락 이후 짙은 그리움의 마음을 적어낸 것이다. 강남 4대 공자의 한 사람이던 진정혜는 살아서 시절을 만나지 못했다. 그는 갑신사변 이후 자취를 숨기고 작은 누대 속에 칩거하여 책을 읽으며 여생을 보내, 흉중에는 뜻을 펴지 못한 서글픔이 가득 쌓였다. 매번 한 해가 끝나거나 여름 삼복과 음력 석달의 날에는 돌아가신 부친의 유상을 뜰에 펼쳐 걸어두고 여러 아이들에게 선조를 잊지 말라고 훈계했다. 청년 진유숭은 이렇게 화상을 보면서 문풍을 일으키겠다는 강한 의식을 키웠다. 가문의 진흥과 자아의 성취를 위해 일생 힘을 기울였지만, 그 노정은 이상하리만치 기구했다.

문헌에 따르면 진유숭의 일생에서 그의 모습을 그린 화상은 한 폭에 그치지 않는다. 강희 3년 갑진(1664) 진유숭 40세, 석 대산이 〈천녀산화소상〉을 그려주었는데, 이것이 가장 이른 시기의 화폭이다. 바로 진유숭이 〈운랑출욕도〉(〈구청소조〉)의 제작을 위촉한 것과 같은 해에 이루어졌다. 두 그림의 상세한 내용은 앞에서 이미 논한 바 있다. 〈천녀산화소상〉에서 구레나룻을 날리면서 선판을 쥐고 있는 보살이 진유숭이며, 상비(湘妃)·항아(姮娥)같이 요조한 천녀가 자운이다. 자운은 〈천녀산화소상〉에서는 하늘로 솟는 천녀였는데, 〈운랑출욕도〉에서는 낙수 여신 즉 상비로 변화했다. 이 두 화상은 진유숭이 두 사람 사이의 염정이 무르익은 것을 기념하기 위해 남겨놓은 유력한 물증이다. 강희 17년 봄, 석 대산은 다시 54세의 진유숭을 위해 〈가릉전사도〉를 제작했다. 이것이 두 번째 화상이다.

강희 18년(1679) 3월, 진유숭은 박학홍사과 1등 제10명으로 합격하여, 제생의 신분에서 한림원 검토를 제수받아《명사》편수에 참여했다. 그 후 한림원에 직무를 맡게 된 진유숭은 또 다른 그림 〈세동도(洗桐圖)〉

168_陳維崧,〈敕贈徵仕郎翰林院檢討先府君行略〉,《迦陵文集》, 卷5,《陳迦陵文集》, 第1冊, p.6b-7a.

를 제작했다. 모광생(冒廣生)은 이런 말을 했다.

> 한림의 관직에 있던 날에 제작한 〈세동도〉가 있다. [⋯] 지금 우리 집에 소장되어 있다. 진혁희(陳奕禧)가 예서로 썼다. 인수(引首)에 풍보(馮溥)·장렬(張烈)·이징중(李澄中)·박이도(博爾都)·양청표(梁淸標)·왕택굉(王澤宏)·왕우단(王又旦)·임요영(林堯英)·섭봉(葉封)·임인창(林鱗焻)·서개봉(徐喈鳳)·이기화(李基和)·옹방강(翁方綱)·장훈(張塤)·장사전(蔣士銓)·번혁준(潘奕雋)·왕연년(王延年)·이영(李英) 등의 제(題)가 있다. 나는 이 화권을 휴대하고 진 검토(진유숭)의 묘를 배알할 때 의흥(宜興)의 동인 장향곡(蔣香谷)[장조란(蔣兆蘭)] 등 여러 사람에게 내어 보였는데, 모두 제시를 했다. 아울러 진 검토(진유숭)의 질증손 덕순(德順), 질원손 응진(應軫)·응두(應斗), 질운손 명서(明署)를 초청하여 열람하게 하고, 권의 뒤에 관지(款識)를 했다.
>
> 官翰林日有洗桐圖, 周道畫. [⋯] 今藏余家, 陳奕禧隸書. 引首有馮溥·張烈·李澄中·博爾都·梁淸標·王澤宏·王又旦·林堯英·葉封·林鱗焻·徐喈鳳·李基和·翁方綱·張塤·蔣士銓·潘奕雋·王延年·李英諸題. 余攜此卷謁檢討墓時, 出示宜興同人蔣香谷諸君, 咸有題詩, 並邀檢討之姪曾孫德順·姪元孫應軫·應斗·姪雲孫明署觀款於卷後.[169]

이 화상이 그려진 것은 언제인가? 진유숭이 이미 한림의 관원이 되었을 때이다. 필시 강희 18년 3월 박학홍사과에 징소되어 시험을 보고 이부에서 방방을 한 뒤일 것이다. 진유숭이 박학홍사과에 천거된 후 강희 21년(1682) 5월 북경 객저에서 병으로 죽기까지는 고작 3년 남짓이다. 강희 19년(1681), 진유숭의 처 저씨(儲氏)가 고향에서 병으로 죽었을 때 진유숭도 이미 병이 깊어져서 점점 나빠졌다. 만일 이 그림을, 진유숭의 건강이 아직 나쁘지 않은 때 그린 것이라고 추정한다면, 대개 강희 18, 19년을 벗어나지 않는다. 지금 상해박물관 소장으로 〈진기년세동도〉(그림 5-9)가 있다. 청나라 주도(周衜)의 그림이라고 저록되어 있는데,[170] 화면 왼쪽에 관지가 있어, "경신 장하, 오문주도□어연대여차(庚申長夏吳門周衜□於燕臺旅次)"라고 되어 있다. '衜'는 '衟'와 같아, '道'의 고자이

169_《雲郞小史》, p.965.

170_中國古代書畫鑑定組編,《中國古代書畫圖目》(北京: 文物出版社, 1999), 第5冊, 上海博物館藏, 編號1-3221. 周衜 그림.

그림 5-9. (청) 주도, 〈진기년세동도〉 권, 비단, 채색, 33.5X84.5cm, 상해박물관.

다. 이는 모광생이 위에서 언급한 '주도(周道)'와 동일인이다. 경신은 강희 19년(1681)이다. 주도는 오 지방 사람으로, 마침 경성에 있으면서 진유숭의 화상을 그렸다. 이 관지는 화가가 누구이고 제작 시기가 언제인지를 잘 알려준다.[171]

〈가릉전사도〉 제작 때, 진유숭은 박학홍사과에 갓 천거된 상태로, 곧 이어 시험에 합격하여 명성을 크게 떨쳤다. 진유숭은 그림을 휴대하고 사방으로 다니면서 제영을 구했다. 2년 후의 〈세동도〉는 제영자 수가

171_필자는 禹之鼎에게 별도의 〈陳其年洗桐圖〉가 있다는 것을 알았으나 孤證에 불과하여 우지정이 이 그림을 그렸다는 사실을 입증하지 못했다. 우지정은 적어도 강희 20년(1681) 처음 喬萊의 추천으로 경성에서 鴻臚寺 序班의 직에 임명되었다. 강희 21년(1682)에서 23년까지, 鴻臚寺 序班에서 琉球伴使로 충당되어 汪楫 · 林麟焻 등 正副使를 따라 명을 받아 閩에 들어갔다. 경성으로 돌아와 차츰 경관을 위해 繪像을 만들기 시작했다. 당시 진유숭은 이미 타계한 뒤였다. 진유숭이 한림에 들어간 것은 우지정이 경성에 들어와 관직에 임명된 것보다 빠르다. 만일 두 사람이 회상을 통해 만났다면 강희 20년의 일이었을 가능성이 있다. 하지만 이때 진유숭은 질병이 심하여 거의 죽게 된 상태였다. 시간으로 판단하건대 우지정이 이 그림을 그렸을 가능성은 희박하다. 우지정이 주도의 그림을 모사하지 않았다면 호사자가 주도의 그림을 임모한 후 우지정의 이름을 빌려 세상을 기만했을 것이다. 하지만 우지정의 〈陳其年洗桐圖〉는 상해박물관 소장 주도의 그림과 이름이 같고, 도면의 물상 배치도는 하나하나 같아서 거의 같은 화폭이다. 우지정의 그림 아래에는 편찬자의 "如皋冒氏藏"이란 안어가 있다. 어쩌면 冒氏後人이 그림을 소장하고 있다가 저록할 때 선조를 높이기 위해 당시 명성이 없었던 주도 대신에 저명한 우지정의 이름으로 바꿔치기 하여, 이 저록이 와전상태로 지금까지 내려온 것일 수 있다. 글에서 冒氏의 "官翰林日有洗桐圖, 周道畫. […] 今藏余家"라고 인용했는데, 근대 모씨 후손 冒廣生 때 이르러 다시 更正하여 박물관에 수장되었을 수 있다. 필자가 장악한 정보는 극히 한계가 있으므로 조심스레 억측할 뿐이지, 단정은 하지 못한다.

〈가릉전사도〉보다 훨씬 적다. 이 화상이 완성된 지 얼마 되지 않아 병이 위독해서 죽었으므로 제영을 구할 수 없었기 때문이다. 〈세동도〉는 서법에 뛰어나고 금석문을 대단히 많이 수장했던 호부낭중 진혁희(陳奕禧)의 제첨이다.[172] 권수의 서문을 쓴 사람 가운데 풍보(馮溥, 1609-1691)는 문화전대학사(文華殿大學士)이다. 또 다른 사람인 양청표(梁淸標)는 한림편수로부터 여러 번 옮겨 시강학사, 호부상서를 지내고 관직이 보화전대학사(保和殿大學士)에 이르렀다. 두 사람은 한림편수의 주관(主管)이었다. 장렬(張烈, 1622-1685)과 이징중(李澄中, 1629-1720)은 진유숭과 마찬가지로 강희 18년의 박학홍사과 시험에 합격하여 한림의 관직에 있으면서《명사》편수에 함께 참여했다. 시와 그림에 뛰어났던 박이도(博爾都)는 만주인으로, 보국장군(輔國將軍)을 습봉했다. 왕우단(王又旦, 1639-1689)은 급사중이고, 서개봉(徐喈鳳)·임요영(林堯英)·섭봉(葉封, 1623-1687)은 모두 순치 연간의 진사로, 진유숭이 한림의 직에 있을 때 상당히 왕래가 있었던 경관(京官)들이다. 이 일군의 제영가들은, 풍보의 나이가 가장 많은 것을 제외하면, 나머지는 진유숭과 동배이거나 후배 경성 고관들이다. 제영자의 신분으로부터 판정하건대, 이 그림은 한림원을 중심으로 관직에 있으면서 한가로움을 추구하는 심경을 주제로 했다. 〈가릉전사도〉와 마찬가지로 〈세동도〉도 백년 후 장사전과 옹방강 등 제영자들이 있었다. 비록 그들은 진유숭의 얼굴을 전혀 볼 수 없었으나, 열정에 넘쳐서 먼저 〈가릉전사도〉에 제영을 했다. 뒷날의 제영가들은 세월의 울타리에 막혀 있다가, 한림관에서 직무를 맡아 보면서 한가롭고 느긋했던 진유숭을 〈세동도〉 속으로 재차 방문했다.

화면 속에서 상주 진유숭은 여전히 긴 수염의 인물로 소조되어 있다. 문 밖 큰 바위 위에 앉아 가볍게 수염을 쓰다듬으면서 돌 책상에 비스듬히 기대어 있다. 책상 위에는 문구가 놓여 있고, 책상 곁에는 두 그루 오동나무가 있다. 오동나무는 줄기가 규룡처럼 구불구불하지 않고 곧은

172_陳奕禧의 자는 文一, 혹은 子文, 謙六, 六謙, 호는 香泉으로, 청나라 浙江 海寧 사람이다. 순치 5년에 태어나 강희 48년에 졸했다. 歲貢生으로, 山西 安邑丞에서 들어가 戶部郎中이 되었으며 나가서 知貴州石阡府를 지냈다. 시에 뛰어나고 서법에 아주 뛰어났다. 금석을 수장한 것이 많았다.

모양이며 가지들도 아주 작다. 나무마다 한 명씩 동복이 있어, 한 아이는 정면으로 서고 한 아이는 등지고 서서 오동나무 줄기를 씻고 있다.[173] 오동나무는 정원에 심는 좋은 나무로, 신화 전설에 따르면 봉황이 가장 서식하기 좋아하는 나무라고 한다. 그 잎은 크기가 커서 바람과 비를 잘 받아들이고, 또 사람의 시적 흥취를 일으키기 쉬우므로, 문인의 식물이자 친밀한 벗으로서 문인 생활과 밀접한 관련이 있다. 원말 4대 화가의 한 사람인 예찬(倪瓚)은 결벽증이 있어서, 날마다 동자를 보내어 정원의 오동나무를 닦게 했으므로, 예우(倪迂)라는 아호를 얻었다.[174] 진유숭의 친우 왕사진에게도 대창(戴蒼)이 그를 위해 그린 〈포금세동도(抱琴洗桐圖)〉가 있다. 손지울은 〈제왕완정소상(題王阮亭小像)〉(포금세동도, 을사) 2수를 지었다. 그 한 수는 이러하다.

> 취향을 얻는 것이 어찌 나무에 관계하랴? 소리를 구하는 것도 거문고에 있지 않다. 두 아이야 너는 아느냐 모르느냐? 나는 내 마음을 스스로 씻고 있단다.
> 得趣寧關樹? 尋聲不在琴. 雙僮汝知否? 吾自洗吾心.

봉황이 가지에 깃을 들이는 오동은 고고(孤高)의 상징이다. '오동을 씻음'은 과거의 불우함, 미친 짓, 방랑, 황당함을 씻어내는 행위이다. '오동을 씻음(栻桐)/몸을 씻음(滌身)/얼굴을 씻음(革面)/마음을 씻음(洗心)'을

173_청나라 曹樹德이 그린 〈陳其年小像卷〉 紙本, 設色28×78.3이 北京市文物商店에 있다.《中國古代書畫圖目》第1冊, 編號: 12-355. 이 그림의 題跋은 陳維崧 당대의 사람이 전혀 아니다. 후대 사람이 선배의 풍류를 추억하여 그린 그림이다.

174_陳繼儒는 〈倪雲林集序〉를 지어, 결벽증이 있는 倪瓚을 극히 칭송했다. 福梅의 '潔於市', 梁鴻의 '潔於傭' 등을 거론해서, 그들을 예찬 이전의 결벽 인사의 전형으로 만들었다. 그 글은 다음과 같다. "先生, 癖人也, 而潔爲甚. [⋯] 高臥淸祕, 洗拭梧竹, 摩挲鼎彝, 此見潔者膚也. 試問學道人, 能於元兵未動, 先散家人產乎? 能見張士誠兄弟, 噤不發一語乎? 能避俗士如恐浼乎? 能畫如董巨, 詩比陶韋王孟, 而不帶一點縱橫習氣乎? 余讀先生之集, 所謂其文約, 其辭微, 其知潔, 其行廉, [⋯] 聖人之行不同也, 歸潔其身而已矣." 본래 예찬은 원·명 때 평가가 일치하지 않았다. 그 지위는 평가자의 관점에 따라 다르되, 점차 상승했다. 진계유가 예찬의 결벽증을 평가한 것은 겉으로 보이는 결벽한 행동으로부터 인격의 고결함으로 들어가 그 인격이 이미 성인의 경지에 이르렀다고 보았기 때문이다. 이 글은 朱劍心《晚明小品選注》(台北: 台灣商務出版, 1965), 卷2, pp.78-80 참조. 아래 인용한 孫枝蔚 시는, 孫枝蔚《漑堂詩集》, 卷8, p.379 참조.

빌려, 바깥에서부터 안으로 이르는 자아 정화로 나아간다. 진유숭에 대해 말하면, 이 화상은 인생의 분수령을 상징한다. 그 후로는 금마문과 난전(鸞殿)에 있으면서 박학홍사로서 재주를 크게 발휘하려고 했다.

청년 진유숭은 조부의 유상을 보며, 내심에 가문을 부흥하려는 바람을 지니게 되었는데, 이후 자빠지고 넘어지고 하면서도 마침내 그 바람을 실현했다. 늘그막의 진유숭은 다행히 주도라는 이 지음의 화가를 얻어, 인생을 마감하려는 때 느긋하고 편안한 마음을 지니게 된 모습을 그려낸 이 초상을, 명성이 사방에 가득한 한림 문관의 형상물으로 삼았다. 그러나, 일생 끊임없이 '오농(고뇌)'과 '초창(애상)'의 목소리를 발했던 염공(진유숭)이 이 화상을 사람들 입에 회자하게 만들고 영원히 전송하게 만든 것은, 진유숭이 강희 때 한림편수로서 정치권에서 광채를 뿜었기 때문이라고는 말하기 어렵다. 오히려 진유숭이 당대 지우와 후대 문학사가에게 흠모되는 양선파 사종(詞宗)의 풍모를 지녔기 때문이라고 해야 할 것이다.

10) 결론

〈가릉전사도〉는 사인(詞人) 진유숭의 형상이 건립한 한 폭의 사진도이다. 결론으로 말하자면, 본문의 의도는 〈가릉전사도〉가 상주 개인사와 제영자의 집단 특성, 청대 화상사 및 문학사에서 지니는 상징적 의미를 탐색하려는 것이었다. 이하, 몇 가지 국면에서 다시 나누어 논하기로 한다.

(1) 전사(塡詞) 주제의 화상

청나라에서는 〈가릉전사도〉 이후 화상에서 '전사도(塡詞圖)'가 유행했다. 당시 초상화가는 늘 전사도를 그려달라는 부탁을 받아, 문인의 전사 활동을 형상으로 기록했으니, 이는 풍아(風雅)의 상징으로 되었다. 이 풍조는 심지어 여류 문학세계에도 불었다. 정소의(丁紹儀)의《청추성

관사화(聽秋聲館詞話)》에 이런 말이 있다.

> (겸당)장[고한(顧翰)]의 누나인 고우소(顧羽素) 표고(表姑) 영(翎)은 어려서 지혜로웠고 교묘한 상상이 많아, 매번 새로운 의표를 내어, 인물과 화훼를 수놓아 보통보다 곱절의 값을 받았다. 또 사에 공교로웠다. […] 〈녹매영루전사도〉가 있는데, 제영자가 아주 많다.
>
> (兼塘)丈之姊羽素表姑翎, 幼慧, 多巧思, 每出新意, 繡人物花卉, 得價恒倍. 亦工詞. […] 有綠梅影樓塡詞圖, 題者甚衆.[175]

이 글에서 알 수 있듯이 규중 사녀 고우소(顧羽素) 즉 고령(顧翎, 1778-1849)에게 〈녹매영루전사도〉가 있어, 사녀들이 분분하게 제영을 했다. 양완(楊琬)의 〈고양대(高陽臺)〉,[176] 오조(吳藻, 약 1799-1863)의 〈동선가. 양계 고우소 부인의 녹매영루전사도에 삼가 제하다(洞仙歌 奉題梁溪顧羽素夫人綠梅影樓塡詞圖)〉 등이 그것이다. 오조 자신도 〈화렴서옥전사도(花簾書屋塡詞圖)〉가 있어, 남들에게 제영을 부탁했다.[177] 그 밖에 사에서 납란성덕과 병칭되는 만족 귀부인 고태청(顧太淸, 1799-1877)도 일찍이 〈요화. 허전 생육형을 대신하여 해당암전사도에 제한다(瑤華 代許滇生六兄題海棠庵塡詞圖)〉라는 사를 지었다.[178] 〈해당암전사도〉는 문인 화상으로, 고태청은 남의 요청에 의해 대필로 제영한 듯하다. 당시 고태청이 사에서 명성이 있어 적지 않은 주목을 받았음을 말해준다. 고태청 자신에게는 〈서림태청부인청설소조(西林太淸夫人聽雪小照)〉(그림 5-10)라는 화상이 있다. 고태청은 도면의 경물을 하나하나 풀어 적어서 〈금루곡. 청설소조에 스스로 제하다(金縷曲 自題聽雪小照)〉를 전사했다.

> 사위어 가는 등불 마주하여 오똑하게 앉아 글을 읽는다. 창 앞에서 듣자니, 소소하게 내리는 조각조각 눈이, 차가운 소리를 내며 대나무를 때리네. 밤

175_《聽秋聲館詞話》 卷6, 唐圭璋編,《詞話叢編》, 第3冊, p.2643.

176_丁紹儀,《聽秋聲館詞話》 卷11,《詞話叢編》, 第3冊, p.2711.

177_吳藻曾은 陳文述에게 〈花簾書屋塡詞圖〉의 제영을 구했으나 뜻을 이루지 못했다. 吳藻,《喬影》(道光乙酉彙山吳載功刊本), 附陳文述題辭,〈愧我臨風屬句遲〉句下注.

178_顧太淸,《東海漁歌》, 卷4, 顧太淸 · 奕繪著,《顧太淸奕繪詩詞合集》(上海: 上海古籍出版社, 1998), p.263.

그림 5-10. (청) 일명씨, 반혈자(潘絜茲) 모(摹), 〈서림태청부인청설소조〉(책 삽도).

깊을 때까지 앉아 있자 바람은 더욱 긴박해지고, 방 벽은 어둡고 등잔 꽃이 콩알만 하다. 깨닫겠다, 비취 소매의 여인이, 옷이 홑옷이라 밤톨같은 소름이 돋음을. 스스로 일어나 주렴을 갈고리로 걷고 밤 경색을 보니, 매화 가지를 누르고 일만 점 옥이 흐르누나. 날리는 눈이 급하여, 높은 지붕이 울린다. 어지러운 구름이 어두컴컴하게 빈 골짝에 잔뜩 끼어 있구나. 창망한 기색을 끼고, 눈 얼음은 꽃을 이루어 차가운 꽃술이 펼쳐져, 숲과 산기슭을 구별할 수 없어라. 많은 시정(詩情)이 자주 여기에 있으니, 꽃기운이 사람에게 훈기를 주어 향기가 풀풀 일어나네. 특별히 베껴 그려 넣었으니, 생초의 횡폭이로다. 어찌 평생 흰눈만을 편애할 것인가? 인간 세상에 참 미목을 남겨 두었구나. 굽어나간 난간에, 고독하게 서 있는 모습으로.

兀對殘燈讀. 聽窗前·瀟瀟一片, 寒聲敲竹. 坐到夜深風更緊, 壁暗燈花如菽. 覺翠袖, 衣單生粟. 自起鉤簾看夜色, 壓梅梢萬點臨流玉. 飛雪急, 鳴高屋. 亂雲黯黯迷空谷. 擁蒼茫·冰花冷蕊, 不分林麓. 多少詩情頻在耳, 花氣薰人芬馥. 特寫入·生綃横幅. 豈爲平生偏愛雪, 爲人間留取眞眉目. 欄干曲, 立幽獨.[179]

고태청의 〈금루곡〉 사는 화상 도면과 하나하나 일치한다. 방 안의 서탁에는 책들이 늘어져 있고("사위어가는 등불 마주하여 오뚝하게 앉아 글

179_顧太淸, 《東海漁歌》, 卷3. 顧太淸 · 奕繪著, 《顧太淸奕繪詩詞合集》, 《顧太淸奕繪詩詞合集》, p.229.

을 읽는다"), 그림 속 규수는 통창 앞에 서서("창 앞에서 듣자니"), 홀로 난간에 기대어 손을 얹고 있으며("굽어나간 난간에, 고독하게 서 있는 모습으로."), 그녀 앞에는 한죽 서너 떨기가 있고("차가운 소리를 내며 대나무를 때린다"), 오른쪽 후방에는 기름등잔이 하나 있으며("방 벽은 어둡고 등잔 꽃이 콩알만 하다"), 정원에는 오래된 매화나무 한 그루가 있다("매화 가지를 누르고 일만 점 옥이 흐르네") 등등. 화면의 경물은 모두 사의 구에 출현하여, 전체 사는 시정(詩情)과 화의(畵意)가 충만하다. 이것은 전형적인 규합재녀 화상의 실례이다.[180] 통창을 통하여 얼음 꽃과 차가운 꽃술, 일만 점 흐르는 옥이 이루는 설야를 관상한다. 그림 속 인물은 '많은 시정(詩情)이 자주 여기에 있으니', 화가가 그려낸 것은 고태청의 '전사도'가 아니겠는가? 실제로 이때의 그림 밖 사람은 화상에 의거하여 또 그림에 제영한 사를 연역해낸다. 따라서 고태청은 관중/독자를 향하여 전사(塡詞)의 이미지를 둘러싼 도(圖)/문(文) 교융의 창작활동을 펼쳐 보였다.

〈가릉전사도〉는 문인의 형상을 화면 구도의 핵심으로 삼았다. '전사'는 많은 문학활동 가운데 하나이다. 회화사에서 이미 행음(行吟)·좌음(坐吟)·멱구(覓句)류의 문인 화상이 있어 왔고, 또 간운(看雲)·상매(賞梅)·임류(臨流)·수석(漱石)·제엽(題葉)·완고(玩古)·약명(瀹茗) 등등 우아한 감상 활동의 그림도 많았다. 하지만 종전에는 사인(詞人)의 거동과 결합된 사조 화상을 찾아볼 수 없었다. 문인의 전사(塡詞) 형상을 그림에 넣은 것은 청대에 새로 흥기한 주제라고 볼 수 있다. 전사도의 풍조는 청초부터 청대 번성기로, 한족에서부터 만족으로, 남성 문화에서부터 규합재녀로 향하여 불었다. 이 풍조는 청대의 사학 부흥과 상당한 관련이 있다.

(2) 청나라 초 사학 부흥의 반영

진유숭 〈천녀산화소상〉의 제영 상황은 분명하지 않다. 하지만 같은 해 그림으로 그린 〈구청소조〉를 예로 보면, 진유숭과 우의가 있던 수십

180_拙著,《物·性別·觀看—明末清初文化書寫新探》(台北: 台灣學生書局, 2001),〈寫眞:女性魅影與自我再現〉, pp.370-371.

명의 제영자들이 당시 작성하여 적었던 100여 편의 제영은 모두 일색으로 시편이었지 사(詞)는 한 편도 없었다.[181] 강희 3년 갑진(1664) 40세의 진유숭이 아직 사인으로 자처하지 않았었다는 사실을 드러내준다. 당시 진유숭의 사가 이름나지 않았던 또 하나의 원인은 당시 사단이 아직 번성의 국면에 이르지 않았기 때문이었다. 진유숭은 순치 초에 사의 벗 추지모·동이녕과 교유하던 때를 추억하면서 당시 천하에는 전사가가 아직 드물었다고 회상한 일이 있다. 명나라 말 이래 사인의 문집이 줄곧 간행되기는 했지만 그때까지는 여전히 울연히 성대하지는 않았던 것이다. 강희 초에 이르러 양주에 근무하던 왕사진이 사(詞)로 제영(題詠)하고 화영(和詠)하는 활동을 촉성한 이후에야 비로소 변화가 일어났다. 이때 양주 지역에서는 저명한 사인들이 한데 모여 사의 창작과 사학의 검토에 힘을 기울였다. 중요한 성과 가운데 하나가 《의성초집(倚聲初集)》의 편찬과 간행이다.

이 무렵에 진유숭은 왕사진이 일으킨 사학 진흥 운동의 한 핵심이 되었다. 왕사진과 추지모가 선집한 《의성초집》은 진유숭의 사 40수를 채록하고, 손묵(孫默)이 편집한 《국조명가시여(國朝名家詩餘)》의 판각본에는 진유숭의 《오사사》를 수록했다. 이때에 이르러 진유숭의 사 작품이 선정되고 간각된 것은, 강희 연간에 청나라 사가 발전하기 시작했음을 알려주는 중요한 표지라고 볼 수 있다. 《국조명가시여》의 마지막 탈고 시기는 강희 16년 정사(1677)이다. 손묵 판각의 관례에 비춰보면, 작자나 평자는 모두 그 당시의 명공이므로, 당시 진유숭이 사단에서 상당히 명성을 떨치고 있었음을 알 수 있다. 손묵이 진유숭 사를 판각한 다음 해는 즉 강희 17년으로, 〈가릉전사도〉가 그려졌다. 청나라 사학이 다시 소생하는 시기에 제작된 이 그림은 진유숭을 사가 형상으로 삼았다고 볼 수 있다. 화가는 사학 진흥 시기에 주목받을 사인 도상을 아주 적절하게 그려내었다. 이 시기의 진유숭은 이미 양선파 사가의 대표 인물로 공

181_《九靑圖詠》에서 楊岱의 題詠詞는 〈謁金門〉 한 편만 나온다. 楊岱가 진유숭 당대의 벗인지 후대의 독자인지, 題識는 정보를 제공하지 않는다. 또 진유숭과의 왕래 기록으로 입증할 만한 것이 없으므로 판정할 길이 없다. 詞 속에 "向來多少風華, 今日朱蘭芳迹"이라고 했으다. 이것은 紫雲이 죽은(강희 14년, 1675) 이후에 쓴 것이므로, 적어도 화상 제작의 해(강희 3년)에 쓴 것이 아님은 확실하다.

인되어 있었다. 게다가 여러 사람들의 제영이 솟선해서 당대 사가의 화영(話詠)을 답지하도록 함으로써, 사단의 대단히 열띤 성황을 반영했다. 〈가릉전사도〉 및 제영은 사의 창작을 둘러싸고 이루어져, 청초 문학사의 흐름을 짙게 반영했다.

다른 한편으로, 사사(詞史)의 흐름으로 말하면 엄적창(嚴迪昌)의 《청사사(淸詞史)》가 논하듯이, 명나라 말 생존했던 문사들은 유형·무형의 전통 단절 때문에 진퇴에서 거점을 상실하게 되었다. 그 가운데서도 한족 지식층의 문사들은 심리적으로 대단히 복잡한 반응을 일으켰다. 순치에서 강희 초에 이르기까지는 '심령이 전율하고 공포에 떨며 방황하는 세대'였다. 그런데 이 광풍의 시대에 노래하고 곡하며 창하고 탄식하는 창구를 꼭꼭 닫아둘 수는 없었고, 파란의 서정을 뽑아내어 동탕하게 흘려낼 출구가 필요했다. 이에 청조 통치 집단이 아직 주목하지 않을 때에 그간 '소도말기(小道末技)'로 간주되었던 사가 도리어 시운에 부응하여 흥기했다. 사는 마음의 목소리를 읊어 내는 서정 양식으로서 널리 공유되어 나날이 번영하기 시작했다. 시대가 사의 부흥에 하나의 계기를 마련해준 것이다. 청나라 초 사의 발전사를 윤곽만 든다면, 대개 '운간(雲間)' 사풍의 성장과 소멸, '양선(陽羨)' 사파의 굴기, '절서(浙西)' 사파의 세력 확장이라는 단계를 거쳤다. 그리고 정계의 풍운과 권력자 취미의 전파에 따라, 혹은 북쪽에서 남쪽으로, 혹은 남쪽에서 북쪽으로 옮겨가면서, 사단은 부침하고 변화했다.[182] 운간파 사학은 지난 명나라의 구설을 따라 연정(緣情)·화완(和婉)을 주장하던 것에서 전변하여 아화(雅化)의 경향을 띠었다. 그 가운데 진유숭 풍격의 양선사파는 시본위(詩本位)의 관점을 추구하여 '사언지(詞言志)'의 노선을 개시했다. 절서파는 이 기초 위에 시 본위(詩本位) 추구와 곡자사(曲子詞)[곡조에 맞추어 부르는 가사로서의 사] 고수의 두 모순된 노선을 조화시켰다. 뒷날의 상주사파(常州詞派)에 이르러서는 '사언지'의 주장을 한 걸음 더 심화시켜, '비흥기탁(比興寄託)'을 빌려 곡자사로 표현되는 시적 함축의 복합체를 완성하여, 사통과 시통을 조화시키게 된다.[183]

182_嚴迪昌,《淸詞史》(南京: 江蘇古籍, 1999), pp.9-10.
183_蔣哲倫·傅蓉蓉著,《中國詩學史》〈詞學卷〉(廈門: 鷺江出版社, 2002), pp.194-199.

(3) 제영자의 집단인식

위에서 언급한《의성초집》에서 편자 왕사진과 추지모가 선록한 사 작품은 '만력에서 시작하여 순치에 이르기까지'인데, 당시의 사람들을 아주 많이 선발했다. 한편으로는 편집자가 사단을 품평하고 사풍을 이끌어가려고 했던 기획이 드러난다. 다른 한편으로는, 선발에 든 사람들 가운데 왕사진 · 추지모와 친숙한 사람들이 많으므로, 분명한 집단의식이 나타난다.《의성초집》을 편집한 왕사진이나《국조명가시여》를 간각한 손묵은 창화나 편집을 이용하여, 한 무리의 사가를 그 주위에 모으고, 아울러 선평을 이용하여 그 자신의 발언권을 확립했다. 왕사진의 경우, 그 자신의 전사 창작은 그리 두드러지지 않았고, 사에 대한 관념도 그리 특별하지 않았다. 하지만 추지모 · 팽손휼 · 진유숭 등 명가는 왕사진보다 사학의 공부를 더 많이 했음에도 불구하고 이들은 왕사진 같은 영수로서의 조건을 갖추지 못했다. 영수의 조건으로 말하면 왕사진은 확실히 집단의 창화 활동을 조직할 만한 고수였다. 왕사진은 선발을 주재하고 전범을 확립하며 풍기를 추동해서 청초 사단에 좋은 표방을 세우고 사학에 심화 발전의 계기를 만들어, 양주 사단을 엄연히 북경 바깥의 사학 중심이 되도록 만들었다. 이렇게 왕사진은 문인집단 내의 역량을 이용해서 청나라 사를 부흥시킨 중핵의 인물이 되었다.[184]

청초에 일어난 사학 부흥의 열기를 기준으로 볼 때, 진유숭이 40세로 아직 명성을 경성에까지 뻗치지 못했던 시기에 이루어진 〈천녀산화소상〉과 〈구청소조〉는 시간적으로 너무 빨랐다. 진유숭이 56세로 한림원 관리로 있을 때 그의 온화하며 느긋한 형상을 그려낸 〈진기년세동도〉는 발걸음이 조금 늦었다. 이들 화상들과 제영들은 진유숭의 일생에 대해서는 각각 나름대로 기호와 같은 의의를 지니기는 한다. 하지만 〈가릉전사도〉 제영에 비해서는 전반적인 의의가 한참 못 미친다. 〈가릉전사도〉 제영은 개인 삶과 사회 인식이 모두 전환하던 다방면에서, 강희 문인 집단에 대해 상징적 의미를 지닌 의례 행위를 체현할 수 있었다.

184_이 관점은 嚴迪昌,《淸詞史》에 의한다. 또 南京大學 張宏生 교수가 2005년 台灣中央大學 中文系의 객좌로 계시면서 행한 강연의 요지 〈揚州交遊與選政〉에서 도움을 받았다.

진유숭을 포함하는 왕사진 문인 집단은, 참여자의 각도에서 보면 융입(融入)·격발(激發)·회궤(回饋)를 집단 내 개인의 의무 요건으로 삼았다. 진유숭은 무르익은 재능과 매혹적인 단수(斷袖) 연정으로 사학 집단의 시선을 잡아끌어, 왕사진을 핵심으로 하는 양주 문인권에 탄상할 만한 훌륭한 제재를 제공했다. 제영자들은 제지(題識)를 통하여 관람 집단 속으로 녹아들어가 대화의 일원이 되었다. 〈가릉전사도〉의 제영 내용은 관람 의식을 해석할 수 있게 해 주는 근거가 되는 데 그치지 않았다. 그 제영 내용은 문인들 사이에 침전되어 있는 문화를 짊어져서, 시가 의상과 도상 요소를 비흥(比興) 전통에 연결시켜 문인 집단의 관습화된 기호 체계를 이루어내었다. 제영자는 이 기호 체계를 숙지하고 조작함으로써 진유숭 화상을 관람하고 대화하는 문인 집단에 가입하여, 이로써 반응·긍정·평가를 통해 개인의 명예를 높이고 집단에의 소속감을 더욱 높일 수 있었다.

(4) 사인 본색 형상의 건립

순치·강희 연간에 이르러 사단이 실험 모색기로부터 전성기로 진입하게 되었을 때 진유숭의 공적은 매우 컸다. 청나라 사가 아화(雅化)하여 언지(言志)를 추구하게 된 노정은, 중년 이후 양선파 수령으로 대두된 진유숭이 실제 창작을 통해 자신의 몸으로 힘껏 개척해나갔다고 할 수 있다. 주이준은 〈가릉전사도〉에 〈매피당(邁陂塘)〉사를 적었는데, 뒤에 진세곤(陳世焜)이 평하길 "진기년(진유숭) 일신의 심사를 그려내었다"[185]라고 했다. 〈가릉전사도〉는 사인을 깃발처럼 높이 쳐들어주었을 뿐 아니라, 사인의 인생 역정을 잘 들여놓아 두었다. 마치 밑그림 만드는 소묘와 같이, 이 도상화된 전기(傳記) 문건은 진유숭의 일신 심사를 그림으로 잘 그려내었다. 진유숭은 서향가의 출신으로 문학적 교양이 풍부했으나, 때를 만나지 못하고 국난으로 가문은 쇠퇴하고, 여러 차례 낙제하여 출사할 수가 없어, 몰락하여 남의 울타리 아래 기탁했으며, 서자운과는 단

185_陳世焜,《雲韶集》抄本,《朱彝尊選集》, p.303. "將其年一身心事繪出."

수(斷袖)의 비련을 경험했다. 이러한 처지들을, 이 섬세한 감정을 지닌 사인은 하나하나 맛보았다. 매슬로(A. H. Maslow)의 분석에 의거하면 인간의 욕구는 아래에서 위로 심리의 요청, 안전의 요청, 애정의 요청, 자존의 요청, 자아실현의 요청 등 순서로 피라미드를 이루고 있다.[186] 모양(冒襄)이 진유숭에게 앞 3항목의 요청을 만족시켜주었다면, 뒤 2항목은 진유숭의 운명이 뒤틀려 쇠퇴 쪽으로 향하게 되자 진유숭 자신이 지니게 되었던 심리적 동기이다. 이 심리적 동기가 행동으로 나타난 이후, 진유숭은 사의 붓을 세계를 향한 발성 도구로 삼았다. 그의 아우 진유악은 《가릉사전집》의 발문에서 이렇게 말했다.

> 타계한 큰형은 중년에 처음으로 시여(詩餘, 사)를 배운 이후, 만년에는 그것을 아주 좋아하여 물리지 않았다. 심지어 증별과 응수를 왕왕 사로 하여, 혹은 한 달에 수십 수를 짓기도 하고, 혹은 하나의 운(韻)으로 십여 궐(闕)을 중첩해서, 옷을 풀어헤치고 편안한 차림으로 앉아 방달하듯, 변화를 주고 착종을 일으켜서, 거의 옛 사람이 말한 '깔깔거리고 웃고 노여워하며 욕하는 것이 모두 글이 된다'라 하는 것에 가까웠다. 그러므로 많으면 천여 수에 이르러, 고금에 사를 많은 지은 사람들이라 해도 이보다 더한 사람이 없을 정도였다.
>
> 先伯兄中年始學爲詩餘, 晩年尤好之不厭. 至于贈送應酬往往以詞爲之, 或一月作幾十首, 或一韻疊十餘闕, 解衣盤薄, 變化錯落, 幾于昔人所謂: 嘻笑怒罵皆成文者. 故多至千餘, 古今人爲詞之多, 未有過焉者也.[187]

중년 이후 대량으로 사를 창작한 진유숭은, 일상생활에서 생각을 토해내고 글을 지어야 하는 글쓰기 활동을 대개 전사로 대신하여, 창작의 양이 고금에 최대인 제일류의 사가가 되었다. 진유숭으로 말하면, 사는 관습을 그대로 따를 필요가 없었다. 혹은 규중 아녀의 부드럽고 아리따운 정태를 본색 그대로 드러내기도 하고, 혹은 호방하고 강개한 별격의 문체를 활용하여도 그만이었다. 때로는 《화간》의 유영이거나 진관이기도 했고, 때로는 소식이거나 육유이거나 신기질이기도 했다. 때로는 주

186_馬斯洛著·許金聲等譯,《動機與人格》(北京: 華夏出版社, 1987), pp.40-45.
187_陳維岳,《迦陵詞全集》末.

이준이 말한 그대로 "날아오르고 날뛰어, 온 몸이 푸른 외뿔소"이기도 했고, 혹은 송락이 말한 그대로 "소단(문단)에서 치달려, 필봉이 무소뿔을 자를 기세"이기도 했으며, 때로는 호역당이 적은 대로 "호매함을 보니, 이청련(이백) 대조(待詔)가, 홍란이 빛을 내는 것" 같았다. 혹은 높이 음영하는 중에 "오로지 '효풍잔월'을 능히 말하니, '대강동거'는 결국 빈 말이 되었구나"라고 평할 수도 있었다. 왕사진은 《감구집》에서 이렇게 말했다.

> 돌아가신 고공형(考功兄)[왕사록]이 말하길, "진기년(진유숭)의 '파랑이 전 시대의 왕조를 말아가 버렸다(浪捲前朝去)'라는 말은 영웅의 말이다"라고 하셨다. 진기년에게 《오사사》 3권이 있는데, 아름답고도 기이한 규방(閨房)·유협(游俠)의 사가 많다. 특히 오묘한 것으로 '봄기운 음울하여 주렴 밖은 하늘이 먹색이고, 옥매는 꽃이 떨어져 서너 잎이 뒤얽힌다(春陰簾外天如墨, 玉梅花下交三)'라는 구절은 진관(진소유)이거나 이청조라 해도 능가할 수가 없다.
>
> 先考功兄常云: 陳其年浪捲前朝去, 英雄語也. 其年有烏絲詞三卷, 多瓌奇閨房游俠之詞, 尤妙如: 春陰簾外天如墨, 玉梅花下交三九, 雖秦李不能過也.[188]

교분 깊은 친우였던 왕사진이 진유숭의 '규방·유협'을 평가한 이 말은 한림 동료였던 모승방(毛升芳, 允大)이 사에서 '진소유(秦少游, 진관)의 정서, 신가헌(辛稼軒, 신기질)의 회포'라고 한 구절과 같다. 진유숭을 사인 특질이 농후한 형상으로 바라보는 것에 부합한다. 진유숭은 풍격의 제한을 받지 않았고, 또 사학에 대하여 체계적으로 연구하지도 않았다. 사는 가풍을 떨치고 지의를 틔우며 교제하고 수응하며, 염정을 전달하고 오농(懊儂, 고뇌)을 토로하며, 서글픔을 펼쳐내는 가장 훌륭한 매개체였다. 진유숭은 사의 붓을 발성기관으로 삼아 사인으로서 그만의 본색을 건립했다.

건치 10년(1653) 무렵부터 강희 18년(1679) 박학홍사과 시험이 실시되기까지 30년간은 청나라 초 사풍이 크게 변하고 사학이 진흥했던 중

188_王士禛,《感舊集》·《池北偶談》에 모두 이 단락이 들어 있다.

요한 시기였다. 강좌 3대가의 한 사람이었던 오위업이 이 시기에 최고의 정신적 영수였다. 그 밖에 여회(余懷)·우통·모기령은 과도기에 상당히 영향력을 지녔다. 하지만 사단의 좋은 상황은 오래가지 않았다. 고정관(顧貞觀, 華文)이 그 일단을 관찰한 말이 있다.

> 국초 연곡제공(輦轂諸公)은 술동이 앞 술잔 곁에서 장단구(사)를 빌려서 흉중을 토로했다. 처음에는 조금 기탁하는 바가 있었으나, 오래되자 해창(諧暢)을 힘썼다. 향엄(香嚴)[공정자(龔鼎孶)]과 권포(倦圃)[조용(曹溶)]가 일시의 영수였다. 당시 삿갓 쓴 친구, 삼태기 멘 재자들이 연회의 자리에 함께하여 수화(酬和)의 편을 각각 전했다. 그런데 오월(吳越)의 조고가(操觚家)가 풍조를 알고 다투어 일어나, 선자와 작자가 가작이든 졸작이든 잡다하게 늘어놓았다. 어양(漁洋)[왕사진]이 광릉에 있던 여러 해에 사실상 이 도(道)의 총지(總持)가 되었는데, 두셋 동학의 공적도 역시 민몰시키기 어렵다. 맨 마지막에 나의 친구 용약(容若)[납란성덕]이 그 문지(門地)와 재화(才華)로 안소산(晏小山)[안기도(晏幾道)]을 곧바로 뛰어넘어 위로 올라갔다. 해내의 사인을 전부 초청하여 기발함을 다 꺼내놓게 하고자 했으며, 먼 곳에서도 차츰차츰 응하는 자들이 나왔다. 그런데 하늘이 그 수명을 빼앗아가서, 얼마 안가 곧바로 그 풍류가 구름처럼 흩어졌다. 어양(왕사진)은 지위가 높아지고 명망이 중해지자 입을 닫고 이야기를 하지 않았다. 이에 지난날 사를 말하는 자들이 모두 사라지고 시와 고문사를 말하여서, 《화간》과 《초당》을 돌아보길, 마치 충어나 아로새기는 자들이 대장부에게 창피를 당하듯이 여겼다. 성대함이 극에 달하면 반드시 쇠한다고 하며, 풍회(風會, 운수)가 그렇게 만든다고는 하지만, 습속이 사람을 바꾸게 하여 차가웠다 더웠다 하는 작태가 풍아에까지 스며들어간 것은 정말 크게 한숨 쉴 만하다.
>
> 國初輦轂諸公, 尊前酒邊, 借長短句以吐其胸中. 始而微有寄託, 久則務爲諧暢. 香嚴(龔鼎孶)·倦圃(曹溶)領袖一時. 唯時戴笠故交, 擔簦才子, 並與讌遊之席, 各傳酬和之篇. 而吳越操觚家聞風競起, 選者作者, 妍媸雜陳. 漁洋之數載廣陵, 實爲斯道總持, 二三同學, 功亦難泯. 最後吾友容若, 其門地才華, 直越晏小山而上之. 欲盡招海內詞人, 畢出其奇, 遠方駸駸, 漸有應者. 而天奪之年, 未幾輒風流雲散. 漁洋復位高望重, 絶口不談. 於是向之言詞者, 悉去而言詩古文辭, 回視花間·草堂, 頓如雕蟲之見恥於壯夫矣. 雖云盛極必衰, 風會使然, 然亦頗怪習俗移人, 涼燠之態, 浸淫而入於風雅, 爲可太息.[189]

189_顧貞觀,〈答秋田求詞序書〉, 謝章鋌,《賭棋山莊詞話續編》, 卷3,《詞話叢編》, 第4冊,

사학이 진흥한 것은 대가들이 추동했기 때문이었다. 하지만 풍류가 구름처럼 흩어져 후계자가 없게 되었을 때 문단의 권병(權炳)은 자연히 고문과 시로 되돌아갔다. 고정관은 "《화간》과 《초당》을 돌아보길, 마치 충어나 아로새기는 자들이 대장부에게 창피를 당하듯이 여겼다"라고 말했는데, 진유숭의 친아우도 역시 마찬가지로 개탄했다. 진유악은 형 진유숭의 사에 대해 발문을 지어 이렇게 말했다.

> 양자운(양웅)은 "충어나 아로새기는 작은 기예를 대장부는 하지 않는다"라고 했는데, 전사는 특히 작은 기예이니, 하루를 허송하는 것보다는 조금 나은 박혁과 같을 따름이다. 지난날 언젠가 형에게 장난으로, "형의 사 작품이 이렇게 많으니, 이조(梨棗)에 새겨지기는[목판으로 간행되긴 — 역자] 어렵지 않겠습니까?"라고 했다. 형은 웃으면서 끄덕였다. 만일 백형이 지금 살아 있다면, 아마도 전부를 목판에 새기지는 않을 것이다.
> 揚子雲稱雕蟲小技, 壯夫不爲, 塡詞尤其小者, 不過聊同棄日差賢博奕耳. 疇昔之日, 嘗戲語阿兄云: "兄詞如此之多, 不難爲梨棗耶?" 兄笑而頷之. 假令伯兄至今存, 恐亦未必盡付鋟板.[190]

이 발어는 진유숭이 타계한 뒤에 쓴 것이다. 진유악의 윗글은 진유숭이 생전에 이미 자기의 대량의 전사에 대해 '정업을 힘쓰지 않은(不務正業)' 혐의를 지니고 있었음을 암시하는 듯하다. 100년 후의 원매도 진유숭을 논평할 때 사학의 성취를 위주로 삼지 않고, 진유숭을 두고 "백가에 젖어들어, 족히 반고(班固)의 향기로움과 송옥(宋玉)의 고움에 항거하고, 오전(五典, 오경)을 저울질하고 주물하여, 능히 악지(樂旨)[악광(樂廣)의 의지(意旨)]와 반사(潘詞)[반악(潘岳)의 문사(文詞)]를 겸할 수 있었다(浸淫百家, 足抗班香宋艷: 錘爐五典, 能兼樂旨潘詞)"[191]라고 하여, 그를 문학의 집대성자로 칭송했다.《청사열전》〈문원전〉은 진유숭의 문학을 평가할 때 역시 마찬가지로 가릉사체를 홀시하는 경향이 있다.

> 저술한 것은 […] 문집 속에 산체도 있고 변체도 있는데, 변체를 특히 스스

p.3530.
190_陳維岳跋.
191_袁枚, 〈陳檢討塡詞圖序〉, p.134.

로 대단히 좋아했다. 장주(長洲) 왕완(汪琬)은 "당나라 이전은 알지 못하겠지만 개원 연보 연간 이후 700년에 이와 같은 작품이 없었다"라고 했다. […] 그가 지은 산문은 변체에 버금간다. 시는 처음에는 웅려하고 질탕했으나 일변하여 두보의 침울한 조로 들어가 일세를 풍미했다. 사는 1,800수에 이르러, 특히 씩씩하고 기이하여, 신처럼 변화불측하니, 전대에는 이런 것이 없었다. 국초에 변려문으로 주름 잡은 자로는 진유숭과 오기(吳綺)를 추대한다. 오기의 재능은 진유숭보다 조금 약하다. 진유숭은 유신(庾信)에게서 수원을 끌어내와 초당사걸(初唐四傑)에 범람했으므로, 기맥이 웅후하다. 오기는 이상은(李商隱)의 걸음을 뒤따라서 수일(秀逸)의 풍이 뛰어나다. 대개 이곡동공이다.

所著 […] 集中文有散有駢, 駢體自喜特甚. 長洲汪琬謂唐以前不敢知, 自開寶後七百年無此等作矣. […] 所作散文亞於駢體, 詩始爲雄麗跌宕, 一變而入杜甫沈鬱之調, 橫絶一世. 詞至千八百首, 尤淩厲光怪, 變化若神, 前此未有也. 國初以駢儷文擅長者, 推維崧及吳綺, 綺才地視維崧稍弱, 維崧導源庾信, 泛濫於初唐四傑, 故氣脈雄厚; 綺則追步李商隱, 以秀逸勝, 蓋異曲同工云.[192]

사가(史家)는 특히 진유숭의 변체가 위로 유신, 초당사걸, 이상은의 전통을 이어, 같은 시대의 오기와 병칭된다고 추대했다. 그 다음에 산문을 논하고 그 다음에 시를 논하고 맨 마지막에 사를 논했다.

진유숭은 태어날 때부터 한 자루 건필(建筆, 굳센 필력을 비유함)을 끼고 있었다. 세상에 전하는 말에, 그는 선권산 속에서 불경을 외던 원숭이가 환생한 것이라고 했다(곽경기 〈외전〉). 진유숭은 정신이 혼미해져서 인생의 최후 순간으로 달려갈 때 단구(斷句)를 읊조려 '산 새와 산 꽃이 옛 친구로다(山鳥山花是故人)'라 하고는, 손을 휘둘러 퇴고하는 듯이 했다(장영수 〈진유숭전〉). 이것이 바로 문학을 위해 온 몸을 바친 진유숭이었다. 따라서 사(詞)가 작은 도라고 홀시된다고 해서 무어 상관있으랴! 당대의 문우들은 이렇게 감탄했다. "수염이 온통 창, 때때로 꽃을 비녀처럼 꽂고 한바탕 노누나"(납란성덕), "취하여 가인이 옥 거문고 타는 것을 곁에서 듣고 있네. 젊어서는 평소 시·주·악의 셋을 좋아하더니, 맥없이 실의해서는 사장(詞場)에 일곱 자 몸뚱이를 두었다"(양청표), "원화

192_《淸史列傳》, 卷71, 〈文苑傳〉 2, 〈陳維崧〉篇, p.786.

(元和)의 재자는, 가성에 의지하길 사랑했다"(이양년), "큰 코에 긴 수염은 진중거(진유숭), 판판한 뱃속에는 천고의 서사(書史)가 비껴 있는데, 새 사를 만드느라 나직이 사보를 살피누나. 황금 실 같아라, 아리따운 이는 오사란 종이의 구를 익숙히 이해한다"(고사기) 등등. 진유숭의 사는 호기가 구름을 뚫기도 하고, 실의하여 맥없기도 하며, 정사(情思)가 뒤얽혀 있기도 했다.

소도와 말기로 폄하되기는 했지만, 진유숭의 '시로 사를 짓는다'는 글쓰기 풍격으로 말하면, 진유숭의 전사는 관습을 잇고 미래를 여는 중대한 문학 사명을 짊어졌다. 아무래도 전사는 뒤얽힌 염정의 분위기와 뜨겁게 얽어진 문우의 우정을 전달하는 가장 훌륭한 통로였으며, 동시에 일종의 휴한(休閑) 형식이었다.[193] 진유숭은 '전사'를 빌려 지식 전통을 잇고 전해주었으며, 곤궁에서 오는 고민과 애정에서 유래하는 슬픔을 토로하였으며, 그와 동시에 자기에게는 행복으로 향하는 한 줄기 길을 가리켜주었다.[194] 진유숭은 사인이 가성에 의지하고 사패에 맞추는 엄숙한 초상을 예시했을 뿐 아니라, 사인이 창작에 쏟는 열락의 자세를 소묘해내었다.

가경 연간의 고수(顧修)는《독화재제화시》한 부를 간각하고, 뒤에《우집(偶輯)》1권을 덧붙여, 강희 시기 명사들의 화상 11폭을 수록했다. 여기에 주이준의 〈연우귀경도(煙雨歸耕圖)〉·〈죽타도(竹坨圖)〉·〈소장로도(小長蘆圖)〉·〈두붕소하도(豆棚銷夏圖)〉, 주곤전(朱昆田)의 〈월파취적도(月波吹笛圖)〉, 이양년(李良年)의 〈관원도(灌園圖)〉, 이부(李符)의 〈여산행각도(廬山行脚圖)〉, 왕사진의 〈재서도(載書圖)〉, 진유숭의 〈전사도(塡詞圖)〉, 우통의 〈죽림안좌도(竹林晏坐圖)〉, 전문의 〈추범도(秋泛圖)〉 등이 들어 있다.[195] 8인 가운데 주씨 부자, 이씨 형제 및 나머지 4명은 모두 강희 때의 저명한 문사들이다. 이 화상들은 제명(題名)으로 보

193_Thomas L. Goodale · Geoffrey Godbey 著, 成素梅等譯,《人類思想史中的休閑(The Evolution of Leisure: Historical and Philosophical Perspective)》(昆明: 雲南人民出版社, 2000).

194_Thomas L.Goodale은 "레저는 문화 이상을 실현하는 기본요소로, 지식이 인도하여 도덕적 선택과 행위에 부합하게 할 때 [⋯] 진정한 쾌락과 행복을 도출할 수 있다"라고 했다.《人類思想史中的休閑》, pp.28-30.

195_顧修,〈讀畫齋題畫詩〉,〈偶輯〉1卷 (嘉慶己巳(1809)冬楊蟠跋文).

면 대부분 귀은을 지향하거나 산수에 정을 붙이거나 집에 거처하는 것에 뜻을 두었다. 진유숭의 〈전사도〉만 문학 창작을 주제로 삼았다. 청초 문단의 주요 인물 가운데, 왕사진은 초기에는 사학 진흥 운동을 추진했으나 뒤에는 신운시(神韻詩)를 창도하여 별도 시파의 종사가 되었다. 주이준은 양선사파와 접속하여 풍소(風騷, 시가)를 영도한 절서사파의 수령이다. 하지만 왕사진과 주이준의 많은 화상에는 문학 창작 활동을 주제로 삼은 것이 하나도 없으니, 전사의 형상이 없음은 두말할 것도 없다.[196] 유독 〈가릉전사도〉의 상주와 화가만이 창작 열락의 기분을 관중에게 전달하려고 노력했다. 토머스 구데일(Thomas L. Goodale)이 인용한 가트만의 설법에 의하면, "향락은 목표가 아니라 활동 진행 중의 정감 상태이며"[197] "레저(휴한)는 문화 환경과 물질 환경의 외부 압력으로부터 벗어난 상대적으로 자유로운 활동으로, 그것은 개체로 하여금 자기가 즐겨하고 본능적으로 감지하는 가치 있는 방식으로 추동하게 하는 행위이다"[198]라고 했다. 〈가릉전사도〉 화면 속의 저 '장렵표소(長鬣飄蕭)'의 상주 진유숭은 긴 수염을 드날리고 느슨한 도포를 입고 오사란 종이를 펼쳐 붓을 들고 벼루를 옆에 둔 채 왕성한 정신활동으로 시어를 찾고 있다. 진유숭 곁에는 저 '운환요조(雲鬟窈窕)'의 자운이 가부좌하고 몸을 기울여 미간을 숙이고 퉁소를 손에 들어 정신과 감정을 집중하여 박자에 맞춰 음악을 반주하고 있다. 도면의 친경(襯景, 후면의 배경)은 깔끔하다. 화가 석 대산은 전사 활동을 주제로 하는 인물 화상을 산뜻하고 또렷하게 그려내었다. 화가는 화면을 통하여 휴한의 분위기를 만들어냄으로써 문학 창작활동으로 대표되는 우아함, 존엄함, 넉넉함을 관중에게 펼쳐 보였다. 그림 속 여인이 성률을 고르고 남자가 사를 짓는 행위를 묘사함으로써, 전사 활동의 그림으로 일대 사종의 〈가릉전사도〉를 그려내었다. 석 대산은 진유숭의 문학적 위상에 대해 당대 인사들이 공인한 내용을 구체화시키고, '전사'를 상주의 형상적 특질을 구별시켜주는 유효한

196_王士禛의 화상은 아주 많다. 顧修가 刊刻한 〈載書圖〉외에, 〈天女散花圖〉·〈讀書圖〉·〈戴笠圖〉·〈幽篁坐嘯圖〉·〈放鷴圖〉·〈禪悅圖〉·〈荷鉏圖〉·〈雪谿圖〉·〈蠶尾山圖〉·〈夫于亭圖〉등등이 있다. 본서의 제6장을 참조.

197_《人類思想史中的休閑》, p.234.

198_《人類思想史中的休閑》, p.11.

경로로 삼았으며, 아울러 '전사'를 가치감이 충만한 창작 활동으로 거양했다. 〈가릉전사도〉는 형상화의 표징 의미가 강렬하고, 그림 속에 독특한 열락의 휴한 의미를 수립하여, 진유숭을 청대 문단에서 유례 없는 사인 본색의 형상으로 조형하는 데 성공했다.

제6장

명성을 드날리다—왕사진 화상 제영

1) 서론

(1) 왕사진[1]의 《재서도시(載書圖詩)》

① 연기(緣起)—백여 년 후의 화상 집각

가경 연간의 장서가 고수(顧修)는 《독화재제화시》를 편찬했는데, 책 뒤의 《우집(偶輯)》 1권은 청나라 초 열한 명 명사의 화상을 모아 간각했다. 양반(楊蟠)의 발문은 이러하다.

> 왕사진 · 우통 · 진유숭 · 전문 네 분의 화상은 모두 불후하여서, 해내의 선비들이 지금도 칭송하고 있다. [⋯] 백자령을 읽어 섭경홍(葉景鴻, 섭서로)의 화운에 이르면 "그림의 분본(粉本)을 남겨두어, 인간세계에서 다투어 구입하게 한다"라고 했다. 오늘날 선배가 섭경홍을 그린 그림을 진중할 줄을 미리 알았던 것이다. 그런데 양반 내가 시시콜콜하게 쓰기를 혐의하지 않는 것은, 고향 선배에게 개인적인 호감이 있어서가 아니라 동호인에게 전하려고 그러할 따름이다.
>
> 王尤陳田四公之圖, 俱係不朽, 海內之士至今稱道之. [⋯] 讀百字令至葉景鴻(舒璐)和云: "贏得圖將粉本在, 留與人間爭購." 今日之珍重前賢圖繪鴻

1_王士禛은 淸 世宗 雍正皇帝 胤禛(1678-1735)의 이름을 피하여 '禎'으로 고쳤다. 여기서는 원래 이름을 사용한다. 이 책에서 참고한 문헌이나 학술논문, 인용문에서도 일률적으로 '禛'자를 사용했다.

景, 若預知之, 而蟠之不厭覼縷者, 非有私於鄉先輩, 蓋亦欲傳之同好云爾.[2]

이 발문 처음에 언급한 네 분의 그림이란 왕사진(王士禛, 1634-1711)의 〈재서도(載書圖)〉, 우통(尤侗)의 〈죽림안좌도(竹林晏坐圖)〉, 진유숭(陳維崧)의 〈전사도(塡詞圖)〉, 전문(田雯)의 〈추범도(秋泛圖)〉를 말한다. 이 발문은 중요한 정보를 말해준다. 화상의 상주는 모두 강희 연간의 중요한 명사들이라는 사실이다. 각 화상마다 상주의 내면을 기록하여, 하나하나 선명한 인생 고사를 주제로 삼지 않은 것이 없다. 그 가운데 왕사진의 〈재서도〉는 소상(小像)의 방식으로 제시된 것이 아닌데도 도리어 "해내의 선배들이 지금도 칭송하고 있다." 당시 문사들의 관람과 제영은 이 그림에 대중의 담화 공간을 부여하여, 문인 집단을 물들이고 문인 집단의 기억을 형성하여, 명류의 여운이 100년을 건너뛰도록 만들었다. 가경 연간의 고수와 양반이 보았던 "그림의 분본을 남겨두어 인간세계에 머물러 두어 다투어 구입하게" 했던 〈재서도〉는 대체 어떤 그림인가?

② 한 사건의 재록(載錄)[3]

왕사진은 청나라 세종 옹정황제 윤진(胤禛)의 이름을 피하기 위해 '禎'으로 고치거나 달리 사정(士正)이라 했다. 자는 이상(貽上), 또 다른 자는 완정(阮亭)이며, 자호는 어양산인(漁洋山人)이다. 산동 제남(濟南) 신성(新城) 사람이다. 어려서부터 해맑고 영특하여, 내뱉는 어휘가 고원했으며 문장에는 트집할 곳이 없을 정도였다. 약관에 진사가 되고, 양주부 추관(揚州府推官)에 선발되었다. 부의 낭관을 역임하고, 소대(召對)의 시부(詩賦)가 천자의 뜻에 부합하여 한림관 시독(翰林官侍讀)으로 고쳐졌다. 강희 40년 신사(1701), 나이 68세에 이른 왕사진은 휴가를 청하여 양친의 묘를 천장하겠다고 해서 허락을 받았다. 5월 중순, 조정 관리, 요

2_《讀畫齋題畫詩》, 19卷, 附圖, 線條淸晰, 淸嘉慶中葉東山草堂刻本. 北京大學藏本에는 "淸嘉慶四年石門顧氏讀畫齋刻" 字樣이 있고,《偶輯》1권을 부록하고 있다.

3_蔣寅,《王漁洋事跡徵略》(北京: 人民文學出版社, 2001). 이 책은 왕사진의 연보와 전기 자료에 관해 가장 권위 있는 저술이다. 왕사진의 일생과 화상 제영을 고찰할 때 이 책에서 많은 도움을 받았다.

속, 문생이 그가 도성을 나가는 것을 공경스레 전송했고, 광릉 우지정(禹之鼎, 1647-1716)은 〈재서도(載書圖)〉를 그려서 그 성대함을 기념했다. 일시의 제영자들이 많아서, 어양산인(왕사진)이 휘집하여《재서도시》1권을 이루었다.[4]

일찌감치 강희 17년(1678), 황제가 진정경(陳廷敬, 1639-1712)과 왕사진에게 창작 시고를 올리라고 명하고, 각각 두 편의 시를 짓게 했다. 그들은 성은을 입고 칭송을 받아, 건청궁(乾淸宮) 남전(南殿)의 남서방(南書房)에서 천자의 음식을 하사받았다. 이 해, 왕사진은 특별한 은총을 입어, 호부시랑에서 한림원 시독에 고쳐 임명되었다. 곧 청나라 조정에서 부조(部曹)를 사신(詞臣)으로 고친 첫 번째 예이다.[5] 이 이후로 황제는 비로소 문학하는 선비를 각별히 등용하기 시작했다. 왕사진은 국사(國士)와 함께 늘 패초되어 건청궁 남전 남서방에서 여러 차례 시문과 필묵을 하사받았다. 20여 년 이래, 그 관직은 한림원 시독에서 국자좨주(國子祭酒)·첨사부소첨사(詹事府少詹事)·한림원시강학사(翰林院侍講學士)·도찰원좌부도어사(都察院左副都御史)·병부독포우시랑(兵部督捕右侍郎)·호부좌시랑(戶部左侍郎)·도찰원좌도어사(都察院左都御史)를 거쳐 강희 38년(1699) 11월 형부상서에 이르렀다. 이 해 왕사진이 강희제의 은총을 입는 최고 단계를 찍었다고 할 수 있다.

강희 40년(1701) 3월 초, 경연(經筵)의 일을 마치고 왕사진은 병이 심해져, 40여 일 동안 병석에 있다가, 오랜 병 때문에 형부의 업무를 폐기하게 될까 두려워하여 4월 17일 상소해서 휴가와 목욕을 청하여 귀향하려고 했다. 〈청가소(請假疏)〉의 첫머리에서, 왕사진은 먼저 "일개 유생이 과도하게 황상의 파격적인 은총을 입어, 융성한 은혜로 조랑(曹郎)에서 발탁되어 외람되게 시종의 열에 들었습니다"라고 하여, 천권(天眷)의 우악(優渥)이 심상에서 멀리 벗어났으므로 온 힘을 다하여 견마(犬馬)의 힘을 다해야 하거늘 감히 사가의 일을 염려할 수 있겠느냐고 했다. 이어서 양친이 강희 24년 을축(1685) 차례로 서거하여 지금 이미 16년

4_《載書圖詩》,《四庫全書存目叢書》(台南: 莊嚴文化事業公司, 1997), 集部, 總集類, 第394冊, pp.449-469. 이 책에서의 인용문은 협주로 '《圖詩》, ×쪽'이라고 밝힌다.

5_《康熙起居注》,《徵略》, pp.229-231.

이 지나 "부모의 매장이 산의 좌향에서 적절함을 잃었으며", "선영이 강가라서 물개미가 침식하므로 매번 이 생각을 하면 침식을 편히 하기 어렵습니다"라고 밝히고, 당금 황제의 "교제사나 종묘 제향에서 친히 제사를 올리지 않으신 적이 없는" 작법을 본받고자 하여 부모를 천장해서 효자의 직분을 성실히 해서 '효치(孝治)'를 넓히고자 한다고 했다. 그리고 다시, "관례에 의거하여 사정을 진술하고", "정례를 살피면 경관으로서 5년 이상 봉직한 자는 그 천장을 허락한다고 했사오니, 신은 그 정례와 부합합니다"라고, 법에 근거가 있음을 확실히 주장했다(《圖詩》, pp.450-451).

전체《재서도시(載書圖詩)》는 왕사진의 이 〈청가소〉를 시작으로 강희제가 휴가를 허락한 문건을 포함하여, 왕사진이 융성한 은총을 획득한 상황, 여러 사람들의 제영, 왕사진이 도성을 나가 귀향하기까지의 노정 등, 크고 작은 일들을 빠짐 없이 실었다. 곧, 왕사진이 휴가를 청하여 귀향하고 기한이 되어 복직하기까지의 실록이라고 말할 수 있다. 강희 각본의 편집 차서는 아래와 같다.

재서도(載書圖)
주소(奏疏) : 청가소(請假疏)와 유지(諭旨)
서(序) 2수
재서도시(載書圖詩)
증행시(贈行詩)
사목기정(賜沐紀程)
부(附): 지북서고기(池北書庫記)

(a)〈청가소〉와 〈준가유지(准假諭旨)〉

왕사진은 당시 경연 강관(講官)이자 형부상서로 첨사부소첨사에 보임되어 있었는데, 4월 17일 상주하여 천장을 허락해달라고 청했다. 4월 20일 황제의 유지는 이러했다.

> 경은 재주와 인품이 우수하므로 간단히 사구 정자(司寇正資)에 임명하도

> 록 요리한다. 천장의 일로 상주하여 정례에 따라 휴가를 청한 것을 보고, 5개월을 허가하여 급여한다. 일이 끝나면 속히 와서 직무에 봉사할 것이며, 개결(開缺, 관직을 그만둠)하지 않도록 하라. 해당 부는 알아두라.
>
> 卿才品優長, 簡任司寇正資料理. 覽奏以遷葬, 援例請假, 准給假五個月. 事竣速來供職, 不必開缺. 該部知道.[6]

이틀이 지나 황상은 창춘원(暢春苑)에서 내각대학사 등에게 유지를 내렸다.

> 산동 사람은 성격이 편집적이어서, 원한을 잘 품는다. 지난날 이지방(李之芳)·손광사(孫光祀)·왕청(王淸)은 그 원한을 지금까지도 풀지 않았다. 다만 왕사진은 이런 편집성이 없다. 그가 지은 시는 아주 훌륭하다. 집에서는 독서 이외에는 다른 일을 하지 않는다. 만약 본적(本籍)으로 되돌린다면 정말로 애석하다. 5개월 휴가를 주되, 개결할 필요가 없다.
>
> 山東人性多偏執, 好勝挾仇. 昔李之芳·孫光祀·王淸, 其仇迄今未解, 惟王士禛則無是也. 其作詩甚佳, 居家除讀書外, 別無他事, 若令回籍, 殊爲可惜. 著給假五月, 不必開缺.[7]

강희 황제는 조정에 오랫 동안 봉사하고 일처리가 원만했던 이 노신을 대단히 아껴서, 인품과 학문을 인정해주고 왕복의 기일을 경계하며 직책을 유지하게 하고 휴가를 주었다. 이것은 정말로 높은 은총이었다.

(b) 두 편의 서문

〈청가소〉 뒤에 이어지는 두 편 서문은 강희제의 은총에 대하여 훨씬 분명하게 설명했다. 그 하나는 문인 장기린(張起麟)의 〈대사구신성왕공재서도서(大司寇新城王公載書圖序)〉이다. 이 글은 하나하나 구체적으로 서술하여 이렇게 말했다.

> 상이 공을 우대하기를 두텁게 한 것은 장차 공의 쓰임을 다하기 위해서였

6_《漁洋山人自撰年譜》도 이 疏를 기록해두었다. 王士禛著, 李毓芙·牟通·李茂肅等整理, 《漁洋精華錄集釋》(上海: 上海古籍出版社, 1999)下冊, p.2046 ; 孫言誠點校, 《王士禛年譜》(北京: 中華書局, 1992). (《圖詩》, p.451)

7_《康熙實錄》卷204, 《徵略》, p.494.

> 다. [⋯] 공은 명진사(名進士)로서 양주에서 집안을 일으켜 낭조(郎曹)의 판관으로 들어가서, 시문으로 징소되어 한림의 관직으로 고쳐 받아 20여 년간 [⋯] 아침저녁으로 내정에 숙직하며 고문에 대비하고, 조정에서 물러나와 편안히 거처했다. [⋯] 성군의 비상한 지우를 입어, 시종 변하지 않았다. 관례에 따라 휴가를 청하자, 속히 돌아오지 않을까 염려하셔서, 반드시 기일대로 돌아오라고 경계하시고, 시일을 지체하지 말고 그 직책에 이바지하라고 하셨다. (《圖詩》, 452쪽)

한편 종질 왕원(王源)이 지은 〈송대사구공청가동귀서(送大司寇公請假東歸序)〉는 "군주가 공을 알아주고 공이 군주의 마음을 얻은 도리가 셋이다. 하나는 문(文), 하나는 품(品), 하나는 기(器)이다"(《圖詩》, p.453)라고 분명히 지적했다. 장기린은 왕사진의 문장(문), 절의(품), 재능(기)을 한유와 소식의 경우에 비견할 수 있되, 총우를 입은 것은 그들보다 더하다고 했다.

> 고금의 호걸지사들은 문장과 절의를 짊어지길 한퇴지(한유)와 소자첨(소식)처럼 하여 이름이 천하에 가득하면서도, 당시의 군주가 혹 그 현명함을 알지 못하거나 혹 그 현명함을 알면서도 반드시 그 씀을 다하지 않아, 심한 경우에는 유리하고 좌절하여, 거의 진퇴의 절조를 보전하지 못해왔다. 그렇거나 혹 나이가 이르러서 휴가를 청하여 가까스로 귀향을 즐겁게 여기지만, 군주가 반드시 예를 더하지는 않는다. [⋯] 그렇지만 공은 [⋯] 성명의 총우가 일시에 우악하여, 군주와 신하가 서로를 얻은 즐거움이 지난날 현인에 비교하여 홀로 처한 바였으니, 그 성대함이 또한 이와 같았다.

장기린은 왕사진의 문장, 사공, 절의, 총우를 당나라 한유, 송나라 소식의 무리에 견주었는데, 이것은 결코 특별한 사례가 아니다. 바로 강희제가 내각신료와 함께 왕사진에 대한 처사가 원만한 것을 보면, '인화(人和)'의 바탕 위에 이루어진 것이었다. 왕사진이 중년기에 교유를 맺은 방외의 교우 운초선사(楚雲禪師)가 강희 39년 서하산(栖霞山)에 돌아가려고 하면서 거듭 경사로 공을 방문하여 장차 남악에 돌아가 노년을 보내겠다고 말하자, 왕사진은 그에게 시를 주었다. 그가 떠날 무렵 두 사람은 정채 있는 대화를 나누었다.

> 선사가 공에게 말했다. "거사의 큰 이름은 금일의 구양수와 소동파입니다. 나는 강서에 머문 지 3년인데, 또 일찍이 민중(閩中, 복건성) 박산과 동원의 두 조사의 뜰에 머물면서 탑을 청소한 적이 있습니다. 심산궁곡에서 고기 잡고 나무하고 밭 갈고 가축 치는 무리라도 누구나 거사의 이름을 모르는 이가 없는 것은 어째서입니까?" 공은 사양하면서 말했다. "구양수와 소식에 비유한 것은 저는 감당할 수 없습니다. 하지만 옛 사람이 구양영숙(구양수)의 상을 보고 '귀가 얼굴보다 희므로 이름이 천하에 가득할 것이다. 입술이 이빨을 가리지 않으므로 걸핏하면 비방을 받을 것이되 이름도 따를 것이다'라고 했습니다. 저는 일생 세상을 살아가면서 이 서너 마디 말과 거의 딱 들어맞았으니, 아마도 사주팔자가 이런 것 같습니다."
>
> 禪師謂公曰: 居士大名, 今日歐蘇也. 吾住江西三年, 又嘗住閩中博山·東苑二祖庭掃塔, 凡深山窮谷漁樵耕牧之徒, 無人不知居士名者, 此何故也? 公謝之曰: 歐蘇之喻, 某不敢當. 然昔人相永叔云: 耳白於面, 名滿天下; 唇不掩齒, 動而得謗, 名亦隨之. 某生平涉世, 殆與此數語吻合, 似是本命干支合如此耳.[8]

사람들이 왕사진을 한유·구양수·소식으로 견준 비긴 것은 원래 문장·사공·절의를 두고 한 것이었지만, 초운선사는 대화를 '인화'의 층위로 끌고갔다. 비록 왕사진은 관상학의 관점에서 자조했지만, 속으로는 자기를 두고 후인을 발탁하느라 여력을 아끼지 않았던 구양수 같다고 상상해주는 것에 대해 반대하지 않은 듯하다. 선사가 "심산궁곡에서 고기 잡고 나무하고 밭 갈고 가축 치는 무리라도 누구나 거사의 이름을 모르는 이가 없다"라고 한 것은 그 유력한 확증이다. 왕사진은 조정에서 벼슬하여 갑자(甲子)가 돌아오려 할 때 강희의 총우를 깊이 얻었다. 황숙림(黃叔琳, 1672-1756)은 《본전》의 말미에서 다음과 같이 칭송했다.

> 성조(강희제)가 공을 아는 것이 깊었다. 천장을 하겠다고 휴가를 청하자, 유지에 '노신이 충후하고 인품과 학문이 모두 훌륭하다'는 포창이 있었다. 외료(外僚)에서부터 시종의 직에 올랐으니, 전례에 없었던 일로, 이런 일이 특별히 공으로부터 시작되었다. 이식(耳食, 남의 말을 듣고 그대로 믿음)하는

8_王士禛, 《居易錄》, 《筆記小說大觀》(台北: 新興書局, 1988), 第15編 第9冊, 卷33, pp.2a-2b; 王士禛, 〈送栖霞楚雲禪師歸老南嶽〉, 《蠶尾續集》 卷1, 《四庫全書存目叢書》, 集部, 別集類, 第227冊, p.333.

> 자는 그저 공이 명나라 300년 이래 시인의 으뜸이라고 여기지, 청풍 같은 정치적 업적이 이와 같이 탁월한 줄을 알지 못한다. 유양(維揚, 양주)의 사람들은 구양문충공(구양수)을 평산당(平山堂)에서 제사지내며, 공을 배향했다. 공을 여릉(廬陵, 구양수)과 비교하더라도 정말로 부끄러울 바가 없으리라.[9]

황숙림은 왕사진이 성은을 입어 승진한 사실을 말하고, 이어서 그가 조정에서 이룬 공적을 인정하고 찬양하여, 그를 북송의 구양수에게 견주었다. 이것은 서하산 운초선사의 관점과 일치한다. 이 부분에 관해, 장기린의 서문은 더 구체적으로 서술했다.

> 공은 진사로서 양주에서 집안을 일으켜, 낭조의 판관으로 들어가서, 시문으로 징소되어, 한림의 관직으로 고쳐 받아 20여 년을 보냈다. 총헌 대사구로 승진하여, 아침저녁으로 내정에 들어가 숙직하며 고문에 대비했다. 조정에서 물러 나와서는 편안히 거처하며 악성·여색이나 재화·이익을 좋아하지 않고 오직 음영(吟詠)을 스스로 즐겼다. 한준[寒畯, 한미하면서도 재주가 걸출한 사람—역자]을 장려하고 인도하여 한 가지 선이라도 있으면 한껏 칭찬하여 마지않았으므로, 선비들이 이에 쏠리듯이 귀의했다. 대도회와 큰 고을로부터 산구석 바닷가에 이르기까지 작은 사내나 어린아이라도 신성 왕공이 있는 것을 알지 못하는 이가 없었다. (《圖詩》, p.452)

조정에서 도읍과 시골에 이르기까지, 사대부로부터 어린이에 이르기까지, 장기린이 보건대 왕사진은 엄연히 만인의 총아였다.

(c) 그림 제작과 증여 청단

당년 5월 13일 오후, 왕사진은 서울을 출발했다. 황제의 융숭한 권우를 받고 조정 동료가 존경하며 문생과 속관들이 숭배하고 도읍과 시골 사람들이 추대하는 노 상서가 도성의 문에 임하자, 도성이 크게 술렁거

9_黃叔琳, 〈漁洋山人本傳〉, 《王士禛年譜》, 卷下, p.114. “聖祖知公深矣. 遷葬請假, 奉旨有‘老臣忠厚, 人品學問俱好’之褒. 由外僚登侍從, 舊典未有也, 特自公始. 耳食者徒以公爲有明三百年來詩人之冠, 不知其淸風政績卓卓如是者. 維揚之人, 祀歐陽文忠於平山堂, 而以公配享. 以公視廬陵, 洵無愧也夫!”

렸다. 왕원의 〈송대사구공청가동귀서〉는 "공경대부와 문하 선비가 모두 모여 전송하여, 길에서 노래하고 칭양했다"(《圖詩》, p.453)라고 했다. 전송자들의 명부는 아래와 같다.

> 문인 한림 염근조(冉覲祖)·황숙림(黃叔琳)·호윤(胡潤) 등, 어사 강구(江球)·이선복(李先復), 이부 장상봉(張翔鳳), 호부 장정위(莊廷偉), 지현 고효본(高孝本) 등이 자인사(慈仁寺)에 전별연을 베풀고 이어서 창의문 밖에서 송별했다. 동향 태상소경(太常少卿) 문인 이사의(李斯義) 등, 형부사속(刑部司屬) 문인 황원치(黃元治) 등, 호부구속(戶部舊屬) 문인 손겸(孫謙) 등, 문인 한림시독학사 심조초(沈朝初), 좌춘방중윤(左春坊中允) 허사륭(許嗣隆), 한림편수 사승(查昇), 급사중(給事中) 탕우증(湯右曾), 어사 진제영(陳齊永), 이부 학림(郝林), 호부 진혁희(陳奕禧), 지현 주재진(朱載震) 등이 창의문 밖에서 전별했다. 통정사(通政使) 이개(李鎧), 순천부윤(順天府尹) 전진석(錢晉錫), 태복시경(太僕寺卿) 노지변(勞之辨), 우통정(右通政) 완이순(阮爾詢)이 교외에서 전별했다. 어사 강군(江君)[강구(江球)]·이군(李君)[이선복(李先復)]이 뒤미쳐 교외에서 송별했다. 낭중 황신천(黃新遷), 운남(雲南) 징강태수(澂江太守)가 이별을 말하면서 슬프게 눈물을 줄줄 쏟았다. 떠나가서 노구교(盧溝橋)에 묵었는데, 문인 한림검토 팽시단(彭始摶)이 승사(僧舍)에서 홀로 전별했다.[10]

길고 긴 명단은 전송의 장면을 호탕하게 펼쳐 보인다. 저록된 직함으로부터 알 수 있듯이, 모두 왕사진이 예부, 호부, 한림원, 형부 등 내각 각 부서의 관직을 역임할 때 요속과 문생으로 있던 사람들이다. 두 편의 서문에 이어서 제증(題贈)의 시가 있다. 제증 시인들은 신분에 따라 둘로 나눌 수 있다. 첫째는 '〈제도시(題圖詩)〉'이다. 작자는 대개 친히 전송한 문인과 후학 27인으로, 모두 〈제재서도공송대사구어양부자청가귀성(題載書圖恭送大司寇漁洋夫子請假歸城)〉이란 제목으로 화영(和詠)했다. 서명의 방식은 '門人○○○'을 앞에 쓰고 다음에 자호, 다음에 관함(없으면 생략)을 썼다. 이를테면 문인 주정횡(朱廷鋐) 옥여(玉汝) 어사, 문인 탕우증(湯右曾) 서애(西厓, 1655-1721) 급사중, 문인 사신의(史申義) 초음

10_《載書圖詩》, 《賜沐紀程》, pp.465-466.

(蕉飮, 1661-?) 편수, 문인 왕사횡(汪士鋐) 문승(文升, 1658-1723) 편수, 문인 장인석(蔣仁錫) 정산(靜山) 거인(擧人), 문인 사사정(查嗣庭) 윤본(潤本), 문인 오린(吳麐) 인지(仁趾) 등등. 전부 계산하면, 황원치(黃元治), 주정용(朱廷鎔), 진혁희(陳奕禧, 1648-1709), 탕우증(湯右曾), 사승(查昇, 1650-1707), 사신의(史申義), 허지진(許志進), 왕사횡(汪士鋐), 왕섬(王掞), 왕역(汪繹, 1671-1706 또는 1711), 방신(方辰), 이병(李棅), 왕단림(王丹林), 고효본(高孝本, 1649-1727), 주재진(朱載震), 조왈영(曹曰瑛), 전명세(錢名世), 장인석(蔣仁錫), 유조성(兪兆晟), 사사정(查嗣庭), 서문구(徐文駒), 주성저(朱星渚), 오린(吳麐), 서란(徐蘭) 등 24인이다. 그 밖에 '후학(後學)'이라고 서명한 세 사람이 있다. '〈제도시〉'의 끝에 〈송백부대사구공가만환조(送伯父大司寇公假滿還朝)〉 1편이 붙어 있고, '질계좌옥부(姪啓座玉斧)'라고 서명되어 있다. 왕사진이 서울로 돌아올 때 조카가 지어준 것이다.

둘째는 '증행시(贈行詩)'이다. 직접 전송하지 못한 각신과 요우(僚友)들이 지었다. 내각대학사 진정경(陳廷敬, 1639-1712), 부도어사(副都御史) 진론(陳論), 예부시랑 왕욱령(王頊齡), 내각학사 왕구령(王九齡), 공부상서 왕홍서(王鴻緖, 1645-1723), 순천부윤 전진석(錢晉錫), 안찰사 호개지(胡介祉) 등 8인이 시로 증행했다. 모두 〈송완정대사구여가신귀성(送阮亭大司寇予假歸新城)〉이란 제목으로 화영했다. 저록 방식은 앞서와 같아, 성명을 위에 쓰고, 자호, 관함을 적었다. 진정경(陳廷敬) 설엄(說巖) 대학사, 진론(陳論) 병재(丙齋) 부도어사(副都御史), 노지변(勞之辨) 개암(介巖) 태복시경, 왕욱령(王頊齡) 모호(瑁湖) 예부시랑, 왕홍서(王鴻緖) 엄제(儼齊) 공부상서와 같은 식이다.

이상 두 부류를 합하면 모두 35인으로, 80여 수 시이다.

제1부류 '제도시'의 내용은 도상의 화면에 맞춰 발하는 것 이외에도 분명한 중심축이 있다. 곧 지금의 명군·현신의 아름다운 일을 가송하는 것을 시작으로, 왕사진의 문장, 품행, 재학을 한껏 찬양했다. 이를테면 "성군의 권고(眷顧)가 지금 어느 사람에게 쏟아지나? 어양 부자의 경술이 순수하여라(聖眷專注今何人, 漁洋夫子經術醇)"(황원치, p.453), "군주를 요·순과 같게 하려는 것이 대유학자의 경세 임무로다(致君堯舜如,

大儒經世務)"(탕우증, p.454), "문장은 옥척에 돌리고, 출처는 창생에 매여 있네(文章歸玉尺, 出處繫蒼生)"(허지진, p.455), "충과 효를 둘 다 온전히 해서 부끄럼이 없으니, 이렇게 군주를 섬긴 신하의 일은 전할 만하다. [···] 성명이 오랫동안 금구(재상)에 의망되었으니, 육합의 명성을 누가 짝하랴?(兩全忠孝眞無愧, 如此君臣事可傳. [···] 姓名久擬卜金甌, 六合聲華孰可儔?)"(사승, p.455), "40년 이래 금중의 일을 전담하여, 푸른 노을 명랑한 달빛이 화려한 동곳을 비춘다. [···] 순수한 신하의 풍모는 붕당을 녹여 없앴으니, 비로소 문장으로 나라에 보답함이 오히려 가벼움을 믿겠네(四十年來典禁林, 青霞朗月映華簪. [···] 醇臣風節銷朋黨, 始信文章報國輕)"(사승, p.455), "선생은 하늘에서 내린 품조가 성대하니, 비유하면 커다란 녹로(조물주의 하늘)를 고동시키는 것과 같도다(夫子盛天藻, 譬如鼓鴻鈞)"(왕사횡, p.456), "대현이 궁궐의 섬돌을 밟으니, 높은 뜻이 하늘과 함께 노닐었다(大賢踐丹闕, 高情與天游)"(王丹林, p.457) 등등과 같은 식이다. 문인들의 이러한 송찬은 앞서 문인 장기린과 왕원의 두 서문이 선생에 대해 칭송한 어조와 일치한다.

각신과 동료의 〈증행시〉 가운데 왕구령은 성군이 왕사진을 신뢰하여 급히 돌아오라고 명한 사실에 주무했다.

> 급한 휴가를 청하여 진술한 말이 절실하자, 따스한 윤음이 옥섬돌에서 내려왔네. 아마도 선약을 캐러 따라가더라도, 우선 입조의 기일을 제대로 지켜야 하리라. 평소의 행실은 동료들이 우러렀고, 붉은 마음은 성군이 아시누나. 가을에 경을 위해 자리 앞 비워두고 기다릴 것이니, 돌아오는 기마를 더디 몰지 말아라.
>
> 請急陳詞切, 溫綸下玉墀. 恐隨采藥去, 先尅入朝期. 素履朋寮仰, 丹心聖主知. 秋卿虛席待, 歸騎莫教遲. (p.464)

왕홍서는 동료의 각도에서 왕사진을 칭송했다. 그 어조는 그를 높이 우러르는 문인과는 다르다.

> 해내에서 지금 누가 대아(大雅)를 보존하고 있는가? 어양산인의 크나큰 명망이 용문보다 더 높구나. 그릇된 시체(詩體)를 홀로 잘라내어 음이 유독

> 예스럽고, 멀리 풍소(風騷, 시경)를 조술하여 시도가 홀로 높아라. 숙직하여 번번이 금난전에서 늦게까지 따르며, 붓 머금고 비단 깔개의 따스함을 늘 접했도다. 잠시 손을 나누는 일이라도 이별하기 어려우니, 환조하는 기일을 헤아렸다가 함께 토론합시다.
>
> 海內今誰大雅存, 漁洋碩望峙龍門. 獨裁僞體音偏古, 遠祖風騷道自尊. 儤直每隨金殿晚, 含毫常接錦茵溫. 暫時分手猶難別, 預數還期共討論. (p.464)

왕홍서는 왕사진이 시학에서 오랫동안 토양을 갈아 성취가 많은 것을 인정했다. 평소 조정에서 공무의 여가에 이야기를 나누면서 깨달은 데서 나온 말일 것이다. 동료들은 조정 관료의 입장에서, 왕사진에게 빨리 반열로 돌아오라고 권하면서 이별의 은근한 뜻을 토로했다. "꽃을 이별의 장에 보내오니, 꾀꼬리의 노래(천앵가)는 오래 머문다는 노래가 아니라오. 간곡히 임별에 하신 말씀의 뜻을 새겨야하지, 지체하면 어이 하겠소?(花爲將離贈, 鶯非久住歌. 殷勤臨別意, 遲暮欲如何)"(진정경, p.463), "백행이 모두 완전한 전정한 국사로서, 사계절 모두 양춘의 기운을 갖추었지. 공이 흰머리로 지기가 되어준 것에 감격하기에, 잠깐 이별에도 무단히 마음이 쓸쓸하구료(百行具完眞國士, 四時皆備總陽春. 感公白首成知已, 暫別無端亦愴神)"(陳論, p.463) 등등이다.

(d) 사목기정(賜沐紀程)

《재서도시》에 왕사진이 작성한 〈사목기정(賜沐紀程)〉이 있다. 상소하여 휴가를 고하고 곧바로 신성에 돌아가 하늘에 고하여 제사를 지내기까지 매일의 노정을 상세히 기록하고, 휴가를 고하고 고두하여 사례한 의식, 증행자 명부, 연로의 방문 지점, 만난 문사들을 기재했다. 말하지면 인(人)·지(地)·사(事)·경(景)의 서사가 상세하고 정확하여 고찰할 만하다. 〈사목기정〉은 장부 형식의 여행 기록으로, 왕사진이 좋아했던 글쓰기 방식이다. 이러한 글쓰기는 그의 일생 중 적어도 네 차례 있었다. 제1차로 강희 11년 6월 15일 명을 받들어 사천(四川) 향시의 주고관(主考官)이 되어 사천 향시를 전담한 전후 5개월 일정을 세세하게 기록했다. 20년 후 《촉도역정기(蜀道驛程記)》를 편집했다.[11] 제2차로, 강희 23

11_《徵略》, p.375.

년 11월 칙명을 받들어 남해에 제사하러 가서 강희 24년 7월 귀환하기까지 전후 8개월 동안의 노정을 일기 형식으로 적었다. 《월행삼지(粵行三志)》를 편성했다. 제3차로, 강희 35년 황제가 사신을 보내 제사지내라는 명을 내리자, 2월에 화산(華山)으로 출발하여 9월에 경사로 복명했는데, 화산으로 갈 때 마찬가지로 서행을 기록했다. 그 노정 일기가 《진촉역정후기(秦蜀驛程後記)》이다. 제4차는 천장을 위해 고향으로 돌아간 일정을 기록하여 정리한 이 〈사목기정〉이다.

왕사진이 사신으로 나간 여러 행로는 모두 합해 만여 리에 달하여, 결국 여행에 지치지 않을 수 없었다. 그렇지만 그는 명을 받들어 사신으로 나간 여행에 대해 상세함을 혐의하지 않고 장부처럼 기록했다. 이는 당시 관료들이 벼슬살 때 미시적인 관찰을 서술하는 습관이 있었던 사실과 관련이 있다.[12] 외지고 멀리 떨어진 지역으로 들어가면서 연로에서 매일 노정을 기록해두면, 지식 면에서는 견식을 쌓아 박아하고 견문을 넓히는 기능이 있고, 문학 면에서는 글쓰기 소재를 확장하는 데 도움이 된다. 또, 명성이 높은 경관이 하향하는 것은 황은을 선양하는 데 유효하고, 연로에서 문사들과 교분을 맺고 옛 친구나 문생을 만나는 것은 자신의 명망을 굳혀 성예를 더욱 펼치는 데 기여한다.

③ 〈재서도〉와 제영

왕원의 서문은 왕사진이 귀향 때 가지고 간 물품과 의복을 세세하게 헤아리고 이별 장면을 자세하게 기록했다.

> 담협낭박거(簟篋囊襆車) 1승(乘), 궤금약과장준이(几琴藥裹杖罇彝) 1승, 서(書) 10여 승, 고금자획책권(古今字畫冊卷) 23승. 공은 남여(籃輿, 죽여, 순여)를 타고 단겹(單袷)을 입고, 조촐하고 덤덤했다. [⋯] 모두 말하길, "황제여 생각하소서! [⋯]"라고 했다. 공은 말하길, "은택이 두텁소이다. 어찌 극한이 있겠습니까! [⋯]"라고 했다. 술을 서너 잔 하고 나서, 공은 일어나 수레에 말을 매고 엄숙한 태도를 지었다. 개연히 여러 군자를 돌아보면서 말하길, "다행이로다!"라고 했다.

12_宋犖이나 陳廷敬 등도 같은 식의 驛程記錄을 남겼다.

그림 6-1. (청) 우지정, 〈재서도〉, 판화(강희각본), 《재서도시》 권두 삽화.

> 簞篋囊襆車一乘, 几琴藥褁杖罇彝一乘, 書十餘乘, 古今字畫冊卷二三乘. 公籃輿服單袷, 蕭然憮然. [⋯] 僉曰: "帝念哉! [⋯]" 公曰: "澤厚矣, 曷其有極! [⋯]" 酒數酧, 公起駕且肅, 慨然顧諸君子而言曰: "幸哉." (《圖詩》, p.453)

여러 문인들이 서울의 화가 우지정(禹之鼎)에게 위촉하여 〈재서도〉를 그리게 해서 이 성대한 일에 부응하게 했다. 원래의 그림은 뒷날 옹방강의 소장으로 돌아갔다가, 다시 유전하여 섭명례(葉名澧) 집으로 들어갔다.[13] 진본은 전하지 않은 듯하지만, 다행히 왕사진이 당시 편집한 《재서도시》 권수의 각판이 있어, 그것으로 원화의 면모를 추정할 수 있다(그림 6-1). 판화의 오른쪽 위 구석에 기록하길, "강희 45년 5월 보름, 왕대사구가 잠깐의 휴가로 고향으로 돌아가는 것을 공경스레 전송하고, 문생이 삼가 그 성대한 광경을 기록하여 〈재서도〉를 그린다. 광릉 우지

13_吳昆田, 《漱六山房全集》卷9 〈札記〉 "于潤臣處閱元趙承旨 · 袁清容 · 虞道園 · 王繼學四公手書天冠山墨跡手卷, 及禹鴻臚所繪王文簡公載書圖冊二種, 皆翁覃溪先生所蓄, 有覃溪先生跋, 今歸葉氏矣." 總蔣寅, 《王漁洋事跡徵略》(北京: 人民文學出版社, 2001), p.496.

정"이라 했다(《재서도시》 권수, p.449). 그림 제작의 동기와 도면의 묘사에 관해서는 문인 고효본(高孝本)의 다음 제시가 잘 설명하고 있다.

> 오야(五夜)에 삼전(三殿)을 사직하자, 일천 관료가 구가(九衢)에서 전송하니, 버드나무 가에 전별의 장막을 펴고, 꽃 덤불 속에 간이 부엌을 설치했네. 관직은 무거워서 여덟 추졸을 앞에 끼고, 행장은 가벼워 제대로 된 물품이 하나도 없구나. 다만 아름다운 이야기만이 전하여, 새로 〈재서도〉를 베껴내노라.
>
> 五夜辭三殿, 千官送九衢. 柳邊陳祖帳, 花裡出行廚. 官重八騶擁, 裝輕一物無. 祇傳佳話在, 新寫載書圖.
> (《圖詩》, p.458)

고효본의 이 시는 도면 속의 궁전, 도로, 버드나무, 풀꽃, 여덟 추종 등 물상을 언급했다. 화폭과 비교하면 오른쪽에 서울의 성궐이 있고, 해자 왼쪽 기슭 일대는 거친 들판이다. 근경은 버드나무 가지가 바람에 흔들거리며, 한 행인이 읍례하며 이별하는 모습이 어른어른하다.

문인 왕역(汪繹)은 전송 장면을 다음과 같이 묘사했다.

> 전별연의 장막이 청문(동문)에 임해 있고, 거마는 분분하게 시끄럽구나. 묻나니 이것이 무슨 일인가? 온 도성 사람들이 명현을 전송하는 것이란다. 잠깐 사이에 벽제하는 이가 오고, 구경꾼은 어깨가 서로 부딪힐 정도로다.
>
> 祖帳臨青門, 車馬紛喧闐. 借問此何爲? 傾都餞名賢. 須臾戒道來, 觀者行摩肩. (《圖詩》, p.457)

한편, 우지정은 거마가 시끌시끌하고 길 양켠에서 구경하는 사람들이 서로 어깨가 부딪힐 정도로 가득한 장면에는 주목하지 않고, 궁전 밖의 쓸쓸하고 황량한 경치를 이용하여 이별의 뜻을 부각시켰다. 화면을 보면, 가볍고 간소한 옷을 입고 필마를 끌고 가면서 몸을 돌려 사람들의 절을 받고 있는 사람이 있다. 그가 곧 상주 왕사진이다. 우지정이 당초 어떻게 왕사진을 조형한 것인지는 알 수 없다. 하지만 모각자가 선으로 소묘한 인물 형상은 대개 고효본 시의 '행장이 가볍다'와 부합하고 왕원 서문의 '단겹을 입었다'는 말과 일치한다. 왕사진은 먼 길을 가기 편한 행

그림 6-2. (청) 우지정, 〈재서도〉, 판화(가경각본), 가경석문고씨독서재 각, 《독화재제화시》(우집), 북경대학 고적선본특장실.

장을 취했던 것이다.

가경 연간에 고수(顧修)가 재차 모각하여 인쇄한 〈재서도〉(그림 6-2)는 길 가는 사람이나 전송하는 사람들을 정식의 복장으로 그렸다. 수염을 기른 왕사진은 정수리에 장각박두(長脚幞頭)를 쓰고 몸에 소면상복(素面常服)을 입고서, 양모(涼帽)를 쓰고 동관편복(同款便服)을 입은 조리(朝吏)들과 읍례하여 이별을 한다. 어린 종이 말을 끌고 있다. 화면은 진혁희의 제시에서 "떠나가누나 동도의 문을, 수양버들은 그림자가 큰길에 엇갈리네. 분분하게 사람들이 와선 전송하나니, 관중의 눈에 동곳 꽂고 관복 입은 조관들의 모습이 가득하다(去矣東都門, 垂楊蔭交衢. 紛紛來餞送, 滿目盛簪裾)"(《재서도시》, p.454)라고 한 것과 상당히 부합한다.

제시들은 관찰의 시각이 각기 다르다. 왕사진의 문장과 절의를 노래하는 것 이외에도, 문생들은 왕사진의 귀은하려는 마음을 탐지하고 살짝 언급하여 "귀전의 계획을 세웠으나 뜻 이루지 못했네(欲作歸田計未成)"(주재진, p.458), "낙사에서 사직하고 떠날 수 없어, 제나라 산 구점[이하(李賀)의 시에서 나온 말로 본래는 하늘에서 바라본 중국 전토를 가리킴—역자]의 곳에 노니네(未能洛社辭官去, 且向齊山九點遊)"(이병, p.457)라고 했다. 68세의 왕사진이, 그간 여러 번 사직을 청했으나 허락받지 못하다가 이제 휴가를 얻어 귀향하여 유람하게 되었다는 것이다. "작산과 잠미를 자나 깨나 늘 그리워했다. […] 잠깐 거주해도 또 좋으니, 한 언덕 한 골짝을 정말로 잊기 어려워라.(鵲山與蠶尾, 寤寐長懷思. […] 小住良復佳, 丘壑眞難忘)(왕섬, p.456).

고효본과 허지진은 더 나아가 왕사진의 귀향 이후 생활을 상상하여 다음과 같이 묘사했다.

> 고향 동산으로 귀거래하여 좋구나, 동쪽은 푸른 작산을 가리키는 곳이라네. 달 아래 명호(明湖)의 물에 배를 띄우고, 명사(名士)의 정자에 □□. 녹야를 향해 열려 있는 당에서 마음 내키는 대로《황정경》에 주석을 하리. 젊어서 일찍이 노닐던 곳을, 남여(견여) 타고 다니며 곳곳마다 멈추리라.
>
> 鄕園歸去好, 東指鵲山青. 泛月明湖水, □□名士亭. 有堂開綠野, 得意註黃庭. 少日曾遊地, 籃輿處處停. (高孝本, p.458)

> 선생은 숨어 살려는 마음이 움직여, 꿈이 수운(水雲)의 고향을 맴돌았네. 청원이 받아들여지니 성은이 정말 우악한데, 귀거래를 말하면서 마음이 미칠 듯했으리라. 맑은 교외에는 버드나무 숲의 빛이 어둡고, 역마의 길에는 대추나무 꽃이 향기로우리. 고국(고향)이 멀리 창주에 있어, 새 물고기 곁에 있겠다고 마음으로 기약한다네.
>
> 先生幽意動, 夢繞水雲鄉. 得請恩誠渥, 言歸喜欲狂. 晴郊柳色暗, 驛路棗花香. 故國滄洲遠, 心期魚鳥旁.

> 울타리와 문이 대나무를 끼고 있으니, 이곳은 옛날의 망천 거처(왕유의 종남산 거처)와 같아라. 약을 캐러 꽃 길을 가고, 양생을 하느라 도가의 서적을 읽겠지. 관모와 인끈은 벗어던져 마음 한가하고, 흥이 일어 게으르게 초동 어부와 가까이 지낼 테지. 관모 벗어 머리 풀고 맑은 휴가를 만끽하며, 산의 밭으로 쟁기 하나 메고 나가리라.
>
> 籬門擁竹樹, 舊是輞川居. 採藥行花徑, 頤生讀道書. 心閑遺紱冕, 興懶狎樵漁. 散髮饒淸暇, 山田一荷鋤. (許志進, p.455)

고효본과 허지진의 예에서 알 수 있듯이, 왕사진이 귀향하여 은둔하려고 한다는 관점을 제시하는 데에는 반드시 절제가 있어야 한다. 아래에서 보듯, 허지진과 조왈영(曹曰瑛)의 제시는 왕사진이 조정에 공인으로서의 책임을 지고 있다는 점을 환기시키는 것으로 돌아갔다. 그것이 조정 관료로서의 기본적인 인식이었다.

> 사람들은 아주 간곡하게 말하나니, 붉은 궁궐을 어찌 오래 멀리하겠느냐? 다만 공보(公輔, 재상)의 그릇으로 하여금, 잠시 기하의(芰荷衣, 어은의 옷)을 걸치게 하는 것이겠지. 낭묘(조정)는 그대로 자리를 비워 두었으나, 임당(林塘)에선 내키는 대로 사립문 닫아걸었네. 여덟 추종을 끼고 떠난 행정을 계산하여, 곤의(袞衣) 차림으로 돌아오는 것을 다시 맞이하리라.
>
> 人語丁寧甚, 丹宸豈久違? 祇令公輔器, 暫著芰荷衣. 廊廟仍虛席, 林塘漫掩扉. 八騶行計日, 重迓袞衣歸. (許志進, p.455)

> 각별한 은총으로 짬 내는 것을 허락하셨거늘, 어찌 사부(謝傅, 사안)처럼 동산(은둔의 곳)에 오래 머물랴? 창생이 장맛비 기다리는 것을 위로하려고, 반년 후에는 이전처럼 조신의 반열을 이끌리라.
>
> 殊恩予假暫抽閒, 那得淹留謝傅山? 欲慰蒼生望霖雨, 半年依舊領朝班. (曹曰瑛, p.459)

④ '재서'의 주제

"행리가 어이 그리 조촐한지, 다섯 수레에 도서를 실었을 뿐"(왕역, p.457), "일생 좋은 물품이라고는 정말 하나도 없어, 오로지 기이한 서적 수십 승 분량을 실었을 뿐(生平長物眞絶無, 惟載奇書數十乘)"(황원치, p.453)이라고, 왕사진이 작고한 양친의 천장을 위해 귀향하는 사건을 노래한 시들은 여기로 주제가 발전했다. 즉, '재서'의 주제를 화가는 도상을 통해 그림으로 그리고 제영자들은 시문을 통해 부단히 표출해냈다. "담협낭박거 1승, 궤금약과장준이 1승, 서 10여 승, 고금자획책권 23승"(왕원서, p.453)이라 했으니, 강희 판각 〈재서도〉는 다섯 대 수레의 그림을 새겨, 서적과 자획 책권을 실은 것을 위주로 삼았다. 이것은 우지정이 설정한 구도이다. 다섯 대 짐수레와 일행의 가벼운 행장을 대비시켜 '재서'의 주제를 두드러지게 한 것이다. 그래서 왕역은 "겸종은 몇 사람 되지 않고, 행리는 어이 그리 조촐한가? 다섯 수레에 도서를 실었을 뿐이어서, 무게가 무거워 내몰아도 앞으로 나아가지 않누나(傔從無幾人, 行李何蕭然. 五車載圖書, 任重驅不前)"(p.457)라고 관찰했다.

제영자들은 '재서'의 이미지를 각자 부각시켰다. "서적을 삼십 수레에 싣고(載書三十車)"(왕섬, p.456), "좋은 물건을 몸에 지녀 다섯 수레에 싣고(長物隨身載五車)"(주재진, p.458), "행리에는 무엇이 있나? 망망하게 열 승 분량의 서적이로다(行李何所有, 茫茫十乘書)"(진혁희, p.454), "몇 대 분량의 소 수레에 만권 서적을 싣고, 짧은 끌채 수레가 삐걱삐걱 노구교를 지나네(幾輛犢車書萬卷, 短轅轣轆過盧溝)"(이병, p.457), "몸에 따르는 것을 점검하면 다만 패어(佩魚)뿐이고, 봉급은 모두 열 수레의 서적으로 바꾸었구나(檢點隨身只佩魚, 俸錢都在十車書)(조왈영, p.459), "누가 또 조정에 나아간 지 서른 해에, 돌아가는 행장에 다섯 수레 서적을 실은 이가 있었던가?(誰似趨朝三十載, 歸裝衹載五車書)"(오린, p.461), "다만 서적을 만재하여 지니고 갈 뿐이니, 낭탁에 금이 있는지 없는지 어찌 물으랴?(但攜書滿載, 寧問橐無金)"(손치미, p.454), "무선[장화(張華)] 같은 분이 서적을 삼십 승 실었을 뿐이요, 썰렁하게 낭탁과 상자에는 다른 재물이 없구나(茂先書載三十乘, 蕭然囊篋無餘財)"(장인석, p.459) 등등. 조카 왕계좌는 "귀전원하는 행리는 서적이 수레 다섯 분량이요, 환조하는 행리도 서적이 수레 다섯 분량이리. 썰렁하게 낭탁과 상자에는 좋은 물건 없으니, 길가에서 보는 이들이 다투어 감탄하네(歸田行李書五車, 還朝行李書五車. 蕭然囊篋無長物, 道傍觀之爭嘆嗟)"(p.462)라고 했다. 왕사진은 귀향하거나 환조하거나 '서고'와 함께 이동했던 것이다.

《분감여화(分甘餘話)》에는 "나는 어려서부터 박혁 등 여러 유희는 하나도 좋아하지 않고 오직 독서만 좋아했다. 호부시랑이나 형부상서 등 사무가 아주 많은 관직에 있었지만 숙직하더라도 손에서 책을 놓은 적이 없다. 이미 늙었으나, 끝내 책을 놓을 수가 없다(〈余自幼小, 凡博奕諸戲, 一無所好, 唯嗜讀書. 雖官戶部侍郎·刑部尙書最繁劇之地, 下直亦手不釋卷也. [⋯] 然老矣, 終亦不能廢書也)"[14]라고 했다. '가득 책을 실었다', '다른 재물이 없다', '늙어서도 책을 놓지 않았다'라는 형상은 왕사진과 부합한다. 그 의미는 어디에 있는가?《어양산인자찬연보(漁洋山人自撰年譜)》에 보면 강희 40년조에 혜동(惠棟, 1697-1758)의 보주가 있다.

14_王士禛,《分甘餘話》,《景印文淵閣四庫全書》(台北: 台灣商務印書館, 1983), 第870冊, 卷1, p.548.

왕씨 집안은 태복(太僕)·사도(司徒) 두 공으로부터 발상(發祥)했는데, 장서가 아주 적었다. 사마(司馬)·방백(方伯) 두 공에 이르러 장서가 상당히 갖추어졌으나, 난리 후 병화로 모두 훼기되었다. 산인(山人) 형제가 남북으로 나가 벼슬을 살면서 차례로 수집했다. 강희 을사(4년, 1665) 양주에서 돌아왔을 때 도서가 수십 상자였다. 도하에 임관하여 30년 동안 봉급으로 들어오는 것을 가지고 전부 책을 샀다. 어떤 사인이 산인을 여러 차례 알현하려 했으나 한 번도 만나보지 못하여, 건암 서건학에게 그 사실을 고하자, 건암은 웃으면서 말하길, "이는 쉬운 일이네. 매월 삼오의 날마다 자인사(慈仁寺)에서 책 팔 때를 기다리면 반드시 만나게 될 걸세"라고 했다. 그 말처럼 했더니 정말 그러했다. 어사중승으로 있을 때, 수수 주죽타(주이준)가 일찍이 〈지북서고기(池北書庫記)〉를 적었는데, 이것은 휴가를 받아 고향으로 돌아가게 되자 문생들이 그 성대함을 가록하고 광릉 신재 우지정에게 〈재서도〉를 그리게 하여 그 여정을 전송한 것이다.

王氏自太僕·司徒二公發祥, 藏書尙少. 至司馬·方伯二公藏書頗具矣, 亂後盡毁兵火. 山人兄弟宦遊南北, 次第收緝. 康熙乙巳(4年, 1665), 自揚州歸, 惟圖書數十篋. 及官都下三十年, 俸錢所入, 悉以購書. 嘗有一士人數謁山人而不獲一見, 以告徐健菴乾學, 健菴笑謂之曰: "此易耳. 但値每月三五, 於慈仁寺市書攤候之, 必相見矣." 如其言, 果然. 爲御史中丞時, 秀水朱竹垞嘗爲作〈池北書庫記〉, 乃是給假歸里, 諸門生爲紀其盛, 屬廣陵禹愼齋之鼎寫載書圖以道其行.[15]

왕사진이 서적을 문화 자산으로 삼은 것은 그가 한림 문관의 직을 담당하여 '경술이 순수하다'는 이미지를 제고하는 데 분명히 도움이 되었다. 하지만 이 《재서도시》가 어떻게 이 학인의 이미지를 강화하는 것일까? 왕사진은 긴 글을 실어두었는데, 바로 주이준의 〈지북서고기〉이다. 그 글의 일부를 인용하면 다음과 같다.

지북서고(池北書庫)란 것은 지금 어사중승 완정 선생이 책을 모아둔 방이다. 신성 왕씨의 문망(門望)은 제동(齊東)에서 으뜸으로, 선대 이래 책이 적지 않았다. 하지만 병화 후에 산일된 것이 태반이었다. 선생은 벼슬살이를 시작해서 지금까지, 눈으로 경작하고 팔로 적었으며, 책을 빌려 보면 곧바로 그 부본을 기록했다. 경사에 있을 때 매달 초하루와 보름날 자인사의 낮시장을 돌아다니며, 봉급으로 들어온 돈으로 모두 책을 구입했다. 대개 30

15_《漁洋山人自撰年譜》, 卷下, p.54.

년이 지났는데도 서고는 아직 차지 않았다. […] 옛날에 만 권 책을 끼고 있던 사람은 자신을 남면(南面)하여 통치하는 왕이나 성 100개를 소유한 자에 견주며 자만했다. 지금은 한 주머니의 돈을 가지고 강절(江浙)의 저자에 들어가면 1만 권은 당장 손에 넣을 수 있다. 하지만 박람하는 사람의 관점에서 보면 아무것도 보지 않은 것과 같다. […] 옛 사람은 마음과 힘을 다해 서적을 구했건만, 오늘날 사람은 전혀 아까워하지 않고 인몰하든 말든 상관하지 않는다. 이는 사군자가 마음에 아프게 여기는 바이다. 그런데, 선생이 서고를 설치한 것은, 소장하기를 혹 서두르지 못할까 염려해서였다. […] 내년에 돌아가면 장차 선생의 서고를 방문하여, 내가 가지지 못한 서적은 빌려서 초록하고자 한다. 선생의 명을 받들어 이렇게 기록하니, 선생의 허락을 바란다. 전 사관 수수 주이준 짓다.

池北書庫者, 今御史中丞阮亭王先生聚書之室也. 新城王氏門望甲齊東, 先世遺書不少矣, 然兵火後散佚者半. 先生自始仕迄今, 目耕肘書, 借觀輒錄其副. 在京師, 每以月之朔望玩慈仁寺, 日中市奉錢所入悉以購書, 蓋三十年而書庫尙未充也. […] 古之擁萬卷者, 自詡比南面百城, 今則操一囊金入江浙之市, 萬卷可立致. 然自博覽者觀之, 若無所睹也. […] 古之人竭心力爲之者, 今人全不之惜, 任其湮沒. 此士君子盡傷於心, 而先生書庫之設, 藏之惟恐不亟也. […] 明年歸矣, 將尋先生之書庫, 借抄所未有者, 奉先生之命記之, 冀先生之許諾也. 前史官秀水朱彝尊製. (《圖詩》, pp.468-469)

주이준은 이 글에서 왕사진을 '지금 어사'라고 일컬었다. 강희 37년(1698) 이미 호부에 7년간 있었던 왕사진은 도찰원 좌도어사로 옮겼고, 다음 해 11월 형부상서로 옮겼다. 따라서 주이준이 '지금 어사'라고 칭한 것은 이 사이에 해당한다. 이로써 이 글이 왕사진 66세 전후에 작성되었음을 알 수 있으니, 휴가를 청하여 귀향하기까지는 아직 2년이 남아 있었다. 왕사진은 《재서도시》 끝에, 당시 저명한 경의(經義) 고증학자였던 주이준이 자신을 위해 지어준 전문적인 글을 붙였다. 이 글은 왕사진이 일생 서적을 좋아하고 저장하면서 학문을 좋아했던 형상과 관련해서 유력한 증거가 된다.[16]

사실 68세에 귀향하면서 '책을 싣고 간' 일은 왕사진의 일생 중 첫 번째 사례가 아니다. 일찌감치 30여 전, 강희 4년 7월 무렵, 32세의 왕사진

16_蔣寅, 〈王漁洋藏書與詩學的關係〉, 《王漁洋與康熙詩壇》(北京: 中國社會科學出版社, 2001), pp.146-181.

은 관직을 옮겨 양주를 떠나 북경으로 부임했는데, 연보의 혜동(惠棟) 주에 "산인이 양주에서 관직을 맡은 지 5년에, 동전 하나도 착복했다는 이름이 없었다. 행장을 꾸릴 때 도서 수십 상자가 있었을 뿐이다. 일찍이 시를 지어 '4년 동안 다만 한강(邗江)의 물을 마셨을 뿐이니, 서너 권 도서와 일만 수의 시가 있을 따름'이라고 했다(山人官揚州五年, 不名一錢. 急裝時, 惟圖書數十篋. 嘗有詩云: 四年只飮邗江水, 數卷圖書萬首詩)"[17]라고 했다. 역시 '서너 상자 도서'가 '동전 하나도 착복했다는 이름이 없었다'와 대조되는 형상을 제시했다. 귀향하여 천장한 3년 후, 71세의 왕사진은 강희 43년 어떤 일로 파직되어 귀향하게 되자, 10월 13일 건거(巾車, 작은 수레)로 길에 올랐는데, 도서 서너 상자만 있을 따름이었다. 전송자들은 거리를 가득 메우고 수레를 붙잡으면서 눈물을 떨구지 않는 이가 없었다.[18]

운명의 장난인 듯, 왕사진이 포부에 차서 처음 '서적을 싣고' 입경한 것은 이립(而立, 30세)의 나이에 해당하여, 그는 큰 계획을 펼치려고 생각했다. 은영을 크게 입고 두 번째 '서적을 싣고' 귀향한 것은 노신으로서 충과 효의 두 인륜을 온전히 하기 위한 것이었다. 좌절하여 세 번째로 '서적을 싣고' 서울을 떠날 때는 상유에 석양이 비치는 만년의 경치가 약간 서글프고 처량한 때였다. 왕사진은 갑자(甲子)가 다시 돌아올 만큼의 오랜 기간 동안 관리로 지냈는데, 그 생애는 '서적을 싣고'로 시작하여 '서적을 싣고'로 끝났다. 왕평(王苹, 1661-1720)은 〈시월 21일 재서도에 느낌이 있어 쓰다(十月廿一日感題載書圖)〉에서 "노구산 산빛은 빗 기운으로 모호하고, 기러기 행렬 끊긴 혹한에 들판 객점이 쓸슬하다. 일대의 서풍이 옛 양류에 불어오면, 누가 다시 재서도를 그릴 것인가?(蘆溝山色雨模糊, 雁斷榛寒野店孤. 一帶西風舊楊柳, 憑誰更繪載書圖?)"[19]라고 했다. 궁 밖의 기러기 행렬이 끊기고 혹독한 추위에 들판 객점은 황량하기 짝이 없지만, 지금 역로를 끼고 늘어선 양류가 예전처럼 청청하고 노구교 일대에는 산 빛이 가랑비에 가려 흐릿하거늘, 누가 다시 〈재서도〉를 그

17_《漁洋山人自撰年譜》, 卷上, p.25.
18_《漁洋山人自撰年譜》, 卷下, p.56.
19_王苹, 《二十四泉草堂集》卷6, 《徵略》, p.530.

릴 것인가? '서적을 싣는' 일은 왕사진의 길고긴 일생에 깊게 각인되어 있었다.

(2) 왕사진 연구 문헌

여기서는 왕사진 일생의 화상과 그 제영을 고찰하면서 여러 방면에 걸쳐 많은 문헌들을 참고했다. 이하 설명하기로 한다.

① 왕사진 작품 및 제영 텍스트

왕사진은 일생 저술을 쉬지 않았다. 작품집은 《완정시여(阮亭詩餘)》·《연파사(衍波詞)》·《화초몽습(花草蒙拾)》·《어양산인시집(漁洋山人詩集)》·《어양산인집(漁洋山人集)》·《어양산인집외시(漁洋山人集外詩)》·《남해집(南海集)》·《옹익집(雍益集)》·《재서도시(載書圖詩)》·《어양산인정화록(漁洋山人精華錄)》 등등이다. 《어양산인정화록》은 왕사진이 만년에 스스로 편정한 것인데, 뒤에 김영(金榮)·서기(徐夔) 등의 주(注)와 혜동(惠棟)의 훈찬(訓纂)이 있다. 왕사진이 만든 시화·필기로는 《판서우기(販書偶記)》·《오대시화(五代詩話)》·《분감여화(分甘餘話)》·《왕어양시화(王漁洋詩話)》·《지북우담(池北偶談)》·《고부우정잡록(古夫于亭雜錄)》·《거이록(居易錄)》·《향조필기(香祖筆記)》·《대경당시화(帶經堂詩話)》 등등이 있다. 그 가운데 《대경당시화》는 부류에 따라 찬집한 중편본이다. 고서의 편집으로는 《고금시선이가(古今詩選二家)》·《시선십종(詩選十種)》·《당시선(唐詩選)》·《고시선(古詩選)》·《당인만수절구선(唐人萬首絶句選)》·《당현삼매집(唐賢三昧集)》·《어양산인감구집(漁洋山人感舊集)》 등등이 있다.[20]

왕사진이 다른 사람의 화상에 쓴 제영은 대부분 위의 저작들에서 하나하나 찾아낼 수 있다. 왕사진이 직접 작성했지만 작품집에 들어가지 않은 것은 필자의 소견으로는 고작 세 편이다. 그 하나는 서구의 〈풍강어부도〉에 쓴 것인데, 원화는 상해의 개인이 소장하고 있고, 《미술총서》

20_李靈年·楊忠主編, 《淸人別集總目》(合肥 : 安徽教育, 2001), 上冊, 〈王士禛〉部, pp.88-92.

에 제발이 수록되어 있다.[21] 두 번째는 《변영예화상(卞永譽畫像)》 책 표지에 쓴 것으로, 원화는 북경대학도서관 고적특장실에 있다.[22] 세 번째는 〈허력신급간소영권(許力臣給諫小影卷)〉에 쓴 것으로, 원화는 대북 하창시 서법예술문교기금회에 있다.[23] 이 세 제영은 이 책에 이미 채록해 두었다.

왕사진의 일생 화상은 아주 많다. 그림의 유적이 현존하는 것을 모두 들면 다음과 같다. 〈성남아집도(城南雅集圖)〉(일본동경국립박물관), 〈설계도(雪谿圖)〉(청도시박물관), 〈방한도(放鷴圖)〉(북경고궁박물관), 〈유황좌소도(幽篁坐嘯圖)〉(산동성박물관), 〈시문의장도(柴門倚杖圖)〉(산동성박물관), 〈잠미산도(蠶尾山圖)〉(북경고궁박물관), 〈부우정도(夫于亭圖)〉(홍콩 지락루), 〈왕사진소상(王士禛小像)〉(요녕성박물관) 등이다.[24]

강희 문사가 왕사진을 위해 제영한 것은 이루 헤아릴 수 없이 많다. 필자는 시단·사단·문단의 많은 문집들을 열람했는데, 전겸익(錢謙益)·오위업(吳偉業)·공정자(龔鼎孳)·조용(曹溶)·양청표(梁淸標)·모양(冒襄)·방문(方文)·우통(尤侗)·서건학(徐乾學)·왕완(汪琬)·강신영(姜宸英)·왕무린(汪懋麟)·엄승손(嚴繩孫)·진유숭(陳維崧)·팽손휼(彭孫遹)·추지모(鄒祗謨)·손지울(孫枝蔚)·전문(田雯)·서구(徐釚)·진정경(陳廷敬)·주이준(朱彝尊)·송락(宋犖)·이양년(李良年)·이부(李符)·사신행(查愼行)·시윤장(施閏章)·고사기(高士奇)·고정관(顧貞觀)·납란성덕(納蘭性德)·고사립(顧嗣立)·임길(林佶)·손치미(孫致彌)·변영예(卞永譽)·조정

21_徐釚 ,《楓江漁父圖》原畫, 上海楊崇和收藏. 이 책 제4장. 화폭의 왕사진 題詩는《徐電發楓江漁父小像題詠》,《明淸人題跋》(台北: 世界書局, 1988), 下冊, pp.612-613에도 저록되어 있다.

22_왕사진 年譜의 기록에 의하면 서화·감정의 명인 卞永譽를 한 번 방문하는 데 그치지 않고 변영예의 화상에 題識을 해주었다.《卞永譽畫像》冊의 眞蹟은 현재 북경도서관 고적특장실에 있다.

23_〈許力臣給諫小影〉, 台北 何創時書法藝術文教基金會 소장. 왕사진 題詩: "焚來諫草便抽簪, 帆逐春潮指舊林. 餘習未忘迦葉舞, 閒情時寄七絃琴." 署款: '甲子(按康熙23年, 1684)仲春奉題力臣都諫年兄寫眞即送歸廣陵, 濟南王士禛.' 제영자는 모두 34인, 題識는 35편이다.

24_中國古代書畫鑒定群組編,《中國古代書畫圖目》(全23冊)(北京: 文物出版社, 出版年次不一); 李珮詩撰,《詩畫兼能爲寫眞—禹之鼎詩題式肖像畫研究》(台北: 國立台灣師範大學藝術研究所碩士論文, 2004), 附錄一.

길(曹貞吉)·양패란(梁佩蘭)·주곤전(朱昆田)·장인석(蔣仁錫) 등의 문집이 그것이다. 그 저작들에서 왕사진과 관련이 있는 화상 제영들을 일일이 찾아서 이용했다.

② 왕사진 및 강희 문단 연구 상황

필자는 왕사진에 대한 한학계의 연구 성과를 전부 파악하지는 못했다. 다만 대만과 중국 학계에서 근 20년 내 학술성과의 일부를 간략히 서술하기로 한다. 필자의 관견으로는, 왕사진의 시집이나 시화에 대해 선주·교점을 위주로 한 성과는 장건(張健)의《왕사진 논시절구 32수 전증(箋證)》(대북: 문사철, 1994)이 대표적 업적이라고 할 수 있다. 주제를 왕사진의 시론, 시관 및 신운파의 연구에 집중한 것으로는 황경진(黃景進)의《왕어양 시론 연구》(대북: 문사철, 1980),〈왕어양 신운설 중탐(重探)〉(대북: 행정원국과회과자중심, 1995년 연구장려대표작)이 있다. 그밖에 왕소서(王小舒)의《왕어양과 신운시》(제남: 산동문예출판사, 2004), 호유봉(胡幼峰)의〈왕사진 시관 삼변과 전겸익의 관계〉(대북: 행정원국과회과자중심, 1995년 연구장려대표작) 등이 있다. 왕사진의 전기 자료 편찬은 일찌감치 왕사정(王士禎) 찬·근사인(靳斯仁) 점교·주전예(朱傳譽) 편《왕사정전기자료(王士禎傳記資料)》(대북 천일출판사, 1982 초, 1992 재판), 상해사대도서관(1986-1994) 정리《왕사진전기자료(王士禛傳記資料)》가 있었다. 근년에 이비총(伊丕聰) 편저·고연흔(高連欣) 심교(審校)(1989), 손언성(孫言誠) 점교(點校)(1992) 등 왕사진 연보 2종이 출판되었다. 최근 장인(蔣寅)이 다시《왕어양사적징략(王漁洋事跡徵略)》(북경: 인민문학출판사, 2001)을 출간해서, 훨씬 정비되어 참고할 만하다. 대만 학위논문의 연구범주도 위에 서술한 범위를 벗어나지 않되, 신운시학 외에 왕사진의 사학이나 시가평점 방면에 관한 논제도 있다.

양적으로는, 근 10년 동안 대만과 대륙의 학자가 학술논문으로 발표한 수가 아주 많아서, 이미 100여 편을 초과한다. 시작, 시학, 전기, 교유, 시기 구분(사학 포함), 술평, 기타 등 여러 종류로 나눌 수 있다.

시작 연구는 전체 시풍 이외에도 산수·기유(紀遊)·향렴체(香奩體)·도망(悼亡)·죽지(竹枝) 등의 작품에 대해 고찰한 것이 있다. 시학 연구의 수량이 가장 많은데, 전문서와 마찬가지로 대개 신운시학의 탐구에 집중되어 있다. 이 밖에 왕사진과 조집신(趙執信)의 논쟁에 관한 고찰이 있다. 최근에 미학·문예심리학으로부터 신운설을 분석해 들어가거나, 전대 및 당대 시론과의 계승 혹은 호응의 관계를 연구하거나, 왕사진 시학의 두시(杜詩) 논평, 혹은 시선(詩禪) 관계 등을 탐구하거나 하기도 한다. 전기 연구는 왕사진의 가문과 가학에 대한 고찰이 있고, 파관(罷官)이라는 단일 사건에 대한 깊은 분석이 있으며, 시인의 시단 등단 경위나 순리(循吏)로서의 성격과 심리 태도에 대한 탐색이 있다. 교유와 문학사회와의 관계에 대해서는, 왕사진이 《요재지이(聊齋誌異)》의 작자 포송령(蒲松齡)과 주고받은 문서 하나 이외에, 왕사진과 전문·시윤장·왕완·공상임·등한의 및 강남 유민 등과의 교유, 당시 문학사회의 상황, 그리고 왕사진이 맹주로 있던 청초 시단 등에 관한 논제가 학자들의 관심을 끌고 있다. 시기별 연구는 양주(揚州)[광릉(廣陵)]의 초기 문학 활동에 집중되어 있다. 명호(明湖)의 〈추류(秋柳)〉 창화 시기로 소급하는 연구가 있는데, 광릉에서의 5년 생활은 사작·사학 활동과의 관계가 밀접한 까닭에 왕사진의 사학 활동을 다루고 이후 그가 사를 짓지 않게 된 원인을 언급하기도 했다. 왕순귀(王順貴)의 〈왕사진연구술론〉(《齊魯學刊》 2003년 2기)은 종래의 연구성과를 정리하고 술평하여, 왕사진 연구의 맥락을 전체적으로 파악하게 해준다.

왕사진이 살았던 순치·강희 연간의 문학 횡단면에 대해서는 단대문학사를 다룬 전문서가 시야를 열어준다. 엄적창(嚴迪昌)의 두 대작《청시사》(대북: 오남, 1998, 항주: 절강고적, 2002)와《청사사》(상해: 상해고적, 2001)는 청대 문학 연구에서 반드시 참고해야 할 걸작이다. 원행운(袁行雲)의《청인시집서록》(북경: 문화예술, 1994)은 저록이 풍부하고 원류를 고찰해두어, 문학사료로서 가치가 있다. 이 밖에 주칙걸(朱則杰)의《청시사》(남경: 강소고적, 2000), 유세남(劉世南)의《청시유파사》(대북: 문진, 1995), 장건(張健)의《청대시학연구》(북경: 북경대학출판사, 1999), 예치평(艾治平)의《청사논설(淸詞論說)》(상해: 학림, 1999), 원행운의《청대사학발전사론》(북경: 학원, 2005) 등이 모두 관점과 자료의 면에서 풍부한 시야를 제공해준다. 대만의 양옥성(楊玉成) 교수는 중국 평점학을 전문적으로 연구하여, 〈소집단 독자: 강희 시기의 문학전파와 문학비평〉(《중국문철연구소집간》 제19기, 2001년 9월)을 저술했다. 강희 연간 평점 방식과 문인권의 대화에 대하여 치밀하고 시사성이 많은 관점을 제시했다.

왕사진 연구의 전문가 장인(蔣寅) 교수는 일련의 연구논문을 속속 발표하여, 《왕어양사적징략》 이외에 《왕어양과 강희시단》을 저술해서 대륙학계에 큰 반향을 일으켰다. 장인 교수는, 스스로 밝혔듯이, 문학을 창작 · 전파 · 수용 · 영향을 포괄하는 과정으로 보고 있다. 그는 그 가운데 작품의 창작 · 전파 · 비평, 문학 관념의 변화, 작가의 활동과 교유, 사회풍조와 문학 교양 등에 대해 서술함으로써, 문학 과정에 대해 통시적 연구를 진행하여 문학사학을 구축했다. 문학사학은 문학 과정 가운데서도 문학 활동의 구체적 과정을 연구하는 분야라고 할 수 있다.[25] 장인 교수의 이 책은 왕사진을 역동적인 문학사 흐름 속의 구체적 사례로 다루어, 왕사진과 강희 시단의 상호작용을 여러 방면에서 탐구했다. 대만에서는 2004년 5월 27일 〈왕사진 및 그 문학집단〉 학술연토회(대북: 중앙연구원 중국문철연구소)를 거행하여, 왕사진과 문학집단과의 관계에 대해 학문적으로 토론했다.[26]

예일대학 동아시아학계 손강의(孫康宜) 교수는 〈전범으로 되다: 어양의 시작 및 시론에 관한 탐미(探微)〉(《문학평론》, 2001년 1기) 이외에, 〈전범(典範) 시인 왕사진〉을 발표하여(손강의, 《문학의 목소리》, 삼민서국, 2001, pp.105-142), 전범 작가 형성의 경위를 날카롭게 추적했다. 그 가운데는 두 가지 서로 다른 관점이 있다. 미학적 성취가 그를 그렇게 만들었다는 관점, 미학 이외의 문화정치 요소가 그를 그렇게 만들었다는 관점이다. 손강의 씨는 후자의 논문에서, 왕사진이 어떻게 강희 문단의 권력을 장악해갔는지 탐구했다. 미셸 푸코의 업악권력(repressive power) 이론을 채용하여, 정치적으로 다방면에 걸쳐 작용한 억압이 강남 유민들의 문학적 상상력을 촉발하고 그들로 하여금 문학 영역에서의 권력을 추구

25_蔣寅, 〈進入‘過程’的文學史研究—《王漁洋與康熙詩壇》導論〉, 《山西大學師範學院學報》 2001年01期.

26_필자는 이 학술연토회에는 참석하지 못했다. 참여한 전문가로는 林玫儀 · 張宏生 · 蔣寅 · 楊玉成 등이 있었으며, 회의를 주재한 林玫儀 교수가 회의 때의 논문들을 편집하여 출판할 계획이라고 들었다.

하도록 만들었다고 보았다. 왕사진은 바로 이때 등장하여, 태평성세의 요구에 부합하는 신운시학을 통찰력 있게 운용하고, 아울러 명조 강남 유로·일민을 계발하고 발탁하여 젊은 나이에 시단의 일대 정종으로 추존될 수 있었다는 것이다. 이 연구 방향에 대해서는 양옥성이 대작 〈전범 구축—왕어양과 문학 평점〉에서 세밀하게 정리했다. 양옥성의 논문은, 왕사진이 일생토록 문학적 명예를 추구하여 부단히 고심해서 경영한 데다가 관직에서 형통하기까지 해서, 마침내 일대 정종의 지위를 건립했다고 보았다. 양옥성의 논문은 특히 왕사진의 대량의 문학 평점 자료에서부터 착수하여, 문학비평으로서의 평점이 청초 권세·명망의 경쟁 속에서 미묘하고도 중대한 역할을 했다고 구체적으로 고찰했다.[27]

이상 각 층위의 왕사진 연구들은 모두 본문의 논제를 형성하는 데 큰 도움이 되었고, 본문의 기초 지식이 되었다. 특히 언급할 것은 이패시(李珮詩)의 《시화가 사진(寫眞)일 수 있다—우지정의 시제식(詩題式) 초상화 연구》(대북: 대만사범대학 예술연구 석사논문, 2004)이다. 이패시는 왕정화 박사의 지도 아래, 자료가 흩어져 있고 지위가 낮으며 탐구 지침도 없었던 강희 화가 우지정에 대하여 정채 있는 연구결과를 내놓았다. 우지정은 강희 때 많은 문사들을 위해 화상을 만들었고, 특히 왕사진 화상은 대부분 그의 손에서 나왔다. 이패시의 논문은 우지정의 시제식 초상화에 초점을 맞추어, 우지정과 시단 명사의 교류 모형을 착실하게 파악하고, 왕사진과 당대 문인이 전고를 그림에 어떻게 도입했는지 세밀하게 고증했다. 이것은 이 책의 논제에 대해 상당히 가치 있는 도움이 되었다.

(3) 본문의 논제

왕사진의《재서도시》로 돌아가기로 한다. 화상을 둘러싸고 형성된 텍스트 자료는 개인의 역사를 완전하게 싣고 있다. 이 개인사의 자료는 뭇 사람들의 축망을 받은 상주, 서적을 존중하여 형성된 '서적을 싣는다'라는 주제, 궁정 명가의 한묵, 근 100년에 이르는 칭양·찬송의 제화 증행

27_楊玉成, 〈建構經典: 王漁洋與文學評點〉, 〈王士禛及其文學群體〉 學術研討會(2004年5月27日, 台北: 中硏院中國文哲硏究所).

시, 각료·문인·요속을 중심으로 하는 제영 대열, 저명 학자의 실증적 전문 글, 문단 원로의 칭찬, 매일매일 기록한 노정 장부 등을 아우른다. 바로 이것들이 왕사진을 일대 명류로 성공적으로 소조할 수 있게 해준다.

문인 이병(李棅)은 일찍이 이렇게 시를 적었다.

> 아침에 조칙이 대경당(帶經堂)에 내리더니, 오월에 환조하여 즐거워 미칠 정도였네. 이에 소문(蘇門)의 여러 제자들을 위해, 다시 서너 편장(篇章)을 덧붙였구나. 회화나무 꽃이 길 양켠을 끼고 있을 때 상서가 돌아와, 성대한 일이 그대로 그림으로 전하네. 다른 날 호사자에게 전하여, 어디서든 병풍에 향산(백거이)을 그리리라.
>
> 朝聞詔下帶經堂, 五月還朝喜欲狂. 爲報蘇門諸弟子, 更添多少好篇章. 槐花夾路尚書還, 盛事仍傳圖畫間. 他日流聞好事者, 屛風到處寫香山. (《圖詩》, p.457)

이병은 강희 40년 왕사진이 휴가를 얻어 귀향해서 작고한 부모를 천장했던 이 개인사가 회도 제시의 집단 참여로 인해 공개 텍스트를 형성한 사실을 분명하게 파악하고, 아울러 거기에 불후의 문학성을 주입했다. 과연 100년 뒤, 왕사진에게 상징적 의미를 지닌 이 〈재서도〉는 고수의《독화재제화시》에 새로 모각되어, 상상의 매개물로서 상주의 이상적 형상을 젊어져, 강희 40년 황은을 입은 그의 이야기가 후대 문사의 추억과 그리움의 대상이 되게 만들었다.

문헌을 조사하면 왕사진의 일생 화상은 모두 18폭으로, 그 가운데 3폭은 합상, 15폭은 개인화상이다. 모두 〈재서도〉와 마찬가지로 어떤 한 사건을 도상화하여, 왕사진 삶의 특정 단계에 대한 표지가 되었고, 자아 조형의 시도를 드러내고 있다.《재서도시》의 편찬 심리와 마찬가지로, 왕사진은 화상을 통해 조신으로서의 영광스런 은퇴로부터 문학 맹주라는 멋진 자태로 전환하려고 시도하지 않았겠는가? 그도 도연명·왕유·두보·한유·소식과 마찬가지로 영원히 불후할 것인가? 그가 당나라 시인의 시구를 대량으로 취한 것은 그가 시학에서 창도한 신운설과 어떤 관계가 있는가? 이 모두는 탐구할 만한 가치가 있다. 이 밖에 화가의 표현 수법, 제영자의 시선 및 목소리, 제영 집단의 형성 및 연계, 제영 전파의 모형은 강희 연간에 문학 집단이 구축된 사실과 밀접한 관계가 있다. 상주, 화가, 관중 집단, 사회 풍조, 문학 사조 등 여러 방면 및 의미와 관련하여, 왕사진의 화상 제영은 시급히 다루어야 할 과제로 되었다. 여기서는 여러 학자들의 연구를 기초로, 화상과 제영이 왕사진의 일생을 관통하고 있다는 각도에서 왕사진 연구의 폭을 더 넓히고자 한다.

2) 청장년기의 화상과 제영

왕사진의 일생에서 화상 제작은 대략 인생의 두 단계에 집중되어 있다. 첫째는 24세에서 35세까지의 청장년기이다. 신성에서의 〈유주시화도(柳洲詩話圖)〉, 양주에서의 〈홍교창화도(紅橋唱和圖)〉는 아집의 합상이고, 〈포금세동도(抱琴洗桐圖)〉·〈천녀산화도(天女散花圖)〉·〈이상간화도(貽上看花圖)〉·〈매화독서도(梅華讀書圖)〉 4폭과 입경 때의 〈추림독서도(秋林讀書圖)〉 등은 개인 화상이다. 중년기에는 5인 합상의 〈성남아집도(城南雅集圖)〉 1폭만 있다. 화상은 68세부터 75세까지의 만년 시기가 또 다른 높은 봉우리를 이루어, 모두 10폭이다. 67세 때가 가장 많다. 〈하서도(荷鉏圖)〉·〈방한도(放鷴圖)〉·〈유황좌소도(幽篁坐嘯圖)〉·〈의장도(倚杖圖)〉·〈설계도(雪谿圖)〉·〈선열도(禪悅圖)〉·〈대립소상(戴笠小像)〉 등 7폭이다. 그리고 68세에 〈재서도(載書圖)〉, 69세에 〈잠미산도(蠶尾山圖)〉 등 2폭이 있으며, 75세에 파직하여 귀향한 후에는 〈부우정도(夫于亭圖)〉 1폭만 있다.

이하 청장년기의 화상과 제영에 대하여 먼저 살펴보기로 한다.

(1) 아집도와 제화

① 〈유주시화도〉와 〈홍교창화도〉

왕사진은 청년기에 대규모의 집단 창화 활동을 전개했다. 추류 부시화영(秋柳賦詩和詠), 〈청계유사화책(靑谿遺事畫冊)〉 화영, 양주 여온주여자 수상(余韞珠女子繡像) 화영, 강희 원년(1662) 홍교 창화 등이다. 최초로 두각을 나타낸 무대는 고향 신성이었다. 순치 14년(1657) 8월, 24

세의 왕사진은 유람 중에 명사를 명호에 모아 추류사(秋柳社)를 일으켜, 〈추류〉시 4장을 지었는데, 이 시가 사방에 전하여 속속 화운한 사람이 수백 인으로, 상당한 기간 소동을 일으켰다. 추류사라는 지방 시사가 거대한 반향을 일으킨 이유는, 우선 만명 시사에 통하는 기식을 이으면서 여론의 풍조를 만들어 낸 것과 관련이 있다. 다른 한편으로는 문인들과 함께 창화를 통하여 전국적인 전파망을 건립한 것과 관련이 있다.[28] 이 성대한 사건을 낙수(濼水) 화가가 〈유주시화도(柳洲詩話圖)〉로 그렸다. 이 그림은 고힐강(顧頡剛)이 민국 초에 천주(泉州)에서 입수했다. 화면의 중심에 4인이 명호의 추류 아래 둥그렇게 앉아서 담론을 하는데, 한 사람은 주미(떨이채)를 쥐고 있고 한 사람은 서책을 쥐고 있다. 오른쪽에는 두 서동이 거문고를 지고 시권을 받들고 곁에 모시고 서 있다. 왕사진은 화면 중심의 4인 가운데 하나이다. 그림의 좌측 아래에는 '순치 정유 추칠월 낙수왕□(順治丁酉秋七月濼水王□)'이라는 관지가 있다. 그림을 그리게 한 '호사자'가 당시 왕사진에게 4수의 시를 그 위에 써달라고 청하려 했지만 뜻을 이루지 못했다. 다음 해 왕사진은 전시에 응시하여 갑제 36명 진사로 급제했다. 순치 17년(1660) 왕사진은 양주로 부임하기 전날 밤 명호 북저정(北渚亭)에서 친우들을 위해 〈추류〉 시를 쓰고 아울러 서문을 〈유주시화도〉 위에 적어, 친우들이 전송해준 뜻에 답했다. 그림이 그려진 지 3년 뒤의 일이다. 제서에 "호사자가 마침내 낙수 종로(宗老)에게 부탁하여 〈유주시화도〉를 그리게 하고 내게 시를 그 위에 쓰게 하려고 했다. 마침 내가 양주 사리(司李)의 명을 받들어 급히 행장을 꾸려 길에 올라야 했고, 또 성격상 해서체 소자에 익숙하지 않아, 억지로 응하여 두 세 군자의 뜻에 답했다. 하지만 □□ 내가 떠난 지 반일에, 동파거사(소식)가 〈적벽부〉를 설당에 써서 이별 기념으로 남겨둔 것을 모방했으니, 반빈로(潘邠老)[반대림(潘大臨)] 형제로 하여금 사람을 비웃지 않게 할 수 있겠는가?(好事者遂屬濼水宗老繪成柳洲詩話圖, 幷欲予書詩于其上. 會予奉揚州司李之命, 急速裝赴程. 又性不奈小楷, 強應以答二三君子意, 然□□予行半日矣. 仿之東坡居士書〈赤壁賦〉于雪堂以爲留別, 幾何不令潘邠老昆

28_추류 창화의 전파 관점은 양옥성의 앞의 글을 참조 · 인용.

季笑人也?)"[29]라고 했다.

강희 원년 임인(1662) 여름, 양주의 관직에 있던 29세의 왕사진은 진유숭(陳維崧)·두준(杜濬, 1610-1686)·원우령(袁于令, 1592-1670)·주국정(朱國禎) 등 명사들과 함께 홍교에서 배를 띄웠다. 왕사진은 〈완계사(浣溪紗)〉 3결을 노래했는데, 그 사의 '녹양성곽시양주가(綠楊城郭是揚州)' 구절에 화운한 사람이 많아, 《홍교창화사(紅橋唱和詞)》로 집성했다. 당시 역시 그림으로 그렸다. 이에 따라 왕사진의 명성이 강남과 강북에 크게 전하여, 양주를 지나는 자는 반드시 홍교가 있는 곳을 물었다. 강희 3년(1664) 3월 초9일 청명, 왕사진은 또 손지울(孫枝蔚)·정수(程邃)·손묵(孫默)·허승선(許承宣) 형제 등 여러 명사들과 더불어 홍교에서 수계(修禊, 액막이를 겸한 야유회)를 하고, 즉석에서 〈야춘시(冶春詩)〉를 지었는데, 여러 사람이 화운했다.[30]

문단의 샛별이 일군의 명사들을 모아 랜드마크 홍교에서 아집과 제영을 진행하는 일은, 강희 원년 왕사진이 서막을 열어젖힌 이후로 양주에서는 문인들의 문화 의식으로 되었다. 강희 8년(1669) 3월, 송락·왕무린·교래(喬萊)·한취백(韓醉白) 등은 홍교에서 배를 띄우고 시를 지어, 이미 경성에 도착하여 청강각서(淸江榷署)에 임관한 왕사진을 추억했다. 강희 26년(1687) 상사일, 공상임(孔尙任, 1648-1718)은 오기(吳綺, 1619-1694)·등한의(鄧漢儀)·비밀(費密)·이기(李沂)·황운(黃雲)·종원정(宗元鼎)·사승(査昇) 등 명사 20여 인을 불러, 홍교에서 수계하고 시를 지어 그 일을 기념했다. 이 모임은 왕사진이 홍교에서 창화한 지 30년 뒤의 일로, 양주에서는 당시 이미 아집(雅集)의 전통이 형성되어 있었던 것이다. 오랫동안 양주로 가지 않았던 왕사진도 만년에 마침내 홍교와 인연을 맺었는데, 강희 49년(1710) 늦겨울, 문인 은언래(殷彦來)[은예(殷譽)]가 객에게 부탁하여 교홍의 작은 경치를 그려 그에게 부쳤다. 이때 77세의 왕사진은 병석에 앓고 있으면서 말도 제대로 하지 못하는 상태였다. 왕평(王苹)은 이 그림을 보고 제영하기를, "녹양 우거진 성곽이 바로 양

29_畫面의 내용은 다음을 참조. 顧紅撰, 〈記芬陀利室所藏〈王漁洋柳洲詩話圖〉〉, 《文獻》 1993年第3輯. 관련 기사는 《徵略》, pp.30, 51.

30_《徵略》, pp.86, 106.

주이니, 그대가 맑게 음영하여 백두의 나이에 이른 것을 사랑한다네. 훌륭한 제작자를 다시 만나 작은 족자를 이루었으니, 상서의 시구는 정말로 풍류가 있도다(綠楊城郭是揚州, 愛爾淸吟到白頭. 好手更逢成小簇, 尙書詩句信風流)"[31]라고 했다. 반년 뒤 왕사진은 타계했다. 왕사진의 문학 인생은 '녹양 우거진 성곽이 바로 양주'로부터 시작하여, 청발의 때도 홍교, 백발의 때도 홍교였다. 출발점으로 되돌아간 것이라고 할 수 있다.

② 〈청계유사화책〉, 여성 수화(繡畫)와 염사(艷詞)

순치 18년(1661) 광릉에서 추관의 직에 임명되어 있던 왕사진은 그해 3월 공무로 금릉으로 나가, 진회(秦淮)의 78세 포의 정윤(丁胤)의 집에 묵었다. 정윤은 젊어서 성기(聲伎)를 가까이 했고, 마상란(馬湘蘭)·사완재(沙宛在)[채매(彩妹) 도화여랑(桃花女娘)]의 무리도 만나보았으므로, 왕사진에게 곡(曲) 세계의 일화를 세세하게 이야기해주었다. 왕사진은 그 말을 주워 모아《진회잡시(秦淮雜詩)》에 수록했다. 시는 대단히 유려하고 애상적이다. 그리고 솜시 좋은 화가에게 부탁하여 〈청계유사(靑谿遺事)〉 1책을 그림으로 그리게 했다. 왕사진은 일찍이 추지모(鄒祗謨)의 사에 다음 제지(題識)를 남겼다.

> 나는 지난날 진회에 거처하면서, 벗이 옛날 이원(梨苑)의 일화를 이야기하는 것을 들었는데, 한연만초(寒煙蔓草, 차가운 아지렁이가 쇠잔한 풀을 덮음)의 느낌을 이기지 못할 정도였다. 그래서 솜씨 좋은 화가에게 〈청계유사〉 1책을 그리게 했다. 양선생(陽羨生, 진유숭)이 제시를 하고, 내가 다시 소사(小詞) 8결을 이루었으며, 정촌(程邨, 추지모)이 성률에 맞춰 화운했다. 봄날 등잔 심지를 돋우면서, 추억하며 읊조리면서 탄식하니, 창포가 피어난 북리(北里)와 송백이 자란 서릉(西陵)의 풍경이 완연히 눈앞에 있는 듯했다. 반염(潘髯)[반지항(潘之恒)]·왕백곡(王百谷)[왕치등(王穉登)] 등이 막수(莫愁)·도엽(桃葉)의 사이에 몸이 있더라도 반드시 이런 초상화가 있지는 않을 것이다.
> 僕曩居秦淮, 聽友人譚舊苑遺事, 不勝寒煙蔓草之感. 因屬好手畫〈靑谿遺

31_강희 8년과 강희 26년 두 차례의 紅橋修禊 기사 및 강희 49년 王苹의 〈見殷彦來屬客畫紅橋小景寄新城公〉 시에 대해서는《徵略》, pp.163, 328, 554를 참고.

事〉一冊, 陽羨生爲題詩, 僕復成小詞八闋, 程邨倚和. 春夜挑燈, 回環吟嘆, 覺菖蒲北里, 松柏西陵, 風景宛然在目. 正使潘髯·王百谷諸人身在莫愁·桃葉之間, 未必有此寫照也.

28세의 왕사진은 진회 일화를 그린 화책을 감상한 후 대작의 염사 〈보살만. '청계유사화책'을 읊는다. 선문(팽손휼)·정촌(추지모)·기년(진유숭)과 함께(菩薩蠻. 詠'靑谿遺事畫冊' 同羨門·程邨·其年)〉 8결을 이루었다. 각각의 제목은 사우(乍遇)·혁기(弈棋)·사어(私語)·미장(迷藏)·탄금(彈琴)·독서(讀書)·잠규(潛窺)·비희(祕戲)[32] 등이다. 당시 양주의 사우들이 창화했다. 팽손휼의 〈보살만. 제청계유사화책화완정운(菩薩蠻題靑谿遺事畫冊和阮亭韻)〉은 각각 사우(乍遇)·야음(夜飮)·사어(私語)·위기(圍棋)·미장(迷藏)·탄금(彈琴)·절청(竊聽)·독서(讀書)·잠규(潛窺)·엽자(葉子)·정외(情外)·비희(祕戲) 등 모두 12결이다.[33] 나머지 진유숭·추지모·정강장(程康莊)·동이녕(董以寧)도 모두 제사가 있다. 그 밖에 화운한 사람이 아주 많다.[34] 왕사신의 '사어(私語)'를 예로 든다.

오동 꽃이 떨어져 향기로운 흰 눈이 날 듯하여, 발을 말아 걷자 영롱한 달 한 조각이 눈에 들어오네. 사람과 달이 둘 다 아리따워라, 난간에 의지해서 옥 같은 어깨에 기대노라. 작은 트레머리로 봄날 잠이 권태롭고, 치마 위에는 이끼 꽃이 붉구나. 사사롭게 가만히 말하니 누가 들으면 좋을까? 항아가 응당 사람을 선망하리라.

梧桐華落飛香雪, 卷簾一片玲瓏月. 人月兩嬋娟, 倚欄凭玉肩. 小鬟春睡倦, 帬上苔華茜. 私語好誰聞? 姮娥應羨人.

왕사진은 여러 문사들과 함께 청취, 회화 위촉, 그림 감상, 제사를 통

32_王漁洋,《衍波詞》,《叢書集成初編》(北京: 中華書局, 未注出版年), 卷上, pp.10-11. 아래의 〈私語〉 詞도 같다.

33_彭孫遹,《松桂堂全集》(《四庫全書珍本》 三集, (台北: 商務印書館, 未注出版年), 卷38,《延露詞》 小令類, pp.13a-16a. 陳維崧에게도 〈菩薩蠻 題靑谿遺事畫冊同鄒程邨彭金粟王阮亭董文友賦〉 8결이 있어, 왕사진의 사에 화운했다.《陳迦陵文集》全2冊 (《四部叢刊初編》, 集部, 第281-282冊, 上海涵芬樓影印患立堂本, 據商務印書館1926年版重印, 上海: 上海書店, 1989), 第2冊, 卷2, pp.4a-5a.

34_鄒祇謨,《麗農詞》〈菩薩蠻 詠淸溪遺事畫冊和阮亭韻〉, 漁洋跋,《徵略》pp.64-67.

하여 진회 염사(艶事)의 분위기에 젖어, 여항의 세세한 일을 곡진하게 그려내고, 나긋나긋한 태깔을 극진하게 드러냈다.

이 밖에 양주 여성 여씨(余氏)의 수화(繡畫)가 있다. 왕사진의《향조필기》에 이렇게 적혀 있다.

> 내가 광릉(廣陵)에 있을 때 서씨 여자로 이름이 온주(轀珠)란 이가 있어, 자수를 대단히 공교롭게 하여, 서초(西樵, 왕사록)를 위해 〈수보리상(須菩提像)〉을 만들었다. 돌아가신 상서부군(尙書府君)을 위해 미륵상을 만들었는데 모두 신묘의 경지에 들었다. 또 나를 위해 신녀(神女)·낙신(洛神)·완사(浣紗)·두난향(杜蘭香)의 그림을 만들어서 미세한 부분에까지 아주 신묘했다. 대개 화가와 원리가 동일하다.
>
> 余在廣陵時, 有余氏女子名轀珠, 刺繡工絶, 爲西樵作〈須菩提像〉, 旣又爲先尙書府君作彌勒像, 皆入神妙. 又爲余作神女·洛神·浣紗·杜蘭香四圖, 妙入毫釐, 蓋與畫家同一關捩.[35]

왕사진에게 〈여씨 여자가 수놓은 완사도·낙신도에 제한 2수(題余氏女子繡浣紗洛神圖二首)〉의 시가 있다.[36] 친구가 시로 창화하지는 않았으나, 거꾸로 사로 화영한 사람은 적지 않다. 왕사진은 또 〈해패령(解佩令)〉[낙신(洛神)], 〈완계사(浣溪紗)〉[서시(西施)], 〈망상인(望湘人)〉['유의전서(柳毅傳書)' 고사의 유의] 등의 사패로 사를 지었다. 팽손휼은 4폭의 수화를 만들었는데, 각각 〈이천령(伊川令)〉·〈사월인(思越人)〉·〈전언옥녀(傳言玉女)〉·〈고양대(高陽臺)〉의 제사(題詞)가 있다.[37] 진유숭도 〈수조가두(水調歌頭)〉·〈고양대(高陽臺)〉·〈다려(多麗)〉·〈소상봉고인만(瀟湘逢故人慢)〉 4개 조로 창화했다.[38] 추지모는 〈서시〉·〈낙신〉·〈소상봉고인

35_王士禛,《香祖筆記》(上海: 上海古籍出版社, 1989) 卷11, p.220.

36_王士禛,〈題余氏女子繡浣紗洛神圖二首〉其一詩 "溪水粼粼見浣紗, 苧蘿春色玉人家. 絲絲繡出吳宮怨, 碧石淸江是若耶."《漁洋精華錄集釋》, 上冊, 卷2, 順治辛丑18年, p.242.

37_彭孫遹,《松桂堂全集》,《延露詞》小令에〈伊川令 爲阮亭題余氏女子繡洛神圖〉(卷38, p.8b),〈思越人 題余氏女子繡西子浣紗圖同程村阮亭作〉(卷39, p.1b),〈傳言玉女 題余氏女子繡柳毅傳書圖同程村阮亭文友分賦〉(卷39, p.20b),〈高陽臺 爲阮亭題余氏女子繡高唐神女圖〉(卷40, p.6b) 등이 있다.

38_陳維崧의 題詞는《迦陵詞全集》에 들어 있다.〈水調歌頭 題余氏女子繡西施浣紗圖爲阮亭賦〉(卷14, p.1b),〈高陽臺 題余氏女子綉高唐神女圖爲阮亭賦〉(卷20, p.4a-b),〈多麗 題余

만〉·〈양대로(陽臺路)〉의 4개 조로 창화했다. 동이녕은 〈경청조만(慶淸朝慢)〉·〈촉영요홍(燭影搖紅)〉·〈쌍쌍연(雙雙燕)〉·〈성성만(聲聲慢)〉의 4개조로 창화했다. 팽손이(彭孫貽)는 〈백저(白苧)〉·〈안공자(安公子)〉·〈망해조(望海潮)〉·〈소상봉고인만〉의 4개 조로 창화했다.[39]

주목할 것은, 여온주가 왕사진의 부친을 위해서는 미륵상을 수놓고 왕사진의 형 서초(왕사록)를 위해서는 수보리 상을 수놓았으면서, 어째서 젊은 왕사진을 위해서는 신녀도를 수놓았는가 하는 점이다. 이에 왕사진의 〈해패령. 여씨 여자가 수놓은 낙신도를 읊다(解佩令 賦余氏女子繡洛神圖)〉 사를 보기로 한다.

> 지초 밭이 족두리풀로 덮여 메말랐을 때, 맑은 구슬과 비췻빛 깃털로, 당년의 낙수에서 파도 타고 걸어오던 모습이 상상되네. 아직도 생각나누나 군왕이 원망의 씨앗을 남겨 두어, 베개맡에 금루의(金縷衣) 곡[남자의 욕정을 부추기며 유혹하는 노래]을 보내어, 다정도 하여 군을 동쪽 길에서 기다린 일이.
> 芝田蘅薄, 明珠翠羽, 想當年洛水凌波步. 尙憶君王留怨種, 枕遺金縷, 爲多情遲君東路.[40]

서야(徐夜, 1611-1683)는 《완정시여》의 평사에서 "소년의 정사는 물과 같아서 풍아가 넘실넘실했으니, 《화간》·《초당》의 염정이 흘렀다(少年情事如水, 風雅旁溢, 則花間草堂之流艷作焉)"[41]라고 했다. 왕사진은 정말로 '시정이 물처럼 흘러나왔던' 소년이었다. 여온주는 수화를 만들었고, 왕사진은 그림에 사를 지어, 모두 야들야들한 색조를 물들였다. 따라서 왕사진은 스스로 지어를 남기길, "엄주(弇州, 王世楨)는 사를 논평하여, 한 글자의 공교로움이 사람으로 하여금 안색을 날아가게 하고, 한마디의 염풍이 사람으로 하여금 혼절하게 만든다"[42]라고 말한 것도 기이하지 않다. 여러 사람들의 제사(題詞) 가운데 팽손휼은 "옥구슬 따고 비취

氏女子綉陳思洛神圖爲阮亭賦〉(卷30, p.4a-b),〈瀟湘逢故人慢 題余氏女子綉柳毅傳書圖爲阮亭賦〉(卷22, p.10a).

39_鄒祇謨, 董以寧, 彭孫遹의 和調는《徵略》, p.67을 참조.

40_《衍波詞》, 卷下, p.3.

41_《阮亭詩餘》,《叢書集成初編》, 題詞 p.5.

42_《阮亭詩餘》, 自題詞, p.6. "弇州論詞, 謂一字之工, 令人色飛; 一語之豔, 令人魂絕."

를 주으려고 분분하게 내왕하니, 비단 버선이 가볍게 나긋나긋하다(采珠拾翠紛來往, 羅襪輕盈樣)"(洛神), "벽선의 수실로 미인의 찡그린 모습을 베껴내니, 의연히 남국의 아리따운 미녀로다. […] 일모에 온갖 꽃 피어나 있을 때, 모래톱 아랫길에 잘랑잘랑, 신발로 밟아나가던 음향이 남았구나(擘仙絲寫美矉, 依然南國娉婷. […] 日暮百花, 洲下路珊珊, 步屧餘響)"(浣紗), "경수에서 돌아오니, 의연히 옥구슬 반짝이고 옥은 깨끗하네, 이 정은 어기기 어려워, 다시 붉은 수실로 매듭을 만드노라(涇水歸來, 依舊珠輝玉潔. 此情難負, 更把紅絲結)"(杜蘭香), "또 어느 사람이, 비를 마름질하고 구름을 재단하여, 고당의 신녀를 환상적으로 만들어내었나?(又何人, 剪雨裁雲, 幻出高唐?)"(神女)라고 했다. 진유숭의 제사는 "용 생사 한 움큼에 영험한 기예가 있어, 침선의 일이 봉황이며 난새 그리는 것에 버금하여, 가을 물이 넘실넘실 파란을 일으키누나(龍綃一幄有靈芸, 針線次鳳描鸞, 秋水漾波瀾)" (柳毅傳書), "또 가벼운 구름 나풀거리는 태도를 오려서 만들어내어, 수를 놓아서 흐르는 흰 눈 모양을 이루니, 그 정겨운 형상을 향긋한 규방에서 감탄하네(又剪出輕雲態度, 綉成流雪, 情狀歎香閨)"(洛神), "안개 덮인 주름 비단과 무지갯빛 깃발로, 어느 때나 다시 그대를 모시려나, 작은 침을 붉은 융단에 내뱉던 일이 멋진 추억되어 그리워라(霧縠霓旌, 幾時重得侍君, 小唾紅絨思好事)" (神女) 등등이다. 이런 예는 일일이 헤아릴 수 없다. 과연 여온주의 수화는 왕사진과 색조를 같이하여 염풍의 먼 상상이 넘실거린다.

당시 수화의 명수로는 여온주 이외에 심관관(沈關關)이 있었다. 그 수화에도 많은 사람들이 제영을 했다. 주이준의 〈연피당. 고무륜[고유효(顧有孝)]의 '설탄탁족도'에 제하다. 그림은 송릉 여자 심관관이 수를 놓았다(邁陂塘 題顧茂倫雪灘濯足圖, 圖爲松陵女子沈關關所繡)〉 사의 주에 다음과 같은 말이 있다.

> 《명시종(明詩綜)》에 고유효(顧有孝) 자는 무륜(茂倫), 오강현(吳江縣) 학생이 들어 있다. 《고소지(姑蘇志)》에 보면 오강 구암(臞菴)이 송강 물가에 있어, 송나라 왕분(王汾)이 이곳을 경영하여 거처했다. 버드나무 드리운 못과, 꽃이 만발한 섬이 있어, 경물이 빼어나고 천연의 모습인데, 그 속에 조설탄(釣雪灘)이 있다. 《정지거시화(靜志居詩話)》에 보면 처사[고무륜]가 백

> 가의 시를 선별하여 판각을 분담해서 맡겨서, 당시에 성행했다. 늘그막에 설탄조수(雪灘釣叟)라고 자칭했다. 송릉 여자 심관관이 자수하여 〈설탄탁족도(雪灘濯足圖)〉를 만들었다. 장황을 하고서는, 오강을 찾는 인사들이 제사(題辭)에 참여하지 않는 것을 한스럽게 여겼다.
>
> 《明詩綜》顧有孝字茂倫, 吳江縣學生.《姑蘇志》吳江臞菴在松江之濱, 宋王汾營此以居, 柳塘花嶼, 景物秀野, 中有釣雪灘.《靜志居詩話》處士甄綜百家之詩, 開雕分授, 盛行于時. 晚自稱雪灘釣叟. 松陵女子沈關關刺繡作雪灘濯足圖. 一經裝池, 過江人士以不與題辭爲恨.[43]

당시 여성의 수화에 제사하는 일은 문인권에서 대단히 큰 주목을 끌었다.[44] 왕사진을 포함한 강남 문사권이 여성의 수화에 대해 작성한 사들은 염풍을 띠고 있다. 그 사실은 우통(尤侗)이 왕사진의《연파사(衍波詞)》에 대해 "낙낙하게 향기가 있는 듯하다(落落如有香氣)"라고 논평한 말과 완전히 부합한다.

추지모의 〈연파사제사(衍波詞題詞)〉는 이러하다.

> 완정(왕사진)은 젊어서 재주가 풍성했다. […] 즉 시여(詩餘, 사) 한 가지 일로 말하면 완정에게는 조충(雕蟲, 글구나 아로새김)의 일에 불과했다. 하지만 내가 읽어보면, 구등(篝燈)을 켠 소사(蕭寺, 절)에서 한 밤에 낭낭하게 읽다가, 10년 중 이별의 고통과 애락의 많은 일들이 뭉클 움직이려 하지 않는 것이 없었고, 염사(艷思)와 기어(綺語)는 사람의 손을 들어 올리고 입을 꽉 물기를 그만두지 못하게 할 정도였다. 그래서 완정이 나의 정을 옮기고 내가 나의 정을 완정에게 합하는 것이 정말로 자신도 모르게 그렇게 된다. 안색이 날아가고 혼이 끊어진다고 비유한다고 해서 어찌 충분하겠는가? […] 곧 동리(同里)의 여러 사람들로 말하면 소사(小詞)에 아주 공교롭다. 문우(文友, 동이녕)의 나긋나긋함, 기년(其年, 진유숭)의 빼어나게 고움, 운손(雲孫)의 우아하며 초일함, 초자(礿子)의 맑고 시원스러움 등은 동남방의 귀한 보물이 아닌 것이 없되, 완정과 비교하여 함께 중원을 달린다면 아마도 황국공[유방(劉昉)]과 패국공[정역(鄭譯)]이 수나라 고조(高祖)를 모

43_朱彝尊撰·李富孫注,《曝書亭集詞註》,《續修四庫全書》(據嘉慶19年校經廎刻本影印, 上海: 上海古籍出版社, 2002), 集部, 詞類, 第1724冊, 卷26, 詞註6 卷3, p.525.

44_王士禛에게도 〈題顧茂倫雪灘釣叟圖〉 2首가 있다.《漁洋精華錄集釋》, 卷8, 康熙18年, 總 p.1,300.

신 정도에 그치지 못할 것이다.

阮亭年少才豐, […], 即如詩餘一事, 於阮亭直雕蟲耳. 而以余讀之, 篝燈蕭寺, 中夜琅琅, 覺十年中, 離別之苦, 哀樂之多, 無不怦然欲動. 而艷思綺語, 令人手推口維而不能解, 則阮亭之移我情, 與我情之合於阮亭, 誠有不自知者, 又何色飛魂絶之足擬也哉. […] 即至同里諸子, 好工小詞, 如文友之儇艷, 其年之矯麗, 雲孫之雅逸, 初子之淸揚, 無不盡東南之瑰寶, 以視阮亭, 並驅中原, 猶恐不免爲黃沛耳.[45]

추지모의 제사는 음미할 만하다. 한편으로는 왕사진의 재능을 인정하여 그의 곱고 아름다운 표현을 크게 칭찬하면서도 도리어 시여(사)를 조충전각으로 간주했다. 다른 한편으로는 왕사진의 사가 사람의 마음을 움직여서 사람의 안색을 날아가게 하고 혼을 끊어지게 한다고 칭찬하여, 왕사진의 문학적 위상을 동남 재자의 으뜸으로 삼았다.

(2) 관원 형상과 시인 형상의 복합

강희 4년 을사(1665) 6월, 32세의 왕사진은 관직을 옮겨 서울로 부임하여, 9월에 예부(禮部)와 제독(提督)의 양관에 취임했다. 북상하기 전에 서너 폭 화상을 남겼는데, 거의 모두 '꽃'을 배경으로 삼았다. 방문(方文, 1612-1669)의 〈왕이상(왕사진)의 간화도에 다시 제한다(又題王貽上看花圖)〉 시는 이러하다.

수부에서 매화 감상하는 일은 이미 글렀고, 법조의 누각에서 읊조리던 일도 희미하구나. 새해에는 듣자니 양주 번리관(蕃釐觀)에, 작약이 다시 피어 금빛 띠가 에워쌌다는군.

水部梅花事已非, 法曹吟閣尙依稀. 新年聞說蕃釐觀, 芍藥重開金帶圍.[46]

원화는 전하지 않아 화면 내용이 어떤지는 알 수 없다. 하지만 방문이 이 시권의 같은 쪽에 남긴 〈왕서경[왕침수(王沈秀)] 화상권에 제하다. 이하 병오년 작(題汪西京像卷 以下丙午年作)〉 시를 통해서, 이 시가 을사년

45_王漁洋,《衍波詞》,《叢書集成初編》(北京: 中華書局, 未注出版年), 卷上, p.4.

46_方文,《嵞山續集》,《續修四庫全書》(據康熙28年王概刻本影印), 集部, 別集類, 第1,400冊, 卷5, p.288.

(강희 4, 1666)보다 늦지 않은 시기에 이루어졌음을 알 수 있다. 그 해 초, 왕사진은 아직 양주 추관으로 있었다. 방문의 위 시는 첫 구에서 당시 매화가 성개했던 늦겨울을 막 벗어났다는 것을 알려준다. 양주 법조의 직에 있었던 왕사진은 서각 속에서 음영하길 지난날처럼 하였고, 신춘 시절 화원에서 막 봉오리를 터뜨린 작약을 방문했다.

또 다른 화폭으로 〈매화독서도〉가 있다. 왕무린(汪懋麟)의 〈제완정선생매화독서도(題阮亭先生梅華讀書圖)〉 시는 이러하다.

> 춘풍 속에 백접리(白接罹, 白接羅)를 거꾸로 쓰고, 유리 같은 육척의 몸이 앉아서 시를 제하네. 양주는 번성하고 아름다운 것이 많거늘 다른 것은 좋아하지 않고, 다만 관매 한두 가지만을 사랑하누나.
> 倒著春風白接罹, 琉璃六尺坐題詩. 揚州緐麗無佗好, 只愛官梅一兩枝.[47]

뒤의 두 구로 판단하면, 〈매화독서도〉도 왕사진이 양주의 관직에 있을 때 만든 화상이다. 왕무린은 상주가 흰색의 두건을 쓰고 정갈한 서옥에 앉아 음영의 세계 속에 도취된 모습을 보았다. 번화하고 아름다운 양주의 경치도 그를 흡인하지 못할 정도로, 왕사진은 다만 서재 바깥에 비껴 있는 매화 두 가지를 사랑할 뿐이었다. 양주 때의 사우 손지울도 〈제왕이상소상(題王貽上小像)〉 시를 적었다.

> 또한 보건대 제남은 시와 부의 뛰어난 재주를 지녀, 책을 언제까지고 펼쳐볼 뿐 술잔 머금는 일도 잊었구나. 휴문(休文, 심약)의 맑게 마른 모습은 누구와 비슷한가? 다만 하랑(何郞, 하손)의 옥각(屋角)에 피어난 매화가 있을 뿐이네.
> 又見濟南詩賦才, 繙書長是廢啣盃. 休文淸瘦誰相似? 只有何郞屋角梅.[48]

'옥각매'와 시 뜻으로 판단하건대, 이 그림은 〈매화독서도〉였던 듯하다. 손지울은 제남 명사 왕사진의 시적 재능을 추숭하고, 뒤의 두 구에서

47_汪懋麟, 《百尺梧桐閣集》, 收入 《四庫全書存目叢書》(據中國社會科學院文學研究所藏淸康熙刻本影印), 集部, 別集類, 第241冊, 卷3, p.514.

48_孫枝蔚, 《漑堂詩集》, 收入 《續修四庫全書》(據淸康熙刻本影印), 集部, 別集類, 總1,407冊, 〈前集〉, 卷9, p.396.

왕사진을 그가 음영하는 대상인 매화에 직접 견주었다.

이상 여러 화상과 제영은 약조하지 않고도 모두 꽃의 이미지로 왕사진을 조형했다. 왕무린의 사가 왕사진을 "꽃 앞에서 부를 짓고, 취중에 전사(塡詞)한다"[49]라고 형용한 것도 같은 생각에서 나온 것이다. 위에 여러 사람들이 여인의 수화에 적은 염사와 합쳐보면, 양주 문우들이 이 젊은 시인의 문학적 이미지를 낭만적으로 묘사했음을 알 수 있다. 뒷날의 '천녀산화'도 같은 의도를 지닌다.

양주 시기에는 또 항주 화가 대창(戴蒼)이 왕사진을 위해 〈포금세동도〉·〈천녀산화도〉를 그린 것이 더 있었다. 애석하게도 두 그림은 전하지 않는다.[50] 강희 4년, 왕사진은 방문(方文)을 찾아가, 여러 명승을 함께 유람하자고 약속하고 아울러 이 두 화상에 제영해줄 것을 청했다. 방문은 금릉에 은거하면서 전겸익과 깊이 사귄 인물로, 〈포금세동도〉에 상당히 긴 시 〈제왕완정의부상(題王阮亭儀部像)〉을 썼다.[51] 이 장시의 전반부는 명대 가정·융경 때 제남의 이반룡(李攀龍)을 영수로 하는 전칠자(前七子)로부터 이야기를 시작하여, 그 시학 주장이 송시파 전겸익에게서 조롱을 받았다고 했다. 이어서, "산동의 풍아는 누가 제일인가? 신성의 왕씨는 본디 필적할 이 없었네. 계목(季木)[왕사진의 종숙조 왕상춘(王象春)]이 처음 열어 작자라 칭해지고, 이상(貽上)이 뒤에 더욱 빼어났다(山東風雅誰第一, 新城王家故無匹. 季木開先稱作者, 貽上後來更挺出)"라고 하여, 왕사진이 그 가문에서 가장 뛰어나다고 칭찬했다. 그 다음은 왕사진의 문학적 발전을 입증해 주었다.

> 지난날 약관에 유적(儒籍)에 통했을 때, 도성 문에서 한 번 보자마자 옛 친구처럼 교분을 맺었지. 행리의 책상자를 엿보니 모두가 커다란 보물이라, 사림(詞林)의 총지(總持)라고 가만히 감탄했네. 명년에 고을의 보좌역으

49_汪懋麟의《錦瑟詞》에〈 春從天上來 奉懷禮部王阮亭先生〉이 있다.《續修四庫全書》(據中國科學院圖書館藏淸康熙刻本影印), 集部, 詞類, 第1725冊, 卷下, 長調, p.276.

50_王士祿의《十笏草堂上浮集》의〈戴蒼寫眞歌〉自注에 "爲余作〈桐蔭〉·〈繡佛〉二圖, 爲貽上作〈抱琴〉·〈散花〉二圖."라 했다. 宗元鼎은 王士祿을 위해〈題戴山人長齋繡佛圖贈王西樵先生〉을 지었다.《徵略》, p.121.

51_方文,《畬山續集》, 卷2, p.239. 卷5〈又題王貽上看花圖〉, p.288.

> 로 한상(邗上)에 왔을 때, 시사(詩思)가 더욱 근실하고 회포는 더욱 드넓었네. 산수를 만나면 반드시 시구를 찾았고, 좋은 친구를 만나야 마음껏 수창했지. 지은 시들을 모아 거집을 '어양'이라 했으니, 권책을 펼치면 명월처럼 빛나지 않는 것이 없구나. 지난날 사람들은 백두옹이 될 때까지 그 경지에 이르지 못했거늘, 군은 아직 머리카락이 푸른데도 남들을 뛰어넘었도다.
> 昔君弱冠通籍時, 都門一見如故知. 曾窺行笈皆鴻寶, 竊歎詞林是總持. 明年佐郡來邗上, 詩思益勤懷益曠. 每逢山水必搜尋, 但遇良朋恣酬唱. 裒成巨集曰漁洋, 開卷無非明月光. 前人白頭尙未到, 君方綠髩遂兼長.

방문의 이 시는 소년으로서 득지한 후배를 칭탄하고 아끼는 뜻이 충만하다. 방문은 왕사진이 화상을 가지고 제영을 청하던 심경을 헤아려 이렇게 말했다.

> 지금 잠랑(潛郎)에서 전근하여 예부에 들어가게 되어, 강을 지나 친구를 이별하여 장차 떠나게 되었으니, 손에 한 권의 〈포금도(抱琴圖)〉를 들고, 나의 초당으로 찾아와 제구(題句)를 청하네. 무림(武林)의 대생(戴生, 대창)은 사진(초상화)에 뛰어나, 뺨 위 세 가닥 털까지 신묘하게 그려낸다네. 대상이 도상을 그린 것이 한두 번 아니지만, 풍아가 이와 같은 이를 언제 얻었던가? 세속에서 좋아하는 것은 영화로운 이름뿐이기에, 도상을 그려도 금자(金紫)의 색을 설시한다만, 알겠네 군이 중시한 것은 여기에 있지 않아, 다만 시를 논할 뿐이고 다른 것은 입에 올리지 않누나. 제남에 왕완정(王阮亭, 왕사진)이 있음만을 기억하고, 산동에 더 이상 이창명(李滄溟, 이반룡)이 없구나. 손가락 꼽아보나니 어느 사람을 비교할 건가? 내양(萊陽)의 송완(宋琬)과 제성(諸城)의 정요항(丁耀亢) 정도로다.
> 今轉潛郎入禮署, 過江別友行將去. 手持一卷抱琴圖, 顧我茅堂索題句. 武林戴生工寫眞, 頰上三毛信有神. 戴生繪圖諒非一, 風雅何曾得此人? 世俗所好榮名耳, 畫圖亦復施金紫. 知君所重不在玆, 但論其詩餘不齒. 濟南紀有王阮亭, 山東無復李滄溟. 居指何人堪比擬? 萊陽宋與諸城丁.

양주 벗들과의 고별에 매개물로 이용된 왕사진의 화상은 분명히 금자(金紫) 관복의 공훈도가 아니라 풍아 시인의 본색을 드러낸 그림이었을 것이다. 방문이 왕사진의 문학을 찬상한 내용은 《여산집(畬山集)》의 여러 시문에 나온다 "어양산인 왕완정은 사어를 토하면 찬란하기가 화려한 별과 같다. 세상사람들은 그대가 노성한 나이라 여기지만, 금년에 비로소 장령(壯齡)인 줄을 누가 알랴?(漁洋山人王阮亭, 吐詞璀璨如華星. 世人疑爾必耆艾, 誰道今年始壯齡)"[52]라고 했으니, 이 젊은 시인을 발탁하려는 뜻을 살필 수 있다. 화상에서 포금세동(抱琴洗桐)의 내용이 무엇인지에 대해서 방문은 전혀 관심을 두지 않았다. 방문은 화상의 제영을 빌려 향리의 선배로서 왕사진을 문단의 최고라고 칭송했다. 동향의 옛 선배 이반룡을 대신하여 문학사에 이름을 남기고, 그 지방에서 이미 명성이 높은 문단의 선배 정요항(丁耀亢, 1606-1678)·송완(宋琬, 1614-1673)과 이름이 나란하다고 추켜주었다.[53]

시와 사에 뛰어났던 손지울은 위의 두 화상에 모두 제영을 남겼다. 〈제왕완정소상(題王阮亭小像)〉(抱琴洗桐圖, 을사) 2수는 이러하다.

> 관사에서 늘 아무 일이 없어서, 거문고 끼고 나의 삶을 즐기네. 청풍이 오동나무에서 일어나니, 사군의 맑음과 비교하여 어떠한가?
> 官舍長無事, 抱琴娛此生. 淸風起桐樹, 何似使君淸?
>
> 취향을 얻어 나무에 관심을 둘지언정, 소리를 찾음이 거문고에 있지 않다. 두 아이야 너희는 아느냐? 나는 나의 마음을 씻는단다.
> 得趣寧關樹, 尋聲不在琴. 雙僮汝知否? 吾自洗吾心.[54]

전설에 따르면 오동은 봉황이 가장 서식하기 좋은 나무이며, 특히 정원의 훌륭한 나무로 간주되었다. 그 큰 잎이 바람과 비를 받아들이는 특성은 시인의 흥취를 불러일으키기 쉬워, 문인의 생활과 깊은 상관이 있었다. 왕사진과 왕사록 형제의 품격은 서로 비슷하고, 문학 교유권도 서로 중첩되었다. 대략 이 시기에 대창은 왕사록을 위해서도 두 폭의 그림을 그렸다. 그 한 폭도 오동과 관련이 있다. 왕무린에게 〈소영. 서초(왕사록) 고공 삼동 소조에 제하다(疎影 題西樵考功三桐小照)〉라는 제사가

52_方文, 〈揚州訪王貽上司李幷爲其三十初度〉, 卷2, p.235.

53_宋琬, 字玉叔, 號荔裳. 安雅堂爲藏書室名, 淸山東萊陽人. 順治四年進士, 授戶部主事, 累官浙江寧紹臺道, 有政績, 擢按察使. 丁耀亢, 字西生, 號野鶴, 淸山東諸城人. 曾任容城教諭, 後遷惠安知縣.

54_孫枝蔚, 《漑堂詩集》, 卷8, p.379.

있다.

> 어려서 나무를 심어두었더니, 맑은 그늘이 10장이나 되어, 초당 아래까지 뻗어 있는 것을 사랑하노라. 이 20년 동안, 벼슬살이에 풍상이 있었으나, 몽혼은 번번이 뜨락에 의지했네. 형과 아우가 동쪽 집과 서쪽 집에 세 발을 펴듯 거처해서, 마음껏 유희하길, 높다란 오동나무에 의지해서 그러했네. 그대가 나간 뒤로는 오동 꽃과 오동 잎에, 가을 이슬이 똑똑 떨어져 쇠잔하여라.
>
> 증자의 경전(《대학》)을 펼쳐보다 싫증이 나면, 비단 두건 쓰고 죽장을 짚고는, 오와 초 땅을 마음껏 노니네. 막내는 청직으로 통하여, 필경 암랑(조정)에 오를 것이니, 강호를 논하자면 누구에게 허락하랴? 거듭 와서정무를 아뢰느라 옥패 소리 잘랑이며 들어오기에, 사람들이 다투어 보니, 옥 산의 모습이 예전과 같아라. 그림 속에서 기하의를 바꾸어 입지 않고서, 침향의 향훈을 잘 쐬고 있구나.
>
> 小時種樹, 愛淸陰十丈, 草堂底處. 二十年來, 仕宦風霜, 夢魂每依庭戶. 弟兄鼎足東西屋, 任遊戲·高梧實據. 自君之出矣, 桐花桐葉, 滴殘秋露.
> 倦翻曾經休息, 紗巾隨竹丈, 縱游吳楚. 叔則淸通, 畢竟巖廊, 若道江湖誰許. 重來啓事鳴珂入, 人爭看·玉山如故. 畫圖中·不改荷衣, 好把沉香薰注.[55]

사의 뜻에서 알 수 있듯이, 왕사진 형제가 유년일 때 왕씨 댁에서는 정원에 세 그루 오동을 심었는데, 20년 사이에 두 사람의 자취는 서로 흩어지고, 지난날 맑은 그림자로 두 형제로 하여금 휴식하면서 독서할 수 있게 해주었던 그 오동은 키가 더욱 우쑥 자라 잎이 무성해졌다. 손지울도 〈왕서초가 오동 그늘에서 독서하는 그림에 제하다(題王西樵桐陰讀書圖)〉를 지었는데, 그 앞에 서문이 있다.

> 왕서초(왕사록) 고공(考功) 소년의 독서하던 땅에 십홀(十笏) 크기의 작은 초당이 있고, 당 앞에 세 그루 오동이 있었다. 뒤에 벼슬을 살아 고향을 떠나 서조(西曹, 태위의 속관)의 직에 이르자, 매번 오동나무를 추억하여 시와 사의 음영에 드러내었다. 양주 대창은 진영을 잘 그렸는데, 왕서초가 오동 그늘에서 독서하는 그림을 만들라고 명하여 지난날의 곳을 그리게 하고는, 시를 그림 뒤에 붙이고 내게 시를 지어달라고 부탁했다.

55_汪懋麟,《錦瑟詞》, 卷下, 長調, p.282.

> 王西樵考功少年讀書之地有堂曰十笏草堂, 堂前有三桐樹. 後遊宦及在西曹, 每憶桐樹, 形于吟咏. 揚州戴蒼善寫眞, 西樵命作桐陰讀書圖畫舊所, 作詩附于圖之後, 屬余賦之.[56]

정녕 손지울의 눈에는 "어찌하여 구름 속으로 치솟는 날개의 새가, 활에 상처 입었던 옛 일에 데어 그림자를 거두었나? 달인은 외물에 기뻐하지도 성내지 않는 법이니, 우리 도에는 궁즉통의 원리가 있도다(奈何淩雲翮, 戢影爲傷弓? 達人無喜慍, 吾道有窮通)"라고 하는 광경이 보였다. 왕사록은 벼슬 살고 옥에 갇히는 등 일생 갖가지 상흔[57]으로 가득했으나, 고향을 생각하면 위로가 되어서, 유년 시절 독서하고 음영하던 기억이 옛 집 정원의 세 그루 오동 및 네 그루 큰 소나무에 영원토록 긴밀하게 결합되었다. 그래서 손지울은 제시에서, "세 오동나무와 네 소나무, 천고에 홀연 쌍을 이루었네. 너무도 부끄러워라 육식하는 무리는, 죽음에 이르도록 경방(卿邦, 국가의 경 벼슬)을 제대로 임직하지 못하다니. […] 관모를 걸고 떠날 오리나무를 심지 말고, 봉황이 서식하는 오동을 보시게(三桐與四松, 千古忽成雙. 愧死肉食輩, 終老棄卿邦. […] 莫種掛冠欖, 且看棲鳳桐)"라고 했다. 왕사진의 관운은 아우 왕사록에 비하여 훨씬 평탄했다. 왕사진의 〈포금세동도〉의 배경은 손지울의 제시가 말했듯이 양주의 '관사'이다. 가향인 산동 신성이 아니다. 하지만 왕사진이 양주의 관사를 오동 그림을 그려넣을 장소로 선택한 것은, 휴식하고 독서하면서 자란 집 동산에 대한 기억과 무관하지 않다.

왕사진의 친구 진유숭에게, 주도(周衜)가 그린 〈진기년세동도(陳其年洗桐圖)〉(그림 5-9 참조)가 있다. 상주는 방 밖의 큰 바위 곁에 앉아 수염을 날리며 돌 책상에 비스듬히 기대어 있고, 책상 위에는 문방구가, 책상 곁에는 두 그루 오동나무가 있다. 오동나무는 기둥 줄기를 구불구불 그리지 않고 곧게 그렸고, 잔 줄기도 거의 없다. 오동나무 곁에는 각각 동

56_孫枝蔚,《溉堂詩集續集》, 卷1, p.491.

57_강희 3년 3월 3일, 禮部는 지난해 河南鄕試의 試文을 조사하여 語句에 하자가 있다고 해서 考官을 관례에 따라 奪俸三月을 하여, 이때 功令을 더욱 엄하게 했다. 마침내 왕사록은 考功의 관서에 구금되었다. 王士祿,《十笏草堂辛酉集》卷首 〈拘幽集自序〉;《王考功年譜》;《徵略》, p.105.

복이 서서 오동의 기둥 줄기를 씻고 있다.[58] 진유숭은 '오동을 씻음/마음을 씻음'으로 자기를 은유했다. 왕사진의 그림을 그린 화가 대창은, 무릎 위에 거문고를 끼고 있는 형상과 오동을 씻는 형상, 그 두 이미지를 융합시켜, 양주의 관사에서 잡무가 없어 마음이 맑으며 취향을 얻은 왕사진의 형상을 소조하여, 그로써 시인의 여유롭고 초탈한 성격을 드러내었다. 손지울의 제시가 왕사진을 소묘한 것은, 직무의 여가에 느긋하고(거문고를 끼고 생을 즐김), 청정하여 속진을 벗어난(두 동자가 오동을 씻음) 형상과 꼭같다. 사실, 한 해 전에 왕사진은 이미 손지울의 화상 〈송하포금도(松下抱琴圖)〉에 시를 한 수 쓴 일이 있다.

> 산골 시내 장송은 세간의 풍정이 아니니, 맨 머리로 두 다리를 뻗은 선생 한 분이 거기에 있네. 흉중에 품은 우람한 뜻은 이야기해 줄 대상이 없이, 낙락하게 거문고로 대해행(大蟹行) 소리[승 관휴(貫休)의 〈청승탄금(聽僧彈琴)〉 시에 "거문고로 선사가 해행청(蟹行淸) 연주하는 소리를 듣네"(琴上聞師大蟹行)라고 했다ㅡ역자]를 내는구나.
> 絶澗長松不世情, 科頭箕踞一先生. 胸中壘塊無人語, 落落琴聲大蟹行.[59]

왕사진이 본 그림에서 외진 시내 장송 아래에 맨머리로 털썩 주저 앉아 소탈하게 거문고를 타고 있는 친구 손표인(孫豹人, 손지울)은 거문고를 끼고 있는 자신의 형상과 완전히 일치한다. 이것은 자기의 모습을 그린 그림이 아니겠는가?

대창은 왕사진 형제를 위해 각각 그림을 그리면서, 위에 말한 오동의 주제 이외에 종교 주제를 화상에 옮겨 넣었다. 곧 대창은 왕사록을 위해 〈장재수불도(長齋繡佛圖)〉를 그렸는데, 손지울이 다음 시를 적었다.

> 선생의 소쇄한 흉금은, 호수와 강처럼 드넓어라. 본래 재관의 몸이되, 장재는 방도사의 집이로군. 습기는 유독 제거하지 않아서, 묵묵히 서재의 창을 그리워하네. 성불하려면 혜업을 닦아야 하니, 이 뜻은 정말 항복시키기

58_〈陳其年洗桐圖〉에 대해서는 본서 제5장 참조.

59_손지울에게도 〈自題松下抱琴圖〉가 있다. 시는 이러하다. "老對丹靑暗自悲, 賞音時復憶鍾期. 樽前指與新相識, 此是興宗年少時." 《漑堂詩集續集》, 卷3, p.541. 왕사진이 손지울을 위해 지은 〈題孫豹人小像〉 시는 《漁洋精華錄集釋》(上冊), 卷3, p.446에서 인용.

> 어렵도다. 시를 적어 초목을 기록하자, 쇠잔한 등화 아래 그림자가 늘어졌구나.
> 先生瀟灑胸, 浩如湖與江. 本是宰官身, 長齋卽老龐. 習氣獨未除, 默作憶書窓. 成佛須慧業, 此意故難降. 題詩記草木, 殘燈影幢幢.[60]

왕사록에게는 회상하기 싫은 옥중 생활이 있었다. 그는 대창에게 이 그림을 부탁하여, 불전에서 묵묵히 수행하여 영혼의 평정과 위로를 얻을 수 있게 되기를 기원했다.

왕사진의 〈천녀산화도〉는 화상 제작의 의미가 완전히 다르다. 망년지우 우통의 〈여몽령. 왕완정의 우화도에 제하다(如夢令 題王阮亭雨花圖)〉가 화면에 대한 상상을 도와준다.

> 편안히 앉아 가사를 땅에 드리우고 있노라니, 옥 꽃술이 하늘에서 날아 떨어지네. 왕마힐은 왕유로 변하고, 천녀는 자연히 유희하누나. 이와 같이 이와 같이, 응당 우화(雨花)의 삼매를 증명하리라.
> 晏坐袈裟垂地, 玉蘂從空飛墜. 摩詰轉王維, 天女自然游戲. 如是如是, 應證雨花三昧.[61]

왕사진은 그림 속에서 가사를 걸치고 있는데, 천녀가 공중에서 꽃을 뿌려 그 꽃이 훌훌 떨어지고 있다. '천녀산화'의 어휘는 불교에서 왔다. 불경은 색계 이상의 제천은 음욕도 없고 남녀의 상도 없다고 말한다. 천녀는 욕계천의 여성으로 불법을 위해 방편문을 현시했다. 《유마힐경》 〈관중생품(觀衆生品)〉에 이러하다.

> 당시 유마힐의 방에 한 천녀가 있어, 천인을 뵙고 설법을 듣고는 그 몸을 드러내어 곧바로 천화를 제 보살과 대제자 위에 뿌렸다. 꽃은 제 보살에 이르자 곧 모두 떨어졌으나 대제자에 이르러서는 떨어지지 않았다. 일체 제자가 신력으로 꽃을 없애려 했으나 제거하지는 못했다. 이때 천녀가 사리불

60_孫枝蔚은 〈長齋繡佛圖〉에 題詩를 하지 않았지만, 〈題王西樵桐陰讀書圖〉 제2수의 시구는 이러한 뜻을 지니고 있다. 《漑堂詩集續集》, 卷1, p.491.

61_尤侗, 《百末詞》, 《續修四庫全書》, 集部, 別集類, 總1407冊, 《西堂詩集》·《百末詞》, p.119.

에게 묻기를 "어째서 꽃을 제거하는가?"라고 하자, "이 꽃은 법만 못하므로 그래서 제거한다"라고 답했다. 천녀는 말했다. "이 꽃이 법만 못하다고 말하지 말라. 어째서인가? 이 꽃은 분별하는 바가 없거늘, 인자(仁者)는 분별상을 낳을 따름이다. 만약 불법에서 출가하면 분별하는 바가 있으니 법만 못하다. 만약 분별하는 바가 없다면 이는 법과 같다. 제 보살을 보면 꽃이 붙지 않는 것은 이미 일체 분별상을 끊었기 때문이다. 비유하자면 사람이 시(時)를 두려워하므로 사람이 그 편함을 얻지 못하는 것과 같다. 이렇게 제자는 생사를 두려워하므로 색(色)·성(聲)·향(香)·미(味)·촉(觸)이 그 편함을 얻었다. 이미 두려움으로부터 벗어나면 일체의 오욕(五欲)이 어찌할 수가 없다. 결습(結習)이 다 하지 않아서 꽃이 몸에 붙는 것이다. 결습이 다한 자는 꽃이 붙지 않는다."

時維摩詰室, 有一天女, 見諸天人, 聞所說法, 便現其身, 即以天華, 散諸菩薩·大弟子上. 華至諸菩薩, 即皆墮落. 至大弟子, 便著不墮. 一切弟子神力去華, 不能令去. 爾時, 天女問舍利弗: "何故去華?" 答曰: "此華不如法, 是以去之." 天女曰: "勿謂此華爲不如法, 所以者何? 是華無所分別, 仁者自生分別想耳. 若於佛法出家, 有所分別, 爲不如法. 若無所分別, 是則如法. 觀諸菩薩, 華不著者, 已斷一切分別想故, 譬如人畏時, 非人得其便. 如是弟子畏生死故, 色·聲·香·味·觸得其便也. 已離畏者, 一切五欲, 無能爲也. 結習未盡, 華著身耳. 結習盡者, 華不著也."[62]

이 경문을 통해, '천녀산화'는 불법에서 제 보살이 오욕에서 벗어나고 두려움에서 벗어났는지 그렇지 않은지를 검사하는 수승의(殊勝義)를 지닌다는 점을 알 수 있다. 당시에, 불법의 수승의를 지닌 '천녀산화'를 회화의 제재로 삼는 일이 아주 유행했다(그림 5-7 참조). 이를테면 강희 연간 전방표(錢芳標)는 〈산천화. 제천녀산화도(散天花 題天女散花圖)〉 사를 지었다.

누가 푸른 하늘에 발묵하여 큰 비단을 물들였나? 오수(五銖)의 가벼운 옷이 사각사각하며, 천마(天魔)가 현신한다. 옥 꽃술이 비와 같이 떨어지고 오묘한 향이 어우러져, 사방 한 장의 방장에 불어와서는 유마거사에게 공양하네. 지난날의 제관(諦觀)으로 졸도파에 참여하지만, 파순(波旬, 마왕)이 혜업을 미워하니, 어찌할건가? 반 조각 게에 의지하여 만다라를 구하고

62_鳩摩羅什譯,《維摩詰所說經》,《大正新修大藏經》(台北: 新文豐出版公司, 1987), 第14冊,〈觀衆生品〉, 第7, pp.547-548.

는, 그대로 녹녀(鹿女)를 따라가, 꽃을 밟으며 지나가리라.

誰潑空青染大羅, 五銖衣瑟瑟, 現天魔. 瓊霙如雨妙香和, 吹來平丈室, 供維摩. 夙諦曾參窣堵波, 波旬憎慧業, 奈渠何. 憑將半偈乞蠻陁, 經行隨鹿女, 踏花過.[63]

제사 내용으로 판단하면, 전형적인 종교화이지, 왕사진의 화상에 쓴 것이 아니다. 양패란의 〈제우인천녀도(題友人天女圖)〉 시에 이러하다.

사인이 호색하여 남에게 질투하게 만드니, 그대는 유마거사의 대변재(大辨才)로다. 사자가 일찍이 한 자리도 남겨두지 않았는데, 반공의 천녀가 꽃 뿌리며 오는구나.

詞人好色使人猜, 君是維摩大辨才. 獅子不曾留一座, 半空天女散花來.[64]

양패란은 어떤 친우를 위해 썼는지 밝히지 않았지만, 이 시로 보면 이 그림은 분명히 사인(詞人)의 화상이었음을 알 수 있다. 그림 속에서 천녀가 허공에 꽃을 뿌리고 있어, 왕사진의 화상과는 곡은 달라도 기법이 같은 오묘함이 있다. 손지울의 〈우제완정소상(又題阮亭小像)〉(천녀산화도)에 이러하다.

뉘 능히 천녀를 만났던가? 꽃이 떨어져 몸에 붙지 않는구나. 시 속에서 일찍이 설법을 하였으니, 방장실에 천 명이 앉아 있었네

誰能遇天女, 花落不沾身. 詩中曾說法, 丈室坐千人.[65]

손지울은 신성한 종교 경지를 미화하고 시화하여, 어느 누가 시법에 조금도 응체하지 않고 최고의 시적 경지에 도달해서 마치 천녀가 뿌린 꽃이 몸에 들러붙지 않는 듯이 할 수 있는지 물었다. 왕사진은 바로 이런 사람일 뿐만 아니라, 역시 사방 한 장(丈)의 협실에서 시학을 전하기를

63_錢芳標, 《湘瑟詞》, 《續修四庫全書》(據南京圖書館藏淸康熙刻本影印) 集部, 詞類, 第1725冊, p.346. 이 밖에 朱昆田에게도 〈題天女散花圖〉가 있다. 《笛漁小稿》(收入《曝書亭全集》, 台北: 中華書局, 四部備要本) 第3冊, 詩類, 卷7.

64_梁佩蘭, 《六瑩堂詩二集》, 《四庫全書存目叢書》(據首都圖書館藏淸道光南海伍氏詩雪軒刻粵十三家集本影印), 集部, 別集類, 第255冊, 卷8, p.394.

65_孫枝蔚, 《溉堂詩集》, 卷8, p.379.

보살의 설법처럼 한다고 했다. 꽃은 여여부동(如如不動)의 법을 상징한다. 본디 분별이 없으므로, 인자(仁者)가 반드시 스스로 체오해야만 한다. 왕사진은 엄우(嚴羽)의《창랑시화》에 나오는 '시 공부를 참선하듯이 한다(學詩如參禪)'는 관점을 존숭했다. '천녀산화'는 불경에서 유래하되, 여기에서는 마음과 정신으로 영회하는 심오한 시법을 비유한다. 시의 경지에 만일 응체하지 않아서, 마치 하늘의 꽃이 허공에서 떨어져 들러붙지 않는 것처럼 될 수 있다면, 법음을 듣는 것처럼 게시를 얻어 조화하여 환희할 수가 있다. 양패란의 관찰에 따르면, 우통과 손지울은 법계의 설법에 영리했던 거사 유마힐을 시단 설법의 시불 왕마힐(왕유)로 성공적으로 전화시켰고, 다시 그것을 전화시켜 문회(文會)의 새로운 맹주 왕사진을 제대로 비유했다. 우통과 손지울은 이 그림을 보고, 천녀산화의 종교적 법희에 농후한 시의의 기식을 교묘하게 끌어들였다.

〈이상간화도(眙上看花圖)〉와 〈매화독서도(梅華讀書圖)〉의 제영은 '꽃' 이미지를 도입했는데, 사실은 꽃을 가지고 성대한 시의를 비유하고, 그로써 시가의 창작과 이론을 겸비했던 왕사진을 찬양했다. 우통은 별도로 시 〈왕완정의 세동도와 산화도 두 그림에 아울러 제하다(合題王阮亭洗桐散花二圖)〉를 남겼다.

> 근대 사진(초상)의 작가로는 누가 적수가 있나? 지난날에는 증경(曾鯨)이요 지금은 대창(戴蒼)이로다. 호두(虎頭, 고개지)와 은중감(殷仲堪)과 사혁(謝赫)은 무어 족히 말하랴? 붓을 내려 쓰면 낭야왕(琅琊王)이 모습인 것을. 낭야왕 아들은 신선의 객으로, 양주로 말을 타고 와서 일찍이 울적해하다가, 한가하게 두건을 비스듬히 쓰고 당에서 거문고 끌어안고는, 거문고를 타자 소리가 두 오동나무에서 나왔네. 아이 불러 물을 부어 오동나무 몸을 씻으라 하자, 맑은 빛이 가만히 나의 정신을 비추었도다. 영각(鈴閣, 관사)이 시끄러워도 귀에 그 소리를 들이지 않고, 유연히 하늘 가 진인을 상상하며, 마음을 가라앉히며 홀연 아란야가 이르러 오고, 우러러 바라보매 천녀가 꽃을 뿌려 떨어뜨렸네. 서른 두 상(相)의 무리는 모두 가지가 말라비틀어지고, 향기로운 바람에 다시 비가 내려 새로 좋아지도다. 나는 은거하려고 생각하여 소원이 쌓였거늘, 공은 부처가 되기를 기도하다니 뜻이 너무 크도다. 풍진에서는 요컨대 이 뜻을 지녀야 하지만, 금마문에서 하필 비야

리성 장자(유마거사)가 되려 하는가? 대창의 이 두 그림이 여일하기에, 완정(왕사진)이 그 속에 있어 불러내련다. 이제 알겠네 신묘한 그림에는 소심(素心)이 있어, 우리도 처음으로 참 안색을 볼 수 있다는 것을. 아, 오호! 세간의 육상(肉相)을 공경이라 일컫고, 연지를 많이 사들여서 명성을 얻다니! 현인을 천거하기에는 제갈공명이 쥔 백우선(白羽扇)이 부족하다 혐의할지 몰라, 모름지기 네게 황금 눈알을 주어야 하리라.

近代寫生誰敵手? 前有曾鯨今戴蒼. 虎頭殷謝何足道? 下筆曾貌琅琊王. 琅琊王子神仙客, 騎馬揚州嘗邑邑. 閒來岸幘抱琴堂, 琴聲彈向雙桐出. 呼童汲水洗桐身, 靑光靜照得吾神. 鈴閣喧豗不入耳, 悠然天際想眞人. 安心忽到阿蘭若, 仰看天女散花下. 三十二衆皆萎枝, 香風更雨新好者. 我思隱居願尙賒, 公圖作佛志太奢. 風塵要當存此意, 金門何必非毘耶? 戴生兩圖只如一, 阮亭在焉呼之出. 乃知妙畫有素心, 吾輩始見眞顔色. 吁嗟乎! 世間肉相稱公卿, 多買胭脂定得名! 進賢白羽嫌未足, 會須贈汝金眼睛.[66]

우통은 세부까지 모두 파악해서, 화가 대창을 칭찬하고 또 왕사진을 칭송했다. 제1폭 화상에는 저 양주에서 공무의 여가에 귀공자가 한가로이 거문고를 끌어안고 오동나무를 씻기게 하는 고결한 형상이 있다. 이 형상은 우통에 의하여 하늘의 느긋한 신선이요 진인으로 간주되었다. 다음으로 우통의 시선은 제2폭 화상에서 천녀가 꽃을 뿌리는 장면으로 향했다. 우통은 깊은 의미를 지니고, 병치될 수 없는 두 장면을 병치시켰다. 법계가 어찌 반드시 시의 경계가 아니랴? 금마문이 어찌 반드시 비야리성이 아니랴? 이 두 화상은 왕사진이 양주 시기를 마무리 짓고 경관 시기를 전개하려는 때에 대창이 그린 듯하다. 우통과 손지울의 두 관점은 회고와 전망이 되기에 충분하다. 맑은 휴가에 편안히 지내는 관원과 널리 시법을 전수하는 문인, 이 두 형상은 하나가 스러지면 하나가 일어나는 식으로 왕사진 일생에서 그림자를 중첩시켰다.

(3) 경관 초임의 모습—〈추림독서도〉

상술한 양주 임관 시기와 관련해서 낭만적 의경의 이 〈매화독서도〉 말고도, 강희 7년(1668) 젊은 왕사진의 장수를 기원해서 제작된 〈추

66_尤侗,《看雲草堂集》,《續修四庫全書》, 1406冊, 卷4, p.589.

림독서도(秋林讀書圖)〉도 있다. 원화는 볼 수 없지만, 가경 11년 병인(1806) 장도악(張道渥) 모본이 있다. 원래의 관지는 "무신(강희 7, 1668) 8월에 원정 선생의 장수를 위해 쓴다(戊申八月寫爲阮亭先生壽)"라고 되어 있고, 화가는 문점(文點, 與也, 1633-1704)이다.[67] 현대 학자 사려예(謝麗霓)의 말에 따르면, 모본에서는 강이 휘감고 산이 둘러싸고 있으며 가을 숲이 아른아른한 속에 우아하고 깨끗한 초가 서재가 있고, 서재 속에서 주인과 손님이 좌탑에 마주 앉아 맑은 대화를 나누고 있다. 경치가 우아하고 청유(淸幽)하며, 필법이 정밀하고 수윤(秀潤)하여 명대 오문 화파의 풍격을 지니고 있다고 한다.[68] 원화가 완성된 후 적어도 12년이 지난 후 왕사진은 국자좨주로서 내직에 임명되어 있었다(왕사진은 강희 19년인 1680년 이 직에 전임했다). 송락이 〈완정 좨주 독서도에 제하다(題阮亭祭酒讀書圖)〉를 지었다.

> 붉은 잎이 사각사각 짧은 기둥 집에 떨어지고, 유인(은둔자)은 고니새처럼 앉아서 가을 소리를 내누나. 다섯 글자의 시를 수유꽃 곁에서 읊어내니, 시내 물흐름의 맑은 소리와 어울리네.
>
> 紅葉蕭蕭下短楹, 幽人如鵠坐秋聲. 吟成五字茱萸沜, 好並溪流徹底淸.

> 가을 숲에 독서하는 그림이 내게 있어, 고요하게 텅 빈 정자가 푸른 시내 가에 있네. 오늘 시를 적으며 한바탕 웃나니, 두 사람의 풍운은 결코 다르지 않구나.
>
> 秋林我有讀書圖, 寂歷空亭碧磵隅. 今日題詩還一笑, 兩人風調不曾殊.[69]

송락의 이 시는 홍엽과 추성으로 계절을 부각시켰다. 짧은 기둥의 서재 밖에는 시냇물과 푸른 샘이 있으며, 상주는 독서하고 음영하면서 그 서재 속에 곡좌(鵠坐, 똑바로 앉음)하고 있다. 이것은 모본에서 묘사한 경

67_文點의 字는 與也, 호는 南雲山樵. 명나라 화가 文徵明의 아들 文彭의 현손이다. 시문을 잘 짓고 서화를 잘 하여 가법을 깊이 얻었다.

68_謝麗霓, 〈舊夢回環二十年 碧雲紅樹故依然—記翁方綱題張道渥摹 '漁洋先生秋林讀書圖'〉, 《滄桑》, 2001年05期.

69_宋犖, 《緜津山人詩集》, 《四庫全書存目叢書》(據中央民族大學圖書館藏淸康熙刻本) 集部, 別集類, 第225冊, 卷13, 《都官草》, p.519.

치와 상당히 부합한다. 제2수의 시의는, 송락에게 한 폭의 〈추림독서도〉가 있어 왕사진의 이 그림과 곡은 달라도 기법이 같다고하고는, 이로써 두 사람의 풍운이 같다고 밝힌 것이다.

가경의 수장가 옹방강은 〈추림독서도〉 원본을 가지고 있었고, 계복림(桂馥臨)·장도악(張道渥)이 임모한 두 모본이 있었다. 옹방강은 일찍이 학자의 입장에서 이 그림의 제작 동기, 유전 과정에 대하여 고증하여, 장도악의 모본 위에 잇대어 적어 넣었다. 글은 이러하다.

> 어양 선생(왕사진)은 명나라 숭정 7년 갑술 윤8월 28일에 태어났다. 이 그림은 강희 7년 무신 8월에 제작되었으니, 이는 어양 선생의 생탄을 축하하여 만든 것으로, 선생은 당시 35세였다. 문점여는 선생보다 한 살 적어서, 당시 나이 34세였다. 이해 선생은 예부에 있으면서 의제사원외(儀制司員外)에 임명되었다. 바로 도문(都門, 서울)에서 예술을 담론하여 왕초문(汪苕文, 왕완)·양왈집(梁曰緝, 양희) 등과 문사(文社)를 맺었을 때이다. 문점여는 또 양왈집을 위하여 〈강촌독서도〉를 만들었다.
>
> 漁洋先生生於明崇禎七年甲戌閏八月廿八日. 此圖作於康熙七年戊申八月, 是爲漁洋先生祝誕辰作, 先生時年三十有五. 與也少先生一歲, 時年三十四也. 是年先生在禮部, 任儀制司員外. 正其談藝都門與汪苕文·梁曰緝諸君子爲文社之時. 文與也又爲梁作江村讀書圖也.

홍미롭게도 이 하수도(賀壽圖)는 세월이 흘러가는 것에 대한 애상감도 전혀 없고, 생탄을 경축하는 기분도 화면에 전혀 깔지 않았다. 화가는 상주가 산수 빼어난 곳의 서재에서 객을 마주하여 청론을 하는 광경을 특별히 부각시켰다. 이 그림은 왕사진이 입경 후 청아한 시인의 형상으로 널리 인연을 맺고자 했던 바람을 드러내고 있다. 이때는 강희 4년 7월 왕사진이 양주를 떠나 북경에 들어가 관직에 부임한 지 3년이 지나, 적극적으로 새로운 인간관계를 개척하고 있던 때였다. 당시 북경에서 그는 왕완(王琬)·양희(梁熙) 등과 문사(文社)를 결성했다. 그림에 제영한 사람으로는 시윤장(施閏章)·방형함(方亨咸)·양희·매경(梅庚)·섭방애(葉方藹, 1626-1682)·웅손적(熊孫適)·장옥서(張玉書)·양완·육가수(陸嘉樹)·송락 등 10인이다. 이 제영자들은 양주 시기의 제영자들과 거의 중첩하지 않는다. 왕사진이 경관에 초임한 후 교제를 맺은 문사들이다. 본 그림의 제영은 왕사진이 새로운 인생 단계로 진입했음을 입증한다고 할 수 있다.

100여 년 후, 73세의 왕사진에게 푹 빠진 옹방강은 후배의 시선으로 이런 시를 지었다.

> 옛 꿈을 꾸어 이십 년을 돌이키매, 푸른 구름과 붉은 단풍나무가 의연하여라. 서찰을 봉함하고 비단에 붓으로 쓰던 사람은 어디에 있나? 좌탑에서 마주하여 시를 논하는 일을 누가 전하랴?
> 舊夢回環二十年, 碧雲紅樹故依然. 緘書拂絹人何在? 對榻論詩語孰傳?
>
> 세월이 오래되었으니 응당 화폭에 뜻을 첨가해야 하거늘, 텅빈 가을 하늘처럼 도무지 말의 해석을 더하지 못하네. 벼루 병풍에 걸린 그림이 마치 빗물의 푸른 물방울이 삽상하게 뿌리듯 하니, 마땅히 소재(蘇齋)[옹방강의 보소재(寶蘇齋)—역자]에서 묵연(墨緣)을 입증해야 하리라.
> 歲久更應添畫旨, 秋空了不著言詮. 研屛綠滴蕭蕭雨, 合向蘇齋證墨緣.[70]

제1수는 한 세대 이전 선배 왕사진의 화상에 대한 숭앙과 흠모의 마음을 쏟아내었다. 제2수는 장도악 모본에 대해 감상을 서술했다. 소재는 옹방강의 서재이다. 100년 전의 옛 그림을, 푸른 빗방울이 뚝뚝 떨어지듯 재현했다. 그리고 이 판각을 연병(研屛)에 걸어두며, 자기가 격세의 대 시인과 묵연을 맺은 것을 경하했다.

3) 중년의 〈성남아집도〉와 그 화상기

왕사진이 문단에서 굴기한 것은, 그가 양주에 있으면서 사방으로 명

70_張道渥摹, 〈漁洋先生秋林讀書圖〉軸, 山西省博物館 소장, 비단, 채색, 116cm×59cm. 위에 翁方綱의 題詩가 있어, 옹방강이 이 그 원화 및 摹本 사이에 있는 묵연의 가화를 기록했다. 위에 든 謝麗霓의 글 참조. 翁方綱의 자는 正三, 호는 覃溪, 만년의 호는 蘇齋이다, 大興(지금 北京에 속함) 사람이다. 서법에 뛰어나고 금석고거학에 정통해서 劉墉·梁同書·王文治와 함께 乾嘉의 '四大家'라 일컬어졌다. 일설에는 劉墉·成親王永洲·鐵保와 함께 '四大家'라 칭한다고 한다. 관직은 內閣學士에 이르렀다.

그림 6-3. (청) 우지정, 〈성남아집도〉 권, 비단, 채색, 50.8X126.5cm, 동경국립박물관.

성을 떨치게 되는 대형의 제화·창화 활동에 참여한 것이 파급 효과가 컸다. 우지정이 강희 21년(1682) 〈성남아집도〉(그림 6-3)를 그렸을 때 국자감좨주로 승진해 있던 왕사진은, 이미 시단 좨주의 높은 봉우리에 올라 있었다.[71] 〈성남아집도〉 화상은 그 활동의 기록이다. 그해 왕우단(王又旦, 1639-1689)과 왕무린 두 사람은 진정경(陳廷敬, 1639-1712)·서건학·왕사진을 맞이하여 성남 축씨원(祝氏園)에서 문주회(文酒會)를 가졌다.

이 그림은 5인 합상이다.[72] 서건학 52세, 왕사진 49세, 진정경과 왕우단 44세, 왕무린 43세이다. 당시 나이가 가장 적었던 왕무린은 〈성남산장화상기(城南山莊畫像記)〉[73]를 작성하여, 자기 자신부터 시작하여 편년식으로 네 상주의 결연 과정을 이야기하고, 본 그림의 제작 연유에 대하

71_嚴迪昌은 王士禛이 시단의 주맹으로서의 지위를 확인한 계기가 康熙 19년(1680) 國子監祭酒로 승진한 이후라고 보았다. 嚴迪昌,《淸詩史》(台北: 五南圖書公司, 1998), 上冊, p.436.

72_李玉棻,《甌鉢羅室書畫過目考》 卷2, 〈禹之鼎〉條, 嚴一萍續編,《美術叢書》(台北: 藝文印書館. 出版年次不一), 5集 第9輯, pp.122-123. “張之升觀察藏有絹本城南五客話舊圖卷, 又雲林同調圖卷, 朱彝尊隸書題, 卷首爲王漁洋·高江村諸人小照, 其後題詠如翁方綱·郭尙先等甚夥, 未能一一記識也.” 〈城南雅集圖〉외에 張之升觀察家 所藏 〈雲林同調圖〉에도 王士禛·高士奇·藍深等등 3人의 合像이 있다. 일설로 부기해둔다.

73_汪懋麟,《百尺梧桐閣集》, 〈文類〉 卷3, p.739.

여 밝혔다. 우선 시간상 결연의 처음으로 돌아가 보자.

> 왕무린은 순치 말 제남 왕공(왕사진)의 지우를 입었고, 강희 초 향시에 천거되어 처음으로 빈객으로 통하여, 해내의 명현과 결연을 했다. 을사(강희 4, 1665)에 합양(郃陽) 왕공(왕우단)과 교분을 맺었다. 정미(강희 6, 1667)에 곤산(崑山) 서공(서건학)과 교분을 맺었다. 을유(강희 8, 1669) 각시(閣試)에 응시하러 입경해서, 택주(澤州) 진공(진정경)과 교류하여, 시를 논해서 계합했다. 당시 진공은 관직이 시독, 서공은 효렴, 왕공은 잠강 현령이었다. 제남공은 양주 추관으로부터 예부주객으로 옮겼다.
>
> 懋麟自順治末受知於濟南王公及康熙初擧鄕試, 始通賓客, 與海內名賢相結納. 乙巳得交郃陽王公. 丁未得交崑山徐公. 己酉應閣試入京, 得交澤州陳公, 相與論詩有合焉. 時陳公官侍讀, 徐公爲孝廉, 王公領縣潛江, 而濟南公則由揚州推官遷禮部主客矣.

수 년간 왕무린은 네 사람과 교분을 맺었다. 그 사이에 각자의 관리생활은 들쭉날쭉해서, 혹 상을 당하기도 하고, 혹 외직으로 부임하기도 하고, 혹 성친을 가기도 했다. 강희 15년 왕우단은 분상하러 귀향했고, 나머지 네 사람은 잠깐 궐하에서 시에 대해 논하는 기연을 얻었다. 이 외에는 강희 9년부터 시작하여 이후 10여 년에 이르는 오랜 기간, 다섯 사람은 서로 엇갈려서 도무지 한 곳에 모이지를 못했다.

> 경술의 해(강희 9, 1670) 서공(서건학)은 과거에 장원하여 사관(詞館)에 들어가고, 제남공(왕사진)은 호부낭(戶部郎)을 맡았으며, 왕무린은 중서성에 있어서, 네 사람이 궐하에 모였다. 오직 왕공이 강한(江漢)에 멀리 3천여 리 밖에 있어서, 때때로 시를 보내오기는 했으나 그리워하기만 할 뿐 멀어서 왕래 할 수는 없었다. 임자(강희 11, 1672) 가을, 제남공이 향시를 주관하러 촉 땅에 들어가고 곧이어 태부인의 상을 당하여 관직을 떠났다. 다음 해 계축(강희 12, 1673) 서공이 성친하러 가고, 왕무린은 모친상을 당하여 떠났다. 진공(진정경)은 상을 강악(講幄, 경연)에 모셔 상의 지우를 입어 늠연한 공보(公輔)로, 우리와 달라 초췌하게 처량하지가 않았다. 다시 3년 뒤 병진(강희 15, 1676), 왕공이 잠강에서 징소되어 와서 급사중을 제수받았고, 나와 서공은 상복을 벗고 입경했다. 하지만 왕공이 우리보다 앞서 상을 당해 떠났으므로 만날 수가 없었으므로, 네 사람만 궐하에 다시 모여 공무의 여

가에 시를 논했다. 얼마 되지 않아 서공과 내가 다시 상을 당해 떠났다. 그 3년 뒤 기미(강희 18, 1679)에 우리 두 사람이 다시 왔으나, 제남공은 이미 관각의 직을 고쳐 받아 제주에 배수되었다. 진공은 오래 한림학사로 있다가 서너 달 전에 태부인의 상으로 귀향했으므로, 또 만날 수가 없었다. 다시 2년 뒤 신유(강희 20, 1681), 왕공이 비로소 급사문하(給事門下)로 오고, 진공이 이어서 다시 한림의 관직을 맡아, 다섯 사람이 비로소 한데 모여 흩어지지 않게 되었다.

歲庚戌(按康熙9年, 1670), 徐公取上第, 入詞館, 濟南公歷戶部郎, 懋麟在中書, 四人者相聚於闕下. 惟王公隔江漢, 相去三千餘里之外, 雖時見其詩, 思其人, 而遠莫能致也. 壬子秋, 濟南公試士入蜀, 尋以太夫人憂去. 明年癸丑, 徐公覲省去, 懋麟遭母喪去. 陳公方侍講幄蒙上知, 凜然公輔, 不似予輩之憔悴而濩落也. 又三年丙辰, 王公自潛江被召, 授給事中, 余與徐公服滿入京, 而王公先以憂去, 不得見, 惟予四人者復聚於闕下, 暇輒論詩. 未幾, 徐公與余再以憂去. 越三年, 己未, 予兩人再來, 濟南公已改館閣拜祭酒, 而陳公久領翰林學士, 先數月以太夫人喪歸里, 又不得見. 又二年, 辛酉(按康熙20年, 1681), 王公始來給事門下, 陳公繼入再領翰林, 五人者始聚而不散.

강희 20년(1681)에 이르러, 근 20년 동안 서로 엇갈려 모이고 흩어지고 하는 역정을 거쳐, 5인은 마침내 궐하에서 다시 모이게 되었다.

20년간의 일을 추억하니 모였다가는 흩어지고 흩어졌다가는 모여, 중간에 우환의 사정이 각기 달랐다. 기약하지 않고도 이렇게 된 것에 대하여 진공은 깊이 감동했다. 이에 임술(강희 21, 1682) 7월, 성남 산장에 다시 모셔, 시를 짓고 술을 마시면서 서로 즐기고, 홍화(興化) 우생(禹生)[우지정(禹之鼎)]에게 다섯 사람의 형상을 그림으로 그려 하나의 도화로 만들라 하고, 왕무린에게 기(記)를 지으라고 했다.

回憶二十年來, 聚復散, 散復聚, 中更憂患情事不殊, 若有不期然而然者. 陳公於此深有感焉. 於是壬戌七月, 相聚於城南山莊, 賦詩飮酒相娛樂, 命興化禹生貌五人像爲一圖, 屬懋麟爲之記.

위의 글은 '모이고 흩어짐'을 초점으로 삼아 다섯 사람의 교유 인연을 상세하게 말하고, 다섯 사람이 청장년에서부터 중년으로 접어들기까지의 상당히 자부할 만한 사환 경력을 아울러 기록했다. 이 글에서 왕무린은 양주 시기부터 한결같이 추종하여 학습한 스승이자 함께 상주가 된 왕사진을 어떤 시선으로 보고 있는가? 글 뒤에 간단한 평이 있다.

> 다섯 사람의 일을 흩어서 제기하자, 지류가 갈라져 흐르듯이 하여, 수습하기가 아주 곤란하다. 앞에서 두 개의 작은 매듭을 두고, 뒤에 홀연 '다섯 사람이 모였다가 다시 흩어졌다'라는 한 구절을 적어서 큰 매듭으로 삼았으니, 정말로 온갖 작은 강물들이 황하로 쏟아져 들어가는 형세이다. 중간에 헤어졌다가 모이는 일을 서술하여 정과 글이 서로 생동하여, 사람들에게 붕우의 중함을 더욱 느끼게 한다.
> 散提五人, 如支流泒分, 甚難收拾. 前作兩小結, 後忽著五人始聚而不散一句作大結束, 眞有百川灌河之勢. 中間敍述離合, 情文相生, 令人增朋友之重.

조정 사우의 아집을 그린 이 화상은 결국 중요한 기념물이 되었다.

> 무릇 고인 가운데 도의와 문장으로 서로 투합한 사람들은 노닐든 거처하든 함께 하여, 후인이 그 풍모를 흠모해서 바로 도화로 드러내었다. 향산(香山)[향산구로회(香山九老會)]·낙사(洛社)[낙양기영회(洛陽耆英會)]·서원(西園)[북송의 부마도위 왕선이 별장 서원에서 소식·황정견·미불 등 16인과 가진 모임인 서원아집(西園雅集)—역자]의 여러 도기(圖記)는 널리 유행하여, 시중의 아이나 판매 상인도 모두 알고 있다. 이름을 같이 하고 어깨를 나란히 하며 부류를 연계시켜 일컫기를, 한나라 때의 팔주(八廚)·팔준(八俊)·팔고(八顧)·팔급(八及)[이상은 모두 후한 말 명사들을 분류한 명칭—역자]처럼 한다. 칠자(七子)·오군(五君)이란 여러 품목들은 일시를 장식하는 어휘이거늘, 천년 이후 마침내 바꿀 수 없을 만큼 된 것은 역시 그 이름 때문만이 아니리라!
> 夫古人以道義文章相合者, 其游處與共, 後人慕其風, 輒見於圖畫, 若香山洛社西園諸圖記流傳最廣, 雖市兒販夫皆知之. 至於齊名比肩, 聯類以稱, 如廚顧俊及, 七子五君諸品目, 大抵一時矜飾之詞, 而千載而下, 亦遂以爲不可易, 或亦不僅以其名也與?

왕무린은 한 시대의 전형인 아집도가 그 유전의 장구함(당송의 명원아집도가 지금까지 전한다)과 그 공간의 드넓음(경성 사대부에서부터 시정의 아이와 상인에까지 이른다)을 통해 사람들로 하여금 상주의 풍모를 흠모하게 만든다는 사실을 잘 알았다. 마지막으로 왕무린은 다시 이 화상에 대하여 종이 위의 안내를 했다.

그림이 이미 이루어지자, 정사(亭榭)·교량(橋梁)·수석(水石)·죽수(竹樹)·필상(筆牀)·다구(茶具) 따위가 꼭 닮게 그려져 있지 않은 것이 없었다. 진공은 석안을 앞에 두고 붓을 잡아 글씨를 쓰려 하고 있다. 제남공은 책상에 의지하여 왼쪽을 보고 있다. 왕공은 책상을 마주하여 다리를 들고 앉아 있다. 수풀 사이의 사람들이 손을 잡고 이야기를 하고 있으니, 서공과 무린이다. 무린은 조금 부끄러운 기색이 있다. 진공과 제남공은 각각 명덕으로 천자의 스승이 되었고, 서공은 청궁(青宮, 동궁)의 익찬이면서, 진공과 함께 사국(史局)을 영도하고 있으며, 왕공은 바야흐로 습유보궐(拾遺補闕)로 있다. 그런데 나는 녹록하게 보잘 것이 없어서 드러낼 바가 없거늘, 나이는 진공보다 고작 한 살 적을 뿐이면서 그저 부화한 이름만 나서, 필찰(筆札)을 받아 찬국(纂局)[《명사》 편수국—역자]으로 달려갔다. 그렇거늘 제공은 오랜 친구로 받아들여, 내쫓아버리지를 않고서, 아침저녁의 담론을 함께 하도록 허락했다. 매번 거울을 들고 스스로를 비춰볼 때마다 정수리의 머리카락은 반은 벗어지고 흰 수염이 나날이 생겨나서, 시들고 말라버린 무료한 형상을 남에게 보일 수가 없거늘, 하물며 그림으로 그려서 어쩌겠는가? 다른 날 제공은 훈업이 성대하게 된 이후 벼슬살이에 혹 지쳐서, 천택(川澤)에서의 잠깐 사이 휴가를 얻어 목욕을 하고자 할 것이다. 나는 복건(幅巾) 쓰고 방포(方袍) 걸치고 지팡이 짚고 삿갓 쓰고 제공을 따라서, 산천과 운물(雲物)의 아름다움을 마음껏 누려, 함께 손을 잡더라도 부끄럽지 않게 될지도 모르기에, 잠시 이 그림을 보관하여 그 날을 기다리고자 한다.

圖既成, 亭榭·橋梁·水石·竹樹·筆牀·茶具之屬, 圖不畢肖. 陳公據石案, 搦管欲書, 濟南公倚案左側視, 王公面案企腳坐. 握手語林木間者, 則徐公與懋麟也. 懋麟於此, 竊有愧. 陳公與濟南公各以名德爲帝師, 徐公翊贊青宮與陳公幷領史局, 王公方拾遺補闕, 而予庸碌無狀, 無所表見, 齒僅少陳公一歲, 徒以浮名受筆札, 趨走纂局. 而諸公以故人, 不卽擯棄, 許共朝夕譚議. 每攬鏡自顧, 顚毛半秃, 白髭日生, 枯槁無聊之狀, 不堪向人, 何復以畫爲哉? 他日諸公勳業既盛, 宦游或倦, 欲借川澤須臾之暇而休沐焉. 予得幅巾方袍杖笠, 以從縱潭山川雲物之美, 或有可以把臂無媿者, 姑藏斯畫以待之.

왕무린은 도면에 근거하여, 아회의 장경이 건물 밖 정원이고 다섯 사람이 좌우 양켠에 있으면서 자태가 가볍고도 한가롭다고 상세히 밝혔다. 오른쪽 세 사람은 탁자를 둘러싼 좌상으로 그렸다. 진정경은 탁자에 앞에 붓을 잡고 있고, 왕사진은 책상에 의지하여 비스듬히 기대 있으며,

왕우단은 무릎을 끌어안고 다리를 세우고 앉아 있다. 책상 위에는 서적 따위를 간략히 배치했다. 왼쪽 두 사람은 숲 나무들이 어른어른한 속에서 있는 모습으로, 손을 든 왕무린과 수염을 날리는 서건학이 어깨를 기대고 서로 담화하면서 숲 사이를 한가히 걷고 있다. 화면은 분명히 종래의 아집도와 비슷하여, 표방과 전시의 의도를 지니고 있다.[74] 하지만 과거의 아집은 환담·수창·감상·행음 등 구체적 활동으로 인물을 소조하려고 시도한 데 비하여 우지정의 이 그림은 상당히 절제를 했다. 서건학과 왕사진은 가까이 모여 있으나, 다섯 사람은 사실상 각자 관람자를 면대하고 있다. 화가는 조용하게 추스린 신체와 단아하게 응시하는 시선을 더욱 추구한 듯하다.

왕무린의 글은 뜻이 극히 겸손하다. 진정경과 왕사진 두 사람에 대해서는 그 둘을 황제의 스승으로 추대하여, 두 사람이 동시에 한림원에서 있으면서 남서방에 숙직하여 강희제의 시독으로 있다고 말했다. 진정경과 서건학에 대해서는 다시 《명사》 편찬 작업을 주관하고 있다고 밝혔다. 그리고 그 세 사람은 40에서 50으로 접어드는 나이이며, 모두 혁혁한 고관으로 있어서 지위가 아주 높다고 했다. 서건학은 왕무린을 이끌고 한림에 들어와 《명사》를 찬수하도록 천거하여, 더욱 은정이 많았다. 화면에서는 나이가 가장 많은 서건학을 나이가 가장 적은 왕무린이 모시고 있도록 하여, 특별히 제휴의 의미를 드러내었다. 왕우단은 관직이 조금 낮은 듯하지만, 조정 관료로 있으면서 시로 회우(會友)하여, 진정경과 왕사진 등의 찬양을 얻었다.

왕무린은 '성남아집'의 정의에서 그림 속 문인들의 예술 활동에 중점을 두지 않고 더욱 적극적으로 이 그림을 미래를 향한 유력한 물증으로 간주했다. 만약 다른 날 "제공이 훈업이 성대하게 된 이후 벼슬살이에 혹 지쳐서, 천택에서의 잠깐 사이의 휴가를 얻어 목욕을 하고자 할" 때에 왕무린은 복건과 방포에 지팡이 짚고 삿갓 쓰고서 제공을 따라, "혹 함께 손을 잡더라도 부끄럽지 않게 될지도 모르기에, 잠시 이 그림을 보

74_晩明 項聖謨와 張琦의 〈尙友圖〉·〈婁東十老圖〉는 그림 속 인물이 정면을 향해 사진처럼 개방 형식을 취하고 있다. 李國安, 〈明末肖像畫製作的兩個社會性特徵〉, 《藝術學》, 第6期, 1991年9月, p.125.

관하여 그 날을 기다리고자 한다"라고 했다. 이 그림은 과거의 아집도 관습을 이으면서, 뭇 인사들을 휴한의 사교장 속에 두어, 사인이 지닌 풍아의 품격을 선명한 형상으로 부각시켰다. 우지정이 그린 이 그림에서 그 성원이 구축한 것은 문우권이면서 조정의 관료 집단이다. 상주의 한 사람이자 관중의 한 사람인 왕무린의 시각에서 한걸음 더 나아가 말하자면, 이 그림은 '활동'을 우위에 둔 아집도가 아니라 개인의 유력한 지표이다. 즉 고관의 청한을 칭송하는 분위기를 만들어, 사환 경력을 배경으로 하는 견고한 우의를 입증하고, 문관 집단내의 미묘한 관계를 뚜렷하게 게시했다.[75]

4) 만년의 화상과 제영

(1) 전고 사용—〈하서도〉와 〈방한도〉

강희 기묘 38년(1699)과 경진 39년(1700)은 형부상서 직에 있던 67세의 왕사진에게는 대단히 중요한 해로, 황은과 화상에서 특별히 풍요한 수확이 있었던 시기이다. 왕사진이 총애를 입은 역정을 돌아보면 이러하다. 강희 17년, 청 조정은 부조(部曹)를 사신(詞臣)으로 고쳐 임명하는 첫 예를 열었으니, 왕사진은 특별한 은총을 입어 호부시랑으로 있다가 한림원 시독으로 개수되었다. 이로부터 왕사진은 늘 패초되어 건청궁 남전 남서방으로 향했다. 20여 년 동안 관위는 한림원시독에서 국자좨주, 첨사부소첨사, 한림원시강학사, 도찰원부도어사, 병부독보우시

75_왕사진과 왕사록 형제의 吟詠 활동에 대해서는 화가가 그린 〈新城昆季倡和圖〉가 있다. 王沛恂이 다음과 같이 題詩했다. "海航信指南, 百體尊主腦. 大雅無宗盟, 楚漢恣徑討. 新城詩伯興, 草竊橫欲掃. 詞源萬壑兮, 狂瀾回既倒. 輞川詩兼畫, 難弟夏卿好. 酬唱不在多, 新意發春草. 感時念往蹤, 丰標不可考. 檢點漁洋集, 一字一珠寶. 傳神資墨妙, 非但寫文藻. 把卷陟琅邪, 展看得二老. 一老舊時容, 其一悲枯槀. 滄波淺且淸, 白雲歸瑤島. 海外浮三山, 望洋空浩浩." 王沛恂, 《匡山集》(《四庫全書存目叢書》, 據吉林大學圖書館藏淸雍正刻本影印, 集部, 別集類, 第255冊), 卷2, p.42. 시의 뜻으로 보면, 題詠은 후배가 선배를 추억하는 어조이다. 圖繪도 당대의 그림은 아닌 듯하나, 다른 자료가 없으므로 일설로 남겨둔다.

랑, 호부좌시랑, 도찰원좌도어사를 거쳤다. 강희 38년에 이르러 왕사진은 강희제의 은총을 입어 거의 정상의 지위에 이르렀다. 세세하게 따져보면, 이 해 5월 23일, 남서방에 당직했을 때 어서(御書)의 소겸(素縑) 한 폭을 하사받았는데, 남순 때의 어제 〈주행(舟行)〉 칠언절구 한 수였다. 6월 20일 또 당직하자, 다시 어서 대자 1련 "연하는 모두 새 시권으로 들어가고, 곽읍은 한가히 옛 그림에 열려 있다(煙霞盡入新詩卷, 郭邑閑開古畫圖)"를 하사받았으니, 곧 당나라 위장(韋莊)의 시구이다. 7월 23일, 강희제가 황태자에게 새외에서의 군사작전에 대해 칙유한 내용을 왕사진이 편차하여 올리자, 강희제는 또 어필을 하사했다. "병법을 잘 활용하는 자는 병역을 거듭 일으키지 않고 식량을 3년 동안 묵히지 않으므로, 군사는 오래 폭력을 쓰지 않고 하늘의 벌이 빨리 결정한다(善用兵者, 役不重興, 糧不三載, 故師不久暴, 而天誅亟決)"라는 내용으로, 그 아래《한서》라는 두 글자의 주가 있다. 함께 칙지를 받은 자로는 호부상서 진정경(陳廷敬), 예부상서 장영(張英), 공부상서 왕홍서(王鴻緒) 및 왕사진 등 4인이다. 11월에 좌도어사에서 형부상서로 옮겼다. 다음 해 6월 28일, 어서 '대경당(帶經堂)' 편액을 다시 하사받았다. 강희제는 중관을 시켜 대학사 장영의 곳에 보내어 전달하여 반포했다. 왕사진은 다음 날 오고(五鼓)의 시각에 창춘원에 가서 사은의 예를 올렸다. 7월 24일, 여러 사람들이 함께 당직하며, 강희제가 당시를 쓰고 뒷면에 인물·산수·화조를 그린 상죽금선(湘竹金扇)을 각각 하사받았다. 이때 왕사진은 인물 그림에 '주인능정송정한(主人能政訟庭閑)' 1수를 쓴 금선을 얻었다. 10월 초6일, 강희제는 왕사진의 나이와 과분(科分, 과거 합격 시기)을 묻고, 서양 근시안경을 시험해보라고 명했다.[76]

황은을 받은 사실을 왕사진은 자찬 연보에 조목조목 기록하여, 황제가 문학 노신에 대해 베푼 총우와 성은을 극히 진중하게 여긴다는 뜻을 드러냈다. 여러 차례 어서와 편액을 받자, 왕사진은 모각하여 청당(廳堂)에 내걸어 융성한 성은을 드러내고 자손에게 전했다. 이 해에 특별히 우지정에게 부탁하여 여러 폭의 화상을 그리게 했는데, 그중 〈하서도(荷

76_《漁洋山人自撰年譜》, 卷下, pp.51, 52;《徵略》, pp.468, 471, 484, 487.

鉏圖)〉가 훌륭한 예이다.

① 〈하서도〉

왕사진의 《분감여화(分甘餘話)》에 이러하다.

> 내가 총헌(總憲)으로서 내대(內臺)를 관장하고 있을 때 '대경당' 세 큰 글자를 하사받았다. 대개 한나라 어사대부 예관(兒/倪寬)의 고사를 사용한 것이다. 나는 이에 두자미(두보)의 "가랑비 속 호미 들고 서 있고, 강 원숭이는 푸른 병풍 같은 산속에서 울어댄다"의 구의(句義)를 취하여 〈하서도〉를 만들었다.
> 余爲總憲掌內臺時,蒙思賜'帶經堂'三大字, 蓋用漢御史大夫兒寬故事也. 余因取杜子美'細雨荷鋤立, 江猿吟翠屛'句意, 作〈荷鉏圖〉."[77]

또 이 해의 《어양산인자찬연보》에는 이러하다.

> 6월 28일, 어서 '대경당' 편액을 하사받아, 중관을 시켜 대학사 장영의 곳으로 보내어 반포하게 했다. 대개 한나라 어사대부 예관의 고사를 사용한 것이다. 그러자 산인은 두자미(두보)의 "가랑비 속 호미 들고 서 있고, 강 원숭이는 푸른 병풍 같은 산속에서 울어댄다"의 구의를 취하여 홍로 우지정에게 부탁하여 〈하서도소조(荷鉏圖小照)〉를 그리게 했다. 남해 지오(芝五) 양패란이 노래를 지어 그 일을 기록했다.
> 六月二十八日, 賜御書帶經堂匾額, 令中官送大學士張英處轉頒, 蓋用漢御史大夫兒寬故事也. 山人因取杜子美'細雨荷鋤立, 江猿吟翠屛'句, 屬禹鴻臚之鼎寫〈荷鉏圖小照〉. 南海梁芝五佩蘭爲作歌紀事.[78]

이 화상은 강희제의 하사에서 기인하는데, 두 개의 전고와 관련이 있다. 하나는 강희제가 한나라 어사대부 예관(兒/倪寬 ?-기원전103)의 고사를 취하여 왕사진에게 어서 '대경당' 편액을 하사한 것이고, 하나는 왕사진이 두보의 시구를 취하여 우지정에게 화상을 그려달라고 부탁한 것이다.

77_王士禛,《分甘餘話》, 卷4, p.98.

78_《漁洋山人自撰年譜》, 卷下, pp.52-53.

《한서》 권58 〈예관전〉은 몇 가지 중점이 있다.

○ 사람이 온량하고 염우가 있어 자신을 지킬 줄 알았으며 문장을 잘 지었다.
○ 하지만 무(武)에 겁이 많았다. […] 연사(掾史)가 그래서 예관을 시켜 상주하게 했는데, 상주문이 이루어지자 읽어보고 모두 탄복했다. […] 마침내 그 재주를 기특하게 여겼다.
○ 경학에 대해 말씀을 올린 것을 보고, 상이 기뻐했다. 이에 《상서》 1편에 대해 묻고, 중대부로 발탁했다가 좌내사로 옮겼다.
○ 백성을 다스려 농업을 권면하고 형별을 늦추고 옥송을 처리했다. 자신을 낮추어 선비들 아래로 처하고, 인심을 얻는 일에 힘썼다. 인후한 선비를 택용하고 실정을 미루어 아랫사람들을 대하고 명성을 구하지 않아 하급관리와 백성들이 크게 믿고 사랑했다.
○ 예관을 배수하여 어사대부로 삼았다.[79]

아관은 성격, 재학, 치적, 처사, 총우 등 어떤 면에서도 왕사진과 부합하지 않는 것이 없었다. 강희제는 한무제의 성세에 자신의 시대를 견주고 또 가장 훌륭한 전례를 골라 조신에게 당호를 하사한 것이다.

두보의 시구는 〈모춘에 양서의 새로 빌린 초옥에 제한 다섯 수(暮春題瀼西新賃草屋五首)〉 가운데 제3수이다.

> 채색 구름이 컴컴해지다가 다시 희어지고, 비단 같은 나무는 새벽이 되자 푸른색을 띠네. 신세는 두 구레나룻의 쑥대 모습에 새겨져 있고, 건곤 사이에 다만 초가 정자 하나로다. 슬픈 노래로 때때로 스스로를 서글퍼 하나니, 취하여 추는 춤을 누구를 위해 깰 것인가? 가랑비 속 호미 들고 서 있고, 강원숭이는 푸른 병풍 같은 산속에서 울어댄다.
>
> 綵雲陰復白, 錦樹曉來青. 身世雙蓬鬢, 乾坤一草亭. 哀歌時自惜, 醉舞爲誰醒? 細雨荷鋤立, 江猿吟翠屛.

당나라 대종(代宗) 대력(大曆) 2년(767) 3월, 기주(夔州)에 있던 두보는 양서(瀼西)로 이사하여 집을 빌렸다. 이 다섯 수는 모춘의 시절로 이

79_《漢書》, 卷58, 〈公孫弘 · 卜式 · 兒寬傳〉, 《二十五史》(台北: 藝文印書館), 《漢書》, 總 pp.1,218-1,221.

야기를 시작하여 신세의 슬픔을 곡진하게 서술했다. 그 제3수는 새로 초옥을 빌린 것을 언급했다. 앞의 두 구는 잠깐 비가 왔다가 잠깐 개었다가 하고 붉은 꽃은 드물고 녹음이 짙다고 하여, 초옥 앞 모춘의 경치를 묘사했다. 이어서 표령한 신세가 마치 천지건곤의 한 작은 정자와 같다고 했다. 뜻이 극히 슬프고도 절실하며, 말이 대단히 씩씩하다. 이어서 고통 중에 즐거움을 느낀다고 하고, 그림 같은 경치의 묘사로 매듭지었다.[80]

친우 양패란, 문인 목원(繆沅, 1678-1729)·주재진(朱載震)·궁홍력(宮鴻歷) 등등도 모두 제시가 있다.[81] 애석하게도 그림이 전하지 않아서, 여러 제시들을 통하여 화면을 상상할 수밖에 없다. 양패란에게 〈제어양산인하서도 병서(題漁洋山人荷鋤圖 幷序)〉[82]가 있다. 서문은 이러하다.

> 어서(御書)로 산인에게 '대경당' 세 글자를 하사하셨다. 산인은 한나라 예관의 '대경하서(帶經荷鋤)'를 취하여, 우홍려(우지정) 신재(愼齋)에게 부탁하여 〈하서도소조〉를 그리게 하고, 두소릉(두보)의 "가랑비 속 호미 들고 서 있고, 강 원숭이는 푸른 병풍 같은 산속에서 울어댄다"를 그 사이에 경치로 배치하고는, 내게 노래를 지으라고 부탁했다.
>
> 御書賜山人帶經堂. 山人因取漢兒寬帶經荷鋤, 屬禹鴻臚愼齋作荷鋤圖小照, 而以杜少陵帶雨荷鋤立·秋猿吟翠屛布景其間, 屬予作歌.

서문에서 먼저 화상의 기본 정보를 제공했다. 예관의 사적으로 상주를 소조해낸 후, 두보의 시구로 배경을 삼았다고 밝혔다. 그 아래 시에서 전반부는 먼저 화면을 서술했다.

> 하늘이 나직한 강가에서는 아지랑이 속 나무들을 분별할 수 없고, 강물의 구름과 산의 구름은 한곳에 있네. 가벼운 돛배는 서너 점이 허공에 잠기고, 온양(醞釀)의 강 언덕에는 비가 내려 강물이 넘친다. 먼 봉우리는 비췻빛으로 젖어 있고 원숭이는 여전히 우는데, 새로 웃자란 싹이 여기저기 푸른색을 띠고 물가에는 고포가 무성하구나. 그 가운데 밭으로 향하는 자취를 초일하게 부쳤으니, 어양 선생이 그 취미를 제대로 얻었구나.

80_[淸]楊倫,《杜詩鏡銓》(台北: 漢京出版社, 1983), 卷15, pp.746-747.

81_《徵略》, p.482.

82_梁佩蘭,《六瑩堂集二集》, 卷2, p.300.

江天不辨烟中樹, 水雲山雲共一處. 輕帆幾點半空沒, 醞釀川原漲成雨. 遠峰翠溼猿尙吟, 新苗綠遍菰蒲渚. 就中行田寄超迹, 漁洋先生得其趣.

원경은 내 낀 강에 경쾌한 돛배들이 오가고 산수는 아득히 넓으며, 강물이 넘쳐나는 곳에 비가 떨어지고, 먼 봉우리는 푸르게 젖어 있으며, 간간이 원숭이 우는 소리가 들려온다. 중경은 물론 앞 들의 푸른 벼싹일 것이다. 근경은 주인옹이 삼태기를 지고 밭에 서 있는 모습이다.

> 홍로(우지정)의 훌륭한 솜씨가 잘 전하리니, 묘당(조정)에 어찌 농기구를 감추어두겠나? 어서는 용과 난새같은 글씨로 경술(經術)의 온축을 드러냈으니, 나라에 헌신하는 직(稷)과 설(契)에게 은우가 융성하다.
> 鴻臚好手爲善傳, 廟堂豈有藏農具? 御書鸞龍表經術, 許身稷契方隆遇.

양패란의 시는 이어서 묘당과 농사는 본래 서로 장애하거늘 어찌 왕사진의 한 몸에 모여 있단 말이냐고 반문했다. 그리고 일전하여, 황제가 한나라 어사 예관의 전고 '대경이서(帶經而鋤)'를 취하여 어서로 편액을 하사한 주제로 돌아갔다. 그렇기에 그림 속에서 농기구를 등에 진 왕사진은 실제로 호미 들고 땅 파는 농부가 결코 아니라 역사적 광휘를 말하는 우아하고 존귀한 문화 농부이다. 사실 양패란이 이 시를 쓴 시기는 화상이 그려진 후 3년 뒤 강희 42년(1704) 6월 24일이다. 즉, 왕사진이 양패란 · 장상원(張尙瑗) · 적억(狄億) 등 문사들을 불러 신고재(信古齋)에 모여 술자리를 벌이고 시를 지을 때 양패란에게 여러 화상들에 제시를 하도록 부탁한 것으로, 〈하서도〉는 그 하나이다. 약 1개월 전, 5월 12일, 강희제는 창춘원의 어시경진과(御試庚辰科)에 합격한 서길사들을 친시하고 방방 이후 13인에게 관직을 제수하되, 양패란 · 장상원 · 적억 3인은 만주 글씨를 익히지 않았으므로 모두 외직으로 파견했다. 양패란은 지현(知縣) 선발에 나아가기를 원하지 않았고, 또 내각의 중서성에 머물기를 청하지도 않았다. 바로 이렇게 실의한 때였으므로, 왕사진이 배려의 뜻에서 그들을 불러 술자리를 가진 것이다. 양패란은 왕사진의 〈하서도〉를 보고, 자기 자신의 처지를 그 속에 투사하여, 시의 마지막에서 이렇게 적었다.

호미 둘러메는 일은 다만 한가한 사람에게만 부합하니, 내가 소를 타고 홀로 귀거래하는 것을 기다리시게나. 부용의 별업에는 붉은 차조를 심고, 몸소 농서를 편집하고 주석하리라.

荷鋤只合付閒人, 待我騎牛獨歸去. 芙蓉別業種紅秫, 手輯農書自箋註.

엄격히 말하면 학(學)과 관(官)의 두 둥지에 있는 왕사진은 농기구 멜 자격이 없지 않은가? 양패란이 말했듯이, 관직을 사직하고 별업으로 돌아간 한가로운 사람이나 전유할 것이 아닌가! 진정으로 농기구를 멜 사람은 작자 양패란 자기가 아닌가! 내가 귀거래하면, 붉은 차조를 씨 뿌리고 농서를 편집하고 스스로 주석을 하리라!

두 문생인 사신행(查愼行, 1651-1728)과 고사립(顧嗣立, 1665-1722)에게는 모두 〈하서도〉 장편이 있다. 사신행의 〈대사구 신성공(왕사진)의 하서도에 삼가 제하다(奉題大司寇新城公荷鋤圖)〉는 이러하다.

성스러운 군주와 어진 신하가 만나길 요임금과 순임금 때와 같이 하니, 문장과 정사에서 누가 이와 같은가? 동쪽 집의 대사구는 노 땅 출신 대유로, 품격과 명망을 홀로 경술과 함께 갖추었지. 낮에는 세 번 성군을 접하여 은총과 하사가 특수하고, 성남의 훌륭한 집에는 어서가 휘황해라. 대경당의 편액을 공이 손수 모각하고는, 다시 회화를 홍로(우지정)에게 부탁했구나. 눈앞에는 호탕하게 강호의 기운이 생겨나고, 귀거래 꿈은 부상의 구석에 떨어지네. 제주(齊州, 중원)의 구점(九點)은 모호하게 푸르고, 일만 나무들은 그늘이 짙어 새와 원숭이가 울부짖는데. 봄 산에 비가 오려고 하여 구름이 산의 피부를 이루고, 돛 배는 이리저리 달리며 물새와 오리를 따르는구나. 마을이 깊고 기슭이 돌아나가 물가 부들이 둘러 있고, 푸른 버들은 안개 낀 듯 평평한 풀언덕과 닿아 있다. 그 가운데 한 노인이 호미를 지고 가니, 우리 공이 어찌 산택에 파리한 외론 신하이랴? 신선의 외표와 품격으로 눈썹과 모발은 푸르며, 조정의 적삼이든 야인의 복색이든 둘다 구애받지 않누나. 좋은 밭 두 이랑에 택지가 한 구역이니, 사람이 살아가면서 이 경지가 어이 없을손가? 순임금 조정의 당시에 이런 그림이 없었으니, 성대한 사실이《상서》〈고요모〉에 누락되었도다.

君臣際會唐與虞, 文章政事誰不如? 東家司寇魯大儒, 品望獨與經術俱. 晝日三接寵賚殊, 城南甲第輝御書. 帶經堂顔公手摹, 復以繪畫煩鴻臚. 眼前浩蕩生江湖, 歸夢曉落扶桑隅. 齊州九點靑糢糊, 萬木陰陰猿鳥呼. 春山欲

> 雨雲作膚, 風帆亂走隨鷗鳬. 村深岸轉帶渚蒲, 綠楊如煙際平蕪. 中有一翁行荷鋤, 我公豈是山澤臞? 神仙標格蒼眉須, 朝衫野服兩弗拘. 良田二頃宅一區, 人生此境何可無? 虞廷當時少此圖, 盛事缺載皐陶謨.[83]

이 시의 앞 두 단락은 은사(恩師)의 문장이 뛰어나고 정치가 훌륭하며 은총을 받은 것이 특히 영광스러움을 칭송하고, 중간 단락은 도면의 경치를 묘사했다. 뒤의 두 단락은 왕사진의 농기구 둘러멘 형상이 지닌 의의를 논했다.

고사립도 〈대사구 신성 선생의 하서도에 삼가 제하다(奉題大司寇新城先生荷鋤圖)〉라는 제목으로 다음 시를 지었다.

> 들판 아지랑이가 비를 빚어내어 하늘이 낮아지려 하고, 사방 산에 바람이 빨라 외론 원숭이 울부짖누나. 세 점, 네 점으로 물새는 갯포를 이별하여 떠나고, 외마디 두 마디 소리로 건너 시내에서 사람 목소리 들려오네. 이때 이 경치를 누가 흡사하게 그리랴? 두릉(두보)의 아름다운 시구와 어양(漁洋)의 제(題)로다. 선생의 경술은 근저가 풍부하고, 도인의 풍모는 멀리 응축하여 밭도랑 같은 피차의 한계를 두지 않는다. 풍모와 도량은 성천자의 권우를 움직일 만하고, '대경'의 신성한 어필은 노란색으로 봉해 내리셨네. 기장과 찰벼는 무성하여 장맛비에 두루 웃자랐고, 쟁글쟁글 패옥은 사장의 둑을 따라갈 때 울려나네. 어이하여 야인의 복색에 패랭이를 쓰고, 수염 날리며 길게 휘파람 불면서 호미와 쟁기를 휘두르는가? 강가 나무는 아득하게 갯가 물굽이에서 식별되고, 멀리서 오는 돛배는 오리·따오기와 다투며 출몰하누나. 맑은 회오리바람은 휙휙 옷과 띠를 나풀거리게 하고, 코 없는 신발은 청산의 진흙을 찰박찰박 밟는다. 이제 알겠네 홍로(우지정)는 아주 교활하여, 이 묘경을 시설해서 사람을 헷갈리게 만드는 것이군. 한미한 선비가 부귀를 연모하는 것처럼, 청색 자색을 점염하여 골계에 제공했구나. 우(禹)와 직(稷), 공자와 안자가 기운 타고 일어나리니, 용(用)과 사(捨)는 명칭이 달라도 서로 같은 법이로다. 지금 현명한 군주와 어진 신하의 만남을 쉬이 얻을 수 없으니, 뭇 인재들이 목을 빼고 함께 손 맞잡기를 생각하노라. 이 그림의 희필은 짐짓 이러할 따름이니, 좌석 오른쪽에 두어 백성들을 놀라게 하진 마시오.

83_查愼行,《敬業堂集》(據上海涵芬樓影印原刊本, 收入《四部叢刊初編》集部, 共3冊), 卷39, p.6a. 이 시는 강희 41년 겨울에 작성했다.

> 野煙釀雨天欲低, 四山風緊孤猿嘶. 三點五點飛別浦, 一聲兩聲來隔溪. 此時此景誰貌得? 杜陵佳句漁洋題. 先生經術富根柢, 道貌凝遠無町畦. 風度固宜動天眷, 帶經神筆黃封齎. 黍稌芃芃遍霖雨, 琮琤珮玉行沙堤. 奈何野服冠袯襫, 掀髯長嘯揮鋤犂? 江樹微茫辨浦漵, 遠帆出沒爭鳧鷖. 淸飈謖謖拂衣帶, 芒鞋腳濺青山泥. 乃知鴻臚最狡獪, 設此妙境令人迷. 等諸寒士戀貴富, 點染靑紫供滑稽. 禹稷孔顔應運起, 用舍則異名相齊. 方今明良不易得, 群材引領思提攜. 此圖戲筆聊爾爾, 毋置座右驚烝黎.[84]

고사립은 사신행과는 시상과 필법이 전혀 다르다. 제1단에서 화면을 순전히 설명한 이외에는 나머지 6단에서는 화면의 경치, 황제가 어필을 하사한 은총, 왕사진의 경술 문장, 우지정의 교묘한 구도 설정 등 여러 국면으로 시선을 옮겼다. 두 문생은 양패란의 관찰과 같아서, 모두 왕사진이 농기구를 둘러멘 모습을 문화 분장으로 보았다. "그 가운데 한 노인이 호미를 지고 가니, 우리 공이 어찌 산택에 파리한 외론 신하이랴?"(사신행). 진정한 왕사진은 조정의 관복이든 야인의 복장이든 어떤 것에도 구애받지 않는 신선 같은 인물이다. 하지만 "어이하여 야인의 복색에 패랭이를 쓰고, 수염 날리며 길게 휘파람 불면서 호미와 쟁기를 휘두르는가? […] 맑은 회오리바람은 휙휙 옷과 띠를 나풀거리게 하고, 코 없는 신발은 청산의 진흙을 찰박찰박 밟는다"(고사립). 왕사진을 이렇게 농부로 조형한 것을 어떻게 해석할 것인가? "이제 알겠네, 홍로(우지정)는 아주 교활하여, 이 묘경을 시설해서 사람을 헷갈리게 만드는군." 고사립은 우지정을 두고 한바탕 농담을 한다. "이 그림의 희필은 짐짓 이러할 따름이니, 좌석 오른쪽에 두어 백성들을 놀라게 하진 마시오"(고사립).

화상을 그린 몇 년 후, 양패란·사신행·고사립의 제영이 이렇게 변증법적 반응을 보이게 된 것은 사실상 왕사진이 곱절 더 은우를 얻은 것과 관련이 있다. 강희 39년 '대경당' 편액을 하사받은 왕사진은 2년 후 강희 41년 두 번에 걸쳐 하사를 받았다. 첫 번째는 6월 초9일, 강희제가 내각 구경(九卿)과 각 부시(部寺)·부도(府道) 낭중 4품 이상 관료를 보화전(保

84_顧嗣立,《梧語軒集》,《閭邱詩集》卷18(《四庫全書存目叢書》, 據北京圖書館藏淸康熙刻本, 集部, 別集類, 第266冊), 卷上, p.290. 이 시는 顧嗣立이 입경 후 강희 42년 3월 무렵 지은 것이다.

和殿)에 소집하고, “정사의 여가에 서적과 활쏘기를 아주 좋아했는데, 수년 이래 임모한 자폭(字幅)이 쌓였으니, 경등에게 하사하여 보게 하노라(政事之暇, 頗好書射, 歷年以來, 所積臨摹字幅, 賜卿等觀之)”라는 칙유를 전했다. 왕사진은 견소(絹素) 대자 1폭 27자를 얻었다. 그 27자는 “보는 것을 바르게 하여, 검은 색과 누런 색의 차이를 헷갈리지 말라. 예가 아니면 보지를 말아, 의젓한 전형의 태도를 본받아라. 너의 보는 시선을 신중히 하여, 그 덕을 어그러뜨리지 말라. 미불의 글씨를 임모하다(惟正是視, 玄黃匪惑. 非禮不觀, 儀型是則. 愼爾所覿, 無愆斯德. 臨米芾)”였다. 다음으로 ‘신고재(信古齋)’ 편액을 하사받는 은총을 입고, 다음과 같이 자술했다.

> 경진 여름 6월 28일, 어서 ‘대경당’ 편액의 어서를 하사받았다. […] 금년 임오 4월 6일, 다시 ‘신고재’ 편액의 어서를 하사받았다. 무오 여름 처음 ‘존성(存誠)’과 ‘격물(格物)’ 두 편액을 하사받은 일을 돌이켜 생각하니 […] 25년 동안 세 번이나 어필로 쓰신 당액을 하사하셨으니, 영광과 은총이 한량없다. 송나라 학사 소이간(蘇易簡)은 ‘옥당지서(玉堂之署)’라는 비백(飛白) 네 글자를 하사받아, 일시에 성대한 일이라고 떠들썩한 일이 있다. 신이 은총을 입은 것은 그 열 배에 그칠 뿐이겠는가? 삼가 모각하여 봉필(蓬蓽, 초가)의 거처에 내걸고, 황제께서 내린 먹을 꼭꼭 싸서 보물 담아두는 궤독 속에 보관한다. 삼가 하사하신 연월을 기록하여 대대로 자손에게 보이니, 잊지 말고 보답하기를 바란다.
>
> 庚辰夏六月二十八日, 蒙恩賜御書〈帶經堂〉匾額. […] 今年壬午四月六日, 再蒙恩賜御書〈信古齋〉匾額. 回憶戊午夏初蒙恩賜‘存誠’·‘格物’二匾, […] 二十五年中, 三蒙御筆題賜堂額, 榮寵逾涯. 宋學士蘇易簡獲賜飛白‘玉堂之署’四字, 一時侈爲盛事. 臣之蒙恩, 何啻什倍? 恭爲摹刻, 懸於蓬蓽之居, 而什襲御墨于寶櫝, 謹紀頒賜年月, 以示世世子孫勿忘報稱云.[85]

세 번이나 편액을 하사받는 영광을 왕사진은 마음속에 기억해두고, 아울러 자손에게도 잊지 말라고 권면했다. 다음해 여름, 서찰을 우통에게 보내어 특별히 어서 ‘대경당’과 ‘신고재’에 대해 각각 기문을 작성해 주길 청했다. 그렇기에 왕사진의 문생은 확실히 한편으로는 〈하서도〉 화상의 진정한 주제에 대해 “순임금 조정의 당시에 이런 그림이 없었으

85_王士禛,《香祖筆記》, 卷1, p.5.

니, 성대한 사실이《상서》〈고요모〉에 누락되었도다"(사신행)라고 말할 수 있었다. 이 도화를 한 시대의 명량제우(明亮際遇, 현명한 군주와 어진 신하가 만남)를 기록하는 구체적 실례로 본 것이다. 뿐만 아니라 이 화폭은 확실히 태평시절을 분식하는 가장 훌륭한 미학 전범이기도 하다. 곧, 전환기 문인의 요구와 왕사진 개인의 속셈을 정치 권력과 시대 품격에 융합시켜 만들어낸 것이다.

② 〈방한도〉

강희 39년(1700), 우지정은 또 왕사진을 위해 〈방한도(放鷴圖)〉(그림 6-4)를 그렸다. 화폭의 왼편 위쪽에 우지정의 제지가 있다.

> "오류선생[시인 옹도(雍陶)가 스스로를 도연명에게 견줌—역자]은 본디 산에 있었으나, 우연히 인간세계에 떨어져 객이 되었네. 가을이 되어 달을 보자 돌아갈 생각이 물씬 일어나, 스스로 일어나 새장을 열고 백한(白鷴)을 날려 보낸다."[당나라 옹도(雍陶)의 〈화손명부회구산(和孫明府懷舊山)〉 시—역자]

그림 6-4. (청) 우지정, 〈방한도〉 권, 비단, 채색, 26.1X110.7cm, 북경고궁박물원.

〈방한도〉 부분

> 경진년 긴 여름의 큰 비 뒤에 대사구 왕공은 경사에 오래도록 객으로 있으면서 시를 열람하여 이것을 제목으로 삼고 〈방한도〉를 그리도록 명했다. 육여거사(六如居士, 명나라 唐寅)의 필의와 방불하여, 멋대로 모의했으니 바로잡아주기 바란다. 아마도 신기의 통창함과 붓놀림의 고아함은 미치지 못할 것이다.
>
> "五柳先生本在山, 偶然爲客落人間. 秋來見月多歸思, 自起開籠放白鷴." 庚辰長夏雨後, 大司寇王公, 因久客京師, 撿詩爲題, 命繪放鷴圖. 彷彿六如居士筆意, 漫擬請政. 恐神氣閑暢, 用筆高雅, 不及焉.

화상의 장면은 교외이다. 옆으로 긴 수권(手卷)을 보면 의탑에 한가하게 앉아 있는 왕사진이 화면 중심에 있다. 오른손은 가볍게 왼쪽 팔을 부지하고, 왼쪽 팔꿈치는 의탑 팔걸이에 얹고 있으며, 펼쳐진 서권을 손으로 붙잡고 있다. 두 다리를 교차하여 앉아 있고, 유연히 자재하다. 인물 초상을 그린 것이 정치하여, 얼굴 부분은 옅은 먹으로 소묘하고 약간 선홍의 색깔을 칠했으며, 아울러 자색으로 심천(深淺)의 훈염(暈染)을 만들었다. 좌석 곁의 선장본 한 상자는 화문의 수를 놓은 담요 위에 놓여 있다. 수염과 구레나룻이 가리고 있기는 하지만, 입술이 조금 올라가 있고 뺨에는 세세한 문양이 있다. 미소로 파동을 일으킨 결과이다. 한쪽에서는 왕사진이 한가로이 앉아 책을 읽고 있는데, 다른 한쪽에서는 어린 동자가 백한을 날려 보내어, 우아한 일이 동시에 진행된다. 즉, 화폭의 좌측에서 어린 동자가 조롱의 문을 열자, 한 쌍의 백한이 날개를 펼쳐 먼 곳으로 날아간다. 인물의 뒤쪽에는 산속의 서재 한 채가 무성한 화목에 가려 은은하다. 한 줄기 운람(雲嵐, 이내)이 화폭의 옆 켠 위쪽 4분의 1 되는 곳에서부터 좌우를 관통하고 있다. 화폭의 왼쪽에는 처마를 드러낸 주택이 전경의 산언덕과 숲에 의해 아래쪽을 차단당하고 있다. 백한을 풀어주는 장소는 이내와 안개가 덮힌 산꼭대기로 설정되어 있다. 가을 경치는 그윽하고도 아름다우며 고요하고 조용하며, 높은 하늘에는 만월(彎月)이 휘영청하다. 우지정은 상주의 부탁에 충실하여, 그림을 그릴 때 시의에 한껏 조응시켜, 선경의 몽환적 분위기를 만들어내었다.

같은 해 7월 중순, 강남 문생 임길(林佶)[86]이 다음해 민(閩) 땅으로 들

86_林佶의 字는 吉人, 호는 鹿原, 청나라 福建 侯官 사람이다. 순치 17년(1660)에 태어났는

어가게 되자, 왕사진이 서찰로 회보하고, 아울러 《정화록》의 편차 문제를 지시했다. 왕사진은 임길이 출발하기 전에 전체 책을 베껴서 탈고해서 간각에 맡기기를 희망했다. 〈왕이상이 임길에게 보낸 서찰(王貽上與林吉人手札)〉에 의하면 이러하다.

○ 행장을 꾸려야 한다는 말을 들었는데, 과연 그런가? 나의 문집이 강남에서 다 베껴진다면 간각을 마치는 것이 더욱 용이할 것이네. 민 땅에 들어간 후라면 곧 속각(束閣, 묶어 둠)하고 말게 될까 우려되네. […] 우홍로(우지정)가 〈방한〉과 〈선적〉 두 그림을 그렸으니, 해서로 제첨(題簽)을 쓰고 분예(分隸, 팔분체)로 권수에 표시한 후, 각각 시를 한 수씩 적어주기 바라네.

聞有束裝之期, 果然否? 拙集能在江南寫完, 竣工尤易. 恐入閩後便成耽閣也. […] 禹鴻臚爲作〈放鷴〉·〈禪寂〉二圖, 祈楷書題籤, 分隸標卷首. 仍各題一詩.

○ 〈방한도〉는 찾아서 보낼 것이니, 대작[상대방의 시를 높여서 한 말—역자]을 곧 척하(擲下)하길 바라네. 그리고 설평(雪坪)[매경(梅庚)]에게 제구(題句)를 청해주게나. 아마도 초사흘에 남행할 것이네.

〈放鷴圖〉取來送上, 希爲大作即擲下. 仍欲丐雪坪題句, 恐其初三日南行也.[87]

임길은 글씨에 공교로워, 전서와 예서를 잘 쓰고 해서의 작은 글씨에 빼어났다. 왕완(汪琬)의 《요봉문초(堯峰文鈔)》, 진정경의 《오정문편(午亭文編)》, 그리고 스승의 《어양정화록》을 손수 베껴서 목판에 새겨, 그것들이 간행되어 세상에 행한다. 왕사진이 위에서 언급한 것은 이 일을 말한다. 그 밖에 특별히 우지정이 그린 지 얼마 안 되는 〈방한도〉와 〈선적도(禪寂圖)〉 두 그림을 임길에게 부쳐서 제영을 구하고, 제첨과 권수의 책명을 써달라고 청했다. 현재 이 그림의 권수에는 확실히 예서로 '방

데, 졸년은 미상이다. 강희 51년(1712) 진사로 관직은 中書舍人에 이르렀다. 글씨를 잘 써서, 전서·예서에 뛰어났으며 특히 小楷가 정교했다. 《堯峰文鈔》·《漁洋詩精華錄》·《午亭文編》를 손수 써서 판각을 해서 세상에 행했다. 강희 59년 61세 때 아직 생존해 있었다. 저서에 《樸學齋集》이 있다.

87_〈王貽上與林吉人手札〉, 《漁洋精華錄集釋》(下冊), [附錄六], p.1998.

백한(放白鷴)' 3자가 있으니, 임길이 쓴 것이 분명하다. 왕사진은 이 문생을 이끌어주고 두텁게 사랑했다. 12년 후 임길은 과연 진사에 급제한다.

임길은 〈방한도. 완정 스승을 위해 짓다(放鷴圖 爲阮亭師作)〉 시를 남겼다.

> 선생은 하늘이 낸 신선의 자태로, 표치가 세속과 다르구나. 본디 세상을 광제할 회포를 품고, 특히 산수의 운치가 풍부하지. 어양은 만 이랑으로 푸르고, 잠미산은 서너 봉우리가 비췻빛이리라. 멀리 가탁하신 뜻이 바로 여기에 있으니, 일찍이 한 식경도 놓아둔 적이 없도다. 지난 밤 서권의 자리에, 유연히 서늘한 바람이 이르렀네. 달을 대하여 소요할 일을 생각하고, 시물에 감동하여 가을의 상념을 더한다. 자못 옹도(雍陶)의 시가 생각나니, 천년의 아래에 계합하도다.
>
> 先生天人姿, 標表與俗異. 雅抱匡濟懷, 尤饒山水致. 漁洋萬頃靑, 蠶尾數峰翠. 遐託良在玆, 未嘗一飯置. 昨宵卷書坐, 悠然涼風至. 對月念逍遙, 感物增秋思. 頗憶雍陶詩, 千載有同契.[88]

왕사진의 글은 그 사람과 같다. 시격과 인품에 모두 신운이 있고 호탕하므로, 문생들이 늘 입을 모아 탈속의 천인이요 신선으로 간주했다. 장인석(蔣仁錫)은 "우리 공은 소쇄하여 천인의 모습이다"(《圖詩》, p.459), 왕시홍(王時鴻)은 "상계의 시선이 사류를 영도한다(上界詩仙領士流)"(《圖詩》, p.461), 주성저(朱星渚)는 "신발을 끌며 천상에서 내려오고, 패옥 쟁글쟁글 울리며 금중을 나선다(曳履從天上, 鳴呵出禁中)"(《圖詩》, p.461)라고 했다. 오문(吳雯)은 왕사진을 두고 "막고야 선인이니 정말로 속진을 끊었다(姑射仙人眞絶塵)"라고 비유했다.[89] 강희 33년, 문인 왕홍도(汪洪度)는 서찰을 보내, 좌주를 곧바로 '신선'이라 일컬었다.

> 생은 젊어서 여러 유로(遺老)를 종유하여, 가만히 그 서론을 들었습니다만, 시에서 신선이라 일컬어지는 분으로는 고금에 네 분을 얻었습니다. 진사(陳思, 진사왕 曹植), 청련(이백), 미산(소식), 신성(新城, 왕사진)입니다. […]

88_林佶, 《樸學齋詩稿》, 《四庫全書存目叢書》, 北京圖書館分館藏淸乾隆九年家刻本, 集部, 別集類, 第262冊, 卷1, p.8.
89_《徵略》, p.324.

위대하여 무한(無限)에 가득하고 세밀하게 무간(無間)에 들어가, 고금의 대성(大成)을 모으고, 만상을 멀리 홀로 벗어난 분으로는 두릉(두보)보다 앞서는 사람이 없으므로, 그를 존숭하여 성인이라 하니, 정말로 다툴 사람이 없습니다. 그런데 신성 공은 실로 그 버금가는 분이거늘, 갑자기 존숭하여 성인이라 할 수는 없고 고작 신선으로 추대할 따름이니, 어째서이겠습니까? 그 기(氣)가 홍몽(鴻濛)의 앞에 초월하고 맛은 산염(酸鹹)의 바깥에 있어, 왕왕 사람으로 하여금 일창삼탄(一唱三嘆)하게 만듭니다. 황홀하게 요혈(漻泬, 공활한 지경)에 정신을 노닐게 하고, 난새와 학에 멍에를 걸고 올라가 북두성을 따서, 창창하게 멀리까지 그 극에 이르지 않는 일이 없습니다. 그리고 이것은 실은 격조와 음향의 사이에 있는 것이 아닙니다. 섬과 노을은 눈 있는 자라면 별안간 한번 볼 수 없는 자가 없지만, 실로 가까이 할 수가 없습니다. […] 그런데 추대하여 신선이라고 하는 것은 아마도 역시《열자》가 말한 '막고야 신인'과 같은 면이 있기 때문입니다. 한단생(邯鄲生)이 천인(天人)이라고 탄식한 바를, 선생이 아니라면 감당하기에 부족하지 않겠습니까?

生少從諸遺老游, 竊聞其緒論, 以爲詩之以仙稱者, 古今得四人焉. 曰陳思·曰青蓮·曰眉山·曰新城. […] 大而塞乎無垠, 細而入乎無間, 集古今之大成, 敻萬象而獨出者, 莫先杜陵, 尊之曰聖, 誠莫與京矣. 而新城公實亞之矣, 乃未遽尊之曰聖, 而僅推之爲仙, 何歟? 毋亦其氣超乎鴻濛之先, 味在酸鹹之外, 往往使人一唱三嘆. 恍游神于漻泬, 駕鸞鶴, 摘星斗, 蒼蒼然遠而無所至極矣. 而實不在格調·音響間也. 島嶼雲霞, 有目者莫不瞥然一見, 而實有不可即者. […] 而其推之爲仙者, 殆亦有如列子所云藐姑射之神人, 邯鄲生所嘆以爲天人者, 非先生不足以當之歟?[90]

왕홍도는 신운시학의 주장과 실천이란 면에서 당시 시단의 문사들이 왕사진에게서 시선(詩仙)의 형상을 인지했던 점에 부응했다. 우지정은〈방한도〉의 제지(題識)에서 자기가 붓으로 그려낸 유연하고 한가로우며 조용하고 고요한 인물의 풍모가 당인(唐寅)의 '신기한창(神氣閑暢, 정신과 기운이 한가하고 통창함)'에 미치지 못하지나 않을까 많이 염려했다. 우지정이 그려낸 왕사진은 상주 자신이 보기 드문 형상적 매력을 지니고 있었지만, 또한 화가가 채묵(彩墨, 수채화)을 가지고 당시(唐詩) 특유의 운미(韻味)를 점염하고, 평소 가까이서 감득한 분위기에다가 신운시

90_〈汪洪度致漁洋書〉,《徵略》, p.402.

학의 선명한 주장을 더하여 그것들을 서로 연결시켜 그 형상을 이루어 낸 것이다. 문생 집단의 시선에는 전체적인 인상이 신선처럼 소쇄하여 천인의 자태를 갖추고 있었다.[91]

임길의 제시에 "자못 옹도(雍陶)의 시가 생각나니"라는 구절이 있으므로, 왕사진이 우지정에게 부탁한 그림이 원래 옹도의 〈화손명부회구산(和孫明府懷舊山)〉 시에 의거했음을 알 수 있다. 왕사진은 이 시구를 빌려, 오랜 서울 생활에서 비롯된 고향에의 그리움과 산림에의 갈망을 표현했다. 심덕잠의 《당시별재(唐詩別裁)》는 옹도의 이 시를 평하여, "귀향의 마음이 움직여 백한을 날려보냈으니, 물아의 같음을 보고서 동정한 것이다(動歸思而放鷴, 見物我而同情也)"라고 했다. 당나라 시인 소영사(蕭穎士)는 〈백한부(白鷴賦)〉를 지었는데, 그 앞에 다음 소서가 있다.

> 백한은 우족(새) 가운데 기이한 존재이다. 흰 바탕에 검은 무늬이고, 손톱과 부리는 순전히 붉다. 몸은 관(冠)과 거(距, 며느리발톱)를 갖추고 있어 닭이나 꿩과 상당히 비슷하다. 안색과 외모가 맑고도 한가하여, 다른 새들 사이에 섞이지 않는다. 서식지가 아주 으슥해서, 인간의 경계와 거의 접하지 않으므로, 그 때문에 가까이 하여 길들일 수가 없다. 상께서 들으시고 징소하여, 아로새긴 새장 속에 넣어서 역마로 가져오게 하여 장차 장양궁(長楊宮)에 모아두게 하고는 곧 태액지로 납실 예정이었다. 천보(天寶) 신묘년에 내가 여행을 하여 강회(江會)에 정박해서 질펀하게 노닐어 시일을 넘겼다. 가을 8월에 산음(山陰)에서부터 동양(東陽)으로 와서 묵었는데, 바야흐로 남쪽으로 산에 오르고 서쪽으로 배를 타고 가서 견문의 뜻을 극도로 다하려고 의논했으나, 진실로 평소 온축한 바를 좁게 가져서 따르지를 못했다. 그때 마침 칙명이 하늘에서 내려와 서울의 대궐로 징소되어 부임했다. 마침 이 새와 더불어 회계의 여관에 함께 왔기에, 그 길쭉하게 굽은 목과 곁눈질하는 눈을 보니, 왔다갔다 불안해하고 기운이 억눌려서, 왕왕 홀로 울어 음운이 처량하여, 마치 짝을 사모하지만 짝을 얻지 못하는 것과 같았다. 이에 느낌이 있어 짓는다.
>
> 白鷴, 羽族之幽奇也. 素質黑章, 爪觜純丹, 體備冠距, 頗類夫雞翟. 神貌淸閑, 不雜於衆禽, 棲止遐深, 與人境罕接, 固莫得而馴狎也. 上聞而徵焉, 處以雕籠, 致以驛騎, 將集長楊, 游太液, 行有日矣. 天寶辛卯歲, 予旅泊江會,

91_본 장의 도론 〈왕사진 연구 문헌〉 참조.

流宕逾時. 秋八月, 自山陰前次東陽, 方議夫南登西泛, 極聞見之義, 諒褊懷所素蓄, 而未之從也. 會有命自天, 召赴京闕. 適與玆鳥偕至於會稽之傳舍, 觀其宛頸旁睨, 徊徨掩抑, 往往孤鳴, 音韻淒涼, 如慕侶而不獲, 因感而賦之.

소영사는 스스로를, 오만해서 남과 무리 짓지 않는 백한에 비유했다. 사물을 자신의 짝으로 삼은 것이다. 《산당사고(山堂肆考)》에 보면, "당나라 소영사는 여행을 하다가 동양에 우거하여 귀향을 생각하지만 그럴 수 없자 〈백한부〉를 지었다. 그 뜻은 자기의 귀향하지 못하는 처지를 백한이 새장에서 곤혹을 당하면서 나가지 못하는 처지와 같다고 여긴 것이다"라고 했다. 귀향을 생각해도 돌아가지 못하는 처지를 뜻하는 '백한'의 비유는, 후세에 오래 벼슬살면서 귀향을 생각하는 문인들이 답습하여 사용했다. 은거하거나 귀향하는 벗에게 왕사진처럼 시를 증여하는 때에도 늘 이 전고를 사용했다.[92]

양패란의 〈제어양산인방한도(題漁洋山人放鷳圖)〉 시는 이러하다.

> 구름 속 고향을 그리워하는 이러저런 상념을, 가을 들어 백한에 기탁한다. 한 조각 그림자도 알아주는 사람 없지만, 흰눈과 얼음 같은 흰색이 빈산을 비추네.
> 多少雲中思, 秋來寄白鷳. 無人知片影, 冰雪照空山.
>
> 무심하게 마음껏 조롱에서 나가게 하자, 곧바로 높은 하늘로 솟아 묘연하다. 누런 잎은 앞 숲을 뒤덮고, 성근 바람은 맑은 새벽 기운을 흩누나.
> 無心任出籠, 直與高天杳. 黃葉蔽前林, 疎風散淸曉.[93]

양패란은 다른 제시의 내용을 그대로 이어서, 백한이 새장에서 나오

92_왕사진의 自題에서 "五柳先生本在山, 偶然爲客落人間. […]" 등 4구는 당나라 雍陶의 〈孫明府懷舊山〉 시를 인용했다. 《全唐詩》(北京: 中華書局, 1996), 第25冊, 卷518, p.5924. 또 沈德潛의 말은 《唐詩別裁集》(上海: 上海古籍出版社, 1979) 下冊, 卷20, p.686에서 인용했다. 蕭穎士의 〈白鷳賦幷序〉는 《蕭茂挺文集》《四庫全書珍本》 11集, (台北: 台灣商務印書館, 출판연도는 일정하지 않음), pp.12a-13b에서 인용했다. '白鷳'을 주제로 삼은 각종 인용 시들은 李珮詩의 《詩畫兼能爲寫眞—禹之鼎詩題式肖像畫硏究》의 지도로 여러 문헌들을 참작한 것이다. 왕사진이 '放鷳'의 전고로 시를 지어 우인에게 준 예도 李珮詩, 《詩畫兼能爲寫眞—禹之鼎詩題式肖像畫硏究》, pp.57-58를 참고로 했다.

93_梁佩蘭, 《六瑩堂集二集》, 卷8, p.372.

는 의상(이미지)에 조정 신료가 산림으로 귀은하는 의상(이미지)를 중첩시켰다.

고사립(顧嗣立)이 지은 〈어양선생이 소조에 제하도록 명하시기에 방한도 2수를 제한다(漁洋先生命題小照放鷴圖二首)〉의 시상은 완전히 다르다. 그 시는 이러하다.

> 옥색 못의 옥 나무 같은 백한이 부슬거리는 저녁 안개 속에 서서, 긴 꼬리는 부숭숭하고 비췻빛 트레머리는 높이 솟아 있는 듯 하리라. 조롱 문을 열어주면 날아가 버릴까 두려워라, 봉난(봉황과 난새)은 청한한 경지를 누구와 함께하나?
> 玉潭琪樹夕霏間, 長尾毵毵聳翠鬟. 只恐開籠飛便去, 鳳鸞誰與伴淸閑?
>
> 앵무가 전당을 사직한 것과는 다르고말고, 초료(뱁새)가 뜰의 작은 가지를 늘 연모하는 것을 어이 배우랴? 별도로 옛 둥지가 운해 드넓은 곳에 있어, 푸른 산과 밝은 달이 님 그리는 마음을 비추네.
> 不同鸚鵡方辭殿, 肯學鷦鷯長戀枝? 別有故巢雲海闊, 碧山明月照相思.[94]

고사립의 두 시는 모두 백한·봉난·앵무·초료등 새들을 비유로 삼았다. 저 긴 꼬리가 부숭숭하고 비취 머리털이 곧추선 백한이 왕사진이라 한다면, 용각 속의 봉난은 응당 당시의 강희 황제일 것이다. 왕사진이 만약 은퇴한다면, 누가 남서방에서 강희제와 청한의 자리에 동무하겠는가? 백한이 만일 새장 문 밖으로 날아간다면, 용각에 처한 봉난은 누구를 동무할 것인가? 하지만 왕사진은 전당을 사직하지만 그대로 남의 보살핌을 받아야 하는 앵무이고자 하지 않았고, 뜰의 나뭇가지를 늘 연모하는 초료를 배우지도 않았으며, 구름 길고 바다 넓은 곳의 옛 둥지로 돌아가 무진의 벽산과 월광을 향유하고자 했다. 고사립은 제2수에서 선생의 '오랫동안 경사에 객이 되어 있어' 품게 된 귀은의 뜻을 점출했지만, 교묘하게 제1수에서는 벗어나고 싶지만 그러지 못하는 왕사진의 망설임에 가만히 부합시켜 〈방한도〉에 별도로 현외(絃外)의 음이 있게 했다.

94_顧嗣立撰,《梧語軒集》, 卷上, p.291.

③ 소결

이상에서 보았듯이 〈하서도〉와 〈방한도〉에서 왕사진은 전고를 채용하여 자아의 형상을 증폭시키고 풍부하게 만들었다. 상주가 제목을 정하고 그림을 부탁함으로써 화가는 사고의 방향을 정하게 된다. 따라서 전고의 사용은 화가가 지닌 시문학 소양, 화가가 착실하게 그림으로 나타내는 번역 능력, 그 둘을 입증해 보인다. 우지정은 시 속의 자구에 의거해서 일일이 대응시켜 번역하여, 서사(敍事) 수법을 채용하여 세부를 말하고 시 속의 품물·동작·장면 등을 하나하나 구상화했다. 이로써 하나의 주제가 있는 '이야기'를 조직해내어, 화상을 매개로 삼아 상주 형상의 지시, 암유, 혹은 상징을 이루어냈다. 우지정은 의심의 여지없이 왕사진의 가장 훌륭한 도상 번역가이다.

흥미로운 것은 예관·두보·도잠(오류선생)과 왕사진 사이에는 서로 다른 차이점이 있다는 사실이다. 예관은 이른 시기에 '가난해서 먹고살 수가 없어' '때때로 임금을 받고 일을 했으니', 전찬(傳贊)에서 말하듯이 "홍점의 날개로 연작에게 곤란을 겪어서 먼 자취를 소와 돼지의 사이에 두어야 했다(以鴻漸之翼, 困於燕爵, 遠跡羊豕之閒)."[95] 그만큼 예관은 제남 문벌 출신 왕사진과 완전히 다르다. 두보의 경우는 장년에 안녹산·사사명의 난을 당하고 일생 고통을 겪고 유리하여, 비록 '군주를 요순의 위로 올리려는' 충정이 있어도 내내 재능을 바칠 기회가 없었으며, 만년에는 더욱 자기 신세를 개탄하여 "표표한 떠돌이 신세가 무엇과 같은가? 천지 사이의 외로운 한마리 백사장의 갈매기로다(飄飄何所似? 天地一沙鷗)"라고 했다. 그러므로 두보의 출신과 처지는 왕사진과 비교하면 더욱 천양(하늘과 땅)의 차이가 있다. 오류선생이 그 화신이었던 도잠(도연명)은 오두미의 봉급에 허리를 꺾어야 했던 하급 서리에 불과하여, 관원의 자리에서 도망하여 남산에서 몸소 밭을 갈았다. 곧, 나이 젊고 기세 있으며 관운이 형통했던 왕사진과는 근본적으로 함께 논할 수가 없다. 하지만 강희제는 많은 면에서 한나라 어사대부 예관을, 도찰원 좌도어사에 갓 승진한 왕사진에 견주면서, 그 비유를 오히려 적절하다고 여겼다. 왕

95_《漢書》〈兒寬傳〉.

사진이 두보의 처지를 취하여 자신을 비유하나, 도잠이 귀거래하지 않음만 못하다고 여긴 것과는 분명히 맞지 않는다. 강희제는 예관의 전에 나오는 "경전을 끼고 호미질하다가, 쉬게 되면 곧 독송했다(帶經而鋤, 休息輒讀誦)"라는 구절에서 두 글자를 취하여 '대경당' 편액을 하사했으니, 〈하서도〉는 물론 왕사진이 전고를 부류에 맞춰 운용한 결과이기는 하다. 그런데 왕사진은 '경전을 끼고 호미질한다(帶經而鋤)'의 '서' 글자를 두보 시의 '호미를 둘러메고 선다(荷鋤而立)'에 연결시켜, 단장취의 방식으로 '서' 글자로 한나라와 당나라의 고사를 연결시켜 새로운 이미지를 창조했다.

(2) 왕유 시의도—〈유황좌소도〉와 〈시문의장도〉

강희 39년(1700), 우지정은 왕사진을 위해 왕유(王維, 701-761)와 관련된 두 폭의 화상을 그렸다. 우선 〈유황좌소도(幽篁坐嘯圖)〉(그림 6-5)의 화폭에 왕사진은 왕유의 〈죽리관(竹里館)〉 시 "깊은 대숲에 홀로 앉아, 거문고를 타다가 길게 휘파람 부노라. 깊은 숲 사람이 모르는 곳을, 밝은 달이 와서 비춰주네(獨坐幽篁裡, 彈琴復長嘯. 深林人不知, 明月來相照)"를 써두었다. 화폭의 왼쪽에는 상주 왕사진이 머리에 유건을 쓰고 몸에

그림 6-5. (청) 우지정, 〈유황좌소도〉 권, 비단, 채색, 36X77cm, 산동성박물관.

헐렁한 도포를 입고 있고, 오른쪽 허벅지는 반쯤 뻗어, 모피가 깔려 있는 언덕바위 위에 앉아 있다. 무릎에는 거문고가 옆으로 놓여 있고, 왼손은 수염을 매만지고 오른손은 거문고를 어루만지고 있다. 눈썹은 맑고 눈은 수려하며, 수염은 길고 입술은 붉어, 우아한 기질을 갖추고 있다. 시선은 관람자를 향하되, 정시하지 않고 먼 곳에 떨어뜨려 무언가 생각하는 듯하다. 옷 주름은 유엽묘(柳葉描)를 사용했다. 상주의 오른쪽 후방과 앞 전방은 수묵으로 유황(幽篁, 으슥한 대숲)을 그렸다. 바위는 피마준을 사용하고, 계곡물은 먼 곳을 담화(淡化)해두었다. 한 바퀴 밝은 달이 허공에 있어, 적정(寂靜)의 아취를 더한다. 채색한 왕사진의 인물상은 자연물이 이루는 광가(框架) 속에 놓여 있다. 왕유는 망천 별업의 여러 경치를 두고 20수의 시를 짓고, 배적(裴迪)도 화작 20수를 지어, 모두 왕유의《망천집(輞川集)》에 들어 있으니, 〈죽리관〉은 그 가운데 하나이다. 〈유황좌소도〉는 왕사진이 왕유의 〈죽리관〉을 그림 제목으로 골라 우지정에게 주어 그것을 그리게 한 것이다.

왕사진이 왕유 시와 관계를 맺은 연원은 소년기로 소급한다.《어양시화》에 의하면, "우리 형제는 젊어서 동당에서 독서를 했는데, 언젠가 눈오는 밤에 술을 두고 마시다가 술이 거나해지자 함께 왕유와 배적의《망천집》시에 화운하기로 약속했다"라고 했다. 왕사진은 어려서 시를 익힐 때 당시를 모범으로 삼았을 뿐 아니라, 뒷날 자식에게 시를 짓도록 부과할 때도 역시 당시를 모범으로 삼게 했다. 순치 18년, 왕사진은 먼저 당시 오언 · 칠언 율절(律絶) 몇 권을 선록해서, 그 아들 계(啓)와 속(涑) 형제에게 읽게 하여, 이름을《신운집(神韻集)》이라 했다. 강희 22년에 이르러 이 선집에서 칠언율시 한 권만 끄집어내어《당시칠언율신운집(唐詩七言律神韻集)》[96]으로 판각했다. 강희 26년, 선당시집(選唐詩集) 서너 종을 취해 산정하고, 또 오대(五代) 위장(韋莊)의《우현집(又玄集)》과, 송나라 요현(姚鉉)의《당문수(唐文粹)》를 더하여,《당시십집(唐詩十集)》

96_왕사진은 自述하길, 廣陵 시기에 그 아들 啓와 涑 형제가 처음 家塾에 들어가자, 여가에 우연히 唐律絶句七言을 이것저것 취해서 주었는데, 그것이 간약하고도 정밀했으며, 如皋 冒丹書 靑若(冒辟疆의 아들)이 七律一卷을 手抄하여 가지고 돌아갔다고 하고, 20년 후의 오늘, 泰州 繆肇甲과 黃泰來(宗元鼎의 사위) 두 사람이 와서 판각을 했으나 완전한 책은 아니라고 했다.《徵略》, p.286.

으로 합하고, 문인 성부승(盛符升)에게 곤산(昆山)에서 교열하여 간행하게 했다. 성부승의 서문에 이러하다. "독자는 그 신묘한 간별을 감탄하지 않는 사람이 없다. […] 선집에 실은 것은 곧바로 성정을 취하여 신운으로 귀결시켰다. […] 앞 시대를 능가하고 후대를 깔아보며, 선생이 시를 논한 종지는 천하에 검증받기에 더욱 충분하다(讀者靡不嘆其神簡. […] 集中所載, 直取性情, 歸之神韻. […] 凌前藐後, 先生論詩之宗旨, 益足徵信於天下)"[97]라고 했다. 강희 27년 7월, 《당현삼매집(唐賢三昧集)》 세 권이 완간되었다.

일찍이 강희 초에 왕사진은 시를 논하면서, 사공도(司空圖)의 《이십사시품(二十四詩品)》과 엄우(嚴羽)의 "한 글자를 놓지 않고도 풍류를 모두 얻는다(不著一字, 盡得風流)"라는 설을 좋아했다. 강희 22년, 사공도가 시를 논하여 "맛은 시고 짠 바깥에 있다(味在酸鹹之外)"라고 한 말을 깊이 음미하여 특별히 필기에 써두었다.[98] 그러다가 《당현삼매집》이 출판되자 왕사진의 신운설은 전모가 드러났다. 신운파 대선생 왕사진은 왕유를 불이선(不二選)으로 추대했다. 《향조필기》에 이런 말이 있다.

> 당인의 오언절구는 왕왕 선의 경지에 들어, 득의망언(得意忘言)의 오묘함이 있다. 정명(淨名) · 묵연(默然) · 달마(達磨)가 정수를 얻은 것과 동일한 관려(關捩, 문빗장)이다. 왕유 · 배적의 《망천집》과 조영(祖詠)의 〈종남망잔설(終南望殘雪)〉 시를 보면 둔군(鈍根)과 초기(初機)라 해도 능히 돈오할 수 있다.
> 唐人五言絶句往往入禪, 有得意忘言之妙, 與淨名 · 默然 · 達磨得髓同一關捩. 觀王 · 裴《輞川集》及祖詠〈終南殘雪〉詩, 雖鈍根初機, 亦能頓悟.[99]

《당현삼매집》은 왕유를 최고 위치에 두어, 그의 시를 가장 많이 선록했다. 또한 상권에서 하권까지 입선한 시인은 모두 왕유와 친한 관계부터 소원한 관계로 순서를 두었다. 따라서 이 텍스트는 왕유를 중심으로 하는 선집이라고 할 수 있다. 문생의 눈에는 왕유에 빠진 스승으로 비쳤

97_왕사진의 《唐賢三昧集》 편집 과정은 《徵略》, pp.73, 286, 300, 341 참조.
98_《徵略》, p.280.
99_《香祖筆記》, 卷2, p.24.

겠지만, 그들에게는 결코 생소하지 않았다. 임길의 〈제완정제상(題王阮亭諸像)〉 제2수 〈금소도(琴嘯圖)〉 시는 이러하다.

> 곧은 마디와 푸른 살대가 절로 한 떨기를 이루고, 유유한 명월이 긴 하늘을 비추네. 옛 음조를 가져다가 천뢰(天籟)에 조화시키고, 남훈전에 차츰 남풍이 들어가도록 힘쓰네.
> 直節靑笴自一叢, 悠悠明月照長空. 獨將古調和天籟, 務使南薰轉入風.

> 의란조(猗蘭操)를 파하자 여음이 있고, 반공에 솟은 고소대(姑蘇臺)에 난봉음(鸞鳳吟, 물시계의 물 떨어지는 소리)이 떨어진다. 무성의 소리 속에 담긴 맛을 해득하나니, 명리에 열 올리는 객들이 문전에 하릴없이 찾아오든 말든.
> 猗蘭操罷有餘音, 天半蘇臺落鳳吟. 解到無聲聲裡味, 門前熱客漫相尋.[100]

임길은 이 시에서 화면의 경물을 세세하게 묘사하면서 그림 밖의 거문고 소리를 상상하여 들었다. 교묘할 정도로 도상을 보면서 느낀 감상을, 성당의 왕유에게서 유래하고 신운시학에서 표방하는 저 특유의 화외화(畫外畫)·성외성(聲外聲)·미외미(味外味)의 깨달음으로 아주 잘 번역해내었다. 다른 문생 주재진(朱載震)은 "풍류는 원래 망천의 집에 속하나니, 맑게 개인 하늘 아래 당이 열려 높은 모임을 이루었다(風流原屬輞川家, 堂開淸霽成高會)"(《圖詩》, p.458)라고 했고, 허지진(許志進)은 "사립문을 나무들이 잔뜩 끼고 있는 곳이 옛날의 망천 거처로다(籬門擁擁樹, 舊是輞川居)"(《圖詩》, p.455)라고 했다. 조왈영(曹曰瑛)은 "명성은 맑고 투명하여 병에 담은 얼음 같고, 삼매의 참된 전수는 왕우승(왕유)에 핍근하다. 해내 사람들은 비록 다투어 걸음마 배울 줄은 안다만, 풍류의 곧고 올바른 것은 누가 능히 전수받았나?(聲華瑩徹貯壺冰, 三昧眞傳逼右丞. 海內雖知爭學步, 風流端的有誰能)"(《圖詩》, p.459)라고 했다. 왕유 망천장의 풍물을 사랑하고 왕유 시학의 삼매를 깨달아, 왕사진의 마음에는 강렬한 '왕유 중심' 의식이 있었다.[101]

우지정은 왕사진을 위해 〈시문의장도권(柴門倚杖圖卷)〉도 그렸다. 이

100_林佶, 《樸學齋詩稿》, 卷9, p.94.

101_'王維中心'이란 설은 楊玉成, 〈建構經典: 王漁洋與文學評點〉 참조.

는 위 그림의 자매편로 볼 수 있으며, 마찬가지로 왕유의 시의를 그림 속에 끌어들였다.[102] 왕유의 〈망천에서 한가하게 거처하며 배수재 적에게 주다(輞川閑居贈裴秀才迪)〉 시는 이러하다. "차가운 가을 산은 검푸르게 변하고, 가을 물은 날마다 졸졸 수량이 줄어간다. 사립문 앞에 지팡이 짚고 서서, 바람결에 늦철 매미소리를 듣는다. 나루 머리에는 낙조가 남아 있고, 스산한 마을에는 외로운 연기 한 줄기. 다시 접여를 만나 술에 취하여, 오류선생 집 앞에서 미친 노래 부르노라(寒山轉蒼翠 ,秋水日潺湲. 倚杖柴門外, 臨風聽暮蟬. 渡頭餘落日, 墟里上孤煙. 復値接輿醉, 狂歌五柳前)." 왕사진은 이 화상에서 시 속의 주인공 왕유가 '사립문 앞에 지팡이 짚고 서 있는' 모습으로 자기를 비유하여, 자신을 왕유의 종남산 아래 망천장 속에 두었다. 그렇게 당시(唐詩)의 풍경을 이중묘사함으로써 저 사립문 앞에 지팡이 짚고 서 있는 시인을 다시 환생시키고자 한 것이다. 친우 송락은 〈그림에 제하다. 왕원정을 위해 짓다(題畫爲王阮亭作)〉에서 이렇게 말했다.

> 벼 수확 후 갈대꽃이 쇠잔하고, 빈 강에는 거룻배가 비껴 있다. 게딱지 같은 집은 적막하여 아무도 없고, 사립문 밖에는 석양이 차갑구나. 누헌이 열린 곳에 시내 물가가 그윽하고, 누정이 우뚝하기는 황량한 언덕 위로다. 왕래하는 사람은 지초 복용하는 노인이니, 단풍 숲에서 비둘기 장식 지팡이를 끄누나.
> 稻穫荻花殘, 空江橫舴艋. 蟹舍寂無人, 柴門夕陽冷. 軒開幽磵濱, 亭峙荒岡上. 來往茹芝翁, 楓林曳鳩杖.[103]

벼 수확이 끝나고 갈대꽃이 쇠잔하며 강이 비어 있는 가을의 풍광을 점출했다. 게딱지같이 작고 사립문이 닫혀 있는 집은 은둔자의 거처로, 마루 밖에는 그윽한 산골 시내가 흐르고 작은 정자는 황량한 언덕 위에 서 있다. 상주 노옹은 숲 속에서 비둘기 장식의 지팡이를 끌고 있다. 송락은 왕유가 특장으로 삼았던 오언절구 형식으로 화면의 전원 풍정을

102_禹之鼎,〈柴門倚杖圖卷〉, 山東省博物館 소장. 실물을 보지 못하고 자료를《中國美術全集》(台北: 錦繡出版社, 1989),〈淸代繪畫中〉冊,〈幽篁坐嘯圖卷〉解說, 附p.33에서 취한다.
103_宋犖,《緜津山人詩集》, 卷7,《都官草》, p.483.

모사해냈다.

왕사진이 '왕유 중심' 의식을 지녔던 것과 왕유가 망천 전원에 은거했던 것은 무슨 관계가 있는가? 〈유황좌소도〉 그림이 완성된 5년 후인 강희 44년(1705), 우지정은 교종수(喬崇修)를 위해 〈교개부선생소상(喬介夫先生小像)〉을 그렸는데, 이 역시 왕유의 〈죽리관〉을 그림에 넣은 것이다. 시의에 근거하여 구도가 비록 유사하지만, 왕사진의 화상은 횡권이고 교종수의 화상은 입축이어서 형식이 다르다. 그뿐만 아니다. 상주가 주제로 삼은 분위기도 다르다. 백색 가죽 깔개 위에 왕사진을 앉혀 두고, 우지정은 그 헐렁한 도포를 석녹색으로 훈염하여, 상주의 검은 수염과 붉은 입술에 대조시켰다. 이로써 왕사진은 채색의 〈유황좌소도〉에서 우아하고 부귀한 분위기를 띠게 되었다. 형상은 이와 비슷하지만, 〈교개부선생소상〉의 상주는 포의에 두건을 쓰고 있고, 수묵을 통해 상주의 소박한 기질이 드러나 있다. 두 사람은 모두 문질빈빈(文質彬彬)의 선비이지만, 왕사진은 관직이 형부상서에 올랐고, 교종수는 일생 교유(敎諭)의 직에 머물렀으므로, 우지정은 사회적 지위에 부합시키기 위해 그 둘을 완전히 다른 풍격으로 드러내었다. 즉 채색의 〈유황좌소도〉는 수려하고 우아한 데 비하여, 수묵의 〈교개부선생소상〉은 담박하고 거칠다.[104]

〈유황좌소도〉 속의 왕사진은, 긴 대나무의 숲에서 거문고를 타는 형상이다. 마치 상주가 규범화되고 기대되고 공인된 제한 공간의 테두리 속에 있는 듯하다. 이상적 관중은 동시대의 관중과 미래의 지기로 설정되어 있다. 따라서 그의 자태, 목소리, 의견, 표정, 의상, 환경, 품격 등 그림 속의 일체 사물은 그림을 보고/만드는 관중에게 자기를 펼쳐 보이도록 안배되어 있다. 우지정은 상상 속의 의지를, 몸뚱이와 움직임이 조합하여 이루어내는 형상 구조 속에 늘어뜨려 넣어서, 화면을 이용하여 상주에 대한 회포와 기대의 심리를 표출했다. 수용의 각도에서 말하면, 제화 시문은 관람자가 화가 설계의 도상요소를 해석한 결과라고 볼 수 있다. 우지정이 왕사진의 존귀한 분위기를 살리기 위해 채색한 조형은 마찬가지로 관람자의 공감을 이끌어내었다. 그림 앞의 '유황좌소(幽篁坐

104_李珮詩,《詩畫兼能爲寫眞一禹之鼎詩題式肖像畫研究》, pp.47-48.

嘯)' 네 글자 제목에는 '해녕 문인 진혁희(海寧門人陳奕禧)'라는 서명과 낙관이 있다. 그림 뒤에는 제영시가 아주 많다. 제영자들은 모두 왕사진의 문인으로, 대개 진사에 올랐다. 매경(梅庚)·사승(查昇)·임길(林佶)·사사정(查嗣庭)·왕역(汪繹)·유조성(俞兆晟)·진혁희(陳奕禧)·풍정괴(馮廷櫆)·주재진(朱載震)·유석령(劉石齡)·손치미(孫致彌)·장인석(蔣仁錫)·황원치(黃元治)·옥단림(王丹林)·전명세(錢名世) 등이다. 손치미의 〈제왕완정선생금소도(題王阮亭先生琴嘯圖)〉 시는 이러하다.

> 한가하게 망천(왕유)의 시를 읊으면서, 망천의 경지를 상상한다. 선생은 유연히 앉아, 마음과 자취가 둘다 그윽하고 아득하다. 무릎에 비낀 거문고의 현을 타는 것을 마치고, 긴 휘파람을 소문산(蘇門山)에서 다시 분다[위(魏)나라 완적(阮籍)이 소문산에서 은자를 만나서 태고의 지도와 삼황오제의 의리를 이야기했는데도 들은 체하지 않자 휘파람을 불며 헤어졌다는 고사가 있다ー역자]. 희성(希聲, 大音)은 거문고 기러기발의 바깥에 울려나고, 남은 음향은 고취(鼓吹) 음악과 다투는데, 긴 대나무는 교대로 좋은 바람을 일으키고, 쭉쭉 뻗은 모습을 외론 달이 비춘다. 이 속에서 소요할 만하니, 조정에서 일하라는 청은 거의 잊을 정도로다. 누가 알랴 암랑(조정)에서, 연하(아지랑이와 노을, 자연)의 본성을 자족한다는 것을? 도화를 펼치며 정신을 한 번 그리로 향하자, 홀연 심지가 맑아짐을 깨닫네. 시를 논하여 한밤 숙직하며 곁에 모시고, 멀리 양양의 맹교(孟郊)[실의해서 한(寒) 염량세태와 민간의 고난을 노래하여 '시수(詩囚)'의 별명이 있음ー역자]를 사양하노라. 부디 최구(崔九)·배적(裴迪)의 무리와 어울려서, 따라 노닐며 높이 음영하고자 하노라.
>
> 閒吟輞川詩, 結想輞川境. 先生坐悠然, 心跡兩幽夐. 橫琴罷揮絃, 長嘯蘇門更. 希聲徽軫外, 餘響鼓吹競. 修篁交好風, 檀欒孤月映. 是中足逍遙, 幾忘事朝請. 誰知巖廊間, 自愜煙霞性? 披圖一神往, 頓覺心地淨. 論詩陪夜直, 遠謝襄陽孟. 庶附崔裴徒, 從游和高詠.[105]

손치미는 도면을 관람하면서 왕유의 작시, 경치, 심경, 총우, 교유를 기준으로 선생 왕사진을 풀이하여, 어느 것이든 긴밀히 부합하지 않는 것이 없다고 여겼다. 이것은 망천의 시경(詩境)으로 시인 개인의 유연한

105_孫致彌,《杕左堂集詩》(《四庫全書存目叢書》, 首都圖書館藏淸乾隆刻本, 集部, 別集類, 第255冊), 卷6, p.708.

마음과 자취를 표현해내는 데 그친 것이 아니다. 저 희성(希聲)·여향(餘響)·호풍(好風)·월영(月映)은 강희 태평성세의 은유라고 할 수 있다. 태평성대에 몸을 암랑(조정)에 두고서 연하의 본성을 스스로 만족시켰으니, 이것은 그림이 있기에 입증된다. 왕유가 은총을 입은 것은 맹교가 '재주 없어 현명한 군주가 버렸다(不才明主棄)'라고 실의한 것과는 완전히 달랐다. 왕유의 산중 유람에는 최구·배적의 무리가 종유하면서 수창했다. 당나라의 이 왕유가 흡사 왕사진의 신상에 재현되었다고 할 수 있다.

관람의 과정에서 관람자는 곡절 많고 왕복하는 다중의 대화를 거치게 된다. 관람자 자아, 상주 본인, 그림 속 사람, 도상의 요소 등, 이 네 국면으로부터 광활한 상상의 천지가 뻗어나간다. 사신행의 〈완정 선생 의장도에 삼가 제한다(奉題阮亭先生倚杖圖)〉 시는 그 의미가 넉넉하다.

> 누가 선생을 위해 한 언덕을 그려주었나? 사립문 밖이 곧 창주(은둔자의 거처지)로다. 지는 노을은 잉어 꼬리처럼 붉게 오르고, 먼 곳의 강물은 수컷 오리 머리색보다 더 푸르다. 바람이 잦아들자 녹색 양류의 그림자는 치렁치렁하고, 비 갠 뒤 늦매미는 가을에 오열하네. 어느 때에야 진정으로 복건을 머리에 싸고 가서, 나로 하여금 선생의 지팡이와 신발을 따라 종유하게 할 것인지?
>
> 誰與先生貌一丘? 柴門以外即滄洲. 殘霞紅上鯉魚尾, 遠水碧於雄鴨頭. 風定垂垂綠楊影, 雨餘咽咽涼蟬秋. 幾時眞裹幅巾去, 容我來隨杖履遊.[106]

사신행은 상상력에 가득차서 이렇게 말한다. 어양 부자(왕사진)가 지팡이 짚고 사립문에 기대어 있고, 문 밖은 산야가 아니라 창주이며, 낙조의 남은 노을은 잉어의 꼬리 빛이고 잔잔하게 흐르는 가을 물은 오리 머리보다 더 푸르다. 창주, 잉어, 오리 머리는 모두 금마문과 조정의 전각, 그리고 고관의 관직을 가리킨다. 그러므로 어양 부자는 아마도 "몸이 대궐에 있으면서도 마음은 강호에 있을" 수가 있어서, 도화 속에서 홀로 소요할 따름이다. 복건을 쓰고 은거하러 떠나는 날, 나는 어양 부자의 지팡이와 신발을 따라 노닐 것이다. 임길의 어조도 역시 같다. "석양 아래 들빛은 비단같이 환하고, 버드나무 밖에 높이 있는 매미는 저녁에 시끄

106_查愼行, 《敬業堂集》, 卷27, p.15b.

럽다. 조정에 드는 날 서직문을 나서지 않는다면, 어찌 용이하게 여기 이르러 이 사이로 갈 수 있으랴?(夕陽野色明如錦, 柳外高蟬噪暮聲. 除却朝天出西直, 那容易到此間行?)"[107] 강희 39년, 왕사진은 형부상서에 제수되었다. 벼슬길의 최고봉에 올라, 관운이 마치 중천에 뜬 태양과 같았던 그가, 망천에 은둔하고 싶고, 대숲 속에서 홀로 휘파람 불고 싶으며, 사립문 앞에서 지팡이 짚고 싶다고 말하는 것은 얼마나 쉬운 일인가!

(3) 왕유 그림, 소식 시의 구현—〈설계도(雪谿圖)〉

왕사진은 왕유에게 확실히 깊은 정을 쏟았다. 왕유는 시 속에 그림이 있고 그림 속에 시가 있음을 보여준 위대한 전범이다. 왕사진은 〈유황좌소도〉와 〈시문의장도〉를 통하여 자기를 왕유의 시경(詩境)을 구현한 화상에 대입하여, 시단의 전범에 대한 흠모를 드러내었다. 군주의 은우를 표현한 〈하서도〉와 귀은의 마음을 일으킨 〈방한도〉도 모두, '그림 속의 시'라는 농후한 시정을 그 속에 주입했다. 강희 39년(1700) 긴 여름날, 우지정은 또 〈설계도(雪谿圖)〉(그림 6-6)를 제작하여 겨울의 눈 경치를 묘사했다. 우지정은 화폭의 좌측 표릉 위에 스스로 적기를, "기묘 장지(하지) 후, 도문(都門)의 여관에서 신성 왕대인이 '죽외일지사(竹外一枝斜)' 구를 그림으로 베껴내라고 명하셨다. 광릉 후학 우지정이 삼가 그린다"라고 했다. 곧 소식이 지은 〈화진태허[진관(秦觀)] 매화사(和秦太虛梅花)〉의 "강 머리 천 그루 나무에 봄이 저무는데, 대나무 밖 한 가지 비껴 있어 더욱 좋구나(江頭千樹春欲闇, 竹外一枝斜更好)"에서 '죽외일지사'라는 짧은 구를 그림으로 표현하고 앞뒤 글은 모두 생략했다.[108] 왕사

107_林佶, 《樸學齋詩稿》卷9, 〈題王阮亭諸像〉之3〈倚杖圖〉, p.94.

108_蘇軾 〈和秦太虛梅花〉 詩는 이러하다. "西湖處士骨應槁, 只有此詩君壓倒. 東坡先生心已灰, 爲愛君詩被花惱. 多情立馬待黃昏, 殘雪消遲月出早. 江頭千樹春欲闇, 竹外一枝斜更好. 孤山山下醉眠處, 點綴裙腰紛不掃. 萬裡春隨逐客來, 十年花送佳人老. 去年花開我已病, 今年對花還草草. 不知風雨捲春歸, 收拾餘香還畀昊." [淸]王文誥輯註, 《蘇軾詩集》, 《中國古典文學基本叢書》(北京: 中華書局, 1982) 第4冊, 卷22, pp.1184-1185. 왕사진은 순수한 경치 묘사의 두 구절만 인용했다. 세월이 총총하여 적막하기 짝이 없는 소식의 시정은 그림에 넣고 싶지 않았던 듯하다.

그림 6-6. (청) 우지정, 〈설계도〉(삽화), 비단, 채색, 51X56cm, 청도시박물관.

진은 일찍이 "매화 시는 파공(소식)의 '대나무 밖 한 가지 비껴 있어 더욱 좋구나'와 '눈 온 후 원림의 나무는 반만 남았는데, 물가의 울타리에는 홀연 가지가 곁으로 누웠다(雪後園林才半數, 水邊籬落忽橫枝)'보다 뛰어난 것이 없다. 고계(高啓)의 '눈 가득한 산 속에 고결한 은사가 누워 있고, 달 밝은 숲 아래 미인이 온다(雪滿山中高士臥, 月明林下美人來)'도 속격이다. 만당의 '복숭아 나무에는 푸른 잎이 없음을 알겠고, 살구나무에는 푸른 가지 있음을 변별하네(認桃無綠葉, 辨杏有靑枝)'는 정말로 입에 물었던 밥알을 뿜을 정도로 우습다"라고 했다. 그렇기에 왕사진은 '대나무 밖으로 한 가지 비껴 있어 더욱 좋구나' 구를 골라서 우지정에게 자신의 화상의 배경으로 삼아달라고 청한 것이다.[109] 그림의 정면에 문이 활짝 열려 있고 휘장이 쳐진 서재가 있다. 서재 속의 상주는 머리에 털모자를 쓰고 몸에는 헐렁한 평상복을 입고 있으며, 허벅지를 붙이고 담요 깔린 목제 의탑에 편안하게 앉아 있으면서, 오른손은 몸 곁의 작은 탁자에 걸쳐두었다. 탁자 위에는 향로와 붓꽂이 같은 골동 청동기와 문방용 물건

109_王士禛, 《漁洋詩話》, 《景印文淵閣四庫全書》, 第1483冊, 卷上, p.840.

들을 늘어놓았고, 몸 뒤의 병풍에는 담묵 산수화를 그려두었다. 이것은 예우(倪迂) 즉 예찬(倪瓚)의 풍격이다. 곁에서 모시며 차를 끓이는 동복은 기둥에 기대어 주인을 뚫어져라 바라보고 있다. 서재 밖의 설경은 맑고도 그윽하며, 얕은 시냇물이 잔잔하게 흘러가고, 흙 언덕 위에는 흰 학이 날개를 거두고 전경(前景)에 앉아 있다. 좌우에는 각각 서너 줄기 녹죽이 솟아 있되, 가지와 잎은 눈에 덮여 낮게 드리워져 있다. 서재 밖 우측에는 규룡같이 굽은 늙은 매화나무가 있는데, 마침 한 줄기 매화가지가 곁으로 기울어져서 왼쪽으로 뻗어 있다. 매화나무의 꽃은 눈 덮인 가지 위에서 찬란하게 몽오리를 터뜨렸다. 위에 인용한 소식 시의 "강 머리 천 그루 나무에 봄이 저무는데, 대나무 밖으로 한 가지 비껴 있어 더욱 좋구나"라는 구절과 호응한다. 화면 속의 왕사진은 화가에 의해 서재, 대나무 숲, 빗긴 가지(매화나무 가지)가 교차하여 이루는 천연의 광(框) 속에 놓여 있다. 화면에는 색채가 설시되어 귀품이 넉넉하다.

왕사진은 평소의 아집(雅集)에서 시를 짓는 이외에도 늘 역대 서화를 감상하고는 했다. 이를테면 강희 29년 10월, 상국 양청표는 왕사진과 병부상서 이천복(李天馥), 형부상서 두진(杜臻), 공부상서 진정경을 불러 양국청의 초림서옥(蕉林書屋)에 모여, 황대치(黃大癡) 〈구봉설제도(九峰雪霽圖)〉, 조맹부(趙孟頫) 《진초천자문(眞草千字文)》, 북송의 〈낙양기영회도(洛陽耆英會圖)〉를 감상했다.[110] 이런 모임은 헤아릴 수 없을 정도로 많다. 왕사진은 북경에 거처할 때 늘 변영예와 송락의 집으로 가서 그림을 감상했다. 복건 순무를 지낸 변영예는 《식고당서화회고(式古堂書畫匯考)》 60권을 저술하여 왕사진에게 증여했다. 왕사진은 주이준의 말을 인용하여 변영예와 송락을 '일시에 한꺼번에 얻기 어려운 두 중승(一時難得兩中丞)'이라고 칭찬했다.[111] 우지정이 〈설계도〉를 그리기 1년 전, 강희 38년 12월, 왕사진은 눈이 오는 날 변영예의 서재를 방문하여, 왕유

110_《徵略》, p.361.

111_卞永譽(1645-1712)의 字는 令之, 호는 仙容, 청나라 江蘇 漢軍 사람으로, 卞三元의 아들이다. 강희 연간에 福建巡撫에서 刑部右侍郎으로 옮겼다. 서화를 좋아하고 감상을 잘했다. 저서에 《式古堂書畫匯考》가 있다. 주이준의 《論畫詩》에 "妙鑒誰能別苗髮? 一時難得兩中丞"의 구절이 있다. 변영예와 송락은 모두 감상이 정밀했다. [清]張維屏編撰 , 陳永正點校, 《國朝詩人徵略》初編(廣州: 中山大學出版社, 2004), 卷20, pp.295-296.

의 〈설계도〉를 감상했다. 이때의 감상 경험은 다음 해 우지정에게 〈설계도〉 그림을 부탁한 것과 관련이 있다.

앞에서 서술했듯이, 왕사진은 어려서부터 왕유와 인연을 맺었고, 그 후 오랫동안 당나라 시의 신운설을 표방하는 것을 자기 시학 활동의 선명한 기치로 삼았다. 하지만 그의 일생 행적을 살펴보면, 왕사진은 결코 송시에 대해 깃발을 내걸고 투쟁하는 식으로 대항한 것은 아니다. 반대로 많은 문생과 친우들은 왕사진의 미학 개념이 당과 송을 융합하여 녹여낸 것이라고 진술한다. 연보 기록에 따르면, 강희 8년 겨울, 왕사진은 송·금·원 제가의 시를 두루 읽고서, 마침 시를 이루었다. 이는 송·원의 시를 섭렵하기 시작한 처음이다. 강희 20년, 문인 조화(曹禾)는 〈어양속집서(漁洋續集序)〉를 지어, 사람들이 왕사진의 시학을 비평하는 것에 대해 반박하여, 스승의 "학문이 한 시대의 학문이 아니며 시가 한 시대의 시가 아니다(學非一代之學, 詩非一代之詩)"라고 변론했다. 강희 21년 겨울, 왕사진은 서건학의 권유로 《오칠언고시선》을 엮었다. 오언은 위로 동한의 고시 19수로부터 아래로 위응물·유종원에 이르고, 칠언은 위로 〈역수가(易水歌)〉·〈대풍가(大風歌)〉·〈해하가(垓下歌)〉로부터 송·원의 대가들에서 마쳤다. 강희 22년, 문인 왕무린은 "시는 반드시 당을 배울 필요가 없다. 우리 스승의 논시는 결코 송·원을 취하지 않은 것이 아니다. […] 우리 스승의 학문은 아우르지 않은 것이 없으니, 어찌 당인에게만 견주겠는가?"라고 하여, 그 스승이 여러 장점을 아울러 채택했다고 말했다. 왕사진은 신운설을 주장하여 '흥회(興會)'와 '근저(根柢)' 두 개념을 제출했다. 전자는 "거울 속의 상, 물 속의 달, 상(相) 속의 색은 영양이 뿔을 걸어둔 것과 같아 자취를 구할 수 없다"라는 주장이다. 후자는 "풍아에 근본하여 근원을 도출하고, 《초사》와 〈이소〉, 한·위 악부시로 소급하여 그 흐름을 달하게 하며, 구경(九經)·삼사(三史)·제자(諸子)로 넓혀서 그 변화를 끝까지 다한다"라는 주장이다. 근저는 학문에 근원을 두고, 흥회는 성정에서 발한다. 두 가지는 모두 중하다. 따라서 왕사진은 반드시 전범을 성당에만 한정한 것이 아니다.[112] 왕사진은 만년에 여러

112_이상 왕사진의 여러 해에 걸친 詩學은 《徵略》, p.269·285·345를 참조.

책들을 읽어 시학을 새로 터득했으므로, 집대성의 의도가 있었다.[113]

다음으로, 앞에서 이미 서술했듯이, 왕사진의 방외 교우 초운선사(楚雲禪師)는 일찍이 "거사의 큰 이름은 금일의 구양수·소식이다(居士大名, 今日歐蘇也)"[114]라고 왕사진에게 말했다. 왕사진은 겸손하게 자신은 감당할 수 없다고 했지만, 문장과 사공의 방면에서 그는 남들이 자신을 송나라 구양수와 소식에게 견주는 것을 기뻐했다. 문인들의 칭송 문자들로부터도 이 사실을 알 수 있다. 강희 35년, 왕사진은 문인 성부승(盛符升)에게 서찰을 내어 이렇게 말했다.

> 거듭 진 땅과 촉 땅으로 사신으로 나가서 일만 리 왕복 길에 얻은 시가 100여 편이었네. […] 고적을 관람하고 회포를 일으키며, 강산의 도움을 얻어 생색이 더해졌다. 《미산집(眉山集)》 속의 분류를 의작(擬作)하여 기행, 유람, 고적, 우흥의 여러 편들을 거의 아울러 지니고 있다.
> 再使秦蜀, 往返萬里, 得詩才百餘篇. […] 覽古興懷, 得江山之助, 生色有加. 擬諸眉山集中所分紀行·游覽·古迹·寓興諸篇殆兼而有之.[115]

왕사진은 《옹익집(雍益集)》의 시문 채록에서 소식 문집의 편찬 방식을 따랐다. 문장이 행운유수(行雲流水) 같았던 이 문호(소식)에 대하여 흠모의 마음이 충만했던 것이다. 마찬가지로 왕사진의 30년 지우 송락도, 명대 이래 부단히 문학적 위상이 제고되었던 소식에 대해 숭경과 흠모의 마음이 진심으로 가득하여, 동파상을 그려두고 자기를 배향했다. 또 송락은 강희 39년 12월 19일 소식의 생일에, 광릉에서 오중의 여러 명사들을 이끌고 제사를 지냈다. 같은 해 조금 이른 시기, 송락은 자신이 판각한 《소문충공시집(蘇文忠公詩集)》 43권을 왕사진에게 증여하면서, 저본을 오중 장서가에게서 얻어 막중(幕中)의 문사들과 함께 보충하고 교정하여 완성했다고 말했다.[116]

113_蔣寅은 왕사진이 만년에 송시에 새로운 이해가 있었으며, 장서 및 열람한 서적들과 반드시 관계가 있다고 했다. 蔣寅, 〈王漁洋藏書與詩學的關係〉, pp.155-164.

114_王士禛, 〈送栖霞楚雲禪師歸老南嶽〉, 《蠶尾續集》 卷1, 《四庫全書存目叢書》, 集部, 別集類, 第227冊, p.333.

115_《徵略》, p.443.

116_《徵略》, pp.490·475.

여러 해에 걸친 기사 가운데 일부만 보더라도, 왕사진이 신운묘오(神韻妙悟)를 표방했지만 동시에 재주와 학문의 근저를 크게 주장했을 수 있고,《당현삼매집》을 편집했지만 반드시 힘써 송시를 반대하지는 않았을 수 있다. 왕사진은 논시에서 당과 송을 함께 중시한 것과 마찬가지로, 그림을 논하면서도 남종과 북종을 함께 중시했다. 왕사진은 집대성의 의미에서 관용의 흉금을 지닌 대종사이고자 스스로를 기대했다. 그래서 왕사진은 송락이 기증한 동파 시집을 받아들고, 지우들이 광릉에서 소식을 제사지냈다는 이야기를 듣고는, 마침 늦여름에 소식의 영매시(詠梅詩)를 골라 화상의 주제로 삼았다. 필시 문학적 인연에서 촉발되어 그러했을 것이다.

〈설계도〉 화상이 완성된 후, 8월 성하, 왕사진은 문인 임길에게 제영을 구했다. 임길은 〈설후시사도. 완정 스승을 위하여 짓다(雪後詩思圖 爲阮亭師作)〉 시를 지었다.

> 높은 산은 바라보니 뾰족하게 우뚝하고, 백설이 표표하게 떨어진다. 옥구슬을 뿌려 꽃으로 만드니, 한데 어우러져 시내의 물과 함께 쏟아져 내리네. 뜰 앞 서너 대나무 가지는 그윽하고, 대나무 밖으로 한 가지가 삐죽히 나왔다. 동풍의 율이 이미 바뀌었으나, 남은 추위가 여전히 쏘는 듯하여라. 주렴을 걷고 갈옷을 끼고 있자니, 소연한 저택에 있음을 잊게 되누나. 멀리 빙설의 자태를 상상하니, 정신과 생각이 얼마나 맑고 한가한지!
>
> 高山望嶙峋, 白雪飄然下. 瓊瑤散作花, 迸向溪流瀉. 庭前數竿幽, 竹外一枝椏. 東風律已轉, 餘寒氣猶射. 卷簾擁褐居, 蕭然忘邸舍. 緬想氷雪姿, 神思何清暇![117]

분명히 계절은 푹푹 찌는 혹서인 '장하의 날'이거늘, 왕사진은 시령(時令)의 경물에 부응하는 그림이 아니라 눈 덮인 계곡의 한매를 그려 달라고 부탁했다. 이것은 시인이 현실을 초탈하는 미학적 수법이다. 왕사진은 설경도를 편애한 듯하다. 진정경의 〈이상(왕이상, 왕사진) 소장의 그림에 쓰다(書貽上所藏畫)〉 시에는, "가을 들어 강산의 홍이 아주 높

117_林佶 ,《樸學齋詩稿》, 卷1, p.8. 왕사진은 수찰을 임길에게 보내 이 그림에 제영을 요구했다. "雪谿詩思圖如題過, 希付來手. 尙欲送耦長(按梅庚)處, 恐明日渠便治裝耳."《漁洋精華錄集釋》(下冊), p.1998.

아, 한 밤 비에 차갑게 적설도를 펼쳐본다. 강가 역점 마을에는 인적 없이 작은 길만 저물었고, 매화는 땅에 가득하고 달만 외로이 밝아라(秋來最有江山興, 夜雨寒披積雪圖. 水驛無人村徑晩, 梅花滿地月明孤)"[118]라고 했다. 왕사진이 소장한 이 매화월명(梅花月明)의 〈적설도〉는 늦가을에 시인을 위해 '강산의 흥'을 돋우어 주었다. 임길이 "멀리 빙설의 자태를 상상하니, 정신과 생각이 얼마나 맑고 한가한지!"라고 말한 그대로이다. 〈설계도〉는 맑은 여가를 바라는 시적 상상력에서 빙설을 아득히 생각한 것이다.

설경은 시적 상상을 도와주는 이외에 또 무엇을 할 수 있는가? 이양년(李良年)의 제화사 1수는 또 하나의 설을 내놓게 한다. 이양년의 〈어부가풍. 완정을 위해 홍매설안도에 제하다(漁父家風 爲阮亭題紅梅雪岸圖)〉 사는 이러하다.

> 성근 매화 꽃받침이 어부 적삼에 작게 들러붙고, 허공 가에는 냉홍(冷紅, 겨울 해)이 더하누나. 화가는 분명히 눈[雪]을 그리려 하여, 유념하여 강담(江潭)을 흰색으로 물들였네. 외론 배의 바깥에, 먹색 구름이 하늘에 상감되고, 앞의 바위가 드러난다. 낚싯줄 드리우면서 응당 웃으리라, 봉후의 공명은 원하지 않고, 다만 그윽한 탐매(探梅)만 사랑한다고.
> 零星梅萼小漁衫, 空際冷紅添. 畫師要寫分明雪, 著意染江潭. 孤艇外, 墨雲嵌, 露前巖. 釣絲應笑, 不願封侯, 只愛幽探.[119]

홍매가 핀 눈 덮인 기슭에서 낚시하는 사람은 명성을 낚으려 하는가, 아니면 물고기를 낚으려 하는가? 금마문에 나아가려고 하는가, 아니면 비야리성으로 나아가려고 하는가? 계속하여 조정의 공변된 그릇이고자 하는가, 아니면 은둔을 사모하여 돌아가 농사를 지으려 하는가? 이 의혹은 이미 잘 알고 있듯이, 한 차례 출현하는 데 그치는 것이 아니다. 그렇기에 임길의 '먼 상상'은, 한여름 무더위에 겨울의 눈을 생각하는 데 그

118_陳廷敬,《午亭集》(中國社會科學院文學研究所圖書館藏淸康熙41年刻本,《四庫全書存目叢書補編》(濟南: 齊魯書社, 2001), 第78冊, 卷16, pp.570-571.

119_李良年撰,《秋錦山房集》(《四庫全書存目叢書》, 淸華大學圖書館藏淸康熙刻乾隆續刻李氏家集四種本, 集部, 別集類, 251冊), 卷12, p.157.

치는 것이 아니라, 사실 그보다 더욱 깊은 의미가 있다. 〈설계도〉가 그려지기 한 해 전, 왕사진은 변영예의 집에서 왕유의 〈설계도〉를 자세히 관람했다. 다음 해 12월 26일, 왕사진은 전문(田雯)·오함(吳涵)과 함께 변영예의 서재에 모여, 소령(小令)의 곡을 듣고 송·원·명의 그림들을 관람했다. 이 감상에서 송나라 관동(關仝)이 그린 〈원안와설도(袁安臥雪圖)〉로부터 깊은 인상을 받았다. 수년 후 《고부우정잡록(古夫于亭雜錄)》을 편찬하면서 왕사진은 그 속에서 이렇게 말했다.

> 지난날 서울에 있을 때 변 중승(변영예)의 집에서 〈원안와설도〉를 관람했는데, 인물이 생동적이고, 숲과 촌락 사이에 적설이 희었으며, 수염 눈썹과 의복에 모두 추운 기색이 있었다. 그래서 생각해보니, 송나라 진종이 이 그림을 왕흠약(王欽若)에게 하사하면서, 금릉에 이르러 강산의 승경처를 골라 거기서 펼쳐보라고 명했으므로, 왕흠약이 이것을 상심정(賞心亭)에 두었던 일이 있다. 이는 태평세월의 멋진 이야기로, 천년 이후에도 이야기를 하면 이빨과 볼 사이에 향내가 날 정도이다.
> 往在京師, 於卞中丞家觀〈袁安臥雪圖〉, 人物生動, 林木籬落間積雪皓然, 鬚眉·衣裘皆有寒色. 因憶宋眞宗嘗以此圖賜王欽若, 令至金陵擇江山最佳處張之, 因置諸賞心亭. 太平佳話, 千載而下談之, 齒頰俱芬.[120]

〈원안와설도〉의 배후에 있는 군신제회(명량제우)의 멋진 이야기가 왕사진으로 하여금 이 화폭을 끝내 잊지 못하게 하고 생각이 뒤얽히게 만드는 잠재적 심리 요인이리라! 정치의 관점에서 말하면, 왕사진은 강희 39년 편액을 하사받는 은우를 입었다. 미학의 각도에서 말하면, 당나라 시불(詩佛) 왕유의 같은 주제 그림에 송나라 시재(詩才) 소식의 영매시를 더해 그것들을 융합하여 〈설계도〉의 개인 화상을 이루어내었다. 이는 바로 왕사진의 일련의 '먼 상상'의 산물이다. 후세에 전하여 후인에게 남겨주고 싶은 마음을 갖는 것은, 그가 〈원안와설도〉를 마주하여 "태평세월의 멋진 이야기로, 천년 이후에도 이야기를 하면 이빨과 볼 사이에 향내가 날 정도다"라고 하는 깨달음을 얻은 것과 마찬가지다.

120_王士禛,《古夫于亭雜錄》(北京: 中華書局, 1997), 卷3, p.65.

그림 6-7. (청) 우지정, 〈어양산인선열도〉 축.

그림 6-8. (오대) [전] 관휴, 〈나한도〉 중 하나, 비단, 채색, 모두 16폭, 92.2X45.4cm, 일본 궁내청.

(4) 종교적 회화—〈선열도(禪悅圖)〉

강희 39년, 왕사진의 또 다른 그림 〈선열도〉(그림 6-7)는 왕사진의 더 이른 시기의 〈천녀산화도〉보다 훨씬 선적(禪的) 의미가 농후하다. 화심의 좌측에 '광릉 우지정 경회(廣陵禹之鼎敬繪)'라고 썼다. 그림 속의 상주는 번뇌를 그치고 사려를 고요히 하여 포단 위에 반좌(가부좌)하고 있고, 포단 곁에는 한 쌍의 나막신이 놓여 있다. 우지정은 오대 때 관휴(貫休, 832-912)가 그린 〈나한도(羅漢圖)〉(그림 6-8)의 필법으로 왕사진을 형상화했다. 얼굴과 수염 부분을 사실적으로 묘사한 것 말고는, 풍성한 도포는 관휴 때문에 유명해진 평행선묘(平行線描)로 처리했다. 상주는 네 기둥의 모정에 위치해 있고, 그 좌측 산과 벽 사이에는 한 갈래 비폭이 떨어진다. 우측에는 한 그루 규룡 같은 소나무가 있으며, 소나무 몸통에는 늙은 등나무 넝쿨이 드리워져 휘감고 있다. 좌측 위쪽으로 뻗어 있는 소나무 그늘과 등나무 덩굴은 정자에 천연의 덮개그늘을 이루고 있다. 이러한 조경은 역시 관휴 〈나한도〉에서 가지와 덩굴이 석혈의 위로부터 덮고 있는 구도와 흡사하다. 상주 좌측에는 다리 낮은 책상에 서권이 놓여 있고, 정자 바깥 소나무 앞에는 한 쌍의 백학이 날개를 펼쳐 춤을 추고 있다.

화심(畵心)을 둘러싸고 사방의 표릉(褾綾)에는 제영의 시가 가득하다. 그 중 표릉의 아래쪽에 있는 주재진(朱載震)의 시는 도면의 물상을 상세하게 소묘했다.

> 장상의 지위를 능히 버릴 수 있는 것이 대장부이니, 스승은 선종의 희열에 따라 새 그림을 베껴냈도다. 시험 삼아 천인의 표상을 한가득 채웠으니, 어느 때 야호선을 벗어나 공(空)을 담론하랴?
> 將相能棄大丈夫, 師從禪喜寫新圖. 試□七滿天人表, 何日談空□野狐?
>
> 소나무 그늘에서 외론 학은 맑은 하늘 아래 춤을 추고, 열 장(丈)의 비류(비폭)는 봉우리에서 다투어 떨어지네. 언외의 뜻을 잘 알았으니, 백운과 모옥은 옛 은자의 풍모로다.
> 松陰獨鶴舞淸空, 十丈飛流落競峰. 識得□□言外意, 白雲茅屋舊家風.
>
> 푸른 실 같은 머리로 흰 담요에 앉아 아침 이내를 대하여, 오피 신발을 벗어두고 관띠는 함에 넣어두었다. 이 스승이 지금의 노 땅 노인임을 알겠거니, 전신은 응당 늙은 구담(瞿曇)이었으리라.
> 靑絲白氈對朝嵐, 拂置烏皮縉在函. 認取人師今魯叟, 前身應是老瞿曇.
>
> 경진년, 삼가 어양 노부자의 선열도에 제하다. 임강 문인 주재진.
> 庚辰□□奉題漁洋老夫子禪悅圖□□誨政, 臨江門人朱載震.

장상의 관직을 포기한 이 대장부는 오피 신발을 벗어던지고 관띠를 함에 넣어두었다. 천인(신선) 같은 상주는 다만 청사(靑絲, 관모를 벗은 머리)로 선열의 경지를 마주하고 있다. 그 선열의 경지는 소나무 그늘, 춤추는 학, 나는 폭포, 흰 구름, 띠 집, 아침 이내, 흰 담요 등 그림 속의 물상이 조직해낸다. 자세히 보면 이 사람은 바로 작자의 스승 노수(魯叟, 공자)이니, 이 숙혜(宿慧) 인물의 전생이 어찌 늙은 구담 즉 석가모니가 아니겠는가?

〈선열도〉는 왕사진 개인의 습정(習靜) 생활을 구현했다. 습정은 조정 관리가 공무의 여가에 집에서 편히 쉬는 생활방식이다. 그림 속 왕사진은 가부좌를 하고 있는데, 참선에서 골반을 지면에 대고 마음을 수렴시키는 자세로, 결가부좌는 법열에 이르기 위한 기본 공부이다. 유·불·도 3가는 사실 모두 습정 생활을 주장하지만, 습정은 특히 불교 입문의 단계이자 역행 실천의 법문이다. 구체적인 물상으로는 어떻게 드러나는가? 이에 대해 방외인사가 〈좌선명(坐禪銘)〉을 지은 것이 있다.

> 포단 위의 공부는, 힘 들여 착력을 해야 한다. 몸을 꼿꼿히 일으켜 척량(등뼈)을 쇠처럼 하고, 두 눈은 꼭 감아서 쉬어야 한다. 저것을 보면 저것이 누구인지, 필경 이것이 무슨 물건인가? 적을 잡으려면 요컨대 먼저 도둑질을 발견해야 하듯이, 정이 궁하면 이치도 절로 굴하게 된다. 정좌한 채로 사량을 하지 말고, 도리어 마음을 새까맣게 해야 한다. 나의 정신과 혼을 놀게 해서, 귀신의 소굴로 떨어지게 해서는 안 된다.
>
> 蒲團上功夫, 觔觔要著力. 豎起鐵脊梁, 休將兩眼瞌. 看渠渠是誰? 畢竟是何物? 捉賊要見贓, 情窮理自屈. 靜坐不思量, 轉使心頭黑. 不爾弄精魂, 墮在鬼窩窟.[121]

문을 닫아걸고 포단을 깔고 가부좌를 하고 염지(念持)를 하여 습정하는 것은 세속을 향해 교제를 끊고 교유를 그만두겠다고 선언하는 구체적인 행동이다. 명대 후기부터 선열(禪悅)은 문인권에서 문인들이 서로 교환하고 함께 향유하는 아름다운 경험이었다. 벼슬 사는 인사를 두고 말하면, 선열의 중심은 선(禪)에 있지 않고 열(悅)에 있었다. 전겸익은 "습선은 곧 염선이요, 습정은 곧 염정이며, 습교는 즉 염교이다(習禪則染禪, 習靜則染靜, 習教則染教)"[122]라고 했다. 선열은 개인 수양에서 고요한 생활의 한 선택항에 불과했지, 반드시 엄숙한 종교적 의미를 지닌 것은

121_[淸]釋成鷲 ,《鼎湖山志》, 卷2, 〈法語坐禪銘〉. 吳智和, 〈明人習靜休閒生活〉, 《華岡文科學報》, 第25期(2002年3月), p.161.

122_《牧齋有學集》卷39, 〈與王烟客書〉. 吳智和, 〈明人習靜休閒生活〉, p.155.

아니었다.[123] 어쩌면 명나라 사람 비원록(費元祿)이 한가한 거처에서 추구한 심적 태도가 왕사진의 심경이 어떠했는지 전해줄지 모른다.

> 나는 성격이 바깥에 대한 흠모를 좋아하지 않고 독서와 정좌 이외에는 세상에 대한 우려를 마음에 전혀 관계시키지 않는다. […] 천하의 명망 있는 공경과 특출한 인사가, 혹은 충효·덕행으로 일컬어지고, 혹은 청수(清修)·염퇴(恬退)로 일컬어지며, 혹은 시가·고문으로 일컬어지고, 혹은 협렬(俠烈)·절의로 일컬어지며, 혹은 강학(講學)·담선(談禪)으로 일컬어지고, 혹은 경제(經濟)·변략(邊略)으로 일컬어지며, 혹은 절제(節制)·거의(擧義)로 일컬어지는 것을 듣는다. 모두 빨리 한 번 만나보아 그로써 나를 질정하고자 한다. 만일 시세와 도로에 제한을 받아서 가서 만나지 못하면, 문득 몽매 사이에 드러나지만, 역시 깨어나면 이러저런 일이 많다는 것을 깨닫게 되므로, 지금은 점차 문을 닫아걸고 습정하려고 하노라!
>
> 余性不喜外慕, 自讀書·靜坐外, 世慮絶不關心. […] 每聞宇內名公畸士, 或以忠孝德行稱, 或以清修恬退稱, 或以詩歌古文辭稱, 或以俠烈節義稱, 或以講學談禪稱, 或以經濟邊略稱, 或以節制擧義稱. 皆亟願一見, 賴以就正. 如限於時勢道路, 不得往見, 輒形諸夢寐, 要亦覺多事, 今漸擬杜門習靜矣![124]

강희 39년 중구절 뒤에 왕사진은《고환록(古歡錄)》을 편집하여 운간(雲間) 문인 주종연(朱從延)에게 한 통을 적어 보내, 어양산(漁洋山)에 보관하게 하고, 또 부본을 소동정(小洞庭)의 잠미산방(蠶尾山房)에 두게 하면서, 권수에 자서를 다음과 같이 썼다.

> 강희 기묘(강희 38년), 산인은 관직이 어사대부에 이르러, 세상에서 웅준(雄峻)하다고 불렀다. 산인이 거처하길 담연하게 하여, 그 문이 쓸쓸하고 고요하기가 마치 퇴원(退院)의 승려와 같다. 공무에서 물러나 식사를 한 여가에 역사서·《장자》·《열자》 이하 패관·설부·산경(山經)·해지(海志)의 서적에 이르기까지 두루 열람하다가, 마음에 합당한 것이 있으면 문득 장록(掌錄, 손바닥 안의 일을 기록하듯이 기록함)했다. 한 단어와 한 조각 말이라

123_명나라 사람의 습정과 선열 생활에 대해서는 吳智和, 〈明人習靜休閒生活〉, pp.101-129를 참조.

124_費元祿, 《甲秀園集》, 《四庫禁燬叢刊》, 集部, 卷28, 〈閒居記〉, p.12b. 吳智和, 〈明人習靜休閒生活〉, p.155.

도 준영(雋永, 의미가 심오함)하기를 기대하며 《고사전》·《빈사전》의 예를 대략 본뜬다.

康熙己卯(按康熙38年), 山人官御史大夫, 世號雄峻. 山人居之澹然, 其門蕭寂如退院僧. 退食之暇, 瀏覽諸史·莊·列, 下逮稗官說部·山經海志之書, 有當於心, 輒掌錄之. 單詞片語, 期在雋永. 略仿《高士》·《貧士》二傳之例[125]

이 책은 왕사진이 인물 전기를 강(綱)으로 삼아 찰기(札記)를 정리한 것이다. 왕사진은 만년에 선불교적인 습정 생활을 통하여 벼슬 생활을 수습하고 조절한 듯하다. 일찍이 말하길, "늙어서 선적(禪寂)에 빠지고, 일이 있으면 짧게 읊기를 마치 축씨(승려)의 게송과 같이 했으니, 달리 문자로 보아서는 안 될 것이다(老耽禪寂, 遇事短吟, 略如竺氏頌偈, 不應更作文字觀也)"[126]라고 했다. 이 때의 왕사진은 지위가 높았으나, 거처는 담박하고 문은 퇴원의 승려처럼 쓸쓸했는데, 일을 만나면 짧게 읊조릴 뿐 조탁을 하지 않아서 마치 불교의 게송과 같아 선의 묘미를 즐기며 자득했다. 〈선열도〉는 이러한 심경과 부응할 수 있다.[127]

〈선열도〉의 화폭에 글을 적은 사람들은 매경·임길·사승·장인석·주재진 등 모두 문인들이다. 능표의 오른쪽 위에는 '경진칠월이일완릉문하사매경(庚辰七月二日宛陵門下士梅庚)'이라는 제서(題署)가 있다. 애석하게도 그 외의 글자가 문드러져서 분별하기 어렵다. 이해 중추, 임길은 화폭의 왼쪽 위에 연달아 오언, 육언, 칠언의 3수 시를 적었다.

○ 이름이 높기는 북두와 같고, 마음이 맑기는 못을 비출 정도이다. 우연히 현세에 나와서, 짐짓 다시 참선을 배울 따름이로다.

名高如浥斗, 心淸可印潭. 偶然現世出, 聊復學禪參.

○ 빈 산에 흐르는 물은 음향이 씻어내리는 듯하고, 외론 구름과 들판의 학은 너울너울하네. 이 사이에 정좌한 이에게 시험 삼아 묻나니, 과연 부처인가 신선인가?

125_《徵略》, p.486.

126_蔣仁錫은 왕사진의 《雍益集》을 위해 〈雍益集書後〉를 지었다. 《四庫全書存目叢書》(北京師範大學圖書館藏淸康熙刻王漁洋遺書本, 集部, 別集類, 227冊), p.418.

127_왕사진의 선학 수양과 그 시론 및 창작과의 관계는 何綿山, 〈王漁洋與禪〉, 《齊魯學刊》 1995年 第2期를 참조.

空山流水響漱, 孤雲野鶴翩躚. 試擬此間坐者, 果然爲佛爲僊?

○ 시는 왕우승(왕유)을 천년 뒤에 받들고, 풍류는 옥국의 한 사람[옥국제거사(玉局提舉司)의 벼슬을 한 동파 소식—역자]으로 돌아간다. 화판의 향기를 스스로에게 공양하길 늦었다고 탄식 말라, 다만 옷을 후산(後山, 진사도)에게 전하기가 부끄러울 뿐이로다.

詩奉右丞千載後, 風流玉局一人還. 瓣香自供無嗟晩, 只是衣傳愧後山.

이 3수는 각각 임길의《박학재시고(樸學齋詩稿)》제8권에〈제완정사선광도(題阮亭師禪恍圖)〉2수, 제9권〈제왕완정제상(題王阮亭諸像)〉의 제1〈선열도〉로 수록되어 있다. 시구에 약간 차이가 있다. 시집은 뒤에 나왔으므로, 출간 전에 임길이 수정했을 것이다. 지금 순서대로 인용하여 대조하기로 한다.

○ 몸은 추관의 관서에 늘 있지만, 마음은 가을 달이 못을 비추는 것과 같도다. 우연히 출세간을 생각하여, 짐짓 다시 참선을 배우노라.

身長秋官署, 心印秋月潭. 偶然思出世, 聊復學禪叅.

— 시의는 그대로이지만, 원래 시의 말구만 보존하고 있다.

○ 빈산에 흐르는 물은 음향이 격렬하고, 외론 구름과 들판의 학은 너울너울하다. 시험 삼아 이 사이에 정좌한 이에게 시험 삼아 묻나니, 분명히 부처인가 신선인가?

空山流水響激, 孤雲野鶴翩躚. 試擬此間坐者, 執定爲佛爲仙.

— 도면의 '漱'가 '激'으로 되어 있고, 도면의 '果然'이 '執定'으로 되어 있다.

○ 시권은 왕우승(왕유)의 천년 뒤이고, 풍류는 옥국의 한 사람으로 돌아간다. 화판의 향기를 스스로에게 공양하길 늦었다고 탄식 말라, 다만 옷을 후산에게 전하기 부끄러울 뿐.

詩卷右丞千載後, 風流玉局一人還. 瓣香自供無嗟晩, 只是衣傳媿後山.

— 도면의 '奉'이 '卷'으로 되어 있고, 도면의 '愧'가 '媿'로 되어 있다.

임길은 아주 교묘하게 오언, 육언, 칠언의 3수로 왕사진의 인생을 차례차례 해석했다. 제1수는 왕사진의 현황을 말했다. 이름이 높으나 마음이 맑고, 현세에 살지만 참선하는 상태라는 것이다. 제2수는 선열공적

(禪悅空寂)·속불속선(屬佛屬仙)의 종교적 의식수준을 소묘했다. 제3수는 왕사진의 미래 위치를 예견했다. 우승(왕유)과 옥국(소식)의 문학적 불씨를 이어 나가리라는 것이다. 마지막 구에서는 문생이 불초하여 선생으로 하여금 황정견이 강서시파를 영도했던 것과 같은 기세를 누리게 해드리지 못한다고 겸손해했다.

표릉 오른쪽에는 사승(查昇)이 다음 시를 적었다.

> 이미 장맛비 때문에 인간 세상에 이르렀거늘, 신세가 어이 낙엽을 따라 메마르고 말았나? 영산(靈山)에서 오의를 요해하지 않고, 번화한 상황을 어찌 적료하다 간주하랴?
> 已爲霖雨到人間, 身世何因落葉乾? 不向靈山解了義, 繁華肯作寂寥看?
>
> 천상의 적선이자 옥국 관리인 소동파, 불가의 제자인 상서 백거이. 문인의 혜업은 생래의 본분이니, 세 그루 황양목을 진상하는 일[송나라 채경(蔡京)이 휘종에게 진상한 일—역자]은 도무지 여기에 못 미치리라.
> 天上謫仙蘇玉局, 佛家弟子白尙書. 文人慧業生來分, 三果黃楊總不如.
>
> 성근 종소리 들리는 수려한 탑을 일생 꿈꾸었다만, 포단에 안온하게 앉으니 이곳이 바로 집이다. 곧바로 창생을 위해 친히 설법하려고, 조복을 벗자마자 가사로 바꾸어 입었도다.
> 踈鐘秀塔夢生涯, 穩坐蒲團即是家. 直爲蒼生親說法, 朝衣才脫換袈裟.

사승의 이 3수를 보면, 첫째 수에서 먼저, 왕사진이 군은을 입어 벼슬 살고 있지만, 인생의 좌절에 맞닥뜨린 것이나 아닌가? 영산으로 가서 오의를 찾아 번화의 상황을 담박하게 보려고 한다고 말했다. 제2수에서는 천상의 적선 소식과 향산거사 백거이의 예로 왕사진을 고무했다. 본디 혜업을 지닌 문인의 운명은 반드시 출세법을 행할 필요가 없어서, 필경 종탑(鐘塔)에서 삶을 추구하는 것은 몽환에 속하기에 포단에 가만히 앉아 인간세상에서 창생을 위해 설법하는 것만 못하다고 했다. 마지막 구 "조복을 벗자마자 가사로 바꾸어 입었도다"는 왕사진이 출사/은둔 전환에 대해 갖는 상상을 구체적인 분장 변환을 통해 시각적으로 제시했다.

표릉 아래 우측에는 장인석(蔣仁錫)이 겨울 10월에 쓴 시가 있다. 역시 선생 왕사진의 의복에서부터 상상을 해나갔다. “재관의 신분으로 장엄상을 드러내러, 종적이 거연히 퇴원의 승려로다(宰官身現莊嚴相, 蹤跡居然退院僧)”라는 구절은 앞서 본 사승의 마지막 구와 교묘하게 통한다.

표릉 좌측에는 적은 사람 이름이 확실하지 않은 제영시가 있다.

> 선생은 세상 구제에 있어, 일용으로 오곡을 얻었네. 산을 나가길 50년에, ‘뽕나무 아래 삼일의 숙박’을 연연해하지 않았지[정진(精進)의 극치를 뜻함. 《후한서(後漢書)》〈양해열전(襄楷列傳)〉에 나옴—역자]. 불에 들어가도 또한 타지 않거늘, 세간에 들어간다 해도 무엇이 더럽힐 것인가? 마음은 열여덟 세계를 벗어나고, 손은 불경의 서너 간독을 초(抄)하네. 처음은 무 속의 유를 따르고, 차츰 날 것의 곳에서 익은 것을 보노라. 변화를 보아 저절로 그러함을 깨닫고, 길에서 헷갈리자 만상을 사절하네. 공적을 이루어도 본디 집착이 없고, 마음을 비추어 홀연 이미 □한다. 끝내 작은 쌓음임을 깨닫고, 바다를 비추길 한 치 길이의 촛불로 하노라. 두 끝은 □의 인(印)을 따르고, 오묘한 말은 난과 죽 같도다. 눈이 멀기는 관선(官禪, 官場에 곧 선의 뜻이 있음)에 든 것 같아, 군은을 듬뿍 받아도 마른 나무일 따름이네.
>
> 先生於濟世, 日用得五穀. 出山五十載, 不戀桑下宿. 入火且勿燃, 入世何由瀆? 心離十八畍, 手抄三□牘. 初從無中有, 漸看生處熟. 觀化悟自然, 迷途謝萬象.[* 낙운(落韻)이다. 글자가 잘못인 듯하다—역자] 功成本無著, 印心忽已□. □了終小築, 照海一寸燭. 兩端隨□印, 妙語如蘭竹. 盲似入官禪, 恩承但槁木.

이 시는 왕사진이 사람들을 위해 50년간 복무하며 세상 구제를 행한 일을 돌아보면서 이야기를 시작했다. 인간세상의 어떤 마난(磨難, 고난)을 당하여도, 어양 선생(왕사진)은 불 속에 들어가도 타지 않고 세상에 들어가도 더렵혀지지 않을 만큼, 마음이 티끌세상에서 벗어나 경전을 베끼고 있다고 했다. 이것은 왕사진이 관화(觀化)하여 깨달은 선법의 체오(體悟)이다. 선법은 사람을 인간세계의 공명에 집착하지 않게 하여, 관리이면서 선승이어서 맹인과도 같으며 군주의 은을 입고도 메마른 나무와도 같아, 여여부동(如如不動)의 마음을 최고의 경계이도록 한다.

이와는 전혀 다른 것이 손치미의 〈완정 선생의 선열도에 다시 제하다(又題阮亭先生禪悅圖)〉 시이다.

> 시를 논하는 것은 선종과 같다고, 나는 엄우(嚴羽)에게서 들었노라. 묘오(妙悟)가 최상승으로, 꽃 한 송이에 다섯 잎이 모이는 것이 이것이란다. 성문(聲聞)의 벽지과(辟支果)를, 지해(知解) 있는 이는 취하지 않누나. 용상(龍象)의 불법을 우리 공은 얻어서, 곧바로 서래 조사(달마)와 계합했다. 마치 수미산 둘레의 커다란 향수 바다와 같고, 또 마치 독을 발라둔 북과도 같아라. 불쌍히 여겨 건네주고 건져주는 것은 말법이니, 손가락 하나를 구지선사(俱胝禪師)는 세워 보였다. 이아(二雅)와 정풍(鄭風)은 원류를 궁구하고, 별재(別裁)로 복고를 기약하누나. 부디 우리 학인이여, 함께 꽃잎 모양 향을 따서 살라서, 인간과 하늘의 스승인 분에게 머리 조아리고, 광대무변 주인에게 귀의하세. 부디 진량(나루)에 의탁해야 하지, 선불리 규구를 갖다대지 말아라. 삼매의 편을 복응(服膺)하면, 방울방울 법유(法乳)가 적시리라.
>
> 論詩如禪宗, 我聞諸嚴羽. 妙悟最上乘, 一花五葉聚. 聲聞辟支果, 知解固無取. 龍象得我公, 直契西來祖. 如大香水海, 又若塗毒鼓. 愍渡拯末法, 一指俱胝豎. 雅鄭窮源流, 別裁期復古. 願我諸學人, 共拈瓣香炷. 稽首人天師, 皈依廣大主. 庶幾託津梁, 毋或偭規矩. 服膺三昧編, 滴滴霑法乳.[128]

손치미는 왕사진이 절대적으로 따르는 엄우의 시학에서부터 이야기를 시작하여, 시법은 선법과 같아서 모두 묘오를 최상승으로 한다고 했다. 갈대 하나로 강을 건너 동쪽으로 온 선조(禪祖), 염화미소로 불법을 터득한 용상(龍象)은, 시단에서 근원을 끝까지 소급하고 옛 것을 회복시킨 어양 부자(왕사진)를 묘사한 것이 아니겠는가? 지금 시 세계에 이미 천사(天師)·교주(教主)가 있으니, 우리 제자들은 머리를 수그리고 귀의하여 함께 향 심지를 든다면 마침내 나루를 건너 삼매를 복응하며 법유를 마시게 될 것이라고 했다. 손치미의 제시는 도상과 전혀 부합하지 않고, 또 왕사진이 습정 생활에서 가져오는 선열의 법희에는 착안하지 않았다. 오히려 비유의 수법으로, 왕사진 창도의 신운시학이 시단에서 차지하는 위치를 찬송했다.

관람자의 시선으로 보면, 〈선열도〉 속의 소나무 그늘, 춤추는 학, 나는 폭포, 흰 구름, 띠 집, 아침 이내, 흰 담요 등의 물상이 시설한 것은 선가

128_孫致彌, 《杕左堂續集》(《四庫全書存目叢書補編》, 中國科學院圖書館藏淸乾隆刻本), 卷3, p.624.

의 오경이요 시가의 화경이다. 이것이 바로 신운설을 제창하여, 선으로 시를 논하고 시와 선의 일치를 추구한 시선대사(詩禪大師) 왕사진의 사진(초상)이다.

(5) 소조 〈어양산인대립소상(漁洋山人戴笠小像)〉

강희 39년(1700) 무렵, 왕사진은 서간을 문인 임길에게 보내어 《어양정화록》 간행의 문제를 상담하고, 판각본의 서 부분에 관해 문인 임길에게 서찰을 보내 이렇게 말했다.

> 《정화록》이 이루어졌는데, 대서(大序) 이외에 옛날 서(序)도 한두 편을 판각해야 하지 않겠는가? 우산(虞山) 전종백(錢宗伯, 전겸익)이 '여군대흥(與君代興)'이라 한 말[춘추 시대 제나라 임금이 진나라 임금과 투호를 할 때 자기가 맞히면 '진나라 군주 대신 홍하리라'라고 맹세한 말로, 자기 대신 왕사진이 홍하리라 예견했다—역자]과 증시(贈詩)에 "독각의 기린을, 저 일만 마리 소의 털에 견주지 말라(勿以獨角麟, 儷彼萬牛毛)"라고 한 구절은 실로 천고의 지기가 한 말이라고 할 수 있네. 하나의 서와 하나의 시라도, 정말 베어버릴 수가 없군. 단 그 중 의론이 이반룡(李攀龍)과 하경명(河景明)을 비난한 것은 혐의스럽군. 내 마음에 미안하게 여기는 바가 있네. 어떤가, 어떤가?
> 精華錄成, 大序之外, 舊序尙須刻一二篇否? 虞山錢宗伯'與君代興'之言, 暨贈詩'勿以獨角麟, 儷彼萬牛毛'之句, 實爲千古知己. 一序一詩, 尤不可割. 但嫌其中議論, 乃訾李·何. 於愚心有所未安. 如何如何?[129]

《어양정화록》은 만년의 왕사진이 지난날의 시문을 스스로 검토하고 선별해서 응축시킨 텍스트로, 왕사진은 이것을 자신의 문학 정본이라고 여겼다. 그래서 이미 40년 전 강희 초에 전겸익이 자신의 문집을 위해 작성한 서와 증시를 함께 간각하되, 특별히 신중하게 처리하려고 했다. 전겸익은 "내가 나이 80이라 어둡고 자주 잊어버리니, 이상(왕사진)이 대신 홍할 날을 만났군(余八十昏忘, 値貽上代興之日)"[130]이라 한 바 있다.

129_林佶에게 준 手札은《漁洋精華錄集釋》(下冊), p.1998 참조.

130_전겸익은 순치 18년에 〈漁洋山人集序〉를 지어, "八十昏忘, 値貽上代興之日, 向之鏃礪知己用古學勸勉者, 今得於身親見之, 豈不有厚幸哉? 書之以慶余之遭也."라고 해서 대단

본래 이것은 선배가 왕사진을 이끌어주고 기대한 말이었는데, 그 40년 후 철안과도 같은 사실로 되었다.

그림 6-9. (청) 우지정, 〈어양산인대립상〉(강희 39년 경진 각판), 매경 제찬, 《어양산인정화록》 권수.

중량급의 대 선생을 책의 배경으로 삼는 외에도, 왕사진은 친히 얼굴을 등장시켜 독자와 대면하고자 했다. 왕사진이 임길에게 보낸 서찰에 "우홍로(우지정)가 다시 《정화록》을 만들어, 앞에 삿갓 쓴 소상을 실었는데, 아주 닮았네. 설평(雪坪)[매경(梅庚)]에게 찬을 하나 짓게 해서 기록 담당자에게 보내주었으면 하네"[131]라고 했다. 우지정은 그 해 〈대립소상〉을 만들고, 매경이 찬을 쓴 이후에 다시 간각에 부치려고 했다. 이 그림이 곧 〈어양산인대립상(漁洋山人戴笠像)〉(그림 6-9)이다. 위 책의 서비(書扉)에 수록되어 있고, 대면에는 완릉 매경의 다음 찬이 있다.

> 모가 나서 투텁게 심은 바가 있고, 허(虛)하여서 그 자취를 감감하게 한다. 뭇 흐름을 받아들여 크든 작든 빠뜨리지 않고, 뭇 말들의 맨 앞머리에 정화를 모아 액즙을 만들었다. 몸은 조관의 적삼을 입고 머리에는 삿갓을 써서,

---

히 허여했다. 또 오언고시 장편 1수를 보냈는데, "瓦釜正雷鳴, 君其信所操. 勿以獨角麟, 媲彼萬牛毛"라는 구절이 있고, 서찰을 덧붙여 丁繼之에게 주라고 부탁했다. 《漁洋精華錄集釋》(下冊), 附錄一·附錄二, pp.1975-1978. 이 외에 왕사진은 또 이렇게 말했다. "予初以詩贄于虞山錢先生, 時年二十有八, 其詩皆丙申年少作也. 先生一見, 欣然爲序之, 又贈長句, 有'騏驥奮蹴踏, 萬馬喑不驕'·'勿以獨角麟, 儷彼萬牛毛'之句, 蓋用朱文憲公贈方正學語也. 又采其詩入所纂《吾炙集》, 方嵞山自海虞歸爲余言之, 所以題拂而揚詡之者無所不至. […] 今將五十年, 回思往事, 眞平生第一知己也." 王士禛撰·張宗柟輯, 《帶經堂詩話》, 《續修四庫全書》, 集部, 詩文評類, 第1698冊, 卷8, p.656.

131_《漁洋精華錄集釋》(下冊), pp.1998-1999. "禹鴻臚再作《精華錄》前戴笠小像, 極肖. 欲雪坪制一贊, 然後送典記耳."

맹현(孟縣, 한유)과 미산(眉山, 소식)이 표격을 같이 하니, 300년 이래 이런 객이 없었도다.

方以厚所植, 虛以冥其迹. 納衆流而洪纖不遺, 冠群言而聚精成液. 身著朝衫頭戴笠, 孟縣眉山共標格, 三百年來無此客.

왕사진은 설평자(雪坪子) 매경을《감구집(感舊集)》의 일원으로 삼고, 매경에 대하여 짧은 기록을 남겼다. "자는 우장(耦長), 또다른 자는 자장(子長)으로, 강남 선성(宣城) 사람이다. 강희 신유의 거인으로,《천일각집(天逸閣集)》·《옥사유초(玉笥遊草)》·《오시음(吳市吟)》이 있다." 매경은 시를 잘 짓고 그림도 잘 그렸다. 우통은 그의 시를 상당히 칭찬했다.[132] 매경이 보기에 화찬(畫贊)은 대장(對仗)의 표현법을 취하므로, 방/허를 나란히 드는 사유를 이용하여 스승을 평가했다. '방(方)'은 학문과 인품의 온축이 풍후함을 말한다. '허(虛)'는 형적이 쇄락하고 진세를 높이 벗어났음을 가리킨다. '납중류(納衆流)'는 후생을 이끌어주는 데 여력을 남기지 않은 것을 가리키고, 또 학문에서 한 스승만을 위주로 삼지 않은 것을 가리킨다. '관군언(冠群言)' 운운은 저술이 근실하여 토해내는 것이 최전면에 속하고 정화를 다 드러냈음을 말한다. 화가는 왕사진을 몸에 조정의 관복을 입고 머리에 죽립을 쓴 형태로 소조하였는데, 이것은 재조(在朝)와 재야(在野)의 신분 합일을 상징한다. 왕사진은 양자의 사이에서 극히 평형을 유지했으므로, 당나라 한유와 송나라 소식만이 짝할 수 있어서, 마침내 명나라 초 이래 300년 동안의 제1인이 되었다고 했다. 매경은 그 스승을 자신이 앙망하는 모습으로 그려내어 송찬했다. 이 형상은 왕사진이 화상을 그려달라고 부탁했을 때 왕사진 자신이 스스로를 심찰(審察)한 시선과 차이가 없을 듯하다.[133]

132_"尤侗,《西堂雜俎》曰: '耦長以淸藻之才上下千古, 兹縱覽於吳山婁水之間, 泱背盪胸以發皇其興致, 宜其烟雲巖壑奔赴筆下, 豈止獨有敬亭山哉?'".《感舊集》(台北: 廣文書局, 1968)(下冊), 卷16,〈梅庚〉條, 小字注, p.5a-b, 總pp.713-714.

133_劉焯의 고찰에 따르면, 강희 13년(1673) 李藩 補圖·幷題〈漁洋山人三十九歲小景〉이 遼寧省博物館에 소장되어 있다. 劉焯,〈禹之鼎李藩合作王士禛小像〉,《收藏家》, 總15期, 1996; 劉焯,〈關於〈禹之鼎李藩合作王士禛小像〉之答疑〉,《朵雲》第51集, pp.250-254. 유작에 의하면 왕사진에게는 강희 35년 王石谷 補景, 陳香泉 題名〈戎裝小照〉가 있다고 한다. 또.〈北征扈從圖〉가 있었으나 그림은 실전했다고 한다. 張庚,《國朝畫徵錄》. 이상의 각 설은 상당히 의심스러우나 필자는 지식이 옅어 잠시 기록해둔다.

(6) 지지(地誌) 화상—〈잠미산도(蠶尾山圖)〉

강희 41년(1702), 왕사진은 〈잠미산도〉를 그렸다. 이 화상은 한 기억에서 유래한다.

시간을 거슬러 올라가 강희 23년(1684) 겨울, 당시 51세의 왕사진은 성균관 국자좨주에서 첨사부 소첨사 겸 한림원 시강학사로 옮겨, 칙명을 받들어 남해(광동)로 제사를 지내러 가게 되었다. 출발에 앞서 주이준·강신영·이징중·위곤 등 문인들과 성부승·주재준·주재진·탕우증·사신행·사승 등 문생들, 모두 30여 인이 창의문 밖에서 전송하고, 시를 지어 증정했다. 길을 가다가 동평(東平)에서 눈에 막혔을 때 소동정호(小洞廷湖)에 서서 봉우리가 아지랑이와 안개 속에 숨었다가 드러났다가 하는 것을 바라보았다. 그 지방 사람이 그것을 가리키며 잠미산(蠶尾山)이라 말하고, 당나라 태수 소원명(蘇源明)이 연회를 하며 감상하던 곳이라고 했다. 이때 바람과 눈 때문에 너무 춥고 사행의 노정에 쫓겨 머물 수 없었는데, 남쪽으로 수천 리를 가도록 때때로 꿈에 나타났다. 서울로 돌아온 후 이 산 이름으로 문집의 제목을 삼고 그 경개를 서술했다. 왕사진의 〈잠미집자서〉는 이러하다.

> 연(兗)과 운(鄆)의 지경은 대개 산언덕 같은데, 소동정의 가장 두드러진 호수 왼쪽에 잠미산이 있다. 당나라 천보 12년, 태수 소원명이 이곳에서 다섯 태수를 위해 연회를 벌이고, 노래를 지어 "소동정이여 단단히 배들을 나란히 붙이니, 바람이 하늘하늘 불어 평평한 물 흐름으로 떠나네. 단단히 배들을 나란히 함이여 소동정에서, 구름은 산들산들하며 끊어진 길에 연이어 있도다. 이어지는 파란이 장대하여라 가늘어지다가 없어지누나, 겹겹 바위산을 돌아서 초연히 홀연 사라지는구나"라 하고, 또 노래하길, "달이 맑게 응결하여 밝은 공중에 은파를 일으키네, 별들이 잔뜩 깔려 가을 은하가 또렷또렷하다"라고 했다. 가사가 아주 예스럽고 질박하여 한나라 사람의 말과 유사하다. 그리고 호산의 승경은 광막하고 청려하여, 배 띄운 사람을 소요하게 만들고 올라 바라보는 사람을 머뭇거리게 만들어, 서글퍼져서 돌아가는 것을 잊게 한다. 이에 소동정의 이름과 소원명의 시가 도첩에 전하므로, 영호씨(令狐氏)의 말[영호초(令狐楚, 766-837)가 《어람시(御覽詩)》를 엮어 소동정에 관한 소원명의 시를 소개한 말—역자]을 징험할 만하다. 강희 갑자년 겨

울, 내가 조정의 명을 받들어 남해로 가서 제사지내게 되어, 동평을 지나다가 대설을 만나 하루 밤낮을 머물렀다. 멀리 바라보니 호중의 하늘과 물이 이어진 곳에 안개와 아지랑이가 멸몰하는 사이에서 소라 모양의 서너 산봉우리가 숨었다가 드러났다가 하는 것이 있었다. 그 지방 사람이 손가락으로 가리키며, "이것은 잠미산입니다"라고 했다. 당시 바람과 눈 때문에 너무 춥고 사신으로서의 일정에 쫓겨 머물 수가 없었는데, 남쪽으로 수천 리를 가도록 때때로 꿈에 들어왔다. 지난날 한퇴지(한유)는 일찍이 〈운주계당시(鄆州溪堂詩)〉를 지어, 포련(蒲蓮)·겸위(蒹葦)·빈과(蘋苽)·귀어(龜魚) 등의 산물을 성대하게 일컬었다. 나는 바빠서 계당이 어디에 있는지 방문할 겨를이 없었으나, 그 승경을 헤아리면 이 호수에 미치지는 못할 것이니, 소원명의 시가가 한퇴지 위로 훨씬 뛰어나다. 나는 운주의 산수가 홀로 여기(잠미산)에 있지 저기(계당)에 있지 않다고 일컫는데, 대개 과언이라고 할 수는 없을 것이다. 나는 제남에 집을 두어, 거처가 장백(長白)의 기슭, 금추호(錦秋湖)의 북쪽에 있으므로, 운주로부터 500리 떨어져 있다. 나는 지금 조정에 관원 수를 채우고 있는 터에 불과하니, 옛 은둔처의 서너 기둥 집에 물러나 그 사이에서 쉬면서, 어찌 짬을 내어, 수백 리 바깥에까지 미쳐서 그 명승을 사사롭게 취하여 나의 것으로 삼으려고 꾀할 수 없으랴? 역시 잠시 나의 회포를 붙일 따름이다. 마침 갑자년 월 지방의 사행 이전의 시와 정묘 이후의 시, 경오 이후의 잡문을 정리해서 얼추 권질을 이루었으므로, '잠미'라는 이름을 제목으로 삼고, 또 그 명명의 뜻을 적어서 나의 회포를 드러낸다.

兗鄆之境多如陂, 而小洞庭最著湖之左有蠶尾山焉. 唐天寶十二載, 太守蘇源明讌五太守於此, 作歌曰: "小洞庭兮牢方舟, 風嫋嫋兮離平流. 牢方舟兮小洞庭, 雲微微兮連絶陘. 仍瀾壯兮緬以沒, 重巖轉兮超以忽." 又歌曰: "月澄凝兮明空波, 星磊落兮耿秋河." 歌詞旣古質類漢人語, 而其湖山之勝又曠邈靚麗, 能使汎者徬徨, 登眺者遲夸□悵而忘返. 於是小洞庭之名與源明之詩, 並傳圖牒, 令狐氏之言足徵也. 康熙甲子冬, 予奉朝令往祀南海, 過東平會大雪連日夜. 遙望湖中天水相際, 有數螺隱現於煙靄滅沒之間者, 土人指似曰: "此蠶尾山也." 時風雪寒沍, 又迫王程, 不得往. 旣南, 行數千里, 猶時時夢見之. 昔韓退之嘗作鄆州溪堂詩, 盛稱其蒲蓮蒹葦蘋苽龜魚之產. 予卒卒未暇問溪堂所在, 度其勝, 未必及此湖, 而源明之歌詩直駕退之而上. 予稱鄆之山水獨在此, 不在彼, 蓋亦未可以爲過也. 予家濟南所居在長白之麓, 錦秋湖之陰, 距鄆五百里. 予方備員於朝, 即舊隱數椽, 未能退而偃息乎其間, 豈暇謀及數百里之外, 私其名勝, 使爲吾有哉? 亦聊以寄吾懷焉而已. 偶次甲子使粵以前及丁卯以後詩, 庚午以後雜文, 稍成卷帙, 遂以蠶尾名集, 而又書其命名之意, 以喻吾懷焉.[134]

134_왕사진은 남해로 제사지내러 가는 길에 잠미산을 거치면서 그 풍광, 역사사실, 개인심

그림 6-10. (청) 우지정, 〈잠미산도〉 권, 비단, 채색, 26.7X74cm, 북경고궁박물원.

왕사진은 여로에서 역사 및 자연에 대해 회고했던 몽롱한 경험들을 결합해서 글로 써서, 해내 풍아의 선비들로 하여금 모두 산인이 높은 지위에 있으면서도 세상을 초월하려는 뜻을 지니고 있다고 말하게 만들었다. 왕사진은 서문에서 자칭하길, 마침 강희 갑자 23년(1684) 지방으로 사신으로 가기 이전의 시, 정묘 26년(1687) 이후의 시, 경오 29년(1690) 이후의 잡문을 편찬하여 얼추 권질을 이루고 《잠미집》이라 이름 지었다고 했다. 《잠미속집》은 을해 34년부터 갑신 43년(1704)까지의 시들을 편집했다.[135] 그리고 이 서문을 통해 강희 23년의 여행에서 잠미산의 연하가 멸몰하던 기억이 시종 마음에 얽혀 있어서 '잠미산'을 서재와 시문집 이름으로 삼았을 뿐 아니라, 18년 후 강희 41년 임오(1702), 우지정에게 부탁하여 〈잠미산도〉 소조를 그리게 했음을 알 수 있다(그림 6-10).

이 그림은 횡권으로, 강의 경치가 공활하고, 전경의 숲 사이에 상주 왕사진이 봉창 배에 앉아 있다. 강 흐름 대안의 원경에는 담묵의 원산이 와잠(누워 있는 누에고치) 모양으로 그려져 있다. '잠미산도'라는 큰 글자가

경을 기록했다. 〈蠶尾集自序〉, 《蠶尾集》(收入《四庫全書存目叢書》, 集部, 別集類, 第227冊), 卷7, p.282.

135_《四庫提要》는 이러하다. "案盛符升作雍益集序, 稱合戊辰(27年)至乙亥(34年)詩文爲蠶尾集十卷. 此集目錄下乃註詩自甲子年(23年)起其年冬及乙丑年(24年)作爲南海集. 文自庚午年(29年)起, 士禛自序又稱偶次甲子(23年)使粵以前, 及丁卯(26年)以後, 詩文稍成卷帙, 因以蠶尾名集. 士禛集皆所自刊, 而三說錯互如是, 未喻其故." 《四庫全書總目》, 〈蠶尾集提要〉, p.369. 《蠶尾集》의 수록 시문이 언제부터 시작하는지에 대해서는 여러 설이 있다. 하지만 시문집 이름을 정한 것이 남해로 가다가 잠미산을 들른 경험에서 나왔다는 것은 의심할 여지가 없다.

횡으로 쓰여 있고, 작은 글씨로 '임오 6월 어양 노부자를 위해 해녕 문인 진혁희가 쓰다(壬午六月爲漁洋老夫子海寧門人陳奕禧題)'라고 적혀 있다. 화폭의 좌하 구석에는 '광릉 우지정이 공경하여 베끼다(廣陵禹之鼎敬寫)'라고 적혀 있다. 당시 문생 사승과 고사립은 서울에서 왕사진과 수시로 왕래했는데, 그해 늦겨울과 다음해 늦봄에는 왕사진이 각각 이 그림과 〈하서도〉를 가지고 두 사람에게 제영을 요구했다. 고사립이 〈잠미산도〉에 쓴 4수의 시가 있다. 그 시는 이러하다.

> 미풍이 산들산들하자 파랑의 꽃이 비리고, 노를 등에 진 뱃사공은 불러도 술에서 깨지 않는다. 한 권의 잔서(경서)를 마침 다 읽고는, 머리를 들어보니 첩첩 푸른 봉우리가 무수하네.
> 微風嫋嫋浪花腥, 櫓背舟人喚不醒. 一卷殘書方讀罷, 擧頭無數亂峰青.
>
> 《어양집》 속의 풍류가 절승하고, 〈잠미도〉 속에서는 일흥이 열린다. 시권의 아름다운 이름은 하늘이 부여했으니, 한 평생 두 산(어양산과 잠미산)을 점유했구나.
> 漁洋集裏風流絶, 蠶尾圖中逸興開. 詩卷佳名天付與, 一生占得兩山來.
>
> 오마(五馬, 태수)는 당년에 이 시를 창수하여, 수원을 거슬러 올라 정자에서 머물고 싶어 했었지. 녹색 도롱이와 푸른 삿갓으로 편주 타고 떠나려던 뜻이니, 시옹을 기다려 옛 놀이를 보완하련다.
> 五馬當年此唱酬, 回源亭子欲勾留. 綠蓑青箬扁舟意, 要待詩翁補舊遊.
>
> 실의한 모습이 도무지 비 맞은 반딧불이 같으니, 초당의 영혼을 몇 번이나 저버렸나? 태호의 만 이랑으로 급히 돌아가고 싶구나, 다만 와서 소동정에 시를 쓰려고.
> 落魄渾如帶雨螢, 幾番不負草堂靈? 太湖萬頃思歸急, 只爲來題小洞庭.[136]

제1수는 도면을 보고 경치를 묘사하여, 상주가 배 안에 머물러 있는 모습에 부합시켰다. 제2수는 고사립이 왕사진의 일생과 관련이 있는 어양산과 잠미산을 언급했다. 두 산은 왕사진의 문학(시집)/회화(화상)의

136_顧嗣立,《梧語軒集》, 卷上, p.291.

명명에 의하여 필시 아름다운 이름이 영원히 전하리라고 했다. 제3수와 제4수는 18년 전 남해에 제사지내러 가다가 동평에서 대설 때문에 길이 막혔던 지난날을 말했다. 화가 · 상주 · 제영자가 모두 같은 식으로 회상의 어조로 이 옛 유람을 보완 서술한 것이다.

사신행의 〈잠미산도. 다시 신성 선생을 위하여 짓는다(蠶尾山圖再爲新城先生賦)〉 3수 시는 이러하다.

> 지난날처럼 동정호 곁에 잠시 머무나니, 공은 편주의 흥을 잊지 않았네. 한번 동산에 뜬 달을 보게나, 몸을 휘감은 30리 호수에 빛이 밝도다.
> 依然小泊洞庭旁, 公自扁舟興不忘. 試向東山看月出, 繞身三十里湖光.
>
> 석실(石室)이든 금정(金庭)이든, 그림 속에는 회원(迴源)에 별도로 정자가 있구나. 일흔두 봉우리는 차단하지 않고, 별도로 잠미산의 한 푸른 흔적을 더하노라. (작은 글씨 주에, "일찍이 조송설(조맹부)의 〈산화추색도〉를 보니, 잠미 봉우리 하나가 뭇 산들의 위로 솟아나 있었다"라고 했다.)
> 勿論石室與金庭, 畫裏迴源別有亭. 七十二峯遮不斷, 別添蠶尾一痕青. (句下小字注曰: 曾見趙松雪鵲華秋色圖, 蠶尾一峯青出羣山之外.)
>
> 천추에 연회 관련 서적은 동평의 일을 기록해두어, 천보의 시인이 예전에 이름이 났었지. 이제부터는 인간세계에서 길이 그림을 보게 되어, 고향 산수가 선생에게 귀속하리라.
> 千秋讌籍記東平, 天寶詩人舊有名. 從此人間長見畫, 故鄕山水屬先生.[137]

사신행의 제시는 고사립의 그것과 비슷하다. 제1수는 화상을 바라보면서, 정박한 배, 유람의 흥취, 달 구경, 둘러나간 호수 등등 당년의 정경을 추측했다. 제2수는 잠미산의 특별한 풍광을 말했다. 제3수에서는 잠미산을 향해 손을 이마에 대고 경례하듯 행운이라 일컬었다. 즉, 왕사진은 남해에 제사지내러 가다가 동평에서 눈에 막혀 비록 친히 그곳에 가보지는 못했지만 연연해하여 잊지 못해서 잠미산을 위해 고금을 하나로 꿰었다. 1천 년 전의 천보 연간에 소원명이 감상하고 시로 읊어 그것이 이미 역사책에 실렸고, 1천 년 후의 왕사진이 이 산을 그림으로 그려 개

137_查愼行, 《敬業堂集》, 卷39, p.6b.

인 화상 속에 집어넣었다. 왕사진은 이 궁벽한 곳의 산수를 1천 년 이전의 역사책 속에서 다시 사람들의 눈앞으로 소환하였으니, 잠미산이 한바탕 변하여 마치 왕사진의 전속물같이 되었다고 할 수 있다.

왕사진의 친우 양패란은 이해 6월에 또 〈어양선생 잠미산도 소조에 제하고 아울러 서를 붙인다(題漁洋先生蠶尾山圖小照幷序)〉를 지었다. 소서에서 그 일을 자세히 기록했다.

> 산은 연(兗)의 소동정호 속에 있는데, 당나라 때 동평태수 소원명이 복양(濮陽)·노군(魯郡)·제군(濟陽)의 태수들을 이곳에 모아 연회를 벌였다. 또 소원명이 태수로부터 징소되어 국자사업으로 들어가게 되자, 수창외위(須昌外尉) 원광(袁廣)이 회원정(回源亭)에서 술을 싣고 회원정 동쪽 유문(柳門)으로부터 소동정으로 들어가, 가자(歌者)로 하여금 숙고(宿鼓, 성의 대문에 두어 문의 개폐를 알리는 북)와 문황(汶篁, 문수 가 대나무로 만든 관악기)을 연주하게 하여 즐기고, 각각 시로 이 일을 기록했다. 갑자 겨울, 어양 선생(왕사진)이 사신이 되어 남해로 제사지내러 가다가 이곳을 경과할 때 대설이 천지에 가득한 때를 만나, 멀리 잠미산이 호수에서 숨었다 잠겼다 하는 모습을 바라보고는 오랫동안 배회했다. 돌아가 소조를 그릴 때 전말을 스스로 서문으로 기록하고 지(識)를 부탁하셨다. 일시의 해내 풍아 선비들이 모두 공이 지위가 높으면서도 세상을 초월하려는 뜻을 지녔다고 하면서 아름답게 여겨 칭송했다.
>
> 山在兗之小洞庭湖中, 唐時東平太守蘇源明讌濮陽·魯郡·濟陽諸太守於此. 又源明自太守徵入國子司業, 須昌外尉袁廣載酒於回源亭, 由回源東柳門入小洞庭, 令歌者奏宿鼓·汶篁爲樂, 各紀以詩. 甲子冬, 漁洋先生奉使往祀南海, 經過此地, 値大雪瀰漫, 遠眺蠶尾, 隱沒湖中, 徘徊久之. 歸而圖爲小照, 自序顚末, 以誌寄託. 一時海內風雅之士, 僉謂公處高位而有超世之志, 美而誦焉.

양패란은 당나라 소원명의 두 가지 역사적 사실을 거론했다. 첫째는 소원명 태수가 부근의 태수들을 이곳에 모아 연회를 벌인 일이다. 둘째는 소원명이 징소되어 국자감에 들어가기 전날 밤, 원태위(袁太尉, 袁廣)가 술을 싣고 와 북을 치고 생황을 불게 하여 경축연을 벌인 일이다. 왕사진은 이곳을 지나가다가 잠미산의 역사적 사실을 알게 되어 일시의 풍류를 상상하고는, 귀환 후 그림을 그리고 시를 청했으며, 해내의 우아한 선비들로 하여금 흠모하게 만들었다. 양패란은 이어서 시를 적었다.

> 줄 이어 늘어진 잠미산이, 아스라이 밝은 허공 위에 떠 있다. 섬섬하게 고운 항아 달은, 쇄락하게 태청에 떠오르더니, 홀연 미인의 거울과 같아, 소동정으로 날아 떨어진다. 거울 갑에서 외론 트레머리를 노출하고, 거울 같은 물결에 맑은 빛이 흐른다. 또한 유리 궁전이, 거꾸로 천상의 별을 쏘는 듯하다. 하나의 기가 수은으로 되어 쏟아지니, 천 겹으로 옥구슬이 쌓이누나.
> 延延蠶尾山, 巘巘浮空明. 纖纖嫦娥月, 灑灑升太淸. 忽如美人鏡, 飛落小洞庭. 鏡匣露孤髻, 鏡波流光晶. 又如琉璃宮, 倒射天上星. 一氣瀉水銀, 千疊堆瑤瓊.[138]

양패란은 왕성한 기세로 이 화폭에 긴 노래를 지었다. 앞의 1단은 잠미산과 소동정호가 서로 어우러진 생동적인 경치를, 허환인 듯 몽중인 듯, 완연히 봉래산 선경처럼 묘사했다. 그 아래 다음과 같이 이어진다.

> 작화산은 문과 당이 높고, 연 땅과 운 땅은 겹겹 문을 같이 한다. 옛날에 연회에서 사람들이 잔에 술을 따를 때, 이 정자에는 깃발과 수레가 가득했다. 숙고(宿鼓)가 울려 신령한 악어를 내쫓고, 문황(汶簧)은 난봉 생황에 끓어올랐지. 금일 우리 공을 얻어, 천년의 정을 같이 하노라. 지난날 남해로 사신 나가다가, 대설을 만나 동평에 임했을 때, 계곡은 아로 새긴 모양으로 변화하고, 종복과 말들은 길 가는 모습이 영롱했었네. 길을 나아가며 거쳐온 곳을 기록하고, 귀환의 날에 단청을 그렸다네.
> 鵲華高門堂, 兖鄆交重扃. 古時觴讌人, 幡蓋於此停. 宿鼓鳴靈鼉, 汶簧炙鸞笙. 今日得我公, 千載同一情. 在昔使南海, 值雪臨東平. 谿谷變刻鏤, 輿馬行瓏玲. 首路紀閱歷, 歸日圖丹靑.

잠미산 부근은 아스라한 작화산(鵲華山)으로 들어가는 겹문과도 같았다. 일천 년 전의 소원명 태수가 이미 여기서 개인의 역사를 남겼고, 19년 전의 왕사진도 역시 문필과 회화로 개인의 기억을 깊이 심어두었다.

> 검과 신발은 여가의 기쁨을 펴고, 궤안에서는 아득한 세계로 노니누나. 글

138_梁佩蘭,《六瑩堂二集》, 卷2, p.268.

> 은 아름다운 구슬을 드리운 듯하고, 배는 청정(잠자리)을 몰아 나가듯 하네. 가을 경색은 허공을 씻어 깨끗하고, 나무의 잎은 서리맞은 꽃을 머금고 있도다. 오리와 갈매기는 부들과 연꽃 사이로 끼어들고, 물고기와 규룡은 맑고 깨끗한 물 위에 떠 있네. 엄연히 막고야 삼신산이요, 주나라 팔영(八瀛)에 방불하여라. 귀와 눈만 활달해지는 것 아니라, 천지로 하여금 술에서 깨어나게 하는구나. 어느 땅인들 아름다운 산이 없으랴? 이 산은 공 때문에 이름이 났도다. 부디 동진 때 원굉(袁宏)의 상소에 올라가, 상흠(桑欽)의 《수경(水經)》을 다시 보완하게 되기를.
>
> 劍履展暇豫, 几案游杳冥. 有書垂琳瑯, 有船駕蜻蜓. 秋色洗空淨, 木葉含霜英. 鳧鷗闖蒲蓮, 魚龍汎淸泠. 儼然藐三山, 彷彿周八瀛. 不惟耳目豁, 直令天地醒. 何地無佳山? 玆山以公名. 請登袁宏疏, 更補桑欽經.

양패란의 장편시에서 이 아래 단락은 제영하는 자신으로 돌아왔다. 아직 몸소 잠미산에 오른 적이 없는 양패란은 이 순간 옥구슬 같은 글을 끼고 잠자리 같은 배를 몰아서 궤안의 여행을 떠난다. 바로 이것이 상상의 유람이기에 이미 삼신산과 팔영(八瀛)을 모두 돌아다닐 수 있었으니, 이 산도 하나의 선부(仙府)일 수 있다. 양패란은 여기에서 전반부의 동적인 묘사와 호응시켜, 이목을 광활하게 하고 천지를 깨울 수 있었다. 이 선향의 묘사는 바로 양패란이 서문에서 말한, "공이 지위가 높으면서도 세상을 초월하려는 뜻을 지니고 있다"라고 한 취지와 꼭 부합하게 된다. 이 장편시의 마지막 4구에서 양패란은 고사립과 사승 두 사람과 관점이 일치했다. 강산이 얼마나 다행스러운가! 이 작은 산이 왕사진의 명명과 서사로 불후의 인기(印記)를 갖게 되었으니,라고 말한 것이다.

명나라 문인의 여행은 회고(懷古)와 호고(好古)의 경향을 띠었다. 청대 사대부는 더 나아가 고적 방문을 유람 활동의 요건으로 간주하여, 여행 문화에서 고적 유람이 차지하는 위상이 더욱 높아졌다. 많은 유기(遊記)들이 작자가 중시하는 것을 진술했는데, 그것은 결코 특출한 경치가 아니라 고적이나 골동이었다.[139] 왕사진은 여러 차례 사신으로 멀리 여행을 하면서, 번잡함을 꺼리지 않고 일정을 상세하게 기술했다. 그 가운데

139_巫仁恕, 〈淸代士大夫的旅遊活動與論述—以江南爲討論中心〉, 《中央研究院近代史研究所集刊》第50期, 2005年12月, pp.271-276.

일반 유람자가 여정에서 비망을 위해 기록하는 기이한 경치나 특별한 소문 이외에, 인간사의 조우와 교류에 대해 특별히 마음을 써서 기록했으며, 아울러 고고(考古)에 대단한 열정을 보였다. 왕사진은 실제로 잠미산에는 가보지 못 했으나, 10여 년 후 이 산으로 서재의 이름을 삼고, 화상과 제영을 부탁했다. 그에게 여행은 출장이나 유락에 그치지 않았으며, 현인을 보면 같아지려고 노력하는 고인 흠모의 정회를 지녔다.

(7) 파직 후—〈부우정도(夫于亭圖)〉

강희 43년(1704) 가을 9월, 71세의 왕사진은 폐태자(廢太子)와 창화했다는 이유로 조정에서 왕오(王五)·오겸(吳謙)의 안(案)에 따라 강등되고 조용(調用)되었다. 10월에 귀향하여 근 반세기간 벼슬 살았던 조정을 떠났다. 왕사진은 고향 집으로 돌아가자 문을 닫고 서적을 저술하여, 한 글자도 조정의 귀현들과 통하지 않았으며, 문에는 잡스러운 손님을 받지 않았다. 오직 여러 문생들과 차 마시고 향 피우며 왕래하고 창화하여 권질을 이루어, 《고부우정고(古夫于亭稿)》를 엮었다. 책의 명칭은 왕사진의 초정(草亭)에서 유래한다. 왕사진 집안에는 우자산(于玆山) 별업이 있었는데, 산 위의 고부우정은 진중자(陳仲子)가 거처하던 억천(抑泉) 어구로, 왕사진이 휴식했던 '부우초당(夫于草堂)'은 여기에서 뜻을 취했다. 날마다 산과 마주하여, 진중자의 고풍을 멀리 상상했으므로, '고부우'라고 당을 이름 지은 것이다.[140]

강희 44년 4월 경, 왕홍도(汪洪度)[자 우정(于鼎)]가 사람을 보내 왕완(汪沅)의 《연촌집(研村集)》에 평을 해달라고 청했다. 왕사진은 답신에서 왕홍도에게 고부우정 장구를 지어달라고 하고, 또 〈부우초당도(夫于草堂圖)〉에 친필로 이름을 써달라고 했다. 뒤에 왕완의 집사람에게 서신을 보내 《연촌집》의 평이 다 끝났다고 알리고, 왕홍도가 〈어양산도(漁洋山圖)〉와 〈잠미산도(蠶尾山圖)〉 그림을 새긴 두 개의 먹을 제작해준 데 대

140_왕사진이 파직되어 귀향할 때 어떤 이는 "此事自有本末, 公當辯明"이라 하자, 왕사진은 "吾年已遲暮, 今得返初服, 足矣"라고 했다. 고향 夫于亭에서의 생활에 대해서는 《漁洋山人自撰年譜》, 卷下, pp.56-57을 참조.

해 감사했다. 이어서 '고부우정저서묵(古夫于亭著書墨)'을 만들어달라고 청했다. 또 황산(黃山) 승려 설공(雪公)에게 〈고부우정도(古夫于亭圖)〉[141]를 만들어달라고 청해줄 것을 왕홍도에게 거듭 부탁했다. 설공이 이 그림을 만들었는지는 알 수 없다. 3년 후 강희 47년 무자(1708) 중춘, 우지정은 75세의 왕사진을 위해 〈부우정도〉 축을 그렸다. 우지정은 스스로 적기를, "마원(馬遠)의 〈죽오유거도〉 필의를 모방하여 〈부우정도〉를 베껴내고, 대사구 신성 왕공에게 삼가 부친다(摹馬遠竹塢幽居圖筆意, 寫夫于亭圖恭寄大司寇新城王公)"라고 했다. 그림 속의 상주는 화축 하단의 작은 정자에 앉아 있고, 근경에는 시냇물과 긴 대나무가 있으며, 일대는 밭이다. 원경은 성문 밖에 산맥이 솟아났다가 엎드렸다가 한다. 구도를 보면 위는 간략하고 아래는 복잡한데, 복잡하고 밀밀한 전경에 엄정하게 구획해서 공들여 그린 부우정이 두드러져 있다. 의필(意筆)로 구염(勾染, 윤곽을 그린 후 농담을 달리하여 색칠함)한 상주는 표정이 느긋하고 조용하며, 난간에 기대어 멀리 조망하고 있다(그림 6-11). 문인 고사립과 임길이 시를 적었다.

그림 6-11. (청) 우지정, 〈부우정도〉 축, 비단, 채색, 96X44.5cm, 홍콩 지락루.

임길의 〈완정 스승의 부우정도에 제하다(題阮亭師夫于亭圖)〉 시는 이

141_《徵略》, p.533.

려하다.

> 뜬 구름이 말렸다 펼쳐지는 환상을 가만히 열람하며, 최근 그윽한 홍을 부우에 가탁하셨네. 청산과 황색 모발의 노인은 의연하여 좋으리, 멀리 청풍 아래 앉아서 독서하시는 모습을 상상한다.
> 靜閱浮雲幻卷舒, 比來幽興托夫于. 靑山黃髮依然好, 遙想淸風坐讀書.
>
> 부우산 빛이 비 지난 뒤 어여쁜데, 홍엽은 성근 울타리에 가득하고 푸른 곡식은 밭에 가득하여라. 그림 낭탁과 시권 속에 죄다 넣어서, 풍류를 후인에게 전해주시겠지.
> 夫于山色雨餘姸, 紅滿踈籬綠滿田. 收入畫囊詩卷裡, 風流付與後人傳.
>
> 용문에 발걸음하지 않은 지 아홉 해나 되어, 구름 산을 서글피 바라보면 얼마나 아득한가! 새 시가 있으면 늘 부쳐 드렸으니,《정화록》 엮은 뒤에 편집을 위촉하리라.
> 龍門掃迹九年多, 悵望雲山邈若何! 賴有新詩常寄取,《精華錄》後屬編摩.
>
> 노(魯) 땅에서는 소래산(徂徠山)과 태산이 바라보여, 오래도록 반공에 걸려 잔잔히 흐르는 물을 사이에 두고 대치하네. 이제부터는 또 부우의 늙은이를 얻어, 제주(齊州, 중원)의 구점(九點) 동그라미를 내리깔아 보리라.
> 魯望徂徠與泰山, 久懸天半峙潺顔. 從今又得夫于叟, 俯視齊州九點環.[142]

왕사진이 애정을 쏟았던 이 문생 임길은 선생 만년의 화상에 거의 반드시 제영을 했다. 위의 시는 왕사진 만년의 파관부터 서술하기 시작했다. 그리고 부우정이 인생의 뜬 구름이 말렸다가 펼쳐졌다가 하는 것을 고요히 열람할 수 있는 절호의 시점을 제공한다고 했다. 다음으로, 산이 녹색을 띠고 비가 곱게 오며 붉은 담장과 푸른 밭이 펼쳐져 있는 부우산 경치가 화가에 의해 그림 주머니 속으로, 시인에 의해 시 두루마리 속으로 거두어져서 후인에게 유전되고 있다고 적었다. 제3단은 임길 자신과 왕사진의 9년 간에 걸친 사제 관계를 적어, 왕사진이 자기의 새 시를 교정해줄 뿐 아니라 자신도 선생을 위해《정화록》을 잘 베껴 인쇄에 부쳤

142_林佶 ,《樸學齋詩稿》, 卷9, p.104.

으며, 이 문화 사업은 꿈같은 뜬 인생에서는 특히 칭송할 만하다고 했다. 마지막 제4단은 조정에서 퇴직하여 돌아온 왕사진을 위로하려고, 과거에 궁궐을 우러러보던 각도를 바꾸어 시선을 아래로 하여 제주(齊州, 중국)를 내리깔아 보더라도 무방하며, 산수가 부우 노인(왕사진)을 얻었기에 무한한 경사로 느낀다고 했다.

고사립의 〈어양선생 고부우정도에 제하다(題漁洋先生古夫于亭圖)〉 시는 이러하다.

> 시인은 봄 구름과 같아, 산을 만나면 곧 유람하거나 우거하지. 적료한 부우정이, 준염(皴染)으로 또 취향을 이루었구나. 외론 봉우리는 비취 이내를 뚝뚝 떨구고, 좋은 새는 멋진 나무를 연모한다. 아래에는 시내를 따라 흐르는 물이 있어, 빙글빙글 돌아서 하나의 웅덩이에 쏟아지누나. 상서(尙書)는 멋진 감상을 연연해하고, 긴긴 날 오묘한 깨달음을 증대시키며, 사람을 그리워하길 높은 난간에 기대어 하고, 꽃에 물 주려고 성근 밭을 밟으리. 서적은 총죽 속에 쌓여 있고, 녹음이 어두워서 계신 곳을 모르겠군. 나는 미투리 신발을 매만진 후, 여기서 선생의 지팡이와 신발을 따르련다. 처음에는 백양산(白羊山)을 가리켜보고, 돌아와 어자도(魚子渡)를 찾기도 하리라. 오두막 짓는 일은 아직 할 수 없어도, 하룻밤 묵고 오는 일은 혹 가능하겠지.
>
> 詩人如春雲, 逢山便遊寓. 寂寥夫于亭, 皴染又成趣. 孤峯滴翠嵐, 好鳥戀佳樹. 下有緣溪流, 繚繞一泓注. 尙書戀佳賞, 永日增妙悟. 懷人凭危欄, 澆花蹋疎圃. 書殺在叢竹, 綠暗不知處. 我思理芒屩, 于焉隨杖屨. 稍指白羊山, 還尋魚子渡. 結廬倘未能, 信宿或可庶.[143]

고사립은 우지정의 〈부우정도〉가 본래 적요한 부우정을 준염으로 점묘하여 곳곳마다 멋진 유거(幽居)의 승지로 변모시키고, 왕사진을 자유자재한 봄 구름으로 그려냈다고 칭송했다. 고사립도 자기를 한 사람의 급문제자(及門弟子)로 낮추어서, 은사의 지팡이와 신발을 따르겠다는 흠모의 정을 한가득 담아내었다.

143_顧嗣立,《春樹草堂集》(《閭邱詩集》, 卷28), 卷2, p.353.

5) 결론

왕사진의 화상은 일생을 관통하고 있다. 청장년 시기의 왕사진은 24세에 신성(新城) 명호(明湖)에서 아집(雅集)을 하고 〈유주시화도(柳洲詩話圖)〉를 남겼다. 양주 시기, 29세에는 〈홍교창화도〉가 있고, 32세에는 〈포금세동도〉와 〈천녀산화도〉가 있다. 또 이 무렵 〈이상간화도〉와 〈매화독서도〉도 있다. 35세에 입경하고는 〈추림독서도〉가 있다. 중년에 접어든 왕사진은, 49세 때 5인 합상의 〈성남아집도〉가 있다. 만년의 화상은 아주 많은데, 67세에 집중되어 있다. 각각 〈하서도〉·〈방한도〉·〈유황좌소도〉·〈의장도〉·〈설계도〉·〈선열도〉·〈대립소상〉 등이다. 68세에는 〈재서도〉가 있고, 69세에는 〈잠미산도〉가 있다. 아주 짧은 두 해에 9폭의 화상이 몰려 있다. 파직되어 귀향한 후에는 75세의 노쇠한 해에 인생 최후의 화상인 〈부우정도〉를 남겼다. 2년 후 병으로 타계했다. 왕사진의 화상은 문헌으로 고찰할 수 있는 것이 모두 18폭이나 되는데, 그 가운데 3폭은 합상이고 15폭은 개인 화상이다.[144]

왕사진의 40세 이전의 화상은 모두 해당 지역의 화가가 그린 것이다. 낙수(濼水)의 왕씨, 항주의 대창(戴蒼), 소주의 문점(文點) 등과 같은 식이다. 40세 이후의 화상은 광릉 화가 우지정의 손에서 나와, 모두 11폭이다. 우지정은 강희 때 명사 화상의 제1인자이다.[145] 유구(琉球) 사행을 수행하여 공을 이루어 더욱 이름을 크게 떨쳤다. 당시 명사들의 화상은 태반이 그의 손에서 나왔으며, 시구나 시제를 화상에 집어넣는 화풍은

144_왕사진의 화상이라고 의심되는 것이 몇몇 더 있다. 화면의 내용을 포함하여 여전히 의문시되는 〈雲林同調圖〉를 비롯하여, 모두 다루지 않는다.

145_禹之鼎의 字는 尙吉, 호는 愼齋, 江都(지금 江蘇 揚州) 사람이다. 강희 중에 內廷에 待詔하고 鴻臚寺에서 직을 맡았다. 강희 21년(1682) 우지정은 학문이 깊고 넓으며 육예에 정통하다는 이유에서 琉球 伴使를 수행했다. 서울로 돌아온 후 서예로 원근에 명성을 날렸으며, 그 사이에 명사들을 그림으로 그렸다. 서울을 떠나 남행하여 초상의 작품이 줄어든 이외에는 서울에 있는 동안 고관·명사와 왕래했다. 강희 50년(1716)에 이르기까지 초상화의 전성기를 이루었는데, 품질과 수량의 면에서 모두 그러하다. 강희 39년 이후 우지정은 왕사진을 위해 11폭의 화상을 제작했으니 바로 이 시기의 산물이다. 李珮詩, 《詩畫兼能為寫真一禹之鼎詩題式肖像畫研究》, 台北: 國立台灣師範大學藝術研究所碩士論文, 2004; 胡藝, 〈禹之鼎年譜〉, 《朵雲》, 總第3期(1982), pp.206-215.

바로 우지정이 가장 주름잡았다.[146] 왕사진 40세 전과 40세 후 화상들을 비교해보면 확실히 하나의 경향을 살펴볼 수가 있다. 즉, 〈하서도〉·〈방한도〉·〈유황좌소도〉·〈시문의장도〉·〈설계도〉 등 그 어느 것도 시를 그림에 집어넣지 않은 것이 없다.

이 화상들은 왕사진의 일생과 긴밀하게 하나로 결합되어 있다. 35세(양주를 떠난 3년 후)의 〈추림독서도〉를 분수령으로, 그 이전과 그 이후, 화상 및 제영으로 소조된 왕사진의 형상은 판연히 구분할 수 있을 만큼 다르다. 그 이전의 왕사진은 아집도와 관련 제영을 통해서 자기 자신을 군중이 매력을 느낄 문단 영수로 소조했다. 개인 화상 및 제영은 구체적이고도 세세하게, '오동나무를 씻음'(진세로부터 벗어남), '거문고를 끌어안음'(유연하고 청정함), '책을 읽음'[유아(儒雅)], '꽃을 뿌림', '꽃을 봄'(다정다감) 등의 특질로 이 풍류스럽고 호탕한 낭만시인을 그려내었다. 이 때의 왕사진은 염정(艷情)의 사에 열정을 지니고 사학에 심력을 쏟았다. 하지만 입경하여 벼슬을 하게 된 이후에 왕사진은 창작의 방향이 크게 바뀌게 된다. 따라서 그 화상들은 흡사 왕사진의 초기 문학 형성과 관련하여 아주 훌륭한 주석이라고 할 수 있다.

삶의 이력이 풍부하게 전개되면서 중년 이후의 왕사진에게 참신한 면모가 나타났다. 49세의 〈성남아집도〉에서 왕사진은 젊은 시기의 저 아주 매력적인 영수라는 형상에서부터 경성의 중량급 거물 학자 가운데 한 사람으로 변모했다. 이 거두는 서울에서 지속적으로 은총을 입어 강희 39년과 40년에는 영광의 정점에 이르렀다. 〈하서도〉와 〈재서도〉는 바로 그 유력한 증거이다. 〈잠미산도〉가 여행에서 고고에 열중한 왕사진을 신속하게 묘사했다고는 해도, 사실 이것은 칙지를 받들어 남해로 제사지내러 가는 벼슬살이에서 이루어진 부산물이었다. 하지만 이와는 반대로, 호미를 메고 빗속에 서 있고, 백한을 놓아주어 산으로 돌려보내며, 그윽한 대나무 숲 속에 앉아 휘파람을 불고, 사립문 앞에 지팡이를 짚고 있으며, 습정하여 선정에 들고, 서적을 싣고 귀향하는 등등, 각기 다른 형식으로 표현된 은퇴의 뜻이 마치 그림자가 몸뚱이를 따르듯

146_李珮詩,《詩畫兼能為寫真—禹之鼎詩題式肖像畫研究》는 詩題入畫의 각도에서 우지정이 강희 國士를 위해 제작한 화상을 연구했다.

이 도면에 실북처럼 왕래하고 있어, 왕사진의 화상에 완전히 다른 해석 공간을 부여한다. 황은의 보살핌과 산림에의 지향이라는 두 극 사이를 진동하면서 왕사진의 각종 화상과 제영은 황은을 입어 느긋하고 존귀하면서도 담박하고 우아한 문인의 형상을 구축했다. 사실을 기록한 〈재서도〉만 이와 같은 것이 아니라, 아집도도 이와 같으며, 그 밖에 서정과 사의, 전고의 운용, 삿갓 쓴 초상화, 선열에 든 습정 등의 화상도 모두 이러하다. 이 조형 속에, 음미할 만한 몇 가지 현상이 있다.

(1) 여유로운 풍모와 은유 분장

왕사진의 풍채에 관해서 절친이었던 송락은 이렇게 관찰했다 "키가 크고 수염이 길며, 성색이나 박혁을 좋아하지 않고 오로지 독서를 즐겨, 공무의 여가에 손에서 서권을 놓은 적이 없다. 성품이 손님을 좋아하여, 자리에 항상 객이 가득했다. 이야기를 진진하게 하여 한밤중에 이르러도 싫증을 내지 않았다. […] 대부분 사람들이 왕(汪)[둔암(鈍菴) 왕완(汪琬)]을 버리고 공에게 나아가면서, 춘풍 속에 앉아 있는 기분이라고 했다."[147] 키 크고 수염이 길며 서권을 즐기고 객을 좋아하며 사람으로 하여금 춘풍을 쐬는 듯이 만드는 매력을 지닌 큰 스승을 그림에서 어떻게 재현할 것인가? 화가는 은밀한 수단으로 도면의 배치를 창신했으므로 화상을 감상하면서 도상의 기호요소와 은유상징으로부터 화가가 화상을 그릴 당시의 제작 의미를 소급해서 재구할 수가 있다. 왕사진의 후반 삶에서 한결같이 우지정의 손에서 나온 여러 화상들은 사람의 형체, 사물의 물상, 주위의 환경 등 배치 요소들을 기호 상징의 의의를 지닌 도상 요소로 보아도 무방하다. 왕사진의 형상을 재구하면 두 가지 경향이 드러난다. 하나는 눈요기의 휴한 풍모이고, 다른 하나는 신분 소격의 은유 분장이다.

전자는 여러 층위의 도상 요소를 통하여, 시정(詩情)과 화의(畫意)의

147_宋犖이 왕사진을 위해 지은 〈墓誌銘〉 참고. [清]王士禛, 孫言誠點校,《王士禛年譜》, 附錄一, p.110. "長身修髯, 無聲色博弈之好, 惟嗜讀書, 公餘手不釋卷. 性好客, 坐上恒滿. 談言亹亹, 至夜分不倦. […] 人多舍汪(鈍翁)而就公, 謂如坐春風中也."

분위기를 고심해서 연출했다. 사람의 형체로 보면, 왕사진의 긴 수염, 풍성한 일상복, 휴한의 유건이나 털모자, 편안하게 앉은 모습, 평화로운 표정, 가늘고 긴 손가락 등등으로, 인물이 한가롭게 서 있거나 몸을 기울이고 있거나 경치를 감상하거나 서권을 들고 있거나 거문고를 끼고 있거나 정좌하거나 하는 조형을 창조했다. 사물의 물상으로는, 서책, 궤안, 오래된 거문고, 향로, 바둑, 차 그릇, 정원 나무, 화분 속 꽃, 수놓은 탑상, 길게 뻗은 대나무, 규룡 같은 소나무, 매화가지, 언덕의 바위, 포단, 춤추는 학, 사립문, 흰 구름 등등이 있다. 환경 요소로는, 산수, 눈 덮인 계곡, 아스라한 바위, 폭류, 오래된 정자, 떠가는 배, 전원 들판, 숲 속 거처 등등이 있다. 화가는 사람의 형체, 사물의 물상, 주위의 환경 등 세 요소를 도상언어로 만들어 그것들을 서로 결합하여, 왕사진이 공무의 여가에 한가로움을 추구한 생활의 의의를 제시하고, 고관이 지닌 눈요기가 될 만한 풍아한 휴한 이미지를 만들어내었다.

여러 종류의 화상들에서 존귀하고 우아하며 담박하고 고요한 휴한 분위기를 연출함으로써, 한 시대의 문학정종 왕사진을 위해 행복을 통하는 길을 드러내 보이고, 당대의 화가·상주·관중(제영자)으로부터 흠모의 심리를 이끌어내었다. 왕사진은 산동의 서향세가(書香世家) 출신으로 높은 교양을 지녔던 데다가 소년 시절 득지하고 관운이 형통하여 고위직에 있으면서 신운시학을 추진했다. 그의 관점에서 작시는 이미 엄숙한 문학의 사명을 잇고 태평성대와 묵계한 한편으로, 문우들과 깊은 우정에서 왕래하며 창화하는 휴한 형식이기도 했다.[148] 토마스 구데일(Thomas L. Goodale)은 "휴한은 고작해야 어떤 필연성에서 벗어나는 데 그치는 것이 아니다. 우리가 어떤 것을 선택할 수 있는가? 하는 것이다. 그리고 문화 이상을 실현하는 기본 요소이다. 지식이 도덕에 부합하는 선택과 행위를 인도하는 것으로, 이러한 것이 도리어 진정한 쾌락과 행복을 이끌어낸다"라고 했다.[149] 또 "휴한은 […] 일종의 상대적으로 자유로운 생활로, 개체로 하여금 자기가 사랑스러우며 가치가 있다고 본능

148_[美]Thomas L. Goodale · Geoffrey Godbey, 成素梅 等譯,《人類思想史中的休閑(The Evolution of Leisure: Historical and Philosophical Perspective)》(昆明: 雲南人民出版社, 2000).
149_《人類思想史中的休閑》, pp.28-30.

적으로 느끼는 방식으로 행위를 추동할 수 있게 만든다."[150]라고도 했다. 왕사진의 여러 화상들은 시학을 표현하기도 하고 전고를 운용하기도 하며 좌선하여 법열을 느끼기도 하고 고적을 회상하기도 하는 등, 그 어느 것도 풍부한 지식 교양을 빌려 쾌락과 행복을 이끌어내지 않은 것이 없다. 왕사진의 문인으로서의 휴한 풍모는 화면을 통해 관중을 향해 드러나는데, 이것은 곧 문화 활동에서의 우아, 존엄, 풍족의 풍모이다.

한편, 일부 화상은 우아한 시인이나 존귀한 경관(京官)의 사실적 형상을 담지하는 것 이외에, 왕사진에게는 신분 소격의 분장 화상도 있다. 즉 화가에 의해 조성된, 삿갓 쓴 어부, 호미 둘러멘 농부, 가사 걸친 선사 등 은자의 형상은 삿갓 · 사립 · 망혜 · 죽장 · 호미 · 포단 등 농민 · 어민 · 선사의 상징부호와 결합하여 세상을 피해 은거하는 이미지를 일으킨다. 은자 화상은 도면 언어로 호소하는데, 본래는 사회권력에 속하는 논술이며, 이 논술은 연극의 대화 방식으로 연출되어, 신성/세속, 사회/정치, 재야/재조, 자연/인문의 교환과 소통을 달성한다.

바로 이렇기 때문에 화상 분장은 모종의 연출, 모종의 기대라 말하기보다는 상주가 삶의 처지를 암시하거나 심지어 은유한다고 보는 것이 옳다. 은유에 의한 사유는 인간이 세계를 인식하는 한 가지 방법으로, 인간을 어떤 다른 사물들의 유사성을 비교해가면서 한 사물의 특징을 인식해나간다. 왕사진은 농부 · 어부 · 선사로 분장함으로써 자기 삶의 이해에 새로운 각도를 제공했다. 화가는 호미 멘 농부, 고기 잡는 어부, 습정을 하고 도를 전하는 선사가 모두 세속 티끌로부터 멀리 벗어나 있는 유사성이 있다는 점을 이용하여, 상주가 세속 명리의 얽매임으로부터 벗어나려고 하는 인생 도경(圖景)에 연관시켰다. 유사성의 배후에 있는 은유의 동기는 억압되어 있다가 무의식적인 직관 충동에 의하여 신비적 상징 형식으로 표현된다. 상주/화가/관중의 심리로 말하면, 은유 언어는 개인세계를 중층적으로 조합하는 도구로,[151] 이를 빌려 화면에 대해 번역과 해독이 이루어지게 된다. 왕사진의 화상은 분장의 은유를 통하여 두 가지를 가리킨다. 첫째, 은둔으로 도피하는 형상은 고관이 한

150_《人類思想史中的休閑》, p.11.

151_束定芳,《隱喩學研究》(上海: 上海外語教育出版社, 2000), pp.99-101.

가릅고 즐겁게 살기를 바라여 걸핏하면 허물을 입는 생활로부터 벗어나고자 하는 심리를 가리킨다. 둘째, 은둔을 흠모하는 형상은 왕사진이 청고하다고 자처하면서 명예를 낚으려고 했던 과시의 심리를 가리킨다. 이 두 지시방향은 친우와 문생들의 제영으로부터도 그 일반(一斑)을 엿볼 수 있다.

(2) 문학장의 구축

벼슬길로 나아감에 따라 젊은 왕사진은 문학 전파 수법에 차츰 숙달하게 되었다. 남들이 주목할 만한 제재인 명호의 추류, 초여름의 뱃놀이, 늦봄의 수계, 진회(秦淮)의 염정, 여인의 수놓은 그림 등을 솔선하여 끄집어내어, 시사를 결집하고 도화를 부탁하며 서로 창화하고 이어서 사방에 전하여 두루 제영을 청했다. 강희 연간의 가장 두드러진 문학 현상은 이렇게 시사 형태의 열독/창작 집단이 자신의 모습을 각기 다른 텍스트에 흔적을 남겼다는 점이다. 그것은 청나라 초 문인들이 문학 활동을 꾸려나간 전형적인 모식이었다. 왕사진이 일생에 걸쳐 문학상의 지위를 건립해나간 일은 아집(雅集)에서의 부시·제영과 긴밀하게 결합되어 있었다. 이렇게 눈을 뭉쳐 크게 만드는 식의 문학적 용접 활동이 왕사진의 생애 내내 하나의 맥을 이루어 지속되었다.[152] 다만 참여 인원은 왕사진의 관직, 활동 지역, 시간 추이에 따라 부단히 바뀌었다. 초기에는 선배 문인을 위주로 했으나, 강희 연간 이후에는 노년의 옛 친구들이 나날이 스러졌으므로 문생이 아집 성원의 대부분을 점유했다.[153]

152_이러한 문학적 용접은 왕사진 주변의 친우들에게까지 확산되었다. 강희 24년 6월 무렵 왕사진은 남해에 제사를 지내고 고향으로 돌아가는 한 달 남짓, 그 아들 啓와 涑는 왕사진이 돌아와 쉴 수 있게 西城의 별서 石帆亭을 수리했다. 다음 해 啓와 涑은《西城別墅》12章을 읊었는데, 題詠하여 화운한 사람들이 100명이 넘는다. 강희 29년 겨울, 왕사진은《西城別墅唱和集》을 위해 〈西城別墅記〉를 지었다. 제영과 화운 활동은 수 년 뒤까지 이어져, 강희 32년에도 陳恭尹(1631-1700)이 화운을 했다.

153_이를테면 강희 33년 말 설야에 왕사진은 친구 姜西溟(1628-1699)·吳商志 및 문생 蔣景祁·蔣仁錫·查愼行(1651-1728)·宋至·周彝·殷譽 등을 초빙하여 연회를 열어 分題하여 五言으로 古人雪中事를 한 장씩 짓게 하여《雪中倡和集》을 이루어 도하에 전했다.《徵略》, p.408.

천부적 자질이 뛰어났던 왕사진은 청대 한족 신하로서 부조(部曹)에서 사신(詞臣)으로 체직된 첫 번째 예로, 강희제의 대단한 총애를 받았다. 젊은 시절, 〈추류〉 시의 이름이 양자강 남북에 두루 알려져 화운한 사람이 거의 수백 명이었으며, 저명한 유민(遺民) 시인 고염무·진유숭·주이준·모양 등도 거기에 포함되었다. 진사에 합격한 이후 양주에 관리로 있으면서 다시 강남 문단의 거물들과 교류하고 창화했다. 이들은 전 왕조의 유로들을 중심으로 하는 강남의 포의 문인권을 이루고 있었다. 그들이 왕사진을 존중한 것은 개인의 특수한 재능 이외에도 왕사진이 고대 시학의 전통과 문학의 전범을 중시한 것과 관계가 있다. 전 왕조의 유로들은 성공적인 문화 계승자를 찾고 있었다. 왕사진이라는 젊고 재능 많은 후배는 그 속에서 자기만의 문화자본을 확립했다.

왕사진은 '영향의 불안'에서, 고대의 거장 및 전범 작가와 일종의 연관, 즉 일종의 평등한 경쟁 관계를 수립하고자 희망했다. 왕사진은 전통과 겨루는 웅혼한 기상을 지니고 시단에서 두각을 나타내길 바랐다. 당나라 왕유는 이 점에서 유력한 시인으로서, 왕사진의 신운설의 전범이 되기에 적합했다. 곧, 왕유는 사공도가 말한 '한 글자를 놓지 않고도 풍류를 다한(不著一字, 盡得風流)'[154] 시인이었다. 왕유의 전원 경치를 위주로 하는 신운설은 왕사진 자신의 창작과 비평에서 진술되기도 하고, 왕사진의 휴한의 뜻에 부합하는 화상 도면의 구성으로 표현되기도 했다. 곧 그림에서 담담하고 우아한 산림의 조형, 내면으로 수렴하는 표정과 앉은 자세, 시의(詩意)를 온축하고 있는 분위기 등이 신운설의 발현이다. 그런데 왕사진은 당나라 왕유의 시의 공간으로 자신을 조형한 것만이 아니다. 송나라 구양수와 소식처럼 재주와 학문이 높고 기세가 굳세었던 전형에 대해서도 향모했다. 또한 그림에서도 남종과 북종을 아울러 배웠다. 왕사진의 비평의식은 성당을 뛰어넘어 송·원을 포괄하는 드넓은 기상을 지녀, 문단에서 집대성의 맹주로 기대되었다. 이것도 왕사진에게 상징 자본을 그 몸에 축적하게 해주었다.

154_孫康宜는 미국 布魯姆의 문학정전론·영향불안설로 왕사진이 고대의 대가들을 학습하고 선배 작가들과 우호를 맺으면서 청초 시단의 맹주가 되어나간 과정을 분석했다. 孫康宜,《文學的聲音》(台北: 三民書局, 2001),〈典範詩人王士禛〉, pp.105-142.

왕사진의 일생 교유는 매우 넓었고, 문우와의 사이에는 다중적 관계를 지녔다. 유민·귀족·동향·동학·동호·사제·동료 등의 중층적 조직이 독특한 문학 엘리트 집단을 이루었다. 집단의 글쓰기 텍스트는 필연적으로 공통의 심리 요소와 서로 연관되어, 집단 내부에서 문학으로 서로 영향을 주고 받는 '문학 세대'[155]를 이루었다. 세대를 달리하는 지기 공정자, 경성의 선배 양청표, 시학의 신홍 맹주 왕사진, 사학의 후발 영수 주이준은 각각 순치·강희 연간의 3대 '문학 세대'를 대표하면서 세력을 서로 이어나갔다. 왕사진은 문학세대가 교체되는 시기에 속하면서, 기민한 수완으로 시대 풍조의 변화에 대처했다. 그는 당대에 축적한 유효한 문화 자본과 상징 자본을 가지고 문학장(文學場)을 구축했다. 광릉(廣陵) 시기 그의 화상와 경관(京官) 시기 그의 화상에서 제영 창화의 시사(詩社)·사사(詞社)가 분명히 구분되는 것은 각각의 시기에 구축한 문학장(literary field)이 달랐다는 사실과 무관하지 않다. 이하, 그 두 줄기를 조금 더 설명하기로 한다.

① 문생 집단의 확대

왕사진은 한걸음 한걸음 문학 종주(宗主)의 정상으로 매진하여, 어떤 상황에도 잘 대응하고 어떤 일이든 잘 처리했다고 할 수 있다. 그의 여러 화상들은 그가 자기 조형을 행한 공정의 증거들이다. 그는 이미 종주였으므로 후원회가 있어야 했다. 왕사진 만년의 화상을 보면, 강희 39년 〈유황좌소도〉·〈방한도〉와 강희 40년 〈재서도〉 등 화상의 제영자들이 모두 왕사진의 문생이라는 공통성을 지닌다. 왕사진은 엄연히 문학계의 태두로 자임하고, 한 시대의 문병(文柄)을 쥐고 있음을 자인했다. 《향조필기》에 "강희 초, 사인들이 시문을 끼고 경사에 노닐면, 반드시 단의(端毅) 공정자(龔鼎孶) 공을 배알하고, 그 다음에는 장주(長洲) 왕완(汪琬) 소문(苕文), 영천(穎川) 유체인(劉體仁) 공용(公勇), 그리고 나 세 사람을 배알했다(康熙初, 士人挾詩文游京師, 必謁龔端毅鼎孶公, 次即謁長洲汪苕文琬·穎川劉公勇體仁及予三人)"[156]라고 했다. 왕사진은 선비들이 우러르는 인

155_Robert Escarpit, 葉淑燕 譯,《文學社會學》(台北: 遠流出版社, 1990), pp.40-48.

156_《香祖筆記》, 卷8, p.150.

물이 되었고, 또 스스로 그 점을 자부했다. 왕사진이 세력 범위를 구획할 때는 후진을 '문생'이라고 불러 스스로 좌사(座師)가 되는 방식을 취했다. 문하의 학생은 많을 때는 수천에 이르러, 공전의 성황이었다. 왕섬(王掞, 1645-1728)의 〈고수자정대부경연강관형부상서왕공신도비명(誥授資政大夫經筵講官刑部尙書王公神道碑銘)〉에 이런 말이 있다.

> 공은 평소 풍회(風會)를 주관하고, 거짓 체를 재별(裁別)하여 지론이 아주 엄했다. 그리고 후진을 끌어들이는 것을 좋아하여, 한 편의 장점과 한 구의 훌륭한 면만 있더라도 곧바로 칭찬하여 그치지 않았다. 공의 비평의 말로 이름을 이룬 자들이 셀 수 없을 정도로 많다. 그가 지도하여 가르쳐주는 시문은 세속을 초월하지 않은 것이 없었다. 일시의 명류들이 대부분 공의 문하에서 나와, 당나라 원화 연간의 한유, 송나라 원우 연간의 소식과 같이, 저작에서 문제자를 칭하는 자들이 수천 인을 내려가지 않았다.
>
> 公平生主持風會, 裁別僞體, 持論極嚴. 而喜汲引後進, 一篇之長, 一句之善, 輒稱說不去口. 以公齒頰成名者, 不可勝數. 其指授爲詩文, 無不度越流俗. 一時名流, 大都出於公之門. 如元和之韓, 如元祐之蘇, 著籍稱門弟子者, 不下數千人.[157]

마찬가지로 송락도 〈고수자정대부경연강관형부상서완정왕공기원배고증부인장부인합장묘지명(誥授資政大夫經筵講官刑部尙書阮亭王公曁元配誥贈夫人張夫人合葬墓誌銘)〉에서 이렇게 진술했다.

> 사류를 끌어들이는 것으로 말하면, 사람에게 한 가지 장점이 있는 것을 보면 칭찬하기를 마치 미치지 못하기라도 할 것처럼 했다. 그러므로 원근의 사대부가 모두 귀의했다. [···] 지금 공의 문하에 나아갔던 제자들이 천하에 과반으로, 조정에서 시로 이름난 자들은 그 문하의 인사가 아닌 사람이 없다. 한·당·송의 여러분들이 문하에 쓸쓸하게 서너 사람만 두었던 것을 보면 그런 것은 일컬을 것이 못 된다. 일찍이 말하길, "내가 구경(九卿)의 지위에 있으면서 인재를 천거한 것이 아주 많지만, 대개 그 사람이 알지 못하게 천거했다. 그 밖에 늙은 원로나 고단한 사람 가운데 나의 입을 빌려서 명성을 이루게 된 자들은 일일이 손가락 꼽아 셀 수가 없을 정도이다"라고 했다. 동년의 둔옹(鈍翁) 왕공(汪公)[둔암(鈍菴) 왕완(汪琬)]은 성격이 엄

157_王掞, 〈(王士禛)神道碑銘〉, 《王士禛年譜》, 卷下, p.103.

하고 매서워서 가벼이 허여하지 않았으므로 사람들이 대부분 왕공을 떠나서 공에게 나아갔다. 공의 문하에 들면 마치 춘풍 속에 앉아 있는 듯했다고 말했다.

好汲引士類, 見人有一長, 稱之惟恐不及. 以故, 遠近士大夫咸歸之. […] 今公之及門半天下, 凡在朝以詩名者, 莫非門下士. 視漢·唐·宋諸公之寥寥數子, 不足道矣. 嘗云: '余在九卿中, 薦擧人才甚夥, 率不令其人知之. 他如老宿孤寒, 藉齒牙以成名者, 不可縷指.' 同年鈍翁汪公, 性嚴厲, 不輕許可. 人多舍汪而就公, 謂如坐春風中也.[158]

강희 연간의 두 화상, 즉 서구의 〈풍강어부도〉(강희 14, 1675, 사빈 그림, 항성모 보충 그림), 진유숭의 〈가릉전사도〉(강희 17, 1678, 석 대산 그림)도 모두 제영자가 수십 명이다. 앞 그림의 상주 서구와 제영자는 다층의 관계를 지녀, 사제·동학·동사(同事, 동료)·동향·동호(同好) 등을 포괄했다. 이로써 강남포의(江南布衣)·시사명가(詩詞名家)·한림문관(翰林文官)·장자현달(長者賢達)이 중층적으로 문학 집단을 구축했다.[159] 뒤 그림의 상주 진유숭과 제영자의 관계도 서구의 교유 네트워크처럼 다원화 현상을 보였다.[160] 왕사진은 그렇지 않았다. 〈유황좌소도〉·〈방한도〉 등 만년 화상은 화폭의 제영으로 문생을 한껏 표창했다. 또 왕사진은 문생의 〈재서도시(載書圖詩)〉를 집록할 때 번거로움을 꺼리지 않고 제영자의 관함을 주기(註記)했다. 이러한 방식은 사람들의 질시를 받았다. 왕사진이 이렇게 널리 문생을 거두는 방식은 시윤장 등 선배들의 소소한 미사(微詞)를 야기하기도 했다.[161] 왕사진은 문관의 후진을 흡수하여 그 시문에 평점을 해주어 자기를 문학 명성의 지배자로 만들었다. 왕사진은 문병(文柄)을 잡음으로써 종사(宗師)로서의 지위를 공고히 해나갈 수 있었고, 문생 집단은 종사의 영향력이 증대함에 따라 더욱 대집단으로 외연을 넓혀나갔다.[162] 문생 집단은 위세가 커서, 노 스승의 화상 지폭 위

158_宋犖, 〈(王士禛)墓誌銘〉, p.110.

159_拙著, 〈一則文化扮裝之謎: 淸初'楓江漁父圖'題詠硏究〉, 《淸華學報》 36卷第2期, 2006年12月, pp.456-521; 이 책 제4장.

160_이 책 제5장.

161_왕사진은 시윤장의 말을 인용하여, "公好奬引人物, 自是盛德. 然後進之士, 學未有成, 得公一言, 便自詡名士, 不復虛懷請益, 非公誤之耶?"라고 했다. 《香祖筆記》, 卷1, p.15.

162_楊玉成, 〈建構經典: 王漁洋與文學評點〉.

에 끊이지 않고 이어져, 노 스승을 우러러 절하며 고무하고 갈채하는 응원단이 되었다. 이렇게 문생 집단은 왕사진의 문학적 명성을 구축하는 공정에 참여했다.

② 사단(詞壇)과의 결별

왕사진은 문생들을 제영자 무리의 핵심으로 삼았다. 그렇다면 왕사진은 어떤 태도로 다른 사람의 화상에 제영했는가? 그가 만년에 손수 편찬한《어양산인정화록》을 살펴보면, 화상의 제영이 그리 많지 않다. 즉, 순치 17년 서반산(徐半山) 〈산거도(山居圖)〉, 강희 3년 손지울 〈소상(小像)〉, 강희 7년 양왈집 〈강촌독서도〉, 강희 15년 강신육(江辰六) 〈차서도(借書圖)〉, 강희 17년 왕함중(王咸中) 〈석오산방도권(石塢山房圖劵)〉, 공절손(龔節孫) 〈종귤도(種橘圖)〉, 진유숭 〈전사도(塡詞圖)〉, 교석림(喬石林, 1642-1694) 〈도화유수도〉, 강희 18년 고무륜(顧茂倫) 〈설탄조수도(雪灘釣叟圖)〉, 전문(田雯) 〈이거도(移居圖)〉, 강희 21년 왕유화(王幼華, 1639-1689) 〈오자논문도(五子論文圖)〉, 강희 28년 사신행 〈노당방압도(蘆塘放鴨圖)〉, 장역신(張力臣) 〈소조(小照)〉, 강희 29년 주이준 〈설경소조(雪景小照)〉·〈소장로도(小長蘆圖)〉, 강희 34년 우통 〈몽유삼산도가위우회암태사부(夢遊三山圖歌爲尤悔菴太史賦)〉 등 16폭에 불과하다. 지난날 대규모로 제영하고 화영했던 것과 비교하면, 왕사진의 이 목록은 너무 간단하여 야박하기까지 하다. 이 장 첫머리에 인용했던 고수의《독서재제화시》에 판각된 11폭의 화상은 모두 국초 명가가 그린 것인데, 목록을 보면 문단의 쾌주 왕사진은 그 가운데 고작 두 대가의 화상에 제영을 했을 뿐이다. 이는 기이한 일이 아닌가?

필자가 강희 연간에 활동한 제가의 시문집을 살펴보니, 왕사진의 제영을 받은 화상들이 허다함을 발견했다. 그런데 주이준 〈연우귀경도(煙雨歸耕圖)〉·〈죽타도(竹垞圖)〉(강희 28년 그림)·〈두붕소하도(豆棚銷夏圖)〉(강희 37년), 이양년 〈관원도(灌園圖)〉(강희 7년), 이부(李符) 〈여산행각도(廬山行脚圖)〉(강희 21년), 우통 〈죽림안좌도(竹林晏坐圖)〉, 사신행 〈초백암주소상(初白菴主小像)〉, 교숭렬(喬崇烈) 〈향조도(餉鳥圖)〉, 왕무린 〈교문삼호도(蛟門三好圖)〉, 납란성덕 〈능가출새도(楞伽出塞圖)〉,

서건학 · 강신영 · 왕무린 〈삼자연구도(三子聯句圖)〉 등에는 왕사진의 제지(題識)를 찾아볼 수 없다. 왕사진이 당시 사람들의 화상에 제영을 하지 않은 것은 아니다. 《잠미집》과 《잠미속집》[163]을 검토하면 그 속에 왕사진이 문사의 화상에 제한 시가 상당히 남아 있다. 서구의 〈풍강어부도〉,[164] 변영예의 〈화상책(畫像冊)〉,[165] 허력신의 〈급간소영(給諫小影)〉[166]에 제영한 것은 그 예들이다. 시단의 맹주라는 명성으로 보면 왕사진의 제영은 당연히 빠질 수가 없다. 하지만 만년에 스스로 전집의 시문고를 정리할 때 왕사진은 대량의 제영들을 제거하고, 아주 일부만 《정화록》에 수록해두었다. 왕사진은 문사의 화상에 제영하기도 하고 제영하지 않기도 하고, 화상의 제시를 선하기도 하고 선하지 않기도 했다. 그 취사 선택의 기준은 어디에 있었는가? 이는 왕사진이 문인으로서 지닌 복합 심리와 관련이 있다.

위에서 보았듯이 일부러 누락시킨 듯한 명부 중에서, '주이(朱李)'로 병칭되는 주이준과 이양년은 절서사파(浙西詞派)의 영수이고, 납란성덕은 경화의 사단삼절(詞壇三絶) 가운데 한 사람이며, 서구도 역시 사학의 대가였다. 주이준 · 강신영은 강남 삼대포의(三大布衣)에 속했다. 《강희실록》 제81권에서 박학홍사과에 선발된 명단을 보면,[167] 포의 출신은 이인독 · 주이준 · 반뢰 · 엄승손, 감생(監生)은 서구 · 모기령 등으로, 위에서 누락된 명단과 부분적으로 겹친다. 이들은 왕사진의 문생 집단에는 전혀 속하지 않았다. 이는 왕사진이 경관(京官) 시기에 문학장을 운용했던 모식을 설명하는 데 도움이 된다. 첫째, 왕사진은 일부러 사단과 거리를

163_王士禛, 《蠶尾集》 10卷 · 《蠶尾續集》 2卷, 《四庫全書存目叢書》, 第227冊, pp.190-350.

164_徐釚 ,《楓江漁父圖》 原畫, 上海楊崇和收藏; 이 책 제4장.

165_《卞永譽畫像》冊 眞蹟, 북경도서관 고적특장실 소장.

166_〈許力臣給諫小影〉, 台北 何創時書法藝術文教基金會 소장.

167_강희 18년 박학홍사과 廷試의 錄名은 다음과 같다. "薦擧到文學人員, 已經親試, 其取中一等彭孫遹 · 倪燦 · 張烈 · 汪霦 · 喬萊 · 王頊齡 · 李因篤 · 秦松齡 · 周淸原 · 陳維崧 · 徐嘉炎 · 陸棻 · 馮勗 · 錢中諧 · 汪楫 · 袁佑 · 朱彝尊 · 湯斌 · 汪琬 · 邱象隨. 二等李來泰 · 潘耒 · 沈珩 · 施閏章 · 米漢雯 · 黃與堅 · 李鎧 · 徐釚 · 沈筠 · 周慶曾 · 尤侗 · 范必英 · 崔如岳 · 張鴻烈 · 方象瑛 · 李澄中 · 吳元龍 · 龐塏 · 毛奇齡 · 金甫 · 吳任臣 · 陳鴻績 · 曹宜溥 · 毛升芳 · 曹朱 · 黎騫 · 高詠 · 龍燮 · 邵吳遠 · 嚴繩孫, 俱著纂修《明史》." 《淸實錄》(北京: 中華書局, 未注出版年), 第4冊, 《聖祖實錄》, p.1023上.

유지했다. 둘째, 일부러 포의와 거리를 유지했다.

왕사진은 광릉에서 통판으로 있던 5년 동안 널리 명사들과 교유하여, 혹은 모양(冒襄)의 수회원에서 수계하면서 연회하고, 혹은 홍교에서 창화했다. 이 사이에 사원의 명류들이 크게 모여, 양릉 본군의 오기 · 왕무린 · 종원정 이외에도 조이감 · 송완 등이 있었다. 당시 왕사진은 추지모와 공을 들여《의성초집(倚聲初集)》을 합편하고, 동이녕 · 팽손휼 등 사학가와 친밀하게 왕래했다. 그런데 서울로 간 후, 직위가 높아지고 문단 내 지위가 올라감에 따라 왕사진은 사학 활동을 완전히 정지하고 시학으로 전향했다. 고정관(顧貞觀)은 〈논사서(論詞書)〉에서, "왕사진은 지위가 높아지고 명망이 중하게 되자 완전히 입을 닫고 사학을 말하지 않았다. 이에 지난날 사를 말한 것들을 모두 제거하고 시와 고문사를 말하여, 《화간》과 《초당》을 보기를 마치 조충전각하는 자가 대장부에게 창피당하는 듯이 했다"[168]라고 지적했다.

그 밖에 현대 연구자 엄적창이 《청시사》에서 논한 것에 따르면, 왕사진은 발적할 때 눈덩이를 뭉쳐나가는 식으로 교유 범위를 넓혀나갔다. 왕사진은 40세에 《감구집》을 편찬하면서, 건륭 연간 노견증(盧見曾) 서문, 강희 13년 자서, 기년 없는 주이준의 서를 붙였다. 이 책은 강희 13년 갑인(1674)에 이루어졌지만, 판각되지는 않았다. 범례에 따르면, 이 책은 왕사진 만년에도 미처 정리를 끝내지 못했다고 한다. 책은 모두 16권으로 인물별로 정리했고, 항목 아래에 각각 시 약간 수를 수록했다. 이 선집에 수록한 것은 모두 왕사진과 같은 시기의 사우들로, 이를테면 권11에는 진유숭의 33수를 수록하고 권15에는 주이준의 25수를 수록했다. 주이준의 서문은 이러하다.

> 신성 왕 선생 완정이 시로 천하에 이름이 난 지 오래되었다. 학문에서 해

168_"漁洋復位高望重, 絶口不談, 于是向之言詞者悉去而言詩古文辭, 回睞《花間》·《草堂》, 頓如雕蟲之見恥于壯夫矣." 嚴迪昌은 왕사진이 양주 부임 중에는 사의 유파를 조성하려고 하지 않았고, 이임하여 서울로 간 뒤에는 사단에서 이탈했다고 보았다. 嚴迪昌, 《淸詞史》(南京: 江蘇古籍出版社, 1999), pp.57-59. 楊玉成은 이 단언은 완전히 정확하지가 못하다고 지적하여, 왕사신이 낭관으로 있을 때 사학과 평점 활동을 많이 했으며, 한림에 이르렀을 때 완전히 그만두었다고 했다.

박하지 않은 것이 없고, 교우 관계도 나보다 훨씬 넓다. […] 이 선집에 들어 있는 것은 산택의 초췌한 인사들이 대부분을 차지하며, 모두 나의 구면들이다. 그 시는 혹 지난날 보기도 하여서 특이하다고 할 것이 없지만, 지금 가만히 읊조려 보면 정말로 전할 만하므로, 더욱 오래 전해져서 뒷사람들이 탄식하면서 칭상하는 것이 의당 어떠하겠는가? 혹자는 "왕 선생이 낭(郎)으로 벼슬을 하자 일시의 암랑(조정)과 한림원, 조회와 연회에서 만들어지는 응제(應制)와 투증(投贈)의 작품들이 모두 선생의 비평과 선정을 받기를 즐거워했다"라고도 한다.

新城王先生阮亭以詩名天下久, 於學無所不博, 其交友較予尤廣. […] 入是集者, 山澤憔悴之士居多, 故皆予舊識. 其詩或往日所見, 謂爲無足異, 玆諷詠之, 而信其可傳, 傳之更久, 後之嗟咨歎賞, 宜何如矣. 或曰先生仕爲郎, 一時巖廊翰苑·朝會燕喜·應制投贈之作, 咸樂得先生甄綜之.[169]

주이준은 왕사진의 시사 영수로서의 형상을 묘사하여, 우선은 교우가 드넓었고, 다음은 사랑(仕郎) 신분으로, 조정과 한림원, 조회와 연회, 응제와 투증의 작이 모두 그의 품평을 얻는 것을 기뻐했다고 했다. 이 선집에 든 사람들을 두고, 주이준은 '산택의 초췌한 인사'가 많다고 했고, 또 구면이 대부분이라고 했다. 전겸익(錢謙益)과 정가수(程嘉燧) 등 원로이자 지난 왕조의 노신이었던 자들도 있고, 공정자(龔鼎孶)나 조용(曹溶) 등등처럼 새 조정에서 권귀로 오른 자들도 약간 있지만, 대부분은 포의의 교우였다. 노견증은 '모두 330인'이라고 통계를 내었다. 하지만 만년의 왕사진은 지난날을 추억하면서도 자기만 못한 사람과는 교제하지 않았으며, 근정애민(勤政愛民)의 일면만 주목하게 되었다.

사실 왕사진은 장년에 입경하여 조정 관리가 된 이후, 지난날 포의들과 교제하던 습관을 완전히 바꾸어서, 조정과 문단의 명인들과 널리 교제를 맺고, 후진을 권장하여 끌어주는 일을 좋아하여, 문생 집단을 건립했다. 《거이록(居易錄)》에 일생의 교유에 대해 자술한 글이 있어, 수십 수백 명의 친구 명단을 먼저 열거했는데, 거의 전부가 진신사대부의 시인이고, 광릉 시기 포의·유일의 교유자들은 생략했다. 이 명단을 기록하면서 왕사진은 번잡함을 꺼리지 않고 교유자의 당시 관직이나 현재의

169_朱彝尊,《感舊集》(上冊), p.6.

관함을 명확하게 밝혔다. 그런데 양주에서의 5년 시기를 서술하는 곳에서는 단 한 사람의 인명도 적지 않았다. 고작 '교도(交道)를 논하여 사방에 두루 미쳤고' '따라 노닌 자들이 아주 많았다'라는 두 마디에 불과하다.[170] '포의의 교제'를 홀시하고 '따라 노닌' 문생을 두텁게 사랑한 양극화 태도가 아주 분명하게 드러난다. 이 자술은 그가 국자좨주로 승진한 이후에 작성했다. 몸값과 지위가 이미 드높아졌으므로 더 이상 '포의의 교제가 많다'는 것으로 명성을 높이려 할 필요가 없게 되었을 때였다. 심지어 이 이후로 왕사진은 유민의 시에 나오는 걸출한 인물을 비판하거나 심지어 야유하고 조롱하는 사례가 한두 번이 아니었다.[171]

왕사진의 교유권은 그가 공들여 경영한 제영의 무리 속에 구현되어, 각기 다른 집단성을 띠었다. 혹은 서로 다른 신분, 서로 다른 시관을 지녔고, 혹은 각기 다른 세대에 분속되어, 각기 다른 집단에서 칭송되었다. 왕사진은 교묘한 방식으로 화상 제영의 판면 안팎에서 그들을 구획했다. 사우·동년·세교·통가로서 그들은 서로, 혹은 분명하거나 암암리에, 혹은 드러내거나 숨겨두는 식으로, 천 갈래 만 갈래의 관련을 지니면서, 서로 끌어주기도 하고 서로 경쟁하기도 하면서, 갖가지 연계가 층층의 복잡한 집단 네트워크를 이루었다. 왕사진과 제영자의 상호 관계, 왕사진 문학 명성의 전파 상황은, 문학사회학에서 말하는 시사 구조의 집단성이란 각도에서 생각해보면, 왕사진이 자기를 중핵으로 하는 문학장을 창조했다고 말할 수 있다. 프랑스 사회학자 피에르 부르디외(Pierre Bourdie)가 일찍이 문학장 이론을 제출한 바 있다. 분석의 각도에서 보면, 부르디외가 말하는 문학장은 서로 다른 위치 사이에 존재하는 객관적 관계가 조직해내는 네트워크로 정의된다. 행위자가 장(場)에서 권력을 휘둘러 자본의 경쟁과 착취를 행하면, 이 권력 경쟁의 장은 자원 분배의 계층 관계가 돌연 두드러져, 지배와 피지배의 모습을 드러낸다. 장의 행위자는 각기 다른 관습(habitus), 각기 다른 상징 자본(capital symbolique)에 따라 갖가지 행동 전략을 채택하여 경쟁과 충돌에서 승리를 획득하려고

170_王士禛,《居易錄》,《筆記小說大觀叢刊》, 第9冊, 卷10.
171_嚴迪昌,《淸詩史》, 上冊, pp.429-430.

한다.[172] 왕사진은 교묘하게 한림내각과 문단에 다리를 걸쳐두고, 그가 지닌 문화 자본과 상징 자본을 이용하여 자기를 중심으로 강희 연간의 복잡한 교유관계와 권력 네트워크를 깔아나갔다.

왕사진은 한림내각 고관과 문단 좨주를 합일시켜 독존의 문학장을 창조하여, 문생 집단의 외연을 적극적으로 확장해나가는 한편, 사단(詞壇)과는 거리를 두었다. 양옥성 교수가 말하듯이, 왕사진은 권력 경쟁의 관건 중에 있으면서 침묵을 지켰다. 사는 곧 그에 의해 고의로 망각되었다. 왕사진은 또 한편으로 포의와 거리를 두었다. 엄적창이 지적했듯이, 왕사진의 시학, 학술 교류, 창화 수응의 활동은 대부분 권모술수의 심기(心機)와 관련이 있었다. 문학 활동의 관변화, 권력화는 여기에 이르러 공전의 발전을 이루었다. 왕사진의 화상 제영에서 두드러지게 드러나는 이 여러 현상들은 청초 문학비평계가 권세와 명성의 경쟁에 휘말린 사실을 살필 수 있는 실마리를 제공한다.

(3) 부언

현존하는 그림 자체로 보면, 〈방한도〉의 왕사진은 〈유황좌소도〉(왕유의 전고 사용), 〈의장도〉(왕유의 전고 사용), 〈설계도〉(소식의 전고 사용) 등 화상 속의 그와 다르지 않다. 복장·좌의 등 물상과 장면의 홍탁(烘托, 돋음질)을 통해, 우지정은 왕사진을 사문의 우아하고 귀태를 숨길 수 없는 형상으로 소조하여, 독자(관람자)로 하여금 예관(兒寬/倪寬)의 '연작에게 곤액을 당함(困於燕爵)', 두보의 '허둥허둥 이리저리 떠돎(栖惶奔走)', 도연명의 '귀거래혜(歸去來兮)' 외침이라는 전고의 정경으로부터 떼어놓는다. 도대체 왕사진은 정말로 "몸은 대궐에 있으면서 마음은 강호에 두는" 퇴은의 뜻을 지녔던 것일까? 진실로 〈부우정도〉의 제영자가 감동했듯이 "고위직에 있으면서 세간을 초월하려는 뜻이 있다"라고 할 것인가? 왕사진은 순치 17년(1660) 25세에 양주 추관으로 임명된 이

172_Patrice Bonnewitz, 孫智綺 譯,《布赫迪厄社會學的第一課》(台北: 麥田出版社, 2002); Wacquant, L.D., 李猛·李康 譯,《實踐與反思: 反思社會學導引》(北京: 中央編譯社, 1998); 高宣揚,《布迪厄的社會理論》(上海: 同濟大學出版社, 2004).

후 강희 43년(1704) 71세로 죄안에 걸려 파직되기가지, 근 반세기 동안 벼슬을 살았다. 강희 39년(1700), 이때 67세 고령의 왕사진은 더할 나위 없는 은총을 입고 있었거늘, 그가 정녕 귀거래를 생각했을까? 새장 속에 너무 오래 갇혀 있었다는 느낌은 없지 않았을 것이다. 하지만 다음 해의 《재서도시》 제영에서 문인들은 황제가 기일 내 돌아오라고 명령했던 칙지를 거듭 언급하지 않았는가? 왕사진에게 치사(致仕, 늙어서 벼슬을 내어 놓음)의 심산은 전혀 없었던 듯하다. 〈방한도〉 권말에는 30여 명의 제지가 있고, 〈유황좌소도〉 권말에도 역시 많은 사람들의 제시가 있는데, 모두 왕사진의 문인들이다. 이렇게 대대적으로 군진을 이루어 깃발을 펴고 북을 울려대며, 이렇게 분분하게 제영이 답지하는 일은, 전통적으로 사대부가 조정에서 실의하여 강호로 퇴은했던 심태와는 완전히 다르다.

왕사진은 산동 신성의 오래된 가문에서 귀공자로 태어나 광릉에서 의기를 발하여 청년 시절 이름을 드날렸고, 이후 크게 변신하여 조정 문관으로서 끊임없이 문생을 장려하는 훌륭한 스승이 되었다. 여기서 다시 각종 시집을 편찬하고 비주(批註)하며 시학적 주장을 제시하는 문단 맹주로 도약했다. 문학사의 각도에서 말하면, 왕사진이 걸어나간 길은 한 계단 한 계단 상승해 나간 사환의 길과 완전히 부합하는 드넓은 대로였다. 바로 《청시기사초편(淸詩紀事初編)》에서 다음과 같이 말한 그대로이다.

> 왕사진은 유정종(劉正宗, 1594-1661)의 제남 일파를 그저 뒤좇으려 하지 않고, 전(錢)[전겸익]·오(吳)[오위업]에 의거하여 존중을 받았다. […] 시격은 풍류가 있고 시어를 내뱉음에 깨끗함을 추구하여, 신운의 설을 창도했다. 또 명성과 기세가 다시 그것을 확장시킬 만했다. 마침내 이름이 일시에 성대하게 되었다. 만년에 이르러 편장이 더욱 풍부하게 되고 명성과 지위가 더욱 높아져서, 해내의 시에 능한 자들이 거의 그 문하에서 나오지 않은 이가 없었다. 풍아를 주지(主持)하여, 근 50년 만에 전(전겸익)·오(오위업)를 뛰어넘어 멀리 나아갔다.
>
> 士禛不屑追逐劉正宗濟南一派, 乃倚錢吳以取重. […] 詩格風流, 吐辭修潔, 倡爲神韻之說. 聲氣復足以張之. 遂至名盛一時. 洎乎晩歲, 篇章愈富, 名位愈高, 海內能詩者, 幾無不出其門下. 主持風雅, 近五十年, 過於錢吳

遠矣.[173]

이러한 관찰은 한 시대의 '문학 정종'에 대한 찬미로 귀결된다. 왕사진은 강희제의 갖가지 은총을 입어 고관에 이르고 권력을 지녀, 방대한 문생 집단을 옹유했다. 그 뿐만 아니라, 명성을 흠모하여 찾아온 어진 선비들과 명류에 들러붙으려는 무리들이 시단의 맹주라는 지위로 그를 추대했다. 화가들은 릴레이식으로, 각기 다른 인생 단계의 왕사진을 분묵(粉墨)을 이용해서 궁리를 다해서 등장시켜, 문생과 동조하여 묵필로 화폭 공간에 방대한 대화 집단을 조성했다. 그리고 그림의 화폭을 훨씬 뛰어넘는 많은 제발들이 앞의 것을 뒤가 있는 방식으로 시학 맹주 왕사진의 성예를 한 목소리로 높이 추켜올렸다. 왕사진의 문학 생애는 개인의 성예를 발양시켜온 역사라고 말할 수 있다. 왕사진은 일생에 걸쳐 문학 명성에 대단히 민감했다. 창화·시사·제영·서발·시화·평점·도상·출판을 이용하여 끊임없이 명성을 날리려고 기도한데다가, 관직의 지위도 형통하여 한 시대 문학 정종으로서의 지위를 건립할 수 있었다. 이것은 청나라 초 무수한 문인들의 삶의 축소판이다. 왕사진은 그 성공 사례라고 할 수 있다. 왕사진의 일생을 꿰뚫는 화상과 제영은 그의 문학적 성예가 발양되어 나간 역사와 표리를 이룬다.[174]

173_鄧之誠,《淸詩紀事初編》(上海: 上海古籍出版社, 1984), 下冊, 卷6, 王士禛, pp.677-678.

174_周杉은, 이른바 순문학(적어도 문학비평에서의)은 20세기의 산물이므로 조금만 반성하여도 이 순문학 관념은 보편적으로 운용하기 어렵다는 사실을 알 수 있다고 했다. 문학비평가는 분명히 사회적 성분과 문학적 성분이 섞여 있으며, 특히 중국의 전통에서는 문학 외적인 고려가 작가의 명성에 부단히 개입하여 하나의 문화적 층위를 형성하기 때문이다. 가장 두드러진 상황은 한 시인의 생전의 명성은 그가 죽은 후 수백 년 뒤의 명성과 완전히 다르다는 점이다. 周杉은 도잠과 두보의 예를 들어 문학적 명성의 기능과 의미에 대해 탐구했다. 周杉, 〈文學聲譽的涵義〉,《九州學刊》3:2, 1989年6月, p.53-65. 필자는 왕사진의 화상과 제영을 고찰 대상으로 삼아, '명성을 날리다'가 왕사진의 일생 화상 및 제영 활동의 끊임없는 동기와 추동력으로 되어 결국 청초 문학사의 '일대정종(一代正宗)'이 될 수 있게 했다고 최종 결론을 내렸다. 본문의 논점 형성 과정은 嚴迪昌·孫康宜·周杉·蔣寅·張宏生·楊玉成 등 여러 학자들의 관련 저작에서 계발을 받았으므로, 삼가 감사드린다.

참고문헌

1. 사료, 공구서 및 사전류

사료 · 공구서

[漢]班固,《漢書》, 收入《景印文淵閣四庫全書》, 第250冊, 台北: 台灣商務印書館, 1983.
[南朝宋]范曄,《後漢書》, 收入《二十五史》, 台北: 藝文印書館, 1955.
[唐]房玄齡等撰,《晉書》, 收入《二十五史》, 台北: 藝文印書館, 1955.
[宋]歐陽修·宋祁等撰,《新唐書》, 台北: 台灣開明書局, 1962.
[元]托克托等撰,《宋史》, 收入《二十五史》, 台北: 藝文印書館, 1955.
[清]張廷玉等撰,《明史》, 收入《二十五史》, 台北: 藝文印書館, 1955.
[清]常惟禎纂修,《萬載縣志》, 收入《稀見中國地方志匯刊》, 第26冊, 北京: 中華書店, 1992.
[清]《聖祖實錄》, 收入《清實錄》, 北京: 中華書局, 未注出版年, 第4冊.
[清]趙爾巽等撰,《清史稿·列傳》, 收入周駿富輯,《清代傳記叢刊》, 台北: 明文出版社, 1986, 第94冊.
[清]蔡冠洛編纂,《清史列傳》, 收入周駿富輯,《清代傳記叢刊》, 台北: 明文出版社, 1986, 第104冊.
[清]張維屏,《國朝詩人徵略》, 收入周駿富輯,《清代傳記叢刊》, 台北: 明文出版社, 1986, 第21冊.
[清]張維屏編撰, 陳永正點校,《國朝詩人徵略》(初編), 廣州: 中山大學出版社, 2004.
[清]鈕琇編,《觚賸》, 收入《近代中國史料叢刊續編》, 台北: 文海出版社, 第94輯, 1982.
[清]錢儀吉等編,《清代碑傳全集》, 上海: 上海古籍出版社, 1987.
張次溪編纂,《清代燕都梨園史料》(正續編), 原刊本於1937年編成, 北京: 中國戲劇出版社, 1991(二刷).
如皋冒鶴亭輯, 東莞張次溪訂,《雲郎小史》, 收入張次溪編纂,《清代燕都梨園史料》(正續編), 原刊本為張次溪於1937年編成, 北京: 中國戲劇出版社, 1991(二刷).
謝正光·范金民合編,《明遺民錄彙輯》, 南京: 南京大學出版社, 1995.
卞孝萱·薛永年·周積寅等編撰,《揚州八怪研究資料叢書》, 南京: 江蘇美術出版社, 1992.
李靈年·楊忠主編,《清人別集總目》, 合肥: 安徽教育出版社, 2001.
池秀雲編,《歷代名人室名別號辭典(增訂本)》, 太原: 山西古籍出版社, 1998.
沈起煒·徐光烈編撰,《中國歷代職官詞典》, 上海: 上海辭書出版社, 1992.

王先霈·王又平主編,《文學批評術語詞典》, 上海: 上海文藝出版社, 1999.

전적

[周]古輯, 姚際恒疏,《詩經通論》, 台北: 河洛出版社, 1980.
[周]古輯, 鄭玄注,《禮記》, 收入《四部叢刊》正編, 台北: 台灣商務印書館, 1990.
[周]莊周撰, 郭慶藩輯,《莊子集釋》, 台北: 漢京文化事業公司, 1983.
[南朝宋]劉義慶撰, [梁]劉孝標注,《世說新語》, 台北: 台灣商務印書館, 1979.
[南朝梁]釋慧皎,《高僧傳》, 北京: 中華書局, 1991.
[南朝梁]任昉撰, [明]陳懋仁註,《文章緣起註》, 收入《百部叢書集成》, 台北: 藝文印書館, 1971, 第135本.
[南朝梁]劉勰撰, 王更生注譯,《文心雕龍讀本》, 全2冊, 台北: 文史哲出版社, 1984.
[北魏]鳩摩羅什譯,《維摩詰所說經》,《大正新修大藏經》, 台北: 新文豐出版公司, 1987, 第14冊.
[唐]劉知幾,《史通》,《景印文淵閣四庫全書》, 台北: 台灣商務印書館, 1983, 第685冊.
[唐]蕭穎士,《蕭茂挺文集》,《四庫全書珍本》, 台北: 台灣商務印書館, 出版年次不一, 11集.
[唐]劉肅,《大唐新語》,《叢書集成初編》, 第2742冊, 北京: 中華書局, 1985.
[唐]杜甫撰, 楊倫注,《杜詩鏡銓》, 台北: 漢京出版社, 1983.
[南唐]靜·筠二禪師編撰,《祖堂集》, 上海: 上海古籍出版社, 1994.
[後蜀]趙崇祚編, 蕭繼宗點校,《花間集》, 台北: 台灣學生書局, 1996.
[宋]釋惠洪,《冷齋夜話》, 海口市: 海南出版社, 2001.
[宋]蘇軾撰, [清]王文誥輯註,《蘇軾詩集》, 收入《中國古典文學基本叢書》, 北京: 中華書局, 1982.
[宋]蘇軾撰, 孔繁禮點校,《蘇軾文集》(全6冊), 北京: 中華書局, 2004第6刷.
[宋]黃庭堅,《山谷集》, 收入《景印文淵閣四庫全書》, 台北: 台灣商務印書館, 1983, 第1113冊.
[宋]羅大經,《鶴林玉露》, 北京: 中華書局, 1997.
[宋]洪興祖,《楚辭補注》, 台北: 漢京文化事業公司, 1983.
[宋]程顥·程頤撰,《二程集》,《河南程氏遺書》, 北京: 中華書局.
[宋]朱熹注,《詩經集傳》, 台北: 藝文印書館, 1964.
[宋]朱熹撰, [明]譚寶煥輯,《性理吟》, 吉林省圖書館藏康熙19年譚作梅等刻本, 收入《四庫全書存目叢書》, 集部, 第78冊.
[宋]張君房,《雲笈七籤》, 北京: 華夏出版社, 1996.
[明]吳訥,《文章辨體》, 收入《四庫全書存目叢書》, 台南: 莊嚴文化事業公司, 1995, 集部291冊.
[明]徐師曾,《文體明辨》, 收入《四庫全書存目叢書》, 台南: 莊嚴文化事業公司, 1995, 集部312冊.
[明]楊榮,《楊文敏公集》, 收入《明人文集叢刊》, 台北: 文海出版社, 1970, 第4種.
[明]金幼孜,《金文靖公集》, 收入《明人文集叢刊》, 台北: 文海出版社, 1970, 第1冊.

[明]楊士奇,《東里續集》, 收入《文淵閣四庫全書》, 台北: 台灣商務印書館, 1983, 集部, 第178冊.

[明]李時勉,《古廉文集》(第3集), 收入《四庫全書珍本》, 台北: 台灣商務印書館, 出版年次不詳, 第1143冊.

[明]王圻 · 王思義輯, 收入《續修四庫全書》, 上海: 上海古籍出版社, 2002, 子部, 類書類, 第1234冊.

[明]沈周,《耕石齋石田文鈔》, 收入《石田先生集》, 據明萬曆陳仁錫編刊分體本影印, 台北: 國立中央圖書館, 1968.

[明]謝遷,《歸田稿》, 收入《文淵閣四庫全書》, 台北: 台灣商務印書館, 1986, 第1256冊.

[明]葉廷秀,《葉廷秀詩話》, 收入《明詩話全編》, 南京: 江蘇古籍出版社, 1997, 第9冊.

[明]茅坤,《茅鹿門先生文集》, 收入《續修四庫全書》, 上海: 上海古籍出版社, 2002, 集部, 別集類, 第1345冊.

[明]曹藎之,《舌華錄》, 收入《筆記小說大觀》, 台北: 新興書局, 1974, 第5冊.

[明]嚴嵩,《鈐山堂集》, 收入《四庫全書存目叢書》, 台南: 莊嚴文化事業公司, 1997, 集部, 第56冊.

[明]陸樹聲,《陸學士雜著》, 收入《四庫全書存目叢書》, 台南: 莊嚴文化事業公司, 1995, 子部163冊.

[明]陸樹聲,《茶寮記》, 收入《文淵閣四庫全書》, 台北: 台灣商務印書館, 1983-1986, 子部·譜錄類, 第79冊.

[明]李日華,《恬致堂集》, 據明末刊本影印, 明代藝術家集彙刊續集, 台北: 國立中央圖書館, 1971.

[明]周履靖,《天形道貌》, 收入《百部叢書集成》13,《夷門廣牘》, 第3函, 台北: 藝文印書館, 1971.

[明]徐渭,《徐文長逸稿》, 收入《四庫全書存目叢書》, 台北: 莊嚴文化事業公司, 1997, 集部, 別集類, 第145冊.

[明]袁宏道,《瓶史》, 收入《百部叢書集成》, 第48種, 〈借月山房彙鈔〉, 台北: 藝文印書館, 1971.

[明]袁宏道,《袁中郎全集》, 據國立台灣大學圖書館藏明末刊本影印, 明代論著叢刊, 第2輯, 台北: 偉文圖書公司, 1976.

[明]陳繼儒,《陳眉公集》, 收入《續修四庫全書》, 上海: 上海古籍出版社, 2002, 集部, 別集類, 第1380冊.

[明]陳洪綬撰, 吳敢輯校,《陳洪綬集》,《兩浙作家文叢》, 杭州: 浙江古籍出版社, 1994.

[明]張岱撰, 屠友祥校注,《陶庵夢憶》, 收入《宋明清小品文集輯注》, 上海: 上海遠東出版社, 1996.

[清]清聖祖彙編,《全唐詩》, 北京: 中華書局, 1996.

[清]李漁,《閒情偶寄》, 台北: 長安出版社, 1992.

[清]吳梅村,《梅村家藏稿》, 清宣統三年武進董氏誦芬室刊本,《歷代畫家詩文集》40, 台北:

台灣學生書局, 1975.
[清]方文,《嵞山續集》, 據康熙28年王概刻本影印, 收入《續修四庫全書》, 上海: 上海古籍出版社, 2002, 集部, 別集類, 第1400冊.
[清]龔鼎孳,《定山堂詩集》, 收入《續修四庫全書》, 上海: 上海古籍出版社, 2002, 集部, 別集類, 第1403冊.
[清]曹溶,《靜惕堂詩集》, 據首都圖書館藏清雍正3年李維鈞刻本影印, 收入《四庫全書存目叢書》, 台南: 莊嚴文化事業公司, 1997, 集部, 別集類, 第198冊.
[清]尤侗,《西堂詩集》, 據清康熙刻本影印, 收入《續修四庫全書》, 上海: 上海古籍出版社, 出版年次不一, 集部, 別集類, 總1407冊.
[清]尤侗,《後性理吟》, 據清康熙刻本影印, 收入《續修四庫全書》, 上海: 上海古籍出版社, 出版年次不一, 集部, 別集類, 總1407冊.
[清]尤侗,《百末詞》, 收入《西堂詩集》, 收入《續修四庫全書》, 上海: 上海古籍出版社, 2002, 集部, 別集類, 總1407冊.
[清]尤侗,《看雲草堂集》, 收入《續修四庫全書》, 上海: 上海古籍出版社, 2002, 第1406冊.
[清]陳維崧,《陳迦陵文集》, 上海涵芬樓影印患立堂本, 據商務印書館1926年版重印, 收入《四部叢刊初編》, 上海: 上海書店, 1989, 集部, 第281-282冊.
[清]朱彝尊,《曝書亭全集》, 據原刻本校刊, 收入《四部備要》, 台北: 中華書局, 1972, 集部.
[清]朱彝尊撰, 李富孫注,《曝書亭集詞註》, 據嘉慶19年校經廎刻本影印, 收入《續修四庫全書》, 上海: 上海古籍出版社, 2002, 集部, 詞類, 第1724冊.
[清]朱彝尊撰, 葉元章·鍾夏選註,《朱彝尊選集》, 上海: 上海古籍出版社, 1991.
[清]邵長蘅,《邵子湘全集》, 據青海省圖書館藏清康熙刻本, 收入《四庫全書存目叢書》, 台南: 莊嚴文化事業公司, 1997, 集部, 第248冊.
[清]邵長蘅,《青門旅稿》, 據青海省圖書館藏清康熙刻本, 收入《邵子湘全集》, 收入《四庫全書存目叢書》, 台南: 莊嚴文化事業公司, 1997, 集部, 第248冊.
[清]王士禛,《衍波詞》, 收入《叢書集成初編》, 北京: 中華書局, 未注出版年.
[清]王士禛,《阮亭詩餘》, 收入《叢書集成初編》, 北京: 中華書局, 未注出版年.
[清]王士禛,《蠶尾集》, 收入《四庫全書存目叢書》, 台南: 莊嚴文化事業公司, 1997, 集部, 別集類, 第227冊.
[清]王士禛,《蠶尾續集》, 收入《四庫全書存目叢書》, 台南: 莊嚴文化事業公司, 1997, 集部, 別集類, 第227冊.
[清]王士禛,《雍益集》, 北京師範大學圖書館藏清康熙刻王漁洋遺書本, 收入《四庫全書存目叢書》, 台南: 莊嚴文化事業公司, 1997, 集部, 別集類, 227冊.
[清]王士禛,《漁洋續集》, 收入《四庫全書存目叢書》, 台南: 莊嚴文化事業公司, 1997, 集部別集類, 226冊.
[清]王士禛,《漁洋詩話》, 收入《景印文淵閣四庫全書》, 台北: 台灣商務印書館, 1983, 第

1483冊.

[清]王士禛選, 盧見曾補傳,《感舊集》, 台北: 廣文書局, 1968

[清]王士禛,《居易錄》, 收入《筆記小說大觀》, 台北: 新興書局, 1988, 第15編第9冊.

[清]王士禛,《分甘餘話》, 收入《景印文淵閣四庫全書》, 台北: 台灣商務印書館, 1983, 第870冊.

[清]王士禛,《香祖筆記》, 上海: 上海古籍出版社, 1989.

[清]王士禛,《古夫于亭雜錄》, 北京: 中華書局, 1997.

[清]王士禛, 張宗柟輯,《帶經堂詩話》, 收入《續修四庫全書》, 上海: 上海古籍出版社, 2002, 集部, 詩文評類, 第1698冊.

[清]王士禛, 孫言誠點校,《王士禛年譜》, 北京: 中華書局, 1992.

[清]王士禛撰, 李毓芙 · 牟通 · 李茂肅整理,《漁洋精華錄集釋》, 全3冊, 上海: 上海古籍出版社, 1999.

[清]沈德潛選註,《唐詩別裁集》, 上海: 上海古籍出版社, 1979.

[清]宋犖,《緜津山人詩集》, 據中央民族大學圖書館藏清康熙刻本, 收入《四庫全書存目叢書》, 台南: 莊嚴文化事業公司, 1997, 集部, 別集類, 第225冊.

[清]彭孫遹,《松桂堂全集》, 收入《四庫全書珍本》, 三集, 台北: 台灣商務印書館, 未注出版年.

[清]孫枝蔚,《溉堂詩集》, 據清康熙刻本影印, 收入《續修四庫全書》, 上海: 上海古籍出版社, 出版年次不一, 集部, 別集類, 總1407冊.

[清]李良年,《秋錦山房集》, 據清華大學圖書館藏清康熙刻乾隆續刻李氏家集四種本, 收入《四庫全書存目叢書》, 台南: 莊嚴文化事業公司, 1997, 集部, 別集類, 第251冊.

[清]潘耒,《遂初堂詩集》, 收入《續修四庫全書》, 上海: 上海古籍出版社, 1998, 集部, 別集類, 第1417冊.

[清]徐釚,《青門集》, 康熙乙亥菊莊刻本.

[清]徐釚,《本事詩》, 收入杜松柏主編,《清詩話訪佚初編》, 台北: 新文豐出版社, 1987, 第1冊.

[清]汪懋麟,《百尺梧桐閣集》, 據中國社會科學院文學研究所藏清康熙刻本影印, 收入《四庫全書存目叢書》, 台南: 莊嚴文化事業公司, 1997, 集部, 別集類, 第241冊.

[清]汪懋麟,《錦瑟詞》, 據中國科學院圖書館藏清康熙刻本影印, 收入《續修四庫全書》, 上海: 上海古籍出版社, 2002, 集部, 詞類, 第1725冊.

[清]陳廷敬,《午亭集》, 中國社會科學院文學研究所圖書館藏清康熙41年刻本, 收入《四庫全書存目叢書補編》, 濟南: 齊魯書社, 2001, 第78冊.

[清]李良年,《秋錦山房集》, 清華大學圖書館藏清康熙刻乾隆續刻李氏家集四種本, 收入《四庫全書存目叢書》, 台南: 莊嚴文化事業公司, 1997, 集部, 別集類, 251冊.

[清]李符,《香草居集》, 據吉林大學圖書館藏清康熙至乾隆刻李氏家集四種本影印, 收入《四庫全書存目叢書》, 台南: 莊嚴文化事業公司, 1997, 集部, 別集類, 第252冊.

[清]梁佩蘭,《六瑩堂詩二集》, 據首都圖書館藏清道光南海伍氏詩雪軒刻粵十三家集本影印, 收入《四庫全書存目叢書》, 台南: 莊嚴文化事業公司, 1997, 集部, 別集類, 第255冊.

[清]釋大汕,《大汕離六堂集》, 台北: 新文豐出版公司, 2000.

[清]釋大汕,《海外紀事》, 收入《四庫全書存目叢書》, 台南: 莊嚴文化事業公司, 1997, 史部, 地理類, 第256冊.

[清]孫致彌,《杕左堂集詩》, 首都圖書館藏清乾隆刻本, 收入《四庫全書存目叢書》, 台南: 莊嚴文化事業公司, 1997, 集部, 別集類, 第255冊.

[清]孫致彌,《杕左堂續集》, 中國科學院圖書館藏清乾隆刻本, 收入《四庫全書存目叢書補編》, 濟南: 齊魯書社, 2001.

[清]納蘭性德撰, 張草紉箋注,《納蘭詞箋注》, 上海: 上海古籍出版社, 2004.

[清]錢芳標,《湘瑟詞》, 據南京圖書館藏清康熙刻本影印, 收入《續修四庫全書》, 上海: 上海古籍出版社, 2002, 集部, 詞類, 第1725冊.

[清]王沛恂,《匡山集》, 據吉林大學圖書館藏清雍正刻本影印, 收入《四庫全書存目叢書》, 台南: 莊嚴文化事業公司, 1997, 集部, 別集類, 第255冊.

[清]查慎行,《敬業堂集》, 據上海涵芬樓影印原刊本, 收入《四部叢刊初編》, 台北: 台灣商務印書館, 1965, 集部, 共3冊.

[清]顧嗣立,《梧語軒集》, 收於《閭邱詩集》, 據北京圖書館藏清康熙刻本, 收入《四庫全書存目叢書》, 台南: 莊嚴文化事業公司, 1997, 集部, 別集類, 第266冊.

[清]林佶,《樸學齋詩稿》, 北京圖書館分館藏清乾隆九年家刻本, 收入《四庫全書存目叢書》, 台南: 莊嚴文化事業公司, 1997, 集部, 別集類, 第262冊.

[清]金農,《冬心先生續集》, 收入《續修四庫全書》, 上海: 上海古籍出版社, 1995, 集部, 別集, 總1424冊.

[清]金農,《冬心先生三體詩》, 收入《百部叢書集成》, 台北: 藝文印書館, 出版年次不一, 百部叢書集成三編；2, 小石山房叢書, 第三函小石山房叢書.

[清]金農,《冬心先生自度曲》, 收入《續修四庫全書》, 上海: 上海古籍出版社, 2002, 集部, 曲類, 1739冊.

[清]金農,《金冬心先生詩集》(原刻書名為《冬心先生集》), 收入《近代中國史料叢刊續編》, 第98輯, 台北: 文海出版社, 未注出版年.

[清]羅聘,《香葉草堂詩存》, 收入《續修四庫全書》, 上海: 上海古籍出版社, 2002, 總1453冊.

[清]袁枚撰, 王英志校點,《袁枚全集》, 南京: 江蘇古籍出版社, 1993.

[清]顧太清·奕繪撰,《顧太清奕繪詩詞合集》, 上海: 上海古籍出版社, 1998.

[清]陳文述,《頤道堂詩選》, 據嘉慶二十二年刻道光增修本影印, 收入《續修四庫全書》, 台南: 莊嚴文化事業公司, 1997, 集部, 別集類, 第1504冊.

[清]鄧之誠,《清詩紀事初編》, 全2冊, 上海: 上海古籍出版社, 1684.

[清]郭麐,《靈芬館詩話》, 台北: 新文豐出版社, 1987.

[清]謝章鋌,《賭棋山莊詞話》, 收入唐圭璋編,《詞話叢編》, 台北: 新文豐出版社, 1988, 第4冊.

[清]吳衡照,《蓮子居詞話》, 收入《詞話叢編》, 台北: 新文豐出版社, 1988, 第3冊.

[清]馮金伯,《詞苑萃編》, 收入《詞話叢編》, 台北: 新文豐出版社, 1988, 第2冊.
[清]丁紹儀,《聽秋聲館詞話》, 收入《詞話叢編》, 台北: 新文豐出版社, 1988, 第3冊.
[清]查為仁,《蓮坡詩話》, 收入《清詩話》, 全2冊, 台北: 西南書局, 1979, 上冊.
郭登峰編,《歷代自敘傳文鈔》, 台北: 文星書店, 1965.
朱劍心編,《晚明小品選注》, 台北: 台灣商務印書館, 1965.
杜聯喆輯,《明人自傳文鈔》, 台北: 藝文印書館, 1977.
施蟄存編,《晚明二十家小品》, 台北: 新文豐出版社, 1977.
政治大學古典小說研究中心主編,《明清善本小說叢刊初編》, 台北: 天一出版社, 1985.
錢仲聯主編,《清詩紀事》, 南京: 江蘇古籍出版社, 1987.
杜松柏主編,《清詩話訪佚初編》, 台北: 新文豐出版社, 1987.
唐圭璋編,《詞話叢編》, 台北: 新文豐出版社, 1988.
尤振中·尤以丁編撰,《清詞紀事會評》, 合肥: 黃山書社, 1995.
張璋等編,《歷代詞話》, 鄭州: 大象出版社, 2002.

2. 제화 ·화론 · 화사 및 화책 도록류

제영 · 화론 ·화사

[明]天然,《歷代古人像讚》, 收入《中國歷代人物像傳》(全4冊), 濟南: 齊魯書社, 2002, 第1冊.
[清]《迦陵填詞圖題詠》, 乾隆拓本, 北京大學圖書館古籍善本特藏室.
[清]《迦陵填詞圖題詠》, 據道光拓本影印, 上海: 中華書局隆拓本, 1927.
[清]王士禛編,《載書圖詩》, 收入《四庫全書存目叢書》, 台南: 莊嚴文化事業公司, 1997, 集部, 總集類, 第394冊.
[清]徐釚輯,《楓江漁父圖題詞》, 康熙乙亥(1695)菊莊刻本.
[清]陸心源著錄,《徐電發楓江漁父圖卷》, 輯入陸氏編,《穰梨館過眼續錄》卷15, 收入《續修四庫全書》, 上海: 上海古籍出版社, 2002.
[清]鄧實輯,《徐電發楓江漁父小像題詠》, 收入黃賓虹 · 鄧實合編,《美術叢書》, 台北: 藝文印書館, 1975年11月初版(原版經始於宣統辛亥, 1911), 第3冊, 〈初集第6輯〉.
[清]鄧實輯,《徐電發楓江漁父小像題詠》, 收入《明清人題跋》, 台北: 世界書局, 1988, 下冊.
[清]羅振玉,《貞松老人書畫跋》, 收入黃賓虹 · 鄧實合編,《美術叢書》, 台北: 藝文印書館, 1975年11月初版, 第21冊(5集2輯).子部, 藝術類, 第1087冊.
[清]金農,《冬心自寫真題記》, 收入《明清人題跋》, 台北: 世界書局, 1988, 下冊.
[清]金農,《冬心先生雜畫題記》, 收入《明清人題跋》, 台北: 世界書局, 1988, 下冊.
[清]金農,《冬心畫佛題記》, 收入《明清人題跋》, 台北: 世界書局, 1988, 下冊.
[清]顧修輯,《讀畫齋題畫詩》, 嘉慶4年石門顧氏讀畫齋刻本.

[清]葉衍蘭·葉恭綽編,《清代學者象傳合集》, 上海: 上海古籍出版社, 1989.
[清]李玉棻,《甌缽羅室書畫過目考》, 收入嚴一萍續編,《美術叢書》, 台北: 藝文印書館, 出版年次不一, 5集第9輯.
[清]蔣驥,《傳神祕要》, 收入黃賓虹·鄧實合編,《美術叢書》, 第9冊(2集7輯), 台北: 藝文印書館, 1975年11月初版.
張次溪輯,《九青圖詠》, 收入張次溪編纂,《清代燕都梨園史料》(正續編), 原刊本為張次溪於1937年編成, 北京: 中國戲劇出版社, 1991(二刷).
鄧實·黃賓虹編, 嚴一萍補輯,《美術叢書》, 台北: 藝文印書館, 1975年11月初版(原版經始於宣統辛亥1911)
陳丕華·佘毅編,《題畫寶笈》, 台北: 中華書畫出版社, 1973.
卞孝萱主編,《揚州八怪題畫錄》,《揚州八怪研究資料叢書》, 南京: 江蘇美術出版社, 1992.
余紹宋,《書畫書錄解題》, 台北: 台灣中華書局, 1980年11月(二版).
俞劍華編,《中國畫論類編》, 全2冊, 台北: 華正書局, 1984.
王伯敏,《中國版畫史》, 台北: 蘭亭書店, 1986.
王伯敏編,《中國繪畫通史》, 全2冊, 台北: 三民書局, 1997.
楊新·班宗華等人合撰,《中國繪畫三千年》, 台北: 聯經出版社, 1999.
李鑄晉·萬青力合撰,《中國現代繪畫史: 晚清之部(1840-1911)》, 台北: 石頭出版社, 1998.
李鑄晉·萬青力合撰,《中國現代繪畫史: 民初之部(1912-1949)》, 台北: 石頭出版社, 2001.

화책 · 도록

[清]張辟繪, 陸遠補圖,《卞永譽畫像》, 康熙畫蹟, 北京大學圖書館古籍善本特藏室藏.
鄭振鐸編,《偉大的藝術傳統圖錄》, 據1952年重印, 上海: 上海三聯書店, 1989.
國立故宮博物院編纂,《故宮圖像選萃》, 台北: 國立故宮博物院, 1971.
南京博物院供稿,《明代人物肖像畫選》, 上海: 上海人民美術出版社, 1982.
佘城編,《中國書畫·人物畫》, 台北: 光復書局, 1983.
東京大學東洋文化研究所編,《中國繪畫總合圖錄》(正編)(全五冊), 東京: 東京大學出版會, 1982-1983.
吳哲夫總編纂,《中華五千年文物集刊》, 繪畫部共10冊, 台北: 中華五千年文物集刊編輯委員會, 1983-1991.
國立故宮博物院編,《海外遺珍》, 台北: 故宮博物院, 1985.
中國美術全集編輯委員會編,《中國美術全集》, 全60冊, 繪畫部共20冊, 台北: 錦繡出版社, 1986-1989.
中國古代書畫鑑定組編,《中國古代書畫圖目》, 全23冊, 北京: 文物出版社, 1986-2001, 第1版.
佘城編,《中國書畫·人物畫》, 台北: 光復書局, 1987.
瞿冠群·華人德執筆,《中國歷代名人圖鑑》, 全2冊, 上海: 上海書畫出版社, 1989.

國立故宮博物院編,《故宮書畫圖錄》, 全21冊, 台北: 故宮博物院, 1989-2002.
鄭振鐸編,《域外所藏中國古畫集》, 成都: 新華書店, 1990.
青島市博物館編,《青島市博物館藏畫集》, 北京: 文物出版社, 1991.
高美慶編, 李志綱·黎淑儀集譯,《至樂樓藏明清書畫》, 香港: 至樂樓藝術發揚有限公司, 1992.
鄭振鐸編,《域外所藏中國古畫集》, 出版地不詳: 出版者不詳, 1993.
梁白泉主編,《南京博物院藏中國肖像畫選集》, 北京: 文物出版社, 香港大業公司印行, 1993.
瞿冠群·華人德主編,《中國歷代人物圖像索引》, 南京: 江蘇教育出版社, 1994.
楊新主編,《故宮博物院藏明清繪畫》, 北京: 紫京城出版社, 出版時間不詳, 序於1994.
施達夫 · 吳彬 · 劉虹雨編,《清代人物畫風》,《中國古代繪畫大師畫風系列》, 重慶: 重慶出版社, 1995.
袁欣·蘇輝·吳斌編,《中國古代人物畫風》, 重慶: 重慶出版社, 1995.
徐邦達編,《中國繪畫史圖錄》, 上海: 上海人民美術出版社, 1997.
翁萬戈編撰,《陳洪綬》(含文字·圖版), 共3卷, 上海: 上海人民美術出版社, 1997.
中國古代書畫鑒定組編,《中國繪畫全集》, 全30冊, 北京: 文物出版社, 1997-1999.
戶田禎佑·小川裕充編,《中國繪畫總合圖錄》(續編)(全四冊), 東京: 東京大學, 1998-1999.
楊新編撰,《項聖謨精品集》, 北京: 人民美術出版社, 1999.
阮榮春編,《中國羅漢圖》, 長沙: 湖南美術出版社, 2000.
何廣舉總策劃,《中國傳世人物名畫全集》, 全2冊, 北京: 中國戲劇出版社, 2001.
北京故宮博物院編,《清代宮廷繪畫》, 北京: 文物出版社, 2001.
蔡宜璇執編,《悅目: 中國晚期書畫》, 全2冊(圖版篇·解說篇), 台北: 石頭出版社, 2001.
閆爽·李之昕責任編輯,《中國人物名畫鑑賞》, 北京: 九州出版社, 2002.
孫葉鋒編,《南畫大成》, 揚州: 廣陵書社, 2004.
華人德主編,《中國歷代人物圖像集》, 全3冊, 上海: 上海古籍出版社, 2004.

3. 현대 연구서

중문서적

王元,《傳記學》, 台北: 牧童出版社, 1977.
劉昌元,《西方美學導論》, 台北: 聯經出版社, 1986.
陳萬益,《晚明小品與明季文人生活》, 台北: 大安出版社, 1988.
卞孝萱主編,《揚州八怪年譜》,《揚州八怪研究資料叢書》, 南京: 江蘇美術出版社, 1990.
朱耀偉編,《當代西方文學批評理論》, 板橋: 駱駝出版社, 1992.
故宮博物院編,《吳門畫派研究》, 北京: 紫禁城出版社, 1993.
呂正惠主編,《文學的後設思考》, 台北: 正中書局, 1993.

楊正潤,《傳記文學史綱》, 南京: 江蘇教育出版社, 1994.
李栖,《兩宋題畫詩論》, 台北: 台灣學生書局, 1994.
吳潛誠,《感性定位—文學的想像與介入》, 台北: 允晨文化, 1994.
鄭文惠,《詩情畫意—明代題畫詩的詩畫對應內涵》, 台北: 東大圖書公司, 1995.
周汛·高春明合編,《中國古代服飾大觀》, 重慶: 重慶出版社, 1995.
周汛·高春明合編,《中國衣冠服飾大辭典》, 上海: 上海辭書出版社, 1996.
樂黛雲·陳玨編,《北美中國古典文學研究名家十年文選》, 南京: 江蘇人民出版社, 1996年.
石守謙,《風格與世變: 中國繪畫史論集》, 台北: 允晨文化, 1996.
葉嘉瑩·陳邦炎合撰,《清詞名家論集》, 台北: 中央研究院, 1996.
戴麗珠,《明清文人題畫詩輯》, 台北: 學海出版社, 1998.
游國恩,《游國恩學術論文集》, 北京: 中華書局, 1999.
嚴迪昌,《清詞史》, 南京: 江蘇古籍出版社, 1999.
毛文芳,《晚明閒賞美學》, 台北: 台灣學生書局, 2000.
束定芳,《隱喻學研究》, 上海: 上海外語教育出版社, 2000.
孫康宜,《文學的聲音》, 台北: 三民書局, 2001.
張郁明,《盛世畫佛—金農傳》,《揚州八怪傳記叢書》, 上海: 上海人民出版社, 2001.
李曉庭·蔡芃洋合撰,《花之寺僧—羅聘傳》,《揚州八怪傳記叢書》, 上海: 上海人民出版社, 2001.
陳平原,《圖像晚清: 點石齋畫報》, 天津: 百花文藝出版社, 2001.
陳平原·王德威·商偉合編,《晚明與晚清》, 武漢: 湖北教育出版社, 2001.
蔣寅,《王漁洋事跡徵略》, 北京: 人民文學出版社, 2001.
蔣寅,《王漁洋與康熙詩壇》, 北京: 中國社會科學出版社, 2001.
毛文芳,《物·性別·觀看—明末清初文化書寫新探》, 台北: 台灣學生書局, 2001.
陳平原·王德威·商偉編,《晚明與晚清: 歷史傳承與文化創新》, 武昌: 湖北教育出版社, 2002.
高宣揚:《流行文化社會學》, 台北: 揚智出版社, 2002.
蔣哲倫·傅蓉蓉合撰,《中國詩學史》, 廈門: 鷺江出版社, 2002.
黃克武,《畫中有話: 近代中國的視覺表述與文化構圖》, 台北: 中研院近史所, 2003.
趙白生,《傳記文學理論》, 北京: 北京大學出版社, 2003.
衣若芬,《觀看·敘述·審美—唐宋題畫文學論集》, 台北: 中研院文哲所, 2004.
王璦玲主編,《明清文學與思想中之主體意識與社會》, 台北: 中研院文哲所, 2004.
馬惠娣,《休閒: 人類美麗的精神家園》, 北京: 中國經濟出版社, 2004.
高宣揚,《布迪厄的社會理論》, 上海: 同濟大學出版社, 2004.
鄭文惠,《文學與圖像的文化美學—想像共同體的樂園論述》, 台北: 里仁書局, 2005.
劉水雲,《明清家樂研究》, 上海: 上海古籍出版社, 2005.
丁家桐,《揚州八怪》, 蘇州: 蘇州大學出版社, 2005.

외국서적 중국어 번역본

[美]馬斯洛(Abraham H. Maslow)著, 許金聲等譯,《動機與人格》("Motivation and personality"), 北京: 華夏出版社, 1987.

[法]Robert Escarpit(侯伯 · 埃斯卡皮)著, 葉淑燕譯,《文學社會學》("Sociologie de la litt'erature"), 台北: 遠流出版社, 1990.

[英]約翰 · 柏格(John Berger)著, 陳志梧譯,《看的方法—繪畫與社會關係七講》("Ways of Seeing"), 台北: 明文書局, 1991.

[美]高居翰(James Cahill)撰, 李佩樺等合譯,《氣勢撼人—十七世紀中國繪畫中的自然與風格》("The compelling image: nature and style in seventeenth-century Chinese"), 台北: 石頭出版社, 1994.

[美]高居翰(James Cahill)撰, 夏春梅等初譯,《江岸送別: 明代初期與中期繪畫(1368-1580)》("Parting at the shore: Chinese painting of the early and middle Ming dynasty, 1368-1580"), 台北: 石頭出版社, 1997.

[美]高居翰(James Cahill)撰, 王嘉驥譯,《山外山: 晚明繪畫(1570-1644)》("The distant mountains: Chinese painting of the late Ming dynasty, 1570-1644"), 台北: 石頭出版社, 1997.

[法]尚 · 布希亞(Jean Baudrillard)著, 林志明譯,《物體系》("Le systeme des objets"), 台北: 時報文化, 1997.

[美]Michael Payne著, 李奭學譯,《閱讀理論—拉康 · 德希達與克麗絲蒂娃導讀》("Reading theory: an introduction to Lacan, Derrida, and Kristeva"), 台北: 書林出版公司, 1997.

[法]皮埃爾 · 布迪厄(Bourdieu Pierre) · [美]華康德(Wacquant, L.D.)著, 李猛 · 李康譯,《實踐與反思: 反思社會學導引》("An invitation to reflexive sociology"), 北京: 中央編譯社, 1998.

[美]斯坦利 · 費什(Fish Stanley)著, 文楚安譯,《讀者反應批評: 理論與實踐》, 北京: 中國社會科學出版社, 1998.

[美]哈洛 · 卜倫(Harold Bloom)著, 高志仁譯,《西方正典》("The Western canon: the books and school of the ages")(全2冊), 台北: 立緒文化, 1998.

[日]川合康三撰, 蔡毅譯,《中國的自傳文學》, 北京: 中央編譯出版社, 1999.

[美]托馬斯 · 古德爾(Thomas L. Goodale) · 杰弗瑞 · 戈比(Geoffrey Godbey)著, 成素梅等譯,《人類思想史中的休閑》("The Evolution of Leisure: Historical and Philosophical Perspective"), 昆明: 雲南人民出版社, 2000.

[法]蒙田(Michel de Montaigne)著, 梁宗岱 · 黃建華譯,《我不想樹立雕像》("I don't want to have a statue set up"), 北京: 光明日報出版社, 2000.

[法]菲力普 · 勒熱訥(Philippe Lejeune)著, 楊國政譯,《自傳契約》("Le pacte autobiographique" and "L'autobiographie en France"), 北京: 三聯書店, 2001.

[法]朋尼維茲(Patrice Bonnewitz)著, 孫智綺譯:《布赫迪厄社會學的第一課》("Premieres lecons sur la sociologie de Pierre Bourdieu"), 台北: 麥田出版社, 2002.

[法]Dominique Waquet · Marion Laporte著, 楊啓嵐譯,《法國時尚》(“La mode”), 台北: 麥田出版社, 2002.

[瑞士]維電娜 · 卡斯特(Kast Verena)著, 陳瑛譯,《羨慕與嫉妒—深層心理分析》(“Neid und eifersucht: Die herausforderung durch unangenehme gefuhle”), 北京: 新華書店, 2004.

[德]約瑟夫 · 皮珀(Josefpieper)著, 劉森堯譯,《閑暇: 文化的基礎》(“Leisure: The Basis of Culture”), 北京: 新星出版社, 2005.

[英]Craig Clunas: “Superfluous Things: Material Culture and Social Status in Early Modern China” (1991 by Polity Press in association with Basil lackwell, Oxford) Duke University Press, 1996.

[英]Richard Vinograd: “Boundaries of the self: Chinese portraits,1600-1900” Cambridge [England]; New York, NY, USA: Cambridge University Press, 1992.

4. 단위논문 · 학위논문 및 강연록

학술지 및 학술회의 논문

小川環樹,〈五柳先生傳と方山子傳〉,《中國古典研究》, 第13期, 1965.

王正華,〈傳統中國繪畫與政治權力——個研究角度的思考〉,《新史學》, 卷8第3期, 1997年9月.

王正華,〈〈聽琴圖〉的政治意涵: 徽宗朝院畫風格與意義網絡〉,《國立台灣大學美術史研究集刊》, 第5期, 1998年3月.

王正華,〈藝術史與文化史的交界: 關於視覺文化研究〉,《近代中國史研究通訊》, 第32期, 2001年9月.

王正華,〈女人 · 物品與感官慾望: 陳洪綬晚期人物畫中江南文化的呈現〉,《近代中國婦女史研究》, 第10期, 2002.

王鳳霞,〈憂生意識與及時行樂—漢代詩歌價值取向溯源〉,《河南教育學院學報(哲學社會科學版)》, 2002年04期.

王學玲,〈不可侵犯的讖語—明清之際自敘傳文的諧謔與悔愧〉,《淡江中文學報》, 第13期.

毛文芳,〈養護與裝飾—晚明文人對俗世生命的美感經營〉,《漢學研究》, 卷15第2期, 1997年12月.

毛文芳,〈物的神話: 晚明文震亨《長物志》的物體系論述〉,《中國文哲研究集刊》, 第20期, 2002年3月.

毛文芳,〈自我認同的困惑—明清文人自題像贊初探〉, 收入彰化師大國文系主編《〈中國詩學會議〉學術會議論文集》, 台北: 萬卷樓, 2002年12月.

毛文芳,〈〈拂拭零縑讀艷歌〉:清代〈張憶娘簪華圖〉題詠再探〉,《中正大學中文學術年刊》, 第6期, 2004年12月.

毛文芳,〈卷中小立亦百年—清初《張憶娘簪華圖》之百年閱讀〉, 收入《〈通俗文學與雅正文學〉第五屆全國學術研討會論文集》, 台北: 新文豐出版社, 2005.
毛文芳, 〈一則文化扮裝之謎: 清初〈楓江漁父圖〉題詠研究〉, 《清華學報》, 36卷第2期, 2006年12月.
包根弟, 〈論元代題畫詩〉, 《古典文學》, 第2集, 1980年12月.
衣若芬, 〈北宋題人像畫詩析論〉, 《中國文哲研究集刊》, 第13期, 1998年9月.
衣若芬, 〈北宋題仕女畫詩析論〉, 收入鍾彩鈞主編, 《傳承與創新—中研院文哲所十周年紀念論文集》, 台北: 中研院文哲所籌備處, 1999.
衣若芬, 〈題畫文學研究概述〉, 《中國文哲研究通訊》, 10卷第1期, 2000年3月.
衣若芬, 〈〈瀟湘〉山水畫之文學意象情境探微〉, 《中國文哲研究集刊》, 第20期, 2002年3月.
衣若芬, 〈漂流與回歸: 宋代題〈瀟湘〉山水畫詩之抒情底蘊〉, 《中國文哲研究集刊》, 第21期, 2002年9月.
衣若芬, 〈瀟湘文學與圖繪中的柳宗元〉, 《零陵學院學報》, 23卷第1期, 2002年9月.
衣若芬, 〈〈江山如畫〉與〈畫裡江山〉: 宋元題〈瀟湘〉山水畫詩之比較〉, 《中國文哲研究集刊》, 第23期, 2003年9月.
衣若芬, 〈不繫之舟: 吳鎮及其〈漁父圖卷〉題詞〉, 收入中研院文哲所, 《元明文人之自我建構與審美風尚》學術研討會, 2004年12月16日. 後刊登於《思與言》, 卷45第3期, 2007年9月.
朱崇儀, 〈女性自傳: 透過性別來重讀／重塑文類？〉, 《中外文學》, 卷26第4期, 1997年9月.
余輝, 〈十七·十八世紀的市民肖像畫〉, 《故宮博物院院刊》, 第3期, 2001.
呂海春, 〈長眠者的自畫像—中國古代自撰類墓志銘的歷史變遷及其文化意義〉, 《中國典籍與文化》, 1990年03期.
李孝悌, 〈士大夫的逸樂—王士禛在揚州(1660-1665)〉, 《中央研究院歷史語言研究所集刊》, 第76本, 第1分, 2005年3月.
李栖, 〈唐題畫詩初探〉, 《高雄師大學報》, 第5期, 1994年3月.
李國安, 〈明末肖像畫製作的兩個社會性特徵〉, 《藝術學》, 第6期, 1991年9月.
李霖燦, 〈故宮博物院的圖像畫〉, 《故宮季刊》, 5卷第1期, 1970年秋季號.
巫仁恕, 〈清代士大夫的旅遊活動與論述—以江南為討論中心〉, 《中央研究院近代史研究所集刊》, 第50期, 2005年12月.
何綿山, 〈王漁洋與禪〉, 《齊魯學刊》, 第2期, 1995年02期.
青木正兒, 〈題畫文學の發展〉, 《支那學》, 9卷第1號, 1937年7月.
青木正兒撰, 馬導源譯, 〈題畫文學の發展〉, 《大陸雜誌》, 3卷第10期, 1951年11月.
吳笛, 〈論東西方詩歌中的〈及時行樂〉主題〉, 《外國文學研究》, 2002年04期.
吳智和, 〈明人習靜休閒生活〉, 《華岡文科學報》, 第25期, 2002年3月.
周杉, 〈文學聲譽的涵義〉, 《九州學刊》, 3卷第2期, 1989年6月.
胡藝, 〈禹之鼎年譜〉, 《朵雲》, 總第3期, 1982.
班榮學·劉霽合撰, 〈縱情享樂的文化背景與躊躇徘徊的思想淵源 — 中英〈及時行樂詩〉之比較研究〉,《西安電子科技大學學報(社會科學版)》, 2005年01期.

陳冰, 〈中西詩歌中〈及時行樂〉主題的文化背景比較〉,《淮陰師範學院學報(哲學社會科學版)》, 1995年01期.

陳平原, 〈晚清教會讀物的圖像敘事〉, 發表於〈文化場域與教育視界 — 晚清至1940年代〉國際學術研討會, 台灣大學, 2002年11月7-8日.

崔少元, 〈文藝復興·及時行樂·英國詩歌〉,《山東外語教學》, 1997年03期.

曹淑娟, 〈從自敘傳文看明代士人的生死書寫〉,《古典文學》, 第15期, 2000年5月.

曹萌, 〈論李贄與明末及清代自傳體小說〉,《古今藝文》, 卷29第3期, 2003年5月.

傅立萃, 〈有關中國繪畫贊助的研究〉,《中央大學文學院人文學報》, 第15期, 1997年6月.

華人德, 〈明清肖像畫略論〉,《藝術家》, 第218期, 1993年7月.

楊開達, 〈論古代文人的號 · 自況 · 自題像贊的文化內涵〉,《雲南師範大學學報(哲學社會科學版)》, 2001年02期.

楊玉成, 〈小眾讀者:康熙時期的文學傳播與文學批評〉, 中央研究院,《中國文哲研究所集刊》, 第19期, 2001年9月.

楊玉成, 〈建構經典:王漁洋與文學評點〉, 發表於〈王士禎及其文學群體〉學術研討會, 2004年5月27日, 台北:中研院中國文哲研究所.

趙白生, 〈〈我與我周旋〉— 自傳事實的內涵〉,《北京大學學報》, 39卷, 2002年04期.

虞君質, 〈中國畫題跋之研究〉,《故宮季刊》, 1卷第2期, 1966.

鄭文惠, 〈元代題畫詩研究 — 以花木蔬果為主〉,《國科會專題研究報告》, 1995.

鄭文惠, 〈身體 · 慾望與空間疆界 — 晚明《唐詩畫譜》女性意象版圖的文化展演〉,《政大中文學報》, 第2期, 2004年12月.

蔣寅, 〈進入〈過程〉的文學史研究 —《王漁洋與康熙詩壇》導論〉,《山西大學師範學院學報》, 2001年01期.

魯亮, 〈及時行樂與汲汲立身 — 上古詩賦兩種價值取向的離合〉,《社會科學戰線》, 2001年01期.

劉焯, 〈禹之鼎李藩合作王士禛小像〉,《收藏家》, 總15期, 1996.

劉焯, 〈關於'禹之鼎李藩合作王士禛小像'之答疑〉,《朵雲》, 第51集.

謝麗霓, 〈舊夢回環二十年碧雲紅樹故依然 — 記翁方綱題張道渥摹〈漁洋先生秋林讀書圖〉〉,《滄桑》, 2001年05期.

戴麗珠, 〈清代婦女題畫詩〉,《靜宜人文學報》, 第3期, 1991年6月.

顧紅, 〈記芬陀利室所藏〈王漁洋柳洲詩話圖〉〉,《文獻》, 第3輯, 1993年.

Wu Hung (巫鴻), "Emperor's Masquerade-'Costume Portraits' of Yongzheng and Qianlong," Orientations 26:7, July/August 1995.

학위논문

沈兆幟,《後設小說式的自傳: 勞倫斯 · 史坦恩的崔士坦 · 仙地傳研究》, 台北: 國立台灣大學外文研究所碩士論文, 1988.
廖卓成,《自傳文研究》, 台北: 國立台灣大學中文研究所博士論文, 1992.
楊玉成,《陶淵明文學研究—語言與民間禮儀的綜合分析》, 台北: 國立政治大學中文研究所博士論文, 1993.
Wang, Cheng-hua (王正華), "Material Culture and emperorship the shaping of imperial roles at the court of Xuanzong (r.1426-35)" New Haven, Conn Yale university 1998.
李珮詩,《詩畫兼能為寫真—禹之鼎詩題式肖像畫研究》, 台北: 國立台灣師範大學藝術研究所碩士論文, 2004.

학술회의

郭靜云博士演講,〈肖像定義與其範圍輪廓〉, 時間: 2005.06.20 2:00-400p.m., 地點: 國家圖書館.
張宏生教授演講,〈康熙揚州詞事與清詞復興〉, 時間: 2005年12月7日, 6:30-8:30p.m., 地點: 國立中正大學中文系.
Professor Craig Clunas系列講座之一: "Heaven, Earth and Man in Ming Visual and Material Culture"時間: 2006年3月28日, 2:00-4:30p.m., 地點: 臺大文學院二樓會議室.
Professor Craig Clunas系列講座之二: "Visual and Material Cultures of Text in the Ming", 時間: 2006年3月31日, 2:00-4:30p.m., 地點: 臺大文學院二樓會議室.

도판목록

(※도판을 가져온 서적과 화책을 열거한다. 편자·찬자와 출판정보는 참고문헌 참조)

권두의 채색(彩色) 삽도

도론(導論)—도성행락

제1장 자아의 관람—명인의 화상자찬

제2장 이것을 즐겨서 피로하지 않다—김농의 화상 자제

제3장 색은과 유희—진홍수의 〈하천장행락도〉 제영

제4장 문화 분장의 수수께끼—서구 〈풍강어부도〉 제영

제5장 긴 갈기는 바람에 휘날리고 구름 트레머리는 아리따워라
—진유숭 〈가릉전사도〉 제영

제6장 명성을 드날리다—왕사진 화상 제영

찾아보기

작품 및 서명

인명

도성행락

명청 문인의 화상 제영

초판 발행 1쇄　2021년 4월 26일

지은이　마오원팡
옮긴이　심경호
펴낸곳　고려대학교출판문화원
www.kupress.com
kupress@korea.ac.kr
(02841) 서울특별시 성북구 안암로 145
Tel　02-3290-4230, 4232
Fax　02-923-6311
찍은곳　네오프린텍(주)

ISBN　979-11-91161-09-0 93820

값 58,000원
※ 잘못 만들어진 책은 바꿔 드립니다.